慧琳《一切經音義》

文字整理與研究

孫建偉 著

◎

上海古籍出版社

上冊

國家社會科學基金項目資助

陝西師範大學優秀著作出版基金資助出版

陝西師範大學中國語言文學“世界一流學科建設”成果

總　　序

　　陝西師範大學中國語言文學學科至今已經走過了 70 多年的發展歷程。數代學人培桃育李、滋蘭樹蕙，在學科建設、人才培養、科學研究以及社會服務等方面取得了令人矚目的成就，涌現出了一批蜚聲海內外的碩學鴻儒，形成了"守正創新、嚴謹求實、尊重個性、兼容並包"的學術傳統和"重基礎訓練、重理論素質、重學術規範、重人文教養、重社會實踐、重能力提高"的人才培養特色，鑄就了"揚葩振藻、繡虎雕龍"的學院精神。數十年來，全體師生篳路藍縷、弦歌不輟，獲得中國語言文學一級學科博士授予權，中國語言文學一級學科博士後科研流動站，中國古代文學學科也躋身於國家重點學科；建成"國家文科（中文）基礎學科人才培養和科學研究基地"，教育部、國家外國專家局"長安與絲路文化傳播學科創新引智基地"，教育部"2019 年全國普通高校中華優秀傳統文化傳承基地""陝西師範大學語言資源開發研究中心""陝西文化資源開發協同創新中心"等多個省部級科學研究平台；漢語言文學專業爲教育部特色建設專業、陝西省名牌專業、入選陝西省"一流專業"建設項目，秘書學專業和漢語國際教育專業也入選陝西省"一流專業"培育項目；形成了從本科、碩士、博士到博士後完整的人才培養和科學研究體系，中國語言文學學科走上了穩健、持續發展的道路。

　　2017 年，中國語言文學學科被教育部列入"世界一流學科"建設學科，迎來了難得的發展機遇。中國語言文學學科全體師生深知"一流學科"建設不僅決定著我校中國語言文學學科能否在新時代開創新局面、取得新成就、達到新高度，更關乎陝西師範大學的整體發展。在學校的正確領導下，各有關部門同心協力，兄弟院校及合作機構鼎力支持，文學院同仁更是嘔心瀝血、發憤圖強，學科建設取得了顯著成效。爲了及時匯總建設成果，展示學術力量，擴大學術影響，更爲了請益於大方之家，與學界同仁加強交流，實現自我提高，我們匯集本學科師生的學術著作（譯作）、教材等，策劃出版"陝西師範大學中國語言文學世界一流學科建設成果"叢書和"長安與絲路文化研究"叢書，從不同的方面體現我們的研究特色。

　　叢書的出版得到了陝西師範大學學科建設處、社會科學處以及有關出版機構的大力支持，在此一併致謝！

　　作爲陸路絲綢之路的起點與絲路文化中心城市高校，我們既承載著歷史文化的傳統與重託，又承擔著新時代的使命與責任。作爲新時代的中國語言文學學科，既古老又年輕，既傳統又現代，包容廣博，涵蓋古今中外的語言與文學之學。即使是傳統的學術學科，也是一個當下命題，始終要融入時代的内涵。用一種人人參與、人人分享的形式，借助於具體可感的學術載體，傳播中華優秀傳統文化，發揚中華優秀傳統文化，彰顯中華現代文明，這是新時代人文社會科學工作者的重要使命。"士不可以不弘毅，任重而道遠。""一流學科"建設永遠在路上，中華優秀文化的發揚光大永遠在路上。我們將不忘初心，不辱使命，努力前行！

陝西師範大學文學院院長　張新科

2019 年 10 月 30 日

目　　録

上編　理　論　篇

中編　考釋篇

下編　字表篇

凡　例

一、本書使用較多的書目之簡稱及版本

（一）三種《一切經音義》的簡稱及所據主要版本

1. 玄應《一切經音義》簡稱《玄應音義》，據新文豐出版公司影印高麗本第 32 册。

2. 慧琳《一切經音義》簡稱《慧琳音義》，據《中華大藏經》第 57—59 册影印高麗本。

3. 希麟《續一切經音義》簡稱《希麟音義》，據《中華大藏經》第 59 册影印高麗本。

（二）其他書目簡稱及相關版本

1.《大正新修大藏經》簡稱《大正藏》。

2.《卍新纂續藏經》簡稱《卍新續藏》。

3.《中華大藏經》簡稱《中華藏》。

4. 徐時儀《一切經音義三種校本合刊》簡稱《校本》，除特別說明外，本書所據均是 2012 年修訂版。

5. 黃仁瑄《大唐衆經音義校注》簡稱《校注》，《續一切經音義校注》簡稱《續校注》。

6. 可洪《新集藏經音義隨函録》簡稱《可洪音義》，據《中華大藏經》第 59—60 册影印高麗本。

7.《龍龕手鑑》，除特別說明外，本書所據均是高麗本。

8.《改併五音類聚四聲篇海》簡稱《改併四聲篇海》。

9.《篆隸萬象名義》簡稱《萬象名義》。

10.《玉篇》，除特別說明外，本書所據均爲 1983 年北京中國書店影印清張氏澤存堂本《宋本玉篇》。另就《玉篇》與《龍龕手鑑》的先後順序問題，因《宋本玉篇》爲陳彭年等人重修，故按"《原本玉篇》《龍龕手鑑》《宋本玉篇》"之次序排列。

11.《廣韻》，除特別說明外，本書所據是張氏澤存堂本。

12.《說文解字》簡稱《說文》。

13.《說文解字繫傳》簡稱《說文繫傳》。

14.《說文解字注》簡稱"段注"。

15.《說文通訓定聲》簡稱《通訓定聲》。

16.《説文解字句讀》簡稱《説文句讀》。

17.《説文解字注箋》簡稱《説文注箋》。

18.《説文解字詁林》簡稱《説文詁林》。

19.《説文解字約注》簡稱《説文約注》。

20.《漢語大字典》簡稱《大字典》，除特别説明外，本書所據均是 2010 年第二版。

21.《中華字海》簡稱《字海》，本書所據爲 2000 年重印本。

22. 張涌泉《漢語俗字叢考》簡稱《叢考》。

23. 楊寶忠《疑難字考釋與研究》簡稱《疑難字考釋》，《疑難字續考》簡稱《續考》，《疑難字三考》簡稱《三考》。

24. 韓小荆《〈可洪音義〉研究——以文字爲中心》簡稱《〈可洪音義〉研究》。

25. 鄭賢章《〈新集藏經音義隨函録〉研究》簡稱《〈隨函録〉研究》。

二、《大正藏》所附校勘記簡稱説明

1.《大正藏》的主體部分以《高麗藏》（《大正藏》校勘記中簡稱"麗"）爲底本，《高麗藏》不録者，則用其他大藏經版本補缺。依據《大正藏》"略符"部分，該藏校勘使用的佛經版本主要有宋資福藏（宋）、元普寧藏（元）、明嘉興藏（明）、麗本別刷（麗乙）、正倉院聖語藏本（聖）、正倉院聖語藏本別寫（聖乙）、宮内省圖書寮本（宮）、大德寺本（德）、萬德寺本（万）、石山寺本（石）、知恩院本（知）、醍醐寺本（醍）、仁和寺藏本（和）、中村不折氏藏本（中）、久原文庫本（久）、森田清太郎氏藏本（森）、東京帝室博物館藏本（博）、西福寺本（福）、金剛寺本（金）、高野寺本（高）、東大寺本（東）、敦煌本（敦）以及梵文、巴利文原本等。宋、元、明三本同者用"三"符號表示，其餘的均在簡稱外加"○"表示。本書引用經文時所謂"宋""元""明""宮""聖"等，均是上面相應版本的簡稱。

2. 大正藏本《慧琳音義》《希麟音義》主要參比了高麗藏本（麗）、頻伽精舍校勘本（甲）。

三、本書徵引經文、音義等相關文字時使用的校勘符號

1. 訛字在原字后用"（ ）"注出對應的正字。

2. 脱文據他木或上下文增補時外加"□"。

3. 倒文用"「」"符號表示。

4. 衍文據他本或上下文删除時外加"□"。

5. 玄應、慧琳、希麟給釋文中某個字的注音或釋義、釋形用"〈 〉"標記。

四、本書行文中的相關問題

1. 爲便於敘述和避免理解上的偏誤，本書行文一律使用繁體字。對於引文中出現的異

體俗寫等現象,儘量不作改動,以保留古籍用字的原貌。對於一些需要特別説明的情況,一般在相應文字後面括弧内添加"引者按"。

2. 引録三種《一切經音義》及佛經原文時,那些多次出現的特殊用字現象,如果不影響閱讀,則不予校改。比如表示挑選、揀擇義時,《慧琳音義》中有時作"撿",有時作"撿",雖然不排除"撿"爲"檢"之訛,但文獻中"撿"亦有上述用法。

3. 歷代常見辭書均不標注具體頁碼,比如《説文》《玉篇》《廣韻》等。出注對象主要爲近人研究性著作,比如《敦煌俗字研究》《〈龍龕手鏡〉研究》等。標注相關出處時,以"出版年份:頁碼"的方式標注,如王力《同源字典》(1981:442),表示出自 1981 年版的《同源字典》第442 頁。

4. 書中引用的經文主要出自《大正藏》《卍新續藏》《中華藏》,引用時均標注相關經文所在的册數、頁碼、欄數,如"T11P0060b"表示出自《大正藏》第 11 册第 60 頁中欄,"卍X02P0100a"表示出自《卍新續藏》第 2 册第 100 頁上欄,"C56P0936b"表示出自《中華藏》第56 册第 936 頁下欄。

5. 字際關係考辨中引用《一切經音義》的原文時,遵循的基本原則爲:盡可能引録所含文字信息豐富者,其中有的是溝通文字信息豐富者,有的是訓釋文字關係豐富者。另外,因《一切經音義》每個詞目下所釋的目標字往往不止一個,結合我們所處理的文字,只徵引相關目標字的釋文。引文後的括弧内爲所引釋文在《中華藏》中的具體出處及所屬卷册。

6. 徵引的《一切經音義》詞條,按原釋文的先後順序排列。理論部分同類現象下例證的排列,也按原釋文的先後順序排列。

7. 考辨部分按目標字的音序排列,同組文字中,第一個形體爲代表字;代表字的選取遵循"從正從通"的原則,"正"主要指歷代正體字形,"通"主要指歷代通行體。一般而言,從上面兩條原則出發,所得出的多是同一個形體。若有特殊情況,均於相關條目下具體説明之。

上 編

理 論 篇

第一章 慧琳《一切經音義》文字整理與研究的價值

　　佛經音義側重於收釋佛經文獻中的疑難字詞,儘管該類著作主要成書於唐五代,但其所收釋的文字現象並非共時的,而是歷時的,同時又是多源的。此類著作最大的特色是引證群籍解字釋詞,在這一過程中轉錄了大量他書中的語言文字資料,從而間接保存了許多字書、韻書、訓詁書中的訓解。這些資料一方面可用於校勘現存的古代典籍,同時也有助於某些已亡佚辭書的輯佚工作。除此之外,由於佛經音義廣收俗字或體,這些材料對於漢字的研究來說頗爲重要。整體而言,對佛經音義的文字進行整理與研究,既有現實意義,又有理論價值。重點表現在以下幾個方面:

　　其一,有助於佛經文獻用字的整理與研究。從存在方式入手,李國英將楷體漢字整理對象分爲兩類,一類是普通文本,一類是字書。與普通文本相比較,字書中的字頭具有較豐富的信息。通常來看,字書中的字頭都是字書編纂者從實際文本中搜集出來並經過相關整理的,具有形體、音讀、意義、結構、排序、正俗等多種屬性,這些屬性是全面整理漢字的基礎①。通過整理字書中的字頭及與字頭直接相關的信息,一方面可以在短時間內利用最少的材料提取出盡可能多的字頭,另一方面也可以獲取大量相關文字的屬性。從操作層面而言,對漢字進行整理時,先處理字書中的文字,再處理普通文本中的文字,是合乎科學規律的。佛經音義收釋佛經中的疑難字詞,通過整理該類辭書,某種意義上可以說是對佛經用字的初步整理。

　　其二,有助於語文類辭書的編纂與修訂。漢文佛典文獻主要生成於漢字楷化的時期,此時段內漢字表現出很强的變異性,這對於佛經文獻及該時期碑刻文獻的閱讀都有一定負面影響。系統整理《慧琳音義》的文字,一定程度上可以解決語言文字上的一些疑難問題。另外近些年出版的大型字書,比如《漢語大字典》《中華字海》等,與以往的字書相比,在收字、釋義等方面都有很大優勢。但其中問題也不少,比如疑難字未考釋、字際關係不清晰等,均影響了其應用價值及權威性。《慧琳音義》廣泛收釋佛經疑難字詞,整理其中的文字,無論在疑

---

① 上面的觀點出自李國英師給柳建鈺《〈類篇〉新收字考辨與研究》一書所寫的序,詳見《〈類篇〉新收字考辨與研究》,遼寧大學出版社,2011年,"序"第1—2頁。

難字考釋方面,還是在字際關係考辨方面,抑或在驗證成説、增補例證、完善釋義等方面,都可以爲大型字書的編纂與修訂提供更多參考資料。這方面的研究,目前已有一些成果,張涌泉、楊寶忠、李國英、鄧福禄、鄭賢章、韓小荆等學者均有相關涉及。

總體來看,目前利用《慧琳音義》對漢字考辨的更多是疑難未識字,對已識字字際關係的考辨則很不到位,而漢字中的此類現象往往比疑難未識字在關係上更複雜,數量上也更繁多。比如《漢語大字典》(第二版)"澍"下釋作:"水貌。《集韻·小韻》:'澍,水兒。'"①這個釋義很不明確,"水貌"究竟是什麽意思,就《大字典》本身無從得知,而通過考察佛經音義類相關著作則可獲知。

《龍龕手鏡·水部》:"澍,俗。漂,今。浮也。"《慧琳音義》卷十《仁王般若經》下卷"漂没"條云:"上匹遥反。《考聲》云:'漂,浮也。''没,沉也。'《説文》'從水,票聲'。經中加寸作澍,愚夫妄加,不成字也。一切字書並無從寸作者,宜除之。"(C57P0586b)又卷第四十三《僧伽吒經》第一卷"漂没"條云:"上匹遥反。顧野王云:'流也。'《説文》:'浮也。從水,票聲。'經作澍,通俗字也。"(C58P0269b)《可洪音義》卷第二《仁王護國般若經》下卷"澍没"條云:"上匹遥反。水吹也。正作漂。"(C59P0588a)除佛經音義類辭書中有辨析外,佛經中也多見用例。《菩薩念佛三昧經》卷第五:"乃至夢中不離見佛,經行坐臥皆獲安樂,諸天護念不見惡夢,痾痹歡喜,刀不能傷,毒亦不害,水所不澍,火所不燒,所資四事恒得豐足。"(T13P0823a)又《諸經要集》卷第十四:"王言:我以此女寄汝將養。便撮持去,日日從王取飯與女。如是久後,上有一聚,卒爲水澍去。有一樹奇,逐水下流,有一男子,得抱持樹。"(T54P0134a)碑刻文獻中"漂"亦有作"澍"者。清邢澍《金石文字辨異·蕭韻》"漂"下引《隋石里村造橋碑》云:"澍濤之浪。"邢按云:"漂作澍。"又引《北魏孝文弔比干墓文》云:"循海波而澍颷分。"邢亦按云:"漂爲澍。"又"標"或作**㯹**,"摽"或作"擻",均是其例,可相比勘。就佛經音義釋文與佛經用例等來看,"澍"即爲漂浮義,水貌義蓋爲《集韻》編者所增,《字彙》《康熙字典》等又從之。《大字典》據《集韻》釋爲水貌,未溝通與"漂"的異體關係,有失妥當。此類字例不勝枚舉,需要我們充分利用《慧琳音義》等佛經音義類文獻全面推進相關研究。

其三,有助於中古近代漢字發展演變的研究。古漢字研究以小篆及以前的文字爲主要對象,中古近代漢字研究則以隸書及以下的文字爲主要對象。關於中古近代漢字的研究價值,唐蘭②、蔣禮鴻③、朱德熙④等老一輩語言文字學家都曾指出過;當今學者如張涌泉、李國英、楊寶忠、鄭賢章、梁春勝等,也都有過討論。另外漢字的演變從殷商時期到現在未曾中

---

① 《漢語大字典》(第二版),四川辭書出版社,2010年,第1894頁。
② 唐蘭《古文字學導論》(下編),齊魯書社,1981年,第134—136頁。
③ 蔣禮鴻《中國俗文字學研究導言》,《杭州大學學報》,1959年第3期,第129—140頁。
④ 朱德熙《在"漢字問題學術討論會"開幕式上的發言》,《漢字問題學術討論會論文集》,語文出版社,1988年,第15—16頁。

斷,漢字學研究的一個方向即是梳理文字流變軌跡,建立每個漢字從古到今的演變檔案①。
這種形體流變的梳理一方面有助於疑難字考辨,另一方面也有助於構建更爲完整的漢字發
展史。不過就研究動態而論,過去的一個多世紀裏,隨著古文字資料的大量出土,古文字研
究成果頗爲豐富,但對中古近代漢字的研究則涉足者較少。直至二十世紀後期,學界才逐漸
予以重視,這使得中古近代漢字的研究成果不甚豐富,尤其是魏晉南北朝至隋唐五代時段。
而該時段是社會大變革時期,語言文字作爲社會的産物,必然與社會的變革有相對一致性,
從而對該時期文字材料進行專書研究便尤爲重要。

總體而論,《慧琳音義》作爲中古時期漢字研究的重要材料,可以説它"猶如一塊璞玉,客
觀上如實保存了文字使用的自然狀態,尤其是反映了漢字隸變楷化演變過程的中間狀態,可
供考察文字的古音義和字與字相互間的演變情况"②。從某種意義上我們甚至還可以説,佛
經音義"大體上保存了漢魏至唐五代漢字的隸變系統和用字實况,既記載了佛經中的時俗用
字,又反映了傳本用字的演變,人們從中能真切地瞭解到漢字字形隸變楷化的動態演變過
程"③。由此來看,整理《慧琳音義》的文字,有助於補充魏晉至唐時漢字研究資料的不足。
比如慧琳溝通的"察—詧、𧮂"組文字:

> 詧事,上劃札反。《字書》云:與察字義同。衛宏從言作詧,音義並同。傳文從𠬝作
> 𧮂,誤也。(C59P0229a;J094)

按:上所引詞目出自《續高僧傳》第二十卷音義。"察"與"詧"爲異體字關係,"詧"書寫
或訛變作"𧮂"形。"詧事"條下慧琳溝通了"察""詧""𧮂"三個字形。"察"字,《説文·宀部》:
"察,覆也。"徐鍇《説文繫傳》:"察,覆審也。"又段注:"从宀者,取覆而審之,从祭爲聲,亦取祭
必詳察之意。"本指詳審,如《左傳·莊公十年》:"小大之獄,雖不能察,必以情。"杜預注:"察,
審也。"引申有考察、辨別、明晰等用法。《説文》同時收録有"詧"字,《言部》:"詧,言微親詧
也。"王筠《説文句讀》認爲"言微"當作"微言"。張舜徽《説文約注》:"謂聽其言而深入審度其
情也。"(2009:542)"詧"字亦表示詳細審看,如《史記·秦本紀》:"問其地形與其兵勢,盡
詧。"與"察"字義同。

關於"察""詧"二形體之關係,《慧琳音義》認爲二者爲異體字關係,王力《同源字典》將

---

① 張涌泉曾特別指出對楷字形體流變研究的重要性,認爲不論是對於完整的漢語文字學體系的構建,還是對於漢
　　字個體的研究,都非常有必要建立每個漢字從古到今的演變譜系。以上見張涌泉《近代漢字研究的意義》,北京
　　語言大學講座,2012 年 8 月 19 日。另外張氏在《近代漢字是中華文明的主要載體》中亦有相關討論,見《中國社
　　會科學報》,2021 年 6 月 11 日,第 5 版。
② 徐時儀《玄應和慧琳〈一切經音義〉研究》,上海人民出版社,2009 年,第 261 頁。
③ 徐時儀《玄應和慧琳〈一切經音義〉研究》,上海人民出版社,2009 年,第 260—261 頁。

"察""詧"系聯爲一組同源字,同時又指出二者"實同一詞"(1982:495)。事實上,"察""詧"二字不但義同,且《廣韻》均有初八切一讀,音亦同,二者爲異體字關係。王力"實同一詞"的其中一類即爲異體關係。《玉篇·言部》:"詧,與察同。"另張希峰《漢語詞族叢考》也認爲"詧"爲"察"的異體字(1999:204)。從形義關係進一步來看,二者爲異構字關係。

此外,釋文所謂傳文之"䫜",當即"詧"字書寫訛變所致。秦公《碑別字新編·十一畫》"祭"字下引《魏鄭義下碑》作"祭"形,又引《魏元仙墓誌》作"祭"形(1985:178)。"祭""祭"上部寫法與"䫜"上部形體較近,或可爲證。

其四,有助於創新異體字整理與研究的"字群"模式。目前學界整理異體字的普遍做法爲"一對一",即主要對文獻中的某個字進行認同或別異。這雖然也能解決字際關係梳理中的一些問題,但此種模式既不利於認定同組異體關係,也不利於提升異體字整理成果的價值。其原因在於,很多時候漢字中的異體關係並非簡單地表現爲"一對一",而是以"字群"的形式存在,其内部依靠部件異構、筆畫異寫等機制生成了一個演變序列。故而採用"字群"模式便於完整展示該序列中的各元素。在上述前提下,我們可將"字群"模式的異體字整理過程描述如下:從異體字的定義及預先設定的判別標準、判定參數出發,搜集目標範圍内的所有異體"字樣"①,梳理爲異體"字群";在"字群"中選擇一個最具代表性的寫法,設置爲該組異體字的"根字",繼而將涉及的所有"字樣"依據構意特徵、書寫關係、功能表現等分層歸置。

另外就楷字的整理與研究而言,目前學界對於漢字形音義的考辨主要著眼於疑難未識字,對於已識字或已識字群間關係的考察則頗爲不夠,而後者的應用價值和理論意義卻更爲突出。以《慧琳音義》爲代表的佛經音義類著作一方面搜集了大量文字異體現象,另一方面其所涉及的文字關係頗爲繁雜,亟需進行系統整理與研究。比如慧琳釋文中溝通的"魑—离、螭、魖、魊、螭"組字:

> 魑魅,上勑知反。《説文》作嵩,《三蒼》諸字書作螭,《玉篇》《切韻》作魑。(C57P0974b;J027)
> 魑魅,又作离、螭二形,同。勑知反。(C58P0894b;J071)
> 邪鬼魖,恥利反。郭璞注《山海經》云:神魖者,魑魅也。魅鬼,俗呼音丑栗反,聲轉訛也。《説文》:厲鬼也。經文或作魊、魖,並通用也。(C58P0965b;J075)

按:上所引詞目分別出自《妙法蓮華經》卷第二《譬喻品》音義、《阿毗達磨順正理論》第六十七卷音義、《道地經》音義。"魑"與"离""螭""魖""魊"均是異體字關係,與"螭"爲通假

---

① 李國英、周曉文《漢字字頻統計方法的改進》,《北京師範大學學報》(社會科學版),2011年第6期,第45—50頁。

字關係。

上引釋文之"魖"均指魑魅、鬼怪而言,《説文新附·鬼部》:"魖,鬼屬。"又《正字通·鬼部》:"魖,魅屬,似山獸之形。"如《漢書·王莽傳》:"投諸四裔,以禦魑魅。""魖"本指山神,又泛指鬼怪。《玉篇·鬼部》:"魖,鬼也。"《廣韻·支韻》:"魖,魑魅。"據釋文,字又作"离"。《説文·内部》:"离,山神獸也。"段注改作"山神也,獸形",并云:"本是山神而形如獸,故其字从厹。若今本作神獸,則大誤矣。"(1981:739)依段氏,則"离"乃"魖"的本字。沈濤《説文古本考》云:"此即离魅之离,魖乃离之俗字。"(《説文詁林》,1988:14066)由是觀之,"离"正魑魅的本字,因是山神,與鬼魅有關,故而後增"鬼"旁作"魖",是"离"的增旁異體字。另《大字典》"离"的第一個音項下,將其與"魖"之關係處理爲"後作'魖'"(2010:316)。結合慧琳所釋,似處理爲"同'魖'"較洽。

釋文又云:"《説文》作嵩。"與今傳本《説文》上從"中"異,段注本亦改作"嵩",上從"山"。《類篇·山部》:"嵩,山神獸也。"爲"离"的增旁異體字。《龍龕手鑑·鬼部》:"魖,或作嵩。"因"离"爲山神,故後世增"山"旁爲之。增"山"旁的另一個原因是"离"借作"離",且較常用,爲了使"离"之山神義明確,且與同"離"之"离"相區分,故而增加。另《大字典》"嵩"下僅釋作"山神獸",有欠妥當(2010:819)。其失在未系統梳理"离""魖"的形義關係,正當釋作"同'魖'"。

《妙法蓮華經》卷第二《譬喻品》"魑魅"下又謂《三蒼》諸字書作"螭"。"螭"是古代傳中的一種龍,《廣韻》音丑知切,與"魖"音同義别,在山神義上二者爲通假字關係。沈濤《説文古本考》亦云:"《漢書·司馬相如傳》注引'离,山神也',《文選·西京賦》注引'螭,山神,獸形','螭'即'离'字之通假。"(《説文詁林》,1988:14066)又張舜徽《説文約注》"离"下按云:"許書离、螭二字,分在二部,實爲二物……經傳則借螭爲离耳。"(2009:3580)所言甚確。

《道地經》"邪鬼𩴦"條下溝通有"魃""𩴦"二體,均是"魖"的換旁異體字。《可洪音義》卷第二十一"鬼魃"下云:"丑知反。正作魖。"(C60P0210a)又《龍龕手鑑·鬼部》:"𩴦、魃,俗。魖,正。魑魅,謂老物精怪也。""矢"《廣韻》音式視切,與"离"音近,故可換作聲符。"魃""𩴦"則是一字異寫。

其五,有助於豐富和發展"字料庫"等理論。一方面,自二十世紀三十年代以來,以形體爲核心研究對象的漢字理論主張逐漸成爲學界共識,漢字學更加"注重研究漢字的發生、演變、結構類型及形、音、義的錯綜關係"[①];另一方面,信息化的發展對漢字整理與研究提出了新要求。隨著計算機技術的飛速發展,基於語料庫的語言研究已經成爲了常態化,漢字研究的進一步發展也需要有類似語料庫的資料庫,因爲漢字研究中需要有精確的形體信息,一般的語料庫無法滿足這種需求。

---

① 黄德寬、陳秉新《漢語文字學史》(增訂本),安徽教育出版社,2006年,第253頁。

　　在這樣的背景下,李國英、周曉文提出了"字料庫"理論,一方面豐富和發展了語料庫理論,另一方面也有力地推進了漢字與漢字學的研究。"字料庫"指:"以文字的整理和文字學的研究爲目標,按照語言學和文字學的原則,收集實際使用中能夠代表特定文字或文字變體的真實出現過的文字書寫形態,運用計算機技術建成的具有一定規模的大型電子文字資源庫。"①"字料庫"建設的目的主要是爲了便利於文字整理、研究和應用,在字形上體現出"存真、系聯、分類"的原則,要求全面保留文字使用狀況以及文字形體等原始形態。這種研究方法的運用使得漢字學研究更加系統化,從而極大提升了漢字學研究的核心對象字形的研究水準。

　　就《慧琳音義》文字整理與研究而言,既有偏理論的研究,徐時儀、姚永銘的相關著作中均有涉及;又有偏考證的研究,這也是目前中古近代漢字整理與研究的主流。此外,文字整理與研究還可以以字表的形式展現,韓小荆的《〈可洪音義〉異體字表》、鄭賢章的《〈隨函録〉俗別字譜》即是這方面的代表。然而目前看來,《慧琳音義》文字整理表還很不成熟。二十世紀三十年代,陳定民在《慧琳〈一切經音義〉中之異體字》②中,以表格的形式整理過《慧琳音義》中的異體字;後劉雅芬在《慧琳〈一切經音義〉異體字研究》③中,也整理有《慧琳〈一切經音義〉異體字字例整理表》。然而陳、劉二人所整理的《慧琳音義》異體字表都是採用文字轉録,其過程常會出現轉寫、轉録錯誤,同時也受字形檔、字符集等的限制,影響了結果的可靠性與準確性,大有重新整理之必要。另一方面,李國英、周曉文的"字料庫"理論尚未完全成熟,需要進一步從理論和實踐等角度向前推進。從"字料庫"理論出發,整理《慧琳音義》的文字,同時以"字料庫"的形式予以展現,對於推進漢字學的發展具有重要價值。

　　其六,有助於推進漢字國際編碼工作。從應用角度出發,隨著中國經濟的進一步發展,人們對漢字的信息化提出了越來越高的要求,需要我們盡可能快速又準確地整理出未編碼漢字,以便加快全漢字編碼的進程,從而利於社會、經濟、文化的全面發展。1993 年國家採用了字符集國際標準 ISO 10646 發佈的"CJK 統一漢字",共收漢字 20 902 個④,其後 CJK 字符集又不斷擴容。現已完成的有擴展 A 區(6 592 字)、擴展 B 區(42 720 字)、擴展 C 區(4 154 字)、擴展 D 區(222 字)、擴展 E 區(5 762 字)、擴展 F 區(7 473 字)、擴展 G 區(4 939 字)、擴展 H 區的搜集工作已經展開,擬收字 4 192 個,以上各字符集所收漢字總數將近 10 萬⑤。要想實現全漢字編碼這一宏願,作爲收釋佛經疑難字詞的佛經音義是一定要重視的。

---

① 李國英、周曉文《字料庫建設的必要性與可行性》,《北京師範大學學報》(社會科學版),2009 年第 5 期,第 48—53 頁。

② 陳定民《慧琳〈一切經音義〉中之異體字》,《中法大學月刊》(第 3 卷 1—5 期、第 4 卷第 4 期),1933—1934 年。

③ 劉雅芬《慧琳〈一切經音義〉異體字研究》,成功大學中國文學研究所博士學位論文,2006 年。

④ 中國標準出版社編《字符集和信息編碼國家標準彙編》(上、下),中國標準出版社,1998 年,第 946 頁。

⑤ 關於當前漢字編碼的基本情況,詳參孫建偉《漢字標準化述論》,《標準科學》,2013 年第 6 期,第 29—33 頁。

佛經文獻中有不少專用字，對這些字進行編碼，也是促進中華文化發展的重要舉措。

　　要之，《慧琳音義》在語言文字學各分支領域均有顯著的研究價值。而就文字學方向而論，亟需我們從理論與實踐兩個層面，從學史與學理兩個視角，從文字關係整理與語言理論挖掘兩個維度，從字詞關係綜合考辨與字組關係立體展示兩個環節等，進行全方位、多角度、立體化的研究。

第二章 慧琳《一切經音義》及其文字學研究現狀

整理《慧琳音義》所釋的文字之前，首先需要明確該書的成書、流傳及版本等情況，如此有助於明確版本間文字差異的事實及規律，有助於微別字形的認同與別異，也有助於考察慧琳的語言文字觀。基於此，該章一方面梳理《慧琳音義》的作者、成書、流傳及版本等情況，另一方面考察其文字學研究的成果及不足。

第一節 慧琳《一切經音義》的作者、成書、流傳及版本

這部分主要包括以下幾個問題：考察慧琳的生平，剖解慧琳的知識背景，梳理《慧琳音義》的成書過程；重點考求《慧琳音義》的流傳與版本情況，詳細論述《慧琳音義》各版本間的勘刻關係。

一、慧琳《一切經音義》的作者及成書

（一）慧琳的生平

關於慧琳的生平，現可考的資料主要有三種：其一，宋贊寧《宋高僧傳》卷五之《唐京師西明寺慧琳傳》①；其二，唐處士顧齊之《新收一切經音義序》②；其三，唐試太常寺奉禮郎景審

---

① "釋慧琳，姓裴氏，疏勒國人也。始事不空三藏，爲室灑。内持密藏，外究儒流，印度聲明，支那詁訓，靡不精奧。嘗謂翻梵成華，華皆典故，典故則西乾細語也。遂引用《字林》《字統》《聲類》《三蒼》《切韻》《玉篇》諸經雜史，參合佛意，詳察是非，撰成《大藏音義》一百卷。起貞元四年，迄元和五載，方得絶筆，貯其本於西明藏中。京邑之間，一皆宗仰。琳以元和十五年庚子卒於所住，春秋八十四矣。殆大中五年，有奏請入藏流行。近以海中高麗國，雖三韓夷族，偏尚釋門。周顯德中，遣使齎金，入浙中求慧琳《經音義》。時無此本，故有闕如。"見《宋高僧傳·唐京師西明寺慧琳傳》。
② "慧琳法師，俗姓裴氏，疏勒國人也。夙蘊儒術，弱冠歸於釋氏，師不空三藏。至於經論，尤精字學。建中末乃著《經音義》一百卷，約六十萬言，始於大般若經，終於小乘記傳。"見顧齊之《新收一切經音義序》。

《一切經音義序》①。此外，從《慧琳音義》中也可獲知慧琳個人知識背景的相關信息。

從上述材料大體可知慧琳本人俗姓裴，爲西域疏勒國（今新疆喀什）人氏，生於唐玄宗開元二十五年（737），於唐憲宗元和十五年（820）卒於西明寺，終年八十有四歲。慧琳幼年曾師從安西學士稱誦書學②，后師從不空法師③。就慧琳個人的知識背景而言，他涉獵經史百家，天文地理、自然人倫無所不習；通曉漢語、梵語，同時也熟悉一些西域語言，尤精漢語文字、聲韻、訓詁之學。從《慧琳音義》所引文獻來看，儒家思想、佛教思想對他都有影響。關於慧琳是否參與譯經的問題，學者們觀點不一，周法高、徐時儀、姚永銘等都認爲慧琳曾參與譯經。慧琳一生的主要著述是《慧琳音義》，此外尚有《建立曼荼羅及揀擇地法》。

兹將慧琳的生平簡要羅列如下④：唐玄宗開元二十五年（737），慧琳出生於西域疏勒國裴氏家族，幼年時師從安西學士稱誦書學；唐玄宗天寶十五年（756），在大興寺出家，師從不空法師；唐德宗建中末年（783），始作《慧琳音義》；唐憲宗元和二年（807），在西明寺撰成《慧琳音義》；唐憲宗元和十五年（820），卒於西明寺。

（二）《慧琳音義》的成書

此處所謂《慧琳音義》的"成書"，主要涉及三個方面的問題：成書緣由，成書時間，主要内容。

論及成書緣由，《慧琳音義》一書深受其前音義書的影響。在《慧琳音義》之前，已有玄應《一切經音義》、慧苑《新譯華嚴經音義》，"然以後譯經論及先所未音者，至於披讀講解，文謬誼乖，得失疑滯。寡聞孤陋，莫有微通；多見强識，罕能盡究。然而自懒之輩，恥下問而不求；匿好之流，各深知而不答。則聖言有阻，能無悲焉！"⑤顧齊之亦云："沙門玄應及太原郭處士，並著音釋，例多漏略。"⑥有感於斯，慧琳遂"師二十餘載，傍求典籍，備討經論，孜孜不倦，

---

① "有大興善寺慧琳法師者，姓裴氏，疏勒國人也，則大廣智不空三藏之弟子矣。内精密教，入於總持之門；外究墨流，研乎文字之粹。印度聲明之妙，支那音韻之精，既瓶受于先師，亦泉瀉於後學。鞮譯回綴，參於上首。師掇其闕遺，欸其病惑，覽兹群經，纂彼詁訓。然則古來音反多以傍紐而爲雙聲，始自服虔，元無定旨。吴音與秦音莫辯，清韻與濁韻難明。至如武與綿爲雙聲，企以智與疊韻，若斯之類，蓋所不取。近有元庭堅《韻英》及張戩《考聲切韻》，今之所音取則於此。大略以七家字書釋誼（七書謂《玉篇》《説文》《字林》《字統》《古今正字》《文字典説》《開元文字音義》），七書不該，百氏咸討。又訓解之末，兼辯六書。庶因此而誠彼，聞一以知十。"見景審《一切經音義序》。

② 姚永銘認爲，慧琳幼年所學的"書學"未必是字學，而是各種典籍，這説明慧琳幼年便接觸了各種傳統典籍，有較好的中國傳統文化基底，爲其後作《慧琳音義》打下了良好基礎。見姚永銘《慧琳〈一切經音義〉研究》，江蘇古籍出版社，2003 年，第 3 頁。

③ 徐時儀認爲，不空法師對慧琳有一定影響，慧琳所作音義兼容並蓄，收詞範圍遍及三藏，囊括玄應、慧苑等人的音義。見《玄應和慧琳〈一切經音義〉研究》，上海人民出版社，2009 年，第 89 頁。

④ 關於慧琳的生平，考辨成果較多，主要研究文獻有丁福保《重刊正續一切經音義序》、陳垣《中國佛教史籍概論》、徐時儀《玄應和慧琳〈一切經音義〉研究》《慧琳音義研究》、姚永銘《慧琳〈一切經音義〉研究》等。此處只選擇最關鍵的結論。

⑤ 見景審《一切經音義序》。

⑥ 見顧齊之《新收一切經音義序》。

修緝爲務”①。

　　《慧琳音義》之成書也受儒道經典音義書之影響。音義之書約起於漢魏之際,唐陸德明的《經典釋文》爲儒道兩家經典音義之集成,《晉書音義》《列子釋文》等均據此而作,長篇道經音義巨著在唐時已有。誠如姚永銘所言,“《慧琳音義》正是受到了内外典音義的影響,適應‘披讀佛經’的需要而産生的”②。

　　關於《慧琳音義》的成書時間,各家觀點不盡相同。丁福保《重刊正續一切經音義序》採用景審之説,以爲是建中末年(783)始作,至元和二年(807)造就。周法高則採用《宋高僧傳》之説,認爲始自貞元四年(788),成於元和五年(810)。徐時儀認爲,《慧琳音義》的編纂如同今世之辭典,“從抽象的構思過渡到切實執行”需要一個過程③;在此基礎上徐時儀進一步認爲,《慧琳音義》成書在元和三年(808)以前。我們比較認同徐説,當是元和二載既已著成。

　　唐代爲佛典翻譯、著録的高峰期,開元十八年(730)《開元釋教録》編纂完成,爲當時重要的佛典目録,其内容涉及大、小三藏之經、律、論及西天中土的聖賢集傳等,這爲《慧琳音義》的編纂打下了良好基礎。慧琳之前已有多部佛經音義著作,慧琳即是在其前基礎上,多方注釋,成其大功。《慧琳音義》後出轉精,爲佛經音義的集大成之作,卷帙宏富,全書一百卷,一百二十萬字有餘;批閲佛經始於《大唐聖教序》《述三藏記》《大般若波羅蜜多經》,終於《護命放生法》,凡一千二百多部,計五千三百多卷。

　　從内容來源看,《慧琳音義》一書既有慧琳新撰者,又有轉録其前的佛經音義著述者,所轉録的部分主要是玄應《一切經音義》、慧苑《新譯大方廣佛華嚴經音義》、雲公《大般涅槃經音義》、窺基《法華音訓》④。整體而言,轉録部分占《慧琳音義》全書三分之一左右,其餘爲慧琳新撰。慧琳將《玄應音義》散置於卷一至卷八十之中,其餘三種則完整歸置。《新譯大方廣佛華嚴經音義》歸入卷二十一至二十三,《大般涅槃經音義》歸入卷二十五至二十六,《法華音訓》歸入卷二十七。慧琳在轉録其前音義著述時,大都注明作者,説明删改之緣由,如《慧琳音義》卷第二十一至二十三起始均注有“大唐沙門慧苑撰”。就轉録已有佛經音義而言,慧琳非原封不動地照抄⑤,而是結合其個人的理解,重新加以校訂,或頗省改。有的增加條目,有的增加釋文例證,有的修正字用關係,不管是數量上,還是質量上,都大大超過了其前的佛經音義著作⑥。

---

① 見景審《一切經音義序》。
② 姚永銘《慧琳〈一切經音義〉研究》,江蘇古籍出版社,2003 年,第 8 頁。
③ 徐時儀《玄應和慧琳〈一切經音義〉研究》,上海人民出版社,2009 年,第 94 頁。
④ “琳書既兼攬玄應、慧苑、窺基、雲公四家音訓,復親承不空三藏指定梵文音義。”見黎養正《重校一切經音義序》。
⑤ “慧琳云:雲公所製,言雖繁宂,有似章疏,今取周備,不失經意,由勝諸家所音。此後南本《涅槃》三十六卷同用此音,音義依雲公所製,唯陀羅尼及論梵字疏遠不切者,慧琳今再依梵本翻譯爲正,覽者詳焉也。”見《慧琳音義》卷第二十五《大般涅槃經‧壽命品第一》。
⑥ 儘管慧琳轉録了其前的佛經音義著作,但從本質上來説,其轉録屬於再創作,當中不乏慧琳個人的理解。

二、慧琳《一切經音義》的流傳與版本

（一）《慧琳音義》的流傳

《慧琳音義》一書的流傳相對簡單，成書後先在中土流傳，後由契丹傳到朝鮮，再到日本，之後於清末由日本重回中土①。

1. 唐宋元時期《慧琳音義》在中土的流傳情況

唐憲宗元和二年（807）《慧琳音義》既已成書，不久便有記載。《佛祖統紀》卷四一載："（元和二年）河中府沙門慧琳撰《一切經音義》一百三卷，詣闕進上，敕入大藏。賜紫衣縑幣茶藥。"②與慧琳同時的全真和尚曾見《慧琳音義》，全真《梵字次第記》一書跋云："梵字漢音，并依中天音旨翻之。去元和中（806），於諸三藏梵本，皆有錙銖。後真諦、慈恩、義浄、善無畏、金剛智、大興善寺國師三藏和尚等梵本書同。唯是漢字有少許懸殊。總會對本，歷勘得定。後長慶中（821），遇造《一切經音義》一百卷及《考聲》十卷，沙門慧琳述。全真於上兩本內取聲辨字，以字辨音，梵漢兩音，同和成一。"③後《慧琳音義》入藏於西明寺中，然在當時並未廣泛流行。《宋高僧傳·唐京師西明寺慧琳傳》云："起貞元四年，迄元和五載，方得絶筆，貯其本於西明藏中。京邑之間，一皆宗仰。"顧齊之《新收一切經音義序》云："齊之不敏，欲窺藏經，乃詢於暢公，蒙示音義。"後於"大中五年，有奏請入藏流行"④。"蓋此書於武宗會昌法難（845）後猶存於長安。"⑤後江浙一帶已失傳。《宋高僧傳》云："近以海中高麗國，雖三韓夷族，偏尚釋門。周顯德中，遣使齎金，入浙中求慧琳《經音義》。時無此本，故有闕如。"又《宋高僧傳·周會稽郡大善寺行瑫傳》云："慨其郭迻《音義》疏略，《慧琳音義》不傳，遂述《大藏經音疏》五百許卷，今行於江浙左右僧坊。"

遼宋時期，《慧琳音義》雖不存於宋，但尚存於遼之燕京。徐時儀認爲，《慧琳音義》成書后，"很可能未製版印行"，但"當有傳抄本流行"⑥。遼希麟《續一切經音義序》云："唐建中末，有沙門慧琳，內精密教，入於總持之門；外究墨流，研乎文字之粹。印度聲明之妙，支那音韻之玄，既銜受於先師，亦泉瀉於後學。棲心二十載，披讀一切經，撰成《音義》總一百卷。"由是可推知，希麟當見到《慧琳音義》，從而有《續一切經音義》。此外姚永銘指出，遼僧行均在

① 此部分主要參考了陳垣《中國佛教史籍概論》（上海書店出版社，2005年，第64—68頁）、徐時儀《慧琳音義研究》（上海社會科學院出版社，1997年，第16—17頁）、《玄應和慧琳〈一切經音義〉研究》（上海人民出版社，2009年，第94—98頁）、《一切經音義三種校本合刊》（上海古籍出版社，2012年，"緒論"第21—23頁）、姚永銘《慧琳〈一切經音義〉研究》（江蘇古籍出版社，2003年，第8—12頁）、黄仁瑄《唐五代佛典音義研究》（中華書局，2011年，第51—54頁）等論著。

② （宋）釋志磐《佛祖統紀》，《大正新修大藏經》（第49册），新文豐出版公司，1983年，第380頁。

③ 饒宗頤《梵學集》，上海古籍出版社，1993年，第201—202頁。

④ 見《宋高僧傳·唐京師西明寺慧琳傳》。

⑤ 徐時儀《一切經音義三種校本合刊》，上海古籍出版社，2012年，"緒論"第21頁。

⑥ 徐時儀《玄應和慧琳〈一切經音義〉研究》，上海人民出版社，2009年，第94頁。

《龍龕手鑑》中有一處提到慧琳法師①，則行均亦當見到《慧琳音義》。對於遼地存有《慧琳音義》之緣由，陳垣認爲："遼時文化本陋，惟燕雲十六州爲中華舊壤，士夫多寄迹方外，故其地佛教獨昌，觀繆、王二家所輯遺文，屬佛教者殆十之六七。京西大覺寺，有遼咸雍四年《清水院創造藏經碑記》，言：'有南陽鄧公，捨錢五十萬，募同志印《大藏經》，凡五百七十九帙。'"②

關於《慧琳音義》在長安等地失傳的原因，陳垣《中國佛教史籍概論》認爲，"大中中雖曾奏請入藏，然廣明之後，長安迭經兵燹，經典自易散亡，燕京地處邊隅，人習'詭隨之俗'，金世宗所謂：'遼兵至則從遼，宋人至則從宋，故屢經變遷，而未嘗殘破。'"③陳垣同時指出，"廣明元年（880），黃巢入長安，《慧琳音》存京師者亡。後唐清泰三年（936），《慧琳音》存燕京者，隨燕雲十六州入契丹"④。此外徐時儀認爲，"宋元時密宗衰微，禪宗在中國佛教界漸占壓倒其他宗派的優勢，禪宗重悟性而略經傳，這也是佛經音義類著作漸不甚受到重視、以至亡佚失傳的一個原因"⑤。不過陳垣還指出，慧琳之書在元時仍見於中土⑥。

2. 元明清時期《慧琳音義》在域外的流傳情況

關於《慧琳音義》宋以後的流傳情況，説法不一。通常認爲，高麗於遼咸雍八年（1072）從中國得到《慧琳音義》⑦。陳垣指出，此即高麗有慧琳之書也。又《新雕慧琳藏經音義紀事》亦有《慧琳音義》傳之高麗的論説："宋傳所記此琳音，中華早絶，不傳四方，學者聞其精要，徒增渴望。高麗國雖曾求之於中華，無由獲之，後求得於異邦（按，應是契丹藏本）而鋟梓，置之於海印寺焉。"⑧此即高麗本《慧琳音義》。關於日本獲得《慧琳音義》的時間，徐時儀認爲在豐臣秀吉入侵朝鮮以前，至遲於明成祖永樂二十年（1422）⑨。此後，至明天順二年（1458），《慧琳音義》再次傳入日本⑩。後來日本元文二年（1737），獅谷白蓮社據高麗原本翻刻，歷時八年，遂有獅谷白蓮社本《慧琳音義》⑪。

---

① 姚永銘《慧琳〈一切經音義〉研究》，江蘇古籍出版社，2003 年，第 9 頁。
② 陳垣《中國佛教史籍概論》，上海書店出版社，2005 年，第 66—67 頁。
③ 陳垣《中國佛教史籍概論》，上海書店出版社，2005 年，第 66 頁。
④ 陳垣《中國佛教史籍概論》，上海書店出版社，2005 年，第 67 頁。
⑤ 徐時儀《一切經音義三種校本合刊》，上海古籍出版社，2012 年，"緒論"第 22 頁。
⑥ "然元至元二十二年撰《法寶勘同總錄》，卷十，慧琳、圓照、希麟之書，皆已著錄編號，是元時本有其書，不待清末始復得之日本也。"見陳垣《中國佛教史籍概論》，上海書店出版社，2005 年，第 67 頁。
⑦ "咸雍八年十二月……庚寅，賜高麗佛經一藏。"見《遼史》卷二十二《道宗二》。
⑧ 《正續一切經音義》，上海古籍出版社，1986 年，第 33 頁。
⑨ 徐時儀《慧琳音義研究》，上海社會科學院出版社，1997 年，第 17 頁。
⑩ 《新雕慧琳藏經音義紀事》云："本邦（即日本）大將軍源義滿公嘗請大藏於朝鮮，逮義政公之時，如請送達（事見《善鄰國寶記》中），今雒東建仁禪刹大藏是也，斯時琳音在藏中同來也"。見《正續一切經音義》，上海古籍出版社，1986 年，第 33—34 頁。
⑪ 《新雕慧琳藏經音義紀事》云："先是，三韓所渡琳音雖在宮嶋、北野寺等，而闕卷蠹蝕，漫滅尤多，今其完本僅留建仁及武之緣山藏中耳。因茲，先師忍澂老人常慮其奇而可尚、殆而可惜，欲寫得彼藏中全本以刊布於世，已登梓者十餘卷。未及完刻，師方遷寂，於是遺弟等各勠力繼先師之志，多方勤勞，遂其殘功。"見《正續一切經音義》，上海古籍出版社，1986 年，第 34—35 頁。

3. 清末《慧琳音義》重回中土

　　元代以後，史志不見關於《慧琳音義》的記載，蓋因國內已無傳本。阮元《一切經音義二十五卷提要》云："齊沙門釋道惠爲《一切經音義》，《宋高僧傳》云唐釋慧琳爲《大藏音義》一百卷，二書今皆不傳。"①至清光緒初年，《慧琳音義》始再傳回中國。楊守敬《日本訪書志》云："余初至日本，有島田蕃根者持以來贈，展閱之，知非玄應書，驚喜無似……余既見此本，凡書肆中所有皆購之，以餉中土學者。厥后又知其板尚存西京，又屬書賈印數十部，故上海亦有此書出售，皆自余披剔而出也。"②丁福保《正續一切經音義提要》亦云："殆光緒初年，《正續音義》始有自日本流入上海書肆者。"③後丁福保等赴日考察醫學及養育院時，於東京舊書店亦購得此書④。

　　1912 年，上海頻伽精舍據日本獅谷白蓮社本印行《慧琳音義》，但校勘工作未過半而止。1924 年，上海醫學書局出版了丁福保編輯的《正續一切經音義》，亦以日本獅谷白蓮社本爲底本。日本大正十一年至昭和九年（1922 至 1934 年），學者高楠順次郎、渡邊海旭等編輯刊出《大正新修大藏經》，其中收録有《慧琳音義》，以麗藏本與頻伽精舍本參校。1986 年，上海古籍出版社據日本獅谷白蓮社本影印《正續一切經音義》。1984 至 1997 年間，中國大陸刊行《中華大藏經》（漢文部分），其中《慧琳音義》以高麗本爲底本。1997 年，中華佛教百科文獻基金會出版了魏南安主編的《重編一切經音義》。2008 年，上海古籍出版社出版了徐時儀主持編校的《一切經音義三種校本合刊》，2012 年出版了修訂本。

　　結合以上考察，茲將《慧琳音義》的流傳按年代順序排比如下⑤：

公元紀年	主　要　事　紀
807	唐憲宗元和二年，《慧琳音義》成書，藏於西明寺，此後景審作《一切經音義序》
840	唐文宗開成五年，處士顧齊之作《新收一切藏經音義序》
851	唐宣宗大中五年，有奏請入藏；其時蓋已有抄本流傳

① 見阮元《揅經室外集》卷二，《四部叢刊》初編本。
② 見楊守敬《日本訪書志》，遼寧教育出版社，2003 年，第 53—54 頁。按，楊氏《日本訪書志》自序中指出，其於光緒庚辰（1880）之夏在日本書肆中頗得舊本。《慧琳音義》亦當於此時所得。
③ 見《正續一切經音義》，上海古籍出版社，1986 年，第 5846 頁。
④ 見陳炳迢《辭書概要》，福建人民出版社，1985 年，第 161 頁。
⑤ 説明：(1) 此表主要參考了陳垣《中國佛教史籍概論》（上海書店出版社，2005 年，第 67—68 頁）、徐時儀《玄應和慧琳〈一切經音義〉研究》（上海人民出版社，2009 年，第 94—98 頁）、《一切經音義三種校本合刊》（上海古籍出版社，2012 年，"緒論"第 21—23 頁）、姚永銘《慧琳〈一切經音義〉研究》（江蘇古籍出版社，2003 年，第 8—12 頁）、黃仁瑄《唐五代佛典音義研究》（中華書局，2011 年，第 51—54 頁）等論著；(2) 各種大藏經的刊刻年代等信息，重點參考了李富華、何梅的《漢文佛教大藏經研究》（宗教文化出版社，2003 年）；(3) 大藏經收録《慧琳音義》的情況，除查閱我們手頭掌握的大藏經資源外，主要參考了童瑋《二十二種大藏經通檢》（中華書局，1997 年，第 647—648 頁）及《佛教藏經目録數位資料庫》檢索系統。

續　表

公元紀年	主　要　事　紀
880	唐僖宗廣明元年,黃巢入長安,存於京師的《慧琳音義》亡佚
936	後唐清泰三年,存於燕京的《慧琳音義》隨燕雲十六州入契丹
954—960	後周世宗顯德年中,高麗求《慧琳音義》於浙中,不獲。行瑫嘆郭迻《音義》疏略、慧琳之書不傳,遂作《大藏經音疏》五百餘卷
987	遼聖宗統和五年,燕京沙門希麟參照《慧琳音義》撰《續一切經音義》十卷
997	遼聖宗統和十五年,釋行均撰《龍龕手鏡》,引用《慧琳音義》
1032—1068	遼興宗重熙年間至遼道宗咸雍四年,《契丹藏》始刻成,内收有《慧琳音義》①
1072	遼道宗咸雍八年,賜高麗國佛經一藏,高麗得《慧琳音義》,遂刻板印行②
1149—1173	金皇統九年至金大定十三年,《金藏》刊刻完成,其中收録有《慧琳音義》,現存的爲《趙城金藏》③
1236—1251	高麗高宗二十三年至高宗三十八年間,《高麗大藏經》再雕本完成,其中收録有《慧琳音義》④
1285	元世祖至元二十二年,《至元法寶勘同總録》卷十載録《慧琳音義》⑤
1422	明成祖永樂二十年,日本至遲由此年從朝鮮求得《慧琳音義》⑥
1737	清高宗乾隆二年,日僧忍澂謀刻《慧琳音義》
1744	清高宗乾隆九年,日僧忍澂等從《高麗藏》翻刻成《慧琳音義》,是爲《慧琳音義》獅谷白蓮社本
1880	清德宗光緒六年,楊守敬在日本訪得《慧琳音義》⑦

---

① 《契丹藏》又稱《遼藏》《丹藏》,全藏 579 帙,刻於遼興宗重熙年間至遼道宗咸雍四年(1031—1068)。從版本性質而論,《契丹藏》非《開寶藏》之覆刻,而是"一種民間的私刻藏經"。詳見李富華、何梅《漢文佛教大藏經研究》,宗教文化出版社,2003 年,第 152 頁。

② 《高麗藏》有初雕、續雕、再雕之别,從版式上看,其所據底本爲《開寶藏》,不過續雕之時(於 1089 年前後完成),《契丹藏》已傳入高麗,故續雕《高麗藏》或參校了《契丹藏》。參李富華、何梅《漢文佛教大藏經研究》,宗教文化出版社,2003 年,第 118—122、152—154 頁。

③ 《金藏》爲《開寶藏》的覆刻,詳見李富華、何梅《漢文佛教大藏經研究》,宗教文化出版社,2003 年,第 111 頁。

④ 詳參李富華、何梅《漢文佛教大藏經研究》,宗教文化出版社,2003 年,第 122—124 頁。

⑤ 見《中華大藏經》(漢文部分)第 56 册第 111 頁。

⑥ 此從徐時儀考證。陳垣認爲,明天順二年日本從朝鮮得《慧琳音義》。見陳垣《中國佛教史籍概論》,上海書店出版社,2005 年,第 67 頁。

⑦ 按,楊氏《日本訪書志》"自序"指出,其於光緒庚辰(1880)之夏,在日本書肆中頗得舊本。見楊守敬《日本訪書志》"自序",遼寧教育出版社,2003 年。又丁福保《正續一切經音義提要》云:"殆光緒初年,《正續音義》始有自日本流入上海書肆者。"見《正續一切經音義》,上海古籍出版社,1986 年,第 5846 頁。

續　表

公元紀年	主　要　事　紀
1881—1885	日本明治十四年至明治十八年，東京弘教書院編輯出版《大日本校訂大藏經》，"爲八""爲九""爲十"收録有《慧琳音義》
1896	清德宗光緒二十二年，陳作霖作《一切經音義通檢》
1909—1913	上海頻伽精舍校刻獅谷白蓮社本《慧琳音義》，歸於《頻伽藏》
1924	頻伽精舍重刊《頻伽藏》，丁福保作《重刊正續一切經音義序》
1922—1934	大正十一年至昭和九年，日本學者高楠順次郎、渡邊海旭等編輯出版《大正新修大藏經》，內有《慧琳音義》
1970	大通書局影印日本京城大學據麗藏本翻刻的《慧琳音義》
1984—1997	中華書局出版《中華大藏經》(漢文部分)，第 57 冊、58 冊、59 冊收録有高麗版《慧琳音義》
1997	中華佛教百科文獻基金會出版魏南安主編的《重編一切經音義》
2004	綫裝書局出版了《域外漢籍珍本文庫》編輯委員會編印的《高麗大藏經》，內有《慧琳音義》
2008	上海古籍出版社出版由徐時儀主持編校的《一切經音義三種校本合刊》
2012	上海古籍出版社出版《一切經音義三種校本合刊》修訂本

(二)《慧琳意義》主要版本

與《玄應音義》相比，《慧琳音義》的流傳相對簡單。就目前可見者而言，主要有以下幾種不同版本：高麗大藏經本，獅谷白蓮社本(1744)，日本校訂大藏經本(1881—1885)，頻伽精舍校勘本(1909—1913)，大正新修大藏經本(1922—1934)，大通書局翻刻麗藏本(1970)，魏南安《重編一切經音義》(1997)，徐時儀《一切經音義三種校本合刊》(2008、2012)。

其勘刻流程可展示如下：

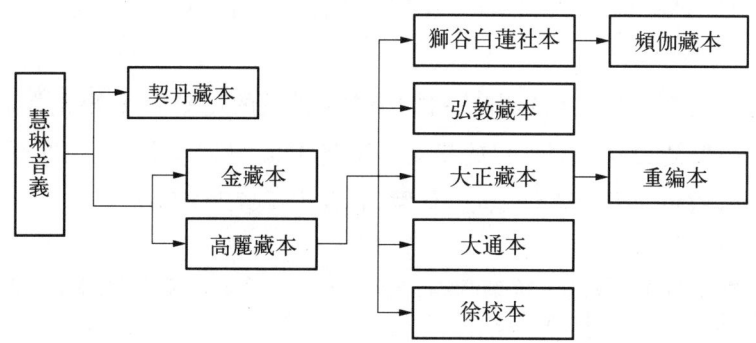

第二節　慧琳《一切經音義》的體例

《慧琳音義》釋文的基本程序爲：引《韻英》《考聲切韻》等以釋音，引《説文》《字林》《玉篇》《古今正字》《文字典説》等以釋形義，以上諸書若不備，則取之經史百家、參合佛典意義以定之。論其體例，《慧琳音義》的詞條一般由詞目、注音、釋義、例證、按語等要素構成①。下面具體言之。

（一）詞目

慧琳所釋的詞目均摘自經文，從不同角度可以分爲不同類型。從詞目是否爲詞的視角來看，有的詞目是詞，如卷六十七的“忼慨”“彫斲”等；有的詞目爲短語，如卷六十七的“一畦”、卷七十四的“爨之”等。就詞目爲詞的條目來看，有的是單純詞，如卷二十五的“碼碯”、卷六十七的“捺落迦”；有的是複合詞，如卷二十五的“飢饉”“箱篋”等。從構成詞目的音節數量來看，有單音節的，如卷二之“衺”“洛”等；有複音節的，如卷六的“無易”“遷動”等；有多音節的，如卷六的“十二京”、卷七十四的“迦藍浮王”等。

（二）注音

在注音方面，《慧琳音義》以反切法爲主，比如卷一“庸鄙”下云：“上勇從反。……下悲美反。”(C57P0403b)“紛糾”下云：“上拂文反。……下經酉反。”(C57P0403b)“耆闍崛山”下云：“上音祇，下達律反。”(C57P0407b)有時也用直音法，如卷第一“拯濟”下云：“拯字取蒸字上聲。”(C57P0419b)同卷“四繫”條下謂：“下音計。”(C57P0417a)

有異讀的往往注出不同的音讀。如卷二“對治”下云：“下直吏反，又直梨反。”(C57P0432a)卷四“重擔”下云：“上直勇反，又音除用反。”(C57P0472b)卷五“毀呰”下云：“下子爾反、子移反，又茲此反。”(C57P0487a)

有的字注出本讀及破讀，或指出讀音不同則意義有别。如卷第十一“俳説”條云：“下説如字，或音商穢反也。”(C57P0618a)卷十二“雨大法雨”下云：“上雨字于句反……下雨字如本字，上聲也。”(C57P0626a)卷第四十“衣纈衣”條下云：“衣，依記反……下衣如字。”(C58P0194b)

此外，在給詞目字加注音讀的同時，對於釋文中涉及的疑難字，慧琳也常加注音讀。如卷五“腫疱”下云：“《説文》：腫，癰也〈於恭反〉。”(C57P0485b)“躁擾”下云：“《説文》擾字從手作㝹〈奴刀反〉，㝹聲也。經文從忄〈音心〉作㥮，非也。”(C57P0487b)

---

① 需要説明的是，雖然我們將《慧琳音義》的體例歸結爲五個方面，但不表示每個詞條都具備后四種屬性，事實爲或具其一，或具其二，或五種屬性全備。

(三) 釋義

在釋義方面,慧琳多依據其自身的理解,按照一定標準予以取捨①。《慧琳音義》釋義的最大特點是引證豐富,從不同角度可將其釋義分爲不同類型:

從釋義內容觀之,有的是單純訓釋詞義。如卷七"遊泛"下云:"賈注《國語》:'泛,浮也。'《詩傳》:'泛,流兒也。'"(C57P0531b)卷二十二"永訣"下云:"《切韻》稱:'訣,別也。'"(C57P0841b)有的是説明字、詞之結構理據。如卷第二十"傲慢耐"條下云:"下乃袋反。顧野王云:'耐猶能也。'《説文》作耏(耏),古字也。從彡從而。又云或從寸作耐,諸法度也,故從寸。"(C57P0793a)又卷二十一"汲井"下云:"取水於井,故云汲井。"(C57P0828b)

從引證他書釋義的方式來看,姚永銘認爲,慧琳有"明引"和"暗引"之別②。"明引"即明確標明釋義的來源,比如指明出自《毛詩》《説文》《爾雅》《廣雅》等;"暗引"即不標明釋義的來源,但這些釋義亦有所本。此外,《慧琳音義》釋義時有的是意引,即僅轉述大意,未必字字精准。

(四) 例證

《慧琳音義》大量引用古代典籍,除了訓釋字詞外,尚有不少屬於書證性質的,"引用的一般都是名家典籍,引例提供了運用漢語語言的範例,既有佐證釋義的作用,又有語言運用的示範作用"③。劉雅芬將《慧琳音義》中引用的典籍分爲十三類:佛經、唐以前的字書韻書、碑刻、儒家經傳、史地傳記、子書、傳奇、文學、人名、曆算天文兵法、醫藥及其他④。

(五) 按語

慧琳除引用前人典籍以注音、釋義、例證外,也常以按語形式發表己見,闡述一些需要進一步解釋的地方。在辭書中最早使用按語的當屬南朝梁顧野王的《玉篇》,不過顧氏的按語多用於解釋詞義,而佛經音義中的按語則所涉較廣。

有的説解詞義。如卷第一"可徵"下云:"案事有象可驗曰徵。"(C57P0403a)同卷"毫氂"下云:"案《九章算經》云:'凡度之法初起於忽,十忽爲絲,十絲爲毫,十毫爲氂。'"(C57P0403a)卷第七"竭誠"下云:"下音誠。《爾雅》:'誠,信也。'《博雅》:'誠,敬也。'案誠猶實也。"(C57P0521a)卷第四十八"襃讚"條下云:"案哀猶揚美之也。進也。"(C58P0394b)第四十九卷"自呈"下云:"案呈猶見示也。"(C58P0399b)

有的辨證字形。如卷二"猥雜"下云:"案雜字正體從衣從集。隸書取便,移木於衣下作雜(雜)。又因草書變衣爲立,遂相傳作雜,失之遠矣。"(C57P0436b)又卷六"僕隸"下云:"隸者,賤臣也。《説文》云:附著也。正體作隸,從隶〈音弟〉柰聲也。經文從入從米作㣓,

---

① 《慧琳音義》卷一《大般若波羅蜜多經》卷第一"囉弭多"條下云:"取捨今古,任隨本志。"
② 姚永銘《慧琳〈一切經音義〉研究》,江蘇古籍出版社,2003年,第15頁。
③ 徐時儀《慧琳音義研究》,上海社會科學院出版社,1997年,第64頁。
④ 劉雅芬《慧琳〈一切經音義〉異體字研究》,成功大學中國文學研究所博士學位論文,2006年,第26頁。

謬也,俗字。"(C57P0509b)卷二十二"塵相如故"下云:"塵字,案《字林隱文》作塵。今有從兩上者,不是字也。"(C57P0847a)

　　有的解釋典故。如卷六十一"鵬翼"下云:"《莊子》云:北溟有魚名鯤,化爲鵬,鵬之背數千里。"(C58P0694b)也有的按語下綜合解釋形音義等内容,如卷六"箭筈"下云:"案箭筈者,受弦之口也。經文從木作栝,亦通。正體從竹從栝省聲也。栝音闊,糖栝也。"(C57P0514b)

　　從詞條下按語的數量來看,大多時候一個詞目下只有一個按語,例見上文所引。也有時一個詞目下有兩個按語,乃是因需要而設置,無嚴格之數量限定。如卷十"除饉"下云:"案《分别功德論》云:世人飢饉於色欲,比丘除此受饉之飢想。故名除饉。又案,梵言比丘,此云乞士,即與除飢饉義同。"(C57P0583b)又卷十六"矛刺"下云:"案此説是用古尺,即今尺之丈六也。案矛字象形,即今槍槊之類也。或名爲稍。"(C57P0710a)

第三節　慧琳《一切經音義》文字整理與研究的現狀

　　《慧琳音義》的研究成果較爲豐富,下面我們在概述《慧琳音義》相關研究成果的基礎上,重點考察其文字學研究的成果及不足。

一、慧琳《一切經音義》研究概述

　　因《慧琳音義》在較長一段時期於中土失傳,故而對於該書真正意義上的研究始自清末。前期主要是利用《慧琳音義》進行輯佚與校勘,如陶方琦用《慧琳音義》補輯《字林》《蒼頡》等。比較早期對《慧琳音義》進行綜合研究的當屬丁福保,1922 年丁氏撰《正續一切經音義提要》①,對慧琳全書從十個方面進行了考察。1930 年,黄淬伯作《慧琳〈一切經音義〉反切聲類考》(《史語所集刊》,1 本 2 分)、《慧琳〈一切經音義〉反切考韻表》(《國學論叢》,2 卷 2 期),考訂《慧琳音義》聲類爲 36 類,韻類爲 132 類。1933 年至 1934 年,陳定民撰《慧琳〈一切經音義〉中之異體字》(《中法大學月刊》,第 3 卷第 1—5 期、第 4 卷第 4 期),將《慧琳音義》中的異體字分爲七大類。此外,1947 年陳垣作慧琳希麟兩《音義》合論②。之後研究者相對較少,更爲系統化的研究則始於二十世紀八十年代。

　　到目前爲止,對《慧琳音義》的研究涉及語言、宗教、哲學、藝術、醫術、中外交往等多個領域,因其廣釋眾經疑難音義之特色,故以語言文字學方面的研究成果居多。就該方向的成果而論,又可從不同視角進行分類。從研究範圍觀之,有的散見於佛經音義綜合研究著作中,

———————————————

① 《正續一切經音義》,上海古籍出版社,1986 年,第 5796—5857 頁。
② 陳垣《中國佛教史籍概論》,上海書店出版社,2005 年,第 64—68 頁。

有的則是對《慧琳音義》的專書研究。從研究視角觀之，有文字學、詞彙學、音韻學、辭書學、綜合評述等幾個方面。從呈現方式觀之，有出版專著、單篇論文、系列論文、學位論文等。上述三個角度之前二者組合起來看，則有佛經音義綜合研究、佛經音義專題研究，《慧琳音義》綜合研究、《慧琳音義》專題研究。下面我們重點對以出版專著、系列論文、學位論文方式呈現的《慧琳音義》研究成果進行考察。

現已出版的多部佛經音義綜合研究論著中，大都涉及《慧琳音義》一書，比如徐時儀等《佛經音義概論》（大千出版社，2003 年）、徐時儀主編《佛經音義研究：首屆佛經音義研究國際學術研討會論文集》（上海古籍出版社，2006 年）、徐時儀等《佛經音義研究通論》（鳳凰出版社，2009 年）、徐時儀《玄應和慧琳〈一切經音義〉研究》（上海人民出版社，2009 年）、黃仁瑄《唐五代佛典音義研究》（中華書局，2011 年）、徐時儀主編《佛經音義研究：第二屆佛經音義研究國際學術研討會論文集》（鳳凰出版社，2011 年）等。此外，已出版的佛經音義專題研究也多涉及《慧琳音義》，如梁曉虹等《佛經音義與漢語詞彙研究》（商務印書館，2005 年）、陳五雲等《佛經音義與漢字研究》（鳳凰出版社，2010 年）、王華權《〈一切經音義〉刻本用字研究》（廣西師範大學出版社，2011 年）及《〈一切經音義〉文字研究》（上海人民出版社，2014 年）等。

同時，也有對《慧琳音義》進行專書研究的，又可細分爲專書綜合研究、專書專題研究兩類。專書綜合研究主要有徐時儀《慧琳音義研究》（上海社會科學院出版社，1997 年）、姚永銘《慧琳〈一切經音義〉研究》（江蘇古籍出版社，2003 年）等；專書專題研究的多是學位論文，主要有金雪萊《慧琳〈一切經音義〉語音研究》（浙江大學博士學位論文，2005 年）、劉雅芬《慧琳〈一切經音義〉異體字研究》（成功大學中國文學研究所博士學位論文，2006 年）、趙翠陽《慧琳〈一切經音義〉韻類研究》（中國社會科學院研究生院博士學位論文，2009 年）；也有系列論文，如前述陳定民《〈慧琳一切經音義〉中之異體字》。

此外，尚有大量單篇論文也涉及《慧琳音義》，其中有的屬佛經音義通論性質，有的是對《慧琳音義》的綜合評述，有的是對《慧琳音義》某一角度進行專題研究。

總體來看，目前對於《慧琳音義》的研究大多集中於以下幾個方面。一，文字學研究。二，詞彙學研究，主要落腳點有詞語探源、詞義考辨、詞彙理論研究等。三，音韻學研究，重點有反切、重組、借音、譯音、語音系統、注音依據等幾個方面。四，文獻學研究，主要涉及《慧琳音義》的作者生平、成書過程、版本流傳、版本校勘等。五，辭書學研究，具體有《慧琳音義》編纂理論與方法、辭書編纂史、雙語詞典編纂、大型字書編纂等幾個方面。六，綜合評述，如討論《慧琳音義》的文獻價值等。此外，還有對《慧琳音義》引《説文》《爾雅》等文獻的引書研究；此類研究多是通過比較《慧琳音義》引文與現存被引文獻之異同，進而考探版本異文、是正傳寫訛誤、追溯演變步跡、恢復經典原貌等。在研究角度上，該類研究或偏文字學，或重訓詁學，或總而和之。下面我們就《慧琳音義》文字學相關的研究成果分專題進行考察。

二、慧琳《一切經音義》文字學研究專題考察

因《慧琳音義》注釋眾經、引證群籍、廣録異體、多方辨析的特性,後世對其文字學的研究成爲諸多研究中的一個熱點。到目前爲止,學界的研究主要集中在以下幾個方面:一,對《慧琳音義》文字學類術語的考察,如辨析《慧琳音義》所用正體、正字、俗字等術語;二,圍繞"六書"概念,對慧琳框定的文字現象之研究,比如對轉注、省聲的研究等;三,對《慧琳音義》中文字異體現象的研究;四,對《慧琳音義》所釋文字正俗關係的研究;五,對《慧琳音義》釋文用字的研究;六,對《慧琳音義》所收疑難字的考辨與楷字形體流變的研究等。下面分類論之。

(一) 對《慧琳音義》文字學類"術語"的研究

《慧琳音義》一書篇幅宏大,内容豐富,其所涉及的語言、文字學"術語"可謂繁多而雜亂,術語間的關係也較爲複雜。總體來看,以文字類的術語居多。此類"術語"可以粗略分爲以下幾種:其一,判斷字際關係的,主要有"異體字""假借"等;其二,判定文字正俗關係的,比如"正體""正作""正字""俗字""通俗字""俗用字""俗行用字""時俗共用字""俗通用字""俗作""俗撰字""變體俗字""今作""時用字""近字"等;其三,與"六書"概念有關的,比如"象形""會意""形聲""轉注""假借""亦聲""省聲"等。與語音相關的"術語"主要有"楚夏""假借"等。我們説《慧琳音義》所用"術語"雜亂,從上面的分類即可看出。再以"假借"爲例,有時指語音之相通,有時則指"六書"之"假借"。如此看來,《慧琳音義》中的這類用語是否稱得上"術語",是值得探討的,這裏我們權且加雙引號以示區別。

儘管《慧琳音義》的"術語"比較繁雜,但關於其的研究成果卻不少。因與文字有關的三類"術語"大都融合在相關專題之中,故此部分從略。

(二) 對《慧琳音義》所涉"六書"現象的研究

"六書"作爲漢字學的重要研究課題之一,從漢代至今一直受到人們的關注。但由於許慎對"六書"的定義非常簡略,舉例少爭議多,從而使之陷入聚訟紛紜的境地。《慧琳音義》大量引用《説文》等字書的釋形,時或對某些字進行分析,多處標明"象形""指事""會意""形聲""轉注""假借",這無疑給後人研究"六書"提供了寶貴素材。此外,《慧琳音義》中有不少分析形聲字結構的材料,如"左形右聲""上形下聲""外形内聲"等表述,這些資料對形聲字、漢字構形學、漢字史的研究也很重要。就《慧琳音義》中涉及的"六書"現象而言,研究成果主要集中在"轉注""省聲"及漢字結構等三個方面。

1. "轉注"研究

《慧琳音義》中雖無關於"轉注"這一術語的理論探究,然書中有 48 例明確標爲"轉注"。對慧琳書中"轉注"材料進行研究的主要有解冰、聶宛忻、黄仁瑄等。

(1)《慧琳音義》"轉注"問題相關研究成果

解冰在《慧琳〈一切經音義〉轉注、假借考》(《貴州大學學報》,1992 年第 2 期)中,最早

對這一問題進行了研究。他將《慧琳音義》中標明“轉注”的材料大致分爲了三類：一，字形包含所屬部首，意義也“受”於部首，如“耄”“學”等；二，屬同一部首，彼此義同或義近，如“餒、餓”“絡、繞”等；三，彼此不同部，但意義相同、相近，多已組合成複合詞，如“疲勞”“牽引”等。

對《慧琳音義》“轉注”問題研究更爲充分的是黃仁瑄，相關成果主要有聶宛忻、黃仁瑄《“耄”和“考”“老”——慧琳〈一切經音義〉“轉注”考》(《河南教育學院學報》，2002 年第 4 期)，聶宛忻、黃仁瑄《慧琳〈一切經音義〉中的一些轉注字》(《南陽師範學院學報》，2004 年第 10 期)，黃仁瑄《慧琳〈一切經音義〉中的轉注字》(《古漢語研究》，2005 年第 1 期)，黃仁瑄《慧琳〈一切經音義〉中的轉注兼會意字》(《語言研究》，2005 年第 2 期)；另外，黃仁瑄在《唐五代佛典音義研究》(中華書局，2011 年)之《關於“轉注”》一節中亦有相關論述。

(2) 對慧琳“轉注”觀的認識

解冰認爲，慧琳的“轉注”觀是多角度的，其中“意義的相關聯”是其“轉注字”的基本特點。慧琳的“同意相受”含有兩個方面的内容：其一，某義受於所從屬的某形；其二，形體上没有關聯的兩個同義或近義詞。解冰指出，歷代對“轉注”的解説，歸納起來不外三種：形義説，互訓説，同族詞説。慧琳的“轉注”觀與段玉裁的“同部轉注”“異部轉注”大略相似。據此他認爲，慧琳“轉注”觀中的第三類不應歸入“轉注”的範圍。解冰同時認爲，慧琳的“轉注”觀體現了他那個時代的水平，給後人以啓發，對於其不完善之處，今人不當苛求。

黃仁瑄對《慧琳音義》“轉注”材料的研究不同於解冰，他主要是利用慧琳提供的“材料”申發“轉注”説，在分析慧琳“轉注”觀的同時，於某些程度上進一步明確了“轉注”這一術語之内涵。通過分析《慧琳音義》中關於“耄”的材料，黃仁瑄給“轉注”下了定義：“所謂轉注，其實就是在轉注原語的基礎上加注意符的一種造字方式。”與此同時，他又歸納了“轉注字”的幾個特點：其一，構件組合關係的歷史性，意符是遲到者，轉注原語或訴諸聲音，或形諸文字，承擔了轉注字表達的全部内容；其二，意義的繼承性，意符往往承自轉注原語；其三，結構類型的形聲化，加注意符后，轉注原語多變爲聲符。最後，黃仁瑄指出，“轉注字是轉注原語加注意符而成的文字”。

解、黃二人的研究成果，對釐清慧琳“轉注”觀的内涵、外延，劃定慧琳認可的“轉注字”範圍等問題多有創獲，然而就慧琳所標出的“轉注”材料而論，仍有相當研究空間。

2. “省聲”研究

漢字結構中“省聲”現象客觀存在，但自《説文》“省聲”以來，爭議頗多。段玉裁①、梁東漢②、姚孝遂③等都曾指出“省聲”之可疑性，然而我們需要明白的是，“省聲”的問題

---

① 段玉裁《説文解字注》，上海古籍出版社，1988 年，第 3 頁。
② 梁東漢《漢字的結構及其流變》，上海教育出版社，1959 年，第 143 頁。
③ 姚孝遂《許慎與〈説文解字〉》，中華書局，1983 年，第 30 頁。

除了許慎認識不足外,恐與後人的篡改不無關係。對此王筠認爲既有後人私改者,也有許慎誤解者①。"省聲"問題的有效解決有賴於更多的材料,《慧琳音義》在徵引《説文》時保存了大量釋形資料,通過比對這些資料與今傳本《説文》的相關内容,可以爲"省聲"問題提供一定參考。

關於《慧琳音義》所釋"省聲"問題的研究,姚永銘在《慧琳〈一切經音義〉研究》中闢出專節,通過《慧琳音義》所釋的材料,對《説文》中的部分"省聲"進行了討論。他認爲,儘管《慧琳音義》是一部"濫言省聲的書",但其在"校正、印證《説文》'省聲'方面有著無可比擬的重要作用"②。我們統計了《慧琳音義》中明確標有"省聲"字樣的材料,共有 757 條之多。如此豐富的材料,正如姚永銘所言,即便其所言的省聲不一定全對,但對於《説文》"省聲"研究的作用絶不可小覷。此外,通過考察《慧琳音義》的"省聲"字,也可以進一步探究"省聲"這一術語的歷史演變,豐富漢字學史。

3. 形聲字結構研究

對《慧琳音義》所釋形聲字結構的研究成果相對較少,姚永銘在《慧琳〈一切經音義〉研究》中舉了三個例子,但沒有理論闡述③。我們統計了《慧琳音義》中描述漢字結構的材料:"左形右聲"的 14 例,"右形左聲"的 1 例,"上形下聲"的 14 例,"下形上聲"的 10 例,"外形内聲"的 3 例。全面考察這些材料,對形聲字結構的研究也有一定啓發。

除上面三種現象外,《慧琳音義》所涉"六書"類材料還有"象形""會意""形聲""亦聲"等,其中標注"象形"的有 322 例,標注"會意"的有 315 例,標注"形聲"的有 586 例(不包括描述漢字結構的 42 例),標注"亦聲"的有 199 例。儘管這裏有些判定不合理,但合理者亦不在少數,這些材料對於漢字學的研究也頗有價值。

(三) 對《慧琳音義》中異體字的研究

《慧琳音義》廣收古文和經文用字,對該書異體字問題的研究自然成爲一個重點。二十世紀三十年代,陳定民首先對《慧琳音義》中的異體字進行了類聚考察,之後徐時儀、陳五雲、梁曉虹以及姚永銘、劉雅芬等亦有研究。其中徐時儀、陳五雲等主要從認知視角考察了《慧琳音義》中異體字的成因、理據、結構等問題,姚永銘主要從理論上指出《慧琳音義》對異體字研究的重要性,劉雅芬就《慧琳音義》一書從學史角度梳理了慧琳的異體字觀。概而言之,對於《慧琳音義》異體字的研究重點涉及以下四個方面。

1. 對異體字這一術語的認識

姚永銘在《慧琳〈一切經音義〉研究》中認爲,《慧琳音義》明確提出"異體字"的概念。他進一步指出,慧琳法師的這種提法"在中國文字學史上,即使不是最早的,也應該稱得上是較

---

① 王筠《説文釋例》,中華書局,1985 年,第 57 頁。
② 姚永銘《慧琳〈一切經音義〉研究》,江蘇古籍出版社,2003 年,第 53 頁。
③ 姚永銘《慧琳〈一切經音義〉研究》,江蘇古籍出版社,2003 年,第 33 頁。

早的了"。他同時認爲,"異體字"作爲一個文字學術語,"至少已有一千多年的歷史"①。

2. 對異體字類型的研究

陳定民在《慧琳〈一切經音義〉中之異體字》中,將《慧琳音義》的異體字從結構上分爲七大類: 形聲字之音符換置例,形聲字之意符換置例,形聲字之音符與意符顚置例,同音假借例,義近假借例,省繁例,增筆例。② 徐時儀等在《佛經音義研究通論》③中,承用陳定民《慧琳〈一切經音義〉中之異體字》一文所歸納的異體字類型,舉出相關例子予以辨析。劉雅芬在《慧琳〈一切經音義〉異體字研究》中,將《慧琳音義》所收之異體字分爲五大類: 簡省所致,增繁所致,遞換所致,訛變所致,複生與造字意識不同所致。④

此外,陳五雲等在《佛經音義與漢字研究》中,從認知的角度探討了《慧琳音義》異體字的結構類型,主要有換位、換旁、增旁、類化、省筆、增筆、連筆、草化、誤筆等。⑤

3. 對異體字認知理據的研究

徐時儀與陳五雲、梁曉虹分別在《玄應和慧琳〈一切經音義〉研究》《佛經音義與漢字研究》等著作中,從認知角度探究了異體字的成因、理據性等問題。

徐時儀在《玄應和慧琳〈一切經音義〉研究》中主要從異體字的成因、理據性兩個角度探討了《一切經音義》所釋異體字的認知理據。他引用陳澧《東塾讀書記》之說,指出文字是語言的另一傳播媒體,從認知的角度指出漢字具有標識作用、類化作用、區別作用和融匯作用;並進一步認爲,異體字表面上似乎雜亂無章,但作爲一種傳播媒介同樣會受到文字社會性的制約,從而凡是可以爲社會所認可而流傳開來的異體字,也多少具有認知的理據性。徐時儀同時認爲,異體字的認知理據性在於人的直覺能動作用,人們感知客觀事物時,往往是事物的輪廓或部分分別或先後作用於人的感官,從而形成一個整體認知。⑥ "人的認知規律不僅決定了異體字的產生方式,同時也限定了異體字的變異程度和範圍。"⑦此外,他還從異體字形成的原因方面,分類探討了《一切經音義》所釋異體字的理據性。

4.《慧琳音義》對於異體字研究之價值的探討

關於《慧琳音義》所釋文字中異體字的研究價值,陳定民在《慧琳〈一切經音義〉中之異體字》裏便有探討。陳氏認爲,《慧琳音義》中的異體字"并不僅僅是一些當時士大夫們所承認的正體或古文,而且還有一大部分是民間流行的俗體、省體……那些所謂'俗體''省體',向來爲文人學士所輕視的,我們就無法知道了;《慧琳音義》之可貴者,就在這一方面"。他還指

---

① 姚永銘《慧琳〈一切經音義〉研究》,江蘇古籍出版社,2003年,第71頁。

② 陳定民《慧琳〈一切經音義〉中之異體字》,《中法大學月刊》,1933年至1934年,第3卷1—5期、第4卷第4期。

③ 徐時儀、梁曉虹、陳五雲《佛經音義研究通論》,鳳凰出版社,2009年,第157—166頁。

④ 劉雅芬《慧琳〈一切經音義〉異體字研究》,成功大學中國文學研究所博士學位論文,2006年,第165頁。

⑤ 陳五雲、徐時儀、梁曉虹《佛經音義與漢字研究》,鳳凰出版社,2010年,第408—413頁。

⑥ 徐時儀《玄應和慧琳〈一切經音義〉研究》,上海人民出版社,2009年,第345—347頁。

⑦ 徐時儀《玄應和慧琳〈一切經音義〉研究》,上海人民出版社,2009年,第347頁。

出,《慧琳音義》中的異體字,"至少可以代表唐代和唐以前的許多文字",這些文字對於文字形體的演變頗爲重要①。姚永銘在《慧琳〈一切經音義〉研究》中亦强調了《慧琳音義》對異體字研究的重要性。他認爲,異體字的研究大致可以分爲理論的研究和應用的研究兩部分。理論的研究主要探討異體字的形成、特點、本質、範圍、構成等,應用的研究則主要探討具體字際關係,這對於辭書編纂、古籍整理、漢字演變史等研究都有非常重要的價值。此外姚永銘還指出,從使用角度而言,《慧琳音義》"更有它無可比擬的作用"。② 劉雅芬在《慧琳〈一切經音義〉異體字研究》中也認爲,《慧琳音義》廣泛收録正字、俗字、古字、本字、新字、訛字等,并逐條訓釋,對於字形之由來、演變等情況參照衆書予以辨析;其所收之字,未見他書者甚夥。③ 綜合論之,慧琳法師在書中廣搜異體,爲後世研究異體字提供了十分豐富的資料。

5.《慧琳音義》異體字研究之不足

就目前已有成果來看,對於《慧琳音義》異體字的研究多是從學史視角出發,釐析慧琳的異體字觀、梳理慧琳所録異體字的類型,在此基礎上探討異體字的成因,這些研究對於漢字學史具有積極意義。但是在今天的異體字觀念下,慧琳所溝通的文字現象到底哪些是真正的異體字,哪些不是? 不是異體字的文字現象又可分爲哪些類型? 從這些類型出發,我們可以看出當時社會用字的哪些習慣? 另外到目前爲止,尚無從現代異體字定義出發整理出的《慧琳音義》文字表,這不能不説是一個缺憾。這樣的字表無論是對於歷史漢字整理,還是對於辭書編纂、文獻校讀、漢字形體流變研究等,都有重要意義。

(四) 對《慧琳音義》所標記文字正俗現象的研究

該論題具體包括以下兩個方面:其一,對慧琳用於指出文字正俗現象的"術語"之研究;其二,對慧琳文字正俗觀念的考察。

1. 對慧琳用於指出文字正俗現象的"術語"之研究

針對《慧琳音義》中用於指稱文字正俗關係的"術語",陳五雲、徐時儀、梁曉虹在《慧琳一切音義所用正體正字等術語研究》中有初步考察,後在《佛經音義與漢字研究》中有詳細統計,其中與"俗字"相關的有 17 個,與"正字"相關的有 3 個。指稱"俗字"一類的術語有以下一些:俗字(1 649 次)、俗用(244 次)、俗作(133 次)、非字(96 次)、不成字(90 次)、俗從(59 次)、非字體(40 次)、非字義(40 次)、俗也(40 次)、通俗字(23 次)、字書無此字(19 次)、順俗(10 次)、俗傳(5 次)、俗謬字(4 次)、俗誤(2 次)、俗撰字(2 次)、傳寫錯謬(2 次)。指稱"正字"一類的術語主要有:正字(1 714 次)、正體(504 次)、正作(405 次)。

另外,李文珠在《慧琳〈一切經音義〉俗字研究》(河南大學碩士學位論文,2007 年)、《〈一切經音義〉中幾個俗字術語辨析》(《南陽師範學院學報》,2007 年第 4 期)中,對《慧琳音義》中

① 陳定民《慧琳〈一切經音義〉中之異體字》,《中法大學月刊》,1933 年至 1934 年,第 3 卷,第 14—16 頁。
② 姚永銘《慧琳〈一切經音義〉研究》,江蘇古籍出版社,2003 年,第 71—73 頁。
③ 劉雅芬《慧琳〈一切經音義〉異體字研究》,成功大學中國文學研究所博士學位論文,2006 年,第 5 頁。

的幾個常見俗字用語進行了辨析。

2. 對慧琳文字正俗觀念的研究

漢字正俗觀念蓋始自許慎《説文》，後世對漢字進行規範時多遵從《説文》，以見於《説文》者爲正，不見者爲俗。《慧琳音義》釋文中有大量關於文字正俗關係的描述，這些可與唐時其他正字書相比較，對進一步釐清唐時正字觀念、考察當時社會用字有很大功用。對《慧琳音義》文字正俗觀念研究比較多的有徐時儀、姚永銘等。

一些學者對《慧琳音義》判定文字正俗關係的依據進行了歸納。徐時儀、陳五雲、梁曉虹在《佛經音義與漢字研究》一書第四章《佛經音義字形研究專論之一——傳承字》中對《慧琳音義》文字正俗現象的依據進行了歸納，共總結出 13 條正字依據，比如以《説文》小篆隸定傳承字爲正體等①。也有一些學者談了對慧琳文字正俗觀念的認識。文字的正俗地位是隨著時代的變遷而改變的，此時代之正字在他時代未必是正字；所謂正俗，其主要依據應是社會通行與否。《説文》之後的字書多以《説文》爲標準，反而隱没了文字正俗隨時代遞變的規律。慧琳文字正俗觀亦深受《説文》之影響，既有先進性，又有不足。

關於慧琳文字正俗觀的先進性，姚永銘在《慧琳〈一切經音義〉研究》中認爲，《慧琳音義》保存了自《通俗文》以來的諸多已亡佚俗字書的寶貴資料，也保存了大量俗字字形。《慧琳音義》儘管受時代局限輕視俗字，但也尊重文字使用的習慣，不唯《説文》、不唯古字，這在當時來説是比較先進的思想②。李文珠在《慧琳〈一切經音義〉俗字研究》中，通過比較《慧琳音義》《干祿字書》的文字資料，總結了慧琳的文字正俗觀念。李文珠認爲，慧琳在堅持經典用字之正字地位的同時，也重視民間俗字或體；一方面受唐代"字樣學"的影響，另一方面又大量收錄俗字，并對其進行系統解析。李文珠同時強調指出，慧琳所收錄的俗字多保持了當時實際寫法，對於後世研究至爲重要③。徐時儀等也在《佛經音義與漢字研究》中指出，慧琳的正字觀在某些程度上甚至超過了儒學及政府"是正文字"的標準，具有一定超前性④。

在肯定慧琳文字正俗觀先進性的同時，李文珠也指出慧琳文字正俗觀念的不足。儘管《慧琳音義》收錄了大量俗寫字，釐析了它們在唐時流傳使用的狀況，但未能擺脫"字樣學"正字法的局限，將這些字斥爲"誤也""非也"，這是慧琳文字正俗觀保守性的體現。此外，慧琳判定正字並非全以用字實際爲準，而是多以《説文》爲代表的儒家傳世經典爲依據，故將一些表示新事物及特殊場合的用字視作"俗字"。⑤

① 陳五雲、徐時儀、梁曉虹《佛經音義與漢字研究》，鳳凰出版社，2010 年，第 170—201 頁。
② 姚永銘《慧琳〈一切經音義〉研究》，江蘇古籍出版社，2003 年，第 55 頁。
③ 李文珠《慧琳〈一切經音義〉俗字研究》，河南大學碩士學位論文，2007 年，第 39—42 頁。
④ 陳五雲、徐時儀、梁曉虹《佛經音義與漢字研究》，鳳凰出版社，2010 年，第 421 頁。
⑤ 李文珠《慧琳〈一切經音義〉俗字研究》，河南大學碩士學位論文，2007 年，第 42—45 頁。

（五）對《慧琳音義》譯音用字的研究

此處所謂譯音用字，側重指佛經翻譯者用漢語對譯梵語等佛教文獻時的用字。在佛經翻譯中，有時爲了對譯梵語等語言中的某個人名、地名或其他特殊用法的詞時，常會借用漢語中的某個字來記錄其音，也可能爲對譯的音造專字。這樣，佛經音義中就會出現譯音借用字跟譯音專造字兩種現象。

1. 對譯音借用字的研究

譯音借用字與一般的文字通假現象有同有異：其同在於二者均只起標音作用，與詞義無涉；其異在於通假字的借字與被借字在一定時期關係相對較穩定，而譯音借用字則變異性更強，一旦借字與被借字音讀上有差異時，就會隨時更換借字。此外，不同的翻譯者在選用譯音借用字時，所採用的語音判定標準或有差異，這也造成譯音借用字的靈活性特徵。

對於《慧琳音義》譯音借用字的研究目前還比較少，陳五雲等在《佛經音義與漢字研究》第六章第一節《借字》中，有舉例性探究。如此看來，對於《慧琳音義》，或者説對於佛經音義，譯音借用字的研究還有很長的路要走。

2. 對譯音專造字的研究

譯音專造字指翻譯者爲對譯佛經中的某些用法而專門造一些漢字，其原因或爲無法用其時已有的漢字確切對譯，或爲著意區別於某些已有漢字的通行用法。一般而言，前一類專造字多只表音不表義，不過由於漢字的表意性，此類譯音專造字往往又帶有一定的表意性。

對於這類有表意性質的表音字，陳五雲等在《佛經音義與漢字研究》中將其歸納爲四類。其一，在某個漢字左邊添加"口"作爲譯音字，如"嘛""嗎""哩"等。其二，將兩個漢字合併成一個新字，如"皱""䮾"等，這類字一級部件之間非會意關係，但具有自相反切之功能。其三，按形聲造字法造的譯音字，多具有表意性，如"袈裟"本作"毠𣯶"，另如"鉢"等。第四，用已有漢字作譯音字，後來改變譯音漢字的讀音，又添加部件，如"縛"讀上聲以切梵音，後又加"口"作"嚩"，專爲譯音之用[1]。

關於譯音借用字與譯音專造字之關係，陳五雲等人認爲，是由於借字問題導致了專造字的產生。一方面，爲了使字形與意義相照應，佛經翻譯者創造了一批佛教用字，比如"佛""塔""僧"等。另一方面，在譯音用字時，佛典翻譯者有所選擇，通俗替代生僻、簡易替代繁難是基本規律，比如"苾芻—苾蒭—苾𦴿—比丘"之演變。同時，用反切形式造成和音字可以有效避免誤解經義，這種做法既可以消除字形的表意特徵，又方便了找到讀音依據。但有時候，譯音借用字與譯音專造字會同時存在，如"伽倻"或作"迦倻"、"囀"或作"嚩"等[2]。

對於翻譯佛經而言，通常的做法應該是採用意譯，因爲意譯能讓受眾更易於理解經文。

---

① 陳五雲、徐時儀、梁曉虹《佛經音義與漢字研究》，鳳凰出版社，2010 年，第 298 頁。
② 陳五雲、徐時儀、梁曉虹《佛經音義與漢字研究》，鳳凰出版社，2010 年，第 326 頁。

而對於某些特定的名詞術語,因無直接對譯的文字,故而只能採用音譯或專造新字的方法。對於漢字而言,一方面有自身的發展規律,但更重要的是受漢語發展規律的制約,不斷實現形、音、義的統一。就現有成果而言,對於譯音借用字與譯音專造字的研究是遠遠不成熟的,需要盡可能全面、系統地提取出所有現象,分類考察,總結規律,進一步探究譯音借用字、譯音專造字的規律及譯音借用字、譯音專造字對漢字系統的影響。

(六) 對《慧琳音義》疑難字的考辨及楷字形體流變的研究

《慧琳音義》一書的重要價值之一在於其多收古文、廣釋經文俗字,其所收錄的諸多形體對於楷書疑難字的考辨、楷體字形流變的研究等都有極大的功用。楷書疑難字的考辨與楷字形體流變梳理是相輔相成、互相推動的。

1. 對《慧琳音義》所收疑難字的考辨

對於《慧琳音義》疑難字的考辨,目前可見成果主要有徐時儀《慧琳〈一切經音義〉所釋俗字考》(《中國文字研究》第六輯,2005 年)、《玄應和慧琳〈一切經音義〉研究》(上海人民出版社,2009 年)之《〈一切經音義〉所釋佛經用字考探》、陳五雲等《佛經音義與漢字研究》(鳳凰出版社,2010 年)之《佛經音義俗字形體辨析》等。此外,一些關於中古近代漢字的考辨性文章也涉及《慧琳音義》中的疑難字。上述文獻既有對未識字的考探,又有對已識但字際關係不甚明朗者的考辨。不過總體而言,這一工作還很不充分,需要對《慧琳音義》所釋的文字進行全面、系統的考辨。

2. 結合《慧琳音義》所釋考求楷字形體流變

就楷字形體流變研究而言,要求盡可能梳理清楚每個現有楷字的歷史來源,考察清楚每組字的演變軌跡。相比較而言,古文字形體流變研究得比較深入,而楷字形體流變則因種種原因,研究得較不充分。

結合慧琳所釋,對部分楷字的形體演變進行考察,是《慧琳音義》文字學視角的研究點之一。徐時儀的《慧琳音義研究》《玄應和慧琳〈一切經音義〉研究》等,或利用《一切經音義》的說解,考察文字演變之原因與過程,比如"醋""蚊"[①]、"罪—皋""光—灮—炗""恐""擾""駛""硬""掠"等[②];或利用《一切經音義》本身用字與傳刻本用字的實況,來揭示漢字古今演變,比如"安""桑""陾"等[③];或結合甲金文、碑刻、敦煌寫卷,勾勒相關漢字隸變之軌跡,考察各異體間的源流關係,辨析訛俗字之成因,探索小篆以後隸書演變和楷化的規律,比如"暴""窓""羡"等[④]。

此外,有多位學者指出《慧琳音義》對於楷字形體流變研究的價值。姚永銘在《慧琳〈一

① 徐時儀《慧琳音義研究》,上海社會科學院出版社,1997 年,第 115—122 頁。
② 徐時儀《玄應和慧琳〈一切經音義〉研究》,上海人民出版社,2009 年,第 261—263 頁。
③ 徐時儀《玄應和慧琳〈一切經音義〉研究》,上海人民出版社,2009 年,第 263—264 頁。
④ 徐時儀《玄應和慧琳〈一切經音義〉研究》,上海人民出版社,2009 年,第 264—269 頁。

切經音義〉研究》之《〈慧琳音義〉與漢字史研究》一節認爲,漢字的發展演變包括兩個方面的内容,其一是漢字字體的變遷,其二是漢字字形的變化;漢字史的研究既要探討漢字從甲骨文到楷書階段字體的演變過程,更要探討漢字字形的變化,考察每一個具體漢字的來歷。過去的漢字研究比較重視對字體變遷的考察,對於漢字字形演變的關注度則不够。作者進一步指出,漢字形體的演變大致可分爲兩個方面:一是現行漢字的來歷,即現行漢字的字源;一是漢字字形從古到今的變化,即漢字字形發展史。對於上面的兩類,姚永銘同時認爲,他們既有區别又相互聯繫。其共同點在於二者均以現行漢字爲出發點,向上溯源;其區别在於現行漢字主要研究字形的源頭,而漢字字形發展史更進一步追溯演變過程。他最後指出,《慧琳音義》中的不少字爲現有字書所未見,這些字對於漢字字源學的研究很重要①。他同時指出,時賢可以利用《慧琳音義》解決實際問題,可以印證成説、修正成説、創立新解,同時也有助於文獻整理②。

　　徐時儀《玄應和慧琳〈一切經音義〉研究》之《〈一切經音義〉與漢字字形演變研究》指出,《一切經音義》在辨析俗體、訛體、新造字時,如實轉録了佛經中字之寫法,從而客觀上保留了大量文字材料,同時對所録材料加以考辨,探其原始、究其流變。從文字學角度言之,“如果説許慎《説文解字》所收九千三百五十三個字大體上保存了小篆的系統,那麽我們可以説《一切經音義》本身的記載和各本的用字大體上保存了漢魏至唐五代漢字的隸變系統和用字實況,既記載了佛經中的時俗用字,又反映了傳本用字的演變,人們從中能真切地瞭解到漢字字形隸變楷化的動態演變過程”③。徐時儀同時也討論了《一切經音義》中標注的“俗字”“通俗字”等對於楷字形體流變研究的價值④。

　　此外,陳五雲等《佛經音義與漢字研究》(鳳凰出版社,2010 年)之《佛經音義與漢字字形演變》也重點論述了佛經音義對於梳理漢字形體演變的價值。與姚、徐二人看法大同,此處不再贅述。

　　綜上,儘管《慧琳音義》文字學研究的成果不少,但其不足之處也很明顯。其一,缺乏對其不同版本間文字差異現象的全面梳理與系統考證,這一工作是整理佛經音義所釋文字的前提。其二,目前對佛經音義的校勘並未盡善,而這是進行佛經音義文字整理與研究的重要基礎。在文本校勘方面,先後有徐時儀主編的《一切經音義三種校本合刊》⑤、喬輝的《〈華嚴經音義〉匯校考索》⑥、黄仁瑄的《大唐衆經音義校注》《續一切經音義校注》⑦。不過由於佛經

---

① 姚永銘《慧琳〈一切經音義〉研究》,江蘇古籍出版社,2003 年,第 77—80 頁。
② 姚永銘《慧琳〈一切經音義〉研究》,江蘇古籍出版社,2003 年,第 59—64 頁。
③ 徐時儀《玄應和慧琳〈一切經音義〉研究》,上海人民出版社,2009 年,第 260—261 頁。
④ 徐時儀《玄應和慧琳〈一切經音義〉研究》,上海人民出版社,2009 年,第 269—275 頁。
⑤ 徐時儀《一切經音義三種校本合刊》(修訂版),上海古籍出版社,2012 年。
⑥ 喬輝《〈華嚴經音義〉匯校考索》,陝西人民出版社,2014 年。
⑦ 黄仁瑄《大唐衆經音義校注》,中華書局,2018 年;《續一切經音義校注》,中華書局,2021 年。

音義内容宏富,引證廣博,從而使得其校勘難度大大增加,現有校勘成果中尚存在不少遺漏和訛誤之處,需要更多學者對佛經音義進行更加深入而全面的校勘,以利對其所收文字的整理與研究。其三,缺乏對《慧琳音義》中的詞目字及與詞目字直接相關的文字的全面系聯與系統考辨。其四,就整理成果而言,陳定民、劉雅芬編製的《慧琳音義》"異體字表"收字不全,提取字形時未採用截圖法,其學術價值被大大削弱;王華權整理的《〈一切經音義〉字表》①將所釋文字平面匯聚,没有對其分類,没有指出其中的字詞關係,也没有展示出字組内的層級關係、衍生關係;在提取字形時,亦未採用截圖法,使得文字形體無法保真。其五,尚未提取出《慧琳音義》中的未編碼字,而這一工作是佛經音義文字整理與研究的重要環節,也是全漢文佛經文獻數字化的關鍵步驟。

　　要之,在"大數據""雲計算""人工智能"等新時代理念的指引下,借助"漢字字際關係""字料庫"等理論方法,對《慧琳音義》所釋的文字進行輯録整理與多維研究,就顯得頗爲必要。

---

① 王華權《〈一切經音義〉文字研究》,上海人民出版社,2014年,第477頁。

第三章　慧琳《一切經音義》版本異文考論及校勘例釋

對《慧琳音義》的文字進行整理和研究，首先要有精善的原始文本。故而我們需在充分梳理現有校勘成果、歸納各版本文字差異現象、考求差異原因等的基礎上，進一步全面、深入地校勘《慧琳音義》的文本。整體而言，對《慧琳音義》各版本文字差異現象進行研究，有以下兩方面的價值：第一，有助於校正《慧琳音義》在傳刻過程中造成的錯訛，同時也可以儘量校正慧琳作書時察之不甚所造成的訛誤，從而更加便利於相關學科對其的應用和研究；第二，可以爲楷字形體流變研究提供更多形體資料。

第一節　慧琳《一切經音義》版本異文考論

因現存《慧琳音義》的版本基本都刊刻於不同時期，每種刻本在遵從底本的基礎上，均呈現出各自的用字特點，從而版本間會出現文字差異現象。此部分具體包含以下三方面內容：分析《慧琳音義》版本文字差異的基本狀況，分類考察版本間的非系統性文字差異，探究版本間文字差異現象的語言文字學價值。

一、慧琳《一切經音義》版本文字差異概況

儘管《慧琳音義》各版本文字差異現象較多，但整體上呈現爲兩類情況。第一類，主要由於時代、刻寫等因素造成的相對系統的文字形體差異。此類差異現象具有可類推性，比如第一卷《大唐三藏聖教序》"潛寒暑"條下（C57P0403a），《爾雅》之"爾"字，高麗本作"尒"，獅谷本、頻伽本、大正本作"爾"；同卷"蠢蠢"條下，《爾雅》之"爾"字，《慧琳音義》各版本差異情況與上同。又比如《大般若波羅蜜多經》卷第一《初分緣起品》之一"熙怡"條下（C57P0409a），"虛飢反"之"虛"，高麗本作"虛"，獅谷本、頻伽本、大正本均作"虛"，事實上《慧琳音義》整部書中，"虛"字各版本差異現象多與上同。再比如卷第二十《寶星經》第四卷"有膻"條下（C57P0796b），"誤用"之"誤"字，高麗本如上作，獅谷本、頻伽本、大正本右邊部分作"吳"形，而這也是《慧琳音義》中"誤"字在各版本間的普遍性差異。

各版本間的此類差異現象最大的特徵在於其系統性,此種系統性具體表現在橫向的統一性和縱向的統一性兩個方面。橫向的統一性指,大部分釋文中同一版本的同一個字與别的版本的該字呈規律性對應,比如"分"字,高麗本多作"兮"形,獅谷本、頻伽本、大正本多作"分"形;再如"本"字,高麗本多作"夲"形,獅谷本、頻伽本、大正本多作"本"形。另一方面,由於版本間的傳刻性,版本文字的系統性差異又呈現出縱向統一性,即在遵從橫向統一性的前提下,一些字之寫法遵底本而不改爲勘刻時期的通行寫法。如卷第二十一《大方廣佛華嚴經序》"混太空"條下(C57P0810b),"大虛"之"虛",大正本如上作,高麗本、獅谷本、頻伽本作"虚";只有大正本改"虚"爲"虛",獅谷本、頻伽本均從高麗本。總體來看,相對成系統的版本文字差異多有規律可循,不對《慧琳音義》本身的閱讀及使用造成實質性障礙。就文字形體間的差異事實而言,版本間的此類差異現象多是由於書寫因素所致。

第二類,主要由於選用不同的異體字或是對錯訛文字疏於審校而造成的非系統性文字差異,其核心特徵是不具有類推性,即多是個別性差異。進一步論之,此類差異具體又表現在兩個方面:其一,書寫因素造成的一字異寫類差異;其二,文字錯訛現象,或是對底本訛誤字缺乏考辨而致的疏誤,或是在底本基礎上進一步書誤。

二、慧琳《一切經音義》版本文字差異例釋

此部分主要針對非系統性的版本文字差異,它常對《慧琳音義》本身的閱讀及使用造成較大影響,尤其是錯訛失校類差異。總體來看,版本間非系統性的文字差異又可細分爲以下兩類:其一,由於一字異體造成的版本文字差異現象,更準確地説,是由一字異寫造成的版本文字差異;其二,由於形近而訛造成的版本文字差異現象。這裏我們從操作層面將上面兩種現象加以區分:一字異寫主要針對那些在原形基礎上有所改變,但通過梳理形體的演變軌跡,可以直接判定是某個字,且多於釋文義爲通;形近而訛則多針對某個構件訛作别的構件或某個字錯書爲另一個字的現象,如"扌"形訛作"木"形或"牛"形、"忄"形訛作"巾"形、"盡"訛作"書"、"單"訛作"箄"、"獎"訛作"燆"等。在閱讀或使用《慧琳音義》時,這類錯書形體需予以校正。

(一) 一字異體造成的版本文字差異

勘刻於不同時期的《慧琳音義》難免受其時社會用字習慣的影響,儘管有底本可循,但社會用字習慣也無法全然不顧,再加上刻手文化水平等的影響,往往會造成新刻本與底本間這樣或那樣的差異。綜合來看,由於採用了同一個字的不同寫法而造成的版本文字差異現象較爲多見。從理論上看,不同版本在選用同一個字的不同寫法時,存在兩種情況:不同版本間的幾個形體爲異構字關係,不同版本間的幾個形體爲異寫字關係。就我們的考察來看,《慧琳音義》一字異體類版本差異現象,大都是異寫字差異。究其原因,與各版本勘刻時的縱向統一性有很大關係,即遵從底本用字。

　　從異寫形體的形成過程來看,由一字異寫造成的版本用字差異現象還可以分爲兩種:其一,版本間的文字差異現象表現爲"連鎖式"推移,其原因在於手寫時代無可避免的書寫變異性;其二,版本間的文字差異現象表現爲"輻射式"狀態,這多是受刻寫時代社會用字及勘刻者個人用字習慣的影響。

　　1.版本間的異寫差異呈現爲"連鎖式"推移

　　此類差異最大的特徵在於文字形體的變異與版本傳刻具有一定對應性。就此種現象出現的原因而言,需要從漢字"書寫"的角度予以考察。李國英將漢字的"書寫"分爲四類:撰寫,聽寫,抄寫,轉寫。由此我們認爲,在前電腦時代,就同一字體内部而言,遵從底本翻刻新版本這一書寫行爲可被納於"抄寫"一類。正因爲版本間的這種"抄寫"性,故而存在"連鎖式"的版本文字差異現象。"連鎖式"差異現象具體又有兩種表現:一種是順時的"連鎖式"推移,即字形的演變與版本的勘刻過程同步;一種是非順時的"連鎖式"推移,指字形的演變與版本的勘刻過程非同步。

　　其一,順時"連鎖式"推移

　　總體來看,《慧琳音義》版本間的形體差異以此類現象居多。將版本按勘刻時間排比之後,可直接展示出文字形體變異的軌跡。例如:

　　(1)齧屑,研結反。《禮記》亦云:無齧骨。《説文》:齧,噬也。從齒**𦙝**(韧)聲也。**𦙝**(韧)音慳憂反。(C57P0735a;J017)

　　按:上所引詞目出自《顯識經》下卷音義。釋文中"從齒**𦙝**聲"之"**𦙝**",高麗本如是作,獅谷本作"**𡚁**",頻伽本作"**𡗜**",大正本作"劫",《校本》第一版作"**韌**"①。上述各版本之不同形體均可視作"韧"的書寫變異字形。慧琳所釋"齧屑"條《大正藏》對應經文作:"樹葉花果咸成刀劍斬截罪者,或中破身分爲兩段,或大叫呼四面馳走,獄卒群起執金剛棒,或執鐵棒鐵斧鐵杖,嚙屑瞋怒身出火焰,斫棒罪者遮不令出,斯皆己業見如是事。"(T12P0185c)今大正本經文作"嚙",與詞目之"齧"同,取咬義。"齧"字,《説文·齒部》:"齧,噬也。从齒韧聲。"釋文中"**𦙝**(韧)"的切下字"憂"同"夏"。"夏"《廣韻》讀古點切,中古屬見紐點韻;"韧"《廣韻》讀恪八切,中古屬溪紐點韻,二字韻同,知高麗本之"**𦙝**"正即"韧"字。從變異過程來看,上所録版本間的不同形體可排比如下:韧—**𡗜**—**𡚁**。大正本之"劫"、《校本》第一版之"**韌**"乃是上面三形體進一步訛變的結果。事實上,"韧"書作"**𡚁**"形者較常見。别如清顧藹吉《隸辨·點韻》"絜"下引《漢桐柏廟碑》作"**𦆃**"。顧氏按云:"《六經正誤》云:'絜從刀。'作**𦆃**,誤。"(1982:695)另釋文中"**𦙝**音慳憂反"之"**𦙝**",與上所析"**𦙝**"字屬同類現象。

――――――――――

(2) 强霸，巴罵反。《説文》云：月始生魄也。《集訓》云：霸，王也。《字統》云：長也。從月霏聲也。古文作**審**(霸)。(C57P0787a；J019)

按：上所引詞目出自《大哀經》第八卷音義。釋文中"古文作**審**"之"**審**"，高麗本如是作，其餘諸本均作"審"。"審"是詳知、考察義，與釋文義相背。事實上，"**審**""審"皆是由"霸"的《説文》古文"霸"書寫訛變而來。就"霸"之構形而言，季旭昇《説文新證》認爲上當爲"雨"形之訛，下作"月"乃是省革形而來(2010：566)。上論相關形體的變異軌跡可概括如下：霸—**審**—審。

(3) 齒齲，區禹反。《考聲》云：齲，齒朽**缺**也。《説文》：齒蠹也。從齒禹聲。(C57P0898a；J024)

按：上所引詞目出自《方廣大莊嚴經序品》第二卷音義。釋文中"齒朽**缺**"之"**缺**"字各版本有異。高麗本、大通本如上作，獅谷本作"**鈌**"，頻伽本作"**鈌**"，大正本作"鈌"，《校本》作"鈌(缺)"。事實上，各版本所作乃一字之書寫變體。"齲"即現所謂蛀牙，《考聲》之"齒朽**缺**"指牙齒朽爛缺損。"缺"字，《説文·缶部》："**鈌**，器破也。从缶決省聲。"篆文隸定字形作"鈌"，傳承變異作"缺"。高麗本《龍龕手鑑·缶部》："**鈌**，苦悦反。虧也，破也。"早稻田大學藏本書作"**鈌**"。明章黼《重訂直音篇·夬部》："**鈌**，音闕。虧少。缺、鈌，同上。"高麗本《慧琳音義》之"**缺**"與高麗本《龍龕》之"**鈌**"同。上所録《慧琳音義》不同版本中"缺"的寫法，從傳刻變異角度可排比如下：缺—**缺**—**鈌**—**鈌**。或又訛作"鈌"，《説文·金部》："鈌，刺也。"與"缺"義別。《校本》作"鈌(缺)"雖與文義不背，然於字形變異欠斟酌。

(4) 禽獸，及今反。《白虎通》云：禽者，鳥獸之總名也。《尒雅》云：二足而**羽**(羽)曰禽。《説文》：頭象形，從内今聲。禽离兑頭相似也。(C58P0061a；J033)

按：上所引詞目出自《佛説老母經》音義。釋文中"二足而**羽**曰禽"之"**羽**"，高麗本、大通本如上作，獅谷本、頻伽本作"弱"形，大正本作"弱"形。考今傳本《爾雅·釋鳥》："二足而羽謂之禽。"知上引高麗本之"**羽**"即由"羽"書寫變異而來，"**羽**"進一步變作獅谷本之"弱"，進而訛變作大正本之"弱"。上引諸形體變異軌跡可概括如下：羽—**羽**—弱—弱。

(5) 羽葆，或作**旎**(旄)，同。補道反。謂合聚五色羽爲葆也。《漢書》"羽葆"是也。(C58P0940b；J074)

按：上所引詞目出自《佛所行讚經傳》第四卷音義。《慧琳音義》所釋"羽葆"條《大正藏》對應經文作："應戴羽寶蓋，手攬飛龍轡，如何冒游塵，執鉢而行乞。"（T04P0038a）今大正本經文作"羽寶蓋"，宋、元、明本作"羽葆蓋"。據慧琳所釋，經文中"葆"取五彩羽義，乃是"靤"的通假用法。釋文中"或作靤"之"靤"字，《慧琳音義》各本均如上作，然其所從出的《玄應音義》高麗本則作"靤"形。"靤""靤"均是"靤"的書寫變異字形。其演變軌跡如下：靤—靤—靤。另"靤"或書作"靤"形，《字彙補·羽部》："靤，同靤。"均是一字之變。

其二，非順時"連鎖式"推移

上所舉數例版本文字差異現象，均呈現爲順時的連鎖式推移，也有的版本間異寫類差異現象雖可勾畫出形體演變的先後順序，但這種先後順序與版本勘刻的時間并不一致。例如：

斒斕，又作霖（麻）、玢二形，同。補間反。經文作斑蘭，非體也。（C57P0995a；J028）

按：上所引詞目出自《正法華經》第一卷音義。釋文中"又作霖"之"霖"字，高麗本、大正本如上作，獅谷本、頻伽本作"麻"，《校本》作"麻"。慧琳所釋"斒斕"條《大正藏》對應經文作："於斯人眾，無數億千，悉遙覩見，煒曄斒斕，衣毛爲豎，眷屬馳造，欲見最勝，顯發光明。"（T09P0065b）考求經文，"斒"取燦爛多彩義。由此進一步求之，獅谷本、頻伽本之"麻"爲正體。《說文·虎部》："彪，虎文彪也。"即虎身上的斑紋，或省作"麻"。《廣雅·釋詁三》："麻，文也。"王念孫《廣雅疏證》："麻者，《說文》：'彪，虎文彪也。'麻，與彪同。"又《集韻·山韻》："彪，《說文》：'虎文彪也。'或从彬省。俗作霖，非是。"綜上來看，《校本》之"麻"是"麻"的異寫字，高麗本的"霖"由"麻（麻）"等形體書寫訛誤而致。另《集韻》所錄之"霖"當由"彪"書寫訛變而來，正可與高麗本《慧琳音義》之"霖"相比勘。

2. 版本間的異寫差異呈現爲"輻射式"狀態

因一字異寫而致的版本差異又表現爲"輻射式"狀態，該類最大的特徵是版本間不同寫法多同時存在，只是各版本所選形體不同。與"連鎖式"版本文字差異主要源自"抄寫"不同，"輻射式"版本文字差異更多源自形體的選擇。例如：

（1）督住，又作督（督），同。都木反。《爾雅》：督，正也。《方言》：督，察也，理也。（C57P0892a；J024）

按：上引詞目出自《等目菩薩所問經》上卷音義。詞目"督住"之"督"字各版本有異，高麗本、大通本、《校本》作"督"，獅谷本、大正本作"督"，頻伽本作"督"。"督""督"均由"督"書寫變異而來，三形於釋文義均可通。慧琳所釋"督住"條《大正藏》對應經文作："彼則督住眾生之界，爲達眾生所入，爲致無疑之藏，爲入法界要行，爲覺明無量法界。"

(T10P0576c)今大正本經文作"督"。求之經文，"督"取督察、督正義。《説文·目部》："督，察也。从目叔聲。"本是視察義，引申有督促、矯正等用法。高麗本詞目之"督"乃是"督"書寫省減而來，《五經文字·目部》："督、督，上《説文》，下經典相承隸省。"又《龍龕手鑑》高麗本、續古逸叢書本、光緒壬午年樂道齋本、文淵閣四庫本均作："督，正。"早稻田大學藏本作："督，正。"《廣韻·屋韻》："督，俗作督。"清顧藹吉《隸辨·沃韻》"督"下引《漢魯峻碑》作"督"，並按云："《説文》督從目，《類篇》云：'或省作督。'"(1982：654)顧説可從。頻伽本之"督"則是"督"變上部之"叔"爲"朩"形而來，"叔"書作"朩"、"寂"書作"𡧧"、"俶"書作"俶"并是其例，可相比勘。

(2) 𦟪𦟛，寵龍反。《考聲》：𦟛，上下均也。郭注《尔雅》：𦟛，所謂齊等也。《説文》：均，直也。從人庸聲。經從肉作腩，非也。①　(C57P0899b；J024)

　　按：上所引詞目出自《方廣大莊嚴經序品》第六卷音義。詞目"𦟪𦟛"之"𦟪"，高麗本、獅谷本、頻伽本、大正本如上作，《校本》作"臂"。字書不見"𦟪"，實"𦟪"即"臂"的異寫形體。慧琳所釋"𦟪𦟛"條《大正藏》對應經文作："嗚呼太子！兩臂腩長踝不露現，行步詳雅如師子王，目如青蓮，身真金色，言音隱隱如鼓如雷，如此之人何堪修道？審其是地當有聖王，此盛德人應爲其主。"(T03P0577b)今大正本經文作"臂"。除上引釋文外，又慧琳書卷第七十四《佛本行讚傳》第二卷"臂𦟛"條云："上卑義反。《説文》：'手上曰臂。從肉從辟。'"(C58P0943a)"𦟪𦟛"即"臂𦟛"，是慧琳爲不同經文中出現的同一個詞分別釋文。《龍龕手鑑·肉部》："臂、臂、辟（辟），卑義反。掌後肘前曰臂。""臂"有作"𦟪"形者，秦公《碑別字新編·十七畫》"臂"下引《魏于景墓誌》作"𦟪"(1985：390)，《敦煌俗字典》"臂"下引浙敦 027《大智度論》"眼鼻舌臂指髀手足相"作"𦟪"(2005：20)，竹林居士《佛教難字字典》"臂"下引《細字法華經》作"𦟪"(1990：266)。"𦟪""𦟪（辟）"形頗近，即是一字異寫。從形體來源論之，當是"臂（臂、辟、𦟪）"省去左上部之口（工），下部之肉（月、月）再收縮至左上部而成。

　　總之，《慧琳音義》各版本文字差異現象較大一部分屬於一字異寫，這與《慧琳音義》現有不同版本均由"書寫"而成的特點有直接關係。

（二）形近而訛造成的版本文字差異

　　形近而訛所致的各版本文字差異多對《慧琳音義》文本閱讀造成障礙，通常情況下，錯訛的形體往往變成另外一個字，需要通過考辨才能判定何者爲是、何者爲非。不過從字形構造來看，錯訛字與正字的形體非常接近，這一特性又有助於我們辨正是非。例如：

---

① 按，此"均，直也"，段注本改作"均也，直也"。

(1) 惶恎,又作萠,同。莫荒反。茫,遽也。萠人晝夜作,無日用月,無月用火,常思明,故字從明。或田(曰)萠人思天曉,故字從明也。(C57P0891b;J024)

按:上所引詞目出自《漸備經》第四卷音義。釋文中"或田萠人思天曉"之"田"字,高麗本、獅谷本、頻伽本、大正本如上作,大通本、《校本》作"由"字。"田""由"雖於文義均可通,然句中功能相差很大。《慧琳音義》之"惶恎"條本爲玄應所撰,慧琳收録時新加審訂。高麗本《玄應音義》第十九卷"茫怖"條下云:"又作萠,同。莫荒反。茫,遽也。萠人晝夜作,無日用月,無月用火,常思明,故從明。或曰萠人思天曉,故字從明。"(V32P0256c)段注"萠"下引《玄應音義》云:"茫又作萠,遽也。萠人晝夜作,無日用月,無月用火,常思明,故從明。或云萠人思天曉,故字從明也。"(1981:314)從上引文獻來看,"或田萠人思天曉"之"田",或作"由",或作"曰",或作"云",於文義言之,四者均通。然而從釋文義進一步探求之,慧琳意在解釋"萠"字從"明"之理由,"或曰"與"一曰"相類似,"萠人思天曉"爲其中一種解釋。由此來看,正當作"曰",段注引《玄應音義》作"云"即是旁證,"或曰""或云"義相通;"田"字當即"曰"的書寫訛誤形體;大通本之"由"或是"田"進一步書誤而致。

(2) 撓大海,呼高反。《説文》:撓,擾也。經文作杚(托),俗字也。(C57P0934a;J026)

按:上所引詞目出自《大般涅槃經》第十二卷音義。釋文中"經文作杚"之"杚",高麗本、大通本如上作,獅谷本、頻伽本、大正本均作"托"。慧琳所釋"撓大海"條《大正藏》對應經文作:"爾時頂生復欲試之,即共乘船入於大海,告藏臣言:'我今欲得珍異之寶。'藏臣聞已,即以兩手撓大海水,時十指頭出十寶藏。"(T12P0438b)今大正本經文作"撓",取攪動、攪和之義。由此來看,作"托"是也。《龍龕手鑑·手部》:"托,俗。撓,正。撓攪也。""托"字從手毛聲,是"撓"的換旁異體字。高麗本、大通本之"杚"乃"托"的書寫訛誤形體。從"扌"與從"木"混訛之例甚眾,就《慧琳音義》高麗刻本來看,卷第十七《大方等大集經》第十五卷"櫨栒"條下云:"《説文》:'欂櫨,柱上枅也。'《三蒼》云:'柱上方木也。'山東、江南皆曰枅,自陝以西曰㭨也。"(C57P0739b)上引釋文中之"㭨"即"楂"的訛字。又卷第二十《寶星經》第二卷"拇指"條下云:"《蒼頡篇》云:'拇,將指也。'賈逵注《國語》云:'拇,大指也。'《説文》云:'從手母聲。'經本從木作栂,非也。"(C57P0794b)此"從木作栂"之"栂"即"拇"之訛。又卷第三十一《大灌頂經》第三卷"拍長者"條下云:"上烹百反。《博雅》云:'拍,擊也。'《説文》云:'拍,柎也。從手白聲。'"(C58P0022a)上引"拍,柎也"之"柎"即"拊"的訛誤字形。

(3) 虫蛆,七余反。《通俗文》云:宍中虫。《三蒼》:蠅乳宍中也。經文作蛆,子余

反。《莊子》云：蝍蛆甘帶謂其（吳）公也。又作疽，久癰也。此後二並非經義也，云云也。（C57P0934a；J026）

按：上所引詞目出自《大般涅槃經》第十三卷音義。釋文中"蝍蛆甘帶謂其公也"之"其"字，高麗本、獅谷本、大正本、大通本均如上作，唯頻伽本作"吳"。慧琳所釋"虫胐"條《大正藏》對應經文作："云何瘡中息肉，如人久瘡中生息肉，其人要當勤心療治，莫生捨心。若生捨心，瘡息增長，虫疽復生，以是因緣即便命終。"（T12P0440c）今大正本經文作"疽"，是惡瘡義，慧琳已言此不合經義。慧琳所見經文作"蛆"，與詞目之"胐"同。《龍龕手鑑·肉部》："胐，俗。胆，正。七余反。胆虫也。"指蠅類幼蟲，正合經義。由此來看，作"吳（吳）"是也，指蜈蚣。考今傳本《莊子·齊物論第二》云："民食芻豢，麋鹿食薦，蝍且甘帶，鴟鴉耆鼠，四者孰知正味。"陸德明釋文云："且，字或作蛆。"蝍蛆即蜈蚣，《廣雅·釋蟲》："蝍蛆，吳公也。"王念孫《廣雅疏證》云："吳公一作蜈蚣。"高麗本之"其"字，當因與"吳（吳）"形近而致訛。

（4）佉陀羅炭，此云坑樹，其木堅實，炭灰造驗（鹻），洗身必爛。（C57P0937a；J026）

按：上所引詞目出自《大般涅槃經》第十六卷音義。釋文中"炭灰造驗"之"驗"字，《慧琳音義》高麗本、獅谷本、大通本均如上作，頻伽本、大正本、《校本》作"鹻"。慧琳所釋"佉陀羅炭"條《大正藏》對應經文作："如來終不爲諸眾生作煩惱因緣，寧與毒蛇同共一處，內其兩手饑師子口，佉陀羅炭用洗浴身。"（T12P0459b）求之經義，"佉陀羅炭用洗浴身"與放兩手於飢餓的獅子之口相對應，則此洗身必致身體腐爛。由此來看，作"鹻"是也。《說文·鹽部》："鹻，鹵也。"又《集韻·鹽韻》："鹻，鹽在水曰鹻。"因鹻具有腐蝕性，故而洗身才會使身體腐爛。高麗本作"驗"，當即"鹻"的訛誤字形，二者形近，故有訛誤之可能。另經文中多見"炭灰鹻鹵"之說，如《妙臂菩薩所問經》第一卷："除去荊棘、瓦礫、灰炭、鹻鹵、糠骨、毛髮、蟲窟之類。"（T18P0747c）又如《蕤呬耶經》卷上："饒有樹根，及有蟲窠，鹹鹻炭灰，饒石瓦礫。"（T18P0761a）均可證作"鹻"爲是。

（5）以枹，拊無反。《左傳》云：**援**（援）枹而鼓之也。《說文》：擊皷椎也。從木包聲。經作桴，屋棟也。非此義也。（C57P1030b；J029）

按：上所引詞目出自《金光明經》第二卷音義。詞目之"枹"爲鼓槌義，《說文·木部》："枹，擊鼓杖也。"釋文中"**援**枹而鼓"之"**援**"字，高麗本如上作，獅谷本、頻伽本、大正本、大通本均作"授"。"授"是授予義，顯然與釋文義不切。從字形求之，高麗本之"**援**"即"援"字書寫變異而來，其後之版本則在"**援**"的基礎上進一步訛作"授"，其誤滋甚。又今傳本《左傳·成公二年》云："左并轡,右援枹而鼓。"正作"援"字,亦可爲證。

（6）呞食,又作齝、齡(齡)二形,同。勑之、式之二反。《尒雅》：牛曰齝。謂食已復吐出也。(C58P0234a;J042)

按：上所引詞目出自《大威德陀羅尼經》第十四卷音義。《慧琳音義》所釋"呞食"條《大正藏》對應經文作："不知黃門最上語言,不知不生子者最上語言,不知出聲處,不知遮制呞食,不知求索食者,不知足食,不知苦方便。"(T21P0813b)求之經義,"呞"指牛反芻,《説文》正作"齝"。《説文·齒部》："齝,吐而噍也。"又《爾雅·釋獸》："牛曰齝。"郭璞注云："食之已久,復出嚼之。"釋文中"又作齝、齡"之"齡"字,《慧琳音義》高麗本如上作,獅谷本、頻伽本、大正本均作"齡"。"齝"是吃義,《廣韻》音他合切,"齡"是年齡字,《廣韻》音郎丁切,均非。正當作"齝",上面的異文"齡""齡"均是"齝"的訛誤字形。《慧琳音義》卷第四十三《大方便報恩經》第六卷"牛呞"條下云："正字作齝、齝二形,同。"(C58P0274b)亦可爲證。

（7）晒然,兵皿反。《廣雅》云：晒,明也。《古今正字》：從日丙聲。或作昺。論作晒(晒),寫誤也。(C58P0436b;J051)

按：上所引詞目出自《成唯識寶生論》第一卷音義。《慧琳音義》所釋"晒然"條《大正藏》對應經文作："或是親聞,或復傳説,於所詮事,當情相狀,次第而生,猶如筆畫,章句形段,晒然明現,從他來故名阿笈摩。"(T31P0078b)今大正本經文作"晒"字。求之經義,"晒然"即明亮的樣子。《説文》正作"炳",《火部》："炳,明也。"爲明亮、顯著義。《玉篇·火部》："炳,明著也。"字或從"日"作"晒",《廣雅·釋詁四》："晒,明也。"《集韻·梗韻》："炳,或從日。"在明亮義上,從"火"從"日"其義一也。釋文中"論作晒"之"晒"字,《慧琳音義》各版本間有差異,高麗本、獅谷本、頻伽本均作"晒",大正本作"晒"。"晒"是視、目明義,與"晒"義別,且"日""目"形近,顯然"晒"正與慧琳所謂"寫誤也"相合。高麗刻本之"晒"和"晒"混訛,可與"聲曖"(C58P1017b)條下之"曖"訛作"曖"相比勘。

（8）財弊(幣),古文作幣,同。脾制反。弊(幣),帛也。財,所以資生者也。財,眾穀也。財,貨也。(C58P0524b;J054)

按：上所引詞目出自《摩登伽經》上卷音義。《慧琳音義》所釋"財弊"條《大正藏》對應經文作："以是因緣,諸姓平等,可以汝女用妻吾子,財幣珍異,恣意相與。"(T21P0403b)今大正本經文作"財幣",《説文·巾部》："幣,帛也。"段注："帛者,繒也。"帛,古或用作祭祀,或用作饋贈賓客的禮物。徐灝《説文注箋》云："幣,本繒帛之名,因車馬玉帛同爲聘享之禮,故渾言之皆稱幣。"後又轉指財物、貨幣,《集韻·祭韻》:"幣,財也。"如《戰國策·秦策五》:"令庫具車,廄具馬,府具幣。"高誘注云:"幣,貨財也。"又如《史記·吴王濞列傳》:"亂天下幣。"裴駰《史記集解》:"如淳曰:'幣,錢也。'"詞目"財弊"之"弊"字,《慧琳音義》高麗本、獅谷本、頻伽本、大正本、大通本均如上作,《校本》"弊"下出校勘記云:"弊,通'幣'。下同。"(2012:1467)《校本》所言雖於文義爲通,然於慧琳釋文用字原始形態或未能揭示。詞目之"弊"是破舊、衰敗義,與錢財義之"幣"别,後者文獻中或借前者爲之。然就上引"財弊"條釋文來看,慧琳并未指出其所見經文有特殊用字現象,可推知此"弊"即"幣"的訛誤字形。"幣,帛也"之釋,又見於《慧琳音義》卷第三十四《大方廣如來藏經》"見幣"條下(C58P0087b),亦可爲證。

(9) 聲曖,烏載反。顧野王:曖然,温和皃也。《古今正字》:從日愛聲。譜作曖(曖),誤也。(C58P1017b;J077)

按:上所引詞目出自《釋迦譜序》第六卷音義。《慧琳意義》卷第八十八"曖而"條下云:"《考聲》云:'曖,日光景也。'"(C59P0141b)據此可知"曖"有陰影、遮蔽義。又《龍龕手鑑·日部》:"曖,音愛。日暗皃也。"如《文選·謝莊〈宋孝武宣貴妃誄〉》:"金釭曖兮玉座寒。"李善注云:"曖,不明也。"由此可探得"曖"的詞義特點爲日光因遮蔽而不明。慧琳所見經文作"曖",從形體結構求之,當表目不明義。《玉篇·目部》:"曖,隱也。"隱即不明義,如唐張彦遠《法書要録》卷第二引梁武帝《又答書》:"婉婉曖曖,視之不足。"正用目不明義。"曖""曖"二字均從"愛"得聲,且均有隱蔽、不明的核義素,顯然爲同源通用字關係。上面就經文中遮蔽義上作"曖"與"曖"之關係而言。然而從《慧琳音義》本身用字來看,釋文中"譜作曖"之"曖",高麗本如上作,獅谷本、頻伽本、大正本、大通本、《校本》均作"曖"。顯然作"曖"者乃是"曖"書寫訛誤而致,"日"旁"目"旁形較近,故易混訛。

(10) 可暴,袍報反。《考聲》云:暴,亂也,亦犯也。《毛詩傳》云:相侵也。《古今正字》:從日出從仅(収)而從丰(半)。仅(収)音拱,丰(半)音滔。(C59P0115b;J086)

按:上所引詞目出自《辯正論》第八卷《出道偽謬篇》音義。釋文中"從日出從仅"之"仅"字,《慧琳音義》高麗本、獅谷本、頻伽本、大正本、大通本均如上作,《校本》於"仅"下出校勘記云:"據文意當作'廾'。"(2012:2018)《校本》之説雖於文義爲通,然非慧琳原意。"仅"乃是"収"的訛誤形體。《説文·廾部》:"収,竦手也。"徐鍇《説文繋傳》:"今隸作廾。""収"是《説文》篆文"𦥑"的隷定形體,"廾"是傳承字形。從變異軌跡來看,《干禄字書·平聲》:"収、収,上通下正。"高麗本等的"仅"由"収""収"類形體訛變而來。

　　結合上面所辨諸條進一步論之,古籍刊刻、傳佈的方式直接影響到古籍版本間的異文現象。李國英所提的漢字流傳時"撰寫、聽寫、轉寫、抄寫"四種方式,對於我們考察《慧琳音義》版本間異文的成因、類型、特點等,有非常重要的價值。在這一理論的啓發下,結合《慧琳音義》不同版本間的刊刻、流傳事實,我們認爲《慧琳音義》版本間出現異文現象的核心原因是其在流傳中的"抄寫"性。進而不同版本間的異文現象主要表現在兩個方面:其一,由於刊刻、時代等因素造成的相對成系統的版本異文,此類異文現象具有可類推性,對《慧琳音義》的閱讀和使用不造成直接障礙;其二,由於選用不同的異體字或是對錯訛文字疏於校理而造成的非系統性版本異文,其核心特徵在於不具有類推性。後一類版本異文現象往往對《慧琳音義》本身的閱讀和使用造成障礙,我們必須要逐條進行考辨,以斷定何是何非。

　　三、慧琳《一切經音義》版本文字差異現象的價值

　　儘管版本異文現象給《慧琳音義》本身的使用造成了不少障礙,但這種差異同時也具有較突出的語言文字學及文獻學價值。

　　首先,《慧琳音義》版本間的異文現象豐富了漢字形體書寫演變的事實。不管是一字異體類差異中的諸多異寫形體,還是形近而訛類差異中的錯訛現象,都爲楷字形體變異研究、疑難字考辨等提供了字形演變的不少素材。比如上文所舉的"目"旁"日"旁混訛例、"扌"旁"木"旁混訛例、"刀"旁"力"旁混訛例、"免"形"色"形混訛例等。

　　其次,分析版本間的異文事實,歸納版本間異文的類型,探究版本間異文現象存在的原因,總結版本間異文呈現出的規律,可以更好地推進對《慧琳音義》本身的校勘工作,進而逐步消除其中的文字訛誤。比如通過上面已歸納的相關偏旁混訛例,可以更快捷、更高效地校正某些錯訛。

　　最後,分類整理《慧琳音義》版本間的異文現象,可以進一步促進漢語言文字學相關理論問題的探究。就上面所舉數例來看,首先需要面對的一個問題是如何從理論上區分一字異寫現象與形近而訛現象。儘管文中我們也對其進行了區分,但這種區分更多是操作層面的,而理論方面的區分則有待進一步考察。下面一部分即是對上述思想的具體實踐。

第二節　慧琳《一切經音義》版本
校勘概況及校勘例釋

　　大多數古籍都存在眾多版本,文本的校勘自然成爲古籍整理與研究的首要環節,《慧琳音義》也不例外。充分吸收已有校勘成果,積極借鑑相關校勘方法,全面而深入地推進對《慧琳音義》的校勘,是我們整理研究工作的重要組成部分。

一、慧琳《一切經音義》版本校勘基本情況

下面我們首先簡要介紹古書版本校勘的相關情況，之後歸納指出《慧琳音義》版本校勘的現有成果。

（一）古籍校勘基本理論

因古籍原稿、原抄或原版多已遺失，現存古籍大都是後代翻刻本（抄本）或再翻刻本（抄本），就其基本構成而言，有的是簡單重疊構成，有的是複雜重疊構成。基於這樣的事實，我們在研究古籍時，首先要對其進行校勘，以便存真復原。校勘指比較審定，即"把一種古籍的不同版本搜集起來，比較它們的文字語句的異同，審定其中的正誤"①。校勘不是校對，校勘需要搜集各種版本，比較其異同，考證原稿的文字語句，辨其訛誤；校對一般有明確可靠的稿本作爲勘定正誤的標準，要求與給定的標準完全一致。另外二者所屬也不同，校勘是古籍整理的勘正，校對是書刊出版的核對。

就校勘工作而言，一般有以下一些步驟：瞭解所校古籍的基本構成及流傳情況，瞭解其基本內容與結構體例，瞭解基本文體和語言特點，搜集他書資料、吸取前人成果，對校各本、列出異文、發現疑誤，分析異文、解決疑誤、勘定正誤。

校勘的一般方法是搜集所校對象的各種版本以及與之相關的各種材料，選擇善者、要者進行比較，列出異文，分別類型，說明理由，舉例勘定是非。陳垣在《校勘學釋例》中概括出了四種校勘法。其一，對校法，"以同書之祖本或別本對讀，遇不同之處，則注於其旁"。其二，本校法，"以本書前後互證，而抉摘其異同，則知其中之謬誤"。其三，他校法，"以他書校本書"。其四，理校法，"段玉裁曰：'校書之難，非照本改字不訛不漏之難，定其是非之難。'"②對於陳垣提出的四種校勘法，倪其心認爲，"實則是校勘的一般方法在不同條件下的具體運用"，對校法是比較異同，本校法是分析、考證，他校法是考證，理校法也是分析、考證③。基於以上認識，倪其心將校勘的一般方法總結爲比較分析和科學考證。由上來看，對校主要是搜集異文，本校、他校、理校則爲勘定正誤時的幾種考證方法。搜集異文相對容易，重點在考證。

進行校勘工作時，需要列出校勘成果，這時就涉及出校的原則，即哪些差異現象需要注出，哪些不需要注出。從理論上來說，各版本的差異主要有三種情況：某一版本於文義通，另外一種不通；兩種版本於文義均通；兩種版本於文義均不通。但實際情況卻不這麼簡單，或許甲認爲通，乙認爲不通，丙認爲都通，丁則否定甲、乙後另出一種見解。總之，出校原則需要根據校勘目的等情況綜合確定。出校之後，需要撰寫校記，對所出校的內容進行解釋。

① 倪其心《校勘學大綱》，北京大學出版社，2004年，第1頁。
② 陳垣《校勘學釋例》，中華書局，1959年，第144—149頁。
③ 倪其心《校勘學大綱》，北京大學出版社，2004年，第104頁。

倪其心將校記分爲"簡式"和"詳式"兩類①。一則完整的校記應該一校,二證,三斷。"校"是對校各本找出差異,同時也有校者所發現的疑誤;"證"是對異文、疑誤等進行分析,其中包含轉述前人校正見解;"斷"是校者對異文、疑誤等所下的結論。

　　校勘很重要的一個工作即校改,底本文字涉及改與不改的問題,葉德輝在《藏書十約》中稱改字者爲"活校",不改字者爲"死校"。一般來看,校勘改字有三種方式:照録底本,一字不改,在校記中做出論斷;改正底本錯字,出新版本;用標記符號將正誤異文并見。上面三種方法各有優劣,需要結合所校勘對象與研究視角等綜合確定。

　　此外,進行校勘時需要設定校正符號,比如補字、删字、改字等所用的符號。同時還要撰寫校勘敘例,一般的敘例有以下一些要素:所校勘對象的流傳情況,版本源流,校勘底本與參校本,校勘所用其他書目,所吸取的主要校勘成果,出校原則,校改原則與方式,校記和按斷的説明方式等。由於很多古籍年代久遠,前五項内容非常多,故一般的敘例多指后三項。

　　以上述理論爲指導,下面我們在總結《慧琳音義》相關校勘成果的基礎上,對該書的部分訛誤現象進行考校,以期爲學界提供一個更爲精善的《慧琳音義》校勘本。

　　(二)《慧琳音義》版本校勘成果概述

　　前文我們已詳細考察了《慧琳音義》的作者、成書、流傳及版本等問題,此處僅概述現有校勘成果。到目前爲止,《慧琳音義》的校勘成果主要有三種:其一爲頻伽本,它以獅谷本爲底本,參比衆書進行校勘,然此校勘工作未過半;其二爲大正本,以高麗本、頻伽本爲參校本,將版本差異標注於每頁頁脚位置,不過大正本只録異文,未對異文進行辨析和按斷;其三爲《校本》,以高麗本爲底本,以獅谷本、頻伽本等爲參校本,校勘成果以校記形式置於每卷之末。由此來看,目前《慧琳音義》的校勘成果集中體現在大正本、《校本》中。

　　我們的校勘工作以《中華大藏經》影印的高麗原版爲底本,有不清楚者,核之以韓國高麗大藏經研究所的掃描圖版②,以獅谷本、頻伽本、大正本、大通本、《校本》等爲參校本,參比《玄應音義》《慧苑音義》《可洪音義》《希麟音義》《龍龕手鑑》,同時核之以對應的佛經原文。具體校勘時,我們以已有校勘成果爲基礎,進一步比其差異、探其源流、判其是非。

　　二、慧琳《一切經音義》校勘例釋

　　雖然這裏進行的校勘工作與上面討論的版本文字差異現象聯繫緊密,但二者處理的對象有明顯不同。前一部分針對的主要是異文現象,側重指同一個對象在不同版本中,至少在兩個版本中,彼此間存在差異,且這種差異形體在釋文中多於文義爲通。换言之,前面的工作側重於對差異現象進行描寫和解釋,進而歸納差異的主要類型,探究差異現象的語言文字

---

① 倪其心《校勘學大綱》,北京大學出版社,2004 年,第 265 頁。
② 韓國高麗大藏經研究所《高麗大藏經》,網址: http://kb.sutra.re.kr/ritk/index.do。

學價值，以便利於《慧琳音義》的校勘等相關工作。此部分所考察的對象不是異文，換言之，即各版本文字信息全都相同，然而某些或某個文字與釋文義并不相契合，意即這些文字信息存在訛誤。這需要我們在前一部分相關結論的指導下，校正錯訛、甄定是非。

總體來看，儘管《慧琳音義》的相關校勘成果相對比較豐富，然而其中仍存在大量亟需校正的現象，尤其是形近而訛所致的文字錯訛問題，下面就部分有錯誤的條目加以校正。需要說明的是，除此章單獨列出的部分校勘成果外，我們考訂的《慧琳音義》其他校勘成果散見於本書"中編"《慧琳〈一切經音義〉所釋文字考辨》部分。

　　（1）麄捔（觕），《漢書·班固敘傳》云：捔（觕）舉儀僚。孟康注云：捔（觕），古文粗字。音才古反。韋昭曰：粗略也。（C57P0584a；J010）

按：上所引詞目出自《明度無極經》第三卷音義。《慧琳音義》所釋"麄捔"條《大正藏》對應經文作："若慈孝於佛，不如恭敬明度，慎莫忘失一句，囑累若，麤捔説耳。若有不欲離於經法、比丘僧、三世佛者，不當遠此法。"（T08P0502c）今大正本經文作"麤捔"。求之經義，"麤捔"取大略義。"麄捔"之"捔"，《慧琳音義》各版本均如是作。《明度無極經》第三卷之"麄捔"條本是玄應所撰，高麗本《玄應音義》卷第三"麄捔"下云："《漢書·班固敘傳》云：'捔舉儀僚。'孟康注云：'捔，古文粗字。'音才古反。韋昭曰：'粗略也。'"（V32P0044c）《玄應音義》亦作"捔"字。《廣雅·釋言》："捔，揭也。"王念孫疏證云："捔，《説文》：'揭，偏引也。'"又《龍龕手鑑·手部》："捔，音角。揭捔也。"本指捉住獸角搏鬥，引申又指角逐等用法。如《淮南子·氾論訓》："風氣者，陰陽相捔者也。"又或指刺取，《龍龕手鑑·手部》："捔，攙捔也。"《集韻·覺韻》："捔，刺也。"如《文選·張衡〈西京賦〉》："又簇之所攙捔，徒搏之所撞挑。"李善注云："攙捔，貫刺之。"由上可知，"捔"音義均與"粗"別。

"捔""粗"音、義既別，何以玄應、慧琳均認爲"捔"是"粗"的古文？考之《大正藏》"捔"下校勘記，元普寧藏、明嘉興藏本《明度無極經》第三卷經文均作"觕"字，正有粗、粗略義。如《公羊傳·莊公十年》："觕者曰侵，精者曰伐。"何休注云："觕，麤也。"又《漢書·藝文志》："漢有唐都，庶得麤觕。"顏師古注云："觕，粗略也。音才户反。"慧琳釋文之"麄捔"即《漢書》及元、明本經文之"麤觕"。明張自烈《正字通·角部》"觕"下云："觕乃粗義……古蓋各造粗字，至漢分之：麤謂塵起之粗，平聲；觕爲一切之粗，上聲。"明郭一經《字學三正·體製上·古文異體》："觕，麄，粗。"至此更明"捔""觕"二字之別，又清鐵珊《增廣字學舉隅·卷二·兩字辨似》："捔、觕，上音覺，揭捔，捔者當其頭也；下音粗，大也、疏也，與粗通，本作麤。"所言甚是。

到此方明，慧琳"麄捔"條之"捔"正合作"觕"。從"扌"從"牛"易混訛，別如"揔"或作"惣"。又"麄捔"下釋文引《漢書·班固敘傳》作"捔舉儀僚"，清刻本《漢書》作"觕舉僚職"。顏師古注："晉灼曰：'觕音麄觕之觕。'師古曰：觕音才户反，謂大略也。"此亦可證慧琳釋文之"拥"是"𢱭"之訛。別如《可洪音義》卷第二《大明度經》第三卷"麁拥"下云："才古反。麁也，略也。正作粗、𢱭二形。"(C59P0585a)又宋郭忠恕《佩觽》卷中："𢱭桷，上千胡翻，與麤同；下古岳翻，榱桷。"上引爲文淵閣本，而鐵華本《佩觽》之"𢱭"則訛作"拥"。此亦可爲證。

　　（2）徧饒，邊昒反。《考聲》云：書（盡）也，周也。亦作遍。(C57P0597b；J010)

　　按：上所引詞目出自《實相般若經》音義。《慧琳音義》所釋"徧饒"條《大正藏》對應經文作："於三界皆自在，故能遍饒益一切衆生，悉與究竟最上安樂。"(T08P0778a)大正本經文作"遍"，與詞目之"徧"字同。釋文引《考聲》"書也，周也"之"書"字，《慧琳音義》各版本均如上作，《校本》亦同。《校本》"書"字下校勘記云："據文意當爲'匝'。"(2012：684)徐校於釋文義雖可通，然"書"與"匝"形音義均相去甚遠，竊謂非是。從形義關係求之，傳本《慧琳音義》釋文之"書"字當是"盡"的訛誤字形。"書""盡"形體比較接近，書寫有混訛的可能性。"書"字手書或增"灬"形，竹林居士《佛教難字字典·曰部》"書"下引《無量義經》作"𣌭"(1990：141)，與"盡"頗近；"盡"書寫或省"灬"形，秦公《碑別字新編·十四畫》"盡"下引《漢史晨奏銘》作"𡁏"，又引《魏高輝太夫人墓誌》作"盡"(1985：293)，均與"書"形頗近。由上二例可初步斷定《實相般若經》音義"徧饒"條下之"書"是"盡"的訛誤字形。另從"徧"的詞義核之，"徧"是周遍義，周遍則無所不包，與窮盡義通，故而亦或釋作"盡"義。《龍龕手鑑·彳部》："徧，音遍。周也。盡也。"如《淮南子·主術》："孔丘、墨翟脩先聖之術，通六藝之論……使居天子之位，則天下徧爲儒墨矣。"高誘注云："徧，猶盡也。"如此來看，釋文之"書"爲"盡"之訛寫無疑也。

　　（3）掣繩，闡熱反，又音昌制反。今取初音。《説文》云：引而縱也。從手制聲也。或作瘛，或作摯（𦭮）。(C57P0679a；J014)

　　按：上所引詞目出自《大寶積經》第八十四卷音義。《慧琳音義》所釋"掣繩"條《大正藏》對應經文作："時旃陀羅繫牛其舍，方入欲殺，牛見驚怖，掣繩奔走，往於勝生如來林所。時旃陀羅持刀隨逐，彼牛惶怖，墜於深坑，其命將終，楚痛號吼。"(T11P0485b)求之經義，"掣繩"即拽著繩子，"掣"取拉、拽義。《爾雅·釋訓》："甹夆，掣曳也。"郭璞注云："謂牽挩。"刑昺疏云："掣曳者，從旁牽挽之言。"別如《易經·睽卦》："見輿曳，其牛掣。"釋文"或作摯"之"摯"，《慧琳音義》各版本均如是作，《校本》亦同(2012：748)。據慧琳所釋，則"摯"字與"掣""瘛"同，亦有拉、拽義。《説文·手部》："摯，握持也。"爲握持義，《廣韻》音脂利切，與"掣"音義均別。實此"摯"乃是"𤳊"的訛誤字形，二者形體較近，易訛。對於二字之關係，王念孫《廣雅疏證》有相關論述，玆轉引其要者於此。《廣雅·釋詁一》："𤳊，引也。"王氏疏證云："𤳊、摯二字,音義各別。摯音充世反,與癉、掣同,引也,字從手執聲。摯音至,握持也,字從手執聲。《廣雅》摯訓爲引,當音充世反;曹憲音至,誤也。《集韻》《類篇》摯音至,引《説文》'握持也。'又尺制切,與掣同。涵摯、摯爲一字,其誤滋甚。考《玉篇》,摯從執,音至;摯從執,音充世切,與癉、掣同,今據以辨正。"(1983:42)王氏所言頗爲懇切,《慧琳音義》釋文中作爲"掣"的異體字之"摯"正是"摯"的訛誤字形。

(4) 其脽與膊,脽字正宜作髀,古文作蹕(踔),今脽未詳所出。(C57P0853b;J022)

按:上所引詞目出自《華嚴經》卷第四十八《如來十身相海品》音義。《慧琳音義》所釋"髀骨"條《大正藏》對應經文作:"如來右髀有大人相,名普現雲,以衆色摩尼而爲莊嚴,其髀與腨上下相稱,放摩尼焰妙法光明。"(T10P0254c)今大正本對應經文作"其髀與腨"。《説文·骨部》:"髀,股也。""髀"或換從"卑"聲作"髊",《類篇·骨部》:"髀,《説文》:'股也。'或作髊。"或又作"脾",義亦同。《字彙補·肉部》:"脾,與髀同,股也。"如唐杜牧《郡齋獨酌》:"白羽八扎弓,脾壓綠檀槍。"上所釋形體均是異構字關係。釋文中"古文作蹕"之"蹕",《慧琳音義》各版本均如上作,《校本》亦同(2012:888)。"蹕"是"趯"的異體字,義爲帝王出行時清道禁止行人通行,與"脽"的大腿義別。據釋文義,"蹕"是"脽"之古文,如此則於義相背。從文義求之,上"蹕"正當作"踔"。《説文·骨部》:"踔,古文髀。"又《玉篇·足部》:"踔,古髀字,股外也。"正即大腿義,與釋文義相契。《華嚴經》卷第四十八《如來十身相海品》之"其脽與膊"條本是慧苑所撰,慧琳收錄時新加校訂。今考《大方廣佛華嚴經》音義卷第二"其脽與膊"下云:"脽字正宜作脾①,古文作踔,今脽未詳所出。"(C59P0500a)此正作"踔",甚確。綜合來看,上引釋文中的"蹕"乃由"踔"書寫訛誤所致,當予以校正之。

(5) 獘地,古文獘、獘(獘)二形,今作弊,同。毗世反。《説文》:獘,仆也。仆,躓也。(C58P0264a;J043)

按:上所引詞目出自《華手經》第十二卷音義。"獘地"條下所釋之"獘"字,《慧琳音義》各版本均如是作,《校本》亦同(2012:1255)。"獘"爲燒焦義,《集韻·屑韻》必結切:"燐,灼物焦也。或作獘。"與"獘"字音義均別。然考求釋文義,"獘"是"獘"之古文,於義不通。《華手經》第十二卷之"獘地"條本爲玄應所撰,慧琳收錄時新加訂正。今考《玄應音義》卷第四"獘地"條下云:"古文獘、獘二形,今作弊,同。毗世反。《説文》:'獘,仆也。'"(V32P0050b)

———————————

① 按,此"脾"字,《慧苑音義》金藏本、高麗藏本如上作,磧砂藏本、永樂北藏本及慧琳轉引本作"髀"。大腿義上,"脾"與"髀"爲異構字關係。

求之《説文》，仆倒義上正合作"獘"字。《説文·犬部》："獘，頓仆也。斃，獘或从死。"段注："獘本因犬仆製字，段借爲凡仆之稱，俗又引申爲利弊字，遂改其字作弊，訓困也、惡也。"又張舜徽《説文約注》云："獘之言踣也，謂僵伏在地也。"（2009：2424）顯然《玄應音義》所謂"斃""獘"字正即《説文》之"斃""獘"字，此"獎"當是"獘"書寫省略所致。《廣韻·祭韻》："獘，困也，惡也。《説文》曰：'頓仆也。'俗作弊。"而《慧琳音義》之"獎"亦當是"獘"書誤所致，因"火""犬"二形非常接近，混訛頗多。如此，釋文義方通。

（6）箪上，市緣反。《説文》：判竹圓以盛穀者也。律文作筪，音丹，笥也，小筐也。《論語》"簞食"是也。又作筸（葶）者，音典。《爾雅》：筸（葶），亭歷也。（C58P0653a；J059）

按：上所引詞目出自《四分律》第五十六卷音義。《慧琳音義》所釋"箪上"條《大正藏》對應經文作："時有居士，浣衣已，著箪上曬。"（T22P0979c）據慧琳所釋，經文之"箪"爲穀囷。《説文·竹部》："箪，以判竹，圜以盛穀也。"慧琳所見經文作"簞"。《説文·竹部》："簞，笥也。""簞"本指盛飯食的圓形竹器，又指小筐、盛穀竹器。如《齊民要術·水稻》："藏穀必用簞。""箪""簞"音别，本用亦别，只是均可用於盛放穀物。故而《慧琳音義》卷第四十四《菩薩處胎經》第二卷"如箪"條下云："經文作簞，音丹，竹器名也。簞非此義也。"（C58P0282b）卷第七十四《出曜經》第八卷"八箪"條下云："論文作簞，音丹，笥也。一曰小筐也。簞非此用。"（C58P0951a）由此來看，慧琳著意區分"箪""簞"二字之用，則經文之"簞"理解爲"箪"的近義换用現象較妥。

釋文中"又作筸者"之"筸"，《慧琳音義》各版本均同，《校本》亦同（2012：1567）。索釋文之義，作"筸"者非，正當作"葶"，此"筸"乃是"葶"的訛誤字形。《五經文字·艹部》："葶，音典。"與慧琳"音典"正同。今傳本《爾雅·釋草》："葶，亭歷。"郭璞注云："實葉皆似芥，一名狗薺。"又《龍龕手鑑·草部》："葶，音典。葶藶子也。""筸"與"葶"上部所從之"竹""艹"手書易混，故而宋郭忠恕《佩觽》予以辨析之，《卷中》："筸、葶，上都干翻，簞食；下當殄翻，葶藶。"慧琳所見經文穀倉義上作"簞"，正是"箪"字之訛。事實上，《慧琳音義》"箪上"條釋文中"葶"書作"筸"，亦是二者混訛之例。"竹"旁與"艹"旁相混甚多，起源較早，曾良《俗字及古籍文字通例研究》認爲"至少漢代就有了"（2006：122）。另外，"筸，亭歷也"之"筸"亦是"葶"之訛。

（7）飇焰，又作猋、，同。比遥反。謂暴風也。字從猋從風。猋從犬，非火也。（C58P0752a；J064）

按：上所引詞目出自《舍利弗問經》音義。釋文"又作猋、"之""正當作"飆"

字，蓋是先由“颰”變異作“觚”，再由“觚”訛變爲“觚”。《慧琳音義》所釋“颰焰”條今《大正藏》對應經文作：“次燒經臺，火始就然，颰炎及經，彌勒菩薩以神通力，接我經律上兜率天。”（T24P0900b）經文之“颰”爲暴風、疾風義。此義上，早期作“猋”。《説文·犬部》：“猋，犬走兒。”本指犬奔跑的樣子，引申有奔跑、急速向前之義，後又表示旋風、暴風。《爾雅·釋天》：“扶搖謂之猋。”郭璞注云：“暴風從下上。”如《禮記·月令》：“猋風暴雨總至，藜莠蓬蒿並興。”鄭玄注云：“回風爲猋。”然“猋”之構形與旋風義并不相契，在漢字形義統一性的促動下，“猋”又添加“風”旁分化出“飈”字，專門記録“猋”之旋風義。《説文·風部》：“飈，扶搖風也。從風猋聲。”“飈”或更換聲符作“颰”，《説文·風部》：“颰，飈或從包。”“颰”與“飈”爲異構字關係。

釋文“又作猋、觚”之“觚”，《慧琳音義》各版本均如是作，《校本》亦同（2012：1645）。“觚”字，大型字書未見收録，《異體字字典》亦未收録。從釋文義求之，此當即“颰”字書寫變異而致。蓋“颰”或書寫作左“包”右“風”形，在這種結構下，“包”的末筆因書寫習慣常變豎折勾爲豎提，久之再進一步訛作“句”形，從而有釋文之“觚”。事實上，《舍利弗問經》之“颰焰”條本爲玄應所撰，慧琳收録時新加審訂。《玄應音義》卷第十六“颰焰”條下云：“又作觚，同。”（V32P0223b）此“觚”正可視作由“颰”到“觚”的過渡形體。綜上，其形體變異軌跡可概括爲：颰—觚—觚。

通過上面所校勘的數例，我們很容易發現，《慧琳音義》現存版本中校勘問題比較集中地體現爲形近而訛一類，這跟我們前面多次談到的《慧琳音義》現有各版本間“抄寫”流傳這一特性有非常直接的關係。認清此前提，我們在具體校勘時便能更加高效地解決一些疑難問題，進而使《慧琳音義》更加科學實用。

第四章 慧琳《一切經音義》所釋文字字際關係總論

　　術語的規範化程度是衡量一個學科發展水平的重要標準，學科發展程度越高，對術語的規範化要求也就越高。字際關係作爲漢字學中的重要論題，其内涵和外延有很多疑而未定的問題，需要我們在梳理相關學術史的基礎上，結合漢字事實，爲其給出科學而嚴謹的定義，并在此基礎上確定其内部要素，釐清諸要素間的關係，同時劃清字際關係與非字際關係的界限。《慧琳音義》作爲收釋佛經用字的集大成著作，使用了處理文字關係的很多用語，考求了大量文字關係事實，這對於我們進一步探究漢字字際關係理論及考辨相關字際關係均有很大幫助。

　　基於以上事實，此部分我們重點探究以下問題：簡要梳理字際關係學術史，結合《慧琳音義》所釋文字中的相關字例，説明判定字際關係時應該注意的關鍵問題；考察《慧琳音義》對漢字字際關係處理的基本情況，探究相關用語；從學術史視角，對《慧琳音義》中的文字關係理論及處理的文字關係實例進行評價，指出其價值和局限。

第一節　漢字字際關係研究概要

　　漢字以數量龐大著稱於世，但是到底有多少個漢字，至今無一人能夠明確説出。漢字龐大的數量是歷史積澱的結果，其内部構成比較複雜，很多字的相互關係也較爲隱晦，對於漢字的使用及字書、辭書的編纂等都是不小的障礙，這就需要我們全面而系統地整理漢字的字際關係。不過在整理具體字際關係之前，我們需要對漢字字際關係這一術語的内涵、外延及發展有清晰的認識。

　　對漢字字際關係的整理與研究由來已久，早在東漢，許慎既已用"重文"這一術語來處理漢字間的一些關係，他同時用古文、籀文、篆文、奇字、秦刻石、或體、俗字、今文、通人説等用語標明重文的來源等屬性。許慎的這種標注客觀上揭示了相關形體間的關係，同時對後世辭書處理文字關係給以重要啓示。魏晉時代社會動亂，文字的使用亦處於頗爲混亂的局面，針對此種現象，唐時大興正字之風，《干禄字書》《五經文字》《九經字樣》等多用"俗""通""正"等用語梳理相關文字的關係。同時，魏晉至唐五代也是漢譯佛經大量出現的時代，佛經本就難讀,翻譯佛經則更甚。在這種情況下,專門解釋佛經疑難字詞、收録佛經特殊用字現象的佛經音義類著作應運而生,比如《玄應音義》《慧苑音義》《慧琳音義》《可洪音義》《希麟音義》《龍龕手鑑》等,多用"正""俗""俗作""古文""誤""非"等用語梳理相關文字的關係。到"小學"昌明的有清一代,以段、王爲代表的語言文字學大家將漢字字際關係的整理與研究推向了一個高峰。緊承其後的語言文字學大師章太炎、黄侃也對漢字的字際關係,尤其是異體字關係多有探究。在《説文略説》中,黄季剛將職能相同的異形字分爲"正、同、通、借、訛、變、後、别"八種類型①。到新中國成立後,在漢字整理、規範工作的推動下,學者們將漢字字際關係的研究推向了更加科學的高度。綜合觀之,歷代學者對於漢字單種關係的考察非常多,比如通假字、異體字等。韓琳《字際關係研究述評》從"起始、突破、發展"三個階段,結合學者們的研究,對假借字、古今字、同源字、同義换讀字、通用字等術語的產生、發展、演變進行了梳理②。對此我們不再贅論,下面著重考察學者們對字際關係體系及相關概念、構成要素等問題的探究。

相較於漢字間的具體關係,直接對字際關係這一體系進行界定的不多,主要有黄德寬、韓琳、羅衛東等。黄德寬和韓琳的觀點比較接近,黄德寬《關於古代漢字字際關係的確定》認爲,字際關係指"形、音、義某一方面相關聯的一組字之間的關係"③。韓琳《字際關係研究述評》認爲,字際關係指"形、音、義某方面相聯繫的一組字之間關係"④。羅衛東《漢字字際關係的界定與表述析論》認爲,字際關係指漢字在歷史傳承和共時使用的時候造成的字與字之間的各種關係⑤。上面幾位學者的共同認識爲,字際關係是字與字之間的關係;所不同的是,黄德寬和韓琳從漢字的三要素入手來定義字際關係。不過我們發現,目前學者們在定義字際關係時,並沒有明確指出字際關係的邏輯存在。

除了對字際關係進行界定外,學者們也對隸屬於此體系的具體關係進行了列舉。蔣紹愚在《古漢語詞彙綱要》中,將異體字、同形字、假借字、區别字、同源字等五種"字"放在一起進行了討論⑥。黄德寬《關於古代漢字字際關係的確定》指出,異體字、通假字、同形字、古今字、同源字、繁簡字等,都是從字際關係的角度提出的⑦。在《字際關係研究述評》中,韓琳將假借字、古今字、同形字、異體字、同源字、同義换讀字、通用字、分化字納入同一字際關係體系⑧。羅衛東《漢字字際關係的界定與表述析論》認爲,字際關係主要包括異體字、通假字、古今字、繁簡字等⑨。顯然,上面幾位學者對字際關係體系的構成要素有不同的看法。另外

① 黄侃《黄侃論學雜著》,中華書局,1964年,第13—15頁。
② 韓琳《字際關係研究述評》,《勵耘學刊》(語言卷),2005年第2期,第227—249頁。
③ 黄德寬《關於古代漢字字際關係的確定》,《中國文字研究》,2003年第1期,第275—280頁。
④ 韓琳《字際關係研究述評》,《勵耘學刊》(語言卷),2005年第2期,第227—249頁。
⑤ 羅衛東《漢字字際關係的界定與表述析論》,《語文知識》,2008年第2期,第51—53頁。
⑥ 蔣紹愚《古漢語詞彙綱要》,商務印書館,2005年,第185頁。
⑦ 黄德寬《關於古代漢字字際關係的確定》,《中國文字研究》,2003年第1期,第275—280頁。
⑧ 韓琳《字際關係研究述評》,《勵耘學刊》(語言卷),2005年第2期,第227—249頁。
⑨ 羅衛東《漢字字際關係的界定與表述析論》,《語文知識》,2008年第2期,第51—53頁。

值得注意的是，羅衛東認爲通假字也涉及詞際關係。這意味著她注意到在字際關係之外，還有詞際關係這一存在。

也有學者用分系統的方法考察字際關係體系及其構成要素。李運富在《漢字漢語論稿》中，從文字系統和文獻系統視角分別釐析了漢字的字際關係類型①。文字系統中，有同音字、同義字、同形字、異體字、同源字五種關係；文獻系統中，有本字—本字、本字—借字、借字—借字三種關係。在《漢字學新論》中，李運富又從書寫、結構、職能三個角度分別考察了漢字字際關係②。該種做法有利於更加深入地勘查漢字在不同層面的屬性和獨特關係。

整體來看，學者們在討論字際關係理論或考察漢字間的具體關係時，常常將異體字、通假字、母字—分化字、區別字、同形字、訛誤字、同源字、古今字、正俗字、繁簡字、同音字、同義字、通用字等術語歸置在一起。不過需要我們深思的是，上面列舉的眾多術語是否都屬於同一個範疇，是以漢字爲區間，還是以漢語詞爲區間，抑或是關注漢字和漢語詞的交互區間？究竟哪些術語可劃歸同一個體系，哪些又是從不同的角度考察的？在考察具體的文字關係時，判定的標準是什麼，以什麼樣的模式進行，整理結果以何種方式呈現？那些未能納入同一體系的文字關係或屬性，在最終的整理結果中如何處理？顯然，目前對字際關係這一術語及其內部構成要素、要素間關係的研究并不充分。

從上述分析出發，我們認爲字際關係指字與字之間的關係，與詞際關係分屬於兩個不同的範疇，字際關係針對的是字而非詞。由此前提入手，字際關係內部可劃分出不同層次：同字不同形體之間的關係，不同字之間的關係。同字不同形體之間的關係主要指異體關係，另有一種特殊的同字關係，即正訛現象。不同字之間的關係主要有通假字關係、同形字關係兩種；另外，通假字當中有部分特殊現象，即某個字的形體和功能均由另一個字分解而來，從而這些字構成母字—分化字關係③。下面我們在分析字際關係判別要點的基礎上，結合《慧琳音義》所釋文字中的相關字例，進一步闡述我們對這一理論體系的認識。

第二節　字際關係判定的關鍵

通過上面的考察，我們對字際關係的内涵有了進一步認識，然而在具體判定時，仍需要重點關注一些問題。漢字最大的特點是形、音、義相統一，相應地，在判定字際關係時，需要重點考察目標對象的形、音、義、用等屬性。進一步來看，字形方面重點是追索形體流變，讀

---

① 李運富《漢字漢語論稿》，學苑出版社，2008 年，第 118—136 頁。
② 李運富《漢字學新論》，北京師範大學出版社，2012 年，第 223 頁。
③ 字際關係理論體系及其具體構成要素，我們將在本書第八章《佛經音義類專書文字整理與研究的方法再討論》部分進行總結性考察。

音方面重點是考求語音關係,字義方面重點是梳理記詞職能。不過在具體處理時,往往需要從形、音、義、用等角度進行綜合辨析。一言以蔽之,在判定字際關係時,我們要時刻關注漢字形、音、義相統一的事實。

一、追索形體流變

漢字在書寫過程中難免會發生種種變異,有的變異有跡可循,有的變異有理可析,有的變異一視即明,有的變異則需要深入考求,大部分變異都是可以解釋的。就辭書中或文本文獻中儲存的文字形體而言,一方面需要透過相關文字表層的"異"或"同"探得其深層的"同"或"異"。比如從表面看有些形體是不同的字,實際上卻是某個字書寫變異的結果,不少字書僅從表面差異入手,將之處理爲不同的字,這是應該予以重視的。另一方面,還要對同一種辭書或文本文獻的不同版本進行比對。比如《玉篇》中新增了不少《説文》未收的字,在考辨《玉篇》的字際關係時,需要考察這些新收字的來源等屬性,其中一個重要的方法是對《玉篇》的不同版本、以《玉篇》爲藍本編製的相關字書進行考察,或許後世字書中的某個字在《玉篇》的不同版本中既已出現,而後世字書編纂者疏於考校,遂將其視作不同的字。因此,當我們面對紛繁複雜的文字現象時,務必要特別重視考察字形的變異軌跡,否則容易造成未溝通或誤溝通等問題。例如:

（1）捩—挗

　　拗胫①,又作挗(捩),同。烏卯反。拗,捩也。捩音力結反。（C58P0560b；J056）

　　按：上所引詞目出自《佛本行集經》第十一卷音義。"拗"與"挗"爲異體字關係,高麗本的"挗"當是"捩"之書寫訛誤字形。此"拗胫"條《大正藏》對應經文作："拗胫搦臂,能擲能走,乃至不空。"(T03P0705c)考求經義,"搦臂"即抓著胳膊,"拗""搦"相對爲文,"拗"取拉、折義。《説文新附·手部》："拗,手拉也。"《慧琳音義》卷第六十三"拗拉"條下引《文字集略》云："拗,以手攊物折也。"釋文的"挗"字,《慧琳音義》各本均如是作,唯《校本》作"捩",未出校勘記(2012：1494)。《玉篇·手部》："搰,搰挗也。"又《集韻·没韻》："挗,搰挗,觸也。"即衝突義。此外,"挗"又有抹拭、揩摸義,《慧琳音義》卷第四十四"搪挗"條下引《字書》云："挗,揩也。"上所釋"挗"之二義均與經文義不切,疑有誤,當是"捩"的訛誤字形。

　　"捩"字,元楊桓《六書統·手之屬·諧聲》："捩,很戾也。从手戾聲。"《正字通·手部》："捩,音劣。很戾也。捩、拗音義通。"《康熙字典·手部》："捩,按《集韻》作挍。"又清范寅《越

---

① "胫"字,慧琳各本如是作,《校本》於其下出校勘記云："胫,據文意似當作'挋'。"(2012：1506)或可備一説。然從"拗胫"所出的經文"拗胫搦臂"觀之,此當是"胫"的訛誤字形。

諺》：“挨，同拗。折枝謂挨。”綜上，“挨”與“拗”音義大同，可視爲異體字。“挨”與“挨”形體幾近，高麗本的“挨”乃是“挨”之訛，如此《慧琳音義》之釋文方可通。

(2) 道—𧩙、䛆

　　口道，陶老反。鄭注《禮記》云：道，說也。亦言也。《説文》：所行道也。從辵首聲。古文從首從寸作𧩙①。經從口作䛆，非也，檢諸字書，並無此䛆字。(C58P0138b；J037)

　　按：上所引詞目出自《陀羅尼集》第二卷音義。就形體關係論之，“𧩙”由“䛬”書寫變異而來，本當是“導”的異體字，因《説文》定其爲“道”之古文，故而後世辭書多從之；“䛆”則是“道”在言説義上的增旁異體字，增“口”旁以實現其形義之統一性。

　　慧琳所釋“口道”條《大正藏》對應經文作：“其塗法者，先塗其末，後塗其本。呪師面向北，誦此呪至都護例竟，即道王名病差，然後口道莎訶竟，燒於火中。”(T18P0796c)今大正本經文作“道”，取言説之義。“道”本是道路義，《説文‧辵部》：“道，所行道也。”亦用作述説、言説義，如《詩經‧鄘風‧墻有茨》：“中冓之言，不可道也。”“道”或從首從寸作“䛬”，《説文‧辵部》：“䛬，古文道从首、寸。”《龍龕手鑑‧寸部》：“䛬，古文。徒老反。”高麗本《慧琳音義》之“𧩙”是“䛬”書寫變異而來。就“道”“䛬”之關係而言，朱駿聲《通訓定聲‧孚部》：“䛬從寸、首，當是導之古文。”商承祚《説文中之古文考》也認爲“䛬”當是“導”的古文，并引桂馥之論認爲“導”是後人所增(1983：14)，嚴一萍《釋𧗷》亦持此觀點(《古文字詁林》第二册，2000：458)。“䛬”字從“寸”，與道路義無涉，商、嚴之説可從。因“導”是“道”的後出分化字，故而從本質上講，“䛬”亦當視作“道”的分化字。然《説文》將其視作“道”之古文，故後世辭書多從之。此處我們從商、嚴之説，將其視作“導”的異體字，同爲“道”之分化字。

　　釋文謂經文作“䛆”。《龍龕手鑑‧口部》：“䛆，俗。音道。”從形體來源求之，“䛆”即“道”在言説義上之增旁異體字。“道”的道路義較常用，而言説義於“道”的形體無徵，故而或增“口”旁以明之。“䛆”字碑文中多見，秦公《碑別字新編‧十三畫》“道”下引《隋楊居墓誌》作“䛆”，又引《魏甯想墓誌》作“𡃺”(1985：270)，“𡃺”即“䛆”的書寫變異形體。

二、考求語音關係

　　漢字從漢語處獲得意義的同時，也獲得了讀音，從而與字形構成三足鼎立的態勢。在考辨字際關係時，字音也是需要特別注意的；尤其是在確定異體關係、通假關係時，如果聲音問題解決得不好，所整理出的字際關係往往也不大可靠。具體來看，就考求語音關係而言，有時需要梳理語音的歷史演變過程，有時需要對字書中的注音進行辨析，有時需要同時從多個

---

① 按，“𧩙”即“䛬”字書寫變異而來。

角度予以綜合考察。例如：

（1）鈍—頓

　　頑鈍，下屯頓反。鈍，滯性也。如淳注《史記》：頑鈍，猶無廉愧也。《蒼頡篇》：鈍亦頑也。《聲類》云：不利也。或作頓。《説文》：從金屯聲。屯音鈍昆反。（C58P1047b；J078）

　　按：上所引詞目出自《經律異相》第十七卷音義。慧琳所釋"頑鈍"條《大正藏》對應經文作："槃特即上高座，自慚鄙曰：'薄德下才，未爲沙門，頑鈍有素，所學不多，唯知一偈，粗識其義，當爲敷説，願各静聽。'"（T53P0091a）經文之"頑鈍"爲愚鈍無知義，是自謙之辭。《説文·金部》："鈍，錭也。"本指不鋒利，引申指遲鈍、魯鈍等用法。釋文謂遲鈍義上或作"頓"，本是以頭叩地，引申有屯駐、放置、捨棄、損壞等用法，與"鈍"義別。"鈍""頓"二字《廣韻》分別讀徒困切、都困切，中古分屬定紐恩韻、端紐恩韻，音較近。故而段注"鈍"下謂："古亦叚頓爲之。"釋文所謂"或作頓"，事實上是"鈍"的音近借用字。

（2）迭—跌

　　迭相，上田結反。郭注《方言》云：迭猶代也。《説文》亦更也。從辵失聲。辵音丑略反。《聲類》從足作跌（跌）。跌（跌）即過也，非此義也。（C59P0156b；J089）

　　按：上所引詞目出自《高僧傳》第三卷音義。慧琳所釋"迭相"條《大正藏》對應經文作："齊建元初，來至京師，止毘耶離寺，執錫從徒，威儀端肅，王公貴勝迭相供請。"（T50P0345a）經文之"迭"爲交替、連著義。釋文謂《聲類》作"跌"，是跌倒義，引申有過錯、過度義，與"迭"義迥別。二字《廣韻》均讀徒結切，音同。顯然在交替義上，"跌"爲"迭"的同音借用字。

（3）黐—𥝖

　　之黐，勑知反。《廣疋》：黐，黏也。《古今正字》：有樹脂黏著可捕鳥者爲黐樹也。從黍离聲。論文作𥝖，俗字，訛略也。（C59P0345a；J100）

　　按：上所引詞目出自《寳法義論》音義。詞目之"黐"正"黐"的異寫形體。據慧琳所釋，"黐"字或從"米"作"𥝖"。因"黐"從"黍"，與"米"屬同類，故可換旁。又因"𥝖"字後出，故慧琳斥之爲"俗"。然而《大字典》"𥝖"下據《集韻》釋爲"熬米壞"（2010：3365），音鄰知切。此與慧琳所釋有別，需進一步判定二者之是非。考《玉篇·黍部》："黐，力支、丑知二切。黏也。""离"本讀丑知切，又讀同"離"爲吕支切。同理，"黐"本讀丑知切，又或讀吕支切。《集韻》收錄"𥝖"字，音鄰知切，義爲熬米壞，亦取黏義；不知"𥝖"正"黐"的換旁異體字，丟棄了丑知切這一本讀。結合慧琳所釋進一步來看,《大字典》"糒"下當釋作"同'穤'"。又《正字通·黍部》"穤"下云:"《篇海類編》亦作秜、糒,義同。"亦可爲證。

三、梳理記詞職能

考辨字際關係時,除了關注字形、字音之外,也要關注文字的功能。儘管意義是客觀的,但對於意義的認識與表達卻帶有較強的主觀色彩,致使不同辭書、不同人對同一個字的功能之認識與切分有不同,從而造成釋義中的諸多差異現象。這些問題處理的好壞,直接影響到字際關係判定結果的正誤與水平的高低。鑒於此種情況,我們需要特別注重對於義項歷史演變的梳理,理其同、析其異、增其是、去其非,切不可就字書中羅列的現有義項作簡單判定。與此同時,要盡可能還原每個對象字在所出文獻中的使用情況。不同時代所見文獻在數量和性質上都有所不同,字書編纂者所整理的字際關係多是在其時所見文獻用字的基礎上,結合藍本字書而成。對漢字進行歷史整理,需要我們就某個字的整體情況進行歷史分析,其中很重要的一個環節是考察文獻使用情況,從而在已有結論的基礎上重新進行歸納和概括。

就釋義中的常見問題而言,有的表現爲對文字用法的歸納詳略不一,或將詞義訓釋轉爲文義訓釋,或據相關特徵將詞義加以劃分;有的則根據字形設立文獻中未曾使用過的虛假義項,或根據訛誤字形設立錯誤義項;有的是辭書在傳抄過程中造成的訛誤,或將釋義用字漏抄、錯抄,或篡改釋義等。諸如此類的問題,都需要我們在進行字際關係整理時,務必梳理相關對象的記詞職能。例如:

(1) 脒—疨

水腫,之愧反。腫病也。經文作疨、〔脒〕①二形,非體也。(C58P0554b;J056)

按:上所引詞目出自《正法念經》第五十七卷音義。《大字典》"脒"下釋作"同'水'"(2010:2197),"疨"下釋爲"水腫病"(2010:2848)。事實上,"脒"與"疨"是換旁異體字,均是"水"在水腫義上之後出分化字。除上所引慧琳釋文外,又《可洪音義》卷第二十五《賢聖集》第十一卷"疨脒"條下云:"二同,音水。水病也。上又尸類反,義同。"(C60P0366b)《龍龕手鑑·疒部》:"疨,音水。疨病也"。同書《肉部》:"脒,俗。音水。"《玉篇·疒部》:"疨,病也。"如《靈樞經·四時氣》:"風疨膚脹,爲五十七痏。"馬蒔注:"疨,即水。以水爲疾,故加以疾之首。"綜上來看,"疨""脒"是"水"在水腫義上的後出分化字,云水腫,實乃此病因水而致。"疒""肉"爲其形符,前者從物象所屬角度造字,後者從生病主體角度造字。又《大字典》"疨"

---

① 按,此處據《玄應音義》補"脒"字。《玄應音義》卷第十一"水腫"條下云:"之愧反。腫病也。經文作疨、脒二形,非體也。"(V32P0143b)

下據《廣韻》注音釋類切,然據《可洪音義》所釋,"痋"亦音"水",與"脉"音同。則二者爲異體字關係無疑。《大字典》於"脉"下但云"同'水'",於義爲寬,出現此種失誤的根本原因在於未系統梳理"脉""痋"的構形與功能。

（2）絆—靽

> 羈絆,下鉢判反。《考聲》曰:絆,繫兩足也。《説文》:馬縶也。案縶者,亦馬絆也。
> 傳文從革作靽,非也。縶音知立〔反〕。（C58P0946a;J074）

按:上所引詞目出自《佛本行讃傳》第五卷音義。在馬縶、羈絆義上,"絆""靽"爲更换形符而成的異體字。慧琳所釋"羈絆"條《大正藏》對應經文作:"諸善之根源,皆當由之生;以滅定羈靽,繫靽心醉象。"①（T04P0097c)求之經義,"羈靽"即束縛、牽制義。《説文·系部》:"絆,馬縶也。"《龍龕手鑑·系部》:"絆,馬絆也。"指用於綁縛馬足的繩索,引申有羈絆、束縛等用法。此義上經文作"靽",《釋名·釋車》:"靽,半也,拘使半行,不得自縱也。"畢沅《釋名疏證補》:"《説文》云:'絆,馬縶也。從系,半聲。'今此從革,《左傳》有此字。"考之《左傳·僖公二十八年》:"晉車七百乘,韅、靭、鞅、靽。"杜預注云:"在背曰韅,在胷曰靭,在腹曰鞅,在後曰靽。"此即《集韻》《字彙》等釋"靽"爲"在後曰靽"之依據。

事實上,"在後曰靽"之"靽"即指馬縶而言。孔穎達《春秋左傳正義》云:"有皮在背者,有約胷者,有在腹爲帶者,有繫絆其足者,從馬上而下次之,在後正謂在足是也。"孔氏所疏頗爲懇切,《大字典》求之不甚,據《集韻》《字彙》等釋作"套在牲口後部的皮帶"(2010:4617),其失顯也。由是觀之,"絆""靽"二字均爲馬縶義,屬義近形旁换用一類。讀音上,"絆""靽"二字《廣韻》均博慢切,音同。從二字構形及音義角度察之,在羈絆意義上,二者音義全同,是異體字關係。另在羈絆義上,因"靽"字非《説文》所收,後世通行度較低,故而慧琳斥之爲"非"。

（3）耼—舕

> 珊術,上他含反。老子名也。傳文從舌作舕,非本義。前《辯正論》已釋訖。《説
> 文》:從耳冄,正字。或從身作軵。（C59P0233b;J094）

按:上所引詞目出自《續高僧傳》第二十四卷音義。上引釋文之"耼"是老子別號。"耼"本指耳朵長大,與"舕"爲同音借用字關係。《大字典》"耼"字下據《太平廣記》卷一所引葛洪《神仙傳》收録有"吐舌貌"一義(2010:2978),此釋恐有不妥。"耼"字從耳,與"吐舌貌"一用無任何聯繫,且辭書中"耼"下均未收録"吐舌貌"這一用法。"吐舌貌"乃是"舕"字所有,《龍

---

① 《大正藏》兩處"靽"下校勘記云:靽＝絆三。

龕手鑑·舌部》：“舑，齰舑，長舌也。”《玉篇》同上。《廣韻·談韻》他酣切：“舑，吐舌也。”如《文選·王延壽〈魯靈光殿賦〉》：“玄熊舑舚以齗齗，卻負載而蹲跱。”不過文獻中確有“聃”書作“舑”者，上引慧琳釋文即是其例。上“聃術”條《大正藏》對應經文作：“釋法琳，姓陳氏，潁川人……乃權捨法服，長髮多年，外統儒門，内希聃術，遂以義寧初歲，假被巾褐，從其居館，琳素通莊老，談吐清奇。”（T50P0636c）今大正本經文作“聃”，慧琳所見經文作“舑”。慧琳認爲作“舑”非是。《説文·耳部》：“聃，耳曼也。”段注：“曼者，引也。耳曼者，耳如引之而大也。”本指耳長大，又用作老子别號。“舑”與“聃”義别。音讀上，“舑”“聃”《廣韻》均音他酣切，音同。顯然，慧琳所見經本之“舑”乃是“聃”的同音借用字。

第三節　慧琳《一切經音義》對字際關係的處理

《慧琳音義》從經文中摘録疑難字詞，並對其進行訓釋，在釋文中溝通了大量文字現象，辨析了所溝通文字的相互關係。這部分我們首先簡要考察《慧琳音義》所釋文字的來源，在此基礎上，通過慧琳釋文中的相關用語，分類考察《慧琳音義》對文字關係的處理情況。

一、慧琳《一切經音義》所釋文字的來源

這裏所説的《慧琳音義》所釋文字，主要指《慧琳音義》詞目用字及慧琳在釋文中溝通的與詞目字存在關係的文字。從來源上我們可以將《慧琳音義》所釋文字大致分爲下面兩類：其一，來源於經文；其二，來源於所徵引的相關文獻。就後者而論，既包括所徵引的相關文獻中的文字信息，也包括慧琳用“又作”“亦作”“或作”等用語直接指出的文字信息。

（一）來源於所釋經文

儘管《慧琳音義》的詞目大多直接取自佛經文本，然而如果有的佛經文本用字有誤，或者使用了慧琳認可的“俗體”“或體”“古文”等特殊文字現象，慧琳常會選擇將其認可的正體字作爲詞目用字。不過他并没有因此而忽略經文中的特殊用字現象，通常會將此類文字現象揭示出來，以方便使用者。從《慧琳音義》釋文通例來看，在揭示經文不同用字的同時，慧琳常對經文中的特殊文字現象加以訓釋，或明其正俗，或辨其訛誤，或指出是古文，或斥之爲“非體”等。從揭示經文用字的方式上，我們可以將《慧琳音義》中源自經文的文字進一步分爲兩類：直接轉録經文中的特殊形體，描述經文用字的構形。

1. 直接轉録經文字形

一般情況下，慧琳在釋文中會直接轉録其所認可的經文特殊文字現象。例如：

（1）霍然，呼郭反。案霍然，儵忽速疾之皃也。**經文作爛**，非體也。（C57P0994b）

（2）驕傭，下寵龍反。郭注《尒雅》云：傭，齊等也。《説文》云：均直。從人庸聲。庸音容。**經作膭**，誤也。（C57P1031b）

（3）污泥，上烏故反，停水處泥也。**經作洿**，古文污字也。（C57P1036b）

（4）珂乳，枯何反。螺屬也，潔白如雪。**經文作珂、軻二形**，非也。（C58P0003a）

（5）真諺，宜箭反。《説文》：傳言也。俗語也。真猶實也，言了達真言俗語也。**經文從口作唁**，誤也。（C58P0055a）

（6）疏通，上所初反。**經作踈**，寫人誤也。（C58P0080a）

2. 描述經文用字的構形

有時慧琳不直接給出經文字形，而是在詞目字的基礎上，揭示經文字與詞目字的形體差異。例如：

（1）皓齒，上胡好反。《爾雅》：皓，白也。從白告聲也。**經從日**，俗字，通用。（C57P0648a）

（2）棘束，上矜（矜）憶反。《方言》：凡草木刺人，江淮之間謂之棘。《毛詩傳》曰：棘，酸棗也。《説文》：小棗叢生者。從並束。**經本從並朿**，誤也。（C57P0784b）

（3）錯繢，胡對反。《論語》云：繪事後素。鄭玄曰：繢，畫也。集五彩曰繢。**經從貴**。《説文》：織絲餘也。或音櫃，非經義云也。（C58P0002a）

（4）籠檻，禄紅反。前《入定不定印經序》音中已釋訖。下咸黯反。王逸注《楚辭》云：檻，櫳車也。牢檻也。《説文》：檻，圈也。亦籠也。從木監聲。**經從手**，誤也。（C58P0006a）

（5）采蓮，上猜宰反。《考聲》云：采，取也。《説文》：從爪從木。**今經從手**，通用也。（C58P0077b）

（6）鬪諍，上當搆反。**經從門從豆**，俗字也。（C58P1000a）

（二）來源於相關徵引文獻

除上面舉的源自經文的特殊用字現象外，《慧琳音義》釋文中溝通的文字現象更多的是源自相關徵引文獻。爲了訓解詞目用字，慧琳在釋文中通常會徵引辭書等文獻。從此類文字現象的訓釋方式入手，我們將其分爲下面兩類：其一，只溝通某個形體，不給出處；其二，給出所溝通文字的具體出處。

1. 直接溝通某個形體，不給出處

此類常用"又作某""古文某""今作某""或作某""亦作某""通作某""宜作某""合作某"等表達形式予以溝通，不給出所溝通文字的具體出處。例如：

（1）繫念，**古文繫**、継二形，**今作係**，同。古帝反。《説文》：係，結束也。亦連綴不絶也。（C57P0565a）

（2）金礦，下古猛反。《廣雅》云：礦，强也。鐵璞謂之礦，鉛礦謂之鏈。鏈音連。《説文》：銅鐵等璞也。從石黄聲。**或作磺，亦作鈝**，並俗字也。（C57P0584b）

（3）犇逸，本門反。《尒雅》云：大路謂之奔。郭注云：謂人行走趨步之處，因以爲名也。顧野王云：謂犀牛走也。《左氏傳》云：鄭伯之車犇于濟也。鄭注《考工記》云：奔，疾也。**今通作奔**。（C58P0049a）

（4）瞬頃，上輸閏反。《吕氏春秋》云“萬世猶一瞬者”是也。《説文》：瞬謂開闔目數摇也。從目舜聲。**或從寅作瞚**。（C58P0051b）

（5）旡嚞，**又作哲**、悊二形，同。知烈反。《尒雅》：哲，智也。《方言》：齊宋之間謂智爲哲。哲，明了也。（C58P0086a）

（6）潭然，**宜作憺**，徒濫反。憺，猶安静也。深水曰潭，音徒南反。（C58P0086b）

（7）枯槀，**古文殠**，同。苦道反。《字林》：木枯也。（C58P0087a）

2. 給出所溝通文字的詳細出處

此類通過給出徵引文獻來揭示所溝通文字的詳細出處，比如“《説文》作某”“《字書》作某”“《爾雅》作某”等。例如：

（1）他溺，寧的反。《字書》云：没水也。不浮曰溺。《考聲》云：沉也。或作惄。惄，憂也。**《説文》作休**。（C57P0523b）

（2）慣見，上關患反。《爾雅》：慣，習也。或作遺。**《左傳》作貫**，借用也。（C57P0585a）

（3）共臻，櫛詵反。《爾雅》：臻，至也。《考聲》云：聚也。《集訓》：到也。**張揖《字詁》作臸**。從二至，以爲古文臻字也，象形字也。（C57P0588a）

（4）螢火，穴冥反。草虫名也。《爾雅》作熒。熒火即炤。郭璞曰：夜飛腹下有火光。炤即照字。《禮記·月令》曰：大暑之日腐草化爲螢。**《韻英》作蛵**也。（C57P0642a）

（5）迸石，上擘孟反。《埤蒼》云：迸，散走也。《説文》：迸，散也。從辵并聲也。辵音丑略反。**《考聲》從足作跰**，亦同用也。（C58P0053a）

二、慧琳《一切經音義》溝通字際關係的用語類析

《慧琳音義》對所釋文字關係的處理主要是通過用語來體現的，慧琳書中處理文字關係的用語重點有“正作”“或作”“亦作”“又作”“俗”“俗作”“通作”“宜作”“合作”“古作”“古文”“異體”“異體字”“假借”“非”“誤”“近字”“字書並無”“字無所出”等。不過慧琳釋文中使用的

這些用語内涵多不固定，且相互間或有交叉。下面就《慧琳音義》釋文中處理文字關係的主要用語分類進行考察。

（一）正作

《慧琳音義》釋文中有時用"正作"來處理文字關係。從性質來看，"正作"這一用語確切地説是一個正字法術語。慧琳通常從《説文》收録與否、《説文》爲正篆還是重文這個角度出發，將《説文》收録的或《説文》正篆視作"正作"字，未收録者多冠以"俗""通""古字"等名稱。也有時"正作"字不見於《説文》，但相較於非"正作"字，"正作"字或出現較早，或文獻使用較頻繁。另外，針對一些文字借用或分化現象，慧琳往往將本字或母字稱作"正作"字。

就上面二種"正作"字與非"正作"字之字際關係而論，以異體字關係居多，也有的"正作"字與非"正作"字之間爲通假字或分化字等關係。

1. "正作"字與被釋字爲異體字關係。《慧琳音義》中用"正作"溝通的文字關係中，此類現象較多。例如：

（1）呪—詶

呪詶，上州救反。正作詶字，今以爲詶答字，音受由反。俗行用，不可改正也。（C58P0254a；J043）

按：上所引詞目出自《金剛恐怖觀自在菩薩最勝明王經》音義。慧琳所釋"呪詶"條《大正藏》對應經文作："能令已死者更生，能護師子虎狼熊羆賊難，能破厭禱呪詶，能成就如意珠賢瓶，雨寶輪劍，神線蓮華鬘，澡罐念珠。"（T20P0010a）經文之"呪"爲詶咒義，《説文》正作"詶"。《説文·言部》："詶，詶也。"然文獻中"詶"多借用作"酬"，表示酬答、酬謝義。就"呪"與"詶"之字際關係而言，詶咒義上二者爲異體字關係。蓋是"呪"字不見於《説文》，故而釋文特意溝通"詶"字。

（2）饌—籑

餚饌，下牀戀反。《韻英》云：饌，具食也。《説文》正作籑，古字也。形聲字。（C58P0751b；J064）

按：上所引詞目出自《戒消災經》音義。慧琳所釋"餚饌"條《大正藏》對應經文作："施設餚饌皆辦，鬼神來詣門，見舍衛國人在主人舍，便奔走而去。"（T24P0944c）經文之"饌"爲飯食、食物義，《説文·食部》："籑，具食也。饌，籑或从巽。"二者爲更換聲符而成的異構字。釋文所謂的正作字"籑"是《説文》正篆，詞頭的"饌"爲《説文》或體，後世"饌"字通行。

（3）黳—璧

黳玉，於雞反。《考聲切韻》：黑玉也。正作黳。傅從玉〔作〕璧，俗字，非也。（C59P0055a；J083）

按：上所引詞目出自《大唐三藏玄奘法師本傳》第五卷音義。慧琳所釋"黳玉"條《大正藏》對應經文作："又土多白玉、璧玉，氣序和調，俗知禮義，尚學好音韻，風儀詳整，異諸胡俗。"（T50P0251a）今大正本經文亦作"璧"，與慧琳所見經本同，指黑色美石，與"黳"爲換旁異體字關係。從字書收錄情況來看，"黳""璧"均不見於《説文》，敦煌斯617《俗務要名林·珍寶部》："黳，墨也，烏稽反。"又《龍龕手鑑·石部》："黳，於奚反。烏石也。出《玉篇》。"同書《玉部》："璧，正。烏兮反。璧玉也。"由此來看，蓋"黳"字出現較早且相對通行，故而釋文謂"黳"爲正，謂"璧"爲俗。

2."正作"字與被釋字爲通假字或分化字關係。例如：

（1）貲—資

貲財，上紫斯反。《廣雅》：貲，貨也。顧野王曰：家中貲也。正作資，從此者非此義也。《説文》：小罰以財，自贖曰貲。從貝此聲也。（C57P0609a；J011）

按：上所引詞目出自《大寶積經》第二卷音義。慧琳所釋"貲財"條《大正藏》對應經文作："迦葉，譬如長者財寶無量，子於家中乃至見一盛水之器，起父財想。彼於異時，其父喪亡，資財散失。忽見其器，尋自念言：'是我父物。'將置身邊，或時藏舉。"（T11P0007a）今大正本經文作"資"，指貨物、錢財義。詞目之"貲"是罰繳義，與"資"義別。"貲""資"，《廣韻》分別讀即移切、即夷切，中古分屬精紐支韻、精紐脂韻，音相近。顯然經文中財物、錢財義上作"貲"，乃是"資"的音近借用現象，故而慧琳謂"資"爲"正作"。

（2）構—冓

締構，下古候反。案《玉篇》正作冓，與構同。構，合也。成也。《説文》云：積材也。從木冓聲也。（C59P0004a；J081）

按：上所引詞目出自《三寶感通傳》第三卷音義。詞目之"構"爲締造、架構義，《説文·木部》："構，蓋也。"指架屋，引申又有架構等用法。此義上早期但作"冓"，《説文·冓部》："冓，交積材也。"段注云："今字構行而冓廢矣。""構"爲"冓"在架積木材義上之後出分化字。

(二) 或作、亦作、又作

《慧琳音義》釋文中,有時用"或作""亦作""又作"這類用語處理文字關係。從性質上來看,"或作""亦作""又作"字與被釋字多有相通或相似的用法。論其字際關係,"或作""亦作""又作"字與被釋字之間,有的是異體字關係,有的是通假字、分化字關係等,其中異體字關係所占比例較高。

1."或作""亦作""又作"字與被釋字爲異體字關係。例如:

(1) 毯—毤

黄毯,他感反。或作毤。《考聲》云:織毛爲之。出吐蕃。(C57P0705b;J015)

按:上所引詞目出自《大寶積經》第一百二十卷音義。慧琳所釋"黄毯"條《大正藏》對應經文作:"於是童子與群天女遊歡喜林及雜花林、黄毯石林、極光嚴林,日宫園苑、泉聲園苑、音樂園苑、叢花園苑,遊如是等上妙林苑。"(T11P0683a)經文的"毯"指毛織的毯子,字或書作"毤"。《龍龕手鑑·毛部》:"毯,正。毤,俗。吐敢反。毛席,出土蕃。""毯""毤"爲一字異寫關係。

(2) 畋—狃

畋臘,殿年反。鄭注《周禮》云:畋亦獵也。或作狃。《説文》:畋,平田也。從攴田聲。亦作田。(C58P0222a;J041)

按:上所引詞目出自《六波羅蜜多經》第三卷音義。慧琳所釋"畋臘"條《大正藏》對應經文作:"又在人中,不作餘業而爲魁膾,畋獵漁捕罘網罾繳奪衆生命,所謂牛羊麞鹿狐兔鷄猪魚鼈等身,分割支節成大積聚而以販鬻。"(T08P0881b)經文之"畋"指田獵、打獵,《龍龕手鑑·田部》:"畋,正。音田。獵也。"慧琳謂或作"狃",是"畋"的換旁異體字。田獵義上,從"攴"與從"犬"義可通。另《大字典》據《集韻》收釋有"狃"字(2010:1437),從此條釋文來看,其書證可提前。

(3) 塘—隚

隄隚,下蕩郎反。《古今正字》云:長沙人謂隄爲隚。從阜唐聲。亦作塘。(C58P1018a;J077)

按:上所引詞目出自《釋迦譜序》第七卷音義。慧琳所釋"隄隚"條《大正藏》對應經文作:"譬如防水,善治堤塘勿令漏失,其能如是可入律法。"(T50P0052c)今大正本經文作

"塘",與詞目之"隚"同,取堤岸、堤壩義。"隚"字,敦煌伯2011王仁昫《刊謬補缺切韻·唐韻》:"隚,堤。"又《龍龕手鑑·阜部》:"隚,音唐。隄也。"王念孫《廣雅疏證》:"隚字亦作塘。"二者爲改換意符而成的異構字。

2."或作""亦作""又作"字與被釋字爲通假字、分化字等關係。例如:

(1)爵—雀

> 官爵,又作雀,同。子藥反。《白虎通》云:爵者盡也。量盡其才也。五等爵命也。取其節足也。(C58P0305b;J045)

按:上所引詞目出自《地持論》第八卷音義。慧琳所釋"官爵"條《大正藏》對應經文作:"若能如是,我當施汝;如其不能,則不施與。所謂田宅、市肆、官爵、國土、錢財、六畜、工巧、醫方,若結婚姻,若食不食,所作同事。"(T30P0933b)經文之"爵"指爵位。《説文·鬯部》:"爵,禮器也。"本指古時酒器,轉而指爵位。《集韻·藥韻》:"爵,爵位也。"慧琳釋文中謂作"雀"同,"雀"是麻雀義,與"爵"義迥別。讀音上,"爵""雀"《廣韻》均讀即略切,音同。顯然,爵位義上作"雀"是"爵"的同音借用字。

(2)挽—輓

> 牽挽,下𠆾遠反。《考聲》:挽,引也。亦作輓。《説文》:牽,引也。從手。(C58P0343a;J047)

按:上所引詞目出自《彌勒菩薩所問經論》第二卷音義。慧琳所釋"牽挽"條《大正藏》對應經文作:"及泥犁中畜生餓鬼,修羅人天互相殺害,共相食噉,牽挽追求,或生或退,起於我慢嫉妬瞋恨,恩愛別離怨憎合會,老病死等憂悲苦惱。"(T26P0243a)經文之"挽"爲引、拉義,此義上早期作"輓"。《説文·車部》:"輓,引之也。"文獻中多指引車,徐鍇《説文繫傳·車部》:"輓,引車也。"引申泛指牽引、拉等用法,段注云:"引車曰輓,引申之凡引皆曰輓。"如《左傳·襄公十四年》:"或輓之,或推之。"後期分化出從"手"的"挽"字,專門記錄牽引、拉這一用法。

(三)俗、俗用

"俗""俗用"類是《慧琳音義》中用於辨析文字關係最常見的一類用語,主要有"俗字""俗用""俗用字""俗行用字""時俗共用字""俗通用字""通俗字""俗從某作""俗也""變體俗字""俗撰字""隸書俗用字""變體時用字""本作某,今俗"等。上述用語與"正體""正字""正作"等相對,是慧琳從正字法視角進行評判的結果。該類用語指稱的文字或未被《説文》收錄,或相關語文類辭書未視作正字。從形體來源論之,多是正體的書寫變異字形,或由正體變換構件而成,或經文字借用而致。從產生時代而論,此類用語指稱的文字多是後出字。論其間的字際關係,慧琳所釋"俗""俗用"字與非"俗""俗用"字之間,一部分是異體字關係,另一部分是通假字或其他關係,其中以異體關係爲主。

1. "俗""俗用"類字與非"俗""俗用"類字之間爲異體關係。例如:

(1) 淑—湙

純湙,下時陸反。俗用字也。正體作淑。《毛詩傳》:湙,善也。《説文》:清湛也。《字書》:湙,順也。(C57P0621a;J012)

按:上所引詞目出自《大寶積經》第十一卷音義。慧琳所釋"純湙"條《大正藏》對應經文作:"德本淳淑,以是因緣故,十方所在諸佛國土,各各在諸佛世尊,於賢劫中,眾菩薩等净修梵行,是諸菩薩以法供養,皆各散花。"(T11P0060b)今大正本經文作"淑",取善義。《説文·水部》:"淑,清湛也。"本是清澈義,引申指善、善良。《爾雅·釋詁上》:"淑,善也。"詞目之"湙"由"淑"書寫變異而來,又《龍龕手鑑·水部》:"湙,俗。淑,正。時六反。善也。清淳也。"

(2) 蚋—螆

蚊螆,下熱鋭反。俗蚋字,正作螆。《説文》:秦謂之螆。從虫芮聲。(C57P1040a;J030)

按:上所引詞目出自《寶雨經》第三卷音義。慧琳所釋"蚊螆"條《大正藏》對應經文作:"云何菩薩得不傾動? 善男子! 譬如大地,非蚊蚋等力所虧損,世間諸風不能搖動。菩薩如是,不爲一切有情内外苦惱之所傾動,是名菩薩得不傾動。"(T16P0297a)今大正本經文作"蚋",指蚊類昆蟲,《説文》正作"螆"。《説文·虫部》:"螆,秦、晉謂之螆,楚謂之蚊。"經文之"蚋"當是由"螆"省書而來。《龍龕手鑑·虫部》:"蚋、螆,而稅反。蚊螆也。""蚋"爲後出變異寫法,故而慧琳謂之"俗"。

(3) 潠—喙

潠之,上孫寸反。《埤蒼》云:潠,濆灑物也。顧野王:以口含水噴之也。《古今〔正〕字》:從水巽聲。經作喙,俗字,非正。(C58P0253b;J043)

按:上所引詞目出自《大普賢陀羅尼經》音義。慧琳所釋"潠之"條《大正藏》對應經文作:"於月生一日,設使左耳痛南向坐,右耳痛北向坐,東向門,病人門内坐,呪師門外坐,水亦門外,二七遍三喙之。"(T21P0885a)今大正本經文亦作"喙",與詞目之"潠"同,取噴水義。《龍龕手鑑·水部》:"潠,蘇困反。潠水也。與喙同。""潠"與"喙"爲改換聲符而成的異構字。

"喽"字晚出,且文獻用之不多,故慧琳謂之爲"俗"。

2."俗""俗用"類字與非"俗""俗用"字之間爲通假關係。例如:

(1)誦—頌

> 諷誦,上風鳳反,下徐用反。鄭注《周禮》云:倍文曰諷,以聲節之曰誦。《毛詩序》:上以風化下,下以諷刺上。《説文》中二字互相訓,諷即誦也,誦亦諷也,並左形右聲。經文從公作頌,雖通俗用,然非本字。本音容,今故不取。(C57P0499b;J006)

按:上所引詞目出自《大般若波羅蜜多經》第四百七十九卷音義。慧琳所釋"諷誦"條《大正藏》對應經文作:"現在十方諸佛所説契經、應頌、授記、諷頌、自説、因緣、本事、本生、方廣、希法、譬喻、論議,諸聲聞等曾所未聞。"(T07P0431c)今大正本經文亦作"頌",本是儀容字,後借用記録歌頌、讚頌義,均非經義。考之經文,作"誦"是也,取誦讀、朗讀義,此"頌"乃"誦"的通假用法。別如《孟子·萬章下》:"頌其詩,讀其書,不知其人可乎?"該"頌"亦是"誦"的通假用法。慧琳所謂"非本字"是也。

(2)倏—儵

> 倏忽,上詩陸反。集本作儵,俗用字。(C59P0269a;J096)

按:上所引詞目出自《弘明集》第十三卷音義。慧琳所釋"倏忽"條《大正藏》對應經文作:"夫情念員速倏忽無間,機動毫端遂充宇宙,罪福形道靡不由之,吉凶悔吝定於俄頃,是以行道之人必慎獨。"(T52P0087a)今大正本經文作"倏",慧琳所見經本作"儵"。核之經義,作"倏"是也,取急速、忽然義。《説文·犬部》:"倏,走也。"由《説文》之釋來看,"倏"本指犬疾走,引申指急速、忽然義,正段玉裁所謂"引申爲凡忽然之詞"。"儵"字,《説文·黑部》:"儵,青黑繒縫白色也。"《説文繫傳》作"青黑繒發白色也"。本指青黑繒發白色,引申又指黑色,與"倏"義迥别。二字《廣韻》均讀式竹切,音同。顯然經文中急速、忽然義上作"儵",乃是"倏"的同音借用字現象。段注"倏"下又云:"或叚儵字爲之。"甚是。因非本字,故而慧琳謂"儵"爲"俗用字"。

(四)通作

《慧琳音義》釋文中,有時用"通作"這一用語來處理文字關係。"通作"多用於指稱某個形體爲當時較爲通行的用法,如果"通作"字爲歷代文獻通行形體,則慧琳不再贅言;如果"通作"字非其認可的正體,只是於某一時段或某一地域行用者,則在指出"通作"的同時,進一步指出"通作"字爲"非"或爲"訛"等。從字際關係來看,"通作"字與被釋字之間以異體關係居多。例如:

（1）逆—迸

逆旅，迎戟反。《説文》：迎也。從辵〈丑略反〉屰聲。屰音逆。今通作迸，訛也。（C57P0650a；J013）

按：上所引詞目出自《大寶積經》第四十三卷音義。慧琳所釋"逆旅"條《大正藏》對應經文作："何等爲四？一者爲多眾生隨逐修學，於諸白法究竟安住。二者於夷坦路營建逆旅極當堅密，速令眾生獲得歡喜。"（T11P0249b）今大正本經文作"逆"，取迎接義。《説文·辵部》："逆，迎也。"慧琳謂其時通作"迸"，乃是"逆"書寫變異所致。清顧藹吉《隸辨·陌韻》"逆"下引《漢白石神君碑》即作"迸"（1982：719）。由於"迸"非正統字形，故而慧琳在認可其爲"通作"的基礎上，進一步定其爲"訛"，揭示了"迸"的形體來源。另《大字典》"迸"下所據書證爲《正字通》（2010：4086），依此條釋文觀之，其書證可大大提前。

（2）哲—喆

明喆，下展列反。孔注《尚書》云：喆，了也。《尔雅》云：智也。通作哲，亦作𧩙、悊，古作嚞。《古今正字》從並吉。（C58P0034b；J032）

按：上所引詞目出自《佛説大净法門品》音義。詞目之"喆"爲智慧、明智義，是"哲"的異體字。《龍龕手鑑·雜部》："喆"，同"哲"。《説文》正作"哲"，《口部》："哲，知也。嚞，古文哲从三吉。"從形體來源論之，"喆"當即《説文》古文"嚞"省書而來。商承祚《説文中之古文考》"嚞"下案云："《詩·抑》'靡喆不愚'，從二吉，與從三吉同義。古文複體之字，從二者或從三，從三者或從四。"（1983：10）商氏所言甚是。文獻中通行"哲"。

（3）領—衿

領袖，上力郢反。《毛詩傳》曰：領，項也。《莊子》：領，録也。鄭注《禮記》云：理也。《六韜》云：衣領也。《古今正字》作衿。今通作領，從頁令聲也。頁音賢結反。（C58P0206a；J041）

按：上所引詞目出自《大乘理趣六波羅蜜多經》音義。慧琳所釋"領袖"條《大正藏》對應經文作："西明寺圓照、章敬寺辯空、西明寺良秀等，法門領袖，人中龍象，證明正義，輝潤玄文，知釋迦之寶城，識眾尊之滿字。"（T08P0865b）經文之"領"本指脖子，引申指衣領。《説文·頁部》："領，項也。"釋文謂《古今正字》作"衿"，是"領"的異體字。《爾雅·釋器》："黼衿謂之襮。"陸德明釋文謂："衿，本又作領。"文獻中通行"領"字。

(五) 宜作、合作

《慧琳音義》釋文中，有時用"宜作""合作"這兩個用語來處理文字關係。用"宜作""合作"時，多是慧琳從形、音、義、用等角度出發，認爲"宜作""合作"字更合於經義，類似於今時之"當作""當爲"。就字際關係而言，"宜作""合作"字與被釋字以通假關係爲主。例如：

(1) 閹—掩

閹塞，於儉反。閉門人也。宜作掩。掩，藏也，蔽也。(C58P0090a;J034)

按：上所引詞目出自《十住斷結經》第一卷音義。慧琳所釋"閹塞"條《大正藏》對應經文作："二地菩薩達知本無遠離身行，去口狹禍除意亂念，消滅三穢、抑制三災、閹塞五弊，推尋十二癡行之本，上下五結散在三界，以漸除却，無令增多。"(T10P0968c)今大正本經文亦作"閹"，與慧琳所見經同。據《大正藏》"閹"下校勘記，元、明本作"掩"。核之經義，作"掩"是也，取隱藏、遮蔽義。"閹"指看守宮門的閹割之人，從詞源上論之，亦取義於掩藏、遮蔽。"掩""閹"二字義相通而有別。讀音上，"掩"《廣韻》讀衣儉切，"閹"讀央炎切，中古分別屬影紐琰韻、影紐鹽韻，鹽韻、琰韻平上相對，"掩""閹"音近。顯然經文遮蔽、隱藏義上作"閹"，乃是"掩"的同源通用字現象。"掩"字合於文義，故而慧琳謂之"宜作"。

(2) 瞫—審

瞫知，上深稔反。《蒼頡篇》云：瞫，下視也。竊見也。《說文》：從目覃聲。案審知此輩，合作審。審，詳也，定也，諦也。(C58P0176b;J039)

按：上所引詞目出自《不空羂索經》第二十一卷音義。慧琳所釋"瞫知"條《大正藏》對應經文作："自己棄捨一切毘盧遮那如來種族祕密大壇印三昧耶，暉知此輩，恒爲諸魔毘那夜迦藥叉羅刹一切鬼神。"(T20P0344b)今大正本經文作"暉"，是"輝"字，與經義不恰。據《大正藏》"暉"下校勘記，宋、元、明及乙本作"瞫"，爲深視、竊視義。慧琳認爲作"瞫"亦非。"暉""瞫"形近，顯然大正本經文之"暉"由"瞫"書誤而來。釋文謂正當作"審"，《說文·釆部》："宷，悉也，知宷諦也。審，篆文宷從番。"是詳知、細審義，與經義相合，慧琳所言不誣也。就"瞫""審"之關係而言，二者《廣韻》分別讀式任切、式荏切，中古均屬書紐寢韻，音相同。顯然，慧琳所見經本的"瞫"爲"審"的同音借用字現象。

(3) 篦—鎞

金篦，閉迷反。按苟楷《誥幼文》，字宜作篦，相承且用也。經文有作鎞，依撿《玉篇》，音普蹄反，薄箭也。非經義耳。經文作椑，非也。音卑，果名也。即椑柿也。經又有作珼，非也。是珼珠字，音毗延反。（C57P0922b；J025）

按：上所引詞目出自《大般涅槃經》第八卷音義。慧琳所釋"金篦"條《大正藏》對應經文作："如百盲人爲治目，故造詣良醫，是時良醫即以金錍決其眼膜。"①（T12P0411c）今大正本經文作"錍"，與慧琳所見本同。求之經義，正當作"篦"，指古代醫生用於治療眼疾的器械。"錍"爲箭鏃名，乃是"篦"的同音借用現象。

（六）古文、古作、古文作

《慧琳音義》釋文中，有時用"古文""古作""古文作"等用語處理文字關係。從來源看，慧琳所釋"古文"，有的是《説文》古文，有的是《説文》篆文，也有的是由某個通行形體變異而來。從文獻使用情況來看，慧琳所謂的"古文"字大多在文獻中用之甚少。論其字際關係，其中用"古文""古作""古文作"等標注的文字與被釋字之間，大部分是異體字關係，也有部分是通假字關係等。

1.《慧琳音義》中有的"古文"字與被釋字爲異體字關係。

其一，所釋"古文"字爲《説文》古文。例如：

（1）懼—愳

　　惶懼，下劬遇反。《字書》云：畏也。《方言》：懼，驚也。《説文》：懼，恐也。從心瞿聲也。瞿音具于反。古文作愳。（C57P0526b；J007）

按：上所引詞目出自《大般若波羅蜜多經》第五百四十九卷音義。慧琳所釋"惶懼"條《大正藏》對應經文作："雖現受欲而常厭怖，如涉險路心恒驚恐，雖有所食惶懼不安，但念何時出斯險難。"（T07P0827c）經文之"懼"爲驚懼、恐懼義。釋文謂古文作"愳"，正是《説文》"懼"之古文。《説文·心部》："懼，恐也。愳，古文。"就二者之構形關係而言，"懼"從心瞿聲，"愳"從心朋聲，"朋"兼表義。事實上"瞿"即"朋"的異體字，均指左右驚懼而視。"懼""愳"亦可視作換旁異體字。

（2）麓—禁

　　林麓，古文禁，同。力穀反。謂林屬於山曰麓。《詩》云：瞻彼旱麓。《傳》曰：山足也。（C57P0998a；J028）

___

① 《大正藏》相關校勘記作："錍"下：錍＝篦⑧⑩⑫；"決"下：決＝抉⑩。

　　按：上所引詞目出自《正法華經》第三卷音義。慧琳所釋"林麓"條《大正藏》對應經文作："應時而降雨，激灌一切地，旱凅枯谿澗，一切得浸潰。惠澤無不到，眾源皆涌溢，深谷諸廣野，林麓檣幽藪。萌葉用青倉，藥草無數生，樛木諸叢林，滋長大小樹。"（T09P0084a）經文之"麓"指生長在山腳的林木，慧琳所謂古文"禁"，正是《説文》"麓"之古文。二者爲改換聲符而成的異構字。

　　其二，所釋"古文"字爲《説文》篆文或《説文》或體。例如：

（1）篋—匧

　　　箱篋，下謙葉反。鄭注《禮記》：篋，械（械）也。械（械）音咸。《説文》：箱類也。篋亦笥也。古文作匧，從匚〈音方〉夾聲。（C57P0710a；J016）

　　按：上所引詞目出自《大方廣三戒經》中卷音義。慧琳所釋"箱篋"條《大正藏》對應經文作："嫉妬熾盛，瞋恚熾盛，貪他家熾盛，貪著利養貯聚熾盛，貪愛衣服造作箱篋，以此爲業，空無所有，無沙門法。"（T11P0694b）經文的"篋"指小箱，字本又作"匧"。《説文·匚部》："匧，藏也。篋，匧或从竹。"慧琳釋文中謂"匧"爲"古文"，就形體關係而言，"篋"爲"匧"的增旁異體字，"匧"形出現在前。小箱義上，文獻中通行"篋"字。

（2）恪—愙

　　　恭恪，下恪，音康各反。孔注《尚書》：恪，敬也。古文從客作愙，亦形聲字，亦會意字。（C57P0786a；J019）

　　按：上所引詞目出自《大哀經》第五卷音義。慧琳所釋"恭恪"條《大正藏》對應經文作："復有六法：一曰無恭恪心，二曰祕惜經典，三曰輕毀禁戒，四曰不隨定意，五曰不懷法念，六曰憍慢法師。"（T13P0433c）經文之"恪"爲恭敬義，此義上《説文》正篆作"愙"。《説文·心部》："愙，敬也。"雖然《説文》未收"恪"字，但文獻中通行該寫法，故而慧琳强調指出"愙"爲"古文"。

（3）弭—弰

　　　弭耳，古文作弰，同。弥耳反。謂耳臥爲弭也。（C58P0618a；J058）

　　按：上所引詞目出自《十誦律》第三十六卷音義。慧琳所釋"弭耳"條《大正藏》對應經文作："象遥見佛，即便齧齒舉鼻、竪尾弭耳，努力走向佛所。諸比丘遥見象來，皆大驚怖，捨佛走逃，唯除一阿難。"（T23P0262c）經文之"弭"取低垂義。《説文·弓部》："弭，弓無緣可以解彎紛者。弲,弸或从兒。"本指角弓,轉而指角弓的彎曲處,引申有低垂等用法。慧琳釋文謂"弲"爲"古文",當是因後世文獻中通行"弸","弲"則使用較少。

其三,所釋"古文"字不見於《説文》,乃由通行形體變異而來。例如:

(1) 癤—癥

> 痤癤,上岨羸反,下音節。《文字集略》云:内殰瘉也。又云:小癰腫也。古作癥,音與節同也。(C57P0654b;J013)

按:上所引詞目出自《大寶積經》第四十八卷音義。慧琳所釋"痤癤"條《大正藏》對應經文作:"當於爾時,有大疫病中劫出現,多有眾生遭遇重病。身體潰爛,癰腫痤癤,疥癬惡瘡,風熱痰癊,互相違返。以要言之,一切病苦,無不畢集。"(T11P0281c)經文之"癤"爲小瘡、癤子義,敦煌伯2011王仁昫《刊謬補缺切韻·屑韻》:"癤,瘡癤。"又《龍龕手鑑·疒部》:"癤,今。音節。瘡癤也。"慧琳釋文謂古文作"癥",與"癤"爲換旁異體字關係。《龍龕手鑑·疒部》"癥,古文",同"癤"。蓋《龍龕》釋"癥"爲古文,即據經音義而來。"癤""癥"均不見於《説文》,文獻中通行"癤"。

(2) 毱—籟

> 拍毱,巨六反。古文作籟,今作毱。郭璞云:毛丸、氣毬之類,以踢毱蹋戲也,兵勢也。《新書》二十五篇傳云:皇帝所作也。(C57P0932b;J026)

按:上所引詞目出自《大般涅槃經》第十一卷音義。詞目之"毱"指古時游戲用的皮球,《説文》作"鞠"。《説文·革部》:"鞠,蹋鞠也。""毱"與"鞠"爲換旁異體字關係。慧琳謂古文作"籟",此形不見於《説文》。就形體來源而言,"籟"當由"鞠"增"竹"旁而來,文獻中通行"鞠"。另徐在國《隸定古文疏證》"鞠"下引孫星衍之説,認爲"籟"爲"鞫"之借(2002:64)。對此,我們比較傾向於認爲"籟"是"鞠"的增旁異體字。

2.《慧琳音義》中有的"古文"字與被釋字爲通假字關係。例如:

(1) 僕—蹼

> 僕,蒲木反。古文作蹼,同。《廣雅》:僕亦附著人也。《玉篇》:仕於家曰僕。給也,使役也。(C57P0970b;J027)

按:上所引詞目出自《妙法蓮華經》卷第二《譬喻品》音義。慧琳所釋"僕"條《大正藏》對應經文作:"多有僮僕、臣佐、吏民、象馬、車乘,牛羊無數。"(T09P0016c)經文之"僕"爲侍從義，《説文·業部》：“僕，給事者。”是其義也。慧琳謂古文作“踛”，是足踛義。《爾雅·釋鳥》：“鳧鴈醜，其足踛。”蔣斧本《唐寫本唐韻·屋韻》：“踛，足指間相著。”“僕”“踛”義別。讀音上，“僕”《廣韻》讀蒲木切，中古屬並紐屋韻；“踛”《廣韻》讀博木切，中古屬幫紐屋韻，二字音近。顯然，慧琳所謂古文“踛”乃“僕”的通假字現象。

（2）黔—鴿

> 黔蛇，古文鴿，同。渠占、渠今二反。（C58P0621a；J058）

按：上所引詞目出自《十誦律》第五十卷音義。慧琳所釋“黔蛇”條今《大正藏》對應經文作：“有五種大色不應畜：穿伽色，黔蛇色，盧耶那色，嵯梨多色，呵梨陀羅色。”（T23P0371a）經文之“黔”爲黑色義，《説文·黑部》：“黔，黎也。”慧琳謂古文作“鴿”，敦煌伯2011王仁昫《刊謬補缺切韻·鹽韻》：“鴿，白喙鳥。”又《龍龕手鑑·鳥部》：“鴿，巨淹反。自啄鳥也。又渠今反。”“黔”與“鴿”義殊別。二字《廣韻》均有巨淹切、巨金切的音讀，音相同。顯然，在黑色義上，慧琳所謂古文“鴿”實乃“黔”的通假字。

（3）萌—氓

> 萌芽，古文氓，同。麥耕反。《廣疋》：萌，始也。萌亦冥昧皃也。（C58P0895a；J071）

按：上所引詞目出自《阿毗達磨順正理論》第六十九卷音義。慧琳所釋“萌芽”條《大正藏》對應經文作：“唯盡故不造新，離染無貪，已焚有種不復生長諸有萌芽，如燒油盡燈便永滅，是謂爲教。”（T29P0718b）經文之“萌”爲萌發、生長義，慧琳謂古文作“氓”，是民、野民義，與“萌”義殊。二字《廣韻》均有莫耕切的音讀，音相同。顯然在萌發、萌芽義上，釋文所謂古文“氓”乃是“萌”的通假字。

（七）籀文

《慧琳音義》釋文中有時用“籀文”這一用語來處理文字關係。從性質上看，大多數情況下，慧琳釋文中標爲“籀文”的字是《説文》籀文。論其字際關係，“籀文”字與被釋字之間多是異體關係。例如：

（1）艱—囏

> 艱難，古閑反，籀文作囏。《説文》：土難治。《釋名》：艱，根也，如物根芽。憚也，人所忌憚云也。（C57P0982b；J027）

按：上所引詞目出自《妙法蓮華經》第四卷《五百弟子受記品》音義。慧琳所釋“艱難”條

《大正藏》對應經文作："起已遊行，到於他國。爲衣食故，勤力求索，甚大艱難，若少有所得，便以爲足。"（T09P0029a）經文之"艱"爲艱難、困苦義。慧琳謂籀文作"囍"，正是《説文》"艱"的籀文。《説文·堇部》："艱，土難治也。囍，籀文艱从喜。"就"艱""囍"的構形關係而言，唐蘭《殷墟文字説》指出，卜辭多借"壴""嬉"等字爲"**囍**"，"囍"字從"壴"聲，後人以"喜"聲不協，故改從"艮"聲（《古文字詁林》第十册，2004：318）。細考"艱""囍"之語音關係，"艱"字《廣韻》讀古閑切，中古屬見紐山韻，上古屬見紐真部；"艱"的聲符"艮"《廣韻》讀古恨切，中古屬見紐恨韻，上古屬見紐諄部，與"艱"之讀音正相合。"囍"的聲符"喜"與"艱"音別。唐氏之論可從。由此來看，"艱""囍"當即改換聲符而成的異構字。

（2）柩—匶

　　骸柩，下求救反。《字書》正從匚作匛，有屍在棺曰柩。《禮記》云：在棺曰柩。《説文》：從匚久聲。或從木。籀文作匶也。（C59P0163b；J089）

　　按：上所引詞目出自《高僧傳》第六卷音義。詞目之"柩"爲靈柩義，慧琳謂籀文作"匶"，正是"柩"的《説文》籀文。《説文·木部》："柩，棺也。匶，籀文柩。"段注云："从舊猶从久也。""匶"與"匛"爲改換聲符而成的異構字，與"柩"亦是異構字關係。

（3）蓐—蕣

　　炎蓐，按炎蓐即自夏徂秋之謂也。《説文》云：蓐，陳草復生也。從艸辱聲。籀文從茻。茻音莽也。（C59P0204b；J092）

　　按：上所引詞目出自《續高僧傳》第九卷音義。慧琳謂籀文作"蕣"，正是"蓐"之《説文》籀文。《説文·艸部》："蓐，陳艸復生也。蕣，籀文蓐从茻。"從字際關係來看，二者爲異構字關係。

（八）異體、異體字

　　《慧琳音義》釋文中有時用"異體字"這一用語處理文字關係，又用"異體"這一用語來描述一字異體現象。總體來看，慧琳所説的"異體字"與我們今天的"異體字"概念大體上是一致的，爲"異體字"這一術語較早的出處。

　　慧琳釋文中有兩處明確使用"異體"這一用語。卷第八十一《南海寄歸内法傳》第四卷"篆籀（籀）"下云："下籀溜反。《史記》云：'籀（籀）者，周時史官教國子學童之書，與孔氏壁中古文異體，皆古文也。'《説文》：'讀書也。從竹榴（摺）聲。'"（C59P0017b）該條中的"異體"指字體相異。又卷第八十二《西域記》第四卷"老叟"條下："湅厚反。俗字也。《考聲》云：'老稱也。'古今多有異體同音，或作傁，古作叜、宀，皆古字也。今俗通用作叟。"（C59P0036a）此條的“異體”用語是描述性的，没有直接用於處理文字關係。

《慧琳音義》中有一處明確使用“異體字”這一用語，是用於溝通字際關係的。下面我們具體考察慧琳所釋的這組“異體字”。

涎—次、[illegible]、漾、㳄、唌

涎唾，上囚延反。通俗字也。《説文》正體作次，口液也。從水從欠。《考聲》云：口津也。束晳作唌，史籀作[illegible]，賈逵作漾，或作㳄，古字也。其上異體字並云口液也。(C57P0611b;J011)

按：上所引詞目出自《大寶積經》第二卷音義。慧琳所釋“涎唾”條《大正藏》對應經文作：“如是等類種種言談，推度晝夜還僧伽藍，或經二宿乃至六夜，隨所住處亦常談説如是等事，無正念慧失壞威儀，昏癡睡眠涎唾流溢。”(T11P0012a)經文之“涎”爲口水義，《説文》作“次”。《説文・水部》：“次，慕欲口液也。从欠，从水。”“涎”爲“次”的换旁異體字。釋文謂史籀作“[illegible]”。“[illegible]”蓋“次”的變異寫法，或由“次”之《説文》籀文“潄”省寫而來。“[illegible]”形辭書鮮有收録，《異體字字典》亦未見載，慧琳爲我們保存了“次”的一個異寫形體。

慧琳謂賈逵作“漾”。《集韻・僊韻》：“次，《説文》：‘慕欲口液也。’或作涎、漾。”“漾”與“涎”爲换旁異體字關係，“羨”《廣韻》音似面切，中古屬邪紐線韻，與“次”所屬的仙韻平去相對。故“次”可换從“羨”聲。釋文又謂或作“㳄”。《玉篇・水部》：“㳄，同涎。亦作次。”“㳄”與“涎”亦是異構字關係。

釋文又謂束晳作“唌”。《説文・口部》：“唌，語唌嘆也。”與“涎”義别。“涎”《廣韻》音夕連切，“唌”《廣韻》讀徒干切，又《集韻》讀徐連切，二字中古均屬邪紐仙韻。在口液義上，“唌”爲“涎”的同音借用字。朱駿聲《通訓定聲・乾部》：“唌，叚借爲次。”

綜上，“涎”與“次”“[illegible]”“漾”“㳄”均是異體字關係，與“唌”爲通假字關係。整體上來看，慧琳釋文中所説的“異體字”與我們今天理解的異體字基本上是等值的。

（九）假借、借用、假借用

《慧琳音義》中有時用“假借”“借用”“假借用”這類用語來處理文字關係。事實上，此類用語在三種音義裏均有出現，《玄應音義》中標注“假借”的共有 20 處；《慧琳音義》中標注“借用”“假借用”的共有 45 處，其中“借用”的有 36 處，“假借用”的有 9 處；《希麟音義》中標注“借用”的有 1 處。這類用語所處理的文字之間多是通假字關係。例如：

(1) 技—伎

技術，上奇蟻反。《韻英》云：藝能也。《考聲》：工巧也。《説文》：巧也。從手支聲。經文從人作伎，借用，非本字。(C57P1023a;J029)

　　按：上所引詞目出自《金光明最勝王經》第七卷音義。慧琳所釋"技術"條《大正藏》對應
經文作："復令無量有情聞是經典，皆得不可思議捷利辯才無盡大慧，善解眾論及諸伎術，能
出生死，速趣無上正等菩提，於現世中增益壽命，資身之具悉令圓滿。"（T16P0434c）今大正
本經文亦作"伎"，與慧琳所見經本同。據《大正藏》"伎"下校勘記，元、明本作"技"。從經義
求之，作"技"是也，取才藝、技能義。據《説文》，"伎"字本是儻與、同伴義，文獻中多用作歌
女、舞女義。"伎""技"《廣韻》均讀渠綺切，音同。顯然經文中技藝義上作"伎"，乃是"技"的
同音借用字現象，故而慧琳謂"伎"爲"借用"。

　　（2）熟—俶

　　　　成熟，是陸反。《古今正字》云：熟，成也。從火孰聲。經作俶，假借用也。（C58P0169b；
　　　　J039）

　　按：上所引詞目出自《不空羂索經》第六卷音義。詞目之"熟"爲成熟義，慧琳所見經文
作"俶"，是善、始義，與"熟"義別。"熟""俶"《廣韻》分別讀殊六切、昌六切，中古分屬禪紐屋
韻、昌紐屋韻，二字音近。顯然經文中成熟義上作"俶"，乃是"熟"的音近借用現象，故而慧琳
釋文中謂之"假借用"。

　　（3）几—机

　　　　几上，飢履反。《考聲》云：几，案屬也。《周禮》：有五几，玉、彫、彤、漆、素是也，諸
　　　　侯朝覲祭祀皆用之矣。《説文》：几，踞也。象形字也。經文從木作机，是木名，非經義，
　　　　借用。（C58P0582a；J057）

　　按：上所引詞目出自《佛説罵意經》音義。詞目之"几"爲几案義，《説文·几部》："几，踞
几也。"指古人坐時供依靠的器具。又指几案，《玉篇·几部》："几，案也。"慧琳所見經文作
"机"，《説文·木部》："机，木也。"是木名，與"几"義別。讀音上，二者《廣韻》均讀居履切，音
同。顯然經文几案義上作"机"，乃是"几"的同音借用字。又朱駿聲《通訓定聲·履部》："机，
叚借爲几。"故而釋文謂"借用"。

　　（十）誤、書寫誤
　　《慧琳音義》中有時用"誤"這一用語來處理文字關係，多是指對象字與文義不契合。具
體來看，用"誤"表達的關係有的是異體現象，有的是通假現象，有的是正訛現象。其中以正
訛類居多，此種情況下，或用"書寫誤"來指出。

　　1. 異體字關係
　　"誤"字與被釋字爲異體關係。具體來看，慧琳常將新出形體或不甚流行的形體視作

"誤"字。例如：

（1）睫—睞

目睞,下殲萊反。《古今正字》云：目旁毛也。從目夾聲。亦作睫。經作睞,誤也。（C58P0303b;J045）

按：上所引詞目出自《優婆塞凈行法門經》下卷音義。慧琳所釋"目睞"條《大正藏》對應經文作："復次,毘舍佉！云何修行,眼下紺色如青蓮華,目睫捲起,紺色光明？佛於過去無量劫中作凡人時,恒修善行,不以惡心張眼低目棄視眾生,不以欲心眲睞看之,恒以喜心離瞋愛癡直視眾生。"（T14P0958b）今大正本經文作"睫",指眼睫毛,與詞目之"睞"同。慧琳所見經文作"睞",亦是"睞"之換旁異體字。《龍龕手鑑·目部》："睫,俗。睞,正。音接。目睞也。目傍毛也。"蓋因"睞"爲新出形體,慧琳從正字法角度謂之爲"誤"。

（2）穧—糩

皮穧,恢外反。《蒼頡篇》云：穧,糠也。《說文》：從禾會聲。正字也。經文從米作糩,誤也。（C58P0495b;J053）

按：上所引詞目出自《起世因本經》第十卷音義。慧琳所釋"皮穧"條《大正藏》對應經文作："時彼粳米,即生皮糩,裹米而住。被刈之者,即更不生。未刈之處,依舊而住。"（T01P0417b）今大正本經文亦作"糩",與詞目之"穧"同取糠義。《龍龕手鑑·米部》："糩,苦外、古外二反。糠也。"就形體來源論之,"糩"當是由"穧"改換意符而來。釋文從正字法視角認爲經文作"糩"爲"誤"。

2. 通假字關係

"誤"字與被釋字爲通假字關係,慧琳往往判借字爲"誤"字。例如：

（1）麝—射

麝香,上虵蔗反。又時亦反。《山海經》云：翠山多麝。《說文》：如小麋,臍有香。從鹿射聲。亦作榭。經本作射,誤也。（C58P0270b;J043）

按：上所引詞目出自《僧伽吒經》第四卷音義。慧琳所釋"麝香"條《大正藏》對應經文作："種種妙床榻,以自悅其身；種種好妙香,以塗其自身；栴檀龍腦香,以此自塗身；麝香等諸香,用之自塗身。"（T13P0973c）今大正本經文作"麝",指麝香。慧琳所見經文作"射",是射箭、發射義,與"麝"義迥別。讀音上,二者《廣韻》均讀神夜切,音相同。顯然,慧琳所見經文之"射"乃"麝"的通假用法。

（2）擠—濟

　　排擠，子脂反。推拭謂之排擠。《廣雅》：擠，排也。經文作濟，誤也。拭音而勇反。（C58P0454a；J052）

按：上所引詞目出自《長阿含經》第十一卷音義。慧琳所釋"排擠"條《大正藏》對應經文作："美言親復有四事，云何爲四？一者善惡斯順，二者有難捨離，三者外有善來密止之，四者見有危事便排濟之，是爲美言親四事。"（T01P0071a）今大正本經文亦作"濟"，據《大正藏》校勘記，元、明本作"擠"。核之經義，作"擠"是也，取推擠、排擠義。"濟"是水名，與"擠"義別。讀音上，"擠""濟"《廣韻》分別讀子計切、子禮切，中古均屬精紐薺韻，音同。顯然二者爲音借字關係。

3. 正訛關係

"誤"字由被釋字書寫訛誤而來，此類在"誤"這一用語中所占比例較高。例如：

（1）析—折

　　辯析，星亦反。經作折，誤也。（C58P0247a；J042）

按：上所引詞目出自《大佛頂經》第九卷音義。慧琳所釋"辯析"條《大正藏》對應經文作："三摩地中心愛根本，窮覽物化性之終始，精爽其心貪求辯析。"（T19P0150a）今大正本經文作"辯析"，元、明本作"辨析"，慧琳所見經文作"辯折"。核之經義，作"辨析"是也，取辨別分析義。"析""折"形近，慧琳所見經文之"折"正由"析"書寫訛誤而致，故而慧琳謂作"折"爲"誤"。

（2）蹠—跪

　　蹠踐，上之石反。《淮南子》云：鳥排空而飛，獸蹠實而走。許叔重注云：蹠，蹈也。行也。《説文》：從足庶聲。經文從鹿作跪，誤也。（C58P0299b；J045）

按：上所引詞目出自《菩薩投身飴餓虎起塔因緣經》音義。慧琳所釋"蹠踐"條《大正藏》對應經文作："於是王及夫人、后妃、婇女、臣佐、吏民褰裳徒跣，奔走上山。"（T03P0427b）今大正本經文作"徒跣"，聖本作"蹠踐"。"蹠"取踐踏、踩踏義。慧琳所見經文作"跪"，爲行、行貌，雖與"蹠"義略近，然側重點不同。讀音上，"蹠""跪"《廣韻》分別讀之石切、盧谷切，音別。從文字形體來看，"跪"與"蹠"形較近。綜上來看，二者音義別而形相近，蓋慧琳所見經文之

"蹠"是"蹠"的書寫訛誤字形。

（3）濁—渴

  塵濁,下憧覺反。顧野王云：濁者,不淨潔之稱也。《說文》：從水蜀聲。論從曷作渴,書寫誤也。憧音濯江反。（C58P0433a；J051）

  按：上所引詞目出自《唯識論》音義。詞目之"濁"與"塵"為近義連用,取污濁、骯髒義。慧琳所見經文作"渴",指水乾涸、口渴義,與"濁"音義均別。從形體關係來看,"濁""渴"形近,慧琳所見經本的"渴"正"濁"的訛誤字形,釋文所謂"書寫誤"是也。

（4）臼—田

  如臼,求有反。經本作田,誤也。（C58P0491b；J053）

  按：上所引詞目出自《起世因本經》第五卷音義。慧琳所釋"如臼"條《大正藏》對應經文作："觸象髀者答言：'天王！其象如樹。'觸象脚者答言：'天王！其象如臼。'觸象尾者答言：'天王！象如掃帚。'"（T01P0390b）今大正本經文"臼",指中部下凹的舂米器具,引申指臼狀物。慧琳所見經文作"田",與"臼"音義均別。核之經義,作"臼"是也,此"田"乃是"臼"的訛誤字形。

（十一）非、非體

《慧琳音義》釋文中有時用"非""非體""非此用"這類用語處理文字關係。慧琳此類用語重點是從正字法角度入手,指出"非"字、"非體"字不是其所認可的正體用字,是"以古為正""以古為本"正字觀的體現。不過其對"非"字的看法有時并不一致,有的地方標為"非",有的地方又不這麼認為。就字際關係而論,此類用語所處理的經文特殊用字與被釋字之間,有的是異體關係,有的是音借關係,有的是母字—分化字關係,有的是正訛關係。

1. "非"字與被釋字之間為異體關係。例如：

（1）亰—京

  十二亰,景迎反。《說文》從口作京。今俗從曰作亰,非也。（C57P0502b；J006）

  按：上所引詞目出自《大般若波羅蜜多經》第四百九十八卷音義。詞目之"京"本指人工築起的高丘,引申指高大、京城等用法；又用作數詞,即經文所取義。慧琳謂唐時俗作"亰",乃是"京"的異寫字。除上所引慧琳釋文外,又敦煌斯388《正名要錄》"右依顏監《字樣》甄錄要用者,考定折衷,刊削紕繆"類"亰"下注云："石經如此作。"《九經字樣·口部》："京,音驚。

人所居高丘也，從高省。就字從之。作京訛。”慧琳乃從正字法視角認爲作“京”爲“非”。

（2）檝—艥

　　　　舟檝，尖茉反。《考聲》云：駕舩具，棹類也。論從舟作艥，非也。（C59P0131a；J087）

　　按：上所引詞目出自《十門辯惑論》下卷音義。慧琳所釋“舟檝”條《大正藏》對應經文作：“夫以利涉大川，舟檝爲之最。載馳廣陸，車騎爲之先。燕處超然，宮觀爲之長。”（T52P0556c）今大正本經文作“檝”，是“楫”的換旁異體字，取船槳義。蔣斧本《唐寫本唐韻·葉韻》：“楫，舟楫。又作檝。”慧琳所見經文作“艥”，是“檝”的換旁異體字。《龍龕手鑑·舟部》“艥”，同“檝”。蓋是“艥”形後出，釋文從正字法角度認爲作“艥”爲“非”。

　　2.“非”字與被釋字之間爲通假關係。例如：
　　（1）假—賈

　　　　假借，經文作賈，非也。賈，人姓也。（C57P0683b；J015）

　　按：上所引詞目出自《大寶積經》第九十四卷音義。慧琳所釋“假借”條《大正藏》對應經文作：“觀欲如炬火，染著苦法遠離樂故。觀欲如樹上果，多人愛著故。觀欲如假借，不得自在故。觀欲如夢，念念滅故。”（T11P0533b）今大正本經文作“假”，聖本作“賈”。核之經義，作“假”是也，取假借義。“假”“賈”《廣韻》均有古疋切一讀，顯然經文作“賈”乃是“假”的音借用。因非本用，故而慧琳謂“賈”爲“非”。

　　（2）腈—藉

　　　　薄腈，又作瘠，同。才積反。《説文》：腈，瘦也。亦薄也。律文作藉，非體也。（C58P0603a；J058）

　　按：上所引詞目出自《僧祇律》第三卷音義。慧琳所釋“薄腈”條《大正藏》對應經文作：“若分房舍，朽故弊者持作一分，若新好者復作一分，樓閣店肆亦復如是。乃至分田，薄堉多穢持作一分，肥好良者復作一分。”（T22P0250c）今大正本經文作“堉”，指貧瘠、瘠薄。據《大正藏》“堉”下校勘記，宋、元、宮、聖本作“藉”，與“堉”義別。又明本作“瘠”，與詞目之“腈”同。“腈”“藉”《廣韻》均有秦昔切一讀。顯然經文貧瘠義上作“藉”，乃是“腈”的通假用法。

　　（3）餞—踐

　　　　餞送，才翦反。《説文》：送去也。謂以飲食送人曰餞。字從食。律文作踐履之踐，

非體也。（C58P0622b；J058）

按：上所引詞目出自《五分律》第一卷音義。慧琳所釋"餞送"條《大正藏》對應經文作："彼婆羅門復白佛言，唯願世尊受我明日餞送供養，佛便默然受之。"（T22P0002a）今大正本經文作"餞"，指用酒食送行。《説文·食部》："餞，送去也。"徐鍇《説文繫傳》："以酒食送也。"慧琳所見經文作"踐"，是踐踏、踐履義，與"餞"別。二字《廣韻》均讀慈演切，音同。顯然餞行、餞別義上作"踐"，乃是"餞"的通假用法。

3. "非"字與被釋字之間爲分化關係。例如：

（1）監—鑒

監領，古文𥃢，同。公衫反。《方言》：監，察也。亦覽也。經文作鑒，非體也。（C57P0740a；J017）

按：上所引詞目出自《大方等大集經》第十五卷音義。詞目之"監"爲監視、督察義。《説文·皿部》："監，臨下也。"本指古代盛水的大盆，引申有照視、借鑒、參考等用法。慧琳所見經文作"鑒"，與"鑑"同。《説文·金部》："鑑，大盆也。"論其形體來源，林義光《文源》認爲，"監"是"鑑"的本字。由此來看，"鑑"乃"監"的後出分化字。

（2）甲—胛

甲赤，上緘洽反。案經十指甲即義甲爲得。今從肉作胛，是肩胛之字，非也。（C58P0169a；J039）

按：上所引詞目出自《不空羂索經》第五卷音義。慧琳所釋"甲赤"條《大正藏》對應經文作："壇中踊現地神半身，聳髮向上，面目大瞋，眼赤如火，狗牙上出，十指胛赤，脣如朱丹，貌面黑黪，身直耽肚。"（T20P0252c）今大正本經文亦作"胛"。從經義求之，正當作"甲"，取指甲義。從形體關係來看，"胛"是"甲"在肩甲義上之後出分化字。"甲"本是鎧甲義，轉而指某些動物護身的硬殼，也指脊背上與兩胳膊連接的部分。《釋名·釋形體》："甲，闔也。與胸脅背相會闔也。"此義後世由"胛"字記録，敦煌伯2011王仁昫《刊謬補缺切韻·狎韻》："胛，背胛。"蔣斧本《唐韻》及《龍龕手鑑》均同上。

4. "非"字與被釋字之間爲正訛現象。例如：

（1）皆—背

皆使，戒譜反。案《考聲》云：皆，例也，凡也，嘉也，同也。經文作背，甚失經義，非

也。（C58P0314a；J045）

按：上所引詞目出自《菩薩内戒經》音義。慧琳所釋"皆使"條《大正藏》對應經文作："疾者，皆使除愈；强健，各現色力。"（T24P1032a）今大正本經文作"皆"，取全、凡義。慧琳所見經文作"背"，是脊背、背面義，與"皆"音義均别。從字形來看，二者形體較近，慧琳所見經文之"背"乃由"皆"書誤而致。

（2）借—債

　　借兵，上精亦反。《蒼頡篇》云：借，假他（也）。《古今正字》：暫取也。從人昔聲。經作債，是債負字，非假借，傳寫誤也。（C58P1033b；J078）

按：上所引詞目出自《經律異相》第二卷音義。慧琳所釋"借兵"條《大正藏》對應經文作："選擇名女，足一百人，年少端正，能悦意者，齎持重寶，并諸婇女，以相貢獻。彼若納受，從其借兵，并力攻戰，無往不伏。"（T53P0008a）今大正本經文作"借"，爲借取、假借義。慧琳所見經文作"債"，是債務義，與"借"音義均别。從文字形體求之，"借"與"債"字形較近，慧琳所見經文之"債"正是"借"的訛誤形體，慧琳所謂"非假借，傳寫誤"是也。

（十二）近字、字書並無、字無所出

佛經音義釋文中，有時也用"近字""字書並無""字無所出"等用語來溝通文字關係，這類用語所針對的大都是魏晉至唐時新近產生的文字。從字際關係視角來看，"近字""字書並無""字無所出"用語所標注的字與被釋字之間，多是異體關係和分化關係。

1. "近字"類

《玄應音義》釋文中共出現"近字"39次，《慧琳音義》釋文中共出現31次。從性質上來看，玄應、慧琳所謂的"近字"，多是魏晉至唐時新近產生的文字形體。從來源論，慧琳所釋的"近字"大部分轉引自《玄應音義》。其中的"近字"與被釋字的關係較多的是異體或分化關係。

其一，異體關係。例如：

（1）頾—髭

　　頾髯，子移反。下又作鬒，同。而甘反，江南行此音。又如廉反，關中行此音。《説文》：口二[1]之須曰頾。下《説文》：頰須毛也。經文作髭，近字也。（C58P0564b；J056）

---

① 按，此爲"上"的古文。

按：上所引詞目出自《佛本行集經》第二十卷音義。慧琳所釋"頿髯"條《大正藏》對應經文作："或復髹髻，或拔頭髮，或拔髭髯。然我等輩，以如是行，自住持己，次或觀時，思惟而行。"（T03P0746b）今大正本經文亦作"髭"，與詞目之"頿"同，指上唇的鬍鬚。《説文·彡部》："頿，口上須也。"經文之"髭"乃"頿"的換旁異體字，敦煌伯 2011 王仁昫《刊謬補缺切韻·支韻》："髭，口上毛。"又《五經文字·彡部》："頿，作髭訛。"從形體來源論之，"頿"從須此聲，"須"爲鬍鬚，"頿"之形義非常契合。蓋是由於"須"後來主要用作副詞，從而"頿"之形義關係變得模糊；而鬍鬚義上多從"彡"，故而"頿"亦換從"彡"旁作"髭"。釋文中謂"髭"爲"近字"，也説明了這一事實。

（2）麼—仦

麼小，莫可反。細小曰麼。經文作仦，近字也。（C58P0955b；J074）

按：上所引詞目出自《賢愚經》第十卷音義。詞目之"麼"爲細小義，别如《列子·湯問》："江浦之間生麼蟲，其名曰焦螟。"張湛注云："麼，細也。"慧琳所見經文作"仦"，是"麼"的異體字。《龍龕手鑑·小部》："仦"，同"麼"。就"仦"在現存主要辭書中的載録情況來看，《玄應音義》即使不能説是最早的，但至少是比較早期的，《慧琳音義》承之，《龍龕手鑑》亦據經音義收録之。蓋"仦"爲"麼"的新造會意字，故而玄應、慧琳謂之"近字"。另《大字典》據《龍龕手鑑》收録有"仦"字（2010：611），從玄應、慧琳釋文來看，其書證可提前。

其二，分化字關係。例如：

（1）把—弝

弓把，補嫁、百雅二反。謂弓可把之處也。《説文》：把，握也，持也。單手曰把。經文作弝，近字也。（C57P0737b；J017）

按：上所引詞目出自《毗耶娑問經》下卷音義。慧琳所釋"弓把"條《大正藏》對應經文作："臂如金色，上下身麄，中身則細。行則詳審，深心勇健。腰如弓弝，背骨平直。兩髀洪滿，如芭蕉樹。"（T12P0230b）今大正本經文亦作"弝"，據《大正藏》"弝"下校勘記，宫本作"把"。從經義求之，作"弝"是也，指弓背上便於手抓的部位。敦煌伯 2011 王仁昫《刊謬補缺切韻·禡韻》："弝，弓弝。"蔣斧本《唐韻》同上。然弓弝義上早期但作"把"。《説文·手部》："把，握也。"本指用手抓著、握持，除用作動詞表握持義外，"把"又用作名詞，指器物上便於握持的部位。如《禮記·曲禮上》："左手承弣。"孔穎達疏云："弣，謂弓把也。"陸德明《經典釋文》云："把，手執處也。"就"弝"之來源而言，乃是由"把"字分化而來，專門記録弓背上手所握之處這一用法。釋文中謂"弝"爲"近字"，亦可證其爲後出字。

（2）罔（冈）—惘（![惘]）

　　![冈]然，古文罔、![四]二形，同。無往反。冈冈然無知意也。亦惶遽之皃也。經文從心作![惘]，近字。（C58P0955a；J074）

　　按：上所引詞目出自《賢愚經》第七卷音義。慧琳所見經文之“![惘]”即“惘”字，《龍龕手鑑·心部》：“![惘]，音罔。![惘]然，失意皃也。”“惘”取悵然失意之義，此義上早期借“罔”字爲之。如《文選·宋玉〈神女賦〉》：“罔兮不樂，悵然失志。”李善注云：“罔，憂也。”後期在“罔”的基礎上添加“心”旁分化出“惘”字，專門記録悵然失意之義。釋文中謂“惘”爲“近字”，亦可説明“惘”字後出。

2.“字書並無”“字無所出”類

　　此二用語所指稱的文字亦多是魏晉至唐時新近產生的，蓋是玄應、慧琳時代所見的辭書中多未收録，故而用“字書並無”“字無所出”來指稱。《玄應音義》中，“字無所出”出現了2次；《慧琳音義》中，“字書並無”出現了19次，“字無所出”出現了3次。就溝通文字關係的這部分而言，被釋字與所溝通的文字之間，以異體關係或分化關係居多。

　　其一，“字書並無”“字無所出”字與被釋字之間爲異體關係。例如：

（1）澍—霆

　　降澍，朱戍反。《集訓》云：時雨所灌澍潤生萬物也。經文從雨作霆，謬也，多是時俗凡情妄作，不成字也。檢一切字書並無此字，非也。（C57P0590b；J010）

　　澍雹，上音注。經文從雨作霆，非也。字書並無此字。（C57P0685b；J015）

　　按：上所引詞目分別出自《仁王護國般若波羅蜜多經》下卷音義、《大寶積經》第九十七卷音義。慧琳所釋“降澍”條《大正藏》對應經文作：“能鎮毒龍諸惡鬼神，能遂人心所求滿足，能應輪王名如意珠，能令難陀、跋難陀等諸大龍王降霆甘雨潤澤草木。”（T08P0843b）今大正本經文亦作“霆”，與詞目之“澍”均取時雨、透雨義。《説文·水部》：“澍，時雨澍生萬物。從水，尌聲。”“霆”乃“澍”的別構字，《龍龕手鑑·雨部》：“霆，音注。霖霆也。”“澍”“霆”義同，其構形均與時雨、透雨義相契合。讀音上，二形《廣韻》均有之戍切一讀，音亦同，顯然二者爲異構字關係。蓋因“霆”字後出，其時字韻書多未見載録，故而慧琳謂“字書並無此字”。

（2）矛—鉾

　　矛稍，上謨侯反。《韻英》音暮蒲反。兵仗也。《説文》：矛也。建於兵車，長二丈，象形字也。或作戟，古字也。經文作鉾，俗字謬也。正作矛。諸字書並無此鉾字。

(C57P0672b;J014)

按：上所引詞目出自《大寶積經》第六十八卷音義。慧琳所釋"矛矟"條《大正藏》對應經文作："或復醲醋及以辛汁澆灌口鼻，或復蒸煮及以火炙，或與狂象踐踏其身，或復挑目，或以鉾稍穿刺高舉。"(T11P0387b)今大正本經文亦作"鉾"，爲兵器之一種。《説文》作"矛"，《説文·矛部》："矛，酋矛也。建於兵車，長二丈。象形。"從形體來源論之，"鉾"即"矛"的異構字。蓋是後代"矛"的象形性減弱，俗又造形聲的"鉾"字。《龍龕手鑑·金部》："鉾、釴，莫侯反。與矛同。長丈二，建於兵車也。"《龍龕》所言不誣。蓋是"鉾"形後出，其時字韻書尚未載錄，故而慧琳謂"諸字書並無此鉾字"。

其二，"字書並無""字無所出"字與被釋字之間爲分化關係。例如：

(1) 軍—鐏

　　軍持，正言捃稚迦，此譯云瓶也。謂雙口澡灌也。論文作鐏鍞，字無所出，猶俗作也。(C58P0331a;J046)

按：上所引詞目出自《大智度論》第十九卷音義。慧琳所釋"軍持"條《大正藏》對應經文作："一時上山，值大雨泥滑，其足不便蹙地，破其鐏持，又傷其足，便大瞋恚，以鐏持盛水，呪令不雨。"(T25P0183a)今大正本經文亦作"鐏"，據《大正藏》"鐏"下校勘記，宋、元、明及宮本作"軍"。事實上，"鐏持"早期但作"軍持"，是梵語 kuṇḍikā 的音譯，指澡瓶、净瓶，後期增"金"旁作"鐏鍞"。就文字形體來源而言，"鐏"是"軍"在澡瓶、淨瓶用法上的後出分化字。

(2) 雩—嶀

　　雩堁，上音詡于反。《漢書》云：雩婁，縣名。管廬江豫章郡。《考聲》云：吳邑名也。傳文從山作嶀，字書及《郡國志》並無此嶀字，多恐傳寫誤耳。(C59P0159b;J089)

按：上所引詞目出自《高僧傳》第四卷音義。慧琳所釋"雩堁"條《大正藏》對應經文作："山中神祇常來受法，其德被精靈，皆此類也。後聞江東山水剡縣稱奇，乃徐步東甌，遠矚嶀嵊，居於石城山足，今之元華寺是也。"(T50P0350a)今大正本經文亦作"嶀"，與慧琳所見經文同。從經義求之，"剡縣"今屬浙江嵊州，與經文之"嶀嵊"正相合。蓋"嶀嵊"這一山名本借"雩"字記錄，後來一方面因其所記爲山，另一方面因"嵊"字從"山"，故而"雩"亦增"山"旁作"嶀"。《龍龕手鑑·山部》："嶀，正。他胡反。嶀嵊，山名。嵊音時證反。"釋文中謂"雩"爲古縣名，是別一用法。由此來看，"嶀"當即"雩"在"嶀嵊"義上的後出分化字。

第四節　對慧琳《一切經音義》字際關係處理的評判

《慧琳音義》釋文中一方面溝通了大量文字現象,另一方面又對這些現象做了詳盡訓釋。同時,慧琳在釋文中客觀上爲後世保存了不少珍貴語言文字資料。他的這些工作對於漢字字際關係而言,不但有較强的理論價值,也有助於具體字際關係的考辨。然而由於時代等局限,不管是在字際關係理論體系的構建方面,還是在具體字際關係的判定方面,其中都存在不少問題。下面我們結合慧琳設置的文字關係理論體系及對具體文字關係的處理等,分別考察其歷史價值和歷史局限。

一、慧琳《一切經音義》字際關係處理的價值

《慧琳音義》廣泛搜集佛經中的疑難字詞,并考察佛經特殊用字現象,比如異體字、通假字、分化字、同形字、正訛字、同義換用等。對於上述現象,慧琳在如實轉錄經文用字的同時,又引眾書予以辨析。在此過程中,他使用相對成系統的用語處理文字關係,溝通了大量具體的文字現象,同時也爲後世進一步判定相關文字的關係提供了較多參證資料。

(一) 使用相對成系統的用語處理文字關係

在注釋、疏證佛經疑難字詞及經文特殊用字的過程中,慧琳通過十多類用語將其間的文字關係呈現給我們。從某種意義上説,這十多類用語可看作是一個文字關係系統,或者説在《慧琳音義》中,著者爲我們呈現了一個相對成系統的文字關係術語體系。其中的用語有的是揭示文字正俗關係的,諸如"正作""亦作""又作""俗""俗作""通作""合作""誤""非""非體"等。從所釋字與被釋字之間的關係來看,這些用語溝通的關係以異體、通假、分化、正訛等現象爲主。有的主要揭示文字來源,諸如"古文""籀文"等,所釋字與被釋字以異體關係爲主。有的專門用於溝通異體關係,如"異體字"。有的主要用於處理文字通假現象,如"假借""借用""假借用"。還有的專門用於指稱魏晉至唐時新近產生的文字,如"近字""字書並無""字無所出"等。儘管上述用語所處理的文字現象或有交叉,然而他在繼承前人的基礎上又有所創新。

綜合來看,縱然慧琳釋文中處理文字關係的用語不是從同一個標準劃分出的,然而通過歸納各類用語,我們還是可以最大限度地把握每類用語的實際内涵,這對於我們通過相關用語整理《慧琳音義》的文字有較大幫助。另一方面,在進行漢字學理論研究時,慧琳釋文中的相關用語也給我們以較大啓示。總之,雖然《慧琳音義》構建的文字關係理論體系問題不少,但其價值亦是較爲突出的。

(二) 溝通了大量字際關係

慧琳一方面爲我們呈現出了一個粗疏的文字關係用語體系,另一方面也對所收錄的文

字之關係進行了梳理。儘管其中的文字關係用語體系不完善,然而其所溝通的諸多成果是可以直接採納的,有的通過辨析即可作爲結論。例如:

(1) 憤—懎

憤恚,扶吻反。《考聲》:盈也,心氣發也。鄭玄云:怒氣充實也。《蒼頡篇》:憤,懣也。音悶。《説文》:憤、恚,恨也。或作懎,古字也。(C57P0535a;J008)

按:上所引詞目出自《大般若波羅蜜多經》第五百六十六卷音義。慧琳所釋"憤恚"條《大正藏》對應經文作:"上品瞋者,憤恚若發,心惛目亂,或造無間,或謗正法,或復造餘諸重罪業。"(T07P0924b)經文之"憤"取怒氣義。《説文·心部》:"憤,懣也。"指鬱結於心,引申有怨恨義。慧琳釋文中溝通有"懎"字。敦煌伯2011王仁昫《刊謬補缺切韻·吻韻》:"憤,房吻反。怨。亦作懎。"又《龍龕手鑑·心部》:"懎,或作。憤,正。房粉反。恨也。怒也。"從形體來源言之,"懎"由"憤"改換聲符而來。另《大字典》據《廣韻》收釋有"懎"字(2010:2536),據此條釋文,其書證可提前。

(2) 懣—憈

憤懣,上汾吻反,下門本反。王逸注《楚辭》云:懣亦憤也。《蒼頡篇》云:悶也。《説文》云:煩也。從心滿聲。古文作憈,義亦同。(C59P0117b;J087)

按:上所引詞目出自《破邪論》卷上音義。慧琳所釋"憤懣"條《大正藏》對應經文作:"固以漢光重世周卜永年,復能降意福門迴情勝境,津梁在念牆塹爲心,伏願折邪見幢然正法炬,像化攸寄深幸茲乎,不住憤懣怒焉之志,謹上《破邪論》二卷。"(T52P0475b)經文之"懣"取憤慨、煩擾義,《説文·心部》:"懣,煩也。"本是煩悶義,引申指憤慨。慧琳謂古文作"憈",即"懣"的異體字。《龍龕手鑑·心部》:"憈,古。懣,今。莫本、莫短二反。煩也。憤也。愁悶也。"從構形關係來看,"憈"當由"懣"改換聲符而來。"懣"的聲符"滿"《廣韻》讀莫旱切,中古屬明紐緩韻;"憈"之聲符"㒼"《廣韻》讀母官切,中古屬明紐桓韻,桓韻、緩韻平上相對,"懣""憈"音頗近,故可改換聲符。慧琳所謂"古文作憈",實即"懣"的換旁異體字。另《大字典》據《字彙》收釋有"憈"字(2010:2506),從此條釋文來看,其書證可大大提前。

(3) 德—惪

惪曼,上音德,古文字也。(C59P0307a;J098)

按:上所引詞目出自《廣弘明集》第二十卷音義。慧琳所釋"惪曼"條《大正藏》對應經文作："皇儀就日,帝道昌雲;化隆垂拱,德曼鴻芬;機乘八解,道照三墳;巍巍蕩蕩,萬代一君。"
(T52P0242b)今大正本經文作"德",指德行、德政義。《説文·彳部》:"德,升也。"段注:"升
當作登。"文獻中多用作道德、恩惠、德政義。據慧琳釋文,字或作"悳"。《四聲篇海·心部》:
"悳,丁則切。"《字彙補·心部》:"悳,丁則切,音德。義同。"《大字典》據《字彙補》收錄有"悳"
字(2010:2454)。由慧琳釋文觀之,《大字典》所據書證當提前。

(三) 保存了不少有助於字際關係判定的文字資料

儘管《慧琳音義》判定的文字關係比較籠統,且有不少結論跟文字事實不符,然而慧琳的
工作客觀上爲我們保存了很多有助於字際關係判定的資料。值得一提的是,若無《慧琳音
義》,有不少文字現象我們今日無從得見。就其中所收錄的相關文字的價值而言,主要表現
在以下兩個方面:

首先,慧琳如實轉錄了佛經中的特殊用字現象。一般情況下,《慧琳音義》的詞目直接錄
自經文,然而有時候佛經文字有錯訛或存在異體、通假、分化等複雜文字現象時,他常常從辨
正疏誤的角度,將詞目用字加以修正,同時在釋文中説明經文中存在著不同用字的現象。事
實上,正是通過這些工作,慧琳一方面爲我們保存了經文中的大量特殊用字現象,另一方面
也辨析了詞目字與經文字之間的字際關係。以《大正藏》爲參照,大正本經文中收錄了大量
版本異文,儘管如此,通過跟《慧琳音義》釋文中保存的經文特殊用字現象相比較,我們很容
易發現,慧琳所見經本中的不少特殊用字現象在後世傳刻中多已改爲通行寫法,抹去了原有
的差異。不管從哪個角度來説,這些差異現象對具體字際關係的判定及漢字學相關問題的
研究都是彌足珍貴的。例如:

(1) 骸—屍

尸骸,乎皆反,骨之總名也。經文作屍,非也。(C57P0996a;J028)

按:上所引詞目出自《正法華經》第二卷音義。慧琳所釋"尸骸"條《大正藏》對應經文
作:"有鍼嘴蟲及鐵喙鳥,在丘壙間,見人死屍,惡鬼兇嶮,放髮叫呼,諸魅湊滿,貪欲慢翰。"
(T09P0076c)今大正本經文作"死屍",與詞目之"尸骸"所表之義相通。"骸"字,《説文·骨
部》:"骸,脛骨也。"本是脛骨,引申泛指骨骸。《廣雅·釋器》:"骸,骨也。"又《慧琳音義》卷第
一《大般若波羅蜜多經》第三卷"骸骨"條下謂:"《玉篇》云:'身體諸骨總名爲骸。'"
(C57P0413a)卷第五《大般若波羅蜜多經》第四百一十一卷"骸骨"下謂:"《公羊傳》云:'骸,骨
也。身體骨總名。'"(C57P0477a)又卷第二十九《金光明最勝王經》卷第十"骸骨"下云:"身體
之骨總名爲骸。"(C57P1028b)卷第六十九《阿毘達磨大毘婆沙論》第一百二十三卷"骸骨"下
謂:"顧野王云:'骸,身體之骨惣名也。'"(C58P0842a)慧琳所見經文作"屍",乃是"骸"的換旁
異體字,《龍龕手鑑·尸部》:"屍,俗。戶皆反。正作骸字。"在骸骨義上,從"骨"從"尸"義可

通。慧琳從正字法角度認爲經文作"屧"爲非。另《大字典》據《篇海類編》收釋有"屧"字（2010：1043），依慧琳所釋，則其書證可提前。

（2）轒—轒

　　　　羅轒，扶分反。字比丘羅轒。經文從貴作轒，非也。（C58P0540b；J055）

　　按：上所引詞目出自《七女經》音義。慧琳所釋"羅轒"條《大正藏》對應經文作："第一女字羞耽，第二女字須耽摩，第三女字比丘尼，第四女字比丘羅輯①，第五女字沙門尼，第六女字沙門密，第七女字僧大薩耽。"（T14P0908a）今大正本經文作"羅輯"，慧琳所見經文作"羅轒"。據慧琳所釋，正合作"羅轒"。依釋文，"轒"是"轒"之訛誤字形，可從，且於文獻有徵。明張溥《漢魏六朝百三家集·班固〈寶車騎北征頌〉》："勒邊御之永設，奮轒櫓之遠徑。"上"轒"字，《四庫全書》集部《車騎寶將軍北征頌》作"轒"。"轒"是攻城戰車，正合文義。"轒"訛作"轒"，可與"燌"訛作"燌"相比勘。另《大字典》據《正字通》收釋有"轒"字（2010：3793），此條釋文亦可作爲旁證。

　　其次，慧琳在訓解詞目用字時，徵引了大量其時可見的字書、韻書、訓詁書等語言文字著作，其中不少著作早已亡佚，這意味著《一切經音義》爲我們轉存了不少有助於字際關係判定的材料。其中有的是解釋文字用法的，有的是分析文字構形的，這些材料對於相關文字字際關係的判定有很大幫助。例如：

　　（3）勺—杓

　　　　斟—杓，下常弱反。《文字典説》云：有柄木器也。《考聲》云：今之杯杓也。《説文》作勺，今承從木作杓，時用字。（C58P0238b；J042）

　　按：上所引詞目出自《瑜伽護摩經》音義。詞目之"杓"爲勺子義，《説文》正作"勺"。《説文·勺部》："勺，挹取也。象形。"段注云："外象其哆口、有柄之形，中一象有所盛也……勺象器盛酒漿。"此義上又或從"木"作"杓"，《廣韻·藥韻》："杓，杯杓。"《集韻·藥韻》："杓，挹酌器。通作勺。"事實上，《説文》已收"杓"字，《木部》："杓，枓柄也。从木，从勺。"由《説文》的解釋觀之，"杓"本指勺子柄。張舜徽《説文約注》："今俗通稱挹取酒漿之器爲瓢，當以杓爲本字。器柄多以木爲之，故其字從木。"（2009：1458）張舜徽同時認可了大徐本關於"杓"爲會意字的判定結果。蓋"杓"之舀取東西的器具這種用法是由勺子柄引申而來的，引申之後，"杓"的構形與勺子義重新勾連，從而可視作"勺"之增旁異體字。故而《慧琳音義》卷第七十

────────────

① 《大正藏》"輯"下校勘記：輯＝轒三宮。

三《成實論》第四卷"瓢杓"下云："下又作勺，同。是若反。可以斟食者也。"(C58P0921b)又卷第一百《受用三水要法》"鎗杓"下云："下常藥反。俗字也。古文正體單作勺，象形。"(C59P0351b)由是觀之，在舀取東西的器具義上，二者即異體字關係。然《大字典》"杓"的第二個音項下未溝通與"勺"之異體關係(2010：1243)，有失妥當。

（4）蕾—蘠

> 黃蘠，丕逼反。《考聲》：草名也。《坤蒼》云：蘠，蔓生，實可食也。《古今正字》：從草畐，畐亦聲也。(C59P0322a；J099)

按：上所引詞目出自《廣弘明集》第二十九卷音義。慧琳所釋"黃蘠"條《大正藏》對應經文作："神農是嘗，仙經是造，白兔服而通靈，鹿皮餌而得道。其果則有木瓜、木棗、楊桃、楊梅，朱橘冬茂，黃蘠[1]秋開，楂梨並壯，柿奈爭瓖。枳椇列植而爲藪，懸鉤觸草而徘徊。林檎侔於萍實，甘棠擬於帝臺。"(T52P0339a)今大正本經文作"蘠"，宋、元、明及宮本作"蘠"，釋文詞目作"蘠"。上三形均當是《說文》"蕾"的異體字。《龍龕手鑑·草部》："蘠、蘠，二俗。蘠，或作。蘠，正。音福。草名也。""蘠"字，日本早稻田大學藏本作"蘠"，朝鮮本作"蘠"，顯然"蘠""蘠""蘠"是一字之變。"蘠"即"蕾"字，《集韻·屋韻》："蕾，《說文》：'蕾也。'或作蘠。""蘠"字，《玉篇·艸部》："蘠，草。"結合上所論，則"蘠"正"蘠"字，其義即草，《玉篇》所釋不誣。又張涌泉《叢考》"蘠"下所釋與此組字有關(2000：229)，可參。

二、慧琳《一切經音義》字際關係處理的局限

字際關係是一種歷史現象，不管是字際關係理論體系的構建，還是具體字詞關係事實的考辨，都是不斷發展、不斷科學化的。《慧琳音義》亦未能逃脫歷史的局限，無論是在理論框架的構建方面，還是在具體關係的辨證方面，都存在不少問題。綜合來看，《慧琳音義》字際關係處理的歷史局限主要表現在以下幾個方面：字際關係理論體系不完善，釋文用語內涵不明確、外延有交叉，一些關係的判定結果與文字事實不相符。

（一）字際關係理論體系欠科學

任何一個理論體系都要求有科學的內涵和外延，同時要求體系內部的諸要素也具有明確的內涵和外延，要素間的關係要明確、邏輯要合理。《慧琳音義》在釋文中，通過相關用語構建了一個比較基礎的字際關係理論體系，這對漢字學、漢字學史的研究而言，有很大的價值。然而，從本章第三節考察的相關材料來看，慧琳的字際關係理論體系又有明顯不足，主要表現在其理論體系內部諸要素之間沒有明確的內涵和外延，要素間的關係也比較模糊，所

---

① 《大正藏》"蘠"下校勘記：蘠＝蘠三宮。

使用的釋文用語并不在同一個層面上，類的劃分欠科學。這樣的一個術語體系，對於處理繁雜的漢字字際關係顯然有很大局限。

（二）字際關係判定或有缺漏

《慧琳音義》釋文中通過相關用語處理了大量字際關係，然而由於受慧琳個人的字際關係理念的影響，再加上當時所見材料的限制，其中有不少結論需要進一步辨正。另一方面，由於漢字的使用是歷史的，故而他對一些新出字字際關係的處理比較模糊。

1. 部分結論有偏誤

儘管釋文中創獲頗多，但亦有不少結論需要進一步考辨。例如：

（1）蛭—砫

> 石蛭，下真日反。《尒雅》：蛭，蟣也。《蒼頡篇》：水虫也。《聲類》亦蛭蜍、蛭掌者也。《考聲》：蛭蜍、蛭蛒，並螜蠹也。《説文》從虫作。論從石作砫，誤也。（C58P0349a；J047）

按：上所引詞目出自《無量壽論》音義。詞目之"蛭"是螞蝗義，《説文·虫部》："蛭，蟣也。"又《爾雅·釋魚》："蛭，蟣。"郭璞注云："今江東呼水中蛭蟲入人肉者爲蟣。"慧琳所見經文作"砫"，當是"蛭"字受其上字從"石"的影響而改爲從"石"，經同化而成。慧琳謂之"誤"，雖不能説錯，但未能揭示經文作"砫"的原因，顯然是受其時代、個人的局限所致。

（2）摘—爝

> 火摘，下呈隻反。《考聲》：摘（摘），撥也。《説文》云：投也。從手。論從火作爝，誤也。（C58P0349a；J047）

按：上所引詞目出自《無量壽論》音義。詞目之"摘"取撥動、投擲義，今傳本《説文·手部》："摘，一曰投也。"與慧琳所引《説文》同。慧琳謂經文作"爝"，此當是"摘"受其上字"火"的同化而改爲從"火"。慧琳謂"爝"爲"誤"，沒有進一步揭示"爝"的來源，乃是受其時代及個人的局限。另《大字典》據《龍龕手鑑》收錄有"爝"字（2010：2405），義未詳。從此條釋文來看，當溝通"爝"與"摘"的關係。

（3）颭—𩙥

> 颭颭，瘼流反。《廣雅》云：颭颭，風聲也。《古今正字》：從風妟聲。妟，古文叟字也。録文從風作𩙥，非也。（C59P0008a；J081）

按：上所引詞目出自《三寶感通傳》下卷音義。慧琳所釋"颷颷"條《大正藏》對應經文作："沙彌以一竹杖著船頭，語曰：'但閉眼聽往，不勞帆也。'於即依言，但聞颷颷風聲，有竊視者見船在空雲飛奔於山樹海上。"（T52P0423c）今大正本經文作"颷颷"，與詞目之"颷颷"同，均指風聲。"颷""颷"爲一字異寫關係。慧琳所見經文作"颭"，亦是"颷"的異寫字。慧琳謂"颭"爲"非"，未能溝通其間的異體關係，有失妥當。另就"颭"形而言，大型字書鮮有收錄，《異體字字典》亦未收錄，慧琳之釋事實上保存了"颷"的其中一個異寫形體。

2. 對新出字的處理較爲模糊

《慧琳音義》收釋的佛經文字正處在漢字楷化的大變革時期，自魏晉至唐中期，漢字中出現了大量新形體，對於這些新形體，慧琳在處理相關關係時表現出歷史局限性。例如：

（1）柱—骷

> 連柱，下誅縷反。《蒼頡篇》云：柱，杖也。《文字典説》：從木主聲。論文從骨作骷，非也。檢諸字書並無此字。（C58P0797b；J066）

按：上所引詞目出自《集異門足論》第七卷音義。慧琳所釋"連柱"條《大正藏》對應經文作："汝等苾芻應起精進，有勢有勤，勇悍堅猛，不捨善軛。假使我身血肉枯竭，唯皮筋骨連挂而存。"（T26P0395a）今大正本經文作"挂"，當是"柱"的訛誤字形，取脊柱義。《説文·木部》："柱，楹也。"本指屋柱，引申泛指柱子，因人的脊柱類似柱子，故而亦表示脊柱義。"柱"又表示挂持、支撐義，後分化出"挂"字專門記錄動詞用法。據《大正藏》"挂"下校勘記，宮本、聖本作"骷"，與慧琳所見經文同。此"骷"正"柱"在脊柱義上之換旁異體字，慧琳未解其間關係，有失妥當。另《大字典》據《龍龕手鑑》收錄有"骷"字（2010：4698），義未詳，可據此條釋文溝通"骷"與"柱"之關係。

（2）澗—嵧

> 如澗響，姦鴈反。《尔雅》云：山夾水曰澗也。下香兩反。孔注《尚書》云：吉凶之報，若響之應聲也。集從山作嵧，非也。字書並無此字。（C59P0297a；J098）

按：上所引詞目出自《廣弘明集》第十四卷音義。慧琳所釋"如澗響"條《大正藏》對應經文作："忠順叛逆皆如澗響，而叛逆受誅，忠順獲賞，罪福之性平等不二。"（T52P0193c）今大正本經文亦作"澗"，取山澗義。《説文》本作"㵎"，後世通行"澗"。《説文·水部》："㵎，山夾水也。"正是山澗義。慧琳所見經文"嵧"，乃是"澗"的換旁異體字。敦煌伯 2011 王仁昫《刊謬補缺切韻·諫韻》："澗，谷。亦作磵、嵧。""澗"換旁作"嵧"，一方面因"澗"爲山澗義，同時也因"澗"字多與"山"字共現。慧琳不解其間關係，故有此失。另《大字典》據《類篇》收釋有"峒"字(2010：824)，從此條釋文來看，其書證可提前。

（3）傴—瘖

> 伸傴，下紆禹反。《考聲》：曲脊也。《廣雅》亦曲也。《説文》並從人，申、區皆聲。集作申，亦通。從疒作瘖，非也，並無此字。（C59P0297b；J098）

按：上所引詞目出自《廣弘明集》第十四卷音義。慧琳所釋"伸傴"條《大正藏》對應經文作："壽之修促，體之安苦，隨遭不泰，妍蚩申瘖，千品萬端，皆業爲主，三界六趣，隨業而處。"（T52P0194c）今大正本經文作"瘖"，與慧琳所見經文同。求之經義，"申""瘖"相對，"瘖"取彎曲、佝僂義，《説文》正作"傴"。《説文·人部》："傴，僂也。"經文之"瘖"乃"傴"的換旁異體字，《龍龕手鑑·疒部》："瘖，俗。於矩反。正作傴。"蓋是因駝背、佝僂爲病態，故而"傴"又換從"疒"旁作"瘖"。慧琳不解其間關係，故釋之不詳。另《大字典》據《集韻》收釋有"瘖"字（2010：2881），據該條釋文，則其書證可提前。

第五章 慧琳《一切經音義》所釋
文字異體字研究

異體字是漢字字際關係中最豐富、也最複雜的一種現象,自許慎在《説文》中區分正篆與
"重文"以來,歷代學者都對異體字進行過整理。從某種意義上可以説,漢字的整理根本在於
對異體字的整理。另外專書文字整理中最重要的部分也是異體字整理,我們所進行的《慧琳
音義》文字整理中的異體字整理即屬此類。異體字是《慧琳音義》所釋文字中非常豐富的一
類,與所釋文字中的通假字、分化字相比,一方面其所占比例最大,另一方面也與魏晉至隋唐
時期漢字發展中"異體蜂出"的現象相吻合。事實上,《慧琳音義》所釋文字中異體字所占比
例最大這一事實,正與漢字整理中以異體字整理爲主這種理念相契合。基於此,這一部分我
們主要探究以下幾個問題:異體字的概念及判定標準,《慧琳音義》所釋文字中異體字的類
型及成因,《慧琳音義》所釋文字中的異體字對漢語言文字研究的價值和意義。

第一節 異體字的實指、判別及類型

關於異體字的研究,可謂歷史久遠、成果豐碩。簡單來説,異體字的概念及判定標準即
指爲異體字下一個定義,由這個定義再進一步判定哪些是異體字,哪些不是異體字;與此同
時,還要説明如何區分與異體字相關的其他字際關係類型。這就需要我們在大量考察漢字
異體事實的基礎上,對異體字這一術語進行科學而嚴謹的界定,明確其内涵和外延,辨別其
典型成份和非典型成份,繼而對其間界限作出合乎語言事實的劃分。

一、異體字的實指與判別

前面已提及,學界對於異體字理論的研究成果非常多,但早期給異體字下的定義大都承
襲了對於《説文》"重文"的理解,真正意義上針對異體字的理論研究始於二十世紀五十年代
的文字改革。對於眾家定義,李國英在《異體字的定義與類型》一文中有詳細考察,他將有代
表性的異體字定義總結爲兩類:同詞異形和同字異體。事實上,這兩種類型也代表了異體
字研究中的兩個不同視角,即從"詞"入手考察和從"字"入手考察。針對此問題,李國英認

爲,異體字的本質是同字異體。在此基礎上,他將異體字定義如下:"異體字是爲語言中同一個詞而造的同一個字的不同形體,並且這些不同的形體音義完全相同,在使用中功能不發生分化。"①就上面的定義來看,異體字必須同時滿足"構形"和"功能"兩個方面的條件,構形上可以將異體字與通假字區別開來,功能上可以將異體字與分化字區別開來。因爲從本質上説,異體字是同一個字的不同寫法,通假字、分化字則是不同的字。總體上我們認爲,李國英對異體字的定義是較爲科學的,揭示了異體字的本質,即同一個字的不同寫法;而從"構形"和"功能"入手,則可以很好地將異體關係與字際關係範疇内的其他現象加以區分。本研究所談的異體字即採用上面的界定。

由上論之,判定異體字的標準簡單來説即音同義同,音同相對好理解,也好處理,關鍵是對義"同"的理解與把握。有時某個形體在文獻中使用較多,而另外一些形體則使用較少,或只在某些特殊場合使用;也有時有的形體在某個時期使用,另外一些形體在另一些時期使用,它們都會造成漢字在使用中的不平等現象。這就需要我們在進行字際關係整理時,靈活理解和科學把握異體字的概念,否則容易將一些本是異體的現象排除在外,將一些不是異體的現象收納進來,進而造成溝通不全面或溝通失當等問題。

進一步言之,在面對文獻中的文字時,我們要重點考察每個形體的結構和功能,如果其功能相同,或基本相同,至少用法上不對立,而讀音又相同的話,則可以確定其間爲異體字關係,如"猿—猨""泪—淚""峰—峯""冰—氷"等。這類即典型異體字,其特徵在於不同的形體記錄同一個詞,且核心用法不對立。此外,我們還需要對一些特殊情況進行討論,這類現象常介於異體字與非異體字之間。

(一) 典型異體字

這裏所謂的典型異體字指符合我們所採納的異體字定義的一類字,即兩個或兩個以上的形體記錄同一個詞,且讀音相同,使用中功能不對立。整體上來看,此類異體字在判定過程中相對好把握。例如:

(1) 諳—譖

> 諳練,上暗含反。《考聲》云:諷也,誦也,説也。俗字也。正從酉從言作譖,今從省,從音。(C59P0184a;J091)

按:上所引詞目出自《續高僧傳》第一卷音義。慧琳所釋"諳練"條《大正藏》相關經文作:"群藏廣部,罔不厝懷,藝術異能,偏素諳練。雖遵融佛理,而以通道知名。"(T50P0429c)考求經義,"諳練"指精通、熟練,"諳"取熟練義。《説文·言部》:"諳,悉也。"據慧琳所釋,

---

① 見李國英《異體字的定義與類型》,《北京師範大學學報》(社會科學版),2007 年第 3 期,第 46—50 頁。

“諳”或作“譣”。除上所引釋文外，羅振玉輯《原本玉篇殘卷·言部》：“譣，《字書》亦諳字也。”《龍龕手鑑·言部》：“譣，或作。諳，正。烏含反。憶也。記也。”又《集韻·覃韻》：“諳，《説文》：‘悉也。’或作譣。”從文字形體來源論之，“譣”即由“諳”改換聲符而來。“諳”從言音聲，“音”《集韻》音於金切，“譣”右旁所從的“僉”《集韻》有於錦切一讀，二者音近，故可換聲符。

（2）嗄—歇

> 聲嗄，上正聲字，下所詐反。《考聲》云：嗄，聲破也。字書並不載。《廣蒼》從欠作歇，音訓並同也。（C59P0235a；J094）

按：上所引詞目出自《續高僧傳》第二十五卷音義。釋文之“嗄”指聲音嘶啞義，《龍龕手鑑·口部》：“嗄，於芥、所嫁二反。聲敗變也。”《玉篇·口部》：“嗄，聲破。”如《莊子·庚桑楚》云：“兒子終日嗥而嗌不嗄，和之至也。”陸德明《經典釋文》引司馬彪注文云：“嗁極無聲爲嗄。”《嘉興藏》之《道德經順硃》卷第二《玄符》第五十五章引作：“終日號而嗌不嗄，和之至也。”釋文云：“聲嗄，所嫁反，聲嘶也。”（T36P0521b）聲嘶即聲破，義亦同也。慧琳在釋文中又溝通有“歇”字，其音義與“嗄”同，顯然二者即異體字關係。從構形角度來看，《廣蒼》之“歇”與“嗄”爲改換意符而成的異構字，在聲音嘶啞義上，從“口”從“欠”義相通。

（二）非典型異體字

除了上面所舉的典型異體字外，還有一些介於異體字與非異體字之間的模糊現象，説其是異體字，但與我們的定義有出入；説其不是異體字，亦會引起不少爭議。因爲它們在某一歷史時期内，固定地記錄同一個詞，似乎又具有異體字的某些特徵。從文字職能與文獻使用情況來看，此類現象主要有三種情況：異體字不同形體功能發生分化類，本字不用、借字通行類，文字分化失敗類。論其歸屬，結合前面對異體字的界定，我們將前兩種現象排除在異體字之外，而將“文字分化失敗類”繼續劃歸異體字範疇①。

1. 異體字不同形體功能分化類

構成異體關係的不同形體本是同一個字，然而在文獻中，某些形體在功能上發生分化，從而變爲不同的字，進而由異體關係變爲非異體關係。故而我們主張將這類文字現象視作非異體關係。關於該問題，我們將在第七章《慧琳〈一切經音義〉所釋文字分化字研究》之“文字功能分化與分化字”部分進行詳細考察，此處從略。

2. 本字不用、借字通行類

本字不用、借字通行類主要指兩個或兩個以上的文字形體各有本用，即從源頭上看，這

---

① 裘錫圭在《文字學概要》中用“廣義異體字”指稱用法完全相同的字和用法部分相同的字兩類。見裘錫圭《文字學概要》，商務印書館，1988 年，第 205 頁。

些形體分別是不同的字,不過在文獻使用中,出現了某個字部分或完全取代別的字的現象。就記詞職能而言,這類文字現象在早期各自分用,其功能互不相涉;儘管後期在某個形體棄而不用的情況下,其功能有交叉或替代的現象,但無法實現形義之統一,故而應劃歸文字借用範疇。例如:

(1) 豪—勢

豪贒,上胡刀反。《淮南子》:智出百人謂之豪。古文作勢。(C57P0978b;J027)

按:上所引詞目出自《妙法蓮華經》卷第二《信解品》音義。慧琳所釋"豪贒"條《大正藏》對應經文作:"父知其子志意下劣,自知豪貴爲子所難,審知是子而以方便,不語他人云是我子。"(T09P0017a)今大正本經文作"豪貴",與詞目之"豪贒"同,"豪"指有氣勢、有地位。《説文·希部》:"𧱦,豕,鬣如筆管者,出南郡。从希高聲。豪,籒文从豕。""豪"即由"𧱦"省變而來,《五經文字·豕部》:"𧱦、豪,上《説文》,下經典相承隸省。""豪"本是豪豬義,其傑出、豪邁、氣勢壯大等用法借自"勢"而來。《説文·力部》:"勢,健也。"段玉裁注云:"此豪傑真字,自叚豪爲之,而勢廢矣。"二者是典型的本字不用、借字通行現象。

(2) 沖—盅

謙沖,《説文》作盅,同。除隆反。《字書》云:沖,虛也。(C58P0386a;J048)

按:上所引詞目出自《瑜伽師地論》第四十卷音義。慧琳所釋"謙沖"條《大正藏》對應經文作:"爲性謙沖如法曉諭,又諸菩薩性好,讚揚真實功德,令他歡喜。"[①](T30P0513c)"謙沖"猶謙虛,《説文》正作"盅"。《説文·皿部》:"盅,器虛也。《老子》曰:'道盅而用之。'"段注云:"盅虛字今作沖,《水部》曰:'沖,涌繇也。'則作沖非也,沖行而盅廢矣。"(1981:212)段氏"沖"下又云:"凡用沖虛字者,皆盅之假借。"(1981:547)顯然後世文獻中,空虛、謙虛義上,"沖"代替了"盅",二者亦是典型的本字不用、借字通行現象。

(3) 錯—遻

錯謬,上倉洛反。《考聲》:錯,誤也。顧野王云:以交合錯亂之。錯〔或〕從辵作遻。《説文》:迕也。從辵昔聲。(C58P0846a;J069)

按:上所引詞目出自《阿毗達磨大毗婆沙論》第一百四十三卷音義。慧琳所釋"錯謬"條

---

① 《大正藏》相關校勘記:"沖"下:沖＝沖㊀㊂㊅;"諭"下:諭＝喻㊀㊂㊅。

《大正藏》對應經文作："有説，若於爾焰自覺遍覺，無錯謬覺，説名爲佛。獨覺雖能自覺，無餘二種，聲聞俱無，故不名佛。"(T27P0735b)今大正本經文作"錯"，與詞目之"鎈"爲異寫字關係，取錯誤、乖謬義。然"錯"字，《説文》釋爲"金涂"，即用金塗飾。如《鹽鐵論·散不足》："中者舒玉紵器，金錯蜀杯。"又指磨石，如《尚書·禹貢》："錫貢磬錯。"孔傳云："治玉石曰錯。"從"錯"的形義關係求之，無由產生交錯、錯誤一類用法，乃是借自"逪"而來。段注"錯"下云："或借爲逪逪字。"(1981：71)張舜徽《説文約注》亦云："逪逪字，今經傳中借交錯字爲之。"(2009：399)交錯義上《説文》正作"逪"，《辵部》："逪，迹逪也。"段玉裁改作"逪逪"。蔣斧本《唐寫本唐韻·鐸韻》："逪，《説文》云：'交逪也。'"又《玉篇·辵部》："逪，逪逪也。今爲錯。"顯然"錯""逪"二字本用有別，不可視作異體關係。

3. 文字分化失敗類

漢字在發展過程中，常常會在母字的基礎上分化出新字，一方面減輕了母字的負擔，使得表義比較清晰，另一方面也促進了漢字形義之統一性。從文字職能來看，分化後的字與母字變爲不同的字，然而漢字在分化的過程中，有時會出現分化失敗的現象，即分化後的文字只在一段時期内或某個小範圍内使用，後來母字又取代了先前的分化字承擔了所有職能。故而從操作層面入手，宜將此類文字現象視作異體關係。例如：

（1）績—勣

> 功績，今作勣，同。子歷反。《聲類》云：亦功也。（C57P1045b；J030）

按：上所引詞目出自《等集眾德三昧經》上卷音義。慧琳所釋"功績"條《大正藏》對應經文作："又使三千大千世界眾生之疇，一切皆使如清信士所有功德，比舍利弗福慧之明，百倍、千倍、萬倍、億倍、巨億萬倍不相及逮。"(T12P0975c)今大正本經文作"功德"，據《大正藏》校勘記，宋、元、明及宮本作"功績"，取功業、成績之義。《説文·糸部》："績，緝也。"指將麻等搓成繩或綫，文獻中又用作功績義。《爾雅·釋詁下》："績，成也。"此用法當即由搓麻成繩義引申而來。功績義上又或從"力"作"勣"。黎庶昌輯《原本玉篇殘卷·糸部》："積，《聲類》以功績爲勣字，在力部。"敦煌伯2011王仁昫《刊謬補缺切韻·錫韻》："勣，功。"蔣斧本《唐寫本唐韻·錫韻》："勣，功勣。"又《龍龕手鑑·力部》："勣，音積。勣功累德也。"從形體來源言之，"勣"即由"績"改換意符而來，當是因後世文獻中"績"主要用作功績、成就義，而"績"從"糸"與此用法不甚協，故而換從"力"以實現形義之統一。綜上來看，"勣"當是"績"的後出分化字，然而文獻中功績、成就義上仍通行"績"字，故而二者視作異體關係較妥。

（2）帶—癀

> 帶門，婦人帶下病也。經從疒作癀，非也。（C58P0166a；J039）

按：上所引詞目出自《不空羂索經》第一卷音義。"帶"本是佩帶、束帶義。《説文・巾部》："帶，紳也。"段注云："古有大帶，有革帶。"如《詩經・衛風・有狐》："心之憂矣，之子無帶。"毛傳云："帶，所以申束衣。"引申有佩帶、束縛、連接等用法。文獻中"帶"亦用作婦科病之通稱，上引"帶門"條即是其例。慧琳所釋"帶門"條《大正藏》對應經文作："手脚煩疼，白癩、風疽、疥癬、癰腫、游腫、疔腫、瘤腫、毒腫、癀病、瘭門、瘡皰、痒瘈、㿏蠱等病。"（T20P0228a）今大正本經文亦作"瘭"，指婦人下病。中醫學認爲帶脈環繞人腰部，似腰帶，帶脈以下稱之爲"帶下"，故而婦科病多稱"帶下"。如東漢張仲景《金匱要略・婦人雜病脈癥并治》第二十二云："奄忽眩冒，狀如厥癲，或有憂慘，悲傷多嗔，此皆帶下，非鬼神。"（1997：60）又明李時珍《本草綱目・百病主治藥下》有"帶下"條，專釋治"帶下"之方（1975：363）。如此來看，"帶下"之"帶"取義與佩帶同。因是疾病名，故或又加"疒"旁作"瘭"。《龍龕手鑑・疒部》："瘭，當蓋反。瘭下，病也。"又《玉篇・疒部》："瘭，音帶。瘭下，病也。"從形體來源論之，表示帶下之"瘭"即是"帶"的後出分化字，與表示痢疾、讀竹列切之"瘭"爲同形字關係。然文獻中"帶下"義上仍通行"帶"字，"瘭"屬分化未遂，故而該用法上將其視作"帶"的異體字較妥。

二、異體字的類型

確定了什麼是異體字之後，就需要解決異體字的内部分類問題。從不同角度可將異體字分爲不同類型，從形體間的差異特性入手，可分爲異構字和異寫字兩類。對於異構字與異寫字的區分，我們認爲關鍵在於明確"構"和"寫"的所指，而區分"構"與"寫"的標準應是構形理據有無差異，且這個標準也是最便於把握同時又比較客觀的。在此前提下，我們認爲異寫字之間無構形理據差異，異構字之間有構形理據差異；異寫字之間的形體差異是漸變的，可循字形變異之軌跡，異構字之間的形體差異是突變的，可考構件組合之理據。如此一來，在確定是異體字的情況下，構形理據不同的幾個形體互爲異構字，構形理據相同的幾個形體爲相應異構字的異寫字①。

由上出發，《慧琳音義》所釋文字中的異體字，我們也將其分爲異寫字和異構字，下面在分類考察的同時探求這些形體產生的緣由。

第二節　慧琳《一切經音義》所釋文字中的異構字

總體上來看，異構字是經造字而成的，即主要源自造字；不過部分異體之間雖爲異構關係，從來源上看卻是源自書寫的。就上面兩類比較來看，源自造字的異構字爲主流。

---

① 孫建偉《異寫字與異構字考論》，《江蘇大學學報》（社會科學版），2016 年第 2 期，第 88—92 頁。

一、造字而成的異構字

就造字而成的異構字而言,從創製動因入手可進一步分爲兩種:因漢字發展内在規律造成的異構字,爲更好地記録漢語而成的異構字。儘管從理論上可以劃分爲上面兩類,但實際分析中有時則不太能明言屬何類,往往是各種因素綜合作用的結果。

(一) 漢字發展内在規律而成

異構字當中的相當一部分是由漢字發展内在規律造成的,具體表現在兩個方面:一方面,漢字非一時一地一人所造,這就難免出現多頭造字的情況;另一方面,漢字發展過程中受類化或同化規律的影響,也會造成異構字。

1. 非一時一地一人所造字而成

漢字是記録漢語的書寫符號系統,是在漢語的基礎上發展起來的,然而漢字的創製並非一蹴而就,亦非一人之力,更不是一時所成。正是這個原因,漢字創製過程中便無法避免一字異體,此爲漢字發展内在規律而成的異構字的重要類型。例如:

(1) 唯—喱

　　喱㗫,上五佳反,下音柴。犬鬭也。《玉篇》:犬相唯。《埤蒼》:犬相唯拒也。《説文》《玉篇》作齜,謂開口見齒曰齜唯。《切韻》:齒不正曰齤齜。作齤。有云唯齜,褰脣露齒之皃。有作㗫,不知所從。(C57P0974a;J027)

按:上所引詞目出自《妙法蓮華經》卷第二《譬喻品》音義。慧琳所釋“唯㗫”條《大正藏》對應經文作:“由是群狗,競來摶撮,飢羸慞惶,處處求食。鬭諍齜掣,唯㗫嘷吠,其舍恐怖,變狀如是。”(T09P0014a)經文之“唯”指犬相鬥齜牙咧嘴貌。慧琳釋文中又溝通有“喱”字,《玉篇·口部》:“喱,狗欲齧。”“喱”與“唯”爲異體字關係。《龍龕手鑑·口部》:“唯,俗。喱,正。五佳反。犬鬭也。”又《集韻·佳韻》:“喱,犬欲齧。或作唯。”顯然“喱”“唯”爲改換聲符而成的異構字,“崖”“厓”音同,故可換。

(2) 蚌—蟑

　　魚蚌,下蒲講反。《尓雅》:蚌,含漿。郭注云:厥也。《考聲》:蛤類也。《説文》:從虫丰聲也。或作蟑,俗字也。丰音夆也。(C58P0217b;J041)

按:上所引詞目出自《六波羅蜜多經》第三卷音義。慧琳所釋“魚蚌”條《大正藏》對應經文作:“復有傍生黿鼉、龜鼈、魚蚌、蝦蟇、室獸摩羅水族之類,恒被網捕生死水中。”(T08P0877a)《説文·虫部》:“蚌,蜃屬。”字或從“奉”作“蟑”,《玉篇·虫部》:“蟑,蟑蛤也。

蚌,同上。"蚌""蟆"爲更換聲符而成的異體字。就形體來源而言,"蚌""蟆"之構形與所記詞義均相契合,當屬分頭造字而成的異構字。

2. 受類化或同化規律的影響而致

由於漢字在使用中處於聚合及組合的雙向坐標內,故而在聚合或組合方向上,都會受其他文字形體的影響而造成異構字現象。就聚合原因而言,多是受同類偏旁的影響類化而成;從組合原因來看,多是受上下字的影響同化而成。當然,此種分類法是就其主要原因而言,事實上常常是多種因素綜合起作用。

其一,受同類偏旁的影響類化而成

因文字發展內部規律而造成的異構字現象,比較典型的一類是受漢字偏旁類推的影響。表示某事類的字多從某旁,那些非從某旁的字常會受類推規律的影響改換爲或添加某旁,從而與原形體成異構字關係。例如:

(1) 壁—廦

　　牆壁,下并覓反。《説文》從广作廦,形聲字。經從土,俗字也。(C58P0212b;J041)

按:上所引詞目出自《六波羅蜜多經》第二卷音義。慧琳所釋"牆壁"條《大正藏》對應經文作:"此諸世界所有宮殿、屋舍、牆壁、山林、草木、種種諸物,亦不能障如是光明。"(T08P0870a)《説文·土部》:"壁,垣也。"段注:"自其直立言之。"或又作"廦",《説文·广部》:"廦,牆也。"段注"廦"下云:"與《土部》之壁音義同。"又《玉篇·广部》:"廦,屋牆也,垣也。今作壁。""壁""廦"二形音義同,即是異體字關係。考求二者之構形關係,"壁"從"土"表示牆壁的材質,早期築牆多以土爲之。牆壁又屬房屋構建一類,此類多從"广"旁,故而"壁"或換從"广"旁作"廦"。

(2) 釭—軖

　　輞釭,又作軖,同。古紅反。《説文》:轂口鐵也。《方言》:自關之西謂之釭,燕齊海岱之間曰鐗。音古和反之也。(C58P0568a;J056)

按:上所引詞目出自《佛本行集經》第三十四卷音義。慧琳所釋"輞釭"條《大正藏》對應經文作:"善哉世尊真如見,爲眾轉甘露法輪,持戒禪定輻輞釭,慚愧精進軸錭轂。"(T03P0812a)經文之"釭"指車轂口穿軸的金屬圈,《説文·金部》:"釭,車轂中鐵也。"釋文謂又作"軖",乃是"釭"之換旁異體字。敦煌斯617《俗務要名林·車部》:"軖,轂中鐵也,音工。"從形體來源言之,"軖"字從"車",與"釭"所記詞義屬車類有非常直接的關係。因是車之一部分,故而"釭"換從"車"旁作"軖"。另"釭"變從"車",與"輞釭"連用亦有相當關係。

其二,因上下字的影響同化而成

某兩個字本來沒有共有構件,然因二字常共現,受其中一個字構形的影響,另一個字增加或改換爲此字的某一構件,從而與原形體成異構字關係。例如:

(1) 斟—酙

　　斟羹,汁任反。從斗甚聲。經文從酉作酙,非也。(C58P0986b;J075)

按:上所引詞目出自《雜譬喻經》音義。慧琳所釋"斟羹"條《大正藏》對應經文作:"客皆來坐飯斟羹,客作既廚且飢,食之其羹,客呼廚士人,取好肉以噉之。廚士知不净,恐失人意,强咽吞之,不以爲味也。"(T04P0509a)今大正本經文作"斟",據《大正藏》校勘記,宋、元、明本作"酙",均是舀取義。《説文·斗部》:"斟,勺也。"正指用勺子舀取。"酙"字,《龍龕手鑑·酉部》:"酙,俗。音針。正作斟。"就"酙"之形體來源而言,當是因"斟酌"常共現,受"酌"字從"酉"的影響,故"斟"亦換從"酉"旁作"酙"。

(2) 嬰—孾

　　嬰孩,上益盈反。《蒼頡篇》:女曰嬰,男曰孩。《釋名》:人初生曰嬰兒也。《説文》:從女賏聲。賏音同上。論作孾,非也。(C58P0447b;J051)

按:上所引詞目出自《取因假設論》音義。慧琳所釋"嬰孩"條《大正藏》對應經文作:"相續若一捨嬰孩,漸次乃至童年位;應失自身非不異,若言不失便相雜。"(T31P0886b)今大正本經文作"嬰",慧琳所見經文作"孾",均是孩童義。《釋名·釋長幼》:"人始生曰嬰兒。""孾"字,《龍龕手鑑·子部》:"孾,於盈反。孩兒也。"亦是嬰兒義,爲"嬰"的異體字。從形體來源言之,因"嬰孩"同屬且常共現,在"孩"從"子"的影響下,"嬰"亦添加"子"旁作"孾"。

與因同類偏旁的影響類化而成的異構字相比,受上下字的影響同化而成的新形體有的沒有理據性可講。例如:

(3) 扁—鶣

　　扁鵲,上邊辮反。人姓名。傳從鳥作鶣,非也。(C59P0016a;J081)
　　扁鵲,駢面反。《説文》:從户從扁省聲。下搶藥反。案扁鵲,古之名醫也。本姓盧,六國時人也。(C59P0171b;J090)

按:上所引詞目分別出自《南海寄歸内法傳》第三卷音義、《高僧傳》第九卷音義。上引二詞目之"扁"均是姓氏用字。《説文·册部》:"扁,署也。"本指在門户上題字,引申又表示匾額、物體平而薄等義；又用作姓氏，如上引扁鵲。釋文謂經文中“扁”或作“鵬”，《龍龕手鑑·鳥部》：“鵬，薄顯反。鵬鵲也。”又《集韻·銑韻》：“扁，姓也。古有扁鵲。或作鵬。”在姓氏用法上，“扁”“鵬”可視作異體字關係。考“鵬”之來源，當是受“鵲”從“鳥”旁的影響同化而來。

（二）爲更好地記録漢語而成

漢字中的異構字亦有相當一部分是爲了更好地記録漢語而形成的。漢字要想很好地記録漢語，就需要不斷維持其形義統一性。與此同時，漢字又受文字發展區別律、表達律、簡易律的影響。當漢字不能很好地實現形音義的統一時，或者不能很好地滿足文字發展定律的要求時，人們往往會對字形加以改造，在這個過程中，常會造成不少異構字。從創製目的來看，《慧琳音義》所釋文字中爲更好地記録漢語而造成的異構字可進一步分爲三類：爲了滿足形體的需要而成的異構字，爲了滿足讀音的需要而成的異構字，爲了滿足表義的需要而成的異構字。

1. 爲了滿足形體的需要而成的異構字

漢字在記録漢語的過程中，一方面積極地適應漢語的需要，遵從漢語發展的相關規律，同時也受作爲符號系統所應遵循的規律之制約。就文字構形而言，一方面要與其他形體相區別，當與別的形體混同時，需要改造某個形體以求區別。另一方面作爲記録語言的符號，又不能過於繁雜，否則同樣影響表達功能的實現。因此如果某個漢字形體較爲繁難時，人們常會爲其創製比較簡易的形體，以滿足簡易律的要求。上面兩種行爲常使得新形體與原字形變成異構字關係。例如：

（1）洟—潩

洟唾，上天麗反。《説文》云：鼻液也。液音亦。《毛詩傳》云：自鼻而出曰洟。或作潩、**潩**（潩）①、㶏，四形皆同。（C57P0478b；J005）

按：上所引詞目出自《大般若波羅蜜多經》第四百一十四卷音義。慧琳所釋“洟唾”條《大正藏》對應經文作：“所謂此身，唯有種種髮毛爪齒、皮革血肉、筋脈骨髓、心肝肺腎、脾膽胞胃、大腸小腸、屎尿洟唾、涎淚垢污。”（T07P0078b）經文之“洟”與“淚”共同出現，則“洟”爲鼻洟義無疑。此義上《説文》本作“潩”，《水部》：“潩，鼻液也。”如《禮記·檀弓上》：“主人深衣練冠，待於廟，垂涕洟。”陸德明《經典釋文》云：“自目曰涕，自鼻曰洟。”“涕”字，《説文》：“涕，泣也。”“潩”“涕”二字本別，“潩”表鼻洟，“涕”表眼淚，但因二字形體比較接近，故混訛頗多。《史記·宋微子世家》：“乃命卜筮，曰雨，曰濟，曰涕，曰霧。”“曰涕”，徐廣《集解》云：“一曰‘洟’。”對於“潩”“涕”文獻混用的現象，段注“潩”下認爲二字在漢魏時代既已混同。綜合來看，“涕”“潩”二字早期有別，“涕”爲眼淚，“潩”爲鼻洟；後因二字形體頗近，易致混同，“涕”又

---

① 按，此“**潩**”字若爲“洟”，則於釋文義不通，當作“潩”。獅谷本、頻伽本正作“潩”，可從。

轉表鼻涕義,眼淚義則主要由"淚"字記録之。慧琳在釋文中溝通有"漢"字,《集韻·脂韻》:"洟,鼻液。或從黄。"《字彙》與之同。又《重訂直音篇·水部》:"洟,鼻液。漢,同上。""黄""夷"均與鼻液無關,顯然"漢""洟"爲更換聲符而成的異體字。考"漢"字的產生緣由,或是爲了與"涕"相區別。

(2) 僊—仙

　　僊苑,屑延反。《釋名》云:老而不死謂之僊。《廣雅》:羽化曰仙。《説文》:長命也。或作仙。(C59P0021b;J081)

按:上所引詞目出自《大唐西域求法高僧傳》下卷音義。慧琳所釋"僊苑"條《大正藏》對應經文作:"常坐不臥知足清廉,奉上謙下久而彌敬,至於王城鷲嶺、僊苑鹿林、祇樹天階、菴園山穴,備申翹想東契幽心,每掇衣鉢之餘,常懷供益之念。"(T51P0009a)經文之"僊"爲神仙、不同凡俗義。《説文·人部》:"僊,長生僊去。"慧琳又溝通有"仙"字,是"僊"的異體字。《龍龕手鑑·人部》:"仙",同"僊"。就"仙"之形體來源而言,其中一個原因即其形體較"僊"爲簡,此亦是後世"仙"字通行的重要原因。

(3) 懊—忝

　　忝惱,上於早反。《文字集略》云:懊憹,悲心内結也。忝或作懊,非也。(C59P0318a;J099)

按:上所引詞目出自《廣弘明集》第二十八卷音義。慧琳所釋"忝惱"條《大正藏》對應經文作:"終始永畢,不可復希;長號懊惱,無心苟存。""懊惱"即"忝惱"。《玉篇·心部》:"懊,悔也。"《集韻·皓韻》:"懊,恨也。或從夭。""忝"爲"懊"的換旁異體字,"夭"《廣韻》音於兆切,"奥"音烏到切,均屬影母字,故可改換。就"忝"字形體來源而言,其中一個原因即是"忝"字構形較"懊"爲簡,便於書寫識讀。

2. 爲了滿足聲音的需要而成的異構字

漢字形音義統一性在聲音上的要求,主要體現在形聲字的聲符與整字的讀音相契合方面。一般而言,在形聲字形成之初,其聲符與整字讀音是相同或相近的,但隨著語音的歷史變化,一些聲符與整字讀音便出現脱節。在這種情況下,人們往往通過改換聲符的方式爲原字新造一個讀音契合的異構字。例如:

(1) 輩—輫

　　仙輫,博妹反。《玉篇》:輫也,部也。《太玄經》:輫,類也。《説文》:軍發車百乘爲

一�。正從非從車，俗從北作輩。（C57P0431a；J002）

按：上所引詞目出自《大般若波羅蜜多經》第九十九卷音義。"輩"與"輩"爲更換聲符而成的異構字。慧琳所釋"仙輩"條《大正藏》對應經文作："諸天仙輩，汝等①當知，若菩薩摩訶薩以無所得爲方便，於一切法能勤修學，謂學布施波羅蜜多。"（T05P0551b）求之經義，"輩"即群、類義。《説文・車部》："輩，若軍發車百兩爲一輩。從車，非聲。"本指車百輛，引申指同輩、同類等用法。"輩"字《廣韻》讀補妹切，其聲符"非"《廣韻》音甫微切，二者讀音有別。在漢字形音義統一特性的影響下，換"非"爲"北"作"輩"。"北"《廣韻》亦讀補妹切，與"輩"音正同。另"非""北"形近，或書寫過程中，逐漸訛作"北"形，故而重新解釋爲從"北"聲。但比較來看，我們更傾向於認可前一種成因。

（2）賭—賭

共賭，都古反。《吴志》曰：賭，競戲求利也。《文字典説》：從貝者聲。亦作賭。（C58P0308a；J045）

按：上所引詞目出自《優婆塞戒經》第六卷音義。釋文之"賭"爲錢戲義，《慧琳音義》卷第九十四《續高僧傳》第二十五卷"賭馬"下云："《古今正字》：'從貝者聲。'"（C59P0234a）字從"貝"與錢財有關。又卷第五十八《五分律》第三卷"共賭"下云："《通俗文》：'錢戲曰賭。'"（C58P0623b）釋文中又溝通有"賭"字，《龍龕手鑑・貝部》："賭，或作。賭，今。音覩。戲賭也。""賭"由"賭"改換聲符而成。"賭"《廣韻》音當古切，中古屬端紐姥韻；其聲符"者"《廣韻》音章也切，中古屬章紐馬韻；"賭"之聲符"度"《廣韻》音徒故切，中古屬定紐暮韻。與從"者"聲相比較，"賭"從"度"聲時聲符字與整字讀音更契合。爲了實現形音之統一，是"賭"產生的重要原因。

（3）粆—粆

麻粆，《字苑》作板，同。布滿反。餈類也。今米粆、豆粆皆作此字也。（C58P0929a；J073）

按：上所引詞目出自《解脱道論》第二卷音義。慧琳所釋"麻粆"條《大正藏》對應經文作："若比丘止於塚間，不當作房及安床座，不從風坐，不逆風住，臥時不熟，無食魚味，不飲乳

---

① "等"下《大正藏》校勘記作：曹＝等㊂。

酪,不食麻粄①,不觸肴肉,不住屋中,不安鉢器。"(T32P0406a)今大正本經文作"粄",宋、元、明及宮本作"粄"。求之經義,"麻粄"爲食物,"粄"指純淨無雜質的米,似於文義可通。然據慧琳所釋,正當作"粄""粄"二形。敦煌伯 2011 王仁昫《刊謬補缺切韻·旱韻》:"粄,博管反。屑米餅。"與"粄"相比,作"粄"更妥。"粄"或從"半"聲作"粄"。《龍龕手鑑·米部》:"粄、粄,二今。卜管反。屑米餅也。""粄"《廣韻》音博管切,中古屬幫紐緩韻;其聲符"反"《廣韻》讀府遠切,中古屬幫紐阮韻;"粄"所從的"半"《廣韻》讀博漫切,中古屬幫紐換韻,緩韻、換韻上、去相對。相比較從"反"聲,從"半"聲與"粄"的讀音更契合,此即"粄"產生的重要原因。

(4) 駊—駆

> 駊騀,上博我反,下五可反。《說文》:駊騀,搖頭兒也。傳作駆也。(C58P0942a;J074)

按:上所引詞目出自《佛本行讚傳》第一卷音義。慧琳所釋"駊騀"條《大正藏》對應經文作:"充飽一切,滅憂惱患;海震如笑,樹木跛跒②。淵池青蓮,如開目視;眾樹散花,以敬太子。"(T04P0058c)今大正本經文"跛跒",宋、元、明本作"駊騀",慧琳所見經文"駆騀",其義一也。《說文·馬部》:"駊,駊騀也。"段注據《說文》釋文通例及《玉篇》校正爲:"駊,駊騀,馬搖頭也。"此與慧琳所引《說文》比較接近,或可從。蓋"駊"本指馬搖頭,引申泛指搖動,此正經義所取。字或從"叵"作"駆",《龍龕手鑑·馬部》:"駆,或作。駊,正。布火、普火二反。駊騀,馬惡行也。"二者爲異構字關係。論其形體來源,"駆"當由"駊"改換聲符而來,考其原因,蓋是爲了求得聲符與整字讀音的更加一致。"駊"《廣韻》音普火切,中古屬滂紐果韻;其聲符"皮"《廣韻》讀符羈切,中古屬並紐支韻;"駆"所從的"叵"《廣韻》亦讀普火切。相比較而言,從"叵"聲與"駊"的讀音更切合。

3.爲了滿足表意的需要而成的異構字

漢字在發展過程中,當某個字的構形與其所記詞義有一定距離時,人們常會在原形體上增加或改換部分構件,以求得形義的再次統一。這種情況下,新形體與原形體往往成異構字關係。

其一,增加構件

就增加構件而成的異構字而言,其主要目的是爲了增强表義性,有的是原字形體因書寫而使得形義的聯繫不是很緊密;也有的是因爲文字功能有所擴展,原字形與新增加的功能不相契合。例如:

---

① 《大正藏》"粄"下校勘記:粄=粄三宮。
② 《大正藏》"跛跒"下校勘記:跛跒=駊騀三。

（1）胃—胃

> 肝胃，下爲僞反。俗字也。正單作胃。《白虎通》云：胃者，脾之府也。從肉。又象形字也。（C57P0704b；J015）

按：上所引詞目出自《大寶積經》第一百二十卷音義。慧琳所釋"肝胃"條《大正藏》對應經文作："諸根悉備具，由識能牽挽；肢節相綴連，筋脈恒遍滿；髑髏皮髮覆，腸肺并心脾；肝胃眾和合，建立假爲身。"（T11P0681a）今大正本經文作"胃"，與詞目之"胃"同。《説文·肉部》："胃，穀府也。"就"胃"的形義關係而言，林義光、高田忠周均認爲早期但作"田"（《古文字詁林》第四册，2001：422），象穀在胃中形，後期又增"肉"旁以會意。由此來看，"胃"之構形與其所記的詞義正相契合。然因隸楷階段"胃"的形義關係不甚明顯，故而人們又在"胃"形上贅加"肉"旁造"胃"，從而變成"胃"之異構字。

（2）果—菓

> 果蓏，上音果，正體。從艸，俗字。（C58P0037b；J032）

按：上所引詞目出自《如來莊嚴智慧佛境界》上卷音義。上所引釋文之"果"表示樹木所結的果實。慧琳所釋"果蓏"條《大正藏》對應經文作："譬如大地住持萬物，生長一切穀麥果蓏，草木樹林建立成就。"（T12P0243c）"果"字象果形在樹上，慧琳謂從"艸"作"菓"者爲俗，乃是"果"的增旁異體字。《干禄字書·上聲》："菓、果，果木字。上俗下正。"與慧琳所釋同。就"菓"形之來源而言，其中一個原因是"果"的象形性在隸楷階段基本散失，故而或增"艸"旁以凸顯其表義性。

（3）采—採

> 采蓮，上猜宰反。《考聲》云：采，取也。《説文》：從爪從木。今經從手，通用也。（C58P0077b；J034）

按：上所引詞目出自《採蓮違王上佛受決號妙華經》音義。詞目之"采"取採摘義。《説文·木部》："采，捋取也。從木，從爪。"羅振玉《增訂殷墟書契考釋》云："象取果於木之形，故從爪、果，或省果從木。"（《古文字詁林》第五册，2002：964）書寫變異之後，"采"上部的"爪"形變抽象，表義性減弱。由於受表動作類字多從"手"旁的影響，又增"手"旁作"採"。《玉篇·手部》："採，採摘也。"《慧琳音義》卷第九十七"採芭"條下云："採，或作采。"（C59P0290b）又《集韻·海韻》："采，《説文》：'采，捋取也。'或從手。"別如《史記·循吏列傳》："秋冬則勸民山採。"（1959：3099）寫作"採"字。考求"採"出現的原因，與凸顯採摘義有較大關係。

（4）戢—撠

　　戢在，側立反。戢，聚也，斂也。《説文》：藏兵器也。經文從手作撠，非也。（C58P0090a；J034）

　　按：上所引詞目出自《十住斷結經》第一卷音義。慧琳所釋"戢在"條《大正藏》對應經文作："雖至忍界即當奉行五十五事，戢在心懷無令漏失。"（T10P0966b）今大正本經文作"戢"，慧琳所見經文作"撠"。求之經義，"戢"取聚集義。《説文·戈部》："戢，藏兵也。"段注謂："聚與藏義相成，聚而藏之也。"本指聚集兵器，引申泛指聚集、收斂等用法。慧琳所見經文之"撠"字，《集韻·葉韻》"撠"，同"接"。此"撠"取交接義，顯然與經義不合。又《龍龕手鑑·手部》："撠，阻立反。撠斂也。"此"撠"取斂聚義，與"戢"音義并同。"撠"表斂聚之義，除上引慧琳釋文外，又《增壹阿含經》卷第三十云："若有人與女人交接，或手足相觸，撠在心懷而不忘失。"（T02P0715a）據《大正藏》"撠"下校勘記，宋、元、明本作"戢"。從形體來源求之，斂聚義上之"撠"即"戢"增"手"旁而來，蓋是因"戢"泛指斂聚、聚集義之後，其形義相對比較模糊，故而人們又爲其增"手"旁以强化表義性。

　　其二，改換構件

　　與增加構件相似，有時候改換構件的目的也是爲了保持形義之統一。有的是因爲原形體的表義性被削弱，故而改換意符以强化其表義性；有的是因爲所記録的客觀事物發生了變化，故而字形隨之而變。

　　（5）刖—跀

　　刖足，危厥反。亦古之刑名也。經史互説不同。或名荆刑，或名髕刑，皆一也。民有越關梁踰城郭爲掠盜者，則刖其足。《考聲》：斷足也。或作跀。跀刑之屬五百也。（C57P0550b；J008）

　　按：上所引詞目出自《大般若波羅蜜多經》第五百八十二卷音義。上所引釋文之"刖"指刖刑，《説文·刀部》："刖，絶也。"又《玉篇·刀部》："刖，斷足也。"本指古代砍去腳的刑罰，如《左傳·莊公十六年》："殺公子閼，刖强鉬。"就"刖"的構形來看，從刀月聲，與砍去腳的刑罰義之間已契合，但所從的"刀"這個形符只能提示義類，故而又有"跀"字。《説文·足部》："跀，斷足也。"徐鍇《説文繫傳》："足見斷爲跀，其刑名則刖也。"儘管有如此區分，但事實上"刖""跀"二形是從不同角度爲砍去腳的刑罰這一詞義造字，其間功能並無差異。《玉篇·足部》："跀，斷足也。亦作刖。"相比較而言，"跀"的構形與砍去腳的刑罰這一意義更契合。"跀"字產生的緣由之一即是爲了凸顯砍去腳這一詞義。

（6）筆—笔

操筆，下悲密反。郭注《尔雅》云：蜀人呼筆爲不律。《史記》云：蒙恬造筆。《説文》：從竹聿聲。傳文從毛作笔，非也。恬音牒兼反。（C59P0153b；J089）

按：上所引詞目出自《高僧傳》第二卷音義。慧琳所釋“操筆”條《大正藏》對應經文作：“一月餘日，疑難猶豫，尚未操筆。”（T50P0334b）今大正本經文作“筆”，慧琳所見經文作“笔”，二者爲異構字關係。《説文·聿部》：“筆，秦謂之筆。”朱駿聲《通訓定聲·履部》：“秦以竹爲之，加竹。”就“笔”的形體來源論之，蓋是因後期筆的最核心構成是竹、毛，故而從竹從毛構形，以此來維持其形義之統一。

二、書寫而成的異構字

總體來看，異構字的産生主要由造字而成。然而在漢字發展過程中，某些字在書寫中形體或發生變異，人們常對變異之後的形體作出新的構形解釋，以使得新形體亦與所記詞義相契合，於是這個新形體與原形體間便變作異構字關係。例如：

（1）恥—耻

慙恥，下癡里反。《考聲》：恥，辱也。《字書》：羞，恥也。衛宏從言作誀，古字也。癡音丑之反。（C57P0534b；J008）
媿耻，下癡里反。《字書》：耻，羞也。《考聲》：愧也。《説文》：辱也。從心耳聲。有從止作耻，俗用，並非正也。（C57P0720b；J016）

按：上所引詞目分別出自《大般若波羅蜜多經》第五百六十六卷音義、《大聖文殊師利佛刹功德經》中卷音義。慧琳所釋“慙恥”條《大正藏》對應經文作：“菩薩行忍，不爲報恩、名利、仁義、怖畏、慚恥。”（T07P0923c）經文之“恥”是羞恥、恥辱義，《説文》正作“恥”。《説文·心部》：“恥，辱也。”指羞辱、侮辱義。字或書作“耻”，《干禄字書·上聲》：“耻、恥，上俗下正。”《龍龕手鑑·耳部》：“恥，正。耻，俗。”從文字形體演變角度求之，“耻”蓋由“恥”書寫變異而來。《五經文字·心部》：“恥，從止訛。”清顧藹吉《隸辨·止韻》“恥”下引《譙敏碑》作“耻”，并按云：“《説文》恥從耳從心，碑變作止。”（1982：355）又秦公《碑別字新編·十畫》“耻”字下據《隋李則墓誌》收錄有“耻”形（1985：136）。《可洪音義》卷第十《菩薩地持經》第七卷“羞耻”條之“耻”正即“恥”的變異字形（C59P0897c），此或可視作由“恥”到“耻”的中間形體。儘管“耻”由“恥”書寫演變而來，然在廣泛使用之後，人們又將“耻”的構形解析作從耳止聲，如此又變作“恥”之異構字。此是書寫造成的異構字現象，爲異構字之一類。

（2）射—躲

善躲，常夜反。《説文》云：弓弩發於身而中於遠。從身從矢，小篆從寸作射。《説文》：寸，法度也。又云：寸亦手也。二體並正也。（C57P0543b；J008）

按：上所引詞目出自《大般若波羅蜜多經》第五百七十五卷音義。慧琳所釋"善躲"條《大正藏》對應經文作："如善射夫初學射業，注心麁的方乃發箭，久習成就能射毛端，不復注心在彼麁的，隨所欲射發箭便中。"（T07P0969b）今大正本經文作"射"，與詞目之"躲"同，均是射箭義。就"射""躲"二形之來源而言，甲骨文中多作弓上有箭形，羅振玉《增訂殷墟書契考釋》指出，"卜辭中諸字皆爲張弓注矢形，或左向或右向"（《古文字詁林》第五册，2002：472），用矢在弓上來表示射箭義。到金文中，所從的矢形多變作手形，由甲骨文中的從弓從矢變爲從弓從手，用手拉弓表示射箭義。到《説文》中寫作"躲""射"二形。從字形結構來看，"躲"本應從弓從矢，顯然身形是由弓形書寫變異而來。許慎將"躲"的構形重新解釋作"弓弩發於身而中於遠"。"射"則經過了兩處變形，一爲弓形變身形，一爲又變寸。經過如此解釋，方可理解通行的"射"字之形義關係。正是通過此種解釋，才使得"射""躲"之構形與射箭義相一致，二者亦是由書寫造成的異構字。

（3）穿—寱

鐵鎖穿，下音川。《説文》：穿，通也。傳文從身作寱，非也。（C59P0172a；J090）

按：上所引詞目出自《高僧傳》第九卷音義。慧琳所釋"鐵鎖穿"條《大正藏》對應經文作："如必誅之，宜當爲彗星下掃鄴宮也，虎不從以鐵鎖穿宣額。"（T50P0386b）今大正本傳文作"穿"，即穿過義。《説文·穴部》："穿，通也。从牙在穴中。"本指穿透、穿破，引申有開鑿、空等用法。慧琳所見經文作"寱"，與"穿"字同。《龍龕手鑑·穴部》："寱，今。穿，正。穿穴也。孔也。通也。"《詩經·召南·行露》："誰謂雀無角，何以穿我屋。"陸德明《經典釋文》："穿，本亦作寱。"就"穿""寱"二形之演變情況而言，馬敘倫《説文解字六書疏證》認爲："牙當爲身，身亦聲。漢隸身、牙、耳三字無別……今金器文猶未見穿字。"（《古文字詁林》第六册，2003：892）然何琳儀《戰國古文字典》"穿"下釋作從穴從牙（1998：1029）。事實上，這裏的核心問題是"穿""寱"二形究竟何者爲正體，何者爲書寫變異形體。慧琳所釋與《龍龕》有異，馬敘倫與何琳儀看法也不同。李倩《"穿"的穿衣義的來源和演變》認爲，"穿"的穿衣義出現於唐代，北宋時期用例不多，南宋之後逐漸增多。① 儘管李文所言需要進一步驗證，然而"穿"

① 李倩《"穿"的穿衣義的來源和演變》，《漢語史學報》（第八輯），2009年，第208—215頁。

字表示穿衣這一用法晚於穿透、開鑿等用法則是不争的事實。如此來看，"穿"之構形早期似乎與穿過、穿透義不甚相合。綜上，我們比較傾向於認可從穴從牙説，當以"穿"爲正體，"穿"乃是後出的書寫變異形體。別如"職"或書作"軄"、"耽"或書作"躭"，可相比勘。"穿"字定形之後，人們爲其構形重新作了解釋，從而使其構形與所記詞義相契合。就楷字階段來看，"穿""穿"可視作異構字關係，從"牙"從"身"均與穿過義相契合。

第三節　慧琳《一切經音義》所釋文字中的異寫字

從本質上講，異寫字都是經書寫而成，但因"寫"的方式不同，故而其内部仍可進一步分類。據李國英所言，書寫方式有撰寫、聽寫、轉寫、抄寫四種。爲便於考察，我們這裏將《慧琳音義》所釋文字中的異寫字從形體來源進一步分爲兩類：歷代傳承形體書寫變異而成的異寫字，古文隸定而成的異寫形體。

一、歷代傳承形體書寫變異而成

《慧琳音義》收釋的文字形體雖然來源不同，但均呈現爲楷書形體，故我們所謂歷代傳承形體主要指楷字階段而言。具體來看，這裏所説的傳承形體書寫變異而成的異寫字，側重指楷書字體内經書寫變異而成的異寫字。這種異寫字從差異的形態上又可分爲兩種：筆畫層面的差異，構件層面的差異。

（一）筆畫形態略有不同

此類異寫字的主要特徵在於，因書寫而造成的某些部件無法從現有構形上予以解釋，只有將其溯源至未變異的形體才可解釋其構形，同時也便於考察形體變異軌跡。另外，同類構件的書寫變異多可類推。例如：

（1）趍—趍

> 如趍，取瑜反。包咸注《論語》云：趍，疾行也。《爾雅》：門外謂之趍。《説文》：趍，走也。正體從走從芻〈初于反〉聲也。經文從多作趍，俗用字也。（C57P0608b；J011）

按：上所引詞目出自《大寶積經》第二卷音義。慧琳所釋"如趍"條《大正藏》對應經文作："趣於闘諍喧雜醫術及以斷事，而於其中多犯禁戒，我説此等如趣塚間。"（T11P0007c）今大正本經文作"趣"。考之經文，此"趣"亦取疾速、行速義。據慧琳釋文，正作"趍"。《説文·走部》："趍，走也。"指疾走、跑，別如《詩經·小雅·緜蠻》："豈敢憚行，畏不能趍。"朱熹注云："趍，疾行也。"慧琳謂經文從"多"形作"趍"，乃是"趍"書寫變異而來。《廣韻·虞韻》："趍，走也。趍,俗。""趍"所從之"芻"形書寫與"彐"形較近。如黄征《敦煌俗字典》"蒭"字下引斯6825V 想爾注《老子道經》卷上作"蒭"形(2005:58)。又如《可洪音義》卷第二十三《陁羅尼雜集》第四卷"刍吕"條下云:"音蒭,正作芻。"(C60P0286a)又朱駿聲《通訓定聲・需部》"趨"下謂:"凡芻旁,古或作彐,譌作多。"綜上,在疾速義上,"趍"與"趍"爲異寫字關係。

(2) 奧—奧

奧賾,上烏告反,又音於六反。訓義並同。《廣雅》:奧,藏也。郭注《方言》:室中隱奧處也。《説文》云:究也,室之西南隅也。《字統》:從宀弄聲也。弄音弓六反,下從廾〈音拱〉,上從古文六字也。宀音綿。從米作奧者,非也。(C58P0003b;J031)

按:上所引詞目出自《大乘入楞伽經序》音義。"奧""奧"二形爲異寫字關係。慧琳所釋"奧賾"條《大正藏》對應經文作:"襲龍樹之芳猷,探馬鳴之秘府,戒香與覺花齊馥,意珠共性月同圓,故能了達沖微,發揮奧賾,以長安四年正月十五日繕寫云畢。"(T16P0587a)考求經義,"奧賾"指精深的意藴,"奧"取深微義。文字形體上,"奧"從宀弄聲。"弄"從廾采聲。或書作"奧",《五經文字・宀部》:"奧,從宀,從米,從大。"訛"采"爲"米",故慧琳斥之"非也"。

(3) 穀—糓

桑糓,公禄反。《説文》:從禾殸聲。殸音苦角反。集作糓,俗也。(C59P0292a;J097)

按:上所引詞目出自《廣弘明集》第十二卷音義。慧琳所釋"桑糓"條《大正藏》對應經文作:"何者,昔武丁之時,亳(亳)有桑穀共生于朝。太史占曰:'野草生朝,朝其亡矣。'武丁恐懼,側身修善,桑穀枯死,殷道中興。豈非爲善而有福也!"(T52P0173a)今大正本經文作"穀",取穀物義。《説文・禾部》:"穀,續也。百穀之總名。从禾,殸聲。"慧琳所見經文作"糓",《干禄字書・入聲》:"糓、穀,上俗下正。"如《敦煌變文集・佛説阿彌陀經講經文》:"兵戈不起,疫癘休生,五糓豐登。"從形體來源求之,此"糓"蓋即"穀"書寫變異而來。"穀"又作"糓",二者可相比勘。

(二) 構件位置或構件數量不同

《慧琳音義》所釋文字中的異寫字除了筆畫層面差異一類外,又有構件層面差異一類。構件層面的差異主要有兩種:其一,構件數量相同,構件位置不同;其二,構件數量不同。

1. 構件位置不同所致的異寫字

由於構件位置不同而成的異寫字,其特徵在於構字部件和構意全同,只是部件位置有差異。從本質上來説,此種差異根本在於漢字構字元素在二維空間裏的排列不同,《慧琳音義》所釋文字中存在大量此類異寫現象。

其一,上下結構與左右結構之間的變換。例如:

(1) 鏉—鏊

> 如魚在鏉,五到反。有作鏊字,同。(C57P0940a;J026)

按:上所引詞目出自《大盤涅槃經》第十九卷音義。"鏉"與"鏊"爲異寫字關係。《玉篇・金部》:"鏊,餅鏊也。"即烙餅用的鍋,或書作"鏉"。又《慧琳音義》卷第四十一《六波羅蜜多經》卷第三"在鏉"下引《韻略》云:"鏉,作餅燒器也。"二字音義全同,構件亦同,只是構件位置不同,爲異寫字之一種。

(2) 慚—慙

> 慙愧,上雜甘反。《尚書》云:惟慙德也。《説文》慙亦愧。從心斬聲。經作慚,亦同。(C58P1033b;J078)

按:上所引詞目出自《經律異相》第一卷音義。"慙""慚"爲異寫字關係。慧琳所釋"慙愧"條《大正藏》對應經文作:"女懷胎孕復生眾生,餘人見之即加驅擯,遣出人外三月聽還,知生慚愧共作方宜,取諸草木起立宮舍,覆藏形體使人不見。"(T53P0005b)今大正本經文作"慚愧",《説文》正作"慙",《心部》:"慙,媿也。"字或寫作"慚"形,《玉篇・心部》:"慙,媿也。慚,同上。""慙""慚"構件、構意均同,只是構件位置有異,爲異寫字之一種。

(3) 堡—墲

> 王堡人,補道反。或作墲,地名,在郊東也。(C59P0284b;J097)

按:上所引詞目出自《廣弘明集》第六卷音義。慧琳所釋"王堡人"條《大正藏》對應經文作:"隋大業八年,天子在遼。有王文同者,郊東王堡人也,凤與僧争水磑之利。"(T52P0124b)經文中"王堡"爲地名,"堡"本指堡壘,或書作"墲"。《廣韻・皓韻》:"墲,墲障,小城。堡,上同。"二者爲異寫字之一類。

其二,其他類型。主要有上下構件位置互換、左右構件位置互換。例如:

(4) 崇—崒

> 崇闡,上牀隆反。鄭箋《毛詩》云:崇,序也。賈注《國語》云:敬也。鄭注《禮記》云:尊也。《説文》:高也。從山宗聲也。或作崒。(C57P0406b;J001)

按：上所引詞目出自《高宗皇帝在春宫述三藏記》音義。"崧"乃"崇"之異體字。"崇"的用法慧琳釋之已詳，兹主要考察與"崧"之形體關係。"崇"字，《説文·山部》："崇，嵬高也。從山，宗聲。"字或書作"崧"形，日本石山寺藏舊鈔本《玉篇零卷·山部》："崧，《説文》崇字山或在宗下也。""崇""崧"二形構件、構意均同，僅是構件位置不同，爲異寫字之一類。"崧"形由來已久，清邢澍《金石文字辨異·東韻》"崇"下引《漢袁良碑》作"崧"，并按云："古文《尚書》崇皆作崧。"又考《汗簡》收録有"崧"形，《古文四聲韻》引古《尚書》作"𡷫"（《古文字詁林》第八册，2003：234）。

（5）胡—肭

　　頡尾，又作胡、肭二形，同。户孤反。謂牛領垂也。《詩》云"狼跋其胡"是也。論文作壺。《説文》：圓器也。壺非此用。（C58P0856a；J070）

按：上所引詞目出自《俱舍論》第四卷音義。慧琳所釋"頡尾"條《大正藏》對應經文作："壺①尾領蹄角於牛成相，與牛不異，復云何立爲相？"（T29P0186b）今大正本經文作"壺"，宋、元、明及宫本作"頡"。求之經義，作"胡"是也，指牛領下垂肉。《説文·肉部》："胡，牛顄垂也。"字從肉古聲。大正本經文的"壺"是器皿，《廣韻》中與"胡"字均讀作户吴切，音同義别，顯然是"胡"的同音借用字現象。釋文謂或作"肭"，當即"胡"的異寫形體，構件位置左右互换爲漢字書寫變異之一種。"肭"或同"股"，則與同"胡"之"肭"爲同形字關係。《大字典》"肭"下只收録"同'股'"這一用法（2010：2205），據慧琳所釋，則當增收"同'胡'"這一用法。

（6）裕—袞

　　弘裕，古文袞，同。瑜句反。《廣雅》：裕，寬緩。（C57P0583a；J010）

按：上所引詞目出自《明度無極經》第一卷音義。慧琳所釋"弘裕"條《大正藏》對應經文作："乘與空等，弘裕若空，苟容衆生無有量數（上善者，普明也），恒以虛閑濟人無極，而爲遍宣，故爲大乘。"（T08P0481a）經文之"裕"取寬緩義。《説文·衣部》："裕，衣物饒也。"本指富饒、充足，引申有寬緩、擴大等用法。釋文謂古文作"袞"，是"裕"的異寫字。敦煌伯2011王仁昫《刊謬補缺切韻·遇韻》："裕，羊孺反。饒。或作袞。"又《龍龕手鑑·衣部》："袞，古。裕，正。羊句反。衣物饒也。又道也。容也。寬也。""裕"與"袞"爲變换構件位置而成的異寫字。

2. 構件數量不同所致的異寫字

《慧琳音義》所釋文字中，構件層面差異而成的異寫字一類，又表現爲因構件數量不同所

---

① 《大正藏》"壺"下校勘記：壺＝頡三宫。

致。例如：

（1）敗—敗

> 敗壞，排賣反。《說文》：敗，毀也。從攴貝聲。今從攵，攴之略也。古文作敗。（C57P0503a；J006）

按：上所引詞目出自《大般若波羅蜜多經》第四百九十八卷音義。“敗”與“敗”爲異寫字關係。慧琳所釋“敗壞”條《大正藏》對應經文作：“若敗壞，若衰朽，若變動。”（T07P0536c）經文中，“敗壞”同義詞連用，“敗”亦爲“壞”義。《說文·貝部》：“敗，毀也。从攴、貝。敗，籀文敗，从賏。”段注云：“从二貝也。《老子》曰：‘多藏必厚亡。’”“敗”取以攴壞貝義，“敗”取以攴壞二貝義，二者造意同，爲省減部分構件而成的異寫字。

（2）塵—麤

> 塵埃，上長隣反。《莊子》云：塵，埃也。《說文》云：行揚土也。從鹿從土。本作麤，古字也。從鹿（麤）從土。今隸書去二鹿，略也。（C57P0693b；J015）

按：上所引詞目出自《大寶積經》第一百九卷音義。上所引釋文之“塵”爲塵土、塵埃義，《說文》正作“麤”。《說文·麤部》：“麤，鹿行揚土也。”段注：“羣行則揚土甚，引申爲凡揚土之偁。”“麤”本指塵土義，非引申泛指塵土。《說文》“麤”字採用形訓以釋義，所釋爲造意而非實義[1]，故而段氏有引申之說。據釋文，“麤”省書作“塵”。《玉篇·麤部》：“麤，埃麤也。今作塵。”“塵”與“麤”之構件相同，構意亦同，區別在於構件數量多寡不一，爲異寫字之一種。

二、古文隸定轉寫而成

《慧琳音義》所釋文字中的異寫字除了因書寫變異而致外，尚有大量的古文隸定形體。泛泛而言，古文隸定亦屬書寫變異，然而此類與上面所談一類的本質區別在於，上面的一字異寫均屬“抄寫”變異，而此類中的某個形體直接由古文字形“轉寫”而來。例如：

（1）便—傻

> 傻，綖面反。去聲。《字統》云：人行不善，更之則安。故《論語》云：更也，人皆仰之。故從人從叟。叟字從丙從攴，攴音普卜反。（C57P0967a；J027）

---

[1] 關於“造意”與“實義”，詳見王寧《訓詁學原理》“造意與實義”部分，中國國際廣播出版社，1996年，第43頁。

按：上所引詞目出自《妙法蓮華經》卷第一《方便品》音義。"便"與"偗"爲異寫字關係。《説文·人部》："便，安也。人有不便，更之。"是安適義，别如《戰國策·秦策三》："食不甘味，臥不便席。"《慧琳音義》釋文作"偗"，乃是"便"之篆文"傻"的隸定形體。"便"爲"偗"的隸變傳承字形，《字彙補·人部》："偗，便本字。""便""偗"分别屬於歷代傳承字形和古文隸定字形，爲異寫字之一類。

(2) 變—變

　　變易，上彼眷反。《廣雅》：變，化也。《説文》：從攴䜌聲。經從攵作變，俗字也。攴音普卜反，䜌音力眷反。(C58P0450a;J051)

按：上所引詞目出自《大乘法界無差别論》音義。慧琳所釋"變易"條《大正藏》對應經文作："所以者何，唯佛如來能永滅盡一切微細煩惱熱故……無死，永捨離不思議變易死故；無病，一切煩惱所知障病及與習氣皆永斷故。"(T31P0892b)"變易"同義詞連用，均是改變、變化之義。《説文·攴部》："變，更也。""變"之篆文字形"虇"隸定作"變"，《正字通·攴部》："變，同變。"二者爲異寫字關係。

(3) 都—䣝

　　楚䣝，覩胡反。即正都字。(C59P0139a;J088)

按：上所引詞目出自《釋法琳本傳》第四卷音義。《説文·邑部》："都，有先君之舊宗廟曰都。从邑，者聲。"《説文》篆體作"䣝"。《龍龕手鑑·邑部》："䣝，古文都字。""䣝"即"都"的篆體"䣝"之隸定字形，"都"則是傳承變異字形。

(4) 服—服

　　服樏，上正服字。(C59P0244a;J095)

按：上所引詞目出自《弘明集》第一卷音義。慧琳所釋"服樏"條《大正藏》對應經文作："牟子曰，被秫服樏見遇日久，列士忘身期必馳效，遂嚴當發，會其母卒亡，遂不果行。"(T52P0001b)今大正本經文作"服"，與"服"字同。《説文·舟部》："服，用也。一曰車右騑，所以舟旋。从舟，𠬝聲。""服"由"服"的《説文》篆體"䑧"隸定而成，"服"則是傳承變異字形。黎庶昌輯《原本玉篇殘卷·舟部》："服，扶福反。"《慧琳音義》"服御"(C58P0319b)、"縑服"(C58P0121a)、"服餌"(C59P0226a)、"駭服"(C59P0349b)等條下"服"字均作"服"形。又清邵瑛《説文解字群經正字》云："今經典作服，隸省變。"甚是。

第四節　慧琳《一切經音義》所釋文字異體字的價值

《慧琳音義》凡三見"異體"這一表述①,對於異體字這一概念的理論與實踐研究有很大的價值。同時慧琳忠實記録了佛經中形體混用、異體頻出的現象,這對於我們瞭解魏晉至唐時漢字使用的相關情況有較大幫助。而就《慧琳音義》所釋文字中的異體字而言,更大的價值體現在解決漢字字際關係問題上。《慧琳音義》廣泛收釋佛經中的疑難俗字,徵引相關辭書中的釋文予以疏證。在這個過程中,慧琳客觀上搜集了大量異體字,并對其中的不少異體現象進行了梳理,一方面溝通了一些其前未溝通的異體字關係,另一方面又考察了部分形體的歷史來源,梳理了形體變異的軌跡。於此同時,儘管有的異體關係慧琳未直接予以溝通,但其收釋事實上推進了其後的相關工作。這對我們整理異體字、探究異體字相關理論問題,均有很大價值。

一、溝通了大量異體關係

《慧琳音義》釋文中溝通了不少前人未曾溝通的異體關係,儘管有些結論在今天看來尚待進一步推敲,但大部分結論是可以直接採納的。借助這些異體信息,大型字書可據以校正某些疏誤,同時也可增加或提前相關書證。

1. 據以校正相關疏誤。例如:

(1) 奔—騞

奔突,上本門反。《考聲》:走也。或作犇,古文作驨,亦騞。《説文》:從犬從賁省聲。(C58P1034b;J078)

按:上所引詞目出自《經律異相》第三卷音義。慧琳所釋"奔突"條《大正藏》對應經文作:"舍利弗又化作一金翅鳥王,擘裂噉之。復作一牛,身體高大,肥壯多力,麁脚利角,跑地大吼,騞②突來前。舍利弗又化作師子,分裂食之。"(T53P0012a)今大正本經文作"騞突",與"奔突"同,乃是橫衝直撞義。《説文·夭部》:"奔,走也。"金文字形中,"奔"字作𡗞(盂鼎)、𡗞(井侯簋)、𡗞(效卣)等形體(《古文字詁林》第八册,2003:828),上從夭,下從三止,爲疾馳、快

---

① 具體指《慧琳音義》卷第十一《大寶積經》第二卷"涎唾"條"其上異體字並云口液也"(C57P0611b),卷第八十一《南海寄歸内法傳》第四卷"篆籀"條"與孔氏壁中古文異體,皆古文也"(C59P0017b),卷第八十二《西域記》第四卷"老叟"條"古今多有異體"(C59P0036a)。
② "騞"下《大正藏》校勘記作:騞=奔三宫。

跑義。據慧琳所釋,或又作"犇",從三牛。《玉篇·牛部》:"犇,牛驚。""牛驚"即指牛狂奔,與"奔"義同。《集韻·魂韻》:"犇,古作犇。"又或作"驋""騝"。《玉篇·馬部》:"驋,今作奔。"又《篇海類編·馬部》:"驋,與騝同。馬走。亦作奔。"從字形來源角度求之,"驋""騝"爲更換聲符而成的異構字。結合慧琳所釋來看,"騝"亦同"奔",然而《大字典》"騝"下據《玉篇·馬部》釋爲"馬跑貌"(2010:4854),未溝通與"奔"的異體關係,有失妥當。

事實上,從字形構造與所記詞義關係來看,"奔"組字中,"奔"泛指奔走,"犇"側重言牛狂奔,"驋""騝"側重言馬奔跑。然而這裏需要區分造意與實義,雖然四個形體造意不同,但其實義卻相同,均爲奔走、狂奔義。蓋《大字典》正是未區分此種現象,從而誤將"騝"僅釋作馬奔跑義。

(2) 愊—膈

> 膈臆,上披逼反,下應極反。顧野王:膈臆猶盈滿也。郭注《方言》:膈臆亦氣滿也。《玉篇》或從心作愊。(C59P0044b;J083)

按:上所引詞目出自《大唐慈恩寺三藏法師玄奘傳序》音義。慧琳所釋"膈臆"條《大正藏》對應經文作:"余再懷慚退,沈吟久之,執紙操翰,汍瀾膈臆,方乃參犬羊以虎豹,糅瓦石以琳琭,錯綜本文,箋①爲十卷,庶後之覽者無或嗤焉。"(T50P0221b)《方言》卷第十三:"臆,滿也。"郭璞注云:"愊臆,氣滿之也。"從文字形體來源求之,"愊""膈"分別從"心"從"肉",可互通,爲異構字關係。

2. 據以增加或提前相關書證。例如:

(1) 毦—毺

> 兜羅毺,仁志反。《通俗文》云:毛飾也。稍上垂毛爲毺。又作毦,同用。(C57P0949b;J026)

按:上所引詞目出自《大般涅槃經》第三十二卷音義。慧琳所釋"兜羅毺"條《大正藏》對應經文作:"如牛貪苗不懼杖楚,馳騁周遍二十五有。猶如疾風吹兜羅㲲②,所不應求,求無厭足。如無智人求無熱火,常樂生死不樂解脫。"(T12P0553a)今大正本經文作"㲲",宋、元本作"毦"。敦煌伯2011王仁昫《刊謬補缺切韻·志韻》:"毦,氀毦。"又《慧琳音義》卷第九十九《廣弘明集》卷第三十"彩毦"條下:"顧野王云:'謂毛羽爲毦飾也。'"(C59P0328b)《説文新

---

① "箋"下《大正藏》校勘記作:箋=分⑧。
② 《大正藏》"㲲"下校勘記:㲲=毦⑧⑧,=鞊⑧⑧。

附·毛部》:"毦,羽毛飾也。"指用毛羽做成的飾品。據慧琳所釋,"毦"字或書作"㲝",《龍龕手鑑·毛部》:"㲝,俗。毦,正。而志反。羽毛飾也。"二者爲一字異寫。又《大字典》依《改併四聲篇海》所引《玉篇》收釋有"㲝"字(2010:2141),據慧琳所釋,或可增加書證。

(2)辟—𤔲

> 大辟,古文𠦪、𤔲①二形,同。裨尺反。辟,怯也,除也。經文作僻,隱僻之僻,非也。(C58P0283a;J044)

按:上所引詞目出自《菩薩處胎經》第四卷音義。《大正藏》之《菩薩處胎經》第六卷云:"如彼犯罪人,擎持滿鉢油,若棄油一渧,罪交入大辟,左右作眾伎,懼死不顧視。"(T12P1046a)考經義,"大辟"即大法。《説文·辟部》:"辟,法也。"《詩經·大雅·板》:"民之多辟,無自立辟。"毛傳云:"辟,法也。"《説文·辟部》又有:"𠦪,治也。從辟,從井。"段注改作"法也"。《井部》"荆"下云:"荆,罰辠也。《易》曰:'井,法也。'"顯然"𠦪"乃是"辟"的增旁異體字。"𤔲"字,《龍龕手鑑·又部》:"𤔲,法也。"亦是"辟"之增旁異體字,蓋是因執法需用手,故而增"又"旁。《大字典》據《龍龕手鑑》收釋有"𤔲"字(2010:437),實《龍龕》則據經音義收録此字。通過此條釋文,我們可以更加確定"𤔲"即"辟"在法、法度義上的異體字。

(3)彀—𫀪

> 稚𫀪,梵言壹芻,此云箭也。今作𫀪,古候反。《説文》:張弓弩也。(C58P0779b;J065)

按:上所引詞目出自《毗尼律》第五卷音義。慧琳所釋"稚𫀪"條《大正藏》對應經文作:"比丘應畜稚弩②,何以故? 若有賊時,應望空放弩令賊怖去。"(T24P0829b)今大正本經文作"弩",宋、元、明及宮本作"彀",均取弓、弓箭義。《説文·弓部》:"彀,張弩也。从弓,㱿聲。"指拉滿弓,引申有箭靶、射手等用法。釋文詞目作"𫀪",敦煌伯3694《箋注本切韻·候韻》:"𫀪,張弓。"《龍龕手鑑·弓部》:"𫀪,古候反。張弓也。"又同書《㱿部》"𫀪"下所釋同。"𫀪"與"彀"音義全同,與慧琳所釋亦合。從形體來源求之,"𫀪"當是"彀"字書寫變異而來。"彀"《廣韻》讀古侯切,中古屬見紐侯韻,上古屬見紐侯部;其聲符"㱿"《廣韻》讀苦角切,中古屬溪紐覺韻,上古屬溪紐屋部,見、溪同是牙喉音,侯、屋對轉,二者音相合。"𫀪"所從的"殸"《廣韻》讀苦定切,中古爲溪紐徑韻,上古爲溪紐耕部,與"㱿"韻相遠,從音理上無法解釋。從字

---

① "𤔲"字各本如上作,唯《校本》作"𤓰"(2012:1271),蓋是因高麗本之"𤓰"形而致誤。
② 《大正藏》"弩"下校勘記:弩＝彀三宮。

形來看，"殻"與"殼"形近，"鼛"當由"鷇"書寫訛變而來。"鷇"又作"𪃟"，可相比勘。另《大字典》據《字彙補》收釋有"鼛"字(2010：1069)，依慧琳釋文，則其書證可大大提前。

（4）襣—幬

> 韋幬，狗侯反。《釋名》云：幬，單衣之無胡者也。《字書》：上衣也。案韋幬者，戎虜之皮服也。《古今正字》：從巾冓聲。亦從衣作襣。冓音同上也。（C59P0120b；J087）

按：上所引詞目出自《崇正録》第一卷音義。釋文謂"幬"亦從衣作"襣"，是也。"襣"是直袖的單衣，《釋名·釋衣服》："襣，襌衣之無胡者也，言袖夾直形如溝也。"字或從"巾"作"幬"，敦煌伯2011王仁昫《刊謬補缺切韻·侯韻》："襣，單衣。亦作幬。"二者爲改換意符而成的異體字。《大字典》據《集韻》收釋有"幬"字(2010：861)，由釋文來看，其書證可提前。

二、考察了一些形體的演變軌跡

《慧琳音義》在溝通異體關係的同時，也對部分文字形體的來源作了説明或辨析，這些成果對於疑難字的考釋、楷字形體流變的考察、漢字發展史的研究等都具有重要價值。同時，也可用於校正《大字典》的部分訛誤、提前某些字的書證。例如：

（1）辜—𢪙、𦍋

> 辜負，上古枯反。《周禮》：辜戮之職，凡煞王之親者辜之。鄭曰：辜之言枯也。《説文》：辜，罪也。從辛古聲也。經從手作𢪙，謬也。（C57P0541a；J008）
> 辜摧，上古胡反。《説文》：辠也。從辛古聲。經從羊作𦍋，不成字。案辜亦固也。（C57P0713b；J016）

按：上所引詞目分別出自《大般若波羅蜜多經》第五百七十二卷音義、《無量清淨平等覺經》下卷音義。"辜"字經文中或書作"𢪙""𦍋"二形。上"辜負"條《大正藏》對應經文作："如是有情因過去世修行善業得受人身，由近惡友於是深法不能敬信、生毀謗心，則爲辜負過去善業。"（T07P0954c）今大正本經文作"辜"，取辜負之義。《説文·辛部》："辜，辠也。從辛，古聲。"本指罪過，引申有懲處、災害、辜負等用法。慧琳所見經文作"𢪙"，乃是"辜"字書寫變異所致。《希麟音義》卷第二"非辜"條下云："經文從手作𢪙，傳寫誤也，字書無文也。"（C59P0366a）又《龍龕手鑑·古部》："𢪙，俗。辜，正。音孤。罪也。負也。""辜"變作"𢪙"，其構形不可解，故而慧琳謂之"謬也"。

"辜摧"條下慧琳所見經文作"𦍋"，此亦是由"辜"字書寫訛誤而來。《龍龕手鑑·羊部》："𦍋，誤。音孤。罪也。正作辜字。"與慧琳所謂"不成字"正相合。另《大字典》據《龍龕》收錄有"享"（2010：1953）、"辜"（2010：3335）二字，依此條釋文，其書證可提前。

（2）刮—刮

　　　　刮治，關滑反。俗字也。傳用已久，篆書正體從昏作刮。鄭注《禮記》云：刮，摩也。
《廣雅》：刮，減也。橫刀刮去惡物。《説文》：刮，去惡創肉也。從刀昏之聲也。昏音還
刮反，與滑音同。（C57P0718a；J016）

　　按：上所引詞目出自《佛説胞胎經》音義。慧琳所釋"刮治"條《大正藏》對應經文作："如
摩鏡師弟子，取不淨鏡刮治揩摩，以油發明，去其瑕穢，光徹内外。"（T11P0888b）經文之"刮"
是刮削之義。"刮"乃"刮"之《説文》篆體"刮"的隸定字形，"刮"則是傳承變異字形。從"昏"
者後世多變異作"舌"形，段玉裁"昏"下注云："凡昏聲字，隸變皆爲舌，如括、刮之類。"（1981：
61）另《大字典》據《正字通》收釋有"刮"字（2010：374），依釋文，則其書證可大大提前。

（3）表—裹

　　　　裹裹，上碑矯反。《字書》云：表，衣沐也。《説文》：上衣也。古者衣裘，故以毛爲表
也。從毛從衣。經作表，俗用之字也。（C58P0495b；J053）

　　按：上所引詞目出自《起世因本經》第十卷音義。"表""裹"爲異寫字關係。慧琳所釋
"裹裹"條《大正藏》對應經文作："彼之一分，天青瑠璃，亦復清淨，表裏映徹，光明遠照。"
（T01P0415c）今大正本經文作"表"字。"裹"爲《説文》篆文"裹"之隸定形體，"表"則是隸變
形體。慧琳對於"表—裹"形體演變的解釋，可與《玉篇》之釋相互印證。

（4）光—灮

　　　　灮跗，上正體光字也。從火從人。傳作光，俗用，變體字也。（C59P0177b；J090）

　　按：上所引詞目出自《高僧傳》第十三卷音義。慧琳所釋"灮跗"條《大正藏》對應經文
作："昔晉咸和中，丹陽尹高悝於張侯橋浦裏掘得一金像，無有光趺，而製作甚工，前有梵書
云：'是育王第四女所造。'悝載像還至長干巷口，牛不復行，非人力所御。乃任牛所之，徑趣
長干寺。爾後年許，有臨海漁人張係世，於海口得銅蓮華趺，浮在水上，即取送縣。縣表上上
臺，勑使安像足下，契然相應。"（T50P0409c）今大正本經文作"光趺"，與詞目之"灮跗"同。
"灮"是"光"之《説文》篆體"灮"的隸定形體，"光"則是傳承變異字形。《干禄字書·平聲》：
"光、灮，上通下正。"又《五經文字·火部》："灮、光，上《説文》，下經典相承隸變。"釋文中，慧
琳對"光—灮"形體間的變異關係進行了闡述。

三、收録了較多有助於異體關係判定的材料

在其所處的時代背景下,慧琳從當時社會用字習慣與文字事實出發,溝通了不少異體關係。但由於漢字功能的歷史性,有的形體在當時或許用之甚少,他未予以溝通。另外,慧琳多從正字法角度揭示詞目與釋文中文字的字際關係,故而也會造成部分異體現象未溝通。儘管如此,《慧琳音義》收釋的這些文字信息對於後世異體字考辨等工作大有裨益。例如:

(1)跗—跮

　　兩跌,甫無反。俗用字也。正作跗。鄭注《儀禮》云:足上也。經文有作跮,未詳也。(C57P0409b;J001)

按:上所引詞目出自《大般若波羅蜜多經》第一卷音義。慧琳所釋"兩跌"條《大正藏》對應經文作:"從足十指、兩跌、兩跟、四踝、兩脛、兩腨、兩膝、兩髀。"(T05P0002a)經文之"跌"爲腳背義,又或從"付"作"跗"。敦煌伯 2011 王仁昫《刊謬補缺切韻·虞韻》:"跗,甫于反。足跗。亦作跌。"《龍龕手鑑·足部》:"跌,俗。跗,正。甫無反。足上也。""跗""跌"爲改換聲符而成的異體字。慧琳謂腳背義上經文或作"跮",此亦由"跗"字改換聲符而來。《集韻·虞韻》:"跗,足也。或作跮。"慧琳所釋可與《集韻》互證。另《大字典》據《集韻》收釋有"跮"字(2010:3933),從該條釋文來看,可提前其書證。

(2)秉—𣘻

　　秉大,彼永反。《毛詩傳》曰:秉,操(操)也。賈注《國語》云:秉,執也。《廣雅》:持也。《説文》:禾束也。從又持禾,會意字也。經文從水作𣘻,非。(C57P1019a;J029)

按:上所引詞目出自《高僧傳》第四卷音義。慧琳所釋"秉大"條《大正藏》對應經文作:"歸命頂禮現在十方一切諸佛,已得阿耨多羅三藐三菩提者,轉妙法輪,持照法輪,雨大法雨,擊大法鼓,吹大法螺,建大法幢,秉大法炬。"(T16P0414a)今大正本經文作"秉"。求之經義,"秉"即持義。《説文·又部》:"秉,禾束也。从又,持禾。"朱駿聲《通訓定聲·壯部》:"從又持禾,會意。手持一禾爲秉。"慧琳所見經文之"𣘻"當即"秉"的書寫變異字形。又《高僧傳》第四卷"秉二兆"下謂,"秉"傳文作"乘"(C59P0158b),則是"秉"字書誤所致。

(3)縫—撆

　　單縫,扶封反。《説文》:以針縫衣也。經文從手作撆,非也。(C58P0248a;J042)

　　按：上所引詞目出自《大方等陀羅尼經》第三卷音義。慧琳所釋"單縫"條《大正藏》對應
經文作："佛告阿難言三衣者，一名單縫，二名俗服。阿難白佛言世尊向説，一出家衣，二在家
衣。"（T21P0651a）今大正本經文作"縫"，指用針綫連綴。《説文·系部》："縫，以鍼紩衣也。"
慧琳所見經文"撻"，乃是"縫"的換旁異體字。《集韻·馮韻》："縫，紩衣也。或作撻。"釋文
中慧琳之所以斥"撻"爲非，蓋是因"撻"字晚出，文獻用之甚少。另《大字典》據《集韻》收釋有
"撻"字（2010：2409），《慧琳音義》此條釋文一方面可證《集韻》所言不誣，另一方面也可提前
《大字典》的書證。

　　（4）杯—缽

　　　瓦桮，下貝梅反。《考聲》云：器也。《文字典説》：盞也。從木否聲。或作杯，俗作
　　盃也。經文從缶作缽，非也。（C58P0993b；J076）

　　按：上所引詞目出自《法句譬喻無常品經》第一卷音義。慧琳所釋"瓦桮"條《大正藏》對
應經文作："時驢自解走瓦坏間，破壞坏器，其主打之。尋時傷胎，其神即還入故身中，五德還
備，復爲天帝。"（T04P0575b）今《大正藏》經文只有作"瓦坏"者，從上引經文觀之，蓋慧琳審
之不細，而誤爲"杯"。就慧琳所釋論之，《説文·木部》："桮，㔶也。"《集韻·灰韻》："桮，蓋今
飲器。或作杯、缽。"《大字典》即據《集韻》收錄了"缽"字（2010：3132），慧琳此條可與《集韻》
互證。

第六章　慧琳《一切經音義》所釋文字通假字研究

　　《慧琳音義》收録的佛經用字中,有相當一部分屬於文字通假現象。這些通假實例對於進一步研究通假、通假字術語,進一步考求通假用例等都有較大幫助。此部分我們重點探究以下幾個問題: 通假及通假字的判定標準和内部分類,《慧琳音義》所釋文字中的同音借用字,《慧琳音義》所釋文字中的同源通用字;在上面基礎上進一步探究《慧琳音義》所釋文字中的通假字對於漢語言文字研究的價值和意義。

第一節　通假字的實指及類型

　　儘管通假字的研究成果比較豐富,然而對於通假的認識,眾家看法卻有較大差異,問題的癥結在於對假借和通假的看法不一致,對其内部構成成分的認識也不一致。下面我們首先釐析假借、通假二術語的關係,進而探究《慧琳音義》所釋文字中的通假現象。

一、假借與通假

　　假借、通假是漢字學裏非常重要的兩個論題,同時也是漢字學的基礎術語。只有從理論上闡明二者之關係,才能給通假字以科學的定義,進而才能進一步推進漢字字際關係的整理工作。到目前爲止,關於這兩個術語的實指、所屬的範疇、功用及價值等問題的研究並沒有完結。自東漢許慎在《説文解字》中定義“六書”概念以來,關於假借的性質和功能、與通假的關係等問題,一直是語言文字學者探討的熱門話題之一。縱觀學術史,歷代關於假借、通假的研究主要涉及以下三個方面: 其一,假借的緣起及所指的發展;其二,通假的緣起、所指與内部分類;其三,假借與通假的關係。下面在分主題考求相關學術史的基礎上,提出我們對這兩個術語的看法。

(一) 假借的緣起與所指的發展

　　假借這一術語歷史久遠,内涵極其豐富,不同時期所指不盡一致。總體上看,從許慎開始,假借逐漸從兩個層面得以明確: 第一,假借是文字借用現象;第二,對文字所記詞義的認識先後經歷了由兩分法到三分法的發展過程。

1. 假借的緣起

首先給假借下定義並舉例的是東漢的許慎。《説文解字·序》："假借者,本無其字,依聲托事,令長是也。"①普遍認爲許慎"六書"中的假借定義本無可非,只是所舉的例子或有不妥,"令""長"二字是引申而非假借。實際上,這種看法是以今律古的結果,並非許慎假借觀的原始形態,是把我們今天的假借觀念當作許慎的假借觀念來看待。通過分析許慎的假借定義及《説文》中的假借實例,從漢字功能角度出發,我們很容易發現許慎所謂假借是與文字的本用相對而言的。比如"朋"下云:"古文鳳,象形。鳳飛,群鳥從以萬數,故以爲朋黨字。""來"下云:"周所受瑞麥來麰。一來二縫,象芒束之形。天所來也,故爲行來之來。"或許正是由於許慎的這種舉例,引發了後代學者的相關思考與爭論。

東漢末年,經學家鄭玄也有關於假借的論説:"其始書之也,倉卒無其字,或以音類比方假借爲之,趣於近之而已。受之者非一邦之人,人用其鄉,同言異字,同字異言,於兹遂生矣。"②這裏鄭玄從書寫用字的角度闡釋假借,認爲是用音同音近字替代,描述了經師寫經過程中的一種客觀現象。另外,鄭玄在注釋古書時也常用假借這一術語。如《周禮·考工記》"衡四寸""寬緩以荼",鄭玄分別注"衡,古文横,假借字也""荼,古文舒,假借字也"。

唐代《慧琳音義》中多用"假借"這一術語,其内涵較爲豐富,既有"六書"中"本無其字"的假借,又有後世所謂"本有其字"的假借,亦有譯音借用的假借,還有的將詞義引申稱作假借。③ 總體上看,早期對於假借的認識是比較模糊的,其所指也非常廣泛。

2. 假借所指的發展

之所以假借問題比較繁雜,關鍵在於人們對假借的認識是逐步深入的,這裏涉及兩個方面的問題:第一,"六書"中假借的性質,是造字之法還是用字之法;第二,字的假借義與本義的關係。儘管許慎將假借與前"四書"並列,但事實上所屬非同類,從明代楊慎的"四經二緯"説到清代戴震的"四體二用"説,對於假借性質的認識漸趨科學。比較而言,更爲繁雜的是對於假借義與本義關係的認識。

文字所記録的詞義間的關係有兩種劃分法:其一,本義和假借義;其二,本義、引申義和假借義。不管是兩分法還是三分法,都是對詞義内部結構的劃分,屬於詞義的類別,假借並不是詞義,同時詞義是無法假借的。從文字角度來看,本義、假借義屬於詞的意義類別。早期只區分本用和借用,並非從用字角度著眼,而是從形義契合的角度把造字過程區分開。三分法更偏重於從記録語言中的詞的角度入手,認爲假借是用字法,但具體記録功能上有差異。從許慎的定義及用例來看,前一種解釋應當更符合許慎的假借觀,後一種則體現了學術

① 許慎《説文解字》,中華書局,1963 年,第 314 頁。
② 陸德明撰、吳承仕疏證《經典釋文序録疏證》,中華書局,2008 年,第 13 頁。
③ 解冰《慧琳〈一切經音義〉轉注假借考》,《貴州大學學報》(社會科學版),1992 年第 2 期,第 60—66 頁。

發展的進程。

（1）第一階段：採用二分法，將假借與引申劃爲一類

宋代鄭樵在《通志·六書略四》中把假借分爲"有義之假借"和"無義之假借"兩類。① 雖然鄭氏特別强調要區分"有義之假借"和"無義之假借"，但是其所謂"有義之假借"中的"因義借音"即指詞義引申而言。由此可知，鄭氏實際上認可了假借與引申的聯繫。與之相類，張有認爲"假借者，因其聲而借其義"。此外，明代楊慎更云"假借者，借義不借音"。

清代江聲在《六書説》中亦闡述了其對假借的看法："蓋假借壹書，爲誼極蕃。凡一字而兼兩誼、三誼者，除本誼之外，皆假借也。"② 這裏江聲將引申與假借均稱作假借。戴震對假借、引申的看法與江聲相同，他在《答江慎修先生論小學書》中認爲："一字具數用者，依於義以引伸，依於聲而旁寄，假此以施於彼曰假借。"③ 顯然也是將引申、假借合稱作假借。

從學術發展來看，上面將引申與假借混在一起的做法是有問題的，引申義是由本義發展而來的，而假借義則是爲了擴展文字的使用功能，借用去記録與本義無任何聯繫的意義。劉又辛《通假概説》認爲，混淆引申與假借便不能準確地解釋詞義。④

（2）第二階段：採用三分法，將假借與引申區分開來

將借義進一步區分爲引申義和假借義，是學術發展的必然結果，宋末的戴侗既已認識到了該問題。他指出："古人謂'令''長'爲假借，蓋已不知假借之本義矣。所謂假借者，謂本無而借於他也。亼卩爲令，本爲號令、命令之令（去聲），令之則爲令（平聲）。長之本文雖未可曉，本爲長短之長（平聲），自稺而浸高則爲長（上聲）……二者皆由本義而生，所謂引而申之，觸類而長之，非外假也。所謂假借者，義無所因，特借其聲，然後謂之假借。若韋本爲韋背，借爲韋革之韋；豆本爲俎豆，借爲豆麥之豆。"⑤ 戴侗對於假借義與本義、引申義關係之分析頗有見地，比較清晰地將假借義與引申義區分了開來。

對於段玉裁的引申、假借觀，學者們意見多有分歧。劉又辛的《通假概説》認爲，段玉裁在《説文解字注》中多方區分引申義與假借義，不過實際注釋中或有將引申義當作假借義者，從而混淆了二者的界限，進而又提出"引申假借"這樣的表述。⑥ 趙克勤《古代漢語詞彙學》對段玉裁引申假借觀的看法與劉又辛剛好相反，他認爲段玉裁是主張本義與借義有關係的典型代表；他同時認爲，段玉裁所舉的例子，比如"西""韋""烏"等本義與借義均無關係，進而指出段氏並未將假借與引申嚴格區分開來，故有時出現"引申假借"的提法。⑦ 對此，我們的

① 鄭樵《通志》，中華書局，1987 年，第 503 頁。

② 江聲《六書説》，中華書局，1985 年，第 8 頁。

③ 戴震《戴震全書》（三），黃山書社，2010 年，第 334 頁。

④ 劉又辛《通假概説》，巴蜀書社，1988 年，第 11 頁。

⑤ 戴侗《六書故》，上海社會科學院出版社，2006 年，第 15 頁。

⑥ 劉又辛《通假概説》，巴蜀書社，1988 年，第 13 頁。

⑦ 趙克勤《古代漢語詞彙學》，商務印書館，1994 年，第 198 頁。

看法是,段玉裁總體上是有意區分假借義與本義、引申義之關係,但因他對於三者的關係不甚明晰,故又用"引申假借"進行過渡。

朱駿聲對假借義與本義、引申義的關係有更進一步的認識。《通訓定聲》云:"其一字而數訓者,有所以通之也。通其所可通,則爲轉注;通其所不通,則爲假借。"①朱氏之"轉注"即一般所言的詞義引申,儘管在具體字的本義、引申義、假借義的確定方面存在爭議,但總體上看,朱氏區分了詞的引申義和假借義。劉又辛認爲,朱駿聲在總結戴震、段玉裁、王念孫等人引申義、假借義看法的基礎上提出獨特見解,其膽識是很可取的。②

對於假借的所指,現代學者基本都採用三分法。洪誠《訓詁學》認爲,"本無其字的假借"與"本有其字的假借"其本義與借義之間都沒有聯繫。③齊佩瑢的《訓詁學概論》將字義分爲本義、引申義、假借義三種,進而指出,借義所表之義與本義全無關涉,只是依聲托事而已,在"六書"中稱作假借,是一種純音符的文字。④劉又辛《通假概説》認爲,引申義與假借義在理論上必須區分,但也要承認詞義引申的複雜性,有時引申線索不清晰,會將某些引申誤視作假借。此外,有些詞的假借義與引申義偶有接近,也會造成誤解。⑤趙克勤《古代漢語詞彙學》也認爲,那些主張"假借"的本義與借義有聯繫的觀點是不可取的,那樣便混淆了引申與假借的界限,引申是詞彙現象,假借是文字現象,是兩個不同平面、不同範疇的概念。⑥

(二) 通假的緣起、所指及内部分類

與假借相比,通假這一術語産生得很晚,直到清代才從假借中分離出來。儘管通假這一術語産生了,但其與假借的關係卻一直不甚清楚。同時,通假内部的複雜現象也是到二十世紀八十年代才逐漸得以釐清。

1. 通假的緣起與所指

清代以前只有假借,沒有通假,將通假從假借中分離出來是清代後期才出現的。此外,當時所論之假借也多限於"六書"之内,在戴震"四體二用"説的影響下,出現了關於假借性質的爭論。

王引之在《經義述聞·經文假借》中説:"許氏《説文》論六書假借曰:'本無其字,依聲托事,令長是也。'蓋無本字而後假借他字,此謂造作文字之始也。至於經典古字,聲近而通,則有不限於無字之假借者,往往本字現存,而古本則不用本字,而用同聲之字。"⑦這裏王氏明確地將假借分爲兩類:無本字而後假借他字,此爲造字的假借;本字現存而不用,用聲同聲

---

① 朱駿聲《説文通訓定聲》,中華書局,1984年,第8頁。
② 劉又辛《通假概説》,巴蜀書社,1988年,第16—17頁。
③ 洪誠《訓詁學》,江蘇古籍出版社,1984年,第29頁。
④ 齊佩瑢《訓詁學概論》,中華書局,1984年,第82頁。
⑤ 劉又辛《通假概説》,巴蜀書社,1988年,第17頁。
⑥ 趙克勤《古代漢語詞彙學》,商務印書館,1994年,第199頁。
⑦ 王引之《經義述聞》,世界書局,1975年,第750頁。

近之字替代,此爲用字之假借;但王氏並未將後者稱作"通假"。

　　後來人爲了與所謂造字的假借相區別,就用"通假"來指稱本字現存而不用反借他字爲之的現象。清代侯康《説文假借例釋》云:"何謂本?製字之假借是也;何謂末?用字之假借是也,二者相似而實不同。製字之假借,是本無其字而依託一字之聲或事以當之,以一字爲二字者也;用字之假借,是既有此字復有彼字,音義略同,因而通假,合二字爲一字者也。以一字爲二字者,其故由於字少,合二字爲一字者,其故反由於字多,故曰相似而實不同也。"①這裏侯康詳細論述了造字之假借與用字之假借的區別,認爲造字之假借是本,用字之假借是末。儘管兩類現象有相似之處,但本質不同。同時,他明確用"通假"來指稱用字之假借。另外,錢大昕也使用過"通假"一詞,但他沒有把假借分爲兩類。

　　總體上來看,自晚清以後,假借和通假並用,但此二概念之外延與內涵未固定、分野不清晰。近現代學者對於通假和假借的看法也不盡一致。劉又辛認爲,叫作通假或假借都可以,但前提是承認二者本無區別,其本質都是借一個同音字去表示某個詞。② 趙克勤則同意區分爲"本無其字的假借"與"本有其字的假借";他還認爲,"本無其字的假借"習慣上又稱作"六書的假借",即某個詞本沒有文字去記錄,後來借一個與之音同、音近的字去記錄;"本有其字的假借"又稱作通假,通常認爲即人們書寫時倉促間忘了本字而取音同、音近的字替代的現象,故而是一種偶然現象,是用別字。③

　　就上面的分析來看,將假借劃分爲"本有其字的假借"和"本無其字的假借"有著積極意義。因爲這兩種現象本來就不是一個體系,"本無其字的假借"即"六書"中的假借,是漢字爲了適應漢語而出現的一種積極現象,它以有限應無窮,擴展了漢字的功能;而"本有其字的假借"則是語言中的一種消極現象。儘管"本無其字的假借"中的部分字有後出本字,但在後出本字產生之前只有一個字記錄,後出本字產生之後則文字分用。

　　2. 通假的內部分類

　　將假借區分爲無本字的假借和有本字的通假,表面看來已經沒有問題了。但事實上問題到此並沒有結束,因爲古文獻在用假借術語指稱所謂通假時,其內部仍有兩種現象:一部分通假字之間意義沒有聯繫,一部分通假字之間意義上有聯繫。

　　針對此種現象,有學者便引入"古今字"予以區分。比如盛九疇的《通假字小議》④、《通假字再議》⑤認爲,通假字之間意義無關係,古今字之間意義有關係。與之相反,陸錫興在《談古今字》中認爲,古今字與通假字無法截然分開。⑥ 客觀説來,古今字之間有的意義有關

① 丁福保《説文解字詁林》,中華書局,1988年,第221頁。
② 劉又辛《通假概説》,巴蜀書社,1988年,第21頁。
③ 趙克勤《古代漢語詞彙學》,商務印書館,1994年,第200—203頁。
④ 盛九疇《通假字小議》,《辭書研究》,1980年第1期,第53—59頁。
⑤ 盛九疇《通假字再議》,《辭書研究》,1982年第5期,第141—145頁。
⑥ 陸錫興《急就集 陸錫興文字論集》,中國社會科學出版社,2001年,第1—10頁。

係,有的沒有關係,跟通假字並不在一個概念範疇中,引進古今字來區分通假字內部的情況,不但不能解決問題,反而使問題更混亂。事實上,古今字是從時代先後考察同一個詞用字的歷史差異,時間早的叫古字,時間晚的是今字;通假字則是從文字使用的本借角度著眼,與借字相對的是本字。古今字與通假字並不構成對立,不能說某個字不是古今字就是通假字,反之亦然。如此看來,考察通假字根本無需引入古今字這一術語。

在這種情況下,陸宗達、王寧提出“同源通用字”和“同音借用字”概念①,李國英又申發了此種觀點。在《試論“同源通用字”與“同音借用字”》②中,李國英將通假字從來源上分爲兩類:一類是文字分化所致;另一類是或者由於倉促無其字,用音同音近的字來替代,或者是在“書面語—口語—書面語”的來回轉換中甲字被替換爲乙字。在此基礎上,他進一步指出,上面兩種來源的通假字都含有兩種不同質的現象:一種與意義相關,一種與意義無關。“同音借用字”是單純的文字現象,與意義無關;“同源通用字”是詞語分化推動文字孳乳,不但是文字現象,同時也是語言現象。我們認爲,李國英從來源上對通假字進行分類,釐清了通假字內部的複雜現象,這對於假借、通假的研究助力頗厚。

(三) 假借與通假的關係

在梳理了假借、通假的緣起和發展過程之後,我們就需要進一步討論這兩個術語之間的具體關係,看其是否屬於同一個範疇;在當今學術體系下,是否有必要保留這兩個概念。

自通假從假借中分離出來之後,其間關係一直模糊不清。劉又辛在《論假借》一文中認爲,通假亦即“用字假借”的同義語,假借不用分兩類,假借即通假,多立通假術語顯然多餘。他進一步分析了通假的內涵,認爲:“還是把‘通假’一詞取消爲好。假借還叫假借。”③該文同時例舉了王引之《經義述聞》中考證假借字都用“假借”一詞、把古書假借講明白的事實,進一步闡明假借、通假爲同義詞。

徐麗麗在《論“假借”與“通假”》④中認爲,假借和通假分屬於兩個不同的範疇,假借爲文字學術語,通假爲訓詁學術語,或者説一者爲文字學的假借,一者爲訓詁學的假借。文字學的假借側重研究字義和字形之關係,是相對於本義而言的;訓詁學的假借側重研究字在具體語境中的音義,與之相對的是正字。在此基礎上,徐麗麗進一步指出,假借、通假是以不同標準對文獻用字劃分的結果,儘管用例上二者有很大相似性,但在邏輯上二者分屬於不同層面。從假借、通假的所指與發展來看,徐麗麗對假借、通假的看法頗具先進性。將假借與通假從所屬的範疇予以區分,一定程度上釐清了這兩個術語的內在差異。

我們認爲,儘管假借跟通假有一定的相似之處,比如都是利用音同音近之字替代,且學

---

① 陸宗達、王寧《訓詁方法論》,中國社會科學出版社,1983 年,第 184 頁。
② 李國英《試論“同源通用字”與“同音借用字”》,《北京師範大學學報》(社會科學版),1989 年第 4 期,第 53—57 頁。
③ 劉又辛《通假概説》,巴蜀書社,1988 年,第 145 頁。
④ 徐麗麗《論假借與通假》,《天津師範大學學報》(社會科學版),2002 年第 5 期,第 65—69 頁。

術界常將假借、通假放在一起,認爲本無其字爲假借,本有其字爲通假,但實質上二者所指並不在同一範疇内,是兩種本質不同的現象。

本無其字的假借是文字功能的擴展,指某個字除了記録本詞外,又被借用去記録他詞,無論如何記録,都是就一個字的功能而言。比如"莫"字在分化出"暮"以前,除了記録日暮義,同時被假借作虚詞。不管如何,都是"莫"一個字的記詞功能而言。本有其字的通假則不同,是兩個或兩個以上的字各有本用,只是在文獻中本該用甲字的地方卻用了乙字或丙字等,這幾個字在意義上有的有聯繫,有的没有聯繫。比如假借跳蚤之"蚤"記録早晨義,在文獻中人們需要破假借求得"早"字,這裏顯然是"蚤""早"兩個字之間的關係。且這兩個字各有本用,"蚤"記録早晨義是一種臨時借用,與上面所舉的"莫"的兩種用法有本質區別。照此來看,所謂假借、通假的二分法是有問題的,不該將這兩種現象放在同一平面上考察。

事實上,傳統所謂本無其字的假借本質上是借字記詞,通過形體借用擴大了原字的功能,是一種積極的語言現象,補足了漢字的某些缺陷;通假則是兩個或多個字臨時借用而言,是一種消極的語言現象,對於閱讀和理解造成障礙。另外,所謂"本有其字"也是有問題的。有時候很難説通假關係中的被借用字一定比借用字產生得早,這樣一來,所謂"本有其字"的提法就站不住腳了。此外,結合前面的分析,我們認爲無本字的所謂假借最好不用假借這一術語,從文字記録職能來看,稱作文字的借用比較好。

二、通假字的實指

從上面的考察可知,假借和通假是本質不同的兩種語言現象。假借指借用一個字去記録與其本用没有任何聯繫的另一個詞,通過形體借用擴大了原字的功能,是字用範疇的概念;通假指讀音相同、相近的兩個或兩個以上的字相借用的一種現象,是字際關係範疇的概念。相因地,通假字指用字記詞時,用於臨時替代本字或常用字的那個音同或音近的字。例如:

(1) 豍—蜱

豍豆,布迷反。《廣雅》:豍豆,䮌豆也。經文作蜱,非體也。(C58P0458b;J052)

按:上所引詞目出自《中阿含經》第十二卷音義。慧琳所釋"豍豆"條《大正藏》對應經文作:"汝等若有豌豆、稻麥、大小麻豆、豍豆、芥子,瀉①已持器去,隨意所欲。"(T01P0500a)今經文作"豍豆",即豌豆。《廣雅·釋草》:"豍豆、豌豆,䮌豆也。""蜱"是蜱蛸義,與"豍"義别。《爾雅·釋草》:"不過、蟷蠰,其子蜱蛸。"郭璞《爾雅注》云:"一名蟷蟭,蟷蠰卵也。""豍""蜱"

---

① 《大正藏》"瀉"下校勘記:瀉=寫㊂。

二字《廣韻》分別讀邊兮切、符支切,中古分屬幫紐齊韻、並紐支韻,音相近。二字音近義別,經文豌豆義上作"蜱",乃是"豍"之通假字。

(2)鈸—跋

　　銅拔,蒲撥反。亦爲跋。今關東多作兩扇,相擊出聲。有作鈸,無所從也。(C57P0969a;J027)

　　按:上所引詞目出自《妙法蓮華經》卷第一《方便品》音義。慧琳所釋"銅拔"條《大正藏》對應經文作:"若使人作樂,擊鼓吹角貝,簫笛琴箜篌,琵琶鐃銅鈸,如是眾妙音,盡持以供養。"①(T09P0009a)又《妙法蓮華經玄贊》卷第四云:"銅拔兩扇相擊出聲②,有作鈸,無所從,或爲跋字。"(T34P0727b)"銅鈸"即"銅拔",爲擊打樂器之一種。因早期無"鈸"字,故而臨時借"拔"爲之,在漢字形義統一性的促動下,後期分化出從"金"的"鈸"以記之。《慧琳音義》卷第十七《大乘顯識經》卷上"銅鈸"條下云:"古字書無鈸字,近代出也。"(C57P0733b)"跋"是跋涉行走義,與樂器義無涉,亦是通假用法。《慧琳音義》卷第十一《大寶積經》第二卷"銅鈸"條下云:"經文有從足作跋,跋涉字,非本字也。"(C57P0610b)"鈸"與"跋"《廣韻》均讀蒲撥切,在"銅鈸"用法上,"鈸"與"跋"爲通假字關係。

(3)稠—綢

稠密,上宙流反。《毛詩傳》:稠亦密也。《説文》:稠,多也。從禾周聲。經從糸作綢,是綢繆字,非經義也。(C58P0295b;J044)

　　按:上所引詞目出自《大乘流轉諸有經》音義。在稠密義上,大正本經文之"稠"與宋、元、明本之"綢"爲通假字關係。此"稠密"條《大正藏》對應經文作:"爾時,世尊告影勝王曰:'大王當知,譬如男子於眠夢中,見與人間端正美女共爲稠密③。既睡覺已,憶彼夢中所見美女,大王於意云何?'"(T14P0950a)又云:"由彼夢中人間美女,畢竟體空,不可得故,豈能與彼而行稠密,令此男子情懷愛戀生憶念耶。"(T14P0950a)今大正本經文作"稠",是也。經文之"稠"是密義,《説文·禾部》:"稠,多也。"段注云:"本謂禾也,引申爲凡多之稱。"又《玉篇·禾部》:"稠,密也。"經文稠密義上宋、元、明本作"綢",是綢繆、纏束義,與"稠"義迥別;二字《廣韻》均讀直由切,音同。在稠密義上,"稠""綢"爲通假字關係。別如《詩經·小雅·都人士》:"彼君子女,綢直如髮。"毛傳云:"密直如髮也。"

　　結合前面的分析,我們認爲通假字內部可以進一步區分爲借字與被借字意義無聯繫的同音借用字,借字與被借字意義有聯繫的同源通用字兩類。儘管表面上看,此二類的區別在

---

① 《大正藏》經文校勘記:"貝"下:貝=具⑳;"鈸"下:鈸=鉢⑪;"盡"下:盡=畫⑳。
② 《大正藏》"聲"下校勘記:聲+聲⑦。
③ 《大正藏》"稠"下校勘記作:稠=綢⑬,下"稠"字同。

於借字與被借字之間意義上是否有聯繫,然而其深層原因在於,同音借用字現象是一種完全人爲的用字"錯訛";而同源通用字則是漢字在發展過程中,爲適應記録漢語的需要而必然出現的一種現象,更多是受語言規律的影響。下面,我們就《慧琳音義》所釋文字中的通假字從同音借用和同源通用兩個角度分别進行考察。

第二節　慧琳《一切經音義》所釋文字中的同音借用字

《慧琳音義》所釋文字中的通假字,亦可從借字與被借字之間意義是否有聯繫這一角度區分爲同音借用字和同源通用字兩類。同音借用字指用字記詞時,不用形義相契合的本字,而借用一個與本字音相同或相近、義無關的字來臨時替代,這個臨時借用的字即本字的同音借用字。

一、音全同借用

借字與被借字之間讀音相同。例如:

(1) 颰—跋

颰,蒲撥反。有作跋,亦通。(C57P0962a;J027)

按:上所引詞目出自《法華音訓序》音義。在疾風義上,"颰"與"跋"爲通假字關係。《玉篇·風部》:"颰,疾風。"《龍龕手鑑·風部》:"颰,疾風皃也。""跋"爲跋涉、顛倒義,與"颰"義無涉,二字《廣韻》均讀蒲撥切,音同。顯然經文中疾風義上作"跋",乃是"颰"的同音借用字。

(2) 眣—垤

眣眼,徒結反。《字書》:目出也。經文作垤,非經義。(C58P0232a;J042)

按:上所引詞目出自《大威德陀羅尼經》第一卷音義。慧琳所釋"眣眼"條《大正藏》對應經文作:"睍〈下典反〉睴〈公困反〉坏[1]眼斑眼。"(T21P0757c)今大正本經文作"坏眼",宋資福藏本作"垤眼",元普寧藏本、明嘉興藏本作"眣眼"。據慧琳釋文,正合作"眣",指目露貌。慧琳所見經文作"垤",指蟻冢、小山丘,與"眣"義别。二字《廣韻》均讀徒結切,音同。顯然經文

---

① 《大正藏》"坏"下校勘記:坏=垤宋,=眣元明。

中目出貌義上作"垤"，乃是"眣"的同音借用字現象。

（3）螯—鼇

> 蟹螯，五高反。蟹有二螯八足也。字從虫。經文作鼇，大龜也。（C58P0484a；J053）

按：上所引詞目出自《起世經》第二卷音義。"螯"與"鼇"爲同音借用字關係。《玉篇·虫部》："螯，蟹螯。"又《字彙·虫部》："螯，蟹大足。"即螃蟹等節肢動物的第一對腳，如《荀子·勸學》："蟹六跪而二螯。"楊倞注云："螯，蟹首上如鉞者。""鼇"字，《説文新附·黽部》："鼇，海大鼈也。"二字義無涉。讀音上，"螯""鼇"《廣韻·豪韻》均讀五勞切，音同。慧琳所見經文作"鼇"，正是"螯"的同音借用字。

（4）牒—諜

> 牒盈，恬協反。《考聲》：簡也。《説文》：牒，札也。論文從言作諜，牒（非）①也。（C59P0090a；J085）

按：上所引詞目出自《辯正論》第一卷音義。慧琳所釋"牒盈"條《大正藏》對應經文作："既病有萬殊，故藥非一准，致使牒盈天府、偈積龍宮。"（T52P0493b）今大正本經文作"牒"，指書寫用的竹木片。慧琳所見經文作"諜"，《集韻》讀失涉切，爲言失義，與"牒"音義均別，蓋是書經人疏誤所致。更大的可能性是"諜"爲"諜"的訛誤字形，別如《慧琳音義》卷第九十二《續高僧傳》第六卷"圖牒"條下云："傳從言作諜，非也。"（C59P0196a）"諜"與"牒"《廣韻》均讀徒協切，前者是間諜、偵探義，二者音同義別。經文中簡牒義上作"諜"，乃是"牒"的同音借用字現象。

（5）凋—彫

> 凋窘，上鳥察（寮）反。賈注《國語》云：弊也。《説文》：半傷也，從冫。傳從彡作凋（彫），非此用也。（C59P0185b；J091）

按：上所引詞目出自《續高僧傳》第二卷音義。慧琳所釋"凋窘"條《大正藏》對應經文作："健德之季，周武克齊，佛教與國一時平殄。耶舍外假俗服，內襲三衣，避地東西，不遑寧息，五眾彫窘，投厝無所。"（T50P0432c）今大正本經文亦作"彫窘"。求之經義，正合作"凋"，由草木凋零引申指衰敗、困苦義；"彫"從"彡"，爲雕刻、紋飾義，然二字《廣韻》均讀都聊切，故而文獻中或借"彫"爲"凋"。《洪武正韻·蕭韻》："彫，殘也，零落也。"如《論語·子罕》："歲

---

① 按，此"牒"字當是"非"字之誤。

寒，然後知松柏之後彫也。"經文中衰敗、困苦義上作"彫"，亦是"凋"之同音借用現象。

二、音相近借用

借字與被借字讀音相近。例如：

(1) 觶—跢

　　垂觶，多可反。《考聲》云：觶亦垂兒也。經文從足作跢，音都賀反。跢，倒也。(C57P0894b；J024)

按：上所引詞目出自《四童子三昧經》上卷音義。慧琳所釋"垂觶"條《大正藏》對應經文作："憂箭所射心無情賴，愰歎感傷啼咿謠嗟，諸根悲塞頓悶斷絶，宛轉于地舉身戰慄，手足垂跢受大苦惱。"(T12P0930c)今大正本經文亦作"跢"。據慧琳所釋，正合作"觶"，與"垂"是同義詞連用。敦煌伯2011王仁昫《刊謬補缺切韻·哿韻》："觶，丁可反。垂兒。"《龍龕手鑑·享部》："觶，丁可反。垂下兒，觶也。""觶"即垂下義，別如唐劉禹錫《和樂天鸚鵡》："斂毛睡足難銷日，觶翅愁時愿見風。"經文之"跢"字，《方言》卷第十三："跌，蹶也。"郭璞注云："傴地也，江東言跢。"《龍龕手鑑·足部》："跢，當蓋反。倒也。""觶""跢"二字義別。讀音上，"觶"字中古屬端紐哿韻，"跢"屬端紐泰韻，二字韻相遠。然"跢"字《廣韻》又讀作丁佐切，中古屬端紐箇韻，與"觶"音頗近。蓋經文作"跢"，是"觶"的音近借用現象。

(2) 痤—侳

　　痤鬼，在戈反。《説文》：痤，腫也。謂癰痤也。經文作侳，非也。(C58P0261b；J043)

按：上所引詞目出自《陀羅尼雜集》第七卷音義。慧琳所釋"痤鬼"條《大正藏》對應經文作："侳鬼名。"[1](T21P0619c)今大正本經文亦作"侳"，宋、元、明本作"矬"。與"侳鬼名"相并的有"燋渴鬼名""眼上白光鬼名""惡瘡鬼名""不得食下鬼名""腰脚痛鬼名""頭痛鬼名""闍鈍鬼名""耳痛鬼名""淋鬼名""小便不通鬼名"等。察此數鬼名，慧琳所釋當不誣也，正合作"痤"，取瘡癰義。《説文·疒部》："痤，小腫也。"敦煌伯2011王仁昫《刊謬補缺切韻·歌韻》："痤，昨和反。痤癤。"別如《莊子·列禦寇》："秦王有病召醫，破癰潰痤者，得車一乘。"經文作"侳"，《説文·人部》："侳，安也。"如清胡元輝《原道篇》："由是而侈焉侳焉之皆道。"與"痤"義別。"侳""痤"二字《廣韻》分別讀則臥切、昨禾切，《廣韻》分屬精紐過韻、從紐戈韻，音相近。

---

① 《大正藏》"侳"下校勘記作：侳＝矬⊜。

瘡癩義上,經文作"㾕"乃是"痤"之音近借用現象。

（3）儳—嚵

> 儳速,倉陷、仕鑒二反。非次而言也。《禮記》"長者不及无儳言"是也。儳亦暫也。字從亻。或有作嚵,才冉反,小飲也。嚵非此用。(C58P0378a;J048)

按:上所引詞目出自《瑜伽師地論》第十五卷音義。在隨意插嘴義上,"儳"與"嚵"爲通假字關係。慧琳所釋"儳速"條《大正藏》對應經文作:"敦肅者,謂如有一待時方説而不嚵①速,是名敦肅。"(T30P0359b)今大正本經文作"嚵"。由釋文義求之,正當作"儳"。除慧琳所釋外,《廣韻·陷韻》:"儳,輕言。"又《正字通·人部》:"儳,越次進也。""儳"取隨意插嘴義,如《後漢書·儒林傳·孔僖》:"鄰房生梁郁儳和之曰:'如此,武帝亦是狗耶?'"李賢注云:"儳謂不與之言而傍對也。""嚵"乃是品嘗、口㖞義,與"儳"義別,二者音相近。在隨意插嘴義上,二者爲通假字關係。

（4）敞—閶

> 敞露,齒掌反。《蒼頡篇》:敞,高顯也。《説文》:平治高大可遠望也。律文作閶,音昌。《楚辭》:天門也。亦西風名也。閶非義也。(C58P0634b;J059)

按:上所引詞目出自《四分律》第六卷音義。在敞亮、寬闊等義上,"敞"與"閶"爲通假字關係。慧琳所釋"敞露"條《大正藏》對應經文:"堂者,多敞露②。"(T22P0604a)今大正本經文作"敞",正倉院聖語藏本作"閶"。求之經義,作"敞"是。《説文·攴部》:"敞,平治高土,可以遠望也。"指可以遠望的平臺,引申有寬闊、敞亮等用法。"閶"則是傳説中之天門,與"敞"義迥別。"敞""閶"《廣韻》分別讀昌兩切、尺良切,分屬昌紐養韻、昌紐陽韻,音相近。在敞露義上,二者爲通假字關係,故而釋文謂"閶非義也"。

（5）徬—蒡

> 蘿蔦徬,下蒲曠反。《説文》:徬,附行也。從彳旁聲。集從草作蒡,非也。(C59P0328b;J099)

按:上所引詞目出自《廣弘明集》第三十卷音義。慧琳所釋"蘿蔦徬"條《大正藏》對應經

---

① 《大正藏》"嚵"下校勘記:嚵＝儳⑰。
② 《大正藏》"多敞露"下校勘記作:多敞露＝多閶露處⑬。

文作："蘋荇緣澗壑，蘿葛蔓松楠。"（T52P0357c）今大正本經文作"蘿葛蔓"，與慧琳書之作"蒡"異。然其義一也，均爲藤草延行義。"徬"字，《説文·彳部》："徬，附行也。"據慧琳所釋，律文或作"蒡"字，是草名，非也。"徬""蒡"二字《廣韻》分別讀蒲浪切、北朗切，分屬並紐宕韻、幫紐蕩韻，音相近。在附行、延行義上，"徬""蒡"爲通假字關係。

第三節　慧琳《一切經音義》所釋文字中的同源通用字

　　《慧琳音義》所釋文字中的通假字，除了上面所論借字與被借字之間意義無聯繫一類外，有的借字與被借字之間意義上有聯繫，此類即同源通用字現象。同源通用字指具有同源關係的一組字互相借用，因其間音相近、義相通，故而在用字記詞時常常會出現互相替代的現象。從借字與被借字的來源關係上，可將同源通用字進一步分爲兩類：源字與派生字之間的借用，派生字與派生字之間的借用。

　　源字與派生字之間的借用現象是同源通用字中最爲典型的一類。從理論上來看，源字與派生字在功能上有明確區分，然而由於文字的社會性，在實際使用中，二者完全區分開來需要經歷一個較長的過程。在派生字未完全習用的過渡階段，常常與源字相通用。同樣，從同一源頭派生出的兩個或兩個以上的字，因其間音相近、義相通，在各自用法未完全定型之前，常互相通用。儘管從理論上可以將同源通用字分爲源字與派生字之間的通用、派生字與派生字之間的通用兩種情況，然而在實際字例中，究竟何者是源字，何者是派生字，判定時常存在不少爭議，故而我們下面所舉的例子暫不明言屬何類。例如：

　　（1）湊—輳

　　　　所湊，倉奏反。《考聲》云：水交會也，歸也。亦作輳。輳，聚也。（C57P0624a；
　　　　J012）

　　按：上所引詞目出自《大寶積經》第十三卷音義。慧琳所釋"所湊"條《大正藏》對應經文作："吾等之身及諸天俱與阿須輪鬬，以一手指舉維質阿須輪所在，投之如一圓丸，皆令犇馳不知所湊。"（T11P0075b）經文之"湊"取聚集義，作"輳"亦可通，然二字本用有別。敦煌斯388《正名要録》"右本音雖同，字義各別例"下，"湊"是水，"輳"是輻。"湊"字，《説文·水部》："湊，水上人所會也。"然而許慎所釋"湊"之意義文獻中不見行用。就"湊"的文獻通行用法而言，段注謂："引申爲凡聚集之稱。"（1981：556）張舜徽《説文約注》："水上之人斯會合於此，此湊字本義也，引申爲凡會聚之稱。"（2009：2748）蓋《説文》所釋乃是"造意"，其"實義"即水匯聚、聚集。《廣雅·釋詁三》："湊，聚也。"敦煌伯3694《箋注本切韻·侯韻》："湊，水會。"蔣斧印本《唐寫本唐韻·候韻》：“湊，水會。”敦煌伯 2011《王韻》同上。又引申爲碰見、靠近等用法。“輳”字，敦煌伯 3694《箋注本切韻·候韻》：“輳，輻輳。”蔣斧印本《唐韻》、伯 2011《王韻》均同，指車輪上的輻條聚集於車轂，亦取聚集義。二字《廣韻》均讀倉奏切，音同。“湊”“輳”音同義通，在聚集義上，爲同源字關係。別如《漢書·叔孫通傳》：“吏人人奉職，四方輻輳。”顏師古注云：“輳，聚也，言如車輻之聚於轂也。字或作湊。”

（2）隔—膈

> 上膈，古核反。《文字集略》：膈，匈内也。《説文》：從肉鬲聲。鬲音革。經文從𨸏作隔，隔即非此義也。（C57P0715b；J016）

按：上所引詞目出自《阿閦佛國經》上卷音義。慧琳所釋“上膈”條《大正藏》對應經文作：“阿閦如來從初發意至成無上正真道最正覺，不中有頭痛，亦無風氣、上隔①之病。”（T11P0754b）今大正本經文亦作“隔”，正合作“膈”，取膈膜義。蔣斧印本《唐寫本唐韻·麥韻》：“膈，智膈。”又《龍龕手鑑·肉部》：“膈，正。音革。智膈也。”從形體來源言之，“膈”即“隔”的同源派生字。如《管子·水地》：“脾生隔，肺生骨，腎生腦，肝生革。”尹知章注云：“隔在脾上也。”戴望校正云：“宋本隔作膈。”王力《同源字典》（1982：269）、殷寄明《漢語同源字詞叢考》（2007：451）均將“隔”“膈”系聯爲一組，可從，二者均取義於阻隔。經文中膈膜義上作“隔”，正是“膈”的同源通用字現象。

（3）渟—停

> 香水澄渟，渟，笛零反。《埤蒼》曰：水止曰渟，渟猶湛也。經本有從立人作亭者，誤也。（C57P0820b；J021）

按：上所引詞目出自《花嚴經》卷第八《花藏世界品》之一音義。慧琳所釋“香水澄渟”條《大正藏》對應經文作：“香水澄渟具眾色，寶華旋布放光明，普震音聲聞遠近，以佛威神演妙法。”（T10P0040b）今大正本經文作“渟”，取水静止義。《廣韻·青韻》：“渟，水止。”《玉篇·水部》所釋同上。慧琳謂經文中有作“停”者，敦煌斯 388《正名要録》“右本音雖同，字義各別例”下，“停”爲住義。又《龍龕手鑑·人部》：“停，正。徒丁反。停息，止定也。”“停”字文獻中多表停留、停止義。從上面的分析來看，“渟”“停”均有静止不動的核義素，《廣韻》均讀特丁切，顯然即同源字關係。經文中水静止不動義上作“停”，乃是“渟”的同源通用字現象。正因如此，故而釋文從正字法角度認爲經文作“停”爲“誤”。

───────────────

① 《大正藏》“隔”下校勘記：隔＝膈元明。

（4）振—賑

振給，古文扆、拒（拒）二形，同。諸胤反。《説文》：振，舉也。《小雅》：振，救也。亦振，發也。經文作賑，諸忍反。《尒雅》：賑，富也。謂隱賑富有也。賑亦兩通也。（C58P0471a；J052）

按：上所引詞目出自《增一阿含經》第四十八卷音義。慧琳所釋"振給"條《大正藏》對應經文作："最後聖王名佳（晉言不昫，音如錦反），治以正法，爲人聰明，審諦不忘，相有三十二，色猶紅蓮花，好喜布施，供養沙門、婆羅門，侍養孤老，賑給貧窮。"（T02P0809a）今大正本經文亦作"賑"，取賑濟義，即用財物救濟。《説文·貝部》："賑，富也。"又《爾雅·釋言》："賑，富也。"本指富裕、富饒，文獻中又用作賑濟義。慧琳詞目作"振"，此即賑濟之本字。《説文·手部》："振，舉救也。"段注云："諸史籍所云振給、振貸是其義也，凡振濟當作此字。俗作賑，非也。《匡謬正俗》言之詳矣。"檢《匡謬正俗》，"振"字下云："許慎《説文解字》曰：'振，舉救也。'諸史籍所云振給、振貸，其義皆同，盡當爲振字。今人之作文書者，以其事涉貨財，輒改'振'爲'賑'。"別如《周易·蠱卦》："君子以振民育德。"陸德明《經典釋文》云："振，濟也。"從文字形體來源角度求之，"賑"字即由"振"派生而來，後世文獻中賑濟義上通作"賑"。在賑濟義上，二者是同源通用字現象。

（5）堉—膌

堉土，情脊反。《國語》云：擇堉土而處之也。賈逵注云：堉，薄也。或從月作膌也。（C59P0086a；J084）

按：上所引詞目出自《道氤定三教論衡》音義。經文之"堉"是土地貧瘠義，慧琳又溝通有"膌"字，指身體瘦弱。敦煌斯388《正名要録》"右本音雖同，字義各別例"類，"堉"下注"土"，"瘠"下注"病"。"膌"即"瘠"字，"堉""膌"義別。然而二字均有瘦弱、貧瘠之核義素，且《廣韻》同讀秦昔切，音同義通，爲同源通用字關係。劉鈞杰《同源字典再補》即將二者系聯爲一組（1999：66），可從。

（6）粹—睟

淵粹，下雖醉反。王弼注《周易》云：精純也。《廣雅》云：純也。《説文》云：粹，不雜也。從米卒聲。或從目作睟，音訓同。（C59P0152a；J089）

按：上所引詞目出自《高僧傳》第二卷音義。慧琳所釋"淵粹"條《大正藏》對應經文作：

"什年九歲,隨母渡辛頭河至罽賓,遇名德法師槃頭達多,即罽賓王之從弟也。淵粹有大量,才明博識,獨步當時,三藏九部莫不該練。"(T50P0330b)求之經義,"淵粹"指淵博而純粹。《説文・米部》:"粹,不雜也。"段注:"本是精米之稱。"引申泛指純、不雜義,《廣雅・釋言》:"粹,純也。"別如《周易・乾卦》:"剛健中正,純粹精也。"孔穎達疏云:"純粹不雜是精靈。"釋文謂作"睟"亦同,別如卷第七十五"純粹"條下云:"又作睟,同。"(C58P0974a)考"睟"之用法,概有四種。其一,正視貌。《慧琳音義》卷第二十一"世尊凝睟"下云:"睟,視也。謂肅然而視也。"(C57P0818b)又《龍龕手鑑・目部》:"睟,雖醉反。正視兒。"其二,潤澤貌。《慧琳音義》卷第九十八"睟容"下云:"顧野王云:'睟然,謂潤澤之兒也。'"(C59P0304a)又《龍龕手鑑・目部》:"睟,潤澤也。"如《孟子・盡心上》:"其生色也,睟然見於面。"其三,指顏色純正。漢揚雄《法言・君子》:"牛玄騂白睟而角。"李軌注云:"色純曰睟。"別如《太玄・將》:"將無疵,元睟。"李注云:"睟,純也。"其四,指目邊。《慧琳音義》卷第九十一"睟周"條下云:"尖葉反。目旁毛也。取周帀義也。"(C59P0189b)第四種用法較特殊,就前三種用法而言,似乎均與"純粹"義相通。在純粹義上,"粹"《廣韻》讀雖遂切,又《廣韻・至韻》雖遂切:"睟,潤澤也。"二者音同義相通,由此來看慧琳所謂作"睟"同,當指二者的同源通用性而言。殷寄明《漢語同源字詞叢考》即將二字系聯在"卒"聲"純粹義"下(2007:316),可從。

第四節　慧琳《一切經音義》所釋文字通假字的價值

《慧琳音義》在釋文時,除了搜集辭書中的相關文字信息外,更重要的是搜集了經文中的用字現象。慧琳輯録的這些用字現象與我們今天所見的經文用字有不少差異,就所釋文字中的通假字而言,他爲我們保存了魏晉至唐時漢字通假的大量實例。考察這些通假用例,一方面有助於通假字理論的研究,另一方面有助於通假字實例的辨證。同時,此類通假現象對於漢字的斷代研究亦有一定參考價值。

一、有助於考察魏晉至唐時漢字的借用現象

魏晉至唐五代時期,一方面漢字的數量急劇膨脹,另一方面漢字的用法較雜亂,文字通假便是其中的重要類型。《慧琳音義》載録的通假字現象如實反映了魏晉至唐時漢字借用的一面。例如:

(1)測—惻

　　不測,楚側反。《禮記》曰:無測未至。鄭玄曰:測,意度也。或經誤從心作惻,非此用也。(C57P0751a;J018)

按：上所引詞目出自《大乘大集地藏十輪經》第一卷音義。在揣測、推想義上，“測”與“惻”爲通假字關係。慧琳所釋“不測”條《大正藏》對應經文作：“天人普猶豫，不測何因緣；有誰將欲來，現此神通力。爲是佛菩薩，爲梵魔釋天；唯願大導師，速爲衆宣説。”（T13P0721c）今大正本經文亦作“測”，“不測”即無法猜度、没能猜度。作“測”是也。《説文·水部》：“測，深所至也。”王筠《説文句讀》：“深，動字，謂測之也。”本是測量之義，引申有推想、揣測等用法。如《左傳·莊公十年》：“夫大國，難測也，懼有伏焉。”經文正取此義。“惻”是憂傷、悲痛義，二字《廣韻》均讀初力切，音同。在揣測義上，二者當即通假字關係。

（2）拌—泮

拌之，上盤滿反。上聲字也，亦通去聲。《考聲》云：拌，攪也。《韻詮》：拌攤，相和皃也。《字統》：從手半聲。經作泮，非也。（C58P0200b；J040）

按：上所引詞目出自《聖不動尊使者成就經》音義。“拌”爲攪拌義，如宋葉隆禮《契丹國志·歲時雜記》云：“出兔肝，切生，以鹿舍醬拌食之。”文獻中“拌”或又借“泮”字爲之，如《尊勝佛頂修瑜伽法軌儀》卷第二《尊勝佛頂真言修瑜伽護摩品》第十云：“丁香末，熏陸香末，健怛囉娑末，已上和蘇泮之；甘松末，藿香零陵末，已上和蜜泮之。”（T19P0380b）上二“泮”字均取攪拌義，然“泮”本指泮宫，顯然這裏是“拌”的通假用法。“拌”“泮”二字《廣韻》分別讀普官切、普半切，《廣韻》分屬滂紐桓韻、滂紐換韻，音相近，故可借用。

（3）陛—梐

入陛，蒲米反。《説文》：升高階也。即牀陛、階陛是也。戒文從木作梐，補奚反，禁獄之名，非此用也。（C58P0748a；J064）

按：上所引詞目出自《解脱戒本》音義。慧琳所釋“入陛”條《大正藏》對應經文作：“若比丘作繩牀、若木牀，足應高如來八指，除入梐[1]。若過成者，波逸提。”（T24P0663c）求之經義，此“梐”指牀階而言，正當作“陛”。《説文·自部》：“陛，升高階也。”段注：“自卑而可以登高者謂之陛。”戒文之“梐”是梐枑，與“陛”義别；又二字《廣韻》均讀傍禮切，音同。在階梯意義上，“陛”“梐”爲通假字關係。

（4）靶—弙、杷

迴靶，巴罵反。《漢書音義》：靶，馬轡也。《考聲》：馬鞿也。靶亦柄也。《説文》：

---

① 《大正藏》“梐”下校勘記作：梐＝陛〔三〕〔宫〕〔聖〕。

彎革也。從革巴聲。亦作杷。彎音祕。（C59P0070b；J084）

　　其靶，巴駡反。《字書》云：靶，柄也。《説文》：從革巴聲。律本從弓作弝，亦通。或從木作杷。（C58P0699b；J062）

　　按：上所引詞目分別出自《古今譯經圖記》第四卷音義、《根本毗奈耶雜事律》第三卷音義。在馬彎首義上，"靶"與"弝"爲同源通用字現象，與"杷"爲同音借用字現象。慧琳所釋"迴靶"條《大正藏》對應經文作："遊覽百有餘國，以貞觀十九年迴靶，上京見帝于洛。帝大悦，即命所將梵本六百五十七部勅於西京弘福寺翻譯。"（T55P0367a）考求經義，"迴靶"即騎馬返回，"靶"取馬彎首義。據慧琳所釋，律本有作"弝"者，"弝"是弓背上手握持的部位，與"靶"具有同樣的特徵。二字均從"巴"得聲，《廣韻》同讀必駕切，音同義通，顯然爲同源通用字關係。又或作"杷"字，爲農具之一種，有齒，可將對象物爬梳聚攏。殷寄明《漢語同源字詞叢考》將"杷"與"爬""耙"等系聯爲一組（2007：34），具有爬梳的核義素。《廣韻》"靶"讀必駕切，"杷"讀蒲巴切，又音白駕切，二字音同義無涉。馬彎首義上用"杷"字，乃是"靶"的同音借用字現象。

二、有助於推進漢字斷代的相關工作

　　慧琳在收録經文中的文字通借現象時，往往會對所收録的文字進行考辨，有時根據辭書中的收載情況辨證文字。在這個過程中，他的工作客觀上爲漢字斷代提供了一定參考。例如：

（1）抱—鉋

　　抱須弥，上步交反。經文從金作鉋，非也。按鉋字，文字中並無，宜作掊、抱二體也。（C57P0954a；J026）

　　按：上所引詞目出自《大般涅槃經》第三十八卷音義。慧琳所釋"抱須弥"條《大正藏》對應經文作："汝等今者欲以手爪鉋須彌山，欲以口齒齗齧金剛。"[①]（T12P0592b）求之經義，"以手爪鉋須彌山"即用手爪將須彌山抱起，"鉋"是鉋子義，故慧琳云"非也"。正合作"抱"字，指用手臂圍住。別如《莊子·天地篇》："抱甕而出灌。""鉋""抱"二字《廣韻》分別讀防教切、薄浩切，二字音近義無涉，即是通假字關係。另上引釋文中慧琳謂"鉋"字"文字中並無"，即指其時所見辭書無有收録"鉋"字者。敦煌伯 2011 王仁昫《刊謬補缺切韻·肴韻》："鉋，鉋刷。今音白教反。"又《龍龕手鑑·金部》："鉋，蒲效反。治木器鉋釘也。又步交反。鉋刷也。"

---

① 《大正藏》相關校勘記："爪"下：爪＝抓㊊；"鉋"下：鉋＝掊㊂。

“鉋”字當即魏晉至唐時的新出字。

（2）腮—鰓

　　　　其鰓，塞來反。《考聲》：魚頰中肉也。《説文》作鰓，云：“角中骨也。”從角思聲。法本作腮，檢字書並無，恐誤也。（C58P0193b；J040）

　　按：上所引詞目出自《觀自在多羅菩薩念誦法》音義。慧琳所釋“其鰓”條《大正藏》對應經文作：“各用大母指捻小母指甲上，舒餘三指已，即交臂右押左，各附膊上印成，心中應作是相，兩脚如八字立，脹其腮咬右邊脣，作其瞋狀誦呪七遍。”（T20P0002a）今大正本經文亦作“腮”，指臉頰的下半部。《龍龕手鑑·肉部》：“腮，俗。蘇來反。”慧琳詞目作“鰓”，指魚頰。除上引慧琳所釋外，又《龍龕手鑑·魚部》：“鰓，蘇來反。魚頰也。”“腮”“鰓”二字均有頰之核義素，義相通；《廣韻》均讀蘇來切，音同，顯然二者爲同源字關係。劉鈞杰《同源字典再補》即將二者系聯爲一組（1999：6），可從。經文中臉頰義上作“鰓”，乃是“腮”的同源通用字現象。另釋文中謂“腮”字“檢字書並無”，蓋“腮”是魏晉至唐時的新出字。

（3）朓—杈

　　　　兩杈，楚加反。《説文》：木杈枝也。論文作朓，俗字也。撿諸字書並無此字。（C58P0306b；J045）

　　按：上所引詞目出自《菩薩善戒經》第九卷音義。在頤之傍義上，“朓”與“杈”爲同源通用字現象。從産生時代論之，“朓”當即魏晉至唐時的新出字。關於該組文字的詳細考辨，見本書考辨部分“朓、頄、杈”條下。

第七章 慧琳《一切經音義》所釋
文字分化字研究

分化字與母字相對而言,亦是漢字字際關係中的重要組成部分。與異體字相比較來看,分化字指一個字分化爲兩個或多個不同的字。此章我們重點探究以下幾個問題:分化字及其判定標準,《慧琳音義》所釋文字中分化字的類型,《慧琳音義》所釋文字中分化字產生的動因及制約過度分化的機制,《慧琳音義》所釋文字中分化字的價值和意義。

第一節 分化字及其判定標準

要確定分化字的實指,必須要處理其與文字分化的關係。考察文字分化,則需要從文字四要素入手。就文字的形、音、義、用四要素而言,與文字分化相涉較多的是形和用。基於此事實,我們這裏討論分化字,重點從構形和功能入手。

一、文字功能分化與分化字

談分化字,首先要處理其與文字功能分化之間的關係。從手段上來看,文字功能分化主要有三種模式:其一,形體無變化,功能發生分化;其二,形體分化,功能亦分化;其三,借用其他形體以分化功能。第一種類型主要指異體字的不同寫法在後世功能發生分化;第二種則是我們所認可的分化字,即通常由一個字分化爲兩個或多個不同的字,分化字的形體、功能均從母字而來;第三種主要指借用音同、音近字以分化原字的功能。

上面三種文字現象有很大不同。首先,從分化的過程和結果來看,分化字主要指一個字因功能需要,分化爲兩個或兩個以上不同的字,功能發生分化,同時產生新形體。異體字不同形體後世功能發生分化,形體間不再互用,從而變爲不同的字;功能分化的過程中,形體本身并没有發生變化。借用音同、音近字分化功能,主要指原字有多個常用義,通過借用另一個形體來分擔原字的部分功能,此過程并不產生新形體,有的久借不歸,有的在一段時期內固定借用。

另外從產生原因來看,分化字產生的過程中文字區別律起主導作用,通過增加新的漢字以滿足求表達的需要。異體字不同形體間功能分化則是文字簡易律在起關鍵作用,通過功能分化,減少漢字中的一字異體,從而更好地實現求表達的目的。借用音同、音近字來分化功能主要是文字區別律、簡易律在起作用,一方面被借用的字功能多且均常用,迫切需要有別的形體分擔其功能;另一方面借用字本身的意義與借義無涉,或者借用字的本義不常用,不易造成混淆。①

文字分化中的第一種情況主要針對異體字而言,指兩個或兩個以上的字形本是異體關係,在使用過程中,這些形體的功能發生分化,分別承擔不同的職責,從而變成非異體關係。出現此種分化現象時,文字發展三定律中的簡易律占主導地位,使相關文字形體達到更加經濟的狀態。例如:

(1) 儐—擯

> 檳(擯)庤,上賓印反。司馬彪注《莊子》云:擯,棄也。《史記》云:相與排擯也。《説文》從人作儐。(C57P0682b;J015)

按:上所引詞目出自《大寶積經》第九十二卷音義。慧琳所釋"檳(擯)庤"條《大正藏》對應經文作:"遠離於師長,親近惡知識;擯斥持戒人,是名眾務過。晝夜無餘想,唯念求衣食;不樂諸功德,是名眾務過。"(T11P0527a)今大正本經文作"擯斥",即釋文之"擯庤"。《慧琳音義》高麗本之"檳"乃是"擯"書寫訛誤所致。慧琳所溝通的《説文》之"儐",本是迎接賓客或迎接賓客的人,又轉指排斥、擯棄義。如《戰國策·齊策四》:"倍約儐秦,勿使争重。""擯"爲"儐"之或體。後來二者用法發生分化,"擯"主要承擔排斥、拋棄義,由異體關係變爲非異體關係。故而《慧琳音義》卷第十四《大寶積經》第八十卷"擯出"條下云:"經從人作儐,非也。義訓不相應,錯用也。"(C57P0676a)又卷第四十五《佛説十二頭陀經》"擯人"條下云:"經從人作儐。儐,助也,與經義乖也。"(C57P0676a)儘管《慧琳音義》偶或認爲"擯"作"儐"亦可,如卷第十九《觀虛空藏菩薩經》"駈擯"條下云:"經從人作儐,通用字也。"(C57P0778a)但絕大部分條目下均認爲二字用法有別。② 從文字發展的整個過程來看,"擯""儐"二字已然分化,用法迥别,由一個字的不同寫法變爲兩個不同的字。

(2) 孩—咳

> 嬰孩,於盈反,頸下也。孩,户來反。《玉篇》云:稚小也。養在嬰前,故有作咳字。

---

① 其中借用音同、音近的字分化功能一類我們在《慧琳〈一切經音義〉所釋文字異體字研究》一章已有詳細考察,這裏主要討論通過異體字不同形體分化功能一類。

② 《慧琳音義》詞目中含有"擯"或釋文中解釋"擯"的共有 26 條,其中"擯""儐"共現的條目中,認爲"擯""儐"用法有别的共 6 條,認爲二字可通用的有 2 條,没有加以明確區分的有 1 條。

《玉篇》云：小兒笑也。非此義也。(C57P0922a；J025)

按：上所引詞目出自《涅槃經》第七卷音義。慧琳所釋"嬰孩"條《大正藏》對應經文作："復次善男子，譬如女人生育一子，嬰孩得病，是女愁惱，求覓醫師。醫師既來，合三種藥，酥乳石蜜，與之令服。因告女人，兒服藥已，且莫與乳，須藥消已，爾乃與之。"(T12P0407c)今大正本經文作"孩"，取小孩、幼兒義。"孩"字《説文》已有收録，《口部》："咳，小兒笑也。孩，古文咳從子。"據許慎所釋，則"咳"與"孩"爲換旁異體字關係，均指嬰兒笑。然而後世二者用法發生了分化，"孩"主要用作嬰兒、小兒義，上引釋文中慧琳引《玉篇》作"稚小"即是。從文字演變的整個過程來看，"孩""咳"由異體關係變爲非異體關係，由一個字的不同寫法變爲兩個不同的字。

（3）迓—訝

迓之，上五駕反。《尔雅》云：迓，迎也。《古今正字》：從辵牙聲。(C59P0044a；J083)
驚訝，下牙駕反。《考聲》云：訝猶驚歎也。《古今正字》：從言牙聲。(C59P0239a；J094)

按：上所引詞目分別出自《大唐慈恩寺三藏法師玄奘傳》音義、《續高僧傳》第二十八卷音義。釋文中"迓之"之"迓"取迎接義，"驚訝"之"訝"取驚奇、詫異義，二者義別，慧琳在釋文中亦引文獻予以別之。然而"迓"與"訝"在《説文》中爲異體字關係。《説文·言部》："訝，相迎也。迓，訝或從辵。"二者均是迎接義，如《儀禮·聘禮》："厥明，訝賓于館。"鄭玄注云："以君命迎賓謂之訝。訝，迎也。"又《尚書·盤庚》："予迓續乃命于天。"孔傳云："迓，迎也。"不過後世二者用法發生了分化，"訝"主要用作驚訝義，《廣韻·禡韻》："訝，嗟訝。""訝"與"迓"由異體關係變爲非異體關係，由一個字的不同寫法變爲兩個不同的字。

二、分化字的實指

通過造新字來分擔原字的職能，是文字分化的一種表現。我們認爲，分化字指漢字當中的某些字早期功能較多，後期在漢字形義統一性及文字發展區別律、表達律的推動下，通過改造原形體，分化出新字，分擔母字的部分職責。與通過異體字不同形體分化功能及借用他字分化功能相比，分化字除了功能的分化外，一般會產生新形體，且後出形體多是在母字基礎上通過增加或改換部件而來。例如：

（1）孚—孵

孚乳，上撫夫反。《通俗文》云：卵化曰孚。又孚字從爪從子，此會意字也。(C57P0947b；J026)

　　按：上所引詞目出自《大般涅槃經》第三十卷音義。慧琳所釋"孚乳"條《大正藏》對應經文作："二月名春，春陽之月萬物生長，種植根栽，花果敷榮，江河盈滿，百獸孚乳。"（T12P0545a）經文之"孚"是孵化義。《説文·爪部》："孚，卵孚也。"正是孵化之義，引申有誠信、信譽、符合等用法。孵化義上後加"卵"旁作"孵"，敦煌伯2011王仁昫《刊謬補缺切韻·虞韻》："孵，卵化。"蓋慧琳時代"孵"字尚未大範圍流通，故而《慧琳音義》釋"孚"時未溝通"孵"，《玄應音義》《慧琳音義》中均未見載。《可洪音義》卷第五《妙法蓮華經》第二卷"孚乳"條下云："上芳無反，卵生也。正作孵。"（C59P0702c）又《龍龕手鑑·孚部》："孵，芳無反。卵化也。"從形體來源求之，"孵"即由"孚"分化而來。

　　（2）被—披

　　　　髮被，皮寄反。被謂被帶也，亦衣被也。律文有作披張之被（披），非也。（C58P0629a；J059）

　　按：上所引詞目出自《四分律》第一卷音義。慧琳所釋"髮被"條《大正藏》對應經文作："時園中有鬼，命終即處其胎。處胎九月生男，顏貌端政，與世無雙，字爲種子。諸根具足，漸漸長大，剃髮被袈裟，以信堅固出家學道，精勤不懈得阿羅漢，神足變化威德無量，故號尊者種子。"（T22P0570a）求之經義，"被袈裟"即穿上袈裟，"被"取覆蓋義。"被"本表被子，《説文·衣部》："被，寢衣，長一身有半。"引申有披著、覆蓋等用法。如《左傳·襄公十四年》："乃祖吾離被苫蓋，蒙荆棘。"另如《楚辭·涉江》："被明月兮佩寶璐。"王逸《楚辭注》云："在背曰被。"因覆蓋、披著義動詞性比較強，此義後由"披"字記錄，"被"則主要記錄被子義、遭受義等。就"被""披"二字的形體來源而言，"披"乃是"被"的後出分化字。《説文·手部》："披，從旁持曰披。"《釋名·釋喪制》："兩旁引之曰披。披，擺也。各於一旁引擺之，備傾倚也。"又張舜徽《説文約注》"披"下云："凡訓開訓析者，當以披爲本字。"（2009：2971）《大字典》第二版"披"第一個義項釋作"分開、裂開"（2010：1968），所釋是也。

第二節　慧琳《一切經音義》所釋文字分化字的類型

　　從不同角度可將分化字分爲不同的類型，我們從漢字功能入手對其進行分類。就漢字的功能而言，無外乎三種：記錄與文字構形相一致的本義，記錄由本義引申而來的意義，記錄與本義没有任何聯繫的借義。概而言之，即每個漢字理論上可以具有三種功能：本用、轉用、借用。基於此前提，我們將《慧琳音義》所釋文字中的分化字分爲文字本用造成的分化字、文字轉用造成的分化字、文字借用造成的分化字三種。

一、文字本用造成的分化字

文字本用造成的分化指某個字的本用較廣，由於漢字形義統一性等因素的促動，在原字的基礎上分化出一個新形體，分擔較廣的本用。例如：

（1）獸—狩

　　走獸，收呪反。《尒雅》云：四足而毛謂之獸。《蒼頡篇》云：獸，走者也。《廣雅》云：獸，守也。經文從犬作狩。鄭注《周禮》云：冬田爲狩。郭注《尒雅》云：放火燒草亦曰狩。非經義。（C58P0060a；J033）

按：上所引詞目出自《佛説太子沐魄經》音義。慧琳所釋"走獸"條《大正藏》對應經文作："太子適前，飛鳥走獸復驚來前，遠藏三匝，復塞藏户，太子復不得前。"（T03P0410b）今大正本經文作"獸"，指野獸、禽獸。"獸"字，《説文·兽部》："獸，守備者。"就"獸"之形義關係而言，徐灝《説文注箋》謂："獸之言狩也，田獵所獲，故其字從犬，謂獵犬也。"指狩獵義，如《詩經·小雅·車攻》："建旐設旄，搏獸于敖。"鄭玄箋云："獸，田獵搏獸也。"狩獵義用"獸"字記録，狩獵的對象亦用"獸"字記録。段注云："獸，守備者也。一曰：兩足曰禽，四足曰獸。"又《爾雅·釋鳥》："二足而羽謂之禽，四足而毛謂之獸。"如《尚書·益稷》："擊石拊石，百獸率舞。"此"獸"即野獸、禽獸而言。慧琳所見經文作"狩"，《説文·犬部》："狩，犬田也。"即狩獵義。《爾雅·釋天》："冬獵爲狩。"就"獸""狩"之字際關係而言，楊樹達《積微居小學述林·卷二·釋獸》云："獸蓋狩之初文也。"（1983：65）楊氏所言甚是，"狩"即"獸"在狩獵義上之後出分化字，"獸"則專門記録狩獵的對象。正因爲"獸"與"狩"爲分化字關係，故而慧琳釋文中謂走獸、禽獸義上作"狩"爲"非"。

（2）禽—擒

　　擒獲，及今反。《考聲》：捉也。或單作禽，見《蜀都賦》。從手禽聲。《説文》作捦，持也。從攴金聲。（C58P0210b；J041）

按：上所引詞目出自《大乘理趣六波羅蜜多經》第一卷音義。慧琳所釋"擒獲"條《大正藏》對應經文作："咄哉無常能作斯害，甚大鄙惡不揀怨親，三界眾生無能免離，皆被死伐何能救之，設轉輪王那羅延力皆被擒獲，當知死苦無量無邊。"（T08P0867c）考經文之"擒"，取擒獲義。慧琳謂或作"禽"，《説文·内部》："禽，走獸總名。"儘管《説文》釋"禽"爲走獸，然從出土文獻來看，"禽"本擒獲字，爲動詞用法。擒獲的對象亦稱作"禽"，爲名詞用法。李孝定《甲骨文字集釋》第十四謂："禽本動詞，遂名所獲爲禽，反於禽字增之手旁作擒以當本誼。"（《古文字詁林》第十册,2004：903)顯然"擒"由"禽"字分化而來,承擔廣義的部分用法。

二、文字轉用造成的分化字

有不少漢字除記錄本義外,又記錄由本義引申而來的意義,此即文字的轉用。同本用較廣分化一樣,當某個漢字同時記錄本義和引申義時,或是爲了表義明確,或是爲了增强形義統一性,常會分化出一個或幾個新字以分擔功能。從母字與分化字所承擔功能的屬性來看,有的是分化字承擔本用,母字承擔引申用法;有的是分化字承擔引申用法,母字承擔本用。不過所謂引申用法,是就某個或某些特定用法而言,非指所有的引申義。

(一) 分化字記録本用

後出的分化字記録本用,母字記録引申用法。例如:

(1) 包—胞

胞初生,庖皃反。樹花胞胎也。忉利天上波質多樹,花欲開時,先生胞。《説文》:婦人懷妊兒生衣也。《字書》正體作包,或有作皰。皰音蒲皃反,其義亦通。(C57P0543b;J008)

按:上所引詞目出自《大般若波羅蜜多經》第五百七十五卷音義。慧琳所釋"胞初生"條《大正藏》對應經文作:"如圓綵樹胞初出時,三十三天踊躍歡喜。"①(T07P0970b)據慧琳所釋,"胞"取胞胎義,字本作"包",後增"肉"旁作"胞"。就"胞"字形體來源而言,因"包"字在文獻中更多地記錄包含、容納之義,而胎衣義又相對特殊;此外,"包"的象形性減弱之後,胎衣義不易察覺,故而添加"肉"旁造"胞"字。這樣一來,不但實現了形義的更加統一,同時也分擔了"包"字的職責,使表義更加明瞭。

(2) 敖—遨

敖逸,五高反。《文字集略》:遨,遊也。《廣雅》云:嬉也。《説文》:從出從放。辵音丑略反。(C58P0509a;J054)

按:上所引詞目出自《佛説善生子經》音義。慧琳所釋"敖逸"條《大正藏》對應經文作:"朋類又當以五事攝取其友。何謂五? 有畏使歸我,遨逸則數責,私事則爲隱,供養久益勝,言忠爲忍言。"(T01P0254b)今大正本經文作"遨",取遊玩、出遊義。《説文》本作"敖",《放部》:"敖,出游也。"段注:"从放,取放浪之意。"本指出遊,如《詩經·小雅·鹿鳴》:"我有旨酒,嘉賓式燕以敖。"毛傳云:"敖,遊也。"引申又有戲謔、喧鬧等用法。此外,"敖"的出遊、遊

───────────────

① 《大正藏》相關校勘記:"綵"下:綵=生⑲;"胞"下:胞=苞⑲。

玩義多與行走有關,而"敖"字形體於遊玩、走動的特徵所示有限。故而在漢字形義統一性的影響下,"敖"又添加"辵"旁分化出"遨"字,專門記録"敖"的遊玩義。"敖"與"遨"即母字與分化字之關係。

(二)分化字記録引申用法

後出的分化字記録某一引申義。例如:

(1)猋—飆

> 飆聚,上俾遥反。《爾雅》:扶搖謂之颮。郭璞云:暴風從上向下也。或作猋,從三犬。《説文》:從風猋聲也。(C57P0624a;J012)

按:上所引詞目出自《大寶積經》第十三卷音義。詞目之"飆"爲旋風、暴風義,此義上早期作"猋"。《説文·犬部》:"猋,犬走皃。"本指犬奔跑的樣子,引申有奔跑、急速向前之義,後又指旋風、暴風。《爾雅·釋天》:"扶搖謂之猋。"郭璞注云:"暴風從下上。"如《禮記·月令》:"猋風暴雨總至,藜莠蓬蒿並興。"鄭玄注云:"回風爲猋。"然"猋"之構形與旋風義并不相契,在漢字形義統一性的促動下,"猋"又添加"風"旁分化出"飆"字,專門記録"猋"之旋風義。《説文·風部》:"飆,扶搖風也。從風,猋聲。"

(2)包—苞

> 包納,包字又作苞,並通用。(C57P0819b;J021)
> 苞容,補交反。《廣雅》:包,裹也。容,受也。(C57P1005a;J028)

按:上所引詞目分別出自《華嚴經》卷第七《普賢三昧品》音義、《維摩詰所説經》中卷《不思議品》第六音義。慧琳所釋"包納"條《大正藏》對應經文作:"出生一切諸三昧法,普能包納十方法界。"(T10P0033a)又上"苞容"條《大正藏》對應經文作:"其室廣博,悉皆包容三萬二千師子座,無所妨礙。"(T14P0546b)索經義,上二處經文中的"包"均是包含、容納義。《説文·勹部》:"包,象人裹妊。"此義上後作"胞"。"包"字又記録包容、容納義,如《周易·泰卦》:"九二,包荒,用馮河。"王弼注云:"能包含荒穢,受納馮河。""包"又表示叢生義,如《尚書·禹貢》:"草木漸包。"孔傳云:"包,叢生。"陸德明《經典釋文》:"包,或作苞。"顯然"苞"即由"包"分化而來,專門記録"包"的叢生義。

三、文字借用造成的分化字

有時某個詞暫時没有專字記録時,常會借用已有的字記録之;也有時某個詞的專字因種種原因不再使用時,也會借用其他的字記録之。當借用法使用較多時,往往會造成本用與借用共爭一個書寫形式的現象,在這種情況下,通常會在原字基礎上分化出一個新字,以分擔原字的部分功能。就母字與分化字所承擔的功能來看,有的是分化字記録本用或引申用法,母字記録假借用法;有的是分化字記録假借用法,母字記録本用或引申用法。

(一)分化字記録假借用法

後出的分化字記録假借用法,母字記録本義或引申義。與分化字記録本義或引申義、母字記録假借用法相比,此類現象在《慧琳音義》所釋文字中占的比例較大。究其原因,根本地在於借字跟借義形義不相契合,爲了更好地完成記詞職能,爲借義新造形義契合的形體便成了重要手段。例如:

(1)蜱—莔

> 莔麻,閉迷反。《考聲》云:草樹名也。其子似牛蜱蟲,故以名焉。從草茰聲。今經文作莔,或作蜱,並非本字也。(C57P0686b;J015)

按:上所引詞目出自《大寶積經》第九十九卷音義。慧琳所釋"莔麻"條《大正藏》對應經文作:"彼醫得世間,恭敬及名稱;發菩提心者,普治煩惱病;大王莔麻林,花香影不妙。"(T11P0551b)據慧琳所釋,莔麻蓋是因其子形似牛蜱蟲或狗蜱,故而借"蜱"以爲名。宋戴侗亦持此觀點,《六書故·動物四》"蝒"下云:"蝒麻子類蝒,故以名之。蝒麻,別作莔,非。"(2006:473)又明李時珍《本草綱目·草部·草之六》"莔麻"下云:"頌曰:'葉似大麻子,形宛如牛蜱,故名。'時珍曰:'莔亦作蝒。蝒,牛虱也。其子有麻點,故名莔麻。'"(1975:1145)從文字形體來源求之,莔麻之"莔"初期借"蝒"字爲之,後期在漢字形義統一性的促動下,換"虫"旁爲"艸"旁作"莔"。從這個角度來看,"蝒"與"莔"爲分化字之一類,即爲某個假借用法新造本字。

(2)蚩—嗤

> 蚩笑,上齒之反。《廣雅》:蚩,輕也,亂也。《韓詩》云:志意和悦皃。從虫從屮。經作𧋈,非也。《説文》作欸。欸,戲笑皃也。(C57P0698a;J015)
>
> 蚩笑,尺之反。《蒼頡篇》:蚩,輕侮也。經文從口作嗤,非體也。(C57P0740a;J017)

按:上所引詞目分別出自《大寶積經》第一百一十三卷音義、《大方等大集經》第十六卷音義。《大寶積經》第一百一十三卷"蚩笑"條《大正藏》對應經文作:"何等八,一作愚癡,二口瘖瘂,三受身矬陋,四顏貌醜惡,其面側戾,見者蚩笑……"(T11P0640a)今大正本經文作"蚩",據《大正藏》"蚩"下校勘記,明嘉興藏本作"嗤"。考之經義,正當作"嗤笑"。"蚩"字,《説文·虫部》:"蚩,蟲也。"是蟲名,或又表示無知、愚昧、詩亂義。嗤笑義上之"蚩"爲借用字,《玉篇·虫部》:"蚩,笑也。"朱駿聲《通訓定聲·頤部》:"蚩,叚借爲欸。"如《文選·阮籍

〈詠懷詩〉》:"乃悮羨門子,嗷嗷今自蚩。"李善注云:"《説文》云:'嗤,笑也。'嗤與蚩同。"後在漢字形義統一性的促動下,添加"口"旁作"嗤"。《玉篇·口部》:"嗤,笑兒。"綜上,"嗤"爲"蚩"在嗤笑義上之後出分化字,專門記錄"蚩"的嗤笑這一假借用法。

（3）長—萇

　　　　長抓,上長字,經或從草,亦通。（C58P0999a;J076）

按:上所引詞目出自《無明羅刹集》音義。慧琳所釋"長抓"條《大正藏》對應經文作:"貪嗜利養以爲利齒,六十二見以爲其髮,三愛饕餮以爲長咽,八邪疣腿以爲肩臂,諸惡律儀以爲長爪,忍受結業以爲兩乳。"（T16P0856c）今大正本經文作"長",慧琳所見經文作"萇"。求之經義,作"長"是也,取長短義。"萇"字,《説文·艸部》:"萇,萇楚,銚弋。一曰羊桃。"指萇楚,如《詩經·檜風·隰有萇楚》:"隰有萇楚,猗儺其枝。"文獻中或作"長楚",《康熙字典·長部》"長"下云:"又草名。《爾雅·釋草》:'長楚,銚芅。'"從文字形體來源角度求之,"長"字借用記錄萇楚義,後增"艸"旁分化出"萇"字,專門記錄"長"的"萇楚"這一假借用法。

（4）霸—灞

　　　　灞上,百罵反。《考聲》:求（水）名也。正作霸字。從霏從月。霏音革。集中作灞,俗字。（C59P0280b;J097）

按:上所引詞目出自《廣弘明集》第四卷音義。慧琳所釋"灞上"條《大正藏》對應經文作:"於是屈迹暫遊,方踐京邑,次於灞上。"（T52P0113c）"灞上"即"灞上",是地名,在今陝西省西安市東。"灞"是"灞"之異寫字,《碑別字新編·二十一畫》"霸"下引《魏赫連悦墓誌》作"霸"形（1985:456）。《龍龕手鑑·雨部》:"霸,俗。霸,正。"均是其證。在水名義上,"灞"是後出分化字,本作"霸"。《史記·司馬相如列傳》:"終始霸滻,出入涇渭。"司馬貞《史記索隱》引張揖云:"灞出藍田西北而入渭。"（1959:3018）從漢字形義統一角度察之,"霸"字功能較多,水名又較特殊,故而加"水"旁别作"灞",以分化"霸"之功能,同時也使水名這一用法與"灞"字實現形義之統一。

（二）分化字記録本用或引申用法

後出的分化字記録本用或引申用法,母字記録假借用法。例如:

（1）垂—陲

　　　　東陲,述危反。《韻詮》云:陲,危也。《廣雅》:邊也。《弘福寺碑》文中作垂,略也。從皀垂聲也。（C57P0405b;J001）

　　按：上所引詞目出自《大唐三藏聖教序》音義。慧琳所釋"東陲"條《大正藏》對應經文作："引慈雲於西極，注法雨於東陲，聖教缺而復全。""東陲"與"西極"對文，均取邊際義。（T52P0258c）邊陲義上本作"垂"，《説文·土部》："垂，遠邊也。"即邊疆、邊際義，如《荀子·臣道》："邊境之臣處，則疆垂不喪。"又如《文選·王仲宣詠史詩》："妻子當門泣，兄弟哭路垂；臨穴呼蒼天，涕下如綆縻。"李善注云："垂，邊也。"後又用"陲"字記録之。《古今韻會舉要·支韻》："陲，遠邊也。"別如《左傳·成公十三年》："芟夷我農功，虔劉我邊陲，我是以有輔氏之聚。"

　　關於"陲""垂"二者之關係，《説文》釋"陲"爲危，則與"垂"義別。綜合來看，後世學者或將之視作通假字關係，如段注"垂"下云："俗書邊垂字作陲，乃由用垂爲䍿，不得不用陲爲垂矣。"（1981：693）朱駿聲《通訓定聲·隨部》"陲"下謂："叚借爲垂，俗用爲邊境字。"（《説文詁林》，1988：14013）又張舜徽《説文約注》"陲"下按云："陲之言䍿也，謂山巖下䍿，其勢甚危也，故其字從𨸏。今則用爲邊陲字，乃借陲爲垂也。"（2009：3567）亦或視作母字與分化字關係，馬敍倫《説文解字六書疏證》："危也疑非本義，陲蓋垂之後起字。"（《古文字詁林》第十册，2004：844）亦或視作異體字關係，徐灝《説文注箋》："垂、陲本一字，相承增偏旁。"（《説文詁林》，1988：14013）對此我們比較同意分化字之説，儘管《説文》釋"陲"爲危，然危義文獻并未通行，蓋是許慎根據"陲"字從"𨸏"而設，當即"造意"，其"實義"則正是邊陲義。其分化的原因蓋是，"垂"借作"䍿"，爲便於區分，故而又造"陲"字記録邊陲義。王力《同源字典》亦認爲"陲"是"垂"的"分别字"（1982：440），可從。

　　（2）前—剪

　　　前蹤，上俗前字也。《説文》：先也。正體從止從舟作歬。《説文》：不行而進謂之前，止在舟上也。蔡邕加刂（巛）。刂（巛），水也。廣二尋深二仞曰刂（巛）。刂（巛）音古外反。俗從刀者，非也。（C57P0404b；J001）
　　　剪拔，上煎衍反。鄭注《禮記》云：剪，割截也。杜注《左傳》云：盡也。《説文》：從刀前聲。（C57P0761b；J018）

　　按：上所引詞目分别出自《大唐三藏聖教序》音義、《十輪經》第三卷音義。慧琳所釋"前蹤"條之"前"取前行、前進義，所釋"剪拔"條之"剪"取截取、剪除義。然而就此二字之字際關係而論，前行義上本作"歬"，截取、剪斷義上本作"劗（前）"，後"劗（前）"字被借用記録前行義，文獻中又借翦羽之"翦"記録截取義。後在漢字形義統一性等因素的促動下，"劗（前）"字又增"刀"旁分化出"剪"字，專門記録"劗（前）"之本義。敦煌斯388《正名要録》"右字形雖别，音義是同，古而典者居上，今而要者居下"類，"翦"爲古，"剪"爲今。此即文獻中借"翦"爲"剪"的直接證據，同時可證"剪"爲後出字。

另外,利用上面例子,我們可以進一步辨析本字不用、借字通行現象與分化字記録本義、母字記録假借義一類字之區别。本字不用、借字通行現象屬於文字借用之一種,只有本字的形義是契合的,借字形體與所記借義無涉;分化字記録本義、母字記録假借義中,母字原本同時記録本義與借義,母字與本義形義相契合;母字被借義專用之後,新造的記録本義的分化字與母字的本義亦是契合的。如"歬—前",前進義上只有"歬"字形義統一,"前"字構形與前進義則無涉;又如"巫—垂",雖然文獻中通行"垂"字,然而其構形與下垂義則無涉。相反,"垂""陲"之構形均與邊陲義相合,"前""剪"之構形均與截取、裁剪義相合。故而前一種情況屬於本字不用、借字通行現象;後一種情況屬於母字記録假借義,後出分化字記録本義,爲母字與分化字之一類。

第三節　慧琳《一切經音義》所釋文字分化字産生動因及制約機制

漢字之所以分化,最根本的是受漢語的制約,要想很好地記録漢語,就需要始終保持其形義統一性。同時,漢字也受文字發展區别律、表達律、簡易律三大定律的制約。就漢字形義統一性這一因素而論,從原初造字時的因義賦形特徵起,漢字在其整個發展過程中始終保持著這一特性。不管是本用分化、轉用分化還是借用分化,分化的背後都隱藏著一個動力,即爲了實現形義之統一。漢字作爲記録漢語的書寫符號系統,除受漢語發展規律的制約外,同時又受文字發展三大定律的制約。就分化字而言,文字發展定律對其的影響既體現爲在區别律、表達律的影響下分化出新字,同時也表現爲在簡易律的制約下控制分化的行爲,以防過度分化。總之,漢字的形義統一性與文字發展三定律共同作用於分化字的産生與發展,一方面推動分化字的産生,另一方面又抑制過度分化。

一、分化字産生的根本原因

《慧琳音義》所釋文字中的分化字産生的根本原因是爲了更好地記録漢語,換言之,即需要漢字始終保持其形義統一性。在這個過程中,分化出的字一方面分擔了母字的功能,滿足了文字求區别、求表達的需要,另一方面也保持了漢字的形義統一性,從而母字分化出新字成爲漢字適應漢語的一種必要手段。例如:

(1) 拔—鈸

銅拔,蒲撥反。亦爲跋。今關東多作兩扇,相擊出聲。(C57P0969a;J027)

按：上所引詞目出自《妙法蓮華經》方便品音義。慧琳所釋"銅鈸"條《大正藏》對應經文作："若使人作樂，擊鼓吹角貝，簫笛琴箜篌，琵琶鐃銅鈸，如是衆妙音，盡持以供養。"①（T09P0009a）又《妙法蓮華經玄贊》卷第四云："銅拔兩扇相擊出聲②，有作鈸，無所從，或爲跋字。"（T34P0727b）"銅鈸"即"銅拔"，爲擊打樂器之一種。因早期無"鈸"字，故而借"拔"字爲之，在漢字形義統一性的促動下，後期造從"金"旁的"鈸"字以記之。《慧琳音義》卷第十七《大乘顯識經》卷上"銅鈸"條下云："古字書無鈸字，近代出也。"（C57P0733b）在"銅鈸"義上，"拔"與"鈸"爲母字與分化字之關係。

（2）兜—篼

> 馬篼，下斗侯反。《廣雅》云：樓（樓）③、篼，囊也。《説文》亦食馬器也。從竹兜聲。傳文作兜，即鍪也，非本義也。（C59P0160a；J089）

按：上所引詞目出自《高僧傳》第五卷音義。慧琳所釋"馬篼"條《大正藏》對應經文作："見門裏有二馬梠，梠間懸一馬篼，可容一斛，安便呼林百升。主人驚出，果姓林名百升，謂是神人，厚相接待。既而，弟子問何以知其姓字，安曰：'兩木爲林，篼容百升也。'"（T50P0352a）今大正本經文作"馬篼"，"篼"即喂馬的竹器。《説文·竹部》："篼，飲馬器也。"慧琳所見經文作"兜"，本是兜鍪字，引申指形狀像兜鍪的帽子、口袋等義。"兜"字亦或表示喂馬的食槽，後在漢字形義統一性及文字發展求區別、求表達的促動下，"兜"增"竹"旁分化出"篼"字，專門記錄馬篼義。當是慧琳時代"篼"已徹底從"兜"字分化了出來，故而釋文謂經文作"兜"非"本義"。

（3）徹—撤

> 捨撤，纏列反。杜注《左傳》云：撤，去也。鄭注《儀禮》：除也。或從彳作撤（徹）。（C59P0309a；J098）

按：上所引詞目出自《廣弘明集》第二十二卷音義。"撤"爲"徹"之後出分化字。慧琳所釋"捨撤"條《大正藏》對應經文作："心手勤到，何量功德，捨撤淨財，豈可稱計，所資甘雨，用沃焦芽，能生諸佛，本是般若。"（T52P0257c）考之經義，"捨撤"同義詞連用，均是去義。撤去、除去義上本作"徹"，羅振玉《增訂殷墟書契考釋·卷中》："卒食之徹乃本誼，訓通者，借誼也。"（《古文字詁林》第三册，2001：612）又楊樹達《積微居小學述林·卷二·釋徹》下云："許

---

① 《大正藏》經文校勘記："貝"下：貝＝具⑯；"鈸"下：鈸＝鉢⑰；"盡"下：盡＝畫⑱。
② 《大正藏》"聲"下校勘記：聲＋聲⑲。
③ 按，此"樓"乃"樓"之訛。"樓"是閣樓、樓房義，非是；"樓"是飼馬之布袋，正合文義。

君以通訓徹,形與義不相比附,說殆非也……徹義當如《儀禮‧有司徹》之徹,謂徹除也。"(1983:56)後來"徹"在文獻中主要記錄通達、通透、遍滿等用法,遂換"彳"旁爲"手"旁分化出"撤"字,專門記錄撤去、除去義。

二、制約文字過度分化的機制

儘管漢字常通過新造分化字這一手段來滿足記錄漢語的需要,但分化字的產生並不是放任的,文字發展簡易律制約著分化字產生、行用的整個過程。儘管有的字分化出新字,但分化出的新字未必通行。需要指出的是,就字際關係而言,我們將分化失敗現象歸入異體字一類。例如:

(1) 周—賙

　　賙救,今作周,同。之由反。謂以財物與人曰賙。《周禮》:五黨爲周,使之相賙。鄭玄曰:賙謂禮物不備相給足也。《詩》云:靡人不賙。《傳》曰:賙,救也。箋云:將救其急也。(C58P0326a;J046)

　　按:上所引詞目出自《大智度論》第十四卷音義。慧琳所釋"賙救"條《大正藏》對應經文作:"病者甚多,力不周救,憂念一切而不從心,懊惱而死,即生忉利天上。"(T25P0151a)今大正本經文作"周",亦取救助義。慧琳釋文認爲作"賙"亦可。就"周""賙"二字之關係而言,"周"本是周密義,引申有親密、普遍、周匝等用法,轉而又表示對他人經濟上的救助。如《詩經‧大雅‧雲漢》:"靡人不周。"毛傳云:"周,救也。"即救濟義。因救濟多與錢財有關,故而"周"又添加"貝"旁分化出"賙"字,專門記錄周濟、救濟義。《玉篇‧貝部》:"賙,給也,贍也。"如《周禮‧地官‧大司徒》云:"五黨爲州,使之相賙。"不過文獻中周濟義上仍通行"周"字,究其原因,與文字發展求簡易的特性有很大關係。

(2) 果—惈

　　惈敢,古禍反。《廣雅》:惈,勇。《蒼頡篇》:惈,憨也。殺敵爲惈。《尔雅》:惈,勝也。孫炎曰:惈決之勝也。今亦作果。憨音胡濫反。(C58P0327b;J046)

　　按:上所引詞目出自《大智度論》第十六卷音義。釋文之"果"表示果決、決斷義。"果"本是果實義,又假借表示勇敢、果斷義。《玉篇‧木部》:"果,果敢也。"如《周禮‧春官‧大卜》:"以邦事作龜之八命……五曰果。"鄭玄注云:"果謂以勇決爲之。"經文之"惈敢"即"果敢"。敦煌伯2011王仁昫《刊謬補缺切韻‧哿韻》:"惈,敢。"又《龍龕手鑑‧心部》:"惈,音果。敢也。"從形體來源而言,"惈"即"果"字加"心"旁而來。考其增旁緣由,當是爲了區別於果實之"果"，則"祼"乃"果"之分化字。然文獻中"祼"字並未通行，果敢義上仍多作"果"。究其原因，很大程度上是受文字發展簡易律的制約。

（3）名—詺

　　名於，弥盈反。所以召質也。名号也。經文從言作詺，近字也。《字略》云：相詺目也。（C58P0561b；J056）

按：上所引詞目出自《佛本行集經》第十三卷音義。慧琳所釋"名於"條《大正藏》對應經文作："離城可有一拘盧奢，而象墜地，即成大坑。乃至今者，諸人相傳，詺於此處爲象墮坑，即此是也。"（T03P0712b）今大正本經文亦作"詺"，指辨物名、命名。此義上本作"名"，《説文·口部》："名，自命也。"本指人的名字，引申指命名、取名、事物的名稱等用法。從文字形體來源論之，"詺"蓋是爲了分化"名"的辨物名、命名這一用法，從而添加"言"旁。然而"詺"字並未通行，文獻中命名義上仍多作"名"。敦煌伯2011王仁昫《刊謬補缺切韻·勁韻》："詺，武聘反。詺目。或作名。"由此來看，"詺"分化失敗，與文字發展求簡易的特性有很大關係。

第四節　慧琳《一切經音義》所釋
文字分化字的價值

考察《慧琳音義》所釋文字中的分化字，有助於分化字相關理論的研究，更重要的在於其如實地反映了魏晉至唐時漢字分化的諸多事實，從而有助於推進漢字斷代的相關工作。

一、有助於瞭解魏晉至唐時漢字分化的某些狀況

與《慧琳音義》所釋文字中的通假字一樣，所釋文字中的分化字也保存了漢字分化的大量事實。通過慧琳收録的這些分化實例，我們不但可以考察魏晉至唐時佛經文獻乃至整個社會用字的一些特點，同時也可以逐步確定部分漢字分化的具體過程與分化程度。例如：

（1）匱—櫃

　　衣櫃，逵位反。盛衣物大木械也。或單作匱。（C58P0659a；J060）

按：上所引詞目出自《根本説一切有部毗奈耶律》第三卷音義。慧琳所釋"衣櫃"條《大正藏》對應經文："或種種彩畫，是謂異處，石上既爾。乃至板木、牆壁、薦席、蓋覆、衣幞、衣

櫃、衣笐、象牙杙、床座處,若四足經架、若門門闑,安物之時事並同前。"(T23P0639b)經文之
"櫃"取櫃子義,《説文》本作"匱",後世增"木"旁作"櫃"。《説文・匚部》:"匱,匣也。"即櫃子
義。如《尚書・金縢》:"公歸,乃納册于金縢之匱中。"除表櫃子義外,又借用表示匱乏、竭盡
義。《廣韻・至韻》:"匱,竭也,乏也。"如《詩經・大雅・既醉》:"孝子不匱,永錫爾類。"毛傳
云:"匱,竭。"因"匱"之匱乏義較常用,故而櫃子義上後增"木"旁分化出"櫃"字。王仁昫《刊
謬補缺切韻・至韻》:"櫃,櫃篋。"《龍龕手鑑・木部》:"櫃,篋也。"又清翟灝《通俗編・器用》
"匱"下云:"唐或有從木作櫃者⋯⋯今世悉承用之。"此與慧琳所釋正相吻合。從釋文"或單
作匱"來看,蓋慧琳時代"櫃"尚未完全從"匱"中分化出來。

　　(2)皋—槔

　　　　玉槔,槀敖反。《莊子》:有械(械)於此,鑿水(木)爲機,後重前輕,挈水若流,其名
爲槔也。《説文》:從木皋聲。皋從半從白。挈音堅節反。《埤蒼》:挈槔所以汲水也。
集作皋,非義也。(C59P0305b;J098)

　　按:上所引詞目出自《廣弘明集》第二十卷音義。慧琳所釋"玉槔"條《大正藏》對應經
文作:"是以龍翔鳳集河濂海夷,露下若飴泉浮如醴,桂薪不斧而丹甑自熟,玉皋①詎牽而
銀甕斯滿,河光似冪樹采成車,氛氳四照暉麗五色。"(T52P0240b)今大正本經文亦作
"皋",是桔槔義,與慧琳所見經本同。"皋"是"皐"之隸變體,《説文・夲部》:"皐,气皋白
之進也。"朱駿聲《通訓定聲・孚部》謂:"字當訓澤邊地也。"朱氏所言是也,如《楚辭・離
騷》:"步余馬於蘭皋兮,馳椒丘且焉止息。"王逸注云:"澤曲曰皋。"引申指沼澤、水田等用
法。"皋"字文獻中又借用表示桔槔義,如《文選・揚雄〈甘泉賦〉》:"燎薰皇天,皋搖泰
壹。"李善注引如淳曰:"皋,挈皋也。""挈皋"即後世之"桔槔"。"槔"字《説文》未收,《説文
新附・木部》:"槔,桔槔,汲水器也。"從形體來源言之,"槔"即"皋"的後出分化字,專門表
示桔槔義。從釋文所謂"集作皋,非義也"來看,至遲在唐中期,桔槔義上"槔"字已經完全
取代了"皋"。

二、有助於推進漢字斷代的相關工作

　　考察《慧琳音義》所釋文字中的分化字,我們也可以進一步推進漢字斷代的相關工作。
慧琳在釋文中對經文用字多加疏證,通過考察經文中的一些字在其時見存辭書中的收錄情
況,他客觀上梳理了不少新出字。慧琳的這些工作對於我們進一步推進漢字斷代工作有較
大幫助。例如:

---

① 《大正藏》"皋"下校勘記:皋=罩③。

（1）習—瘤

習習，經文有從疒〈女革反〉作瘤，諸字書並無此瘤字，近代人加疒作之。（C57P0930b；J026）

按：上所引詞目出自《大般涅槃經》第十一卷音義。慧琳所釋"習習"條《大正藏》對應經文作："若有病因則有病生，所謂愛熱肺病上氣吐逆，膚體瘤瘤其心悶亂，下痢噦噎小便淋瀝，眼耳疼痛背滿腹脹，顛狂乾乾消鬼魅所著，如是種種身心諸病，諸佛世尊悉無復有。"（T12P0428b）今大正本經文亦作"瘤"，指小痛義。《龍龕手鑑・疒部》："瘤，相承先入、祥入二反。痛瘤瘤也。音義作習。"慧琳認爲當作"習"，《説文・習部》："習，數飛也。"本指鳥試飛，轉而指學習、習慣、訓練等用法，顯然小痛義乃"習"的假借用法。因痛與疾病有關，故而在漢字形義統一性的促動下，後來"習"添加"疒"旁分化出"瘤"字專門記錄痛義。另從慧琳釋文來看，"瘤"當是魏晉至唐時的新出字。

（2）黄—癀

黄病，經從疒作癀，非。（C58P0166a；J039）

按：上所引詞目出自《不空羂索經》第一卷音義。慧琳所釋"黄病"條《大正藏》對應經文作："瘟腫、毒腫、癀病、瘑門、瘡皰、痒瘯、漃蠱等病。"（T20P0228a）今大正本經文亦作"癀"，指黄疸病。敦煌伯2011王仁昫《刊謬補缺切韻・唐韻》："癀，病。"《龍龕手鑑・疒部》："癀，音黄。癀病也。"此義上早期但作"黄"，《正字通・疒部》："癀，俗字。方書本作黄。""癀"乃是"黄"在黄疸病義上之後出分化字。另從慧琳釋文"經從疒作癀，非"進一步考求之，蓋當時"癀"字在社會上並未通行，當是産生不久。

（3）持—鏘

軍持，正言捃稚迦，此譯云瓶也，謂雙口澡灌也。論文作鏘鏘，字無所出，猶俗作也。（C58P0331a；J046）

按：上所引詞目出自《大智度論》第十九卷音義。慧琳所釋"軍持"條《大正藏》對應經文作："一時上山，值大雨泥滑，其足不便蹙地，破其鏘[①]持，又傷其足；便大瞋恚，以鏘持盛水，呪令不雨。"（T25P0183a）今大正本經文作"鏘持"，釋文詞目作"軍持"，慧琳所見經文作"鏘

---

① 《大正藏》"鏘"下校勘記作：鏘＝軍〔三〕〔宮〕。

鍺",均是梵語 kundikā 的音譯,是僧人用來盛水的便攜器皿。據慈怡《佛光大辭典》所釋,其材質有陶土、銅、鐵等(2004：3957)。從形義關係察之,"軍持"爲直接音譯而來,"鐎鍺"則是在音譯基礎上添加"金"旁而來,蓋是器皿爲金屬質地,故加旁,實現形義之統一。《龍龕手鑑・金部》:"鐎鍺,二俗。上音軍,下音持。梵語,此云雙口澡灌也。"在指稱僧人用來盛水的便攜器皿時,"持"爲早期借音用字,"鍺"則是後出本字,二者爲母字與分化字之關係。另從"字無所出"來看,蓋其時所見辭書並未收録"鍺"字,此字出現時期當距慧琳時代不遠。

　　(4) 尺—蚇

　　　　尺蠖,注郭反。前第二十四卷已具釋。論從虫作蚇,非也。(C58P0831a；J068)

　　按：上所引詞目出自《阿毗達磨大毗婆沙論》第五十一卷音義。慧琳所釋"尺蠖"條《大正藏》對應經文作:"猶如蚇①蠖緣草木時攀上捨下,若至極處,無上可攀,即便退下。"(T27P0264c)今大正本經文作"蚇蠖",與釋文之"尺蠖"同,又名步屈,爲尺蠖蛾之幼蟲。"蚇蠖"字,《説文・虫部》:"蠖,尺蠖,屈申蟲。"蔣斧印本《唐寫本唐韻・昔韻》:"蚇,蚇蠖。"又《龍龕手鑑・虫部》:"蚇蠖,上昌石反。下烏郭反。蚇蠖,屈伸虫也。"從形義關係求之,"蚇蠖"早期作"尺蠖","尺"是尺寸字,與蚇蠖義無涉,爲借音用字。後來,一方面是漢字形義統一性的促動,另一方面由於"蠖"字從"虫",故而"尺蠖"之"尺"亦添加"虫"旁作"蚇"。就"蚇"在字書中的收録情況而言,較早者爲《玄應音義》,其後《唐韻》《慧琳音義》《可洪音義》等均有收録。從慧琳《阿毗達磨大毗婆沙論》第五十一卷"尺蠖"條之釋文來看,蓋"蚇"字產生不久,蚇蠖義上尚未取代"尺"字,故而釋文謂"蚇"爲"非"。

---

① 《大正藏》"蚇"下校勘記：蚇＝尺⑲。

第八章　佛經音義類專書文字整理與研究的方法再討論

　　本研究中，我們重點依據了兩種理論方法，一爲漢字字際關係理論，一爲漢字字料庫理論。不過這兩種理論方法並未成熟，需要我們一邊用其指導對《慧琳音義》等佛經音義類辭書所釋文字的整理與研究，一邊探索如何細化其結構框架及内部要素。基於此，這裏就上面二種方法本身及其在佛經音義類專書文字整理與研究中的應用問題展開再討論，以便進一步完善信息化時代專書文字整理與研究的指導思路及操作模式。

第一節　"字書"文字整理的步驟及方法

　　從存在狀態入手，李國英將漢字分爲"使用狀態的漢字"和"儲存狀態的漢字"兩大類。① 儲存狀態的漢字是從使用狀態即真實文本中提取出來的，從性質入手，通常可將此類漢字材料進一步分爲字書、韻書、訓詁之書。由於中國古代辭書多以單字爲字頭，故而我們權且將上面三類統稱作"字書"。一般而言，"字書"所收的漢字都是經過一定整理的。儘管如此，由於受編著目的、水平、時代等因素的影響，"字書"中收錄的漢字只有在現代語言文字學理念的指導下，經過系統、全面、科學的再整理，才能進一步適應當今社會信息化飛速發展的需要，才能進一步促進大型字書的科學化，提升其實用價值，同時也才能進一步推進全漢字編碼的宏願。下面我們在《慧琳音義》文字整理與研究相關工作的基礎上，對"字書"文字整理的步驟、方法，尤其是漢字字際關係理論體系及其構成要素等進行總結。

　　就"字書"文字的整理而言，梳理擬整理對象的版本信息，繼而對整理對象進行文本校勘，這是整理"字書"文字的第一步。以《慧琳音義》爲例，目前見存的版本主要有高麗本、獅谷本、頻伽本、弘教本、大正本、大通書局翻刻的麗藏本，此外還有徐時儀的《校本》。從勘刻流傳關係來看，上述版本均源自高麗本，其中頻伽本又以獅谷本爲底本。相關校勘成果主要匯聚在大正本和徐《校本》中，大正本以高麗本爲底本，將相關異文分置於每頁下腳；《校本》

---

① 見李國英師爲柳建鈺《〈類篇〉新收字考辨與研究》一書所作的序，遼寧大學出版社，2011年，"序"第1頁。

則進一步比勘高麗本、獅谷本、頻伽本等,將異文置於每卷末尾。從對異文的處理模式來看,大正本可概括爲"述而不作",即只匯聚異文,不對異文加以考辨説明;《校本》則是"述中有作",對所匯聚異文中的部分材料進行了考辨和按斷。在前賢校勘成果的基礎上,我們以辨正訛誤、疏通文義爲目的,對《慧琳音義》中的一些版本異文現象進行了考辨,校正了其中的部分錯訛問題。

整理"字書"文字的第二步是提取具體整理對象。上面已提及,"字書"中的文字多以整理過的漢字爲字頭,有的是單字爲字頭,有的是一組單字爲字頭,這些單字或成組的單字即是直接整理對象。然而有一類比較特殊的材料,即音義書,該類"字書"的詞目多直接録自所釋對象原文。如此我們就需要在校勘文本的基礎上,進一步提取出其中的整理對象。一般説來,從詞目用字入手提取較爲便捷。就《慧琳音義》而言,我們首先分別類聚其中的所有詞目,做不重複單字索引,然後以整理出的單字爲綱,系聯所有關涉到的文字信息,整理成字組。

以《慧琳音義》爲例,其中共有詞目 33 327 條,不重複詞目 23 378 條;詞目用字計有74 771個,其中不重複用字約爲 9 250 個;除去譯音用字部分,釋文中涉及相關文字信息的單字約有 8 394 個。我們即以這 8 394 個單字爲軸,逐字提取《慧琳音義》釋文中涉及的文字信息,進而系聯 5771 組字組。[1]

整理"字書"文字的第三步是確立整理的理論框架。我們認爲,對"字書"的文字進行整理,字際關係理論是一種行之有效的指導方法。字際關係即字與字之間的關係,指從字入手考察文字之間的關係。進一步論之,它主要強調字的構形和功能兩個要素,讀音則是一個伴隨參數;如果兩個或多個形體的功能相同,構形不同,則爲異體關係;如果功能不同,構形也不同,然而在文獻中本該用甲字的地方,使用了乙字,則多爲通假關係;如果功能不同,構形相同,則爲同形字關係。另外有兩類比較特殊的現象,其中一類爲某個形體由另一個形體衍生而來,且後出形體的功能也是由其所從出的形體的功能分離而來,這種現象之間一般爲母字與分化字關係。另一類爲某個形體由一個字書寫訛變而來,但與原形體間的關係較遠,不易識別,且歷代"字書"多不認可其地位,我們將此種現象稱作正訛關係。

上面簡要分析了字際關係體系的邏輯構成,然而要想很好地確定該框架內的具體要素,我們尚需重點釐清以下幾組關係:分化字與異體字、通假字、同形字、正訛字之間的關係,同源字、古今字是否與上述幾種關係屬同一字際關係範疇,異體關係與書寫訛誤現象如何區別,通假與假借的關係如何看待。下面逐個討論之:

分化字與異體字、通假字、同形字、正訛字之間的關係。從整體上來看,異體字、通假字、

---

[1]　一方面由於《慧琳音義》的詞目存在不少版本異文,另一方面由於部分漢字未編碼,或雖已編碼,但我們所使用的字庫未能顯示,故而統計數量上會有一定出入。

同形字、正訛字爲一個層面,分化字爲另一個層面,是不能並列起來的,前一類自始至終都是從兩個或兩個以上的形體之關係而論,後一類則强調指出由一個形體分化爲兩個或多個形體。另外,從整個漢字發展已然的事實來看,母字與分化字各自承擔不同的功能,文獻中二者混用時本質上也是文字借用現象,亦可以劃歸通假範疇。然而在考察字際關係時,尤其是在分析文字形體來源時,若能將母字與後出分化字之間的源流釐析清楚,對於字際關係的梳理大有裨益。因而我們在字際關係理論框架中,於異體字、通假字、同形字、正訛字之外,又分列出了分化字這一現象。在考辨具體字際關係時,若碰到母字—分化字現象,一般也將其定格爲分化關係,因爲其間的借用關係是不言自明的。

同源字是否屬於字際關係範疇。要回答這個問題,關鍵在於理解同源字的實質。同源字是同源詞的書寫形式,根本上講是詞的同源,而非字的同源。就記録同源詞的兩個或兩個以上的字之相互關係而言,只有其在通用的時候,彼此間才會存在關係,而這種關係事實上是通假的一種現象。因此,同源字這一用語應該劃歸詞際關係而非字際關係。由此來看,字際關係範疇内是没有同源字的,只有隸屬於通假關係的同源通用現象。

古今字能否與異體、通假等關係劃歸同一字際關係體系。在字際關係框架中,需要著力解決的另一個問題是古今字的關係坐標。與字際關係從字本身入手考察不同,古今字是從詞入手考察的,指記録同一個詞時先後使用了不同的字,這些字之間彼此爲古今字關係。具體來看,這些字之間有的是異體關係,有的是通假關係,有的是書寫訛誤關係,也有的是母字—分化字關係。由此論之,古今字實際上是將記録同一個詞的不同用字匯聚在一起,其内部關係比較複雜,無法與異體、通假等置於同一框架下。如此一來,我們在構建字際關係框架時,只需將其作爲"字書"的原始信息予以標注即可。

書寫訛誤現象與異體字的關係。就字際關係内部來看,還存在另外一個問題,即書寫訛誤現象與異體關係如何區分。與書寫訛誤存在爭議的主要是異體關係中的異寫現象,因爲二者都是書寫造成的,本質上并無二致。對於此種情況,我們的處理意見是:有軌跡可循的書寫變異現象均視作異寫關係;相反,軌跡不可循的書寫變異現象則視作正訛關係。另外,歷代"字書"中明確標注爲"'某'之訛字"的,一般也視作正訛關係。

通假與假借的關係。儘管通假這一術語在清代才真正從假借中獨立出來,但文字通假的事實卻古已有之。從理論視角來看,我們以爲假借是就一個字的功能而言的,指某個字除承擔其本身的用法外,又被借去記録其他詞義,自始至終都是就一個字而言,其功能得到了擴展,是一種積極的語言文字現象,是爲了滿足漢字發展求簡易、求表達的需要而出現的一種手段。通假則不然,指兩個或兩個以上的字各有本用,但在用字寫詞時不用本字,而借用一個音同、音近的字來替代,是一種消極的語言文字現象,與漢字發展求區别、求表達的規律相違背。另外從文獻解讀來看,假借情況下,人們一般不需要求得本字,或有的詞根本就没有本字;通假情況下,必定要求得本字才能夠順暢地理解文義。由此來看,假借不屬於字際關係術語體系,因爲字際關係是就至少兩個字之間的關係而言的,假借只是就一個字的功能而言,與通假有本質區別。

概括言之,我們所談的字際關係理論體系包含以下一些要素:異體、通假、同形,正訛;分化。具體來看,字際關係首先可以分爲同字的字際關係和不同字的字際關係,同字的字際關係即異體關係,又可以進一步分爲異寫關係和異構關係;另有書寫訛誤關係,本質上也是同字關係,只是訛誤字未獲得認可。不同字的字際關係主要指通假關係和同形關係,通假關係可進一步分爲同源通用現象和同音借用現象,同形關係主要有造字同形和書寫變異同形兩種情況。文字借用現象中的一類較爲特殊,被借字跟借字在功能和構形上都有關係,其中一個字的功能和形體都由另外一個字分解而來,正因爲其間構形與功能上的特殊性,故而我們將之作爲重要考察對象。兹將字際關係理論框架展示如下:

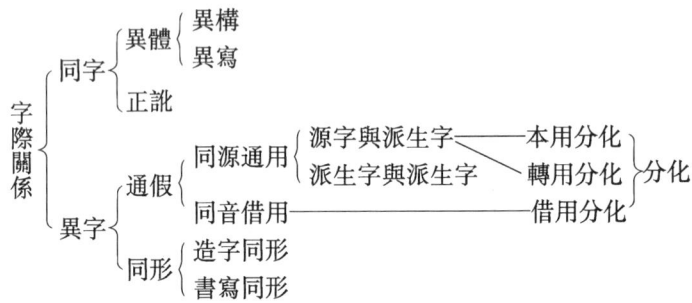

整理"字書"文字的第四步是在系統校勘的基礎上,借助漢字字際關係理論,梳理"字書"所收錄的文字之相互關係。具體梳理時,我們的核心目標是考察每組文字之間的字際關係,在實現這個目標的過程中,需同時做好以下幾方面的工作:考證疑難未識字,考察所溝通文字在其他"字書"中的收錄情況和在實際文獻中的使用情況,梳理部分形體或構件的歷史變異軌跡,解決《大字典》《字海》等語文類辭書中的部分疏誤。

此外,整理"字書"還需要通過"字表"的方式,將整理的結果以立體且直觀的形式呈現出來,以方便相關研究。在《慧琳〈一切經音義〉文字表》中,我們將《慧琳音義》收釋的文字按字組的方式予以匯聚,除展示《慧琳音義》的相關原始屬性外,每組均標明所屬的異體、通假、分化、正訛等字際關係屬性。

第二節　字料庫及其在佛經音義文字整理與研究中的應用

在以"大數據""云計算""人工智能"爲時代特色的今天,古籍的整理與研究須借助這種新思路,以便在研究方法、研究步驟、研究材料的處理、研究結論的驗證以及後續研究等方面做到更加科學。借助字料庫理論研究佛經音義,利用佛經音義推進字料庫的構建,是漢字學研究在信息化時代的一種必要選擇。但如何在字料庫系統中科學、高效地處理佛經音義的材料,則要做針對性探究。下面我們主要考察兩方面的問題:其一,字料庫的理論發展及實體構建發展;其二,構建佛經音義字料庫的核心環節及面臨的疑難問題等。

一、字料庫及其發展

字料庫是在語料庫的啓發和影響下產生的,包含理論構建和實體構建兩個環節。下面我們在考察字料庫現有研究的基礎上,歸納字料庫區別於其他漢字整理資料庫的特點,並就字料庫在理論和實踐方面的未來發展做出思考。

(一) 字料庫的理論探索與實體構建

最早明確提出字料庫這一理論方法的是李國英、周曉文,他們在《字料庫建設的必要性與可行性》①一文中,從漢字整理與研究的信息化角度討論了字料庫建設的必要性,進而爲字料庫給出了明確的界定。他們同時討論了字料庫區別於語料庫的一些特性,即字料庫追求文字的原始面貌、原始形態,而語料庫常採用字形替代的方法。此外,他們也分析了字料庫建設和實施過程中的一些關鍵問題,比如字料庫理論的深度研究,字料的分類與屬性標注,字料庫操作平臺、管理平臺的建設等。李國英、周曉文創造性地提出了字料庫這一理論方法,然而需要正視的是,字料庫是個新概念,也是個新工具,這裏面需要思考的問題和構建的要素還很多。與此同時,李國英、周曉文團隊還研發了"歷代漢字字料庫管理系統""人民日報字料庫管理系統""甲骨文字料庫管理系統",並在《BNUZLK 字料庫系統的建構與應用》②一文中,較爲詳細地介紹了"BNUZLK 字料庫"系統的設計原則、運行模式等問題。

李國英、周曉文首創之後,學者們或是從偏理論的視角考察字料庫的語言文字學價值,比如柳建鈺在《試論漢字字料庫理論的提出背景及其價值》③、《例論字料庫在字書漢字考辨中的價值》④兩篇文章中,討論了字料庫建設對於漢字學研究的一些價值,認爲它豐富和發展了漢字學的理論體系,能夠以一種新的思路指導當下和未來一段時期內漢字的整理工作。或是進一步探究字料庫的構建環節及對庫內字料的加工、標注等問題。柳建鈺在《試論字料庫系統建設的七個階段》⑤中,將字料庫構建的過程分爲七個階段,即規劃階段、需求分析階段、設計階段、實現階段、字料採集階段、字料標注階段、使用及維護階段。他又在《字書字料

---

① 李國英、周曉文《字料庫建設的必要性與可行性》,《北京師範大學學報》(社會科學版),2009 年第 5 期,第 48—53 頁。
② 周曉文、李國英等《BNUZLK 字料庫系統的建構與應用》,《民俗典籍文字研究》,2014 年第 1 輯,第 111—122 頁。
③ 柳建鈺《試論漢字字料庫理論的提出背景及其價值》,《渤海大學學報》(哲學社會科學版),2017 年第 1 期,第 82—87 頁。
④ 柳建鈺《例論字料庫在字書漢字考辨中的價值》,《渤海大學學報》(哲學社會科學版),2017 年第 5 期,第 85—91 頁。
⑤ 柳建鈺、王曉旭《試論字料庫系統建設的七個階段》,《渤海大學學報》(哲學社會科學版),2015 年第 6 期,第 75—79 頁。

庫中字料標注若干問題芻議》①裏,討論了"字書字料庫"中字料的標注問題,主要涉及字書字料標注的原則、標注的內容、標注的方式、標注的層次等。或者是借助字料庫方法對漢字進行整理與研究。周曉文、李國英在《基於字料庫的開放式異體字整理平臺的設計與實現》②中,從字料庫的實際效用出發,探討了借助字料庫整理異體字的新模式,即從静態、封閉的模式向動態、開放的模式轉變。朱翠萍等在《基於字料庫平臺的字書整理研究》③中,考察了借助字料庫整理字書的優越性、基本流程及主要困難。毛承慈④、王穎⑤等借助字料庫對"十三經"中部分經典的用字進行了考察。此外,毛承慈在其博士論文中也對字料庫建設的步驟進行過專題探究,並在字料庫系統內對開成石經《詩經》的同詞異形現象做了量化描寫。

(二) 字料庫區別於其他漢字整理資源庫的特點

作爲漢字學與信息科學交叉融合的産物,除字料庫外,目前學界已有一些以處理形體爲特色的漢字資料庫,比較有代表性的是《異體字字典》《小學堂文字學資料庫》。雖然這類漢字資料庫與字料庫在工作原理、運行模式、終極目標等方面都有差別,但是考察這些資料庫,亦有助於進一步推進對字料庫的理論和實踐研究。

臺灣"教育研究院"主持研發的《異體字字典》於 2000 年發佈首版,目前爲 2017 年發佈的第六版,約收錄 10 萬漢字。"首頁"設計有"功能檢索""字典附錄""系統用語"等導航標籤;檢索單字後,頁面中有對目標字形、音、義、用的"解説",還附有與目標字直接相關的"形體資料表""異體字"等信息。臺灣大學中國文學系聯合"中研院"歷史語言研究所等單位共同研發了《小學堂文字學資料庫》,這是一個兼有形、音、義的文字學資料庫。檢索單字可獲得目標字的古文字字形、歷史語音等信息,同時它也提供了目標字在《説文解字》《漢語大字典》等工具書中的具體出處。北京時代瀚堂科技公司開發的《瀚堂典藏古籍數據庫》也將常見的漢字資料整合在同一個平臺上,可進行字頭或全文檢索。另外,華東師範大學中國文字研究與應用中心將其很多研究成果數字化,研發了"中國歷史字彙資源庫""出土文獻文字資源庫""少數民族文字資源庫""域外漢字資源庫"等。論其共同特徵,上述幾種漢字資料庫的主要特色更多是提供已有信息的數字化檢索,而非同時在平臺上對字料進行分類、認同、系聯、統計等加工工作。

將上述一些漢字資料庫與字料庫比較,很容易發現其間的區別。首先,數字化的廣度和深度不同。傳統的漢字資料庫一般是將圖片內容變爲可檢索的文本,以《説文解字》爲例來

---

① 柳建鈺《字書字料庫中字料標注若干問題芻議》,《語言文字應用》,2015 年第 3 期,第 133—140 頁。

② 周曉文、李國英《基於字料庫的開放式異體字整理平臺的設計與實現》,《中國文字學報》,2015 年,第 280—291 頁。

③ 朱翠萍、周曉文、陳瑩《基於字料庫平臺的字書整理研究》,《中國出版》,2013 年第 23 期,第 55—58 頁。

④ 毛承慈《基於字料庫的〈詩經〉文字研究》,北京師範大學博士學位論文,2012 年。

⑤ 王穎《基於字料庫的〈尚書〉文字研究》,北京師範大學博士學位論文,2012 年。

看,即將字頭和釋文轉化爲文本;而字料庫除了對基礎信息進行橫向數字化外,更是將《説文解字》説解中的各種信息,比如釋形、注音、釋義、例證等,單獨列爲一個項目,進行縱向數字化。通過縱向排比,這類信息本身又會構成一個專項子庫。其次,數字化的運行機制不同。比如《瀚堂典藏古籍數據庫》將《集韻》數字化,其特徵是將《集韻》一書的字頭和釋文變爲可檢索的文本,在此過程中,對不少異寫形體進行了替代。此外,那些尚未編碼的漢字,則無法實現全數字化。而在字料庫系統中,不但要求將《集韻》的字頭和釋文數字化,也要求對字圖的信息進行提取和編碼,完整保留所有形體的原始面貌,從而在系統中能夠對字圖自動進行形體比對和頻次統計,進而實現文本的自動校勘。再次,數字化的展示模式也有差別。比如《異體字字典》在展示異體字整理成果時,只是將其認可的異體字群平面布列,没能展示出同一群體内不同形體間的衍生與流變關係;而字料庫則要求在全保真展示原始信息的基礎上,將整理之後的成果以立體、多維、互動的方式呈現出來。顯然,漢字字料庫的自動化程度更高,互聯性能更優,數據導出更便捷,結果展示更立體。

(三)字料庫的進一步發展

從功能而言,字料庫在漢字學研究的各個分支,比如漢字構形研究、漢字字頻統計、漢字字際關係、疑難俗字考釋、漢字歷時與共時認同、漢字國際編碼、漢字規範以及相關的理論研究等,都有非常積極的意義。

不過從目前的研究來看,學者們在字料庫的初始設計上,重點針對的是字頭爲單字的"字書",或者是文本性質的文字。而事實上,除典型的以單字爲字頭的字書外,還有大量訓詁書和音韻書,比如佛經音義類辭書。該類辭書的詞頭往往不止一個漢字,而且不少詞頭會多次出現。此外,佛經音義釋文中溝通的文字來源多樣、關係繁雜,版本間文字差異現象頗多。其字際關係、形音義關係等在字料庫系統中究竟如何處理,如何標注,如何表達,都需要做專門探究,而且一些佛經音義的原始材料是手寫本,如何提高系統自動切圖、自動識別的精確度,也是一種挑戰。概而言之,字料庫還處在發展的初期,還是個新事物,需要我們不斷推進對其的理論研究和實踐探索。

二、字料庫在佛經音義文字整理與研究中的應用

一方面佛經音義所收的文字在形體和功能上呈現出多樣性和複雜性的特徵,另一方面字料庫的理論和實體構建都需要不同類型的真實字料做爲建築元素。但如何在字料庫系統中科學、高效地處理佛經音義的材料,則要做針對性探索。下面我們首先分析字料庫在佛經音義文字整理與研究中的應用價值,之後重點考察構建佛經音義字料庫的核心環節及面臨的疑難問題。

(一)字料庫在佛經音義文字整理與研究中的應用價值

從字料庫的保真性、互聯性、自動化、集成化等特點和優勢來看,其對佛經音義文字整理

與研究的應用價值主要表現在以下幾個方面：

首先，有利於提取佛經音義不同版本間的文字差異事實，推動佛經音義文本校勘工作的開展。提取佛經音義版本文字差異信息時，傳統的做法是將各種版本放置在一起，進行人工比對，這樣做不但工作量大，而且常有遺漏現象發生。通過構建佛經音義不同版本的字料庫，版本間的文字差異便會直接提取出來，而且可以對同類型的差異進行類聚。如此我們便可把更多精力放在版本間文字差異事實的考辨、佛經音義文本的整理與校勘等工作上。

其次，有利於彙聚佛經音義所釋的字詞，進而便利於字詞關係考辨和文字形體演變研究。佛經音義類著作呈現出一個明顯的特色，即一些詞頭會在不同的卷帙中重複出現，但其下的釋文及釋文中溝通的文字則常有差異。比如"衰耄"，在《玄應音義》中作爲詞頭共出現了 4 次，分別是卷第一《大方廣佛華嚴經》第六卷音義、卷第三《摩訶般若波羅蜜經》第十九卷音義、卷第十七《俱舍論》第六卷音義、卷第二十五《阿毗達磨順正理論》第二十卷音義，其間釋文也都有別。如果人工逐個彙聚，常會造成詞條或溝通文字的遺漏。而在字料庫中，我們能依據詞頭用字、釋文用語等字段，將相同詞頭的釋文及詞頭字所從出的經文聚集在一起，進而提取涉及的所有字詞，從而爲釋文用語考察、字詞關係梳理等後續研究提供便利。

再次，可以使佛經音義所釋文字的整理結果得到更爲立體的展示。前面已提及，目前所見的佛經音義文字整理表，大都是將詞頭字及釋文中跟詞頭字直接相關的文字或不同卷冊中出現的同一個字的不同寫法平面排列在一起。比如鄭賢章《〈隨函録〉俗別字譜》在"淳"下列了"溥、淳、淳、停"等四個形體①，韓小荆《〈可洪音義〉異體字表》在"怖"下列了"悑、㤐、悑、㤨、㤨"等五個形體②。但這兩組形體的內在關係分別是什麼，在這類字表中我們無從得知。事實上，這些形體往往並不處在同一個層面。而在字料庫中，我們可以將佛經音義所釋文字的內在屬性及關係從多個維度展示出來，具體包括：所釋文字的原始屬性，經考辨認定的字詞關係屬性，文字發展演變的軌跡，版本傳抄而致的訛誤等。如此，也在一定程度上展示出了佛經文獻傳抄和經文用字演變的某些過程或軌跡。

最後，可借助字料庫提取佛經音義中的未編碼字。佛經音義中有一些漢字尚未編碼，但是具體哪些字未編碼，這需要與已編碼字符集中的漢字逐一核對。但是就目前的大多輸入法而言，一些已經編碼的生僻漢字並不能輸入計算機，從而依靠文本檢索的方式進行核對就受到很大限制，且容易造成遺漏。不過在字料庫系統中，這一工作將變得更智能化。借助計算機自動比對佛經音義字料庫和已編碼漢字字料庫，首先提取出佛經音義中已明確編碼的字，再提取出疑似編碼字和明確未編碼的字。最後結合漢字國際編碼的"認同規則"，綜合考察疑似編碼字，以進一步確定其是否編碼，進而可提取出佛經音義中的未編碼字。

① 鄭賢章《〈隨函録〉俗別字譜》，《〈新集藏經音義隨函録〉研究》，湖南師範大學出版社，2007 年，第 491 頁。
② 韓小荆《〈可洪音義〉異體字表》，《〈可洪音義〉研究——以文字爲中心》，巴蜀書社，2009 年，第 368 頁。

(二) 構建佛經音義字料庫的核心環節

這裏所說的佛經音義字料庫,指在李國英、周曉文已初步構建出的漢字通用字料庫的基礎上,從佛經音義類辭書的獨特性出發,將各種佛經音義放置在同一個子庫中,最終構建成一個專題字料庫。主要包括以下環節:

第一,對佛經音義的版本進行梳理和甄選。構建字料庫時,一般要選擇那些能夠代表某一書寫載體、某一結構類型、某一字體風格或某一歷史階段的真實字料,它們是字料庫建設的基礎元素。整體來看,佛經音義所釋的文字具有很強的層級性,一定程度上反映了漢字從魏晉至唐五代時期在形體和功能上的某些特性,比如孳乳分化、一形多用、同化類化等。而且其版本系統往往比較複雜,有的既有刻本,也有寫本。比如《玄應音義》《慧琳音義》,不同的版本在用字上常有差異。另外就佛經音義字料庫的構建而言,在甄選版本時,還要充分考慮到佛經音義所釋文字的研究需要。概括來看,我們既要選出那些歷史久遠、校勘精良的善本,也要選出那些能夠體現字形傳承的版本。選定擬入庫的底本後,將這些底本掃描並保存爲圖檔。

以《慧琳音義》爲例,其現存刻本總體上呈現爲單向傳刻模式:由已亡佚的契丹本到目前可見的祖本高麗本,高麗本的基礎上又有獅谷本、頻伽本、弘教本、大正本、大通本、徐《校本》等。[①] 從版本價值來看,高麗本自不待言,其他需要進入《慧琳音義》字料庫的有獅谷本、頻伽本、弘教本、徐《校本》。

與高麗本、弘教本相比,《大正藏》本《慧琳音義》的錯訛最多。從校勘精良這一標準來看,在構建佛經音義字料庫時,該版本《慧琳音義》是"不夠格"的。但《大正藏》本中的不少錯訛字形恰恰反映了漢字在書寫中發生訛變的一些規律,這樣來看又"夠格"了,故而也應入選。

同時還要考慮刻印的清晰程度。有時候同一種版本往往會被收入於不同的叢書或彙編之中,應選擇最清晰的一種。比如日本元文二年(1737),獅谷白蓮社校刻了《慧琳音義》;上海古籍出版社 1986 年影印出版了《正續一切經音義》,其中的《慧琳音義》是獅谷白蓮社本;2002 年出版的《續修四庫全書》亦影印了《慧琳音義》的這一版本。比較來看,雖然後二種易得,但日本所藏獅谷白蓮社本《慧琳音義》的字跡最爲清晰,故而入選。

在寫本方面,比如《大谷文書集成》收錄了敦煌手寫本《慧琳音義》卷第四十八《瑜伽師地論》第三十三卷"激湍"條的殘片。寫本材料雖少,卻是彌足珍貴的,亦應入選。

第二,對選定的佛經音義不同版本的詞頭及釋文進行切圖、OCR 識別及人工校勘。字料庫的核心功能之一是對字圖進行分類和匯總,因此在構建佛經音義字料庫的時候,需要把

---

① 孫建偉《〈慧琳音義〉的作者、成書、流傳及版本綜論》,《重慶師範大學學報》(哲學社會科學版),2016 年第 4 期,第 34—40 頁。

備選版本中的每一個字圖都提取出來,保存爲單個文件,並標注每一個字圖的位置坐標。切圖完成之後,字料庫需提取圖片特徵,並將提取出的特徵進行編碼,再與已編碼的漢字進行相似度匹配運算,最終將圖片轉換爲文本。OCR 軟件無法識別或識別有誤的字圖,需要輔以人工核查。

第三,標注佛經音義所釋字詞的"原始屬性"及"加工屬性",這是構建佛經音義字料庫非常重要的一個環節。其一,佛經音義的原始屬性。主要有詞頭或釋文用字的具體出處,如所屬卷册、空間坐標等;版本用字差異現象;佛經音義編纂者在釋文中對詞頭字形、音、義的解釋;釋文中溝通的字用信息等。比如《慧琳音義》卷第一《大唐三藏聖教序》"窺天"條下云:"犬規反。《考聲》:'窺,覻也。'《韻詮》云:'竊見也。'《説文》:'小視也。從穴規聲也。'或作閲。覷音青預反。"(C57P0403a)此條的"《慧琳音義》卷第一《大唐三藏聖教序》"都是"窺天"的所屬卷册,"C57P0403a"爲空間坐標,"犬規反"爲"窺"的語音信息,"或作閲"爲慧琳釋文中溝通的字用信息;釋文中高麗本的"閲",大正本作"闚",爲版本文字差異信息。

其二,佛經音義的加工屬性。主要指我們從語言文字學角度重新認定的字詞關係,具體包括詞頭用字及釋文中溝通的文字之構形模式,其間的字際關係、詞際關係等。比如《慧琳音義》卷第六《大般若波羅蜜多經》第四七九卷"摽擊"條下云:"匹漂反。《毛詩傳》:'摽,落也。'《説文》:'擊也。從手票聲。'音必遥反。或從攴作敷字,訓用並同上。敷亦棄也。經文有從風作飄,錯用。"(C57P0499a)此條釋文中,慧琳溝通了與被釋字"摽"有關係的"敷""飄"二字。在擊打義上,"敷"乃"摽"的換旁異體字,"飄"則是其通假用法。故而我們不但要在"摽"這個代表字下列出"敷、飄",也要分別標注出與"摽"的字際關係。另外,還將標注出版本文字差異的考辨結果,如上面所舉"窺天"條中,大正藏本的"闚"將高麗藏本的"夫"訛作"大"。通過對其原始屬性和加工屬性的雙重標注,佛經音義字料庫内的字料便可直接供後續研究者使用。

(三)構建佛經音義字料庫需突破的難點

借助字料庫研究佛經音義所釋的文字,目前還存在不少疑難。這其中既涉及字料庫的實體構建問題,也涉及漢字學的基礎理論問題。

首先,提升自動切圖的準確性和圖片信息採集的完整度,對於增強佛經音義字料庫構建的效度和信度有非常直接的影響。同時這也是字料庫區別於傳統漢字資料庫的重要表現之一。具體來看,一方面如何讓計算機對字號大小有別、字符間距不等、形體排列不規整、字形時或模糊的手寫本及一些刻本佛經音義圖片,按漢字點陣進行自動切圖,是需要著力解決的其中一個技術問題。另一方面在字料庫中對字圖進行排列和統計時,主要有兩種方式:一種是依據已經編碼的漢字形體將圖片識別爲文字,再根據文字對字圖進行認同或别異;另一種是依據字圖中的圖片特徵,將相同或相近的字圖進行類聚。顯然提升圖片特徵的採集水平,可以直接提高佛經音義字料庫中字圖排序和統計的精確度。

　　其次,深入探究字形的認同與別異規則。在佛經音義字料庫中識別字圖時,理想的狀態爲字圖的特徵與已編碼的某個漢字完全一致。但在實際操作中,常會出現如下問題：有時字圖中的形體與已編碼的漢字不完全一致,究竟哪些可以用已經編碼的字去替代,哪些需要標爲未編碼? 有時字圖中的形體尚未編碼,有差異的哪些字圖本質上屬於同一個字,哪些需要視作不同的字? 對於這些現象,我們需要從影響漢字形體變異的地域、時代、書寫方式等要素出發,以《CJK 漢字的認同程式和排序》中給出的"CJK 漢字認同規則"①爲基礎,制定更加完善的認同細則。

　　再次,在佛經音義字料庫中標注加工屬性時,我們需要對字際關係、詞際關係的理論體系及其内在要素有明晰的認識。比如佛經音義釋文中常出現"非體""古字""古文""近字""本字""正體字""俗字""假借用"等表達字詞關係的用語,當今學界常用"異體字""通假字""假借字""分化字""古今字""正俗字""繁簡字""同形字""訛字""同源字""通用字""同義換讀字"等術語來表達文字關係。不過從其所指來看,這些用語或術語有的彼此交叉,有的則隸屬於不同的範疇。再比如同屬一個形體的變異,但哪些爲一字異體,哪些爲書寫訛誤,也需要有明確的判別標準。否則我們在佛經音義字料庫中標注的"加工屬性"便會失去其應有的價值,甚至會對相關研究者造成一種誤導。概而言之,字際關係、詞際關係理論體系的研究還有不少盲點,這是構建完善的佛經音義字料庫必須要著力突破的又一個難題。

　　綜上,學術研究的效度一方面與研究材料的新穎度、對材料的佔有程度有必然的聯繫,另一方面也與研究方法、研究工具的先進程度有直接關係。進行漢字學研究時,如何更加全面地佔有第一手真實材料,如何充分發掘所佔有材料的理論和實踐價值,如何將整理之後的字料及其相互關係以立體、多維、互聯、全景的方式展現出來,這需要在研究方法和研究工具方面進行突破。"大數據""云計算""人工智能"等新時代理念促進了漢字學研究在思想、方法和工具等方面的創新：在資料的提取與加工方面,表現爲自動截圖、自動識別、自動標注、自動連結;在材料的校勘方面,體現爲計算機自動校勘與人工校勘相結合;在疑難字考釋方面,體現爲相關文字形、音、義、用信息的同平臺展示;在整理結果的呈現方面,表現爲多角度、立體化、綜合性的布列。而上述操作都有利於整理對象的後續維護、修正、核查及再利用,也有利於促進漢字學相關理論的探究。

---

① 孫建偉《漢字標準化述論》,《標準科學》,2013 年第 6 期,第 29—33 頁。

中編

考釋篇

慧琳《一切經音義》所釋文字考辨

考 辨 説 明

一、"上編"已經論及,我們在對《慧琳音義》的文字進行考辨時,是以"字組"的方式進行的,從而首先系聯了《慧琳音義》中的字組;不過,由於《慧琳音義》(一百卷)轉録了《玄應音義》(二十五卷)全書之近四分之三,《希麟音義》(十卷)爲續《慧琳音義》而作,從而在分組考辨時,我們以慧琳書中的材料爲軸,在同一組中,將玄應、希麟書中的相關材料添加進去,進行綜合考辨。目前共計收録了 438 組。

二、考辨要點:從《慧琳音義》的語言文字學價值出發,疏證了慧琳的釋文,考辨了其間的字詞關係。在此過程中,考證了《慧琳音義》中的部分疑難未識字及未編碼字,辨析了慧琳所釋文字及相關經文間的一些版本異文情況,校正了《慧琳音義》中的不少文字訛誤現象,考察了所溝通的一些文字在其他"字書"中的收録情況和在實際文本中的使用情況,追溯了一些文字的形體來源,梳理了部分形體或構件的歷史變異軌跡,分析了慧琳溝通的一些書寫訛誤現象、同形字現象,歸納了一些部件的混用、演變及構造特徵,討論了一些字例的歷史斷代問題、偏旁混用及訛變規律,總結了慧琳的文字規範理念;同時辨正了《漢語大字典》《中華字海》等語文類工具書中的部分疏誤,典型表現爲異體關係未溝通或誤溝通、缺乏例證、例證滯後等,也考訂了《大字典》《字海》及《異體字字典》等大型字書未收的一些疑難字。

三、考辨範圍:從上面第 2 點出發,我們的考辨著重針對《慧琳音義》中字詞關係複雜的條目,不過那些雖然關係較明瞭但文字形體信息豐富的,亦在我們的考辨之列。

四、目前我們雖然已將《慧琳音義》的字組都系聯了出來,但在考辨時,尚有不少疑難問題未解決,故而此"考辨"成果並未將所有考辨內容納入,待後續將其餘疑難字組徹底考辨完成後再進行整合。

五、一般情況下,"上編"理論部分使用過的例子,此部分不再重複出現;不過對於那些三個或三個以上形體成組的情況,爲保證字組的完整性,"上編"部分出現過的某些個例,此部分予以完整呈現。

　　六、引文中的校勘符號、引用書目簡稱、文獻版本及出處標記原則、引用《慧琳音義》原文規則等見文前"凡例"部分。

001. 皷、皷

榏皷，下音古，從壴從攴，象皷旗手擊之也。壴音注。攴音支，從半竹。經從文，非字也。(C57P1002a；J028)

庾皷，下艾孩反。潁川高士名也。《左傳》云：高陽氏有才子八人。隤皷之類是也。《説文》：皷，「所有」①治也。從文(攴)②壴聲。(C59P0157a；J089)

按：上所引詞目分別出自《薩曇分陀利經》音義、《高僧傳》第四卷音義。"皷"由"皷"之"攴"書寫變爲"攵"形所致，二者爲異寫字關係。《説文・攴部》："皷，有所治也。从攴，壴聲。"慧琳所謂"從文壴聲"之"文"即是"攴"書作"攵"又進一步訛誤而致。在"艾孩反"的音讀下，"皷"字也表示姓氏，鄭樵《通志・氏族略四・以氏爲名》："皷氏，八皷、隤皷之後，以王父字爲氏。"(1987：463)

《大字典》第一版只收録了"皷"形(1986：1471)，於其下設置了兩個音項；第二版同時收録了"皷""皷"二形，"皷"下釋作"同'皷'"(2010：1577)，但并未指出表示擊鼓義的"皷(皷)"之形義關係。考其形體來源，擊鼓義上的"皷"當即"鼓"書寫變異而來，與表示有所治理義的"皷"爲同形字關係。《説文》中，作名詞表示打擊樂器時書爲"鼓"，作動詞表示擊鼓時書爲"鼓"，後期文獻中通作"鼓"。《説文・鼓部》："鼓，郭也。"《玉篇・鼓部》："鼓，瓦爲椌，革爲面，可以擊也。"又《説文・攴部》："鼓，擊鼓也。"《玉篇・攴部》："鼓，擊也。""鼓"又或從"皮"作"皷"，《龍龕手鑑・皮部》："𡔷，俗。皷，通。"此正可視作由"鼓"到"皷"變異的旁證。

另外，兩版《大字典》"皷"下根據《集韻・燭韻》"朱欲切"所收録的"擊鼓"義，值得進一步考察。關於"鼓""皷(皷)"的讀音問題，段玉裁在"鼓"下有相關討論。段氏認爲，"鼓"大徐本注音"公户切"實沿誤已久，"鼓"字本當"讀若屬"，之欲切；顧氏原本《玉篇》讀之録切，孫强本又增公户切；至《集韻》《類篇》，乃以"朱欲""殊欲"二切歸之從"壴"聲的"皷"，卻不知上二切皆本於《説文》"鼓，讀如屬"，"皷"形則不會有上面二切(1981：125)。由此可以更加確信，《大字典》"皷"下據《集韻》收録的"擊鼓"義乃是"鼓"之用法，是"鼓"書寫演變作"皷"形的。則《大字典》"皷"的第二個音項下當釋作"同'鼓'"(2010：1577)，如此方爲妥當。

綜合來看，上面所論可以概括如下：在治理義上，"皷"或書作"皷"形；在敲鼓義上，"鼓"或書作"皷(皷)"。上二種用法的"皷(皷)"爲同形字關係。

---

① 《校本》此處亦作"所有治也"，未出校勘記(2012：2051)。今傳本《説文・攴部》"皷"下作："有所治也。"段注本亦作"有所治也"。考求文義，"所有治也"不通，顯然是書寫倒置所致，據改。

② 此"文"即是"攴(攵)"書寫訛誤所致。

002. 藹、譪

藹藹,哀代反。《廣雅》:藹藹,盛皃也。《説文》:從言葛聲。集從言從愛作**譪**,非也。
(C59P0301a;J098)

按:上所引詞目出自《廣弘明集》第十六卷音義。"藹"與"**譪**"或是異體字關係。此"藹藹"條《大正藏》對應經文作:"乃作銘曰:八維悠闊,九服荒茫。靈聖底止,咸表厥祥。壽丘**譪譪**,電繞樞光。"(V52P0212c)今大正本經文亦作"**譪**",與慧琳所見經本同。上引釋文中的"**譪**"字,《慧琳音義》各本同,唯《校本》作"譭"(2012:2164)。"譭"是欺詐、欺騙義,與經義不切。作"譭"非,當是因與"**譪**"形近而致訛。

考"**譪**"字之來源,《説文·言部》:"藹,臣盡力之美。从言,葛聲。"事實上,"藹"之本義當是草木茂盛義,非如許君所言。從字形結構觀之,鈕樹玉《説文解字校録》認爲"藹"字爲左右結構,并引《玉篇》爲證(《説文詁林》,1988:2961)。另外,核之各類大藏經,上引經文"壽丘**譪譪**,電繞樞光"之"**譪譪**",有作"曖曖"者,有作"靉靉"者,均以"愛"得聲。從這個視角出發,我們懷疑慧琳所謂的"集作**譪**",蓋是寫經人認可了《説文》對"藹"字形體結構的説解,從而换"藹"的"葛"旁爲"愛"而來。

另外,此"**譪**"字不見於《大字典》《字海》等大型語文類工具書,《異體字字典》亦未見載録。可據收。

003. 隘、𨹟、𨻳、𨺙、陁、阨

隘陜,上鴉介反。《廣雅》:隘,迫也。亦陜也。王逸注《楚辭》:險陁傾危也。或作陁。《説文》作**𨹟**①,又**𨻳**,並古字也。今從省作隘、陁,並正也。(C58P0208a;J041)

褊隘,下乙界反。《毛詩序》云:魏地陜隘,其民機巧趨利。郭注《禮記》云:隘,陋也。《説文》:從𠕎益聲也。下從𨺙從**𦫵**②。𠕎音巷,**𦫵**古益(嗌)字也。(C58P1077a;J080)

迫隘,下厄界反。《廣雅》云:隘,陜也。王逸注《楚辭》云:險陁傾危也。顧野王云:隘猶迫側也。《説文》義同,從𠕎益聲。亦從厄作阨,俗字也。(C59P0207b;J092)

按:上所引詞目分別出自《大乘理趣六波羅蜜多經》第一卷音義、《大唐内典録》第七卷音義、《續高僧傳》第十卷音義。慧琳溝通的與"隘"相關的幾個形體彼此間爲異體字關係。據慧琳所釋,"隘陜""褊隘""迫隘"均是同義詞連用,都表示狹小、狹隘之義。《説文·𠕎部》:"𨺙,陋也。从𠕎,𦫵聲。𦫵,籀文嗌字。隘,籀文𨺙从𠕎益。"徐鍇《説文繫傳》籀作篆,段注也認爲"隘"爲篆文,"𨺙"爲籀文,并解釋了先籀後篆的理由:"爲其字之从兩𠕎也。"(1981:737)慧琳所謂《説文》之"**𨹟**",正即"𨺙"改易"𦫵"爲"益"而來,"**𨻳**"中間的"角"形亦當由

---

① 已編碼的字形作"𨹟",與高麗本字形有異。
② 此"**𦫵**"字,《校本》書作"𦫵"(2012),甚誤。

"菁"書寫訛變而致。

就"隘"與"阸"的關係而論,"阸"在文獻中或表示阻塞、阻隔義。《説文·𨸏部》:"阸,塞也。"如《管子·輕重丁》:"溝瀆阸而不遂。"即溝瀆因堵塞而不通暢。或用同"隘",表示狹隘之義。如《列子·湯問》:"侵減龍伯之國使阸,侵小龍伯之民使短。""使阸"即讓國家變得狹小,正取狹隘、狹小義。《集韻·卦韻》烏懈切:"阸,《説文》:'陋也。'或作隘。亦從㔿、從厄。"《大字典》即根據《集韻》此條釋文於"阸"第二個音項下釋爲"同'隘'"(2010:4436)。然而王力《同源字典》則將"隘"與"阸(阨)"系聯爲一組同源字,但王力同時認爲"隘"與"阸(阨)"乃"實同一詞"(1982:267)。細索"隘""阸"二字的形義關係,"隘"由狹隘義引申有阻塞、阻隔義,"阸"由阻塞、阻隔義轉表狹隘、狹小之義,事實上狹小義與阻隔義乃是對同一現象不同視角的描述,二者用法上并不對立。儘管《説文》將二字分立,但綜合來看,我們比較認同二者爲異體字關係。字韻書中亦有溝通二者之異體關係者,《干禄字書·去聲》:"隘、阸,上俗下正。"又《四聲篇海·𨸏部》:"隘,音阸,義同。又陋也,急也,狹也。"《類篇》《重訂直音篇》等亦有類似釋文。讀音方面,二字《廣韻》均有烏懈切的音。

至於"阨"字,阻塞義上與"隘"同樣爲異體字關係。"阨"右邊所從的"厄"與"㔿"常混用,《玉篇·户部》:"㔿,災也。亦作厄。"又比如"軶"作"軛"、"搹"作"扼"等,均是其例。不過《大字典》"阸"(2010:4436)、"阨"(2010:4428)下處理與"隘"的關係時標準並不一致,"阨"的第二個音項下據《慧琳音義》《集韻》等釋作"同'隘'"。

綜合來看,慧琳溝通的表示狹隘、狹小義上的相關字,其間關係可概括如下:"隘"爲後代通行體,當是篆文形體;"𨽾"爲籀文形體,與"隘"爲異構字關係,"𨽾""𨽾"均是"𨽾"之隸定變異字形;"阸""阨"亦可視作"隘"的異構字。

004. 礙、硋、閡、导、碍

罣礙,下古文硋,同。五代反。《説文》:礙,止也。又作閡,郭璞以爲古文礙字。《説文》:閡,外閉也。經文作导,音都勒反。案衛宏詔定《古文字書》[1]礙(导)、得二字同體。《説文》:得(导),取也。《尚書》:高宗夢得(导)説。是非此義也。(C57P0801a;J020)

按:上所引詞目出自《大方廣佛華嚴經》第一卷音義。在阻礙、阻止義上,《慧琳音義》中溝通的字有礙、硋、閡、导、碍等五個。"礙"與"硋"爲異構字關係,與"閡"當是同源通用字關係,與"导"爲音近借用關係;"导"後又增加"石"旁作"碍",從而與"礙"爲異體字關係;論其形義源流,"碍"爲"导"在阻礙、阻止義上的後出本字。

《説文·石部》:"礙,止也。"即阻止、阻礙之義,如《列子·力命》:"獨出獨入,孰能礙之。"字又或從"亥"作"硋",《後漢書·方術傳序》:"物之所偏,未能無蔽,雖云大道,其硋或同。"此

---

① 此《古文字書》,高麗本《玄應音義》作《古文官書》(V32P0001b)。

處之"硋"正取阻礙義,與《慧琳音義》所謂二字"同"正相符合。

"閡"字,《説文·門部》:"外閉也。"即出門后從外面將門關閉。關閉門也有阻礙、阻止義,與"礙"的阻止義相關,但詞義側重點不同。顯然二字爲同源通用字關係,王力《同源字典》即將二者系聯爲一組同源字(1982:87)。

"寻"字,本是"得"之古文。《説文·彳部》:"得,行有所得也。寻,古文省彳。""寻"之獲得義與"礙"之阻礙義無涉。從語音演變角度考之,"寻"字上古屬職部,職部與之部相通,或隨之部到中古分入之、灰、咍諸部,從而便讀同"礙"。故而"寻"字中古時期除有多則切的音讀外,又讀作五愛切。《玉篇·日部》:"寻,五愛切。佛書字。"同書《見部》:"寻,丁勒切。取也。今作寻,亦作尋。"《廣韻·代韻》五漑切:"寻,《釋典》云:'無寻也。'"又《集韻·代韻》牛代切:"礙,《南史》引浮屠書作寻。"疑佛經翻譯者因爲"礙"字較複雜,從而借音近的"寻"字爲之,後又加"石"旁分化出"碍"字。《正字通·石部》:"碍,俗礙字。""碍"從石寻聲,再次實現了形義統一。從字際關係角度言之,"礙"與"寻"爲通假字關係,與後出的"碍"爲異體字關係。又《慧琳音義》卷第五十四"躓礙"條下云:"《博雅》作閡,《韻略》作硋,《文字集略》作寻,並俗字也。"(C58P0513a)從慧琳此條釋文來看,當時社會生活中用"寻"代礙已非偶然。另外,《大字典》"寻"第二個音項下但云"同'礙'"(2010:1595),有失妥當。

又上引釋文"衛宏詔定《古文字書》礙(寻)、得二字同體"之"礙"字,高麗本《玄應音義》作"寻"(V32P0001b)。從釋文義求之,作"寻"是也。此外,上《慧琳音義》"得"下《校本》出校謂:"據文義似當作'碍'。"(2012:846)從釋文義求之,此處作"得"不誣,玄應、慧琳意在辨析作"得"之誤。

005. 庵、奄、菴、萏、廇

草庵,暗甘反。《廣雅》:奄、屠蘇,舍也。《考聲》:盧也,掩也,以草圍掩之也。有作菴,藥草名菴䕡子也。《古今正字》云:盧有梁者,廇也。廇即庵也,從广奄聲也。(C57P0979b;J027)

庵屋,上烏含反。《廣雅》云:庵,舍也。《説文》:從广奄聲。經文從草作菴。菴䕡字,是草名,誤也。(C58P0302b;J045)

按:上所引詞目分別出自《妙法蓮華經》之《信解品》音義、《佛説樹提伽經》音義。就慧琳溝通的文字之關係而言,草屋、小寺廟一類用法上,"庵"與"奄"爲同源通用字關係;與"菴""萏"爲非典型的異體字關係,《大字典》"菴"的第二個義項下處理爲"同'庵'"(2010:3445),亦可從;與"廇"是同義換用關係。

"庵"本指圓頂的草屋,《廣韻》:"庵,小草舍也。"後期泛指一般的房屋,《廣雅·釋宮》:"庵,舍也。"上引"草庵"條《大正藏》對應經文作:"猶處門外,止宿草庵,自念貧事。"

(T09P0018a)考求經義，"草庵"即野外可供臨時居住的簡易草棚，"庵"字正表小草舍義。就"庵"字的詞義特徵而言，取覆蓋義。王念孫《廣雅疏證》云："庵，奄也，所以自覆奄也。""庵"從"奄"得聲，"奄"亦有覆蓋義，王力《同源字典》(1982：622)、殷寄明《漢語同源字詞叢考》(2007：425)均認爲"奄"有覆蓋義。由此可斷定"庵"與"奄"爲同源通用字關係。

論"菴"字的形體構意，從艸奄聲，取草覆蓋義，側重言用草做頂的屋子。毛晃《增修互注禮部韻略·覃韻》："庵，圓屋，亦曰草屋。亦作菴。"同韻"菴"下云："蓋古作菴，隋唐以來俗作庵。"另《正字通·广部》"庵"下謂："圜屋，結艸木爲小廬曰庵廬……王氏曰：'古作菴，隋唐以來皆作庵。'別作菴，贅。"《增修互注禮部韻略》《正字通》的觀點可從，在草屋義上，可從"广"作"庵"，亦可從"艸"作"菴"，"菴"形側重表示用草覆蓋這一特徵。

"菴"字除單用表示草屋義外，也作"菴藺"表示蒿類植物，此"菴"仍釋作草屋義。李時珍《本草綱目·草部》"菴藺"下云："時珍曰：'菴，草屋也；藺，里門也。此草乃蒿屬，老莖可以蓋覆菴藺，故以名之。'"從李時珍的解釋來看，"菴藺"乃是因此草藤莖可以覆蓋里門而得名。又"菴藺"二字《本草綱目》金陵初刻本如上作，人民衛生出版社校點本作"庵藺"(1975：933)，亦可證"庵""菴"二字用同。然而，正如毛晃父子、張自烈所言，到後期草屋義用"庵"，"菴藺"義用"菴"，二字用法便有了一定分化。蓋至遲在唐代，"庵""菴"二字的用法有了明確區分，故而大乘基、慧琳均強調了草屋義上用"菴"爲誤用。由此而論，"庵""菴"二字本爲異體關係，前者從"广"，後者從"艸"，形義均契合；但後來二者的用法發生了分化，各有專用，其間不再是嚴格的異體字關係。

"菴""萢"二形爲異寫字關係。《集韻·覃韻》烏含切："菴、萢，菴藺，艸名。或作萢。"又同書《鹽韻》衣廉切："菴、萢，菴藺，艸名。古作萢。"又《碑別字新編·十二畫》"菴"下引《魏王紹墓誌》作"菴"形(1985：222)，黃征《敦煌俗字典》"菴"下引伯2305《妙法蓮華經講經文》作"萢"形(2005：4)，與"菴"形頗近，顯然均是"菴"之書寫變異形體。另此"萢"形不見於《大字典》《字海》，當據收。

又"廜"字，《廣雅·釋宮》："廜，庵也。""庵""廜"二字音、形無關，義相通，爲同義換用關係。

006. 暗、晻、陰、闇

暗冥，上阿紺反。《説文》云：日無光也。或作闇。(C58P0211b；J041)

晻忽，古文暗、陰二形，今作暗，同。於感反。《説文》：晻，不明也。《廣雅》：晻，晻也。晻，冝(冥)也。① (C58P0546a；J055)

按：上所引詞目分別出自《大乘理趣六波羅蜜多經》第一卷音義、《義足經》下卷音義。

① 今本《廣雅·釋詁》："晻，冥也。"又《釋訓》云："晻晻，暗也。"

慧琳所釋的"暗"與"晻""陪""闇"均爲同源通用字關係。

《説文·日部》:"暗,日無光也。""暗"主要表日光不明、光線不足,如《論衡·説日》:"日中光明,故小;其出入時光暗,故大。""光明"與"光暗"對文,"暗"即取日光暗淡義。《説文·日部》:"晻,不明也。"段玉裁以爲,"暗""晻"二字本用有別。段注"暗"下云:"《集韻》《類篇》皆以晻、暗爲一字,依許則義各殊。明之反當用晻,暗主謂日無光。"(1981:305)王力《同源字典》將"暗"與"晻"系聯爲一組同源字,但他同時認爲此二字"實同一詞"(1982:602)。事實上,上面二字雖均有暗淡、昏昧的詞義特點,但從詞源意義上來看,實爲兩類:"暗"從"音"得聲,具有"音"聲所帶來的陰暗義;"晻"從"奄"得聲,具有"奄"聲所帶來的覆蓋、遮蔽的詞源義。用此詞源意義特徵考量段氏所言,頓覺段氏之言頗有道理,"晻"字強調因遮蔽而造成的暗昧,"暗"字則側重指日光暗淡。綜合看來,"暗""晻"二字雖音同義相近,但從詞源上觀之,非來自同一源頭,然而均有幽暗、不明的特徵,故而宜視作同源通用字關係。《大字典》"晻"的第一個音項下釋作"同'暗'"(2010:1627),或有失妥當。

"陪"字,《爾雅·釋言》:"陪,闇也。"郭璞注云:"陪,陪然,冥貌。"王力《同源字典》(1982:602)、《大字典》(2010:4463)均將"陪"視作"暗"之異體字,但就"陪"字的形體結構來看,在陰暗義上,字形結構不好解釋,似無法與"暗"構成異體字關係。不過"陪"與"暗"音同義通,我們比較認同其間爲同源通用字關係。殷寄明《漢語同源字詞叢考》將"暗、陪"二字系聯爲"音"聲下的同源字,認爲其共有義素爲"陰幽、靜寂"義(2007:414),或可從。

又"闇"字,《説文·門部》:"闇,閉門也。""闇"本表關閉門,引申有幽暗、幽暗的地方等用法。《玉篇·門部》:"闇,幽也。"段注"闇"下云:"借以爲暗字。"段言頗爲懇切,"暗""闇"二字本義別。王鳳陽《古辭辨》認爲"闇"與"暗"同源,但詞義側重點不同,"闇"側重指室内光線不足(1993:883),"暗"側重指太陽光線暗淡(1993:911)。王説是也。此外,王力《同源字典》(1982:602)、殷寄明《漢語同源字詞叢考》(2007:414)均將"闇"與"暗"系聯爲一組同源字。綜合來看,二字音同義通,均有幽暗、不明的核義素,爲同源通用字關係。

007. 傲、傲、傲、嫯

傲 慢,上吾告反。孔注《尚書》:慢也。《廣雅》:蕩也。《説文》:倨也。從敖聲也。敖字,《説文》:從出從放。今俗從土作敖,訛也。(C57P0451a;J003)

傲誕,上遨告反。《考聲》云:傲,憍倨也,慢也。《文字典説》云:傲,不敬也。從人敖聲。字或作嫯也。論文作傲,俗用字也。(C58P0809a;J067)

按:上所引詞目分別出自《大般若波羅蜜多經》第三百三十三卷音義、《阿毗達磨品類足論》第三卷音義。《説文·人部》:"傲,倨也。"爲傲慢、驕傲義,如《尚書·盤庚》:"無傲從康。"孔傳云:"無傲慢,從心所安。"引申有輕視、急躁等用法。**傲**"爲"傲"的篆體**傲**之隸定字形，與"傲"爲異寫字關係。另慧琳對於"**傲**""傲"二形的演變情況進行了分析，指出"傲"由"**傲**"書寫訛略所致。

因驕傲多爲發自內心見於容貌、舉止等的一種心理行爲，故而後又有從"忄"作"憿"者。《集韻·号韻》魚到切："傲，《說文》：'倨也。'或從心。"從文字形義組構角度來看，在驕傲、傲慢義上，"傲""憿"二者爲異構字。相比較"傲"字，"憿"字非歷代傳承用字，故而慧琳將其歸爲"俗用字"一類。

又"嫯"字，《說文·女部》："嫯，侮易也。"段注改"易"爲"傷"，并云："字與傲別，今則傲行而嫯廢矣。"(1981：625)"嫯"亦有傲慢義，王力《同源字典》將"傲""嫯"二字系聯爲一組同源字，他同時指出，傲慢義上"傲、嫯"乃"實同一詞"(1982：207)。從詞義特徵論之，王鳳陽《古辭辨》認爲，"傲"側重言輕視、輕侮他人，"易"則指將對方或事情看得簡單從而藐視或忽視對方(1993：884—885)。綜上，我們認爲"傲""嫯"宜視作同源通用字關係。《大字典》"嫯"下將其與"傲"的關係處理爲"後作'傲'"(2010：1145)，可從。

008. 懊、忝、坱

忝惱，上於早反。《文字集略》云：懊懡，悲心內結也。忝或作懊。集從土作 **坱**，非也。(C59P0318a；J099)

按：上所引詞目出自《廣弘明集》第二十八卷音義。"懊"與"忝"爲異體字關係。此"忝惱"條《大正藏》對應經文作："終始永畢，不可復希；長號懊惱，無心苟存。"(T52P0326b)"懊惱"即"忝惱"，《玉篇·心部》："懊，悔也。"《集韻·皓韻》："懊，恨也。或從夭。""忝"爲"懊"之換旁異體字，"夭"《廣韻》音於兆切，"奥"音烏到切，音相近，故可改換。

慧琳釋文中又謂，其所見經本"忝"字書作"**坱**"。此"**坱**"形未編碼，不見於《大字典》《字海》及《異體字字典》等語文類工具書。從形體關係求之，此"**坱**"字當是"忝"書寫訛誤所致。

009. 拔、扳、犮

拔濟，上辨八反。顧野王云：拔，引而出之也。《考聲》云：抽也，救也。《說文》：擢也，從手犮聲。犮音盤鉢反。犮字從犬而丿。經文從犮作扳者，非也。(C57P0884a；J024)

犮箭，上辨八反。論作拔，誤也。(C58P0349a；J047)

按：上所引詞目分別出自《信力入印法門經》第二卷音義、《無量壽論》音義。"拔"與"扳""犮"均爲異寫字關係。

上"拔濟"條《大正藏》對應經文作："有言大慈心者，所謂拔濟一切眾生諸苦惱故，所謂身心修集一切諸功德故。"考求經義，"拔濟"即濟度、拯救，"拔"取引出、抽出義。《說文·手部》："拔，擢也。从手，犮聲。"又《犬部》："犮，犬走皃。从犬而丿之。"文獻中又書寫作"拔"形，《宋本玉篇·手部》："拔，蒲八切。擢也。"日本早稻田大學藏和刻本《大廣益會玉篇》作"拔"形。慧琳溝通的"扳"，亦與"拔"爲一字異寫關係。《干禄字書·入聲》："扳、拔，上俗下正。"《字學三正·體製上》"俗書點畫相等者"下云："拔，俗作扳。"均是其證。

　　"拔"又或書作"狀"形。《無量壽經優婆提舍願生偈注》卷上有云："豈可得言彼箭深毒厲，聞鼓音聲，不能拔箭去毒耶。"（T40P0834c）依據慧琳"狀"之注音，"狀箭"即"拔箭"，"狀"乃"拔"書寫訛誤所致。黃征《敦煌俗字典》引 S.6836《葉静能詩》作"**拔**"形（2005：7），又《正名要録》"右依顔監《字樣》甄録要用者，考定折衷，刊削紕繆"下收録有"**夭**"形，正即"犮"書寫變異所致。"狀"右邊的"犬"形乃是由"**犮**""**夭**"等形體進一步書寫變異而來。又鄭賢章《〈隨函録〉研究》亦認爲"狀"乃"拔"字之訛（2007：227），可參。綜上，可定"拔"與"狀"爲異寫字關係。《大字典》雖據《龍龕手鑑》收録了"狀"（2010：1939），不過其音爲火犬反，義爲撚，與"拔"別，此蓋是"狀"的別一用法。

010. 把、㧒、靶、杷；把、爬

　　弓把，補嫁、百雅二反。謂弓可把之處也。《説文》：把，握也，持也。單手曰把。經文作㧒，近字也。（C57P0737b；J017）

　　璃杷（把），百訝反。《説文》：把，握也。單手爲把，刀把、弓把皆作此。經文作靶。《説文》：轡飾也。靶非此用也。（C58P0572b；J056）

　　手把，罷巴反。或作爬。爬，搔也，掊也。今從掊義，掊音蒲交反，並從手也。（C57P0983b；J027）

　　按：上所引詞目分別出自《毗耶娑問經》下卷音義、《佛本行集經》第五十三卷音義、《妙法蓮華經》見寶塔品音義。釋文中的"把"字，從意義系列上可以分爲兩類：其一，表示握持、可握持的部位；其二，爬搔義。在第一類意義上，"把"與"㧒"爲母字分化字關係，與"靶"爲同源通用字關係，或誤書作"杷"形；在爬搔義上，"把"與"爬"可視作異體字關係。

　　上"手把"條《大正藏》對應經文作："假使有人，手把虚空，而以遊行，亦未爲難。於我滅後，若自書持，若使人書，是則爲難。"（T09P0168c）"手把"即用手抓著、握持，《説文·手部》："把，握也。""把"除用作動詞表握持義外，又用作名詞，轉指器物上便於握持的部位。如《禮記·曲禮上》："左手承弣。"孔穎達疏云："弣，謂弓把也。"唐陸德明《經典釋文》云："把，手執處也。""弓把"義後又作"㧒"，此由"把"分化而來，即《慧琳音義》所謂"近字"也。[①]

　　上引高麗本《慧琳音義》的"璃杷"條，《大正藏》對應經文作："輸頭檀王復以偈頌而説言

---

　　① 在佛經音義中，尤其是《玄應音義》《慧琳音義》中，"近字"指魏晉至隋唐時期新産生的文字形體。詳參孫建偉《也談〈玄應音義〉的"近字"》，《海南師範大學學報》（社會科學版），2013 年第 5 期，第 89—94 頁。

曰：‘汝昔駕車調善馬，其車雜寶所莊嚴，潔白傘蓋持覆身，素拂清淨琉璃把。’”（T03P0899b）今大正本作“琉璃把”。《佛本行集經》音義本爲玄應所撰，慧琳收録時又重加審訂，《玄應音義》卷第十九亦作“璃把”（V32P0262a）。“杷”爲農具之一種，《説文・木部》：“杷，收麥器。”與經義乖，慧琳本的“杷”乃是“把”字之訛。另《大字典》“杷”的第二個音項下收録了“器物的柄”這一用法（2010：1259），但未言該用法從何而來。

據慧琳所釋，經文或作“靶”。《説文・革部》：“靶，䡸革也。”又《爾雅・釋器》：“轡首謂之革。”郝懿行《爾雅義疏》云：“轡首垂即靶也。”“靶”是轡首垂，其特徵在於可以用手抓持。徐鍇《説文繫傳》云：“御人所把處也。”《廣雅・釋器》：“靶謂之綏。”王念孫疏證云：“靶之言把也，所把以登車也。”劉鈞杰《同源字典補》認爲“把”“靶”均有可抓持的共同義素（1999：24），殷寄明《漢語同源字詞叢考》認爲二字均有“圓長”義（2007：32）。顯然在把手用法上，二者爲同源通用字關係。

“把”字《集韻》或讀作蒲巴切，取爬搔之義。如《文選・嵇康〈與山巨源絶交書〉》云：“性復多蝨，把搔無已。”李善注云：“把，蒲巴切。”正取爬搔義。或從“爪”作“爬”，《集韻・麻韻》：“爬，搔也。或從手。”在爬搔義上，“把”“爬”二體均形義相契，可視作異體字關係。

011. 灞、㶚、霸

㶚上，百罵反。《考聲》：求（水）名也。正作霸字。從霻從月。霻音革。集中作㶚，俗字。（C59P0280b；J097）

按：上所引詞目出自《廣弘明集》第四卷音義。在水名用法上，“灞”與“㶚”爲異寫字關係，是“霸”之後出分化字；高麗本釋文“求名也”之“求”，乃是“水”的訛誤字形，《校本》失校。

此“㶚上”條《大正藏》對應經文作：“於是屈迹暫遊，方踐京邑，次於灞上。”（T52P0113c）“㶚上”即“灞上”，是地名，在今陝西省西安市東。“㶚”是“灞”之異寫字，《碑別字新編・二十一畫》“霸”下引《魏赫連悦墓誌》作“霸”形（1985：456），《龍龕手鑑・雨部》：“霸，俗。霸，正。”均是其例。

在水名意義上，“灞”是後出分化字，早期作“霸”。《史記・司馬相如列傳》：“終始霸滻，出入涇渭。”司馬貞《史記索隱》引張揖云：“灞出藍田西北而入渭。”（1959：3018）從形體來源角度察之，“霸”功能較多，水名又較特殊，故而後加“水”旁別作“灞”字，以分化“霸”之功能，同時也使水名與“灞”字實現形義統一。

又按，上引釋文之“求名也”，《慧琳音義》各本均如是作，《校本》亦同（2012：2147），且未出校勘記。然作“求”於文義不通。考求經義，“灞”爲水名，此“求”當是“水”之訛。別如《慧琳音義》卷第八十五“灞川”條下云：“秦地灞川，水名也。”（C59P0090b）又卷第八十一“灞上”條下云：“秦川水名也，在長安城東。”（C59P0001b）均可爲證。

012. 捭、擺、挵、押（捭）

投捭，下補買反。《廣雅》：捭，開也。《說文》：兩手捭擊也，從手卑聲。亦作擺。（C58P0515a；J054）

擺挵，上八買反。《廣雅》云：捭，開也。《考聲》：擺，揮手也。《說文》：兩手擊也，從手罷聲。或作挵（捭）①。論作擺，誤也。（C58P0844b；J069）

擺撥，上百賣反。《說文》：揮手也。或從**畢**作**挵**②，並從手。（C59P0215b；J093）

按：上所引詞目分別出自《佛說鴦掘摩經》音義、《阿毗達磨大毗婆沙論》第一百三十五卷音義、《續高僧傳》第十三卷音義。在擊打、撇開義上，"捭"與"擺"爲異體字關係，"捭"書寫或作"**挵**"形，又或訛同"押"。

上"投捭"條《大正藏》對應經文作："則心念曰：'我跳度江河解諸繫縛，投捭勇猛曾無匹敵，重關固塞無不開闔。而此沙門徐步裁動，我走不及，殫盡威勢，永不摩近。'"③（T02P0509a）經文中的"捭"取擊打義，或又作"擺"。《宋本玉篇·手部》："**挵**，補買切。兩手擊也。擺，同上。"在擊打意義上，二者爲更換聲符而成的異構字。

上"擺挵"條《大正藏》對應經文作："爲脫屍故，便陷入地，更出騰空，又没大海水中，復入蘇迷盧腹，盡力擺突，終不能去。"（T27P0697c）今大正本經文作"擺突"。考求經義，"擺突"爲盡力掙脫，"擺"取排除、拔開義。據慧琳所釋，此義上或作"押"，《廣韻》音烏甲切，乃是簽署、畫押字，非經義。此"押"是"捭"之訛誤字形，"捭"或書作"**挵**"形，"押"則由"**挵**"進一步訛誤而致。

上"擺撥"條《大正藏》對應經文作："鳳爲崇敬寺主，依例被追。乃擺撥直進，援引經論，明不敬之理，僉詳瞻鳳，抗詔之儀。可謂蘭菊各擅其英華，竹栢互陳其貞節，不可削也。"④（T50P0526c）索經義，"擺撥"爲撇開、擺脫義。此義上，《慧琳音義》釋文云"或從**畢**作**挵**"。高麗本如上作，其餘諸本均作"或從畢作捭"，《校本》亦同（2012：2098）。作"捭"非也，與文義背。《集韻·屑韻》："捭，牽也。"實此"**畢**"即"卑"之訛誤字形，而"**挵**"正乃"捭"的書寫變異形體。《類篇·手部》："**挵**，部買切。兩手擊打也。"又《四聲篇海·手部》："**挵**，手擊也。"均可爲證。

013. 稗、粺

稗子，音敗。杜注《左傳》：草之似**挵**者。如淳曰：細米爲稗。或作粺，亦通。（C57P0538b；J008）

① 《校本》第六十九卷校勘記第38條校記"押"下云："據文意似作'捭'。"（2012：1728）其說可從，"押""捭"形近，易訛誤。

② 此"**挵**"即"捭"的書寫變異形體，各本作"捭"，非也。

③ 《大正藏》相關校勘記："投"下：投＝捉（三）；"闔"下：闔＝闕（三）；"裁"下：裁＝纔（三）。

④ 《大正藏》相關校勘記："鳳"下：鳳＋（時）（三宮）；"敬"下：（可）＋敬（三宮）。

按：上所引詞目出自《大般若波羅蜜多經》第五百七十卷音義。在稗子義上，“稗”與“粺”爲通假字關係。此“稗子”條《大正藏》對應經文作：“或見菩薩唯食稗子，或復食麥，或食草根，或食樹葉，或花或果。”（T07P0944b）經文中稗子與麥對舉，即指稗子草而言。《説文・禾部》：“稗，禾别也。”段注：“謂禾類而别於禾也。”“稗”即稗子，或名稗子草，雜生於禾間，有礙禾之生長。據慧琳所釋，字或作“粺”。《説文・米部》：“粺，毇也。”《玉篇・米部》：“粺，清米也。”即精米。“稗”“粺”二字義殊，均從“卑”得聲，《廣韻》同讀傍卦切；在稗子義上，二者爲通假字關係。朱駿聲《通訓定聲・解部》云：“粺，叚借爲稗。”又《可洪音義》卷第十二“粺子”條下云：“苗似稻也，正作稗也。”

上引釋文之“[illegible]”字，《慧琳音義》高麗本、頻伽本、大正本均如是作，《校本》亦同上（2012：634），獅谷本作“䵗”。今傳本《左傳正義》作：“草之似穀者。”《説文・黍部》：“䵗，黍屬。”段注云：“禾之别爲稗，黍之屬爲䵗。……䵗之於黍猶稗之於禾也。”此“[illegible]”字或是由“穀”“䵗”二形雜糅變異而來，蓋是取“穀”之左與“䵗”之右黏合而成；亦或是抄寫者受詞頭“稗”形的影響，將“穀”字誤書作“[illegible]”形。又此“[illegible]”字未編碼，《大字典》《字海》及《異體字字典》均未收録。

014. 韛、鞴、槖、排

韛囊，上排拜反。《蒼頡篇》云：韛，韋皮也。顧野王曰：所謂吹鑄冶火令熾也。《文字典説》：從韋葡聲。葡音備。亦作鞴、排。又作槖也。（C57P0900a；J024）

按：上所引詞目出自《方廣大莊嚴經》第七卷音義。在鼓風器義上，“韛”與“鞴”“槖”並是異體字關係，與“排”爲通假字關係。

此“韛囊”條《大正藏》對應經文作：“佛告諸比丘：‘菩薩爾時制出入息，於兩耳中發大音響，譬如引風吹鼓鞴囊，受是苦事不生疲倦。’”（T03P0581b）考求經義，“鞴囊”即鼓風器。《玉篇・韋部》：“韛，韋囊也，可以吹火令熾。”或從“革”作“鞴”，《龍龕手鑑・革部》：“鞴，蒲拜反。吹火具也。”據慧琳所釋，又或作“槖”。《集韻・怪韻》：“韛，吹火韋囊也。或作槖。”上三形爲異構字關係。

該用法上文獻中或借“排”字爲之。《正字通・手部》：“排，與槖、韛、韝同。”如《後漢書・杜詩傳》：“造作水排，鑄爲農器，用力少，見功多，百姓便之。”李賢注云：“排音蒲拜反。冶鑄者爲排以吹炭，今激水以鼓之也。‘排’當作‘槖’，古字通用也。”（1965：1094）因“排”本爲排擠義，故而《慧琳音義》卷第十六“槖囊”條下云：“經作排，非也。”在鼓風器義上，“排”爲“韛”的通假用法。

015. 斒、[illegible]（斑）、辬（辮）、斑、霦（虨）、班、玢

斒駁，上八蠻反。《考聲》云：文雜也。鄭注《禮記》：雜色爲斒。《説文》：駁文也。從文

扁。經本作斑,瑞玉爲斒。《説文》:駮文也。從文扁聲。經本作班,瑞玉。斒音平免反。(C57P0887b;J024)

斒爛,又作霖(⿸虍林)、玢二形,同。補間反。經文作斑蘭,非體也。(C57P0995a;J028)

斒爛,上八蠻反。《韻英》云:斒爛,文駮也。《説文》:從辡作辬(辬),駮文也。《古今正字》云:文瞵也。或作⿰并攵(⿰并攵),文皃也。從文扁聲。(C58P0202a;J040)

按:上所引詞目分别出自《金剛髻珠菩薩修行分經》音義、《正法華經》第一卷音義、《觀世音菩薩授記經》音義。在燦爛多彩義上,"斒"與"⿰并攵(⿰并攵)"爲異體字關係,與"辬(辬)""斑""霖(⿸虍林)""班""玢"均是通假字關係。

上引《正法華經》第一卷之"斒爛"條,今《大正藏》對於經文作:"於斯人眾,無數億千,悉遥覩見,煒曄斒爛,衣毛爲竪,眷屬馳造,欲見最勝,顯發光明。"①(T09P0065b)又《觀世音菩薩授記經》對應經文作:"其寶臺上種種雜色,斑爛煒曄,清淨照耀。"(T12P0355a)②上二例中,"斒"均爲燦爛多彩義。慧琳謂或作"⿰并攵(⿰并攵)",《集韻・山韻》:"斒,或從并。"爲"斒"之换旁異體字。

慧琳釋文謂或作辬(辬),《説文・文部》:"辬,駮文也。"即雜色花紋,與"斒"之色彩絢爛義别,二字《廣韻》均讀布還切,當是通假字關係。或有作"斑"者,《玉篇・文部》:"辬,《説文》曰:'駮文也。'亦作斑。"亦爲駮雜義,《廣韻》音布還切,在色彩絢爛義上與"斒"亦是通假字關係。或又作"霖(⿸虍林)","⿸虍林"指虎身上的斑紋,引申後與"斒"義近,《廣韻》音府巾切,亦當與"斒"爲通假字關係。亦有作"班"者,乃是分開、頒發義,與"斒"義别,二字音同,是通假字現象。有作"玢"者,指玉之紋理,與"斒"義相關,《廣韻》音府巾切,二者亦是通假字關係。

上引卷第二十八"斒爛"條下之"又作霖",《慧琳音義》高麗本、大正本如上作,獅谷本、頻伽本作"⿸虍林",《校本》作"⿸厂霖"(2012:996)。從釋文求之,作"⿸虍林"是。《説文・虎部》:"虨,虎文彪也。"指虎身上的斑紋,或省作"⿸虍林"形。《廣雅・釋詁三》:"⿸虍林,文也。"王念孫《廣雅疏證》:"⿸虍林者,《説文》:'虨,虎文彪也。'⿸虍林,與虨同。"又《集韻・山韻》:"虨,《説文》:'虎文彪也。'或从彬省。俗作霦,非是。"綜上,《校本》的"⿸厂霖"爲"⿸虍林"之異寫字,"霖"則是"⿸虍林"書寫訛誤所致。另《集韻》所録之"霦"由"虨"書寫訛變而致。其訛變軌跡可概括爲:⿸虍林—⿸厂霖—霖;虨—霦。

上引卷第四十"斒爛"條下之"從辡作辬",高麗本如此作,獅谷本、頻伽本、《校本》(2012:1203)作"從辡作辬",大正本作"從辡作辨"。作"辬"是,《慧琳音義》引《説文》云:"駮文也。"與今傳本《説文》同,當不誣也。又此條下"或作⿰并攵"之"⿰并攵",《慧琳音義》高麗本如上作,

① 《大正藏》相關校勘記:"煒"下:煒＝偉(宋)(宮);"斒爛"下:斒爛＝班爛(宋)(宮)。

② 《大正藏》相關校勘記:"斑"下:斑＝斒(元)(明);"爛"下:爛＝爛(三)(宮)。

獅谷本、頻伽本、大正本作"𢯼"，《校本》作"敊"（2012：1203）。考求慧琳所釋文字，高麗本之"𢾅"乃是"敊"字，正是"㛀"的換旁異體字；"𢯼""敊"皆是"敊"之訛誤形體，《大字典》"敊"下釋作"'敊'的訛字"（2010：1562），甚是。

016. 邦、邫、邦、㙻

邫伴，石經作邫、邦、㙻三形，同。補江反。（C58P0094a；J034）

按：上所引詞目出自《賢劫經》第一卷音義。"邦"與"邫""邦""㙻"均是異體字關係。此"邫伴"條《大正藏》對應經文作："建立佛土以得總持，邦伴①諸覺所説清明，度魔境界戰鬭勇猛，殺害眾塵刈除不善，志願淨光魔不能壞，所宣道慧而無窮盡。"（T14P0003a）《説文·邑部》："邦，國也。""邦"或書作"邫"形，《重訂直音篇·邑部》："邦，邦國。邫，同上。"又或書作"邦"形，《干祿字書·平聲》："邦、邦，上俗下正。"古文或作"㙻"，《集韻·江韻》："邦，古作㙻。"從文字形體演變角度察之，"㙻"爲篆文"𡴫"之隸定形體，"邫""邦"則爲傳承變異形體，其間爲異寫字關係。

017. 棒、稓、榙、㭋、桻（㭋）、搭、捧

打棒屠割，棒字正宜作稓，或亦爲㭋。今經本作棒字，乃是榛（棒杖）之棒，非打稓字。然後有從手邊作奉者，乃是捧持之字，轉遠經意也。《廣雅》曰：稓，箠也。又有木邊作音者，即曰稓杖之稓，字體也。（C57P0857a；J023）

畫稓，下龐講反。《考聲》云：大杖也。或作桻（㭋）②、榙。《説文》：從木從音。經從手作搭，誤也。（C58P0181b；J039）

按：上所引詞目分別出自《華嚴經》第五十五卷《離世間品》之三音義、《不空羂索陀羅尼自在王咒經》中卷音義。在棍棒義上，"稓""棒"爲更換聲符而成的異構字，引申又表示用棍棒打等義；"稓"或從"部"作"榙"，書寫訛"木"爲"扌"成"搭"形；"棒"字或從"丰"作"㭋"，"㭋"又或訛作"桻"，"棒"或訛"木"爲"扌"成"捧"形。

上"打棒屠割"條《大正藏》對應經文作："若有眾生罵辱、毀謗、打棒、屠割，苦其形體，乃至斷命，如是等事，悉皆能受。"（T10P0289b）"打棒"與"罵辱""屠割"等并現，均爲同義詞連用，"棒"取棒打義，由棍、棒義引申而來。又上"畫稓"條《大正藏》對應經文作："其壇東面應畫金剛，南面刀劍，西面畫稓，北面畫鑱，於其四角畫赤色幡，散種種華，於壇場中以諸彩色畫吉祥瓶。"（T20P0424c）"稓"與"劍""鑱"對舉，指大棒而言。據慧琳所釋，在棍棒義上，正合作"稓"字。《説文·木部》："稓，梲也。"段注："稓、棒，正俗字。"從形體來源察之，"棒"即是

① 《大正藏》"邫伴"下校勘記作：邫伴＝剖判三宫，邦＝判聖。
② 據釋文義，此"桻"當是"㭋"之訛誤字形。

“棓”的後出換旁異體字。

慧琳謂有作“捧”者，即是“棒”書寫錯訛而致。或有作“栟”者，乃是“棒”之換旁異體字。《玉篇·木部》：“栟，棒也。棒，同栟。”或有作“拌”者，乃是盤字，非經義，是“栟”之書寫訛誤字形。有作“槤”者，爲“棓”之換旁異體字，《集韻·講韻》：“棓，《說文》：‘梲也。’謂木杖。或作槤。”有作“培”者，乃是引聚義，非也，是“棓”之書寫訛誤字形。

又上引“打棒屠割”條下“乃是榛之棒”，《慧琳音義》高麗本、大正本如上作，獅谷本、頻伽本作“乃是棒杖之棒”，《校本》於“榛”下出校勘記：“獅爲‘棒杖’。”(2012：892)，未指明正誤。從版本源流關係求之，顯然是獅谷本刻寫者將“榛”改作“棒杖”，而頻伽本以獅谷本爲底本，故此二本均作“棒杖”。此“打棒屠割”條本爲慧苑所撰，慧琳收錄時新加訂正。檢高麗本《慧苑音義》，“打棒屠割”條下正作“棒杖”(C59P0501b)，是也。

018. 襃、褎、褒

襃讚，上補毛反。顧野王曰：襃猶揚美之也。《說文》：衣博裾也。從衣 𤣥 聲。𤣥 音保。(C57P0406a；J001)

褎爲，上保毛反。顧野王云：褎猶揚美之。鄭注《禮記》云：褎，猶進也。《考聲》：正作褒。《說文》：從衣 㮇 聲。㮇，古文保字也。論文從保作褎，通用。(C59P0085a；J084)

按：上所引詞目分別出自《大唐三藏聖教序》音義、《利涉論衡》音義。“襃”與“褎”“褒”均是異體字關係。《說文·衣部》：“褒，衣博裾。从衣，保省聲。㮇，古文保。”依《說文》篆體“𧞵”，隸定後原本作“褎”，“襃”乃是將“褎”中間的“㮇”書作“𤣥”形。據慧琳所釋，論文從“保”作“褎”。《集韻·豪韻》：“褒，《說文》：‘衣博裾也。’或作褎。”從文字形體演變角度察之，“襃”與“褎”“褒”宜視作異構字關係，“褎”與“褒”則爲異寫字關係。

019. 雹、𩅿

霜雹，龐剝反。《白虎通》云：陰氣結聚，凝合爲雹。鄭注《禮記》云：陽爲雨，陰氣脅之凝而爲雹。《說文》云：雨水也。從雨包聲。古作𩅿也。(C58P0831b；J068)

按：上所引詞目出自《阿毗達磨大毗婆沙論》第五十三卷音義。“雹”與“𩅿”爲異體字關係。此“霜雹”條《大正藏》對應經文作：“復次，若相續中，無如霜雹及餘災害煩惱惡行顛倒，見者得名具見。”(T27P0274c)“雹”即冰雹義，《說文·雨部》：“雹，雨冰也。靁，古文雹。”慧琳所釋“古作𩅿也”，高麗本如上作，獅谷本作“𩅿”，頻伽本作“𩅿”，大正本作“𩅿”，《校本》作“靁”(2012：1708)。就上述形體論之，高麗本、獅谷本、頻伽本、大正本爲同一個字形，《校本》爲另一個字形，不過均是“雹”之異體字。另此“𩅿”形不見於《大字典》《字海》及《異體字字典》，《龍龕手鑑·雨部》“雹”下收錄有“𩅿”形，與“𩅿”的上半部分同，可參。

020. 保、呆、㑴、㑴（㑴）、𢔔、媬、探、賲、僧（賲）

保母，報抱反。經作探，音普苟反。《蒼頡篇》云：拊、探，擊也。《説文》：探，衣上擊也。案保母者，懷抱菩薩安養之母也。不可擊此母而令抱菩薩耶，乖於經義，其字非也。（C58P0044b；J032）

保護，上逋老反。鄭箋《詩》云：保，守也。孔注《尚書》：安也。《説文》：養也。從人㑴省聲。古文作呆，又作㑴。經文作𢔔，誤謬之甚，撿諸字書並無此字。（C58P0168b；J039）

師保，古文賲、㑴、媬三形，同。補道反。《禮記》：出則有保，入則有師。保，安也，謂以道安人也。保，守也。《説文》：保，養也。（C58P0320a；J046）

所保，古文僧（賲）、㑴（㑴）、媬（保）三形，同。補道反。《説文》：保，養也。亦守也。（C58P0632b；J059）

按：上所引詞目分别出自《彌勒下生成佛經》音義、《不空羂索經》第五卷音義、《大智度論》第二卷音義、《四分律》第三卷音義。在養育、保護義上，"保"字書寫變異作"𢔔"形，其古文形體有作"呆"者、"㑴"者、"媬"者，"㑴"書寫變異或作"㑴"；時或借"賲"爲之，"賲"書寫或訛誤作"僧"；在抱被義上，"保"分化出"褓"字，"褓"書寫或訛作"探"。

上"保母"條《大正藏》對應經文作："天散殊妙花，虚空遍飄灑；諸天持白蓋，掩庇大慈尊；各生希有心，守護於菩薩；褓母擎菩薩，三十二相身。"（T14P0427a）今經文作"褓母"，"褓"同"緥"，是小兒抱被，由"保"字分化而來。索經義，當取保母義。據慧琳所釋，其所見經文作"探"。《説文·手部》："探，衣上擊也。"取拍打、敲擊義，與經文保母義背，此蓋是"褓"字書寫訛誤所致。又"探"字《廣韻》音方垢切，與"保"之博抱切較遠，通假可能性較小。

上"保護"條下云："古文作呆。"《説文·人部》："呆，古文保。""㑴"亦古文"保"字，《集韻·皓韻》："保，《説文》：'養也。'古作㑴。""㑴"乃"㑴"之書寫變異形體。經文之"𢔔"，則是"保"字書寫變異所致。《碑別字新編·九畫》"保"字下引《魏元夫人趙光墓誌》正作"𢔔"形（1985：78），可爲證。

"師保"條下云，"古文賲、㑴、媬三形，同。""㑴""媬"均是"保"之古文。"賲"字，《玉篇·貝部》："賲，有也。"與保母義别，"保""賲"二字《廣韻》均爲博抱切，音同，當是"保"之通假用法。

"所保"條下云，"古文僧、㑴、媬三形，同"。高麗本如上作，獅谷本、頻伽本、大正本作："古文僧、㑴、葆。"《校本》作："古文保、㑴、媬。"（2012：1553）結合慧琳所釋，"㑴"字當是"㑴"之訛誤形體；"保"字非古文，其誤甚明，比較獅谷本之"葆"與《校本》之"保"，後者較勝。"葆"字，《説文·艸部》："葆，艸盛皃。"本指叢生的草，非"保"之古文。"媬"正"保"之古文，前已釋。就"僧"字的構形來看，《校本》釋作"保"，有欠妥當。依據《慧琳音義》"師保"條所釋，此或即"賲"之訛誤形體。實此"所保"條本爲玄應所撰，慧琳收録時新加訂正。

檢高麗本《玄應意義》,卷第十四"所保"下云:"古文賮、![img]、俁三形,同。"(V32P0185b)可為證。

021. 葆、、葆、寶

羽葆,或作,同。補道反。謂合聚五色羽為葆也。《漢書》"羽葆"是也。(C58P0940b;J074)

羽寶,宜作葆。又作葆,同。補道反。謂合聚五色羽名為葆也。(C58P0947b;J074)

植葆,襃道反。《漢書》:建幢榮,植羽葆。《字書》:葆,五彩羽也。顧野王云:各聚五色羽名為葆也。《文字典説》亦羽葆也。或作葆也。(C59P0304b;J098)

按:上所引詞目分別出自《佛所行讚經傳》第四卷音義、《出曜經》第一卷音義、《廣弘明集》第十九卷音義。在五彩羽義上,"葆"或書寫變異作"![img]"形,與"葆""寶"均為通假字關係。

上"植葆"條《大正藏》對應經文作:"又二宮武衛宿直之身,植葆戈,駐金甲,並蒙講饌,別錫泉府,復數萬人不在聽眾之例。"(T52P0237a)《慧琳意義》釋"葆"為五彩羽,乃是"葆"之通假用法。《説文·艸部》:"葆,艸盛皃。"本指叢生的草,如《漢書·武五子傳》:"當此之時,頭如蓬葆。"顏師古注云:"草叢生曰葆。"(1962:2759)後又轉指叢生的枝芽、車蓋等。另就"葆"字的形體構造而言,與五彩羽義不契合。"葆"字,《玉篇·羽部》:"葆,五采羽。"從羽包聲,與五彩羽義相契合。二字《廣韻》均讀博抱切,音同,顯然為通假用法。慧琳釋文又謂,五彩羽義上經文中或有作"寶"者,是珍寶、寶物義,《廣韻》亦音博抱切,與"葆"也是通假字關係。

又上引"羽葆"條下"或作![img]"之"![img]"字,《慧琳音義》各本均如上作,《校本》亦同(2012:1807)。此"羽葆"條所從出的《佛所行讚經傳》第四卷音義本是玄應所撰,慧琳收錄時重加訂正。高麗本《玄應音義》作"![img]"形(V32P0271a),"![img]""![img]"均當是"葆"之書寫變異形體。其演變軌跡大致如下:葆—![img]—![img]。另"葆"或書作"葆"形,《字彙補·羽部》:"葆,同葆。"均是一字之變。

022. 寶、寶、珤

寶篋,上保音。《字書》正從缶作珤,云珍也。經從尔作寶,俗字也。(C58P0136a;J037)

按:上所引詞目出自《無垢淨光大陀羅尼經》音義。"寶"與"寶""珤"均是異體字關係。此"寶篋"條《大正藏》對應經文作:"善男子,我以此呪法之王付囑汝等,應當守護住持擁護①,以肩荷擔寶篋盛之,於後時中莫令斷絶,應善執持,應善覆護。"(T19P0721a)經文之

---

① 《大正藏》"護"下校勘記:護=衛三甲。

"寶"取珍貴義,《説文・宀部》:"寶,珍也。"或作"珿",《龍龕手鑑・王部》:"珿,俗。琭,正。"《玉篇・玉部》:"琭,《聲類》云:'古文寶字。'"從形體來源角度言之,"琭"字乃是"寶""窚"之省寫形體,"珿"又是"琭"書寫變異所致。又"寶"字,《改併四聲篇海・宀部》引《玉篇》:"寶,珍也。"亦是"寶"之異體字。從形體來源察之,蓋是"寶"書寫變"缶"爲"尔"而致。"琭""琭"形近,故可。

023. 豹、犳、犳

黑豹,包皃反。《考聲》云:豹,獸名也。從豸從勺。傳從犬作犳,俗字,非也。豸音雉。(C59P0052a;J083)

犳豹,上鋤崖反,下包皃反。傳文作犳犳,非也。(C58P0945b;J074)

按:上所引詞目分別出自《大唐三藏玄奘法師本傳》第四卷音義、《佛本行讚傳》第四卷音義。"豹"與"犳""犳"均是異體字關係。上"黑豹"條《大正藏》對應經文作:"國南界數十由旬有大山林,幽茂連綿二百餘里,其間多有野象,數百爲群,故伊爛拏、瞻波二國象軍最多,每於此林令象師調捕充國乘用。又豐犳、兕、黑豹,人無敢行。"(T50P0240b)今大正本經文作"豹",即豹子,從豸勺聲。據慧琳所釋,或又從"犬"作"犳"。《正字通・犬部》:"犳,即豹字。""犳"俗又作"犳",可相比勘。"豹"與"犳"爲更換形符而成的異體字。

又"犳豹"條《大正藏》對應經文作:"鸚鵡及孔雀,犳犳并維羅;龜鼈與毒蛇,鷓鴿及奢立。"(T04P0083c)今傳文作"犳"字,據慧琳所釋,其所見傳文作"犳"。《龍龕手鑑・犬部》:"犳,俗。博教反。"實"犳"正即"豹"字,《直音篇・犬部》:"犳,與豹同。"從形體來源考之,《隸辨・效韻》"豹"字下引《魯峻碑》作"**豹**"形,顧藹吉按云:"《説文》豹從豸,碑變作**象**。"(1982:592)書寫中,"**豹**"字的"勹"或變作"亻",《金石文字辨異・效韻》"豹"下引《東魏敬史君碑》書作"**貃**"形。"犳"蓋即是由"**貃**"換"豸"爲"犬"而來。"犳"又或作"犳"形,可相比勘。

024. 菢、鴀、麮、包(勹)、抱

抱不,又作菢,同。蒲報反。《方言》:燕朝鮮之間謂伏鷄曰菢,江東呼鴀。經文作麮,未詳所出。(C58P0471b;J052)

抱卵,字體作菢,又包(勹)①,同。蒲冒反。《通俗文》:鷄伏卵,北燕謂之菢,江東呼蓲。蓲音央富反。伏音輔又②反。(C58P0923b;J073)

---

① 此"包"字,《慧琳音義》各本均如是作,《玄應音義》卷第十八"抱卵"條下作"勹"(V32P0239c)。作"勹"是。

② 按,"又"字,《慧琳音義》各本均如此作,《校本》亦同,未出校勘記(2012:1791)。敦煌伯2011王仁昫《刊謬補缺切韻・屋韻》"伏"字下音房六反,《廣韻》音扶富切,又音房六切。慧琳所注爲"伏"的去聲音,王仁昫《補缺切韻》所注爲"伏"的入聲音。

　　按：上所引詞目分別出自《增一阿含經》第四十九卷音義、《成實論》第十七卷音義。在禽鳥孵卵義上，"菢"與"毻"爲異體字關係，"毻"書寫或變作"毻"；與"勹"亦可視作異體字關係，"勹"書寫或訛誤作"包"形；與"抱"爲分化字關係。

　　上"抱卵"條《大正藏》對應經文作："行者若能勤修善法，雖不發願，亦於諸漏心得解脱。以從因生果不須願故，猶如鳥雀要須抱卵，不以願故禽從穀出，又不以願故燈明清淨。"（T32P0359c）求之經義，"抱卵"即菢卵，意爲將卵孵化。"抱"本爲懷抱義，引申而有禽鳥孵卵之義。《方言》卷第八："北燕、朝鮮、洌水之間謂伏雞曰抱。"戴震《方言疏證》云："抱，《廣韻》作菢。"因文獻中"抱"的懷抱義較常用，而孵卵義在農耕時代與人類生産、生活密切相關；此外，一般禽鳥孵卵都是在草窩裏進行，故而又添加"艹"頭分化出"菢"字，專門記録孵化義。另《慧琳音義》兩處引《方言》均作"菢"，蓋是唐時"菢"字分化已完成，故而改《方言》之"抱"爲"菢"。

　　"菢不"條《大正藏》對應經文作："猶如雞子若八、若十二，不隨時覆蔭，不隨菢，不隨時將護，彼雞雖生此念：'使我雞子得全，無他。'然此雞子終不安隱。"[1]（T02P0817b）據慧琳所釋，其所見經文"菢"作"毻"，《龍龕手鑑·毛部》："毻，《經音義》作菢。鳥伏卵也。在《增一阿含經》第四十九卷。"又《改併四聲篇海·毛部》引《龍龕手鑑》："毻，鳥伏卵。"結合《大正藏》"菢"下校勘記觀之，當以作"毻"爲是，取毛包義，蓋是描繪禽鳥孵卵的形象，是"菢"之異體字。從漢字形音義統一角度析之，"毻"從"勹"，音無所托，顯然是"毻"的書寫變異形體。

　　又《慧琳音義》於"抱卵"條下云："又包。"各版本均同。"抱卵"條本爲玄應所撰，慧琳收録時又重加校訂，《玄應音義》卷第十八作"又作勹"（V32P0239c）。就"包""勹"二字形義關係來看，"包"本爲胎衣，引申有包含、容納、包圍等用法，與經義相遠。"勹"字，《説文·勹部》："勹，覆也。从勹覆人。"段注："此當爲抱子、抱孫之正字。"段説可從，从勹覆人，正懷抱之義。《集韻·号韻》："菢，鳥伏卵。或作勹。"蓋《玄應音義》釋文爲《集韻》所本。從漢字形義統一角度析之，在禽鳥孵卵義上，"勹"字亦可視作"菢"之異體字。由此反觀《慧琳音義》之"包"，正即"勹"書寫訛誤所致。

025. 暴、暴、暴、暴、曝、爆

　　違暴，蒲冒反。鄭注《周禮》云：相侵也。案暴亦惡也。《説文》：疾有所趣也。從半〈音滔〉從暴省聲也。今經文從田從恭，非也。正從日從出從廾從傘（半）。廾音拱也。（C57P0597b；J010）

　　可暴，袍報反。《考聲》云：暴，亂也，亦犯也。《毛詩傳》云：相侵也。《古今正字》：從日出從仅（収）而從丰（半）。仅（収）音拱，丰（半）音滔。論作曝，非也。（C59P0115b；J086）

---

[1] 《大正藏》相關校勘記："若十二"之"若"下：（若十）＋若⊜*；"菢"下：毻＝時養育⊜，（時）＋毻⊛。

日暴，蒲冒反。日炙也。《説文》：晞也。從日出從廾〈廾音拱，拱者象二手匊物也〉，下從米作暴，會意字也。暴義已足。經文從田從恭，又旁加日作曝，非也。字本有日，今變作田，一錯；下又變爲恭，非暴之義；强加一日，惑之甚矣，濫已久矣。（C57P0699b；J015）

日暴，蒲冒反。顧野王：暴，曬也。《説文》：晞也。從曰從出從拱從米。經文從火作爆。爆音豹，是燒柴竹聲也，非經義也。（C58P1004b；J076）

按：上所引詞目分別出自《實相般若經》音義、《辯正論》第八卷《出道僞謬篇》音義、《大寶積經》第一百一十四卷音義、《龍樹菩薩爲禪陀迦王説法要偈》音義。慧琳所釋與"暴"相關的諸文字間的關係如下："暴""暴"本別，然書寫過程中混作"暴"，或又書作"𣋓"形；在暴曬義上，"暴"分化出"曝"字；與"爆"爲通假字關係。

上"違暴"條《大正藏》對應經文作："又以於貪等，調伏諸世間，乃至有頂天，清淨無違暴。"（T08P0778a）"暴"即惡義。《大寶積經》之"日暴"條《大正藏》對應經文作："佛告迦葉，畜糞掃衣比丘，拾糞掃物作如是想，爲慚愧故，非以衣自嚴飾故，爲障風吹、日曝、蚊虻、蟲子諸惡觸故，安住佛教故，非求淨好故。"（T11P0646c）"日暴"即"日曝"，是太陽曬義。"暴""暴"二字本別。《説文·夲部》："暴，疾有所趣也。"文獻中主要表示暴虐、殘暴、急驟、猛烈義，王筠《説文句讀》："暴，本是及時急事之義。自《周易》稱暴客，《周禮》有禁暴氏，遂專爲暴虐。"又《説文·日部》："暴，晞也。從日，從出，從収，從米。"本爲曬、曬乾義，引申有暴露、顯示義。然因二字形體較接近，故而手書易混。段注"暴"下云："此與暴二篆形義皆殊，而今隸不別。"《廣韻·号韻》："暴，侵暴。猝也。急也。又晞也。案《説文》作暴，疾有所趣也。又作暴，晞也。今通作暴。"

在暴曬義上，"暴"後分化出"曝"字。新編諸子集成本《顏氏家訓集解·書證》："案字書，古者暴曬字與暴疾字相似，唯下少異，後人專輒加傍日耳。"（1993：526）又《玉篇·日部》："暴，曬也，晞也。暴，同暴。曝，俗。""暴""暴"二字又或書作"𣋓"形，正《慧琳音義》所謂"從田從恭"。據慧琳所釋，暴曬義經文中或作"爆"，非也，乃是火迸散義，與"暴"音近義別，二者顯然爲通假字關係。

又上引"可暴"條下"從日出從仅"之"仅"字，《慧琳音義》各本均如是作，《校本》於其下出校勘記云："據文意當作'廾'。"（2012：2018）《校本》之説雖於釋文義可通，然非慧琳之原意。此"仅"乃是"収"之訛誤形體，《説文·廾部》："収，竦手也。"徐鍇《説文繫傳》："今隸作廾。""収"是篆文"𠬞"之隸定形體，"廾"是傳承字形。下"仅音拱"之"仅"亦是"収"之訛。

026. 爆、爆、煿、曝、皳（皷）、𤏌、曝

爆聲，上博教反，火深烈也。又普剥反。《説文》：爆，灼也，謂皮散起。《玉篇·火部》：補角反，蒲角反，頗角三反。灼也，熱也。有作古文曝字，憤起也。古文又作𤏌。

（C57P0975a；J027）

　　熟爆，下補各反。音與博同。《廣雅》：爆，熱也。《考聲》云：火乾也。《韻英》云：迫近火也。或作曝，或從皮作皰（皰），並音博，皆炙爆令乾也。律文從專作塼，非也。内外墳典並無此字，譯者隨意作之。（C58P0660b；J060）

　　按：上所引詞目分別出自《妙法蓮華經》卷第二《譬喻品》音義、《根本説一切有部毗奈耶律》第四卷音義、《蘇婆呼經》下卷音義。慧琳所釋與“爆”相關的字之關係如下：“爆”或書作“爆”形，在經文中主要有兩種用法：其一，表示火迸散、爆裂義；其二，引申表示煎炒、炒乾義，此義上又或作“塼”形；與“曝”“皰”“皰”“曝”均是音借字關係。

　　上“爆聲”條《大正藏》對應經文作：“棟梁椽柱，爆聲震裂①，摧折墮落，牆壁崩倒，諸鬼神等，揚聲大叫。”（T09P0014a）求之經義，“爆聲”即木材燃燒時發出的響聲，“爆”爲火迸散、爆裂。據慧琳所釋，此用法上有作“曝”者，乃是曝曬義，與“爆”別。但因二字音近，故或通用，爲通假字關係。又有作“皰”者，是“摝”之異體字。《集韻·覺韻》：“皰，擊也。”又《正字通·攴部》：“皰，同摝。”與“爆”亦是通假字關係。

　　上“熟爆”條《大正藏》對應經文作：“如山中人，取無足蟲與藥令吐，瓦中熟爆②以供飲酒。若苾芻盜此等蟲時，應准其價，滿五得根本罪，不滿得方便罪。”（T23P0646b）“熟爆”之“爆”取爆炒義。據《大正藏》“爆”下校勘記，宮内省圖書寮本、正倉院聖語藏本作“塼”字，在煎炒義上，二者可視作異體字關係。《集韻·鐸韻》：“爆，火乾也。或作塼。”爲更換聲符而成的異體字。或有從“皮”作“皰”者，《玉篇·皮部》：“皰，皰皴，皮起也。”與煎炒義別。“爆”“皰”《廣韻》均有北角切的音，二者音同義別，是通假字關係。

　　又《慧琳音義》卷第三十六“爥煵”下云：“上包兒反。《考聲》云：‘燒柴竹聲也。’《文字集略》云：‘火炕。’《集訓》云：‘火烈也。’或作曝，從火暴聲也。”（C58P0117b）“爥”是“爆”之異體字，《集韻·覺韻》：“爆，爇也。一曰火聲。或從暴。”“曝”字，《集韻·鐸韻》：“暷，暴也。或作曝。”“暷”“曝”二字文獻罕用，疑即“曝”之異體字，則與“爆”亦是通假字關係。

　　又上引“熟爆”條“或從皮作皰”之“皰”字，《慧琳音義》各版本均如上作，《校本》於其下出校勘記：“據文意似作‘皰’。”（2012：1586）《校本》所説可通，《慧琳音義》卷第五十四“爆其”條下云：“古文作皰、曝二形，同。”此“皰”乃是“皰”的書寫訛誤字形。

027. 孛、𡌦

　　彗孛，下盆没反。何注《公羊傳》：孛星如白絮，孛孛然袄氣皃也。《説文》：從𡴌〈𡴌音費〉從子。傳文作𡌦，亦通也。（C59P0171a；J090）

---

① “裂”下《大正藏》校勘記作：裂＝列⑪。
② 《大正藏》“爆”下校勘記云：爆＝塼⑧⑭。

按：上所引詞目出自《高僧傳》第九卷音義。指稱彗星時，慧琳所見經本的“⿱丷孛”是“孛”字書寫變異所致。此“彗孛”條《大正藏》對應經文作：“夫王者德化洽於宇内，則四靈表瑞；政弊道消，則彗孛見於上。恒象著見，休咎隨行，斯迺古今之常徵，天人之明誡。”（T50P0383c）今大正本經文作“孛”。“孛”本指草木茂盛的樣子，《説文・𣎵部》：“孛，𤳍也。”又《集韻・勿韻》：“孛，艸木盛貌。”如三國魏曹丕《柳賦》：“上扶疏而孛散兮，下交錯而龍鱗。”蓋因彗星的長尾光芒四射，與草木茂盛相似，“孛”又轉指彗星。如《春秋・文公十四年》：“秋，七月，有星孛入于北斗。”《公羊傳・文公十四年》：“孛者何，彗星也。”因之經文云：“政弊道消，則彗孛見於上。”《希麟音義》卷第六“彗孛”下有更全面的解釋，釋文云：“上徐醉反，下蒲没反。《爾雅》云：‘彗星爲欃槍（搶）。’郭璞注云：‘彗亦謂之孛，言其形孛孛似掃彗也。’李淳風云：‘彗孛所犯，皆凶。’”（C59P0397c）

而慧琳謂其所見傳文作“⿱丷孛”，從字形及釋文觀之，此即“孛”書寫變異所致。《龍龕手鑑・子部》：孚，同“孛”。又《碑别字新編・七畫》“孛”下引《齊唐邕寫經碑》作“⿱亠李”形（1985：35）。顯然，慧琳所見經本的“⿱丷孛”與“孚”“⿱亠李”均是“孛”的一字異寫形體。此外，《慧琳音義》卷第十八“兇悖”條下謂“古文作⿱孛子”（C57P0765a），此“⿱孛子”亦是“孛”的書寫變異字形。

028. 悖、誖、䛚、𢘊、⿱孛子（孚）、㤳

兇悖，下盆没反。《考聲》云：悖，壯大也。或從人作㤳。㤳，佷也，强也，亦悪也。《説文》從言作誖。誖，猶乱也。古文作⿱孛子（孚）。《論語》曰：色孛如也。從子從巿。巿音肥未反。（C57P0765a；J018）

悖悪，古文誖、𢘊二形，同。蒲没、補憒二反。《廣雅》：𢘊，亂也。亦逆也。（C58P0382b；J048）

狷誖，下音蒲没反。《考聲》云：誖，言語不順也。鄭注《禮記》云：逆也。《説文》：亂也。從言孛聲。孛音勃。籀文作䛚，論從心作悖，並通。䛚音同上也。（C59P0113a；J086）

按：上所引詞目分别出自《十輪經》第六卷音義、《瑜伽師地論》第二十六卷音義、《辯證論》第七卷《信毁交報篇》音義。在悖亂、惑亂一類用法上，詞頭的“悖”或換從“言”旁作“誖”，《説文》籀文作“䛚”；或改從“勃”作“𢘊”，“𢘊”又或書作“𢙇”形；“古文作⿱孛子（孚）”之“孚”，是“孛”的一字異寫形體，悖亂義上與“悖”爲母字分化字關係；與“㤳”爲通假字關係。

上“兇悖”條《大正藏》對應經文作：“其性兇悖，𢤱厲麁獷，不見不畏後世苦果，好行殺生，乃至邪見嫉妬慳貪，憎背善友，親近惡友。”（T13P0751c）“兇悖”即兇殘悖逆，“悖”或從“言”作“誖”。《説文・言部》：“誖，亂也。悖，誖或从心。䛚，籀文誖从二或。”

“悖”有從“勃”作“𢘊”者，“𢘊”又或書作“𢙇”形。王念孫《廣雅疏證》云：“《説文》：‘誖，亂也。’或作悖。《玉篇》：‘𢙇，迷亂也。’𢙇、悖、誖並同。𢙇，曹憲音勃。各本𢙇作𢘊，蓋因音内

勃字而誤。考《説文》《玉篇》《廣韻》《集韻》《類篇》，俱無愍字。《眾經音義》卷十三引《廣雅》：
'愍，亂也。'今據以訂正。"(1983：80)上面王氏所據的經音義爲"狂悖"條，今磧沙藏本《玄應音義》有此條，其餘諸本多或闕之。考磧沙藏本《玄應音義》："狂悖，古文作誖、愍二形，同。補潰、蒲没二反。《廣雅》：'愍，亂也。'亦逆也、悟也。"(QS459P049)《慧琳音義》所見的均作"愍"形，上引王念孫所論未必可信。"愍""愍"二字混用之原因，一方面在於二者形體較近，容易混同；另一方面在於其上部所從的"勃""教"本是異體字關係，從"力"從"攴"義近可通用。又《正字通·心部》："愍，同愍。"

"兇悖"條下慧琳謂："古文作莩(孛)。"該"莩"字《慧琳音義》各版本均如是作，唯《校本》作"峯"(2012：819)。檢《龍龕手鑑·子部》："孛，通。李，正。李星也。"實慧琳釋文中的"莩"、《龍龕手鑑》的"孛"均是"李"的一字異寫形體，而《慧琳音義》的寫法或可視作由"李"到"孛"變異的過渡形體：李—莩—孛。由此來看，《校本》作"峯"顯然有失妥當。

次論"悖"與"李"之關係。"李"本表草木茂盛的樣子，《説文·宋部》："李，夆也。"《集韻·勿韻》："李，艸木盛皃。"引申有衝突、混亂義，如宋羅泌《路史·循蜚紀·次民氏》云："類不李，雖久同理。"該義上，後用"悖"字記録。"悖"與"李"當是分化字關係。

"兇悖"條下又云："或從人作侼。"《方言·第十二卷》："侼，强也。"又："侼，懟也。"與"悖"義通，"悖"字《廣韻》或讀蒲没切，"侼"《集韻》讀薄没切，二者音亦相近，是音借字關係。

029. 琲、珪

珠琲，陪每反。顧野王云：琲謂貫珠之名也。百珠爲貫，五貫爲琲。或作珪也。(C59P0328b；J099)

按：上所引詞目出自《廣弘明集》第三十卷音義。"琲"與"珪"爲異寫字關係。此"珠琲"條《大正藏》對應經文作："早蒲欲抽葉，新篁向舒箬；翹懃諒懇到，歸誠信兼倍；睿艷似煙霞，闌①干若珠琲。"(V52P0353c)"珠琲"即珠串。《説文新附·玉部》："琲，珠五百枚也。從玉非聲。"《廣韻·賄韻》蒲罪切："琲，珠五百枚。"又《隊韻》蒲昧切："珪，《埤蒼》云：'珠百枚曰珪。'又云：'珠五百枚也。'亦作琲。又蒲罪切。""琲"與"珪"音義全同，二者爲異體字關係無疑。而《慧琳音義》之"珪"亦是"琲"的一字之變。《六書統·王之屬》"琲"字下云："珪，或從王在下。"另此"珪"字雖已編碼，但不見於《大字典》《字海》，可據以收録之。

又上引釋文中"或作珪"之"珪"字，《慧琳音義》高麗本、獅谷本、大正本、《校本》(2012：2184)均如是作，頻伽本作"蚩"。《玉篇·玉部》："琲，珠五百枚也。亦作蚩。"鈕樹玉《説文新附考》"琲"下云："《玉篇》蚩字別無他證，疑珪之訛，不足據。"(《説文詁林》，1988：1380)鈕氏所言當不誣，"蚩"乃草螽義，其字形與"珠五百枚"義不切，顯然非"琲"之異體字。《説文·蟲

---

① "闌"下《大正藏》校勘記作：闌＝欄⁜⁜。

部》："蠹，臭蟲。蜚，蠹或从虫。"如《左傳·隱公元年》："秋，有蜚，爲災也。"蓋《玉篇》、頻伽本《慧琳音義》之"蜚"是"蜚"的訛誤字形，亦或是"琲"之通假用法。"蜚"《廣韻》音府尾切，與"琲"音近，可通假。相比較而言，爲書寫訛誤的可能性更大。另《大字典》"蜚"下據《玉篇》所釋收錄有"同'琲'"這一義項（2010：3056），非也，當據以訂正。

030. 備、俻、俻、𤰈

備遭，上平媚反。顧野王云：備，防也。鄭玄：備，救也。賈注《國語》云：備，具也。《説文》：備（𤰈），慎也。從人從用從𦯉省聲也。或作俻。經文作俻，俗字也。（C57P0507b；J006）

備搜，上正體俻字也。古文單作𤰈。《韻英》云：備，具也。防慎也。《古今正字》：從人𤰈聲。（C58P1068b；J080）

按：上所引詞目分別出自《大般若波羅蜜多經》第五百零六卷音義、《大唐内典錄》第一卷音義。"備"與"俻""俻"均是異寫字關係，與"𤰈"爲異構字關係。

上"備搜"條《大正藏》對應經文作："今總群篇，備搜雜紀，有題注者，多是河西江南道路隨逐因緣，從大部出，錄目分散，未足致疑。"（T55P0223c）"備搜"即完備地搜羅。"備"本爲謹慎義，《説文·人部》："備，慎也。"引申而有防備、預備、齊備等用法。"備"爲篆文"𤰈"（圖）的隸定形"俻"之書寫變異字形，《五經文字·用部》："俻、備，上《説文》，從𦯉從用。下經典相承，隸省。"又《正字通·人部》："俻，備本字。"

"備"又或書作"俻"形，《玉篇·人部》："備，預也。俻，同上，俗。"從字形來源考之，"俻"即由"備"書寫變異而來。顧藹吉《隸辨·至韻》"備"下引《孔龢碑》作"俻"形，將"備"字的"𦯉"形略書作"亢"形；又引《景北海碑陰》作"備"形，右下部的"用"書作類似"田"形；又引《無極山碑》作"俻"形，右上部書作"又"形（1982：490—491）；《碑別字新編·十二畫》"備"下引《隋朝寗賛碑》作"俻"形，右上部書作"夂"形；又引《唐大泉寺三門記》作"俻"形（1985：190）；《干祿字書·去聲》："俻、俻、備，上俗中通下正。"到唐時，此種變異已完成，故而慧琳在釋文中稱"俻"爲"俗字"也。

又《慧琳音義》"備搜"條下云："古文單作𤰈。"《説文·用部》："𤰈，具也。"段注："具，供置也。《人部》曰：'備，慎也。'然則防備字當作'備'，全具字當作'𤰈'，義同而略有區別，今則專用'備'而'𤰈'廢矣。"（1981：128）"𤰈"的全具義後由"備"字承擔，二者可視作異體字關係。另古文字學家多將"𤰈"釋作矢箙，則"𤰈"之古義廢矣，此并不影響我們對楷字階段"𤰈"與"備"關係之判定。

031. 奔、犇、𩧢、騫

奔突，上本門反。《考聲》：走也。或作犇，古文作𩧢，亦騫。《説文》：從犬從賁省聲。

（C58P1034b；J078）

按：上所引詞目出自《經律異相》第三卷音義。“奔”與“犇”“騯”“驫”均是異構字關係。此“奔突”條《大正藏》對應經文作：“舍利弗又化作一金翅鳥王，擘裂噉之。復作一牛，身體高大，肥壯多力，麁脚利角，跑地大吼，騯①突來前。舍利弗又化作師子，分裂食之。”（T53P0012a）今大正本經文作“騯突”，與“奔突”同，取橫衝直撞義。《説文·夭部》：“奔，走也。”金文中，“奔”字作（孟鼎）、（井侯簋）、（效卣）等形體（《古文字詁林》第八册，2003：828），上從夭，下從三止，爲疾馳、快跑義。據慧琳所釋，或又作“犇”，從三牛。《玉篇·牛部》：“犇，牛驚。”“牛驚”即取牛狂奔之義，與“奔”義同。《集韻·魂韻》：“犇，古作犇。”

慧琳釋文中謂又或作“騯”“驫”。《玉篇·馬部》：“騯，今作奔。”又《篇海類編·馬部》：“騯，與驫同。馬走。亦作奔。”從字形來源角度求之，“騯”“驫”爲更換聲符而成的異構字。就“奔”與“驫”“騯”之關係而言，《大字典》“驫”下釋作：“馬跑貌。”（2010：4854），“騯”下釋作：“同‘驫’。也作‘奔’。”（2010：4873）從字形構造與所記詞義關係來看，“奔”組字中，“奔”泛指奔走，“犇”側重言牛狂奔，“騯”“驫”側重言馬奔跑。然而這裏需要區分造意與實義，雖然四個形體的造意不同，但其實義卻相同，均爲奔走、狂奔義。在此視角下，上面四個形體爲異體字關係則無疑也。

032. 迸、跰、趤、趤

小迸，又作跰、〔趤〕②、趤三形，同。補静反。迸，散也，走也。江南言趤遣（趲）。遣（趲）音讚。（C58P0915a；J072）

按：上所引詞目出自《雜阿毗曇心論》第五卷音義。在散開、奔散義上，“迸”與“跰”“趤”“趤”均當是異體字關係。此“小迸”條《大正藏》對應經文作：“中般涅槃三種者，一如小迸木火，二如小小迸熱鐵，三如迸燒鐵丸。”③（T28P0912a）“迸”即散開義。《玉篇·足部》：“跰，散走。”又《集韻·静韻》：“迸，《説文》：‘散走也。’或從足。”在奔散、散走義上，“跰”與“迸”二字音義全同，是更換形符而成的異構字，從“足”從“辵”義可通。釋文中又溝通了“趤”“趤”，二字均從“走”，“并”“屏”爲聲。《玉篇·走部》：“趤，走也。趤，同趤。”又《集韻·静韻》：“趤，走也。或從屏。”二者亦是“迸”的異體字。

上引釋文中的“又作跰、趤三形”，《慧琳音義》高麗本、獅谷本、頻伽本、大正本均如上作，《校本》在校勘記中補了“趤”字（2012：1781）。實“小迸”所從出的《雜阿毗曇心論》音義本爲玄應所撰，慧琳轉録時又重加審訂。高麗本《玄應音義》卷第十八“小迸”條下云：“又作跰、

_____

① “騯”下《大正藏》校勘記作：騯＝奔三宮。
② “趤”字，《慧琳音義》各版本闕，今據“迸”字爲詞頭的相關條目補。
③ 《大正藏》相關校勘記：“木”下：木＝大三宮；“如小”之“小”下：小＝少元明。

趄、趄三形,同。"(V32P0244b)中間的"趄"蓋是《慧琳音義》各本所脱之字。不過考之釋文義,《玄應音義》中的"趄、趄"二形必有一誤。再考《慧琳音義》卷第五十九"进石"條下云:"古文跰,或作趄,同。"(C58P0633b)又卷第七十"星进"下云:"古文跰,或作趄,同。斑孟反。进謂散走也。"(C58P0867a)蓋高麗本《玄應音義》的其中一個"趄"是"趄"之訛,《慧琳音義》中所缺的亦當是"趄"字。

033. 陛、狴、狴、椑、椑

狴牢,上并奚反。王肅注《家語》云:狴,牢獄也。《集訓》云:狴,牢也。門外行馬也。《考聲》從木、非從土作椑,獄名也。今俗用從比作椑,誤也。《説文》:牢也,所以拘非,從陛省聲也。論中從犬作狴,非也。(C59P0120b;J087)

按:上所引詞目出自《崇正録》第一卷音義。在牢獄義上,"陛"與"狴""狴"爲異體字關係,與"椑""椑"爲同源通用字現象。"陛"字,《説文·非部》:"陛,牢也,所以拘非也。"字或又從"犬"作"狴",《廣韻·齊韻》:"陛,《説文》曰:'牢也,所以拘罪也。'狴,上同。"如《孔子家語·始誅》:"有父子訟者,夫子同狴執之,三月不别。"或書作"狴",《字彙補·犬部》:"狴,牢獄也。《法言》:'狴犴使人多禮乎?'宋咸注:'狴當作狴。'"上三字之間爲異體字關係。

依慧琳所釋,或作"椑"。《説文·木部》:"椑,椑柶也。"指官署前阻擋行人的障礙物,與"陛"義有别。然而此二字均從"比"得聲,從意義來源上求之,"椑"指細密的木條交叉而成的栅欄,"陛"的特徵也在於由較密的木栅欄構成,二字《廣韻》均有邊分切的讀音,在牢獄義上爲同源通用字現象。劉鈞杰《同源字典補》即將二者系聯爲一組(1999:125),可從。"椑"或又作"椑",《集韻·齊韻》:"椑,或作椑。"

034. 秕、粃、秏

秕苔,卑以反。穀不成者也。律文有作秏,當户反①。(C58P0653b;J059)

穛粃,下卑弭反。顧野王云:粃字,亦從比從禾作秕,穀不成也。《説文》穛、秕二字並從禾,今俗用或從米,誤。(C58P1070b;J080)

按:上所引詞目分别出自《四分律》第六十卷音義、《大唐内典録》第三卷音義。在秕穀義上,"秕""粃"爲異構字關係,"秕"書寫或訛作"秏"。上"秕苔"條《大正藏》對應經文作:"譬如農夫治穀,當風箆揚,好穀留聚其下,秕苔隨風除之。何以故?恐污好穀故。"②(T22P1009c)"秕苔"與"好穀"相對爲文,"秕"指穀中空或不飽滿者。

---

① 按,此"當户反"三字《慧琳音義》各本均如是作,《校本》亦同,未出校勘記(2012:1568)。然遍檢字韻書,均未見"秏"有類似讀音。"秏"字,《慧琳音義》中或注音"蒿到反"。蓋"當"或是"蒿"之訛;"户"或如《廣韻》所載,爲"内"之訛。待進一步考求之。
② 《大正藏》相關校勘記:"秕"下:秕=粃三宮;"苔"下:苔=穔明。

又"糠粃"條《大正藏》對應經文作："聽安講波若經,乃曰:'儒道九流皆糠粃耳。'"(T55P0248a)"粃"之用同"秕",《玉篇·米部》:"粃,不成穀也。俗秕字。"二者爲更換意符而成的異構字。據《慧琳音義》,律文有作"秏"者。《説文·禾部》:"秏,稻屬。"是稻之一種,與"秕"義別。蓋是因二字形體較近,律文誤"秕"爲"秏"。

035. 苾、䪿、䶓必、飶、咇、䑛必、秘、䪿甫

䶓必芬,上騈蔑反。《埤蒼》云:䶓必,大香也。《考聲》亦云:香皃也。或作䪿甫,亦作䪿。《古今正字》:從香必聲。(C57P1032b;J029)

苾芬,又作飶、䪿、咇、䑛必四形,同。蒲結反。《埤蒼》:大香也。苾苾然芬芬香也。(C58P0087a;J034)

按:上所引詞目分別出自《金光明經》第七卷音義、《温室洗浴眾僧經》音義。在芳香、香氣義上,"苾"與"䪿""䶓必""咇""䑛必""秘""䪿甫"均是異體字關係,與"飶"亦可視作異體關係。

上"苾芬"條《大正藏》對應經文作:"若生天王家,生即常潔淨,洗浴以香湯,苾芬以熏身,形體與眾異,見者莫不欣,斯造温室浴,洗僧之福報。"(T16P0803b)"苾芬"同義詞連用,均指香氣而言。"苾"字,《説文·艸部》:"苾,馨香也。"既可以"苾苾"連用,也可"苾"字單用。如《大戴禮記·信南山》:"與君子游,苾乎如入蘭芷之室。"或從"香"作"䪿",《廣韻·質韻》:"䪿,香也。"如唐張説迎俎入用《雍和》:"俎豆有䪿,潔粢豐盛。"從"艸"言香之來源,從"香"則強調味之特徵。"䪿"或又書作"䶓必","䶓必"左邊部分是"香"之篆文"𥠃"的隸定形體。在書寫中,由"香"更換作"䶓"形而來。或有從"甫"聲作"䪿甫"者,該形體未編碼,《大字典》《字海》及《異體字字典》等大型字書均未見收錄。"䪿""䪿甫"的聲符"必""甫"《廣韻》分別讀卑吉切、平祕切,中古分屬幫紐質韻、並紐至韻,二者音近,此當是"䪿"之換旁異體字。

有從"食"作"飶"者,《説文·食部》:"飶,食之香也。"朱駿聲《通訓定聲·履部》:"草香曰苾,食香曰飶。"然此就造意而言,所謂"析言則別,渾言則同"是也。段注"飶"下云:"《周頌》傳曰:'飶,芬香皃。'許云'食之香',爲其字從食也。"(1981:221)段氏所言甚是,實"苾""飶"二字是造意有別,實義則同。二者爲更換形符而成的異構字。不過,《大字典》"飶"下未溝通與"苾"之異體關係(2010:4739)。

慧琳謂有從"口"作"咇"者。《玉篇·口部》:"咇,芳香也。"此蓋是因香味除用鼻嗅外,亦可用口去感受,口、鼻相通,故而有從"口"作者。又有從"舌"作"䑛必"者,該字《大字典》《字海》及《異體字字典》等大型字書未見收錄。從形體來源察之,與"咇"字同。口味之實是舌味之,從"口"從"舌"其義可通。又有從"黍"作"秘"者,《玉篇·黍部》:"秘,香也。"義與"苾"同,從造意看言穀物之馨香,實義則指香氣。

036. 閇、閉（閇）、閈

閇三惡道，上必計反。《廣雅》云：閇，塞也。《説文》：閉，闔門也。從門才聲。俗從下作閇（閇）①。經從午作閈，非也。（C57P1002a；J028）

按：上所引詞目出自《薩曇分陀利經》音義。"閉"與"閇""閈"均是異體字關係。此"閇三惡道"條《大正藏》對應經文作："聞是法華之經，信不誹謗，除滅過去當來罪，閉三惡道門，開三善道門，生天上常第一，生人中常第一，生十方佛前，自然七寶蓮華中化生。"（T09P0197c）"閉"與"開"相對，取關閉義。《説文·門部》："閉，闔門也。从門，才所以距門也。"或有作"閇""閈"二形，《龍龕手鑑·門部》："閈，俗。閇，通。閉，正。"

從字形來源論之，段注"閉"下云："閉从門而又象撐距門之形，非才字也。才不成字。"（1981：590）張舜徽《説文約注》按云："才象鍵閉之形，即今俗所稱木鎖也。"（2009：2914）"閉"字，《金文編》引《豆閉簋》銘文作""形，又引《子禾子釜》銘文作""形，睡虎地秦簡中"閉"内亦作"十"形；高鴻縉《中國字例二篇》引""形云："十非文字，乃物形，後變爲才，意不可説。"（《古文字詁林》第九册，2003：551—552）綜合來看，"閉"内部的"才"形由象形形體書寫變異而來。就"閇"形而言，亦當是由象形形體書寫變異而來。《古文四聲韻》引《王維恭黃庭經》作""形，又引《古老子》作""形，均與"閇"形近。

"閈"字，段注："考王逸少書《黃庭經》三用閈字，即今閉也。而中从午，蓋許書本作从門午，午，所以距門。'舂'字下曰：'午，杵省也。'然則此午亦是杵省，距門用直木如杵然。轉寫失真，乃昧其本始矣。"（1981：590）對於段氏此段論述，我們認爲"閈"字從"午"取關閉義，當是書寫定形之後的重新解釋，原始形體亦當由象形形體變異而來。由上分析來看，"閉"與"閇"爲異寫字關係，與"閈"或可視作異構字關係。

037. 弼、弻、𢏼、（㓖）、

弼我，貧密反。孔注《尚書》：弼，輔也。《爾雅》：重也。《尚書大傳》曰：天子有四隣，左輔、右弼、前疑、後承。《廣雅》：弼，備也。《大戴禮》云：絜廉而切直，匡過而諫邪謂之弼。《説文》弼字從二弓從丙。丙音添念反，弜音巨丈反。古文或從攴作弻，又作𢏼也。（C57P0589a；J010）

輔弼，下又作（㓖）、弼（弻）、三形②，同。皮筆反。弼，正也。（C57P0957b；J026）

按：上所引詞目分別出自《新譯仁王經序》音義、《方等般泥洹經》上卷音義。在輔弼義上，"弼"與"弻""（㓖）""𢏼"""均是異體字關係。

上"弼我"條《大正藏》對應經文作："開府朝恩，許國以身，歸佛以命，弼我真教，申夫妙

---

① 按，此"閇"字高麗本如是作，其餘諸本均從"下"作"閇"，依據《慧琳音義》釋文，作"閇"是。

② "、弼、"三形，校勘後當作"（㓖）、弼（弻）、"。

門。"(T08P0834b)《説文·弜部》："彇，輔也。……彌，古文彇如此。弡，亦古文彇。"或又省作"弰"，《龍龕手鑑·弓部》："弰，俗。彇，今。"

又上引"輔彇"條《慧琳音義》各版本有較大差異，兹辨證於下。慧琳溝通的"**弴**"、彇、"**弡**"三形，高麗本、獅谷本如上作，頻伽本、大正本作"**弴**、弡、**彌**"，《校本》作"**弴**（弰）、彇、**弡**"。《校本》"**弴**"下校勘記云："據文義似當作'弰'。"（2012：967）《校本》所説是也。《方等般泥洹經》音義本爲玄應所撰，慧琳收録時又新加訂正。高麗本《玄應音義》卷第七"輔彇"條下云："下又作**猵**、弡、**彌**三形，同。"（V32P0104b）此"**猵**"字，《玄應音義》磧砂藏本、永樂南藏本作"弰"。"**猵**"即"弰"字，顯然《玄應音義》高麗本的"**猵**"，《慧琳音義》高麗本之"**弴**"、頻伽本及大正本之"**弴**"，均是"弰"書寫變異而來。高麗本《慧琳音義》之"彇"顯誤也，詞頭作"彇"字，釋文既云"又作"，則定非"彇"。從《玄應音義》高麗本及《慧琳音義》頻伽本、大正本觀之，作"弡"是也。慧琳溝通的"**弡**"字未編碼，《大字典》《字海》及《異體字字典》等大型字書均未見收録，疑即"彇"之異體字，待進一步考求之。

038. 蓖、蓖、菎、蜱、䂞

蓖麻，閉迷反。《考聲》云：草樹名也。其子似牛蜱蟲，故以名焉。從草毘聲。今經文作菎，或作蜱，並非本字也。（C57P0686b；J015）

蓖麻油，上閉迷反。《考聲》：蓖麻，藥名也。子斑螫，形似狗蜱，故以爲名。或作蓖。經從豆作䂞，《説文》：䂞，留豆也。非經義也。（C57P0774a；J019）

按：上所引詞目分别出自《大寶積經》第九十九卷音義、《大集須彌藏經》第一卷音義。在蓖麻義上，"蓖"與"菎""蓖"可視作異體字關係，與"蜱""䂞"是通假字關係。

上"蓖麻"條《大正藏》對應經文："彼醫得世間，恭敬及名稱；發菩提心者，普治煩惱病；大王蓖麻林，花香影不妙。"（T11P0551b）據慧琳所釋，蓖麻蓋是因其子形似牛蜱蟲或狗蜱，故而得名。《六書故·動物四》"蜱"下云："蜱麻子類蜱，故以名之。蜱麻，别作蓖，非。"又明李時珍《本草綱目·草部·草之六》"蓖麻"下云："頌曰：'葉似大麻，子形宛如牛蜱，故名。'時珍曰：'蓖亦作蜱。蜱，牛虱也。其子有麻點，故名蓖麻。'"（1975：1145）從文字形體來源求之，蓖麻之"蓖"初期蓋借"蜱"爲之，後期在漢字形義統一性的促動下，换"虫"旁爲"艸"旁作"蓖"。從這個角度來看，"蓖"與"蜱"爲分化字之一類，即爲某個借義新造本字。

"蓖"或作"菎"。《慧琳音義》卷第三十九"菎麻子"下云："正作蓖也。"（C58P0178b）《玉篇·艸部》："菎，蓖麻。蓖，同菎。""菎"當即"蓖"之换旁異體字。又或作"蓖"。《説文·艸部》："蓖，蒿也。"與蓖麻義别，在蓖麻義上本是借音用，故而《慧琳音義》云："非本字也。"然"蓖"字從艸毗聲，與"蓖"之構意可通，在文獻中行用後，對其理據重新解釋，視作異體字關係似更妥。又或作"蜱"，爲蜱蛸義，《廣韻》讀符支切，與"蓖"音近，在蓖麻義上爲音借字關係。

或又作"貏"字,是貏豆字,《廣韻》音邊兮切,與"莄"音同,二者亦是音借字關係。

039. 閟、毖、祕

閟彩,上悲媚反。《毛詩傳》曰:閟,閉也。孔注《尚書》云:閟,慎也。或從比作毖,訓義同也。(C58P0654a;J060)

閟塞,鄙冀反。《詩》云:我思不閟。《傳》曰:閟,閉也。亦不從也。論文作祕,非體也。(C58P0929b;J073)

按:上所引詞目分別出自《大唐中興三藏聖教序》音義、《解脱道論》第七卷音義。在堵塞義上,"閟"與"毖""祕"爲通假字關係;在大小便不利義上,分化出"疵"字專門記録之;慧琳誤將"痳疵""寒病"拆分作"閟(疵)塞(寒)"。

上"閟塞"條《大正藏》對應經文作:"癲瘦、吐血、癬瘡、疥瘑、痳疵、寒病等,此身有無邊過患。"①(T32P0434b)今大正本經文作"疵寒",宋、元、明、宮本"疵"作"祕"。《説文·門部》:"閟,閉門也。"本爲閉門義,引申有掩蔽、止、盡等用法,又用於指大小便不利的病。《素問·五常政大論》:"其病癃閟。"王冰注云:"閟,大便乾澀不利也。"此義後由"疵"字記録,《集韻·至韻》:"疵,病也。"又《正字通·疒部》:"疵,病也。《方書》:'前後不利曰癉。'俗作疵。""疵"蓋是由"閟"分化而來,因大小便不利爲病,在漢字形義統一性的促動下,更換"門"旁爲"疒"旁分化出"疵"字專門記録之。"祕"字,《廣韻·至韻》:"祕,密也,神也。俗作秘。"《楚辭·九章·惜往日》:"祕密事之載心兮,雖過失猶弗治。""祕"文獻中主要表示神祕、祕密義,與閉塞義有别。"閟""祕"二字當是通假字關係,故而《慧琳音義》云"非體也"。

或作"毖"字,《説文·比部》:"毖,慎也。"爲謹慎義,《尚書·畢命》:"毖殷頑民。"孔穎達《尚書正義》云:"慎彼殷之頑民。"從詞源角度求之,"毖"蓋是取"比"的細密義,"閟"字取堵塞義。二字義相近,詞源意義不同,是音借字關係。

又上引《慧琳音義》的"閟塞"條,疑"塞"是"寒"之訛誤形體。遍檢經文,與"癲瘦""癬瘡""疥瘑""痳疵"一類詞共現時,通常作"寒病";而"塞病"則有三種出現環境,從出現頻次來看,分别是優婆塞病、咽塞病、鼻塞病。蓋是"塞""寒"形近,慧琳審之不細致訛,進而破詞,誤作"閟塞"。

040. 痹、痺、痹、脞

坐處痹,下必痳反。《考聲》云:足痿無力也。《説文》:從疒卑聲。經作脞,非也。(C58P0524a;J054)

按:上所引詞目出自《治禪病祕要法經》音義。"痹"與"痺""痹"爲異體字關係,與"脞"

---

① 《大正藏》相關校勘記:"痳"下:痳=淋三宮;"疵"下:疵=祕三宮。

爲通假字關係。此"坐處痹"條《大正藏》對應經文作："若行者坐時,患兩耳滿,骨節疼痛,兩手掌癢,兩腳下痛,心下動項,筋轉眼眩,坐處肶鬼來竊語,或散香花作種種妖怪,當疾治之。"(T15P0342a)今大正本經文作"坐處肶"。依慧琳所釋,正合作"痹";高麗本作"痹",俗或作"痹",不過《大字典》未收錄此"痹"形。《龍龕手鑑·疒部》:"痹,正。痹,今。"《説文·疒部》:"痹,溼病也。"《素問·痹論》:"風、寒、溼三氣雜至,合而爲痹也。"又《正字通·疒部》:"痹,或曰痹即俗痹字。"如《淮南子·隆形》:"谷氣多痹,邱氣多狂。"從形體演變角度觀之,蓋是由"痹"書作"痹",進而又書作"痹"形。又慧琳所見經文作"肶",同"髀",是大腿義,與"痹"別。"痹"《廣韻》或讀作毗至切,"肶"《洪武正韻》讀部比切,二字音近,在風寒造成的麻木義上爲通假字關係。

041. 焗、禰、儱(儵)、𢤱(稐)、焚、煸

禰炙,古文儱(儵)、𢤱(稐)二形,又作焚,同。扶逼反。《方言》:儱(儵),火乾也。《説文》:以火乾肉曰儱(儵)。經文作煸,逋古反,火行也,非此義者也。①(C57P1043a;J030)

按:上所引詞目出自《佛説阿惟越致遮經》下卷音義。在火乾義上,"焗"與"禰""儱(儵)""𢤱(稐)"並爲異體字關係,與"焚"爲音借字關係,與"煸"蓋是義相關而誤用。

上引慧琳釋文各版本文字有較大差異,茲疏證於下。"古文儱、𢤱二形,又作焚,同。"《慧琳音義》高麗本、獅谷本如上作,頻伽本作:"古文儵、𪍐二形,又作焚,同。"大正本作:"古文儱、𪍐二形,又作焚,同。"《校本》作:"古文儱、𪍐②二形,又作焚。"(2012:1034)此《佛説阿惟越致遮經》下卷音義之"禰炙"條本爲玄應所撰,慧琳收錄時重加審訂。高麗本《玄應音義》卷第七"禰炙"下云:"古文儵、稐二形,又作焚,同。"(V32P0102b)上"禰炙"條《大正藏》對應經文作:"其舌廣長各四萬里,駕犁耕舌五百億載,各五百億歲當吞銷銅,其火焰赫,及雨身上燒炙㷭煮。所以者何? 此不護舌之所致也。"③(T09P0225a)結合經文及釋文義,"儱"是疲儱義,"儵""儵"是火乾義,此"儱"字乃是"儵"之訛寫。就高麗本來看,從《玄應音義》之"儵"到《慧琳音義》之"儱",其訛誤軌跡如下:"儵"上部之"僋"替換作"備",書作"儵"形,下部的"灬"又訛作"心"。

《慧琳音義》高麗本之"𢤱"乃是"稐"書寫變異所致,蓋是由"稐"替換右上部的"备"爲"葡"書作"稐",右下部的"灬"訛作"心"而來。頻伽本之"𪍐"是鷩黑字,非也,亦是由"𢤱"書寫訛誤而來,右上部之"葡"訛作"黑",左邊訛作"黍"。大正本、《校本》之"𪍐"同樣是由"𢤱"書寫訛誤而來,其右上部正書作"葡"。《校本》校勘記之"𪍐"於文義爲通,然從《慧琳音

---

① 此條各版本間文字有較大差異。
② 《校本》"𪍐"下校勘記云:"據文意似作'𪍐'。"(2012:1044)
③ 《大正藏》相關校勘記:"焦"下:焦＝㷭㨈;"不護舌"之"舌"下:舌＝口㼈。

義》高麗本字形觀之,則有欠妥當。

另上引釋文:"《方言》:'燺,火乾也。'《説文》:'以火乾肉曰燺。'"《慧琳音義》高麗本、獅谷本、《校本》如上作,頻伽本、大正本"燺"皆作"㷭"。作"㷭"是,前已釋,此從略。

詞頭之"𤑎"字,《四聲篇海·火部》:"𤑎,皮逼反。火乾。"與"煏"爲異構字關係。慧琳所釋"又作㷷"之"㷷",是"㷷"的異體字,《集韻》或讀弼力切,"煏"《集韻》亦讀弼力切,二字音同義別,乃是音借關係。《慧琳音義》釋"煏"爲"火行"也,指拿著火炬行進。《玉篇·火部》:"煏,把火行也。"又《廣韻·姥韻》:"煏,火行兒。"與火乾義別,蓋是因義相關而借用。

042. 裨、埤、朇

裨體,《説文》作埤,或作朇,同。避移反。埤,增也,厚也,助也。(C57P0998b;J028)

按:上所引詞目出自《正法華經》第五卷音義。在增益義上,"裨"與"埤""朇"均爲同源通用字關係。《説文·衣部》:"裨,接益也。"王筠《説文句讀》:"以接説裨者,字從衣,謂作衣者遇短材,別以布帛接之也。再以益申之者,既接之則有益於初也。"如《國語·鄭語》:"若以同裨同,盡乃棄矣。"韋昭《國語注》云:"裨,益也。"張舜徽《説文約注》:"裨字聲在非紐,古讀歸幫,與補雙聲,其義一耳。"(2009:2050)"裨"本表補接衣服,後泛指增益。"埤"字,《説文·土部》:"埤,增也。"爲增加義,《詩經·邶風·北門》:"政事一埤益我。"毛傳:"埤,厚也。"張舜徽《説文約注》:"埤之言培也,謂土上加土,使之高厚也。引申爲凡增益之稱。"(2009:3354)"埤"本表培土,後泛指增益。

慧琳所釋"朇"字,《説文·會部》:"朇,益也。"朱駿聲《通訓定聲·解部》:"此爲增益之正字,經傳皆以俾、以裨、以埤爲之。"段注"裨"下云:"《會部》曰:'朇,益也。'《土部》曰:'埤,增也。'皆字異而音義同。"此即言三字引申之後的用法相同。三字均從"卑"得聲,具有增益這一核義素,爲同源通用字現象。劉鈞杰《同源字典再補》即將三者系聯爲一組(1999:13),可參。

043. 幣、贊、弊

財弊(幣),古文作贊,同。脾制反。弊(幣),帛也。財,所以資生者也。財,眾穀也。財,貨也。[①](C58P0524b;J054)

按:上所引詞目出自《摩登伽經》上卷音義。在財富、錢財義上,"幣"與"贊"爲換旁異體字關係。此"財弊"條《大正藏》對應經文作:"以是因緣,諸姓平等,可以汝女用妻吾子,財幣珍異,恣意相與。"(T21P0403b)經文作"財幣",《説文·巾部》:"幣,帛也。"段注:"帛者,繒

---

① 此條之"弊"當即"幣"之訛誤字形。《校本》"弊"下出校勘記云:"弊,通'幣'。下同。"(2012:1467)雖不誣,然於釋文用字原始形態或有未妥。

也。"帛，古或用作祭祀及饋贈賓客的禮物，徐灝《説文注箋》云："幣，本繒帛之名，因車馬玉帛同爲聘享之禮，故渾言之皆稱幣。"後又轉指財物、貨幣，《集韻·祭韻》："幣，財也。"如《戰國策·秦策五》："令庫具車，廄具馬，府具幣。"高誘注云："幣，貨財也。"又如《史記·吳王濞列傳》："亂天下幣。"裴駰《史記集解》："如淳曰：'幣，錢也。'"（1959：2834）"幣"在文獻中大量用作錢財義之後，又或從"貝"作"贇"。《玉篇·貝部》："贇，今作幣。""贇"字蓋是在漢字形義統一性的促動下，換"幣"之"巾"旁爲"貝"旁而來。

　　又上引釋文中詞頭之"弊"是破舊、衰敗義，與表錢財義之"幣"別，後者文獻中或借前者爲之。不過就《慧琳音義》"財弊"條釋文來看，并未揭示其所見經文不同用字，蓋此"弊"即"幣"的訛誤字形。其所釋"弊，帛也"又見於《慧琳音義》卷第三十四"見幣"條（C58P0087b），是可爲證。依《慧琳音義》通例，像此類用法截然有別的兩個字，當用"非體"或"非也""非本用"等術語予以辨析之。如若經文本作"弊"，則是典型的通假字關係。

044. 箆、錍、椑、琕、捭；箆、算

　　金箆，閉迷反。按苟楷《誥幼文》，字宜作箆，相承且用也。經文有作錍，依撿《玉篇》，音普蹄反，薄箭也，非經義耳。經文作椑，非也。音卑，果名也，即椑柿也。經又有作琕，非也。是琕珠字，音毗延反。（C57P0922b；J025）

　　汙箆，布奚反。刮汙箆也。律文作捭，此借音耳。（C58P0617b；J058）

　　箆杓，上閉迷反。攪粥攪藥木箆也。律文從卑作算，俗字也。（C58P0668a；J060）

　　按：上所引詞目分別出自《涅槃經》第八卷音義、《十誦律》第二十八卷音義、《根本説一切有部毗奈耶律》第十七卷音義。"箆"與"錍""椑""琕""捭"均爲通假字關係；在指稱攪拌粥、藥等液體的工具義時，與"算"可視作異體字關係。

　　《慧琳音義》釋文中溝通的與"箆"相關的文字，從用法上可分爲三類。第一，古代醫生用於治療眼疾的器械。上"金箆"條《大正藏》對應經文作："如百盲人爲治目，故造詣良醫，是時良醫即以金錍決其眼膜。"[1]（T12P0411c）"金錍"正合作"金箆"，"錍"爲箭鏃名，乃"箆"之通假用法。據慧琳所釋，經文有作"椑""琕"者，均與"箆"音近義別，亦是通假用法。

　　第二，箆子，用於除去頭髮上的污垢，"汙箆"條是也。據釋文，律文有作"捭"者，爲旁擊、撕裂義；《集韻》或讀作普米切，與"箆"音相近，爲通假字關係。

　　第三，攪拌粥、藥等液體的竹木類工具。上"箆杓"條《大正藏》對應經文作："祠祀算[2]杓火爐呪祭，春擣飲食聚會處來。云何一外道家有多勢分，謂此家中有多見解，意趣不同。"（T23P0713c）今大正本經文作"算"，宋、元、明、宮本作"箆"。"箆""算"二字均從"竹"，"毘"

──────────

① 《大正藏》相關校勘記作："錍"下：錍＝箆⑧⑩⑩；"決"下：決＝抉⑩。
② 《大正藏》"算"下校勘記作：算＝箆⑤⑩。

"卑"爲聲，形音義相契，該用法上似可視作異體關係。

045. 嬖、㜧

嬖妾，經文從艸作㜧，非也。(C58P0055a；J033)

按：上所引詞目出自《六度集經》第四卷音義。在寵幸義上，"㜧"當是"嬖"之訛誤形體。此"嬖妾"條《大正藏》對應經文作："募能脱眼者，賣芻[①]兒即爲出眼，以付使者。函之馳還本土，相國以付嬖妾，嬖妾懸著床前，罵曰：'不從吾欲，鑿眼快乎？'"(T03P0018a)今大正本經文作"嬖"。《説文·女部》："嬖，便嬖，愛也。"又《玉篇·女部》："嬖，《春秋傳》曰：'賤而獲幸曰嬖。'"指寵倖、寵愛。釋文所溝通的"㜧"字，《玄應音義》卷第二十"嬖妾"下亦如此作(V32P0267c)，乃是"㜧"之異體字。《龍龕手鑑·草部》："㜧，俗。㜧，正。""嬖""㜧"二字義無涉，形相近，當是寫經者書誤所致。

046. 髀、髉、脾、踔

其脾與髆，脾字正宜作髀，古文作踔(踔)[②]，今脾未詳所出。(C57P0853b；J022)

髀骨，鼙米反。《考聲》：髉，股也。《説文》：股外也。從骨卑聲。論從肉作脾，俗字也。(C58P0849a；J069)

踔骨，今作髀，同。蒲米反。《説文》：股外曰髀也。江南音必尔反。(C58P0979a；J075)

按：上所引詞目分別出自《華嚴經》卷第四十八《如來十身相海品》音義、《阿毗達磨大毗婆沙論》第一百六十六卷音義、《達磨多羅禪經》下卷音義。在大腿義上，"髀"與"髉""脾""踔"均是異體字關係。

上"髀骨"條《大正藏》對應經文作："因於踝骨以拄脛骨，因於[③]脛骨以拄膝骨，因於膝骨以拄髀骨。"(T27P0839c)"髀骨"即大腿骨，《説文·骨部》："髀，股也。""髀"或從足作"踔"，義同上。或換聲符"卑"爲"毕"作"髉"，《類篇·骨部》："髉，《説文》：'股也。'或作髉。"或又作"脾"，義亦同。《字彙補·肉部》："脾，與髀同，股也。"如唐杜牧《郡齋獨酌》："白羽八扎弓，脾壓緑檀槍。"上所釋形體均是異構字關係。

另上引"其脾與髆"條下"古文作踔"之"踔"，《慧琳音義》各版本均如上作，《校本》亦同(2012：0888)。此"踔"乃是"趣"之異體字，義爲帝王出行時清道禁止行人通行，與"脾"之大腿義別。據釋文義，"踔"是"脾"之古文，於義不通。《華嚴經》卷第四十八《如來十身相海品》之"其脾與髆"條本是慧苑所撰，慧琳收録時又重加校訂。《大方廣佛華嚴經音義》卷第二"其

---

① 《大正藏》"芻"下校勘記作：芻＝蒭⸨三⸩。
② 此"踔"乃是"踔"之書寫訛誤字形。
③ 《大正藏》"於"下校勘記作：於＝以⸨明⸩。下"於"字同。

胜與膊”下云：“胜字正宜作牌，古文作踔。今胜未詳所出。”（C58P0297a）“踔”字，《説文・骨部》：“踔，古文髀。”又《玉篇・足部》：“踔，古髀字，股外也。”正即大腿義，與釋文義相契。“踔”“踔”形近義別，顯然《慧琳音義》之“踔”乃是由“踔”書寫訛誤所致，《校本》失校。

047. 獘、㷀（奨）、弊

獘地，古文獘、㷀（奨）①二形，今作弊，同。毗世反。《説文》：獘，仆也。仆，躓也。（C58P0264a；J043）

按：上所引詞目出自《華手經》第十二卷音義。在頓仆、倒下義上，“獘”與“㷀（奨）”“弊”均是異體字關係。“獘地”條下所釋之“㷀”字，《慧琳音義》各版本均如是作，《校本》亦同（2012：1255），且未出校勘記。“㷀”爲燒焦義，《集韻・屑韻》必結切：“㷀，灼物焦也。或作㷀。”與“獘”字音義均別。然據釋文義，“㷀”是“獘”之古文，於義不通。《華手經》第十二卷之“獘地”條本爲玄應所撰，慧琳收錄時重加訂正。《玄應音義》卷第四“獘地”下云：“古文獘、奨二形，今作弊，同。毗世反。《説文》：‘獘，仆也。’”（V32P0050b）

求之《説文》，正合作“奨”。《説文・犬部》：“奨，頓仆也。”“獘，奨或从死。”段注：“奨本因犬仆製字，叚借爲凡仆之稱，俗又引申爲利弊字，遂改其字作弊，訓困也、惡也。”（1981：476）又張舜徽《説文約注》云：“奨之言蹹也，謂僵伏在地也。”（2009：2424）顯然《玄應音義》所謂“獘”“奨”字正即《説文》之“獘”“奨”字，“奨”是“奨”書寫訛略所致。《廣韻・祭韻》：“奨，困也，惡也。《説文》曰：‘頓仆也。’俗作弊。”而《慧琳音義》的“㷀”顯然是“奨”書寫訛誤所致，因“火”“犬”二形非常接近，如此釋文義方通。從形義構造角度察之，“奨”“弊”均是“奨”書寫變異而來，是異寫字關係，與“獘”則爲異構字關係。

048. 躄、躄、躄

拘躄，下并亦反。顧野王云：躄謂足偏枯不能行也。《古今正字》：從足辟聲。亦作躄。譜作躄，非也。（C58P1016b；J077）

按：上所引詞目出自《釋迦譜序》第五卷音義。在足跛義上，“躄”與“躄”爲異體字關係，與“躄”爲通假字關係。此“拘躄”條《大正藏》對應經文作：“聾者得聽，瘂者能語，盲者得視，狂者得正。拘躄②疾病，普皆除愈，枯木發華，腐草榮秀，涸池增瀾，香風清靡。”（T50P0047b）經文之“躄”指足跛。《玉篇・足部》：“躄，跛甚者。”此義上《説文》作“躄”。《慧琳音義》卷第二十四“癃躄”下云：“《説文》作躄，訓同。”（C57P0887b）又卷第九十二“癖躄”下云：“《説文》正從止作躄，音義並同也。”（C59P0206b）又《廣韻・昔韻》：“躄，跛躄。躄，上同。”“躄”“躄”

---

① 此“㷀”即“奨”之訛誤形體。
② 《大正藏》“躄”下校勘記：躄＝躄宋宮。

爲更換形符而成的異體字,從"足"從"止"其義一也。

據《大正藏》校勘記,宋本、宮本作"癖",與慧琳所見本同。《玉篇·疒部》:"癖,食不消。"《靈樞經·水脹》:"寒氣客于腸外,與衛氣相搏,氣不得營,因有所繫,癖而内著。"張景岳注云:"有所繫著,故癖積起。"指兩脅間的積塊,與"𤺄"義别。"𤺄""癖"二字《廣韻》分别讀必益切、芳辟切,音頗近,乃是通假字關係。

049. 辟、𨐜、𡐥、僻

大辟,古文𨐜、𡐥二形,同。裨尺反。辟,法也,除也。經文作僻,隱僻之僻,非也。(C58P0283a;J044)

按:上所引詞目出自《菩薩處胎經》第四卷音義。在刑法、法度義上,"辟"與"𨐜""𡐥"爲異體字關係;該用法上慧琳所見經本作"僻",乃是"辟"的通假用法。《大正藏》之《菩薩處胎經》第六卷云:"如彼犯罪人,擎持滿鉢油,若棄油一渧,罪交入大辟,左右作衆伎,懼死不顧視。"[①](T12P1046a)考經義,"大辟"即大法。《説文·辟部》:"辟,法也。"《詩經·大雅·板》:"民之多辟,無自立辟。"毛傳云:"辟,法也。"又《説文·辟部》還有一字:"𨐜,治也。從辟,從井。"段注改作"法也"。《井部》"荆"下云:"荆,罰辠也。《易》曰:'井,法也。'"顯然"𨐜"乃是"辟"之增旁異體字。"𡐥"字,《龍龕手鑑·又部》:"𡐥,法也。"亦是"辟"的增旁異體字,蓋是因執法需用手故而增"又"旁。"辟"與"𨐜""𡐥"均是異構字關係。慧琳謂其所見經本作"僻",法度義上乃是"辟"的通假用法。

又上引釋文"古文𨐜、𡐥二形"之"𡐥"字,《慧琳音義》各本如上作,唯《校本》作"𡒒"(2012:1271)。此"𡒒"當即高麗本之"𡐥"形進一步訛誤而致,非。

050. 編、辮

編草,編,蒲典反。《蒼頡篇》曰:編,織也。《珠叢》曰:取物交織謂之編也。字又作辮。(C57P0866a;J023)

按:上所引詞目出自《華嚴經》卷第六十四《入法界品》音義。在編織義上,"編"與"辮"爲通假字關係。此"編草"條《大正藏》對應經文作:"善財童子見彼仙人在栴檀樹下敷草而坐,領徒一萬,或著鹿皮,或著樹皮,或復編草以爲衣服,髻環垂鬢,前後圍遶。"(T10P0345b)經文之"編"取編織義。《説文·糸部》:"編,次簡也。"爲編排、編列、編織義,引申又表示辮子。《釋名·釋首飾》:"編,編髮爲之也。"如《漢書·終軍傳》:"若此之應,殆將有解編髮……而蒙化者焉。"顏師古注云:"編,讀曰辮。"(1962:2817)該意義後由"辮"字記録之。《説文·糸部》:"辮,交也。"本爲交織義,引申表示髮辮。釋文所謂"字又作辮",當即編織義而言。

---

① 《大正藏》相關校勘記作:"大辟"下:大辟=火僻⑧⑨,=火辟⑩;"衆伎"下:衆伎=妓樂⑩⑩,=伎樂⑩。

關於"編""辮"之詞源意義,張舜徽《説文約注》"編"下云:"編猶比也,謂相與比敘也……以繩次物謂之編,亦即比敘之意。"(2009:3226)劉鈞杰《同源字典補》亦將"比""編"系聯爲一組同源字(1999:125)。"辮"字,段注云:"分而合也,故从辡,形聲中有會意也。"(1981:647)張舜徽於"辮"下云:"辮之言辨也,謂始分爲二而後交編之也。凡造繩交髮皆然矣。"(2009:3181)張希峰《漢語詞族三考》亦將"辮""辨"系聯爲一組同源字(2004:104)。綜上,"編"之核義素爲比排義,"辮"爲分而後合義,二者義雖近而源相別,在編織義上爲通假字關係。

051. 砭、砋、矾

砭疾,悲驗反。《字書》正從卪作矾①,又作砭,刺也。《廣雅》云:砭謂之刺也。《文字典説》云:砭,石針用刺(刺)病也。從石乏聲。《説文》亦云:以石刺病也。從石乏聲也。(C59P0239a;J094)

砋石,法廉反。《蒼頡篇》云:死(石)刺也。《説文》:以石刺病也。正作砋。(C59P0329a;J099)

按:上所引詞目分別出自《續高僧傳》第二十八卷音義、《廣弘明集》第三十卷音義。"砭"與"矾""砋"均是異體字關係。

上"砭疾"條《大正藏》對應經文作:"及大業承運,禪定初基,爰發詔書延入行道,屢辭砭疾。後許還山,德感物情,頗存汲引。四川貴望一縣官民,莫不委質投誠,請傳香德。"(T50P0687b)經文之"砭疾"指用石針刺皮肉以治病。《説文·石部》:"砭,以石刺病也。"有作"砋"者,《玉篇·石部》:"砋,刺也,以石刺病也。砭,同上。"從形體來源求之,"砋"當是"砭"書寫變異所致。

上引"砭疾"條下之"矾",《慧琳音義》高麗本、大正本、《校本》如上作,獅谷本作"矾",頻伽本作"矾"。"矾"當由"砭"之篆文"矾"書寫變異而來。或書作"砋",《廣韻·鹽韻》:"砭,以石刺病。砋,古文。""矾"與"砋"形近,或可爲證。獅谷本之"矾"即高麗本之"矾"書寫變異而來,頻伽本之"矾"則是由獅谷本之"矾"進一步訛誤而致。

052. 匾、扁、鯿、腽、鶣、逼(遍)

匾㢰,上邊丏〔反〕②,下土奚反。《考聲》作匾㢰,並薄皃也。經作腽睇,俗字也。丏音湎也。(C58P0078a;J034)

匾㢰,上必沔反,下體雞反。《考聲》云:匾㢰,薄皃也。經文作鯿鶂,或有從鳥作鶣鵜,

---

① 此"矾"字《慧琳音義》版本間差異較大,具體見該條下的考辨。
② 按,此依《慧琳音義》釋文通例增補"反"字。

或作鵸，並非也。(C58P1056b；J079)

匾匯，上邊辮反，下體奚反。《字統》云：匾匯，薄闊皃。二字並從匚，匚音方。有從厂作扁虒，或從辵作逼(遍)遞，並非。從匚作爲正。(C59P0027a；J082)

按：上所引詞目分別出自《稱讚大乘功德經》音義、《經律異相》第三十一卷音義、《大唐西域記》第一卷音義。在薄皃義上，"匾"與"扁""鵶"爲異體字關係，與"腂""鵸""遍"爲通假字關係；卷第八十二"匾匯"條釋文中的"逼"爲"遍"之訛。

上"匾匯"條《大正藏》對應經文作："其鼻匾匯①，愚鈍無知，形貌矬陋。"(T17P0911b)"匾匯"即"匾匯"，指扁平貌。《玉篇·匚部》："匾，匾匯。"又"匯"下云："匯，匾匯，薄也。"或有從"厂"作"扁虒"者，《集韻·銑韻》："扁，扁虒，薄皃。"上二形之間爲異構字關係。

據慧琳所釋，該用法上又或從"鼻"作"鵶"。《龍龕手鑑·鼻部》："鵶，鵶齅，正作匾匯，薄皃。"其餘字韻書，比如《四聲篇海》《字彙》《正字通》等，均釋"鵶"同"匾"，認爲"匾"爲正。就目前我們掌握的材料來看，似"鵶"亦可視作"匾"的異體字。

據釋文，該用法上經文中或有作"腂"者。《玉篇·肉部》："腂，腱子肉。"與"匾"義別。"腂"，《集韻》或讀作婢典切，與"匾"之補典切近，乃是通假字關係。又有作"鵸"者，《集韻·僊韻》："鵸，鵸鶸，輕貌。"該字《集韻》或讀作婢典切，與"匾"音近，二者亦是通假字關係。

據《慧琳音義》卷第八十二"匾匯"條下所釋，亦有作"逼"者。此"逼"字《慧琳音義》各本均如是作，《校本》亦同(2012：1950)。《説文新附·辵部》："逼，近也。"指迫近，與薄皃義別。"逼"與"匾"形音義均別，從慧琳釋文求之，疑此"逼"乃"遍"之訛。又考《慧琳音義》卷第七十七"匾匯"條下謂："志從辵作遍遞，錯也。"(C58P1023a)而"遍"則"匾"之音借，如此我們更加傾向於認爲卷八十二釋文中的"逼"爲"遍"之訛。

053. 褊、褊、**幅**、猵

褊淺，上鞭沔反。郭璞注《爾雅》云：褊，急也。《説文》云：褊，小也。從衣扁聲。扁，邊辮反。傳文從犬作猵，非也。《考聲》云：褊，狹也，衣小也。或作**幅**也。(C59P0230b；J094)

褊陋，鞭緬反。《廣雅》云：褊，狹也。《楚辭》：智淺褊能也。②《説文》：從衣扁，扁亦聲。集從犬作猵，誤。(C59P0285a；J097)

按：上所引詞目分別出自《續高僧傳》第二十卷音義、《廣弘明集》第六卷音義。"褊"書寫或訛誤作"褊"形，與"**幅**"爲異體字關係，與"猵"爲通假字關係。

上"褊淺"條《大正藏》對應經文作："褊淺之識，隳惰③之流，朝入禪門，夕弘其術，相與傳

---

① 《大正藏》"匾匯"下校勘記作：匾匯＝腂睇宋宮。
② 按，四部叢刊本《楚辭》、叢書集成初編本《楚辭補注》均作"淺智褊能"。
③ 《大正藏》"隳惰"下校勘記：隳惰＝隨墮三。

説,謂各窮源,神道冥昧,執明通塞。"(T50P0596c)大正本傳文作"褊"字。求之經義,"褊淺"即狹窄淺薄而言。《説文·衣部》:"褊,衣小也。"本指衣服狹小,如《論衡·自紀》:"形大,衣不得褊。"引申有狹小、急躁等用法。"襦隘"條慧琳釋文中作"褊"字,《集韻·獮韻》:"褊,《説文》:'衣小也。'"褊"從衣扁聲,本表衣服狹小,無由從示。顯然"禠"乃是"褊"書寫訛"衣"旁爲"示"旁所致,故而《慧琳音義》卷第二十三"禠"下云:"字宜從衣作。"(C57P0868a)所言是也。

　　"褊淺"條釋文云:"傳文作猵。"《説文·犬部》:"猵,獺屬。"乃是獺之一種,與"褊"義別。"猵"字《廣韻》讀布玄切,與"褊"之音方緬切相近,在狹小義上,二者爲通假用法。

　　慧琳釋文又云或作"幅",《大字典》《字海》及《異體字字典》等大型字書均未收錄此字。依據釋文義,此當即"褊"之換旁異體字,"褊"從"衣"表示衣服之狹小,或換從"巾",其義一也。二者爲異構字關係。"㠿"又作"裧"、"帕"又作"袙"、"帙"又作"袟"、"帩"又作"綃"等均是其例,可相比勘。

054. 遍、徧

　　徧饒,邊眄反。《考聲》云:書(盡)①也,周也。亦作遍。(C57P0597b;J010)

　　按:上所引詞目出自《實相般若經》音義。在周遍意義上,"遍"與"徧"爲異構字關係,釋文引《考聲》"書也,周也"之"書"乃是"盡"的訛誤字形。此"徧饒"條《大正藏》對應經文作:"於三界皆自在故,能遍饒益一切眾生,悉與究竟最上安樂。"(T08P0778a)大正本經文作"遍"字,《説文》正作"徧"。《説文·彳部》:"徧,帀也。"又《玉篇·彳部》:"徧,周帀也。"爲周遍義,字或從"辵"作"遍"。朱駿聲《通訓定聲·坤部》:"徧,字亦作遍。"《廣韻·線韻》:"徧,周也。《説文》:'帀也。'遍,俗。"在周遍義上,從"彳"從"辵"義相通,二者爲更換形符而成的異體字。

　　又釋文引《考聲》"書也,周也"之"書"字,《慧琳音義》各版本均如上作,《校本》亦同(2012:681)。《校本》"書"下校勘記云:"據文意當爲'匝'。"(2012:684)徐校於釋文義雖可通,然"書"與"匝"形體相去甚遠,竊謂非是。傳本《慧琳音義》何以作"書"字,需要從"徧"之詞義出發考求。"徧"是周遍義,周遍與窮盡義通,故而亦或釋作"盡"義。《龍龕手鑑·彳部》:"徧,音遍。周也。盡也。"如《淮南子·主術》:"則天下徧爲儒墨矣。"高誘注云:"徧,猶盡也。"由上二例可初步確定《實相般若經》音義"徧饒"條下之"書"是"盡"之訛誤字形。事實上,"書""盡"形體非常近,書寫混訛屬常理。"書"字手書或增"灬",竹林居士《佛教難字字典·曰部》"書"下引《無量義經》作"書"(1990:141),與"盡"頗近;"盡"書寫或省"灬",秦公《碑別字新編·十四畫》"盡"下引《漢史晨奏銘》作"盡",又引《魏高輝太夫人墓誌》作"盡"

① 按,此"書"字《慧琳音義》各版本均如是作,非也,乃是"盡"之訛誤字形。詳見本條考辨部分。

（1985：293），均與"書"頗近。由此來看，釋文之"書"爲"盡"之訛則無疑矣。

055. 辯、誓、[誓俗字]

清辯，別免反。《考聲》云：慧也，明也，別也。從言辨聲。傳作[誓俗字]①，俗字也。撿字書並無此字。（C59P0017a；J081）

按：上所引詞目出自《南海寄歸內法傳》第四卷音義。在聰慧、明晰等義上，"辯"與"誓"爲異構字關係；"誓"書寫或訛變作"[誓俗字]""[誓俗字]""誓""誓"等形體，"誓"或訛同"誓"。另"清辯"之"辯"字，大正本經文作"哲"，在聰慧、明晰等用法上，二者是同義換用現象。

此"清辯"條《大正藏》對應經文作："斯乃遠則龍猛提婆馬鳴之類，中則世親無著僧賢清哲②之徒。"（T54P0229b）大正本經文"哲"字，宋、元、明本作"辯"。《說文·辡部》："辯，治也。"段注："治者，理也。""辯"本爲治理之義，引申有明晰、聰慧、巧言等用法。

據慧琳釋文，其所見經文作"[誓俗字]"。就"[誓俗字]"字形體而言，高麗本、大正本、《校本》如上作，獅谷本、頻伽本作"[誓俗字]"，此二形均是"誓"書寫訛變所致。《魏書·江式傳》："皇魏承百王之季，紹五運之緒，世易風移，文字改變，篆形謬錯，隸體失真。俗學鄙習，復加虛巧，談辯之士，又以意說，炫惑於時，難以釐改……乃曰追來爲歸，巧言爲辯，小兔爲[龜]。"（1974：1963）又宋孫奕《示兒編·字說》："後魏江式嘗譏俗人好撰字云：'巧言爲辯。'因作誓字。""誓"乃"辯"之會意俗字。"誓"字手書或訛變作"誓"，《玉篇·言部》："誓，俗辯字。"又《正字通·言部》："辯，俗作誓，訛從功。"又或訛作"誓"，《古今圖書集成·字學典》第四十三卷："後魏北齊時，里俗作偽字最多，如巧言爲辯，文子爲學之比。隋有柳誓傳，又誓之誤，以巩易巧矣。予見古書以言辯字多作誓，世人不復辯詰。"《正字通·言部》："誓，誓字之訛。"而"誓"或又訛作"誓"。檢《北史》卷第八十三"河東柳誓"下校勘記云："諸本'誓'作'誓'，隋書卷七六作'誓'……按，'柳誓'或作'柳誓'，並是'辯'之俗體。作'誓'，誤。"（1974：2818）

056. 拚、抃、拌

抃舞，又作拚，同。皮變反。《說文》：拊手曰抃。拊，擊拍也。（C58P0304b；J045）

拚舞，上皮變反。帝嚳始令人拚舞。王逸注《楚辭》云：交手曰拚。《說文》：拊手也。從手弁聲。經從手作拌，非也。（C58P0748b；J064）

按：上所引詞目出自《地持論》第二卷音義、《沙彌十戒並威儀》音義。在拊手義上，"拚"與"抃"爲異體字關係，"抃"書寫或訛誤作"拌"。上"拚舞"條《大正藏》對應經文作："諍於勝負，弄舞調戲；吟咏歌音，手執樂器；琴瑟箜篌，箏笛竽笙，以亂道意。"（T24P0927a）大正本

---

① "[誓俗字]"字《慧琳音義》各版本均如是作，實乃"誓"之書寫訛誤字形。詳見本條考辨部分。
② 《大正藏》"哲"下校勘記：哲＝辯⊜。

經文作"弄舞"，據釋文，慧琳所見經文作"抎舞"，"抎"即"弄"之異體字。蓋是"抙"字訛作"抎"，又替換作"弄"，正可與慧琳所見經本的"抎"相參比。"抙舞"即拍手而舞，《説文·手部》："抙，拊手也。"字或從"卞"作"抃"，《集韻·綫韻》："抙，《説文》：'拊手也。'或從卞。"清雷浚《説文外編》卷第十二云："抃爲抙之俗。"

057. 彪、彪

兔彪，下彼休反。傳文作彪，俗字也。《説文》：彪，虎之文字也。從虎從彡，象其文也。（C59P0231b；J094）

按：上所引詞目出自《續高僧傳》第二十二卷音義。"彪""彪"爲異寫字關係。此"兔彪"條《大正藏》對應經文作："中年別於南澗，止一草菴，兩兔一彪，相親同止。"（T50P0619c）大正本經文作"彪"字，《説文·虎部》："彪，虎文也。"字或又書作"彪"形。又按，釋文所謂"傳文作彪，俗字也"之"彪"，《慧琳音義》其餘諸本均作"彪"。依《慧琳音義》釋文通例，既言俗，則必有對應的正體字。蓋是此條中撰者有意區分"彪"與"彪"二形。"彪"書作左右結構者亦多見，《龍龕手鑑·彡部》："彪，彼休反，虎文也。"《碑別字新編·十一畫》"彪"字下引《魏和遼墓志》作"彩"形（1985：157），可與"彪"相比勘。又此"彪"形不見於《大字典》《字海》及《異體字字典》等大型字書。

058. 標、櫄、幖、摽、熛

幖幟，上必遥反。《桂苑珠叢》云：幡旗之類也。《説文》幖即幟也。從巾票聲。票者，音匹遥反。經文從木、從扌者，非此用也。（C57P0418a；J001）

幖幟，必遥反。《通俗文》云：徽号曰幖。《説文》：幖，幟也。《桂苑珠叢》：幟即幡旗之類也。從巾票聲也。經文從火作熛，誤也，火飛也。（C57P0644a；J013）

詣摽（標），必遥反。顧野王云：摽（標）謂揭表以識之也。《説文》亦表也。從木票聲。集作櫄，俗字也。票同音也。（C59P0261a；J096）

按：上所引詞目分別出自《大般若波羅蜜多經》第四十一卷音義、《大寶積經》第三十八卷音義、《弘明集》第七卷音義。在標識義上，"櫄"或可視作"標"的換旁異體字；"標"與"幖"亦可視作異體字關係，與"摽""熛"爲通假字關係；經文中標識義上的"摽"字，亦有可能是"標"書寫訛誤所致。

上《大般若波羅蜜多經》第四十一卷"幖幟"條《大正藏》對應經文作："能救一切世間三摩地，定平等性三摩地，無塵有塵平等理趣三摩地，無静有静平等理趣三摩地，無巢穴無幖幟無愛樂三摩地，決定安住真如三摩地，器中涌出三摩地。"（T05P0230b）大正本經文"幖幟"，即標識義。"幖"爲標識義，《説文·巾部》："幖，幟也。"張舜徽《説文約注》："凡於其上題署事物名號以爲識別者,皆謂之幖。幖之言表也,所以表明其名狀也。或用布,或用木。"(2009:1882)"標"亦有標識義,《説文·木部》:"標,木杪末也。"本指樹梢,如《管子·霸言》:"大本而小標。"尹知章注云:"標,末也。"後泛指末梢、頂端等用法,又表示標誌、旗幟義。徐鍇《説文繫傳》:"人多言標置,言若樹杪之高置也。標之言表也。"清李富孫《説文辨字正俗·木部》:"《巾部》曰:'幖,幟也。'按:幖與杪同義,幖爲標識字,今俗多用標矣。"綜上,"標"本爲木之末端,引申有標識義,標識之物或用木、或用布,故而又造出從"巾"之"幖"字。張希峰《漢語詞族三考》將"標""幖"二字系聯爲同族字,同時認爲"幖"是"標"之後起區別字(2004:260)。我們比較認同這種看法,即認爲"幖"爲"標"之同源分化字。

　　然而在標識義上,後期通行的仍是"標"字。段注"標"下云:"凡物之標識亦曰徽識,今字多作標牓,標行而幖廢矣。"可謂分化失敗。如此,在標識義上,二字或可視作異體字關係。儘管《慧琳音義》於《大般若波羅蜜多經》第四十一卷"幖幟"條下云:"經文從木者,非此用也。"(C57P0418a)析其別。但在卷第四"幖幟"條下卻云:"《説文》:'木末也。'或從巾作幖,亦同。"(C57P0476b)卷第十二"標式"下云:"或從巾作幖。"(C57P0626b)卷第七十一"幖幟"下云:"或從木作標。謂以木爲識,標而記之。此亦兩通。"(C58P0882b)則又是其同。可見慧琳本人對於二字之關係也搖擺不定,其根本原因在於標識義上二者用法較模糊,非劃然之別。

　　"詣摽(標)"條下云:"集作櫤,俗字也。"《大字典》"櫤"下引《正字通》釋作表,引書證《魏書·禮志四》:"列步騎,内外爲四重,列櫤建旌,通門四達,五色車旗各處其方。"(2010:1395)就所引書證來看,"櫤""旌"對文,均是旗幟、標識義。結合《慧琳音義》釋文觀之,此"櫤"即"標"在標識、旗幟義上的換旁異體字。又"漂"或作"潃"、"儦"或作"側"、"幖"或作"櫤"、"摽"或作"揗"等皆是其例,可相比勘。《大字典》當予以溝通其間關係。

　　慧琳謂標識義上經文或又作"摽"。《説文·手部》:"摽,擊也。"爲擊打、揮去義,《廣韻》讀作撫招切,與"標"之甫遥切音相近,爲通假字關係。此外,"標"所從的"木"旁手書易訛作"扌"旁,故亦不排除部分"摽"是由"標"書寫訛誤而致。

　　另《大寶積經》第三十八卷"幖幟"下云:"經文從火作熛,誤也。""熛"爲火星迸飛,與標識義別;《廣韻》"熛"讀甫遥切,與"標"音同。顯然在標識義上,二者爲通假字關係。

059. 瘭、瘭、蠛、櫤

瘭疽,必遥反,下千余反。《廣雅》:雍成爲瘭疽,瘡名也。經文作蠛字,與蜱同。輔支、毗遥二反。蟷蠰子也。蠛非此用也。(C58P0268b;J043)

瘭疾,上標遥反。《廣雅》云:癰成膿也。《埤蒼》云:瘭疽,浮熱也。《集訓》云:熾也。《古今正字》:從疒票聲也。經從火作櫤,非也。票音必消反。(C58P0583b;J057)

按：上所引詞目分別出自《觀佛三昧海經》第五卷音義、《佛説分別善惡所起經》音義。在瘭疽義上，"瘭"與"𤻲"爲異寫字關係，與"螵""𤎞"爲通假字關係。

上"瘭疽"條《大正藏》對應經文作："別有九①億諸小蟲輩，如瘭疽蟲，有十二嘴，嘴頭出火，唼食其體，此邪婬報。"（T15P0672c）今大正本經文作"瘭"字。"瘭疽"指皮膚化膿後而成的毒瘡，唐孫思邈《千金翼方·瘡癰下》云："瘭疽，著手足肩背，累累如米起，色白，刮之汁出，愈而復發。"（1998：368）《集韻·笑韻》："瘭，瘭疽，病瘍，濃潰也。"字正合作"瘭"，從"疒"，或書作"𤻲"形。該條下慧琳釋文又云："經文作螵字。""螵"是螵蛸字，與"瘭"義別。二字《廣韻》分別讀撫招切、甫遥切，音相近，在瘭疽義上爲通假字關係。

"瘭疾"條下云："經從火作𤎞。"乃是"熛"之異體字，義爲火迸列。"漂"或作"𤀐"、"摽"或作"摽"，可相比勘。李景榮等《千金翼方校釋》"瘭疽秘方"下校云："'瘭疽'也作'熛疽'。"（1998：367）"熛"與"瘭"音同義別，二者亦爲通假字關係。

060. 飆、飈、飇、飈、飈、飅、颭（颮）、猋

飆揩，上摽遥反。《尒雅》云：扶摇謂之飆。郭璞注云：飆，暴從上向下曰飆。《考聲》云：疾風也。自下而上也。《説文》：飆飈風也。從風猋聲。猋音同上。飈音符。（C58P0117b；J036）

飇火，必遥反。郭注《尒雅》云：暴風從下而上也。《説文》：扶摇風也。從風猋聲。經從二火，非也。猋音同上。（C58P0229b；J041）

飇焰，又作猋、颭（颮），同。比遥反。謂暴風也。字從猋從風。猋從犬，非火也。（C58P0752a；J064）

飇猋，摽遥反。郭注《尔雅》云：暴風從下也。或從風作飇。集從三火作焱，音艷，非義也。（C59P0326b；J099）

按：上所引詞目分別出自《蘇婆呼經》下卷音義、《六波羅蜜多經》第九卷音義、《舍利弗問經》音義、《廣弘明集》第二十九卷音義。在暴風、旋風義上，"飆"爲"猋"之後出分化字；與"飇"爲異寫字關係，其所從的"猋"或訛作"焱"，故而"飆""飇"或又分別書作"飈""飈"；"飈"或換旁作"飅"，進而書作"颭"，又訛變作"颮"形。

在旋風、暴風義上，早期作"猋"。《説文·犬部》："猋，犬走皃。"本指犬奔跑的樣子，引申有奔跑、急速向前之義，後又表示旋風、暴風。《爾雅·釋天》："扶摇謂之猋。"郭璞注云："暴風從下上。"如《禮記·月令》："猋風暴雨總至，藜莠蓬蒿並興。"鄭玄注云："回風爲猋。"然"猋"之構形與旋風義并不相契，在漢字形義統一性的促動下，"猋"又添加"風"旁分化出"飆"字，專門記錄"猋"之旋風義。《説文·風部》："飆，扶摇風也。從風，猋聲。""飆"或又書寫作

---

① 《大正藏》"九"下校勘記：九＝萬⑨⑩。

"颷",二形構意同,所從的部件亦同,只是部件位置進行了掉換,爲異寫字之一類。因"飊"所從的"猋"與"焱"形頗近,故而手書"飊""颭"或分別書作"飆""颷"形。上所引"飄猋"下云:"集從三火作焱,音艷,非義也。"又《慧琳音義》卷第九十三"揮飊"下云:"猋音同上。從三犬,不從火。"(C59P0218a)其説是也。"颭"或又省作"颭"形,其訛又甚,故釋文云:"經從二火,非也。"綜上,"飊"與"颭""飆""颷""颭"均是異體字關係。

"飊"或更換聲符作"颮"。《説文・風部》:"颮,飊或从包。"與"飊"爲異構字關係。《慧琳音義》卷第六十四"颮焰"下"又作猋,颭,同"之"颭",各版本均如是作,《校本》亦同,未出校勘記(2012:1645)。此"颭"字,《大字典》《字海》等大型字書未見收錄,從釋文義求之,即"颮"書寫變異而致。蓋"颮"或書寫作左"包"右"風"形,在這種結構下,"包"的末筆常變作提筆,久之再進一步訛作"句"形,從而有釋文之"颭"形。事實上,《舍利弗問經》之"颮焰"條本爲玄應所撰,慧琳收錄時重加審訂。《玄應音義》卷第十六"颮焰"條下云:"又作颭,同。"(V32P0223b)綜上,其字形變異軌跡可概括如下:颮—颭—颭。

061. 鑣、觼、驉、驉、僄

分鑣,下表苗反。《毛詩傳》云:鞗軒鑾鑣。今之馬排沫也。《説文》:馬銜也。從金麃聲。麃,薄交反。或從角作觼,亦作僄,義並同。(C58P1069b;J080)

連鑣,下表苗反。《考聲》正作此鑣。傳從馬作驉,俗字,非也。(C59P0061a;J083)

同鑣,彼驕反。《文字集略》云:馬勒也。《説文》亦銜也。從金麃聲。麃,薄交反。集從馬作驉,音禄,謂野馬也,非義也。(C59P0303a;J098)

按:上所引詞目分別出自《大唐内典録》第二卷音義、《大唐三藏玄奘法師本傳》第八卷音義、《廣弘明集》第十九卷音義。在馬嚼子義上,"鑣"與"觼""驉"爲異體字關係,與"僄"爲通假字關係;"驉"書寫或訛誤作"驉"。

上"分鑣"條《大正藏》對應經文作:"自漢已來,天下一統,建安之始,鼎峙而分,袁曹競逐於中原,劉孫分驉[1]於江峽。"(T55P0226b)大正本經文"驉",宋、元、明本作"鑣",均是馬嚼子義。《説文》正體作"鑣",《馬部》:"鑣,馬銜也。从金,麃聲。觼,鑣或从角。"段注:"蓋古或以角之至堅者爲之。"或又作"驉",亦是"鑣"之換旁異體字。《龍龕手鑑・馬部》:"驉,正作鑣,馬銜也。"如《晉書・張載傳》:"看駟連驉,酒駕方軒。"釋文定"驉"爲俗,與《龍龕手鑑》所釋正同。

又"分鑣"條下云:"亦作僄。"《説文・人部》:"僄,行皃。"《詩經・小雅・吉日》:"儦儦俟俟,或群或友。"毛傳云:"趨則儦儦。"指小步快走,與"鑣"義別。二字《廣韻》同讀甫嬌切,音同。在馬嚼子義上,二者爲通假字關係。

---

[1]《大正藏》"驉"下校勘記:驉=鑣三。

又"同鑣"條《大正藏》對應經文作:"若乃載司南之車猶稱靡惑,服四照之草得用不迷。況乎六馬同鑣,萬流共貫;日月經天,方斯未已;河海帶地,夫豈足云。蓋入道之筌蹄,群生有悟於此也。"(T52P0232a)今大正本經文作"鑣"。釋文所謂"集從馬作驫"之"驫",顯然是由"鑣"書寫訛誤而致。

062. 摽、敦、擤、飄

摽擊,匹漂反。《毛詩傳》:摽,落也。《説文》:擊也。從手票聲〈音必遥反〉。或從支(攴)作敦字,訓用並同上。敦亦弃也。經文有從風作飄,錯用。飄,迴風也,旋風也,非經義。(C57P0499a;J006)

擤溝,必遥反。《考聲》:舉也。(C58P1038b;J078)

按:上所引詞目分別出自《大般若波羅蜜多經》第四百七十九卷音義、《經律異相》第九卷音義。在擊打義上,"摽"與"敦""擤"爲異體字關係,與"飄"爲通假字關係。

上"摽擊"條《大正藏》對應經文:"若菩薩摩訶薩見風劫起,三千大千世界最下所依風輪飄擊上涌,將吹三千大千世界蘇迷盧山、輪圍山等諸所有物碎如朽葉,欲以一指障彼風力,令息不起,應學般若波羅蜜多。"(T07P0430c)今大正本經文亦作"飄"字,與慧琳所見經本同。正當作"摽",《説文・手部》:"摽,擊也。"如《左傳・哀公十二年》:"長木之斃,無不摽也。"杜預注云:"摽,擊。"字或從"攴"作"敦",《玉篇・攴部》:"敦,擊。"在擊打義上,從"手"從"攴"義同。經文作"飄",爲旋風、暴風義,與"摽"義別。二字《廣韻》分別讀撫招切、撫昭切,音同。在擊打義上,爲通假字關係。

又"擤溝"條下云:"《考聲》:舉也。""摽"字亦有舉起義,如《管子・侈靡》:"摽然若秋雲之遠,動人心之悲。"尹知章注云:"摽然,高舉貌。"疑"擤"即"摽"之異體字,"漂"或又作"灂"、"熛"亦書作**擤**,均可比勘。《大字典》"擤"下據方成珪《集韻考正》釋作:"'欐(櫟)'的訛字。"(2010:2092)方氏據《類篇》正《集韻》之説。檢諸《集韻》《類篇》,《集韻・摽韻》:"擤,落也。《北史》:'擤其門閭。'"《類篇・木部》:"欐,表也。《北史》:'欐其門閭。'"方氏謂"欐訛擤,表訛落","欐"訛作"擤"較自然,然其所謂"表訛落"證據嫌不足。"表""落"二字形音義均異,似無由訛誤,方説未盡妥當。考之清刻本《北史》,有作"表其門閭"者,有作"標其門閭"者,亦有作"旌其門閭"者,未見"欐其門閭","表""標""旌"均取標記、彰顯義。《類篇》之"欐其門閭"即"標其門閭","欐""標"用同。

上引《集韻・摽韻》:"擤,落也。《北史》:'擤其門閭。'"《字彙》所釋同。《正字通》"擤"下謂:"'擤其門閭'之欐從木,非從手。"張自烈所言是也,《集韻》謂"擤,落也"不誤,然其書證有誤,蓋是誤將"欐"的用法置於"擤"下。結合《慧琳音義》"擤溝"條下所釋,"擤"正乃"摽"之異體字,有舉起、落等用法。另外,《大字典》"擤"下可增"同'摽'"這一用法。

063. 別、莂、箹、誷

記莂，悲別反。分簡也。經文作別，非也。(C57P0951a；J026)

受誷，變劣反。案《考聲切韻》亦從竹作箹，義是審其善惡也。或從言作誷。經從草作莂，恐傳寫誤也。(C58P0975b；J075)

按：上所引詞目分別出自《大盤涅槃經》第三十三卷音義、《惟日雜難經》音義。“別”與“莂”“箹”“誷”均是同源通用字關係。

“別”字，《説文·丐部》：“刐，分解也。”本爲分剖、分開義，引申有區別、類別之義。種密移栽謂之“莂”，《慧琳音義》卷第八十“經莂”下云：“下彼列反。案莂，分別之謂也。《埤蒼》云：莂謂種槩分移蒔之也。”(C58P1093b)又《玉篇·艸部》：“莂，種槩移蒔也。”故字從“艸”。文獻中多借作分簡字，《慧琳音義》卷第二十六“記莂”下云：“分簡也。”(C57P0951a)另《漢語大詞典》卷九“莂”下僅收錄“契約名”“佛教文體名”二義，缺“種槩移蒔”一義(1992：418)，可據收。

判分書契謂之“箹”。《玉篇·竹部》：“箹，分。”《廣韻·薛韻》：“箹，分箹，一云分契。”故字從“竹”。此義文獻多用“莂”字。

區分言之善惡、正誤謂之“誷”。《集韻·薛韻》：“誷，言析理也。”故字從“言”。《大字典》據《廣韻》釋“誷”同“箹”(2010：4237)，或有未妥，形義不相契也。《廣韻》所釋僅是二字文獻中通用的現象，二者非異體字關係。張希峰《漢語詞族三考》將“別”“莂”“箹”三字系聯爲同族(2004：146)，其説是也，同時可增“誷”字。此組字很好地證明了同源字通用的現象，在分別、分辨義上可通用。故《慧琳音義》卷第九十九“神莂”條下謂：“《埤蒼》云：‘莂謂槩種移蒔之出也。’案與分別義同。或作誷、莂，並通也。”(C59P0323a)甚確。

064. 斸、邬、幽(幽)

林邬，古文幽(幽)[1]、斸二形。今作邬，同。府貧反。樹名也。(C57P0994b；J028)

按：上所引詞目出自《普曜經》第七卷音義。“斸”與“邬”“幽”均是異體字關係。此“林邬”條《大正藏》對應經文作：“其兜術天身，來下降母胎；在林微[2]尼樹，墮地行七步。”(T03P0529a)經文之“林微尼”爲樹名，大正本作“微”，宋、元、明本作“邬”，均是譯音用字。“邬”本表地名。《説文·邑部》：“邬，周太王國，在右扶風美陽。”或作“斸”字，“邬”下又云：“民俗以夜市有斸山。”其間關係較明。

又釋文“古文幽”之“幽”，《慧琳音義》各版本有差異，高麗本、獅谷本如上作，頻伽本、大正本作“斸”，《校本》“斸”下校勘記云：“據文意似當作‘幽’。”(2012：1010)《普曜經》第七卷

---

① 此“幽”乃“幽”之訛誤形體，詳見該條下考辨部分。

② 《大正藏》“微”下校勘記作：微＝邬⊜。

之"林邨"條本爲玄應所撰,慧琳收錄時新加訂正。《玄應音義》卷第十二"林邨"下云:"古文幽二形,今作邨,同。"(V32P0162c)顯然高麗本《玄應音義》缺一形體。"幽"是隱蔽、幽静義,非"邨"之古文。作"幽"是,"幽"乃其訛誤字形。《集韻·直韻》:"邨,或作幽。"《校本》所言不誣。高麗本《玄應音義》缺的亦是"幽"字。

065. 擯、擴、儐、殯

檳(擯)庰,上賓印反。司馬彪注《莊子》云:擯,棄也。《史記》云:相與排擯也。《説文》從人作儐。(C57P0682b;J015)

擴出,上必各反。《文字集略》云:徙之遠方也。《莊子》:擴,弃也。《文字典説》:從手賓聲。經文從歹作殯,是殯埋字,非經義也。(C58P0300b;J045)

訶擯,必振反。司馬彪注《莊子》云:擯,棄也。《史記》云:相與排擯也。《説文》:從手賓聲。論作擴,俗字。(C58P0838a;J069)

按:上所引詞目分別出自《大寶積經》第九十二卷音義、《佛説法滅盡經》音義、《阿毗達磨大毗婆沙論》第一百卷音義。在排斥、拋棄義上,"擯"與"擴"爲異寫字關係,與"儐""殯"爲通假字關係。

上"檳(擯)庰"條《大正藏》對應經文作:"遠離於師長,親近惡知識;擯斥持戒人,是名眾務過。晝夜無餘想,唯念求衣食;不樂諸功德,是名眾務過。"(T11P0527a)大正本經文作"擯斥",即釋文之"擯庰"。《慧琳音義》高麗本之"檳"乃是"擯"書寫訛誤所致。"訶擯"條下云論作"擴",《龍龕手鑑·手部》:"擴,棄也。排也。斥也。"與"擯"義同。"擴"由"擯"書寫變異而來,故《慧琳音義》斥之爲"俗字"。

釋文又溝通了《説文》之"儐",是迎接賓客或迎接賓客的人,又轉指排斥、擯棄義。如《戰國策·齊策四》:"倍約儐秦,勿使爭重。""擯"本爲"儐"之或體,後二字用法發生分化,"擯"主要承擔排斥、拋棄義,二者由異體關係變爲非異體關係。故而《慧琳音義》卷第十四"擴出"下云:"經從人作儐,非也。義訓不相應,錯用也。"(C57P0676a)又卷第四十五"擯人"下云:"經從人作儐。儐,助也,與經義乖也。"儘管《慧琳音義》偶或認爲"擯"作"儐"亦可,如卷第十九"駈擯"下云:"經從人作儐,通用字也。"(C57P0778a)但絕大部分條目下均認爲二字用法迥別。① 從漢字整個發展過程來看,"擯""儐"二字已然分化,用法迥別,我們將其視作通假字關係。

又"擴出"條下云經作"殯",是停柩待葬之義,與"擴"義別。二字《廣韻》均讀必刃切,音同。在排斥、拋棄義上,二者爲典型的通假字現象。

① 《慧琳音義》詞目中含有"擯"或釋文中解釋"擯"的共有 26 條,其中"擯""儐"共現的條目中,認爲"擯""儐"用法有別的共 6 條,認爲二字可通用的有 2 條,未明確區分的有 1 條。

066. 髀、髕、膑、膑、膑、蹟、蹟

兩膑，頻泯反。《韻詮》云：膑，膝脛也。《説文》：膝骨也。正從骨作髕，形聲字也。（C57P0717b；J016）

膑頭，脾身反。經文作蹟，誤也。（C58P0262b；J043）

按：上所引詞目分別出自《佛説胞胎經》音義、《陀羅尼雜集》第八卷音義。在膝蓋骨義上，"髕"與"膑""蹟"爲異構字關係，與"髕"爲異寫字關係；"膑"與"膑""膑"爲異寫字關係；"蹟"與"蹟"爲異寫字關係。

上"兩膑"條《大正藏》對應經文作："次有風起名曰導御，吹其堅精變爲體形，成五處應瑞，兩膑、兩肩、一頭。譬如春時天降於雨，雨從空中墮，長養樹葉①枝，其胎如是。"（T11P0887b）經文之"膑"取膝蓋骨義，手書或作"膑""膑"二形。《説文》正作"髕"，《骨部》："髕，厀耑也。"段注："厀，脛頭節也。"或又書作"髀"形。從形體構造觀之，在膝蓋骨義上，"髕""膑"爲更換形符而成的異體字。

"膑頭"條下慧琳釋文云："經文作蹟，誤也。""蹟""蹟"二形，《大字典》未予收録，《字海》"蹟"下云："同'蹟'。""蹟"下云："義未詳。"（2000：1427）實"蹟"乃"膑"之換旁異體字，"蹟"則"蹟"之異寫字。張涌泉、鄧福禄等學者均有相關考證。《叢考》認爲"蹟"是"膑"之換旁俗字（2000：1010）。《字典考正》認爲張説不夠妥當，進而指出"蹟"是佛經譯音用字，無實際意義（2007：396—397）。鄧福禄引用大量佛經音義釋文，旨在證明"蹟"乃譯音用字。鄭賢章《〈隨函録〉研究》之《〈隨函録〉俗别字譜》"膑"下收録有"蹟"字（2007：476）。韓小荆《〈可洪音義〉研究》之《異體字表》中"髕"下未録"蹟"字，"蹟"字單獨作爲字頭出現（2009：364）。然從《慧琳音義》的釋文及"蹟"字構形來看，其即"膑"或"髕"之換旁異體字，經文中又作譯音用。《慧琳音義》之所以認爲膝蓋骨義上用"蹟"爲誤，蓋是因"蹟"字產生較晚，當時未行用。另手書"蹟"字或又作"蹟"形。

067. 鬢、鬢、鬒

猵鬢髮，次鬢字必刃（刃）反。《説文》：頰耳間髮也。從髟賓聲。經從頁作鬒，誤也。（C58P0963b；J075）

按：上所引詞目出自《道地經》音義。"鬢"與"鬢"爲異寫字關係，"鬒"乃"鬢"之書寫訛誤字形。《説文·髟部》："鬢，頰髮也。"段注："謂髮之在面旁者也。"指鬢髮，如《國語·晉語九》："美鬢長大則賢。""鬢"手書或作"鬢"形。慧琳釋文謂其所見經本作"鬒"，乃是"鬚"之異體字，與"鬢"形相近、義相關。從形義關係求之，經文之"鬒"有可能是"鬢"書寫訛誤所致，亦有可能是文義替換。相比較而言，書寫訛誤的可能性更大。

---

① 《大正藏》"葉"下校勘記作：葉＝荄三宮。

068. 秉、秉、乘

秉大，彼永反。《毛詩傳》曰：秉，檠（操）也。賈注《國語》云：秉，執也。《廣雅》：持也。《説文》：禾束也。從又持禾，會意字也。經文從水作秉，非。（C57P1019a；J029）

秉二兆，上兵皿反。《毛詩傳》云：秉，操也。又云：抱也。賈逵注《國語》云：秉猶執也。《廣雅》云：持也。《説文》云：秉禾也。從又持禾，會意字也。傳文作乘，書誤也。（C59P0158b；J089）

按：上所引詞目分別出自《金光明最勝王經》第三卷音義、《高僧傳》第四卷音義。"秉"書寫或訛變作"秉"，又或訛同"乘"。上"秉大"條《大正藏》對應經文作："歸命頂禮現在十方一切諸佛，已得阿耨多羅三藐三菩提者，轉妙法輪，持照法輪，雨大法雨，擊大法鼓，吹大法螺，建大法幢，秉大法炬。"（T16P0414a）今大正本經文作"秉"。求之經義，"秉"即持義。《説文·又部》："秉，禾束也。從又，持禾。"朱駿聲《通訓定聲·壯部》："從又持禾，會意。手持一禾爲秉。"慧琳所見經本之"秉"當即"秉"之書寫訛變形體。又據釋文，《高僧傳》第四卷音義"秉"傳文作"乘"，則是"秉"書誤所致，慧琳釋文已辨析之，從略。

069. 炳、昞、昺、芮、昞（昞）

昞著，又作昺、炳、芮三形，同。碧皿反。《廣雅》：昺，明也。著顯也。（C58P0408a；J049）

昞然，兵皿反。《廣雅》云：昞，明也。《古今正字》：從日丙聲。或作昺。論作昞（昞）①，寫誤也。（C58P0436b；J051）

按：上所引詞目分別出自《大莊嚴經論》第十卷音義、《成唯識寶生論》第一卷音義。在明亮、顯著義上，"炳"與"昞""昺""芮"爲異體字關係，"昞"書寫又或訛同"昞"。

上"昞然"條《大正藏》對應經文作："或是親聞，或復傳説，於所詮事當情相狀，次第而生猶如筆畫，章句形段昞然明現，從他來故名阿笈摩。"（T31P0078b）大正本論作"昞"字。求之經義，"昞然"即明亮的樣子。《説文》正作"炳"，《火部》："炳，明也。"爲明亮、顯著義。《玉篇·火部》："炳，明著也。"字或從"日"作"昞"，《廣雅·釋詁四》："昞，明也。"《集韻·梗韻》："炳，或從日。"在明亮義上，從"火"從"日"其義一也。"昞"或又作"昺"，《集韻·梗韻》："炳，亦書作昺。"

"昞著"下又溝通有"芮"字。《玉篇·艸部》："芮，明著也。"又故宮本《王韻·梗韻》："昞，光。亦作昺、芮。"胡吉宣《玉篇校釋》云："芮從艸與著同意，以其生生之顯見也。"（1989：82）楊寶忠亦解釋了"芮"字形體的來源，《疑難字考釋》認爲"炳"爲顯著義，"著"從"艸"，從而"炳"亦變從"艸"作"芮"（2005：92）。由此來看，"芮"爲"炳"之換旁異體字明也。

---

① 按，此"昞"當即"昞"之訛誤字形。

"眴然"條下"論作眴"之"眴"當即"眴"之訛誤形體。"眴"字《慧琳音義》各版本間有差異,高麗本、獅谷本、頻伽本均作"眴",大正本作"眴",《校本》校勘記認爲當作"眴"(2012:1408)。依據釋文義,作"眴"是也,由"眴"書寫訛誤所致。

070. 併、并、駢、軿

併不供養,并詣反,兼也。經文作并,非經義。(C57P0921a;J025)

併羅,上芯邊反。《廣雅》:併,羅列也。《説文》:從人并聲。亦作駢。傳作軿,音薄丁反,非此用也。(C59P0139b;J088)

按:上所引詞目分別出自《涅槃經》第六卷音義、《釋法琳本傳》第四卷音義。詞頭的"併"與"并""駢"是同源通用字現象,與"軿"爲同音借用字現象。

上"併不供養"條《大正藏》對應經文作:"如彼林中一鎮頭迦樹,有優婆塞見是諸人多有非法,併①不恭敬供養是人,若欲供養,應先問言。"(T12P0401a)"併"雖由"并"增"人"旁而來,然二字用法有別,故釋文斥"并"爲非。"并"本爲跟從、比并義,《説文·从部》:"并,相從也。"文獻中多表示兼併、合併義,《廣雅·釋言》:"并,兼也。""併"本爲并列、并行之義,《説文·人部》:"併,并也。"《廣雅·釋詁一》:"併,列也。"引申也表示兼併、一起義。"駢"本指兩馬共駕一車,《説文·馬部》:"駢,駕二馬也。"引申有并列義,段注:"駢之引申,凡二物并曰駢。"從詞源角度求之,上三字同源,其核義素爲比并、并列。張希峰《漢語詞族三考》將"并""併""駢"系聯爲同族詞,取并列、合併義(2004:161)。此外,殷寄明《漢語同源字詞叢考》將"并""併""駢""軿"系聯爲同族,認爲均具有比并義(2007:152)。然"軿"字或非源自比并義。

《説文·車部》:"軿,輜車也。"是車之一種,有帷幕。又轉指比并。從"軿"之詞源角度觀之,《釋名·釋車》:"軿車,軿,屏也,四面屏蔽,婦人所乘牛車也。"《廣雅·釋器》:"軿,車也。"王念孫疏證同《釋名》。又張舜徽《説文約注》"軿"下云:"軿之言屏也,言有屏蔽在前也……軿本四面屏蔽,見《釋名》。"(2009:3499)亦取屏蔽之義。王力《同源字典》將"軿""屏"系聯爲同源字,取屏蔽、遮蔽義(1982:339)。綜上,"軿"的比并義很少使用,且非"軿"之詞源意義。在比并義上,與"併"爲同音借用字現象。

071. 播、𣀔(𣀔)、譒、番、𤕟(𤕟)、簸

播殖,又作譒、𣀔(𣀔)②、𤕟(𤕟)③三形,同。補佐反。播,種也。經文作番,非也。

---

① "併"下《大正藏》校勘記作:併＝并㊚。
② "𣀔"即是"𣀔"之書寫訛誤形體。
③ 此"𤕟"字正當作"𤕟"形。

（C57P1046a；J030）

播殖，上波磨反，下時力反。鄭箋《毛詩》云：播猶種也。《説文》亦種也。一云布也。從手番聲。集本作簸，是箕屬，非播種字也。（C59P0263a；J096）

按：上所引詞目分別出自《等集眾德三昧經》中卷音義、《弘明集》第九卷音義。在播種、傳揚義上，"播"與**敽**（敽）"譒"爲異體字關係，與"番""𡎢（𤮅）""簸"爲通假字關係。

上《等集眾德三昧經》中卷之"播殖"條《大正藏》對應經文作："力嚴淨王如來清淨世界，富樂熾盛，人民安隱，米①穀平賤，快樂難及，諸天人播殖無數。"（T12P0381b）今大正本經文作"播"字。求之經義，"播殖"即種植之義。《説文・手部》："播，種也。一曰布也。"本爲撒種義，又表示傳揚、散播義。如《尚書・盤庚上》："王播告之脩，不匿厥指。"孔傳云："王布告人以所脩之政，不匿其指。"字或又從"攴"作"敽"，《説文・手部》："敽，古文播。"在播撒義上，從"手"從"攴"其義一也，二者爲更換形符而成的異構字。

另《等集眾德三昧經》中卷"播殖"下"又作**敽**"之"**敽**"字，《慧琳音義》各版本同。此"播殖"條本爲玄應所撰，慧琳收錄時新加訂正。《玄應音義》卷第七"播殖"下云："又作譒、**敽**、𡎢三形，同。"（V32P0102b）《玄應音義》之"**敽**"正即《説文》"敽"之訛誤形體。"攴"旁訛作"攴"形者習見。《慧琳音義》之"**敽**"則又"**敽**"進一步訛變而來。其間變異可概括如下：敽—**敽**—**敽**。

釋文又溝通了"譒"字。"譒"從"言"，與播撒義無涉，乃是"播"在傳揚義上的後出分化字。《説文・言部》："譒，敷也。《商書》曰：'王譒告之。'"段注："《手部》：'播，一曰布也。'此與音義同。"所言甚是。然後世傳揚義上仍用"播"字，今傳本《商書》"譒"正作"播"。"譒"字分化失敗，二者仍可視作異體字關係。

據《等集眾德三昧經》中卷"播殖"條釋文，其時所見經文"播"作"番"。《説文・釆部》："番，獸足謂之番。"徐灝《説文注箋》："田象獸掌，其形與土田字相溷，故又從釆建類。"與"播"義別。"番"字《廣韻》或讀作博禾切，與"播"之補過切音幾同。在傳揚義上，二者即爲通假字關係。朱駿聲《通訓定聲・乾部》："番，叚借爲播。"如《馬王堆漢墓帛書・十六經》："天道壽壽，番于下土，施于九州。""番""施"對文，均是傳佈之義，"番"正讀如"播"字。正是二字在傳揚義上爲通假關係，故而《慧琳音義》云："經文作番，非也。"

《等集眾德三昧經》中卷"播殖"下"又作𡎢"之"𡎢"，《慧琳音義》各版本字形有差異。高麗本、大正本、《校本》（2012：1037）及《玄應音義》高麗本（V32P0102b）如上作，獅谷本、頻伽本作"**𡎢**"。就《慧琳音義》高麗本字形觀之，據釋文，似"𡎢"爲"播"之異體字。然從"𡎢"的音、義察之，《説文・勹部》："𡎢，在手曰𡎢。"《廣韻》音居六切。其音義均與"播"別，作"𡎢"顯誤。考之字書，澤存堂本《玉篇・丑部》："**𤮅**，布賀切。今作播。揚也。"又《集韻・過韻》：

---

① 《大正藏》"米"下校勘記：米＝百三宮。

"補過切。《説文》：'穜也。一曰布也。'古作釆、敟。"《慧琳音義》之"敊"與"""釆"二形頗近，當即""書寫訛作"敊"字。再論""的形體來源，""乃"番"的《説文》古文""之隸定變異字形，《汗簡》"番"下亦收録了""形。由此可知，傳揚義上，""亦是"播"的通假字現象。

又《弘明集》第九卷釋文云集本作"簸"，是簸揚字。《説文·箕部》："簸，揚米去糠也。"與"播"義別。"簸"《廣韻》或讀作補過切，與"播"音同。在播種、傳揚義上，二者爲通假字關係。

072. 薄、博、泊

相薄，補莫反。《小尔雅》：薄，迫。韋昭注《漢書》云：氣往迫曰薄蝕。經文作廣博之博，非也。(C58P0258a；J043)

淡薄，下旁各反。《蒼頡篇》云：薄，微也。《説文》：從草溥聲。論文從水作泊。泊，止也，非此義也。(C59P0073a；J084)

按：上所引詞目分別出自《陀羅尼雜集》第二卷音義、《集古今佛道論衡》第一卷音義。在迫近義上，"薄"與"博"爲通假字關係；在淡泊義上，"薄"與"泊"爲通假字關係。

上"相薄"條《大正藏》對應經文作："山山相搏①，不安其所。"(T21P0586a)今大正本經文作"搏"，宋、元、明本作"博"，正合作"薄"，取迫近義。"薄"本指草木密集叢生之處，《説文·艸部》："薄，林薄也。"引申有迫近、急迫之義，如《尚書·益稷》："外薄四海，咸建五長。"又如《戰國策·韓策二》："吾得爲役之日淺，事今薄，奚敢有請？"鮑彪注云："薄，猶迫。"此正是經義所取。宋、元、明本之"博"是廣博、寬大義，與"薄"義別。"薄""博"《廣韻》分別讀傍各切、補各切，音相近。在迫近義上，二者爲通假字關係。

又所釋"淡薄"條《大正藏》對應經文作："亦有逸民如許成子、原陽子、莊子、老子等百家子書，皆修身自翫，放暢山谷，縱汰其心，學歸淡泊，事乖人倫、長幼之節，亦非安俗化物之風。"(T52P0365a)今大正本經文亦作"淡泊"。《玉篇·水部》："泊，止舟也。"爲船靠岸、停泊之義，引申有停留義。《廣韻·鐸韻》："泊，止也。"如宋王安石《仲明父不至》："寒魚占窟聚，暝鳥投枝泊。"引申又有淡泊、恬静義，《正字通·水部》："泊，澹泊，恬静無爲貌。"經文"淡泊"正取此義。《慧琳音義》釋文認爲正當作"薄"，取微義。然綜合考之，恬静無爲義更切。蓋是唐時"泊"作淡泊義者不多見，故而釋文云："泊，止也，非此義也。"二字《廣韻》均讀傍各切，在淡泊義上當是通假字關係。

073. 勃、勃、埻、馞、烞、悖、誖、愂、渤

蓬勃，下蒲没反。勃，盛也。蓬勃，繁盛之皃。若塵起作埻，火香作馞，今言臭氣馞馞作

---

① 《大正藏》"搏"下校勘記作：搏＝博三。

髴,亦得。或如蓬繁亂。有作烞,無所從也。（C57P0975a；J027）

勃勃,盆没反。《廣雅》云：勃勃,盛也。《蒼頡篇》云：勃,出也。《説文》云：勃,排也。從力宇聲。經從水作渤,地名,與義不同。（C58P0035a；J032）

兇勃,下盆没反。《考聲》：勃,怒也。《尔雅》云：勃,作也。顧野王云：勃,暴盛也。鄭眾《禮記》云：逆也。《方言》：亂也。《説文》云：排也。從力宇聲。字音同上。論從孚作勃,非。（C58P0906b；J072）

勃逆,古文誖、愻二形,同。補潰、蒲没二反。《廣雅》：愻,亂也。亦逆也。悟也。（C58P0937a；J073）

勃狂,上盆没反。顧野王云：勃,暴盛也。《蒼頡篇》云：猝暴也。《方言》：展也。《説文》：排也。從力宇聲,音同上。經從心作悖,亦通也。（C58P1047a；J078）

按：上所引詞目分別出自《妙法蓮華經》卷第二《譬喻品》音義、《佛説大净法門品》音義、《阿毗達磨顯宗論》第二十卷音義、《辟支佛因緣論》上卷音義、《經律異相》第十七卷音義。上面條目中的"勃"有三種用法：興起、興盛義上,"勃"與"勁"爲異寫字關係,與"埗""髴""烞"爲同源通用字關係；誖亂、悖逆義上,"勃"與"悖""誖""愻"爲同音借用字關係；海名、地名義上,"渤"爲"勃"之後出分化字。

上"蓬勃"條《大正藏》對應經文作："野干之屬,並已前死,諸大惡獸,競來食噉,臭烟熢烞①,四面充塞。蜈蚣、蚰蜒、毒蛇之類,爲火所燒,争走出穴,鳩槃荼鬼,隨取而食。"（T09P0014b）今大正本經文作"熢烞",宫内省圖書寮本作"蓬勃"。求之經義,"烞"言煙氣濃烈,與"勃"爲同源字。《説文・力部》："勃,排也。"段注："排者,擠也。今俗語謂以力旋轉曰勃,當用此字。"本爲推動義,然其在文獻中的常用義爲興起、旺盛。如《左傳・莊公十一年》："禹、湯罪己,其興也勃焉。"杜預注云："勃,盛貌。"從詞源角度言之,"勃"取興起、興盛義,釋文所溝通的"埗""髴""烞"即與之同源。其間關係殷寄明《漢語同源字詞叢考》"字聲—興起、興盛義"下有相關討論（2007：273）,可參。

"勃"或又借作"悖",表示誖亂義。"勃"《廣韻》讀作蒲没切,蓋因借作"悖",或又讀爲補潰切。朱駿聲《通訓定聲・泰部》："勃,叚借爲悖。"如《荀子・脩身》："不由禮,則勃亂提僈。"王先謙《荀子集解》云："勃與悖,僈與慢并同。"《辟支佛因緣論》上卷"勃逆"下云古文作"誖、愻"二形,均是"悖"之異體字。在誖亂義上,"勃"與"悖""誖""愻"均是通假字關係。正因爲此種關係,故《慧琳音義》卷第七十八《經律異相》第十七卷"勃狂"下云："經從心作悖,亦通也。"

"勃"手書或作"勁"形。《龍龕手鑑・力部》："勃,正。勁,俗,同上。"蓋是因"勁"爲書寫變異字,故而《慧琳音義》斥之爲"非"也。

---

① 《大正藏》"熢烞"下校勘記：熢烞＝蓬勃⑤。

又《佛説大浄法門品》之"勃勃"下謂經從水作"渤",本是水涌出的樣子,又用作海名、地名。字本作"勃",如《史記·貨殖列傳》:"夫燕亦勃、碣之間一都會也。"(1959:3265)後在漢字形義統一性的影響下,又添加"水"旁作"渤"。"勃""渤"爲母字與分化字關係。

074. 浡、𣸣(𣶃)

大浡,今作**𣸣**①,同。蒲没反。《上林賦》:澤浡密汨。《漢書音義》曰:水懕縐纏聚之皃也。(C58P0857b;J070)

按:上所引詞目出自《俱舍論》第八卷音義。"浡"與"**𣸣(𣶃)**"是異體字關係,論其形體來源,"**𣸣(𣶃)**"蓋是在"浡""郣""渤"的基礎上演變而來。

此"大浡"條《大正藏》對應經文作:"復次於海中有多人,船敗見大濤聚,思謂是岸,隨往趣彼,至已觸之,方知是濤。"②(T29P0212c)今大正本經文作"大濤",與詞頭的"大浡"別。"浡"字,《爾雅·釋詁下》:"浡,作也。"爲興起的樣子,如《孟子·梁惠王上》:"天油然作雲,沛然下雨,則苗浡然興之矣。"引申指涌出,亦用作海名。《玉篇·水部》:"浡,海別名也。"

釋文之"**𣸣**"字,《慧琳音義》高麗本如上作,獅谷本、頻伽本、大正本均作"**𣶃**","**𣸣**""**𣶃**"乃一字之變。《俱舍論》第八卷之"大浡"條本爲玄應所撰,慧琳收錄時新加訂正。《玄應音義》卷第十七"大浡"條下云:"又作郣,同。"(V32P0232b)此與慧琳本別。"郣"爲郡名,或又表示地之隆起者。《説文·邑部》:"郣,郣海地。一曰地之起者曰郣。"與"浡"義近。文獻中又有"渤"字,表示水涌起貌,亦指海名、地名,用同"浡"。《龍龕手鑑·水部》:"渤,渤澥,海名。浡,同渤。"蓋"**𣸣(𣶃)**"是在"浡""郣""渤"的基礎上演變而來,當即"渤"之換旁異體字,與"浡"亦可視作異體關係。關於作地名時增改爲"邑"旁者,徐灝有過相關分析。《説文注箋》"郣"下謂:"凡地名相承增改邑旁者,不可枚舉。此實勃海郡,字後出從邑耳。説解'地'字即'郡'之譌。"(《説文詁林》,1988:6716)可參。

075. 鈸、拔、跋

銅拔,蒲撥反。亦爲跋。今關東多作兩扇,相擊出聲。有作鈸,無所從也。(C57P0969a;J027)

按:上所引詞目出自《妙法蓮華經》方便品音義。就《慧琳音義》對"鈸"組字的相關訓釋來看,"銅鈸"義上,"鈸"可視作"拔"的後出分化字,與"跋"爲臨時借用關係。"鈸"字蓋是魏晉至唐時新近產生的漢字,慧琳時代的字韻書未見載錄,故而慧琳謂"無所從",或謂"近代出",該類表述有助於我們對"鈸"字進行斷代。

---

① 此"**𣸣**"當即"渤"書寫變異所致,詳見此條下考辨。
② 《大正藏》兩"濤"下校勘記作:濤=浡③宫。

此“銅拔”條《大正藏》對應經文作：“若使人作樂，擊鼓吹角貝，簫笛琴箜篌，琵琶鐃銅鈸，如是眾妙音，盡持以供養。”①（T09P0009a）今大正本經文作“鈸”。又《妙法蓮華經玄贊》卷第四云：“銅拔兩扇相擊出聲②，有作鈸，無所從，或爲跋字。”（T34P0727b）“銅鈸”即“銅拔”，爲擊打樂器之一種。除上所引釋文外，又《慧琳音義》卷第十一“銅鈸”條下云：“經文有從足作跋，跋涉字，非本字也。”（C57P0610b）同書卷第十七“銅鈸”條下云：“古字書無鈸字，近代出也。”（C57P0733b）“跋”是跋涉行走義，與樂器義無涉，乃是文字借用現象。因早期無“鈸”字，故而文獻中或借“拔”爲之，在漢字形義統一性的促動下，後期造從“金”的“鈸”字以記之。

另外，關於“鈸”與“拔”“跋”之字際關係，有必要進一步討論之。一般認爲，“母字—分化字”的典型特徵是分化字出現之前，母字較爲固定地承擔了所有功能，包括假借用法。比如“莫—暮”，“莫”頻繁地、大量地甚至固定地用於記錄虛詞用法，故而“莫”又添加“日”旁分化出“暮”字，專門記錄日暮義。從慧琳關於“鈸”的相關釋文來看，“跋—鈸”則不同，文獻中“跋”並未廣泛地用作銅鈸義，只是非常臨時地、偶然地借用。另外，我們在《翰堂典藏》古籍數據庫檢索“銅拔”，得到 51 條數據，除去《一切經音義》的材料外，其餘絕大部分處在實際上下文中；而“銅跋”只出現 4 次。又檢《CBETA 電子佛典集成》數據庫，“銅拔”出現 3 次，“銅跋”未見載錄。故而我們更傾向於認爲“鈸”由“拔”字分化而來，而“跋”只是非常臨時的借用。從理論層面言之，討論文字分化問題時，需關注字形在文獻中的使用頻度。

076. 簙、博、薄（簙）、薄（簙）

博弈，古文簙，同。補各反。《世本》云：烏曹作簙。《説文》：博（簙），局戲也。六箸十二棊也。《方言》：自關而東齊魯之間，皆謂圍棋爲弈之也。（C57P1004a；J028）

按：上所引詞目出自《維摩詰所説經》卷上音義。在博弈義上，“簙”與“博”爲通假字關係；“簙”手書或訛同“薄”“薄”。

此“博弈”條《大正藏》對應經文作：“若至博奕戲處，輒以度人；受諸異道，不毀正信；雖明世典，常樂佛法。”（T14P0539a）博弈字正作“簙”，《説文·竹部》：“簙，局戲也。”爲一種棋戲。文獻中多借“博”字爲之，如《論語·陽貨》：“不有博弈者乎？”《廣韻·鐸韻》“簙”下云：“出《説文》。《世本》曰：‘烏曹作簙。’書本多單作博。”段注亦云：“經傳多假博字。”“簙”字反倒少用。在博弈義上，“簙”“博”二者似有“本字不用、借字通行”之趨勢。

佛經音義中，“簙”字或誤書作“薄”“薄”等形體。《慧琳音義》卷第十《勝天王般若經》第二卷音義“博弈”下云：“古文薄，同。補莫反。《方言》：博或謂之棊。”（C57P0579b）“薄”本指草木密集叢生處，引申有輕微、淡弱、減損等用法，與“簙”義別。考之釋文，以爲是“博”之古

---

① 《大正藏》經文校勘記：“貝”下：貝＝具⑳；“鈸”下：鈸＝鉢⑰；“盡”下：盡＝畫⑳。
② 《大正藏》“聲”下校勘記：聲＋聲乙。

文。然與《慧琳音義》釋文通例不符,當是"簿"書寫訛作"薄"字。又卷第六十七《阿毗曇毗婆沙論》第十二卷"博弈"下云:"古文簿,同。補莫反。"(C58P0813a)"簿"爲登記册、文書義,與"簿"義別。二字形體非常接近,顯然是"簿"書寫訛作"薄"形。

077. 跛、尪、疲

跛蹇,又作尪,同。補我反。下居免反。《字林》:跛蹇,行不正也。(C57P0739b;J017)

瘲疲①,上力弓反,下北可反。有作瘲跛,俗字也。(C57P0922b;J025)

按:上所引詞目分别出自《大方等大集經》第十五卷音義、《涅槃經》第七卷音義。"跛"與"尪"爲異體字關係,"尪"手書或訛同"疲"。上"跛蹇"條《大正藏》對應經文作:"彼世中眾生,無盲瞎僂躄、痤短跛蹇、形體不具、顏貌醜惡、污面眜眼,無有如是等醜惡眾生。"(T13P0111b)"跛蹇"同義詞連用,指腿腳行動不便,通行體爲"跛"。《説文·足部》:"跛,行不正也。"如《易經·履卦》:"眇能視,跛能履。"字或又從"尢"作"尪",《説文·尢部》:"尪,蹇也。"段注:"尪,俗作跛。""今之經傳有跛無尪。"又《玉篇·尢部》:"尪,今爲跛。"二者爲更換形符而成的異構字。

《涅槃經》第七卷之"瘲疲"條下,"疲"字《慧琳音義》各版本均如是作,《校本》亦同(2012:941),且未出校勘記。慧琳釋文謂"疲"音北可反,用同"跛"。然《説文·疒部》:"疲,勞也。"《玉篇·疒部》:"疲,乏也。"指勞累、困乏義,引申有瘦弱、衰老等用法。《廣韻》音符羈切,《集韻》音蒲糜切,與"北可反"别。又此條下慧琳謂"有作瘲跛,俗字也"。結合文字形體及慧琳釋文義,顯然此處高麗本等版本的"疲"乃"尪"書寫訛誤而致,《校本》失校。

078. 逋、逋、廎、𡴎

逋生,補謀反。顧野王云:遲晚後生也。從辵甫聲。或從補作逋。辵音丑略反。(C57P0698b;J015)

廎竄,經文或作𡴎,此應逋字,補胡反。逋,逖也。《廣雅》:逋,竄也。(C57P0995b;J028)

按:上所引詞目分别出自《大寶積經》第一百一十三卷音義、《正法華經》第二卷音義。"逋"與"逋"爲異體字關係,與"廎""𡴎"亦當是異體字關係。

上"逋生"條《大正藏》對應經文作:"云何逋生沙門? 迦葉! 譬如逋生稻苗,以不熟故名爲逋生。以無實,故風所吹去;無堅重力,似稻非稻。迦葉! 如是逋生沙門,形似沙門,無人教呵,無有德力,爲魔風所吹。亦無血氣持戒之力,離於多聞,損失定力,亦遠於智,不能破壞諸煩惱賊。"(T11P0642b)經文之"逋"取拖延、延遲義。《説文·辵部》:"逋,亡也。"本爲逃亡

---

① 此"疲"或是"尪"之書寫訛誤形體。

義，引申有拖欠、拖延之義。《廣雅・釋詁四》："逋，遲也。"據釋文，字或從"補"作"逋"。《龍龕手鑑・辵部》："逋，或作。逋，正。"二者爲更换聲符而成的異構字。

上引"煎竄"條本是玄應所撰，慧琳收録時加以訂正。《玄應音義》釋文同（V32P0092c）。根據釋文義，"煎""[illegible]"應是"逋"字。《龍龕手鑑》亦認爲是"逋"字，《火部》："煎，古文。逬也。竄也。今作逋。"然《可洪音義》卷第五《正法華經》第二卷"煎竄"下云："上徒困反，逃也、隱也。正作遁、遯、[illegible]三形也。"（C59P0705b）認爲是"遁"字。對此鄭賢章有相關考辨，《〈龍龕手鏡〉研究》中根據《慧琳音義》第二十八卷《正法華經》第二卷"煎竄"之釋文，認爲"煎""[illegible]"同"逋"（2004：284）；又《〈隨函録〉研究》中根據《隨函録》卷第五"煎竄"之釋文認爲二字既可能是"逋"之異體字，也有可能是"遁"之異體字（2007：508）。就我們目前掌握的材料而論，鄭書之結論或可從，但"煎""[illegible]"之形義關係及形體來源待進一步考求。

079. 餔、哺

餳餔，下餔音捕。《考聲》云：米翻也。亦作哺，口中嚼食與小兒也。《説文》音晡。日加申時食也。從食甫聲。（C57P0674b;J014）

按：上所引詞目出自《大寶積經》第七十三卷音義。在申時食義上，"餔"與"哺"爲通假字關係。此"餳餔"條《大正藏》對應經文作："大王，譬如鐵器煎煮餳餔，以火力故漸漸稠强。"（T11P0416a）經文之"餔"取夕食義。《説文・食部》："餔，日加申時食也。"本指申時食，如《莊子・盜跖》："盜跖乃方休卒徒大山之陽，膾人肝而餔之。"陸德明《經典釋文》引《字林》云："日申時食也。""哺"爲咀嚼、哺餵義，與"餔"别。"餔""哺"二字《廣韻》分别有讀博孤切、博故切者，音相近，爲通假字關係。正因爲二字關係如此，故《慧琳音義》卷第十五"乳哺"下云："經文作餔，誤也。"（C57P0685a）又卷第四十六"乳哺"下云："《三蒼》：'夕食也。'謂申時食也。餔非此義也。"（C58P0319b）

另《大字典》"餔"下據《大寶積經》第七十三卷"餳餔"之釋文，認爲"餔"有給食、餵食義（2010：4745）。從上所釋觀之，或有失妥當，當云"通'哺'"。

又按，上引慧琳釋文中"米翻也"之"翻"字，《慧琳音義》各本均如上作，《校本》亦同（2012：744）。不過此"米翻"不知作何解，待進一步考之。

080. 布、措

布施，補故反。布也，惠施也。經文作措，非也。（C58P0041b;J032）

按：上所引詞目出自《須賴經》音義。"布"與"措"是詞義换用現象。此"布施"條《大正藏》對應經文作："天帝釋復以金銀置其前，使化人謂須賴言：'仁者取是寶，可用恣意布施作福，亦可好衣、美食，貧何可堪？'"（T12P0052c）"布施"即施捨、施予義。《廣雅・釋詁》："布，施也。《莊子·列禦寇》："施於人而不忘,非天布也。"王先謙《集解》云："非上天布施之大道。"

又上引釋文"經文作措"之"措",乃是"普"的增旁字,鄧福禄、韓小荆《字典考正》"措"下有相關考釋(2007:61—63),可從。《字海·扌部》"措"下云:"同'布施',施捨財物給人。見玄應《一切經音義》卷五。"(2000:364)非也。"布施""普施"義可通。

081. 猜、悆、睬、膔、晭、職

猜疑,古文睬、猜二形,今作悆,同。麁來反。案猜亦疑也。《廣雅》云:猜,懼也。《方言》:猜,恨也。(C58P0592b;J057)

按:上所引詞目出自《燈指因緣經》音義。在猜疑義上,"猜"與"悆"爲異體字關係,與"睬""膔"爲通假字關係,"睬"書寫或訛作"晭""職"。

此"猜疑"條《大正藏》對應經文作:"如毒蛇室,人皆遠離;如雜毒食,無有嘗者;如空塚間,無人趣向;如惡廁溷,臭穢盈集;如魁膾者,人所惡賤;如常偷賊,人所猜疑。我亦如是。"(T16P0809c)"猜疑"同義詞連用,《廣雅·釋言》:"猜,疑也。"據釋文,字或從"采"作"悆"。《集韻·哈韻》:"猜,《説文》:'恨賊也。'或作悆。"二者爲更换聲符而成的異體字。

又據釋文,或有作"睬"者。《玉篇·目部》:"睬,睬也。"又朝鮮本《龍龕手鑑·目部》:"睬,睬也。"爲視義,與"猜"義別。"猜""睬"二字《廣韻》均有倉才切一讀,音同。在猜疑義上,二者爲通假字關係。另上"睬"字《慧琳音義》各本均如是作,高麗本《玄應音義》卷第十三《燈指因緣經》"猜疑"條下亦作"睬"(V32P0172b),可排除形體書誤之可能。

"睬"字手書或訛作"膔"。高麗本《龍龕手鑑·肉部》:"膔,灾、猜二音。目際也。"《中華大字典·肉部》:"膔,疑即睬字。"所疑甚是。《慧琳音義》卷第四十八"猜度"下云:"古文膔、猜二形,今作悆,同。"(C58P0376a)又卷第七十"猜阻"下云:"古文膔、猜二形,今作悆,同。"(C58P0874b)上二"膔"正即"睬"字。

"睬"字手書又或訛作"晭"。《慧琳音義》卷第二十八"猜疑"下云:"古文晭、猜二形。今作悆,同。"(C57P1008b)"目"旁、"日"旁形近,手書易混訛。磧砂藏本《玄應音義》卷第十三《燈指因緣經》"猜疑"條下亦作"晭"。上二處"晭"均是"睬"的書寫訛誤字形。"睬"亦或書作"職"形,如《慧琳音義》卷第十"猜焉"下作"睵"(C57P0582a),左邊部分與"耳"形頗近。

082. 才、纔、纔、裁、財、綵、諧

纔一,在栽反。《考聲》云:纔,暫也。或作栽。經中作纔(纔),俗字也。《説文》作才字。(C57P0482b;J005)

纔全,在災反。《廣雅》:纔,暫也。亦僅也。經文作諧,非也。(C58P0477a;J052)

纔出，在灾反。《廣疋》：纔，暫也。《漢書》作纔，僅也，劣也，不久也。鄭玄注《禮記》作裁。《東觀漢記》及諸史、賈逵注《國語》並作財，隨作無定體也。（C58P0857a；J070）

纔驗，在來反。顧野王云：纔，猶近也。或作裁。集作綻，非也。或作纔，俗字也。（C59P0317b；J099）

按：上所引詞目分別出自《大般若波羅蜜多經》第四百一十五卷音義、《別譯阿含經》第二卷音義、《俱舍論》第六卷音義、《廣弘明集》第二十七卷音義。在方才、僅、只義上，"才"與"纔""裁""財"爲通假字關係；"纔"手書或省變作"纔"，或又訛同"綻"；《別譯阿含經》第二卷經文之"諧"當與"才"爲文義換用關係。

上"纔一"條《大正藏》對應經文作："若菩薩摩訶薩纔一覩見佛形相已，乃至證得一切智智，終不捨於念佛作意，是爲菩薩摩訶薩以無所得而爲方便，修治愛樂佛身業。"（T07P0084a）經文之"纔"取僅、只義。"纔"本指黑中帶紅的顏色，後借用記錄方才、僅僅等義。《廣雅·釋言》："纔，暫也。"如《漢書·晁錯傳》："救之，少發則不足；多發，遠縣纔至，則胡又已去。"

字正作"才"。"才"本是草木之初生，引申有才能、才智義，又虛化作副詞，表示方才、僅、只等用法。段注"才"下云："才，引申爲凡始之稱。"又王筠《説文句讀》"才"下云："凡始義，《説文》作才，亦借材、財、裁，今人借纔。"

"纔"字或訛略作"纔"。《正名要録》"右本音雖同，字義各別列"下云："纔，暫。"又黃徵《敦煌俗字典》"纔"下引 Φ096《雙恩記》作："光纔照身，尋便自在。"（2005：33）"纔"正即"纔"書寫變異而來，故而《慧琳音義》斥之爲"俗"。據慧琳釋文，"纔"書寫又或訛同"綻"。"纔驗"條下云："集作綻，非也。""綻"與"纔""纔"音義迥別，顯然集之"綻"爲書寫訛誤而致。

據慧琳所釋，字有假"裁"者。如《戰國策·燕策一》："燕王曰：'寡人蠻夷僻處，雖大男子，裁如嬰兒。'"鮑彪注云："裁，僅也。""裁"是裁製衣服，與"才"義別，二字《廣韻》均有昨哉切一讀，音同。在僅義上爲通假字關係。

字或借財富、財寶之"財"爲之。《慧琳音義》卷第十八"纔得"下云："諸文史書亦或作財，借用也。"（C57P0766b）如《史記·孝文帝本紀》："太僕見馬遺財足，餘皆以給傳置。"司馬貞《史記索隱》云："財，古字與'纔'同。"（1959：423）

上"纔全"條《大正藏》對應經文作："以彼無家故，我實羨於彼，彼亦無庫藏，倉庫及穀米。離諸眾事務，節食諧全命，善護於禁戒，辯説美妙法。"（T02P0387b）今大正本經文亦作"諧"。求之經文，"諧"取成、保全義，與"纔"爲文義換用關係。

083. 裁、儀

貌裁，下才載反。按，皃裁即形儀像似之謂。今俗有胡裁語是也。傳文從人作儀，未

詳。(C59P0241a;J094)

　　按：上所引詞目出自《續高僧傳》第三十卷音義。釋文中的"儀"即"儀"之訛誤字形，蓋是"儀"受"裁"的影響而致訛。此"貌裁"條《大正藏》對應經文作："釋慧明，不知何人，貌儀象胡，故世以胡明爲目。然其利口奇辯，鋒涌難加；摛體風雲，銘目時事；吐言驚世，聞皆諷之。後乃聽採經論，傍尋書史。"①(T50P0700c)今大正本傳文作"貌儀"，宋、元、明本作"儀貌"，宮本作"貌儀"。求之經義，正合作"儀貌象胡"，"儀"取容貌、風度義。慧琳所見經本及宮本的"儀"即"儀"之訛誤字形，慧琳審之不細而致誤。

084. 驂、驟、叄

　　驟②駕，怂叄反。《説文》：駕二(三)馬也。旁馬曰驂，居右爲驟。乘者備非常也。經文作叄③，非體也。(C57P0893a;J024)

　　按：上所引詞目出自《度世經》第四卷音義。在驂馬義上，"驂"與"驟"爲異體字關係，與"叄"爲同源通用字關係。

　　詞頭及釋文之"驟"字，高麗本如上作，獅谷本、頻伽本作"驟"，大正本、《校本》作"驂"。"驂""驟""驟"是一字異寫關係，其形體差異之本源在於"參""枀""枀"三形，對此顧藹吉有相關論述。《隸辨‧侵韻》："枀，《唐扶頌》：'家有枀騫。'《隸釋》云：'以枀爲參，即曾閔也。'按從彡之字，諸碑或變作灬，如珍爲珎、軫爲輆之類甚多，故參亦作枀。《方言》：'枀，分也。'注云：'枀，古本作參。'則枀即參字，非以枀爲參也。俗專以參爲參商之參，而以枀爲枀謀，《隸釋》蓋爲俗所惑耳。"(1982：309)又《龍龕手鑑‧厶部》："參、枀，初今反，參差不齊皃也。又倉含反，近也。又所今反，參辰也。"《字鑒‧侵韻》："參，三音三義，止此一字。俗以此爲參商之參，而以倉含切別作枀爲枀謀，又以蘇甘切作叄爲數名，誤。凡驂、傪、墋、糝之類從參。"又《正字通‧厶部》："枀，俗參字。按古本作參，訛作枀。從參爲正。《正韻》參亦作枀，舊本分參、枀爲二，并非。"可知枀、枀均爲參之變體，而從參之驂亦因此而變。

　　又"經文作叄"之"叄"，各本均如上作，唯大正本作"參"。"叄"爲"參"之俗，《五音集韻‧覃韻》："參，俗作叄。"④"參"字功能頗多，《廣韻》有讀所今切、蘇甘切、倉含切、楚簪切、七紺切、桑感切者，音讀不同，記詞職能亦異。"驂"字《廣韻》讀倉含切，與"參"之倉含切音同。王力《同源字典》(1982：618)、張希峰《漢語詞族叢考》(1999：33)均將"參""驂"系聯爲一組同源字，其共有義素爲成三個的，"參"是三的集體。《廣雅‧釋言》："參，三也。"《左傳‧襄公二

_____

① 《大正藏》相關校勘記："何"下：何＋(許)㊣；"貌儀象"下：貌儀象＝儀貌象㊣，＝貌儀像㊤。
② "驟"字形體各版本有差異。
③ "叄"字形體各版本有差異。
④ 此條"驂""叄"各版本形體差異的考釋詳見孫建偉《慧琳〈一切經音義〉各版本文字差異例釋》，《中南大學學報》(社會科學版)，2013年第4期，第226—229頁。

十七年》：“志以發言，言以出信，信以立志，參以定之。”杜預注：“志、言、信三者具，而後身安存。”引申又有配合、齊等等用法。“驂”《説文》釋爲駕三馬，後也指服馬兩旁與之並列的馬。《左傳・桓公三年》：“驂絓而止。”孔穎達疏云：“初駕馬者以二馬夾轅而已，又駕一馬，與兩服爲參，故謂之驂。又駕一馬，乃謂之駟。故《説文》云：‘驂，駕三馬也。’‘駟，一乘也。’兩服爲主，以漸參之兩旁二馬，遂名爲驂。”“參”“驂”音同、義通，爲同源字關係，故而慧琳斥經文之“叁（參）”爲非體。

085. 蠶、蝅、蚕

蠶絲，上雜藍反。俗作蝅也。（C58P0168b；J039）

蠶衣，雜含反。《周禮》云：內掌之職，仲春，詔后帥外內命婦，始蠶于北郊。《説文》：蠶，吐絲也。從蚰〈音昆〉朁〈音千感反〉。集從天作蚕，非也。下同。（C59P0315b；J099）

按：上所引詞目分別出自《不空羂索經》第五卷音義、《廣弘明集》第二十六卷音義。“蠶”與“蝅”“蚕”均是異體字關係。上“蠶絲”條《大正藏》對應經文作：“又以銀或鑌鐵作三叉戟，長十六指量（取一肘量是）。其羂索等分用蓮荷莖絲、杜仲木絲、素迦木絲、樹皮絲、蠶絲，如法治練。”（T20P0250b）“蠶”字，《説文・蚰部》：“任絲也。”字俗或作“蝅”，《龍龕手鑑・虫部》：“蝅，通。蠶，正。吐絲虫也。”如《破魔變押座文》：“爲衣爲食，如蝅作繭。”

又所釋“蠶衣”條《大正藏》對應經文作：“經誥明示不得以佛爲師，譏醜塵點滅法在於斯矣，況復蠶衣肉食。”（T52P0292b）今大正本集作“蠶”，“蠶衣”即蠶絲織成的衣服。“蠶”與“蚕”同。《龍龕手鑑・虫部》：“蚕，俗。蠶，正。”又《廣韻・覃韻》：“蠶，俗作蚕。”

從文字形體來源求之，“蝅”“蚕”均當是“蠶”書寫省變而來。“蠶”上部的“旡”或書作“天”形，《改併四聲篇海・虫部》：“蝅，人家所養也。”《字彙補・虫部》：“蝅，俗蠶字。”“蝅”字由“蠶”字書寫省減而來。又“蚕”字，李樂毅《簡化字源》認爲“蚕”作蠶講時，是“蚕”之蚯蚓義廢棄後用於替代形體繁雜的“蠶”字（1996：24）。其説或可通，然“蚕”字亦有可能是“蝅”進一步省減而來，如此則與表蚯蚓義之“蚕”爲同形字關係。

086. 慘、憯、譖、磣、𤺺、憯、傪

傪（慘）毒，又作憯，同。初錦反。《説文》：憯（慘），毒也，痛也。《爾雅》：憯（慘），憂也。[1]（C57P0580a；J010）

慘屬，上七感反。《集訓》云：惱恨也。《韻英》云：憂感。又音初錦反。《考聲》云：慘，甚也。《説文》：毒也。從心參聲也。或從言作譖，以言陰相譖也。（C57P0609b；J011）

慘害，上楚錦反。《説文》：慘，毒也。從心參聲。律文從石作磣，是沙土之磣，非此義。

---

[1] 高麗本《慧琳音義》的“憯”“傪”均是“慘”字書寫訛誤所致。

（C58P0711b；J062）

惨毒，惻錦反。《考聲》云：甚也，毒也。《説文》音千感反，訓義同，從心參聲。經從玉作 **珎**，非也。（C58P1007b；J076）

按：上所引詞目分別出自《勝天王般若經》第三卷音義、《大寶積經》第二卷音義、《根本毗奈耶雜事律》第十八卷音義、《龍樹菩薩勸誡王頌》音義。在狠毒、凶惡義上，"惨"與"憯""譖""磣""珎"均是通假字關係，"惨"書寫又訛作"憬"" **保** "形。

上所録詞目之"惨"取狠毒、凶惡義。《方言》卷第十三云："惨，惛也。惛，惡也。"又《説文·心部》："惨，毒也。"如《後漢書·周紆傳》："然苛惨失中，數爲有司所奏。"李賢注云："惨，虐也。"引申有憂愁、疼痛等用法。慧琳謂字或作"憯"，《説文·心部》："憯，痛也。"如《韓非子·解老》："苦痛雜於腸胃之間，則傷人也憯。"又如《淮南子·人間》："怨之憯於骨髓。"高誘注云："憯，痛也。"引申有憂傷等用法。後世文獻中惨痛、憂傷義上多用"惨"字。《説文》將二字分列，王力《同源字典》認爲"惨""憯"二字"實同一詞"（1982：261），同書侵部清母字下亦將二字系聯爲同一組（1982：616）。就二者之字際關係而論，經文中乃是同源通用字關係。

據"惨憭"下釋文，字或作"譖"。《集韻·寢韻》楚錦切："譖，陰言讒之也。"與《慧琳音義》釋文同。"譖"與"惨"之狠毒、凶惡義別，且均有楚錦反一讀，顯然二者爲通假字關係。

據"惨害"下釋文，字或又作"磣"。《玉篇·石部》："磣，食有沙。"指食物中夾雜有沙子，引申有難堪等用法。然據佛經音義釋文，"磣"又表示毒義。《可洪音義》卷第二十一"愛 **磣** "下云："楚錦反。食有沙土也，亦毒也。正作磣。"（C60P0211a）就"磣"的構形及用法考之，毒義當非"磣"之本用。結合《慧琳音義》釋文求之，"磣"之毒義或因"惨"而來，蓋是"惨"借作"磣"所致。"惨""磣"二字《廣韻》分別讀作七感切、初朕切，在狠毒、凶惡義上，二者爲音近借用關係。正因如此，釋文認爲"惨"字律文作"磣"實"非此義"。《大字典》"磣"下亦未收毒這一用法（2010：2627）。另"磣"字或從"土"旁作"塲"，《玉篇·土部》："塲，土也。"《玄應音義》卷第七"塲濁"下云："初錦反。《通俗文》云：'沙土入食中曰塲。'"（V32P0098c）又卷第二十二"磣毒"下云："又作塲，同。"（V32P0295c）在沙土入食義上，從"石"從"土"其義通矣。"塲"字亦無毒義，可作爲"磣"無毒義用法的佐證。

上《龍樹菩薩勸誡王頌》之"惨毒"條《大正藏》對應經文作："速疾磣毒經諸苦，磨身碎體鎮號啼。"[1]（T32P0753a）今大正本經文作"磣"，依慧琳所釋，正當作"惨"，其所見經文作 **" 珎 "**。" **珎** "字《大字典》《字海》等大型字書未予收録，韓小荊《〈可洪音義〉異體字表》將之收於"磣"字下（2009：382），鄭賢章《〈隨函録〉研究》（2007：179）認爲" **珎** "是"磣"之訛字。除《慧琳音義》外，《可洪音義》亦收釋有《龍樹菩薩勸誡王頌》，卷第二十二" **珎** 毒"條下云："上初錦反。正作塲。"（C60P0251a）結合慧琳釋文及經義，正合作"惨"，"磣""塲"均是借

---

[1] 大正藏此條下相關校勘記："磣"下：磣＝躁宋宫，＝惨元明；"碎"下：碎＝拭宫。

音用法。《〈隨函録〉研究》所謂"﨎"爲"磋"之訛,可備一説。

087. 蒼、蜦、螗

蒼蠅,蒼字經文作螗,非也,無此字。(C57P0697a;J015)

按:上所引詞目出自《大寶積經》第一百一十二卷音義。在蒼蠅義上,"蒼""蜦"可視作異體字關係;從形體來源言之,慧琳所見經本的"螗"由"蜦"字書寫訛誤而來。

此"蒼蠅"條《大正藏》對應經文作:"心如夢,於無我中生我想故;心如蒼①蠅,於不淨中起淨想故。"(T11P0635b)今大正本經文作"蒼蠅",爲蠅之一種,"蒼"取青黑色義。《説文·艸部》:"蒼,艸色也。"段注:"引申爲凡青黑色之稱。"《廣雅·釋器》:"蒼,青也。"或借"倉"字爲之,《佛説遺日摩尼寶經》卷一云:"譬如蒼蠅在糞上住,自以爲淨,心亦如是,入愛欲中自以爲淨。"(T12P0192a)據《大正藏》校勘記,此"蒼"字宋、元、明本及宮本作"倉"。朱駿聲《通訓定聲·壯部》:"倉,叚借爲蒼。"

據慧琳所釋,字又作"蜦"。該字《大字典》未予收録,《中華字海》標爲"音義待考"(2000:1774)。《可洪音義》卷第二"蜦蠅"下云:"上錯郎反。"(C59P0602c)《佛説佛名集》卷第五:"或打撲蚊虻、蜦蠅、蜂蝎。"(V14P0209a)又《諸經要集》卷第七:"亦如高羅,群鳥落之;亦如密網,衆魚投之;亦如闇坑,盲者陷之;亦如飛蛾,見火投之;亦如蜦蠅,貪樂臭屍。"(V54P0059a)"蜦蠅"即"蒼蠅"。從形體來源求之,"蜦"由"蒼"字更換"艸"旁爲"虫"旁而來,受"蠅"字的同化所致,同時也强化了"蒼"在蒼蠅義上的形義統一性。

慧琳謂其所見經文作"螗",是蟬名,與蒼蠅義别。"螗"字《廣韻》讀徒郎切,與"蒼"之七岡切相遠。從字形察之,"螗""蜦"相近,慧琳所見經本的"螗"即由"蜦"字書寫訛誤所致。

088. 操、捺、擽、揾、傮

貞操,草奧反。《韻英》云:操,志也。或從人作傮。《文字典説》:從手枭聲也。枭音桑到反。(C58P0661b;J060)

操杖,又作擽,同。錯勞反。《説文》:操,把持也。執捉也。論文作揾,非也。(C58P0812b;J067)

操筆,上草刀反。《説文》:操,把持也。從手枭聲也。枭音騷到反。録文從糸作捺,非也。捺音杉減反。(C58P1071a;J080)

按:上所引詞目分别出自《根本説一切有部毗奈耶律》第六卷音義、《阿毗曇毗婆沙論》第九卷音義、《大唐内典録》第三卷音義。在操持、執持義上,"操"與"擽"爲異構字關係,與"揾"爲同義換用關係;"操"書寫或變異作"捺"形。在操守、品性義上,"操"與"傮"或可視

---

① 《大正藏》"蒼"下校勘記:蒼=蜦三宮㊧。

作異體字關係。

上引釋文中的"操"字主要有兩種用法：其一，表示操持、執持義。《説文·手部》："操，把持也。"段注云："把者，握也。""操"手書或變異作"𢮨"形。《漢隸字源·去聲》號韻"操"下引《綏民校尉熊君碑》作"𢮨"形，《干禄字書·去聲》："𢮨、操，上俗下正。"事實上，"操筆"條下之"𢮨"正即"操"的書寫變異形體，釋文審之未詳，認爲是"摻"字，故斥之爲"非"。① 進一步論之，慧琳之所以認爲經本的"𢮨"爲"摻"，是因爲"摻"亦或書作"𢮨"形。《龍龕手鑑·手部》："𢮨"，同"摻"，從而與"操"書作"𢮨"同形。

字或從"攴"作"𢽟"。《玉篇·攴部》："𢽟，亦操字。"又《集韻·豪韻》："操，或從攵。"在操持義上，從"手"從"攴"義可通。二者爲更換形符而成的異體字。

釋文又溝通有"揂"字。上"操杖"條《大正藏》對應經文作："相爲名者，如椒杖執蓋，故名爲椒杖執蓋者。"②（T28P0060b）考求經義，"椒杖""執蓋"相對爲文，"椒""執"均取執持、拿著義。此"椒"乃是"捹"之訛誤字形，《集韻·尤韻》："捹，手取物也。"據《大正藏》校勘記，宋、元、明本作"搊"，亦取執持之義。《集韻·有韻》："搊，持也。""操杖"條釋文所溝通的"揂"正即"搊"之書寫變異形體，《龍龕手鑑·手部》："揂，手揂也。"《篇海類編·手部》："搊，手搊。又作揂。"就"操"與"揂"的關係而言，在執持義上，二者義近音別，爲同義替換用法。

其二，表示操守、德行義。"操"引申又有節操、品德義，《集韻·号韻》："操，持念也。"又《正字通·手部》："操，節操。"據"貞操"條釋文，字或作"傮"。除釋文外，傳世字書中多將"傮"釋作"長貌"，以《集韻》爲最早，其《笑韻》七肖切："傮，僥傮，長皃。"或可據《慧琳音義》爲"傮"增收操守、品德這一用法。就"傮"的形義關係而言，從人與操守、品德義正相契合，蓋是由"操"更換形符而來。《大字典》"傮"下或可據此增補義項（2010：265）。

089. 槽、艚

鐵艚，又作槽，同。在勞反。《聲類》：槽，飤豕器也。（C58P0927a；J073）

按：上所引詞目出自《立世阿毗曇論》第八卷音義。在中間凹陷四周凸起的器具義上，"槽"與"艚"爲通假字關係。此"鐵艚"條《大正藏》對應經文作："春擣罪人即捉諸罪人，内熱鐵艚中，以熱鐵杵擣碎其身。"（T32P0209c）求之經義，"鐵艚"即鐵製的槽，正當作"槽"。"槽"本指盛飼料喂牲畜的器具，《説文·木部》："槽，畜獸之食器。"桂馥《説文義證》引《聲類》之釋與慧琳"鐵艚"下釋文同。又如《晉書·宣帝紀》："又嘗夢三馬同食一槽。"引申泛指中間凹陷四周凸起的器具，經文正取此義。慧琳釋文詞頭作"艚"，乃是漕運之船。《廣韻·豪韻》："艚，船艚。"如《宋書·恩倖傳序》："南金北毳，來悉方艚。"也泛指船，《集韻·豪韻》：

"艚，舟也。"從詞源角度察之，劉鈞杰《同源字典再補》將"艚"與"漕"系聯爲一組同源字（1999：55），水道運糧曰"漕"，漕運之船曰"艚"。

而"槽"與"漕"亦是同源字關係。"漕"最初指河運，取義於凹陷的水槽，於不通之處開挖運河。"漕"的特徵與"槽"相似，義相通，音相同，二者爲典型的同源字現象。不過，上面兩組同源字的取義有所不同。"漕""槽"同源在於二者的相似性，爲"同狀異所"一類；"艚""漕"同源則在於二者的相關性，爲"異狀同所"一類①。再論"艚""槽"之關係，《廣韻》均讀昨勞切，音同。在指稱中間凹陷四周凸起的器具義上，二者爲通假字關係。

090. 册、冊、箣、策、筴

占箣，音策。《説文》：古文箣字也。經作筴，非也。音 **冊** （冉），竹弱皃，非經義。（C58P0173b；J039）

理册，古文箣，同。楚賣反。册，簡册也。長者二尺，短者半之。其次一長一短，手文象之也。（C58P0559a；J056）

史册，楚革反。蔡邕《獨斷》云：册，簡也。鄭注《周禮》：簡册謂書，王命以鎮國。册字，象形也。古文三長二短，中有二編。論作策，俗字也。（C59P0106b；J086）

按：上所引詞目分別出自《不空羂索經》第十二卷音義、《佛本行集經》第九卷音義、《辯正論》第六卷《十喻篇》音義。在書册義上，"册"與"冊""箣"爲異體字關係，經文中或借"策"字爲之；《説文》古文"箣"字，經文中或借作"策"，表示探測、預算義；"箣"書寫或訛同"筴"。

上"史册"條《大正藏》對應經文作："勝負存乎史册。"（T52P0527c）今大正本論作"册"，慧琳所見經文作"策"。求之經義，作"册"是。《説文·册部》："册，符命也。箣，古文册，從竹。"字或書作"冊"，《篇海類編·册部》："冊，或作册。""册"與"冊"爲異寫字關係，與"箣"爲異構字關係。釋文溝通的"策"是馬鞭義，與"册"別。二字《廣韻》均有楚革切的音讀，在書册、簡册義上，爲通假字關係。段注"策"下云："經傳多假策爲册。"（1981：196）"册"下又云："册者，正字也。策者，叚借字也。"（1981：86）所言甚是。

又"占箣"條之"箣"取預測、推測義，乃是"策"之通假用法。如《孫子·虛實》："故策之而知得失之計。"孟氏注云："策度敵情，觀其施爲，則計數可知。"慧琳釋文所見《不空羂索經》作"筴"，是竹弱貌，非經義，因與"箣"形體較近，故經文中或訛。另外，《大字典》"箣"下釋作"同'册'""同'策'"（2010：3163），從"册""策"的古文字形體來看，"箣"非"策"字，《大字典》的處理欠妥。

091. 策、筴、摍、揀；策、册、箣、曹

籌策，下楚革反。或作筴。《聲類》：筴，籌也。鄭玄云：箸也。筴亦筭也。《方言》：燕

——————————
① "同狀異所""異狀同所"之説參見王寧《訓詁學原理》，中國國際廣播出版社，1996年，第57頁。

北朝鮮烈(洌)水之間謂木細枝爲策。賈注《國語》云：策，計也。《字書》：筴，謀算也。孔子曰：戒事先其搙。或爲捒，字從手。《說文》：從竹從束。束音此恣反。夾音甲，亦從竹也。(C57P0756b；J018)

乘策，古文冊、筞、曹三形，同。楚革反。策，馬撾也。所以捶馬駈馳也。(C58P0856b；J070)

按：上所引詞目分別出自《大乘大集地藏十輪經》第二卷音義、《俱舍論》第六卷音義。在籌策、計謀義上，"策"書寫或作"筴"形，與"搙""捒"視作音借關係較妥；在馬鞭義上，"策"與"冊""筞""曹"均是通假字關係。

上引釋文中的"策"有兩種用法：其一，儔策、計謀義。上"籌策"條《大正藏》對應經文作："時彼國中有諸耆舊，聰明、多智、博學、平恕、威嚴、整肅，相與謀議，運諸籌策，即便召集國邑人民，共所薦推取一王子。"(T13P0729a)經文之"籌策"取籌謀、籌畫義，字正作"策"。《說文·竹部》："策，馬箠也。"本指馬鞭，引申指鞭打、驅使、督促義，又指用於計算的小籌。《廣韻·麥韻》："策，籌也。"段注"策"下云："策猶籌，籌猶筭，筭所以計曆數，謀而得之。"

"籌策"條下，慧琳釋文中引孔子語溝通了"搙"，又有"捒"字。就現有文獻記載來看，二者爲異體字關係。《玉篇·手部》："搙，初責切，扶也。"《集韻·麥韻》："搙，扶也。或省。"《字彙·手部》："搙，初責切，音策，扶搙也。""搙""捒"可視作異體字關係。然就"搙"的意義而論，《大字典》收錄了扶持、取兩種用法(2010：2076)，《漢語大詞典》卷六釋作取(1990：880)。考察文獻，扶持的用法未見載錄。《大字典》《大詞典》釋"搙"爲取義所據的例證分別是徐光啓《農政全書》、王禎《農書》。考之原文獻，徐光啓《農政全書》卷二十一《農器·圖譜一》云："杴，臿屬，但其首方濶柄，無短拐，此與鍬舌異也。煆鐵爲首，謂之鐵杴，惟宜土工；剡木爲首，謂之木杴，可搙穀物。"同書卷二十四《農器·圖譜四》"颺籃"下云："颺，《集韻》謂'風飛也'。籃，形如簸箕而小，前有木舌，後有竹柄。農夫收穫之後，塲圃之間所踩禾穩糠粃相雜，執此搙而向風擲之，乃得淨穀。"又王禎《王氏農書》卷十三《農器圖譜三·钁鍤門》："杴，鍤屬，但其首方闊柄，無短枴，此與鍬鍤異也。煆鐵爲首，謂之鐵杴，惟宜土工；剡木爲首，謂之木杴，可搙(初責切)穀物。"從上下文義求之，雖釋"搙"爲取義可行，但其準確特徵蓋是揚起。不過除上所引用例外，其餘文獻未見"搙"的使用情況。

論"搙""捒"與"策"之關係，《玉篇·手部》："捒，初革切，馬箠。又扶捒。"《字彙·手部》"捒"下云："初革切，音策，馬箠也。又山責切，音索，擇取物也。"似在馬箠義上，"捒"可視作"策"的異體字，然其餘字韻書均無此說。再結合上面對"搙""捒"在實際文獻中用法的考察，我們認爲與"策"視作音借關係較妥。

"策"字書寫或變異作"筴"。《集韻·麥韻》測革切："策，《說文》：'馬箠也。'一曰謀也。一曰箸也。一曰小箕曰筴。或作筴。"新編諸子集成本《顏氏家訓·書證》云："簡策字，竹下施束，末代隸書，似杞宋之宋，亦有竹下遂爲夾者，猶如刺字之傍應爲束，今亦作夾。徐仙民

《春秋》《禮音》遂以筴爲正字，以策爲音，殊爲顛倒。"(1993：445)顔之推指出"策"的幾種變異寫法，有作"筞"者，有作"筴"者。清畢沅《經典文字辨證書·竹部》："策，正。筴，別，出《儀禮》。"又《廣碑別字·十二畫》"策"下引《魏孝文帝弔比干文》作"筴"(1995：352)。均是其證。

其二，馬鞭義。"乘策"條下云："古文冊、笧、曹。""冊""笧"均是"册"之異體字，爲書册字。"曹"同"晉"，《説文·曰部》："晉，告也。"爲册告之本字，後作"册"字。"乘策"之"策"與上三古文義別，其間爲通假字關係。

092. 惻、恖

惻愴，古文恖，同。楚力反，下初亮反。《説文》：惻，痛也。《廣雅》：惻，悲也。愴，傷也。(C58P0351a；J047)

懇惻，下古文測（恖）①，同。楚力反。《廣雅》：惻，悲也。《説文》：惻，痛也。(C58P0752b；J064)

按：上所引詞目分別出自《顯揚聖教論》第一卷音義、《舍利弗問經》音義。"惻"與"恖"爲一字異寫關係。釋文之"惻"取憂傷、悲痛義，《説文·心部》："惻，痛也。"又《廣雅·釋詁》："惻，悲也。"字本書作上下結構，《長沙子彈庫帛書文字編》作"𢝁"，《汗簡》作"𢝁"，《古文四聲韻》引《義云章》作"恖"，又引崔希裕《纂古》作"恖"(《古文字詁林》第八册，2003：1042)。又《玉篇·心部》："恖，古惻字。"知慧琳所言不誣。"惻""恖"二形構件、構意均同，只是構件位置有別，爲異寫字之一種。

另"懇惻"條"下古文測"之"測"，《慧琳音義》各版本均如是作，《校本》亦同(2012：1645)，且未出校勘記。"測"是測量、揣測義，與"惻"義殊別，顯誤也。《慧琳音義》釋文中數言"恖"爲"惻"之古文，此"測"當即"恖"之誤。實《舍利弗問經》之"懇惻"條本爲玄應所撰，慧琳收錄時新加訂正。《玄應音義》卷第十六《舍利弗問經》"懇惻"下云："下古文恖，同。"(V32P0223b)正作"恖"字，是可爲證。"恖""測"二字《廣韻》均讀初力切，蓋因音同形近而誤書。

093. 肞、頄、杈

兩杈，楚加反。《説文》：木杈枝也。論文作肞，俗字也。檢諸字書並無此字。(C58P0306b；J045)

按：上所引詞目出自《菩薩善戒經》第九卷音義。在頤之傍義上，"肞"與"頄"當是異體字關係，與"杈"爲同源通用字關係。

———————————

① 此"測"正當作"恖"。

　　此"兩杈"條《大正藏》對應經文作："上下牙齒,上下脣齶,兩頰,兩鬢,兩目,兩肩及鼻二孔,額上,兩肐,兩耳頭圓足,是名八十。"(T30P1009c)今大正本經文亦作"肐"。《菩薩善戒經》之"兩杈"條本爲玄應所撰,《玄應音義》卷第十"兩杈"下云:"初嫁、初家二反。兩歧爲杈,木理亂曰杈,亦作此。論文作肐,俗作也。"(V32P0138b)慧琳收錄時新加訂正,見上所錄。又《可洪音義》第九卷《菩薩善戒經》卷九"兩肐"下云:"楚懈反。正作杈。"(C59P0899b)上所引佛經音義釋文均認爲"肐"爲"俗字",韓小荆《〈可洪音義〉異體字表》認爲"肐"是後出俗字,正字當作"杈"(2009:375)。

　　然經文之"兩杈"具體指何而言,這需要通過"肐"字予以確定。《龍龕手鑑·肉部》:"肐,俗。腒,正。音又。䐥腒,脯也。"《大字典》據此釋"肐"爲乾肉義(2010:2194)。不過乾肉義與上引經文並不相合,《卍續藏經》第二十九册《法華經文句記箋難》第三卷《提婆達多品》"兩肐"下云:"肐應作頏,釵音,頤之傍也。"(V29P0555b)又《廣韻·佳韻》:"頏,額頏,頤傍。"由此可推知經文中的"肐"當表頤之傍義,且"肐"字構形與頤之傍義相契合。正因"肐"字產生較晚,故而佛經音義釋文均斥之爲"俗",這同時也印證了慧琳所謂"諸字書並無此字"之論斷。

　　從文字來源上講,頤之兩傍早期借"杈"字爲之,因"杈"取分枝義。《説文·木部》:"杈,枝也。"又《字彙·木部》:"杈,歧枝木也。"本指樹幹的分枝,引申又指魚叉或叉取禾的農具。《集韻·禡韻》:"杈,收艸具。"在漢字形義統一性的促動下,後期又新造從"肉"的"肐",實現了形義的統一。"肐"與"杈"爲同源字關係,均取義於分叉、分枝。從這個角度進一步考察"肐"的具體含義,當指兩腮在下巴處會合,構成一個"V"字形,正與"叉"義相通。

　　據《法華經文句記箋難》,字又或作"頏"。在頤之傍義上,從"頁"從"肉"義相通,"肐""頏"爲換旁異體字。另從佛經音義相關釋文來看,《大字典》"肐"下可增收"頤之傍"這一義項(2010:2194)。

094. 插、挿、揷、稴

　　阿揷,初甲反。佛名也。經文從禾作揷(稴),應誤也。(C57P0957b;J026)

　　上插,楚甲反。《聲類》:插,入也。《説文》:刺(剌)入肉也。從干從臼。臼音舊,象形字也。從千者,非也。(C58P0133b;J037)

　　挿口,上懺洽反。《説文》云:刺內入也。從手舌聲。傳作挿,俗字也。(C59P0012a;J081)

　　按:上所引詞目分別出自《方等般泥洹經》下卷音義、《廣大寶樓閣善住秘密陀羅尼經》中卷音義、《南海寄歸內法傳》第一卷音義。"插"與"挿""揷"均是異體字關係,"揷"手書或訛作"稴"。

　　上所引釋文之"插"字有兩種用法,其一,"阿插"之"插"爲譯音用字,無實義;其二,"上插""插口"之"插"均取刺入義。從構形上來看,"插"字右邊之"臿"從臼從干,干所以臿之。段注:"干,猶杵也。"俗書有作"千"形者,故而《慧琳音義》在"插口"條釋文下予以辨析之,指出從"千"者爲"非"。

　　"插"或書作"挿"形。澤存堂本《宋本玉篇·手部》:"插,初洽切。刺入也。"圓沙書院本《大廣益會玉篇》"插"作"挿"形。亦或書作"㨉"形,清邢澍《金石文字辨異·洽韻》"插"字下引《唐萬年宮銘》正作"㨉"形。又《干祿字書·入聲》:"㨉、挿,上通下正。"《龍龕手鑑·手部》:"插,俗。挿,正。㨉,今。初洽反,刺入也。""挿""㨉"均是"插"之異寫字。

　　據"阿插"條下釋文,"插"或又訛作"秳"。"秳"是"稭"之書寫變異形體,其左邊之"禾"旁手書與"扌"旁較近,故有訛誤之可能。

095. 鍤、臿

　　鍬鍤,下楚甲反。鍤亦鍫也。或作臿,古字也。臿音同上也。(C59P0213b;J093)

　　按:上所引詞目出自《續高僧傳》第十二卷音義。在鐵鍬義上,"鍤"乃是"臿"的同音借用字現象,二者宜劃歸本字不用、借字通行一類。此"鍬鍤"條《大正藏》對應經文作:"釋道慶,姓戴,其先廣陵……以武德九年八月終於寺房,春秋六十一。即以其月二十三日,窆於扶塘之山津①也。穿壙之日,鍬鍤纔施,感白鶴一群自天而下,遙曳翻翔,摧藏哀喚。自非道光遠被,何由致此異祥。"(T50P0521c)求之經義,"鍬鍤"同義詞連用,指鍬而言。"鍤"本是縫衣服的針,《說文·金部》:"鍤,郭衣鍼也。"王筠《說文句讀》案云:"郭者,匡圍也。製衣者,平鋪其衣,以長鍼週币連綴之,然後可施功也。"又《廣韻·葉韻》:"鍤,綴衣針。"

　　"鍤"字或又用作鐵鍬義,《釋名·釋用器》:"鍤,插也。插地起土也。"如《漢書·王莽傳》:"父子兄弟負籠荷鍤。"顔師古注云:"鍤,鍫也。"此種用法乃是"臿"之借用。王筠《說文句讀》"臿"下云:"《釋器》:'剸謂之臿。'郭注:'皆古鍬插字。'《斗部》引作:'斛謂之臿。'《方言》借舌爲之。《釋名》《世說》借鍤爲之。"張舜徽《說文約注》"鍤"下亦云:"田器之鍤,當以臿爲本字。"(2009:3432)"臿"即"臿"字。不過文獻中"鍤"字主要用作鐵鍬義,本義用之甚少,二者可劃歸本字不用、借字通行一類。指稱鐵鍬時,也有辭書將"鍤""臿"視作異體關係。《廣韻·洽韻》:"臿,《爾雅》曰:'剸謂之臿。'郭璞云:'皆古鍫插字。'鍤,上同。"又《集韻·洽韻》:"鍤,《說文》:'郭衣鍼也。'一曰鍫也。"蓋是唐時"鍤"已較爲普遍地記錄鐵鍬義,故而《慧琳音義》指出該用法上"臿""鍤"之古今關係。從而《廣韻》《集韻》"鍤"下均收錄了鐵鍬義,而《大字典》"鍤"下亦根據《集韻》等文獻設置了鐵鍬這一用法(2010:4556)。不過,我們還是

―――――――――――――

① 《大正藏》"津"下校勘記作:津＝律三宮。

認爲在鐵鍬義上，將二者視作音借關係更妥當。段注"鍤"下謂："以爲鍫臿字者，失之遠矣。"

096. 刹、刹、剎、剎、擦

㓱刹，又作擦，同。音察。梵言差多羅。此譯云土田。經中或言國，或云土者，同其義也。或作刹土者，存二音也，即刹帝利，名守田主者亦是也。案刹，書無此字，即剎字略也。剎音初一反。(C57P0801b;J020)

十方刹，初鎋反。《切韻》作剎。差多羅云田，土田也。或云國土，義譯之耳。案刹，字書所無，《説文》作剎字，略爲刹。剎，楚乙反，傷也。字從桼，音七。(C57P0967b;J027)

按：上所引詞目分別出自《大方廣佛華嚴經》第一卷音義、《妙法蓮華經》第一卷《方便品》音義。"刹"爲梵語刹多羅的省稱，當由"剎"書寫省變而來，"刹"俗或書作"剎"，或又訛變作"刹"，"擦"則是譯音借用字。

上"十方刹"條《大正藏》對應經文作："正使滿十方，皆如舍利弗，及餘諸弟子，亦滿十方刹，盡思共度量，亦復不能知。"(T09P0006a)對於"十方刹"，丁福保《佛學大辭典》釋云："不拘甲乙請諸方名宿使住持之，名十方刹。梵語謂寺院爲招提，即此義也。"(1984：109)又慈怡主編《佛光大辭典》云："廣請諸方名德高僧爲住持，不許徒弟繼承之禪宗寺院。又作十方住持刹、十方叢林。"(2004：402)綜合來看，"刹"在文獻中主要表示土田、幡柱、佛塔、寺廟等義，爲梵語 ksetra 的譯音省稱。據慧琳釋文，或又借"擦"爲之。

關於"刹"字的形體來源，據佛經音義釋文，當是由"剎"書寫省變而來。《説文》無"刹"字，《説文新附·刀部》釋作："柱也。"鈕樹玉《説文新附考》："蓋俗書桼爲柒，又省作末，因訛爲杀耳。"(《説文詁林》，1988：698)王玉樹《説文拈字》、鄭珍《説文新附考》所釋與鈕氏同。蓋早期借"剎"字爲之，後書寫演變作"刹"形。

"刹"又或書作"剎"形。《龍龕手鑑·刀部》："剎，俗。刹，正。"《中國書法大字典》"刹"下引《東魏敬使君碑》正作"剎"形(1976：159)，又如唐劉禹錫《遊道林嶽麓二寺》："湘西古刹雙蹲蹲，羣峯朝拱如駿奔。""刹"書作"剎"形者較常見。

"刹"字書寫或訛變作"刹"。《正字通·刀部》："剎，刹字之譌。《篇海》古文作刹，亦非。"蓋是"刹"下之"木"形與"术"形較近，故而訛作"刹"形。《廣漢和辭典·刂部》即以"刹"爲字頭。

097. 拆、搤、拆、𢪊、坼、墷、𡍩、𣏒、𣏏、捇

開拆，下丑摘反。並俗字也。經文作𢪊，誤也。既有開字，即合是𡍩。《考聲》作捇。捇，開也。正體作搤，俗作𡍩，非也。《説文》作捇，裂也。從手赤聲。(C57P0655a;J013)

搤開，上恥革反。《考聲》云：搤，開也。裂也。《古今正聲(字)》作捇，從手赤聲。亦作

牌也。（C58P0239b；J042）

　　按：上所引詞目分別出自《大寶積經》第四十八卷音義、《成就妙法蓮華經王瑜伽觀智儀軌經》音義。在開裂義上，"拆"與"坼""牌"均可視作異體字關係，與"捑"爲同義替換用法；"拆"或又寫作"擟""拆""拤"形，"坼"或寫作"塀""坼"形，"牌"或書作"牌"形。

　　上"擟開"條《大正藏》對應經文作："次結方隅界印，二手合掌，屈二頭指、二無名指，以甲相背，並竪二大指，押二頭指，坼開二小指即成。以印右旋三匝，即成結界。"①（T19P0597b）今大正本經文從"土"作"坼"。"坼"取裂開義，詞頭之"擟"亦取此義，釋文所溝通的"牌"字也爲裂開義。關於"拆""坼"在開裂義上之字際關係，《大字典》根據《集韻》等將其處理爲異體字關係（2010：1961），張希峰《漢語詞族叢考》將二者系聯爲同一組（1999：209）。對此，我們認爲處理爲異體關係較妥，儘管二者的原初意義或有所側重，張希峰認爲"坼"爲土地開裂、"拆"爲分開，但文獻中"拆""坼"混用的情況實屬常見，并不構成對立。二字"造意"雖別，"實義"則同。

　　"坼""牌"之間亦可視作異體字關係。《龍龕手鑑·片部》："牌，丑格反。開也。""牌"字從"片"，亦取開裂之義。《玉篇·片部》："牌，恥格切。今作坼。"又《正字通·片部》："牌，裂也。與坼、塀同。"二者爲異構字關係。

　　從字形來源考之，"坼"字《説文》作"塀"，《土部》："塀，裂也。"後來書寫變異作"坼"。"拆"又書作"擟"形，其根源在於"庠"字之形變。"庠"書寫或作"斥""斤"，段注"庠"下云："俗作斤、作斥，幾不成字。"（1981：446）《五經文字》："庠、斤，上《説文》，下經典相承，隸省。"正是這種原因，故而"擟"或書作"拆""拆""拤"，"塀"或書作"坼""坼"，"牌"或又作"牌"。

　　釋文又溝通有"捑"字，《説文·手部》："捑，裂也。"《廣韻》音呼麥切，與"拆""坼"義近音別，在開裂義上爲同義換用關係。

098. 豺、犲、狛

豺狼，上牀皆反。山獸也。《尒雅》云：豺，狗足也。《説文》：狼屬也。從豸才聲。經文從犬作犲，非也。（C58P0209a；J041）

豺狼，上仕皆反。《尔雅》：豺，足似狗，狼屬也。《説文》：從豸才聲。豸音宅戒反。論文從付作狛，非也。（C59P0079b；J084）

　　按：上所引詞目分別出自《大乘理趣六波羅蜜多經》第一卷音義、《集古今佛道論衡》第三卷音義。在豺狼義上，"豺"與"犲""狛"均是異體字關係。

　　上《集古今佛道論衡》第三卷之"豺狼"條《大正藏》對應經文作："親戚寄命，羸疾投身，姦

---

① 《大正藏》相關校勘記："背"下：背＝拄⑩；"押二頭"之"二"下：〔二〕－⑩；"坼"下：坼＝拆⑩。

婬其妻,禽獸不若,情違正教,心類犲狼,逞貪競之懷,恣邪穢之行。"(T52P0385c)今大正本論文作"犲"。《説文・豸部》:"犲,狼屬,狗聲。"字或從"犬"作"犲",《玉篇・犬部》:"犲,犲狼。"《干禄字書・平聲》:"犲、犲,上通下正。"又《字彙・犬部》:"犲,俗犲字。"從"豸"之字多有從"犬"作者,如"貓"作"猫"、"貇"作"狠"、"貂"作"犻"等均是其例,可相比勘。

據慧琳所釋,字或又作"犲"。《龍龕手鑑・犬部》:"犲,音柴。狼屬也。"音義與"犲"同。《碑别字新編・十畫》"犲"下引《魏侯剛墓誌》正作"犲"。(1985:141)文獻中又有"犲",亦是"犲"的異體字。《字彙補・犬部》:"犲,同犲。"從字形來源求之,"犲""犲"均當由"犲"書寫變異而來。"豹"又作"犳"形,與此相類,可相比勘。

099. 喍、齜、齹

喥喍,上五佳反,下音柴。犬鬬也。《玉篇》:犬相喥。《埤蒼》:犬相喥拒也。《説文》《玉篇》作齜,謂開口見齒曰齜喥。《切韻》:齒不正曰齹齔,作齹。有云喥齜,騫脣露齒之皃。有作喍,不知所從。(C57P0974a;J027)

按:上所引詞目出自《妙法蓮華經》卷第二《譬喻品》音義。在犬露齒咬斗義上,"喍"與"齜""齹"可視作異體字關係。

此"喥喍"條《大正藏》對應經文作:"由是群狗,競來搏撮,飢羸慞惶,處處求食。鬬諍齺掣,喥喍嘷吠,其舍恐怖,變狀如是。"①(T09P0014a)"喥喍"為犬露齒咬斗貌,又作"喥喍"。《玉篇・口部》:"喍,喥喍也。""喥喍"為連綿詞,犬露齒咬斗則牙齒不齊,故而或用"齜齔"來表示,如釋文所引《切韻》之"齒不正曰齹齔"。《説文・齒部》:"齜,齒相齗②也。"又《廣韻・佳韻》:"齔,齹齺。"正是牙齒相摩不齊義。

又借用"崖柴""厓柴"記録之,如敦煌斯2614《大目乾連冥間救母變文》:"長蛇皎皎三曾(層)黑,大鳥崖柴兩翅青。"黄征《敦煌俗字典》注"崖柴"為:"張大口而欲咬嚙之狀。"(2005:2)又如《三國志・魏志・曹爽傳》裴松之注引三國魏魚豢《魏略》云:"故于時謗書謂:'臺中有三狗,二狗崖柴不可當,一狗憑默作疽囊。'"《戰國策校注》卷四:"夾谷之會,孔子詔之,士付之有司耳矣,豈厓柴若世之猘狗然哉。"後在漢字形義統一性的促動下,加"口"旁作"喥(喥)""喍"。《集韻・佳韻》:"喥,犬欲嚙。或作喥。"由此可知,"喍"為"柴"在犬露齒咬斗義上的後出分化字,此義上與"齜"音義同,二者或可視作異體字關係。蓋是因"喍"字後出,故釋文認為"不知所從"。另"齜"或書作"齹",《類篇・齒部》:"齜,或書作齹。"

此外,《大字典》"齜"字第一個音項下釋作"牙齒相摩切"(2010:5108),未溝通與"喍"之

---

① 《大正藏》相關校勘記:"搏"下:搏=傅⑱;"求"下:求=末⑱;"齺"下:齺=摣⑧⑬⑪;"喍"下:喍=齜⑧⑬;"嘷"下:嘷=嗥⑧⑬。

② 按,"齗"字段注據《五音韻譜》改作"齘",張舜徽《説文約注》亦認同此觀點(2009:449)。

關係，或有未妥。

100. 䖇、蠚、蠣

虵䖇，下勑芥反。《考聲》云：䖇，蝎也〈音歇〉。或作蠚。《說文》：䖇，毒虫也。從虫，苗是象形，篆書作𧑓，象蠍形。(C57P0510b；J006)

蛇䖇，下丑介反。《毛詩》：䖇，螫虫也。或作蠣。《文字典説》：蜂䖇，有毒蝎也。從虫苗，非是，苗乃古文象形。(C58P1057a；J079)

按：上所引詞目分別出自《大般若波羅蜜多經》第五百一十卷音義、《經律異相》第三十一卷音義。"䖇"與"蠚"爲異體字關係；"䖇"書寫或可作"蠣"形。

上引釋文之"䖇"爲蝎子一類的毒蟲，《說文》正作"䖏"，《虫部》："䖏，毒蟲也。象形。"經典多書作"䖇"形，如《詩經·小雅·都人士》："彼君子女，卷髮如䖇。"鄭玄箋云："䖇，螫蟲。"從形體構造觀之，"䖇"爲篆文"𧑓"之書寫變異字形，上部之"苗"形爲象形符號。傳承形體上從"萬"，乃是"苗"形書寫變異而來。段注"䖏"下云："其字上本不從萬，以苗象其身首之形。俗作䖇，非。"方成珪《集韻考正》卷七"䖏"下案云："《說文》作䖏、蠚，俗書從萬，與牡蠣字混，非是。但相沿已久，改則驚俗，今仍之。"

字或作"蠚"，正是《說文》"䖏"之或體"𧑓"的隸定形體。《說文·虫部》："蠚，䖏或從蚰。"如《李翊夫人碑》："飛螽蠚兮害仁良，魂魄孤兮獨熒熒。"後則受"䖇"之影響書作"蠚"形。《玉篇·蚰部》："蠚，毒蟲。或作䖏。""䖇"與"蠚"爲異構字關係。

據慧琳所釋，字或作"蠣"。《說文·虫部》："蠣，蚌屬。"爲牡蠣，與蝎類毒蟲別。然釋文但言"或作蠣"，未定是非。從字形演變通例觀之，"䖇"寫作"蠣"形屬常規演變，"蟹"作"蠏"、"䵃"作"蟕"、"蝥"作"蟊"、"螷"作"蠯"均是其例，可相比勘。又《大字典》"蠣"下僅收錄了牡蠣一個義項(2010：3086)，或可據《慧琳意義》卷第七十九《經律異相》第三十一卷之"蛇䖇"條釋文收錄"同'䖇'"這一用法。

101. 襜、袩、憺(惗)、幨、轀

褰袩，下鷗瞻反。鄭玄注《儀禮》云：袩，車裳帷也。《埤蒼》作此憺(惗)，《聲類》作轀，並通也。(C59P0300b；J098)

按：上所引詞目出自《廣弘明集》第十六卷音義。在衣蔽義上，"襜"與"袩"爲異體字關係；文獻中或與表帷帳義之"幨"通用，"轀"蓋即"幨"的換旁異體字；釋文中"《埤蒼》作此'憺'"之"憺"，即"惗"的書寫訛誤字形，"惗"則"幨"的異體。

此"褰袩"條《大正藏》對應經文作："暮春美景，風雲韶麗，蘭葉堪把，沂川可浴。弟邵[①]

[①]《大正藏》"邵"下校勘記：邵＝召⊟⊟。

南寡訟,時綴甘棠之陰,冀州爲政,暫止寨襜之務。唐景薦大言之賦,安太述連環之辯。"(T52P0211a)今大正本經文作"寨襜"。"襜"即"袩"字,均是衣蔽義,《説文》正作"襜"。《説文·衣部》:"襜,衣蔽前。"又《爾雅·釋器》:"衣蔽前謂之襜。"如《詩經·小雅·采緑》:"終朝采藍,不盈一襜。"字或從"炎"作"袩",《玉篇·衣部》:"襜,蔽膝也。袩,同上。"二者爲異構字關係。

或又借作"幨"字,朱駿聲《通訓定聲·謙部》:"襜,叚借爲幨。"如《後漢書·劉盆子傳》:"乘軒車大馬,赤屏泥,絳襜絡。"李賢注云:"襜,帷也。"此"襜"即取帷幔義,正合作"幨"字。《廣雅·釋器》:"幨謂之幰。"如《淮南子·氾論訓》:"隆衝以攻,渠幨以守。"高誘注云:"幨,幰,所以禦矢。""襜""幨"二字均有遮蔽之核義素,又《廣韻》均有處占切之讀音,音同義通,爲通假字關係。劉鈞杰《同源字典再補》(1999:200)、張希峰《漢語詞族叢考》(1999:120)均將二者系聯爲同組。正因二字意義甚爲接近,故而文獻中通用現象頗多,致使《慧琳音義》未析其別。

釋文又溝通有"轞"字。《字海·車部》釋"轞"爲轎(2000:1367),《漢語大詞典》卷九釋作"肩輿"(1992:1335),其義可通。就目前所見材料來看,"轞"與"幨"義相關而別。《古今韻會舉要·鹽韻》:"幨,以幛障車旁,如裳爲容飾,其上有蓋,四旁垂而下謂之幨。"結合《慧琳音義》釋文,"轞"或即"幨"的換旁異體字;蓋是"幨"與車聯繫緊密,故而又換旁作"轞"。不過除《字海》《漢語大詞典》外,其他辭書多不見"轞"字,待進一步考求之。

又上引釋文"《埤蒼》作此惔"之"惔"字,《慧琳音義》高麗本、獅谷本、頻伽本、大正本均如上作,《校本》亦同(2012:2163)。"惔"從"心",與"袩"義迥别,二者音亦别,顯然不合文義。從形義關係進一步求之,高麗本等的"惔"蓋即"㦥"的書寫訛誤字形。"㦥"是"幨"的異體,《集韻·鹽韻》:"幨,或作㦥。"且作"㦥"與慧琳釋文"並通也"正相合,此亦可解釋爲何釋文的"惔"非"袩"之訛。另外,"巾"旁訛作"忄"旁者較多見,比如"帳"或訛作"悵"、"帆"或訛作"忛"、"帕"或訛作"怕"、"㡊"或訛作"恀"等,均是其例。《校本》失校,有失妥當。

102. 廛、厘、厘、厘、鄽、𡎡、𨷻、纏

市廛,長連反。鄭衆注《周禮》云:廛,居也。鄭注《禮記》:廛,市邸舍也。《玉篇》云:城市内畝半空地謂之廛。經作厘,俗字略。(C57P0466b;J004)

市厘,直連反。《考聲》:城市中空地也,又居也。或作𡎡,同也。(C57P0549b;J008)

欲廛,下徹連反。鄭注《周禮》云:廛謂城邑之居也。鄭又注云:市廛,物邸舍也。言爲衆欲所聚,亦如人之居於廛肆也。亦作纏。《考聲》云:纏,繞也,束也。言被諸欲纏繞束縛也。《説文》云:廛,一畝半,一家之居也。從广𡎡聲。論文作厘,非也。(C58P0805b;J067)

市鄽,徹連反。集從門作𨷻,非也。(C59P0321b;J099)

　　按：上所引詞目分別出自《大般若波羅蜜多經》第三百九十八卷音義、《大般若波羅蜜多經》第五百八十卷音義、《阿毗達磨識身足論》第四卷音義、《廣弘明集》第二十九卷音義。"廛"書寫或作"𢋬""𢌿"，或省作"厘"，或增加"邑"旁作"鄽"，亦或作"埠"；與"闤"爲同源通用字關係，與"纏"爲同音借用字關係。

　　上《大般若波羅蜜多經》第三百九十八卷之"市廛"條《大正藏》對應經文作："此大寶城面各十二踰繕那量，清淨寬廣，人物熾盛，安隱豐樂。中有五百街巷市鄽①，度量相當，端嚴如畫，於諸衢陌各有清流，亘以寶舫，往來無擁。"（T06P1060c）今大正本經文"市鄽"，與釋文之"市廛"同，《説文》正作"廛"字。《説文·广部》："廛，一畝半，一家之居。"本指古代一家所居之房地，如《周禮·地官·載師》："以廛里任國中之地。"鄭玄注云："廛，民居之區域也。"又轉指城邑里的房屋、市中堆積或出售貨物之地等義。

　　"廛"字書寫或作"𢋬"形。宋婁機《漢隸字源·仙韻》"廛"下引《溧陽長潘乾校官碑》正作"𢋬"。又《南史·陳始興王叔陵傳》："瀟湘以南，皆逼爲左右，𢋬里殆無遺者。"或又書作"𢌿"形，當是由"𢋬"進一步書寫訛變而來。明郭一經《字學三正·體製上·俗書加畫者》："廛，俗作𢌿。"蓋是因"𢌿"內部之**墨**形與"墨"形較近而致。"廛"亦或書作"𢌿"，《五經文字·广部》："廛，直連反。相承作𢌿者訛。""𢋬""𢌿"同爲"廛"的書寫訛變字形。

　　據釋文，"廛"書寫或省作"厘"。《龍龕手鑑·厂部》："厘，俗。音纏。居也。"又《篇海類編·厂部》："厘，市鄽。"結合《慧琳音義》釋文"經作厘，俗字略"之説觀之，"厘"即由"廛"書寫省減而來。《干禄字書·平聲》："厘、廛，上通下正。"清邢澍《金石文字辨異·先韻》"廛"字下引《干禄字書》所釋同上。又《可洪音義》卷第一《大乘經音義》第四十帙"市厘"條下云："直連反，正作鄽、廛二形也。"（C59P0556b）《正字通·厂部》："厘，俗廛字。"就"廛""厘"之關係進一步察之，"厘"內從"里"，取閭里之義，與"廛"之構意有別，故而宜將其視作異構字關係。

　　"廛"字又或增"邑"旁作"鄽"。《玉篇·邑部》："鄽，市鄽。俗作廛。"又《正字通·邑部》："鄽，同廛。"如《管子·五輔》："市鄽而不税。"尹知章注云："鄽，市中置物處。"從文字形體來源求之，因"廛"所表之義與地方、城邑有關，故而雖"廛"形義已明，仍不妨贅加"邑"旁。

　　字或有作"埠"者。《龍龕手鑑·土部》："埠，直連反。一畝半地也。一曰城市內地也。"與"廛"同。從形體來源求之，"廛"或省作"厘"，"廛"或增"土"旁作"壥"，故而該用法上的"厘"增"土"旁或由"壥"省變均可作"埠"。

　　釋文又溝通有"闤"字，《字海·門部》釋爲"闠"的訛字（2000：1562）。實"闤"即"闠"字，由"廛"作"厘"類推變異而來。《玉篇·門部》："闤，市門。""闤"字因"廛"而來，義相通，音相同，爲"同所異狀"類同源通用字。故而《慧琳音義》於"市鄽"條下云："集從門作闤，非也。"根本在於"廛""闤"所指不同。

---

① 按，此"鄽"即"鄽"之書寫訛誤字形。

又《慧琳音義》在"欲纏"條下溝通了"纏"字。上"欲纏"條《大正藏》對應經文作："於善眼識，有欲纏、色纏遍行，隨眠及修所斷隨眠之所隨增。於不善眼識，有欲纏遍行，隨眠及修所斷隨眠之所隨增。"（T26P0548c）今大正本經文作"纏"字。求之經義，作"纏"是也，取纏束義。《説文・糸部》："纏，繞也。"又《廣雅・釋詁三》："纏，束也。"爲盤繞、纏繞義，與"纏"義迥別。二字《廣韻》均讀直連切，音同。經文中"纏""纏"爲同音借用字關係。

103. 巉、巇、嶄、嶃、礛、礛、岑

巉巖，仕銜反。《廣雅》：巉巖，高也。亦山間崎嶮阻也。經文作岑，仕金反。岑崟，高也。（C58P0054b；J033）

嶄巖，上巢咸反。《毛詩》：嶃嶃，山石高峻皃也。或作巉、礛、礛三體，並俗字，亦通用。（C58P0963b；J075）

巉絶，床銜反。《考聲》：巉巖，山皃也。或作嶄，又作礛。集作巇，俗字也。（C59P0320b；J099）

按：上所引詞目分別出自《六度集經》第二卷音義、《道地經》音義、《廣弘明集》第二十九卷音義。"巉"書寫或作"巇"形，在山石高險義上，與"嶄""嶃""礛""礛"均是異體字關係，與"岑"爲同義替換用法。

上《六度集經》第二卷之"巉巖"條《大正藏》對應經文作："梵志所行，其地岑巖，礫石刺棘，身及足蹴，其瘡毒痛。"（T03P0010b）今大正本經文作"岑巖"，與釋文之"巉巖"同，均指山石高峻貌。《説文・山部》："岑，山小而高。"本指小而高的山，引申指山石高險貌，正經義所取，此義文獻中多用"巉巖"記錄之。"巉""岑"義近音別，在山石高險貌義上，二者爲同義替換用法。

"巉"字手書或作"巇"。《玉篇零卷・山部》"巇"下引《廣雅》云："巉巖，高也。"又《字彙・山部》："巇，同巉。""巇"即由"巉"書寫省變而來。

據釋文，"巉"字或又作"嶄""嶃""礛""礛"四形。《類篇・山部》："巉，巉巖，高也。或作嶃。"又《集韻・銜韻》："巉，巉巖，高也。或作嶃，亦書作嶄。"如《楚辭・招隱士》："谿谷嶄巖兮水曾波。""嶃"即"巉"之換旁異體字，"嶃"或書寫作上下結構。

"礛"字，《説文・石部》："礛，礛石也。"段注按云："'礛礛'二篆之解，似當依《玉篇》更正。'礛'下云：'礛礛，山石皃也。''礛'下云：'礛礛也。'乃合全書之例，今本乃爲淺人所亂耳。蓋'礛礛'古多用爲連綿字。"（1981：451）實"礛礛"正即"巉巖"，從"山"從"石"其義通矣。結合段氏所注觀之，"礛"亦表山石高險之義，《廣韻》音鉏銜切，與"巉"音同。在山石高險義上，二者亦爲異體字關係。"礛"或又書作"礛"形，《集韻・銜韻》："礛，或書作礛。"由此回觀慧琳所釋，知其言不誣也。

104. 鑱、劖、攙

鑱身，上仕咸反。《淮南子》云：刻肌膚，鑱皮革，創血流。又謂針刺也。《説文》云：鋭，鑱①也。從金毚聲也。亦作劖、攙。毚音同上。(C58P0705b；J062)

按：上所引詞目出自《根本毗奈耶雜事律》第十一卷音義。"鑱"與"劖""攙"均是同源通用字關係。此"鑱身"條《大正藏》對應經文作："或復以斧斫截手足，或以牟②鑹鑱身，或以棒打稍刺，或以鐵鎚粉碎，或以鎔銅灌口，或上刀山、劍樹、碓擣、石磨、銅柱、鐵床，受諸極苦。"(T24P0252c)求之經義，"鑱身"即刺身。因"鑱""劖""攙"三字均可表示刺義，且"鑱""劖"《廣韻》讀鋤銜切，"攙"讀楚銜切，音相同或相近，故而《慧琳音義》言"亦作劖、攙"。

然"鑱"與"劖""攙"究竟是何關係，仍需要進一步探求之。《説文·金部》："鑱，鋭也。"又《玉篇·金部》："鑱，鑿也。"張舜徽《説文約注》："鑱與鑿聲義並近，皆謂形鋭而能刺物者。"(2009：3442)另《玄應音義》卷第四"鑱刾"下云："以錐刾物者也。"(V32P0056b)卷第十一"犁鑱"下云："謂有刃斯鑿者也。"(V32P0146a)《慧琳音義》卷第六十五"鑱刺"條云："《廣雅》：'鑱謂之鈹。'謂針刺也。"(C58P0773a)綜合觀之，"鑱"本當指尖利之器物，又轉指鋭利、刺入等用法。"劖"字，《説文·刀部》："劖，斷也。"王筠《説文句讀》："蓋謂以鑱劖之也。"張舜徽《説文約注》按云："劖之言鑱也……謂以鋭利之刀鑿斷之耳。"(2009：1073)"劖"即指用利器鑿開或剗斷，又轉指刺、譏諷等。"攙"字，《説文新附·手部》："攙，刺也。"主要指插入、刺入義，如《文選·張衡〈西京賦〉》："又簇之所攙捔。"李善注引薛綜曰："攙捔，貫刺之。"又表示鋭利、牽挽等用法。綜上，"鑱""劖""攙"三字用法各有所側重，但具有共同的核義素，且音讀幾同，是同源字關係。王力《同源字典》將"鑱""攙"系聯爲一組(1982：629)，張希峰《漢語詞族叢考》將"鑱""劖""攙"系聯爲一組(1999：193)，可參。正因三字爲同源字關係，故而文獻中多混用之。

105. 弗、鏟、剗

鐵弗，《字苑》初眼反。今之炙肉弗字也。《字略》云：以鐵貫肉齊也。論文作鏟，今作剗。剗，削也。(C58P0329a；J046)

按：上所引詞目出自《大智度論》第十八卷音義。在烤肉所用籤子義上，"弗"與"鏟""剗"均爲通假字關係。此"鐵弗"條《大正藏》對應經文作："活大地獄中諸受罪人，各各共鬬，惡心瞋諍，手捉利刀，互相割剝……鐵杖相捶，鐵鏟③相貫，而以利刀互相切膾，又以鐵爪而

---

① 按，"《説文》云：'鋭，鑱也。'"《慧琳音義》各版本均如上作，《校本》亦同(2012：1609)。然今傳本《説文·金部》作："鑱，鋭也。"當是《慧琳音義》書倒所致。《慧琳意義》卷第四十三"鑱刺(刾)"(C58P0268b)、卷第五十六"鑱刺(刾)"(C58P0548b)、卷第六十五"鑱刺"(C58P0773a)等條下引《説文》均作"鑱，鋭也"，當據改。
② 《大正藏》"牟"下校勘記：牟＝手三宮。
③ 《大正藏》"鏟"下校勘記：鏟＝弗三宮。

相甌裂。"(T25P0175c)今大正本經文作"鐵鏟",宋、元、明及宮本作"鐵弗"。求之經義,"鐵弗相貫"即用鐵籤互相刺穿對方。雖大正本經文作"鏟",實正合作"弗"。《龍龕手鑑·雜部》:"弗,初限反。炙肉弗也。"指烤肉時用於串肉的籤子,或爲木製,或爲鐵製。如唐韓愈《贈張籍詩》:"試將詩義授,如以肉貫弗。"

據釋文,鐵籤義上或作"鏟"。《慧琳音義》卷第五十一"鐵鏟"下云:"察盞反。《考聲》或作弗。《博雅》云:'炙肉鐵也。'《説文》:'籤謂之鏟。'從金産聲。籤音妾鹽反。"(C58P0438b)此"鐵鏟"條《大正藏》對應經文作:"然彼獄卒勇健害他,是故定知不受彼苦,猶若廚人遥執鐵鏟於熱油内轉彼煎魚。"(T31P0085b)由經義求之,"鐵鏟"之"鏟"當取籤子義。《廣雅·釋器》:"籤謂之鏟。"王念孫《廣雅疏證》云:"《説文》:'籤,鋭也,貫也。'鏟,字或作弗。"然"鏟"本是鏟子義,《説文·金部》:"鏟,平鐵。"引申又指削損、剗除義,與籤子義迥别。蓋《廣雅》僅是描寫了文獻中"弗"借"鏟"之現象,並非指"鏟"同"弗"。二字《廣韻》均讀初限切,音同。在籤子義上,二者正當是通假字關係。或許二字通用已久,《慧琳音義》進而將此種通假用法視爲固有用法,從而未加辨析。《可洪音義》則有意區分之,第十卷"鐵鏟"下云:"初眼反,正作弗。"(C59P0911a)此外,《大字典》"鏟"下據《廣雅》收釋有"炙肉時穿肉的鐵籤。也作'弗'"這一義項(2010:4578),或有未妥,依例當釋作"通'弗'"。

另釋文溝通有"剗"字。"剗"是剗削字,與"弗"義别,故而《慧琳音義》卷第五十六"如弗"條下云:"經文作剗削之剗,非體也。"所言甚是。"剗"字《廣韻》或讀作初限切,與"弗"音同。在籤子義上,二者亦是通假字關係。

106. 䛱、詔、謟

謟(詔)詤,上丑染反。何休注《公羊傳》云:詔,佞也。《説文》:從言臽聲也。臽音陷。經從舀,非也。舀音羊小反。(C57P0417b;J001)

䛱佞,上敕歛反。鄭注《禮記》:詔者,傾身以就前人曲隨其意而言曰詔。《字書》云:心不真,詐妄也。《説文》:詔,諛也。從言閻聲。經作詔,時用省去門也。(C57P1018a;J029)

按:上所引詞目分别出自《大般若波羅蜜多經》第三十八卷音義、《金光明最勝王經》第二卷音義。"䛱"與"詔"爲異體字關係,"詔"或詤作"謟"。上"謟詤"條《大正藏》對應經文作:"不生瞋俱行心,不生癡俱行心,不生慢俱行心,不生詔詤俱行心,不生慳貪俱行心。"(T05P0212c)今大正本經文作"詔"。釋文所見經文之"謟"乃是"詔"之詤誤字形,因"舀""臽"形近,故易詤。另外,上所引釋文之"詔"均取諂媚義,《説文》正體作"䛱"。《説文·言部》:"䛱,諛也。詔,䛱或省。"邵瑛《群經正字》云:"今經典多作或體。"如《周易·繫辭下》:"君子上交不詔,下交不瀆。"依釋文,"詔"由"䛱"省減而來,然就形義關係而言,將"䛱""詔"視作異構字關係較妥。

107. 懺、𢤶、讖

懺悔，上策陷反。《集訓》云：自陳過也。《韻英》云：自陳悔也。從心韱 省 聲也。俗從截作𢤶，非也。韱音精廉反，從二人從韭從戈也。(C57P0723a；J016)

解讖，下插鑒反。《考聲》云：讖謂自陳過各①於佛前也。俗作韱。録文作韱②，非也。(C58P1087b；J080)

按：上所引詞目出自《再譯三十五佛名經》音義、《開元釋教録》第八卷音義。在懺悔義上，“懺”與“讖”爲換旁異體字，“懺”書寫或又作“𢤶”形。

上“解讖”條《大正藏》對應經文作：“今雖蘊胸襟未吐之詞宗解籤無地，若不輕生殉③命誓往華胥，何能具覩成言用通神解。”(T55P0558a)今大正本經文作“解籤”，求之經文，爲懺悔義，“籤”乃標記、竹籤義，與經義不合。正作“懺”字，如《晉書·佛圖澄傳》云：“佐愕然愧懺。”從來源言之，“懺”是梵語 ksama 譯音之省文，或云懺摩，又云叉磨。《慧琳音義》卷第二十二“懺除”下云：“懺，梵音也。具言懺摩，此云請忍，謂請賢聖或清淨僧忍受悔過也。”(C57P0840a)又卷第五十九“懺悔”下云：“此言訛略也。書無懺字，應言叉磨，此云忍，謂容恕我罪也。”(C58P0635b)“懺”字後出，故釋文謂“書無懺字”。

據釋文，字或從“言”作“讖”。《説文·言部》：“讖，驗也。”指談論預言、徵驗之書，與懺悔義別。蓋是懺悔爲陳過於佛前，故而“懺”或換爲“言”旁作“讖”。《集韻·鑑韻》：“讖，悔也。或從言。”如清黃宗羲《陳乾初先生墓誌銘》云：“因理其緒言以讖前過。”從構形角度言之，懺悔義上“讖”可視作“懺”的換旁異體字。

另“懺悔”條下云：“俗從截作𢤶。”因“懺”右邊之“韱”或書作“韱”，與“截”形近，故而俗書“懺”或訛變作“𢤶”。《可洪音義》卷第二十三“憊悔”下云：“正作懺。”(C60P0299c)卷第二十九“憊悔”下亦云：“正作懺。”(C60P0533a)因是書寫訛誤，故而慧琳斥之爲“非”也。

108. 顫、𪖊、顑、戰、膻

顫頎，古文〔膻〕④，又作𪖊，同。之繕反。古文鈙、疢、頎三形，今作疢，同。尤救反。《通俗文》：四支寒動謂之戰頎。《蒼頡篇》云：頭不正也。經文作枕，非也。(C58P0467b；J052)

戰頎，字體作顫，又作𪖊，同。之見反，下又作疢，同。有瘤反。《説文》：顫頎，謂掉動不定也。(C58P0531a；J055)

按：上所引詞目分別出自《增一阿含經》第二十四卷音義、《所欲致患經》音義。在戰栗、

---

① 按此“各”字，《校本》校勘記以爲正當作“咎”(2012：1930)。
② 按，此處之“俗作韱”“録文作韱”，“韱”“韱”是一字異寫，與“懺”音義均别。索之釋文義，“解讖”條下所謂“俗作韱”“録文作韱”，當指“讖”字從“韱”，或從“韱”作，而非經文中懺悔義上作“韱”或“韱”。
③ 《大正藏》“殉”下校勘記作：殉＝徇⑤。
④ 按，此據《玄應音義》增“膻”字。

發抖義上,“顫”與“軃”“懺”爲異體字關係,與“戰”“膻”爲通假字關係。

上“戰頊”條《大正藏》對應經文作:“頭白齒落,面皺皮緩,身重少氣,拄杖僂行,羸極上氣,行步苦難,身體戰恌[①]。”(T17P0540b)今大正本經文作“戰恌”,與釋文之“戰頊”義同,均取摇動不定義。《説文》正作“顫”。《説文・頁部》:“顫,頭不正也。”朱駿聲《通訓定聲・乾部》:“顫,頭摇動不定也。”又指身體顫動,《玉篇・頁部》:“顫,顫動也。”《廣韻・線韻》:“顫,四支[②]寒動。”《淮南子・説山》云:“故寒者顫,懼者亦顫。”

據釋文,顫動義或作“軃”,當是由“顫”字改换構件而來。因顫抖爲身體發抖,故而可换“頁”爲“身”,造“軃”字爲之。除上所引《增一阿含經》第二十四卷“顫頊”下所釋外,《慧琳音義》卷第五十三“顫動”下亦云:“又作軃,同。”(C58P0484b)又《集韻・綫韻》之膳切:“軃,體摇也。”“軃”與“顫”音義同,二者爲换旁異體字關係。另《大字典》“軃”的第二個音項下釋爲“體摇”(2010:4066),未溝通與“顫”之關係,有失妥當。

字或借“戰”爲之。“戰”是戰鬥、戰争義,與顫抖義别,《廣韻》音之膳切,“顫”亦或讀之膳切。在顫抖義上,二者爲通假字關係。朱駿聲《通訓定聲・乾部》:“戰,叚借爲顫。”如《戰國策・楚策四》:“顔色變作,身體戰慄。”

《所欲致患經》之“戰頊”條下又溝通有“懺”字。除上所引相關釋文外,《慧琳音義》卷第七“戰慄”條下云:“或作懺。”(C57P0516a)據釋文義,“懺”是“顫”之異構字,蓋是“戰”借用記録顫抖義,在漢字形義統一規律的促動下,後又添加“心”旁作“懺”。《大字典》“懺”下即據《玄應音義》第七卷“顫頊”之釋文釋作“同‘顫’”(2010:2536)。可從。另《大字典》收録有“懺”字(2010:2534),義未詳,實此即“懺”的書寫變異字形,當予以溝通之。

“顫頊”條下之“古文,又作軃,同”,《慧琳音義》各版本如上作。“古文”所指不明,當有訛脱。《增一阿含經》第二十四卷之“顫頊”本爲玄應所撰,慧琳收録時新加審訂。《玄應音義》卷第十一“戰頊”下云:“古文膻,又作軃,同。”(V32P0149b)如此便清晰可觀了。“膻”字,《説文・肉部》:“膻,肉膻也。”爲袒露義,徐鍇《説文繫傳》所謂“袒衣見肉”是也,與顫抖義别。《廣韻》音徒旱切,與“顫”音近。在顫抖義上,二者爲通假字關係。

109. 長、、萇;長、漲

纖長,下丈良反。鄭箋《詩》云:長,遠也。《廣雅》:常也。《説文》:久也。從兀。兀,高遠意也。從匕,音化,久則化變也。上從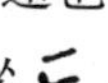,亾聲也,倒書字亾也。篆書古體作,今隸書作長,上俗云字也,兀化在下,皆變體,不可辯(辨)也。(C57P0462a;J004)

① 《大正藏》“戰恌”下校勘記作:戰恌=戰掉㊍㊄㊫,=顫頊㊊。

② 此“支”字,《大字典》引《廣韻》作“皮”(2010:4683)。檢《廣韻》澤存堂本、黑水城殘卷本、四部叢刊巾箱本及《宋本廣韻》《鉅宋廣韻》均作“支”,“四支”即“四肢”。《大字典》的“皮”乃“支”之訛,非是。

長抓，上長字，經或從草，亦通。（C58P0999a；J076）

盛夏水長，張兩反。又作漲，音同。（C57P0926a；J025）

按：上所引詞目分別出自《大般若波羅蜜多經》第三百八十一卷音義、《無明羅剎集》音義、《涅槃經》第九卷音義。“長”或書作“𤱿”，與“萇”“漲”爲母字與分化字關係。

上所引釋文之“長”從功能上可分爲兩類：其一，與短相對，指空間距離大，“纖長”“長抓”條是也。上“纖長”條《大正藏》對應經文作：“世尊手足所有諸指，圓滿纖長，甚可愛樂，是爲第五。”（T06P0967c）“纖長”即纖細而長。據釋文，“𤱿”爲篆書古體，“長”是隸變後之形體，二者爲異寫字關係。

“長抓”條下溝通有“萇”字。《説文·艸部》：“萇，萇楚，跳弋。一曰羊桃。”本指萇楚，如《詩經·檜風·隰有萇楚》：“隰有萇楚，猗儺其枝。”或作“長楚”，《康熙字典·長部》“長”下云：“又草名。《爾雅·釋草》：‘長楚，銚芅。’”從文字形體來源角度求之，“萇”當即“長”在萇楚義上之後出分化字。長短之“長”又或借“萇”字爲之，如上所引釋文。又《慧琳音義》第三十四卷“廣長”下云：“經從艸作萇，非經義也。”（C58P0074b）

其二，長大、升高義。上“盛夏水長”條《卍續藏》對應經文作：“盛夏極熱，以喻迷深。迷深則倒重，如盛夏水長，倒謂八倒也。”（V37P0461a）求之經義，“水長”即水漲，正作“漲”字。漲水之“漲”早期作“長”，如《前漢紀·成帝紀三》：“陰氣盛溢，水則爲之長，故一日之內，晝減夜增。”後添加“水”旁分化出“淺”字記錄之，《玉篇·水部》：“淺，大水也。”字又或作“漲”，《廣韻·漾韻》：“漲，大水。”又《集韻·漾韻》：“漲，水大皃。或省。”今通作“漲”。

110. 嘗、甞、嚐

嘗啜，上尚章反。《字書》正從旨作嘗（甞）。論文從口作嚐，非也。《考聲》云：嘗，美也。顧野王云：嘗，口中味之也。《白虎通》云：言嘗新穀也。《文字典説》云：秋祭名也。從旨尚聲也。（C58P0784b；J066）

按：上所引詞目出自《阿毗達磨發智論》第二卷音義。“嘗”與“甞”“嚐”均是異體字關係。此“嘗啜”條《大正藏》對應經文作：“嗜極嗜，好咀嚼，好嘗啜，選擇而食，選擇而噉，非趣能濟，是謂難養。”（T26P0927b）“嘗”即品嘗義，《説文》正作“嘗”字。《説文·旨部》：“嘗，口味之也。”如《詩經·小雅·甫田》：“攘其左右，嘗其旨否。”本爲辨別滋味，引申有吃、試探、經歷等用法。字或從“甘”作“甞”，《廣韻·陽韻》：“甞，試也，曾也。嘗，上同。”又《正字通·口部》：“嘗，俗作甞。”在品味義上，從“旨”從“甘”其義一也。

慧琳謂其所見經文作“嚐”，該形體《大字典》《字海》及《異體字字典》等大型字書均未收錄。“嚐”即“嘗”之增旁異體字，蓋是因“嘗”的本用與口有關，書經者隨手增“口”旁，以凸顯其品嘗之義。“嘗”亦或增“口”旁作“嚐”，如《封神演義》第一回：“神農治世嚐百草。"二者可互勘。

111. 悵、帳

帳**恔**(悵恔)，勑亮反。《蒼頡篇》云：惆帳(悵)，失志也。《説文》云：帳(悵)即帳(悵)望也。(C57P0677b;J014)

按：上所引詞目出自《大寳積經》第八十一卷音義。"悵"書寫或訛作"帳"。此"帳**恔**(悵恔)"條《大正藏》對應經文作："我如喪失所愛子，愁憂悵恔何可住。"①(T11P0467a)今大正本經文作"悵恔"，宋、元、明本及宫本作"悵恔"。考之經義，作"悵恔"是也，取憂愁不快義。《説文·心部》："悵，望恨也。"《玉篇·心部》："悵，惆悵失志也。""悵"字手書或訛作"帳"。《大寳積經》第八十一卷之"帳**恔**"條，《慧琳音義》高麗本、《校本》如上作，獅谷本、頻伽本、大正本作"悵恔"，《校本》校勘記認爲當作"悵恔"(2012：751)。考之經文義及釋文義，作"悵恔"是，"帳"是"悵"之訛，"**恔**""恔"並是"快"之訛，《慧琳音義》獅谷本、頻伽本、大正本的"恔"則又是高麗本的"**恔**"進一步訛誤所致。其原因在於手書"忄"與"巾"、"央"與"夾""夬""夾"形較近。別如《可洪音義》卷第三"焗帳"條下云："上丑由反，正作惆。下丑亮反。"(C59P0635a)此"帳"亦是"悵"之訛誤字形。

112. 抄、鈔、秒

秒，初教反。應作抄，或作鈔。《玉篇》"抄，掠也，强取物也②"是也。(C57P0977b;J027)

按：上所引詞目出自《妙法蓮華經》卷第二《譬喻品》音義。在掠取、搶奪義上，"抄""鈔"爲異體字關係，"抄"書寫或訛同"秒"。此"秒"字條《大正藏》對應經文作："若他反逆，抄劫竊盜，如是等罪，横羅其殃。"③(T09P0015c)今大正本經文作"抄"，詞頭之"秒"乃"抄"的訛誤字形。"抄劫"同義詞連用，均是掠取義。《説文》作"鈔"，後世多作"抄"。

《説文·金部》："鈔，叉取也。"段注："叉者，手指相造也。手指突入其閒而取之，是之謂鈔。字從金者，容以金鐵諸器刺取之矣。"(1981：714)本爲叉取義，引申而有掠取、搶取義。《方言》卷第十二："鈔，强也。"郭璞注云："强取物也。"張舜徽《説文約注》："凡以鐵杈叉取魚物者，力强而取之能盡，故引申之，鈔有强取掠奪義。"(2009：3470)《玉篇·金部》："鈔，强取也，掠也。"正是"鈔"之引申用法。掠取義上後世多作"抄"字，《廣韻·效韻》："抄，略取也。鈔，上同。"如《後漢書·郭伋傳》："時匈奴數抄郡界，邊境苦之。"從文字形體來源察之，"抄"當即"鈔"在掠取義上之換旁異體字，蓋掠取需用力，故改從"手"旁。

---

① 《大正藏》相關校勘記："恔"下：恔＝快三宫；"住"下：住＝任三宫。
② 按，《校本》以爲"也"字"似衍"(2012：993)，實不衍。釋文引《玉篇》之釋以證之，後贅以"是也"，此爲慧琳釋文引書範式之一種。
③ 《大正藏》相關校勘記："竊"下：竊＝切博；"羅"下：羅＝罹明。

113. 巢、樔、摷

在巢，柴爻反。鳥窠也。象形字。經從木作樔，非也。（C58P1063a；J079）

覆巢，鋤交反。《毛詩》箋云：鵲之作巢。《説文》：鳥在木上巢。從木，象形也。集從手作摷，音責交反，非巢義字。正體作此巢。（C59P0289a；J097）

按：上所引詞目分別出自《經律異相》第四十四卷音義、《廣弘明集》第十卷音義。在鳥窩義上，"巢"與"樔"可視作異體字關係，"樔"書寫或訛作"摷"。上所引釋文之"巢"均是鳥窩義，《説文·巢部》："巢，鳥在木上曰巢。"指鳥窩，如《易經·旅卦》："鳥焚其巢。"從文字形體構造來看，"巢"字爲合體象形，是鳥窩在樹上之形。書寫演變過程中，下部變作"果"形，逐漸散失象形性。《慧琳音義》卷第四"巢穴"下云："象形字也。經從果作巢，誤也。"（C57P0476b）又卷第十六"巢窟"下云："象形字也。經從果，非也。"（C57P0709a）"巢"爲傳承變異字形。

據慧琳所釋，經文或有作"樔"字者。《説文·木部》："樔，澤中守艸樓。"指澤中守望之草樓，徐鍇《説文繫傳》云："謂其高若鳥巢也。""樔"字又用作鳥窩義，《龍龕手鑑·木部》："樔，鳥穴居也。"如《論衡·非韓》："堯不誅許由，唐民不皆樔處。"此義上似可視作"巢"之增旁異體字，蓋是"巢"下部變作"果"形之後，其象形性減弱，而所記詞義與樹木聯繫緊密，故而又增"木"旁。另"巢""樔"二字《廣韻》均有讀鉏交切者，音同。儘管二字《説文》所釋有別，但"樔"之澤中守望草樓義廢而不用，鳥窩義則習見。如此來看，將"巢""樔"視作異體字關係亦無不可，《大字典》"樔"下可增"同'巢'"這一用法（2010：1379）。

釋文又溝通有"摷"字。《説文·手部》："摷，拘擊也。"又《廣雅·釋詁三》："摷，擊也。"爲拘擊義，與"巢"義迥別。"摷"《廣韻》音子小切，又音側交切，與"巢"音相近。經文中鳥窩義上作"摷"，或爲"巢"之通假用法，但更可能是"樔"字書寫訛誤所致。"扌"旁與"木"旁相混者甚多，如《可洪音義》卷第八"樔啄"下云："上叉交、側交二反。取也，擊也。正作攪、摷二形也。"（C59P0848a）此"樔"亦是"摷"的訛誤字形。

114. 嘲、謿、啁、謿、譅

嘲調，上竹交反。或作啁，同。《蒼頡篇》云：啁亦調也。謂相調戲也。經文有作譅字，相承音藝，未詳何出。或作謿，五戒反。《字林》：欺調也。亦大調曰謿也。（C57P0948b；J026）

嘲說，古文謿，今作嘲，又作啁，同。陟交又。《蒼頡篇》：周謂相戲調也。（C58P0968a；J075）

按：上所引詞目分別出自《大般涅槃經》第三十一卷音義、《修行道地經》第四卷音義。在戲謔、調笑義上，"嘲"與"謿"爲異體字關係，與"啁""謿"爲同義替換用法，經文中戲謔義上作"譅"蓋是"謿"的通假用法；從慧琳釋文"相承音藝，未詳何出"來看，唐時"譅"字當產生不久。

上"啁調"條《大正藏》對應經文作："善男子,若有菩薩自言戒淨,雖不與彼女人和合,見女人時,或生①啁調言語戲笑,如是菩薩成就欲法,毁破淨戒,污辱梵行,令戒雜穢,不得名爲淨戒具足。"(T12P0549a)經文之"啁調"即戲謔、調笑義。《説文新附·口部》:"啁,謔也。"《玉篇·口部》:"啁,言相調也。"正經文所用之義。因是言語相戲,故字或從"言"作"謿"。除上所引釋文外,《龍龕手鑑·言部》:"謿,謔也。與啁同。"又《集韻·肴韻》:"啁,或作謿。"如《新唐書·武平一傳》:"嬰滑稽敏給,詔學士謿之,嬰能抗數人。""啁""謿"爲更換形符而成的異構字。

據釋文,或有作"啁"者。《説文·口部》:"啁,啁嘐也。"《集韻·爻韻》陟交切:"嘐,啁嘐,夸語。"又作"啁哳",表示細碎而繁雜之聲。如《楚辭·宋玉〈九辯〉》:"鵾雞啁哳而悲鳴。"洪興祖《楚辭補注》:"啁哳,聲繁細貌。"又可表示戲謔義,《集韻·嘯韻》徒弔切:"啁,嘘也。"段注"啁"下云:"《蒼頡篇》:'啁,調也。'謂相戲調也。今人啁作嘲。"如《漢書·東方朔傳》:"而朔嘗至太中大夫,後常爲郎,與枚皋、郭舍人俱在左右,詼啁而已。"顔師古注云:"啁與謿同,音竹交反。"在戲謔、調笑義上,"啁""啁"宜視作同義替換用法。

另依顔師古注,則"啁"與"謿"音同。"啁"在戲謔義上《集韻》讀徒弔切,然《説文》大徐本、《玉篇》《廣韻》均讀陟交切,與"啁"音同。如認可其音同,則"啁""啁"之間可視作異體字關係。

釋文又溝通有"譺""讘"二字。"譺"字,《廣雅·釋詁四》:"譺,調也。"《玄應音義》卷第十二"調譺"下云:"魚戒反。《廣雅》:'譺,調也。'謂相啁也。《蒼頡篇》:'譺,欺也。'《通俗文》'大調曰譺'是也。"(V32P0163c)在戲謔義上,"啁""譺"義同音別,二者是同義詞替換用法。又"讘"字,慧琳釋文謂"相承音藝,未詳何出",此正"囈"之換旁異體字。《字彙·言部》:"讘,寐語也。"又《正字通·言部》:"讘,與囈同。""讘"與"啁"音義均別,與"譺"音近,經文中戲謔義上作"讘",蓋是"譺"的通假用法。

另上"讘"字,除《慧琳音義》收録外,較早出現的有《玄應音義》,其後《可洪音義》《龍龕手鑑》《四聲篇海》《正字通》《匯音寶鑑》亦有收録。而唐時正字類書、《唐韻》殘卷類及唐以前的字韻書均未見載録。再結合慧琳釋文"相承音藝,未詳何出"可推知,唐時"讘"字當産生不久。

115. 炒、䵦、䵃、䵦、聚、炒、燋、煜、煜、煜、爇、爇、熏、熏、熏、橐、熏、熏、灩、讘、讘、讘、梗、㯟

炒穀,古文熏(爇)、聚二〔形〕,同。初狡反。《方言》:熬、聚,火乾也。《説文》:熏(爇),熬也。②(C57P0580b;J010)

---

① 《大正藏》"生"下校勘記:生＝共㊂。
② 按,《玄應音義》第三卷《勝天王般若經》第四卷"炒穀"下作:初狡反。《方言》:熬、聚、煎、熻,火乾也。(V32P0046a)

　　炒粳,古文作▢(鬻)、槀(熹)、取、叙(爇)四形,今作▢(龘)。崔寔《四民月令》作炒。《古文奇字》作▢,同。初狡反。《方言》:熬、取(取)、煎、㷇,火乾也。㷇音皮逼反。①(C57P0744a;J017)

　　㸑稻穀,楚巧反。或作炒,亦作燺,並通。《方言》云:㸑,火乾也。《古今正字》:從火取聲。(C58P0103b;J035)

　　以炒,初絞反。亦作鬻、爇。(C58P0199b;J040)

　　▢穀,又作炒、㸑、▢(熏)三形,同。初狡反。《方言》:㸑,火乾也。②(C58P0278b;J044)

　　燺疼,抄爪反。《方言》:火乾也。《古今正字》:從火叙聲。或作㸑、爇,亦作炒,並義同。叙音楚愚反。(C58P0597b;J057)

　　自炒,古文鬻(鬻)、▢(罴)、取、爇四形,今作▢(龘)。崔寔《四民月令》作炒,《古文奇(奇)字》作▢,同。初狡反。《方言》:熬、煎、㷇〈皮逼反〉,火乾也。《説文》:熬也。③(C58P0637a;J059)

　　煎炒,古文鬻、燺、取、爇四形,今作▢(龘)。崔寔《四民月令》作炒。《古今正字》作▢字,同,初絞反。《方言》:熬、取、煎、備,火乾也。《説文》:熬也。④(C58P0927b;J073)

　　按:上所引詞目分別出自《勝天王般若經》第四卷音義、《大集日藏分經》第八卷音義、《一字頂輪王經》第五卷音義、《大力金剛成就諸願經》音義、《菩薩本行經》上卷音義、《僧護經》音義、《四分律》第十二卷音義、《立世阿毗曇論》第八卷音義。在煎炒義上,"炒"與"鬻""㸑""燺""鬻""▢"均是異構字關係;"鬻"書寫或變異作"▢",又或訛同"鬻";"㸑"或寫作"取";"燺"或書作"爇","燺"形又或書作"煇""▢""煇","爇"進一步變異作"爇""罴""罴""罴""槀",書略又同"熏""叙";"鬻"或變異作"龘""▢""龘";釋文溝通的"▢"乃"櫨"的一字異寫,或又訛作"揆"形,進一步訛誤作"▢"。

　　上所引釋文諸"炒"字及其異體寫法均取煎炒義,《説文》正作"鬻",後通作"炒"。《説文·弼部》:"鬻,熬也。"段注:"《爾雅音義》引《三蒼》:'熬也。'《説文》:'火乾物也。'與今本異。"(1981:112)段注引《方言》並按云:"㸑即鬻字。"張舜徽《説文約注》:"許書鬻字,《方言》作㸑。"(2009:683)《龍龕手鑑·鬲部》:"鬻,正。初巧反,鬻乾也。"綜上,"鬻"即指以火乾物,"炒"則煎炒義上之後出字。《集韻·巧韻》:"鬻,《説文》:'熬也。'或作炒。"明郭一經《字

---

① 按,《玄應音義》卷第一《大集日藏分經》第八卷"炒粳"下作:古文▢、熹、取、爇四形,今作▢。崔寔《四民月令》作炒,《古文奇字》作▢,同。初狡反。《方言》:熬、取,火乾也。(V32P0009c)
② 按,《玄應音義》第五卷《菩薩本行經》上卷"▢穀"下作:又作炒、㸑、▢三形,同。初狡反。《方言》:㸑,火乾也。(V32P0065c)"▢"乃是"熏"的書寫變異形體,正作"爇"。
③ 按,《玄應音義》第十四卷《四分律》第十二卷"自炒"下作:古文鬻、罴、取、爇四形,今作龘。崔寔《四民月令》作炒,《古文奇字》作▢,同。初狡反。《方言》:熬、取、煎、㷇,火乾也。《説文》:熬也。(V32P0188b)
④ 按,《玄應音義》卷第十八《立世阿毗曇論》第八卷"煎炒"下作:古文鬻、熏、取、爇四形,今作龘。崔寔《四民月令》作炒,《古文奇字》作▢,同。初絞反。《方言》:熬、取、煎、㷇,火乾也。《説文》:熬也。(V32P0248a)

學三正·體製上·古文異體》云："爝、鸞、炒。"如《齊民要術·造神麴并酒》："炒麥：黄，莫令焦。"從形體來源求之，"炒"從"火"取用火乾義，"少"爲聲，與"鸞"爲異構字關係。

"鸞"字手書或作"鸞"形，如上所引《大集日藏分經》第八卷"炒粳"條下之古文"鸞"。或又訛同"鸞"字，如上引《四分律》第十二卷"自炒"條之古文"鸞"。因"鸞"上部字形繁雜，手書易與"鸞"混。

據慧琳釋文，字又作"㷅"。《方言》卷第七："㷅，火乾也。凡以火而乾五穀之類，秦、晉之間或謂之㷅。""㷅"或又書作"焣"，《龍龕手鑑·火部》："焣，古。炒，今。"《改併四聲篇海·火部》引《川篇》："焣，音炒。"又《正字通·火部》："焣，同㷅。"從構形角度言之，"㷅"與"焣"爲異寫字關係。

煎炒義上或又作"熻"。《龍龕手鑑·火部》："熻，古。炒，今。"《集韻·巧韻》："熻"，同"炒"。又有"煟"字，《龍龕手鑑·火部》："煟"，同"炒"。"煟"即"熻"書寫變異而來。又有"煟"字，《龍龕手鑑·火部》："煟"，同"炒"。乃由"煟"書寫變異而來。或又變爲"煟"，《立世阿毗曇論》第八卷"煎炒"條下之古文"煟"即是由"煟""煟"等形體書寫變異而來。"菫"或作"葟"，與此相類，可比勘。

據慧琳所釋，煎炒義上又有"㷀"，即"熻"字寫成上下結構而來。"㷀"下之"火"或變作"灬"，從而有《四分律》第十二卷"自炒"條下之"㷀"。"㷀"書寫或略作"焭"，"㷀"書作"焹"、"熻"書作"煟"與此例同，可比勘。"㷀""焭"進一步訛略，則有"焭""焭""㷀"等形體，書寫省略或又訛同"蚤""㲾"。另《菩薩本行經》上卷"煟穀"條下之"蚤"亦或是"煟"略去"火"旁而來。

據釋文，或又作"鬻"。《龍龕手鑑·鬲部》："鬻，初巧反。鬻乾也。"《玉篇·鬲部》："鬻，熬也。"《集韻·巧韻》："鬻"，同"炒"。"鬻"字書寫或變異作"䰞""鬻""䰞""鬻"。

釋文亦溝通了"㮨""㮨"。"㮨"乃"㮨"的一字異寫形體，"㮨"《説文》釋作"積火燎之"[1]，與炒義别。不過據慧琳所釋，《古文奇字》作"㮨"，似"㮨"亦可表示炒義。除玄應、慧琳所釋外，《龍龕手鑑》亦認爲"㮨"爲"炒"之俗。檢《字彙補·木部》："㮨，又揚雄《奇字》云即'炒'字。"此"㮨"似可視作"炒"的異體字。《大字典》"㮨"的第二個音項下收録了"同'炒'"這一用法(2010：1370)，可從。而"㮨"或訛作"㨉"，《龍龕手鑑·火部》："炒，今。㨉，俗。"慧琳釋文中的"㨉"則"㨉"進一步訛誤而致。

116. 麨、麨、粆、鬻、熻

乾麨，昌沼反。俗字也。《廣雅》：麨，食也。《埤蒼》云：炒米麥爲麨也。正體從酉作麨。《桂苑珠叢》云：軍粮曰麨。(C57P0658a；J013)

---

① 按，段注本作"積木燎之"。

食麨，尺沼反。《考聲》云：熬米麥爲粉。衛宏或作麨，俗字也。經中從米從少作粆，非也。《文字典説》：從麥酋聲也。（C58P0098a；J035）

麨飯，上尺沼反。《考聲》云：熬米麥也。《埤蒼》云：䴷麥也。《文字典説》云：煼乾麥屑麨也。從麥酋聲。古作䴷、煼。酋音就由反。（C58P0741b；J063）

按：上所引詞目分別出自《大寶積經》第五十五卷音義、《一字奇特佛頂經》中卷音義、《根本説一切有部大苾芻戒經》音義。在炒熟之乾糧義上，“麨”與“麨”“粆”爲異體字關係，與“䴷”“煼”爲同源通用字關係。

上“乾麨”條《大正藏》對應經文作：“若唯地界無水界者，譬如有人握乾麨灰終不和合；若唯水界無地界者，譬如油水其性潤濕，無有堅實即便流散。”（T11P0322c）求之經義，“麨”指米麥等炒熟後磨成的乾糧。《本草綱目·穀部》“麨”下云：“恭曰：‘麨，蒸米麥，熬過，磨作之。’”（1975：1540）如晉干寶《搜神記》卷第十九：“先將數石米麨，用蜜麨灌之，以置穴口，蛇便出。”字或作“麨”。《龍龕手鑑·麥部》：“麨，通。麨，正。糗也。乾糧也。”又《玉篇·麥部》：“麨，糗也。粆，同麨。”“粆”“麨”爲異構字關係。

上“食麨”條《大正藏》對應經文作：“或飲①水食粆於大河。”（T19P0297c）又《一字奇特佛頂經》上卷云：“或食菜，或食穬麥，或乞食，或飲水，或食粆，誦八洛又作先事法。”②（V19P0292c）依《大正藏》校勘記，《一字奇特佛頂經》上卷之“粆”字，宋、元、明本作“麨”。考之經文，“粆”取乾糧義。《集韻·麻韻》師加切：“粆，蔗飴。”又《正字通·米部》：“粆，擣蔗汁熬成飴。”指蔗糖，與“麨”音義均别。然除上所引“麨”作“粆”之例外，别如《契丹國志·王沂公行程録》：“自過古北口，即蕃境……食止麋粥、粆糒。”《説文·米部》：“糒，乾飯也。”“粆糒”同義詞連用，均指乾糧。由此求之，蓋“粆”即“麨”的換旁異體字，與表蔗糖之“粆”爲同形字關係。在乾飯義上，從“米”從“麥”其義一也，且米、麥均可做成乾糧。因表乾糧義之“粆”產生晚，故而慧琳斥之謂“非”。不過《大字典》“粆”的第二個音項下釋作“乾糧”（2010：3349），未溝通與“麨”之關係。

釋文在“麨飯”條下又溝通有“䴷”“煼”二字，乃是“炒”字，與“麨”義别。從詞源角度言之，“炒”是將米麥等放在火上翻炒，“麨”則是炒熟之米麥；又語音上二字《廣韻》分别爲初紐巧韻、昌紐小韻。“麨”“炒”音近義通，爲“同所異狀”類同源字，劉鈞杰《同源字典補》即將二者系聯爲一組（1999：38）。如此來看，“麨”與“䴷”“煼”是同源通用字關係。

117. 掣、捵、瘈、摯（挚）

掣繩，闡熱反，又音昌制反。今取初音。《説文》云：引而縱也。從手制聲也。或作瘈，

或作摯（摯）①。（C57P0679a；J014）

捴電，上昌熱反。正作撦。（C58P1001b；J076）

按：上所引詞目分別出自《大寶積經》第八十四卷音義、《無明羅刹集》音義。“撦”或書作“捴”，在拽、捴義上，與“瘈”“摯”均是異體字關係，“摩”則“瘈”的書寫省變體；“摯”或訛同“摯”，“摩”或訛同“摩”。

上“撦繩”條《大正藏》對應經文作：“時旃陀羅繫牛其舍，方入欲殺。牛見驚怖，撦繩奔走，往於勝生如來林所。時旃陀羅持刀隨逐，彼牛惶怖，墜於深坑，其命將終，楚痛號吼。”（T11P0485b）求之經義，“撦繩”即捴著繩子，“撦”取拉、捴義。《爾雅·釋訓》：“甹夆，撦曳也。”郭璞注云：“謂牽拕。”邢昺疏云：“撦曳者，從旁牽挽之言。”別如《易經·睽卦》：“見輿曳，其牛撦。”“撦”書寫或作“捴”。《可洪音義》卷第二十一“捴指”下云：“上昌列反，猛挽也。正作撦也。”（C60P0216a）又《龍龕手鑑·手部》：“撦，曳也，制也。捴，俗。”“撦”“捴”爲異寫字關係。

拉、捴義上《說文》正作“瘈”，《說文·手部》：“瘈，引縱曰瘈。”段注：“引縱者，謂宜遠而引之使近，宜近而縱之使遠，皆爲牽撦也。”張舜徽《說文約注》“瘈”按下云：“《釋名·釋衣服》云：‘撦，開也。’撦即瘈字。”（2009：2971）“瘈”與“撦”《廣韻》均有尺制切的讀音，音義均同，在拉、捴義上，二者爲異體字關係。除上所引材料外，茲補充其他證據於下。《慧琳音義》卷第五十二“搚撦”下云：“下又作摩（摩），同。”（C58P0455b）卷第五十五“撦縮”下云：“亦作摩，音並同。”（C58P0541a）卷第七十二“搚撦”下云：“或作摩，並同也。”（C58P0904b）又《玉篇·手部》：“瘈，充世切。牽也，引縱也。撦，同上。又昌列反。”“摩”即“瘈”字，《正字通》“摩”下謂：“俗撦字，《說文》作瘈，摩即瘈之訛。”不過《大字典》“瘈”下釋作“牽引、牽撦”（2010：2876），未溝通與“撦”之異體關係，有失妥當。

據慧琳釋文，拉、捴義上又有“摯”字。《說文·手部》：“摯，握持也。”爲握持義，《廣韻》音脂利切，與“撦”音義均別。實《慧琳音義》此“摯”乃是“摯”之訛誤字形，二字形體較近，易訛。對於二者之關係，王念孫《廣雅疏證》有過考察，茲轉引其要者於此。《廣雅·釋詁一》：“摯，引也。”王氏疏證云：“‘摯’‘摯’二字音義各別。‘摯’音充世反，與‘瘈’‘撦’同，引也，字從手執聲。‘摯’音至，握持也，字從手執聲。《廣雅》‘摯’訓爲引，當音充世反。曹憲音至，誤也。《集韻》《類篇》‘摯’音至，引《說文》‘握持也。’又尺制切，與‘撦’同。溷‘摯’‘摯’爲一字。其誤滋甚。考《玉篇》，‘摯’從執，音至。‘摯’從埶，音充世切，與‘瘈’‘撦’同，今據以辨正。”（1983：42）王氏所言甚切，《慧琳音義》釋文中作爲“撦”的異體字之“摯”均是“摯”的訛誤。

① 按，此“摯”字，《慧琳音義》各版本均如上作，《校本》亦同，且未出校勘記（2012：748）。正當作“摯”，詳見此條下考證。

118. 徹、𢯊、𢜓、撤、澈

痛徹，馳刻反。《考聲》云：迹也。《毛詩》：徹，通也。《説文》云：徹，通也。或作撤，古作𢯊、𢜓。[①]（C57P0495a；J005）

徹過，上纏列反。《考聲》云：徹，通也，迹也，道也，洩也。俗作撤，古作徹。有作澈，是水清澈，非此義也。（C57P0585a；J010）

按：上所引詞目分別出自《大般若波羅蜜多經》第四百六十卷音義、《文殊師利所説般若波羅蜜經》音義。“徹”與“𢯊”“𢜓”當爲異體字關係，“撤”“澈”均是“徹”之後出分化字。

上“痛徹”條《大正藏》對應經文作：“是菩薩摩訶薩爲脱有情生死苦故，終不發起忿恚等心，假使恒遭毁謗、凌辱、辛楚、呵責[②]，痛徹心髓，終不發起一念瞋恨。”（T07P0323b）求之經文，“徹”取毁壞義，由撤出、撤銷義引申而來。《説文·支部》：“徹，通也。”羅振玉《增訂殷虛書契考釋》：“卒食之徹，乃本誼。訓通者，借誼也。”（《古文字詁林》第三册，2001：612）又楊樹達《積微居小學述林·卷二》“徹”下云：“許君以通訓徹，形與義不相比附，説殆非也……訓徹爲除，是其義也。”（1983：56）“徹”本爲撤出、撤銷義，如《左傳·宣公二十年》：“諸侯相見，軍衛不徹，警也。”杜預注云：“徹，去也。”引申有拆除、通達、清澈等用法。

又字形上，“徹”《説文》古文作“𢖽”，《集韻》古文作“𢔥”。從形體關係求之，慧琳“痛徹”條下所謂“古作”之“𢯊”“𢜓”，蓋是“徹”一類形體省書譌變而來。徐在國《隸定古文疏證》考察了“𢖽”“𢔥”等的形義關係（2002：72-73），未涉及慧琳溝通的上述二形體。

據釋文，在指稱通一類用法時俗作撤。“撤”指除去義，《集韻·薛韻》：“撤，去也。”如《論語·鄉黨》：“不撤薑食。”何晏《論語集解》：“孔曰，撤，去也。”引申有抽出、減少等用法。就“徹”“撤”二字的記詞職能而言，後期“徹”主要記録通達、遍滿、盡終義，“撤”主要記録撤出、拆毁、減小義，由此可推知“撤”乃“徹”在撤出、拆毁等義上之後出分化字。張舜徽《説文約注》“徹”下云：“古無撤字，止作徹。”（2009：744）又《五經文字·手部》：“撤，去也。案字書無此字，見《論語》。”《慧琳音義》卷第四十五“遠徹”下云：“經從手作撤。撤，剥也。非經義也。”（C58P0303a）《龍龕手鑑·手部》：“撤，除。”蓋“徹”分化出“撤”至遲在唐中期既已完成，故而慧琳於釋文中明確區分二者之用法。

據釋文，通達義上或有作“澈”者。《玉篇·水部》：“澈，水澄也。”指水清澈，《詩經·唐風·揚之水》：“白石粼粼。”毛傳：“粼粼，清澈也。”“徹”有通透義，“澈”指水透亮，二字義相通。讀音上，二者《廣韻》均是丑列切，音同。“徹”“澈”音同義通，是同源字關係，王力《同源字典》即將二者系聯爲同組（1982：491）。王力同時指出，《説文》無“澈”，“澈”爲“徹”在水透

---

① 按，“𢯊”“𢜓”二形《慧琳音義》各版本均如上作，《校本》疑爲“𢖽”“𢔥”之誤（2012：598）。《校本》所論可從，然“𢯊”“𢜓”二字構形不明，暫存疑。

② 《大正藏》“責”下校勘記作：責＝嘖⊟。

明義上之後起分別字。王鳳陽《古辭辨》亦持此觀點："'澈'是'徹'的分化字,專用於水無雜質。"(1993:484)故而慧琳"徹過"下云"澈"是"水清澈,非此義也"。又《可洪音義》卷第八"上澈"下云:"通也,達也。正作徹。"(C59b0833c)

119. 塵、麤、從庶土、從兩上

塵埃,上長隣反。《莊子》云:塵,埃也。《説文》云:行揚土也。從鹿從土。本作麤,古字也,從鹿(麤)從土。今隸書去二鹿,略也。(C57P0693b;J015)

塵累,塵字從庶土。庶,眾也。謂眾土成塵,會意字也。今人多從鹿下土爲塵,莫識其義也。(C57P0826a;J021)

塵相如故,杜注《左傳》曰:故猶舊也。塵字,案《字林隱文》作塵。今有從兩上者,不是字也。(C57P0847a;J022)

按:上所引詞目分別出自《大寶積經》第一百零九卷音義、《華嚴經》第十三卷《光明覺品》音義、《華嚴經》第三十九卷《十地品》之六音義。"麤"書寫省作"塵","塵"書寫或變作上"庶"下"土"形,從構形上可重新解釋爲眾土爲塵;據慧琳所釋,"塵"字書寫中或變爲從兩"上"形。

上引釋文之"塵"均爲塵土、塵埃義,《説文》正作"麤"。《説文·麤部》:"麤,鹿行揚土也。"段注:"羣行則塵土甚,引申爲凡揚土之偁。"事實上"麤"本指塵土義,非引申爲泛指塵土。《説文》"麤"字採用形訓以釋義,所釋爲造意而非實義[1];段氏將《説文》之造意視作實義,故有引申之説。"麤"省書作"塵",《玉篇·麤部》:"麤,埃麤也。今作塵。"

據釋文,"塵"字或有從庶、土作者,乃是"塵"書寫變異後,人們爲其重新解釋構形,以求得形義之統一,與小土之"尘"同理。《龍龕手鑑·土部》:"[塵],俗。塵,今。"又《碑別字新編·十四畫》"塵"下引《魏李洪演造象記》作"[塵]"(1985:278),黄征《敦煌俗字典》"塵"下引津藝22《大般涅槃經》卷第四作"[塵]"(2005:46),竹林居士《佛教難字字典·土部》"塵"下引《細字法華經》作"[塵]",引"碑文"[2]作"[塵]"(1990:58)。從字形結構上看,上所錄形體均與"從庶、土"相近,可資爲證。知慧琳所言不誣也。

慧琳釋文中又指出,其時所見"塵"字有從兩"上"者,亦是"塵"之變異寫法。《碑別字新編·十四畫》"塵"下引《隋鄭道育墓誌》作"[塵]"(1985:279),與慧琳描述的形體較爲接近,或可爲證。另外,《四聲篇海·土部》:"[塝],音塵,同。""[塝]"左右兩邊的"土"與"上"形亦近。

---

① 關於"造意""實義"之説,詳見王寧《訓詁學原理》"造意與實義"部分,中國國際廣播出版社,1996年,第43頁。
② 按,此處之"碑文"指羅振鋆、羅振玉《增訂碑文》,羅振玉《碑文拾遺》,羅福葆《碑文續拾》三書的綜合名稱。見竹林居士《佛教難字字典》之"凡例"部分,常春樹書坊,1990年,第8頁。

120. 疢、痳

疢去，上恥恡反。《考聲》云：疢，病也。病有根也。《毛詩》云：心之憂矣。疢如疾首也。《說文》云：疢，熱病也。從疒從火。經作痳，通用。(C58P0035a；J032)

按：上所引詞目出自《佛說大淨法門品》音義。"疢"與"痳"爲異體字關係，"疢"亦或寫作"疹"，與皮膚上起的紅疙瘩之"疹"構成同形字關係。

此"痳去"條《大正藏》對應經文作："猶如有良醫，療治於眾病；不令身增減，亦無所忘失；病則是遊客，其疾已滅除；亦無有異習，不知疹去處。"[1]（T17P0822c）今大正本經文作"疹"。考之經義，作"疹"亦通。"疹"是皮膚上起的紅色小疙瘩，也泛指疾病義。《集韻·屑韻》："疹，病也。"與"疢"義相近。另"疢"亦有可能書作"疹"，詳見下文。據慧琳釋文，《說文》正作"疢"。《說文·疒部》："疢，熱病也。"又泛指病，《廣雅·釋詁一》："疢，病也。"王念孫疏證云："疹與疢同。"

據釋文，"疢"或書作"痳"。"疢"內之"火"形與"尒"形近，"尒"字，三體石經《多士》作""；"火"字，《漢印文字徵》引《鐘官火丞》作""，商承祚《石刻篆文編》引石經《堯典》"火"字有作""者（《古文字詁林》第八冊，2003：642）。因"火""尒"形近，故作構字部件時有混訛之可能，從而"疢"或書作"痳"形。又"尒"或書作"尔"，《集韻·紙韻》："尒，亦書作尔。"故"痳"又變異作"痳"。此當即"疢"到"痳"之變異軌跡。

另外，"痳"亦有可能書作"疹"。其原因在於"彡"或書作"尒"形[2]，別如"趁"書作"趂"、"軫"書作"軡"、"珍"書作"珎"、"參"書作"叅"、"驂"書作"騾"等，均是其例。如此，表疾病之"疹"與表皮膚上小紅疙瘩之"疹"或是同形字關係，且二者均與疾病有關，故雜用不別也。《大字典》"疹"下據《集韻》釋同"疢"（2010：2854），正源於此，可從。

121. 齔、齓、齘

弱齔，下初謹反。鄭注《周禮》：男子八歲毀齒曰齔。《說文》：從齒七聲。集文作齓，非也。(C59P0147b；J088)

齔齒，上初僅反。已見前釋。傳文從几作齘，非者也。(C59P0229b；J094)

按：上所引詞目分別出自《集沙門不拜俗議》第五卷音義、《續高僧傳》第二十卷音義。"齔"與"齓""齘"均是異體字關係。

---

[1] 《大正藏》相關校勘記："忘"下：忘＝亡三宮；"疾"下：疾＝病三宮。

[2] 按：宋王觀國《學林》卷十"尒彡"下有相關論述，兹轉引其要者於此，以爲參證："然則尒者乃爾字之首也，後世既書靁爲爾而平其首，又改尒爲尔，是俗書也。姓有尒朱氏，尒綿氏，只用尒字，蓋得姓之始用尒字，固不可變尒而爲爾也。後世俗書乃作尔字，故書彌爲弥、書嬭爲妳、書禰爲祢、書獼爲狝，皆非字法也。而俗書彡字亦作尒，如書珍爲珎、書軫爲軡、書診爲訟、書參爲叅之類，皆因草書彡字爲尒形，故隸書亦從而變之，然失字法益遠矣。"見王觀國撰、田瑞娟點校《學林》，中華書局，1988年，第341頁。

上"弱齔"條《大正藏》對應經文作："至若宿德耄齒，戒律無虧，棲林遯谷，高尚其事，若斯儔輩，可致尊崇。其有弱齔蒙求，熏修靡譽，背真混俗，心行多違，以此不拜，義難通允。"（T52P0465c）今大正本經文亦作"齔"。考之經文，"弱齔"即"弱齔"，取年少之義。《説文·齒部》："齔，毀齒也。"指脱乳齒，引申又指乳齒、年幼之義。《集沙門不拜俗議》第五卷之"齔"是"齔"的書寫變異字形，《龍龕手鑑·齒部》："齔，今。齔，正。毀齒也。"《廣韻·震韻》："齔，俗作齔。"又如《國語·鄭語》："府之童妾，未既齔而遭之，既笄而孕，當宣王時而生。"韋昭注云："毀齒曰齔。"

上"弱齔"條《大正藏》對應經文作："年登七十，忽然齔①齒新生。"（V50P0594a）今大正本經文作"齔"，釋文所見經文作"齔"。《字彙補·齒部》："齔，亦作齔。""齔"爲"齔"的書寫變體，"齔"亦是"齔""齔"類形體書寫變異而來，故慧琳斥之爲非。

122. 嚫、賮、儭

儭施，上初靳反。儭猶親持財施，名爲儭施。從人親聲。本無此字，譯經者隨意作之。或從口，録文從貝，未知孰是，今且從人。（C58P1071a；J080）

嚫施，初靳反。正嚫字從口作。今傳從貝作賮，未詳。（C59P0063b；J083）

按：上所引詞目分別出自《大唐内典録》第三卷音義、《大唐三藏玄奘法師本傳》第九卷音義。在施捨財物給僧人義上，"嚫"與"賮"爲異體字關係，與"儭"爲音借字關係。

上"儭施"條《大正藏》對應經文作："已外名德五百沙門，皆重嚫施，後還西域不知所終。"（T55P0254b）今大正本經文作"嚫施"。據慧琳所釋，施捨財物給僧尼義上，正合作"嚫"。《龍龕手鑑·口部》："嚫，嚫施也。"《玉篇·口部》所釋同上。"嚫"是梵語 dakṣiṇā 音譯"達嚫"之省文，《玄應音義》卷第十四"達嚫"下云："又觀反。經中或作大櫬，梵言訕也。案《尊婆須蜜論》亦作檀櫬，此云財施……律文從口作嚫，近字也。"（V32P0196a）由玄應釋文觀之，"嚫"是爲對譯梵文而新造之字。② 或從"貝"作"賮"，《龍龕手鑑·貝部》："賮，賮施也。"《玉篇·貝部》："賮，賮錢。"又《廣韻·震韻》："嚫，嚫施。賮，上同。""賮"即由"嚫"改換形符而來，蓋是因"嚫"所表之義與財物有關，故而換從"貝"。

《大唐内典録》第三卷之"儭施"條下亦溝通有"儭"字。據慧琳所釋，"儭"取親自義，與"嚫"這一譯音新造字用法有別。《慧琳音義》釋文中將"儭"多釋爲至、近義；又據《菩薩處胎經》第一卷"儭身"條下所釋（C58P0282a），"儭"其中一個讀音與"嚫"同，乃是"嚫"之音借字。

123. 讖、讖、識

讖鵬，又蔭反，下薄崩反。經文作識，誤也。（C58P0465a；J052）

---

① 《大正藏》"齔"下校勘記作：齔＝齡㊏。

② 關於"近字"之内涵，參孫建偉《也談〈玄應音義〉的"近字"》，《海南師範大學學報》，2013 年第 5 期，第 89—94 頁。

讖書,楚禁反。顧野王云:讖謂占候有効,記其事也。《説文》:讖,驗也。從言韱聲。經作讖,俗字也。韱音僉也。(C58P0596a;J057)

按:上所引詞目分別出自《增一阿含經》第三卷音義、《辯意長者子經》音義。"讖"與"讖"爲異體字關係,書寫或訛同"讖"。上"讖書"條《大正藏》對應經文作:"時國相師明知相法,讖書記曰:'當有賤人應爲王者。'諸臣百官千乘萬騎,案行國界,誰應爲王。"(T14P0839c)今大正本經文作"讖"。"讖書"即記載預言、印證類的書,《説文》正作"讖"。《説文·言部》:"讖,驗也。"釋文所見經文作"讖",乃是"讖"書寫變異所致。《龍龕手鑑·言部》:"讖,預也。"宋婁機《漢隸字源·沁韻》"讖"下引《張平子碑》作"讖"。又"讖鵬"條下云經文作"讖",今大正本經文亦作"讖"(T02P0557c),《大正藏》"讖"下校勘記:宋、元、明本及聖本作"讖"。核之經義,作"讖"是也,此"讖"乃"讖"之訛誤字形。

124. 呈、程、侱

呈佛,馳京反。呈,見也。謂亦(示)①見於佛也。論文作程法之程,非體也。或作侱,非也。(C58P0935b;J073)

按:上所引詞目出自《分別功德論》第一卷音義。在呈上、呈見義上,"呈"與"程""侱"均是通假字關係。此"呈佛"條《大正藏》對應經文作:"迦旃延子撰集眾經,抄撮要慧呈佛印可,故名大法藏也。"(T25P0032a)今大正本經作"呈",慧琳所見經文作"程"。求之經文,取呈上義,正合作"呈"。《説文·口部》:"呈,平也。"王筠《説文句讀》:"他書皆無此訓,蓋許君以呈爲程古文也。""呈"文獻中主要表示呈現義,段注"呈"下云:"今義云示也、見也。"《廣韻·清韻》:"呈,示也,見也。"別如《列子·天瑞》:"味之所味者嘗矣,而味味者未嘗呈。"

釋文所見經文作"程",爲度量衡之總稱,引申有容量、法式、典範等用法,與"呈"義別。二字《廣韻》均讀直貞切,音同。在呈見、呈上義上,二者爲同音借用字關係。據釋文,或又作"侱"。《集韻·静韻》丑郢切:"侱,役也。"與"呈"音近義別,在呈上義上亦是同音借用字關係。

125. 騁、騁、駚、聘

馳騁,下勅領反。《廣雅》:騁,奔也。杜預注《左傳》云:騁,走也。《説文》:直驅也。從馬甹〈匹丁反〉聲也。《説文》又説甹字從由從丂〈音考〉。今經中從 **丂** 作騁,非也。(C57P0608b;J011)

騰騁,下樫領反。集從央作駚,誤也。樫音逞貞反。(C59P0320b;J099)

騁棘,上勅領反。《韓詩》云:騁,施也。杜注《左傳》云:走也,馳也。《廣疋》:奔也。

---

① 按,此"亦"乃"示"之訛誤字形,"示""見"同義詞連用,均爲呈上義。

《説文》：駈也。從馬甹聲，音四(匹)丁反。論文作騁，非也。(C59P0347a；J100)

按：上所引詞目分別出自《大寶積經》第二卷音義、《廣弘明集》第二十九卷音義、《念佛三昧寶王論》下卷音義。"騁"書寫或作"騁"形，又或訛同"駃""騁"。

上所引釋文之"騁"本是奔馳義，《説文·馬部》："騁，直馳也。"又《廣雅·釋言》："騁，犇也。"引申有放縱、施展等用法。字或書作"騁"，《龍龕手鑑·馬部》："騁，俗。騁，正。"又《碑別字新編·十六畫》"騁"下引《魏叔孫固墓誌》作"騁"(1985：402)。"騁"即由"騁"書寫變異而來。

上"騰騁"條《大正藏》對應經文作："承興序而陟涉，聊盤桓而騰騁，盡登臨之雅致，悅誼嚚之暫屏。"(T52P0338a)今大正本經文作"騁"，釋文所見經文作"駃"。"駃"是獸跳躍自撲義，與"騁"音義均別，非也。由字形求之，此"駃"當即"騁"進一步書誤而致。又"騁棘"條下謂論文作"騁"。"騁""騁"音義別形相近，此"騁"由"騁"書寫訛誤而致。

126. 稱、秤、枰、冓

稱兩，稱，昌孕反。古稱爲冓，今流共用秤字，甚謬也。(C57P0845b；J022)

並稱，尺陵反。《韻英》云：程也。《考聲》云：定其輕重也。《説文》：詮也。從禾冓聲。冓音同上。經文作枰，非也。(C58P1036a；J078)

按：上所引詞目分別出自《華嚴經》第三十五卷《十地品》之二音義、《經律異相》第六卷音義。"稱"早期只作"冓"，後加"禾"旁加以分化；在稱量義上，與"秤"爲異體字關係，"秤"手書或訛作"枰"。

上"稱兩"條《大正藏》對應經文作："譬如真金善巧鍊治，稱①兩不減，轉更明淨，菩薩亦復如是。"(T10P0188c)考之經文，"稱"取稱量義，《説文》正作"稱"。《説文·禾部》："稱，銓也。"王筠《説文句讀》："稱本動字，謂稱量之也。"從字形演變角度言之，"稱"早期只作"冓"，如《汗簡》引《王庶子碑》作"𤔲"，《古文四聲韻》引古《尚書》作"𤔎"，又引古《孝經》作"𤔹"(《古文字詁林》第六册，2003：659)。黄錫全《汗簡注釋》卷第一"𤔎"下云："冓即稱本字。"(1990：144)《慧琳音義》卷第八"稱量"下亦云："古文作冓。"(C57P0543b)後來"冓"添加"禾"旁分化出"稱"字，《汗簡注釋》卷第四"𤔲"下又云："冓、稱古本一字，後分化爲二。"(1990：347)段注"冓"下注云："凡手舉字當作冓，凡偁揚當作偁，凡銓衡當作稱，今字通用稱。"(1981：158)又"稱"下按云："冓，并舉也；偁，揚也，今皆用稱。稱行而冓、偁廢矣。"(1981：327)段氏所言乃是分化之後的用字現象，稱量時有並舉之動作，"冓""稱"二字爲同源分化關係。張希峰《漢語詞族叢考》即將二者系聯爲同族(1999：242)，可參。

"稱"俗又書作"秤"。《干禄字書·去聲》："秤、稱，上俗下正。"又《廣韻·證韻》："稱，俗

---

① 《大正藏》"稱"下校勘記作：稱＝秤㊂㊀。

作秤。"如三國蜀諸葛亮《雜言》:"吾心如秤,不能爲人作輕重。"據釋文,稱量義上經文或作
"枰"。"枰"是棋盤、板床義,《廣韻》音符兵切,與"稱"音義均別,非是。蓋經文之"枰"乃是
"秤"書寫訛誤而致,"木"旁與"禾"旁形近易混。《可洪音義》卷第八"剛揩"下云:"音皆,稈
也。"(C59P0847b)此"揩"正"稭"之書寫訛誤字形;又《可洪音義》卷第九"訥稜"下云:"勒
登反。"(C59P0868a)此"稜"乃是"棱"書寫訛變所致。可相比勘。

127. 眵、胑、膪、肢

眵聦,上尺支反。《韻詮》云:目汁凝也。經文作膪,撿一切字書並無此膪字,未詳所出,
蓋是後人率意妄作耳。《説文》云:眵字從目從侈省聲。(C57P0479a;J005)

眵淚,充尸反。《説文》: 𥉗 薵兜,眵也。薵,莫結反。論文作胑,未詳何出也。
(C58P0331b;J046)

眼眵,充支反。《説文》:𧢲兜,眵也。今江南呼眵爲眵兜也。𧢲音莫結反。論文作胑,
非也。(C58P0911a;J072)

按:上所引詞目分別出自《大般若波羅蜜多經》第四百一十四卷音義、《大智度論》第二
十一卷音義、《法勝阿毗曇心論》第六卷音義。"眵"與"胑"爲異體字關係,"眵"或從"蚩"作
"瞜";"瞜"書寫或訛作"膪","胑"書寫或訛同"肢"。

上"眵淚"條《大正藏》對應經文作:"自相①不淨者,是身九孔常流不淨,眼流眵淚,耳出
結聦,鼻中涕流,口出涎吐,廁道水道常出屎尿,及諸毛孔汗流不淨。"(T25P0199a)求之經
義,"眵"是目汁,俗謂之眼屎。《説文·目部》:"眵,一曰薵兜。"徐鍇《説文繫傳》:"薵兜,目汁
凝也。"《廣韻·支韻》叱支切:"眵,目汁凝也。"又章太炎《新方言·釋形體》"眵"下云:"今人
謂眼中凝汁爲眼眵,讀如矢。"字或從"支"作"胑",《龍龕手鑑·目部》:"胑,俗。眵,正。目汁
凝也。""胑""眵"爲換旁異體字。

"眵聦"條下云經文作"膪",《字彙補·肉部》昌支切:"膪,目汁凝也。"然"膪"之構形與所
記詞義似不甚協。考之字書,《龍龕手鑑·目部》:"瞜,俗。眵,正。目汁凝也。""膪""瞜"音
義全同,形體頗近。慧琳所見經本的"膪"正是"瞜"左邊之"目"訛作"月"形而致。《可洪音
義》卷第一"膪膁"條下云:"尺之反。目汁也。正作瞜。"(C59P0558a)又《可洪音義》卷第三
"塢眵"條下云:"下尺支反。正作眵也。"(C59P0629b)均是其例,可比勘。如此形義方契合。
正因"膪"是"瞜"之訛誤字形,故慧琳時代所見之字書多未予收錄。又《大字典》"膪"下據《字
彙補》釋作"淚凝"(2010:2258),未溝通與"眵"的異體關係,有失妥當。《字海·月部》釋作
"瞜"之訛字(2000:916),甚確,《大字典》當予以修正。

據"眼眵"條所釋,論文作"胑"。《説文·肉部》:"肤,體四肤也。肢,肤或從支。"是肢體

---

① 《大正藏》"相"下校勘記:相=想⑨。

字,《廣韻》音章移切,與“胑”音義均别。然“肢”與“眩”形體較近,左邊所從之“月(肉)”形與“目”形易混,此“肢”即“眩”書寫訛誤所致。《可洪音義》卷第二十“肢淚”下云:“上章移反、尺支反。正作胑也。”(C60P0169c)“肢”則“肢”進一步訛誤而致。

128. 笞、抬、坮、枱

榜坮(抬)[①],下又作笞,同。丑之反。《字書》: 榜,捶也。《廣雅》: 榜、笞,擊也。(C58P0330b;J046)

笞罰,又作枱(抬)[②],同。丑之反。《廣雅》: 榜、笞,擊也。(C58P0392a;J048)

按: 上所引詞目分别出自《大智度論》第十八卷音義、《瑜伽師地論》第八十四卷音義。在擊打義上,“笞”與“抬”爲異體字關係,“抬”書寫或訛作“坮”“枱”。

上“榜坮”條《大正藏》對應經文作:“如見父母幽閉囹圄,拷[③]掠搒笞,憂毒萬端,方便求救,心不暫捨。”(T25P0177c)今大正本經文作“搒笞”,取擊打義。“笞”字,《説文·竹部》:“笞,擊也。”王筠《説文句讀》:“箠者笞之器,以箠擊之謂之笞也。”意爲用鞭子、刑杖等打。字或從“手”作“抬”,《集韻·之韻》:“笞,《説文》:‘擊也。’或從手。”又《類篇·手部》:“抬,擊也。”“笞”“抬”爲换旁異體字,“笞”從擊打器具言之,“抬”則從擊打這一動作言之。

《大智度論》第十八卷音義詞頭作“榜坮”,《龍龕手鑑·土部》:“坮”,“臺”之俗。是臺字,與經義不切。實《大智度論》第十八卷之“榜坮”條本是玄應所撰,慧琳收録時新加審訂。《玄應音義》卷第九“搒抬”下云:“薄衡反。下又作笞,同。丑之反。搒,捶也。笞,擊也。”(V32P0126a)由此可知,《慧琳音義》之“坮”即“抬”書寫訛誤所致。

又“笞罰”下云:“又作枱,同。”“枱”字《慧琳音義》各版本均同,《校本》亦同,且未出校勘記(2012: 1359)。“枱”是耒端,《集韻》音象齒切,與“笞”音義均别,非也。《瑜伽師地論》第八十四卷之“笞罰”條本是玄應所撰,慧琳收録時新加審訂。《玄應音義》卷第二十二“笞罰”下云:“又作抬,同。丑之反。《廣疋》:‘搒、笞,擊。’”(V32P0302b)顯然《慧琳音義》之“枱”由“抬”書寫訛誤所致。

129. 喫、嗀

先喫,口迹反。謂喫噉食飲也。經文作嗀[④],非也。(C58P0041b;J032)

按: 上所引詞目出自《未曾有因緣經》下卷音義。在食、吃義上,“喫”與“嗀”爲異體字關

---

① 按,此“坮”即“抬”字書寫訛誤所致。詳見此條下考證。

② 按,此“枱”即“抬”字書寫訛誤所致。詳見此條下考證。

③ 《大正藏》“拷”下校勘記作: 拷=栲㊪㊥㊬。

④ 按,《玄應音義》卷第五《未曾有因緣經》下卷音義“先喫”條下云:“經文作嗀。”(V32P0071a)是“嗀”之訛誤字形。

係。此"先喫"條《大正藏》對應經文作："諸寶椀中，盛滿好酒，我於眾前，先喫①一椀。"（T17P0586a）今大正本經文作"喫"。考之經義，"喫"取飲義。《説文新附・口部》："喫，食也。"鄭珍《説文新附考》"喫"下按云："《説文》：'齧，噬也。'即'喫'本字。從口猶從齒。契聲與㓞聲一也。唐人詩始見此字，蓋六朝已降俗體。"（《説文詁林》，1988：2281）"喫"本指食義，引申又指飲、吸、經受等用法。字或作"嘆"，《玉篇・口部》："喫，唊喫也。嘆，同上。"又《廣韻・錫韻》："喫，喫食。嘆，上同。""嘆"爲"喫"之換旁異體字，蓋"嘆"字晚出，慧琳未見其用例，故斥之爲"非"。

130. 摛、𢫦、𦤎、擒

摛玉毫，丑移反。《韻英》云：摛，舒也。記之從禽作擒，通也。（C59P0041b；J082）

備𢫦，下耻離反。《蜀都賦》云"𢫦藻掞天"是也。郭璞《爾雅序》云：𢫦翰者之華苑也。《古今正字》云：𢫦，舒也。從手离聲。亦作𦤎。离音同也。（C59P0099a；J085）

按：上所引詞目分別出自《西域記》第十二卷音義、《辯證論》第四卷音義。"摛"與"𢫦""𦤎"爲異體字關係，"摛"書寫或訛同"擒"。

上"備𢫦"條《大正藏》對應經文作："爰勒上宫式摹遺景，奉造釋迦繡像一幀，并菩薩聖僧，金剛師子，備摛仙藻，彌諸神變。"（T52P0513a）今大正本經文作"摛"。求之經義，"摛"取鋪敍、舒展義。《説文》正作"摛"，《手部》："摛，舒也。"引申有鋪敍、播揚之義。

據釋文，字或從"离"作"𢫦"。"离"《集韻》音抽知切，與"摛"音同，故可換作聲符。又或作"𦤎"，當是由"攡"換旁而來。《集韻・支韻》："摛，舒也。楊子雲作攡。""𢫦""𦤎"均是"摛"之異構字。

"摛玉毫"條下云記作"擒"，是擒拿義，與"摛"别，由"摛"書寫訛誤而致。《可洪音義》卷第二十四"擒賦"下云："上丑知反。舒也。正作摛。"（C60P0318b）清邢澍《金石文字辨異・支韻》"摛"下引《漢尉氏令鄭季宣碑》作"擒"，邢氏按云："擒即摛。"又竹林居士《佛教難字字典・手部》引"碑文"，"摛"有作"擒"者（1990：125）。均是其例。因"摛""擒"形近，故"摛"或訛作"擒"。

131. 嗤、欼、蚩、𡴀、𡻥、崺、螳、歁

嗤笑，赤之反。《韓詩》云：志意和悦兒也。《考聲》云：嗤，笑也。《字書》云：嗤，戲笑也。《説文》作欼（欼）。又云：欼欼，戲笑兒也。從欠𡴀（𡴀）聲也。𡴀（𡴀）音之也。（C57P0524b；J007）

---

① 《大正藏》"喫"下校勘記作：喫＝擎⊜⊜。

蚩笑，上齒之反。《廣雅》：蚩，輕也，亂也。《韓詩》云：志意和悦兒。從虫從屮。經作

𧑏，非也。《說文》作欯。欯，戲笑兒也。（C57P0698a；J015）

蚩笑，尺之反。《蒼頡篇》：蚩，輕侮也。經文從口作嗤，非體也。（C57P0740a；J017）

蚩笑，古文𡶴，同。尺移反。《廣疋》：蚩，輕也。謂相輕笑也。（C58P0642b；J059）

蚩弄，古文𡶴，同。尺之反。《廣疋》：蚩，輕也。謂輕笑也。（C58P0771b；J065）

嗤往，齒之反。《說文》：嗤，笑也。從口蚩亦聲。集從虫作𧑏，非也。字書並無此字也。

（C59P0300a；J098）

　　按：上所引詞目分別出自《大般若波羅蜜多經》第五百四十六卷音義、《大寶積經》第一百一十三卷音義、《大方等大集經》第十六卷音義、《增一阿含經》第二十二卷音義、《鼻奈耶律》第十卷音義、《廣弘明集》第十六卷音義。"嗤"爲"蚩"在嗤笑義上之後出分化字，與"欯"爲異體字關係，與"𡶴""𡶴"爲通假字關係；"嗤"書寫或訛作"𧑏"，"蚩"書寫或省作"𧑏"形，"𡶴"書寫或省作"𡶴"形，"欯"書寫或訛作"欯"。

　　上《大寶積經》第一百一十三卷"蚩笑"條《大正藏》對應經文作："何等八？ 一作愚癡，二口瘖瘂，三受身矬陋，四顔貌醜惡，其面側戾，見者蚩①笑。"（T11P0640a）今大正本經文作"蚩"，明本作"嗤"。考之經義，正當作"嗤笑"。"蚩"字，《說文·虫部》："蚩，蟲也。"是蟲名，或又表示無知、愚昧、誒亂義。嗤笑義上之"蚩"爲借用，《玉篇·虫部》："蚩，笑也。"朱駿聲《通訓定聲·頤部》："蚩，叚借爲欯。"如《文選·阮籍〈詠懷詩〉》："乃悟羨門子，噭噭今自蚩。"李善注云："《說文》云：'嗤，笑也。'嗤與蚩同。"後在漢字形義統一性的促動下，添加"口"旁分化出"嗤"。《玉篇·口部》："嗤，笑兒。"釋文又謂經文作"𧑏"，乃是"蚩"書寫省變而致。《慧琳音義》卷第十三"蚩賨"下云："經中作𧑏，訛略也。"（C57P0657b）綜上，"嗤"爲"蚩"在嗤笑義上之後出分化字，"蚩"書寫或省作"𧑏"。蓋是"嗤"爲新造字，故而慧琳謂之"非體"也。

　　《大寶積經》第一百一十三卷"蚩笑"條下又溝通有"欯"字。《說文·欠部》："欯，欯欯，戲笑兒。"段注謂："此今之嗤笑字也，《廣韻》畫'欯''嗤'爲二字。殊誤。其云：'嗤'又作'歖'，不知皆'欯'之俗耳。""欯"字《廣韻》讀許其切，段氏按云："當赤之切。蚩亦从虫屮聲。"（1981：412）王筠贊同并申發段玉裁之說，《說文句讀》云："羣書皆'欯'與'嘻'同音，錢竹汀曰：'欯'即婦子嘻嘻之'嘻'，惟段氏曰：'欯'即今之嗤笑字。是也。"王筠同時解釋了何以李注《文選》引《說文》作"嗤"字："所引者皆此'欯'字說，因本文或借'蚩'字，或作俗'嗤'字，故改《說文》以就之。"（《說文詁林》，1988：8730）

　　總上，《說文》之"欯"當即嗤笑之本字，文獻中或借蟲名之"蚩"，後又添加"口"旁作"嗤"字。據段氏，"欯"音亦當讀赤之切，則與"嗤"音義全同，二者爲異體字關係。如《慧琳音義》卷第六十九"嗤誚"下云："《文字典說》：'從口蚩聲。'或作欯。"（C58P0852a）另《大字典》"欯"

---

① 《大正藏》"蚩"下校勘記：蚩＝嗤⑩。

下釋爲"戲笑、譏笑"義(2010：2290)，未溝通與"嗤"之關係，有失妥當。

《增一阿含經》第二十二卷"蚩笑"條下溝通有古文"𦐊"。《説文·羽部》："𦐊，飛盛皃。"段注改"飛"爲"羽"，指羽盛貌。《廣韻》音赤之切①，與"嗤"音近義別，在嗤笑義上二者爲通假字關係。

"蚩弄"條下云："古文𦐊，同。"上《鼻奈耶律》第十卷之"蚩弄"條《大正藏》對應經文作："六群比丘聞釋種婦女爲賊所奪，自相謂言：'我等共往逆嗤弄之。'"又："六群比丘往嗤弄之，是故聲高。"(T24P0894c)今大正本經文作"嗤"，正嗤笑義。慧琳所謂古文"𦐊"，是羽盛義，《改併四聲篇海·羽部》引《川篇》之吏切："𦐊，羽盛皃。"與"嗤"音近義別，在嗤笑義上二者爲通假字關係。另從"𦐊"之形義關係求之，從"羽"與羽毛有關，而從"山"則與聲、義均無涉。從讀音求之，此"山"形當即"屮"之訛略。王筠《説文句讀》"欫"下云："《文賦》：'或受欫于拙目。'從山非義非聲，足知爲欫之譌矣。"(《説文詁林》，1988：8730)可相比勘。由此進一步求之，"𦐊"當即"𦐊"之書寫省變形體。《集韻·志韻》職吏切："𦐊，羽盛皃。""𦐊""𦐊"音頗近，義同，正是異體字關係。又《大字典》"𦐊"下據《改併四聲篇海》釋作"羽盛貌"(2010：3562)，未溝通與"𦐊"之異體關係，有失妥當。

《大般若波羅蜜多經》第五百四十六卷"嗤笑"條下引《説文》作"欨"。《説文·欠部》："欨，咄欨，無慙。一曰無腸意。"指無愧心，或指無心。與"嗤"義別。"欨"與"欫"形頗近，此"欨"即"欫"書寫訛誤而致。又《廣弘明集》第十六卷"嗤往"條下謂經文作"蟦"，是螞蟻字，同"蟻"，與經義背。此"蟦"乃是"嗤"書寫訛誤而致，故慧琳斥之"非也"。《可洪音義》卷第十"蟦喫"下云："上尺之反。"(C59P0903b)亦可爲證。

132. 絺、𢙵

絺綌，上恥尺反，下卿逆反。《説文》並葛也。細曰絺，又作𢙵。麁曰綌。絺，從糸希聲。綌，從糸谷聲，亦作𢘓。(C59P0244b；J095)

按：上所引詞目出自《弘明集》第一卷音義。"𢙵"左部之"忄"形當是"巾"書寫訛略所致，與"絺"爲異體字關係。此"絺綌"條《大正藏》對應經文作："所以孟夏之月生者，不寒不熱，草木華英，釋狐裘衣絺綌，中呂之時也。"(T52P0001c)今大正本經文作"絺綌"，與詞頭之"絺綌"義同，均指葛布而言。渾言不別，"絺""綌"均是葛布；析言有異，"絺"是細葛布，"綌"爲粗葛布。釋文謂細葛布義上又作"𢙵"，"𢙵"與"絺"形頗近。"𢙵"字《廣韻》音香衣切，《玉篇·心部》："𢙵，念也，願也。"爲意念、心願義，與"絺"音義均別，非是。蓋"𢙵"左邊的"忄"形是"巾"書寫訛誤所致。"巾"旁訛作"忄"者甚眾，如此方可解釋慧琳所謂又作"𢙵"。

---

① 按，王仁昫《刊謬補缺切韻》《宋本廣韻》《鉅宋廣韻》以及《廣韻》澤存堂本、四部叢刊巾箱本均作"赤之切"，《大字典》引《廣韻》注音"赤知切"(2010：3564)。

釋文又云"緆"亦作"![巾奉]"，"![巾奉]"是吝嗇字，亦非也。此"![巾奉]"左邊亦是"巾"書寫訛略所致。在葛布義上，從"巾"從"糸"義相通。另"![巾奉]""![巾奉]"二字未編碼，《大字典》《字海》以及《異體字字典》等大型字書均未見收錄。

133. 螭、![虵]

憑螭，下恥離反。《楚辭》云：雨龍驂螭。王注云：螭，若龍而無角。亦謂之![虵]蟉也。《廣雅》《說文》義並同。從虫离聲。或作![虵]①。蟉音樓。（C59P0110a；J086）

按：上所引詞目出自《辯正論》第六卷《十喻篇》音義。釋文之"![虵]"乃是"虵"的一字異體，與"螭"亦爲異體字關係。此"憑螭"條《大正藏》對應經文作："披蘿絹蕙鳥曳熊經，金寵罕成玉華難覯，凝髓化骨空致斯談，戴蜺憑螭末覩其實。"（T52P0533b）"螭"字，《說文·虫部》："螭，若龍而黃，北方謂之地蟉。或云無角曰螭。"與慧琳釋文同。字或作"虵"，《玉篇·它部》："虵，今作螭。"又《廣雅·釋魚》："無角曰虵龍。"王念孫《廣雅疏證》云："螭與虵同。""虵"從它多聲，在龍義上，從"它"從"虫"義相通，二者爲異構字關係。釋文謂或作"![虵]"，乃與"虵"爲一字異體關係。比如"駝"又作"馳"、"扡"又作"拖"、"柂"又作"柁"、"沱"又作"沲"、"跁"又作"跎"等，皆是其例。另《校本》認爲"![虵]"似作"虵"或"虵"（2012：2018），從上面的考察來看，作"虵"是。此外，上"![虵]"字未編碼，《大字典》《字海》及《異體字字典》等大型字韻書未見載錄。

134. 鶌、鳰、雓、鴵、雈、蛭

鶌鳥，上叱支反。鳶鳥也。或作鴵、鶌、雈。《説文》：佳亦鳥也。訓用互通。經文作蛭，非也。蛭音質，非經義。（C57P0703b；J015）

鴵傗，上叱之反。《考聲》及《文字典説》皆云：傗鴵，怪鳥也。察此鳥畫休夜飛。《説文》：傗即鳰也。鳰則鳶屬也。《古今正字》二字並從鳥，至、休皆聲。鳰或從氏作鶌，今不取也。（C58P0065b；J033）

鶌鳥，齒支反。《莊子》云"鶌鶌嗜鼠"是也。《説文》：鳶鳥之屬。或從佳作雓，形聲字。（C58P1030a；J077）

按：上所引詞目分別出自《大寶積經》第一百二十卷音義、《腹中女聽經》音義、《大周勘定眾經目録序》音義。"鶌"書寫或變異作"鳰"，與"雓""鴵""雈"均是異體字關係，與"蛭"是通假字關係。

上所引釋文之"鶌"分別是鶌子、傗鴵義，《説文》籀文作"鶌"，正篆作"雓"。從"鳥"從"佳"其義一也。據釋文，字或有作"鴵"者。《玉篇·鳥部》："鶌，鳶屬。鴵，同鶌。""鴵"與

_____

① 按，"![虵]"字《慧琳音義》各版本均如是作，當即"虵"之書寫變異字形。

"鷗"爲更換聲符而成的異構字。又或作"雅"，義同。《正字通‧佳部》："雅，鷗同。""鷗"書寫或作"鴉"，《龍龕手鑑‧鳥部》："鴉，與鷗同。"其間關係較明。

據釋文，經文中"鷗"字有作"蛭"者。上《大寶積經》第一百二十卷"鷗鳥"條《大正藏》對應經文："或於傍生之儔蝦蟇蛭烏及餘鳥獸而施與者，亦名大施。"（T11P0680a）今大正本經文作"蛭烏"，據慧琳所釋，則"烏"是"鳥"之訛。"蛭"是水蛭，《廣韻》音之日切，與"鷗"音近義別。在鷗鴉義上，二者乃是通假字關係。

135. 癡、懘、侶

癡惷，上恥持反。俗字也。正從心作懘。《考聲》：懘，愚也。衛宏從人從乏作侶。會意字也。（C57P0718b；J016）

按：上所引詞目出自《佛説胞胎經》音義。"癡"與"懘""侶"均是異體字關係。此"癡惷"條《大正藏》對應經文："諸百節病痛諸患，風寒諸熱疥癩虛痔，惡瘡癰疽黃疸咳逆，顛狂盲聾瘖瘂癡惷①。"（T11P0890a）"癡惷"近義詞連用，均指癡呆、愚鈍而言。《説文‧疒部》："癡，不慧也。"段注："癡者，遲鈍之意，故與慧正相反。"指癡呆、遲鈍，引申有發呆、癲狂、迷戀等用法。據慧琳所釋，又從"心"作"懘"。《集韻‧之韻》："癡，或作懘。"在癡呆義上，從"疒"從"心"各有側重，"疒"言癡呆爲病態，"心"言癡呆爲不慧。二者是換旁異體字。

據慧琳所釋，或又作"侶"。"侶"字大型字書鮮有收録，《集韻‧之韻》超之切："癡，《説文》：'不慧也。'或作俗。""侶""俗"形近，當即一字異體。從字形結構觀之，慧琳謂"侶"從人從乏，蓋取人少智慧義，與"癡"爲異構字關係。另《字海》據《集韻》收録有"俗"字（2000：77），釋作同"癡"，未收録"侶"字。《大字典》及《異體字字典》亦未予收録。

136. 齝、齛、齝、呞

呞食，又作齛、齝（齝）②二形，同。勑之、式之二反。《尔雅》：牛曰齛。謂食已復吐出也。（C58P0234a；J042）

牛齛，又作齝。《三蒼》作齝，《詩傳》作呞，同。丑之反。《韻集》音式之反。《尔雅》：牛曰齛。郭璞曰：食之已，復出嚼之也。（C58P0320b；J046）

按：上所引詞目出自《大威德陀羅尼經》第十四卷音義、《大智度論》第二卷音義。"齝"與"齛""齝""呞"均是異體字關係，"齝"書寫或訛作"齝""齝"。

上"呞食"條《大正藏》對應經文："不知黃門最上語言，不知不生子者最上語言，不知出聲處，不知遮制呞食，不知求索食者，不知足食，不知苦方便。"（T21P0813b）"呞"指牛反芻，

---

① 《大正藏》"惷"下校勘記作：惷＝惷元明。

② 按，此"齝"正"齝"之訛誤字形。

《説文》正作"齝"。《説文·齒部》:"齝,吐而噍也。"又《爾雅·釋獸》:"牛曰齝。"郭璞注云:"食之已久,復出嚼之。"據釋文,字或從"司"作"齝"。《龍龕手鑑·齒部》:"齝"同"齝"。《玉篇·齒部》:"齝,《爾雅》:'牛曰齝。'食已久,復出嚼之。齝,同齝。"如明王逢《題董良用徵士釋耕所》:"隴牛齝臥春犁後,水鳥低飛午饁餘。""齝""齝"爲更換聲符而成的異體字。

"牛齝"條下又溝通有"齝"字。《改併四聲篇海·齒部》引《類篇》:"齝,牛食草也。"又朱駿聲《通訓定聲·頤部》:"齝,字亦作齝。""齝"亦是由"齝"改換聲符而來。

字又或作"呞"。《玉篇·口部》:"呞,牛噍也。"如《詩經·小雅·無羊》:"爾牛來思,其耳濕濕。"毛傳云:"呞而動其耳濕濕然。"陸德明釋文云:"呞,亦作齝。"從形體來源求之,"呞"蓋又"齝"換"齒"爲"口"旁而來。

《大威德陀羅尼經》第十四卷"呞食"條下"又作齝、齝"之"齝",《慧琳音義》高麗本如是作,獅谷本、頻伽本、大正本均作"齝"。"齝"是吃義,《廣韻》音他合切,"齝"是年齡字,《廣韻》音郎丁切,二字均非。正當作"齝",上"齝""齝"均是"齝"的訛誤字形。《慧琳音義》卷第四十三"牛呞"條下云:"正字作齝、齝二形,同。"(C58P0274b)是可爲證。

137. 黐、黐、樆、樆

黐膠,上恥知反。《考聲》云:黏也。擣木皮爲之,可以捕鳥獸。從黍离聲也。离音癡。經從离,誤也。(C57P0676b;J014)

黐膠,上恥知反。《考聲》云:黐膠,擣雜木皮煑之爲膠,可以捕鳥也。《博雅》云:黐,黏也。《説文》:從黍离聲。經文作樆①,誤也。(C58P0017b;J031)

之黐,勑知反。《廣疋》:黐,黏也。《古今正字》:有樹脂黏著可捕鳥者爲黐樹也。從黍离(离)聲。論文作樆,俗字,訛略也。(C59P0345a;J100)

按:上所引詞目分別出自《大寶積經》第八十卷音義、《佛説觀音賢菩薩行法經》音義、《寶法義論》音義。"黐"與"黐""樆""樆"並是異體字關係,"樆"書寫或訛變作"樆"。

上《大寶積經》第八十卷之"黐膠"條《大正藏》對應經文作:"若爲菩提求佛法,何得不依解脱行;猶如黐膠縛彌猴,我慢求道亦復然;我昔爲求一句法,棄捨身命爲菩提;彼人懈怠捨我教,如是無利於我法。"(T11P0464c)求之經義,"黐膠"均指膠。"黐"字,除上所引慧琳之釋外,又《六書故·植物二》:"黐,黏之甚者也。苦木皮擣取膠液,可以黏羽物者。今人亦謂之黐。"知"黐"是一種黏性很強的膠,用木皮擣製而成。從形體構造言之,"黐"從黍离聲,高麗本《慧琳音義》的"黐"右邊作"离",與"离"爲一字異體,段注"离"(离)下謂:"當從山。從山者,謂其爲山神也。"(1981:739)"离"正即"离"之隸定形體。由此觀之,"黐"與"黐"亦是一字異體。慧琳以從"离"者爲正,故云:"經從离,誤也。"

① 按,"樆"字《校本》改作"樆",有欠妥當。

據慧琳所釋，字或從“米”作“糏”。“黐”從“黍”，與“米”屬同類，故可換旁。又因“糏”後出，故慧琳斥之爲“俗”。“糏”書寫或又作“糍”，《龍龕手鑑·米部》：“糍，俗。丑知反。正作黐。”“离”書作“禽”形者較常見，別如《可洪音義》卷第十四“螭狇”下云：“丑知反，正作螭。”（C59P1082a）又卷第二十四“摛賦”下云：“上丑知反，舒也。正作摛。”（C60P0318b）均是其例，可比勘。

另《大字典》“糍”下據《龍龕手鑑》釋同“黐”（2010：3370），是也；“糏”下據《集韻》釋爲“熬米壞”（2010：3365），或有未妥。《玉篇·黍部》：“黐，力支、丑知二切。黏也。”“离”本讀丑知切，又讀同“離”爲吕支切。同理，“黐”本讀丑知切，又或讀吕支切。《集韻》收錄“糏”字，音鄰知切，義爲熬米壞，亦取黏義；不知“糏”正“黐”之換旁異體字，丟棄了丑知切這一本讀。據慧琳所釋，《大字典》“糏”下當釋爲“同‘黐’”，方爲妥當。《正字通·黍部》“黐”下云：“《篇海類編》亦作粏、糏，義同。”可爲證。另楊寶忠《續考》亦釋“糏”同“黐”（2011：151），可參。

此外，《佛説觀音賢菩薩行法經》音義“![字]膠”條下“經文作糏，誤也”之“糏”字，《校本》改作“糏”（2012：1057），或有未妥。“糏”是“糏”之書寫變異字形，慧琳收錄之方保存了經文不同用字，改作“糏”於文義不通，且隱没了經文用字特色。

138. 馳、駝、駞

馳騁，上雉離反。俗用字也。正或作駞，此字雖是正體，爲有兩音，又音陁，今且從俗作馳。顧野王云：馳，走也。《廣雅》：馳，奔也。（C57P0606b；J011）

馳騁，上長離反。《説文》作駝。《廣雅》：馳，奔也。顧野王曰：馳，走也。《説文》：大駝也。從馬它〈音他〉聲也。經文從也作馳，俗用字也。（C57P0608b；J011）

按：上所引詞目分別出自《大寶積經》第一卷、第二卷音義。在奔馳義上，“馳”書寫或有作“駝”“駞”形者，然文獻罕見，故存疑於此。

上所引釋文之“馳”均是驅馳、奔馳義，今傳本《説文》作“馳”。《説文·馬部》：“馳，大驅也。”指車馬疾行，別如《尚書·胤征》：“嗇夫馳。”陸德明《經典釋文》云：“馳，車馬曰馳。”又表示奔跑、追逐等義。從字形結構察之，“馳”從也聲。關於“也”“它”之關係及作構字部件時的變異情況，季旭昇有過考察。《説文新證》“也”字下謂“它”“也”二形在典籍及文字偏旁中多通用，并認爲是假借所致，二字聲近韻同，故可通作（2010：895）。季書同時考察了“也”字的產生過程，認爲語詞“也”字起初借“它”爲之，戰國以後形體逐漸分化，讀音亦隨之小變（2002：194）。由此説反觀慧琳之論，或不誣也。蓋初造字時，“馳”從“它”，後又隨“也”字的分出而變作“馳”。另“也”與“它”《説文》小篆分別作“![篆]”“![篆]”，二者形體較近，故而“![字]”隸定轉寫時有可能書同“駝”形。或慧琳所謂《説文》作“駝”，即“![字]”之不同隸定轉寫體；“駝”又或作“駞”，蓋慧琳所謂正作“駞”即指此而言。相較言之，前一種解釋更妥。

139. 遲、遟、遲、迡、迟、稚

遲鈍，長尼反。《毛詩傳》云：遲，緩也，長遠也。《考聲》云：久也，息也。《説文》：徐徐也。從辵犀聲也。辵音丑略反。犀音西，從尾從牛。經文從尸從羊，俗字也。籀文從辛作遟，或從（作）迟，古字也。（C57P0450b；J003）

遲其，除致反。案遲，欲其疾也。遲猶望也。經文作幼稚之稚，非也。（C57P0725b；J016）

遲其，或作迟，籀文作遟，同。除致反。案迟，待也。《漢書》"遲待天明"是也。又除梨反。遲，晚。（C58P0644b；J059）

按：上所引詞目分別出自《大般若波羅蜜多經》第三百三十二卷音義、《優填王經》音義、《四分律》第三十四卷音義。在遲緩、遲鈍義上，"遲"與"遟""遲""迡""迟"均是異體字關係，與"稚"爲同源通用字關係；釋文溝通的"迟"與"迡"爲一字異寫關係。

上"遲鈍"條《大正藏》對應經文作："如是惡魔若見此菩薩心行柔軟、根性遲鈍，便詐記言：'汝於先世亦心行柔軟、根性遲鈍。'"（T06P0704c）考之經文，"遲鈍"指反應慢、不靈敏。《説文·辵部》："遲，徐行也。"又《玉篇·辵部》："遲，舒行皃。"本指徐行，引申指緩慢、時間晚、遲鈍等用法。從形體構造察之，《説文》篆文"𨒡"從辵犀聲，《説文》籀文"遟"從辵犀聲，金文中多作"遟"。容庚《金文編·卷二》："《説文》籀文从犀而篆文从犀。犀，南徼外牛；犀，犀遟。从犀正合遲義，不當从犀。《五經文字》曰：'今从籀文。'足證唐人經典用遟不用遲也。"（1985：100）就目前所見材料而言，"遲"後起，當即"遟"之換旁異體字。"犀"與"犀"《廣韻》均讀先稽切，音同，故可換"犀"爲"犀"。

慧琳所見經文"從尸從羊"作"遲"。顧藹吉《隸辨·脂韻》"遲"字下引《韓勑碑》收録了"遲"字。實"遲"所從之"犀"與"犀"同，《龍龕手鑑·尸部》："犀，俗。犀，正。犀牛也。"從形體來源求之，"犀"當即"犀"書寫變異而來。然"遲"形固定之後，"犀"已作爲構件，故視"遲""遟"爲異構字較妥。別如《碑別字新編》十四畫"墀"下引《唐九成宫醴泉銘》作"墀"（1985：279），可相比勘。

釋文又溝通有"迡""迟"二形。《説文·辵部》："遲，徐行也。迡，遲或从尼。"《玉篇·辵部》："遲，晚也，舒行皃。迟，同遲。"關於"迡""迟"二字之形體變異情況，徐灝《説文注箋》云："江陰孔廣居曰：古文當從尼。漢《三公山碑》'愍俗陵迟'、《李翕碑》'棲迟不就'可證。遲訓徐行，從尼義近……此古文迟從尼，乃傳寫之譌耳。《玉篇》迟作迡。"（《説文詁林》，1988：2503）鈕樹玉《説文解字校録》亦云："《漢隸字源》迟，引《説文》則作迡，乃後人改。尼爲古文仁，音亦不合。"（《説文詁林》，1988：2502）又證之古文字形體，甲骨文多作"𢓊"（甲 3.427）形，郭沫若《卜辭通纂》謂："即迟字。"金文多從"犀"作"遟"（元年師旋簋）（《古文字詁林》第二册，2000：402）；《包山簡》作"𨒡"（200），《郭店簡》作"𨒡"（老乙 10），《望山簡》作"迟"

(1.62)，均從"𡰥"形(《戰國文字編》，2001：97)；《汗簡》同時收録有"□""□"兩種寫法，《古文四聲韻》亦收録了兩種寫法，載《古尚書》作"□"，載《義雲章》作"□"(《古文字詁林》第二册，2000：402)。綜上來看，甲骨文時期從"□"作，戰國時期流行從"𡰥"作者，《説文》古文亦從"𡰥"作。

《優填王經》音義"遅其"條下謂經文作"稚"，是幼稚字，或又作"稺""穉"二形。《説文・禾部》："稺，幼禾也。"段注："引申爲凡幼之稱，今字作稚。""遅""稚"音近義通，是同源字關係。經文"遅"作"稚"，乃是同源通用字現象。慧琳謂"稚"爲非，正是明確區分二字之功能。劉鈞杰《同源字典補》將二者系聯爲一組(1999：120)，可參。

140. 篪、䶵、□、竾

具篪，又作䶵、竾二形，同。除離反。《説文》：管有七孔。《詩》云"仲氏吹篪"是也。(C58P0561b;J056)

吹篪，又作□、竾二形，同。除離反。《説文》：管有七孔。《世本》：蘇辛公作篪。(C58P0928b;J073)

按：上所引詞目分别出自《佛本行集經》第十四卷音義、《立世阿毗曇論》第十卷音義。"篪"與"䶵""□""竾"均是異體字關係，《慧琳音義》之"□"即由"䶵"衍生而來，"□"書寫或又變作"□"形。

上"吹篪"條《大正藏》對應經文作："或輪刀舞仗，或擊鼓吹篪。"(T32P0222a)"篪"爲古時一種管製樂器，《説文・龠部》："䶵，管樂也。篪，䶵或从竹。""䶵""篪"爲换旁異體字。字或作"竾"，則又是"篪"更换聲符而來，《字彙・竹部》："竾，與篪同。"

"吹篪"條下"又作□"之"□"，《慧琳音義》高麗本、頻伽本、《校本》(2012：1794)如上作，獅谷本、大正本作"䶵"。《立世阿毗曇論》第十卷之"吹篪"條本是玄應所撰，慧琳收録時新加審訂。《玄應音義》卷第十八《立世阿毗曇論》第十卷"吹篪"下云："又作䶵、竾二形，同。"(V32P0248b)由此來看，《慧琳音義》之"□"乃是"䶵"的書寫變異字形，當由"䶵"换"虒"爲"篪"而來。其替换原因一方面是"䶵"形體繁雜，右邊之"虒"與"篪"形近，另一方面也因"篪"本即"䶵"字。另《龍龕手鑑・竹部》："□，或作。篪，正。樂器。"此"□"左從"籥"，右從"虎"，與"篪"之音不切，當是由"□"書寫變異而來。具體言之，蓋"□"先書作上下結構，後再書作"□"形，比如"護"或書作"䕶"、"酷"或作"䣊"①，均是其例，可相比勘。

141. 歭、跱、□、峙

歭立，持里反。《説文》：峙(歭)，行步不前也。從止從寺。或作跱。傳文從立作□，非

① 柳建鈺《類篇新收字考辨與研究》，遼寧大學出版社，2011年，第179頁。

也。（C58P0941b；J074）

峙然，上池里反。《考聲》云：峙猶立也。《説文》：從止寺聲。或從足作跱。録之從山作峙，是山峙立也。（C59P0006b；J081）

按：上所引詞目分別出自《佛本行讚傳》第一卷音義，《三寶感通傳》音義。在徘徊不前、久立義上，"峙"與"跱""跱"爲異體字關係；因慧琳時代"峙"主要表山聳峙義，久立義主要由"跱"字承擔，故其間視作通假字關係較妥。

上"跱立"條《大正藏》對應經文作："佛猶大象王，入生死華池，踐蹈塵勞草①，竚立泥洹中。"（T04P0056c）今大正本經文作"竚立"，與"佇立"同，爲久立義。"竚"字，《玉篇·立部》："竚，今作佇。"《廣韻》音直吕切，與"跱"音別義近。經文中二者爲近義替換用法。"跱"是踟躕義，指徘徊不前，《説文》大徐本讀直离切，《龍龕手鑑》《玉篇》《廣韻》均讀直里切。釋文謂行步不前義上或作"跱"，《廣雅·釋詁三》："跱，止也。"《廣韻·止韻》直里切："跱，同跱。""跱""跱"音義全同，爲異體字關係。

"跱立"條下慧琳謂其所見經文作"跱"。字韻書或釋作"待"的異體字，《集韻·海韻》："待，或從立。"又《字彙補·立部》："跱，與待同。"不過，《大字典》"跱"下則據鄧福禄、韓小荆《字典考正》釋作"同'跱'"（2010：2898）。從慧琳釋文來看，《字典考正》之説亦可從。

釋文又溝通有"峙"字。《玉篇·山部》："峙，峻峙。"爲聳立義，如《列子·湯問》："五山始峙。"又有住、停止之義，《龍龕手鑑·山部》："峙，住也。止也。"從形義關係考之，"峙"或即"跱"的書寫變異字形，峙《廣韻》亦讀直里切，與"跱"音同。《干禄字書·上聲》："峙、跱、跱，上俗，中、下正。"變異爲"峙"之後，又增山聳峙這一用法。段注"跱"下云："峙即跱，變止爲山，如岐作歧，變山爲止。非真有從山之峙，從止之歧也……跱具、峻峙之峙亦作跱。"（1981：67）蓋慧琳時代"峙"主要表示山聳峙義，其停止義則全由"跱""跱"字承擔，故釋文明確辨析其間差異。又《佩觿·卷下》："峙、跱，並直市翻。上山形，下止形也。"基於上述原因，在久立義上，"峙"與"跱"視作音借字關係較妥。

142. 恥、耻、誀

慙恥，下癡里反。《考聲》：恥，辱也。《字書》：羞，恥也。② 衛宏從言作誀，古字也。癡音丑之反。（C57P0534b；J008）

媿耻，下癡里反。《字書》：耻，羞也。《考聲》：愧也。《説文》：辱也。從心耳聲。有從止作耻，俗用，並非正也。（C57P0720b；J016）

---

① 《大正藏》"草"下校勘記作：草＝軍三。
② 按，"《字書》：'羞，恥也。'"，《慧琳音義》各本均如是作，《校本》亦同（2012：631），且未出校勘記。從慧琳釋文通例觀之，此處不該釋"羞"字。"媿耻"條下慧琳引《字書》作："耻，羞也。"（C57P0720b）蓋此處"羞""恥"二字存在倒文現象。

　　按：上所引詞目分別出自《大般若波羅蜜多經》第五百六十六卷音義、《大聖文殊師利佛刹功德經》中卷音義。"恥"與"耻""誀"均是異體字關係，"恥""耻"間蓋爲異寫造成的異構字現象。

　　上"慙恥"條《大正藏》對應經文作："菩薩行忍，不爲報恩、名利、仁義、怖畏、慙恥，菩薩法爾應行忍故。"（T07P0923c）經文之"恥"是羞恥、恥辱義，《説文》正作"恥"。《説文·心部》："恥，辱也。"指羞辱、侮辱義。字或書作"耻"，《干禄字書·上聲》："耻、恥，上俗下正。"《龍龕手鑑·耳部》："恥，正。耻，俗。"從文字形體演變角度求之，"耻"當由"恥"書寫變異而來，《五經文字·心部》："恥，從止訛。"顧藹吉《隸辨·止韻》"恥"下引《譙敏碑》作"耻"，并按云："《説文》恥從耳從心，碑變作止。"（1982：355）又《碑別字新編》十畫"耻"字下據《隋李則墓誌》收録有"耻"（1985：136）。《可洪音義》卷第十"羞耻"條之"耻"正即"恥"的變異字形（C59P0897c），此或可視作"恥""耻"間之過渡形體。儘管"耻"由"恥"書寫演變而來，然廣泛使用之後，"耻"之構形又可重新分析作"從耳止聲"。"止""恥"《廣韻》分屬章紐止韻、徹紐止韻，如此"耻"又變作"恥"的異構字。此即異寫造成的異構字現象，爲異構字之一類。又如"遲（遟）"作"遲"，亦是其類。

　　據釋文，又有"誀"字。《集韻·止韻》："耻，或作誀。"從構形角度看，"誀"即是"恥"之換旁異體字，蓋因羞辱、侮辱多用言語，故而改從"言"。慧琳所釋亦可驗證《集韻》釋"誀"同"耻"不誣也。

143. 褫、裭、褫、傂、猴、䋣、墌

　　褫落，上池尒反。《周易》云：終朝三褫也。《考聲》云：褫猶攰落也。《説文》：褫謂解衣也。從衣虒聲。虒音斯。亦作傂，經從大（犬）作猴，或作裭，並非也。（C58P0540b；J055）

　　裭脱，上池尒反。《蒼頡篇》云：裭，撤衣也。撤音勑列反。《説文》云：脱衣也。從衣虒聲。虒音雉。録文從土作墌①，非也。（C59P0005b；J081）

　　裭積，上持理反。《蒼頡篇》云：裭，撤衣也。《古今正字》：從衣虒聲。傳作褫（裭）②，俗字也。虒音天伊反。（C59P0018a；J081）

　　裭絤巾，上池尒反。義已釋《破邪論》。《説文》：從衣虒聲。傳作䋣，非也。（C59P0140b；J088）

　　按：上所引詞目分別出自《禪祕要法經》上卷音義、《三寶感通傳》中卷音義、《南海寄歸内法傳》第四卷音義、《釋法琳本傳》第五卷音義。"褫"與"裭"爲異體字關係，書寫或訛作"褫"；蓋因"褫"與"傂""猴""䋣""墌"右邊部分形體相同，故而佛經文獻中"褫"字或誤書

---

① 按，"墌"蓋即"堲"或"墌"之書寫變異形體，卷第四"褫落"條之"墌"同。
② 按，此"褫"字《慧琳音義》各版本均如是作，據文義，或即"裭"之誤。

作上面幾種形體。

上"褫落"條《大正藏》對應經文作："次觀脛骨，使肉褫①落，自見脛骨，皎然大白。"（T15P0243c）同經又云："次觀脅骨，想肉從一一脅間兩向褫落，但見脅骨，白如珂雪。乃至見於脊骨，極令分明。"（T15P0243c）求之經義，"褫"取剝去、去掉義。《説文·衣部》："褫，奪衣也。"指剝去衣物等，如《周易·訟卦》："或錫之鞶帶，終朝三褫之。"引申又指解脱、去除、散失、廢弛等用法。字俗或作"褫"，《龍龕手鑑·衣部》："褫，俗。褫，正。"從形義關係求之，"褫"從衣、虎，在褫奪義上形義不恰，乃"虎"書作"虎"形而致。"虎""虎"形近，作構字部件時常有訛誤。"褫落"條下謂或作"褫"，是福義，《廣韻》音息移切，與"褫"音義均別；然二字形體非常接近，此"褫"即由"褫"書寫訛誤而致。"衤"旁、"礻"旁形近，作構字部件時易混。

"褫落"下謂"褫"或有作"佇"者。《玉篇·人部》："佇，息移切。佇祁，地名。又池爾、直離二切。此佇，參差也。"其音讀、意義均與"褫"別，蓋是因"褫"與"佇"形體相近，書者審之不細而至誤。

釋文又溝通有"**猇**""**�**"二字。"**猇**"當即"猇"字，《玉篇·犬部》："猇，胡包切。虎欲嚙人聲也。又許交切。""**豷**"乃"虓"字。二者與"褫"聲義均別，蓋亦是因"褫"與"**猇**""**豷**"形相近，書者誤作之。

"褫脱"條下謂經文作"**堀**"，此即"堀"或"堨"的書寫變異形體。《隸辨·卷六偏旁》"虎"下云："虎，或作帚、帚，亦作帚、帚。"（1982：849）均與"**堀**"右邊部分相近。又《慧琳音義》卷第四"褫落"條下云："經文作**塊**，不成字也。"（C57P0464a）"**塊**"與"**堀**"是一字異寫。"堀"字，《集韻·禡韻》："堀，地名，在晉。""堨"字，《篇海類編·土部》丈几切："堨，落也。"二字均與剝去義相遠，音亦與"褫"別。相比較而言，"堨"與"褫"音略近。疑經文之所以將"褫"書作"**堀**""**塊**"，蓋仍因"褫"與"堨""堀"形相近，書者誤作之。

144. 庌、庌、**庌**、庌、庌

檳（擯）庌，下音尺。劉兆注《公羊傳》云：庌，指言也。《廣雅》：推也。王逸注《楚辭》云：庌，逐也。許叔重注《淮南子》云：庌，拓也。《説文》：却屋也。從广屰聲也。广音儼，屰音逆。今經文作庌，俗用，訛謬也。因草書變體也。（C57P0682b；J015）

黜庌，下昌隻反。《穀梁傳》云：庌，指也。《博雅》：推也。《考聲》：逐也。《説文》：從广屰聲。屰音逆。經文作庌，俗字非也。（C58P1041b；J078）

庌其，上音尺。傳作**庌**，俗字謬也。（C59P0134b；J088）

按：上所引詞目分別出自《大寶積經》第九十二卷音義、《經律異相》第十三卷音義、《法琳法師本傳》第一卷音義。"庌"與"庌""**庌**""庌""庌"均是異體字關係，其間演變軌跡大致

---

① 《大正藏》"褫"下校勘記作：褫＝陀⊜宫聖。下"褫"字下同。

爲：庎—庌—庍—斤—斥。

　　釋文溝通的“斥”之不同寫法均由《説文》“庎”書寫演變而來。《説文·广部》：“庎，郤屋也。”段注：“郤屋者，謂開拓其屋使廣也……郤屋之義引伸之爲庍逐，爲充庍。”（1981：446）“庎”文獻中主要有開拓、推、驅逐、指責等用法，後世文獻多作“斥”。“斥”由“庎”書寫變異而來，段注又云：“俗作斥，幾不成字。”又張舜徽《説文約注》：“近字作斥，由隸變也。”（2009：2283）

　　《法琳法師本傳》第一卷“庎其”下謂經文作“庌”，“俗字”也。此亦是“庎”的書寫省變形體，《四聲篇海·广部》：“帟，亦作斥。”“庌”“帟”形近，可互證。

　　“庎”書寫亦作“庍”。慧琳《大寶積經》第九十二卷“檳（擯）庎”下云：“今經文作庍，俗用，訛謬也，因草書變體也。”又顧藹吉《隸辨·昔韻》據《曹全碑》收録有“庍”字，并按云：“即斥字，《説文》本作庎，從广從屰，碑變從干。”（1982：730）

　　又或書作“斤”。《五經文字·广部》：“庎、斤，上《説文》，下經典相承隸省。”《龍龕手鑑·厂部》：“斤”，同“斥”。《隸辨·昔韻》“庍”下又引《魯峻碑陰》作“斤”（1982：730）。

145. 翅、翄、翨、𦑛、翨、翨

　　無翅，詩異反。鳥之兩羽曰翅，或有作𦑛[①]、翨，皆古字也。（C57P0465b；J004）

　　無翅，施至反。《考聲》云：鳥翼也。《説文》：從羽支聲。或作翄、翨、翨，並古字也。（C57P0498b；J006）

　　掏翄，下純實反。《説文》云：翄，鳥翼也。從羽支聲。或作翨，亦作翨。經作翅，俗字也。（C58P0020b；J031）

　　按：上所引詞目分別出自《大般若波羅蜜多經》第三百九十四卷音義、《大般若波羅蜜多經》第四百七十七卷音義、《佛説如來智印經》音義。“翅”與“翄”“翨”“𦑛”“翨”“翨”均是異體字關係，“𦑛”由“翨”書寫訛變而來。

　　上《大般若波羅蜜多經》第四百七十七卷之“無翅”條《大正藏》對應經文作：“若菩薩摩訶薩遠離神通波羅蜜多，不能自在宣説正法……如鳥無翅，不能自在飛翔虛空遠有所至，諸菩薩摩訶薩亦復如是。”（T07P0417a）經文之“翅”即鳥翅，《説文》正篆作“翄”。《説文·羽部》：“翄，翼也。翨，翄或從氏。”二者爲更換聲符而成的異構字。“翄”又或書作“翅”，《玉篇·羽部》：“翅，翼也。”此二形爲異寫字關係。

　　據釋文，或有作“𦑛”者。《龍龕手鑑·羽部》：“𦑛，古。翅，正。”從形體來源求之，“𦑛”即由“翨”書寫訛變而來，此二字右邊部分形體頗近。

　　據慧琳“掏翄”下所釋，或作“翨”。《説文·羽部》：“翨，鳥之彊羽猛者。”實“翨”即

────────────

① 按，此“𦑛”即“翨”書寫變異而來。

"翅"的換旁異體字，段注："翨，當即是翅之奇字。"徐灝《説文注箋》謂："翨即翅字。《爾雅》釋文皸本或作翅，又作翨。"（《説文詁林》，1988：3951）又張舜徽《説文約注》："疑翨、翅實一字，而後人分之。蓋漢世並行已久，故許君分列焉。"（2009：842）張氏所言極是。除慧琳所釋外，又《龍龕手鑑·羽部》："翨，俗。翅，正。"均是其證。"翨"又書作"䮉"，敦煌伯2011王仁昫《刊謬補缺切韻·眞韻》："翨，鳥鶋。亦作䮉。"又《玉篇·羽部》："䮉，同翨。"二者亦是異寫字關係。

146. 啻、商、翅

不啻，施敀反。更多也。《説文》：説（語）時也。[①]　經文作翅羽之翅，非也。（C58P0480b；J052）

不啻，下施至反。《考聲》云：啻猶過分也。《尚書》云：若時弗啻也。《説文》：語時，啻也。從帝從口。或作商，一也，書别之耳。（C58P1059a；J079）

按：上所引詞目分别出自《大般涅槃經》音義、《經律異相》第三十六卷音義。據慧琳所釋，"啻"書寫或變異作"商"形，變異軌跡大致是：啻—啇—商。在副詞僅、只的用法上，"啻"與"翅"爲通假字關係；"翅"又分化出"翄"字，專門記録僅、只這一用法。

上《經律異相》第三十六卷"不啻"條《大正藏》對應經文作："居士曰，今世飢饉，乃雇五百。年滿并還，小兒言，我才不施[②]堪此，須用既急，今爲君與。"（T53P0194a）今大正本經文作"施"，宋、元、明及宫本作"啻"。求之經義，"不施"即不止之義，正合作"不啻"。《説文·口部》："啻，語時，不啻也。"徐灝《説文注箋》："時當作詞，字之誤也。""啻"爲副詞，常與不、匪、何等組合，在句中起比況或連接作用。據釋文，經文或作鳥翅之"翅"，乃是通假用法。段注"啻"下云："啻亦作翅，支聲、帝聲同部也。"（1981：58）又朱駿聲《通訓定聲·解部》："皸，叚借爲啻。"别如《孟子·告子下》："取食之重者與禮之輕者而比之，奚翅食重？"趙岐《孟子章句》云："翅，辭也。"正因是通假用法，故而慧琳斥之爲"非"。

另《龍龕手鑑·口部》："嘗，俗。啻，正。"此"嘗"即由"翅"添加"口"旁而來。因"翅"借作"啻"，在漢字形義統一性及"啻"從"口"的綜合作用下，"翅"添加"口"旁作"嘗"，專門表示啻義。由此亦知行均所釋不誣也。

釋文《經律異相》第三十六卷"不啻"條下云："或作商，一也，書别之耳。"從慧琳釋文義求之，此"商"乃是"啻"的書寫變異形體。《可洪音義》卷第一《摩訶般若抄經》第五卷"不啇"條下云："音施，多也。正作啻也。《釋名》云：'不啻，不是也。'不是尔許，而更多也。"（C59P0579b）《慧琳音義》之"**商**"（C58P1059a）、《可洪音義》之"**啇**"均是"啻"的書寫變異形

---

① 按，今傳本《説文》作"語時"也，上引釋文的"説"即"語"之訛。《慧琳音義》卷第七十九"不啻"下引《説文》作："語時，啻也。"（C58P1059a）亦可爲證，據改。

② 《大正藏》"施"下校勘記作：施＝啻○○啻。

體，"啻"或可視作由"啻"到"商"的過渡字形。

147. 惷、戇、覾、覎

癡惷，下踔巷反。《考聲》云：小兒愚也。或從見作覾。亦作覎，俗音卓降〔反〕，恐非也。（C57P0718b；J016）

愚惷，下卓降反。鄭注《周禮》云：惷，愚也，生而癡騃童民者也。《説文》云：愚也。亦作戇。戇恅，精神不爽皃也。從心春聲。春音束（束）①鍾反，恅音遞降反。（C57P1041a；J030）

按：上所引詞目分別出自《佛説胞胎經》音義、《寶雨經》第七卷音義。在愚蠢義上，"惷"與"戇"可視作異體字關係，與"覾"當是同源通用字現象；"覾"又或作"覎"形。

上"癡惷"條《大正藏》對應經文作："諸百節病痛諸患，風寒諸熱疥癩虛痔，惡瘡癩疽黃疸咳逆，顛狂盲聾瘖瘂癡惷②。"（T11P0890a）"癡惷"即愚蠢之義。《説文·心部》："惷，愚也。"如《周禮·秋官·司刺》："三赦曰惷愚。"鄭玄注云："惷愚，生而癡騃童昏者。"據慧琳所釋，字或作"戇"。《説文·心部》："戇，愚也。"《五經文字·心部》："戇、惷，並竹降反。上見《周禮》，又束凶反。""戇"即"戇"字。慧琳"愚惷"條下"惷"字音讀與《五經文字》同，其後之字書，如《龍龕手鑑》《宋本玉篇》《廣韻》均讀丑江反；至《集韻》將"惷""戇"同時收録於用韻、絳韻下，分別爲丑用切、陟降切，義均是蠢。如此來看，在愚蠢義上二者可視作異體字關係。不過，《大字典》"戇"下未予溝通與"惷"之異體關係（2010：2540）。

釋文謂或作"覾"。《説文·見部》："覾，視不明也。"指看東西模糊不清。就"惷""覾"二字之關係而言，"惷"爲愚，指心不明；"覾"爲目不明，義相通。音讀上，"惷"《廣韻》讀書容切，"覾"《集韻》讀丑江切，二字上古屬書透準旁紐、東部。此外，"惷"《廣韻》又或讀丑江切，則與"覾"音同。綜上，"惷""覾"音近義通，當即同源字關係。在愚蠢義上，二者爲同源通用字現象。"覾"或從"巷"作"覎"，《集韻·江韻》："覾，或從巷，亦書作覎。"故而"癡惷"條下慧琳謂"亦作覎"。

148. 衝、衝、轞

衝天，觸容反。郭注《山海經》云：衝，向也。《方言》云：衝，動也。《廣雅》：衝，突也。《楚辭》云：衝風起兮橫波。《説文》：從行童聲。論文從車作轞，誤也。（C59P0082b；J084）

按：上所引詞目出自《集古今佛道論衡》第四卷音義。"衝"與"衝"爲異體字關係，與慧琳所見經本的"轞"爲同源通用字關係。

---

① 從聲音關係來看，此"束"乃是"束"的訛誤字形，《校本》未予校正（2012：1033），非是。
② 《大正藏》"惷"下校勘記作：惷＝惷元明。

此"衝天"條《大正藏》對應經文作："皆謂空見外道,或曰空花道人,遂即負氣衝①天,莫不承風摧轍、喪魂阤膽、失路迷歸。"(T52P0391a)今大正本經文作"衝天",宮本作"轟天",均取直上天空義,《説文》正作"衝"。《説文・行部》:"衝,通道也。"指通道、大路,段注:"引申之義爲當也、向也、突也。""衝"後世多作"衝",《新加九經字樣・彳部》:"衝、衝,上《説文》,下隸省。"又《龍龕手鑑・彳部》:"衝,俗。衝,突也。衝,正。"

釋文所見經文作"轟"。《説文・車部》:"轟,陷陳車也。"指攻城的戰車,其特徵在於衝擊力較強。"衝""轟"《廣韻》均讀尺容切,音同。二者音同義通,是同源字關係。張舜徽《説文約注》:"陷陳之車,勇往直前,因謂之轟;猶通道謂之衝,語原同也。"(2009:3501)又王力《同源字典》(1982:382)、張希峰《漢語詞族續考》(2000:195)均將"衝""轟"系聯爲一組。

149. 蟲、虫、虵、蠱、𪃍

毒蟲,逐融反。正體字也。經文作虵,俗字也,省略也。(C57P0484a;J005)

生蟲,逐融反。《爾雅》云:有足曰蟲。經文作虫,訛略也。借用字,本音毁也。(C57P0658a;J013)

用蟲水,逐融反。《尒雅》曰:有足曰蟲。從三虫。律文從皿作蠱,音古。書寫人錯,不合有蟲(蠱)②水。(C58P0675b;J060)

蟲鳥,上逐隆反。義是蟲與鳥是兩字也,集連作𪃍,寫人深誤也。(C59P0320b;J099)

按:上所引詞目分別出自《大般若波羅蜜多經》第四百二十七卷音義、《大寶積經》第五十五卷音義、《根本説一切有部毗奈耶律》第三十卷音義、《廣弘明集》第二十九卷音義。"蟲"書寫省減作"虫",又或書作"虵";據慧琳所釋,經文中"蟲"或誤書作"蠱",或與"鳥"合書作"𪃍"。

上所引釋文之"蟲"均是蟲子義,《説文》正作"蟲"。《説文・蟲部》:"蟲,有足謂之蟲。"釋文謂經文中蟲子義上有作"虫"者,《干祿字書・平聲》:"虫、蟲,上俗下正。"如《武威漢簡》:"治久咳上氣喉中如百虫鳴狀。"實《説文》已收"虫"字,《廣韻》讀許偉切,是毒蛇義,字後作"虺"。蟲子義上之"虫"乃是"蟲"書寫省變而來,《慧琳音義》卷第一"昆蟲"下云:"《説文》從三虫,俗作虫。"(C57P0407a)又卷第十三"蜫蟲"下云:"今經文從省作虫,非本字。"(C57P0650a)宋戴侗《六書故・動物四》謂"蟲"字"或爲虫者,从省以便書也"。又清顧藹吉《隸辨・偏旁》"蟲"下云:"蟲皆借虫。"(1982:943)段注"虫"下亦云:"古虫、蟲不分,故以蟲諧聲之字,多省作虫。"(1981:663)

經文中蟲子義上又或作"虵",乃是"虫"書寫訛變而致。《宋元以來俗字譜・虫部》"蟲"

下引《取經詩話》《古今雜劇》《太平樂府》《白袍記》等均作"虿"形(1930：70)。除上所引慧琳"毒蟲"條外，又《慧琳音義》卷第二"蟲胆"下云："經文作虿，訛略也。"(C57P0425a)卷第五"蟲胆"下云："今經文作虿，略也。"(C57P0479b)用之既多，字書方定其爲"虫"之異體字，明章黼《直音篇·虫部》："虿"，同"虫"。

釋文又謂經文中"蟲"字或誤書作"蠱"。《根本説一切有部毗奈耶律》第三十卷音義"用蟲水"條下，"不合有蟲水"之"蟲"字，《慧琳音義》各版本均如此作，《校本》亦同(2012：1585)。該條《大正藏》對應經文作："佛以此緣集諸苾芻，問闡陀曰：'汝實用蟲水及以教人澆草等耶？'"(T23P0789b)今大正本經文亦作"用蟲水"，與慧琳詞頭同。又檢諸眾佛經，未見"用蠱水"之表達，所見者皆是"用蟲水"。蓋慧琳所見本有誤作"用蠱水"者，故而在"用蟲水"條下予以辨析之，認爲不應作"用蠱水"，但《慧琳音義》傳刻本釋文中的"蠱"字又訛作"蟲"。如此，該條釋文方可通。又如《可洪音義》卷第八"蠱户"下云："上直中反，正作蟲也。"(C59P0813a)

據"蟲鳥"條下所釋，經文中"蟲"或與"鳥"合書作""，與上"蠱"訛作"蟲"並是寫經者疏誤而致。

150. 搊、

搊擲，上篘鄒反。《考聲》：以手指鈎也。經作，俗字。(C58P0240a；J042)

按：上所引詞目出自《金剛頂瑜伽蓮花部心念誦法》音義。經文之""乃是"搊"書寫訛變而來，""可視作二者變異之過渡形體。此"搊擲"條《大正藏》對應經文作："次結十六尊，羯磨契之儀；左拳安腰側，右羽搊①擲杵；二拳交抱胸，進力鈎以招；二拳如射法，當心作彈指。"(T18P0305b)今大正本經文作"搊"，取手指鈎義。《廣韻·尤韻》楚鳩切："搊，手搊。"宋戴侗《六書故·人七》："搊，五指摳攬也。""搊"字，釋文所見經文書作""，右邊部分寫法乃是"芻"書寫訛變而來。《俗書刊誤·模韻》"芻"下謂作""非是，又《龍龕手鑑·手部》："、，俗，，通。"上三形亦是"搊"的書寫變異形體，可與經文之""互參。

151. 酬、醻、詶、讎

酬亢，上壽劉反。或作讎。訓義多通同(用)。郭璞曰：此酬通謂相報答，不唯主於飲酒也。杜注《左傳》：酬，對也。《爾雅》云：匹也。從酉州聲。讎，會意字也。(C57P0768a；J018)

酬對，上時周反。《尔雅》云：酬，報也。郭注云：酬，相報荅也。鄭注《禮記》云：酬之言周也，謂忠信爲周。《説文》：獻也。從酉州聲。又古作醻。傳文從言作詶，俗字。(C59P0153a；

---

① 《大正藏》"搊"下校勘記作：搊＝抽②④。

J089）

按：上所引詞目分別出自《十輪經》第八卷音義、《高僧傳》第二卷音義。在酬答、應答義上，"酬"與"醻"爲換旁異體字，與"詶""讎"並爲同源通用字關係；不過，或是文獻中"詶"用作"酬"既久，故而《大字典》"詶"的第二個音項下即釋作"同'酬'"。

上"酬對"條《大正藏》對應經文作："見耶舍容服端雅，問所從來，耶舍詶對清辯。太子悦之，仍請留宫内供養，待遇隆厚。"（T50P0334a）今大正本經文作"詶對"。考之經文，"詶對"即應答、對答義，作"酬"、作"詶"均宜。《説文·酉部》："醻，主人進客也。酬，醻或从州。""酬"本指主人進客，引申有報答、對答、酬謝、補償等用法。"詶"字《説文》釋爲"譸"，張舜徽《説文約注》"詶"下引唐寫本《玉篇》所釋，認爲"許書舊本，固以詶爲譸之重文……譸之或體作詶，亦猶醻之或體作酬耳"。（2009：579）事實上，從漢字形義統一性言之，張説當不誣也。"詶"從言，是以言酬之；"酬"從酉，指主人進客，均有對答之義。此義上，二字《廣韻》同讀市流切，是同源字關係。張希峰《漢語詞族續考》亦將二者系聯爲同族（2000：150），可参。

正因"酬""詶"音同義通，故而段玉裁謂文獻中多或"用詶爲酬應字"（1981：97）。《慧琳音義》卷第七十三《辟支佛因緣論》上卷"若詶"下引《蒼頡解詁》云："詶亦酬字。詶，報也。"（C58P0937b）朱駿聲《通訓定聲·孚部》"詶"下引《蒼頡解詁》同上。又《慧琳音義》卷第二十八《維摩詰所説經》中卷"酬對"下云："《三蒼》作詶，同。"（C57P1005a）從此角度來看，儘管"酬""詶"本用有别，然在酬答、對答義上，"詶""酬"通用無别，爲典型的同源通用字現象，此亦是慧琳定"詶"爲"俗"之原因所在。當是文獻用之既久，遂習焉不察，故而《大字典》"詶"的第二個音項下即釋作"同'酬'"（2010：4231）。

又"酬㒬"條下謂或作"讎"。《説文·言部》釋"讎"爲應也，《玉篇·言部》釋爲對，本指應對，引申有儔匹、應驗、仇敵等用法。"讎"《廣韻》亦讀市流切，與"酬"音同。此二字音同義通，仍是同源字關係，故而慧琳謂二者"訓義多通同（用）"（C57P0768a）。不過"讎"在應答、酬對義上的使用頻度不及"詶"字。

152. 儔、疇

儔匹，長流反。儔亦匹也。從人壽聲也。經文從田作疇也。匹字又下從人作疋，兩字俱非也。（C57P0702b；J015）

按：上所引詞目出自《大寶積經》第一百一十八卷音義。儔匹義早期由"疇"字記錄，後期則由"儔"字記錄，其分界大致以唐時爲限；經文之"疇"與詞頭之"儔"或可視作母字分化字關係。

此"儔匹"條《大正藏》對應經文作："最尊無等倫，超世俗之上；無垢以離穢，三界稱其德；其慈無儔[1]匹，超越須彌山；今者何欣笑，願慧爲我説。"（T11P0671b）今大正本經文作"儔

---

[1] 《大正藏》"儔"下校勘記作：儔＝疇⊜聖乙。

匹”，宋、元、明及正倉院聖語藏別寫本作“疇匹”。考之經文，“儔匹”與“疇匹”均取匹敵之義。“儔”字《説文》訓爲“翳也”，段注：“翳者，華蓋也。引伸爲凡覆蔽之偁”(1981：378)。段氏同時認爲，儔訓隱蔽，與翿、纛音同，義亦相近。張舜徽也持此觀點，《説文約注》“儔”字下云：“儔、翳二字，聲義并同。”(2009：1967)張氏同時認爲，“儔”之儔匹義本字當是“雔”，自借“儔”爲“雔”，而“雔”字廢，“儔”之本義亦廢。段、張所言是也。又“疇”字，《説文·田部》：“疇，耕治之田也。”本指已耕作的田地，如《孟子·盡心上》：“易其田疇，薄其税斂。”引申有田界、齊等、種類義，如《尚書·洪範》：“帝乃震怒，不畀洪範九疇，彝倫攸斁。”孔傳：“疇，類也。”

就文獻中“儔”“疇”二字在儔匹義上之用字情況而言，段注“儔”下謂：“自唐以前用儔侣皆作疇，絶無作儔者……下逮六朝辭賦皆不作儔……今或作儔矣。然則用儔者起唐初，以至於今。”(1981：378)又徐灝《説文注箋》：“疇，引申爲疇類、疇匹、疇等……其人旁之儔，乃後出之字也。”細索徐灝所謂“後出之字”，當指爲“儔”字在儔匹義上重新解釋其形義關係。慧琳釋文亦持此觀點，上所引《大寶積經》第一百一十八卷“儔匹”下謂經作“疇”爲“非”。又卷第九《光讚般若經》第十卷“疇匹”條下云：“疇亦類也，今或作儔也。”(C57P0573b)慧琳是唐中期人士，其釋文觀點似可證段氏之論不誣。另就《慧琳音義》詞頭而言，在儔匹義上，既有“儔”字，又有“疇”字，可謂各占半壁。

對於“儔”“疇”在儔匹義上之關係，王力《同源字典》將“儔”“疇”視作異體字（1982：232），張希峰《漢語詞族續考》則將二者視作同源字（2000：150），謂“疇”言井田並畔對等，“儔”言等類。綜合上所論二字之本義及文獻用字情況來看，儔匹義上早期作“疇”，由田疇義引申而來；後期作“儔”，或即“疇”在儔匹義上之後出分化字，與表遮蔽義的“儔”爲同形字關係，“疇”則主要記録田疇義。從此前提出發，則張希峰將“疇”“儔”系聯爲同源字頗爲恰當。要之，我們以爲將儔匹義上之“儔”視作“疇”的同源分化字較妥。

153. 籌、簹

持籌，長流反。《説文》：籌，笻也。從竹壽聲。經文從奇作簹，錯書也。（C58P0963a；J075）

按：上所引詞目出自《道地經》音義。經文之“簹”是“籌”的書寫訛誤形體，《魏石門銘》“籌”作“**籌**”，或可視作其間演變的過渡字形。

此“持籌”條《大正藏》對應經文作：“見騎馬人牧駈有聲，持簹作枕聚土中臥，死人亦擔死人，亦除溷，人共一器中食。”[1]（T15P0232a）今大正本經文作“持簹”。“簹”同“笴”，是箭杆字，非經義，正合作“籌”，取竹籤、竹板義。《説文·竹部》：“籌，壺矢也。”指古時投壺所用之籤子，又有籌碼、籌畫等用法。經文作“簹”，乃是“籌”書寫訛誤所致。秦公《碑別字新編》二

十畫"簹"字下引《魏石門銘》作"䇞"形(1985：444)，"䇞"與之形近，可視作由"簹"到"䇞"的過渡形體。知慧琳所謂"書錯也"實不誣矣。

另佛經中多見"持籌"字。《卍新續藏》經《天竺別集》卷下《纂示上廁方法》云："九，不得持籌劃壁作字，用了當安板孔中，不得餘處。"(卍 X57P0048b)又《四分律名義標釋》卷第三十一《法捷度法》云："洗身之法，須將左手先以水洗，後兼土淨，餘有一丸，麤且一遍洗其左手。若有籌片，持入亦佳。如其用罷，須擲廁外。必用故紙，可棄廁中，既洗淨了，以右手牽下其衣。"(卍 X44P0642a)《雜事》云："持籌片，并三塊土入廁，籌用拭身，一土洗淨，一土洗小便處，一土洗左手。"(卍 X44P0642a)此"籌"同上，指用竹子做成的廁籌。

154. 臭、殠、㚸、尵

㚸物，昌呪反。《考聲》云：敗惡氣也。《説文》云：禽走而知其跡者，犬也。自者，古鼻也。從自從犬。或從歹作殠。經文從死作尵，非也，並無此字。(C57P0424a；J002)

按：上所引詞目出自《大般若波羅蜜多經》第五十三卷音義。因"臭"後世主要記錄惡臭義，故而"殠""尵"均可視作其增旁異體字；"殠"或書作"㚸"形。

此"㚸物"條《大正藏》對應經文作："諸菩薩摩訶薩修行般若波羅蜜多時，以無所得而爲方便，審觀自身，如實念知從足至頂，唯有種種不淨臭物充滿其中亦復如是。"(T05P0298c)今大正本經文作"臭物"，與詞頭之"㚸物"同。"臭"從犬自，本指嗅義，又轉指氣味之總稱，後又專指臭味。臭味義上，《説文》本有"殠"字，《歹部》："殠，腐气也。"因後世"臭"字通行，故"殠"轉而爲"臭"在臭味義上之增旁異體字。詞頭之"㚸"是《説文》篆文"𦞦"的隸定形體，爲"殠"的異寫字。

字或從"死"作"尵"，《干祿字書•去聲》："尵、臭，上俗下正。"又《龍龕手鑑•自部》："尵、臭，香臭也。"就"尵"之形體來源而言，因"臭"後世專指惡臭，故而或添加"死"旁以增強其表義性，與"殠"從"歹"同理。"尵"是後起俗體，除上所引慧琳釋文外，又卷第三"臭穢"下云："今之俗從死作尵，非也。"(C57P0445b)卷第三十三"臭穢"下云："今俗從死作尵，非也。"(C58P0066b)又《可洪音義》卷第一"尵穢"下云："正作臭、殠二形。"(C59P0558a)亦可證"尵"是後出俗體。慧琳釋文中謂"尵"屬"無此字"，正可與《干祿字書》歸爲"俗"相比照而觀之。

155. 芻、蒭、䓮、茻、茻、丑

負蒭，測虞反。《集訓》云：蒭者，草之總名也。作茻，古作茻，非也。(C57P0612b；J011)

芻豢，上楚俱反。《韻英》云：芻，草也，亂草也。《説文》：刈草也。上象包束草之象也。從三(二)勹從二屮。屮音丑列反，勹音包。或從草作蒭，亦正。論文作蒭(丑)[1]，非也，乃是

---

[1] 按，據文義當作"丑"，《校本》亦作"蒭"(2012：1998)，未予校正。

古文多字也。（C59P0090b；J085）

　　按：上所引詞目分別出自《大寶積經》第三卷音義、《辯正論》第一卷音義。"蒭"爲"芻"的增旁異體字，手書又或作"蒭""葘""葥"，"芻"或又訛作"㕜"。

　　上"芻豢"條《大正藏》對應經文作："斯等並稟五常，俱含四氣，同霑佛性，共有神明，何忍陳此肉山，樹茲炮烙，極鱗羽之命，盡芻豢之群。"（T52P0494a）今大正本論文作"芻"，與慧琳釋文同。經文中"芻""豢"連用，均指喂養之義。《説文·艸部》："芻，刈艸也。"羅振玉《增訂殷墟書契考釋》謂："從又持斷艸，是芻也。"（《古文字詁林》第一册，1999：532）本指割草，又轉指草、喂草、喂養等義。字或又增"艸"旁作"蒭"，唐玄度《新加九經字樣·艹部》："芻，刈草也，象包裹束草形。作蒭，訛。"《玉篇·艸部》："芻，俗作蒭。""蒭"手書或又作"蒭""葘""葥"。《干禄字書·平聲》："葘、葘、芻，上、中通，下正。"又《龍龕手鑑·艸部》："葘、蒭"，同"蒭"。

　　又上"芻豢"條下"論文作蒭，非也"之"蒭"字，《慧琳音義》高麗本、獅谷本、頻伽本、大正本均如是作，《校本》亦作"蒭"（2012：1998），且未出校勘記。從慧琳釋文求之，此"蒭"乃"㕜"之誤。"㕜"正即"多"字，《集韻·戈韻》："多，古作㕜。"如此方與慧琳釋文義相契。蓋是書經人審之不細，誤將"芻"書作"㕜"。檢現存各類藏經，《趙城金藏》（ZC9459P008a）、《高麗藏》（GL59P507a）、《中華藏》（C62P0470a）作"葘豢"，《磧砂藏》（QS472P007a）作"蒭豢"，《永樂北藏》（YB151P281a）、《乾隆藏》（QL123P501b）、《卍正藏經》（卍 Z57P952a）、《大正藏》（T52P0494a）作"芻豢"。或慧琳所見經本的"㕜"是由"葘""芻"省變而致。《校本》失校，非。

156. 珇、竧、砠

　　珇頭，楚六反。或從立作竧。《廣雅》：珇，齊之等也。或從石作砠，並通。從玉足聲。（C58P0103b；J035）

　　按：上所引詞目出自《一字頂輪王經》第四卷音義。在齊等義上，"珇"與"竧"可視作換旁異體字，就目前所見材料而言，與"砠"當是通假字關係；"珇"與"砠"亦不排除是異體關係，待進一步考求之。

　　此"珇頭"條《大正藏》對應經文作："以右手五指竪，珇頭相捻，以左手頭指、中指、無名指握右手五指上，大指押上，直伸小指，誦《一切頂輪王心呪》七遍。"（T19P0249c）求之經義，"珇頭"即并齊手指頭，"珇"取齊等義。《廣雅·釋詁四》："珇，齊也。"王念孫疏證云："今俗語猶謂整齊爲整珇。"蔣斧印本《唐寫本唐韻·屋韻》："珇，齊也。"又《集韻·屋韻》初六切："珇，等齊也。"據釋文，字或從"立"作"竧"。敦煌伯2011王仁昫《刊謬補缺切韻·屋韻》："珇，初六反。齊。亦作竧。"又《龍龕手鑑·立部》："竧，初六反。齊等也。與珇同。"《萬象名義·立部》："竧，珇字，齊等也。"據此可視"竧"爲"珇"在齊等義上之換旁異體字。鄧福禄《字典考證》亦認同二者之異體關係（2007：301）。《大字典》第二版"竧"下也溝通了與"珇"的異體關係（2010：2902）。

釋文謂或從石作"砇",《集韻·屋韻》初六切:"砇,小石。"與"珇"音同義別,在齊等義上二者當是通假字關係。然而,值得懷疑的是,《集韻》釋"砇"爲小石義,不知源自何處,不排除《集韻》編者根據"砇"之構形新設。如若"小石"義是《集韻》根據"砇"的形體所設,則其間存在兩種可能性。其一,"珇"與"砇"爲換旁異體字,從"玉"從"石"義可通。其二,"珇""砇"爲一字書寫變體,《萬象名義》"珇"作**珇**"**珇**"形,左邊部分與"石"較近;形體固定爲"砇"之後,字書編纂者又根據其形體賦予新義。

157. 潃、蓄、稸

潃在,《釋名》作潃。諸書作蓄、稸二形,同。抽六反。蓄,止也。《廣雅》:蓄,聚也。積也。(C58P0764b;J065)

按:上所引詞目出自《大愛道比丘尼經》卷下音義。"潃"與"蓄""稸"爲同源通用字關係。此"潃在"條《大正藏》對應經文作:"比丘尼出至舍後,有十事。一者,欲大小便即當行,不得自難潃在身中;二者,行不得左右顧視及自身陰。"(T24P0952a)考之經文,"潃"即蓄積之義,作"蓄"亦通。蔣斧印本《唐寫本唐韻·屋韻》:"潃,水聚也。"《龍龕手鑑·水部》:"潃,水聚也。"《廣韻·屋韻》丑六切:"潃,水聚。"經文之"潃"正取此義。據釋文,諸書或作"蓄""稸"二形。《説文·艸部》:"蓄,積也。"徐鍇《説文繫傳》:"蓄穀米芻茭蔬菜以爲備也。"指聚集、儲藏義,引申有畜養、包含等用法。"蓄"或從"禾"作"稸",《集韻·屋韻》:"蓄,或作稸。"從"艸"從"禾"義相通,二者爲換旁異體字。

就"潃"與"蓄""稸"之關係而言,"潃"本指水聚集,"蓄"爲穀物柴禾等聚集,均有聚集這一核義素;讀音上,二者是透母雙聲、覺部疊韻。二字音近義通,爲同源字關係。劉鈞杰《同源字典再補》即將二字系聯爲一組(1999:79),可參。另從來源上講,王鳳陽《古辭辨》認爲"蓄"是"畜"之後出分化字(1993:537),"潃"字亦同。

158. 揣、敠、捘

揣觸,古文敠,同。初委反。謂測度前人也。江南行此音。又音都果反。揣,量也,試也。北人行此音。案論意,字宜作捘,初委反。捘,摸也。《通俗文》"捫摸曰捘"是也。(C58P0859a;J070)

按:上所引詞目出自《俱舍論》第十二卷音義。"揣"與"敠"爲換旁異體字,慧琳認爲經文中作"捘"字更合經義。此"揣觸"條《大正藏》對應經文:"譬如有人欲殺禽獸,從床起捉直行往彼所,揣觸其身,即買牽還。將入屠所,欲就殺之,即便捉仗與一下手或再下手,乃至未令命斷,名殺前分。"①(T29P0240c)今大正本經文亦作"揣"。《説文·手部》:"揣,量也。"

---

① 《大正藏》相關校勘記:"床"下:床=宋圄;"買"下:買=置二圄;"仗"下:仗=杖三。

又《方言》卷十二:“度高曰揣。”本指量度,又轉指估量、揣測、試探等用法。

釋文謂古文作“敼”,是“揣”之换旁異體字。敦煌本伯 2011 王仁昫《刊謬補缺切韻・紙韻》:“揣,初委反。度。亦作敼。”又清畢沅《經典文字辨證書・手部》:“揣,正。敼,别。”從“手”從“攴”其義相通。釋文又溝通有“揹”字。慧琳謂細索文義,字宜作“揹”,取撫摸義。此是别一説,與“揣”無涉。

159. 船、船、舩、舡

船人,述專反。《世本》:共鼓貨狄作舟舩。宋忠曰:黄帝臣也。《方言》:自關而西謂舟爲舩。《釋名》:舩,循也。謂循水而行也。論文作舡,呼江反,非此義也。(C58P0856b;J070)

按:上所引詞目出自《俱舍論》第六卷音義。“船”與“船”“舩”“舡”并爲異體字關係,論其形體來源,“船”是《説文》篆文“䑰”之隸定形體,“舩”由“船”進一步變異而來,“舡”亦當是“船”“舩”之書寫變異形體。

此“舩人”條《大正藏》對應經文作:“復次若識乘策此法,此法名識住,由①船人道理故,説諸法爲識住,非識自乘策識故。”(T29P0200c)今大正本經文作“船”。《説文・舟部》:“船,舟也。”今傳本《方言》所釋與慧琳引文同。高麗本詞頭作“船”形,正是《説文》篆文“䑰”之隸定體。《玉篇・舟部》:“船,舟船也。”高麗本釋文中作“舩”形,則是“船”進一步書寫演變而來。敦煌伯 2011 王仁昫《刊謬補缺切韻・仙韻》:“舩,舟。通俗作舩。”黄征《敦煌俗字典》“船”下引敦煌伯 2299《太子成道經》“撥棹乘船過大江”正作“舡”形(2005:61)。又《可洪音義》卷第二十五“舟船”條下云:“正作舩、船二形。”(C60P0381c)“口”書作“厶”形者甚眾,“鉛”或作“鈆”、“員”或作“負”均是其例,可相比勘。

釋文謂所見經文作“舡”,慧琳音呼江反,並認爲音義均與“船”别。考之字韻書,“舡”字有兩讀:一爲呼江切,表船皃、船名;一爲讀同“船”,則是“船”之異體字。除上所引釋文外,《可洪音義》卷第二“邊舡”條下云:“下音船。又音呼江反,非也。”(C59P0583b)又卷第九“舡舫”下云:“上市專反。又呼江反,非用。”(C59P0886c)《龍龕手鑑・舟部》:“艭,俗。艂,正。舡。上二薄江反,下許江反。艂艂,舩皃。下又俗音船。”就舟船義上之“舡”字的形體來源而言,從理論上講,“船”是常用字,無由再造新的書寫形式,此“舡”當即“舩”書寫變異而來。黄征《敦煌俗字典》載敦煌斯 328《伍子胥變文》“船”作“舡”(2005:61),上引伯 2299《太子成道經》作“舡”,其右邊形體均與“工”形近;俄 096《雙恩記》“船”有作“舡”者(2005:61),與上二形近,或可爲證。

另上面是將船皃、船名之“舡”與舟船之“舡”視作同形字看待,更大的可能是“舩”書寫變

---

① 《大正藏》“由”下校勘記作:由＝中㊪㊄。

異作"舡",形體固定之後,字書編者又根據其從"工"賦予呼江切的音讀,以實現形音義之統一,從而與"豅""豁"同。此即慧琳、可洪等人明確區分"舡"讀述專反、市專反與呼江切之原因所在。

160. 椽、橼、榑

椽柱,長攣反。《考聲》:屋椽也。《説文》:榱也。秦謂之椽,周謂之榱,齊魯謂之桷。從木彖聲也。或作榑。彖音池戀反,榱音衰,桷音角。(C57P0671a;J014)

按:上所引詞目出自《大寶積經》第六十四卷音義。高麗本詞頭之"橼"是"椽"的書寫變異字形;椽柱義上,釋文溝通之"榑"與"椽"爲文義換用現象。

此"椽柱"條《大正藏》對應經文作:"復以龍華化成妙堂,縱廣正等六十由旬,椽柱梁壁皆用七寶。復更化作無量樂器,爲供養故擊出妙音。"(T11P0367c)經文之"椽"取椽子義。《説文·木部》:"椽,榱也。"《慧琳音義》卷第七十三"椽桷"下按云:"椽、桷、榱、橑,一物廣異名也。桷音角,榱音衰,橑音老。"(C58P0925b)宋李誡《營造法式·椽》下云:"椽,其名有四:一曰桷,二曰椽,三曰榱,四曰橑。"所記與慧琳釋文同。詞頭之"橼"是"椽"的書寫變異字形,《五經文字·木部》:"椽,丈緣反。"同部:"桷,椽也。"《可洪音義》卷第十八"㮵橼"條下云:"直緣反,屋桷也。正作椽。"(C60P0104c)可洪釋文之"橼"由"椽"進一步訛變而來。又《玉篇·木部》:"椽,馳宣切,榱也。"均是其證。

慧琳謂字或作"榑"。"榑"文獻中或指屋棟,即檩子,此用法上與"椽"屬同類。或借作"摶",表示圓、摶聚義。如《可洪音義》卷第八"食榑"下云:"徒官反,丸也。"(C59P0818b)又卷第二十"榑食"下云:"上徒官反。"(C60P0161b)"榑食"下云:"上太官反。"(C60P172c)又指樞車,此義蓋始自集韻。《集韻·桓韻》:"榑,樞車也。"其後之字書,如《類篇》《四聲篇海》《字彙》《正字通》等多從之。或指無輻的木製車輪,亦始自《集韻》。考之釋文,慧琳但云或作"榑",未進一步言其正誤,則其類型較多,異體、通假均有可能。同時,《集韻》前之字韻書多未收釋"榑"字,《可洪音義》所釋與"椽"義無涉。綜上,我們比較認可"榑"與"椽"爲同類詞換用現象。

161. 傳、傅

傳來,傳,除緣反。字從更不從甫。(C57P0874b;J023)

按:上所引詞目出自《華嚴經》第七十四卷《入法界品》音義。文獻中"傳""傅"有互訛的情況,故而慧琳予以辨析之。此"傳來"條《大正藏》對應經文作:"演說一切諸佛①法海種種境界、種種成熟,展轉傳來無量諸法。"(T10P0402c)"傳來"即傳播來。《説文·人部》:"傳,

_____

① 《大正藏》"佛"下校勘記:〔佛〕—🅢。

遞也。"本指驛站,引申有傳授、傳播、傳揚等用法。"傳"字《説文》從人專聲,"專"字從寸叀聲,與"尃"義迥别。然二者形近,故而文獻中作爲構件時混訛較多。就"傳""傅"而言,"傳"或訛作"傅"形。如《可洪音義》卷第二十四"傳舍"下云:"上指戀反。驛也。"(C60P0333b)"傳"是"傳"的書寫變異形體,與"傅"形頗近。"傅"亦或訛同"傳",清邢澍《金石文字辨異·遇韻》"傅"下引《五代亭空鏡銘》作"對斂傳紅",此"傳"正"傅"之訛。又《碑别字新編·十二畫》"傅"下引《魏廣陽王元湛墓誌》作"傳",引《魏傅女王遺女墓誌》作"傳"(1985:189),二形均與"傳"頗近。正是這種原因,故而慧琳在釋文中明確辨析之。

162. 籯、圌、簞、亶

有籯,視專反。《字林》:判竹爲之,盛穀者也。《蒼頡篇》作圌,時緣反,圓倉也。經文作簞,音單。器名也,笥也。亦盛食器也。(C58P0455b;J052)

籯上,市緣反。《説文》:判竹圓以盛穀者也。律文作簞,音丹,笥也,小筐也。《論語》"簞食"是也。又作簞(亶)①者,音典。《尔疋》:簞(亶),亭歷也。(C58P0653a;J059)

按:上所引詞目分别出自《長阿含經》第十九卷音義、《四分律》第五十六卷音義。"圌"是"籯"的換旁異體字,釋文所見經文之"簞"與"籯"爲文義替換用法;"籯上"條下慧琳所見經文穀倉義上作"亶",乃是"簞"字書寫訛誤所致。

上"有籯"條《大正藏》對應經文作:"喻如有籯受六十四斛,滿中胡麻,有人百歲持一麻去,如是至盡。"(T01P0126a)今大正本經文作"籯"。考之經義,"籯"指穀囤。《説文·竹部》:"籯,以判竹,圜以盛穀也。"段注:"用竹篾圍其外,殺其上,高至於屋,蓋以盛穀。近底之處爲小户,常閉之,可出穀。今江蘇謂之土籧是也。"(1981:194)釋文謂《蒼頡篇》作"圌",又《慧琳音義》卷第七十二"如籯"下云:"亦作圌,同用也。"(C58P0903b)卷第八十一"圌衣"下引《埤蒼》云:"圌,貯穀米圌笸也。"(C59P0015a)"圌"字從囗,正即"籯"的換旁異體字,從"竹"言其材質,從"囗"示其形製,是從不同角度爲同一事物造字。敦煌斯2011王仁昫《刊謬補缺切韻·仙韻》:"圌,倉。或作籯。"《慧琳音義》卷第六十八"籯倉"下云:"從竹岢聲。或作圌。"(C58P0834a)又畢沅《釋名疏證》云:"《説文》籯從竹岢聲。此作圌,亦俗字。"如《敦煌曲·十二時》:"養雞鵝,餵豬狗,雀鼠穿窬圌囤漏。"

慧琳釋文謂其所見經文作"簞"。《説文·竹部》:"簞,笥也。"段玉裁云:"簞笥有蓋,如今之箱盒。"指盛飯食的圓形竹器,又指小筐、盛穀竹器,如《齊民要術·水稻》:"藏穀必用簞。""籯""簞"音别,本用亦别,只是均可用於盛放穀物。故而《慧琳音義》卷第四十四"如籯"下云:"經文作簞,音丹,竹器名也。簞非此義也。"(C58P0282b)卷第七十四"八籯"下云:"論文作簞,音丹,笥也。一曰小筐也。簞非此用。"(C58P0951a)由此來看,釋文所見經文之"簞"是

---

① 按,此"簞"即"亶"之訛誤字形,《校本》失校(2012:1567),非。下"簞"字同。

"篛"之文義替換用法。

慧琳"篛上"條下謂："又作篁者,音典。"上"篁"字《慧琳音義》各版本均同,《校本》亦同,且未出校勘記(2012：1567)。索之釋文義,作"篁"者非,正當作"葶"。《五經文字·艸部》："葶,音典。"與慧琳音同。今傳本《爾雅·釋草》："葶,亭歷。"郭璞注云："實葉皆似芥,一名狗薺。"又《龍龕手鑑·草部》："葶,音典。葶藶子也。""篁"與"葶"上部所從之"竹""艹"手書易混,故而宋郭忠恕《佩觿》予以辨析之,卷中："篁、葶,上都干翻,篁食;下當珍翻,葶藶。"慧琳所見經文穀倉義上作"葶",乃是"篁"字書寫訛誤而致。高麗本《慧琳音義》"篛上"條釋文中"葶"書作"篁",亦是二者訛誤之例。事實上,"竹"旁與"艹"旁相混甚多,起源較早,曾良《俗字及古籍文字通例研究》認爲"至少漢代就有了"(2006：122)。

163. 釧、玔、串

臂釧,川戀反。此卷音義中已見前釋。經文作串,非也,不是釧字。(C58P0108a；J035)

環釧,穿眷反。《考聲》：以玉金爲環以貫臂也。集從王作玔,非也。(C59P0322b；J099)

按：上所引詞目分別出自《佛說一字轉輪王佛頂呪經》音義、《廣弘明集》第二十九卷音義。"釧"與經文之"玔""串"均是通假字關係;"玔"亦或是"釧"的換旁異體字,其玉玔義經比附而來。

上"環釧"條《大正藏》對應經文作："派違順以分岐,體無非而不是,用無相而不爲,若純金不隔於環釧①,等積水不憚於漣漪,故令名用誼雜集起紛馳。"(T52P0340b)今大正本經文作"釧",宋、元、明及宮本作"玔"。"釧"字,蔣斧印本《唐寫本唐韻·線韻》："釧,環。"《慧琳音義》卷第十五"臂釧"下按云："釧者,以金銀爲環,莊飾其手足。《字書》云：'在足曰鋜,在臂曰釧。'"(C57P0695b)又卷第十九"環釧"下云："上環臂釧也,或以象牙作環,而以七寶鈿之,或用金銀作如環之象。"(C57P0771b)又《說文新附·金部》："釧,臂環也。"即是腕環,俗稱手鐲。"玔"字,《龍龕手鑑·玉部》："玔,《玉篇》音釧,玉玔也。"《玉篇·玉部》："玔,玉玔也。"就目前所見材料而言,"釧""玔"二字音同義別,詞義具有一定相關性,故而文獻中或借"玔"爲"釧",上所引經文即是其例。此外,《慧琳音義》卷第二十"環釧"下云："經本從玉作玔,誤也。"(C57P0796b)又《可洪音義》卷第十六"足玔"條下云："正作釧也。"(C60P0016c)另"玔"亦或是"釧"的換旁異體字,蓋顧野王等人根據字形賦予其"玉玔"這一意義,以求得形義之統一。

"臂釧"條下謂經文作"串"。《正名要錄》、蔣斧印本《唐寫本唐韻》、敦煌本《刊謬補缺切韻》、故宮本《刊謬補缺切韻》及《萬象名義》均釋"串"同"慣",又《龍龕手鑑·雜部》："丰,古。串,今。古患反。穿也。亦習也。"《廣韻》與《龍龕》同,《集韻》《類篇》《改併四聲篇海》均只收

---

① 《大正藏》"釧"下校勘記作：釧＝玔③宮。

録慣習義,至《字彙》始又收録貫穿義,《丨部》:"串,樞絹切,音釧。穿也,貫也。"綜合觀之,"串"本是"毌"字,後"毌"增"貝"旁作"貫"。貫穿義乃是"串"之本用,與"貫"同,習慣義是"慣"之借用。貫穿既有穿過義,又有聯通義,聯通則成串,此義上《洪武正韻》爲樞絹切。然"串"之連串義唐時字書均未收録,蓋其時此用法尚未通行。然其讀音與"釧"相近,故經文腕釧義上作"串",宜視作"釧"之通假用法。

164. 瘡、瘬、創、刅

瘬瘯,上楚霜反。《考聲》云作瘡也。《説文》作刅。古字也。或作創。(C57P0676a;J014)

按:上所引詞目出自《大寶積經》第七十九卷音義。在潰瘍、瘡疤義上,"瘡"是"創"的後出分化字,"瘡"或又換旁作"瘬",與"刅"爲通假字關係。

此"瘬瘯"條《大正藏》對應經文作:"深心菩薩於求他利,不貪身命,以淨心布施因緣,臂還平復無有瘡瘢①,諸賈客等即得正道。至天明旦,見仙人兩臂無有瘡瘢,生希有心。"(T11P0451b)今大正本經文作"瘡",取瘡疤義。慧琳釋文謂或作"創","創"字本指創傷義,引申又表示潰瘍、瘡疤義。如《禮記·雜記下》:"身有瘍則浴,首有創則沐。"又如《論衡·幸偶》:"氣結閼積,聚爲癰,潰爲疽創,流血出膿。"此義後由"瘡"字記録,如《金匱要略·瘡癰腸癰浸淫病脈證並治第十八》:"若身有瘡,被刀斧所傷,亡血故也。"(1997:52)因"創"字用法較多,故而後分化出"瘡"字專門記録潰瘍、瘡疤義。敦煌伯2011王仁昫《刊謬補缺切韻·陽韻》:"瘡,楚良反,痍。古作創。"敦煌伯2011校刻本《王韻》同上。

就文獻使用情況而言,"創"字在先,"瘡"字在後,故而唐時正字書多視"瘡"爲俗、爲通。唐顏元孫《干禄字書·平聲》:"瘡、創,下亦創造。上通下正。"《慧琳音義》卷第四十一"瘡疣"下云:"經文作瘡,俗用字也。"(C58P0224a)關於"瘡""創"二字之字際關係,王力《同源字典》(1982:365)、張希峰《漢語詞族續考》(2000:220)均將"瘡""創"系聯爲一組,可從,二者爲"同所異狀"類同源字。正因如此,故而慧琳在"瘬瘯"條下溝通了《考聲》之"瘡"、《説文》之"刅"、"或作"之"創"。別如《龍龕手鑑·疒部》:"瘡,正。楚莊反。或作創、刱(刱)、刀(刅),傷也。古作餁,今作瘡。"

另"瘡"或又從"創"聲作"瘬"。《龍龕手鑑·疒部》:"瘬,或作。音瘡。""瘬"即由"瘡"更換聲符而來,二者是異構字關係。

165. 創、刅、刃(刅)、刱、劊、餁、弒、刱、刱

如瘡,楚莊反。俗字也。《玉篇》從戈從倉作餁。《説文》作創,亦作刀(刅),或作刱,古文

---

① 《大正藏》"瘢"下校勘記作:瘢=槃⑧。下"瘢"同此。

作**刅**。《韻詮》云：疽疥曰創。《韻英》：創，痍也。《説文》：傷也。從也從刀倉聲之也①。（C57P0429b；J002）

創皰，楚霜反。今通俗作瘡。《説文》作刅，古文作刱。（C57P0723b；J016）

創皰，上初良反。又作**㦵**、刅，皆古字也。《説文》：創，傷也。經有作瘡，俗字，非正也。（C57P0927a；J025）

有創，楚霜反。《禮記》云：頭有創則沐。《説文》又作刃（刅）②，云傷也。從刃從一。或從广作瘡，俗字也。（C58P0310b；J045）

刱作，上初向反。賈逵云：刱，始也。《説文》：造法刱業也。從并刅聲。論作創，俗用字。刅音楚良反也。（C59P0124b；J087）

按：上所引詞目分別出自《大般若波羅蜜多經》第七十七卷音義、《發覺淨心經》下卷音義、《涅槃經》第九卷音義、《菩薩善戒經》音義、《甄正論》上卷音義。上引釋文之“創”在創傷義上，與“刅”“刅”“刱”“㦵”均是異體字關係，“刅”書寫或訛作“刃”，“㦵”書寫或訛作“㦵”；在開創、創製義上，與“刱”爲本字不用、借字通行現象，“刱”或書作“刱”形。

上所引釋文之“創”主要有兩種用法：其一，創傷義。上“如瘡”條《大正藏》對應經文作：“思惟色如病，思惟受想行識如病；思惟色如癰，思惟受想行識如癰；思惟色如箭，思惟受想行識如箭；思惟色如瘡，思惟受想行識如瘡。”（T05P0432b）經文中“瘡”與“病”“癰”共現，即指創傷義。《説文·刃部》：“刅，傷也。从刃，从一。創，或从刀，倉聲。”“刅”“創”爲異構字關係。

“如瘡”條下又謂古文作“刅”，據慧琳所釋，亦是“創”的異體字。《廣韻·陽韻》初良切：“刅”，同“創”。“刅”的形義不好解釋，就其形體來源而言，當是由“刅”書寫變異而來。“刅”由“刅”增“刀”旁而成，爲“刅”之增旁異體字。“刅”與“創”亦是異構字關係。

“如瘡”條下又謂《玉篇》作“㦵”。日釋空海《萬象名義·戈部》：“㦵，楚良反。”《玉篇·戈部》：“㦵，古創字。”“㦵”從戈倉聲，構形上與“創”同。“創皰”條下又溝通有“㦵”字，《龍龕手鑑·弋部》：“㦵，七羊反。”又《戈部》：“㦵，七良反。”二字音同形頗近，結合慧琳所釋，“㦵”即“㦵”的書寫訛誤形體。鄭賢章《龍龕手鏡研究》根據《龍龕手鑑》所釋認爲“㦵”爲“㦵”之訛（2004：366），惜未有更直接的證據，《慧琳音義》此條釋文可補之。另張涌泉《叢考》中疑“㦵”爲“槍”的換旁異體字（2000：296），然他并未給出證據。此外，上“㦵”字未編碼，不見於《大字典》《字海》等大型字書。

“創皰”條下溝通有古文“刱”。“刱”從刃倉聲，是“創”的換旁異體字，從“刀”從“刃”義相通。《集韻·漾韻》：“創，或從刃。”慧琳釋文可證《集韻》所釋不誣也。“㦵”“刱”均是“創”的

---

① 按，今傳本《説文》作：“刅，傷也。從刃，從一。創，或從刀，倉聲。”
② 按，此“刃”當即“刅”之訛誤字形。

換旁異體字。

　　另"有創"條下謂《説文》又作"刅"。"刅"字《慧琳音義》高麗本如是作,獅谷本、頻伽本、大正本均作"丑",《校本》與高麗本同,且未出校勘記(2012：1292)。"刅"是"丑"字,與釋文義不合。從慧琳釋文求之,此處之"刅"乃是"刅"書寫訛誤所致。張氏澤存堂本《宋本玉篇·刅部》:"刅,楚良切。《説文》云:傷也。"《大廣益會玉篇》圓沙書院本、南山書院本、和刻本字頭均作"丹","丹"字與"刅"形體較接近,可相比勘。

　　其二,創製義。"創"除有創傷、瘡疤義外,也借用於記録創製、創造義。蔣斧印本《唐寫本唐韻·漾韻》:"創,初也。懲也。古作刱。初亮反。"此義上《説文》本作"刱",《説文·井部》:"刱,造法刱業也。从井,刅聲。讀若創。"即創製、開創義,如《戰國策·秦策三》:"大夫種爲越王墾草刱邑。"關於"刱"與"創"之關係,段玉裁"刱"下云:"《國語》《孟子》字皆作'創',趙氏、韋氏皆曰:'創,造也。'段借字也。"(1981：216)段所言是也,正因創製、開創義上本作"刱",故而後世字書或謂"創"爲"俗",如上引"刱作"條下云:"論作創,俗用字。"又卷第八"刱見"下云:"經作創,俗字也。"(C57P0544a)卷第六十三"刱始"下云:"俗作創。"(C58P0735a)綜合來看,"刱""創"本別,然後世創製、創造義上通作"創",故而二者屬本字不用、借字通行現象。

　　"刱"書寫或變異作"刅",上所引"如瘡""創皰"條下之"刅"并是"刱"的變異字形。敦煌伯2011王仁昫《刊謬補缺切韻·漾韻》:"創,初亮反。始。正作刱。"伯2011校刻本《王韻》同上。又元李文仲《字鑒·漾韻》:"刱,从井田之井刅聲,俗从兼并字作刅,誤。"因"井"與"并"之舊字形"并"形非常接近,故"刱"易變作"刅"形。

166. 牀、床

　　牀座,狀莊反。《廣雅》云:人之棲息安身之具也。《説文》云:身所安也。從木爿聲也。經文作床,非也。撿字書並無此床字也。爿音情羊反。(C57P0532a;J007)

　　按:上所引詞目出自《大般若波羅蜜多經》第五百六十一卷音義。從慧琳此條釋文來看,蓋"床"是魏晉至唐時新近產生的字,似慧琳所見的字韻書均未收録"床"字。此"牀座"條《大正藏》對應經文作:"譬如有人年百二十,老耄衰朽復加眾病,謂風、熱、痰或三雜病,是老病人欲從床座起往他處而自不能。"(T07P0897a)今大正本經文亦作"床",與詞頭之"牀"義同。《説文·木部》:"牀,安身之坐者。"又《釋名·釋牀帳》:"人所坐臥曰牀。"字又作"床",是"牀"的換旁異體字。敦煌伯2011王仁昫《刊謬補缺切韻·陽韻》:"牀,士莊(引者按,此即"莊"的俗字)反。簀。通俗作床。"如唐孟郊《弔盧殷》:"夜踏明月橋,店飲吾曹床。""床"是後出字,故而唐時正字書多定其爲俗。敦煌斯388《正名要録》"右正行者楷,腳注稍訛","牀"爲"楷",即正字;"床"爲腳注,是俗別體。唐顏元孫《干禄字書·平聲》:"床、牀,上俗下正。"別如《慧琳音義》卷第四"牀榻"下云："有作床，俗字也。"（C57P0474a）另外，從慧琳"撿字書並無此床字也"的描述來看，"床"蓋是魏晉至唐時新近產生的形體。

167. 䫴、䐔

三䫴，直追反。《説文》：額出也。今江南言䫴頭朕額，乃以䫴爲後枕高朕之名也。經文作䐔，未見所出也。（C58P0057b；J033）

按：上所引詞目出自《太子須大拏經》音義。額凸起義上經文作"䐔"，乃是"䫴"之通假用法。此"三䫴"條《大正藏》對應經文作："婆羅門有十二醜：身體黑如漆，面上三䫴①，鼻正匾匾，兩目復青，面皺脣哆，語言謇吃。"（T03P0421b）今大正本經文作"䫴"。考之經義，"面上三䫴"指面部有三處凸起，爲其中一醜。《説文·頁部》："䫴，出額也。"段注："謂額朕出向前也。"據慧琳所釋，"䫴"又指枕骨。《龍龕手鑑·頁部》："䫴，直追反。項䫴也。"

慧琳所見經文作"䐔"。敦煌伯 2011 王仁昫《刊謬補缺切韻·脂韻》："䐔，重䐔，病。亦作痏。"伯 2011 校刻本《王韻》同上。《龍龕手鑑·肉部》："䐔，直僞反。重䐔，病也。""䐔"指腳腫，如《左傳·成公六年》："民愁則墊隘，於是乎有沉溺重䐔之疾。"杜預注云："重䐔，足腫。""䫴""䐔"音近義別，額凸起義上經文作"䐔"乃是"䫴"之通假用法。另外，結合慧琳所謂"未見所出"來看，"䐔"當即魏晉至唐時新產生的文字。

168. 純、沌、醇、淳

純淨，時均反。謂專一不雜也。《方言》：純，好也，大也。經文作醇。《説文》：不澆酒也。又作淳濃之淳，其義一也。（C57P0746a；J017）

染沌，垂綸反。亦純字也。（C59P0327b；J099）

按：上所引詞目分別出自《大集月藏分經》第七卷音義、《廣弘明集》第三十卷音義。在純淨義上，"純"與"沌"似可視作異體字關係，與"醇"爲同源通用字關係，與"淳"亦視作同源通用字關係較妥。

上"染沌"條《大正藏》對應經文作："閑邪託靜室，寂寥虛且真；逸想流巖阿，曚曨望幽人；慨矣玄風濕，皎皎離染沌②；時無問道睡，行歌將何因。"（T52P0350c）今大正本經文作"沌"，宋、元、明及宮本作"純"，均是純淨義。《説文·糸部》："純，絲也。"本指生絲，如《論語·子罕》："麻冕，禮也。今也純，儉，吾從眾。"何晏《論語集解》引孔安國曰："純，絲也。絲易成，故從儉。"又表示純粹、不雜義，如《漢書·五行志》："服其身，則衣之純。"顏師古注云："壹其色。"

---

① 《大正藏》"䫴"下校勘記作：䫴＝睡宋，＝䐔元明。
② 《大正藏》"沌"下校勘記作：沌＝純三宮。

關於"純"的純粹、不雜義之來源，或認爲是"醇"之借字。段玉裁認爲"純"之本義爲絲，并按云："純與醇音同，醇者，不澆酒也，叚純爲醇字。"(1981：643)張希峰《漢語詞族叢考》也認爲"純"的不雜義借自"醇"(1999：285)。亦或認爲由"純"引申而來，徐灝《説文注箋》認爲，"純"是絲之美者，引申爲凡物不雜曰"純"(《説文詁林》，1988：12562)。張舜徽《説文約注》認爲，絲又名"純"者，取義於色不雜，又引申爲凡純美之稱(2009：3163)。王鳳陽《古辭辨》認爲，生絲乃是未經染色紡織，故有純淨、不雜之義，引申之後，凡不含雜質的都可稱作"純"(1993：954)。殷寄明《漢語同源字詞叢考》認爲，"純"是同一顏色的絲織品，即顏色純粹之物，引申而有純粹義(2007：317)。綜合來看，我們比較傾向於引申説，即由不雜之絲引申爲不雜之其他事物，又引申有專一、質樸、和諧等用法。如《慧琳音義》卷第三十九"純白"下云："《考聲》云：'純，美也。'色不雜也。"(C58P0174b)

"染沌"條下慧琳認爲"沌"與"純"同。"沌"字，敦煌伯3693《箋注本切韻》："沌，水名。在江夏。又徒混反。"又敦煌伯2011王仁昫《刊謬補缺切韻·混韻》："沌，混沌。亦作㘬坉。"伯2011校刻本《王韻》同上。又《龍龕手鑑·水部》："沌，徒本反。混沌也。"就上引文獻觀之，"沌"主要有水名、混沌義，《玉篇》只收録了混沌義，《廣韻》同時收録了上面兩種用法，《集韻》除收録上兩種用法以外，又《諄韻》："沌，粹也。通作純。"結合慧琳"染沌"下所釋，《集韻》所録當不誣也。"沌"或可視作"純"之異體字。

釋文在"純淨"條下溝通有"醇""淳"二字。"醇"本指酒純，引申有濃厚、純粹、專一等用法；"淳"本是澆灌義，後又假作"醇"，表示濃厚、質樸之義。就"淳"之文獻使用情況來看，主要記録淳樸、淳厚義，故而王鳳陽《古辭辨》認爲"淳"是"醇"的異體字，後世二者之區別在於，"淳"主要指民風、人風，"醇"則指酒的純厚(1993：955)。就"純"與"醇""淳"之關係來看，均有不雜、專一之核義素，《廣韻》均有常倫切之音讀，音同義通，是同源字關係。王力《同源字典》即將"純"與"醇""淳"系聯爲一組(1982：518)。

169. 淳、灂、純、醇、𤲷、憞

灂質，上順倫反。亦作𤲷、憞。論作淳，俗用字也。案灂質之字正從酉作醇。《漢書》云：一色成體謂之醇，言不雜也。孔注《尚書》云：粹也。又云：爲醇一之行也。賈逵云：專也。《廣雅》：厚也。《説文》：從酉𦎫聲。𦎫音同上。亦作純。(C58P0787a；J066)

按：上所引詞目出自《阿毗達磨發智論》第十八卷音義。詞頭之"灂"是"淳"的《説文》篆體隸定形，其在文獻中的通行用法是淳樸、淳厚義，與"醇"爲文字借用關係，與"純""憞"視作同源通用字關係較妥，與"𤲷"當即音近借用現象。

此"灂質"條《大正藏》對應經文作："答：尊者因儒童心直、心無曲、心淳質增上，尊者婆呬迦等心濡、心調柔、心和順增上。"(T26P1018b)今大正本經文作"淳質"。考之經義，"淳"

取淳樸義。《説文·水部》：“淳，渌也。”徐灝《説文注箋》：“許訓淳爲渌，即所謂淳而漬之也。”本指澆灌，如《儀禮·士虞禮》：“淳尸盥，宗人授巾。”鄭玄注云：“淳，沃也。”除此用法外，“淳”在文獻中主要表示專一、淳厚、淳樸義。段玉裁認爲，“淳”之濃厚、質樸義是“純”“醇”之假借，其借義行而本義廢(1981：564)。朱駿聲《通訓定聲·屯部》亦云：“淳，叚借爲醇。”馬敍倫也持相同觀點，《説文解字六書疏證》認爲，“淳”爲“汲”之轉注字，其濃義則源自“醇”(《古文字詁林》第九册，2004：232)。正是此種緣由，故而慧琳謂“濟質之字正從酉作醇”也。就“淳”與“醇”之關係而言，爲文字借用之一種。從“淳”的通行用法來看，與“純”視作同源通用字關係較妥。

詞頭之“濬”是《説文》篆文“𤄷”的隸定形體。《五經文字·水部》：“濬、淳，上《説文》，下石經。”又《龍龕手鑑·水部》：“淳，俗。濬，古。常倫反。清也。”

釋文謂亦作“憻”。“憻”即“惇”字，《説文·心部》：“惇，厚也。”爲敦厚、誠實義。民風淳樸謂之“淳”，人心誠篤謂之“惇”，二字義通。音讀上，“純”在淳樸義上《廣韻》讀常倫切，“惇”爲都昆切，音相近。在淳樸義上，二者是同源通用字關係。張希峰《漢語詞族叢考》(1999：279)、殷寄明《漢語同源字詞叢考》(2007：561)均將二字系聯爲一組，可參。

釋文又溝通有“𦞦”字。“𦞦”當是“脮”字，與“朜”同。《集韻》釋“朜”爲月光，音他昆切，與“淳”音近義别，二者當即音近借用關係。

170. 蠢、蠢、惷、偆

蠢蠢，春尹反。《毛詩傳》曰：蠢蠢，虫動也。郭璞注《爾雅》云：動搖皃也。從䖵春聲也。或作偆，或作蠢，作惷，皆古字。䖵音昆。(C57P0403b；J001)

按：上所引詞目出自《大唐三藏聖教序》音義。“蠢”字蓋由“𧈪”换“春”爲“蠢”後書寫變異而來，“蠢”與“惷”爲同源通用字關係，與“偆”是同音借用字關係。

此“蠢蠢”條《大正藏》對應經文作：“妙道凝玄，遵之莫知其際；法流湛寂，挹之莫測其源。故知蠢蠢凡愚，區區庸鄙，投其旨趣，能無疑惑者哉。”(T52P0258b)經文之“蠢蠢”爲騷亂皃。《説文·䖵部》：“蠢，蟲動也。……古文蠢从戈。”本指蟲動，如晉傅玄《陽春賦》：“幽蟄蠢動，萬物樂生。”段注謂“引申爲凡動之稱”(1981：676)，《爾雅·釋詁》：“蠢，動也，作也。”又指不謙虛、愚蠢、笨拙等用法。據釋文，字或作“蠢”。《龍龕手鑑·虫部》：“蠢、蠢，赤尹反。出也。作也。動搖皃也。”從形體來源考之，“蠢”當即“𧈪”换“春”爲“蠢”後書寫變異而來。敦煌伯2011王仁昫《刊謬補缺切韻·軫韻》：“𧈪，出。亦作蠢。”又《廣韻·準韻》“𧈪”，“蠢”之古文。徐在國《隸定古文疏證》認爲“𧈪”由《説文》古文“𩇯”字隸變而來(2002：273)，可從。

釋文又溝通有“惷”“偆”二字。《龍龕手鑑·虫部》：“蠢”，又與“偆”“惷”同。慧琳所釋與行均同。儘管如此，“蠢”與“惷”“偆”本質上并不是同字。“惷”字，《説文·心部》：“惷，亂也。"張舜徽《説文約注》按云："惷從心而訓亂，謂心亂也。心亂謂之惷，猶蟲動謂之蠢。"
（2009：2600）又表示愚蠢義①，如《戰國策·魏策一》："寡人惷愚，前計失之。""惷""蠢"二字
音同，均有動之核義素，是同源字關係，王力《同源字典》即將二者系聯爲同組（1982：516）。
正因如此，故文獻中二字常借用。

　　"偆"字，《説文·人部》："偆，富也。"敦煌伯 2011 王仁昫《刊謬補缺切韻·軫韻》："偆，
富。"敦煌伯 2011 校刻本《王韻》同上。又《龍龕手鑑·人部》："偆，厚也。富也。"與"蠢"義
別。"偆""蠢"二字《廣韻》均讀尺尹切，音同。文獻中蠢動、愚蠢義上用"偆"，乃"蠢"的同音
借用字現象。如《白虎通·五行》："春之爲言偆。偆，動也。"此"偆"正"蠢"之借字。

171. 疵、瘯（瘷）

　　瑕疵，疾移反。古文瘷②同。瑕，過也。《説文》：疵，病。《玉篇》云：玉内有病曰瑕，玉
外有病曰疵。今作疵者，法内之人有煩惱病，如玉之有瑕，非如玉外病也。（C57P0968b；
J027）

　　按：上所引詞目出自《妙法蓮華經》卷第一《方便品》音義。"瑕疵"條下慧琳所溝通的
"瘷"字，又書作"瘯"形；與"疵"音别義略近，蓋慧琳誤認爲"瘷"是"疵"之换旁異體字。

　　此"瑕疵"條《大正藏》對應經文作："比丘比丘尼，有懷增上慢，優婆塞我慢，優婆夷不信，
如是四衆等，其數有五千，不自見其過，於戒有缺漏，護惜其瑕疵③。"（T09P0007c）今大正本
經文作"疵"，元、明本作"玼"，均指疾病、瑕疵義。《説文·疒部》："疵，病也。"本指病，如《老
子》第十章："滌除玄覽，能無疵乎！"引申有缺陷、挑剔等用法。據慧琳釋文，其古文作"瘷"。

　　"瘷"字，《慧琳音義》高麗本、大正本如上作，獅谷本、頻伽本作"瘯"，《校本》據頻伽本校
正作"瘯"（2012：993）。實"瘷""瘯"本是一字異寫。蔣斧印本《唐寫本唐韻·麥韻》所責反：
"瘷，瘮瘷。寒皃。"《龍龕手鑑·疒部》："瘷，所責反。瘮瘷，寒皃。"又《廣韻·麥韻》山責切：
"瘷，瘮瘷，寒皃。""瘷"指一種寒冷病。"瘯"字，敦煌伯 2011 王仁昫《刊謬補缺切韻·混韻》
"瘁"下云："瘁瘯，惡寒。瘯字所革反。"伯 2011 校刻本《王韻》同上，又《集韻·麥韻》色責切：
"瘯，瘮瘯，寒病。"由上所引釋文觀之，"瘷""瘯"音義全同，形體頗近，即一字之變。《慧琳音
義》高麗本、大正本與獅谷本、頻伽本只是選擇了不同的寫法。"瘯"除指寒病外，也指瘦。張
氏澤存堂本《宋本玉篇·疒部》："瘠，才亦切。瘦也。瘯，古文。"就上所論而言，"瘯"指瘦義
時，音義與"疵"均遠；"瘷"指寒病時，義與"疵"略近，音相遠。蓋慧琳認爲"瘷"從疒束聲，而

---

① 對於"蠢""惷"之愚笨用法，曾良《俗字及古籍文字通例研究》認爲，愚笨義《説文》正作"惷"，因"惷""蠢"形近，故
　　而"蠢"亦有了愚笨義；而"蠢""惷"爲"同詞異寫"，致使"蠢"亦具有了愚笨之義，後世"習非成是"，遂通用"蠢"字
　　（2006：240）。
② 按，此"瘷"字《慧琳音義》各版本有差異，或有作"瘯"者，爲一字異寫關係。
③ 《大正藏》"疵"下校勘記作：疵＝玼元明。

“束”與“此”音幾同，故誤將二者視作換旁異體字關係。

172. 瓷、𦉥、磁

瓷器，上自咨反。張戩《考聲》云：瓦類也。加以藥石而色光澤也。《古今正字》並從瓦次聲。亦作𦉥。今經作磁，是石名，堪爲藥，非瓷器。(C58P0172b；J039)

按：上所引詞目出自《不空羂索經》第十二卷音義。“瓷”與“𦉥”爲換旁異體字關係，與“磁(礠)”爲同音借用字關係；《大字典》“磁”下收錄了“同‘瓷’”這一用法，有失妥當。

此“瓷器”條《大正藏》對應經文作：“和合擣治秒糖、石蜜、白蜜等分，加持一百八遍。如法合治分爲二分，盛瓷①器中，復置壇上，面東作法。”(T20P0286b)今大正本經文作“瓷”，宋、元、明本作“磁”，慧琳所見經文作“礠”。求之經義，作“瓷”是也。《龍龕手鑑·瓦部》：“瓷，瓦器也。”《說文新附·瓦部》：“瓷，瓦器。”正即瓷器。釋文謂或作“𦉥”，乃是“瓷”之換旁異體字。《龍龕手鑑·缶部》：“𦉥，瓦器也。與瓷同。”在瓦器義上，從“瓦”從“缶”義相通。慧琳所見經文之“礠”與宋、元、明本的“磁”同，是磁石字，與瓷器義迥別。“瓷”“磁”《廣韻》分別讀疾資切、疾之切，音頗近。文獻中瓷器義上作“磁”，即是“瓷”的音近借用現象，故而慧琳予以區分。

另《大字典》“磁”下根據《中華大字典》“磁，瓷俗字”收錄有“同‘瓷’”這一用法(2010：2617)。檢諸字韻書，《玉篇》《廣韻》《集韻》《類篇》《四聲篇海》《字彙》《正字通》“磁”下均未收錄“瓷”的用法；《增廣字學舉隅·卷四·一字數音》“磁”字下云：“俗作瓷器之瓷用，非。”由此來看，《大字典》所謂“同‘瓷’”顯然有失妥當。

173. 辭、䛐、辤

文辭，似茲反。《考聲》云：以言説理也。古文作䛐。《說文》：解訟也。從𤔔從辛，𤔔、辛猶理罪也。𤔔音乱。乱，理也。今經作辤，愚人妄書不成字也。(C57P0683a；J015)

按：上所引詞目出自《大寶積經》第九十三卷音義。“辭”與“䛐”“辤”均是異體字關係。此“文辭”條《大正藏》對應經文作：“欲令言不虛故，是菩薩持讀佛文詞戒，爲得聖人威德成就大眾故。”(T11P0530b)今大正本經文作“詞”，義亦通。《說文·辛部》：“辭，訟也。”本指訟詞，如《尚書·呂刑》：“民之亂，罔不中聽獄之兩辭。”引申有辯解、言詞、推辭等用法。字或從“司”作“䛐”，《說文·辛部》：“䛐，籀文辭從司。”金文字形多從“司”作。二者爲換旁異體字。

釋文又溝通有“辤”字。《干祿字書·平聲》：“辝、辤、辭，上、中並辝讓，下辭説。今作辝，俗作辞，非也。”又《五經文字·辛部》：“辭、辤、辝，上《說文》，中古文，下籀文，經典相承通用上字。”“辤”“辝”本是辭謝字，《說文·辛部》：“辤，不受也。辝，籀文辤從台。”文獻中多借訟

---

① 《大正藏》“瓷”下校勘記作：瓷＝磁③⑦。

詞之"辭"爲之,故而後世字書多視二者爲異體字關係。"辤"字文獻通作"辞",《正名要録》"右正行者楷,腳注稍訛"下,"辤"爲正,"辞"爲腳注。又《龍龕手鑑·舌部》:"辞,正。辤,俗。"從形體來源言之,"辤"蓋由"辞""辤"等雜糅變異而來,故而慧琳謂"妄書不成字"。

174. 叢、藂、藂

叢林,上族紅反。《考聲》云:木聚生曰叢。俗作藂,《漢書·東方朔傳》中作藂,並非正也。《説文》:聚也。從丵〈丵,妔學反〉從取,取亦聲也。象形字。(C57P0979b;J027)

按:上所引詞目出自《妙法蓮華經》卷第四《藥草喻品》音義。"叢"與"藂""藂"均是異構字關係。此"叢林"條《大正藏》對應經文作:"譬如三千大千世界,山川谿谷土地所生卉木叢林及諸藥草,種類若干,名色各異。"(T09P0019a)"叢林"指茂密的樹林。《説文·丵部》:"叢,聚也。"本指聚集義,如《尚書·無逸》:"亂罰無罪,殺無辜,怨有同,是叢于厥身。"引申又指草木密集生長、繁雜等用法。據釋文,俗或作"藂"。《干禄字書·平聲》:"藂、叢,上通下正。"《五經文字·丵部》:"叢,才東反。作藂者訛。"又《龍龕手鑑·草部》:"藂,俗。叢,正。殂紅反。草木聚生也。"所釋與慧琳同。從形體來源考之,"藂"從艸聚聲,亦是叢聚之義,與"叢"之從丵取聲相通,二者爲異構字關係。如《楚辭·招魂》:"五穀不生,藂菅是食些。"

釋文又溝通有"藂"字。從構形察之,"藂"從林取聲,與"叢"構意相類。"叢"字,《古文四聲韻》引王存乂《切韻》作"菆","菆"①字或可解作從艸取聲,與"藂"之構意亦相類。"林"與"丵"均有聚集之義,故而"藂"即"叢"之異構字。如《漢書·東方朔傳》:"飾文采,藂珍怪。"

175. 粗、麤、麄、捔(觕)

麄捔(觕)②,《漢書·班固敘傳》云:捔(觕)舉職僚。孟康注云:捔(觕),古文粗字,音才占(古)反。韋昭曰:粗略也。(C57P0584a;J010)

精粗,醋租反。鄭玄注《禮記》云:粗,大也。借音字也。正作麤,俗作麄。(C59P0302a;J098)

按:上所引詞目分別出自《明度無極經》第三卷音義、《廣弘明集》第十八卷音義。"粗"與"麤"宜視作同源通用字關係,"麄"由"麤"書寫省變而來;高麗本《慧琳音義》"麄捔"條之"捔"乃是"觕"的訛誤字形,"觕"與"粗"或可視作異體字關係。

上"精粗"條《大正藏》對應經文作:"且俱稱妙覺而國土精粗,不可以精粗國土而言聖有

---

① 按,羅振玉《讀碑小箋》對"菆"字形體來源有相關考察,羅氏認爲:"漢《開母闕銘》有'菆'字,即'叢'之別體,與《説文》訓麻蒸之'菆'不同。'叢'從丵從取,兹媠丵爲⼩⼩,又訛⼩⼩爲艹,於是遂與訓麻蒸之'菆'不別。其實非一字也。《春秋·僖三十三年經》'取叢',《釋文》'一作菆',與碑同。"見羅振玉《羅振玉學術論著集》(第三集),上海古籍出版社,2010年,第34頁。

② 按,此"捔"即由"觕"書寫訛誤而來。

優劣。"(T52P0226a)經中作"粗"、作"麤"均通。《説文·米部》:"粗,疏也。"本指糙米、粗糧,如《莊子·人間世》:"吾食也執粗而不臧,爨無欲清之人。"引申有粗糙、不精細等用法,敦煌伯2011王仁昫《刊謬補缺切韻·模韻》:"粗,徂古反。不精。""麤"字,《説文·麤部》:"麤,行超遠也。"敦煌伯2011王仁昫《刊謬補缺切韻·模韻》:"麤,行路遠。"伯2011校刻本《王韻》同。此釋當即承《説文》而來。就"麤"之構形而言,李孝定《甲骨文字集釋》謂:"古文會意字,從二體或三體、四體不拘。"(《古文字詁林》第八册,2003:545)然"麤"的本義不甚明,《説文》所釋之義未見行用,文獻中通用義爲粗大、粗疏義。

據慧琳所釋,經文之"粗"爲粗大義,正作"麤"。所言是也,"粗""麤"雖後世通用,然本用微別。徐灝《説文注箋》"麤"下按云:"麤與粗音義同而微有別。"(《説文詁林》,1988:9717)江沅《説文釋例》"麤"下亦云:"此許麤壯字,謂細微之反也。以上二篆(引者按,指"粗""麤")義別而俗同之,概用粗字,粗行麤廢矣。"(《説文詁林》,1988:9717)又張舜徽《説文約注》:"麤、粗二字,古雖通用,析言仍自有別。麤謂麤細,粗謂精粗,義固稍異。"(2009:2398)所析甚是。結合二字文獻使用情況,將其視作同源通用字關係較妥。張希峰《漢語詞族續考》即將二者歸置在"疏"組之下(2000:96)。

釋文又溝通有"麁"字。《干禄字書·平聲》:"麁、麤,上通下正。此與精粗義同,今以粗相承已久。"《五經文字·鹿部》:"麤,千奴反。相承作麁,及蟲字作虫之類不可施行於經典。"又《玉篇·鹿部》:"麁,本作麤。"如《戰國策·趙策一》:"夫知伯爲人也,麁中而少親。"從形體來源言之,慧琳認爲"麁"由"麤"書寫省減而成。《慧琳音義》卷第十一"麤獷"下云:"《説文》:'從三鹿。'今省作麁。"(C57P0619b)又卷第九十二"麤蹵"下云:"《説文》:'從三鹿。'會意字也。今省麁。"(C59P0198a)

"麁摦"條下慧琳引孟康語謂:"摦,古文粗字。"上"麁摦"條《大正藏》對應經文作:"若慈孝於佛,不如恭敬明度,慎莫忘失一句,囑累若,麤摦[1]説耳。若有不欲離於經法、比丘僧、三世佛者,不當遠此法。"(T08P0502c)今大正本經文作"麤摦"。求之經文,"麤摦"爲大略義。詞頭"麁摦"之"摦",《慧琳音義》各版本均如是作。《明度無極經》第三卷之"麁摦"條本是玄應所撰,《玄應音義》卷第三"麁摦"下云:"《漢書·班固敘傳》云:'摦舉職僚。'孟康注云:'摦,古文粗字。'音才古反。韋昭曰:'粗略也。'"(V32P0044c)由此或可推知玄應、慧琳原書即作"摦"字。《廣雅·釋言》:"摦,掎也。"王念孫疏證云:"摦,《説文》掎,偏引也。"又《龍龕手鑑·手部》:"摦,音角。掎摦也。"本指捉住獸角搏鬥,引申又指角逐等用法。如《淮南子·氾論》:"風氣者,陰陽相摦者也。"又或指刺取,《龍龕手鑑·手部》:"掎,攙摦也。"《集韻·覺韻》:"摦,刺也。"如《文選·張衡〈西京賦〉》:"又簇之所攙摦,徒搏之所撞㧌。"李善注云:"攙摦,貫刺之。"由此觀之,"摦"音義均與"粗"別。

───────────────

① 《大正藏》"摦"下校勘記作:摦=䂺元明。

　　“捔”“粗”既别,何以玄應、慧琳均認爲“捔”即“粗”之古文? 考之《大正藏》校勘記,元普寧藏、明嘉興藏本經文均作“觕”字,正有粗、粗略義。如《公羊傳·莊公十年》:“觕者曰侵,精者曰伐。”何休注云:“觕,麤也。”又《漢書·藝文志》:“漢有唐都,庶得麤觕。”顏師古注云:“觕,粗略也。音才户反。”慧琳釋文之“麁捔”即《漢書》及元、明本經文之“麤觕”。《正字通·角部》“觕”下云:“觕乃粗義……古蓋各造粗字,至漢分之:麤謂塵起之粗,平聲;觕爲一切之粗,上聲。”明郭一經《字學三正·體製上·古文異體》:“觕、麁,粗。”至此方明“捔”“觕”二字之别,清鐵珊《增廣字學舉隅·卷二·兩字辨似》:“捔、觕,上音覺,掎捔,捔者當其頭也;下音粗,大也、疏也,與粗通,本作麤。”所言甚是。

　　到此可知慧琳“麁捔”條之“捔”正合作“觕”,從“扌”從“牛”或訛,别如“捴”或作“惣”。又“麁捔”下釋文引《漢書·班固敘傳》作“捔舉職僚”,清刻本《漢書》作“觕舉僚職”。注:“晉灼曰:‘觕音麁觕之觕。’師古曰:觕音才户反,謂大略也。”此亦可證慧琳釋文之“捔”是“觕”之訛。别如《可洪音義》卷第二“麁捔”下云:“才古反。麁也,略也。正作粗、觕二形。”(C59P0585a)二字訛誤後遂相效用之,習非成是,上引玄應、慧琳釋文即是其例。又宋郭忠恕《佩觿·卷中》:“捔桷,上千胡翻,與麤同;下古岳翻,榱桷。”此“捔”亦是“觕”之訛。

176. 徂、殂

　　徂落,又作殂,同。在胡反。《尔雅》:徂、落,死也。(C58P0392a;J048)

　　按:上所引詞目出自《瑜伽師地論》第八十四卷音義。“徂”與“殂”爲同源通用字關係。此“徂落”條《大正藏》對應經文作:“殂[1]落者,從死已後或一七日,或復經於二三七日。”(T30P0769b)今大正本經文作“殂落”,宋、元、宫、聖本作“徂落”,於義均可通。然“徂”“殂”二字本用有别,唐時正字書多嚴格區分二者之用。敦煌斯388《正名要録》“右本音雖同,字義各别例”下,“徂”是往,“殂”是隕。又《干禄字書·平聲》:“徂、殂,上往下死。”

　　“徂”字,《説文·辵部》:“退,往也。徂,退或从彳。”《方言》卷第一:“徂,往也。”本指往、去,如《尚書·説命下》:“自河徂亳。”“殂”字,《説文·歹部》:“殂,往死也。”王筠《説文句讀》:“殂之言徂也。徂,往也。此謂不忍死其君者,諱而言殂也。”又敦煌伯2011王仁昫《刊謬補缺切韻·模韻》:“殂,死。”從形義關係察之,“殂”指死亡,如《尚書·舜典》:“二十有八載,帝乃殂落。”“徂”“殂”二字《廣韻》均讀昨胡切,音同;且均有往、去之核義素,爲同源字關係,王力《同源字典》即將二者系聯爲一組(1982:167)。正因二者是同源字關係,故文獻中或借“徂”爲“殂”。朱駿聲《通訓定聲·豫部》:“徂,叚借爲殂。”如《史記·伯夷列傳》:“于嗟徂兮,命之衰矣。”司馬貞《史記索隱》:“徂者,往也,死也。”

　　另王力又認爲“殂”即是“徂”,《説文》釋作“往死”是“强爲之説”(1982:168)。對此我們

---

① 《大正藏》“殂”下校勘記作:殂=徂宋元宫聖。

以爲,從形義統一角度察之,許慎所釋"徂""殂"均可從,"殂"由"徂"而來,後世文獻習用"徂"字而已。

177. 噈、𪘁

嗚噈,古文作𪘁①,同。子六、子合二反。《聲類》:噈亦嗚也。(C58P0543b;J055)

按:上所引詞目出自《生經》第一卷音義。"噈"與"歔"爲異構字關係,釋文所謂古文"𪘁"蓋是由"歔"書寫訛變而來。此"嗚噈"條《大正藏》對應經文作:"女即懷妊,十月生男。男大端正,使乳母抱行周遍國中:'有人見與有嗚噈者,便縛送來。'抱兒終日,無嗚噈者。"(T03P0078c)據慧琳所釋,"嗚噈"爲同義詞連用。"噈"字《説文》正篆作"歔",《説文·欠部》:"歔,歇歔。从欠竈聲。噈,俗歔,从口从就。""噈""歔"爲異構字關係。

釋文謂"噈"之古文作"𪘁"。"𪘁"字,《慧琳音義》各版本如上作,唯《校本》作"𪘁"(2012:1479)。《生經》第一卷之"嗚噈"本是玄應所撰,《玄應音義》卷第十二"嗚噈"下云:"古文作𪘁,同。子六、子合二反。《聲類》:噈亦嗚也。"(V32P0164a)結合《説文》所釋,蓋玄應、慧琳所謂古文即指"歔"字而言。《玄應音義》之"𪘁"當是"歔"右邊之"欠"收縮,與左上部之"尖"組合訛變爲"叔"形;《慧琳音義》之"𪘁"蓋即"歔"之省訛體,②《校本》之"𪘁"則又"𪘁"的訛變體。

178. 皠、灌

皠粲,上崔猥反。《埤蒼》云:皠,鮮好皃也。《考聲》云:皠,霜雪白皃也。《説文》:從白崔聲。或作灌。(C58P0437b;J051)

按:上所引詞目出自《成唯識寶生論》第二卷音義。在鮮好、潔白義上,"皠"與"灌"當是同源通用字關係。

此"皠粲"條《大正藏》對應經文作:"或見崇墉九仞飛甍十丈,碧條蘺蘼紅花璀璨③,匠人極思亦未能雕。"(T31P0082c)今大正本經文作"璀璨",指光彩絢麗義,作"皠粲"亦同。"皠"字,歷代字韻書中主要收載了兩種用法。其一,潔白義。如《龍龕手鑑·白部》:"皠,七每反。霜雪白狀也。"《廣韻·賄韻》七罪切:"皠,霜雪白狀。"《集韻》《類篇》《字彙》《正字通》均同。其二,高峻皃。如《萬象名義·白部》:"皠,且罪反,高峻皃。"《玉篇·白部》:"皠,且罪切,高峻皃。"《改併四聲篇海》同。至《康熙字典》,始將上二種用法同時收錄,《大字典》從《康熙字典》收錄有潔白(霜雪白狀)、高峻兩種用法(2010:2838)。然從漢字形義統一角度論之,

---

① 按,此"𪘁"即"歔",由"歔"書寫省變而來。

② 馬敍倫《説文解字六書疏證》"歔"下謂:"𪘁蓋歔之省訛者。"李圃主編《古文字詁林》(第七册),上海教育出版社,2002年,第799頁。

③ 《大正藏》"璀璨"下校勘記作:璀璨=皠粲三宮。

"皠"從"白",似與高峻義無涉,疑非也。考從"崔"聲之字,從詞義上可劃爲兩類:一,高、高峻義,"崔""隹""碓"等是;二,淨、潔白義,"灌""璀""漼"等是。前一類形符爲"山""昌""石",與高峻義相關,後一類形符爲"攵""玉""水",與清淨、潔白義相關。由此可進一步確定"皠"的"高峻兒"義有誤。既然"皠"形與"高峻兒"不相符,此義是如何產生的呢?蓋因"皠"從"崔"得聲,而"崔"聲字或表示高峻義,故而後又誤增"高峻兒"之釋。胡吉宣《玉篇校釋》亦認爲"高峻兒"本是"崔"字所有,所言是也。

另從"皠"之形體來源亦可驗證其無由產生"高峻兒"這一用法。"皠"的形體來源蓋有二種可能性。其一,由"皠"書寫變異而來,音隨形變。《說文·白部》:"皠,鳥之白也。"又唐蔣斧本《唐寫本唐韻·沃韻》:"皠,白鳥。"此由《說文》之釋變異而來,歷代字書多釋"皠"爲白。"皠""皠"形體頗近,均有白淨義。"皠"或由"皠"書寫變異而來,《萬象名義·白部》"皠"書作"**皠**","皠"書作"**皠**",或可爲證。形變之後音亦從"崔"讀,故有七罪切之音;意義上,由"鳥之白"轉而指霜雪之白,引申又有鮮明義。另據慧琳所釋,《說文》"皠"字"從白崔聲",今傳本《說文》未收錄"皠"。蓋是慧琳審之不細,誤將"皠"當作"皠",此亦可證"皠""皠"間有訛誤之可能性。又曾良《俗字及古籍文字通例研究》例舉了"榷"訛作"摧"的情況(2006:219),可與"皠"訛作"皠"互勘。其二,"皠"亦或是新造字,從白崔聲,取潔白義。不管"皠"從何種形式而來,均與"高峻兒"義無涉。

此外,《大字典》所錄"皠"之"高峻兒"義文獻未見行用,潔白義則常見。如唐韓愈等《鬥雞聯句》:"膈膊戰聲喧,繽翻落羽皠。"綜上,"皠"字正當解作潔白義,所謂"霜雪白狀"則是潔白義之具體化。由此進一步來看,《大字典》"皠"下據《玉篇》收錄的"高峻兒"義項當刪。

釋文謂鮮好、潔白義上或作"漼"。《說文·水部》:"漼,深也。"指水深貌,如《詩經·小雅·小弁》:"有漼者淵,萑葦淠淠。"引申又表示鮮明的樣子,張舜徽《說文約注》:"水之見於外者清,則其內必深。漼訓深兒,漼猶清也。"(2009:2717)如《詩經·邶風·新臺》"新臺有洒",唐陸德明《經典釋文》謂:"洒,《韓詩》作'漼',云:'鮮兒。'""漼"字《廣韻》亦讀七罪切,與"皠"音同。在潔白、明亮義上,"皠""漼"爲同源字關係,張希峰《漢語詞族續考》即將二者系聯爲同族(2000:47),可從。

179. 脆、脃、**脃**、脃、膬、毳、胞

危脆,筌歲反。《考聲》云:脃,弱也,便也,肉肥也。或從毳作膬,亦通也。毳,出稅反。(C57P0494b;J005)

脃草,詮歲反。從肉從絕省。經從危,非也。(C57P0706b;J015)

胞(脃)想,詮歲反。《廣雅》:**脃**,弱也。《說文》云:肉夬易斷也。從肉從絕省。經從危作脆,非也。(C57P0710b;J016)

脆不，清歲反。《説文》：脆，少臾易斷也。《廣雅》：脆，弱也。脆猶嫩也。經文作毳，非也。嫩音奴困反。（C58P0591a；J057）

按：上所引詞目分別出自《大般若波羅蜜多經》第四百五十九卷音義、《大寶積經》第一百二十卷音義、《大方廣三戒經》下卷音義、《中心經》音義。脆弱義上，"脆"與"脃""臑"均是異體字關係，與"毳"爲通假字關係；"脃"書寫或作"𦞃""脆"形，又或訛作"胞"。

上引釋文之"脆"均是脆弱義。"危脆"條《大正藏》對應經文作："我今獲得廣大善利，謂捨臭穢危脆之身，得佛清淨金剛之身。"（T07P0317b）此"脆"亦是脆弱之義，《説文》正作"脃"。《肉部》："脃，小臾易斷也。"與慧琳所引《説文》同，本指肉臾易斷。如《吕氏春秋・順民》："有甘脃不足分，弗敢食。"引申泛指脆弱、柔弱。字通作"脆"。除上引慧琳所釋外，又《干禄字書・去聲》："脆、脃，上通下正。"《龍龕手鑑・肉部》："脃，或作。脆，正。"從形體來源考之，"脃"字《説文》釋形爲"從肉，從絶省"，段玉裁改作"从肉，絶省聲"，并注云："形聲包會意也。易斷故從絶省。"（1981：176）"脆"《廣韻》讀此芮切，上古屬清紐月部，"絶"《廣韻》音情雪切，上古屬從紐月部，清、從爲旁紐，"脆""絶"聲近，故段氏所言可從。"脃"從"絶"省聲，"絶"右上部是"刀"。篆文中，"刀""几"形近，故而又書作"脃"，進而訛變作"危"形。"脆"形固定之後，或又將其構形釋作從"危"聲①。

"脃"或又書作"𦞃""脆"。"𦞃"與"胞"形體非常接近，"胞"即"脃"之書寫變異字形，故而"脃"或訛同"胞"。另曾良《俗字及古籍文字通例研究》引《斬鬼傳》證"色"與"包"或相混用（2006：166），可參。

"危脆"下謂作"臑"亦通。《説文・肉部》："臑，臾易破也。"蔣斧印本《唐寫本唐韻・祭韻》："脆，肉肥臑。古作臑。""臑"乃是"脃"之换旁異體字。如《管子・霸言》："釋實而攻虚，釋堅而攻臑。"又或借"毳"爲之，是鳥獸細毛，與"脃"音同義別，二者爲通假字關係。別如《荀子・議兵》："是事小敵毳，則偷可用也。"楊倞注云："毳，讀爲脆。"故而慧琳謂"毳"爲"非"。

180. 村、邨

村墟，寸尊反。《集訓》云：聚落也。《古今正字》：從木寸聲。或作邨。（C57P0655a；J013）

按：上所引詞目出自《大寶積經》第四十八卷音義。村落義上，"村"與"邨"爲異體字關係無需贅言，不過"邨"字爲何表示村落義，"村"字的創製緣由是什麼，則需要進一步考求之。

此"村墟"條《大正藏》對應經文作："五十年中遊行教化，從一聚落至一聚落，從一村墟至一村墟，從城至城，從館至館，從國至國，從一王都至一王都，爲諸眾生。"（T11P0285c）經文之"村"即村落義。據釋文，或作"邨"。《説文・邑部》："邨，地名。"對於此釋義，馬敍倫《説文

---

① 曹先擢等即持此看法。見曹先擢、蘇培成主編《漢字形義分析字典》，北京大學出版社，1999年，第86頁。

解字六書疏證》引王紹蘭云："'邨'即《孔子世家》'宿于屯'之'屯'。"（《古文字詁林》第六册，2003：358）裴駰《史記集解》云："屯在魯之南也。"又朱駿聲《通訓定聲·屯部》謂："地名，從邑屯聲，今字作村。"概而言之，學者們認爲"邨"本指地名。然而文獻中"邨"字卻主要用作村落義。由此來看，我們需要重點解決以下兩個問題：其一，"邨"字是如何表示村落義的；其二，爲何又造"村"字。

　　對於"邨"字爲何表示村落義，朱駿聲云："邨，《廣雅·釋詁四》：'邨，國也。'此'邦'之誤字。後世用爲村落、鄉村，豈因張書誤本而肔謬邪？"而張舜徽《説文約注》則認爲鄉村、村落義當以"自"爲本字，作"邨"乃是聲轉所致（2009：1617）。對此，我們認爲當從"邨"之形體構造入手考求。構件"屯"有積聚之義，正如段玉裁所言："本音豚，屯聚之意也。"（1981：300）"邑"與村落有關，《釋名·釋州國》："邑，猶俋也，邑人聚會之稱也。"如《周禮·地官·里宰》："掌比其邑之眾寡。"賈公彥疏云："邑是人之所居之處。"村落的特徵是人聚集居住，正是屯聚之義，與"笒""囷""軘""忳"等同源。王力《同源字典》（1982：514）、張希峰《漢語詞族叢考》（1999：107）、殷寄明《漢語同源字詞叢考》（2007：21）均釋"邨"之詞源義爲積聚，可從。綜上，可認爲"邨"字或確實作過地名用字，然其本義當是村落。

　　村落義上後世通行"村"字。《説文》"邨"下徐鉉按云："今俗作村，非是。"段注"邨"下亦云："俗讀此尊切，又變字爲村。"（1981：300）就"村"字來源而言，蓋與古人村落觀念有關，或人所聚居區多種植樹木。如《孟子·梁惠王上》："五畝之宅，樹之以桑。"又《盡心上》："五畝之宅，樹牆下以桑。"一方面可獲得經濟利益，同時亦可起到保護作用。附按，張舜徽《説文約注》認爲"村"字"始見《廣韻》"，然從慧琳引《古今正字》觀之，至遲在唐中期的字書中便已收釋之。[①] 又如《萬象名義·木部》："村，且昆反。邨，聚落也。"

181. 搓、縒

　　右搓，倉何反。《古今正字》云：搓，手捫摸也。從手差聲。經作縒，誤也。（C58P0189b；J040）

　　按：上所引詞目出自《十一面觀自在菩薩心密語儀軌經》上卷音義。搓挪義上慧琳所見經文作"縒"，蓋是因"搓""縒"二字形、音略近，書經人審之不細而致誤。此"右搓"條《大正藏》對應經文："以緋縷右搓[②]作綫，麁如銅筹，爲兩條，誦一遍作一結，乃至七結，繫於患者頸下或頭髻，則疫病除息解脱。"（T20P0142a）今大正本經文作"搓"，乙本作"縒"。考之經文，"以緋縷右搓作綫"即指搓絲爲綫，"槎"是斜砍、樹杈義，與經義不合，作"搓"是也。大正

---

① "村墟"條下引《古今正字》，此書大致成書於《玄應音義》之後"安史之亂"之前，詳參王方《〈古今正字〉研究》，河南大學碩士學位論文，2012 年，第 14 頁。
② 《大正藏》"搓"下校勘記作：搓＝縒②。

本之"搓"即"搓"的訛誤字形。"搓"字，除慧琳所釋外，又《龍龕手鑑·手部》："搓，千多反。搓挪，合和也。"《萬象名義·手部》："搓，千何反。挪，以手捫摸也。"清雷浚《説文外編》卷第十二按云："搓挪，即《説文》'挼'下'兩手相切摩'之義。"如唐戴叔倫《賦得長亭柳》："雨搓金縷細，烟裊翠絲柔。"此正與經義相合。慧琳所見經文作"縒"，《説文·糸部》："縒，參縒也。"朱駿聲《通訓定聲·隨部》："字從糸，當言絲之不齊。"與"搓"字義別。"搓"字搓挪義上《廣韻》音七何切，"縒"字《廣韻》音楚宜切，又音倉各切。就"縒"之後一音而言，《廣韻》中與"搓"同屬清紐，韻部分屬鐸部、歌部，音略近。蓋是書經人因"搓""縒"二字形、音相近而致誤。

182. 撮、撤

撤摩，上蒼𢫦(挩)①反。《考聲》云：手撮取也。從手。（C58P0243a；J042）

按：上所引詞目出自《大佛頂經》第二卷音義。詞頭之"撤"由"撮"書寫演變而來；高麗本"蒼𢫦反"之"𢫦"，餘本均誤作"將"。

此"撤摩"條《大正藏》對應經文作："汝今云何於中措心，以諸世間戲論名相而得分別，如以手掌撮摩虛空，只益自勞。"（T19P0113a）今大正本經文作"撮摩"，與詞頭之"撤摩"均是抓捏義。"撮"字，《説文·手部》："撮，四圭也。一曰兩指撮也。"桂馥《説文義證》："兩指當爲三指，兩指爲拈，三指爲撮。"桂馥所言當有所依據，慧琳引《説文》《漢書》《文字典説》等均有言"三指撮"者。② 又敦煌伯3694《箋注本切韻·末韻》："撮，手取。七活反。"指用指尖抓取，別如《敦煌變文集·鷰子賦》："雀既被鷂撮，直見鳥中王。"字或又作"撤"，敦煌伯2011王仁昫《刊謬補缺切韻·末韻》："撤，七活反。手取。"伯2011校刻本《王韻》同。同韻："撤，捉撤。又七活反。"又《龍龕手鑑·手部》："撤"，同"撮"。從形體來源察之，"撤"即"撮"書寫變異而來。"撮"右邊"最"上部之"冃"，書寫中或變作"𠕁"形。如清顧藹吉《隸辨·末韻》引《魯峻碑》作"撮"，又引《張表碑》作"撮"（1982：692）。"撤"當即由上所引形體進一步書寫變異而來。

釋文中"上蒼𢫦反"之"𢫦"字，《慧琳音義》高麗本如此作，餘本均作"將"，《校本》亦同（2012：1237）。上已證慧琳所釋"撤"即"撮"字，"撮"字《廣韻》音倉括切，屬末韻，而獅谷本、頻伽本、大正本之"將"《廣韻》屬漾韻，二者相去甚遠，顯誤也。從形體考之，"𢫦"當即"挩"字，"挩"《廣韻》音郎括切，與"撮"之切下字同，正合音理。餘本之所以視作"將"，當因"挩""將"手書形體較近而致誤。敦煌斯388《正名要録》"右正行者楷，腳注稍訛"下，"將"爲正，"𢫦"爲訛俗。明焦竑《俗書刊誤·陽韻》："將，俗作𢫦，非。"又黃征《敦煌俗字典》"將"下

---

① 按，"𢫦"即"挩"字，各本誤作"將"，今正。
② 《慧琳音義》釋文中引書釋"撮"爲"三指撮"的共計有11次，分別是：《説文》3次，應劭注《漢書》6次，《玉篇》1次，《文字典説》1次。

引俄 096《雙恩記》作"![將]"。上所引"將"之俗寫形體均與"挦"頗近,餘本錯訛便不難理解了。

183. 矬、![矬]、觚、矮、痤、㾾

矬醜,上藏螺反。《廣雅》:矬,短也。《考聲》:矬,矮也。《説文》闕。《古今正字》:正體作矬①。《集訓》云:觚,短。從矢坐聲。經文作矬,雖俗用,古字也。(C57P0765b;J018)

矬陋,上徂戈反。《廣雅》《切韻》:短也。《通俗文》:侏儒曰矬。有作痤,痤癤也。《説文》:小腫。非此中義。(C57P0977a;J027)

矬㾾,上坐莎反,下櫻解反。《廣雅》云:矬,短也。作矮。又㾾亦矬也,亦作矮。《古今正字》:㾾亦短也。矬,從矢坐聲。㾾,從广奇聲。《考聲》正矮。論文二字並從人從坐、從歲作㾾![㾾],二字並非也。(C58P0438b;J051)

按:上所引詞目分別出自《十輪經》第六卷音義、《妙法蓮華經》卷第二《譬喻品》音義、《成唯識寶生論》第三卷音義。上所引釋文之"矬"均是矮義。釋文謂經文有作"㾾""痤"者,義與"矬"均別,音相近或相同,在矬矮義上爲音同、音近借用關係。釋文又溝通有"觚""矮"二字。"觚"字,《玉篇·矢部》:"觚,子分切。婢觚。"又《廣韻·齊韻》祖稽切:"觚,婢觚。"亦是矮小義,與"矬"義同音別。又"矮"字亦與"矬"義同音別。在文獻中二者與"矬"爲同義詞換用關係。

"矬醜"條下慧琳引《古今正字》謂:"正體作![矬]。""![矬]"字《慧琳音義》各版本均如此作,《校本》亦同(2012:819)。此"矬"字已編碼,但《大字典》《字海》及《異體字字典》均未見載錄。從形義關係求之,當即"短"字。《集韻·禡韻》衣駕切:"短,![短]短,短也。""![短]""短"形近,"![短]"右邊之"臸"或作"亞"。元周伯琦《六書正訛·藥韻》:"亞,古臸字。"從此視角來看,"![矬]"同"短"的可能性極大。"短"與"矬"義同音別,文獻中亦爲同義詞換用關係。

綜上,在矬短義上,"矬"與"![矬]""觚""矮"均是同義詞替換用法,與"痤""㾾"爲音同、音近借用關係。

184. 剉、![剉]、挫、銼

剉之,千臥反。剉猶斫也。《説文》:傷折也。經文從手作挫辱之挫,非也。(C58P0055b;J033)

斧剉,且臥反。謂剉斫也。《説文》:折傷也。律文作銼,才戈反,小釜也。又音族。(C58P0626b;J058)

_____

① 按,此"![矬]"字字書未見,當同"短"。

剉斬，麁貨反。《考聲》云：剉，細斫也。《説文》：從刀坐聲。經作𪙊①，非也。（C58P0971b；J075）

按：上所引詞目分別出自《六度集經》第五卷音義、《五分律》第二十四卷音義、《修行道地經》第四卷音義。在砍斫義上，"剉"與"𪙊"當是異體字關係，與"挫"爲同源通用字關係，與"銼"爲同音借用字關係；"剉斬"之"剉"，經文中或借"莝"字爲之，《大正藏》本經文中又將"莝"訛作"莖"。

上"剉之"條《大正藏》對應經文作："罟師得黿，王曰：'當作何殺之？'群臣或言：'斬首。'或言：'生燒。'或言：'剉之作羹。'一臣曰：'斯殺不酷，唯以投大海中，斯所謂酷者也。'"（T03P0028c）今大正本經文作"剉"。又所釋"斧剉"條《大正藏》對應經文作："若得長壽王子當云何治？或言當截其手足，或言當截其耳鼻，或言應以斧銼，或言應以木弗炙。"（T22P0159c）今大正本經文作"銼"。考上所引二處經文，"剉""銼"均取砍斫義。《説文·刀部》："剉，折傷也。"指摧折，如《吕氏春秋·必己》："成則毁，大則衰，廉則剉。"高誘注云："剉，缺傷。"又指砍斫義，如《世説新語·賢媛》："剉諸薦以爲馬草。""剉之"條下慧琳所見經文作"挫"，《説文·手部》："挫，摧也。"本指摧折、折斷，引申有彎折、損毁、抑制等用法。"挫"與"剉"音同義近，張舜徽《説文約注》區分了二字之用，謂"挫"與"剉"義近而有所區別：凡去物之芒角必用刀，此"剉"從刀之義；"挫"取以手催物義，二者有輕重之別（2009：1071），張氏所言可從。就此二字之關係而言，均有摧折之核義素，詞義各有特點，是同源字關係，王力《同源字典》即將二者系聯爲同組（1981：442）。正因二字同源，故而文獻中用"挫"代"剉"者較常見，段玉裁謂"經史剉折字多用挫"（1981：181），以至後世通用"挫"而"剉"廢矣。

"斧剉"條下經文作"銼"。《説文·金部》："銼，鍑也。"段注依全書通例補作："銼，銼鏀。"又蔣斧印本《唐寫本唐韻·過韻》麁臥反："銼，蜀呼鈷鏴。"敦煌伯2011《王韻》同上。知"銼"指一種小鍋，即慧琳所謂"小釜"，詞義與"剉"別。從詞源上看，"銼"取矮小義，與"矬""痤""睉""莝"等同源，亦與"剉"別。"銼""剉"二字《廣韻》均有麁臥切的音讀。故而在摧斫義上，經文作"銼"乃是"剉"的同音借用現象。

"剉斬"條下謂經文作"𪙊"。慧琳所釋"剉斬"條《大正藏》對應經文作："假使鬚髮有吾我，便當可見如蔥蒨，身猶芻草剉②斬之，觀體與草等無異。"（T15P0206b）今大正本經文作"剉"，宮本、聖本作"莖"。考之經義，"剉"取砍斫義，"莖"是枝柱字，顯然與經義背。從形義關係求之，此"莖"乃是"莝"的訛誤字形。《説文·艸部》："莝，斬芻。"段玉裁："謂以鈇斬斷之芻。"（1981：44）《廣韻》讀麁臥切，與"剉"音同。當是經文借"莝"字爲之，又訛作"莖"。

---

① 按，此"𪙊"字當即"剉"之換旁異體字。
② 《大正藏》"剉"下校勘記作：剉＝莝宮聖。

又慧琳所見經文作"𧷡"。"𧷡"字《慧琳音義》各版本均如是作,《校本》校勘記云:"似作'𧷡',即'𧷡'。"(2012:1845)《校本》所言不誣,然"𧷡"究竟是何字?《玉篇·刀部》:"到,斫也。""到"亦記録鍘切義,此正經文所用。由此用法入手考察,"𧷡"字左爲"莝",右爲"刀",蓋是"莝"加"刀"表示鍘切義,或可視作"到"之换旁異體字。

185. 挫、㩳

挫身,上祖臥反。鄭注《考工記》云:挫,折也。賈注《國語》云:折鋒曰挫也。《説文》:挫,摧也。從手坐聲。經從二人作挫①,古字。(C57P1001a;J028)

按:上所引詞目出自《無量義經》音義。經文所謂"從二人作挫"之"挫",《校本》校作"㩳",非也,作"挫"是。索慧琳之意,與其認可的古字"挫"相對的是《説文》篆體隷定形"㩳"。

《慧琳音義》所釋"挫身"條《大正藏》對應經文:"奉持諸佛清淨戒,乃至失命不毁傷,若人刀杖來加害,惡口罵辱終不瞋,歷劫挫身不倦惰,晝夜攝心常在禪。"(T09p0385b)今大正本經文作"挫"。"歷劫挫身"即經歷劫難身體受挫,作"挫"字於經義相合。釋文"經從二人作挫"之"挫",《慧琳音義》高麗本、獅谷本、頻伽本、大正本均如上作,唯《校本》校勘記謂:"據文意似當作'㩳'。"(2012:1010)究竟慧琳所謂從二人之字作何形,一方面與"挫"的形體變異有關,同時也與慧琳的正字觀念有關。

要考察"挫"的形體,首先需要考察其右旁構件"坐"的演變過程。就"坐"之形體結構而言,甲骨文作"𡖊"(乙2525),戰國楚文字作"里"(包山243),何琳儀《戰國古文字典》認爲"里"從卩從土,會人跽坐於地之意(1998:881);秦文字作"坐"(睡虎34),上部變作二"卩";至《説文》小篆,又訛變作"坖"。亦有從二人作者,高明《古陶文字徵》"坐"下録有"𡊎"形(1991:56),《汗簡》《古文四聲韻》均有作"𡊏"者。林義光《文源》釋"坐"云:"經傳皆作坐,象二人對坐土上形。"(《古文字詁林》第十册,2004:233)上面是從文字形體演變角度而言的,然而就《説文》内部體系來看,"坖"是篆文,"坐"是古文。回歸到"挫"字,許慎既定"㩳"爲篆文,理論上來講,"挫"即是古文。由此角度看慧琳的釋文,從二人作者爲古字,便很是通暢了。然而文獻中通行"挫"形,"㩳"則很少見。明趙宦光《説文長箋·手部》:"㩳,改作挫。"此或可解釋爲何《説文》作"㩳",而文獻中通作"挫"。

另一方面,釋文中慧琳之所以辨析從二人之形體,根本在於他的漢字規範思想。慧琳通常以《説文》正篆形體爲正,故而認爲從古文"坐"之"挫"亦是古字。除上所引"挫身"條外,《慧琳音義》卷第十五"撮坐"條下云:"下坐字,《説文》:'止也。從留省',從土作坖。古文從二人作坐。"(C57P0695b)又卷第八"挫辱"條下云:"上祖臥反。鄭注《考工記》:

---

① 按,此"挫"字《校本》以爲當作"㩳",非也。

'挫,折也。'賈逵:'折鋒曰挫。'《考聲》:'挫,抑也。'《説文》:'挫,摧也。'從手坐聲也。小篆坐字從土從畱省。古文從二人作坐。"(C57P0550b)這裏慧琳很明確地指出,小篆字形作"捱",顯然"挫"即是他認可的古文形體。回頭再看《校本》之"坐",顯然誤解了慧琳所謂"從二人"作,非也。

186. 錯、鐯、迮、遳

鐯謬,上倉洛反。《考聲》:錯,誤也。顧野王云:以交合錯亂之。錯〔或〕從辵作遳。《説文》:迮也。從辵昔聲。(C58P0846a;J069)

按:上所引詞目出自《阿毗達磨大毗婆沙論》第一百四十三卷音義。交錯、錯亂義上,"錯"與"迮"屬本字不用、借字通行現象;"錯"或書作"鐯","迮"或書作"遳"。此"鐯謬"條《大正藏》對應經文作:"有説,若於爾焰自覺遍覺,無錯謬覺,説名爲佛。獨覺雖能自覺,無餘二種,聲聞俱無,故不名佛。"(T27P0735b)今大正本經文作"錯",取錯誤、乖謬義。然"錯"字,《説文》釋爲"金涂",即用金塗飾。如《鹽鐵論·散不足》:"中者舒玉紵器,金錯蜀杯。"又指磨石,如《尚書·禹貢》:"錫貢磬錯。"孔傳云:"治玉石曰錯。"從"錯"的形義關係求之,無由産生交錯、錯誤之用法,乃是借自"迮"而來。段注"錯"下云:"或借爲这迮字。"(1981:71)張舜徽《説文約注》亦云:"这迮字,今經傳中借交錯字爲之。"(2009:399)交錯義上《説文》正作"迮",《辵部》:"迮,迹迮也。"段玉裁改作"这迮"。蔣斧印本《唐寫本唐韻·鐸韻》:"迮,《説文》云:'交迮也。'"又《玉篇·辵部》:"迮,这迮也。今爲錯。""錯""迮"二字本用有別,然後世交錯、錯誤義上但用"錯"而"迮"廢也,故而二者爲典型的本字不用、借字通行現象。又"錯""迮"《説文》篆文隸定形分別作"鐯""遳"。

187. 炟、烜

何炟,丹達反。人名。集作烜,誤也。(C59P0265a;J096)

按:上所引詞目出自《弘明集》第十卷音義。此"何炟"條《大正藏》對應經文作:"庫部郎何炟答。"(T52P0064b)今大正本經文作"炟",慧琳所見經文作"烜"。因二字形體非常接近,顯然慧琳所見經文之"烜"乃是"炟"的訛誤寫法。"旦""且"相混甚多,別如周一良《魏晉南北朝史札記》釋《魏書》"上馬祖乘出闌"之"祖"實乃"祖"之訛(1985:181)。又《慧琳音義》卷第七十《俱舍論》第九"竹笪"之"笪",高麗本釋文有作"笪"者,《玄應音義》詞頭作"笪",均是"笪"之訛。

188. 笪、笪

竹笪,都達反。《説文》:笪(笪),笭(箬)也。音若。笭,竹皮名也。郭璞 日 注《方言》

云：江東謂蓬（籧）蒢（篨），直文而麁者爲筜（笪），斜文爲籔〈音廢〉，一名符籣，宋魏之間謂簟麁者爲蓬（籧）蒢（篨）也。《説文》：蓬（籧）蒢（篨），麁竹席也。用蘆織之也。[①]（C58P0858a；J070）

按：上所引詞目出自《俱舍論》第九卷音義。此"竹筜"條《大正藏》對應經文作："若物欲生，必從同類物生，譬如從竹筜生，從縷衣生。"（T29P0224b）今大正本經文亦作"竹筜"，"筜"指竹箸，又指用竹篾編製的物品。《慧琳音義》此條釋文字形訛誤甚多，兹逐一校訂如下。

《俱舍論》卷第九之"竹筜"條本是玄應所撰，慧琳收録時新加審訂。《玄應音義》卷第十七"竹筜（笪）"條下云："都達反。《説文》：笪，箸也。音若。箸，竹皮名也。郭璞注《方言》云：江東謂籧篨，直文而麁者爲筜（笪），斜文爲籔〈音癈〉，一名符籣，宋魏之間謂簟麁者爲籧篨也。《説文》：籧篨，麁竹席也。或用蘆織也。"（V32P0233a）通過比對高麗本玄應、慧琳之釋文，可知二書"竹筜"條中之"筜"均是"笪"的訛誤字形；從"旦"從"且"易混，"炟"或訛作"炟"是其例。

釋文中"郭璞曰注《方言》"之"曰"字，於文義不通，當據《玄應音義》删。又玄應釋文中之"籧篨"慧琳釋文中作"蓬蒢"，作"籧篨"是也。"蓬蒢"正是"籧篨"書寫訛"𥫗"爲"艹"而致。"𥫗"旁、"艹"旁相混甚多，别如《隸釋》卷第一《堯帝碑》："功綿日月，名勒菅弦。"（1985：13）此"菅"乃是"管"的訛誤形體，可相比勘。

189. 荅、苔、畣、畗、畣

酸（酬）苔，下當納反。《韻英》：苔，對、至[②]。《説文》：從草，合聲。古文從曰從合作畗，今不行。因草書變上草作苔，落、莫、薄、若等皆是也。（C57P0447a；J003）

酬苔，下當納反。《韻英》云：苔，對也。《考聲》云：苔，然也。《古今正字》云：苔字從艹〈草〉合聲也。正體作畣，從合從曰〈于月反〉，古字也。今通作苔，訛失本體也。（C57P0520a；J007）

析苔，下就合反。正從草作苔。古文作畣。經作苔，俗字，通用也。（C57P1001b；J028）

按：上所引詞目出自《大般若波羅蜜多經》第三百三十卷音義、《大般若波羅蜜多經》第五百三十九卷音義、《法華三昧經》經義。在應荅、酬荅義上，"苔"字書寫變"艹"爲"𥫗"遂作"荅"，與"畣""畣"均是異體字關係，"畣"或又書作"畗"。

上所引釋文之"苔"取應荅、酬荅義。上"析苔"條《大正藏》對應經文作："舍利弗無有辯才析荅此言。"（T09P0288a）今大正本經文作"荅"，與詞頭之"苔"同，均取應荅義。"苔"字，《説文·艸部》："苔，小尗也。"《廣雅·釋草》："小豆，苔也。"如《九章算術·粟米》："菽、苔、

---

① 按，《慧琳音義》此條釋文各版本訛誤字形較多，詳見該條下考證。
② 按，此"至"字費解，疑爲"也"之誤，或爲"質"之音借。

麻、麥，各四十五。"然"荅"字文獻中多用作應答義，如《左傳·宣公二年》"既合而來奔"，杜預注云："合猶荅也。"就"荅"之應答、酬答義而言，乃是假借用法，正段注所謂"叚借爲酬荅"。張舜徽亦云："後世專借此字爲對荅字，而本義廢。"（2009：104）對答、酬答義上後書作"答"。應答、酬答之本字當是"合"，《爾雅·釋詁》："合，對也。"正與應答義同。劉心源《奇觚室吉金文述》云："（翁祖庚説）合即荅字……俗以合爲合同專字，乃以小朩之荅爲荅應字，而又誤艸爲竹，今字書以答爲正，荅爲俗。"（《古文字詁林》第一册，1999：382）張舜徽亦認爲，應答義上原初但作"合"，從亼從口，即對答義（2009：104）。劉、張所論可從。張氏又謂"古人讀合如荅"（2009：104），故可借"荅"爲之。

"酬荅"條下謂正體作"曶"。《聞一多全集》之二《古典新義》"卷作曶"下按云："曶，古答字，《爾雅》有之，然已訛作畣，從田，於義無施。他書用古字者莫不皆然，蓋習非勝是，沿誤久矣。作曶者平生惟此一見。六書命脈，不絕如縷，真堪一字千金矣。"（1982：504）聞氏所依據之材料爲敦煌寫本，慧琳所釋正可與之相印證。聞君若睹慧琳此釋，定欣喜之至矣。又聞氏所謂餘書"曶"訛作"畣"，此論不誣也。張舜徽《説文約注》云："或謂對荅字當作曶……唐以前學者，皆以曶爲對荅本字也。"（2009：104）又黃錫全《汗簡注釋》卷三"令"下云："曶蓋合字別體，由曶而變。"（1990：212）甚確。綜合看來，"曶"是"合"增"曰"旁而來，"曰"爲言説，"曶"正應答之義。"畣"即由"曶"書寫訛變而致，從"田"與應答義無涉。

另"酸（酬）荅"條下謂"古文從曰從合作曶"，"曶"當即"曶"之異寫字。《大字典》"畣"下據《玉篇》收録有"日照水"這一用法（2010：1617），亦可據慧琳釋文增收"同'答'"這一用法。

概而言之，應答、酬答義上本作"合"，後期又增"曰"旁作"曶"，或書作"曶"；"曶"書寫又訛變作"畣"，學者多以"曶"爲"荅"之古文；文獻中"曶"或借表示小朩義之"荅"爲之，"荅"又書寫變異作"答"，後世"答"字通行。

190. 逮、逯

逮得，臺賴反。《毛詩》：逮，及也。經作逯，俗字也。《説文》：從辵隶聲。辵音丑略反。隶音第。（C58P0083a；J034）

按：上所引詞目出自《八吉祥神咒經》音義。逮及義上，經文作"逯"乃是"逮"書寫訛誤所致，然習非成是，後世辭書或將二者視作異體字關係。

此"逮得"條《大正藏》對應經文："是人終不墮太山地獄、餓鬼、畜生中也，是人終不望取羅漢、辟支佛道而般泥洹，必當逮得無上平等之道。"（T14P0072c）今大正本經作"逮"，取及義。《説文·辵部》："逮，唐逮，及也。"段注云："《隶部》曰：'隶，及也。'此形聲包會意。"如《尚書·費誓》："峙乃糗糧，無敢不逮。"慧琳所見經文作"逯"，《説文·辵部》："逯，行謹逯逯也。"指行步謹慎。"逮""逯"二字《廣韻》分别讀徒耐切、力玉切，音義均别，本是不同的字。

《干祿字書·去聲》：“逮、逯，上及也，徒計反；下人姓，音録。”又清鐵珊《增廣字學舉隅》卷一“兩字辨似”：“逮、逯，上音第，及也；下力玉切，音六，謹也，又姓也。”經文逮及義上作“逯”，乃是“逮”書寫訛誤所致。除《八吉祥神咒經》之“逮得”條外，慧琳在不少條目下均明確辨析此二字。卷第二十七“逮得”下云：“有本作逯，逯音力穀反，非也。《廣雅》：‘逯，眾也。’《説文》又音力足反，行謹逯。亦人姓，皆非及義。”（C57P0960b）卷第四十五“逮清淨”下云：“經本作逯，音緑，與本義乖。”（C58P0306b）“逮”書作“逯”形者習見，《碑別字新編·十二畫》“逮”下引《魏乞伏鋭墓誌》作“逯”，又引《魏司馬景和妻墓誌》作“逯”（1985：228）。習非成是，後世字書或將“逯”視作“逮”之異體字，上引釋文即是其例。又《龍龕手鑑·辵部》：“逯，俗。逮，正。徒愛反。及也。興也。行及前也。”

附按，《大字典》“逯”下即據《集韻》收錄有“同‘逮’”這一用法（2010：4110），從上面的辨析來看，此種處理方法可從。

191. 待、持

資持（待）①，《考工記》曰：資，取也。王逸注《楚辭》云：待，須也。言苦諦爲飢、渴、寒、熱等病所隨，故有所須，有所求取也。（C57P0824b；J021）

按：上所引詞目出自《華嚴經》卷第十二《四聖諦品》音義。《慧琳音義》高麗本之“持”乃是“待”的書寫訛誤字形。此“資持”條《大正藏》對應經文作：“此娑婆世界所言苦聖諦者，彼離垢世界中，或名悔恨，或名資待，或名展轉，或名住城，或名一味，或名非法，或名居宅，或名妄著處，或名虛妄見，或名無實數。”（T10P0060c）今大正本經文作“資待”。據慧琳所釋，作“待”是也，取等待義。“資持”之“持”，《慧琳音義》高麗本、大正本如上作，獅谷本、頻伽本作“待”。“持”是握持、掌管義，與經義背。因“待”“持”形體較近，故或致訛誤。二者在隸書中已較接近，顧藹吉《隸辨》“待”下引《孔宙碑陰》作“待”（1982：386），“持”下引《華山廟碑》作“持”（1982：64），可資比勘。

192. 帶、戴、癉

被帶，下德奈反。《考聲》：帶，束也。《字書》：繫也。《説文》：紳也。男子服革，婦人絲。象繫佩之形而有巾，故帶字從巾。經作戴，非經義也。（C57P0554a；J008）

帶門，婦人帶下病也。經從疒作癉，非也。（C58P0166a；J039）

按：上所引詞目分別出自《大般若波羅蜜多經》第五百九十二卷音義、《不空羂索經》第一卷音義。佩帶、束帶義上經文中作“戴”，乃是“代”的音近借用；帶下義上經文作“癉”，然後世“癉”字並未完成分化，宜視作“帶”在該用法上的異體字。

---

① 按，此“持”乃是“待”之書寫錯訛字形。

上所引釋文之"帶"有二種用法：其一，佩帶、束帶義。上"被帶"條《大正藏》對應經文作："如是菩薩摩訶薩眾甚爲希有，能爲難事。應知如是諸菩薩眾爲度無量無邊有情，被戴堅牢大願甲冑，恒作是念。"(T07P1061a)今大正本經文作"戴"。據慧琳所釋，正合作"帶"，取佩帶、束帶義。《説文·巾部》："帶，紳也。"段注云："古有大帶，有革帶。"如《詩經·衛風·有狐》："心之憂矣，之子無帶。"毛傳云："帶，所以申束衣。"引申有佩帶、束縛、連接等用法。經文作"戴"，《説文》釋爲"分物得增益"，然此訓於古書無徵，蓋非本訓。林義光《文源》認爲"戴"相承爲頭載物，當即本義(《古文字詁林》第三冊，2001：227)。馬敍倫《説文解字六書疏證》亦認爲"古者戴物以首，故謂之戴"，馬氏同時認爲增益蓋是其引申用法(《古文字詁林》第三冊，2001：227)。我們比較認同此看法，《釋名·釋姿容》："戴，載也。載之於頭也。"《孟子》"頒白者不負戴於道路"即取頭載義。引申有加於物上、增益等用法，與"帶"義別。"帶""戴"《廣韻》分別讀當蓋切、都代切，分屬端紐泰韻、端紐代韻，音相近。經文佩帶義上用"戴"乃是"帶"之音近借用，知慧琳謂"戴"爲"非"不誣也。

其二，"帶"亦是婦科病之通稱。上"帶門"條《大正藏》對應經文作："手脚煩疼，白癩、風疽、疥癬、癰腫、游腫、疔腫、癤腫、毒腫、癭病、癭門、瘡皰、痒瘨、䘌蠱等病。"(T20P0228a)今大正本經文亦作"癭"，指婦人下病。中醫學認爲帶脈環繞人腰部，似腰帶，帶脈以下稱之爲"帶下"，故而婦科病多稱"帶下"。如東漢張仲景《金匱要略·婦人雜病脈癥并治第二十二》："奄忽眩冒，狀如厥癲，或有憂慘，悲傷多嗔，此皆帶下，非有鬼神。"(1997：60)又明李時珍《本草綱目·百病主治藥下》有"帶下"條，專釋治"帶下"之方(1975：363)。如此來看，"帶下"之"帶"取義與佩帶同。因是疾病名，故而又或加"疒"旁作"癭"。《龍龕手鑑·疒部》："癭，當蓋反。癭下，病也。"又《玉篇·疒部》："癭，音帶。癭下，病也。"從形體來源看，表示帶下之"癭"即是"帶"的後出分化字，與表示痢疾義、讀竹列切之"癭"爲同形字關係。然文獻中"帶下"義上仍通行"帶"字，"癭"屬分化未遂，故而將其視作"帶"之異體字較妥。

193. 戴、戴

首戴，都戴反。《字書》云：在首曰戴。《説文》：從異弋聲。籀文作戴。弋音宰來反。(C58P0171a；J039)

按：上所引詞目出自《不空羂索經》第八卷音義。慧琳所釋籀文"戴"當是"戴""受"戴"形的影響書寫訛誤而來。此"首戴"條《大正藏》對應經文作："清潔如法，純金造像，三面六臂。正面熙怡，左面顰眉努目張口，狗牙上出，右面顰眉努目合口，首戴寶冠，冠有化佛。"(T20P0265b)經文之"戴"指把東西加在頭上。"戴"本指用頭載物，引申又表示加物於頭上，如經文所謂戴寶冠。釋文謂籀文作"戴"，《説文·異部》："戴，籀文戴。"就"戴"之形體來源而言，段注謂："弋聲、弋聲同在一部，蓋非从戈也。""戴"字確有從"弋"作者，《古文四聲韻》引

《篆韻》即作“戠”。徐在國《隸定古文疏證》“戴”下認爲“戴”“戠”因“戈”“弋”形近而互作（2002：62）。對此我們認爲段玉裁所言可從，“𢦏”《廣韻》讀祖才切，上古屬之部，“弋”讀與職切，上古屬職部，之、職同屬段玉裁的之部，於音理可通。“戈”《廣韻》讀古禾切，上古屬歌部，與“𢦏”“弋”音相遠。由此推知，《説文》籀文“戠”當是“戠”受“戴”形的影響書誤而來。

194. 耽、躭、媅、妉、酖、紞

躭緬，多含反。《説文》：樂也。《國語》云：嗜也。古文作媅、妉二體。諸字書作酖、耽二體。（C57P0934a；J026）

賒躭，下或作紞，同。都含反。（C58P0524b；J054）

按：上所引詞目分別出自《大般涅槃經》第十三卷音義、《摩登伽經》中卷音義。在樂、沉溺義上，文獻中通行借字“耽”，其本字“媅”則廢而不用；慧琳詞頭之“躭”由“耽”書寫訛“耳”爲“身”而來，釋文所謂古文“妉”是“媅”更換聲符而成；字書中或作“酖”，與“媅”爲同源通用字關係。因“耽”與“紞”音相近，故可對譯同一梵音。

上所引“躭緬”之“躭”取沉溺義，此義上《説文》正作“媅”。《説文·女部》：“媅，樂也。”然文獻中多作“耽”，《説文·耳部》：“耽，耳大垂也。”與“媅”義迥別。二字《廣韻》均讀丁含切，顯然“耽”的沉溺義即借自“媅”而來，正段玉裁所謂：“耽本不訓樂，而可叚爲媅字。”（1981：591）段氏“媅”下又云：“媅其真字也，叚借行而真字廢矣。”（1981：602）段氏所言甚是。又《慧琳音義》卷第六十八“耽嗜”條下亦云：“上答含反，正作媅。孔注《尚書》云：‘樂過謂之媅。’《韓詩》云：‘樂之甚者也。’賈逵云：‘嗜也。’《説文》云：‘樂也。從女甚聲。’”（C58P0819b）

沉溺義上，慧琳詞頭作“躭”，文獻中用法同“耽”，或表示快樂。如《文選·張翰〈雜詩〉》：“嘉卉亮有觀，顧此難久躭。”李善注引《爾雅》謂：“躭，樂也。”或表示沉溺義，如《漢書·王嘉傳》：“躭於酒色，損德傷年。”從形體來源察之，“躭”即由“耽”書寫變異而來。《五經文字·耳部》：“耽，從身訛。”元李文仲《字鑑·覃韻》：“耽，《五經文字》云：‘从身作躭者譌。’”又清顧藹吉《隸辨·覃韻》“耽”下引《衡方碑》：“躭詩悦書。”顧氏引《五經文字》予以證之，同時按云：“諸碑從耳從身之字相混無別。”（1982：313）馬敘倫《説文解字六書疏證》謂：“漢隸身、牙、耳三字無別。”“穿”亦作“穾”，可與此互參。

釋文又謂古文作“妉”，《爾雅·釋詁上》：“妉，樂也。”郝懿行《爾雅義疏》云：“妉，《説文》作媅。通作妉。”從形體來源求之，“妉”即由“媅”更換聲符而來。二字聲符“冘”“甚”《廣韻》分別讀餘針切、常枕切，上古分屬禪紐侵部、餘紐侵部，餘、禪分別是舌頭、舌上音。古“冘”聲、“甚”聲相通，故可換旁。

釋文又謂字書或作“酖”。《説文·酉部》：“酖，樂酒也。”指嗜酒，《廣韻》音都含切，與“媅”音同。又二者均有深之核義素，即同源字關係。文獻中沉溺義上作“酖”，與“媅”是同源通用字現象。

由上來看，樂、沉溺義上後世文獻通行借字“耽”，與本字“媅”屬本字不用、借字通行現象；“耽”書寫訛“耳”爲“身”作“躭”，“媅”換聲符又作“妉”；“媅”與“酖”爲同源通用字關係。又王力《同源字典》謂“耽”“媅”“酖”三者“實同一詞”（1982：607），據上所析，實含二種情況：前二者爲同音借用字關係，后二者是同源通用字關係。張希峰《漢語詞族續考》（2000：394）即是如此處理三者之關係，可從。另《慧琳音義》卷第二十二《新譯大方廣佛華嚴經》卷第十七《初發心功德品》“躭味”條下云：“躭，都舍（含）反。案《玉篇》《字林》等嗜色爲‘媅’，嗜酒爲‘躭（酖）’，耳垂爲‘耽’。《聲類》‘媅’字作‘妉’。今經本作‘躭’字，時俗共行，未詳所出也。”（C57P0834b）此處慧琳亦從語源上區分“媅”“酖”“耽”，同時溝通“媅”與“妉”，又對“躭”之形體出處發出疑問，頗見段王之風。

上“賒躭”條《大正藏》對應經文作：“賒耽①波賞，陀貪菴羅，此即名爲首陀神呪。”（T21P0404b）今大正本經文作“耽”。《摩登伽經》中卷之“賒躭”條本爲玄應所撰，《玄應音義》卷第十三“賒眈”條下云：“下或作躭，同。都含反。”（V32P0176b）又《可洪音義》卷第十三“賒眈”下云：“下都含反。”（C59P1064a）經文“賒耽波賞”之“耽”爲譯音用字，《玄應音義》作“眈”，《可洪音義》及宋、元本經文作“眈”，慧琳溝通之“躭”亦是。“眈”與“耽”《廣韻》均有定含切的讀音，“躭”讀徒含切，聲分屬端紐、定紐，均是舌頭音，非常接近。由此考察慧琳所謂作“躭”同，當指作譯音用字時二者功能同，而非異體關係。

就宋、元本經文“眈”的形體來源論之，乃是“耽”書寫訛誤所致，習非成是，辭書遂視“眈”爲“耽”的異體字。《龍龕手鑑·貝部》：“眈，樂也。”《康熙字典·貝部》：“眈，與躭同。”就“耽”與“眈”之關係而言，二者是同源字關係，均有深邃一核義素，音亦近。張希峰《漢語詞族續考》即將二者系聯爲一組（2000：394），可從。

195. 聃、耼、躭、軦、甜

聃術，上他含反。老子名也。傳文從舌作耼，非本義。前《辯正論》已釋訖。《説文》：從耳冄，正字。或從身作軦。（C59P0233b；J094）

老聃，塔甘反。案老聃即老君也。《史記》云：姓李名耳，爲周柱下史。《國語》謂之伯陽，亦謂之老聃。《説文》：聃，耳曼也。從耳冄聲。亦作躭。集本從身作軦②，通俗字也。（C59P0245a；J095）

按：上所引詞目分別出自《續高僧傳》第二十四卷音義、《弘明集》第一卷音義。上所引釋文之“聃”均是老子別號。“耽”本指耳朵長大，又書寫作“耼”“躭”“軦”，與“甜”爲同音借用

---

① 《大正藏》“耽”下校勘記作：耽＝眈⑧⑨，＝眈⑩。
② 按，“軦”字《校本》作“躭”（2012：2120），誤也。

字關係。

　　上"耼術"條《大正藏》對應經文作："釋法琳,姓陳氏,潁川人……乃權捨法服,長髮多年,外統儒門,內希耼術,遂以義寧初歲,假被巾褐,從其居館,琳素通莊老,談吐清奇。"(T50P0636c)今大正本經文作"聃","聃術"即詞頭之"耼術"。《說文·耳部》:"聃,耳曼也。"段注:"曼者,引也。耳曼者,耳如引之而大也。"本指耳長大,又是老子別號。《史記·老子韓非列傳》:"姓李氏,名耳,字耼。"唐司馬貞《史記索隱》:"許慎云:'耼,耳曼也。'故名耳,字聃,有本字伯陽,非正也。"王引之《經義述聞·春秋名字解詁》"李耳字聃"下亦引《史記》以釋之。

　　"聃"字,高麗本詞頭作"耼",乃是《說文》篆文"𦗡"之隸定形體。"冄"俗書作"冉",唐玄度《九經字樣·雜辨部》:"𣸣、冄,上《說文》,下隸變。邢、枏、耼等字並從冄,經典相承作冉。音染。"又元李文仲《字鑑·琰部》:"冄,俗作冉。""耼"亦從俗變作"聃"。如《國語·周語中》:"耼由鄭姬。"後世"聃"字爲正,《慧琳音義》卷第八十四"老聃"下云:"老君字也。論作耼,俗字也。"(C59P0085a)

　　因隸楷階段構件"耳""身"多相混,故而"聃"又書作"躰"形。敦煌斯388郎知本《正名要錄》"右依顏監《字樣》甄錄要用者,考定折衷,刊削紕繆"下,"耼"爲正,"躰"爲相承用。又《玉篇·身部》:"躰,他甘切。俗聃字。"如唐佚名《李文墓誌》:"躰浮氣紫,膺帆舟輕。""耽"又作"躭"、"職"或作"軄",並是其例,可相比勘。又因"聃"是由"耼"書寫變異而來,故而"躰"亦或回歸作"躭",《龍龕手鑑·身部》:"躭",同"躰"。

　　慧琳所見傳文作"甜",是吐舌貌。如《文選·王延壽〈魯靈光殿賦〉》:"玄熊甜舕以齗齗,卻負載而蹲跠。"與"聃"義別。音讀上,"甜"《集韻》音他甘切,"聃"《廣韻》音他酣切,中古均屬透紐談韻,音同。故而經文作"甜"當是"聃"之同音借用。另"甜""耼"形亦近,亦或是書寫紕誤所致。

　　附按,《大字典》"聃"下據《太平廣記》卷一所引葛洪《神仙傳》收錄有"吐舌貌"一義(2010:2978),此釋恐有不妥。"聃"字從耳,考之歷代辭書及文獻,本指耳長大,或借作"耽"表示玩樂義,又用作古國名、姓氏,均無"吐舌貌"這一用法。另古人名字相因,老子字聃乃是爲了與其名相稱,非如《神仙傳》所言。"吐舌聃然"遂號之曰"聃"乃附會之說,不足爲據。[①]桂馥《說文義證》"聃"下引《老子碑銘》釋"聃然"爲"老耄之貌"(《說文詁林》,1988:11668),又《中文大辭典》"聃然"下據洪适《隸釋·老子銘》所釋同(1990:11611),可從。另《大字典》"聃"下又設"同'耽'"這一用法(2010:2978),義爲玩樂。依據《大字典》凡例,則"聃""耽"爲非全同異體字。事實上,此二字絕非異體關係,無所謂全同、非全同之說,"聃"之玩樂義乃是

---

① 按,四部叢刊子部《法苑珠林·卷第四十一·潛遁篇第二十三·引證部》云:"或云老子欲西出關,關尹知其非常,從之問道術。老子驚怪,故吐舌耼然,遂有老耼之號。皆不然也。……老子未出關時固以名聃矣,老子數易名字,非但聃而已。"又清嚴可均《全後漢文·卷六十二·邊韶》之《老子銘》云:"老子姓李,字伯陽,楚相縣人也……計其年紀,聃時已二百餘歲。聃然,老旄之貌也。"此具可證《大字典》所依《神仙傳》之說頗爲不妥。

借自"耽"，正當釋作"通'耽'"。

196. 殫、*殫*、*彈*、彈

畢*殫*，音丹。孔注《尚書》云：殫，盡也。《説文》：極盡也。從歺單聲也。（C58P0247a；J042）

殫藻績，上音丹。《考聲》云：殫，盡也。論從弓作彈，誤。（C59P0100b；J085）

殫生，多寒反。孔注《尚書》：殫，盡也。《説文》：從歺單聲。歺音五遠反。集作此*彈*，俗字也。（C59P0286a；J097）

按：上所引詞目分別出自《大佛頂經》第十卷音義、《辯正論》第四卷音義、《廣弘明集》第七卷音義。上引釋文之"殫"均是盡義，"殫"書寫又作"*殫*""*彈*"；"殫藻績"條下，慧琳所見經文之"彈"是"殫"的音近借用現象。

上"殫藻績"條《大正藏》對應經文作："馨丹青之矩矱，殫藻績之璚奇。"（T52P0514b）今大正本經文作"殫"，取盡義。《説文·歺部》："殫，殛盡也。"段注云："窮極而盡之也。""畢*殫*"條之"*殫*"，是《説文》篆體"*殫*"的隸定形，《類篇》汲古閣本、姚刊三韻本字頭"殫"均書作"*殫*"形。"殫生"條下謂"*彈*"爲俗體，由"殫"書寫變異而來，"口"形書作"厶"形者屬變異通例。清顧藹吉《隸辨·寒韻》"殫"下引《孔霝碑》正作"*歺單*"形（1982：155）。"殫藻績"條慧琳所見經文作"彈"，是彈弓、彈丸字，與"殫"義迥別。"殫"《廣韻》音都寒切，屬端紐寒韻；"彈"音徒案切，屬定紐翰韻，又徒干切，屬定紐寒韻。端、定同是舌上音，寒韻、翰韻平去相對。"殫""彈"音頗近，經文盡義上作"彈"乃是"殫"的音近借用現象。

197. 膽、瞻

膽勇，上就敢反。從肉。經從目，非此也。（C58P0109a；J035）

按：上所引詞目出自《蘇悉地經》卷中音義。慧琳所見經文之"瞻"乃是"膽"之訛誤字形。此"膽勇"條《大正藏》對應經文作："其人皆須受戒，極令清淨，有大膽勇，善作護身之法，形色端正。"（T18P0677b）今大正本經文作"膽"。經文之"膽勇"即膽識勇氣。《説文·肉部》："膽，連肝之府。"本指膽囊，如《史記·越王勾踐世家》："吳既赦越，越王句踐反國，乃苦身焦思，置膽於坐，坐臥即仰膽，飲食亦嘗膽也。"又轉指膽量、勇氣，《黃帝内經素問·靈蘭秘典論》："膽者，中正之官，決斷出焉。"王冰注云："剛正果決，故官爲中正；直而不疑，故決斷出焉。"（1963：58）又如《荀子·脩身》："勇膽猛戾，則輔之以道順。"楊倞注云："膽，有膽氣。"經文亦取此義。慧琳所見經文作"瞻"，是看視義，與"膽"別。"膽""瞻"《廣韻》分別讀都敢切、職廉切，二字音相遠。然"月（肉）""目"形近，膽識義上作"瞻"正即"膽"書寫訛誤所致。別如《可洪音義》卷第十一《成唯識寶生論》卷第二"愶瞻"條下云："都敢反，從月。"（C59P0972c）此

“瞻”亦是“膽”之訛。

198. 啖、啗、噉、𪘚、𪎮、淡

啄噉，下唐濫反。《廣雅》：噉，食也。《説文》作𪎮，或作啖，並通。經文作淡，非也。淡，無味也。非經義也。（C57P0413a；J001）

啖啖，談覽反。《廣雅》云：啖，食也。《説文》：從口炎聲。《聲類》亦作焰（啗）①，音同。經作𪘚，俗字也。（C58P0522a；J054）

啗餅，上談敢反。亦作啖。《廣雅》：噉，吞也。《説文》：食也。從口臽聲。經文從敢作噉，俗字也。（C58P0766b；J065）

按：上所引詞目分別出自《大般若波羅蜜多經》第三卷音義、《治禪病秘要法經》音義、《五百問事經》音義。在吃義上，“啖”與“啗”“噉”“𪎮”均是異體字關係，慧琳謂經文或作“淡”，乃是“啖”的同音借用；“噉”書寫又或作“𪘚”。

上“啄噉”條《大正藏》對應經文作：“諸菩薩摩訶薩安住般若波羅蜜多，以無所得而爲方便，應圓滿九想，謂膖脹想、膿爛想、異赤想、青瘀想、啄噉想、離散想、骸骨想、焚燒想、一切世間不可保想。”（T05P0012a）經文“啄”“噉”同義連用，均是吃義。《説文·口部》：“啖，嗺啖也。”又《廣雅·釋詁二》：“啖，食也。”如《山海經·海外東經》：“黑齒國在其北，爲人黑，食稻啖蛇。”字或從“敢”作“噉”，敦煌斯388郎知本《正名要録》“右字形雖別，音義是同，古而典者居上，今而要者居下”類，“啖”爲古，“噉”爲今。別如《顏氏家訓·風操》：“母以燒死，終身不忍噉炙。”二者爲更換聲符而成的異體字。“啖啖”條下慧琳謂經文作“𪘚”。與“噉”構意同，乃是“噉”的異寫形體。

釋文又溝通有“啗”字。《説文·口部》：“啗，食也。”《五經文字·口部》：“啗，徒纜反。從臽，見《周禮注》。”二字用法頗近，徐灝《説文注箋》謂：“啗亦作啖。”張舜徽《説文約注》亦云：“二字（引者按，指‘啖’與‘啗’）通用極廣，疑本一字。”（2009：300）《大字典》“啗”下第一個義項即處理爲“同‘啖’”（2010：695），可從。

“啄噉”條下謂《説文》作“𪎮”，然今傳本《説文》并無此字。考《龍龕手鑑·口部》：“𪎮”，同“啖”。所釋與慧琳同。蓋“𪎮”亦是“啖”之換旁異體字。《龍龕手鑑》此“𪎮”字即據經音義而來。

“啄噉”條下慧琳所見經文作“淡”，是恬淡、淡泊字，與“啖”義別。“淡”“啖”二字《廣韻》均讀徒敢切，音同。故而經文吃義上作“淡”，乃是“啖”之同音借用。“啖”亦或借作“淡”表示清淡義，如《史記·劉敬叔孫通列傳》：“吕后與陛下攻苦食啖，其可背哉！”裴駰《史記集解》引徐廣曰：“啖，一作淡。”

---

① 按，考之釋文義，高麗本的“焰”是“啗”的誤書。

199. 憚、𢤶、怛、僤

不憚，唐爛反。鄭箋《毛詩》云：畏難也。《韓詩》：惡也。《廣雅》：驚也。古文作𢤶，義訓同。《説文》：憚，忘(忌)①疾也。從心單聲也。(C57P0496b；J006)

不怛，都割反。《通俗文》：旁驚曰怛。經文作慘怛之怛，非也。(C57P0583a；J010)

無憚，檀爛反。《毛詩》：豈敢憚行。箋云：憚，難也。又云：憚，畏也。《韓詩》：惡也。《廣雅》：驚也。《説文》：忌嫉也。從心單聲。或從人作僤。《考聲》云：僤，戰慄也。(C59P0069b；J084)

按：上所引詞目分別出自《大般若波羅蜜多經》第四百六十一卷音義、《明度無極經》第一卷音義、《古今譯經圖記》第四卷音義。"憚"或書作"𢤶"形，經文中懼怕、畏懼義上作"怛"，爲義近換用，作"僤"是音義均有涉而換用。

上《明度無極經》第一卷之"不憚"條《大正藏》對應經文作："若如是説，菩薩意志不移不捨，不驚不怛，不以恐受，不疲不息。"(T08P0478c)今大正本經文亦作"怛"，是慘怛字。據慧琳釋文，正當作"憚"，取懼怕義，與"驚"字相應。《説文·心部》："憚，忌難也。"正畏難、畏懼義，別如《論語·學而》："過則勿憚改。"字或書作"𢤶"，容庚《金文編》"憚"下引《中山王鼎》作""(1985：722)。"𢤶"與"憚"構件、構意全同，只是構件位置有異，爲異寫字之一類。

就"怛"與"憚"的關係而言，"怛"本是痛苦、憂傷義，也表示畏懼、恐懼義。《廣雅·釋詁一》："怛，驚也。"如《列子·周穆王》："知其所由然，則無所怛。"張湛注云："心無所駭也。"此用法即與"憚"類似。"怛"字《廣韻》音當割切，與"憚"之徒案切相遠，經文恐懼義上作"怛"蓋是取其畏懼義，慧琳則從正字角度指出作"怛"爲"非"。如此來看，經文之"怛"與"憚"爲義近換用。

"無憚"條下又溝通有"僤"字。《説文·人部》："僤，疾也。"《廣韻·緩韻》徒旱切："僤，速也。"指疾速義。據慧琳引《考聲》，則"僤"又表示戰慄義，與"憚"之懼怕義略近。"僤""憚"中古分別屬定紐旱韻、定紐翰韻，旱韻、翰韻上、去相對，二者音頗近。經文中恐懼義上作"僤"，當是因與"憚"音義均有涉，故而臨時借用。

200. 賧、瞰(睒)、臉(瞼)

直賧，又作瞰(睒)，同。徒感反。《通俗文》：市買先入曰臉(瞼)。今言賧錢者也。(C58P0775b；J065)

按：上所引詞目出自《善見律》第十卷音義。"賧"與"臉"本是同義換用，後"臉"或同義換讀作"賧"。此"直賧"條《大正藏》對應經文作："有人先下少直賧市園果，而即守護園，若以果與眾僧者得食，若眾僧以果雇人守園者，守園人以己果分，得與眾僧食，非己分不得與。"(T24P0742b)據慧琳所釋，"賧"指買東西預先付錢。敦煌斯617《俗務要名林·市部》："賧，買物預少錢。徒紺反。"敦煌伯2011王仁昫《刊謬補缺切韻·勘韻》："賧，買物逆付錢。"伯

---

① 從慧琳對"憚"字的相關釋文來看，此"忘"乃是"忌"的訛誤。

2011 校刻本《王韻》同。《龍龕手鑑·貝部》：“賧，徒感、徒紺二反。買物先入直也。”又《玉篇·貝部》：“賧，徒感切，預入錢也。”

慧琳謂作“賳”亦同。敦煌伯 2011 王仁昫《刊謬補缺切韻·豔韻》力驗反：“賳，市先入值。”伯 2011 校刻本《王韻》同。《龍龕手鑑·貝部》：“賳，力驗反。市先入直也。”又《玉篇·貝部》：“賳，力豔切。市先入。”《集韻·勘韻》徒紺切：“賧，或從僉。”綜上來看，“賧”“賳”本義同音別，至《集韻》“賳”始改讀同“賧”。蓋是因二字用同，故而“賳”同義換讀作“賧”。據高麗本《慧琳音義》，“賳”或訛誤作“睒”“臉”。

201. 黨、攩、儻

兇黨，下當朗反。正作攩，或從人作儻。孔注《尚書》云：相助匿非爲黨。《説文》：朋群也。從手黨聲。（C57P0414a；J001）

按：上所引詞目出自《大般若波羅蜜多經》第四卷音義。朋黨、群黨義上本作“攩”，然“攩”字後世主要記録抵擋義，本義則由“黨”字記録，故而二者視作同音借用字關係較妥；“儻”與“黨”亦是音近借用關係。

此“兇黨”條《大正藏》對應經文作：“我等皆當供養恭敬、尊重讚歎如是菩薩，令阿素洛兇黨損減，使諸天眾眷屬增益。”（T05P0017a）經文之“黨”取朋黨義，此義上《説文》正作“攩”。《説文·手部》：“攩，朋羣也。”段注：“此鄉黨、黨與本字，俗用黨者，叚借字也。”又邵瑛《群經正字》：“此即朋攩之攩，今經典通用黨字……朋羣者，每手足相助，故字從手。”（《説文詁林》，1988：11811）“黨”《説文》釋作“不鮮”，此義後世文獻用之甚少，多用作黨與、朋黨等義；“攩”則主要表示抵擋、遮擋義，二者功能迥異。“黨”“攩”《廣韻》分別讀多郎切、底郎切，音同。故而視二者爲同音借用字關係較妥。

釋文謂或作“儻”。《説文新附·人部》：“儻，倜儻也。”指灑脱不拘，文獻中多用爲虛詞，或表示偏私義，乃是“黨”之通假用法。如《莊子·天下》：“時恣縱而不儻。”成玄英疏云：“隨時放任而不偏黨。”與“黨”義亦別。“儻”《廣韻》音他郎切，與“黨”同屬舌頭音蕩韻，音頗近。故而群黨義上作“儻”亦是“黨”之通假用法。

202. 倒、㿐、搗

倒地，都老反。倒，仆也。經文作㿐①，非也。又作搗②。搗，築也。搗非字義。（C58P0980a；J075）

---

① 按，此“㿐”字《玄應音義》高麗本同上，獅谷本作“㿔”。“㿔”是“㿐”的訛誤字形。鄭賢章《龍龕手鏡研究》[㿐、㿔]下所據《玄應音義》是獅谷本。見鄭賢章《龍龕手鏡研究》，湖南師範大學出版社，2004 年，第 346 頁。

② 按，此“搗”字《校本》據《玄應音義》校正作“搗”，高麗本《玄應音義》亦作“搗”（V32P0273b），《校本》所據乃是獅谷本，無須校改。

按：上所引詞目出自《舊雜譬喻經》下卷音義。跌倒義上，慧琳所見經本的"瘡""搗"均是"倒"的同音借用字；"瘡"當是"瘻"之異體字，鄭賢章認爲是"倒"的異體字，蓋非也。

此"倒地"條《大正藏》對應經文作："即時自撲無所能中，遍身毒痛倒地甚久，舉頭開目仰視見佛。"（T04P0520a）今大正本經文作"倒"，取倒下義。《説文新附·人部》："倒，仆也。"如司馬相如《上林賦》："弓不虛發，應聲而倒。"慧琳所見經文作"瘡"，《龍龕手鑑·疒部》："瘡，都老反。"張涌泉《叢考》認爲即"瘻"之俗。（2000：797）鄭賢章《龍龕手鏡研究》謂"瘡"乃"倒"之俗（2004：346），是受"痛"的影響類化而來。"倒"字"類化換形旁、換聲旁"而成"瘡"，殊爲迂曲，當非也。對此，我們比較認同張説，即"瘡"是"瘻"之換旁異體字，於形於義均可解釋。又明章黼《重訂直音篇·疒部》："瘡"，同"瘻"。"瘻"即"瘻"字。與"搗"作"擣"、"隖"作"隝"相類。經文之"瘡"乃是"倒"的同音借用字。又釋文謂經文或作"搗"，亦是"倒"之同音借用字。此亦可反證"瘡"非"倒"之異體。

203. 島、嶹、嶋、隖

渚島，下刀老反。《説文》云：海中有山可依止曰島。從山鳥聲。或作嶋，亦作隖也。（C58P0123b；J036）

嶹夷，刀老反。孔注《尚書》云：南海島夷也，在楊州分界也。《説文》：從山鳥聲。（C59P0285a；J097）

按：上所引詞目分別出自《毗盧遮那如來要略念誦法》上卷音義、《廣弘明集》第六卷音義。"島"與"嶹""嶋""隖"均是異體字關係。

上"嶹夷"條《大正藏》對應經文作："至時餘分不能定之，江表島夷，地卑氣屬，情志飛揚，故曰揚州。"（T52P0127a）今大正本經文作"島"，即島嶼義。《説文》正作"嶹"，《山部》："嶹，海中往往有山可依止曰島。"別如《後漢書·東夷列傳》："馬韓之西，海嶹上有州胡國。""嶹"多或省作"島"形，敦煌伯2011王仁昫《刊謬補缺切韻·晧韻》："島，海中山。""嶹"或書作"嶋"，秦公《廣碑別字·十畫》"島"下引《魏司空公元瞻墓誌》作"嶋"（1995：185）。上下結構書作左右結構者較常見，二者爲一字異寫現象。

字或從"阜"作"隖"。黎庶昌輯《原本玉篇殘卷·阜部》："隖，都皎、都道二反。《聲類》：'古文島字也。'"又《龍龕手鑑·阜部》："隖，都老反。海隖。與島同。"又《鳥部》："隖，或作。島，正。"如《漢書·司馬相如傳》："谽呀豁閜，阜陵別隖。"顏師古注引郭璞云："隖，水中山也。"從形體來源求之，"隖"即"嶋"之換旁異體字，在島嶼義上，從山、從阜義相通。"嵎"又作"隅"，可相比勘。

204. 搗、擣、搗、捯、礜

鎚擣，下刀老反。《考聲》：舂也。《説文》：以手椎擣也。一云築也。從手壽〔省〕聲。或

作捯，或作搗。（C57P0672b；J014）

　　擣筱，上刀老反。《韻英》云：擣，築也。古作𩫼。俗作搗，非也。（C57P0772a；J019）

　　按：上所引詞目出自《大寶積經》第六十八卷音義、《大方廣十輪經》第三卷音義。舂擣義上，《說文》本作"擣"，又換旁作"搗"，俗又書作"搗"；或更換聲符作"捯"，更換意符作"𩫼""𦥑"；"𩫼"書寫又變異作"𩫣"。

　　上"鎚擣"條《大正藏》對應經文作："或復倒懸，或復裁割猶如衣帛，或復裹縶及以束縛，或復切膾，或復鎚搗猶如甘蔗，或復蹉踚破如蘆葦。"（T11P0387b）今大正本經文作"鎚搗"，與詞頭之"鎚擣"同，取捶義。此義上《說文》正作"擣"，《手部》："擣，手椎也。"文獻中"擣"多書作"擣"，《玉篇·手部》："擣，丁道切。《說文》云：'手椎也。'"邵瑛《群經正字》："擣作擣，此隸變之訛。"（《說文詁林》，1988：11900）"擣"文獻中亦作"搗"字，敦煌斯617《俗務要名林·穀部》："搗，杵舂，都老反。"元李文仲《字鑑·晧韻》："擣，都晧切。《說文》：'手椎也。从手壽聲。'俗作搗。"又張舜徽《說文約注》引《禮記·雜記》"所以搗鬱也"，認爲"搗"字漢時已有（2009：2986）。或有作"捯"者，《干祿字書·上聲》："捯、擣，上俗下正。"又《龍龕手鑑·手部》："搗，通。擣，正。""搗"與"擣""捯"均是異構字關係。

　　據慧琳所釋，又作"捯"。其右邊所從之"到"《廣韻》音都導切，屬端紐号韻，上古屬端紐宵部，"島"《廣韻》音都皓切，屬端紐晧韻，上古屬端紐幽部，宵、幽旁轉，"到""島"音近。故"捯"與"搗"當是換旁異體字。亦或由"擣"換旁而來。

　　"擣筱"條下謂古作"𩫼"。除《慧琳音義》外，《集韻·晧韻》都老切："𩫼，《博雅》：'舂也。'或從𦥑，亦作𦥑。"又《玉篇·臼部》："𦥑，丁老切。舂也。亦作搗。"從形義關係察之，"𩫼"從舂壽聲，與"擣"聲符相同；在舂擣義上，從"手"從"舂"義相通。"𩫼"即"擣"之換旁異體字。因"壽"是"𦥑"書寫變異而來，故"𩫼"字或又書寫作"𩫣"形，正《集韻》所謂從"𦥑"之字。又因舂、搗多與臼相關，故而或又換從"臼"旁作"𦥑"。

205. 燈、鐙、鞏、甄

　　如燈滅，上音登。或從火作燈，俗文，傳通用。《說文》：錠也。錠即燈也。無足曰鐙，有足曰錠。或從拱（廾）作鞏，或從瓦作甄，皆古字。（C58P0965a；J075）

　　按：上所引詞目出自《道地經》。在燈籤義上，結合慧琳所釋，"燈"與"鐙"視作換旁異體字關係較妥，與"鞏""甄"均是同音借用字現象。

　　此"如燈滅"條《大正藏》對應經文："心已冷如木，已棄五行，并心中羸羸栽有餘微，譬如燈滅有餘明，栽心有餘但有微意。"（T15P0233b）經文之"燈"指照明工具。《說文·金部》："鐙，錠也。"《急就篇》第十二章："鍛鑄鉛錫鐙錠鐎。"顏師古注云："鐙，所以盛膏夜然燎者也，其形若杅而中施釭，有柎者曰鐙，無柎者曰錠。"慧琳所釋與此大同。由此知"鐙"即古時照明

的器具,然後世多從"火"作"燈"。《慧琳音義》卷第四十五《優婆塞戒經》第六卷"鐙炷"下云:
"上正燈字。"(C58P0308a)卷第七十四《僧伽羅刹集》下卷"鐙明"下云:"上得縢反。《漢書》
云:'夜根燈燭蘭膏所燃火也。'通用從火作燈。"(C58P0959b)又卷第九十五《弘明集》第二卷
"鐙王"下云:"上等能反。《聲類》云:'無足曰鐙。'《説文》:'鐙,錠也。從金登聲也。'從火作
燈,俗字也。"(C59P0251b)從形義關係察之,"鐙"言材質、器具,"燈"則從火光角度造字。另
文獻中"鐙"亦表示盛放食物的器皿、馬鐙義,與燈籤義別。綜上來看,我們比較認同"鐙"
"燈"爲異體字關係,蓋是"鐙"多用作食器、馬鐙義,故而又換從"火"旁作"燈"以別之。張舜
徽《説文約注》即認爲表示照明工具的"鐙"與表示食器的"鐙"殊別(2009:3427),所言甚是。

　　釋文又溝通有"墥""甄"二字,"墥"是攀登字,與"登"同;"甄"是食器,同"甄",均與"燈"
義別。"燈"與"墥""甄"《廣韻》均讀都縢切,音同。慧琳之所以溝通此二字,當是受三字讀音
相同的影響。

206. 橙、蹬;橙、樘

　　梯橙,下登鄧反。或作蹬。《考聲》:蹬,履也。登陟階級道也。(C57P0768a;J018)

　　橙子枝,上直耕反。《考聲》云:似橘而大也。《説文》:橘屬也。從木登聲。經從棠作
樘,非也。(C58P0176a;J039)

　　按:上所引詞目分別出自《十輪經》第九卷音義、《不空羂索經》第二十卷音義。在梯道
義上,"蹬"與"橙"爲同源通用字關係;在果品橙子義上,"橙"與"樘"爲音近借用關係,亦或慧
琳所見經本的"樘"爲"橙"的書寫訛誤字形。

　　上引釋文的"橙"有兩種用法:其一,表梯道義。上"梯橙"條《大正藏》對應經文作:"十
善業道,是大乘,本是菩提因,是證涅槃堅固梯蹬①。"(T13P0768a)今大正本經文作"梯蹬",
"蹬"是梯道義。《龍龕手鑑·足部》:"蹬,階級也,道也。"詞頭之"橙"是凳子義,《廣韻·嶝
韻》:"橙,几橙。"又《集韻·隥韻》:"凳,《字林》:'牀屬。'或從木。"從詞源角度言之,"橙"與
"蹬"同源,均有上升之核義素。張希峰《漢語詞族叢考》即將二者系聯爲一組(1999:242)。
在梯道義上,"蹬"與"橙"爲同源通用字關係。

　　其二,爲果木名,果實爲橙子。上"橙子枝"條《大正藏》對應經文作:"一手持寶蓮華,一
手執如意寶幢,一手把樘子枝柯葉果,一手安慰仰垂雨寶。"(T20P0332c)今大正本經文作
"樘子枝"。據釋文,字正當作"橙"。"樘"字,《廣韻·唐韻》徒郎切:"樘,車樘。"音義與"橙"
別。又《集韻·庚韻》抽庚切:"樘,《説文》:'衺柱也。'或作樘。"此與"橙"音近義別。綜合觀
之,蓋《不空羂索經》第二十卷之"樘"是"橙"的通假用法。亦或慧琳所見經本的"樘"爲"橙"
的書寫訛誤字形,蓋書經人未細審而致誤。

———————————————

① 《大正藏》"蹬"下校勘記:蹬=隥三宮。

207. 笛、蓫、𥫣

箏笛,古文蓫(篴)①,同。從的反。《説文》:七孔籥也。羌笛三孔。戒文作𥫣,非也。(C58P0750b;J064)

按:上所引詞目出自《沙彌尼離戒》音義。"笛"與"篴"爲換旁異體字關係,經本的"𥫣"蓋是"篴"的書寫訛誤字形。此"箏笛"條《大正藏》對應經文作:"六盡形壽,不得歌舞,不得教人歌舞,不得彈箏吹笛②。"(T24P0938b)今大正本經文作"笛",宋、元、明、宫本及聖本作"𥫣"。《説文・竹部》:"笛,七孔筩也。"爲管樂器,字或作"篴"。《五經文字・竹部》:"笛、篴,二同。並徒的反。樂器也。下見《周禮》。"《周禮・春官・笙師》:"掌教龡竽、笙、塤、籥、簫、篪、篴、管。"鄭玄注云:"杜子春讀篴爲蕩滌之滌,今時所吹五空竹篴。"二者爲換旁異體字關係。

釋文"古文蓫"之"蓫",《慧琳音義》高麗本、大正本、《校本》均如上作,獅谷本、頻伽本作"篴",《校本》未出校勘記(2012:1644)。從上面分析來看,作"篴"是。《沙弥尼離戒》之"箏笛"條本是玄應所撰,慧琳收録時新加訂正。《玄應音義》卷第十六"箏笛"下云:"古文篴,同。徒的反。《説文》:七孔籥也。羌笛三孔。戒文作𥫣,非也。"(V32P0225a)此正作"篴"字。"蓫"《廣韻》讀丑六切,是羊蹄菜,與"笛"字音義均别。顯然宋、元、明、宫本及聖本的"蓫"是由"篴"書寫訛誤所致。從"竹"從"艹"互訛者甚多。

釋文又溝通有"𥫣"字,韓小荆《〈可洪音義〉異體字表》(2009:424)、鄭賢章《〈隨函録〉俗别字譜》(2007:500)均將"𥫣"收於"笛"字下。據慧琳所釋,則"𥫣"字與經義不符,當非"笛"字。該"𥫣"已編碼,但《大字典》《字海》及《異體字字典》等大型字書均未見載録。從形義關係求之,此"𥫣"或是"篴"的訛誤字形,待進一步考求之。

208. 敵、敵、歆

勍敵,下亭歷反。杜注《左傳》云:敵猶對也。《爾雅》云:匹也。《字書》正從商從攴(攵)。録文從欠作歆,俗字也。商音的。(C58P1082b;J080)

按:上所引詞目出自《開元釋教録》第四卷音義。敵對義上,《説文》本作"敵",後世書寫變作"敵""敵";慧琳所見經文之"歆",當是由"敵"變"攵"爲"欠"而來。此"勍敵"條《大正藏》對應經文作:"光軍未至,什謂其王白純曰:'國運衰矣,當有勍敵,日下人從東方來,宜恭承之,勿抗其鋒。'純不從而戰,光遂破龜茲殺純獲什。"(T55P0514b)今大正本經文作"勍敵",與詞頭之"勍敵"同,均指强大的敵對勢力。《説文・攴部》:"敵,仇也。"

《慧琳音義》高麗本詞頭之"敵",由《説文》篆體"敵"的隸定字形書寫變異而來,又進一

---

① 按,此"蓫"是"篴"之訛誤字形。
② 《大正藏》"吹笛"下校勘記:吹笛=𥫣三宫聖。

步變異作"敔"形。慧琳所見經文作"歆",清邢澍《金石文字辨異·錫韻》"敔"下引《唐李靖碑》作"歆",又《干祿字書·入聲》:"歆、敔,上俗下正。"慧琳所釋與此正同。考"歆"之形體來源,當是由"敔"訛"攵"爲"欠"而來,敔對義上從"欠"於義無徵。又《大字典》"歆"下未收錄"同'敔'"這一用法(2010:2305),有失妥當。

209. 癲、瘨、癲、蹎

癲癇,上丁堅反。《廣雅》:癲,狂也。《毛詩》箋曰:癲,病也。《聲類》云:癲,風病也。或作瘨,亦作蹎。(C57P0512b;J006)

癲狂,上典年反。《考聲》云:瘨,病也。《廣雅》:狂也。《聲類》:風病也。《説文》:從疒真聲。經作癲,俗字也。(C58P0028b;J032)

按:上所引詞目分別出自《大般若波羅蜜多經》第五百一十四卷音義、《藥師瑠璃光如來本願功德經》音義。"癲"由"瘨"字更換聲符而來,俗書又作"癲",與"蹎"爲同音借用字關係。

上"癲狂"條《大正藏》對應經文作:"第六大願:願我來世得菩提時,若諸有情,其身下劣,諸根不具醜陋、頑愚、盲聾、瘖瘂、攣躄、背僂、白癩、癲狂種種病苦。"(T14P0405a)今大正本經文作"癲狂",與詞頭之"癲"狂同。癲狂義上《説文》正作"瘨",《疒部》:"瘨,病也。"徐鍇《説文繫傳》:"瘨,楊雄曰:臣有瘨眩病。瘨,倒也。"如《神農本草經·蛇牀子》:"味苦,平。主婦人陰中腫痛,男子陰痿、溼痒,除痺氣,利關節,瘨癇惡創。"字又從"顛"作"癲",《龍龕手鑑·疒部》:"瘨、癲,丁年反。癲狂,病也。"就"癲"之形體來源而言,是由"瘨"字更換聲符而來。"瘨"字《廣韻》音都年切,中古屬端紐先韻,上古爲端紐真部;所從的"真"字《廣韻》音職鄰切,中古屬章紐真韻,上古屬章紐真部,中古時期"瘨""真"音相遠。"癲"字所從的"顛"《廣韻》音都年切,"顛"聲較"真"聲更切近,故而"癲"字產生的其中一個原因是爲了實現音讀的統一。

因"顛"字手書或從二"真"作"顛",《慧琳音義》卷第十五《大寶積經》第九十七卷"顛仆"下云:"經從二真作顛,俗字,誤也。"(C57P0686a)故而"癲"字亦變作癲形,正慧琳所見經文之形。"癲癇"條下謂或作"蹎",是跌倒、顛僕義,《廣韻》音都年切,與"癲"音同義別,顯然爲"癲"的同音借用現象。

210. 㞐、串(𤰞)、㞘、樿

㞐户,《通俗文》作串(𤰞),門串(𤰞)也。《蒼頡篇》作樿,音簞,持也。(C58P0644a;J059)

㞐閉門,上恬玷反。門之小關也,礙門扇令不開也。古文作㞘,形聲字也。(C58P0658a;J060)

按：上所引詞目分別出自《四分律》第三十三卷音義、《根本説一切有部毗奈耶律》第二卷音義。在門閂義上，"屇"與"𣏂"爲異構字關係，與"㢔"爲同義詞替換用法；《蒼頡篇》之"樿"當是"屇"之同音借用法。

上"屇户"條《大正藏》對應經文作："先與櫬身衣，次以被衣覆之，出房已還向閉户，還至浴室中。"(T22P0803a)今大正本經文"閉户"，與詞頭之"屇户"義同，均是閉門義。敦煌伯3693《箋注本切韻·忝韻》："屇，開①户。或作此串(𣏂)。"又伯2011王仁昫《刊謬補缺切韻·忝韻》："屇，閉户。"《龍龕手鑑·户部》："屇，徒點反。閇户也。"字或作"𣏂"，除上引慧琳釋文外，又《龍龕手鑑·雜部》："𣏂，徒點反。門𣏂。"《廣韻·忝韻》："屇，閉户。𣏂，同屇。"二者爲異構字關係。

釋文又溝通有"㢔"字。《龍龕手鑑·户部》："㢔，以冉反。移也。㢔㢔，户牡也。"《玉篇》所釋同。"㢔"亦指門閂。"屇""㢔"義同音別，在門閉義上爲同義詞替換用法。

釋文又謂《蒼頡篇》作"樿"。《説文·木部》："樿，屋枅前也。"指屋檐。"屇""樿"《廣韻》均讀徒玷切，二者音同義別。除上所引慧琳釋文外，朱駿聲《通訓定聲·臨部》亦云："樿，《通俗文》作𣏂，訓門楗也。""樿"之門楗義當是借自"屇"而來。

211. 丁、肛

肥丁，都亭反。丁，强也。《釋名》云：丁，壯也。言物體皆壯也。夏時萬物丁成實也。經文作肛，都定反。非也。肛，䐋也。肛非字義。䐋音豆。(C58P0983a；J075)

按：上所引詞目出自《雜寶藏經》第三卷音義。慧琳所見經本的"肛"，極有可能是受其上字"肥"從"肉"的影響類化而來。此"肥丁"條《大正藏》對應經文："二名優婆大達，恒雨甘雨，使其國内草木滋長，五穀成熟，畜生飲水皆得肥壯，牛羊蕃息。"(T04P0461c)今大正本經文"肥壯"，與釋文之"肥丁"同。"丁"字，《説文》釋爲"夏時萬物皆丁實"，然其本義乃是釘子，是"釘"的象形字。慧琳所見經文作"肛"，與"飣"同，指將食物盛放於器皿中以便陳設。由此來看，"丁""肛"義相別。事實上經文作"肛"有二種可能性：其一，蓋是"肛"與"丁"音近而致；其二，"丁"字因其上字"肥"從"肉"，受類化作用的影響，故而書寫亦變作從"肉"，從而與同"飣"之"肛"構成同形字關係。相比較而言，我們更認同第二種解釋。

212. 矴、礦、碇

到矴，都定反。謂柱下石也。律文碇，非也。(C58P0622a；J058)

下矴，都定反。謂柱下石也。經文作礦，近字也。(C58P0777b；J065)

按：上所引詞目分別出自《十誦律》第六十卷音義、《善見律》第十七卷音義。"礦""碇"

均是"矴"之換旁異體字。上"下矴"條《大正藏》對應經文作："若在船上布薩，應下磸①。若下棟，不得繫著岸。若崩岸，有大樹根在水中，不得繫著樹根。"（T24P0793b）今大正本經文作"磸"。"矴"是船停泊時鎮船用的石墩，唐蔣斧印本《唐寫本唐韻·徑韻》："矴，矴石。丁定反。"敦煌伯3694《箋注本切韻》、伯2011《王韻》均同上。慧琳謂"磸"是"近字"，即"磸"乃是魏晉至唐時新近產生的字，爲"矴"之換旁異體字。《龍龕手鑑·石部》："磸，俗。矴，正。"又《大字典》"磸"下據《集韻》釋同"矴"（2010：2631），是也。然所從的書證嫌晚，可依《慧琳音義》釋文提前。

《十誦律》第六十卷音義下，慧琳所見經文作"碠"。《龍龕手鑑·石部》："碠，俗。矴，正。""碠"字文獻記載較晚，慧琳所謂"非"也，蓋是指此字非正統用字。"碠"亦是"矴"之換旁異體字。

213. 鼕、螚、觡

競螚，毒冬反。《韻集》及《字書》並云：螚謂鼓聲也。或作觡也。（C59P0325b；J099）

按：上所引詞目出自《廣弘明集》第二十九卷音義。"鼕"與"螚"爲改換聲符而成的異構字，慧琳溝通的"觡"當是"觡"書寫變"甬"爲"角"而來。此"競螚"條《大正藏》對應經文作："領卒塞虛，奇形萬變，精鉀曜曦，霜戈拂日，靈鼓競鼕，響衝方外，高步陸亮，自謂強威，而王師一奮，群邪殄喪。"（T52P0344b）今大正本經文作"競鼕"，與詞頭之"競螚"同，"鼕""螚"均是鼓聲。敦煌伯2011王仁昫《刊謬補缺切韻·登韻》："螚，皷聲。"《龍龕手鑑·鼓部》："螚，鼓聲也。"又《龍龕手鑑·鼓部》："鼕，徒冬反。鼓聲也。""螚""鼕"爲更換聲符而成的異構字。

釋文又溝通有"觡"字，《龍龕手鑑·鼓部》："觡，正。觡，今。音同。鼓聲也。""觡"與"鼕"爲異體字關係，"觡"下從"角"，與音、義均無涉，當是"甬"書寫訛變而致。

214. 洞、衕、迵、烔、哃

洞然，徒貢反。《說文》：洞，疾流也。亦深邃之皃也。經文作烔，徒東反。熱皃也，亦旱皃也。（C57P0563b；J009）

洞清，古文衕、迵二形，同。徒貢反。案洞猶通過也，亦深邃之皃也。經文從口作哃，非也。（C58P0088b；J034）

按：上所引詞目分別出自《放光般若經》第二十六卷音義、《稱揚諸佛功德經》下卷音義。在通透、透徹義上，"洞"與慧琳所謂古文"衕""迵"均是同源通用字現象，與經文之"烔""哃"

---

① 《大正藏》"磸"下校勘記：磸＝矴〓，＝矴⦿。

均是音近借用字現象。

上"洞然"條《大正藏》對應經文作："諸天人眾有著五樂者，菩薩應時令殿舍悉皆烔①然。"（T08P0126c）今大正本經文作"烔然"，明嘉興藏本作"洞然"。求之經義，作"洞"是也，取通透義。"洞"字，《説文·水部》："洞，疾流也。"本指水流急、急速，又轉指穿透、透徹、幽深、洞穴等用法。"洞清"條下謂古文作"術""迥"二形。"術"字，《説文·行部》："術，通街也。"指通道、巷道，取義於通，《廣韻》音徒紅切，又音徒弄切，與"洞"音近義通，二者爲同源通用字關係。又"迥"字，《説文·辵部》："迥，迥迭也。"是通達、洞徹義，與"洞"義相通。"迥""洞"《廣韻》均讀徒弄切，二者音同義通，亦是同源字關係。劉鈞杰（1999：103）、張希峰（2000：70）、殷寄明（2007：183）均將上三字系聯爲同族，可參。

另釋文又溝通有"烔""唝"二字。"烔"字，《廣雅·釋詁二》："烔，爇也。"《龍龕手鑑·火部》："烔，音同。熱也。又赤烔烔也。"《廣韻》音徒紅切，與"洞"音相近義相別，經文通透、透徹義上作"烔"，乃是"洞"之音近借用現象。又"唝"字，《龍龕手鑑·口部》："唝嘑，上音同，下音唐。唝嘑，語不中也。又大言也。"《玉篇·口部》："唝，妄言也。"《廣韻》音徒紅切，與"洞"音近義別，經文作"唝"，亦是"洞"之音近借用現象。

215. 動、勭、徲、趧

遷動，下動字。李斯書《嶧山碑》從童作勭。古文從彳作徲。《説文》又從走作趧，並同。（C57P0502b；J006）

按：上所引詞目出自《大般若波羅蜜多經》第四百九十三卷音義。"動"與"運"爲換旁異體字關係，"動"或又作"勭"，慧琳所謂古文"徲"、《説文》之"趧"均當是"運"之換旁異體字。

此"遷動"條《大正藏》對應經文作："以欲界、色界、無色界，是遍計所執、是虚妄假合、是有遷動，乃至一切無常無恒、有變有易、都無實性故。"（T07P0505c）經文之"動"字，《説文·力部》："動，作也。"指行動，如《周易·繫辭上》："擬之而後言，議之而後動。"引申有行動、震撼、發動等用法。據釋文，字又作"勭"。如《銀雀山漢墓竹簡·王兵》："勭如雷神，起如蟄鳥。"二者爲異體字關係。進一步求之，二形右邊之"重""童"音形均近，故而書寫中多相混，別如"衝"又書作"衕"。

"動"字或又從"辵"作"運"。《説文·力部》："運，古文動從辵。"如《晉書·李特載記》："特安臥不運，待其眾半入，發伏擊之。"從字形來源求之，蓋是"動"之行動、運動義多與行走有關，故而又換從"辵"旁作"運"。如此來看，慧琳溝通的"徲""趧"二形，均當是"運"之換旁異體字，"彳""走"均與行走有關。"徲"字，除上引慧琳之釋外，又《龍龕手鑑·彳部》："徲，古文動字。"《玉篇》所釋同。"趧"字，《玉篇·走部》："趧，徒孔切。走也。又徒弄切。""走也"即

---

① 《大正藏》"烔"下校勘記：烔＝洞⑨。

走動義,《玉篇》釋義或是據"趕"之形體所設。由慧琳釋文來看,亦當是"運"之異體字。

不過《大字典》"趕"下據《玉篇》《字彙補》釋爲"走貌"(2010:3734),未溝通與"動(運)"之關係,或有未妥。又胡吉宣《玉篇校釋》"趕"下認爲"趕"或即"衛"字(1989:2065)。

216. 渾、鞖

渾現,竹用、都洞二反。《通俗文》:乳汁曰渾。今江南人亦呼乳爲渾。經文作鞖①,奴罪反,非也。(C58P0967b;J075)

按:上所引詞目出自《修行道地經》第一卷音義。慧琳所見經文之"鞖"或即"鞰"之訛誤字形,"鞰"則是"渾"之異體字"羥"的異寫形體。

此"渾現"條《大正藏》對應經文作:"一種在心,名爲班駁。一種在乳,名曰渾②現。一種在臍,名爲圍繞。兩種在脇:一名爲月,二名月面。"(T15P0188b)今大正本經文作"渾",宋、元、明及聖本作"羥"。經文之"渾"爲乳汁義,《説文·水部》:"渾,乳汁也。"如《穆天子傳》卷第四:"因具牛羊之渾,以洗天子之足。"宋、元、明、聖本之"羥"乃是"羥"字,《龍龕手鑑·孚部》:"羥",同"羥"。又清畢沅《經典文字辨證書·水部》:"渾,正。羥,俗。"如此,"羥"亦是"渾"之異體字。

釋文中"經文作鞖"之"鞖",《慧琳音義》各版本均如上作,《校本》亦同(2012:1829)。《龍龕手鑑·雜部》:"鞖,俗。奴回、奴宦二反。"又同書《孚部》:"鞰",同"羥"。"鞖"字讀音與"渾"別。疑經文原本作"鞰","鞖"乃是"鞰"之訛誤字形,故而慧琳謂"鞖"爲非。

217. 詷、調

詷疾,上音動。《萦(篆)文》云:諲詷,急也。《通俗文》曰:言過謂之諲詷。《考聲》云:戲詷語也。言氣俱急皃也。經從周作調,書誤也。(C57P0645a;J013)

按:上所引詞目出自《大寶積經》第四十卷音義。此"詷疾"條《大正藏》對應經文作:"不虛羸語,不輕掉語,不調疾語,不繁重語,不迅急語。"(T11P0231c)今大正本經文亦作"調"。考之經義,正合作"詷"。《説文·言部》:"詷,諴也。"同部:"諴,誕也。"徐鍇《説文繫傳》云:"誕,大言也。"段玉裁注引《通俗文》云:"言過者,言之太過也,與諴訓合。"由此來看,"詷"指説大話,與經義正相契合。慧琳所見經文及大正本經文之"調"是協調、調試義,《廣韻》音徒聊切,與"詷"音義均別。經文説大話義上作"調",正是"詷"之書誤字形,慧琳所言不誣也。

---

① 按,疑原經文當作"鞰",慧琳所見經文之"鞖"則是"鞰"之訛誤字形。
② 《大正藏》"渾"下校勘記:渾＝羥三聖,＝蜉宮。

218. 斗、廾

刁斗，下兜偶反。孟康注《漢書》云：以銅爲之，受一斗。晝炊飲食，夜擊以警眾，持行隨軍。在滎陽庫中，今改爲金鉦是也。《古今正字》云：二字並象形也。象斗有柄。論作廾，誤。（C59P0118a；J087）

按：上所引詞目出自《破邪論》卷上音義。此"刁斗"條《大正藏》對應經文作："烽燧時警羽檄競馳，關塞多虞刁斗不息，道消德亂運盡數窮，轉輸寔繁頭會箕斂。"（T52P0476b）今大正本經文作"斗"。慧琳所見經文之"廾"即是"斗"之書寫變異字形。《碑別字新編·四畫》"斗"下引《唐法琬法師塔銘》作"升"，又引《唐張安生墓誌》作"升"（1985：7）。"廾"與"升"形頗近，同是"斗"之異寫形體。慧琳釋文所謂"誤"，即指經文的"廾"爲"斗"之書誤。

219. 芏、斗、斜

田芏，或作斜，都口反。此宜作斗字。（C58P0608a；J058）

按：上所引詞目出自《僧祇律》第二十卷音義。"芏"當是"斗"之分化字，專門表示草兜義，與"斜""科"爲同源通用字關係。此"田芏"條《大正藏》對應經文："若草兜羅、華兜羅田中行，著衣不得坐，應拂去。若敷草華①兜羅坐上，越毘尼罪。歛草華兜羅坐，越毘尼罪。作田中，亦越毘尼罪。"（T22P0392b）今大正本經文作"華兜"，宋、元、宮本作"草兜"，與詞頭的"田芏"義同。求之經義，"兜"是兜子義。慧琳以爲當作"斗"，與"兜"之功用較相似，而"芏"則是"斗"之增旁字，蓋專門用於表示草兜義。"斜"是酒器，與"斗"相似故而得名，爲"斗"之同源分化字，同類者又有"科"字②。又韓小荆《〈可洪音義〉異體字表》將"芏"收於"豆"字下（2009：424），未指明其間關係。

220. 鬪、鬭（鬭）、鬬、鬥、鬪、剅

鬪靜，上斗豆反。《蒼頡篇》云：鬪，靜也。稱兵相攻戰也。《論語》云：血氣方剛，戒之在鬪也。《説文》云：鬪，遇也。從鬥從斲聲。從鬥從尌作鬪③者，非也。鬪音上同。斲音卓。（C57P0794a；J020）

馬鬪，都候反。《蒼頡篇》：鬪，爭也。《説文》：遇也。兩相遇即鬪。從鬥從斲。鬥亦音當候反，斲音丁角反。傳文從門作鬪④者，誤。（C58P0944a；J074）

鬪靜，上當搆反。經從門從豆，俗字也。（C58P1000a；J076）

---

① 《大正藏》"華"下校勘記：華＝草宋元宮。
② 劉鈞杰《同源字典再補》，語文出版社，1999年，第33頁。
③ 按，從"鬥"從"尌"者未編碼。
④ 按，"鬪"字正當從"鬥"作，已編碼字形從"門"作。

相鬪，丁豆反。《蒼頡篇》云：門（鬥），爭也。《説文》云：兩士相對，兵仗在後，象形字也。今作門中斯者，俗通用。論文從刀作剅，誤也。（C59P0076a；J084）

按：上所引詞目分別出自《寶星經》第二卷音義、《佛本行讚傳》第三卷音義、《無明羅刹集》音義、《集古今佛道論衡》第二卷音義。鬥爭義上《説文》本作"鬥"，然文獻多用"鬪"字，與"鬬""鬭"當是換旁異體字關係；據慧琳所釋，"鬬"蓋由"鬪"書寫訛變而來；"鬪"或即"鬬"書寫變異所致；經文中作"剅"，乃是"鬪"之音近借用現象。

上所引經文之"鬪"均是爭鬥義，《説文》正作"鬥"。《鬥部》："鬥，兩士相對，兵杖在後，象鬥之形。"此許慎就篆體釋形，甲骨文中多象二人相搏之形，本即爭鬥、戰鬥義。文獻中多作"鬪"，《説文·鬥部》："鬪，遇也。"《慧琳音義》卷第四十四《佛説善夜經》"鬪諍"下云："先賢諸儒見與門字相亂，中加斯字爲鬪，以簡別之也。"（C58P0291a）慧琳所析甚是。段玉裁"鬪"下注云："凡今人云鬪接者是遇之理也。""鬪"本是遇合義，轉而指鬥爭、戰鬥義。段注亦云："古凡鬪接用鬪字，鬥爭用鬥字。俗皆用鬪爲爭競，而鬥廢矣。"

釋文中溝通有"鬪""鬬""鬭""鬭"四形。"鬬"所從的"斞"與"斗"同，當是"鬪"之換旁異體字。《干禄字書·去聲》："鬬、鬪、鬭，上俗中通下正。"漢焦贛《易林·復之豫》："卵與石鬪，糜碎無處。"

又"鬬"字，蔣斧印本《唐寫本唐韻·候韻》："鬬，鬪競。"敦煌伯3694《箋注本切韻·候韻》："鬬，丁豆反。"《龍龕手鑑·鬥部》："鬬，正。鬪，今。都豆反。鬪競也。"慧琳認爲"鬪"是"鬬"書寫變異而來，《慧琳音義》卷第四十四《佛説善夜經》"鬪諍"條下云："後代不曉（引者按，指"鬬"内從"斯"），因草隸又改斞爲豆。從鬥從豆從斤作鬪，行已久矣，不可改正也。"（C58P0291a）

"鬭（鬭）"亦是"鬪"之換旁異體字。《龍龕手鑑·鬥部》："鬭，俗。鬪，正。""鬭"字，除上引《干禄字書》釋文外，又敦煌斯388《正名要録》"右正行者楷，腳注稍訛"下，"鬪"爲正，"鬭"爲俗。而"鬪"或即"鬬（按，該字原本從鬥）"字書寫變異而來。另《大字典》"鬪"（2010：4393）、"鬪"（2010：4892）、"鬬"（2010：4892）、"鬭"（2010：4891）下所據書證均晚於《慧琳音義》，或可據慧琳釋文提前。

釋文又溝通有"剅"字。《廣雅·釋詁二》："剅，裂也。"敦煌伯2011王仁昫《刊謬補缺切韻·候韻》："剅，小穿。"《龍龕手鑑·刀部》："剅，當侯反。穿也。"與"鬪"音同義別，經文中爭鬥義上作"剅"，乃是"鬪"的同音借用現象。

221. 督、督、𣈆

勸𣈆，俗字也。正作督①，東禄反。《爾雅》：督，正也。謂御正之也。《方言》：督，理

---

① 按，"督"字《慧琳音義》各版本有差異，或作"督"，二者是一字之變。版本間的差異爲所選異體字不同，詳參孫建偉《慧琳〈一切經音義〉各版本文字差異例釋》，《中南大學學報》，2013年第4期，第226—229頁。

也,察也。（C57P0789a;J019）

督令,《字書》今作督(督),同。都木反。《尒雅》:督,正也。注云:謂街(御)①正之也。《方言》:督,理也。《説文》:督,察也。（C58P0752a;J064）

按:上所引詞目分別出自《無盡意經》第四卷音義、《舍利佛問經》音義。"督"字書寫或省變作"督","督"又變異作"督"形。上"督令"條《大正藏》對應經文作:"王益忿怒,自不敢入,驅逼兵將乍行死害,督令勤與呼攝七眾。"（T24P0900a）今大正本經文作"督",與詞頭之"督"同。《説文·目部》:"督,察也。"爲察視義,引申有督促、料理、矯正等用法。

從形體結構來看,"督"從目叔聲,下部的"目"手書或變爲"日"形作"督"。方成珪《集韻考正》謂:"督係俗字。"方所言是也。《五經文字·目部》:"督、督,上《説文》,下經典相承隸省。"唐時多以"督"形爲正體,《干禄字書》以"督"爲正,蔣斧印本《唐寫本唐韻·沃韻》:"督,察也。"此亦是高麗本《慧琳音義》多作"督"形之原因所在。另"督"形所見甚早,清顧藹吉《隸辨·沃韻》"督"字下引《魯峻碑》作"督"（1982:654）,據此則漢時已有從"日"作者。又秦公《碑別字新編·十三畫》"督"下引《魏元祐妃常季繁墓誌》亦作"督"形（1985:251）。

"督"上之"叔"或書作"朮"形,明章黼《重訂直音篇·目部》謂"督"同"督"。高麗本詞頭之"督"則是"督"書寫變異而來,《干禄字書·入聲》:"督、督,上通下正。"《龍龕手鑑·日部》:"督,今。督,正。"并是其證。

222. 毒、毒、蛋

諺毒,下音桐篤反。《考聲》云:有所害也。害(害)②人草也。恨也。憎也。《説文》:從中從毒(毒),毒(毒)亦聲也。古文作蛋③(重),從古之字從虫。毒(毒)字從士從母,毒(毒)音愛。（C58P0664a;J060）

按:上所引詞目出自《根本説一切有部毗奈耶律》第九卷音義。"毒"是《説文》篆體"毒"的隸定字形,書寫變異作"毒"形;釋文所謂古文"蛋"與《玉篇》之"重"爲一字之變,均當是"毒"換作"虫"旁而來,慧琳釋形已誤,《校本》據釋文改作"蛋"尤非。

此"諺毒"條《大正藏》對應經文作:"見諸苾芻讀誦禪思勤求出道,深生敬信即自思念:'誰復不顧後世情懷慘④毒,於斯智者興覓過心共申狂論。'作是念已遂還本居。"（T23P0672c）今大正本經文作"慘毒",宋、元、明及宮本作"磣毒","毒"即"毒"字。《説文·中部》:"毒,厚也。"字從中,從毐。本指毒物,引申有毒害、禍害、苦痛等用法。"毒"是《説文》篆體"毒"的隸定形,"毒"則是傳承變異字形。《慧琳音義》卷第八《大般若波羅蜜多經》第五

---

① 按,此"街"乃"御"之訛,《玄應音義》卷第十六正作"御"（V32P0223b）。
② 按,此"害"字《慧琳音義》各版本均如是作,唯《校本》作"害"。"害"正是"害"之變異字形。
③ 按,"蛋"當與《玉篇》之"重"爲一字之變。
④ 《大正藏》"慘"下校勘記:慘＝磣三宮。

百六十九卷“磣毒”下云：“經作毒，隸書訛也。”(C57P0537b)又《玉篇・屮部》：“毒，徒篤切。苦也。害人草也。今作毒。”

釋文中“古文作⿱屮乂”之“⿱屮乂”，《慧琳音義》高麗本、獅谷本、頻伽本、大正本均如是作，《校本》作“蚩”(2012：1577)。蓋《校本》作“蚩”的依據是慧琳釋文“從古之字從虫”。除《慧琳音義》外，又《玉篇・虫部》：“𧉃，徒酷切。古文毒字。害也。悪也。恚也。”“⿱屮乂”與“𧉃”形體較近，是一字之變。對於《玉篇》所謂“𧉃”是古文“毒”字，胡吉宣《玉篇校釋》認爲，“𧉃”由“毒”改換偏旁爲蠱毒之“專字”，非真是古文(1989：5023)。胡校或可從。

223. 短、拒、⿰豆寸、梪

長短，端卵反。《蒼頡篇》云：短，促也。《説文》云：有所短長，以矢爲正。從矢豆聲。《文字集略》或從手作拒，與經本同。或從寸作⿰豆寸，俗字也。(C57P0890b;J024)

長短，下端筭反。《廣雅》云：短，促也。《考聲》云：短，有所長短，以矢爲正，故從矢。《説文》：不長也。從矢從豆。録文從木作梪，音豆，籩梪字，非此義也。(C58P1080a;J080)

按：上所引詞目分别出自《菩薩十住行道經》音義、《開元釋教録》第一卷音義。“短”字書寫或變異作“拒”形，亦有作“⿰豆寸”者；經文中長短義上或有作“梪”者，當是由“拒”進一步訛變而來。

上《菩薩十住行道經》之“長短”條《大正藏》對應經文作：“無有能逮者，無有能得長短者；未曾有忘時，無不得明者，悉等無異；無有懈慢時，衆所不能及。”(T10P0454b)今大正本經文作“短”，慧琳所見經文作“拒”。從形體來源言之，“拒”乃“短”書寫訛變而致。顧藹吉《隸辨・緩韻》“短”下引《漢逢盛碑》作：“命有悠拒，無可奈何。”(1982：401)《龍龕手鑑・手部》：“拒，都管反。促也。不長也。”又《大字典》“拒”下據《廣韻》釋同“短”(2010：1987)，從慧琳相關釋文來看，書證或可提前。釋文又溝通有“⿰豆寸”字。據慧琳所釋，則“⿰豆寸”亦同“短”。另外，此“⿰豆寸”字已編碼，但《大字典》及《異體字字典》均未見收録，可據以收之。

《開元釋教録》第一卷“長短”條下謂經文作“梪”，是古時食器。《説文・木部》：“梪，木豆謂之梪。”《廣韻》音田候切，中古屬定紐侯韻，上古屬定紐侯部；“短”《廣韻》音都管切，中古屬端紐緩韻，上古屬端紐元部，二字聲相近韻相遠。經文長短義上作“梪”，當是由“拒”字訛誤而來，“扌”旁“木”旁混訛例甚多。對此，《慧琳音義》卷第十五《大寶積經》第一百一十七卷“短命”條下云：“此等並是筆授之士寡學，所以經文質朴，用字乖錯，不可緘言。”(C57P0701b)

224. 毈、殶

毈壞，上團亂反。《吕氏春秋》云：鷄卵經時即毈也。《考聲》云：毈，卵壞也。《説文》云：毈，卵不孚也。從卵段聲。律文從夕(歹)作殶，非也。(C58P0728b;J063)

按：上所引詞目出自《根本說一切有部律攝》第九卷音義。慧琳所見經文之"殴"是"毈"字改換意符而來。此"毈壞"條《大正藏》對應經文作："諸有情村有生命居者，隨損得罪，棄未生卵，或時毈①壞。"（T24P0577b）今大正本經文作"毈"，宋、元、明及宮本作"㲉"。《說文·卵部》："毈，卵不孚也。"指卵壞散。"㲉"字，蔣斧印本《唐寫本唐韻·覺韻》："㲉，鳥卵。"又敦煌伯2011王仁昫《刊謬補缺切韻·覺韻》："㲉，鳥卵。""㲉"指卵，與"毈"義相關，於經文義均通。

慧琳所見經文作"殴"，敦煌斯617《俗務要名林·鳥部》："殴，卵壞也。徒亂反。"與"毈"字音義全同，即是"毈"之異體字。慧琳之所以斥"殴"爲非，蓋是從正字法角度而言的，因"殴"字產生相對較晚，文獻用之不多。從字形結構求之，"殴"字從"歹"，"歹"有殘破義，與卵破義正相契合。如此來看，即是"毈"字改換意符而來。另《大字典》據《集韻》收釋有"殴"字（2010：1492），從慧琳釋文來看，書證或可提前。

225. 遁、遯、䢱、遂、遯、盾

肥遁，屯頓反。王逸注《楚辭》云：遁，隱也。《廣雅》云：避世也。《說文》云：僊也。一云巡也。從辵盾聲。論作盾、遯，俗用字。（C59P0117b；J087）

遙遯，徒頓反。《說文》：遁，遷也。或作遁。又作遂、遯。集從逐作䢱，誤寫。（C59P0329a；J099）

按：上所引詞目分別出自《破邪論序》音義、《廣弘明集》第三十卷音義。"遁"與"遯"爲改換聲符而成的異構字，"遯"書寫或作"䢱"；與"遂""遯"并是異體字關係，"遯"由《說文》篆體"𨔱"隸定變異而來；經文中隱藏、逃遁義上作"盾"，則是"遁"的同音借用字現象。

上"肥遁"條《大正藏》對應經文："重風光之拂照林牖，愛山水之負帶煙霞，願力是融晦迹肥遯，以隋開皇之末，隱於青溪山之鬼谷洞焉。"（T52P0475a）今大正本經文亦作"遯"，與詞頭之"遁"同。《說文·辵部》："遁，遷也。"是遷移義，然文獻中更多是用作隱居、隱匿義。《廣雅·釋詁四》："遁，隱也。"此正經文所用之義。別如《楚辭·離騷》："初既與余成言兮，後悔遁而有他。"王逸注云："遁，隱也。"

《說文》中又有"遯"字，《辵部》："遯，逃也。"是逃匿、隱遁義，與"遁"音義全同，爲異體字關係。敦煌伯2011王仁昫《刊謬補缺切韻·慁韻》："遁，逃。亦作遯。"《五經文字·辶部》："遯、遁，二同。上《易卦》：'遯，逃也。'下遷也，經典通用之。"又《龍龕手鑑·辵部》："遯，或作。遁，正。音鈍。"均是其證。對於"遯"的構形，大徐本析爲從辵從豚，小徐本、段注本、王念孫《讀說文記》均認爲"豚"爲聲符，我們亦持此觀點。由是來看，"遁""遯"即是改換聲符而成的異構字。

---

① 《大正藏》"毈"下校勘記：毈＝㲉三宮。

　　釋文又溝通有"胵"字。敦煌斯 388《正名要錄》"右字形雖別,音義是同,古而典者居上,今而要者居下"類,"胵"爲古,"遁"爲今。又《龍龕手鑑·肉部》:"胵,俗。徒困反。正作遯。"從形體來源而言,張涌泉《敦煌俗字匯考》認爲"胵"字蓋是"遯"的偏旁易位字(1996:580),張説可從。由此回看慧琳所謂"誤寫"是有一定道理的。

　　釋文謂隱匿、逃遁義上或又作"逯""遍"二形。"逯"字,清顧藹吉《隸辨·混韻》"遁"字下引《鄭烈碑》作"逯",顧氏按云:"《漢書·匈奴傳》:'逯逃竄伏。'師古曰:'逯,古遯字。'"(1982:398)又清畢沅《經典文字辨證書·辵部》:"遯,正。逯,俗。"對於"逯"之形體來源,徐在國《隸定古文疏證》引《集篆古文韻海》之"𨖟",進而認爲"逯""逯"裏邊部分均是"𢁿"之訛變形體(2002:43),可從。又"遍"字,敦煌伯 2011 王仁昫《刊謬補缺切韻·恩韻》:"遁,逃。亦作遍。"就"遍"的形體來源而言,即是由"遯"之《説文》篆體"𧗸"隸定變異而來。

　　經文中又有作"盾"者,是盾牌字,《廣韻》音徒損切,"遁"字《廣韻》亦有讀徒損切者,二字音同義別。顯然經文中隱匿、逃遁義上作"盾",乃是"遁"的同音借用字現象。

226. 頓、𩒐、㪺、頻

　　𩒐弊,上敦鈍反。《考聲》云:困極也。《説文》:下首至地也。從頁屯聲。經作𩒐,俗字也。或作㪺。(C57P0759b;J018)

　　頻來,此應誤,宜作頓來也。(C58P0053b;J033)

　　按:上所引詞目出自《大乘大集地藏十輪經》第二卷音義。高麗本詞頭之"𩒐"是"頓"的書寫變異字形;敗壞、疲頓義上,"㪺"爲"頓"之換旁異體字;據慧琳所釋,"頻來"條之"頻"乃是"頓"的書寫訛誤字形。

　　上"𩒐弊"條《大正藏》對應經文作:"或因色欲耽湎而死,或因忿恨結憤而死,或因勞倦頓弊而死,或因飢渴乏絕而死,或有過死,或無過死。"(T13P0733b)今大正本經文作"頓",與高麗本詞頭之"𩒐"同,均是困乏、疲頓義。《説文·頁部》:"頓,下首也。"指以頭叩地,轉而又指捨棄、敗壞、疲頓義。詞頭之"𩒐"爲"頓"的書寫變異字形。清顧藹吉《隸辨·恩韻》"頓"下引《華山廟碑》作"頓"形,引《孔龢碑》作"頓"形,引《史晨奏銘》作"頓"形(1982:568),均與"𩒐"形相近,顯然即一字之變。

　　釋文又溝通有"㪺"字。敦煌伯 2011 王仁昫《刊謬補缺切韻·恩韻》:"頓,都困反。亦作㪺。""㪺"字從攴屯聲,在敗壞、疲頓義上,與"頓"爲換旁異體字關係。據慧琳"頻來"條下所釋,"頓"或又訛作"頻"。

227. 陊、陀

　　積陊,下駝可反。《古今正字》云:陊,落也。從阜從多聲。亦音豸。又從它作陀,音義

並同。它音陀。（C59P0231b；J094）

按：上所引詞目出自《續高僧傳》第二十二卷音義。慧琳所謂"陊""陀"音義并同可成立，二字在崩落、敗壞義上可視作異體字關係。此"積陊"條《大正藏》對應經文作："韓潞沁澤四州從範，末齡風疾頓增，相乖儀節，雖衣服頹陊，而藥食無瑕。余聞往焉，欣然若舊，敍悟猶正，年八十餘矣。"（T50P0619b）今大正本經文作"頹陊"，與詞頭之"積陊"同。"陊"爲墮落、敗壞義，黎庶昌輯《原本玉篇殘卷·阜部》："陊，徒所反。《説文》：'陊，落也。'"又敦煌伯3693《箋注本切韻·哿韻》："陊，下坂兒。"《龍龕手鑑·阜部》："陊，徒可反。下坂兒也。"

慧琳謂作"陀"亦同。除上引釋文外，又《慧琳音義》卷第九十九"外陀"下云："徒何反。《方言》：'陀，毀也。'"（C59P0325a）《龍龕手鑑·阜部》："陀，毀落也。"如《淮南子·繆稱篇》："城峭者必崩，岸崝者必陀。"高誘注云："陀，落也。"由此來看，慧琳所謂"陊""陀"音義并同是可以成立的，二字在墜落、敗壞義上可視作異體字關係。不過《大字典》"陀"下未溝通與"陊"之異體關係（2010：4436），據慧琳所釋，當予以溝通之。

228. 舵、柁、柂、扡

執柁，下駞左反。《釋名》云：舡尾曰柁，在後見柁曳也。正舡不使舡柁戾也。柁音陀佐反。《字文典説（文字典説）》云：舡後正舡木也。從木它聲。經從手作扡，誤也。（C58P0013a；J031）

櫂柂，下達可反。《釋名》：舡尾曰柂。柂亦拽也。《考聲》：拽亦柂。轉相訓。《説文》作柁。集作柂，俗字。（C59P0327a；J099）

按：上所引詞目分別出自《密嚴經》第一卷音義、《廣弘明集》第三十卷音義。"舵"與"柁"爲改換形符而成的異體字，"柂"與"柁"亦爲一字異體關係；經文船舵義上或作"扡"，則是"柁"之書寫訛誤字形。

上"櫂柂"條《大正藏》對應經文作："誰謂冥津邈，一悟可以抗[1]。願爲海遊師，櫂柂入滄浪。騰波滲漂客，玄歸會道場。"（T52P0350a）"柂"指船舵，除上引慧琳所釋外，又敦煌伯2011王仁昫《刊謬補缺切韻·哿韻》："柂，正自[2]尾木。"《玉篇·木部》："柁，徒可切。正船木也。"字或從"舟"作"舵"，《玉篇·舟部》："舵，徒荷切。正船木。"《廣韻·哿韻》："柁，正舟木也。舵，同上。""柁""舵"爲改換意符而成的異體字。

釋文又溝通有"柂"字，《龍龕手鑑·木部》："柂，徒可反。正舡木也。"從形體來源求之，"柂"字似從"也"聲，然"也"字《集韻》讀余支切，與"舵"音相遠。從漢字形義統一性求之，顯然"柂"是由"柁"書寫變異而成，《廣韻·哿韻》："柁，俗從也也。""駞"又作"駝"、"扡"又作

---

[1] 《大正藏》"抗"下校勘記謂：宋、元、明、宮本作"航"。

[2] 按，此"自"即"舟"之訛。

"拖"、"沱"又作"沲"、"跎"又作"跑"等皆是其例，可相比勘。

"執柂"條下謂經文作"扡"，是"拖"字，與經義不切，慧琳亦謂之"非"。此"扡"字即是由"柂"書誤而來，"木"旁、"扌"旁楷書階段相混甚多。

229. 訛、譌、吪、萵

訛言，古文萵、譌、吪三形，同。五戈反。《詩》云：民之訛言。箋云：訛，僞也。訛亦詭言也。(C57P0993b；J028)

按：上所引詞目出自《普曜經》第五卷音義。"訛"與"譌"爲改換聲符而成的異體字，與"吪"是改換意符而成的異體字；慧琳所謂作"萵"同，蓋指"訛(譌)"的同音借用現象而言。

此"訛言"條《大正藏》對應經文作："今來眾會無數變，云何觀此諸頭首？愚人覩是不捨走，言降伏之乃訛言。"(T03P0518b)經文之"訛"取錯謬義。今傳本《説文》作"譌"，《言部》："譌，譌言也。"字亦作"訛""吪"，羅振玉輯《原本玉篇殘卷・言部》："訛，《字書》亦譌字也。《聲類》或復爲吪字，在口部。"《五經文字・口部》："吪，與訛同。見《詩・風》。"敦煌伯2011王仁昫《刊謬補缺切韻・歌韻》："訛，五和反。謬。亦作吪。"又《龍龕手鑑・口部》："吪，正。五禾反。謬也。詭也。與譌、訛亦同。"

由上可知，"訛""譌""吪"三者爲異體字關係。從形體來源求之，《慧琳音義》卷第三十一"弦訛"下云："《古今正字》：'從言化聲。'"(C58P0011b)卷第八十"訛舛"下云："《古今正字》：'從言從化。'會意字。"(C58P1093b)又卷第八十一"訛謬"下云："《古今正字》：'從言化聲。'"(C59P0011b)卷第八十五"訛言"下："《古今正字》：'從言化聲也。'"(C59P0093a)釋文中三處言從言化聲，一處言從言從化。從音理求之，"化"《廣韻》音呼霸切，中古屬曉紐禡韻，上古屬曉紐歌部，"訛"《廣韻》音五禾切，中古屬疑紐戈韻，上古屬疑紐歌部，疑、曉同是牙喉音，故而"化"可爲"訛"之聲符。由此來看，解"訛"爲從言化聲是可以成立的。又"譌"字從言爲聲，據此則"訛""譌"爲改換聲符而成的異構字。"吪"字《説文》釋作"動也"，指行動，與錯訛之"吪"當是同形字關係。在錯訛義上，"吪"字從"口"，與從"言"之"訛"爲改換意符而成的異構字。

釋文又謂錯訛義上或作"萵"。"萵"字從艸，本是草名，與錯訛義不相涉。蓋是字從"爲"得聲，《集韻》有讀五禾切者，則與"譌"音同，二者爲同音借用現象。

230. 扼、挖、搤、搹

扼捥，上鷖革反。《廣雅》云：扼，持也。鄭玄注《喪服傳》云：盈手曰挖。《説文》：挖猶把也。從手厄聲。厄音厄。正作搹，亦作搤，音義並同。録作扼，俗字也。(C58P1087a；

J080)

按：上所引詞目出自《開元釋教録》第八卷音義。"扼"是"搹"之書寫變異字形，與"搹"
"搤"均是異構字關係。此"扼捥"條《大正藏》對應經文作："帝勃然下勅沙汰僧尼，見有眾侶
宜依遺教，仍訪琳身據法推勘，琳扼捥①奮發，不待追徵，獨詣公庭，輕生徇理，乃繫以縲紲。"
(T55P0555a)今大正本經文亦作"扼"，與慧琳所見經文同。《説文・手部》："搹，把也。搤，
搹或从戹。"段注云："搹，今隸變作搤，猶軶隸變作軛也。""搹"與"搤"爲異構字關係，"搤"與
"扼"則是異寫字關係。

慧琳又溝通有"搤"字，《説文・手部》："搤，捉也。"《干禄字書・入聲》："搤、扼，並正。"蔣
斧印本《唐寫本唐韻・麥韻》："搤，持。或作扼。"又《龍龕手鑑・手部》："搹，古。搤、扼，二
今。音厄。持，挽，捉，握也。"如《戰國策・魏策一》："是故天下之游士，莫不日夜搤腕瞋目切
齒以言從之便，以説人主。"此"搤持"之"扼"也。

231. 軶、軛、栢、抲、扼、楇

車軶，音厄。郭璞曰：車轅端橫（横）木壓牛領者，俗呼爲車格。或作楇，曲本是也。戹，
正體厄字也。(C58P0668a；J060)

善軛，音厄，正體字也。經作軶，俗字也。(C58P0707a；J062)

四栢，嚶革反。正從車作軶。《考工記》云：車人爲軶，長六尺。謂轅端壓牛領者也。論
從手作抲，非此義也，是扼捥字。(C58P0809b；J067)

貪軶，又作抲，同。烏革反。所以抲牛馬領者也。軶亦楇也。楇音革也。(C58P0882a；
J071)

按：上所引詞目分別出自《根本説一切有部毗奈耶律》第十七卷音義、《根本毗奈耶雜事
律》第十二卷音義、《阿毗達磨品類足論》第五卷音義、《阿毗達磨順正理論》第十一卷音義。
"軶"爲"軛"之書寫變異字形，與"栢"爲異構字關係，"栢"書寫又變異作"栢"；經文中車軶義
上作"抲(扼)"，乃是"軶"之同源通用字現象；"車軶"條下慧琳謂或作"楇"，是"楇"的異體字，
與"軶"爲同義換用現象。

上所引釋文之"軛"均是車軶義，《説文・車部》："軛，轅前也。"王筠《説文句讀》："謂轅端
壓牛馬領者也。""軛"字隸變省作"軶"，《龍龕手鑑・車部》："軶，俗。軛，正。於格反。轅端
壓牛木也。"釋文又溝通有"栢"字，即"栢"字。如《鹽鐵論・利議》："今舉異才而使藏騏驥之，
是猶栢驥鹽車而使責之疾，此賢良文學多不稱舉也。"此"栢"即"軶"字。從"車"言類屬，從
"木"言材質，"軶(軛)""栢(栢)"爲改換意符而成的異構字。

釋文謂車軶義上作"抲"亦同。"抲"即"扼"字。"扼"是把握義，與車軶義別，然二者均有

---

① 《大正藏》"捥"下校勘記：捥＝腕⊜。

控制這一核義素,音近義通,爲同源字關係。王力《同源字典》(1982:267)即將二者系聯爲同組,可參。顯然經文中車輷義上作"扼",乃是"軶"的同源通用字現象。

232. 惡、惡、**㤶**、蕙

惡師,於各反。惡,過也,所爲不善也。經文從草作蕙,又從人作**㤶**,皆非也。(C57P0573a;J009)

按:上所引詞目出自《光讚般若經》第四卷音義。"惡"手書或變異作"惡",又或增"人"旁作"㤶","㤶"書寫亦變異作"**㤶**"形;經文中邪惡義上或有作"蕙"者,是"蕙"之書寫變異字形,"蕙"蓋是"惡"之借用。

此"惡師"條《大正藏》對應經文作:"何謂菩薩摩訶薩於般若波羅蜜無漚想拘舍羅,親近惡師,而聞説此般若波羅蜜或恐或怖而心畏懅。"(T08P0176c)今大正本經文作"惡"。《説文·心部》:"惡,過也。"爲罪過義,如《周易·大有》:"君子以遏惡揚善,順天休命。"引申有邪惡、不善等用法,此正經文所用之義。"惡"字書寫或作"惡"形。敦煌斯388《正名要録》"右正行者楷,腳注稍訛"下,"惡"爲正,"惡"爲俗。《干禄字書·入聲》:"惡、惡,上俗下正。"從形體來源言之,"惡"由"惡"書寫變異而來。《慧琳音義》卷第六《大般若波羅蜜多經》第五百零一卷"暴惡"條下云:"經文從亞作惡,因草隸書訛謬也。"(C57P0504a)慧琳所言是也。

釋文謂經文有作"**㤶**"者,乃是"㤶"字書寫變異而來。"㤶"是"惡"之增旁異體字,《龍龕手鑑·人部》:"**㤶**、㤶,二俗。烏各、烏故二反。正作惡字。"增旁的原因蓋是"惡"常用於形容人的品性、道德低下,故而俗書增"人"旁。

經文中又或作"蕙",即"蕙"之書寫變異字形。《龍龕手鑑·草部》:"蕙,《川韻》音烏。"張涌泉《叢考》據《龍龕手鑑》釋文認爲"蕙"蓋即"烏"之後起形聲俗字(2000:218、226),鄭賢章《龍龕手鏡研究》據《慧琳音義》釋文認爲"蕙"蓋即"惡"之俗,表示邪惡之義(2004:234)。對此,我們以爲從漢字形義統一性求之,"蕙"從"艸"與邪惡義蓋無涉也。相比較而言,《叢考》所論較勝,或"蕙"字本如《龍龕》所言讀同"烏",又因字從"惡",故書經人誤以"蕙"音同"惡",故而借"蕙"字爲之。又《大字典》據《龍龕手鑑》收有"蕙"字(2010:3505),義未詳。

233. 蕚、萼、蕚、樗、咢、㗊

瓊蕚,昂各反。蕚,花跗也。《桂苑珠叢》云:草木花。下皆有附萼承之,名花蕚。《説文》:從吅從屰從草。經作咢,俗字。吅音暄,屰音逆。(C58P0180a;J039)

生蕚,又作樗,同。五各反。謂承花者曰蕚。(C58P0778a;J065)

苉㗊,下卯(卬)①各反。花跗也。集云"苉蕚之檻",其義未詳也。(C59P0269b;J096)

---

① 按:此"卯"字《慧琳音義》各本均如是作,《校本》亦同(2012:2138)。此乃是"卬"的訛誤字形。

　　按：上所引詞目分別出自《不空羂索陀羅尼經序》音義、《佛阿毗曇論》上卷音義、《弘明集》第十三卷音義。"萼"書寫或作"𦯧"，亦或變異作"蕚"，字又或從"木"作"樗"；經文中花萼義上有作"咢（𦥑）"者，乃是"萼"之同音借用字現象。

　　上所引釋文之"萼"均是花萼義。蔣斧印本《唐寫本唐韻‧鐸韻》："萼，花萼。"因"咢"本作"𦥑"形，故而"萼"字或書作"𦯧"形。又有作"蕚"者，《龍龕手鑑‧草部》："蕚，五各反。花萼也。"別如唐皮日休《桃花賦》："開破嫩蕚，壓低柔柯。"從形體來源言之，"𦥑"或書作"咢"形，"蕚"即由"𦯧"書寫變異而來。對此元李文仲《字鑑‧鐸韻》"萼"下云："華跗從艸從咢，俗中從品，誤。"李言是也。

　　釋文"生萼"條下謂作"樗"亦同。《佛阿毗曇論》上卷之"生萼"條本是玄應所撰，《玄應音義》卷第十"生萼"條下云："又作樗，同。五各反。謂承花者曰萼也。"（V32P0138b）又《萬象名義‧艸部》："萼，五閣反。樗字，承華也。"此外，秦公《碑別字新編‧十三畫》"萼"下引《隋楊居墓誌》作"樗"（1985：260）。辭書中除釋"樗"同"萼"外，又有釋作穽者。《玉篇‧木部》："樗，五各切，穽也。"《廣韻》《集韻》《類篇》《四聲篇海》《字彙》《康熙字典》均同，《大字典》亦據《玉篇》釋爲穽（2010：1340）。對於釋"樗"爲穽義，張自烈持有不同觀點。《正字通‧木部》："樗，俗櫸字。舊注音鄂，穽也，誤。""櫸"即"萼"字。針對上面二種解釋，我們認爲花萼之"樗"與捕獸器具之"樗"或是同形字關係。關於記錄穽義時"樗"與"鄂"之關係，可參胡吉宣《玉篇校釋》相關解釋（1989：2441）。就花萼之"樗"而言，花萼爲植物類，與木類相近，故可換作"木"旁。據此，則《大字典》"樗"下可據佛經音義相關釋文增"同'萼'"這一用法。

　　經文中花萼義上有作"咢（𦥑）"者，乃指爭辯義，與花萼義別。"咢""萼"《廣韻》均讀五各切，經文中花萼義上作"咢"，是"萼"之同音借用現象。

234. 遏、閼

　　名遏，古文閼，同。安曷反。《蒼頡篇》：遏，遮也，止也。（C57P0802a；J020）
　　按：上所引詞目出自《尊婆須蜜所集論》第五卷音義。此"名遏"條《大正藏》對應經文作："所名苦集諦者，或名遏調伏，或名心趣，或名能縛，或名常念，或名彼邊，或名離修，或名虛妄，或名門，或名輕飄，或名隱覆。"（T09P0422b）據慧琳所釋，經文之"遏"取阻止、遮攔義。《說文‧辵部》："遏，微止也。"《爾雅‧釋詁下》："遏，止也。"釋文謂古文作"閼"。《說文‧門部》："閼，遮擁也。"段注云："遮者，遏也；擁者，褰也。古書壅遏字多作擁閼。"段氏亦謂古多作"閼"，與慧琳釋文相合。儘管如此，二字義本別，"遏"強調阻止、斷絕，"閼"側重阻塞、遮擋。王力《同源字典》認爲"遏""閼"同源（1982：477）。王鳳陽《古辭辨》亦認爲"遏"與"閼"同源，二字均指用外力加以阻遏（1993：560），然"遏"源於抑、按、壓系列，是用強力阻止人的進行、物的運動及事的發展（1993：579）。由此來看，慧琳所謂古文"閼"，實質上是"遏"之同源通用現象。

235. 崿、嵍、崿、崿

嵬崿，下昂各反。《考聲》作崿，崖獻（巘）也。正體從叩從屵作罗。傳文作崿，俗字也。
（C59P0190b；J091）

崑嵍，下昂各反。集作崿，俗字。（C59P0327b；J099）

按：上所引詞目分別出自《續高僧傳》第四卷音義、《廣弘明集》第三十卷音義。上引釋
文之"崿"均是山崖義，通行體作"崿"。從形體結構考之，"崿"從山罗聲，"罗"《説文》篆體作
"罗"，隸定作"罗"形。故而"崿"或書寫作"嵍"形，《龍龕手鑑·山部》："嵍"，同"崿"。知
慧琳所言不誣也。又"崿"或書爲上下結構作"崿"，"崿"亦或書作"崿"形。

236. 愕、愕、罗、顎

愕然，字書或作罗，同。五各反。愕，驚也。（C58P0057b；J033）

驚愕，下昂各反。《集訓》云：愕亦驚也。《文字典説》：從心罗聲。亦作顎。律文作愕，
俗字也。（C58P0721a；J062）

按：上所引詞目分別出自《太子須大挐經》音義、《根本毗奈耶雜事律》第三十四卷音義。
"愕"與"愕"爲異寫字關係，由"罗"添加"心"旁分化而來；慧琳謂驚訝義上或作"顎"，蓋是
"愕"的同音借用現象。

上"愕然"條《大正藏》對應經文作："諸臣皆往白王：'太子以國中却敵之寶象，布施怨
家。'王聞愕然。"（T03P0419c）今大正本經文亦作"愕"，取驚訝之義。《廣雅·釋詁一》："愕，
驚也。"蔣斧印本《唐寫本唐韻·鐸韻》："愕，驚也。五各反。"又《龍龕手鑑·心部》："愕，正。
五各反。驚也。"因"愕"右邊之"罗"或作"罗"形，故"愕"亦或作"愕"。元李文仲《字鑑·鐸
韻》："罗，逆各切。《説文》作罗，譁訟也。從叩從屵。音逆。隸作罗。凡鄂、愕、崿、萼、遌、鰐
之類從罗。"

釋文謂驚訝義上或作"罗"。《説文·叩部》："罗，譁訟也。"指爭辯義，文獻中亦表示驚訝
義。黎庶昌輯《原本玉篇殘卷·叩部》："罗，魚各反。《周禮》：'占夢所掌六夢，二曰罗夢。'杜
子春曰：'謂驚罗也。'"又《嚚部》："罗，魚各反。《聲類》：'古文罗字也。'罗，驚也，直言也，在
叩部。"然後世文獻通行"愕"字，"愕"即"罗"的後出分化字，專門記錄驚訝義。

釋文又溝通有"顎"字。除上所引慧琳釋文外，又黎庶昌輯《原本玉篇殘卷·叩部》：
"罗，魚各反。或爲顎字，在頁部。或爲愕字，在心部。"據此，似"顎"亦是"愕"之異體字。
然《玉篇·頁部》："顎，五各切。嚴敬也。"《集韻·鐸韻》："顎，恭嚴也。或作顎。"從漢字
形義統一性證之，釋"顎"爲"顎"之異體字似更妥。《大字典》"顎"下即據《集韻》釋同"顎"

（2010：4684）。又因“愕”“顎”《廣韻》均讀五各切，故而驚訝義上“顊”宜視作“愕”的同音借用現象。

237. 腭、膠、𦛗、胖、𡄾、齶、𪘁、𪘁、齸、𪘁、咢、愕；腭、谷、㖧、膑

上腭，昂各反。《考聲》從肉作腭。經文從齒作𪘁，俗字也。《説文》作谷，音強各反。口上河（阿）也，象其文理也。古文本無此字，先賢隨俗語書出。或從肉從齒，皆非正。相傳共用音五各反。古云尒。（C58P0124b；J036）

斷膠，下五各反。《考聲》云：斷也。從肉。經從心作愕。愕，驚也，非此義。（C58P0165b；J039）

屑膠，昂各反。《考聲》云：膠，斷也。經從齒作𪘁，非也。字書無此字也。（C58P0306b；J045）

齸膠，丘魚反，下又作齸，同。五各反。齸，居也，齒所居也。膠，齒内上下肉根罞也。垠音語巾反。（C58P0388a；J048）

齶痛，五各反。斷齶也。經文作膑、腭二形，非體也。（C58P0457b；J052）

柱膠，下昂各反。《考聲》云：膠，斷也。從肉從罞。經作胖，非也。斷音銀。（C58P0540b；J055）

膠痛，上昂各反。《考聲》云：膠，斷也。從肉罞聲也。罞音同上。見《考聲》，《説文》無此字。正作谷，口上阿也，象形字也。谷音強略反。亦作㖧，亦作膑，並見《説文》。今俗用作腭、齶，並非也。（C58P0790a；J066）

舌𦛗，昂各反。《考聲》：膠，斷也。《説文》作罞。論從口作咢，非也。（C58P0843b；J069）

齒膠，下昂各反。《考聲》云：膠，斷膠也。《説文》作谷，音巨脚反。谷，口阿也，象形字。論文作膠，俗字，傳用也。（C58P0900a；J072）

按：上所引詞目分别出自《金剛頂經》第二卷音義、《不空羂索經》第一卷音義、《菩薩善戒經》第九卷音義、《瑜伽師地論》第四十九卷音義、《中阿含經》第七卷音義、《禪祕要法經》上卷音義、《阿毗達磨法蘊足論》第六卷音義、《阿毗達磨大毗婆沙論》第一百三十卷音義、《阿毗達磨顯宗論》第五卷音義。《慧琳音義》釋文中溝通的與上腭義相關的文字可分爲兩類：一類是“腭”及其異體字或書寫訛誤字形，一類是“谷”及其異體字。其所記録的詞義大致相同，故而經文中屬於同義詞替換用法。

《龍龕手鑑·齒部》：“齶，正。五各反。口中上齶也。”又《肉部》：“腭，俗。五各反。正作齶也。”“齶”與“腭”爲改换意符而成的異體字，上腭義上，從“齒”言位置，從“肉”言類屬，其義可通。“腭”字俗書或作“膠”形，或作“𦛗”，亦或訛誤作“胖”形，均是一字之變。

釋文又謂或從口作"𠮷"，即"𪘵"字。蔣斧印本《唐寫本唐韻·鐸韻》："𪘵，口中斷𠮷。出《字統》。"又《龍龕手鑑·口部》："𪘵，今。五各反。口中斷𠮷也。"《廣韻》所釋與《唐韻》同。"𪘵"與"腭"音義全同，顯然即異體字關係。從形體來源求之，"𪘵"從口，同上腭義相契合，與"腭"亦是改換意符而成的異體字。"𠮷"則是"𪘵"之書寫變異字形。

"齶"字書寫或作"𪗨"形。釋文又溝通有"齖""𪗷"二形。《龍龕手鑑·齒部》："齖，俗。齶，正。五各反。口中上齶也。"從形體來源言之，"齖"當即"齶"改換聲符而來。"齖"字從齒虎聲，"虎"《廣韻》音呼古切，中古屬曉紐姥韻，上古屬曉紐魚部；"齶"中古屬疑紐鐸韻，上古屬疑紐鐸部，曉、疑同是牙喉音，魚、鐸陰入對轉，音相近。故而"齶"可換作"虎"聲爲"齖"字。"𪗷"字即"齖"之書寫變異字形。

釋文謂或作"膗"字。《龍龕手鑑·肉部》："膗，俗。五各反。正作齶也。"從文字形體來源論之，"膗"字左邊從肉，右邊部分當即聲符。蓋"膗"即由"齖"換爲"肉"旁再進一步書寫變異而來。就高麗本《慧琳音義》的"膗"形來看，右邊部分似"虐"，然"虐"之音讀與"腭"較遠，故而不宜解作從肉虐聲。另外，此"膗"亦不排除由"臄"書寫變異而來，爲"谷"之異體字。

據慧琳所釋，經文有作"咢""愕"者，"咢"是爭辯義，"愕"同"愕"，是驚訝義，均與"腭"別。三字《廣韻》均讀五各切，顯然經文上腭義上作"咢""愕"，并是"腭"之同音借用字現象。

"谷"類字，《説文·谷部》："谷，口上阿也。"章太炎《文始》謂"谷"字是合體象形字。釋文又溝通有"𠴩""臄"二體，并是"谷"之異構字。《説文·谷部》："𠴩，谷或如此。臄，或從肉從虘。"

238. 耳、身

遍耳，經文有作身，恐寫誤。(C57P0932b；J026)

按：上所引詞目出自《大般涅槃經》第十一卷音義。經文中耳朵義上作"身"，乃是"耳"之訛誤字形。此"遍耳"條《大正藏》對應經文作："復次善男子，菩薩摩訶薩復作是願，寧以熱鐵挑其兩目，不以染心視他好色。復次善男子，菩薩摩訶薩復作是願，寧以鐵錐遍身①攙刺，不以染心聽好音聲。復次善男子，菩薩摩訶薩復作是願，寧以利刀割去其鼻，不以染心貪嗅諸香。"(T12P0433b)今大正本經文亦作"身"。考之經文，正合作"耳"，此"身"乃"耳"之訛，從而與聽好音聲相契合。楷字階段，"耳""身"相混甚多，慧琳所言是也。清顧藹吉《隸辨·真韻》"身"字下引《苑鎮碑》作"耴"，顧氏按云："即身字，與耳字相似。"(1982：123)別如元李文仲《字鑑·覃韻》"耽"下云："都含切。《説文》耳大垂也。一曰樂也。從耳尤聲。《五經文字》云：'從身作躭者，譌。'"此亦是"耳""身"相訛之例。另梁春勝《楷書部件演變研究》中考察過"耳""身"混訛的現象(2012：200)，可參。

_____

① 《大正藏》"身"下校勘記：身＝耳③。

239. 餌、鬻、𧌒（蛔）、𩜾

鈎餌，正體宜作𧌒（蛔）①字，如志反。服虔云：鈎魚曰餌也。（C57P0955a；J026）

餌藥，而志反，去聲字也。《蒼頡篇》云：餌，食也。顧野王云：凡所食皆曰餌。《古今正字》：餅也。《説文》從鬻作鬻，粉餅也。從鬻耳聲，古字也。今從食作餌。（C57P1027a；J029）

餌星髓，而志反。《蒼頡篇》：餌，食也。《説文》：從食耳聲。集從取作𩜾②，非也。（C59P0313b；J099）

按：上所引詞目分別出自《大般涅槃經》第四十卷音義、《金光明最勝王經》第九卷音義、《廣弘明集》第二十四卷音義。"餌"與"鬻"爲換旁異體字關係，字或從"虫"作"蛔"，是誘餌義上之俗體，高麗本釋文之"𧌒"當即"蛔"之書寫訛誤字形；"餌"書寫或變異作"𩜾"形。

上所引釋文之"餌"本是糕餅義，《説文·食部》："鬻，粉餅也。餌，鬻或从食耳聲。"引申泛指食物，又特指誘餌。"餌""鬻"爲更換意符而成的異構字。

"鈎餌"條下"正體宜作𧌒"之"𧌒"，《慧琳音義》高麗本、獅谷本如上作，頻伽本、大正本作"蛔"字，《校本》校勘記謂："據文意似當作'蛔'"（2012：967）。從形義關係求之，作"蛔"是也。《龍龕手鑑·虫部》："蛔，《經音義》同餌。"《龍龕手鑑》即據佛經音義收錄了"蛔"字。如《墨子·魯問》："鈞者之恭，非爲魚賜也。蛔鼠以蟲，非愛之也。"孫詒讓《墨子閒詁》："蛔蓋餌之俗體。"孫氏所言是也，"餌"除指糕餅外，亦用作誘餌義，時以蟲子、蚯蚓等爲之，故俗或換旁作"蛔"。高麗本釋文之"𧌒"從"足"，與食物義殊遠，非是"餌"字。"𧌒"字形體與"蛔"較近，蓋即"蛔"字書寫訛誤所致。又此"𧌒"字已編碼，但《大字典》《字海》及《異體字字典》等大型字書均未見載錄。

"餌星髓"條下慧琳謂"集從取作𩜾"。上"餌星髓"條《大正藏》對應經文作："蕙樓蘭榭隱曖林篁，飛觀烈錢玲瓏煙霧。日止却粒之氓，歲次祈仙之客。餌星髓吸流霞，將乃雲衣霓裳乘龍馭鶴。"（T52P0276c）今大正本經文作"餌"，慧琳所見經文作"𩜾"。《龍龕手鑑·食部》："𩜾，新藏作餌，仍吏反。"從字形來源言之，儘管慧琳謂"𩜾"從"取"，然"取"聲與"餌"聲異，"取"非聲。"𩜾"當即"餌"之書寫訛變字形。

240. 乏、𤴚

匱乏，下凡法反。《尚書大傳》云：行而無資謂之乏。乏，少也。《左氏傳》：反正爲乏。古文作𤴚。（C57P0640a；J012）

按：上所引詞目出自《大寶積經》第三十六卷音義。此"匱乏"條《大正藏》對應經文作："菩提心者最極寂静，由依一切大静慮故。菩提心者無所匱乏，由慧資糧善圓滿故。"

---

① 按，此"𧌒"字當即"蛔"之訛誤字形。
② 按，此"𩜾"當即"餌"之書寫訛誤字形。

（T11P0206c）經文之“乏”爲缺少、匱乏義。釋文所謂古文“**屰**”，乃是“乏”的書寫變異字形。

241. 罰、劂

譴罰，下煩轄反。《考聲》云：加罪於人曰劂。《説文》：小罪也。從刀從詈，詈字上從冈。石經從寸。經或作劂，通用也。（C57P0433a；J002）

按：上所引詞目出自《大般若波羅蜜多經》第一百零五卷音義。經文之“劂”與詞頭之“罰”視作異構字關係較妥。此“譴罰”條《大正藏》對應經文作：“憍尸迦！是善男子、善女人等若遭官事怨賊逼迫，至心念誦如是般若波羅蜜多，若到其所終不爲彼譴罰加害。何以故？如是般若波羅蜜多威德勢力法令爾故。”（T05P0583a）今大正本經文作“罰”。《説文·刀部》：“罰，辠之小者。”段玉裁注：“辠，犯法也。罰爲犯法之小者。”如《尚書·盤庚》：“邦之不臧，惟余一人有佚罰。”引申有懲治、處罰義，此即經義所取。釋文謂或作“劂”，除慧琳所釋外，又敦煌伯3694《箋注本切韻·月韻》：“劂，罪。”敦煌伯2011《王韻》同上。《五經文字·罒部》：“罰、劂，上《説文》，下石經。五經多用上字。”《龍龕手鑑·网部》：“**劂**，音伐。小罪也。加罪於人曰劂。”又同部：“罰，正。房發反。罪劂也。”

對於“劂”之形體來源，《慧琳音義》中多次釋之，卷第七“譴罰”條下云：“蔡邕《石經》從寸作劂，誤也。”（C57P0521a）卷第十一“讁劂”下云：“蔡邕《石經》改冈作罒，改刀爲寸。”（C57P0611b）“寸”有法度之義，且與“刂”形近，蓋是在形義綜合作用下變作從“寸”。另《大字典》據《篇海類編》收釋有“劂”字（2010：3120），從上所引文獻來看，其書證當提前。

242. 髮、頦、𩑩、**頦**、**𩑩**

鬚髮，下番轄反。《字書》云：髮，頂毛也。《韻英》云：髦〈音毛〉髮也。或作頦、𩑩，此皆古髮字也。《説文》云：髮，頭上毛也。從髟友聲。（C57P0482b；J005）

鬢髮，下髮音蕃轄反。《説文》：頂上毛也。從髟友聲。或從首作**𩑩**，或作**頦**①，皆古字也。髟音必遙反，友音蒲未反。（C58P0751a；J064）

按：上所引詞目分別出自《大般若波羅蜜多經》第四百六十一卷音義、《迦葉禁戒經》音義。上“髮”字均是頭髮義。《説文·髟部》：“髮，根也。頦，髮或從首。𩑩，古文。”段玉裁、朱駿聲均將“根也”改爲“頭上毛也”，正與慧琳所引《説文》相合，當不誣也。“髮”字或從“頁”作“頦”，二者爲改換意符而成的異構字。據慧琳所釋，字或從古文“𩑩”作“𩑩”，從“頁”從“首”義相通。徐在國《隸定古文疏證》謂“𩑩”左邊部分形體是“**犮**”旁訛誤所致（2002：192），可從。

---

① 按，“**𩑩**”與“𩑩”同，“**頦**”與“頦”同，左邊的“女”形、“发”形均是由“**犮**”書寫變異而來。

“鬢髮”條下謂或作“頌”“媌”二體。“髮”之《説文》古文隸定形作“頾”，對於“頾”左邊部分形體，徐在國引舒連景之説，認爲亦是“兂”訛誤而來（2002：192），甚是。高麗本《慧琳音義》之“頌”與“頾”字頗近，顯然是一字之變，其左邊部分亦是“兂”的書寫變異字形。“媌”字與“媌”字相類。

又“頌”“媌”二體《慧琳音義》高麗本如上作，其餘諸本均作“娪”“媌”二形，《校本》亦同，且未出校勘記（2012：1644）。從字形結構上講，“娪”“媌”從“女”與毛髮義相遠，顯然亦是由“兂”“发”書寫訛變而來。

243. 帆、颿、舤、騘

帆柂，帆字取犯字平聲。《釋名》云：帆謂舩幔也。亦作騘，或作颿。録文作舤，俗字也。（C59P0008a；J081）

　　按：上所引詞目出自《三寶感通傳》下卷音義。“帆”與“颿”爲異構字關係，“颿”或書作“颭”形；慧琳所見經文之“舤”當是“帆”的換旁異體字，從舟凡聲，構形與“帆”相類；慧琳謂船帆義上亦作“騘”字，乃是“帆”之同音借用字現象，《大字典》“騘”的第二個義項爲“同‘帆’”，或有失妥當。

　　此“帆柂”條《大正藏》對應經文作：“令沙彌送勿從來道，此有直路疾至船所，須臾至海。沙彌以一竹杖著船頭，語曰：‘但閉眼聽往，不勞帆[①]也。’於即依言。”（T52P0423c）今大正本經文單作“帆”，宋、元、明本作“帆柂”。求之經文，“帆”即船上幔。除上所引慧琳釋文外，又敦煌伯3694《箋注本切韻·梵韻》：“帆，舩上帆。”敦煌伯2011王仁昫《刊謬補缺切韻·凡韻》：“帆，船上帆。又扶泛反。”“帆”即“帆”字。敦煌斯617《俗務要名林·船部》：“帆，進舩慢（幔）也，音凡。”《龍龕手鑑·巾部》：“帆，凡、梵二音。舩上使風幔也。”

　　釋文謂或作“颿”。敦煌伯2011王仁昫《刊謬補缺切韻·凡韻》：“颿，船張。亦作騘。”《龍龕手鑑·風部》：“颭、颿，古文帆字。二同。”從形體來源言之，“颿”從風從舟，言風使船走，爲“帆”之異體字。“颿”或書作“颭”。徐在國《隸定古文疏證》謂“颭”“颿”并“帆”之或體（2002：168），是也。

　　慧琳又溝通有“騘”字，《説文》已收録此字。《馬部》：“騘，馬疾步也。”本指馬奔馳，然文獻中“騘”字多用同“帆”。除上所引《王韻》釋文外，蔣斧印本《唐寫本唐韻·梵韻》：“忛（帆），舩使風。亦作騘。又音凡。”《龍龕手鑑·馬部》：“騘、𩥍，音梵。舩使風也。”從“騘”之構形來看，《説文》釋爲“馬疾步”不誣，與“帆”義相別。“帆”“騘”《廣韻》均有符芝切的音讀，蓋船帆義上作“騘”本是“帆”之同音借用字現象。然借用既久，《廣韻》等辭書遂釋“騘”同“帆”。另張涌泉《敦煌俗字匯考》“騘”下謂：“其用同‘帆’蓋借音字。”（1996：156）所言是也。由此來

────────────

① 《大正藏》“帆”下校勘記：帆＋（柂）㊂。

看,《大字典》"颿"的第二個義項釋爲"同'帆'",或有失妥當。

慧琳所見經文作"舤"。從構形看,字從舟凡聲,當即"帆"的換旁異體字,即慧琳所謂"俗"字。然而《龍龕手鑑》《四聲篇海》《字彙》《康熙字典》并釋爲"舟也",《正字通》認爲訓"舟"不妥,正即"帆"字。張自烈之論與慧琳的觀點相吻合,且"舤"字從舟凡聲,形體結構與船帆義相合,當不誣也。又《康熙字典·舟部》"颿"下引《集韻》云:"舟上幔,與舤、帆并同。"此亦是其證。此"舤"字已編碼,不過《大字典》未收,《字海》據《龍龕手鑑》釋作"同'舷'"(2000:1271),未溝通與"帆"之異體關係。

244. 翻、飜、𢿛

翻翻,又作飜,同。孚元反。《廣雅》:翻翻,飛也。亦盛兒也。律文作𢿛,非也。(C58P0627a;J058)

按:上所引詞目出自《五分律》第二十六卷音義。釋文中慧琳謂"翻"與"飜"同,除慧琳所釋外,又敦煌斯388《正名要録》:"右字形雖別,音義是同,古而典者居上,今而要者居下","翻"爲古,"飜"爲今。《干禄字書·平聲》:"飜、翻,上通下正。"《龍龕手鑑·番部》:"翻、飜,音幡。覆也。二同。"又《説文新附·羽部》:"翻,飛也。或从飛。"本指飛、飛貌,別如三國魏曹丕《臨高臺》:"下有水,清且寒,中有黄鵠往且翻。"引申有翻騰、翻轉、越過等用法。"翻""飜"爲換旁異體字關係。

慧琳所見經文作"𢿛"。從字形求之,"𢿛"與"播"之《説文》古文"𢿛"非常接近。讀音上,"翻"字《廣韻》音孚袁切,中古屬敷紐元韻,上古屬滂紐元部;"播"字《廣韻》音補過切,中古屬幫紐過韻,上古屬幫紐歌部,幫、滂同屬唇音,歌、元陰陽對轉,二字音近。由上來看,"翻"與"播(𢿛)"存在借用的可能性,蓋經文中作"𢿛",正是"翻"之音近借用現象。

245. 樊、𣞐

樊籠,上音煩。《考聲》云:鳥籠也。《説文》云:鷙不行也。從爻從林從大聲也。又音攀。或作𣞐,一也。(C57P0682b;J015)

按:上所引詞目出自《大寶積經》第九十二卷音義。此"樊籠"條《大正藏》對應經文作:"是人多愛染,往來婬女家,如鳥入樊龍①,是名衆務過;常憂歎家業,恒懷熱惱心,出言人不信,是名衆務過。"(T11P0526c)今大正本經文作"樊龍",宮本作"樊籠"。作"樊籠"是也,指關鳥獸的籠子。"樊"字,《説文·𠬜部》:"樊,鷙不行也。"段玉裁改"鷙"爲"鷙"。指馬負過種,止而不前。如三國魏阮瑀《駕出北郭門行》:"駕出北郭門,馬樊不肯馳。"又表示樊籠義,《龍龕手鑑·大部》:"樊,音煩。籠也。"如《莊子·養生主》:"澤雉十步一啄,百步一飲,不蘄

─────────────────────

① 《大正藏》"龍"下校勘記:龍=籠宮。

畜乎樊中。"樊籠義上《説文》本作"棥",《爻部》:"棥,藩也。"黎庶昌輯《原本玉篇殘卷·爻部》:"棥,扶園反。野王案,林藩也,今爲樊字,在艹部。"樊籠義上,"棥""樊"爲典型的本字不用、借字通行現象。慧琳釋文謂或作"樊",此即由"樊"字書寫變異而來。

246. 飯、餅、飰

飯食,古文飯(飰)①,同。扶萬反。黄帝始炊穀爲飯。飯,食也。(C58P0465a;J052)

餅食,上煩晚反。《説文》云:餅,食也。從食弁聲。俗從反作飯也。(C58P0698a;J062)

按:上所引詞目分別出自《增一阿含經》第四卷音義、《根本毗奈耶雜事律》第二卷音義。在飯食義上,"飯"與"餅""飰"并是更换聲符而成的異體字。

上所引釋文之"飯"均是飯食義。《説文·食部》:"飯,食也。"段玉裁注:"食也者,謂食之也,此飯之本義也。"如《論語·述而》:"飯疏食飲水。"本指吃飯,是動詞,引申又指吃的食物。"飯"字從食反聲,字又從"弁"聲作"餅"。黎庶昌輯《原本玉篇殘卷·食部》"餅"下引《吕氏春秋》云:"餅之美者,有玄山之禾,不周之粟,陽山之穄,南海之秬也。"顧野王按:"今爲飯字也。"敦煌斯388《正名要録》"右依顏監《字樣》甄録要用者,考定折衷,刊削紕繆"下云:"餅,扶晚反。今餅字通用此飯字。""飯"字《廣韻》音扶晚切,中古屬奉紐阮韻,上古屬並紐元部;"餅"所從的"弁"《廣韻》音皮變切,中古屬並紐線韻,上古屬並紐元部,音幾同。故而"飯"可换聲符爲"弁"作"餅"。

"飯食"條下"古文飯"之"飯",《慧琳音義》各版本均如是作,然與釋文義相背。《增一阿含經》第四卷之"飯食"條本是玄應所撰,慧琳收録時新加審訂。《玄應音義》第十一卷"飯食"條下云:"古文飰,同。扶万反。黄帝始炊穀爲飯。飯,食也。"(V32P0148b)作"飰"字與釋文義通,"飰"正即"飯"之異體字。黎庶昌《原本玉篇殘卷·食部》"飰"下引《字書》云:"飰也。"顧野王按云:"今爲飯字也。"《九經字樣·食部》:"飯,作飰者訛。"《龍龕手鑑·食部》:"飰,通。餅、飯,二正。符万反。飯食也。"從形體來源言之,"飰"所從的"卞"《廣韻》讀皮變切,則"飰"與"飯"亦爲换旁異體字關係。

附按,《九經字樣》所謂"作飰者訛",蓋唐玄度視"飰""飯"爲不同的字,别如《經典釋文·禮記音義·曲禮第一》"三飯"條下謂:"依《字書》,食旁作卞,扶万反;食旁作反,符晚反,二字不同。今則混之,故隨俗而音此字。"此處陸德明亦認爲"飰""飯"爲不同的字。針對陸德明此條釋文,錢大昕《十駕齋養新録》卷三"陸氏釋文多俗字"條下謂:"古音反如變,與卞相近。飰、飯非兩字兩音也。"(1983:61)錢氏所言甚是。另徐在國《隸定古文疏證》"飯"下亦釋有"飰"字(2002:114),可參。

---

① 按,此"飯"字正當作"飰"。

247. 範、**𦸸**、笵、范、軓

師範，取凡字上聲。鄭注《考工記》云：範，法也。《説文》：從車笵省聲。《玉篇》或作軓，三(二)字並通。經從草作**𦸸**，非也。(C57P1049a；J030)

師範，又作范，同。音犯。《尒雅》：範，法也。常也。(C58P0779b；J065)

軌範，又作笵，同。音范。軌，則也。範，法也。謂可爲法則，亦教人法則也。梵言阿遮利邪，舊言阿闍梨，訛也。(C58P0865a；J070)

按：上所引詞目分別出自《大方廣寶篋經》中卷音義、《毗尼律》第六卷音義、《阿毗達磨俱舍論》第五卷音義。模子、規範、法則義上本作“笵”，然文獻中多借“範”字爲之，二者爲本字不用、借字通行現象；經文中，“範”字或書寫作**𦸸**形；規範、法則義上或作“范”，亦與“範”爲音借字關係；慧琳謂“軓”同“範”，二者乃是同音借用字現象。

上面慧琳釋文之“範”均是規範、法則義，此用法上《説文》正作“笵”。《竹部》：“笵，法也。古法有竹刑。”段玉裁注引《通俗文》曰：“規模曰笵。”然後世通作“範”字。《説文·車部》：“範，範軷也。”朱駿聲《通訓定聲·謙部》：“範軷，祖道之祭也。出將有事于道，必先告其神，立壇爲山象，四通樹茅，若菩蒭棘柏，以依神。既祭，轢牲而行，爲範犯之而過，喻無險難也。”規範、法則義上作“範”，乃“笵”字之借。段玉裁“範”下謂：“然則《周易》範圍字當作軓，或作笵，而範其叚借字也。”朱駿聲“範”下亦云：“叚借爲笵。”敦煌伯 2011 王仁昫《刊謬補缺切韻·范韻》：“笵，模。”顯然規範、法則義上，“範”與“笵”爲本字不用、借字通行現象。又《大方廣寶篋經》中卷“師範”條下謂經文從草作**𦸸**，此即“範”之書寫訛誤字形。從“竹”從“艸”互訛爲漢字楷書階段變異通例之一。

《毗尼律》第六卷“師範”條下謂又作“范”。《説文·艸部》：“范，艸也。”然此用法罕見，文獻中多用作記録模子、規範、法則義。《集韻·范韻》：“笵，通作範、范。”如《荀子·彊國篇》：“刑范正，金錫美，工冶巧，火齊得。”楊倞注云：“刑與形同。范，法也。刑范，鑄劍規模之器也。”由此來看，在規範、法則義上，“范”與“範”是音借字關係。

《大方廣寶篋經》中卷“師範”條下謂《玉篇》或作“軓”。《説文·車部》：“軓，車軾前也。”據段注，指車前掩輿之板，如《周禮·考工記》：“軓前十尺，而策半之。”由此來看，“軓”與表規範、法則之“範”相別。《五經文字·車部》：“範、軓，並音范。上法也，下車前軾也，見《周禮》。”二者《廣韻》均讀防鋄切，音同。則慧琳所謂“軓”同“範”，實質上指“軓”借用作記録法則、規範義。鑒於此種情況，在記録規範、法則用法時，我們視“軓”爲“範”之同音借用字。

248. 肪、骯

肪膏，上音方。前《十二頭陀經》中已釋。今經本作骯，非。(C58P0303a；J045)

按：上所引詞目出自《優婆塞净行法門經》上卷音義。此“肪膏”條《大正藏》對應經文

作:"何者三十二法門？謂身中有髮、毛、爪、齒、皮、肉、筋、骨、肪、膏、髓、腦、心、腎、肝、膽、大腸、小腸、脾、肺、肚、胃、膿、血、痰、汗、涕、唾、涎、淚、屎、尿不淨。毘舍佉！是爲三十二不淨之觀。"(T14P0953b)今大正本經文作"肪膏",慧琳所見經文作"骺"。經文之"肪"即脂肪義,《説文·肉部》:"肪,肥也。"慧琳所見的"骺"乃是"肪"之換旁異體字,《龍龕手鑑·骨部》:"骺,俗。音方。正作肪。脂也。"在脂肪義上,從"肉"從"骨"義相通也。慧琳之所以斥"骺"爲非,當是因"骺"出現較晚,文獻用之不多,他從正字法角度謂之"非"。另《大字典》據《龍龕》收釋有"骺"字(2010：4697),無例證。結合慧琳釋文,可增補上述經文爲例證。

249. 仿、倣、俩

倣前,上放凤反。《考聲》：倣,效也。《公羊傳》：依也。《説文》從人作仿,相似也。從人放聲。籀文作俩。(C59P0343a；J100)

按：上所引詞目出自《安樂集》上卷音義。"倣""俩"均是"仿"之換旁異體字。此"倣前"條《大正藏》對應經文作:"欲使前生者導後,後去者昉前,連續無窮,願不休止,爲盡無邊生死海故。"(T47P0004c)今大正本經文作"昉",釋文詞頭作"倣"。從經文義求之,"昉前"與"導後"相對爲文,"昉前"即效仿前人之義,正合作"倣"。"昉"是日初明,引申有起始之義,與經義背,是"仿(倣)"之借用。效法、仿效義上今傳本《説文》正作"仿",《人部》:"仿,相似也。"即仿佛之義,引申有效法、仿效之義。字或從"放"作"倣",《龍龕手鑑·人部》:"倣,方罔反。倣學也。"

慧琳又謂籀文作"俩"。《説文·人部》:"俩,籀文仿從丙。"又《龍龕手鑑·人部》:"俩,或作。分兩反。"就"俩"之形體來源而言,即是"仿"字改換聲符而成。"仿"字所從的"方"《廣韻》音府良切,中古屬非紐陽韻,上古屬幫紐陽部;"俩"字右邊所從的"丙"《廣韻》音兵永切,中古屬幫紐梗韻,上古屬幫紐陽部,故"仿"可換作"丙"聲。別如"枋"借爲"柄"表示器物的把兒等用法,亦同此理。

250. 舫、汸、方、枋

舩舫,甫妄反。《説文》作方、汸二形。《尔疋》：舫,舟也。郭璞曰：并兩舟也。《通俗文》"連舟爲舫"是方(也)。律文有作枋,音方。《説文》：枋,木。可作〔車〕。枋非字義也。(C58P0631a；J059)

按：上所引詞目出自《四分律》第二卷音義。併船義上《説文》本作"方",又或增"水"旁作"汸",或增"舟"旁作"舫",不過後世文獻中"方"很少用於記錄併船義,此反映了異體字組不同形體功能的不均等特性;經文中或有作"枋"者,視作"舫"之同音借用字現象較妥。

此"舩舫"條《大正藏》對應經文作:"船處者,小船、大船、臺船、一木船、舫船、檣船、龜形船、鼈形船、皮船、浮瓠船、果船、懸船、栿船。”(T22P0574b)今大正本經文作“舫”，慧琳所見經文作“枋”。從經文來看，慧琳誤將上“船”字與下“舫船”之“舫”連於一起，“舫船”即併船之義，《説文》本作“方”。《方部》：“方，併船也。象兩舟省總頭形。汸，方或从水。”“汸”爲“方”在併船義上之增旁異體字。《説文》又收錄有“舫”字，《舟部》：“舫，船師也。”段玉裁據《韻會》刪“師”字，從慧琳釋文來看，段氏所刪頗是。實“舫”亦是“方”在併船義上之增旁異體，當是“方”字更多地記錄方圓、方位義，從而增“舟”旁作“舫”以增強其形義統一性。由此來看，併船義上“方”與“汸”“舫”宜視作異體字關係。

慧琳所見經文作“枋”，本是木名，然文獻中有用同“舫”者。從形義關係求之，“枋”似亦可析作從木方聲，“木”言材質，如《集韻·漾韻》：“舫，或作枋。”不過我們仍比較傾向於認爲“枋”是“舫”之同音借用字。

251. 放、倣、坊

放習，甫往反。《廣雅》：放，効也。亦依也。比也。經文作坊，非也。(C58P0553b;J056)

放習，上方冈反。劉兆注《公羊》云：放猶比也。孔注《論語》云：依也。《廣雅》：放也。《説文》：從攴方聲。錄從人作倣，非也。(C58P1093b;J080)

按：上所引詞目分別出自《正法念經》第四十八卷音義、《開元釋教錄》第十八卷音義。“放”在文獻中主要記錄流放、捨棄、縱姿、散放、發放等用法，其所記錄的效法、仿效義則是“仿(倣)”之借用現象；效法義上作“坊”，亦是“仿(倣)”之音近借用現象。

上《開元釋教錄》第十八卷之“放習”條《大正藏》對應經文作：“又如第九卷云‘南無富樓那’‘南無彌多羅尼子’，此是一人之名分爲二唱；次云‘南無阿難、羅睺羅’，此乃二人之名合之爲一。如斯謬妄，其數寔繁，不能廣陳，略指如右。群愚倣習，邪黨共傳，若不指明，恐穢真教，故述之也。”(T55P0672b)今大正本經文亦作“倣”，爲效法、學習之義，是也。慧琳認爲當作“放”，《説文·放部》：“放，逐也。”本是驅逐、流放義，引申有捨棄、縱姿、散放、發放等用法。然而文獻中或表示仿效、效法義，《廣雅·釋詁三》：“放，效也。”從形義關係求之，“放”的效法義當借自“仿(倣)”，且效法、仿效義上多作“仿(倣)”，故而我們視二者爲同音借用字關係。

《正法念經》第四十八卷“放習”條下謂經文作“坊”，是坊間、閭里之字，與“放”別，“放”“坊”《廣韻》分別讀甫妄切、府良切，二字音近義別。顯然效法、仿效義上作“坊”，乃是“仿(倣)”的音近借用現象。

252. 匪、篚、帯

匪唯，上非尾反。鄭箋《毛詩》：匪，非也。亦作篚。古文作帯。《説文》：從匚非聲也。

(C57P0549b；J008)

　　按：上所引詞目出自《大般若波羅蜜多經》第五百八十卷音義。在非、不一類用法上，"筐""帯"均是"匪"之同音或近音借用現象。此"匪唯"條《大正藏》對應經文作："又滿慈子！如天雨時，置瓮迥處承水漸滿，如是滿時由諸雨渧長時連注，匪唯初後。"（T07P0997b）經文之"匪"爲非義。"匪"字，《説文・匚部》："匪，器。似竹筐。"本是筐類竹器名，文獻中假借記錄非義，《廣雅・釋詁四》："匪，非也。"如《詩經・齊風・雞鳴》："匪雞則鳴，蒼蠅之聲。""匪"之筐義後借本是車箱義的"筐"字記錄，而"筐"亦或借用表示非義。

　　據慧琳所釋，非義上或作"帯"，本是隱匿義，顯然亦是假借用。《龍龕手鑑・匚部》："匪，非尾反。非也。亦作筐、帯。三同。"《龍龕》此釋當據《慧琳音義》而來。就"匪""筐""帯"三字在非義上的關係而言，因"匪"在文獻中作非講時屬相對固定的用法，即"匪"字的假借義；"筐""帯"則用之甚少，顯然是"匪"的同音或近音借用現象。

253. 斐、㥽

　　斐然，孚尾反。集從心作㥽。字書無此字。（C59P0311a；J099）

　　按：上所引詞目出自《廣弘明集》第二十四卷音義。考經文義，作"㥽"字是也。此"㥽"當即"悱"的換旁異體字，取惆悵、憂懼義；慧琳謂作"斐"，乃是"㥽"之同音借用現象。

　　此"斐然"條《大正藏》對應經文作："又承檀越恐立異當時干犯學眾，制論雖成定不必出，聞之懼然不覺興悲，此義旨趣似非初聞，妙音中絶六十七載。"（T52P0274b）今大正本經文作"懼"，慧琳所見經文作"㥽"。《龍龕手鑑・心部》："㥽，舊藏作懼，音具。"與大正本相合。細索之，蓋"懼"與"㥽"爲義相關而換用，於經義均可通，故而《龍龕手鑑》如上所釋。

　　"㥽"字，《可洪音義》卷第三十《賢聖集音義》卷第二十四"㥽然"條下云："上芳尾反，悵恍兒。正作悱。"（C60P580b）據可洪所釋，則"㥽"與"悱"同，是惆悵恍惜義，似與經義相合。又考"悱"字，敦煌伯 2011 王仁昫《刊謬補缺切韻・尾韻》："悱，口悱悱。"《龍龕手鑑・心部》："悱，芳尾反。口悱悱也。"《論語・述而》："不憤不啓，不悱不發。"朱熹注云："悱者，口欲言而未能之貌。"指想説但説不出的樣子。亦與惆悵恍惜義相關。

　　再看慧琳詞頭之"斐"字，是文采義，"斐然"指有文采貌，與經義不恰。則可推測經文作"㥽"是也，"悱"與"斐"《廣韻》均讀敷尾切，則在惆悵憂懼義上，"斐"是"㥽"之同音借用現象。

254. 芬、芬、岕、馚、氛

　　芬馥，上芳文反。《考聲》云：芬芬，香氣兒也。《説文》：土草初生，香氣分布也。本從屮，音丑列反，今或從草分聲也。經文有從气作氛，音墳，祥氣也，非經義。有從香作馚，不成

字,非也。(C57P0503a;J006)

按:上所引詞目出自《大般若波羅蜜多經》第四百九十九卷音義。"芬"與"岕"爲改換意符而成的異構字,"芬"書寫又訛作"岕";經文中香氣義上或作"馩",似亦可視作"芬"之換旁異體字,然二者讀音略有差異;經文中又有作"氛"者,乃是"芬"之同音借用字。

此"芬馥"條《大正藏》對應經文作:"我當安處大菩提樹,其樹高廣眾寶莊嚴,所出妙香氤氳氛馥,能令聞者貪、瞋、癡等心疾皆除,無量無邊身病亦愈。"(T07P0539c)今大正本經文亦作"氛"。求之經義,作"芬"是也,取香氣之義。《説文・中部》:"岕,艸初生,其香分布。芬,岕或从艸。""芬""岕"爲換旁異體字關係。

釋文謂經文或作"馩"。《龍龕手鑑・香部》:"馩,或作。馧,正。符分反。馧馧,香氣也。""馩"亦是香氣義,與"芬"同。然二字讀音略有差異,"芬"《廣韻》音撫文切,中古屬敷紐文韻,"馩"讀符分切,中古屬奉紐文韻。從構形上講,"芬"從"艸","馩"從"香",分別從不同角度爲香氣造字,二者似可視作異體字關係。《正字通・香部》釋"馩"同"芬",蓋可從。

上所引經文之"氛",《説文・气部》:"氛,祥气也。"段注云:"謂吉凶先見之气。"與"芬"義別。"芬""氛"《廣韻》均讀撫文切,顯然芬芳、芳香義上作"氛",乃是"芬"的同音借用字。

255. 焚、炃、燌、燌

燌燒,忿分反。《説文》:燌,燒也。今作焚。《古今正字》:從火賁聲。經從貴作燌,書誤也。(C58P0582a;J057)

焚燒,古文炃、燌二形,同。扶雲反。《説文》:焚,燒田也。字從火,燒林意也。(C58P0865a;J070)

按:上所引詞目分別出自《佛説罵意經》音義、《阿毗達磨俱舍論》第四卷音義。"焚"與"炃""燌"均是異構字關係;《佛説罵意經》經文之"燌"乃是"燌"字書寫訛誤所致,慧琳所言不誣也。

上"焚燒"條《大正藏》對應經文作:"於彼二道所斷惑中無復功能令其現起,猶如種子火所焚燒,轉變異前無能生用,如是聖者所依身中無生惑能名煩惱斷。"(T29P0022b)經文之"焚"是燒義。《説文・火部》:"燌,燒田也。"段玉裁據《玉篇》《廣韻》改作"焚",并引《玄應音義》以證之。考慧琳所釋焚燒字,亦無作"燌"者,慧琳釋"焚"爲"從火燒林意"。又證之甲骨卜辭,均從"林",不見從"棥"者。由此來看,作"焚"無疑也。

據慧琳釋文,焚燒義上又作"炃""燌"二形。《龍龕手鑑・火部》:"炃,俗。燌,正。符文反。燒也。與焚同。"從形體來源求之,"炃""燌"并是"焚"之換旁異體字,"焚"從火從林會意,"炃""燌"則爲形聲字。"焚""分"二字《廣韻》分別讀符分切、符文切,"賁"字《廣韻》或讀作符分切,"分""賁"與"焚"音相近或相同,故可爲"焚"之聲符。另《大字典》據《集韻》收録有

"炎"(2010：2349)、"燌"(2010：2392)二字，依慧琳所釋，則其書證可提前。

　　"燌燌"條慧琳所見經文作"燌"。上"燌燌"條《大正藏》對應經文作："如是爲本無身意，但自作是得是，譬如五種本，亦無有種便生，人生亦本，無有種便有。如然火，焰①出爲燌，燌去薪便止。人自計身非身，萬物亦止。"(T17P0534b)今大正本經文亦作"燌"，與慧琳所見本同。據慧琳所釋，則"燌"是"燌"之訛誤字形。二者形體較接近，有訛誤之可能。又考《可洪音義》，卷第十四《罵意經》"炎出爲燌"條下云："下宜作燌。"(C59P1092c)宮本及可洪之"炎出爲燌"即大正本之"焰出爲燌"，"燌"是"燌"之訛，與經義正相合。別如"轒"或訛作"轒"，可相比勘。另《龍龕手鑑·火部》："燌，《隨函》云：誤，合作焆。音回。"與上引經文及慧琳、可洪之釋均異，蓋有誤也，或別是一字。

256. 轒、轒

　　羅轒，扶分反。字比丘羅轒。經文從貴作轒，非也。(C58P0540b；J055)

　　按：上所引詞目出自《七女經》音義。此"羅轒"條《大正藏》對應經文作："第一女字羞耽，第二女字須耽摩，第三女字比丘尼，第四女字比丘羅轀②，第五女字沙門尼，第六女字沙門密，第七女字僧大薩耽。"(T14P0908a)今大正本經文作"羅轀"，慧琳所見經文作"羅轒"，宋、元、明及宮本作"羅轒"。據慧琳所釋，正合作"羅轒"。依釋文，"轒"是"轒"之訛誤字形，可從，且於文獻有徵。明張溥《漢魏六朝百三家集·班固〈寶車騎北征頌〉》："勒邊御之永設，奮轒櫓之遠徑。""轒"字，四庫全書本《車騎寶將軍北征頌》作"轒"。"轒"是攻城戰車，正合文義。"轒"訛作"轒"，可與"燌"訛作"燌"相比勘。另《大字典》據《正字通》收釋有"轒"字(2010：3793)，從慧琳釋文來看，其書證當提前。

257. 扮、枌、枌

　　芼扮，下敷刎反。《廣雅》云：扮，動也。《聲類》云：擊也。《文字典説》：扮，從手分聲。經從芬作枌，非也。(C58P0749b；J064)

　　相扮，汾吻反。《説文》：握也。《聲類》：擊也。手握乾夲，互相扮擊。從手分聲。經文從木作枌，是木名，誤也。(C58P0989a；J076)

　　按：上所引詞目分別出自《沙彌十誡并威儀》音義、《阿育王經》第三卷音義。在擊、擊打義上，"扮"與"枌"當是音借字關係，與"枌"則爲形近而致訛。

　　據慧琳"芼扮"條下所釋，經文或作"枌"。該"枌"字《慧琳音義》各本均如是，《校本》亦同，且未出校勘記(2012：1643)。此"枌"字，《大字典》等大型字書鮮見收錄，當即"枌"的異

---

① 《大正藏》"焰"下校勘記：焰＝炎宮。
② 《大正藏》"轀"下校勘記：轀＝轒三宮。

體字，"芬"又作"芬"可相比勘。《説文·木部》："棻，香木也。"段注按云："隸字多作菜，蓋由篆體本作棻。""棻"或即"菜"下之"木"移至左邊而來。"扮""棻"《廣韻》分别讀房吻切、符分切，二字音相近，故可借音用。

　　上"相扮"條《大正藏》對應經文作："於衆僧末有二沙彌，以麨相扮①歡喜丸等，共戲相擲。"(T50P0141a)由經義求之，"扮"即擠捏義，爲擊之引申用法。此義上，經文或作"棻"，是木名，當是二字形近而致訛。

258. 坌、坌

　　坌其身，上盆悶反。或作坌。《説文》：塵污也。從土分聲也。(C57P1029b；J029)

　　按：上所引詞目出自《金光明最勝王經》第十卷音義。此"坌其身"條《大正藏》對應經文作："悶絶俱躄地，荒迷不覺知；塵土坌其身，六情皆失念。"(T16P0453b)經文之"坌"爲塵土著物義。《説文·土部》："坋，塵也。"本是塵土、粉塵義，又粉塵著於物亦謂之"坋"。段玉裁"坋"下云："凡爲細末糝物若被物者皆曰坋。""坋"或書爲上下結構作"坌"。敦煌斯6176《箋注本切韻·慁韻》："坌，塵。蒲悶反。"敦煌伯2011王仁昫《刊謬補缺切韻·慁韻》："坌，蒲悶反。塵。"蔣斧印本《唐寫本唐韻·慁韻》："坌，塵也。蒲悶反。"又《龍龕手鑑·土部》："坌，今。坋，正。蒲悶反。塵也。""坋""坌"爲異寫字之一類。由此進一步論之，《大字典》"坌"下第五個義項當釋作"同'坋'"(2010：456)。

259. 封、坓、坒

　　陻封，下封字，《説文》云：諸侯之土也。公侯方百里，伯方七十里，子男方五十里。從土作坒，古封字也。今從重土從寸，會意字也。籀文從土從半作坒。半音峯。(C57P0791b；J020)

　　按：上所引詞目出自《寶星陀羅尼經序》音義。此"陻封"條《大正藏》對應經文作："瀚海天山之地，盡入提封；龍庭鳳穴之卿，咸霑聲教。"(T13P0536c)今大正本經文亦作"封"。《説文·土部》："封，爵諸矦之土也。坒，古文封省。坒，籀文从半。"慧琳所釋與傳本《説文》大同。高麗本《慧琳音義》之"坒"則是《説文》籀文"坒"的書寫變異字形。

260. 蜂、蠭、蠡、蠡

　　蠭蝶，上芳雍反。《考聲》：蟲名也。或在樹爲房，或居土爲窠，而有多種。蠭，惣名。《説文》：飛蟲螫人者。從蚰逢聲也。或作蠡，經作蜂，俗字。(C57P0664b；J014)

　　蜂虫，又作蠡，同。匹凶反。或作香虫。《説文》：螫人者。(C58P0956b；J074)

---

① 《大正藏》"扮"下校勘記云：扮＝坌三宮。

　　按：上所引詞目分別出自《大寶積經》第五十七卷音義、《賢愚經》第十四卷音義。"蜂"與"蠭""蟲"均是異構字關係，高麗本《玄應音義》《慧琳音義》之"蟲"或即"蟲"字書寫變異而來。

　　上"蠭蝶"條《大正藏》對應經文作："有諸傍生，若生若長若死，皆在暗中不淨糞尿垢穢之處，或時暫明，所謂蜂蝶蚊蟻蚤虱蛆蟲之類。"（T11P0333b）今大正本經文作"蜂蝶"，與詞頭之"蠭蝶"同。《説文·蚰部》："蠭，飛蟲螫人者。"俗書作"蜂"，又或作"蟲"。《龍龕手鑑·虫部》："蠭，或作。蜂，今。蟲，正。芳容反。飛蟲之惣名也。"從形體來源而言，"蠭"字《説文》古文作"𧑓"、《老子》乙本作"𧒒"，"蟲"即上引古文字形隸定而來。"蟲"與"蠭"可視作改換聲符而成的異體字。又"蜂"字，亦與"蠭"爲異構字關係。

　　"蜂虫"條下"又作蟲"之"蟲"，《慧琳音義》高麗本、獅谷本、頻伽本、《校本》（2012：1819）均如上作，大正本作"蟲"。《賢愚經》第十四卷之"蜂虫"條本是玄應所撰，慧琳收錄時新加審訂。《玄應音義》卷第十二"蜂虫"條下云："又作蟲，同。疋凶反。或作香虫。"（V32P0158c）從釋文義來看，作"蟲"、作"蟲"均宜，然就版本字形傳承而言，作"蟲"較妥。從形體演變角度論之，"蟲"或是由"蟲"進一步書寫變異而來。

261. 鋒、鏠、鋒、峯

　　鋒利，芳空反。《考聲》云：刀末也。或作鏠。《説文》：兵刃端也。從金峯省聲也。（C57P0462b；J004）

　　摧鋒，下妨封反。《考聲》云：刀末也。《説文》云：兵刃端也。從金峯聲也。或作峯。（C57P0601a；J011）

　　如鋒，音峯。《漢書》：銳也。《説文》：兵刃。鋒，槍刃、刀刃端也。從金夆聲。經或作峯，亦通也。（C57P1016a；J029）

　　按：上所引詞目分別出自《大般若波羅蜜多經》第三百八十一卷音義、《大寶積經》第一卷音義、《金光明最勝王經》第一卷音義。上"如鋒"條《大正藏》對應經文作："假使蚊蚋足，可使成樓觀，堅固不搖動，方求佛舍利。假使水蛭蟲，口中生白齒，長大利如鋒，方求佛舍利。假使持兔角，用成於梯蹬，可昇上天宮，方求佛舍利。"（T16P0406b）今大正本經文作"鋒"，指鋒利義，《説文》正作"鏠"。《説文·金部》："鏠，兵杽也。""鏠"字或省變作"鋒"，又或從"峯"作"鋒"。《龍龕手鑑·金部》："鏠，俗。鋒，正。鋒，今。芳容反。兵刃端也。"

　　慧琳謂鋒利義上經文或作"峯"，是山峰字，亦取尖利、頂端義，乃是"鋒"之同源通用字現象。另"鋒"字已編碼，《大字典》未予收錄，當據收。

262. 豐、豊

　　豐稔，上敷風反。正體字也。《周禮》：豐（豊），大也。《國語》：盛也。《説文》：豆之滿

者。從豆象形,從二丰,從山豆。經文從曲作豊,俗字也。丰音同上。(C57P1020b;J029)

按:上所引詞目出自《金光明經》第五卷音義。"豐"字書寫或變異作"豊",與禮器之"豊"爲同形字關係。此"豐稔"條《大正藏》對應經文作:"世尊! 是《金光明最勝王經》,一切諸佛常念觀察,一切菩薩之所恭敬,一切天龍常所供養……一切怖畏悉能除殄,所有怨敵尋即退散,飢饉惡時能令豐稔,疾疫病苦皆令蠲愈。"(T16P0427a)今大正本經文作"豐"字,取豐饒義。《說文·豐部》:"豐,豆之豐滿者也。"本指豆器所盛豐滿,引申又有增大、豐厚、富饒、興盛等用法。

慧琳所見經文作"豊",本是禮器字。元李文仲《字鑑·東韻》"豐"下云:"與豊字不同,豊音禮,凡豔之類從豊。"又《薺韻》"豊"下云:"與豐盛字不同,凡禮、醴、體、鳢之類諧聲者從豊。"然經文中的"豊"仍作"豐"講,據慧琳所釋,乃是"豐"字書寫變異所致,與禮器之"豊"爲同形字關係。除上所引釋文外,又卷第四十《毘沙門天王經》"豐饒"條下云:"今俗通作豊,訛也。"(C58P0201a)《玉篇·豊部》:"豊,芳馮切。大也。俗作豊。"可與慧琳觀點相印證。另《大字典》"豊"第二個義項下據《玉篇》釋作"同'豐'"(2010:3803),可從。

263. 跗、趺、跱

兩趺,甫無反。俗用字也。正作跗。鄭注《儀禮》云:足上也。經文有作跱,未詳也。(C57P0409b;J001)

按:上所引詞目出自《大般若波羅蜜多經》第一卷音義。此"兩趺"條《大正藏》對應經文作:"從足十指、兩趺、兩跟、四踝、兩胻、兩腨、兩膝、兩髀。"(T05P0002a)經文之"趺"爲腳背義,又或從"付"作"跗"。敦煌伯2011王仁昫《刊謬補缺切韻·虞韻》:"跗,甫于反。足跗。亦作趺。"《龍龕手鑑·足部》:"趺,俗。跗,正。甫無反。足上也。""跗""趺"爲改換聲符而成的異體字。

慧琳謂腳背義上經文或作"跱",此亦由"跗"字改換聲符而來。《集韻·虞韻》:"跗,足也。或作跱。"慧琳所釋可與《集韻》互證。另《大字典》據《集韻》收釋有"跱"字(2010:3933),從慧琳釋文來看,可提前其書證。

264. 麬、䴾、麱、鈇

因鈇,案字義宜作麬,撫于反,麥皮也。經文作鈇,未見所出。疑世言麬金,遂從金作鈇。(C58P0463b;J052)

曰䴾,正體作詋(麬)[1]。古文作麱,同。妷虞反。(C58P0575b;J056)

按:上所引詞目分別出自《中阿含經》第五十五卷音義、《興起行經》上卷音義。上"因

---

[1] 按,此"詋"字非,正作"麬"。

鍑"條《大正藏》對應經文作："猶人身有垢膩不淨，因麩、澡豆、暖湯、人力，極洗浴故，身便得淨。"（T01P0771b）今大正本經文作"麩"，慧琳所見經文作"鍑"。就二字之關係而言，慧琳認爲"鍑"字由"麩"變異而來，變異原因爲"世言麩金"，故從"金"作"鍑"。慧琳此釋可從。又《龍龕手鑑·金部》："鍑，《經音義》云：'宜作麩。'在《中阿含經》。"顯然《龍龕》即據佛經音義釋文收錄"鍑"字。

　　"曰䵂"條下"正體作𪍿"之"𪍿"，《慧琳音義》高麗本、獅谷本、頻伽本、大正本均如此作，校本校正作"麩"（2012：1505）。《興起行經》上卷之"曰䵂"條本是玄應所撰，《玄應音義》卷第十二"曰䵂"條下云："正體作麩。古文作麴，同。妨虞反。"（V32P0165b）此正作"麩"字，是也。《説文·麥部》："麩，小麥屑皮也。麴，麩或从甫。"字或從"孚"聲作"䵂"，敦煌斯388《正名要録》"右字形雖別，音義是同，古而典者居上，今而要者居下"類，"䵂"爲古，"麩"爲今。又《龍龕手鑑·麥部》："䵂，或作。麩，正。芳無反。麥皮也。"

265. 膚、臚、肤

　　皮膚，甫于反。《説文》作臚。身皮也。從肉從盧。籀文從肉從盧省聲。（C57P0659a；J013）

　　膚過，上甫孚反。《孝經》云"身體髮膚受之父母"是也。鄭注《儀禮》云：膚，負草之肉也。《説文》：膚，皮也。或作肤。從肉盧省聲。經作膚[1]，俗也。（C57P1053a；J030）

　　按：上所引詞目分別出自《大寶積經》第五十五卷音義、《相續解脱地波羅蜜了義經》音義。上"膚過"條《大正藏》對應經文作："觀世音白佛言：'世尊！菩薩幾種過斷名斷彼使？'佛告觀世音：'有三種，初皮過斷，第二膚過斷，第三骨過斷。'"（T16P0717c）今大正本經文亦作"膚"。從經文義求之，"膚"即皮膚義。《説文·肉部》："臚，皮也。膚，籀文臚。"段注云："今字皮膚從籀文作膚，膚行而臚廢矣。"又《龍龕手鑑·肉部》："臚，正。𦡰，今。音盧。皮臚。腹前曰臚。"從正字法角度而言，"臚"爲正，"膚"則爲今、爲俗，故而慧琳謂經文作"膚"爲俗。《校本》認爲"膚"當作"肤"，乃是以今律古，非是。"肤"字產生較晚，唐時正字之書未見載録，《切韻》系韻書偶有載録。

　　釋文又溝通有"肤"字。敦煌伯2011王仁昫《刊謬補缺切韻·虞韻》："膚，體肌。亦作肤。"《龍龕手鑑·肉部》："肤，音夫。皮膚也。""肤"是"膚"之異體字。從形體來源求之，"肤"即"臚"的換旁異體字，一方面簡化了字形，另一方面也使得聲符字與整字音讀更加貼近。皮膚義上，"臚"字《廣韻》音甫無切，其聲符"盧"讀落胡切，而"夫"亦讀甫無切，顯然後者與"臚"音更契合。另《大字典》"肤"下據《廣韻》釋同"膚"（2010：2194），從慧琳釋文來看，其書證可提前。

---

[1] 按，此"膚"字《校本》以爲當作"肤"（2012：1044），非是。

266. 拂、𢁥、𣯩

好拂,敷勿反。拂,拭也,除塵也,治去也。經文作𣯩、𢁥二形,非也。(C58P0095a;J034)

按:上所引詞目出自《賢劫經》第十二卷音義。在揮拭義上,"𢁥""𣯩"均當是"拂"之換旁異體字;另因"拂""𢁥"音同,或經文中揮拭義上作"𢁥"只是"拂"的同音借用字現象。

此"好拂"條《大正藏》對應經文作:"時爲豪貴長者梵志作子,以真珠挍飾妙好𣯩①及琦異扇貢上其佛,緣斯積德自致正覺度脫一切。"(T14P0061b)今大正本經文作"𣯩",宋、元、明及宮本作"拂"。求之經義,"拂"爲揮拭的工具,別如漢徐淑《妻又報嘉書》:"今奉旄牛尾拂一枚。"大正本經文之"𣯩"字,《龍龕手鑑·毛部》:"𣯩,俗。音拂。"正即"拂"之換旁異體字,從"毛"自材質而言。張涌泉《叢考》亦據《慧琳音義》釋"𣯩"同"拂"(2000:615),是也。

釋文又溝通有"𢁥"字,箋注本《切韻》及《龍龕手鑑》均釋作"韜髮",《大字典》據《玉篇》所釋同上(2010:847)。然從慧琳釋文來看,"𢁥"字從巾,與揮拭的工具義有關,形義相契合,蓋亦是"拂"之換旁異體字。除上引《賢劫經》第十二之釋文外,又卷第四十四《菩薩本行經》卷中"金拂"條下云:"敷勿反。《廣雅》:'拂,除也。'謂除去塵土也。拂,拭也。經文從巾作𢁥,或作𣯩,非也。"(C58P0279a)慧琳之所以斥"𣯩""𢁥"爲非,當因此二者爲新造字,文獻用之較少。

另或"𢁥"字或如《切韻》《龍龕》等所釋,爲"韜髮"義,經文中指稱揮拭工具用法上作"𢁥"乃是"拂"之同音借用字現象。二者《廣韻》均讀敷勿切,故可借用。

267. 鳬、𩿪

鷄鳬,下輔無反。郭注《尒雅》云:鳬,似鴨而小,長尾,背上有文,今江東人亦呼爲鸍,音詩。《考聲》云:亦野鴨之小者,從鳥几聲。几音殊。經從力作𩿪②,非此鳥也。(C58P0583a;J057)

按:上所引詞目出自《佛説分別善惡所起經》音義。經文中野鴨義上作"𩿪",當是"鳬"字書寫訛誤而致。此"鷄鳬"條《大正藏》對應經文作:"人於世間婬妷犯他人婦女,從是得五惡。何等五?一者,家室不和,夫婦數鬬,數亡錢財……五者,從獄中來,出生爲鷄、鳬、鳥、鴨、人,魂魄無形,所著爲名。今見有鷄鳬婬妷,不避母子,亦無節度。"(T17P0518b)今大正本經文作"鳬",與詞頭之"鳬"同,均指野鴨子。《説文·几部》:"鳬,舒鳬,鶩也。""鳬"乃"鳬"字書寫省變而來,《龍龕手鑑·鳥部》:"鳬,音扶。野鴨小者也。"《字彙·鳥部》:"鳬,從鳥從几,俗省作鳬。"

慧琳所見經文作"𩿪"。"經從力作𩿪"之"𩿪"字,高麗本、獅谷本、頻伽本、大正本均如上作,《校本》作"𪁀"(2012:1513),未出校勘記。事實上"𩿪"字正即"𪁀"書寫省減而來,《校

---

① 《大正藏》"妙好𣯩"下校勘記作:妙好𣯩＝好妙拂三宮。

② 按,此"𩿪"字《校本》改作"𪁀",有失妥當。

本》所改雖於文義爲通,然於刻本用字原貌之保存有失妥當。"鳬"乃"鳧"的異寫字。蔣斧印本《唐寫本唐韻·職韻》:"鳧,似鴨而小。亦作鳬。出《字統》。"《龍龕手鑑·鳥部》:"鳬、鳧,音力。似鳬而小也。二同。"由此來看,"鳬"與"鳬"音義相別形相近,經文中野鴨義上作"鳬"是"鳬"字書誤而致。

268. 菔、蔔

蘿蔔,上音羅。下音匐。《方言》:紫花根菜也。並從草,形聲字也。(C58P0687b;J061)

按:上所引詞目出自《根本説一切有部毗奈耶律》第五十卷音義。此"蘿蔔"條《大正藏》對應經文作:"時彼施主行諸飲食,及以麨團薄餅蘿蔔①。是時六眾欲譏施主,便以麨團作宰覩波像,上置蘿蔔覆以薄餅,遂相告曰:'此是惡趣中露形外道晡刺拏塔。'漸取食之,蘿蔔便倒。"(T23P0903a)今大正本經文作"蘿蔔",宋、元、明及宮本作"蘆菔",與詞頭之"蘿蔔"同,"蔔"即"菔"之《説文》篆體"蔔"的隸定字形,"菔"乃是傳承變異字形。除上所引詞頭用字外,又卷第六十二"蘿蔔"(C58P0703b)、第六十三"蘿蔔"(C58P0729b)條均作"蔔"形。"菔"又作"服"形,可相比勘。

269. 蓞、蓞

黃蓞,丕逼反。《考聲》:草名也。《埤蒼》云:蓞,蔓生,實可食也。《古今正字》:從草福,福亦聲也。(C59P0322a;J099)

按:上所引詞目出自《廣弘明集》第二十九卷音義。此"黃蓞"條《大正藏》對應經文作:"神農是嘗仙經是造,白兔服而通靈,鹿皮餌而得道。其果則有木瓜、木棗、楊桃、楊梅,朱橘冬茂黃蓞②秋開,楂梨並壯柿柰爭瓊。枳椇列植而爲藪,懸鉤觸草而徘徊。林檎俓於萍實,甘棠擬於帝臺。"(T52P0339a)今大正本經文作"蓞",宋、元、明及宮本作"蔔",慧琳釋文詞頭作"蓞"。上三形均當是《説文》"蓞"之異體字。《龍龕手鑑·草部》:"蓞、蓞,二俗。蓞,或作。蓞,正。音福。草名也。""蓞"字,《龍龕手鑑》早稻田大學藏本作"蓞",朝鮮本作"蓞",顯然"蓞""蓞""蓞"是一字之變。"蓞"即"蓞"字,《集韻·屋韻》:蓞,《説文》:'蓞也。'或作蓞。""蓞"字,《玉篇·艸部》:"蓞,草。"《正字通·艸部》:"蓞,蓞字之訛。"結合上所論,則"蓞"即"蓞"字,其義是草,《玉篇》所釋不誣。又張涌泉《叢考》"蓞"下所釋與此組字有關(2000:229),可參。

270. 斧、鈇

利斧,夫武反。《字書》:鈇斧也。《説文》:斫物斧也。從斤父聲。今經文作鈇,此字有

---

① 《大正藏》"蘿蔔"下校勘記:蘿蔔=蘆菔三宮,=薄菔聖(聖乙)。
② 《大正藏》"蓞"下校勘記:蓞=蔔三宮。

平、上二音。《説文》：荃斫也。《字統》云：荃刃也。《蒼頡篇》云：鈇猶砧也。並非此義，准經且宜作斧。（C57P0696a；J015）

按：上所引詞目出自《大寶積經》第一百一十卷音義。此"利斧"條《大正藏》對應經文作："彼地獄眾生被枝葉華果猶如竹根，擘裂身時口大叫喚處處馳走，如是之時其後有諸閻羅王人，手執利鈇，或執大鐵杖，其目可畏，牙齒極利，頭髮火然，其炎高大，全身燒然。"（T11P0622b）今大正本經文亦作"鈇"。"鈇"字《説文》釋爲鍘刀，此義似與經義不甚合。實"鈇"又是"斧"的異體字。敦煌斯388《正名要錄》"右字形雖別，音義是同，古而典者居上，今而要者居下"類，"鈇"爲古，"斧"爲今。《五經文字·金部》："鈇，與斧同。"《龍龕手鑑·金部》："鈇，音夫。鉞也。"別如《列子·説符》："人有亡鈇者，意其鄰之子。"宋郎曄《經進東坡文集事略·奏議》下注文中引《列子》文，并云："韓子以鈇爲斧。"上所引經文之"鈇"亦是斧子義，作此解方與經義相合。既然二者是異體關係，何以慧琳認爲經宜作"斧"呢？原因在於就"鈇"作爲"斧"之異體字而言，斧頭之"鈇"乃是重新解釋"鈇"之構意而來。慧琳從正字法角度考察二字關係，故而認爲作"斧"爲是。

271. 䩉、顊、輔

面䩉，扶武反。上聲字也。《韻英》云：頰骨也。或作顊。（C58P0122b；J036）

按：上所引詞目出自《大日經》第六卷音義。在面頰義上，"䩉""顊"爲改換意符而成的異構字，"䩉"與"輔"爲通假字關係。此"面䩉"條《大正藏》對應經文作："有微細慧，常念恩德，生渴仰心，聞法歡喜而住。其相青白，或白色，廣首長頸，額廣平正，其鼻脩直，面䩉[①]圓滿，端嚴相稱，如是佛子，應當殷勤而教授之。"（T18P0044c）今大正本經文作"䩉"，宋本作"輔"。經文之"面䩉"即面頰義，《説文·面部》："䩉，頰也。"此即面頰之本字，或又從"頁"作"顊"。敦煌伯2011王仁昫《刊謬補缺切韻·虞韻》："䩉，頰䩉。亦作顊。"《龍龕手鑑·頁部》："顊，或作。頔，正。音父。頰骨也。"二者爲改換意符而成的異構字。

然後世臉頰義上多作"輔"。《説文·車部》："輔，人頰車也。"就形義關係而論，"輔"同車有關，與"䩉"均有輔助之核義素，二者是同源字關係。如《左傳·僖公五年》："諺所謂'輔車相依，脣亡齒寒'者，其虞、虢之謂也。"杜預注云："輔，頰輔。"由此來看，"䩉"與"輔"可劃歸爲本字不用、借字通行現象，段玉裁"䩉"下謂："古多借輔爲䩉。"

272. 腐、梕

腐敗，扶甫反。《考聲》云：肉敗也。《廣雅》：腐，殈也。《説文》：爛也。從肉府聲。或從木作梕。（C57P0760b；J018）

---

① 《大正藏》"䩉"下校勘記：䩉＝輔⑧。

　　按：上所引詞目出自《十輪經》第三卷音義。此"腐敗"條《大正藏》對應經文作："若有破戒行諸惡法，内懷腐敗如穢蝸螺，實非沙門自稱沙門，實非梵行自稱梵行，恒爲種種煩惱所勝敗壞傾覆。"（T13P0736a）經文之"腐"爲朽爛義，《説文·肉部》："腐，爛也。"釋文謂字或從"木"作"㮤"，又《可洪音義》卷第十三《七處三觀經》"㾮"下云："音父，正作腐。"（C59P1045a）就形體來源而言，"㮤"即"㾮"書寫訛變而來，"㾮"則又"腐"字換"肉"旁爲"火"旁而成。《集韻·噳韻》："腐，《説文》：'爛也。'或從火。"其換作"火"旁當是受"腐爛"之"爛"從"火"的影響。

273. 赴、趍、跗、趍、訃

　　訃焉，上孚務反。鄭注《禮記》云：訃，至也。《古今正字》：從言卜聲。《字書》亦從走作赴，又從足作跗，或從辵作趍①，音義並同也。（C59P0204b；J092）

　　斯訃，敷付反。鄭注《禮記》：訃，至也。或作赴，又作跗，又作趍，並通。（C59P0290a；J097）

　　按：上所引詞目分别出自《續高僧傳》第九卷音義、《廣弘明集》第十一卷音義。"赴"與"跗""趍"均是改换意符而成的異構字，或又增"辵"旁作"趍"，與"訃"爲母字與分化字之關係。

　　上"訃焉"條《大正藏》對應經文作："范陽盧氏聞風遠請，裕乘時弘濟不滯行理，便往赴②焉，至止講供，常溢千人，聽徒嘉慶前後重疊。"（T50P0496a）今大正本經文作"赴"，宋、元本及宮本作"訃"。從經義求之，正合作"赴"，取奔赴、趍赴義。《説文·走部》："赴，趨也。"本是奔赴義，急走報喪亦曰"赴"，後世分化出"訃"字專門記録此義。段注"赴"下云："古文訃告字祇作赴者，取急疾之意。今文從言，急疾意轉隱矣。故言部不收訃字者，從古文不從今文也。"

　　釋文又溝通有"趍"字。敦煌伯2011王仁昫《刊謬補缺切韻·遇韻》："赴，撫遇反。奔。亦作趍。"《龍龕手鑑·辵部》："趍，音赴。"從形體來源求之，"趍"即"赴"之增旁異體字，蓋因"赴"字與行走關係密切，故俗或增"辵"旁以凸顯行走之義。又《大字典》據《龍龕手鑑》收釋有"趍"字（2010：4110），依慧琳所釋，則其書證可提前。

　　釋文謂或作"跗"。《説文·足部》："跗，趣越皃。""赴""跗"《廣韻》均讀芳遇切，又二者義亦同，當即異體字關係。敦煌伯2011王仁昫《刊謬補缺切韻·遇韻》："赴，撫遇反。奔。亦作跗。"從構形析之，"跗"從"足"與"赴"從"走"在奔赴義上相通。故而視二者爲改换意符而成的異構字較妥。

---

① 按："趍"字亦是"赴"之换旁異體字。
② "赴"下《大正藏》校勘記：赴＝訃⟨宋⟩⟨元⟩⟨宮⟩。

釋文又溝通有"趈"字。此字已編碼,但其餘字韻書少見,《大字典》《字海》及《異體字字典》均未收錄此形。從慧琳釋文及字形求之,亦是"赴"之換旁異體字,奔赴義上字從"辵"與從"走"相通。

274. 婦、媍、媔

禁媍,舊注云或爲婦字。録文從女作媔,字書無此字。(C58P1091b;J080)

按:上所引詞目出自《開元釋教録》第十五卷音義。此"禁媍"條《大正藏》對應經文作:"波羅奈媔四姓經一卷。或作婦字。"(T55P0647a)今大正本經文亦作"媔",釋文内注釋謂或作"婦"。又《大正藏》本《開元釋教録》卷第五云:"波羅奈媔四姓經一卷。或作婦字。"(T55P0534b)《貞元新定釋教目録》卷第八(T55P0831c)、卷第二十五(T55P0983a)所釋均同上。從慧琳釋文求之,"媍"當即"婦"之書寫變異字形。"媔"字,《可洪音義》卷第二十四《開元釋教録》卷第五"奈媔"下云:"音婦,傳寫久悞也。又此經有名無本,未詳是何緣起。諸家經音並音魂,非也。又《玉篇》作五魂反,亦非也。"(C60P0343c)《龍龕手鑑》引《玉篇》釋作女字。由佛經音義相關釋文來看,似"媔"即"婦"字書寫訛誤而來,定形之後,又據其從"軍"賦予"魂"音。

275. 賦、賆、傅、付

賦與,方句反。《廣疋》:賦,布也。平均也。《尔疋》:賦,斑(班)也。斑(班)遍布與也。律文作傅,師傅也。又作付,付囑也。並非此義也。(C58P0638b;J059)

租賦,古文賆,同。方務反。《説文》:賦,斂也。《廣疋》:賦,税也。《尒雅》:賦,量也。郭璞曰:賦税所以平量也。《文(方)言》:賦,動也。賦税所以擾動也。(C58P0644b;J059)

按:上所引詞目分別出自《四分律》第十五卷音義、《四分律》第三十五卷音義。"賦"與"賆"當是異體字關係,經文賦予義上有作"傅""付"者,均是"賦"之同音借用字現象。

上"賦與"條《大正藏》對應經文作:"羅閲城中大臣勅我言:'持此果詣僧伽藍中,示跋難陀釋子,令賦與僧。'今須跋難陀釋子至,當賦與僧。"(T22P0665b)今大正本經文作"賦",取分義。"租賦"條下謂古文作"賆",《説文·貝部》:"賆,齎財卜問爲賆。"是送禮卜問,《廣韻》讀疎舉切,與"賦"音義均別。由此來看,慧琳所謂"賦"之古文"賆"與送禮卜問之"賆"乃是同形字關係。《龍龕手鑑·貝部》:"賏,俗。賦,正。音付。賦頌也。又斂也。量也。班也。税也。"慧琳釋文之"賆"與《龍龕》之"賏"形體較近,當即一字之變。又徐在國《隸定古文疏證》"賦"下認爲,"賆"蓋是"賦"之假借用法(2002;139)。"賦"《廣韻》讀方遇切,中古屬非紐遇韻,上古屬幫紐魚部;送禮卜問之"賆"中古屬生紐語韻,上古屬心紐魚部,幫、心分屬唇音、正齒音,聲紐相遠,假借之説恐難成立。

釋文謂經文賦予義上或作"傅""付",分別是師傅、交付義,與"賦"義別;二字《廣韻》均讀方遇切,與"賦"音同。顯然經文中賦予、班分義上作"傅""付",乃是"賦"之同音借用字現象。

276. 該、晐、垓

該閲,上改哀反。賈逵注《國語》云:該,備也。《方言》云:該,咸也。《廣雅》云:該,評也。包也。《説文》:從言亥聲。若兼備之該,從日作晐。(C58P0411b;J049)

該別人,改孩反。《韻英》云:該,包也。賈注《國語》云:從言亥聲。有作垓,非也。(C58P0686b;J061)

按:上所引詞目分別出自《攝大乘論序》音義、《根本説一切有部毗奈耶律》第四十九卷音義。在兼備義上,"該""晐"屬本字不用、借字通行現象;經文中或作"垓",乃是"該"的同音借用字現象。

上"該別人"條《大正藏》對應經文作:"次欲自食,鄔波難陀亦來乞食,見青蓮花便作是念:'此苾蒭尼但於僧眾而興供養,亦有普意該別人耶? 我今應試即就索食。'"(T23P0899a)經文之"該"取包含義,此義上《説文》本作"晐"。《説文·日部》:"晐,兼晐也。"徐鍇《説文繫傳》:"日之光兼覆也。"徐鍇所釋乃字形構意,其實義正即兼晐、兼備,引申有包容等用法。經文之"該",《説文·言部》:"該,軍中約也。"指軍中戒約,形義相契合。然文獻中"該"字主要表示具備、包容、充足等用法,考其來源,正是"晐"之借用字。段注"晐"下云:"此晐備正字,今字則該、賅行而晐廢矣。"後世借字"該"取代了本字"晐",黎庶昌輯《原本玉篇殘卷·言部》:"該,今以爲兼備之晐字,在日部。"在該備、兼備義上,二者爲本字不用、借字通行現象。

釋文謂兼備義上或作"垓",是界域、界限義,亦是數詞,與兼備義別。二字《廣韻》均讀古哀切,當即同音借用字現象。

277. 改、攺

亟攺,欺記反。亟,數也。數音朔也。《考聲》:改字正從支作𢻻(攺)①。(C59P0314b;J099)

按:上所引詞目出自《廣弘明集》第二十四卷音義。此"亟攺"條《大正藏》對應經文作:"自佛法肇興千有餘載,流轉此地數百年間,濟濟僧徒一何爲盛。雖復市朝亟改、風化頻移,慧炬常明、戒香恒馥,其爲福利難可勝言。"(T52P0277a)今大正本經文作"改",是改變之義。《説文·支部》:"改,更也。"即變更、改易之義。釋文詞頭作"攺",《侯馬盟書》有作"𢻻""𢻻"者(《古文字詁林》第三册,2001:648),"攺"或即上引形體書寫而來,與"改"爲異寫字關係。

---

① 按,此"𢻻"即"攺"之書寫訛誤字形。

278. 皯、酐、黚、鞁

皯皵，上剛嬾反，下藏鄧反。《通俗文》作鞁。面鼃黑曰皵。《考聲》：面上黑子也。顏氏《證音》云：今内國云鞁。音贈。或作黚增，俗字也。（C57P0704b；J015）

面皯，干旱反。《說文》：皯，面黑色也。從皮干聲。亦作酐。今經本從黑作黚，俗字，非也。（C58P0173a；J039）

按：上所引詞目分別出自《大寶積經》第一百二十卷音義、《不空羂索經》第十二卷音義。"皯"與"酐""黚"均是改換形符而成的異構字關係；《通俗文》之"鞁"與"皯"存有二種情況：或是"皯"之換旁異體字，亦或是"皯"之音近借用現象，就目前所掌握材料來看，處理爲音借字較妥。

上"皯皵"條《大正藏》對應經文作："所謂母面熙怡，顏容端妙，無諸皯皵。"（T11P0680c）經文之"皯"指皮膚鼃黑，《說文·皮部》："皯，面黑气也。"據釋文，字或作"酐""黚"，《龍龕手鑑·面部》："酐，俗。古旱反。面上黑也。正作黚。"顯然"酐""黚"均是由"皯"字改換意符而來，從"皮"從"面"義相通；從"黑"一方面受"皵"之影響，另一方面也與"皯"字所記詞義有關。

釋文又謂《通俗文》作"鞁"。敦煌斯6176《箋注本切韻·翰韻》："鞁，射。"敦煌伯2011王仁昫《刊謬補缺切韻·翰韻》："鞁，射鞁。"又《龍龕手鑑·皮部》："鞁，音浑。射鞁，以皮鞁臂也。""鞁"是射鞁義，《廣韻》讀侯旰切，中古屬匣紐翰韻，"皯"《廣韻》音古旱切，中古屬見紐旱韻，二字音近義別。如此來看，其間存有二種可能性：其一，"鞁"爲"皯"之換旁異體字，別如"玗"又作"琟"；其二，《通俗文》之"鞁"爲"皯"的音近借用現象。然就目前我們所掌握的材料來看，處理爲音借字關係較妥。

279. 旰、晘、肝

日旰，下玕岸反。杜注《左傳》云：旰猶日晏也。亦晚也。《說文》義同，從日干聲也。《考聲》從竿作晘，音與上同。（C58P1076b；J080）

日旰，乾旦反。杜注《左傳》云：旰，晏也。《說文》云：日晚也。從日干聲。傳從月作肝，非也。（C59P0018a；J081）

按：上所引詞目出自《大唐內典錄》第五卷音義、《南海寄歸内法傳》第四卷音義。"旰"字或又作"晘"，經文中日晚義上或作"肝"，乃是"旰"之音近借用字現象；另外，此"肝"亦或是"旰"的書寫訛誤字形。

上"日旰"條《大正藏》對應經文作："提携鞠育，親誨忘疲，中宵廢寢，日旰停飢，上德不德，遠而莫知。"（T54P0233b）今大正本經文作"旰"，爲日晚義。《說文·日部》："旰，晚也。"釋文謂《考聲》作"晘"，乃是"旰"字改換聲符而來。《大字典》據《集韻》收釋有"晘"字（2010：1634），從慧琳釋文來看，其書證可提前。

　　"日旴"條下慧琳所見經文作"肝",是肝臟義,與"旴"義迥別。"旴"字《廣韻》音古案切,中古屬見紐翰韻,"肝"字讀古寒切,中古屬見紐寒韻,二字音近。經文中日晚義上作"肝",乃是"旴"之音近借用字現象。又如《根本說一切有部毘奈耶》卷第四十七:"商主師子,於日日中自知家務,日旴忘食。其子見父躬自勤勞,白言:'日晚何不時食?'父便告曰:'豈常受樂辦家業耶?'"(T23P0887c)據《大正藏》"旴"下校勘記,聖本、聖乙本"旴"作"肝"。另外,此"肝"亦或是"旴"的書寫訛誤字形。

280. 岡、罡、崗

　　山罡,閣即反。《尒雅》云:山脊曰罡也。郭注云:謂長山背也。《說文》:從山网聲。經文作崗,俗字誤。(C58P0290b;J044)

　　按:上所引詞目出自《心明經》音義。詞頭之"罡"由"岡"之《說文》篆體隸定變異而來,與"岡"爲異寫字關係;經文之"崗"則是"岡"的增旁異體字。

　　此"山罡"條《大正藏》對應經文作:"眾好具足諸根澹泊,無有衰入建最上寂,得第一定,如日初出現于山崗。"(T14P0942a)今大正本經文亦作"崗",是山脊、山梁義。《說文·山部》:"岡,山骨也。"正山脊義。詞頭之"罡",乃是"岡"之《說文》篆體"𦊨"的隸定字形書寫變異而來。"𦊨"隸定作"岡"形,"岡"進一步變作"𡺫"形,"𡺫"又變作"罡"形。"罡"之形體來源可概括如下: 𦊨—岡—𡺫—罡。又俗書"罡"的"山"旁或訛爲"止"作"罡",如晉《華芳墓誌》云:"假瘞燕都,寄情山罡。"又或變從"正"作"罡",朱駿聲《通訓定聲·壯部》:"岡,俗誤作罡。"

　　經文之"崗"乃是"岡"的增旁異體字。敦煌伯2011王仁昫《刊謬補缺切韻·唐韻》:"崗,山脊。"《干祿字書·平聲》:"崗、岡,上通下正。"《龍龕手鑑·山部》:"崗,俗。音剛。山脊也。"又元李文仲《字鑑·唐韻》"岡"下云:"居郎切。《說文》:'山脊也。從山𦉰聲。'俗又加山作崗,非。"如唐杜甫《上後園山腳》:"小園背高崗,挽葛上崎嶔。"蓋是"岡"之山脊義不甚明顯,故而又增"山"旁以凸顯其表義性。

281. 綱、綱、綱

　　隤綱,下各郎反。《說文》云:網,維紘繩也。從糸岡聲。傳文作綱,俗字。(C59P0015b;J081)

　　隤綱,下正體岡字。(C59P0133b;J088)

　　按:上所引詞目分別出自《南海寄歸內法傳》第三卷音義、《釋法琳本傳序》音義。《南海寄歸內法傳》第三卷之"隤綱"條《大正藏》對應經文作:"大師影謝,法將隨亡,邪山峻峙,慧巘隤綱,重明佛日,寔委賢良,若遵小徑,誰弘大方?"(T54P0220b)今大正本經文作"綱",慧琳所見經文作"綗"，二者爲異寫字關係。從形體演變論之，"綱"之《説文》篆體"綱"隸定作"綱"形，"綱"字右邊部分由包圍結構變作上下結構即爲"綗"形；"綗"之構件"网"進一步變作"罒"則成"綗"形；"綱"則是傳承變異字形。綜上，"綗"之形體來源大致如下：綱—綱—綗—綗。

282. 掆、掆

掆①輿，古郎反。《文〔字〕集略》云：相對舉物曰掆也。(C58P0459b；J052)

按：上所引詞目出自《中阿含經》第十五卷音義。釋文詞頭之"掆"與"掆"爲異寫字關係。此"掆輿"條《大正藏》對應經文作："如是，比丘、比丘尼以四如意足爲掆輿。"(T01P0519c)今大正本經文作"掆"。敦煌伯2011王仁昫《刊謬補缺切韻·唐韻》："掆，舉。"《龍龕手鑑·手部》："掆，正。古浪、古郎二反。稍掆，昇舉也。"詞頭之"掆"即"掆"之異寫形體。"掆"字右邊所從的"罒"由"岡"之《説文》篆體"岡"隸定變異而來，"岡"或書作"罒"、"綱"或書作"綗"，均是其例。

詞頭"掆輿"之"掆"字，《慧琳音義》各版本均如是作，《校本》據《玄應音義》相關釋文校作"棡"(2012：1415)，不過《校勘記》中仍認爲作"掆"爲是(2012：1432)。從釋文義來看，作"掆"字是也。"棡"從木，與抬、舉義不相符，玄應書中的"棡"當是"掆"之書寫訛誤字形，楷書階段"扌"旁"木"旁互訛者甚眾。

另《大字典》"棡"下據《玄應音義》釋作"用同'掆(扛)'"(2010：1321)，或有未妥。《玄應音義》卷第十一《中阿含經》第十五卷"掆輿"條下云："古郎反。《文字集略》云：'相對舉物曰掆也。'"(V32P0145c)此處之"掆"即"棡"之異寫字，"棡"則又"掆"之訛誤字形。

283. 革、革、靷、懽

革屣，上革字。《説文》云：獸皮治去毛，革更之也。古文革字從三十，凡三十年爲一世，而道更革易也。從臼，今從省作革。(C58P0126b；J036)

不革，古文革、懽、靷三形，同。古核反。革，更也，謂改更也。《説文》：獸去毛曰革。言治去毛變更之也，故字從囗。囗爲國邑，國三十年而法更別，取別異之意也。囗音韋。(C58P0950b；J074)

按：上所引詞目分別出自《普通諸尊瑜伽念誦法》音義、《出曜經》第七卷音義。"革"與"革"爲異寫字關係，與"靷""懽"爲異構字關係。

上"革屣"條《大正藏》對應經文作："然瞿波利比丘，愚心不革，執意牢固。"(T04P0665a)經文之"革"爲變更義。《説文·革部》："革，獸皮治去其毛，革更之。革，古文革，從三十，三

---

① 按，此"掆"即"掆"之異寫形體，《校本》據《玄應音義》校作"棡"(2012：1415)，非是。

十年爲一世,而道更也。"與慧琳所引《説文》同。《説文》對"革"字的釋形是許慎針對《説文》系統而爲,從古文字形體來看,林義光《文源》卷第六認爲古文"革"象用手治理獸頭角足尾之形;方國瑜《字説六則》在梳理"革"字形體演變的基礎上認爲,"革"之本義爲皮,引申爲毛、更改之義(《古文字詁林》第三册,2001:257),可從。

釋文謂古文作"譁""悙"二形。"譁"字,《説文・言部》:"譁,飾也。一曰更也。"段注云:"譁與革音義同。"對於《説文》"譁"字的訓釋,張舜徽《説文約注》認爲,許書原本蓋以"更也"爲第一義,"飾也"爲第二義,以"譁"爲改革、革命的本字(2009:612)。張氏之論可備一説。就"革"與"譁"之關係而言,蓋"譁"是"革"在變革、改革義上的增旁分化字。因"革"的皮革義、變革義均常用,在文字區別律、表達律的促動下,故而變革義上後增"言"旁以分化之。就"譁"字所從的"言"旁而言,清錢坫《説文解字斠詮》謂:"從言者,革言三就義也。"(《説文詁林》,1988:3142)然而文獻中變革義上通作"革",故而"革"與"譁"視作異體字關係較妥。

又"悙"字,黎庶昌輯《原本玉篇殘卷・言部》:"譁,柯核反。《毛詩》:'不長夏以譁。'《傳》曰:'譁,更也。'野王案,譁猶改變也。《字書》或爲悙字,在心部。今爲革字,在革部。"又敦煌伯2011王仁昫《刊謬補缺切韻・麥韻》:"譁,更。亦作悙。"張涌泉《敦煌俗字匯考》認爲,"悙"蓋"譁"之後起換旁字(1996:598),是也。然而變革義上"譁""悙"分別從"言"旁"心"旁是何原因,仍需要進一步探求之。

284. 祴、𧜀、襺

祴上,上剛得反。《考聲》云:祴,衣襟也。又作襺,音兢憶反。《字書》云亦衣襟也。《説文》云:衣領也。從衣戒聲也。(C57P1036b;J030)

衣祴,囶得反。顧野王云:衣襟也。經作𧜀①,非也。(C57P1037b;J030)

按:上所引詞目分别出自《道神足無極變化經》第二卷音義、《伅真陀羅所問經》音義。玄應、慧琳所見經文之"𧜀"正當作從衣亥聲,由"祴"字改換聲符而來;慧琳"祴上"條下溝通的"襺"爲衣領義,與"祴"義别,二者爲文義換用關係。

上"衣祴"條《大正藏》對應經文作:"佛説伅真陀羅功德,爾時其在會者,衣祴上皆化自有華,皆起持是華散伅真陀羅上。則時伅真陀羅以右肩悉受華,其華不墮地。"(T15P0355a)據慧琳所釋,"祴"取衣襟之義。又《龍龕手鑑・衣部》:"祴,正。古得反。衣前襟也。"釋文謂又作"襺",《説文・衣部》:"襺,衣領也。""襺"與"祴"義相别,蓋是二者均爲衣之組成部分,故慧琳將之溝通。

"衣祴"條下慧琳謂其所見經文作"𧜀"。此"𧜀"字《慧琳音義》高麗本、獅谷本如是作,頻伽本、大正本、《校本》(2012:1030)均作"核"形。作"核"是也。《伅真陀羅所問經》

---

① 按,此"𧜀"即"核"之訛。

之"衣襖"條本是玄應所撰，慧琳收錄時新加審訂。《玄應音義》卷第七"衣襖"下云："孤得反，即衣襟也。經文作 ![校]，非也。"（V32P0100c）高麗本玄應、慧琳之書均從"衤"，乃是"衤"之訛。此"![校]"正當從衣亥聲，由"襖"字改換聲符而來。"戒"《廣韻》音古拜切，中古屬見紐怪韻；"亥"讀胡改切，中古屬匣紐海韻，二字音近，故"襖"可換從"亥"聲。另此"核"字已編碼，但《大字典》及《異體字字典》均未收錄，《字海》據《玄應音義》卷七之"衣襖"條釋作"同'襖'"（2000：1144）。

285. 骼、髂

骨骼，皆頜反。鄭注《禮記》云：骨枯曰骼。《説文》：禽獸之骨曰骼。從骨各聲。集本作髂，音客亞反，誤。（C59P0262b；J096）

按：上所引詞目出自《弘明集》第九卷音義。慧琳所見經文之"髂"似可視作"骼"的異體字。此"骨骼"條《大正藏》對應經文作："問曰：'死者之骨骸①非生者之形骸耶？'答曰：'生形之非死形，死形之非生形，區已革矣。安有生人之形骸，而有死人之骨骸哉！'"（T52P0055c）今大正本經文作"骸"，宋、元、明及宮本作"骼"，慧琳所見經文作"髂"，均是骨骼義。"骸"字，《説文·骨部》："骸，脛骨也。"本是脛骨，又泛指骨骼。《釋名·釋器》："骸，骨也。"別如《慧琳音義》卷第五十一《成唯識論》第二卷"尸骸"條下云："駭皆反。顧野王云：'身體之骨，總名爲骸。'《考聲》云：'形體骨也。'《韻譜》云：'骨亦骸也。'"（C58P0441a）經文之"骸"正是此用。

詞頭之"骼"字，《説文·骨部》："骼，禽獸之骨曰骼。"儘管許慎釋"骼"爲禽獸之骨，然文獻中多泛指骨，非專指禽獸骨而言。慧琳所見經文作"髂"，敦煌本《王韻》及《龍龕手鑑》等辭書多釋爲腰骨，《廣韻》讀枯駕切；除此而外，《篇海類編》又讀作各頜切，義爲骨骼。後一義上之"髂"可釋形爲"骼"之換聲字，別如"額"又作"頜"。《漢書·揚雄傳》："范雎，魏之亡命也，折脅拉髂，免於徽索。"顏師古注云："髂，骨也。"從形體來源看，泛指骨骼之"髂"當是由指腰骨之"髂"引申或重新解釋而來，慧琳從正字法角度入手，認爲經文骨骼義上作"骼"爲"非"。

286. 恭、恭、龔

恭恪，上菫邕反。《尚書》：儼恪也。孔安國注云：恭，奉也。《考聲》云：敬也，肅也。《説文》：給也。從心從共，共聲也。古作龔。（C57P0623b；J012）

恭敬，上恭字，《説文》：從也。肅也。下古文心字，上共聲也。俗從小，非也。（C58P0207a；J041）

按：上所引詞目分別出自《大寶積經》第十三卷音義、《大乘理趣六波羅蜜多經》第一卷音義。手書"恭"字下部的"心"或變作"小"形；慧琳所謂"恭"古作"龔"，事實上二者是同音借

---

① 《大正藏》"骨骸"下校勘記：骨骸＝骨骼⊛⊛。

用字現象。

上"恭恪"條《大正藏》對應經文作:"諸人當知,世尊今日詣我宮食,請竟七日,諸菩薩眾及諸聲聞皆當來集,仁等恭恪設無放逸。"(T11P0070b)經文之"恭"爲恭敬義,《説文·心部》:"恭,肅也。从心,共聲。"段注云:"肅者,持事振敬也。""恭"字下從"心",俗書或變作"小",漢時已有下從"小"形者。清顧藹吉《隸辨·鐘韻》"恭"字下引《漢張遷碑》作"恭"(1982:24)。敦煌斯388《正名要錄》"右各依腳注"類,"㳟"下注"從心"。又《干禄字書·平聲》:"㳟、恭,上俗下正。"正因如此,故而慧琳從正字法角度斥"恭"爲"非"。①

"恭恪"條下慧琳謂古作"龔"。《説文·共部》:"龔,給也。"段玉裁注云:"此與《人部》供音義同,今供行而龔廢矣。"是供給義,與"恭"義別。"龔""恭"二字《廣韻》同讀九容切,故而文獻中或借"龔"爲"恭"。朱駿聲《通訓定聲·豐部》:"龔,叚借爲恭。"如《漢書·王尊傳》:"象龔滔天。"就《説文》類字書的解釋來看,慧琳所謂"恭"古文作"龔",本質上是同音借用字現象。

然而問題并没有結束,《説文》又收録有"龏"字,《龍部》:"龏,愨也。"段注云:"此與《心部》恭音義同。"高鴻縉《頌器考釋》:"恭字原初作龏,從廾,龍聲。從廾變爲共,故有龔字,音義不别。秦以後有恭字,從心,共聲,音義仍同。"(《金文詁林》,1975:1433)從高鴻縉的解釋來看,似"龏"字亦是"恭"之古文,則慧琳所謂古文"龔"即指"恭"的另一種書寫形式,從而二者是異體字關係。不過對於"龔""龏"與"恭"之關係,各家論斷不一,高田忠周《古籀篇》對於"龔""龏""恭"之關係給出多種可能性(《古文字詁林》第三册,2001:206)。馬敘倫《説文解字六書疏證》認爲"龔""龏"爲一字,恭敬義乃借自"恭"而來(《古文字詁林》第三册,2001:206)。總體上,就目前所見材料而言,我們比較傾向於從《説文》之釋,即"龏"與"恭"爲異體字關係,與"龔"則爲同音借用字現象。

287. 絹、愲

結絹,昆兀反。《廣雅》:結絹,不解也。《説文》:絹亦結也。或從心作愲也。(C59P0325a;J099)

按:上所引詞目出自《廣弘明集》第二十九卷音義。此"結絹"條《大正藏》對應經文作:"惟秋色之顯顯,心結絹兮悲起,曾憫憐之惛悽,痛掌珠之愛子,形悼悼而外弛。"(T52P0342b)經文之"絹"是打結、不解義,"心結絹"指内心憂愁、煩亂。"絹"字,《説文·糸部》:"絹,結也。"從字形求之,本當是結、打結義,文獻中多表示心情憂愁,上引經文即是其

---

① 關於"恭"書作"恭"形,《晉書》中亦有相關記載,《志第十八》云:"王恭在京口,百姓間忽云:'黄頭小兒欲作賊,阿公在城,下指縛得。'又云:'黄頭小人欲作亂,賴得金刀作藩扞。'黄字上恭字頭也,小人恭字下也,尋如謠言者焉。"

例。別如《楚辭·九思》："佇立兮忉怛,心結縎兮折摧。"釋文謂或從"心"作"愲",即是"縎"之換旁異體字。羅振玉輯《原本玉篇殘卷·系部》:"縎,古忽反。《説文》:'縎,結也。'《廣雅》:'縎,結不解也。'或爲愲字,在《心部》。"又敦煌伯 2011 王仁昫《刊謬補缺切韻·没韻》:"愲,心亂。"蓋是因"縎"字從"糸",與心情愁悶義相隔,故而又換作"心"旁。清畢沅《經典文字辨證書·系部》:"縎,正。愲,別。《漢書》:'心結愲。'"甚是。另《大字典》據《玉篇》收釋有"愲"字(2010:2493),義爲憂悶、心亂,然未溝通與"縎"之異體關係。

288. 賈、賨、賮、估

賮(賈)客,上音古。杜注《左傳》云:賮(賈),賣也。鄭玄云:居賣也。《字書》云:坐販曰賮(賈)。音爲假者,非也。(C57P0675b;J014)

商估,估,公户反。鄭玄注《周禮》曰:行賣曰商,坐賣曰估。估字又作賈也。(C57P0867a;J023)

賨客,上孤五反。鄭注《周禮》云:行賣曰賨,坐販曰賨也。鄭注《禮記》:賨,謂賨物貴賤也。《白虎通》:賨,固也。守固物,待民來以求利也。《古今正字》:坐賨賣售也。從貝宍(丏)聲。宍(丏),音古。《説文》從人,自擁蔽也。左右象蔽形也。(C58P0735b;J063)

按:上所引詞目分別出自《大寶積經第七十九卷》音義、《新譯大方廣佛花嚴經》卷第六十五《入法界品之六》音義、《根本説一切有部尼陀律》第五卷音義。慧琳釋文之"賈"佛經音義中或書作"賨"形,乃由《説文》篆體"賈"變異而來;"賈"又或訛同"貿(賮)"。"商估"條下慧琳所謂"估字又作賈",此"估"與"賈"爲同源通用字關係,王力《同源字典》即將二者系聯爲一組(1982:124)。

289. 痼、痗

痼疾,又作痗,固(同)。古護反。久病也。《説文》:痼,病也。(C58P0872b;J070)

按:上所引詞目出自《阿毗達磨俱舍論》第十三卷音義。此"痼疾"條《大正藏》對應經文作:"由生死中諸法皆以苦爲自性,極不安隱,猶如痼疾。"(T29P0071b)經文之"痼"是久病義,此義上《説文》正作"痗"。《説文·疒部》:"痗,久病也。""痼"是"痗"的換旁異體字,蔣斧印本《唐寫本唐韻·暮韻》:"痼,久病。"《龍龕手鑑·疒部》:"痼,久病也。"又徐灝《説文注箋》"痗"下云:"痗,又作痼。"二者爲改換聲符而成的異構字。不過《大字典》"痼"(2010:2868)、"痗"(2010:2851)下的處理並不一致,或有失妥當。

290. 瓜、苽

瓜蔓,上古花反。《廣雅》云:龍蹄、虎掌、羊骹、兔頭、桂杖、狸頭等瓜屬也。《説文》云:

瓜，𤬞也。象形。經作苽，非也。（C58P0196a；J040）

按：上所引詞目出自《聖迦抳金剛童子求成就經》音義。細考慧琳之意，蓋從正字法角度認爲"瓜"字增"艸"旁作"苽"爲"非"，如此，則經文之"苽"乃是"瓜"的增旁異體字。此"瓜蔓"條《大正藏》對應經文作："又法欲降伏鳩盤茶鬼，取冬瓜蔓藤，長十指，截一千八莖，搵酥護摩，誦真言一千八遍，一遍一擲火中，其鬼即皆降伏。"（T21P0112c）今大正本經文作"瓜"。《説文·瓜部》："瓜，𤬞也。象形。"徐鍇《説文繫傳》作"𤬞也"，與慧琳所引《説文》同。

慧琳所見經文作"苽"，《説文·艸部》："苽，雕苽，一名蔣。"即茭筍，《廣韻》音古胡切，與"瓜"音義均別。然從形義關係察之，"瓜"屬植物類，或增"艸"旁作"苽"，則是"瓜"之增旁異體字。如《南齊書·孝義傳》："兄弟共種苽半畝，朝採苽子，暮已復生。"又如《經律異相》卷第三十《阿育王夫人受八歲沙彌化》經云："古聖制儀，豫其未萌，亦戒終始：女子年七不戲父机，男兒八歲不倨母床，果下不捫首，苽田無摸足。"（T53P0159c）上面"果"與"苽"相對爲文，"苽"即"瓜"字。《大正藏》"苽"下校勘記謂元、明本作"瓜"，亦可爲證。又元李文仲《字鑑·麻韻》："瓜，古華切。《説文》：'𤬞也。'中從厶，象形。或作苽，非。"細索慧琳之義，蓋與李文仲同，是從正字法角度認爲"瓜"作"苽"爲"非"。

291. 罣、𦋺、罫

罣礙，《字略》作罫，同。胡卦反。綱礙也。（C57P0801a；J020）

𦋺礙，𦋺，胡卦反。《字略》曰：𦋺謂**綱**①礙也。字又作罣。（C57P0817b；J021）

按：上所引詞目分別出自《大方廣佛華嚴經》第一卷音義、《華嚴經》卷第四《妙嚴品》之四音義。"罣"字手書或變異作"𦋺"形，與"罫"爲改換聲符而成的異構字；《大字典》"罫"下未溝通與"罣"的異體關係，或有失妥當。

上"罣礙"條《大正藏》對應經文作："如來光明逾摩尼尊，彌覆其上，種種變化施作佛事，一切悉覩無所罣礙；於一念頃，一切現化充滿法界。"（T09P0395a）"罣礙"指牽掣、羈絆義。"罣"字，《龍龕手鑑·网部》："罣，古惠反。卦也。"此"卦也"取絆掛義，《廣韻·霽韻》："罣，挂也。"是其證。"𦋺礙"條之"𦋺"則是"罣"之異寫形體，高麗本《龍龕手鑑·冈部》："**𦋺**，今。**𦋺**，正。胡挂反。礙也。又古賣反。罣罥也。""**𦋺**""**𦋺**"二形早稻田大學藏本分別作"𦋺""**𦋺**"。事實上，《龍龕》高麗本之"冈"部早稻田大學藏本書作"冈"部。

釋文謂《字略》作"罫"。除上引釋文外，又《慧琳音義》卷第九《摩訶般若波羅蜜經》第一卷"罣礙"下云："又作罫，同。胡卦反。"（C57P0564b）卷第二十七《妙法蓮華經》第四卷《法師品》之"罣礙"下云："古作罫。"（C57P0983a）卷第五十九《四分律》第一卷"罣礙"下云："又作罫，同。胡卦反。"（C58P0628b）又《龍龕手鑑·网部》："罫，音卦。"此亦是羈絆之義，與"罣"

---

① 按，此"**綱**"字《校本》作"網"（2012：860）。

同。《希麟音義》卷第二《新花嚴經》第五卷"罜礙"條下云："上又作罫、絓二形,同。"(T54P0940a)又元李文仲《字鑑·卦韻》:"罜,胡界切。罜礙,冒也。从网从圭。俗作罫。"羈絆義上,"罜"與"罫"當即改換聲符而成的異構字。慧琳謂"罜""罫"同,實不誣也。又《大字典》據《集韻》收釋有"罫"字(2010:3113),然未溝通與"罜"之異體字關係,或有失妥當。

292. 枴、丱

枴行,上乖買反。《韻詮》云:杷頭杖也。患脚人扶身杖。古文作丱,象形字也。(C58P0692a;J061)

按:上所引詞目出自《苾芻尼律》第十二卷音義。據慧琳所釋,"枴"與"丱"或可視作異體字關係。此"枴行"條《大正藏》對應經文作:"是時六眾苾芻,每於諸苾芻處作毀訾語云:'眇目、癰瘻、背傴、侏儒、太長、太短、太麁、太細、聾盲、瘖瘂、枴行、腫脚、禿臂、大頭、哆脣、齲齒。'"(T23P0968b)經文之"枴行"指借助拐杖行走,言腿脚不便。"枴"即拐棍,除上引釋文外,又卷第六十"枴行"條下云:"乖買反,上聲,俗字也。即老人把頭杖名爲枴子,患脚行不得者柱雙枴策腋行,名曰枴行。一切字書並無此字。"(C58P0672b)由慧琳釋文來看,似其所見之辭書未收錄"枴"字。又《龍龕手鑑·木部》:"枴,古買反。老人拄杖也。"另就"枴"之字形而言,本是從木另聲,"另"俗訛作"另",非是。《大字典》拐棍字頭亦作"枴"(2010:1268)。

慧琳又謂拐棍義上古作"丱"。《說文·丱部》:"丱,羊角也。"本是羊角,蓋是拐棍與"丱"字形較近,故而慧琳認爲拐棍古文作"丱"。此當即"丱"之構形重新解釋而來,或可視作"枴"之異體字。《大字典》"丱"下又收錄有跛行義,釋爲"用同'拐'"(2010:3380),較妥。"拐"即"枴"字,《龍龕手鑑·手部》:"拐,俗。古買反。正作枴。老人杖也。"另《大字典》據《廣韻》收釋有"枴"(2010:1268)、"拐"(2010:1959)二形,但未溝通二者之異體字關係。據慧琳及行均所釋,拐棍義上本作"枴","拐"乃是後起字形,二者爲異體字關係,《大字典》當予以溝通之。

293. 慣、摜、遺、串

慣習,又作串、槵(摜)、遺三形,同。古患反。《爾雅》:串亦習也。(C58P0911a;J072)

按:上所引詞目出自《法勝阿毗曇心論》第三卷音義。習慣義上,早期借"貫""串"記錄,後分化出"摜""遺"與"慣"字,文獻中通行"慣"。

此"慣習"條《大正藏》對應經文:"於一切法餘共相壞緣念處,數數慣習修身受緣共相法念處。如是身心緣如是三二,當知如是壞緣。"(T28P0849a)經文之"慣習"爲同義詞連用,早期文獻借"貫"字爲之。《說文·貝部》:"貫,錢貝之貫。"指古時穿錢貝之繩索,如《史記·平準書》:"京師之錢累巨萬,貫朽而不可校。"引申又指用繩子穿起來、穿過、貫通義,又指習慣義。段注"貫"下謂："段借爲摜字，習也。"《爾雅·釋詁下》："貫，習也。"唐陸德明釋文謂："慣，本又作貫。"蔣斧本《唐韻》、敦煌本《王韻》、校刻本《王韻》均釋"慣"爲習。後世通行"慣"字。

據釋文，字或從"手"作"摜"。《説文·手部》："摜，習也。《春秋傳》：'摜瀆鬼神。'"又或作"遺"，《説文·辵部》："遺，習也。"徐鍇《説文繫傳》："《春秋傳》曰：'使盈其遺。'當作此字。"段注"摜"下云："此與《辵部》遺音義皆同，古多段貫爲之。"（1981：601）又"遺"下云："亦假貫，或假串。"（1981：71）"摜""遺"均是"貫"在慣習義上之後出分化字，與"慣"同。

釋文又溝通有"串"字。敦煌斯388《正名要録》"右字形雖别，音義是同，古而典者居上，今而要者居下"類，"串"在上，"慣"在下，取慣習義。蔣斧印本《唐寫本唐韻·諫韻》："慣，習。又作串。古患反。"敦煌伯2011王仁昫《刊謬補缺切韻·諫韻》："慣，古患反。習。或作串。"又日釋空海《萬象名義·丨部》："串，古患反。習，遺字，慣。"①《龍龕手鑑·雜部》："串，古患反。穿也。亦習也。"儘管《慧琳音義》及唐時韻書將"串"釋同"慣"，然其本用是貫穿義，與"貫"同。段注"貫"下謂："《毛詩》'串夷'，傳云：'串，習也。'串即毌之隸變，傳謂即慣字。"（1981：316）孫詒讓《古籀餘論》卷三："毌，俗又作串。"（《古文字詁林》第六册，2008：538）又唐蘭《論周昭王時代的青銅器銘刻》認爲"串"同"貫"，"慣"之初文從心串聲作""（《唐蘭先生金文論集》，1995：236）。總上，"串"由"毌"書寫變異而來，在慣習義上，"串""貫"是假借用法，後期分化出"慣"字以記之。

另曾良《俗字及古籍文字通例研究》認爲，"串""慣"二字"至少在中古漢語中是異體的關係"（2006：172）；此就"慣"未完全取代"串"而言的，也即我們所謂的"非典型異體字"。從嚴格意義上來説，"串"字構形與習慣義并不相符，换言之，即"串"字不是爲習慣義而造，只是同"貫"一樣，在一段時間内借用去記録習慣義。

294. 盥、盬、淟、灌

盥，官椀反，又古兔反。顧野王曰：凡澡洗物皆曰盥。《説文》云：盥，洗手也。從皿從臼從水。經作灌，非也。（C58P0971a；J075）

盥漱，上官椀反。《説文》云：盥，澡手也。從臼水臨皿也。譜作淟，非也。臼音菊，皿音明丙反。（C58P1016a；J077）

盥漱，上官椀反。《説文》云：盥，澡手也。從臼水臨皿。傳從水作盬，非也。（C59P0139b；J088）

按：上所引詞目分别出自《修行道地經》第三卷音義、《釋迦譜序》第四卷音義、《釋法琳本傳》第四卷音義。"盥"與"盬""淟"均是異構字關係，經文盥洗義上或作"灌"，乃是"盥"之

---

① 按，吕浩《〈篆隸萬象名義〉校釋》本作："串，古患反。習也，遺字，慣也。"（2007：187）

同音借用字現象。

上"盥"條《大正藏》對應經文作："想於眾苦生死之惱，澡手盥面瞻視四方，夜觀星宿以自御心，棄捐懈怠不思臥寐。"(T15P0200a)今大正本經文作"盥"，取洗滌義，餘二"盥"字亦取此義。《說文·皿部》："盥，澡手也。"本指洗手，引申泛指洗滌義，別如《左傳·襄公十九年》："宣子盥而撫之。"《釋法琳本傳》第四卷"盥漱"條下慧琳所見經文作"澴"，乃是"盥"之增旁異體字。《龍龕手鑑·水部》："澴，正。音貫。淨也。亦澡手，盆洒也。"慧琳從正字法角度認爲洗滌義上經文作"澴"爲"非"。

《釋迦譜序》第四卷"盥漱"條下慧琳所見經文作"溢"，當即"盆"增"水"旁而來。"盆"從水從皿會意，表示盥洗義，"溢"則綴加"水"旁以增強其表義性。《龍龕手鑑·水部》："盆、溢，二或作。音貫。淨也。"慧琳亦是從正字法角度認爲洗滌義上經文作"溢"爲"非"。

"盥"條下慧琳所見經文作"灌"，是澆灌義，與"盥"義迥別。二字《廣韻》均讀古玩切，顯然盥洗義上經文作"灌"乃是"盥"之同音借用字現象。

295. 規、䂓、規、頗

規摸(模)，癸惟反。顧野〔王〕云：䂓圓而矩方也。《孟子》曰"不規矩不能方圓"是也。《考聲》云：規，圓也，正也，度也。鄭玄云：規，正圓器也。《說文》：規，有〔法度〕也。從夫見。有從矢，或從失，皆誤也。(C57P0531a；J007)

按：上所引詞目出自《大般若波羅蜜多經》第五百六十卷音義。"規"字手書或變異作"䂓""規""頗"形。"規摸"條《大正藏》對應經文作："如有工匠或彼弟子，欲造大殿如天帝釋殊勝殿量，見彼殿已而反，規摸日月宮殿，當知彼類甚爲愚癡。"(T07P0891b)今大正本經文作"規摸"，"規"取規劃、模仿之義。《說文·夫部》："規，有法度也。"本指法度，轉而指畫圓的工具，引申有畫圓、謀求、模仿等用法。關於"規"字的構形與用法，段玉裁"規"下云："《字統》曰：'丈夫識用，必合規矩。'故字从夫。"(1981：499)又張舜徽《說文約注》云："規字從夫從見，謂諦視人體，取以爲法也，凡云規模、規制，皆此義之引申。"(2009：2529)相較而言，張說頗妥。

釋文謂或有從"矢"作"䂓"者，即是"規"字書寫變異所致。從"矢"作者所見甚早，秦公《碑別字新編》十一畫"規"下引《魏元子永墓誌》作"**䂓**"形(1985：183)。敦煌斯388《正名要錄》"右各依腳注"類，"規"下注"從夫"。其言外之意即有的寫法並不從"夫"。《干祿字書·平聲》："䂓、規，上俗下正。"《五經文字·見部》："規，從夫。作䂓，訛。"《龍龕手鑑·見部》："䂓，俗。規，正。居隨反。規，圓器也。丈夫識用，必合規矩者也。"明郭一經《字學三正·體製上》："規，俗作䂓。"又張自烈《正字通·矢部》："䂓，規本字。"張氏認爲本從"矢"取法度義，此可備一說。

釋文又謂或從"失"作"規"或"頬",此亦是"規"之書寫變異形體。臧克和等編《漢魏六朝隋唐五代字形表》載《唐陶後興墓誌》作"規"(2011:1460),秦公《碑別字新編》十一畫"規"下引《齊天柱山銘》作"頬"形(1985:183)。《龍龕手鑑・見部》:"規,俗。規,正。"事實上,從"夫"之字多或變作從"矢"、從"失",清顧藹吉《隸辨・偏旁》"夫"下云:"從夫之字……與從矢、從失、從先之字無別。"(1982:922)慧琳從正字法角度認爲,"規"字從"矢"、從"失"作者均"非"。

296. 軌、軓、迣、衏

軌生,上歸委反。《穀梁傳》云:軌,法則也。《説文》:車轍也。從車九聲。古文作迣,又作衏。論文作軓,俗字。(C58P0910a;J072)

按:上所引詞目出自《阿毗達磨顯宗論》第三十七卷音義。"軌"手書或變異作"軓"形,或換從"辵"旁作"迣",亦或換從"行"作"衏","迣""衏"均是"軌"之異構字。

此"軌生"條《大正藏》對應經文作:"此所緣境説之爲文,文謂不能親目於義,但與名句爲詮義依,此三能持諸所詮義及軌生解,故名爲法。"(T29P0959a)今大正本經文作"軌",取法度、規則義。《説文・車部》:"軌,車徹也。"即車跡,引申指車兩輪間的距離,又表示法度、規矩等。"軌"字手書或作"軓"形,秦公《碑別字新編》九畫"軌"下引《隋董夫人衛美墓誌》正作"軓"形(1985:106),又清邢澍《金石文字辨異・紙韻》"軌"下引《唐充公頌》亦作"軓"。從來源上論,當是"軌"先書作"軌"(見《五經文字・車部》"軌"下)形,再由"軌"變爲"軓"。另張涌泉《敦煌俗字匯考》"軓"下認爲"軓"是"軌"之變體(1996:544),亦在理。

釋文謂古文有作"迣"者,是"軌"之換旁異體字。"軌"字從車,"迣"字從"辵",二旁均與行有關係,故可通。又《玉篇・車部》:"迣,古文軌。"是也。

釋文又溝通有"衏"字,此亦是"軌"之換旁異體字,從"行"亦與行走有關。《玉篇・行部》:"衏,古文軌字。"《古文四聲韻》引崔希裕《纂古》作"衏"形(《古文字詁林》第十冊,2004:740),"衏"所從的"几"形蓋是"衏"之"九"書寫變異而來。另有"衏"字,乃是"衏"之訛。

297. 晷、晷

惠晷,歸累反。《説文》云:日景也。從日從咎。音舊。今俗用從田作晷,非也。(C57P0601a;J011)

按:上所引詞目出自《大寶積經》第一卷音義。此"惠晷"條《大正藏》對應經文作:"闢圓明之淨域,啓方便之禪門,慧晷耀於昏衢,慈雲清於朽宅,無得而稱者,其惟正覺乎。"(T11P0001a)經文之"晷"取日影之義。《説文・日部》:"晷,日景也。从日,咎聲。"即日光義,引申指時間、日晷等用法。釋文謂有從田作"![晷異體]"者,乃是"晷"之訛誤字形。"晷"訛作"![晷異體]"形其他字書鮮見收録,可作爲"日""田"相混的例證。楷書階段"日"形、"曰"形頗近,又"會"或書作"會"形,可與此例相比勘。

298. 詭、恑、恑

詭矙,又作恑,同。居毀反。《説文》:恑,變詐也。謂變異也,詐妄也。經文從口作恑,非也。(C57P0575b;J009)

按:上所引詞目出自《道行般若經》第六卷音義。"詭"與"恑"視作本字不用、借字通行現象較妥;慧琳所見經文之"恑"是詭詐義,當即"詭"在詭詐用法上的换旁異體字。

此"詭矙"條《大正藏》對應經文作:"菩薩作是學不得佛者,佛語爲有異。佛語終不欺也。弊魔復往到菩薩所,作是詭矙言。"(T08P0455b)大正本經文作"詭矙",與詞頭之"詭矙"同,"詭"取欺詐義。《説文·言部》:"詭,責也。"本是責成義,轉而指欺詐、冒充等用法。段注云:"今人爲詭詐字。"慧琳所見經文作"恑"。《龍龕手鑑·口部》:"恑,俗。居委反。恑詐也。""恑詐"即詭詐。"恑"與"詭"音義同,當即"詭"之换旁異體字。《重訂直音篇》即將二者視作異體字關係,可從。《大字典》據《龍龕》收釋有"恑"字(2010:668),未溝通與"詭"之異體字關係,或失妥當。蓋是"恑"字所出較晚,慧琳從正字角度認爲作"恑"爲"非"。

釋文謂作"恑"亦同。《説文·心部》:"恑,變也。"此即詭辯之本字,然文獻中多用本是則求義之"詭"字。段注"恑"下云:"今此義(引者按,指詭詐義)多用詭,非也。詭訓責。"又黎庶昌輯《原本玉篇殘卷·言部》"詭"下云:"《説文》以詭異之詭爲恑字,在心部。"張舜徽《説文約注》"詭"下亦持此看法(2009:609),可參。由此來看,"詭""恑"本義不同,然後世"恑"的詭詐一類用法由"詭"字承擔,顯然二者屬本字不用、借字通行現象。

299. 鯀、縣、骹

縣放,上昆穩反。《考聲》云:禹父名也。殛之於羽山。《文字典説》:從骨系聲。亦作鯀。集本作骹,誤也。(C59P0253b;J095)

按:上所引詞目出自《弘明集》第三卷音義。"鯀"字本當從"玄"聲作"骹",因"玄""系"形近,故而又訛變作"鯀";詞頭之"縣"當由"鯀"改换聲符而來,"縣"又或書作"骹";慧琳所見經文之"骹"是由"骹"换旁或書寫訛變而來。

此"縣放"條《大正藏》對應經文作:"故諺曰:'求忠臣必於孝子之門。'明其雖小違於此,而大順於彼矣。且骹①放遄裔而禹不告退,若令委堯命以尋父屈,至公於私感,斯一分之小善,非大者遠者矣。"(T52P0017b)今大正本經文作"骹",宋、元本作"鯀",明本作"骹",均是

---

① 《大正藏》"骹"下校勘記:骹⊛=鯀宋元,=骹明,=縣宮。

禹父之名。《説文·魚部》：“䰵，魚也。”本是魚名，又用作禹父之名。如《尚書·堯典》：“於！鯀哉。”就“鯀”之形音關係來看，《説文》認爲“系”爲聲。“系”字《廣韻》音胡計切，中古屬匣紐霽韻，上古屬匣紐之部；“鯀”字《廣韻》音古本切，中古屬見紐混韻，上古屬見紐文部，見、匣同是牙喉音，之、文韻相遠，故而段注“鯀”下云：“系聲讀古本切，亦未詳所以，恐古音不同今讀也。”由此可推“系”蓋非聲。明嘉興藏本之“䰷”，《龍龕手鑑·魚部》：“䰷、鯀，古本反。魚名。二同。”“䰷”字右邊從“玄”，《廣韻》音胡涓切，中古屬匣紐先韻，上古屬匣紐真部，與“鯀”所屬見紐文部音相近。蓋“鯀”字本從“玄”聲，後訛作“系”。林義光《文源》即認爲“䰷”爲正，“玄”“系”形近，故訛從“系”（《古文字詁林》第九册，2004：381）。張舜徽《説文約注》亦持此觀點（2009：2849）。

　　詞頭之“䱤”是“鯀”的換旁異體字，原因之一蓋是“鯀”的聲符與整字讀音不協，故而換從“骨”作“䱤”。“骨”《廣韻》音古忽切，中古屬見紐没韻，上古屬見紐物部，與“鯀”之見紐文部非常接近。徐在國《隸定古文疏證》亦認爲“䱤”由“鯀”而來（2002：239），可從。因“鯀”或作“䰷”，故而“䱤”亦或作“䚩”，《龍龕手鑑·角部》：“䚩”，同“䱤”。如此一來，“䱤”便成了雙聲字。

　　釋文所見經文作“䚩”，此即“䱤”之異體字。《龍龕手鑑·角部》：“䚩，或作。古本反。今作䱤、䚩二字。禹父名也。”從形體來源論之，“䚩”當是“䱤”換旁而來；亦或是由“䱤”書寫變異而來，因“角”“骨”形體相近。

300.　摑、敠、馘

　　打摑，書或作馘，同。古麥反。此亦假借耳。（C58P0002b；J031）

　　敠打，上礦獲反。《廣雅》：敠，擊也。《埤蒼》：擊頰也。顧野王云：“今敠耳”是也。《古今正字》：從攴各聲也。攴音普卜反。論文作摑，俗字也。（C58P0343b；J047）

　　按：上所引詞目分別出自《入楞伽經》第四卷音義、《彌勒菩薩所問經論》第三卷音義。上“敠打”條《大正藏》對應經文作：“問曰：‘一切美味、飲酒、食肉、捲手摑打、一切戲笑，如是等惡行，一切禮拜、供養、恭敬、遠離飲酒等，如是等善行，何故不説以爲業道？’”（T26P0249b）今大正本經文作“摑”，即擊打義，詞頭之“敠”與此同。蔣斧印本《唐寫本唐韻·陌韻》：“敠，手打。出《廣疋》。”《龍龕手鑑·攴部》：“敠，正。音摑。手打也。與摑同。”

　　“打摑”條下謂書或作“馘”，是俘馘字，與“摑”義迥別。“摑”“馘”《廣韻》同讀古獲切，音同。顯然摑打義上作“馘”，乃是“摑”的同音借用字現象。慧琳謂之“假借”，是也。蓋是因“馘”借用作“摑”較多見，故而“馘”又或增“手”旁作“擭”。《龍龕手鑑·手部》：“擭、摑，古麥反。挺擭，打也。或作敠（引者按，朝鮮本作敠）。”

301. 馘、聝、𢧢、馘

屠馘，穬獲反。《毛詩傳》云：馘，獲也。不服者煞而獻其耳曰馘。或從國作馘，又從耳作聝，古文又作𢧢。（C59P0319a；J099）

按：上所引詞目出自《廣弘明集》第二十九卷音義。“馘”與“聝”爲改換意符而成的異體字；“𢧢”字可析作從戈從耳會意，亦當是“馘”之異構字；“馘”是雙聲字，當是因“馘”之聲符與整字讀音不甚協，故而又增聲符“國”。

此“屠馘”條《大正藏》對應經文作：“于時群小疑其神異，乃羈之華林外閣。公亦怒而言曰：亂戴頭亂戴頭，各執權軸人出號令，威福自由生殺在口，忠良被屠馘之害，功臣受無辜之誅。”（T52P0335c）經文之“馘”取殺害義。“馘”字，《説文·耳部》：“聝，軍戰斷耳也。馘，聝或從首。”本指軍戰中割取敵人之左耳以記功，引申又指割取、殺害義。“馘”“聝”爲改換意符而成的異體字。

釋文又溝通有“𢧢”字，此蓋取從戈取耳義，乃是“馘”之異構字。《大字典》收録有“𢧢”字（2010：2976），釋作“同‘職’”，此是“𢧢”的別一義，無“同‘馘’”這一用法。依慧琳所釋，似當增此一釋。

釋文謂或從“國”作“馘”，爲雙聲字，亦是“馘”之異體字。蓋是因後世“馘”與其聲符“或”在音讀上有一定距離，故而又增聲符“國”。“馘”字《廣韻》音古獲切，中古屬見紐麥韻，上古屬見紐職部；“或”《廣韻》讀胡國切，中古屬匣紐德韻，上古屬匣紐職部；“國”《廣韻》讀古或切，中古屬見紐德韻，上古屬見紐職部。相比較而言，“國”音與“馘”音更近，故而會出現綴加聲符“國”的現象。

302. 果、菓、惈

果蓏，上音果，正體。從艸，俗字。（C58P0037b；J032）

惈敢，古禍反。《廣雅》：惈，勇。《蒼頡篇》：惈，憨也。殺敵爲惈。《尒雅》：惈，勝也。孫炎曰：惈決之勝也。今亦作果。憨音胡濫反。（C58P0327b；J046）

按：上所引詞目分別出自《如來莊嚴智慧佛境界》上卷音義、《大智度論》第十六卷音義。果實義上，“菓”是“果”之增旁異體字；果敢、決斷義上，“惈”字分化未成功，與“果”視作異體字關係較妥。

上所引釋文之“果”主要有兩種用法：其一，樹木所結的果實，“果蓏”條是也。上“果蓏”條《大正藏》對應經文作：“譬如大地，住持萬物，生長一切穀麥、果蓏、草木、樹林，建立成就。”（T12P0243c）“果”字象果形在樹上，慧琳謂從“艸”作“菓”者爲俗，乃是“果”之增旁異體字。《干禄字書·上聲》：“菓、果，果木字。上俗下正。”與慧琳所釋同。另《大字典》據《廣韻》收釋有“菓”字（2010：3446），依慧琳釋文來看，其書證可提前。

其二,果決、決斷義,"惈敢"條是也。"果"又假借表示勇敢、果斷義,《玉篇·木部》:"果,果敢也。"如《周禮·春官·大卜》:"以邦事作龜之八命……五曰果。"鄭玄注云:"果謂以勇決爲之。"經文之"惈敢"即"果敢",敦煌伯2011王仁昫《刊謬補缺切韻·哿韻》:"惈,敢。"又《龍龕手鑑·心部》:"惈,音果。敢也。"從形體來源而言,"惈"即"果"字加"心"旁而來。考其增旁緣由,當是爲了區別於果實之"果",則"惈"乃"果"之分化字。然文獻中"惈"字並未通行,屬分化失敗例,果敢義上仍作"果",故而該用法上二者視作異體關係較妥。

303. 哈、呹、唉

哈笑,呼來反。《字書》:蚩笑也。楚人謂相調笑爲哈。經文作唉,於來反,應聲也,唉非此義。(C58P0763b;J065)

哈雙玄,海哀反。王逸注《楚辭》云:哈,笑也。楚人謂笑爲哈也。或作呹。(C59P0327b;J099)

按:上所引詞目分別出自《大愛道比丘尼經》上卷音義、《廣弘明集》第三十卷音義。"呹"當即"哈"之換旁異體字,經文調笑義上有作"唉"者,乃是因與"哈"形略近,書經人審之不細而至誤。

上"哈笑"條《大正藏》對應經文作:"何謂爲八敬? 一者比丘持大戒,母人比丘尼當從受正法,不得戲故輕慢之,調欺咳①笑説不急之事,用自歡樂也。"(T24P0946b)今大正本經文作"咳",宋、元、明及宮本作"哈",慧琳所見經文"唉"。作"哈"是也,據慧琳所釋,取蚩笑、調笑義,"咳"是嬰兒笑,與"哈"義有關而本相別。蓋是因二字用法相似,讀音相近,故而寫經人用"咳"代"哈"。又"唉"字,與"哈"音義均別,形體略近,當是書經人審之不細而至誤。

釋文又溝通有"呹"字,此字其餘字韻書多不見收録,《大字典》《字海》及《異體字字典》亦未收載。從慧琳釋文來看,或即"哈"之換旁異體字。"哈"《廣韻》讀呼來切,中古屬曉紐咍韻;"呹"所從的"改"《廣韻》讀古亥切,中古屬見紐海韻,見、曉同屬牙喉音,咍、海韻平上相對,故而"哈"可換從"改"聲。

304. 骸、屄

尸骸,乎皆反,骨之總名也。經文作屄,非也。(C57P0996a;J028)

按:上所引詞目出自《正法華經》第二卷音義。慧琳所見經文之"屄"是"骸"之換旁異體字。此"尸骸"條《大正藏》對應經文作:"有鍼喙蟲,及鐵喙鳥,在丘壙間,見人死屍。惡鬼兇巇,放髮叫呼,諸魅湊滿,貪欲慢翰。"(T09P0076c)今大正本經文作"死屍",與詞頭的"尸骸"所表之義相通。"骸"字,《説文·骨部》:"骸,脛骨也。"本是脛骨,引申泛指骨骼。《廣雅·釋

---

① 《大正藏》"咳"下校勘記:咳＝哈三宮。

器》：“骸，骨也。”又《慧琳音義》卷第一《大般若波羅蜜多經》第三卷“骸骨”條下云：“《玉篇》云：‘身體諸骨總名爲骸。’”（C57P0413a）卷第五《大般若波羅蜜多經》第四百一十一卷“骸骨”下云：“《公羊傳》云：骸，骨也。身體骨總名。”（C57P0477a）又卷第二十九《金光明最勝王經》卷第十“骸骨”下云：“身體之骨，總名爲骸。”（C57P1028b）卷第六十九《阿毘達磨大毘婆沙論》第一百二十三卷“骸骨”下云：“顧野王云：骸，身體之骨惣名也。”（C58P0842a）

慧琳所見經文作“屍”，乃是“骸”之換旁異體字。《龍龕手鑑·尸部》：“屍，俗。户皆反。正作骸字。”在骸骨義上，從“骨”從“尸”義可通。慧琳從正字法角度認爲經文作“屍”爲非。另《大字典》據《篇海類編》收釋有“屍”字（2010：1043），依慧琳所釋，則其書證可提前。

305. 憨、僗、瘚

憨風，上呵甘反。《考聲》從人作僗。僗，癡甚也。《字書》云：憨，愚也。《文字典説》：從心敢聲。經從疒作瘚，俗字也。（C58P0139a；J037）

按：上所引詞目出自《陀羅尼集》第四卷音義。《考聲》之“僗”是“憨”之增旁異體字，慧琳所見經文之“瘚”是“憨”的換旁異體字。此“憨風”條《大正藏》對應經文作：“若患風病緩風偏風，若患瘚風憨風等病，耳聾鼻塞，皆印病處，至心誦呪一百八遍病即除愈。”（T18P0818c）今大正本經文作“憨”，取癡呆、傻義。除上引慧琳釋文外，又卷第四十《十一面神呪心經》“憨風”下云：“《考聲》云：‘癡也。’”（C58P0189a）卷第五十三《中本起經》下卷“狂憨”下云：“《字書》：憨，愚也。”（C58P0498a）卷第九十三《續高僧傳》卷第十一“雄憨”下云：“《玉篇》引《毛詩傳》：‘憨，愚也。’”（C59P0210b）又《龍龕手鑑·心部》：“憨，呼甘反。愚癡甚也。”《玉篇·心部》：“憨，火含切。愚也。癡也。”從形義關係論之，“憨”取心不慧義，即愚癡。

釋文謂《考聲》從“人”作“僗”，是“憨”之增旁異體字。究其增“人”旁之原因，蓋是“憨”所表癡呆、傻義與人有關，故而或增“人”旁。自《集韻》始，其後之字書，諸如《字彙》《正字通》等多釋“僗”爲“憨”之俗，可從。另《大字典》據《集韻》收釋有“僗”字（2010：276），依慧琳所釋，則其書證可提前。

慧琳所見經文從“疒”作“瘚”，乃是“憨”之換旁異體字。《龍龕手鑑·疒部》：“瘚，俗。呼甘反。正作憨。癡甚也。”之所以換作“疒”旁，其原因在於癡呆是病之一種，故而可換“心”爲“疒”。另《大字典》據《龍龕》收釋有“瘚”字（2010：2883），依慧琳所釋，則其書證亦可提前。

306. 齂、呴、咞、吁、嚊、䶀

齂眠，胡旦反。《説文》：臥息聲也。經文作呴、咞二形，非也。又作嚊，普利反。喘聲也。嚊非此義。（C58P0463b；J052）

齂睡，下旦反。《説文》：臥息聲也。《字苑》呼干反。江南行此音。律文作呴、吁（吁）、

齅三形，非體也。（C58P0612b；J058）

鼾睡，下旦反。《説文》：臥息聲也。《字苑》呼干反。江南行此音。律文作吁（吁）、齅、
𪖈三形，非也。（C58P0643b；J059）

　　按：上所引詞目分別出自《長阿含經》第五十七卷音義、《十誦律》第二卷音義、《四分律》
第三十二卷音義。“鼾”與“哻”“呀”“吁”均爲異構字關係；“齅”或是“鼾”的會意別構字，或
與“鼾”爲近義換用關係；慧琳所見經文之“𪖈”乃是“翰”的俗寫形體，在打鼾義上，爲“鼾”的
音近借用現象。

　　上面《慧琳音義》釋文中的“鼾”指打鼾義，《説文·鼻部》：“鼾，臥息也。从鼻，干聲。讀
若汗。”慧琳謂經文中打鼾義上，或作“哻”“呀”“吁”。《龍龕手鑑·口部》：“吁、呀、哻”，
同“鼾”。從形體構造來看，“哻”“呀”“吁”與“鼾”均是異構字關係，其間關係較明。《十誦
律》第二卷音義之“鼾睡”條下，“律文作哻、吁”之“吁”，《玄應音義》如此作，《慧琳音義》
作“吁”。從釋文内容求之，作“吁”是也，慧琳釋文之“吁”乃是“吁”的書寫訛誤形體。

　　《四分律》第三十二卷音義又溝通有“齅”“𪖈”二形。《大字典》收録了“齅”字（2010：
750），然《大字典》所釋該字的三種用法及其讀音均與“鼾”別。又《龍龕手鑑·口部》：“齅”，
同“鼾”。就現有研究成果來看，“齅”與“鼾”的關係存在兩種可能性：其一，“齅”是“鼾”的從
口從鼻的會意別構字，故而《龍龕手鑑》將二者予以溝通；又《可洪音義》卷二十五“吁齅翰”條
下謂：“下三同，户岸反。”（C60P0374b）顯然，可洪的此條釋文據慧琳《四分律》第三十二卷音
義而來。此外，韓小荆《〈可洪音義〉異體字表》（2009：469）、鄭賢章《〈隨函録〉俗別字譜》
（2007：529）均在“鼾”下列有“齅”字。其二，“齅”與“鼾”在打鼾這一用法上相近，但讀音有
別；經中打鼾義上作“齅”，乃是“鼾”的近義詞換用現象。除上所舉《龍龕手鑑》《可洪音義》
外，其餘字書、韻書基本持後一種觀點。我們認爲，從漢字形音義關係及目前我們所掌握的
資料來看，上面考察的“齅”與“鼾”的兩種字際關係均有可能。

　　又“𪖈”字，《慧琳音義》高麗本、《玄應音義》高麗本如上作，上引《可洪音義》作“翰”，
《龍龕手鑑》未予收録。《可洪音義》之“翰”乃“翰”的俗寫體。文獻中又有“𪖈”字，清代趙
之謙《六朝別字記》“𪖈”下謂：“此翰字。”綜合來看，《四分律》第三十二卷音義的“𪖈”字，
乃是“翰”的俗體字。清顧藹吉《隸辨·翰韻》“𪖈”下引《鄭烈碑》作“𪖈音振于天”，并
按云：“即翰字，字原誤書作𪖈。”（1982：570）甚確。“鼾”《廣韻》音許干切，又音侯旰切；
“翰”《廣韻》音侯旰切。由此來看，慧琳所見經文中打鼾義上作“𪖈”，乃是“鼾”的音近借
用字。

307. 函、函、函、圅、梤、械、臽、涵

一函，霞緘反。《字書》：盛書、盛物也。今人函書、表函等是也。（C57P0471b；J004）

寶，霞巖反。古文作椷，或作械。《考聲》云：木匧也。《説文》作函。函，篋也。《桂苑珠叢》云：盛經書、盛珍寶器物也。經文作，亦通用。(C57P0521a；J007)

一，胡緘反。謂以木器盛物者也。經文作臽，音陷，坑也。臽(臽)非此義。(C58P0467b；J052)

寶函，胡緘反。謂盛貯經書、雜物等曰函。論文作涵，胡甘反。涵，潤澤也。涵非此用。(C58P0925a；J073)

函杖，上合甘反。《毛詩》箋云：函，容也。《禮記》"席間函杖"是也。《説文》：象形，古體圅從弓(马)。马音頷，亦聲。(C59P0060b；J083)

按：上所引詞目分別出自《大般若波羅蜜多經》第三百九十九卷音義、《大般若波羅蜜多經卷》第五百四十卷音義、《增一阿含經》第二十三卷音義、《立世阿毘曇論》第二卷音義、《大唐三藏玄奘法師本傳》第八卷音義。在匣子、容納義上，《説文》篆體隸定字形作"圅"，後世書作"函"，或又變異作""""二形；"函"手書或訛作"臽"；"函"或又增旁作"椷"，亦或換旁作"械"；經文中該義上或作"涵"，乃是"函"的同源通用字現象。

上面釋文中的"函"取容納、匣子義，《説文》篆體作""，隸定作"圅"，後世書作"函"。慧琳溝通的""""均是"函"的異寫字，臧克和《漢魏六朝隋唐五代字形表》引《唐田仁墓誌》作""(2011：165)，引《唐田在卞墓誌》《唐重藏舍利記》作""(2011：165)，是其例。

《大般若波羅蜜多經》第五百四十卷音義"寶"條下，慧琳又溝通了"椷""械"二體。在匣子義上，"椷"是"函"的增旁異體字，或又換旁作"械"。《類篇·木部》："椷，匱也。杯也。函，或作椷。"《集韻·覃韻》："函，容也。或作械。"其間關係較明。

《立世阿毘曇論》第二卷音義中，慧琳所見經文作"涵"。《説文·水部》："涵，水澤多也。"文獻中"涵"有浸潤、容納、沉没等用法。從字際關係來看，在匣子、容納義上，"涵"與"函"爲同源通用字關係，王力《同源字典》即將二者系聯爲一組(1982：605)，可從。

《增一阿含經》第二十三卷音義中，慧琳所見經文作"臽"。此爲小坑義，《廣韻》音戶籀切，與"函"音義均別。就字際關係而論，匣子、容納義上，"臽"是"函"的書寫訛誤字形。顧藹吉《隸辨·咸韻》"函"字下引《魏甄皇后坐板函銘文》作""形(1982：320)，又臧克和《漢魏六朝隋唐五代字形表》引《多寶塔碑》作""形(2011：165)，均可作爲"函"誤書作"臽"的過渡字形。

又按，上引"函杖"條下，"古體圅從马。马音頷"，高麗本作"古體圅從弓。马音頷"，獅谷本、弘教本、頻伽本、大正本均作"古體圅從弓。弓音頷"，《校本》作"古體圅從ㄢ。ㄢ音頷"(2012：1975)。《説文》收錄有"圅"字，《马部》："圅，舌也。象形，舌體马马。從马，马亦聲。""圅"乃"函"的本字。《正字通·口部》"圅"下云："函本字。"又"函"下云："本作圅。"清邵瑛《群經正字》云："今經典作函。""圅"字《説文》歸"马"部，"马"字徐鉉音乎感切，《廣韻》音胡感切，"頷"字《廣韻》音胡感切，二字音同。由此來看，高麗本"古體圅從弓"之"弓"乃"马"之訛，其後諸版本未予糾謬,沿襲上"弓"之訛,又誤下"马"爲"弓",其誤滋甚。事實上,古籍中"马"誤書作"弓"形者較常見,張自烈《正字通・弓部》"马"字下對這一誤書現象進行過論辨,可參。另《校本》將"弓"改作"マ",亦不妥。

308. 涵、洺、淦、匼、匝

遭洺,又作塗(淦)、涵二形,同。胡南反。《方言》:洺,沉也。字體作匼,舩没也。(C58P0776a;J065)

按:上所引詞目出自《善見律》第十一卷。在沉没義上,"涵"與"洺""淦""匼""匝"均是異體字關係;"淦"書寫或訛誤作"塗"。

此"遭洺"條今《大正藏》對應經文作:"若遭洺,或遺落去失,有人拾得,依經取死,造經比丘得波羅夷罪。"(T24P0752a)上面經文中"遭洺"之"洺"字,《大正藏》如是作,宋、元、明、宮本作"匼"。從慧琳釋文和經文義求之,"洺"取沉没義,《字彙・水部》:"音含,船没也。"文獻中又作"涵",《方言》卷第十:"涵,沉也。"又或作"匼""匝",其間爲異體字關係。

釋文中"又作塗"之"塗"字,《慧琳音義》各版本均如此作,《善見律》第十一卷音義之"遭洺"條本是玄應所撰,檢《玄應音義》第十六卷"遭洺"條,其下爲"又作淦"(V32P0216a)。《集韻・覃韻》:"洺,《方言》:'沉也。'或作淦。""洺"《集韻》音胡南切,"淦"《集韻》亦有胡南切這一讀音,在沉没義上,"淦"是"洺"的異體字。從形音義關係求之,《慧琳音義》的"塗"乃是由"淦"書寫訛誤所致。

又釋文中"字體作匼"之"匼"字,《慧琳音義》高麗本、弘教本如上作,獅谷本、頻伽本作"**匼**",大正本作"**匝**",《校本》作"匼"(2012:1663)。高麗本的"匼"、《校本》的"匼"均爲"洺"的異體字,獅谷本的"**匼**"、大正本的"**匝**"當是由"匼""匝"雜糅而來,蓋是刻寫者審之不細所致。從版本異文情況來看,上面幾個形體的演變也符合《慧琳音義》版本間的傳刻關係。

309. 罕、罜、罜、罕、旱、窂

罜有,呵嬾反。《説文》:冈也。從冈干聲。《字書》:希也,少也。經從穴作罕(窂),非也。(C57P0661a;J014)

罕緻,上呼旱反。孔注《論語》:罕,希也。《説文》:從冈,從干。傳文作窂,非也。(C58P0945a;J074)

罜究,上正罕字。案《説文》從冈作**旱**,訶坦反。《毛詩傳》云:**旱**,猶希也。顧野王云:希,踈也。録作窂,誤。(C58P1092a;J080)

按:上所引詞目分別出自《大寶積經》第五十六卷音義、《佛本行讚傳》第四卷音義、《開

元釋教録》第十六卷音義。上面釋文中的“罕”均取稀少義,《説文》篆體作“䍐”,清邵瑛《群經正字》謂:“篆作䍐,于隸法當作罕,今經典皆作罕。”上面慧琳釋文中溝通的經文中之不同寫法“䍐”“䍐”“罕”“䍐”均是“䍐”隸定後的變異字形,其間爲異寫字關係。

《佛本行讚傳》第四卷慧琳所見經文作“𥥛”,亦是“䍐”的隸定變異字形。清顧藹吉《隸辨・旱韻》“𥥛”下按云:“《説文》作䍐,從网從干。《五經文字》云:‘經典相承作罕,碑變從穴。’”(1982: 400)

310. 喊、闞(鬫)

喊喊,呼檻反,下又作諴、欿二形,同。呼戒反。《方言》:喊,聲也。喊,呵也。謂恚怒聲也。經文或作闞,音呼檻反。二形通用。(C58P0273a;J043)

按:上所引詞目出自《大方便報恩經》第二卷音義。慧琳釋文中所謂與“喊”通用的“闞”,本質上應書作“鬫”;後世文獻中呼喊義上作“闞”,均是“鬫”的訛變形體。

此“喊喊”條今《大正藏》對應經文作:“時旃陀羅即在王前,喊喊噏張,高聲唱言:‘大王當知殺人之法,斷頭截頸,割斷手足,抽筋拔肋,苦痛如是。大王今者能堪是不?’”(T03P0134b)經文中的“喊”爲大聲呼叫義,《方言》卷第十三:“喊,聲也。”慧琳謂此義上經文或作“闞”,《説文・門部》:“闞,望也。”爲望、視義,又《廣韻・鑑韻》:“闞,犬聲。”《廣韻・豏韻》:“闞,虎聲。”就《説文》和《廣韻》對“闞”字用法的解釋而論,從漢字形音義統一的視角出發,疑《廣韻》的解釋非“闞”字所本有。文獻中又有“鬫”字,檢諸字書,《字彙・門部》:“鬫,音喊。怒聲。”由此我們可以確定,《廣韻》的“闞”乃是“鬫”之訛。因“門”“鬥”形近,作構字部件時易致混訛。進一步來看,慧琳所謂呼喊義上,“喊”與“闞”通用,其實是“喊”與“鬫”通用。

又《大方便報恩經》第二卷音義“經文或作闞”之“闞”字,《慧琳音義》各版本均如是作,《校本》亦同(2012: 1263),《玄應音義》卷第四同(V32P0058a)。顯然這幾處的“闞”均是“鬫”之訛。此外,《大字典》“闞”字第二個音項下收録了“怒聲;大聲”(2010: 4394)這一用法;《大字典》“鬫”下釋“同闞”(2010: 4892)。此爲典型的習非成是。

311. 捍、扞、𢽂、悍、猂、翰

爲捍,又作扞,同。胡旦反。《説文》:扞,止也。蔽也。衛也。經文作翰,高飛也,長也。翰非此用。(C58P0234b;J042)

勇悍,寒岸反。《説文》:悍,猛也。從心旱聲。或從手作捍,或從支、犬作𢽂、猂,並通。(C58P0920b;J073)

按:上所引詞目分别出自《大威德陀羅尼經》第十七卷音義、《入阿毘達磨論》上卷音義。在抵擋、抵禦義上,《説文》本作“扞”,後世文獻通行“捍”,或有從“支”作“𢽂”者,音義並同;抵禦義上,文獻中或假本表勇猛義的"悍"字爲之,"猂"當即"悍"的異體字;慧琳所見經文中抵禦義上作"翰",乃是"捍"的同音借用現象。

上"爲捍"條,今《大正藏》對應經文作:"譬如丈夫當發如是心:我於某處當作屋宅,爲捍風雨故。"(T21P0825a)索經義,"捍風雨"即抵擋風雨,"捍"取抵禦、抵擋之義。此用法上《説文》正作"扞",《説文・手部》:"扞,忮也。"段玉裁"扞"下認爲,"忮"當是"枝",作"枝持"用。後世文獻中,抵禦、抵擋義上通行"捍"。《集韻・翰韻》:"扞,衛也。或作捍。"慧琳謂或從"攴"作"攼"。《説文・攴部》:"攼,止也。"在抵禦、抵擋義上,此與"捍"爲換旁異體字關係。

《入阿毘達磨論》上卷音義"勇悍"條之"悍",指勇猛、勇敢義。《説文・心部》:"悍,勇也。""悍"《廣韻》音侯旰切,與"捍"音同。從字際關係來看,慧琳所謂"並通",實指二者存在通假關係。別如《莊子・大宗師》:"彼近吾死而我不聽,我則悍矣,彼何罪焉?"陸德明《莊子音義》云:"悍,本亦作捍。"

又有"猂"字,歷代字書鮮見收録。《彙音寶鑒・干韻》:"猂,或作悍字。"檢佛經文獻,《大正藏》本《大乘起信論廣釋》卷第五:"毘梨名精進,於諸善品心勇猂故。"(T85P 1161b)又《卍續藏經》之《重修龍川縣南山淨土寺記》:"崇山峻嶺,獐猺雜處。往多賊巢,民獷猂而難治。"(卍 X73P0629b)上面二處經文中"猂"的用法與"悍"字同,二者當是異體字關係。另《大字典》釋"猂"爲"同'悍'"(2010:1446),惜缺乏書證和例證,兹可補足。

《大威德陀羅尼經》第十七卷音義中,慧琳謂抵禦、抵擋義上經文有作"翰"者。"翰"本指山雞,引申表示長而硬的鳥羽、高飛等義,與"捍"別。又《廣韻》中,"捍""翰"均有侯旰切的音讀,二者音同義別。顯然,經文中抵禦義上作"翰",乃是"捍"的同音借用現象,故而慧琳謂"翰非此用"。

312. 翰、翰、毨

染翰,寒岸反。或從毛作毨。《考聲》云:獸毫毛也。可以製筆,故云毨墨。《周書》曰:文毨若彩鷄。言文章綺煥也。筆能撟奮,故呼筆爲擒毨。(C57P0750a;J018)

操翰,下寒幹反。《考聲》:鳥羽也。《説文》亦天雞羽也。從羽軑聲。傳從翕作**翕**,俗字。杲音桑到反,軑音于岸反。(C59P0044b;J083)

按:上所引詞目分別出自《大乘大集地藏十輪經》音義、《大唐慈恩寺三藏法師玄奘傳序》音義。在文筆、文辭義上,本當作"毨",然文獻中通行借字"翰",該字手書或又作"**翕**"形。

上面釋文中的"翰"取毛筆、文辭義。《説文・羽部》:"翰,天雞,赤羽也。"本指赤羽山雞,進而指長而硬的鳥羽,又轉指毛筆、文辭等。手書"翰"右邊部分或變異作"翕",清顧藹吉《隸辨・翰韻》"**翰**"下引《鄭烈碑》作"**翕**音振于天末"。顧氏按云:"即翰字,字原誤書作翕。"

(1982：570)甚確。慧琳在"染翰"條下謂"或從毛作𣯈",《說文·毛部》："𣯈,獸豪也。""𣯈"指獸的長毛。對於"翰""𣯈"二字的關係,徐鍇《說文繫傳·毛部》"𣯈"下云："翰林皆當作𣯈,羽翰則作翰,古多假借。"段玉裁"𣯈"下謂："𣯈,古書多作翰。"從漢字形音義統一角度察之,徐鍇所言較妥,即鳥羽義上作"翰",文筆、文采義上作"𣯈"。不過在文獻實際用字中,文筆、文采義上通行"翰"字,"𣯈"則主要表示長毛義。

313. 頷、頤、顄、顧、領、頜、脥、顪

頷有,含紺反。俗字也。正從函作顄。《說文》：頤也。從頁函聲。頁音頡,函音含也。(C57P0659a；J013)

頜骨,含感反。《說文》：頜,頤也。從頁含聲。古作顧。論從肉作脥,俗字也。(C58P0827b；J068)

頷車,又作頤,同。胡感反。頤下也。《釋名》：頷,含也。口含物之車也。或曰輔車,其骨强,所以輔持口也。或曰牙車,牙所載也。或言頰車,亦所載頰也。凡繫於車者,皆取在下載上物也。俗名額車,音公盍反。吳會曰頷頡。頡,苦姑反。論文或作顄也。(C58P0952a；J074)

頜領,下含感反。《方言》云：頜,頤也。《說文》頜、領二字皆從頁,各、含亦聲。傳文作額領,皆誤之也。(C59P0237b；J094)

按：上所引詞目分別出自《大寶積經》第五十五卷音義、《阿毘達磨大毘婆沙論》第四十卷音義、《出曜經》第十四卷音義、《續高僧傳》第二十七卷音義。上面慧琳釋文中的"頷"指下巴,在這一用法上,文獻中有不同的表示法。《方言》卷第十："頜、頤,頜也。南楚謂之頷,秦晉謂之頜。頤,其通語也。"由此來看,在下巴這一用法上,"頷"與"頤""頜"同實異名。

慧琳謂頰骨義上作"頷",乃是俗字,正字作"顄"。"顄"在《說文》中本作"顄",《說文·頁部》："顄,頤也。"《玉篇·頁部》："顄",同"顄"。慧琳在"頜骨"條下又溝通有"脥"字,在頰骨義上,與"頜"爲異構字,與"頜"爲同義換用現象。慧琳在"頜領"條下指出,其所見經文作"額領",此"領"由"頜"書誤而成。

另慧琳在"頜骨"條下謂"古作顧"。此"顧"字已編碼,但《大字典》《字海》及《異體字字典》等均未收錄。從形音義關係求之,此或即"頜"的換旁異體字。目前所見文獻較少,待進一步考求之。

慧琳在"頷車"條下謂,其所見經文作"顧"。在面頰義上,"顧"與"輔"同。《玉篇·頁部》："顧,頰骨。"此義上又或作"䩉",《說文·面部》："䩉,頰也。"此用法上,後世文獻中通行"輔"。"顧"與"頷"用法亦相類,在頰骨義上,二者亦可視作同實異名現象。

314. 航、舡、舫、杭、桁

舟航，下鶴剛反。《毛詩傳》：渡舡也。《方言》云：自關而東謂濟渡爲航。《説文》從方作舫。從舟亢聲。亢音岡也。(C57P1028a;J029)

舟航，又作杭，同。何唐反。《方言》：自關而東或謂舟爲航。航，渡也。濟渡之舟也。(C58P0287b;J044)

舟航，鶴岡反。義已具釋《高僧傳》，今譜作桁，非也。(C58P1019b;J077)

舟航，胡郎反。《方言》：航，舟名也。《説文》：從舟亢聲。集文作舡，俗字也。(C59P0145b;J088)

按：上所引詞目分别出自《金光明最勝王經》第十卷音義、《文殊問經》下卷音義、《釋迦譜序》第十卷音義、《集沙門不拜俗議》第四卷音義。在舟船義上，《説文》本作“舫”，然後世文獻中通行“航”字，“航”手書或訛變作“舡”；“航”與“杭”“桁”亦可視作異體字關係。

上引《慧琳音義》釋文中的“航”指渡船、渡水義。《説文·舟部》：“舫，方舟也。”依照《説文》來講，“舫”指兩船相并，即舟名，轉而又指渡水義。後一種用法上，《方言》作“航”。《方言》卷第九：“舟，自關而東或謂之航。”同樣，在文獻中表示兩船相并義時，也用“航”。如《淮南子·氾論訓》：“古者大川名谷，衝絶道路，不通往來也，乃爲窬木方版以爲舟航。”高誘注云：“窬，空也。方，並也。舟相連爲航也。”“舫”《廣韻》音寒剛切，“航”《廣韻》音胡郎切，二字中古均屬平聲唐韻匣紐字，讀音同。由此來看，“舫”與“航”爲異體字關係。不過在渡水義上，後世文獻中通行“航”字。

《文殊問經》下卷音義中，慧琳謂渡船義上作“杭”同。檢諸文獻，《詩經·衛風·河廣》：“誰謂河廣，一葦杭之。”又《楚辭·九章》：“昔余夢登天兮，魂中道而無杭。”王逸注云：“杭，渡也。”上二例之“杭”分别取渡水、渡船義。“杭”字《廣韻》亦音胡郎切，在渡船、渡水以上，與“航”音義同，二者亦是異體字關係。

《集沙門不拜俗議》第四卷音義中，慧琳謂“舟航”之“航”字，其所見經文作“舡”。該“舡”字未編碼，《大字典》《字海》及《異體字字典》等大型字書不見收載。從形體關係來看，此當是“航”的書寫變異字形，故而慧琳斥之爲“俗字”。《碑别字新編·十畫》“航”字下引《隋王夫人成公墓志》作“航”(1985：137)，又《龍龕手鑑·舟部》：“航”，同“航”。此“航”“航”或可視作由“航”到“舡”演變的過渡形體。“航”或又書作“舡”形，可相比勘。

《釋迦譜序》第十卷音義中，慧琳謂其所見經文作“桁”。檢歷代字書，“桁”字的用法主要指大械、屋橫木。上所舉二種用法，《廣韻》分别音胡郎切、下孟切。比較而言，《正字通》的解釋較爲細緻全面，除上面二種用法以外，張自烈在“桁”下又云：“與航同。”從形音義關係來看，“桁”的構件能夠滿足舟船這一用法。又檢佛經文獻，“桁”字主要有“桁械”“屋桁”“衣桁”這三種用法。不過我們也發現有“舟桁”這一用法，《大正藏》第五十册載《阿育王造八萬四千塔記第三十一》云："時王聞尊者自來，歡喜踊躍。從摩偷羅至巴連弗邑，於其中間，開安舟桁，於桁懸諸幡蓋。"（T50P0078c）又有異文可比勘，《雜阿含經》第二十三卷云："時王聞尊者自來，歡喜踊躍。從摩偷羅至巴連弗邑，於其中間，開安舟航，於航懸諸幢蓋。"（T02P0165c）"摩偷羅"又稱"摩揭陀"，位於今南比哈爾，以巴特那、佛陀伽耶爲中心；"巴連弗邑"位於今天印度巴特那，在恆河邊。蓋是此二處有水域，故需舟船以渡。結合上面的分析來看，在舟船這一用法上，"桁"與"航"亦可視作異體字關係，故而我們認爲張自烈的解釋可行。另《大字典》依據《正字通》的解釋，在"桁"的"胡郎切"音項下收錄有"同'航'"（2010：1286）這一用法，可從。

315. 桁、笐

桁竿，航浪反。律文作笐，俗字也。（C58P0671b；J060）

按：上所引詞目出自《根本説一切有部毘奈耶律》第二十四卷音義。在挂衣架這一用法上，"桁"與"笐"爲異構字關係。慧琳所釋"桁竿"條，《大正藏》對應經文作："何以故？佛之徒衆有千二百五十人，得汝一衣，更待獲得千二百四十九衣，已方可共分。汝今此衣於桁竿上而取銷盡。"（T23P0758a）《大正藏》"桁"下校勘記謂，宋、元、明、宮本及聖乙本作"笐"，與慧琳所見本同。經文之"桁"指衣架，《集韻·宕韻》："桁，衣椸。"如慧琳所言，此義上又作"笐"。除慧琳釋文外，《可洪音義》卷第十五"桁扞"條下謂："衣架也。正作笐竿也。"（C59P1129c）又卷第十七（C60P0065b）、卷第二十七（C60P0482c）"衣桁"條下並謂："正作笐。"《廣韻·宕韻》："笐，衣架。"又《集韻·絳韻》："笐，挂衣架也。"在挂衣架義上，"桁"與"笐"爲異構字關係。

另外，《大字典》"桁"字第三個音項下據《集韻》釋爲衣架（2010：1286），"笐"字第二個音項下據《廣韻》收錄了衣架這一用法（2010：3149），但未溝通二者之異體關係。從上面慧琳釋文、佛經異文及相關文獻用例來看，《大字典》當溝通"桁"與"笐"在該用法上的異體關係。

316. 薅、薅、茠、挠、㧖、荢

㧖鋤，又作薅、㧖（㧖）①二形，籀文作薅（薅）②，或作茠，同。呼豪反。《説文》：除田草曰茠（茠）③。經文作荢葀，非也。（C57P0582b；J010）

茠治，或作薅、挠二形，同。呼豪反。《説文》：除田草曰茠也。（C58P0463a；J052）

---

① 按，"㧖"字各版本間有差異。
② 按，此"薅"字當是"薅"之訛。
③ 按，此"茠"字各版本間有差異。

　　按：上所引詞目分別出自《濡首菩薩無上清淨分衛經》上卷音義、《中阿含經》第五十卷音義。"薅""茠""挊""荶"并是"薅"之異構字，又有"㭪"字，蓋是"挊"書寫變異而來；"㭪"或訛作"㭪"，"茠"或訛作"庥"。

　　上"茠治"條《大正藏》對應經文作："若邊生惡草，薅除棄之；若並生曲戾惡不直者，拔根著外；若枝生橫曲，則落治之；若近邊新生調直好者，便隨時治；數數鋤糞，以水溉灌，如是彼良地娑羅樹林轉轉茂盛。"（T01P0744b）今大正本經文作"薅除"，指除去田草。《説文·蓐部》："薅，拔去田艸也。从蓐，好省聲。茠，薅或从休。"從形義關係言之，"茠"字從艸從休。敦煌斯617《俗務要名林·田農部》："茠，以手除草，呼高反。"是"薅"之會意別構字。

　　字或從"手"作"挊"。《廣雅·釋詁三》："挊，除也。"王念孫疏證云："薅，拔田草也……今俗語猶云挊草。"敦煌伯2011王仁昫《刊謬補缺切韻·豪韻》："薅，耘。亦作挊。"又《龍龕手鑑·手部》："挊，正。呼毛反。除田草曰挊。""挊"從手從休，言以手除草，蓋由"茠"字換旁而來，同是"薅"之會意別構字。

　　"㭪鋤"條下詞頭作"㭪"，《慧琳音義》各版本均同，此亦是"薅"之異體字。《廣韻·豪韻》："㭪，同薅。"從形體來源求之，"㭪"字或是由"挊"書誤而來，"手"旁、"木"旁楷書階段相混甚多；或是由"挊"換旁而來。相比較而言，解作由"挊"訛變而來更妥。

　　釋文又溝通有"荶"字。《龍龕手鑑·草部》："荶，俗。薅、茠，二正。呼毛反。耘也。去田草也。"就"荶"之形體來源而言，《説文》釋"薅"爲從蓐好省聲[1]，此"荶"則從艸好聲，不省。"荶"當是後出俗體，故而慧琳釋文中從正字觀出發，認爲作"荶"者爲"非"。另《大字典》據《龍龕》收釋有"荶"字（2010：3428），依慧琳所釋，則其書證可提前。

　　"㭪鋤"條下，"又作薅、㭪"之"㭪"字，《慧琳音義》高麗本如此作，獅谷本作"㭪"，頻伽本、大正本作、《校本》（2012：670）并作"㭪"。由上所析來看，作"㭪"是也，高麗本之"㭪"是"㭪"的書寫變異字形，"㭪"則是"㭪"進一步訛誤而致。其間演變過程爲：㭪—㭪—㭪。

　　"㭪鋤"條下"籒文作薅"之"薅"，《慧琳音義》各版本均如是作，《校本》亦同，且未出校勘記（2012：670）。然而核之傳本《説文》，"薅"非籒文，而是篆文，其籒文作"茠"。《古文四聲韻》卷二"薅"下引孫彊集字作"㭪"，此與《説文》籒文"茠"同，只是"艸"省作"屮"。由此來看，《慧琳音義》各本認爲"薅"爲籒文實與釋文義相背。釋文中的"薅"乃"茠"之訛，當予以校正之。

　　又"㭪鋤"條下"除田草曰茠"之"茠"，《慧琳音義》高麗本如是作，獅谷本、《校本》（2012：670）作"茠"，頻伽本、大正本作"庥"。作"茠"是也，"茠"是"茠"之書寫變異字形，

---

[1]　關於"薅"之構形，李孝定《讀契識小録》認爲許慎《説文》所釋是就篆體字形而言，結合古文字形體，則"薅"非從"好"省聲，李言可從。詳見《歷史語言研究所輯刊》第三十五本。

"庥"則是""之訛誤形體。其間變異過程爲：庥——庥。

317. 嘷、嘷、嘷、獋、嗥、

悲嘷，胡熬反。《説文》：嘷，咆也。案嘷亦大哭也。從口皋聲。皋字從白從半。半音滔。經文從自從辛作皋，非也，乃是古文罪字也。（C57P0697a；J015）

嘷叫，上号高反。《説文》云：嘷，咆也。從口皋聲。皋字從白半聲，半音滔。經本作，俗字也。（C57P0795b；J020）

嘷吠，上胡刀反。古文作獋。《説文》《玉篇》：咆。吠，犬鳴也。《切韻》：熊羆虎聲也。（C57P0974a；J027）

按：上所引詞目分別出自《大寶積經》第一百一十二卷音義、《寶星經》第三卷音義、《妙法蓮華經》第二卷《譬喻品》音義。"嘷"與"獋""嗥"均是換旁異體字關係，"嘷"或寫作"嘷""嘷"，"嗥"或書作""形；"嘷"右邊的"皋"，經文中或訛作"皋"。

以上三條釋文之"嘷"均是吼叫義。《説文·口部》："嘷，咆也。从口，皋聲。"其中構件"皋"或書作"皋"形，徐灝《説文注箋》"皋"下謂："隸變又作皋。"《正字通·自部》："皋，俗皋字。"故而"嘷"或又書作"嘷"形。慧琳"悲嘷"條下謂經文中"嘷"從"皋"，"皋""皋"形近，顯然是書誤所致。

慧琳"嘷叫"條下謂經文作""，乃是"嗥"的異寫形體。《可洪音義》有"嗥咷""嗥叫""哀嗥""悲嗥""嗥吠""嗥泣""呼嗥"等詞條，其中"嗥"字大都音戶高反，或音"豪"。又《龍龕手鑑·口部》："嗥，音毫。"由此來看，"嗥""嘷"音義同，二者爲異體字關係。此外，佛經文獻中多見"嗥"與"嘷"互爲異文的情況。比如《大正藏》本《大乘悲分陀利經》第七卷云："使諸商人迷失逕路，不知所趣，極甚恐怖。發大音聲，啼嗥悲泣，求諸天神、風神、水神，乃至稱喚父母所愛兒息。"（T3P0283a）其中"嗥"下明本作"嘷"。論"嗥"之形體來源，當由"嘷"更換聲符而來。"嗥"右邊之"睪"，文獻中常假借爲"皋（皋）"。朱駿聲《通訓定聲·豫部》："睪，又叚借爲皋。"清朱珔《説文叚借義證·幸部》"睪"下謂："古書多以睪爲皋。""睪"字書寫或又作"睪"形，《正字通·目部》："睪，篆作皋。"因此"嗥"或寫作""。

慧琳"嘷吠"條下謂古文作"獋"。考《大正藏》，對應經文作："由是群狗，競來搏撮，飢羸憧惶，處處求食，鬥爭齩掣，嚌喋嘷吠，其舍恐怖，變狀如是。"（T9P0146c）今大正本經文作"嘷"，亦取嘷叫義。慧琳所見經文作"獋"，爲"嘷"的換旁異體字，蓋是爲了突出獸吼這一特徵。《説文》"嘷"下謂："譚長説嘷從犬。"由此來看，慧琳此處所謂"古文"，乃指《説文》重文。考之其他字韻書，敦煌伯2011王仁昫《刊謬補缺切韻·豪韻》："嘷，熊虎聲。亦作獋。"《新加九經字樣·犬部》："獋，音高。又音豪。見《公羊傳》。"《龍龕手鑑·犬部》："，俗。獋，正。音毫。熊虎聲。"《玉篇·犬部》："獋，胡刀切。犬呼也。鳴也。咆也。或作嘷。"又《廣韻·豪韻》："獆",同"嘷"。

318. 昊、昦、𠅃、昊、莫

昦廣，号老反。《説文》：昦，謂先氣皞皞也。從日從亓。亓音公老反。字從大而八分也。從日從天者，俗也。集或作昊①，或作莫，或作𠅃②，皆非也。(C59P0324a；J099)

按：上所引詞目出自《廣弘明集》第二十九卷音義。"昊"由《説文》"昦"書寫變異而來；釋文溝通的"𠅃"當即"𩓋"之變異字形，"𩓋"則是"昊"之切身字；經文中"昊"或訛誤作"昊""莫"等形體。

據慧琳所釋，經文之"昊"取廣大義，《説文·亓部》："昦，春爲昦天，元气昦昦。""昦"字後世書寫省變作"昊"。《龍龕手鑑·日部》："昦"，同"昊"。

"集或作昊"之"昊"，《慧琳音義》高麗本、《校本》如上作，獅谷本、頻伽本作"昊"，大正本作"具"。從釋文義求之，當非"昊"字，否則與慧琳所謂"從日從天者，俗也"之論不合。由經義推之，當是"昊"之書寫訛誤形體，相比較而言，獅谷本、頻伽本之"昊"較妥，大正本之"具"則由"昊"進一步訛變而成。經文或作"莫"，此亦是"昊"之訛誤形體。

釋文又謂或作"𠅃"。"𠅃"字，《慧琳音義》各版本均同，《大字典》《字海》以及《異體字字典》均未見載。"𠅃"字形體與"昊"相去甚遠，顯然非由"昊"字書寫變異而來。蓋"𠅃"本作"𩓋"，爲"昊"之切身字。"昊"《廣韻》音胡老切，中古屬匣紐晧韻，"𩓋"字左邊之"含"中古屬匣紐，右邊之"包"中古屬肴韻，晧、肴韻近，故音理上可通。蓋是"𩓋"右邊之"包"訛作"色"，從而有"𠅃"字。

319. 秏、秏

費秏，下蒿告反。《毛詩》箋云：秏，害也。《蒼頡篇》云：秏，消也。《説文》：從禾毛聲。經從未作秏，誤也。(C58P0585b；J057)

按：上所引詞目出自《禪行法想經》音義。慧琳所見經文之"秏"乃是由"秏"書寫變異而來，定形之後又釋作從未毛聲。經文之"秏"取消耗義，《説文·禾部》："秏，稻屬。从禾，毛聲。"依《説文》所釋，則"秏"本指稻類之一種，段注引《水經注》"燕人謂無爲毛"之説，認爲有用"毛"爲無者，又有用"秏"者，并進一步認爲此即"秏"字消耗、耗費義之來源(1981：323)。不過文獻中"秏"表示稻類者罕見，表示耗費、消耗義者則多見。對此張舜徽《説文約注》疑"秏"是"毛"之後增體，古人以毛爲穀，蓋漢世又增"禾"旁作"秏"；又認爲訓消耗、耗費者均是"枆"之借字(2009：1709)。我們以爲，從漢字形義統一性入手來看，"秏"字從禾，與稻穀義

---

① 按，此"昊"字《慧琳音義》各版本有異，蓋獅谷本之"昊"可從。
② 按，"𠅃"當是由左"含"右"包"字變異而來，是切身字。

相涉,《説文》釋"秏"爲稻屬當有所依據。至於其消耗、耗費義,顯然是假借用法,相比較而言,段説較勝。

消耗義上文獻中多通行"耗",《龍龕手鑑·末部》:"耗,呼到反。少也。減也。"元李文仲《字鑑·号韻》:"耗,虛到切。減也。虛也。《説文》:'稻屬,从禾毛聲。'俗作耗。"就"耗"之形體來源而言,理論上存在二種可能性:其一,由"秏"換旁而來;其二,由"秏"書寫變異而來。然而"秏"文獻中多用作耗散、消耗義,其稻屬義罕見,顯然無由換"禾"爲"末"。結合"禾""末"形近的事實來看,"耗"由"秏"書寫變異而來的可能性頗大。

320. 皓、晧、顥

皓齒,上胡好反。《爾雅》:皓,白也。從白告聲也。經從日,俗字,通用。(C57P0648a;J013)

晧大,《三蒼》:古文顥,同。胡老反。晧亦廣大也。光明也。(C58P0935a;J073)

按:上所引詞目分別出自《大寶積經》第四十一卷音義、《分別功德論》第一卷音義。從形體來源論之,"皓"是由"晧"改換偏旁或書寫變異而來;經文中"皓"或表示廣大義,則是"顥"之同音借用字現象。

上"皓齒"條《大正藏》對應經文作:"又過拘胝百千倍,成就如來皓齒齊列、不缺不疎平等之相。如是等相,無量功業之所合成,皆由如來業果報相施行所起,速得圓滿。"(T11P0240c)今大正本經文作"皓",與慧琳所見經本之"晧"同,取潔白義。《説文·日部》:"晧,日出皃。從日,告聲。""晧"字後世多作"皓",《龍龕手鑑·白部》:"皓,胡老反。素也。白也。"就"皓"之形體來源而言,段玉裁認爲:"(晧)謂光明之皃也,天下惟潔白者取光明,故引申爲凡白之稱,又改其字從白作皓矣。"段説可從,然"皓"亦或是"晧"書寫變異而致,"日""白"形近,故有變異之可能性;變異定形之後,又析作從"白"亦無不可。

釋文又引《三蒼》溝通了"顥"字。《説文·頁部》:"顥,白皃。"段玉裁、桂馥等認爲當釋作"白首皃",引申又爲凡白之稱,與"皓"字本義相別,引義相近。然"皓""顥"二字文獻中用法多相別,"皓"側重言潔白義,王鳳陽《古辭辨》認爲其更多地用於人的鬚髮、皮膚等的白(1993:918);"顥"則更多地表示大、盛義。又二字《廣韻》均讀胡老切,音同。故而經文中廣大義上作"顥"是也,慧琳認爲作"皓"亦可,乃是"顥"之同音借用字現象。

321. 欱、哈

欱作,呼合反。《説文》:欱,歠也。欱,合也。文中作哈,土合反。哈然失所也。《字書》:此與嗒字同,徒濫反。並非此義。(C58P0779b;J065)

按:上所引詞目出自《毗尼律》第六卷音義。在吸食義上,"欱"與"哈"可視作換旁異體字關係。慧琳所釋此條《大正藏》對應經文作："食粥法，不得張口哈作聲，粥冷已，徐徐密哈之。是名食粥法。"(T24P0838a)今大正本經文亦作"哈"，與慧琳所見經文同。《大正藏》"哈"下校勘記謂：宋、元、明、宮本作"吸"，與"欿"義相近。經文之"欿"取飲、吸義。《説文·欠部》："欿，歠也。"段注謂："欿與吸意相近。"由上觀之，"欿作"並非固定搭配，亦非一個詞，慧琳只是摘録了這個結構。佛經中多見"欿作"結構，又比如《大正藏》之《教誡新學比丘行護律儀》云："四十四，凡欲喫食，不得大攪及歠欿作聲。"(T45P 0872a)此處之"歠欿"爲固定搭配，泛指進食。雖然慧琳著意區分"欿""哈"，然從文獻用例來看，二者當是換旁異體字關係。又《集韻·合韻》："欿，《説文》：'歠也。'或從口。"不過《大字典》對"欿""哈"關係的處理不統一，"哈"下謂同"欿(喝)"(2010：668)，"欿"下並未溝通與"喝"之關係(2010：2292)，"喝"下也未溝通與"欿"之關係(2010：704)。

322. 訶、呵、呰、阿

訶責，虎珂反。《考聲》云：訶，詎(諟)也〈音毀〉。怒也。《集訓》云：訶，責也。《韻英》云：叱怒也。經作阿，亦通。(C57P0518b；J007)

訶叱，上壑哥反。《考聲》云：訶，詎也[①]，怒也，問也，責也。古文從止從可作呰。經文作呵，俗字也。(C57P0766b；J018)

　　按：上所引詞目分別出自《大般若波羅蜜多經》第五百二十九卷音義、《十輪經》第七卷音義。斥責義上，"呵"是"訶"之換旁異體字；古文字時期或借"苛"爲"訶"，"苛"字後來變異作"呰"形，辭書遂以"呰"爲"訶"之古文，鑒於此種現象，視二者爲異體字關係亦可；呵斥義上或有作"阿"者，乃是"訶"之音近借用現象。

　　上所引釋文之"訶"均是呵斥、斥責義。《説文·言部》："訶，大言而怒也。從言，可聲。"即大聲斥責義，字又或從"口"作"呵"。黎庶昌輯《原本玉篇殘卷·言部》："訶，呼多反。《字書》或爲呵字，在口部。"又《干禄字書·平聲》："呵、訶，上通下正。""呵"即"訶"之換旁異體字，斥責義上從"言"從"口"義可通。

　　釋文又溝通有"呰"字。黎庶昌輯《原本玉篇殘卷·言部》："訶，呼多反。古文爲呰字，在止部也。"《汗簡》引郭顯卿《字指》作"𠯣"，即"呰"字。黃錫全《汗簡注釋》認爲"苛"古作"𠯣"，或省從"中"作"苛"，"𠯣"之"止"旁乃"中"之訛；黃氏同時論證了古文字中止、中形近易混的事實，進而指出典籍多借"苛"爲"訶"的現象(1990：197)。黃氏所論可從。蓋是習非成是，故而《原本玉篇》《慧琳音義》《龍龕手鑑》等均以"呰"爲"訶"之古文。由此來看，視"呰"與"訶"爲異體關係可行。

　　"訶責"條下謂經文有作"阿"者，是山阿字，與"訶"義迥別。"阿"《廣韻》音烏何切，中古

---

① 按，對比"訶責"條釋文，此"詎"或是"諟"之誤。

屬影紐歌韻；“訶”《廣韻》音虎何切，中古屬曉紐歌韻，二字音近。顯然經文斥責義上作“阿”，乃是“訶”的音近借用字現象。

323. 劾、刻、刻

勘劾，下音恒得反。推劾也。顧野王云：案獄相告證之辭也。《説文》：法有罪（辠）①人也。辠即古文罪字。從力亥聲，不從刃。傳作刻，非也。（C59P0136b；J088）

椎刻，下恒尅反。顧野王云：刻，案獄相告證之辭也。亦辯獄之文案也。鄭注《周禮》云：辯獄訟，異形（刑）之罪要之。故《史記》云劾。《説文》云：刻，法有罪也。從刀亥聲。傳從刃作刻，誤也。（C59P0233a；J094）

按：上所引詞目分別出自《釋法琳本傳》第二卷音義、《續高僧傳》第二十四卷音義。定罪、審判義上，“刻”當即由“劾”書寫變異而來；“刻”蓋是爲了避免與“刻”同形，故而換“刻”之“刀”爲“刃”而來，亦或是由“刻”書寫變異而來。

上“勘劾”條《大正藏》對應經文作：“法師鼓騰毛羽思奮雲霄，不待追徵自之銜府，群寮承主上之意，勘刻法師，囚禁州庭，縶之縲紲。”（T50P0204b）今大正本經文作“勘刻”，顯然此“刻”乃“劾”字之訛，取檢舉、定罪之義。《説文·力部》：“劾，法有辠也。”指審判罪人，引申有檢舉、揭發等用法。慧琳所見經文從“刃”作“刻”，可視作“劾”之別構。蔣斧印本《唐寫本唐韻·代韻》：“刻，推劾。”《干禄字書·去聲》：“刻、劾，上通下正。”又《龍龕手鑑·雜部》：“刻，胡得、胡槩二反。推窮罪人也。”

“椎刻”條下之“刻”字，蔣斧印本《唐寫本唐韻·德韻》：“刻，推窮罪人。胡得反。”又《篇海類編·器用類·刀部》：“刻，與劾同。”就“刻”“刻”二形之來源而言，“刻”當即“劾”書寫訛誤而來，“力”旁、“刀”旁楷書階段易混。“刻”當是爲了避免“劾”與“刻”同形而變“力”爲“刃”，段注“劾”下云：“此字俗作刻，從刃，恐從刀則混於《刀部》之刻也。”從“刃”與定罪亦有關係，段氏所論可從。慧琳則從正字觀入手，認爲作“刻”者爲“非”。另《大字典》據《篇海類編》收錄有“刻”字（2010：363），又據段注收釋有“刻”字（2010：370），依慧琳釋文來看，其書證均可提前。

324. 涸、灂、滷

竭涸，何各反。賈注《國語》：涸，竭。亦涸也。《廣雅》：涸，盡也。《蒼頡篇》作滷（灂），古字也。（C57P0590b；J010）

按：上所引詞目出自《仁王護國般若波羅蜜多經》下卷音義。在乾涸義上，“涸”與“灂”

---

① 按，此“罪”字《慧琳音義》各版本均如是作，《校本》亦同（2012：2034）。然從文義度之，當作“辠”，今傳本《説文》即作“辠”。

爲異體字關係,上引釋文中《蒼頡篇》作"滷"之"滷"當是"灡"之假借字。

　　慧琳所釋"竭涸"條,《大正藏》對應經文作:"六者,天地亢陽,陂池竭涸,草木枯死,百穀不成。"(T8P0843a)經文之"涸"爲乾涸義。《説文·水部》:"涸,渴也。从水,固聲。灡,涸亦从水、鹵、舟。"對於重文"灡",段注謂:"未聞其意。"張舜徽《説文約注》"涸"下謂:"當云:從水鹵,舟聲。《釋名·釋地》云:'地不生物曰鹵。'……灡從水鹵,即水乾沙見之意。"(2009:2764)張説較勝。由此來看,在乾涸義上,"涸"與"灡"爲異構字關係。

　　慧琳釋文中謂《蒼頡篇》作"滷",《校本》改作"灡"(2012:676),未出校勘記。馬敍倫《説文解字六書疏證》"灡"下謂:"此或'滷'之轉注字。從滷,舟聲。舟非舟車之舟,履之初文。"(《古文字詁林》第九册,2004:192)

　　慧琳釋文中"何各反"之"何"字,《慧琳音義》各本均如上作,唯《校本》書作"同",並於其下校勘作"何"(2012:676),其校勘記謂:據"獅本"(2012:683)。《慧琳音義》獅谷白蓮社本亦作"何",蓋是《校本》審之不細而至誤。

　　又"賈注《國語》:'涸,竭。亦涸也。'"之"亦涸也"三字,《慧琳音義》各本均如此作,《校本》於第一個"涸"字下出了校記,謂"疑衍"(2012:683)。考之《國語》,其中多見"涸"字用例。《國語·周語》"天根見而水涸",其下韋注云:"涸,竭也。"又《國語·晉語》"故川涸山崩,君爲之降服","涸"下韋注亦云"竭也"。慧琳在關於"涸"字的多條釋文中,大都引用了賈注《國語》,皆釋作"竭"。此外,"竭涸"條中慧琳意在解釋"涸",而非釋"竭"。總之,從傳本《國語》注及慧琳釋文義求之,《校本》之校顯然不妥。

325. 閤、閣、

　　閤席,上含榼反。《尔雅》:閤謂之扉。《説文》:閤,閉也。從門盍聲。盍音合。傳文從畜作,非也。(C59P0168b;J090)

　　按:上所引詞目出自《高僧傳》第七卷音義。詞頭之"閤"後世書作"閣",經文中取閉合義;慧琳所見經文作"",蓋是閤(閣)之訛誤形體。

　　慧琳所釋"閤席"條,《大正藏》對應經文作:"齋主問曰:'上人何名?'答曰:'名慧明。''住何寺?'答云:'來自天安。'言對之間倏然不見,閤席悚愧,遍筵蕭慮。"(T50P0372c)今大正本經文作"閤",《説文·門部》:"閤,門扇也。一曰閉也。"經文取閉合義。高麗本《慧琳音義》詞頭作"閤",與"閤"爲異寫字關係。段玉裁"盍"字下謂:"隸變作盍。"顯然,"閤"爲"閤"的書寫變異字形。

　　慧琳謂,其所見經文"閤"書作""。檢傳本大藏經,《磧沙藏》(QS467P010)、《高麗藏》(GL59P062b)、《永樂北藏》(YB147P876a)、《卍正藏經》(卍 Z56P801a)、《大正藏》(T50P0372c)、《中華藏》(C61P351c)影印《趙城金藏》本作皆"閤"。《大正藏》"閤"下亦無校勘記。從形義關係察之，慧琳所見本的"闒"當是"闔"之書誤，蓋由慧琳審之不細所致。

326. 覈、覈、覈、核、撒、橄

精覈，又作覈，今作核，同。胡革反。《説文》：考實事也。亦審覈之。（C58P0032a；J032）

覈身，胡革反。覈，礙也。經文作橄（撒），口的反。橄（撒），擊。橄（撒）非此義也。（C58P0955b；J074）

善覈，行革反。《漢書》：其審覈之務也。《説文》：考實事也。從西敫聲。西音呼賈反。論文從兩作覈，非也。（C59P0336b；J100）

按：上所引詞目分別出自《普超三昧經》中卷音義、《賢愚經》第八卷音義、《肇論序》音義。在核實義上，"覈"與"覈"爲換旁異體字關係，手書上部或訛作"兩"；後世或作"核"，亦可視爲"覈"的異構字。"覈身"條下，慧琳所見經文作"撒"，與"覈"爲詞義換用關係；高麗本《慧琳音義》之"橄"乃"撒"的訛誤形體。

上引釋文之"覈"字，均取核實、核檢義。《説文·西部》："覈，實也。"不過後世"覈"字上部的"西"多書作"西"形，故而《慧琳音義》卷第八十"重覈"條下謂："從西（西），從激省聲。西（西）音赫亞反。從西，俗字也。"（C58P1085a）"覈"上部或從"雨"。《説文·西部》："覈，覈或從雨。"段注謂："亦兩意。""覈""覈"爲換旁異體字關係。"善覈"條下慧琳謂所見經文上從"兩"，此是由"西"或"雨"書誤而致。

上引"覈身"條本爲玄應所撰，《玄應音義》卷第十二"覈身"條下云："胡革反，覈，导也。經文作撒，口吊反。撒，擊。撒非此義也。"（V32P0158a）從釋文義求之，慧琳所謂經文作"橄"之"橄"，乃"撒"的訛誤形體。此"覈身"條，《大正藏》對應經文作："其兄懷恚，憤惱而死。後更受身，作毒蛇形。生彼道人戶樞之中，毒心未歇，規當害之。戶數開閉，撒身而死。既死之後，未能改操，遂願更作小形毒蟲，依彼道人屋間而住。"（T4P0417c）今大正本經文亦作"撒身"，"撒"取擊打義。從經義求之，"覈身"與"撒身"取義有別，此條釋文中，"覈""撒"爲詞義換用關係。

327. 貉、貃、狢、狢、狢、狢

狐狢，下何各〔反〕。《説文》云：似狐而小，善睡也。經中從大（犬）作狢字也。《説文》《古今正字》《典説》並從舟作貃，總誤也。正體從兆。兆音各當反。《考聲》亦作狢，足爲憑據。或有作貉，亦通。（C57P0665b；J014）

狐狢，下何各反。《考聲》云：狢，獸名也。似狐而小也。《論語》云"狐狢之厚以居"是也。《説文》亦云：似狐，善睡獸也。從豸〈音雉〉冗聲。或作貉。論文作狢，俗字也。（C58P0447b；J051）

按：上所引詞目分別出自《大寶積經》第五十七卷音義、《止觀門論頌》音義。在"狐貉"義上，《説文》本作"貈"，然後世文獻中"貉"字通行，與"狢""貈"並是異體字關係；"貈"與"**㺜**""**㺜**"則爲一字異寫關係。

慧琳所釋的"貈"字，《説文》正作"貈"。《説文·豸部》："貈，似狐，善睡獸。从豸，舟聲。《論語》曰：'狐貈之厚以居。'"段玉裁"貈"下謂："凡'狐貈'連文者，皆當作此貈字，今字乃假貉爲貈，造貈爲貉矣。"由此可知，"狐貉"義上本作"貈"，不過後世"貉"字通行，慧琳所釋文字亦可爲證。因"貉"之形、音與"狐貉"義相協，故而此種用法上，"貉""貈"可視作異體字關係。

該用法上又或作"貈"。《集韻·鐸韻》："貈，同"貉"。"貈"或書作"**㺜**""**㺜**"形。"航"或又書作"舩"形，可相比勘。亦有作"狢"者，《玉篇·犬部》："狢，下各切。狐狢。"又《廣韻·各韻》："狢"，同"貉"。

又按，"狐**㺜**"條下，"典説"二字高麗本《慧琳音義》如此作，《校本》不知所據何本，於"典"下補"説"字，謂"《麗》無"（2012：750），非是。

328. 荷、何、抲、柯、拘、桐

荷擔，胡歌反。又音賀。《廣雅》：荷、擔，揭也。古文作抲，亦同。（C57P0595a；J010）

荷乘，古文柯（抲），今作何，同。胡我反。又胡歌反。《小爾雅》：何、揭，謂擔負也。（C58P0386a；J048）

荷擔，古文桐（拘），同。胡我反。又音何。荷，負也。《説文》：何，擔也。（C58P0643b；J059）

荷負，文（又）作拘、何二形，同。胡歌、胡可二反。《小爾雅》：荷（何）、揭，擔也。荷（何），任也。（C58P0875b；J070）

按：上所引詞目分別出自《金剛般若波羅蜜經》音義、《瑜伽師地論》第四十卷音義、《四分律》第三十二卷音義、《阿毘達磨俱舍論》第十八卷音義。在擔荷義上，"荷"爲"何"的借用字；此義上或又作"抲""拘"，二者之構形正與擔荷義相協；由於"扌"旁與"木"旁楷書中易致混訛，故而文獻中"抲"或誤書作"柯"，"拘"或誤書作"桐"。

上引慧琳諸條釋文之"荷"，均取擔荷義。此義上本作"何"，《説文·人部》："何，儋也。从人，可聲。"不過後來文獻中該字被借作誰何之"何"，故而此義上又借荷花之"荷"記錄擔荷義。從慧琳的釋文來看，有作"抲""拘"者，此皆是擔荷義上"何"之異體字，亦可稱作古本字，此即慧琳所謂"古文"。高麗本"荷乘"條下所謂古文作"柯"、"荷擔"條下所謂古文作"桐"，分別是"抲""拘"的書寫訛誤形體。《集韻·哿韻》："荷，擔也。或作何、抲，亦省。"其間關係較明了。

又上引《慧琳音義》之"荷負"條，原本爲玄應所撰。《玄應音義》卷第二十四云："荷負，又作柄、何二形,同。胡歌、胡可二反。《小爾雅》:'何、揭,擔也。''何,任也。'"(V32P0328b)此亦可證"扌"旁、"木"旁混用之甚。另外,上引卷十"荷擔"條中"古文作柄"之"柄",徐《校本》訛作"柄"(2012:679);卷五十九"荷擔"條中"古文柄"之"柄",徐《校本》改作"柄"(2012:1561),未出校記。

329. 赫、荔

威光赫弈,赫,許格反。《廣雅》曰:赫赫,盛也。赫字文(又)作荔。(C57P0863a;J023)

按:上所引詞目出自《華嚴經》卷第六十二《入法界品》之三音義。"荔"乃是"赫"書寫變異而來,其上所從本非"艸"旁。此"威光赫弈"條《大正藏》對應經文作:"爾時,文殊師利童子知福城人悉已來集,隨其心樂現自在身,威光赫奕蔽諸大眾。"(T10P0332b)經文之"赫"指盛貌。《説文·赤部》:"赫,火赤皃。從二赤。"本指赤貌,引申有明亮、顯赫、盛貌等用法。慧琳謂字或從"艸"作"荔",除上引釋文外,又卷第三十七"赫弈"下云:"經文從草從赤作荔,不成字也。"(C58P0136b)卷第九十九"歔赫"條下云:"《説文》:'從二赤。'集作荔,非也。"(C59P0317a)又《龍龕手鑑·草部》:"荔,音赫。"從形體來源求之,"荔"即由"赫"書寫變異而來,"荔"上部非真從"艸"也。《玉篇·艸部》:"荔,呼歷切。草盛。"胡吉宣《玉篇校釋》謂:"俗誤認爲從艸而作荔,云草盛。"(1989:2742)胡氏所言甚是。另《大字典》"荔"之第一個音項下據《玉篇》釋爲草盛貌,非也,此義項當删;"荔"之第二個音項下又釋爲"同'赫'"(2010:3426),但缺書證,慧琳所釋正可補之。

330. 鶴、鸖、鵠

白鶴,何各反。經文作鵠,誤也。鵠音胡木反。蒼黄色而觜短,所在皆有。《説文》:鴻鵠也。《玉篇》:黄鵠,形如鶴,色蒼黄。故知非是鸖也。鸖色白而長喙,壽滿千歲者頂皆朱色。《字書》:鶴似鵠而觜長,神仙鳥也,見則爲祥瑞也。《抱朴子》曰:鶴鳴九臯,聲聞于天。《淮南子》曰"雞知將曉,鶴知夜半"是也。《説文》:從鳥隺〈何各反〉聲也。《説文》又解隺字,從冖〈癸營反〉從隹〈佳,鳥也〉。鳥飛高至,上欲出冖也。(C57P0468b;J004)

按:上所引詞目出自《大般若波羅蜜多經》第三百九十八卷音義。"鶴"與"鸖"可視作换旁異體字關係;在仙鶴義上,"鵠""鶴"常通用,二者或可視作異體關係。

慧琳所釋"鸖"字,《説文》正作"鶴"。《説文·鳥部》:"鶴,鳴九臯,聲聞于天。"段注本據《詩經·小雅·鶴鳴》篇於"鳴"前補"鶴"字。"鸖"乃"鶴"的異體字。《干禄字書·入聲》:"鸖、鶴,上俗下正。"又《四聲篇海·鳥部》:"鸖,音鶴。義同。"從形體來源論之,《五經文字·鳥部》"鶴"下謂:"從霍者訛。"元李文仲《字鑑·鐸韻》"鶴"下亦引《五經文字》釋之。不過明焦竑《俗書刊誤·卷五·略説字義》"鸖"字下,對"鸖"從"雨"的緣由進行了解釋,謂:"《易》

曰：'鳴鶴在陰。'鶴愛陰惡陽也，故從雨。鶴好霜，故從霜。鷺惡露，故去雨。皆制字順物性之義，又諧聲。"焦竑之論可備一説。從形義關係來看，"鶴"與"鶴"可視作換旁異體字關係。

　　慧琳所釋"白鵠"條，《大正藏》對應經文作："諸苑池中多有眾鳥，孔雀、鸚鵡、鳧鷺、鴻鴈、黃鸝、鶡鶋、青鶖、白鵠、春鶯、鷰鷰、鴛鴦、鳷鵲、翡翠、精衛、鳲鳩、鸍鵃、鷄鵃、鷾鳳、妙翅、鶪鶋、羯羅、頻迦、命命鳥等，音聲相和，遊戲其中。"（T06P1060c）今大正本經文亦作"鵠"，與慧琳所見本經文同。"鵠"本是鴻鵠，又名黃鵠，與鶴爲二物。不過，文獻中"鵠"字又用同"鶴"。《莊子·天運》："夫鵠不日浴而白。"陸德明《經典釋文》謂："鵠，本又作鶴，同。"又《集韻·鐸韻》："鶴，鳥名。或作鵠。"佛經文獻中多見"白鵠"之説，其中"鵠"字宋、元、明本往往書作"鶴"。由此來看，在仙鶴義上，"鵠""鶴"常通用。考其聲音關係，"鵠"從"告"得聲，《廣韻·号韻》"告"音古到切，又《廣韻·沃韻》"告"音古沃切；"鶴"從"隺"得聲，《廣韻·沃韻》"隺"音胡沃切，二者音近。由此可知，"鵠""鶴"聲亦近，故而文獻中可通用，而《集韻》編者認可了二者在仙鶴義上之通用關係，進而爲"鵠"增收了"曷各切"的讀音。由上進一步論之，似"鵠"亦可視作"鶴"的換旁異體字。

331. 鎬、鈜、鋐

鏗鎬，下花泓反。《考聲》：鏗鎬，鍾聲。正作此鎬也。傳從宏作鈜，撿字書無此字。（C59P0059b；J083）

鏗鎬，上口耕反，下呼橫反。《考聲》云：鏗鎬，鍾聲也。《説文》二字並從金，堅、訇〈訇同上音〉並聲也。論文從宕作鋐，非也。（C59P0078b；J084）

　　按：上所引詞目分別出自《大唐三藏玄奘法師本傳》第七卷音義、《集古今佛道論衡》第三卷音義。慧琳所釋之"鎬"與"鈜"爲異體字關係，慧琳所見經本的"鋐"當是"鈜"字書誤而致。

　　慧琳所釋卷八十三之"鏗鎬"條《大正藏》對應經文作："先皇道跨金輪，聲振玉鼓，紹隆象季，允膺付屬。又降發神衷，親裁三藏之《序》，今上春宮講道，復爲述聖之《記》，可謂重光合璧，振彩聯華，渙污垂七耀之文，鏗鈜韻九成之奏。"（T50P0261a）今大正本經文亦作"鏗鈜"，與慧琳所見經本同。又所釋卷八十四之"鏗鎬"條《大正藏》對應經文作："實少出家，住京師總持寺。沙彌時，殊有高烈，有精神……不入市，不乘騎。每有勝集，無不論難，鏗鈜高調，聲氣堅正。"（T52P0383a）今大正本經文作"鏗鈜"。上引二處經文之"鏗鈜"，均爲象聲詞。又《廣韻·耕韻》："鎬，鏗鎬，鐘鼓聲相雜也。"

　　卷八十三"鏗鎬"條下，慧琳謂"鈜"字不見於字書。檢諸字韻書，《玉篇·金部》："鈜，户萌切。器也。"《字彙·金部》："鈜，胡盲切，音宏。器也。"又《正字通·金部》："鈜，俗鈜字。"再檢"鈜"字，《龍龕手鑑·金部》："鈜，户萌反。金聲也。"《廣韻·耕韻》："鈜，金聲。"又《集韻·耕韻》："鈜，鏗鈜，鐘鼓聲。"再考文獻用例，"鏗鈜"與"鏗鈜""鏗鎬"用法同。《大正藏》載

《宏智禪師廣録》第八卷云："希微妙音無方可尋,寄兹鴻韻導彼幽沈。鈜鈜擊耳冷冷洗心,神應在谷風傳度林。隱隱徐徐反聞厥初,根塵亡偶性覺含虛。攬之不足縱之有餘,真明了了淨智如如。"(T48P0098b)又《卍新續藏》載《笑隱訢禪師語録》卷四云："虞公稱其如洞庭之野,眾樂並作,鏗鈜軒昂,蛟龍起躍,物怪屏走。"(卍 X69P0724c)從聲音關係來看,"鈜"《集韻·耕韻》讀乎萌切,"鋐"《集韻·耕韻》讀呼宏切,二者音同。由此而論,"鈜"與"鋐"爲異體字關係。再看"鉉"的器也這一用法,文獻中並無用例,反倒是多見"鏗鉉"連用。結合《玉篇》《字彙》給出的反切,可知"鉉"與"鋐""鈜"亦是換旁異體字關係。不過,《大字典》"鋐"(2010:4560)、"鉉"(2010:4536)、"鈜"(2010:4493)下均未溝通其間的異體關係,或失妥當。

卷八十四"鏗鋐"條下,慧琳謂所見經文作"鎯"。《集韻·宕韻》:"鎯,治木器。"又《類篇·金部》:"鎯,他浪切。治木器。"顯然,此用法與經義不合,且與"鋐"的音讀相遠。從形音義關係求之,慧琳所見經文之"鎯"當是"鉉"字書誤而致。

332. 轟、輶、軥

轟轟,今作軥,《字書》作輶,同。呼棚反。《説文》:轟,羣車聲也。(C58P0453a;J052)

按:上所引詞目出自《長阿含經》第三卷音義。釋文溝通的"輶""軥"當由"輶"書寫省變而來,與"轟"均可視作異構字關係。

此"轟轟"條《大正藏》對應經文作:"我師一時在拘夷那竭城、波婆城,二城中間道側樹下靜默而坐,時有五百乘車經過其邊,車聲轟轟覺而不聞。"(T01P0019a)經文之"轟轟"爲群車聲,"轟"字從三車會意。群車聲義上又或作"輶",《廣雅·釋言》:"輶輶,聲也。"《玉篇·車部》:"輶,車聲也。""輶"字從車旬聲,即"轟"之異構字。《大字典》收釋有"輶"字(2010:3782),然未溝通與"轟"之異體關係,或有未妥。

釋文又溝通有"輶""軥"二形,均是"轟"之異體字。《龍龕手鑑·車部》:"**軥**、轋,二俗。軥、輶,二或作。輶、轟,二正。呼宏反。眾車聲。"就"輶""軥"之構形來看,字從車,"旬""匀"則與聲、義均無涉,疑均是"輶"書寫省變而來。"旬"與"旬"形體較近,當是先由"輶"省變作"輶",再進一步變作"軥"。黎庶昌輯《原本玉篇殘卷·車部》:"軥,《字書》:亦輶字也。"此可爲旁證。另《龍龕》之"**軥**"當是"軥"進一步省減而來,"轋"則從車從馬會意表示眾車聲。此外,《大字典》據《集韻》收録了"軥"字,釋作"同'轟'"(2010:3752),可從。不過從慧琳釋文來看,其書證可提前。

333. 虹、蚣、𩇓

虹蜺,胡同反。《爾雅》:螮蝀,虹也。《月令》:季春虹始見,孟冬虹始藏不見。《漢書》作蚩。又音絳。《説文》:似蚩,故從蚩〈音毀〉工聲也。古文作蚣,籀文 𩇓 從电。电,電也。

（C57P0555a；J008）

　　按：上所引詞目出自《大般若波羅蜜多經》第五百九十六卷音義。釋文所謂古文"翂"，或即"虹"之異構字；籀文"𤴐"乃由"虹"的《説文》籀文"𧍙"書寫變異而來。

　　此"虹蜺"條《大正藏》對應經文作："舍利子！譬如虹蜺雖有種種妙色顯現，而無一實，如是般若波羅蜜多雖假種種言相顯示，而所顯示無性可得。"（T07P1085c）經文之"虹"爲虹霓義。《説文·虫部》："虹，螮蝀也。从虫，工聲。"釋文謂古文作"翂"，是"翃"之異寫字。《龍龕手鑑·羽部》："翃、翂，二或作。翃，正。音紅。虫飛兒也。"又《説文新附·羽部》："翃，飛聲。"對於"翂"與"虹"之關係，胡吉宣《玉篇校釋》據慧琳釋文認爲，"翂"是"虹"之異體字，進而對"翂"的構形作出解釋：認爲從"工"聲表示虹之巨大，從"羽"表示虹之橫亙於天這一特色（1989：5133）。徐在國《隸定古文疏證》根據《説文新附》所釋，認爲慧琳所謂"古文作翂"蓋是假"翂"爲"虹"（2002：273）。比較而言，我們傾向於胡吉宣的看法，即"翂"是"虹"之異體字，胡氏所析"翂"之構形亦可通。

　　釋文又謂籀文作"𤴐"。考之《説文》，"虹"之籀文作"𧍙"，從虫從申，"𤴐"右邊之"黽"即是"申"之訛變體。

334. 紘、紭、絃、宏

　　八紘，獲萌反。許叔重注《淮南子》云：紘，維也。顧野王曰：八絃（紘）謂八極也。《古今正字》：從糸厷聲。厷音同上。（C57P0791b；J020）

　　八紘，音橫。《淮南子》：知八紘九野之形。許注云：紘，維也。《説文》：從糸厷聲。厷音同上。傳從宀作宏。宏，大也。（C59P0046a；J083）

　　八紘，下話萌反。許叔重注曰：紘，維也。亦冈紉也。《淮南子》云：知八紘九野之形埒也。許叔重注曰：紘亦維也。楊（揚）雄曰"燭六合埒八紘"是也。《古今正字》：從糸厷聲。亦從弘作紭。埒音劣。（C59P0098b；J085）

　　按：上所引詞目分別出自《寶星陀羅尼經序》音義、《大唐三藏玄奘法師本傳》第一卷音義、《辯正論》第四卷音義。在綱紀義上，慧琳所釋之"紘"與"紭"爲換旁異體字關係；"紘"書寫或訛作"絃"；"紘"與"宏"音同，文獻中常借用。

　　上引條目之"紘"取綱紀義。卷八十五"八紘"條下，慧琳謂"亦從弘作紭"。"紭"是"紘"的換旁異體字。《説文·糸部》："紘，冠卷也。紭，紘或從弘。"

　　卷第二十"八紘"條下，"八絃謂八極也"之"絃"字，《慧琳音義》高麗本如上作，獅谷本、弘教本、頻伽本、大正本均作"紘"。"絃"乃"弦"的異體字字，《集韻·先韻》："絃，八音之絲也，通作弦。"由此觀之，高麗本之"絃"乃是"紘"的書寫訛誤形體，此二字常互訛。又如《止觀輔行傳弘決》卷第四云："譬中云曲弄等者，正曲之弄名爲曲弄，調紘即正曲之序也。"

(T46P0277a)《大正藏》"絃"下校勘記謂,頻伽本作"絃"。從文義求之,此處作"絃"是也,大藏經中屢見"調絃"之說。

　　卷八十三"八紘"條下,慧琳謂所見經文作"宏"。此"宏"是宏大義,與表綱紀義的"紘"爲通假字關係。《正字通・糸部》:"紘,與弘、宏通。"又《淮南子・精神》有云:"天地之道,至紘以大。"此"紘"乃"宏"之借字。

335. 鴻、雊、鳿、鷗

　　鴻鴈,上胡公反。《韻英》:水鳥也。《考聲》:鴻,代也。郭璞云:鴻鳥知運代也。或作雊、鳿,皆古字也。(C57P0468a;J004)

　　鳿鳥,古文准雊(雊)。《聲類》或鷗(鴻)字,同。胡公反。鴻鵠也。(C58P0555b;J056)

　　按:上所引詞目分別出自《大般若波羅蜜多經》第三百九十八卷音義、《正法念經》第六十八卷音義。在大雁義上,"鴻"與"雊""鳿"並爲換旁異體字關係;"雊"書寫或訛作"雊","鴻"書寫或訛作"鷗"。

　　上釋文"鴻鴈"條之"鴻",指大雁。此條下慧琳謂"鳿""雊"爲古字。《說文・隹部》:"雊,鳥肥大雊雊也。鳿,雊或从鳥。"《玉篇・鳥部》:"鳿,戶工切。鳥肥大也。或作鴻。"《廣韻・東韻》戶公切:"雊,鳥肥大。"顯然,在大雁義上,"鴻"與"雊""鳿"並爲換旁異體字關係。慧琳所謂"古字",乃是《說文》所收錄,但後世文獻中不甚通行。

　　卷五十六"鳿鳥"條下,"古文准雊"之"准雊"二字,《聲類》或鷗之"鷗"字,《慧琳音義》各版本均如此作。"准雊"不可解,"鷗"乃"鷗"的異體字,與釋文義亦不合。實此"鳿鳥"條本爲玄應所撰,慧琳收錄時新加訂正。檢諸《玄應音義》,第十一卷《正法念經》第六十八卷音義"鳿鳥"下云:"古文雊。《聲類》或鴻字,同。胡公反。鴻鵠也。"(V32P0144a)比較來看,《慧琳音義》"准雊"的"雊"即《玄應音義》"雊"之訛,"鷗"則"鴻"之訛。《慧琳音義》在傳寫中造成了文字錯訛現象。

336. 瘊、癰

　　瘊病,相承呼溝反。未詳何證。律文歿(多)作癰,腫也。(C58P0644b;J059)

　　按:上所引詞目出自《四分律》第三十五卷音義。慧琳所釋"瘊病"條,《大正藏》對應經文作:"或虫身、或虫頭,或頭髮瘷瘷,或曲指、或六指、或縵指、或有一卵、或無卵,或癢,或身內曲、或身外曲、或內外曲,或上氣病、或瘊病、或吐沫病。"(T22P0814a)經文之"瘊"指疣之小者,俗所謂瘊子。《龍龕手鑑・疒部》:"瘊,音侯。瘡瘷也。"又《玉篇・疒部》:"胡鉤切。瘊,疣病也。"玄應、慧琳並謂此"瘊"字無他證,蓋是此字產生較晚,唐時的正字書、韻書均未收錄此字。另慧琳謂經文多作"癰",此與"瘊"爲文義換用關係。

又慧琳所釋"律文炭作癰"之"炭"字,《慧琳音義》高麗本、獅谷本、弘教本等均如上所作。然作"炭"與釋文義並不相協。檢《玄應音義》,卷第十四《四分律》第三十五卷"瘊病"條下謂:"相承呼溝反。未詳何證。律文多作癰,於恭反。《說文》:'癰,腫也。'"(V32P0193a)又《可洪音義》卷第十六"瘊病"條下謂:"上戶鉤反,瘦也。又《經音義》作呼溝反。說文云:'未詳何證。'又云:'律文多作癰,於恭反。'"(C60P0034c)由此來看,慧琳釋文中的"炭"即是"多"之訛字。慧琳承襲自玄應,可洪又於轉錄,可無疑矣。

337. 吼、呴、吽、牪

吼聲,呼狗反。俗字也,正從牛作牪。古文作呴。《考聲》云:吼,鳴之聲大者,牛虎等嘷也。狗曰吠,馬曰嘶,鳥曰鳴,獸曰嘷,各從其類。《廣雅》:大鳴也。案吼,叫呼也。《古今正字》作吽,熊羆叫聲也。從口,並形聲字也。(C57P0767b;J018)

吽嚇,上呼口反。賈逵云:吽,呼也。《聲類》:嘷也。《古今正字》:從牛口聲。亦作牪,或作呴。譜作吼,俗字也。(C58P1015a;J077)

獸呴,呼垢反。《廣疋》云:呴,鳴也。顧野王云:獸聲也。賈逵:呼咼也。《聲類》:嘷也。《古今正字》作牪,義同。亦作吽,從牛句聲。集作呴,通也。(C59P0260a;J096)

按:上所引詞目分別出自《大乘大集地藏十輪經》第八卷音義、《釋迦譜序》第三卷音義、《弘明集》第六卷音義。慧琳所釋之"吼"本為牛鳴聲,後泛指吼叫;在此用法上,"吼"與"呴""吽""牪"並是換旁異體字關係。

慧琳所釋"吼聲"條,《大正藏》對應經文作:"善男子!如師子王吼聲一發,一切禽獸悉皆驚怖,飛落、走伏,無敢輒動。"(T13P0762c)經文之"吼"爲吼叫義。敦煌伯3693《箋注本切韻·厚韻》:"吼,牛鳴。"《玉篇·口部》:"吼,呼垢切。牛鳴也。"《廣韻·厚韻》:"吼,牛鳴也。"或又作"呴""吽""牪"。敦煌伯2011王仁昫《刊謬補缺切韻·厚韻》:"吼,呼后反。牛鳴。亦作牪。"同書"吽"字下謂:"嘷。亦作牪。"《龍龕手鑑·口部》:"呴、吽,二正。音吼。牛鳴也。"《玉篇·牛部》:"牪,呼口切。牛鳴也。亦作呴。"

另《大字典》"牪"字第二個義項下引《廣雅》《玉篇》等釋作"牛叫"(2010:2121),未溝通與"吼"之異體關係;"呴"(2010:656)、"吽"(2010:638)下均溝通了與"吼"之異體關係。從上面的考辨來看,《大字典》亦當溝通"牪"與"吼"的異體字關係,如此方爲妥當。

又按,"吼聲"條下"《考聲》云:吼,鳴之聲大者,牛虎等嘷也"數字,《校本》斷句作"《考聲》云:吼鳴之聲大者。牛虎等嘷也"(2012:821),"吼鳴"連文,"牛虎等嘷也"屬下句,或有未妥。慧琳釋"吼"字時,多次引用《考聲》。如卷六十六"哮吼"條:"《考聲》云:牛虎鳴曰吼也。"(C58P0787b)卷六十九"哮吼"條:"《考聲》:鳴之大也,牛虎曰吼。"(C58P0843a)卷七十六"虓吽"條:"《考聲》云:鳴之大也。"(C58P0998a)此均可證《校本》之誤。

338. 厚、垕、**垕**

親厚，古文**垕**，同。胡苟反。案厚者，不薄也，重也。律文或作友，于久反。《説文》：友，同志也。《廣疋》：友，愛也，親也。隨作皆得也。（C58P0630b；J059）

按：上所引詞目出自《四分律》第一卷音義。"厚"字，《説文》古文作"垕"；"垕"手書或變異作"**垕**"，又或訛同"屋"。

慧琳所釋"親厚"條《大正藏》對應經文作："若以方便壞他空地，若作水澆，或依親厚强力，或以言詞辯説誑惑而取，初得波羅夷；方便欲取而不得，偷蘭遮。"（T22P0574b）經文之"厚"即厚薄字，《説文·旱部》："厚，山陵之厚也。从旱，从厂。垕，古文厚，从后、土。"段注謂："从后土聲。"不過，商承祚《説文中之古文考》依據《玉篇》所收的"至"字，認爲"后"非聲，乃是從土上石。（1983：52）又徐在國《隸定古文疏證》"厚"字下亦將"垕"等形體分析爲從石從土（2002：120），可參。

又"古文**垕**"之"**垕**"字，《慧琳音義》高麗本、獅谷本等均如上作，唯大正本作"屋"。從釋文義及形體演變角度論之，此"屋"乃是"垕"字進一步書誤而致。其間訛變路徑爲：垕—**垕**—屋。

339. 弧、**弧**、**弧**、**矤**、**矤**

弧（弧）矢，**弧**（弧），户吾反。矢，式耳反。《説文》：**弧**（弧），木弓也。《考工記》曰：剡木曰矢。謂即箭也。**弧**（弧）字，經本有從矢邊作**弧**（弧），或矢邊直作瓜者，皆無典據。矢字又作夭，或亦作笑也。（C57P0830a；J021）

按：上所引詞目出自《新譯大方廣佛花嚴經音義》卷第十五《賢首品下》。指稱弓類時，《説文》本作"弧"，手書或變作"**弧**""**弧**"形；慧琳所謂"經本有從矢邊作弧"，即指"矤"字；慧琳所謂"矢邊直作瓜者"，乃是"矤"字，其右邊的"瓜"或訛作"爪"形；"矤""矤"均是"弧"的異構字。

慧琳所釋"弧矢"條，《大正藏》對應經文作："如淨水中四兵像，各各別異無交雜，劍戟弧矢類甚多，鎧胄車輿非一種。"（T10P0078c）"弧矢"指弓一類。《説文·弓部》："弧，木弓也。从弓，瓜聲。"依《説文》，"弧"指木弓，後泛指弓類。"弧"字或又書作"**弧**"形，《龍龕手鑑·弓部》："**弧**，音胡。弓也。"獅谷本、頻伽本《慧琳音義》即作"**弧**"形，可比勘。"弧"右邊的"瓜"，或訛變作"爪"形。清顧藹吉《隸辨·模韻》引《魏大饗碑》謂："張天狼之威**弧**。"（1982：88）上引《慧琳音義》高麗本作"**弧**"，均是其例。

又按，《慧琳音義》此條諸版本間文字差異現象較多。高麗本如上所作，獅谷本、頻伽本均作："**弧**矢，**弧**，户吾反。矢，式耳反。《説文》：**弧**，木弓也。《考工記》曰：剡木曰矢。謂即箭也。**弧**字，經本有從矢邊作**弧**，或矢邊直作**瓜**者，皆無典據。矢字又作夭，或亦作笑也。"弘教本作:"弧矢,弧,戶吾反。矢,式耳反。《説文》:弧,木弓也。《考工記》曰:剡木曰矢。謂即箭也。弧字,經本有從矢邊作弧,或矢邊直作爪者,皆無典據。矢字又作夭,或亦作笑也。"與弘教本相比,"或矢邊直作爪者"之"爪"字,大正本作"瓜"(T54P0440b)。

《新譯大方廣佛華嚴經音義》本爲慧苑所撰,慧琳進行了轉録。又檢《新譯大方廣佛華嚴經音義》卷第十五《賢首品下》"弧矢"條,《中華藏》影印金藏本(C59P433c)、高麗本(GL58P0287c)、弘教本(HJ207P116)作:"弧,戶吾反。矢,式耳反。《説文》:弧,木弓也。《考工記》曰:剡木曰矢。謂即箭也。弧字,經本有從矢邊作弧,或矢邊作直、作瓜者,皆無典據。矢字又作夭,或亦作笑。"不過,上"或矢邊作直、作瓜者"數字,《慧苑音義》磧沙藏本(QS461P55)、永樂北藏本(YB176P35b)作"或矢邊直作爪者"。

綜合來看,"或矢邊作直、作瓜(爪)者"一説頗爲費解,且檢"弧"之異體字,亦無右邊從"直"的形體。另外,假使"直"作爲"弧"字在弓類義上的構件,則既非聲符,亦非意符。從《慧苑音義》《慧琳音義》版本異文及釋文義求之,"矢邊直作瓜(爪)者"爲是。前半句慧琳所謂"經本有從矢邊作弧",乃指"弧"字;由"弧"增"矢"旁而來,乃是爲了增強"弧"的弓類義。《字彙補・矢部》:"弧,洪盧切,音弧。義同。"後半句的"矢邊直作瓜者",係指有從"矢"從"瓜"作"弧"者。因唐時及之前的其他字韻書均未見收録"弧""弧"二形,故而慧苑、慧琳並謂"皆無典據"。而手書"弧"右邊的"瓜"或訛作"爪"形,《慧苑音義》磧沙藏本、永樂北藏本即是其例。

另"經本有從矢邊作弧"數字,《校本》校作"經本有從矢邊作弧(弧)"(2012:869)。其下校記謂:"據文意似作'弧'。"(2012:872)若將"有從矢邊作弧"理解爲"弧"字,則與下文"或矢邊直作瓜者"所指形體重複,顯然未妥。而後一描述下《校本》並未出校記,且與《慧琳音義》釋文通例相背。如卷第二十三"打棒屠割"條下謂"有從手邊作奉者,乃是捧持之字""又有木邊作音者,即曰棓杖之棓"(C57P0857a)。

此外,《大字典》據《四聲篇海》《字彙補》收釋有"弧"字(2010:2768)。從上面的考辨來看,《大字典》可據《慧苑音義》《慧琳音義》增補或提前其書證。

340. 胡、肑、頡、㖞、壺

垂胡,又作頡、㖞二形,同。戶孤反。《説文》:胡,謂牛頷垂下者也。論文作壺,非體也。(C58P0366b;J047)

頡尾,又作胡、肑二形,同。戶孤反。謂牛領垂也。《詩》云"狼跋其胡"是也。論文作壺。《説文》:圓器也。壺非此用。(C58P0856a;J070)

按:上所引詞目分别出自《般若燈論》第五卷音義、《俱舍論》第四卷音義。在獸頷下垂肉這一用法上,"肑"當即"胡"之異寫字;"頡""㖞"均是"胡"之異構字;經文有作"壺"者,乃是

“胡”之同音借用字現象。

上“頡尾”條《大正藏》對應經文作：“大人相與大人不異，云何立爲相？壺①尾領蹄角於牛成相，與牛不異，復云何立爲相？”（T29P0186b）今大正本經文作“壺”，宋、元、明及宫本作“頡”。求之經義，作“胡”是也，指牛頷下垂肉。《説文·肉部》：“胡，牛頷垂也。”字從肉古聲。大正本經文之“壺”是器皿，《廣韻》中與“胡”字均讀作户吳切，音同義別，顯然是“胡”之同音借用字現象。

釋文謂又作“胇”，當即“胡”之異寫形體，構件位置左右互換者甚多。“胇”或同“股”，則與同“胡”之“胇”爲同形字關係。《大字典》“胇”下只收録了“同‘股’”的用法（2010：2205），據慧琳所釋，或可增收同“胡”這一用法。

宋、元、明及宫本之“頡”字，是“胡”的換旁異體字。敦煌伯 2011 王仁昫《刊謬補缺切韻·模韻》：“頡，牛頸下垂。”又《龍龕手鑑·頁部》：“頡，音胡。牛頸下垂。”在牛頷下垂義上，從“肉”從“頁”義可通。

釋文又溝通有“啯”字，此亦是“胡”之別構字。敦煌本《王韻·模韻》：“啯”，同“頡”。從“肉”言類屬，從“口”言位置，均與頷下垂肉義相契合。

341. 斛、斚

一斛，下洪穀反。《儀禮》：十斗爲斛也。《説文》：量器也。從斗角聲。經文作斚，俗字也。（C58P1048b；J078）

按：上所引詞目出自《經律異相》第十八卷音義。慧琳所見經文之“斚”當即“斛”書寫變異而來，一方面“百”“角”形近，同時“百”與“十”同是數字，二者共同促成了由“斛”到“斚”之演變。

此“一斛”條《大正藏》對應經文作：“有一牸象，名曰磨茶，載佛舍利至罽賓國，以此善根死生人中，出家得阿羅漢果，因食飯一斛乃般涅槃。”（T53P0098b）今大正本經文作“斛”，是舊時量器。《説文·斗部》：“斛，十斗也。”字從斗，角聲。慧琳所見經文之“斚”與“斛”同。除上所引慧琳釋文外，又卷第七十五《阿育王譬喻經》“千斚”下云：“經從百作斚，俗字也。”（C58P0982b）卷第八十九《高僧傳》第五卷“千斚”下云：“傳從百作斚，俗字也。”（C59P0160b）又《龍龕手鑑·雜部》：“斚，音斛。”就“斚”之形體來源而言，張自烈《正字通·斗部》“斚”下“一説”謂“百”即“角”之訛省。張氏此説較有道理，“百”“角”形近，故有訛誤之可能。同時，辭書多釋“斛”爲十斗，“百”與“十”同是數字，此影響亦不可忽略。另《大字典》據《集韻》收釋有“斚”字（2010：2414），依慧琳所釋，則其書證可提前。

————————

① 《大正藏》“壺”下校勘記：壺＝頡三宫。

342. 壺、噎

唾壺，上吐臥反，下音胡。《說文》云：壺，昆吾圜器也。象形。從大，其蓋也。今作壺。（C59P0331a；J100）

按：上所引詞目出自《高僧法顯傳》音義。釋文中慧琳所謂"今作"字，究竟是想要區別於《說文》篆體，還是要區別於後世的某個寫法，目前尚無從得知；佛經中"壺"或從"口"旁作"噎"，乃"壺"在唾壺義上的增旁異體字。

慧琳所釋"唾壺"條，《大正藏》對應經文作："其國中有佛唾壺，以石作之，色似佛鉢。又有佛一齒，其國中人爲佛齒起塔。"（T51P0857c）今大正本經文亦作"唾壺"，即盛痰液的小腹大口器皿。大藏經中多見"唾壺"一說。

上引釋文"今作壺"之"壺"，《慧琳音義》各本均如此作，《校本》亦同。不過其下給出了校勘記，謂："據文義似作'壼'。"（2012：2203）"壼"是"壺"的草書簡化字。唐時確有將"壺"書作"壼"形者。李樂毅《簡化字源》載，唐代懷素即將"壺"書作"壼"（1996：102）。另《漢魏六朝隋唐五代字形表》載，《唐許公妻墓誌》亦有將"壺"書作"壼"者（2011：236）。不過該種寫法在唐時只是偶見，慧琳所謂"今作"之字當非如《校本》所言。又檢唐時正字書，《干禄字書·平聲》："壺、壼，上俗下正。"又《五經文字·士部》："壺、壼，苦本反。"均未收録"壼"，亦可證《校本》之非。不過，慧琳所謂"今作"究竟是想要區別於《說文》篆體，還是要區別於後世的其他寫法，目前尚無從得知。

又按，上"其蓋也"，《慧琳音義》各本均如是作，而今傳本《說文》作"象其蓋也"（1963：214）。此外，詞頭"唾壺"之"唾"字，《慧琳音義》高麗本、獅谷本、弘教本、頻伽本並如上作，大正本作"埵"（T54P0926a）。從經文及釋文義求之，大正本作"埵"非也，乃是"唾"之書誤字。

另外，"唾壺"在佛經中或書作"唾噎"。《諸經要集》第八卷《述意緣》第一謂："其生處、得道、說法、涅槃、髮髻、頂骨、四牙、雙跡、鉢杖、唾噎、泥洹僧等，皆樹塔勒銘，標碣神異。"（T54P0074b）此"唾噎"即唾壺。又《可洪音義》中多見"唾噎"，往往釋作"音壺"。論"噎"之形體來源，當是由"唾"字從"口"類化而成，爲"壺"在唾壺用法上的增旁異體字。另《大字典》《字海》等大型字書均未收録此"噎"字。

343. 瑚、鍸

定鍸，尸（户）吴反。亦與瑚同也。（C58P0942b；J074）

按：上所引詞目出自《佛本行讚傳》（又名《佛本行經》）第一卷《阿夷決疑品第六》音義。慧琳所釋之"鍸"爲古時宗廟裏盛放黍稷的禮器，此用法上通作"瑚"。《玉篇·玉部》："瑚，《論語注》云：'瑚璉，黍稷之器。夏曰瑚，殷曰璉。'或作鍸。"在此用法上，"瑚"與"鍸"爲換旁異體字關係。

　　上引詞頭之"定鍸"、釋文之"亦與瑚同也"諸字，《慧琳音義》各本皆同。慧琳所釋"定鍸"條，《大正藏》對應經文作："當以法籥開，生死牢獄門。普世相燒然，以婬怒癡炎；當以法水滅，如雲雨野火。以悲心之角，定餬十方鋒；當施善法乳，天人飲無厭。"（T04P0061b）今大正本經文作"定餬"，與慧琳所釋詞頭"定鍸"異。《大正藏》"餬"下校勘記謂：宋、元、明本作"頡"。經文之"餬"，本是寄食，指以薄粥供口食；轉而指塗抹、黏合，該義上後作"糊"。"鍸"與"餬"音同義別。檢《佛本行經》的各類版本，慧琳所謂"定鍸"之"鍸"，《趙城金藏》（ZC9302P9a）、《高麗藏》（GL53P199b）《卍正藏》（卍 Z49P642b）、《中華藏》（C50P299a）作"餬"，《磧沙藏》（QS423P62）作"頡"，《永樂北藏》（YB128P274a）、《乾隆大藏經》（QL107P16b）作"頡"，獨不見作"鍸"者。

　　又上慧琳釋文"尸吳反"之"尸"字，《慧琳音義》高麗本、獅谷本、頻伽本、大正本均如上作，弘教本作"户"。《龍龕手鑑‧金部》："鍸，音胡。"又《玉篇‧金部》："鍸，户徒切。"顯然作"户"是也，"尸"乃其訛字，與"鍸"的音切不協。

344. 餬、餀

　　餬口，又作餀，同。户姑反。《方言》：寄食也。江淮之間謂寓食爲餬。《爾雅》：餬，饘也。郭璞曰：即糜也。饘音之然反。（C58P0969a；J075）

　　餬口，上音胡。《爾雅》云：餬，饘也。郭璞注云：餬亦麋也。《説文》云：亦謂寄食爲餬口。從食胡聲。（C59P0197a；J092）

　　按：上所引詞目分別出自《修行道地經》第五卷音義、《續高僧傳》第六卷音義。慧琳詞頭的"餬"，《説文》釋爲"寄食"，即以薄粥供口食，也指"糜"。或又從"古"聲作"餀"。《玉篇殘卷‧食部》："餀，《字書》之餬字也。"又敦煌伯 2011 王仁昫《刊謬補缺切韻‧模韻》："餬，寄食。亦作餀。"《玄應音義》卷第八（V32P0116c）、卷第十二（V32P0163c）"餬口"條下均謂："又作餀，同。"《龍龕手鑑‧食部》："餀"，同"餬"。"餀"與"餬"爲換旁異體字關係。

　　又《續高僧傳》第六卷"餬口"條下，"餬亦麋也"之"麋"，《慧琳音義》各本均如此作。從釋文義求之，"麋"指麋鹿，此處乃"糜"的通假字。《校本》"麋"下校勘記謂："據文意似當作'糜'。"（2012：2092）

345. 虎、帍

　　虎賁，上呼古反，下博門反。孔注《尚書》云：虎賁，勇士稱也。若虎賁戰，言其猛也。《周禮》云"旅賁氏掌執戈者，夾王車而趨"是也。《説文》：虎從虍，虎足似人足，象形字也。虍音呼。經文從巾作帍，非也。賁從貝卉聲。卉音諱也。（C58P0060a；J033）

按：上所引詞目出自《佛説太子沐魄經》音義。慧琳所釋之"虎賁"爲勇士之稱。"虎賁"之"虎"，慧琳謂其所見經文作"席"，今大正本經文作"虎"（T03P0410b）。從字形關係求之，"席"與"虎"爲一字異寫關係。"席"形寫法在秦漢時期已見，《睡虎地秦簡文字編》（1994：72）、《漢印文字徵》（1978：5.8）均有作"席"形者。又《干禄字書·上聲》："席、虎，上通下正。"清顧藹吉《隸辨·卷六·偏旁》"席"字下，對該寫法及相關形體的變異關係進行過梳理（1982：850），可參。由此來看，慧琳謂"席"爲"非也"，乃是以《説文》正體爲標準。

又按，上"旅賁氏"之"旅"字，《慧琳音義》高麗本、獅谷本、弘教本、頻伽本均如上作，大正本作"族"。核之《周禮》，作"旅"是也，大正本之"族"乃"旅"的書誤。

346. 𥰒、𥬒、互、𠈃、𠬝

𠈃起，胡固反。《字書》云：手（𠈃）也。《説文》從竹作𥬒，可以收繩者也。隸書省去竹作𠈃。經文作𠈃，俗字，誤也。與𠈃字相參，非也。（C57P0465a；J004）

遞互，下胡故反。顧野王云：互謂更遞也。《説文》在竹部，《玉篇》在牙部。或從竹作𥰒，可以收繩者也。今省竹作互，象形，中象人手所推握也。論文作手（𠈃），俗用字也。（C58P0409b；J049）

互相，上胡故反。顧野王云：互謂更遞也。《考聲》云：互猶交互也。《説文》云：互，可以收繩也。象形字，中象手所推握也。古文作𥰒，同用也。（C58P0903a；J072）

按：上所引詞目分別出自《大般若波羅蜜多經》第三百九十二卷音義、《順中論》上卷音義、《阿毘達磨顯宗論》第十五卷音義。在收繩器具義上，《説文》正篆作"𥰒"，或省作"互"；"互"手書或變異作"𠈃""𠬝"，又或訛作"手"；"𥰒"亦或書作"𥬒"形。

慧琳所釋收繩器具義上之"互"，《説文》正篆作"𥰒"。《説文·竹部》："𥰒，可以收繩也。從竹，象形，中象人手所推握也。互，𥰒或省。"不過，段玉裁認爲，"𥰒或省"之"或"當作"古文"二字；王筠《説文釋例》亦認爲"互"是古文。從形體關係論之，"互"當是"𥰒"的原始形體。張舜徽《説文約注》"𥰒"字下謂："此字當以互爲初文，𥰒爲後起字……後世既以互爲交互字，乃別造從竹之𥰒以代之。"（2009：1139）張氏所言可從。"互相"條下，慧琳謂"𥰒"爲"古文"，當是因此字被《説文》所收録。

據慧琳所釋，"互"字手書或變異作"𠈃"。《新加九經字樣·竹部》："𥰒、互，音護，可以收繩者。中象人手，所推握也。俗作𠈃者，訛。上《説文》，下隸省。"從上引高麗本《慧琳音義》的條目來看，"𠈃"又或訛同"手"。其訛變路徑如下：互—𠈃—𠬝—手。另因"互"可書作"𠈃"形，故而"𥰒"亦或書作"𥬒"形。上引"𠈃起"條下，高麗本《慧琳音義》引《説文》"從竹作𥬒"即是其例。

又按，上引"𠈃起"條，詞頭"𠈃起"、釋文"隸書省去竹作𠈃""經文作𠈃"之"𠈃"字，以及

"《説文》從竹作笸"之"笸"字，《慧琳音義》各版本均如此作。《校本》亦作"乑"，不過出了校記，謂："據文意似作'互'。"（2012：581）結合《新加九經字樣》及上引"遞互"條來看，慧琳所謂經文之"俗作"字當即"乑"。事實上，慧琳釋文中多處提到經文中"互"書作"乑"。別如卷第六"互无"條下："經作乑，訛變俗也。"（C57P0499a）卷第十一"遞互"條下："經作乑，俗字誤也，非正體字也。"（C57P0609a）

再檢《大寶積經》第二卷"遞互"之"互"，《趙城金藏》（ZC8769P15c）、《高麗藏》（GL10P153c）、《中華藏》（C08P400c）作"乑"（乑），《磧沙藏》（QS73P12b）、《永樂北藏》（YB19P36a）、《乾隆藏》（QL17P27b）、《卍正藏》（卍 Z08P187a）、《大正藏》（T11P0310a）作"互"，均無作"互"者。由此論之，《校本》所謂作"互"實無道理。蓋是《慧琳音義》傳刻時，將該條的"笸"書作"笸"、將"互"書作"乑"，從而造成慧琳所謂經文作"乑"不可解。

347. 瓡、𤬅

浮瓡，乎故反。郭注《尒雅》云：瓡，壺也。《説文》：從瓜夸聲。夸音詡于反。又上聲呼。論從艸作𤬅，俗字也。（C58P0836a；J069）

按：上所引詞目出自《阿毗達磨大毗婆沙論》第八十一卷音義。此"浮瓡"條《大正藏》對應經文作："如多人眾俱渡大河，有依草束，有依浮瓡，有依排筏，有依船舫。依船舫者任運安樂得至彼岸，依餘物者怖畏艱難而到彼岸。"（T27P0420b）今大正本經文作"瓡"，取瓡瓜義，繫在腰間可渡水。依《説文》，"瓡"從瓜夸聲。慧琳所見經文作"𤬅"，此"𤬅"字已編碼，但他書鮮有見載；《大字典》《字海》及《異體字字典》均未收錄，當是"瓡"之增旁異體字。因"瓡"是植物類，故可增。就"𤬅"之形體來源而言，蓋是"瓡"增"艸"旁後，"艸"旁與"夸"粘合而成左右結構。別如"醋"或作"醋"、"護"或作"護"等，可相比勘。

348. 扈、怙；扈、鄠

虜扈，力古反，下胡古反。案虜扈，自大也。謂縱橫（横）行也。《漢書音義》曰：扈，跋扈也。謂自縱恣也。經文作怙，恃也。怙非此義。經中言憍慢，或作"貢高"是也。（C57P0559b；J009）

玄扈，胡古反。古國名，與夏后同姓，在右扶風，今京兆鄠縣是也。《漢書》云：夏啓與有扈戰于甘之野。今見有扈谷甘亭是也，謂啓所滅也。澧水出東南，北過入渭。《説文》訓義同。從邑户聲也。或從鄠，亦同。（C57P0792a；J020）

按：上所引詞目分別出自《放光般若經》第六卷音義、《寶星陀羅尼經序》音義。在跋扈義上，慧琳謂經文有作"怙"者，與"扈"爲同音借用字關係；在地名用法上，"扈"與"鄠"可視爲異體字關係。

上引條目中慧琳所釋之"扈"，有兩種不同的用法。"虜扈"條之"扈"爲驕縱義，慧琳所見經文作"怙"，取依靠、仗恃義，二者用法有別。不過"扈""怙"《廣韻·姥韻》均音侯古切，故而二者爲音同借用關係。

"玄扈"條之"扈"爲地名。今《大正藏》對應經文作："大德閑閑，外齊八則；小心翼翼，内整四儀。臨赤縣而溢慈悲，寄玄扈而敷弘誓。"（T13P0536c）此"扈"爲地名用字，慧琳謂或又作"鄠"。《廣韻·姥韻》："鄠，縣名。在京兆府，本夏之扈國，秦爲鄠縣也。"在此用法上，二者可視作異體字關係。

349. 花、蘤、華

花蘂，經中作華，非也。下乳水反。《集訓》云：花鬚也。〈音須〉。（C57P0629b；J012）

天蘤，爲委反。《博雅》云：蘤，華也。《韻詮》《字林》並云：花也。《古今正字》：榮也。從草從白爲聲。（C59P0016b；J081）

按：上所引詞目分別出自《大寶積經》第二十五卷音義、《南海寄歸內法傳》第四卷音義。在花朵義上，《説文》本作"華"，不過後世"華"轉而表華麗義，人們又造"花"字，後者遂成通行體；又有"蘤"，乃是"花"的別構字。

慧琳所釋"花蘂"條，《大正藏》對應經文作："諸園苑中，澄潭沂流，處處盈注；華蘂甘實，一一榮茂；名香普熏，聞者欣悦；鳥獸和鳴，其聲雅亮。"（T11P0141b）今大正本經文亦作"華蘂"，與慧琳所見經本同。此"華蘂"即花蕊。花朵義上《説文》本作"華"，《説文·華部》："華，榮也。从艸，从𠌶。"段玉裁"𠌶"字下謂："此與下文華音義皆同……今字花行而𠌶廢矣。"又高鴻縉《中國字例》云："字原象形，甲骨文用爲祭名。秦人或加艸爲意符，遂有華字。及後華借用爲光華意，秦漢人乃另造荂，荂見《方言》。六朝人又造花字，日久而華字爲借意所專，荂字少用，花字遂獨行。"張舜徽《説文約注》"𠌶"字下亦云："花字乃六朝俗體，不見漢以上書。"（2009：1522）再檢唐時字韻書，《新加九經字樣·艸部》："華、華，榮也。上《説文》，下隸省。"又敦煌伯2011王仁昫《刊謬補缺切韻·麻韻》："華，戶花反。美。通俗作華。"從上引"花蘂"條釋文來看，慧琳認爲花朵義上其時通行"花"。此外，《慧琳音義》卷第十五"花朵"條下謂："上花字，經作華，非也。"（C57P0706a）卷第七十九"華婥"下謂："上花字。經文作華，非也。"（C58P1056b）另清顧藹吉《隸辨·卷六·偏旁》"華"字下對相關寫法亦有辨析，可參。（1982：867）

"天蘤"條下，慧琳又溝通有"蘤"字。該條釋文《大正藏》對應經文作"斯可謂文情婉麗，共天蘤而齊芳；理致清高，與地岳而争峻"。（T54P0227b）此"蘤"即"花"字。《廣雅·釋草》："蘤，華也。"王念孫疏證："《後漢書·張衡傳》云：'百卉含蘤。'李賢注引張氏《字詁》云：'蘤，古花字也。'……蘤字從艸，從白，爲聲。古音爲如化，故花字從化聲而古作蘤。"與慧琳所釋同。

350. 鏵、茾、鈳、鋘、鑱

若鏵，古文茾、鏵二形，今作鈳，或作鋘，同。胡瓜反。犁刃也。經文作鑱，非也。（C58P0472b；J052）

按：上所引詞目出自《雜阿含經》第四卷音義。此"若鏵"條《大正藏》對應經文作："我都不見沙門瞿曇若犁、若軛、若鞅、若縻、若鑱、若鞭，而今瞿曇説言：'我亦耕田下種，以供飲食。'"（T02P0027a）今大正本經文亦作"鑱"，據慧琳所釋，正合作"鏵"。"鑱"字《説文》釋作鋭，轉而指犁頭，與"鏵"相類而有所不同。經文中蓋是渾言之，如此則"鑱"與"鏵"爲近義詞替換用法。

犁鏵義上《説文》正篆作"茾"。《説文・木部》："茾，兩刃臿也。鈳，或从金从于。"段注云："兩刃臿者，謂臿之兩邊有刃者也。"就"茾"之構形而言，象木上有犁頭形。《説文》或體"鈳"是"茾"之異構字，從金于聲。"茾"《集韻》音胡瓜切，上古屬匣紐魚部；"于"《廣韻》音羽俱切，上古亦屬匣紐魚部，"于"聲與"茾"聲同，故可爲聲符。釋文詞頭之"鏵"字，亦是"茾"之異構字，"華"上古屬曉紐魚部，與"茾"聲近。《方言》卷第五："臿，宋、魏之間謂之鏵。"釋文又溝通有"鋘"字，亦是"茾"之異構字。

351. 崋、華

嵩崋，上相融反，下獲罵反。即此方嵩高、太華二山也。崋字正體從山從華，假借用也。（C57P0407b；J001）

按：上所引詞目出自《高宗皇帝在春宮述三藏記》音義。慧琳所釋"嵩崋"的"崋"指華山，《説文・山部》："崋，山，在弘農華陰。從山，華省聲。"段玉裁"崋"下按云："西嶽字各書皆作華，華行而崋廢矣，漢碑多有從山者。"又《集韻・禡韻》："崋"，同"華""蕐"。

論及"崋"與"華"的字際關係，王筠《説文釋例》"崋"下謂："崋山之得名，以其形如蓮花也，故《尚書》直作華。知崋爲漢以後分別文，未必古作。"張舜徽《説文約注》"崋"字下亦持類似觀點（2009：2249），可參。不過，馬敘倫對《説文》"崋"字的收字與釋義提出異議，並認爲此字出《字林》。（《古文字詁林》第八册，2003：219）考求文獻用字實際情況，華山義多由"華"字承擔。綜合來看，"崋"字產生之緣由，當爲分化"華"的華山義，但是該寫法文獻中並不通行。換言之，即未能分化成功。因之，在華山義上，二者宜視作異體字關係。《大字典》"崋"下謂同"華"（2010：797），可從。

352. 話、諙、譮、譇、戜、譁、誆、舙、齰、譎、譁

世譮，胡快反。《説文》云：會善言也。從言昏聲。《考聲》：話，調也。或作諙。古文作舙。《説文》音胡卦反，今取後音。經〔作〕話，俗字變體也。（C57P0682a；J015）

談話，下胡快反。《博雅》：話、謿，譴也。《説文》：善言也。《字書》作![字]，籀（籕）文作譮。(C57P0723a；J016)

談話，古文𧭈（舌舌舌）、譮、![字]（譮）三形，同。胡快反。合會善言也。(C58P0379b；J048)

調話，古文舌舌舌、譮、![字]（譮）三形，同。胡快反。會善言也。經文作譁，音花。誼譁，非字義。(C58P0552b；J056)

俗話，籀文作譮，古文作舌舌舌、譮二形，同。胡快反。《廣疋》：話，調也。謂調戲也。《聲類》：話，訛言也。(C58P0859b；J070)

耽話，籀文作譮，古文作舌舌舌、![字]（譮）①二形，同。胡快反。《聲類》云：話，訛言也。《廣疋》：話，調也。調謂戲也。(C58P0892b；J071)

按：上所引詞目分別出自《大寶積經》第九十二卷音義、《發覺淨心經》上卷音義、《瑜伽師地論》第二十卷音義、《正法念經》第三十二卷音義、《俱舍論》第十二卷音義、《阿毘達磨順正理論》第五十四卷音義。在言談、説話義上，文獻通行"話"字，《説文》正篆作"譮"，二者爲一字異寫關係；《説文》籀文作"譮"，與"話"爲異構字關係，"譮"手書或訛作"繪"(C57P0995a)；"譮"書寫或訛作![字]，進而訛同"註"；"話"或從三"舌"作"舌舌舌"，或作"![字]"，"舌舌舌"書寫又或訛作"𧭈"；慧琳謂經文中或作"譁"，爲喧嘩、吵鬧義，與"話"爲音近借用關係。

慧琳所釋之"話"，《説文》正篆作"譮"。《説文・言部》："譮，合會善言也。從言，昏聲。譮，籀文譮從會。""譮"隸變作"話"，《新加九經字樣・言部》："譮、話，善言也。上《説文》，下隸省。"《字彙・言部》"譮"下謂："話本字。"又清畢沅《經典文字辨證書・言部》："譮，正。亦作譮，同。話，通。""話"爲後世通行體。據慧琳所釋，或又作"舌舌舌"。《龍龕手鑑・舌部》："舌舌舌，古文。音話。"又《玉篇・舌部》："舌舌舌，古文話。"從形體來源論之，"舌舌舌"從三"舌"會意，是"話"的異構字。或有作"![字]"者，亦是"話"的異構字，該字未編碼，《大字典》《字海》及《異體字字典》均未收錄"![字]"，其他傳世字韻書亦鮮見收錄。

上引《瑜伽師地論》第二十卷音義"談話"條"古文𧭈、譮、![字]"的"![字]"字，《慧琳音義》各本均如此作。此條本爲玄應所撰，《玄應音義》卷第二十二"談話"條下謂："古文舌舌舌、譮、誠三形，同。胡快反。合會善言也。"(V32P0294b)《慧琳音義》之"𧭈"乃是"舌舌舌"的訛字，《大字典》亦據《慧琳音義》收錄有"𧭈"字(2010：3099)，可從。又慧琳本的"![字]"、玄應本的"誠"並是"譮"之訛字，《俱舍論》第十二卷音義"俗話"條下謂："古文舌舌舌、![字]二形。"(C58P0859b)可相比勘。

上引"耽話"條下，"古文作舌舌舌、![字]二形"之"![字]"字，《慧琳音義》高麗本如上作，獅谷本、弘教本、頻伽本、大正本均作"詿"。"詿"字《説文》釋作"誤也"，此與"話"之用法不同。此條本爲玄應所撰，慧琳進行了轉錄。又檢《玄應音義》，卷第二十五《阿毗達磨順正理論》第五十

---

① 按，此"![字]"乃是"譮"的訛字，詳見此條下考證。

四卷"訧話"條下謂："籀文作讑。古文作譶、**詤**二形，同。胡快〔反〕。《聲類》云：'話，訛言也。'《廣雅》：'話，調也。'謂調戲也。"（V32P0338a）高麗本《玄應音義》之"**詤**"，正是"諙"的訛字。其訛變軌跡如下：諙—**詤**—**譗**—譗。

353. 樺、檴、橿

樺木，上華化反。《考聲》云：樺，木名也。《字書》作檴，又作橿。《説文》云：樺，木也。從木華聲。（C58P0899b；J072）

樺樹，華跨反。《考聲》云：樺樹，山木名。或從雩作檴，音同。案樺有赤白兩種，皮堪爲燭，赤者薄妙光淨。（C58P0665a；J060）

按：上所引詞目分別出自《阿毘達磨顯宗論》第四卷音義、《根本説一切有部毘奈耶律》第十卷音義。在樺木義上，慧琳所釋之"樺"與"檴""橿"均是換旁異體字關係。除上引慧琳釋文外，《龍龕手鑑·木部》："樺，通。橿，俗。檴，正。胡化反，木名也。"又《重訂直音篇·木部》釋"樺"爲木名，並認爲"檴""橿"同"樺"。可相比勘。

慧琳謂《説文》收録有"樺"字，不過今傳本《説文》未見載録。《説文·木部》："檴，木也，以其皮裹松脂。从木，雩聲。讀若華。橿，或从蒦。"《玉篇·木部》："橿，胡霸、胡郭二切，木名。檴，同上。"關於"檴""樺"之關係，徐鍇《説文繫傳·木部》"檴"下按云："此即今人書樺字。"又張舜徽《説文約注》"檴"下云："檴爲木名，即今之臭椿樹也。檴從雩聲，雩從亏聲；蒦從蒦聲，蒦亦從亏得聲；故檴讀若蒦也。"（2009：1382）另馬敘倫《説文解字六書疏證》"檴"字下亦有相關考察（《古文字詁林》第五册，2002：782），可參。綜合來看，在樺木義上，亦可作"檴"，與表示臭椿義的"檴"爲同形字關係。不過，《大字典》"檴"下並未溝通與"樺"在樺木義上之異體關係（2010：1351），"橿"字第二個音項下據段注設置有"同'樺'"這一用法（2010：1394）。

354. 齹、鮭

濕鮭，胡瓦反。應作齹，胡寡反。鮮明也。又物精不雜爲齹。（C58P0929b；J073）

按：上所引詞目出自《解脱道論》第八卷音義。慧琳所釋"濕鮭"條，《慧琳音義》各本均如上作，《校本》亦同（2012：1795）。此條本爲玄應所撰（V32P0241c），慧琳轉録之；《校本》玄應部分也同上（2012：379）。"濕鮭"條《大正藏》對應經文作："云何散用修食不耐想？彼坐禪人，如是所得經營飲食。於彼坐食，以濕鮭相雜和軟（糅），以手爲簁，以口爲臼，以脣收聚，以齒爲杵，以舌翻轉，以涎唾淡（痰）血共相和合，最可厭惡，如狗嘔吐不可見故。如是以散用修行不耐食想。"（T32P0440c）今大正本經文作"濕鮭"。檢各種大藏經，《趙城金藏》（ZC9288P67b）、《磧沙藏》（QS417P61a）、《高麗藏》（GL52P286b）、《永樂北藏》

（YB124P607b）、《乾隆藏》（QL103P741a）、《卍正藏》（卍 Z48P329a）、《中華藏》（C49P440b）等，皆作"濕鮭"。

上詞頭之"鮭"指有角的母羊，玄應、慧琳所謂"應作䩨"之"䩨"指鮮黃色，二字《廣韻·馬韻》均音胡瓦切；又各本大藏經之"鮭"字，爲鮭科魚的統稱，或指魚類菜餚的總稱；此"鮭"，文獻中亦或訛作"鮭"。從《解脫道論》第八卷經義求之，"濕鮭"指鮭醬。又《可洪音義》卷第二十《解脫道論》第八卷"濕鮭"條下謂："古攜、苦攜二反，魚名也。經音義作鮭，音踝，非也。"可洪所謂"經音義"，即指上所引《一切經音義》。

另佛經中多見用"鮭"指稱菜餚或鮭醬者。《誡觀破戒僧尼不修出世法》第七云："僧尼破戒者，所謂畜養奴婢、僮僕，牛驢車乘，田宅種植，園林華果，金銀粟帛，屏風氈被，好枕細席，箱匱盆瓫，銅器盤椀，上好三衣，牙床坐褥，房舍退屋，廚庫碓磨，脂麵藥酒，雜鮭醬酢，異種口味。"（T45P0822b）又《廣弘明集》卷第十二云："招合愚黨，誘誑迷徒，設廚食以邀賓，置酒鮭以待客……肉須乾臘，雜血便吞，酒使清醇，半糟即啜，饕餮難滿，縱恣無厭。"（T52P0172c）上二處經文的"鮭"皆指鮭類菜餚。

由上來看，經音義釋文中所謂"應作䩨"，取鮮明義，與經義並不相合。玄應、慧琳所見經文之"鮭"，當是"鮭"之書寫訛誤形體。蓋因二人求之不甚，故有此誤。

355. 踝、腂、𦡱

脛踝，下華瓦反。鄭注《禮記》云：踝，跟也。《蒼頡篇》云：踝，在足側也。《聲類》云：足跗上內外骨也。《說文》：從足果聲。論文從肉作𦡱，非也。跗，方于反。（C58P0909a；J072）

按：上所引詞目出自《阿毘達磨顯宗論》第二十九卷音義。詞頭之"踝"與經文之"腂"爲換旁異體字關係，"腂"或又書作"𦡱"形。

慧琳所釋"脛踝"條，《大正藏》對應經文作："隨彼息入，行至喉、心、臍、髖、髀、膝、脛、腂、足、指，念恒隨逐。"（T29P0919a）今大正本經文亦作"腂"，《大正藏》"腂"下校勘記謂：元本、明本作"踝"。上經文之"踝"爲踝骨義，《說文·足部》："踝，足踝也。從足，果聲。"慧琳謂其所見經文從"肉"作"腂"，此即"踝"的換旁異體字。檢餘本大藏經，《趙城金藏》（ZC9274P33c）、《高麗藏》（GL51P156a）、《中華藏》（C48P343c）作"腂"，《磧沙藏》（QS407P66b）、《永樂北藏》（YB115P859a）、《乾隆藏》（QL96P570b）、《卍正藏》（卍Z45P243b）作"踝"。

除上所引經文外，佛經文獻中多見"脛腂""脚腂"連用例。如《大乘同性經》卷下："腰如弓弭金剛杵，陰相不現如馬藏，髀脛圓滿如象鼻，脚腂端正而平滿，指掌輪相鵝王網，進止徐庠師子步，如來具此一切相，是故頂禮功德王。"（T16P0649a）《大正藏》"腂"下校勘記謂：元本、明本作"踝"。《般若守護十六善神王形體》："能忍善神，空色，右手持大刀，左手持稍，被頂巾,其色白,下至腜,纔見冑端,鬢髮紫也。"(T21P0378b)又《梵語千字文》:"臗胯骹偏,皮肉骨髓,膿血周緣,髀腿蹲膝,脛腜胴胇,手足頑痺,恒流唾涎。"(T54P1198a)《大藏一覽》第七卷《入道品》下云:"隨入出息,念入出息,爲短爲長,爲遠至何,復還旋返。隨彼息入,行至喉、心、臍、髖、髀、膝、脛、腜、足、指,念恒隨逐。"(JX21P0545b)

論"腜"之形體來源,當是因其常與"腳""脛"等共現,故而"踝"亦改從"肉"旁。不過,或是"腜"的踝骨這一用法不甚流行,因此除佛經音義外,其餘字韻書,諸如《宋本玉篇》《廣韻》《集韻》《字彙》《正字通》等,均未收錄。《大字典》在"腜"字第三個音項下,據《新唐書·酷吏傳》釋作"用同'踝'"(2010:2238)。核查《大字典》"凡例"第18條,"用同某"指"漢代以後文獻中出現的同音代替字"。然而,從我們上面的梳理來看,顯然經文踝骨義上作"腜",並非由同音替代而成。《大字典》當直接釋作"同'踝'",認可其間的異體字關係,如此方爲妥當。

又按,上引釋文"論文從肉作**腜**"之"**腜**",《慧琳音義》高麗本如上所作,獅谷本、弘教本、頻伽本作"**腜**",大正本作"腜",三形爲一字異寫關係。

356. 懷、褱、裹、孃

懷憾,上戶乖反。《毛詩傳》曰:懷,思也。孔氏曰:懷,安也。《謚法》曰:慈仁短折曰懷,執義揚善曰懷。《説文》:念思也。從心褱聲也。褱,戶乖反。古文作孃,或作裹。經有作裹,協藏也,非此義。(C57P0536a;J008)

懷姙,上胡乖反。古文從女作孃。《蒼頡篇》作裹。裹,抱也。(C57P0633b;J012)

懷挾,上戶乖反。經從心,通用。《説文》正字作裹。裹,挾也。從衣罘聲。(C58P0088a;J034)

按:上所引詞目分別出自《大般若波羅蜜多經》第五百六十七卷音義、《大寶積經》第三十二卷音義、《大方廣如來藏經》音義。慧琳所釋之"懷"與"褱""裹"並可視作異體字關係,與"孃"則是音借字關係。

慧琳所釋"懷憾"條,《大正藏》對應經文作:"無僞行,離邪威儀;口無詭言,如實而説;受恩常感,輕恩重報;心不懷憾,口恒軟語。"(T07P0927c)經文之"懷憾"指抱有怨恨,"懷"取心中存有義。《説文·心部》:"懷,念思也。"本指懷念、思念,引申又指心中存有、懷抱、懷藏、包圍等用法,亦指懷孕義。從形體來源論之,"懷"本但作"褱",後綴加"心"旁突出懷念、思念義。段玉裁"褱"字下謂:"今人懷挾字,古作褱夾。"二者宜視作異體字關係。

慧琳釋文中謂,"懷"字古文從"女"作"孃"。除上所引二處釋文外,《慧琳音義》卷第二"懷孕"條下云:"或從女作孃。"(C57P0438b)卷第七"懷孕"條下云:"古文正體從女作孃。"(C57P0524a)又宋郭忠恕《汗簡·卷下》:"孃,懷。出《碧落文》。"不過除《慧琳音義》外,其後的字韻書,比如《宋本玉篇》《廣韻》《集韻》《四聲篇海》《字彙》等,並釋"孃"爲"和也"或"和安也"。

《大字典》據《玉篇》《集韻》釋"㜺"爲"和安"(2010：1165)，《字海》據《集韻》亦將其釋作"和安"(2000：704)，並無例證。就現有材料論之，"㜺"與"懷"乃是音借字關係。對於慧琳所謂"古文㜺"，徐在國《隸定古文疏證》"懷"字下亦謂："懷、㜺同從褱聲，似假㜺爲懷。"(2002：220)

"懷憾"條下，慧琳又溝通有"褱"。《說文·衣部》："褱，袖也。一曰藏也。从衣，鬼聲。"《漢書·外戚傳·孝成許皇后》"褱誠秉忠"下，顏師古注云："褱，古懷字。"張舜徽《說文約注》"褱"下謂："凡言懷抱、懷藏，皆當以褱爲本字。"(2009：2034)不過後世通行"懷"。

357. 壞、𡐊、𡐤、𡑏、𡑋、𡐈

敝壞，下懷瞶反。《考聲》云：崩摧也。《說文》：敗也。從土褱聲。或作𡐈，古字也。瞶音吾愧反。(C57P0447a；J003)

𡐤諸欲，上乖賣反。《說文》云：𡐤，毀也。從攴褱聲。經本作𡑋，非也。(C58P0265a；J043)

隤壞，下懷愧反。《說文》云：壞，敗也。從土褱聲。籀文作𡐤，古文作𡐊。褱，音懷。(C58P0722a；J062)

按：上所引詞目分別出自《大般若波羅蜜多經》第三百三十卷音義、《三劫三千佛名》上卷音義、《根本毘奈耶雜事律》第四十卷音義。慧琳所釋之"壞"與"𡐤""𡐈"均爲異構字關係；"壞"或書作"𡐊"形，"𡐤"書寫或變異作"𡑏"；又有"𡑋"，蓋亦是"𡐤"的書寫訛變形體。

慧琳所釋"敝壞"條，《大正藏》對應經文作："爾時，佛告具壽善現言：'善現！有菩薩摩訶薩修行布施波羅蜜多，見諸有情飢渴所逼，衣服弊壞，臥具乏少。'"(T06P0692a)今大正本經文作"弊壞"，"壞"取破敗義。《說文·土部》："壞，敗也。从土，褱聲。𡐈，古文壞省。𡐤，籀文壞。"從形體來源論之，古文"𡐈"字從土罘聲，"古文壞省"下段玉裁謂"褱省聲也"；籀文"𡐤"從攴褱聲，突出"壞"之緣由，均與"壞"爲異構字關係。徐在國《隸定古文疏證》"壞"字下對相關"古文"形體進行過考察(2002：280)，可參。

慧琳"隤壞"條下謂"籀文作𡐤"，此"𡐤"字《慧琳音義》各本均如上作，乃是"𡐤"的書寫變異形體。《廣韻·怪韻》："𡐤，毀也。壞，上同。"又此條下慧琳謂"古文作𡐊"，此"𡐊"《慧琳音義》各本皆同。參考慧琳所釋"壞"之其餘"古文"寫法，當作"𡐈"。論形體來源，除《慧琳音義》外，其餘字韻書均未見"𡐊"字，乃是"壞"的書寫變異字形。《校本》"𡐊"下出校記，謂："據文意當作'𡐈'。"(2012：1623)或可從。

又慧琳在"𡐤諸欲"條下謂，其所見經文作"𡑋"，不過唐時正字書及韻書均未見收錄。《龍龕手鑑·攴部》："𡑋，俗。𡐤，正。音愧，毀也。"又《字彙·攴部》："𡑋，古壞切。毀也。"論其形體來源，"𡑋"蓋"𡐤"書寫變異所致。慧琳所謂"非也"，當指"𡑋"非通行寫法，且其時字韻書多不見載。《大字典》據《龍龕手鑑》收錄有"𡑋"字(2010：1574)，無例證，或可據佛經文獻予以增補。

358. 歡、懽、驩；歡、臅、膶

子驩，《三蒼》云：此古歡字，同。音呼官反。《説文》：馬名也。（C58P0768b；J065）

魯臅，此古歡字。音呼官反。此應作臅，羅盍反。（C58P0918a；J073）

懽喜，上唤官反。鄭注《禮記》云：懽，悦也。《説文》：喜亦懽也。從心雚聲。目録中從馬作驩，非也。雚音同，胡官反。（C58P1030b；J077）

按：上所引詞目分別出自《摩得勒伽律》第三卷音義、《甘露味阿毗曇論》上卷音義、《大周刊定眾經目録》第九卷音義。

慧琳所釋之“歡”爲歡樂義。《説文·欠部》：“歡，喜樂也。从欠，雚聲。”徐鍇《説文繫傳》云：“喜動聲气，故從欠。”慧琳又溝通了“懽”字，《説文·心部》：“懽，喜歡也。从心，雚聲。”段玉裁“歡”下謂：“歡者，意有所欲也。《欠部》曰：‘歡者，喜樂也。’懽與歡，音義皆略同。”又《慧琳音義》第八十一卷“懽慘”條下謂：“或作歡。”（C59P0001b）從文獻用例察之，歡喜義上，“懽”與“歡”宜視作異體字關係。

上引“子驩”條本爲玄應所撰（V32P0219b），慧琳予以轉録。此“驩”爲馬名，《説文·馬部》：“驩，馬名。”文獻中“驩”或被借作“歡”，表示歡樂義。段玉裁“驩”下謂：“驩，古叚爲歡字。”其間關係較明了。慧琳“懽喜”條下亦指出經文歡樂義上作“驩”爲“非”，正指非本用而言。

慧琳所釋“魯臅”條，本爲玄應所撰（V32P0251a），慧琳予以轉録。《大正藏》本《阿毗曇甘露味論》卷上《道品第二》對應經文作：“三界：欲界，色界，無色界。是三界中有五種道：地獄，畜生，鬼神，人天及中陰道。云何地獄？大地獄八種：第一僧時披（Saṃjīva），第二黑繩（Kāla-sūtra），第三合會（Saṃghāta），第四魯臘（Raurava），第五摩呵魯臘（Mahāraurava），第六般那（Tapana），第七波多般（Pratāpana），第八阿鼻（Avīci）。”（T28P0966c）今大正本經文作“魯臘”，檢餘本大藏經，《磧沙藏》（QS411P51b）、《永樂北藏》（YB121P121a）、《乾隆藏》（QL101P496b）、《卍正藏》（卍 Z47P284a）作“魯臘”，《高麗藏》（GL51P476a）、《中華藏》（C48P735a）作“魯臅”。上面經文在論八大地獄，又名八熱地獄，其四爲號叫地獄，或譯作叫唤地獄，爲梵語 Raurava 的音譯。[①] 而“摩呵魯臘”指大叫唤地獄，爲 Mahāraurava 的音譯。從經文用字核之，慧琳釋文中謂應作“魯臅”。“臅”字，《玉篇·月部》：“臘，盧盍切。臅，同上。俗。”《廣韻》所釋同。

慧琳“魯臅”條下又謂，“臅”爲“歡”的“古文”。徐在國《隸定古文疏證》“歡”下未收録慧琳所釋之古文“臅”（2002：186）。《大字典》（2010：4922）、《字海》（2000：917）據《玄應音義》

---

① 號叫地獄之説，詳見丁福保《佛學大辭典》“嚕羅婆地獄”條（1984：1409）、“叫唤”條（1984：466）、“八大地獄”（1984：60）條。

收録了"鵙"，釋作"同'歡'"。檢之字韻書，明章黼《重訂直音篇·鳥部》："鵙，音歡，鳥名。人面鳥喙。鵙，同上。"又清吳任臣《字彙補·鳥部》："鵙，鵙兜，與驩頭同。人面鳥喙，有翼。"吳氏按云："疑此爲鵙字之訛。"檢"鵙"字，《玉篇·鳥部》："鵙，呼丸切。人面鳥喙。"《廣韻·桓韻》："鵙，鳥名。人面鳥喙。"從形義關係論之，或如吳任臣所言，"鵙"爲"鵙"之訛。玄應、慧琳所謂"歡"之古文，當是音近借用，非異體關係。不過，若將詞頭之"鵙"釋作"鵙"之訛字，則與經文義無關，顯然未妥。

從前面對"魯騰"的考察來看，詞頭之"鵙"當是"騰"之訛誤形體。"鳥"形手書與"曷"形頗近，易致混訛。清畢沅《經典文字辨證書·鳥部》："鳥，正。鳥，通。凡偏旁放此。"《偏類碑別字·曰部》"曷"下引晉《爨寶子碑》作"曷"。又《正字通·月部》"騰"下謂："從曷者，鳥之訛也。"均可比勘。如此，經文義方可解釋。蓋慧琳所見經文"騰"字訛作"鵙"，而慧琳首先解釋了訛誤之後的形體爲"歡"的古文，繼而又解釋了經文中正確的形體。由此來看，《大字典》《字海》將"鵙"釋作"歡"的異體字，多有不妥。此外，"鵙"的構形與歡快、喜樂等用法間找不到合理的解釋。

359. 環、鐶、繯

環珮，上音還。《尔雅》云：肉好若一謂之環。鄭注《周禮》云：環，旋也。鄭玄曰：環，圍也。何休注云《公羊傳》：繞也。《説文》：從玉睘聲也。經文從畏作繯，非也。睘音瓊也。（C58P0194a；J040）

環釧，上患關反。鄭注《周禮》：環，旋也。又鄭玄云：環，圍也。《説文》：從玉睘聲。睘音瓊。經從金作鐶，是子母鐶也。本義乖也。（C58P0988b；J076）

按：上所引詞目分別出自《觀自在多羅菩薩念誦法》音義、《阿育王經》第一卷音義。慧琳所釋之"環"與"鐶"爲同源通用字關係，與"繯"則是詞義替換關係。

上引詞目中，慧琳所釋之"環"指玉環，後泛指環形物，引申又指環繞、圍繞、包圍等用法。《説文·玉部》："環，璧也。肉好若一謂之環。從玉，睘聲。""環釧"條下，慧琳謂其所見經文作"鐶"。《龍龕手鑑·金部》："鐶，戶關反。指鐶也。"《廣韻·删韻》："鐶，指鐶。"又《集韻·删韻》："鐶，金鐶也。"從文獻用例察之，"環"與"鐶"關係頗爲密切。劉鈞杰《同源字典補》（1999：176）、殷寄明《漢語同源字詞叢考》（2007：533）均將二者系聯爲一組同源詞，可從。

慧琳在"環珮"條下謂，其所見經文作"繯"。該詞條《大正藏》對應經文作："上有摩揭魚首玉銜寶瑣，懸以金鈴周垂瓔珞帳，以寶帳覺花莊嚴，繯佩網帶委蕤交連。"（T20P0003a）今大正本經文亦作"繯佩"，指裝飾帶。《龍龕手鑑·糸部》："繯，烏灰反。幡繯，五色絲飾也。"《玉篇·糸部》："繯，烏迴切。五色絲飾。""繯"與"環"音義均別，字形亦有較大區別。由此來看，二者或是詞義替換關係。

360. 睆、睕、睆、浣、完

白睆，還板反。許慎注《淮南子》云：睆謂目内白瞖病也。經文作浣，浣衣字，非。（C58P0249a；J042）

睕瞖，還棧反。目内白瞖病也。論文作完湤二形，非也。（C58P0948a；J074）

按：上所引詞目分别出自《七佛神呪經》第四卷音義、《出曜經》第二卷音義。經文目内白瞖病用法上，“睆”書寫或變異作“睕”，“睕”又或訛作“睆”；慧琳謂經文中該用法上或作“完”“浣”，並是“睆”的音借字現象。

從上引釋文來看，此“睆”指目内白瞖病，與其他字韻書所釋的出目、大目的用法相别。《五經文字·目部》：“睆，胡綰反。見《禮記》。”《玉篇·目部》：“睆，華綰切。出目皃。”《廣韻·潸韻》：“睆，大目也。户板切。”又《集韻·潸韻》：“睅、睆，户版切。《説文》：‘大目也。或從完。’”事實上，目内白瞖病這一用法爲“瞖”所有。“瞖”本指用羽毛製成的車蓋，引申有遮蓋、遮蔽、隱匿等用法，又指眼球上生出的遮蔽視線的膜。如《素問·六元正紀大論》：“甚則黄黑昏瞖，流行氣交。”

上“白睆”條《大正藏》載《七佛所説神呪經》對應經文作：“眼上白浣鬼名。阿富那（一）。破多奴阿富那（二）。毘摩破多奴阿富那（三）。浮婆阿富那（四）。莎呵（五）。”（T21P0558a）《大正藏》“浣”下校勘記謂：宋本作“睕”，元、明本作“睆”。又《陀羅尼雜集》卷第七有“眼上白光鬼名”，其下所列五種與上引經文同（T21P0619c）。由此觀之，作“睆”較勝，從指“大目”“目出”轉指眼疾。

上“睕瞖”條《大正藏》對應經文作：“如是如是，如汝所言。所謂老者，能使極妙殊特之容變爲異色……髮如紺青，亦如蜜王，猶如純黑，能使變白，髮落不住；眼如牛眴，白黑分明，能使目中生膚睕瞖；額如油光，晃昱照曜，能使面皺狀如皮燋。”（T04P0620c）今大正本經文作“睆瞖”，與“睕瞖”同。佛經中多見“膚瞖”“膚瞖”連用，而“睆瞖”之説只見於《出曜經》第二卷。“膚瞖”“膚瞖”之“膚”取纖薄義，隋巢元方《諸病源候總論·目疾諸候》“目膚瞖候”條下云：“腑臟之氣，虚實不調，故氣衝於目，久不散，變生膚瞖。膚瞖者，明眼睛上有物如蠅翅者即是。”

再考之許慎注本《淮南子》，四部叢刊本《淮南鴻烈解·俶真訓》：“是故凍者假兼衣于春，而暍者望冷風于秋。夫有病於内者，必有色於外矣。夫梣木色青瞖，而蠃癒蝸睆，此皆治目之藥也。人無故求此物者，必有蔽其明者。”“梣木”下許注云：“生於山，剝取其皮，以水浸之，正青，用洗眼，瘉人目中膚瞖，故曰色青瞖。”許君“蝸睆”下注云：“目疾也。”與慧琳所引許慎注《淮南子》有别。蓋是慧琳將許慎給“瞖”“蝸睆”的注解均附加到“睆”字上，從而有了上引釋文中的解釋。《大字典》（2010：2668）、《漢語大詞典》卷七（1991：1223）“睆”下均未收録目内白瞖病這一用法，甚是。

另“睆”字或書作“睕”，上引高麗本《慧琳音義》即是其例。《龍龕手鑑·目部》：“睕，俗。

睆，正。戶板反。大目也。”又《正字通·目部》：“睆，睆字之譌。”從“睆”“睆”的形、音關係論之，張自烈所言甚是。“浣”或又書作“涴”形，二者可互勘。

此外，上詞頭“睆瞖”之“睆”字，《慧琳音義》高麗本、獅谷本、弘教本、頻伽本均如上作，大正本作“睆”。此“睆”乃是“睆”進一步書誤所致，其演變軌跡爲：睆—睆—睆。慧琳又謂，經文目内白瞖病用法上或作“完”“浣”，並是“睆”的音借字現象。

361. 幻、厹、幺、匇

如幻，還辨①反。或也。古作厹（厹），亦作予（匇），皆古字也。（C57P0544a；J008）

按：上所引詞目出自《大般若波羅蜜多經》第五百七十五卷音義。慧琳釋文中溝通的“幻”與“厹”“匇”並是一字異寫關係，“厹”或訛作“幺”，“匇”或訛作“予”。

慧琳所釋“如幻”條，《大正藏》對應經文作：“我當告彼：‘汝等欲聞，勿起聽心，勿專繫念，當起如幻如化等心，如是乃能解我所說。’”（T07P0973b）經文之“幻”取幻化義，與下“化”字對文。慧琳釋文之“或”爲“惑”的通假用法，是疑惑、迷惑義。

“古作厹”之“厹”，《慧琳音義》高麗本、獅谷本、弘教本、大正本並如上作，頻伽本作“厽”。從釋文義求之，作“厹”是也，“幺”乃其訛字。《集韻·襉韻》：“幻，古作厹。”論其形體來源，“厹”乃“幻”的《説文》篆體“**𢆶**”之隸定變異字形，二者爲一字異寫關係。徐在國《隸定古文疏證》“幻”下亦有相關考察（2002：87），可參。

又上引釋文“亦作予”之“予”，《慧琳音義》高麗本、獅谷本、弘教本、大正本如上所作，頻伽本作“**去**”。頻伽本之“**去**”亦是“幻”的《説文》篆體隸定變異字形。《新加九經字樣·雜部》：“**幻**，幻，還去。相詐惑也。從倒子。上《説文》，下隸省。”清畢沅《經典文字辨證書·**𢆶**部》：“**𢆶**，正。幻，通。”其間關係較明瞭。又上引文“予”字下，《校本》謂：“據文意似當作‘匇’。”（2012：647）是也。

362. 浣、澣、涴

火浣布，桓管反。俗字也。正作澣。《考聲》云：浣，濯也。以足曰澣，以手曰漱。劉兆注《公羊傳》云：濯生練曰漱，去舊垢曰澣。經文有從兒作涴，非也。（C57P0692a；J015）

澣濯，上胡管反。《毛詩傳》云：澣亦濯也。劉兆注《公羊傳》：去垢曰澣。經文作涴（浣），俗字也。或誤作浣（涴），非也。②（C58P0941a；J074）

澣濯，上桓椀反。劉兆注《公羊傳》云：濯生練曰涷，去舊垢曰澣。《古今正字》：從水幹

---

① 此“還辨反”之“辨”，《慧琳音義》高麗本如上作，獅谷本、弘教本、頻伽本、大正本並作“辨”。作爲“幻”的切下字，“辨”“辨”用同。

② 按：此條音義存在多處異文，詳見該條考證。

聲。亦作浣。譜作浣,俗字也。(C58P1013a;J077)

浣染,上桓椀反。鄭箋《毛詩》云:浣,濯也。劉注《公羊》云:浣去舊垢曰濯也。亦作瀚。《説文》作浣,從水完聲。完音桓也。(C58P1047b;J078)

按:上所引詞目分別出自《大寶積經》第一百零九卷音義、《佛本行讚傳》第一卷音義、《釋迦譜序》第二卷音義、《經律異相》第十七卷音義。在浣洗義上,"浣"與"瀚"爲換旁異體字關係,"浣"書寫或變異作"涴";慧琳蓋是以《説文》所釋爲依據,從正字法視角定"浣"爲俗,定"涴"爲誤作、爲非。

上引條目中,慧琳所釋之"浣"指洗濯、漂洗義。《説文·水部》:"瀚,濯衣垢也。從水,榦聲。浣,瀚或從完。"段玉裁按云:"作瀚者,今俗字也。"又《干禄字書·上聲》:"浣、瀚,上通下正。"《五經文字·水部》:"浣,與瀚同。"敦煌伯 2011 王仁昫《刊謬補缺切韻·旱韻》:"瀚,濯。亦作浣。"段氏認定的二字之正俗關係與唐時字韻書的看法有別。

"浣"字,手書右邊之"完"或變異作"兒"形。《漢魏六朝隋唐五代字形表》"浣"下引《唐蔡君妻墓誌》即作"涴"(2011:722),與"火浣布"條下慧琳所見經本同。另外,"睕"又或書作"睆"形,可相比勘。

卷第七十四"瀚濯"條下,慧琳謂"或誤作浣,非也"之"浣"字,《慧琳音義》各本均如上作,《校本》亦同,且未出校勘記(2012:1807)。檢各本大藏經,《趙城金藏》(ZC9302P2a)、《磧沙藏》(QS423P55b)、《高麗藏》(GL53P192c)、《永樂北藏》(YB128P253b)、《乾隆藏》(QL105P2b)、《卍正藏》(卍Z49P632a)、《大正藏》(T04P0054c)、《中華藏》(C50P292b)等均作"浣"。"浣"即"瀚"的異體字,顯然與慧琳釋文相背。結合"火浣布"條下"經文有從兒作涴,非也"來看,"或誤作浣,非也"之"浣"字乃是"涴"的誤書。

又卷第七十七"瀚濯"條下"譜作浣,俗字也",上"浣"字《慧琳音義》各本均如上作,《校本》書作"涴"(2012:1869),不知所據何本,且未出校勘記。結合"火浣布"條下慧琳定"浣"爲"俗字"、定"涴"爲"非"來看,顯然慧琳視"涴"爲誤作、爲非,視"浣"爲俗,其理由蓋是"浣"爲《説文》"瀚"的或體。由此再看《校本》改"譜作浣,俗字也"之"浣"爲"涴",則與釋文義相背。而卷第七十四"瀚濯"條下"經文作涴,俗字也"之"涴",又是"浣"的誤書。如此,《慧琳音義》中"浣(瀚)"類條目方可得以解讀。

363. 換、揆、挭、逭

挭久(文),上桓貫反。《説文》:換,易也。從手奐聲也。奐音喚。經序作揆,俗字也。(C58P0047a;J032)

換衣,胡灌反。《説文》:換,易也。謂更易也。經文作逭。《尒雅》:逭,逃也。亦行也。逭非字體。(C58P0188b;J040)

按：上所引詞目分別出自《第一義法勝經序》音義、《十一面觀世音經》音義。慧琳所釋之"换"字，高麗本《慧琳音義》或書作"㨃""㩜"，均與"换"爲一字異寫關係；慧琳"换衣"條下謂其所見經本作"逭"，乃是"换"的同音借用字現象。

"㨃久"條詞頭之"㨃"、"經序作㩜"之"㩜"，《慧琳音義》高麗本、獅谷本、弘教本、頻伽本均如上作，大正本但作"换"。"㨃""㩜"皆是"换"的一字異寫形體，不過大正本的寫法隱没了慧琳著意區分的不同形體。另外，此"换久"條之釋文義難通，而《慧琳音義》各本均如上作，《校本》亦同（2012：1081）。檢"换久"條對應之經文，《大正藏》作："且《第一義法勝經》者，諸法門中此其髓也。公意殷誠，感之題額。沙門曇林、瞿曇流支，興和四年歲次壬戌，九月一日甲子换文，始末四功，質義乃定，五千五百七十六字。"（T17P0879b）今大正本經文作"换文"。又檢餘本大藏經，《磧沙藏》（QS157P32b）、《高麗藏》（GL20Pn241a）、《永樂北藏》（YB43P131a）、《乾隆藏》（QL38P338b）、《卍正藏》（卍 Z17P839b）、《中華藏》（C18P765b）等均作"换文"，獨不見作"换久"者。從經文義求之，此處之"换文"指翻譯經文。作"文"是也，"久"乃是"文"之訛。

"换衣"條本爲玄應所撰，慧琳進行了轉録。此條音義《大正藏》對應經文作："欲求心中所願者，從月一日入道場至十五日。入道場時一上廁一洗浴，須淨衣三具。一日之中三時换衣，於晨朝時著一具，中時著一具，向暮著一具。"（T20P0151a）經文之"换"取更换義。慧琳謂經文作"逭"，乃是逃避、逃竄義，與"换"義別。又二字《廣韻·换韻》均音胡玩切，音同義別。顯然經文更换義上作"逭"，乃與"换"爲同音借用字現象。不過，檢今存各本大藏經，均作"换"。

364. 凰、鵀

鳳凰，胡光反。《考聲切韻》正作凰字，從凡。傳從鳥作鵀，俗字，非也。（C59P0064a；J083）

按：上所引詞目出自《大唐三藏玄奘法師本傳》第九卷音義。此"鳳凰"條《大正藏》對應經文作："寺西北嶺下緱氏縣之東南鳳凰谷陳村亦名陳堡，即法師之生地也。秋九月二十日，法師請入少林寺翻譯。"（T50P0273b）今大正本經文作"凰"，慧琳所見經文作"鵀"。經文中"鳳凰"用爲地名，"凰"本是鳥名，早期作"皇"。《爾雅·釋鳥》："鶠、鳳，其雌皇。"如《尚書·益稷》："簫韶九成，鳳皇來儀。"孔安國傳："雄曰鳳，雌曰皇。""皇"在"鳳"之影響下後來書作"凰"，《干禄字書·平聲》："凰、皇，鳳皇字。上俗下正。"慧琳所見經文之"鵀"，乃是由"皇"增"鳥"旁而來，爲"凰"之異構字。"鵀"或又書作"鵟"形，秦公《碑別字新編》十一畫"凰"下引《齊高叡修寺碑》即作"鵟"（1985：147）。又此"鵀"字未編碼，《大字典》《字海》等大型字書均未予收録。

365. 惶、遑

匪惶，又作遑，同。户光反。遑，暇也。《廣雅》：遽也。謂忩遽也。（C58P0481a；J052）

按：上所引詞目出自《梵志阿跋經》音義。此"匪惶"條本爲玄應所訓，慧琳進行了轉錄。慧琳所釋"匪惶"條，《大正藏》對應經文作："斯我沙門，守志行道，坐即禪思，興則諷詠，寤寐精進，匪遑戒行，是爲佛弟子。"（T01P0261c）今大正本經文作"匪遑"，"遑"下校勘記謂：宋、元、明本作"違"。

又檢傳本大藏經，《磧沙藏》（QS278P77b）、《永樂北藏》（YB61P793b）、《乾隆藏》（QL54P650a）作"違"，《高麗藏》（GL35P557b）、《卍正藏》（卍 Z25P228a）、《中華藏》（C33P576b）作"遑"，獨不見作"惶"者。從經義來看，上"遑"字取閑暇、空閒義，"匪遑戒行"指不疏於戒律操行；而"匪違戒行"則指不違背戒律操行，其義相通。詞頭之"惶"爲恐懼義，與經義遠。從佛經用例察之，"遑戒行"僅《佛開解梵志阿颰經》中可見；"違戒行"凡五見。或"遑"即"違"之訛字，亦有可能。另外，就慧琳所釋"遑""惶"二字之關係而論，《廣韻·唐韻》均音胡光切；二者音同、義別，爲同音借用字關係。

366. 潢、洸、洗

潢瀁，胡廣反，下音養。《楚辭》云：潢瀁而不可帶。王逸曰：潢瀁，猶浩蕩也。經文作洸，音光，非也。（C58P0248b；J042）

潢瀁，胡廣反。《楚辭》：潢瀁而不可帶。王逸注：潢瀁，猶浩蕩也。經文洸洋，古黄反，下似良、以章二反。二形並非今用。（C58P0258a；J043）

按：上所引詞目分別出自《七佛神呪經》第一卷音義、《陀羅尼雜集》第一卷音義。在表示水深廣貌時，"潢""洸"似可視作異體字關係；"洸"書寫或訛作"洗"。

慧琳所釋之"潢瀁"指水深廣貌，玄應、慧琳所見經本作"洸洋"。慧琳所釋《陀羅尼雜集》第一卷的"潢瀁"條，《大正藏》對應經文："此陀羅尼句，乃是過去七十七億諸佛所説。此陀羅尼力，能令百佛世界六種震動，所有山河石壁皆悉摧碎，猶如微塵，通爲一佛世界。其中所有一切萬物皆作金色，浩涆滉瀁，悉不復現，唯見金色，更無餘色，此陀羅尼力故。"（T21P0582a）《大正藏》"浩涆滉瀁"下校勘記謂：宋、元、明本作"浩瀚滉瀁"。"浩瀚""滉瀁"爲同義詞連用，就文獻用例和"潢""洸"的形音義關係論之，二者似可視作異體字關係。《集韻·唐韻》："洸，《説文》：'水涌也。'或作潢。""潢瀁"即"洸洋"，又作"滉瀁"。

又按，上引卷第四十二之"潢瀁"條下，"經文作洸"之"洸"，《慧琳音義》高麗本、弘教本如上作，獅谷本、頻伽本、大正本均作"洗"。此條本爲玄應所撰，慧琳轉錄並進行了改訂。《玄應音義》卷第五"潢瀁"條下謂："胡廣反，下音養。潢瀁，猶浩蕩也。經文作洸，音光，非也。"（V32P0065a）從異文及釋文義求之，作"洸"是也，獅谷本等的"洗"乃"洸"之訛寫。

367. 鍠、韹、鋐、喤

鏗鍠，下音宏。《毛詩傳》：鍾皷鍠鍠。《傳》曰：和樂也。《尔雅》亦云：鍠，樂也。郭璞曰：鍠，皷聲也。《説文》：鍾聲也。《字書》爲鍠字，或爲喤字，皆一也。傳中作鋐，俗字也。（C59P0133b；J088）

鎗鍠，下音轟。《毛詩》云：鼓鍾鎗鍠。毛萇《傳》：鍠，聲和也。從金皇聲。傳文作錚鏶，誤。籒文從音作韹，亦作喤，音義亦同也。（C59P0228b；J094）

按：上所引詞目分别出自《釋法琳本傳》第一卷音義、《續高僧傳》第十九卷音義。在表示鐘鼓聲的用法上，"鍠"與"韹""鋐"均可視作異體字關係，與"喤"則爲通假字關係。

慧琳所釋之"鍠"，《説文・金部》："鍠，鐘聲也。从金，皇聲。《詩》曰：'鐘鼓鍠鍠。'"又《爾雅・釋訓》："鍠鍠，樂也。"郭璞注云："鐘鼓音。"慧琳謂，此用法上籒文作"韹"。《玉篇殘卷・音部》："韹，《字書》：'或鍠字也。樂聲也，亦鼓樂聲也。'""韹"即"鍠"的换旁異體字。

慧琳又指出，該用法上或作"喤"。《新加九經字樣・金部》："鍠，樂也，鐘鼓聲。今《詩》作'喤'。""喤"字本指小兒哭泣聲，《説文・口部》："喤，小兒聲。"段玉裁注云："啾謂小兒小聲，喤謂小兒大聲也。""鍠""喤"《廣韻・庚韻》均音户盲切，二字音同義别。朱駿聲《通訓定聲・壯部》："喤，叚借爲鍠。"顯然在表示樂聲時，"喤"乃"鍠"的同音借用字。

"鏗鍠"條下，慧琳又謂所見經文作"鋐"。除《慧琳音義》外，唐時字韻書均未見"鋐"字。檢《玉篇・金部》，"鋐"字下釋作："户萌切。器也。"《大字典》"鋐"下收録了兩個用法：其一，據《玉篇》釋"鋐"爲"器"，無其他書證，亦無例證；其二，據《正字通》釋"鋐"爲"宏大"。（2010：4536）就"鍠"與"鋐"的字際關係而論，似可據《慧琳音義》釋文，將其視作異體字關係。而《玉篇》所謂"器也"，實無他證，或不足據。此外，除慧琳所釋"鏗鍠"外，在表示聲音洪亮的用法上，或作"鏗鍧""鏗鋐"。

又按，上"鎗鍠"條下"傳文作錚鏶"之"鏶"字，《慧琳音義》高麗本、獅谷本、弘教本、頻伽本並如上作，大正本作"鑠"。"鏶"指鐘聲，顯然大正本的"鑠"乃"鏶"書誤而致。

368. 恢、豗、⿰糹灰、⿰忄夅

恢大，又作豗，同。苦迴反。《蒼頡解詁》云：恢亦大也。（C57P0573a；J009）

恢弘，又作⿰糹灰，同。苦迴反。《字林》：恢，大也。（C58P0093a；J034）

恢畺，上苦迴反。杜注《左傳》云：恢，大也。《説文》：從心灰聲。序作⿰忄夅，不成字也。（C59P0024b；J082）

按：上所引詞目分别出自《光讚般若經》第五卷音義、《超日明三昧經》上卷音義、《西域記序》音義。"恢"與"豗"爲换旁異體字關係；從"恢大"條釋文來看，慧琳溝通的"⿰糹灰"當是"豗"的書寫訛變字形；"恢畺"條下慧琳所見經文作"⿰忄夅"，此是"恢"字書寫訛誤而致。

上所引釋文之"恢"均取大義。《説文·心部》："恢,大也。"就"恢"之形義關係而言,張舜徽《説文約注》謂:"恢字從心,本義自謂心志之大,引申爲凡大之稱。"(2009:2561)張説或可從。釋文謂或作"㤥",與"恢"同。敦煌伯2011王仁昫《刊謬補缺切韻·灰韻》:"恢,苦回反。大。亦作㤥。"又《龍龕手鑑·多部》:"㤥,正。苦回反。多也。大也。與恢同。"從形體來源論之,"㤥"從多灰聲,多義與大義通,故可換旁作"㤥"。另《大字典》據《集韻》收釋有"㤥"字(2010:927),依慧琳所釋,則其書證可提前。

"恢弘"條下謂作"綏"亦同。《超日明三昧經》上卷之"恢弘"條本是玄應所撰,慧琳收録時新加審訂。《玄應音義》卷第五"恢弘"條下云:"又作綏,同。苦迴反。《字林》:'恢,大也。'"(V32P0067b)慧琳之"綏"承襲玄應之"綏"而來。從"恢大"條下"又作㤥,同"來看,此"綏"當即"㤥"書寫訛變而來,"糸""多"形近,有混訛之可能性。

上"恢疆"條《大正藏》對應經文作:"有隋一統,寔務恢疆,尚且睠西海而咨嗟,望東雒而杼軸。"(T51P0867c)今大正本經文作"恢疆","恢"取大、擴大之義。慧琳所見經文作"愣"。考"愣"之構形,右邊之"务"形與音義均無涉,此"愣"即"恢"的訛誤字形。"灰"從又從火,其《説文》篆體隸定作"炗",與"愣"右邊部分較近,此可作爲由"恢"至"愣"的輔證。

369. 輝、韗、鞋

韗焱,上字檢諸字書並不見,恐傳寫錯誤。唯有從車作輠,音光,庶幾相近,於義或未爲得。又從圭作鞋,音胡寡反。《説文》:鮮明皃也。稍近義焉,未知通否。(C59P0268a;J096)

按:上所引詞目出自《弘明集》第十二卷音義。"韗"當即"輝"之換旁異體字,經文中"韗"取光、光亮義;慧琳溝通的"鞋"指鮮黃色,經文中或可通,然不及"輝"字妥當。

此"韗焱"條《大正藏》對應經文作:"既以漸漬習成㫖滯日祛,然後道暢皇漢之朝,訓敷永平之祀,物無韗[1]焱,人斯草偃,寔知放華猶昏、文宣未旭。"(T52P0077b)今大正本經文亦作"韗",宋、明及宮本作"鞞"。求之經義,"韗焱"連用,與"草偃"相對,"焱"是光亮、閃爍義,此"韗"亦當取光彩義。宋、明及宮本之"鞞"是製鼓工匠,與經義不合,非是。從慧琳釋文求之,蓋"韗"即"輝"的換旁異體字,在輝煌義上,"黃"與"光"義可通。又《龍龕手鑑·黃部》:"韗,《隨函》云:'合作輝字。'"另鄭賢章《龍龕手鏡研究》認爲"韗"當即"韗"之訛字(2004:211),"韗"指黃色,與經義不甚契合。慧琳釋文亦可爲證,慧琳以爲釋作"鞋"字義稍近焉。《説文·黃部》:"鞋,鮮明黃也。"綜合來看,釋"韗"爲"韗",不如解作"輝"字妥當。

另《可洪音義》卷第二十九《弘明集》第二十卷"韗螢"條下云:"上許願反,法也,謂刑法也。《國語》云:大刑用兵,小刑用斧鉞,中刑用鋸,其次用鑿,薄刑鞭扑,以威民也。正作鞞、

鞄二形。又音運,持也"(C60P0541a)可洪之"鼙螢"即慧琳之"鼙焚",正因"鼙"與經義不合,故而可洪謂正作"鞞""鞄"。此二字與"鼙"同,均是製鼓工匠,顯非"鼙"字。

370. 蛕、蛕、蚘、尤

蛕虫,又作蛕,同。胡魁反。《蒼頡訓詁》云:蛕,腹中蟲也。經作蚘、尤二形,非。(C58P0267b;J043)

按:上所引詞目出自《觀佛三昧海經》第二卷音義。"蛕""蚘"與"蛕"并是改換聲符而成的異構字;經文中蛕蟲義上或作"尤",乃是"蛕"之音近借用字現象。

此"蛕虫"條《大正藏》對應經文作:"時三魔女,自見背上,復負老母,髮白面皺,脣口喎僻,手脚繚戾,顏色津黑,猶如僵尸。胸前復抱一死小兒,於六竅中流出諸膿,膿中生蟲,正似蚘蟲。諸女見此,愕然驚嘑,却行而去。"(T15P0652c)今大正本經文作"蚘",指蛕蟲,《說文》作"蛕"。《說文‧虫部》:"蛕,腹中長蟲也。从虫,有聲。"即指蛕蟲,別如《靈樞經‧邪氣藏府病形》第四云:"滑甚爲癀癃,微滑爲蟲毒蛕蝎腹熱。"(1963:13)釋文謂作"蛕"亦同,即"蛕"字改換聲符而來。"蛕"《廣韻》音戶恢切,中古屬匣紐灰韻,上古屬匣紐之部;其聲符"有"《廣韻》音云久切,中古屬云紐有韻,上古屬匣紐之部,即《說文》時期"蛕"之聲符與整字音較協,然而中古時期則不甚協。"蛕"所從的"回"《廣韻》音戶恢切,中古屬匣紐灰韻,與"蛕"音同,此即"蛕"換旁作"蛕"的重要緣由。

大正本經文之"蚘"亦是"蛕"之換旁異體字。《龍龕手鑑‧虫部》:"蚘,俗。蛕,或作。音廻。人腹中蚘虫也。"又《廣韻‧灰韻》:"蚘,人腹中長蟲。"如《金匱要略‧趺蹶手指臂腫轉筋陰狐疝蚘蟲病脈證治第十九》:"蚘蟲之爲病,令人吐涎,心痛,發作有時,毒藥不止,甘草粉蜜湯主之。"(1997:54)"蚘"所從的"尤"《廣韻》音羽求切,中古屬云紐尤韻,尤韻、有韻平上相對,故"蛕"可換從聲符"尤"。釋文又謂經文蛕蟲義上或作"尤",是特異、過失、責備義,與"蛕"別,顯然是"蛕"之音近借用字現象。

371. 虺、蟡、虫、蚩

虺蛇,古文虫、蟡二形。今作虺,同。呼鬼反。毒蟲也。韓非子曰:蟲有虺者,一身兩口,爭食相齕相煞也。齕音紇,齧也。(C57P0995b;J028)

按:上所引詞目出自《正法花經》第二卷音義。表示蛇時,"虺"當即"虫"的後出分化字,"蟡"則"虺"的換旁異體字。慧琳所釋之"虺"爲蛇名。《爾雅‧釋魚》:"蝮、虺,博三寸,首大如擘。"刑昺疏云:"案舍人曰:蝮,一名虺。江淮以南曰蝮,江淮以北曰虺。"慧琳謂古文作"虫",《說文‧虫部》:"虫,一名蝮,博三寸,首大如擘指。象其臥形。"段玉裁注云:"虫篆象臥而曲尾形。"又邵瑛《群經正字》云:"今經典統用虺字……正字當作虫。"蓋是後來"虫"主要表示蟲子義，故而又以“虺”承擔“虫”的蛇之用法。由此來看，“虺”乃“虫”的後出分化字。《慧琳音義》卷第六十五“虺毒”條下，“虫”書作“虿”形。

慧琳又謂古文作“螝”，此乃“虺”的换旁異體字。顔之推《顔氏家訓・勉學》條下謂：“吾初讀《莊子》‘螝二首’。《韓非子》曰：‘虿有螝者，一身兩口，争食相齕，遂相殺也。’茫然不識此字何音，逢人輒問，了無解者。案《爾雅》諸書，蠶蛹名螝，又非二首兩口貪害之物。後見《古今字詁》，此亦古之虺字。積年凝滯，豁然霧解。”(1993：226)不過“螝”表示蛇的用法，唐時除《慧琳音義》外，不見於其他字韻書。

372. 毁、毀、譭

呰毁，下暉鬼反。《尒雅》：毁，壞也。《蒼頡篇》云：毁，破也。顧野王曰：毁猶損也。内損曰毁，外損曰傷。《説文》云：毁，缺也。從土從毇省聲也。或從壬〈體郢反〉作毀(毀)，古字也。(C57P0491b;J005)

譭訾，上撝委反。《考聲》云：譭，譖也，謗也，詈也，訿也。經文作毀，俗通用也。(C58P0496a;J053)

按：上所引詞目分别出自《大般若波羅蜜多經》第四百五十二卷音義、《起世經》第十卷音義。在詆毁這一用法上，“毁”與“毀”“譭”並是異構字關係。

慧琳所釋之“毁”本爲毁壞、破壞義，《説文・土部》：“毁，缺也。从土，毇省聲。毀，古文毁从壬。”段玉裁注云：“缺者，器破也。因爲凡破之稱。”對於“毁”字，朱駿聲《通訓定聲・履部》按云：“從壬者俗字，非古文。”“毁”引申又有誹謗、詆毁等用法，此即上引二條釋文所取之義。

“譭訾”之“譭”，乃是“毁”在誹謗、詆毁義上的换旁異體字。《集韻・紙韻》：“譭，謗也。或作譤，通作毁。”《大字典》(2010：4261)、《字海》(2000：1468)均據《集韻》收録有“譭”字，釋作“同‘毁’”，是也。然從《慧琳音義》釋文來看，其書證可提前。

373. 彗、彗、篲、篞、蔧、措

彗星，隨鋭反。《考聲》云：娞星也。光芒如帚。帚，箭草形。《占書》云：關中呼爲伎女草。此妖星光如伎女草形。《占書》云：所指之分有災。或作篲，古作篞。(C57P0590b;J010)

彗星，上隨鋭反。《考聲》云：彗，祆星也。《左傳》云：彗者，所以除舊布新之象也。《尒雅》云：彗星謂之欃搶。郭注謂之孛彗。言其光芒孛孛然似掃彗也。或彗，古作篲也。《説文》從又〈又，「也手」〉持甡〈音詵〉。孛音勃。(C57P1032a;J029)

擁篲，下隨鋭反。《玉篇》云：掃竹也。《方言》云：自關而西或謂之掃篲〈隨醉反〉，亦曰掃箒〈之酉反〉。或從草作蔧。(C57P0601b;J011)

掃篲，掃(又)作彗。《字林》曰：竹枝。今此夕芮反，謂掃竹也。律文作摫，手(乎)桂反。《廣雅》：摫，裂也。(C58P0605a;J058)[①]

按：上所引詞目分别出自《仁王護國般若波羅蜜多經》下卷音義、《金光明經》第五卷音義、《大寶積經序》音義、《僧祇律》第十一卷音義。"彗"與"篲""篲"均是異構字關係，高麗本《慧琳音義》之"彗"乃"彗"的《説文》篆體隸定形；"擁篲"條下慧琳謂或作"蔧"，此亦是"彗"的異構字；"掃篲"條下慧琳所見經本作"摫"，乃是"彗"的同音借用字；從用法而論，"彗"的不同寫法呈現出不均等性，指稱彗星時，文獻中往往書作"彗"或"篲"，"篲""蔧"則少見。

上引詞條之"彗"有兩類用法：其一指掃帚；其二爲星名，指拖著長光像掃帚一樣的星。慧琳所釋"擁篲"條，《大正藏》對應經文作："叡聖重光，文思御曆，呑沙静孽，練石稱神，巢燧執鞭，羲農擁篲。"(T11P0001a)此"擁篲"即持帚。論其文字關係，《説文・又部》："彗，掃竹也。从又持甡。篲，彗或从竹。篲，古文彗，从竹从習。"就形體來源而論，"篲"乃"彗"增"竹"旁而來。《字源》中李守奎釋"篲"爲從竹習聲(2012：225)。徐在國《隸定古文疏證》"彗"下亦有相關討論(2002：68)，可參。據慧琳"擁篲"條下所釋，字或從草作"蔧"，此蓋由"彗"增"艸"旁或由"篲"變異而來，形義關係可説。

又按，上引卷第十"彗星"條下"媄星也"之"媄"字，《慧琳音義》高麗本、獅谷本如上作，弘教本作"妖"，頻伽本、大正本作"媄"；"此妖星光如伎女草形"之"妖"字，《慧琳音義》高麗本、獅谷本如上作，弘教本作"妖"，頻伽本、大正本作"媄"。上述版本異文之"媄""妖""媄""妖"並是一字異體。《校本》均書作"妖"(2012：676)。

上引卷第二十九"彗星"條下"又也，手持"數字，《慧琳音義》高麗本、獅谷本、弘教本如上作，頻伽本作"又，手也，持"；大正本作"又，手持"，其下校勘記謂：頻伽本"手"下有"也"字；《校本》校作"又，手持也"(2012：1027)。不過，從慧琳所釋"彗"字相關條目來看，引《説文》時一般作"從又持甡"，若將"持甡"斷開作"甡音詵"，則"持"字無著，當作"《説文》從又〈又，手也〉持甡〈音詵〉"較妥。

上引"掃篲"條本爲玄應所撰，慧琳覆音，該條詞頭及釋文之用字《慧琳音義》各本皆同。檢《玄應音義》，卷第十五"掃篲"條下云："又作彗。《字林》囚芮反，謂掃竹也。律文作槥(摫)，于桂反。《廣雅》：'摫，裂也。'"(V32P0200b)由此來看，慧琳所謂"掃作彗"之"掃"，蓋是"又"之誤；"律文作摫，手桂反"之"手"字，是"乎"的訛字。

374. 惠、𢡖、憓、慧

威惠，《考聲》：惠，愛也。慈也。《説文》：仁也。或作慧，非。論文作憓，亦通。(C59P0092b;J085)

---

① 按，該條釋文《慧琳音義》版本間異文現象較多，具體見此組考辨部分。

憓流，上音惠。《毛詩傳》云：惠，愛也。《考聲》云：慈也。仁也。《詩》文義同。從心惠聲。古文作蕙，從芔惠。音上緝反。(C59P0134b；J088)

按：上所引詞目分別出自《辯正論》第一卷音義、《釋法琳本傳》第一卷音義。在恩惠、仁愛義上，"惠"的《説文》古文作"蕙"，或增"心"旁作"憓"；經文中該用法上或作"慧"，乃是"惠"的同音借用現象。

慧琳所釋"威惠"條《大正藏》對應經文作："必能存至治之本者，當坐朝問道。奉法無親，寬猛相資，威惠兼舉，弘通三寶，憐愍四生，則百姓畏而愛之。"(T52P0496b)今大正本經文作"威惠"，指威嚴和恩澤。又所釋"憓流"條《大正藏》對應經文作："此則大唐帝業慈被百靈，聖種鴻基，惠流千祀。不敢輒以愚昧輕測天心，謹課庸辭略申管見。"(T50P0199a)今大正本經文作"惠流"，與慧琳所見經本別。《説文·叀部》："惠，仁也。从心，从叀。蕙，古文惠从芔。"慧琳謂，其所見經本作"憓"。《龍龕手鑑·心部》："憓，音惠。愛也。"《玉篇·心部》："憓，胡桂切。愛也，羨也。"《廣韻·霽韻》："憓，憓愛也。"而《正字通·心部》："憓，同惠。"除上所引慧琳釋文外，又卷第九十"憓利"條下謂："上音惠。義與惠字訓用同。"(C59P0177)卷第九十六"飲憓"條下謂："集本作憓，同也。"(C59P0265b)從字韻書的載録情況來看，"憓"當即"惠"的增旁異體字。

除上二處經文外，佛經文獻中還有"憓"表仁愛、恩惠義的用例。如《出三藏記集》卷第七云："出伽耶之妙城，發娑羅之寶樹，建安殿下含章，基性育德成體，憓聲溢於秋水，義美光於冬日。"(T55P0050b)此"憓聲"即"惠聲"，指恩惠之聲義。又《弘明集》卷第十《公論郎王靖答》云："闡大聖於須臾，定俗疑於俄頃。非唯理測宸衷，亦以義切臣子。含和飲憓之邦，衣裳道素之域，莫不傾首仁澤、沐浴唐風。"(T52P0066a)此處之"飲憓"即"飲惠"，指蒙受恩德。由此可無疑矣。不過《大字典》據《集韻》將"憓"釋作"同'譓'"，意爲多智謀、辯察(2010：2519)；《字海》將"憓"亦釋作"同'譓'"，意爲順服(2000：606)。

考之《集韻·霽韻》胡桂切："惠、蕙，《説文》：'仁也。'古從芔。"同韻："憓，愛也。順也。通作惠、譓。"又同韻："譓，辨察也。或作憓。"由此來看，《集韻》釋"憓"時謂通作"譓"，"譓"則與"譓"同，且《集韻》之"通作"例未必全是異體關係，《大字典》卻簡單地認爲"憓"同"譓"。同時，《大字典》所引例證《史記·司馬相如列傳》"義征不憓"、左思《魏都賦》"荊南懷憓"之"憓"，皆取順服義。"譓"並無上述用法，且文獻中亦未見"憓"表示辯察、多智謀一類用法。綜上來看，《大字典》《字海》對"憓"字的處理有失妥當，當在"憓"下釋爲："同'惠'"。

另外，慧琳謂所見經本亦有作"慧"者，指聰明、智慧，與"惠"義迥別。不過二字《廣韻·霽韻》均讀胡桂切，音同。顯然在恩澤義上，"慧"乃"惠"的同音借用字現象。

又上引"憓流"條下，"音上緝反"不解。"憓流"的前一條爲"心戢"(C59P0134b)，或許此"上緝反"是爲"戢"的聲符"咠"注音；且懷疑此"上"爲"七"之訛，正當作"七緝反"。

375. 喙、顪

鐵喙，又作顪，同。許穢反。《通俗文》：獸口〔曰〕喙。喙亦通語也。（C57P0996a；J028）

按：上所引詞目出自《正法花經》第二卷音義。慧琳所釋"鐵喙"條，《大正藏》對應經文作："有鍼暁蟲，及鐵喙鳥，在丘壙間，見人死屍，惡鬼兇嶮，放髮叫呼，諸魃湊滿，貪欲慢翰。"（T09P0076c）經文之"喙"指鳥的嘴。慧琳謂或作"顪"，檢各類字韻書，或釋"顪"爲頰，或釋作頷下鬚，《廣韻·廢韻》二字均音許穢切。由此來看，慧琳所謂同"喙"之"顪"，蓋是"喙"的同音借用字。《大字典》"顪"下亦只收録了頷下鬚、頰兩種用法（2010：4683）。

又按，上引釋文"獸口喙"三字，《慧琳音義》高麗本、大正本如上作，獅谷本、弘教本、頻伽本並作"獸口曰喙"。實此"鐵喙"條本爲玄應所撰，慧琳覆音。《玄應音義》卷第七"鐵喙"條下謂："又作顪，同。許穢反。《通俗文》：'獸口曰喙。'喙亦通語也。"（V32P0093a）從慧琳釋文體例及版本異文察之，《慧琳音義》高麗本"獸口喙"之"口"下脱了"曰"字，當據補。

376. 彙、彚、彔、𢑒

品彙，音謂。《廣雅》：彙，類也。古文作𢑒，從市從𧶠省。序文作彚，俗字也。（C58P0654b；J060）

覯彙，韋貴反。《廣雅》：彙，類也。類彙，相牽引也。《説文》：從希胃省聲。希音悌，古文字也。今作彔是也。（C59P0310a；J098）

按：上所引詞目分別出自《大唐中興三藏聖教序》音義、《廣弘明集》第二十三卷音義。"彙"爲《説文》篆體隸定形"彚"的書寫變異字形，或又書作"彚""彔""𢑒"。

慧琳所釋"覯彙"條，《大正藏》對應經文作："仰尋形識，俯探理類。採聲知律，拔茅覯彙。物以靈異，人以智貴。"（T52P0266c）此"彙"即類義。《説文·希部》："彚，蟲似豪豬者。從希，胃省聲。""彚"爲"彙"的《説文》篆體隸定形，"彙"則是傳承變異字形。《新加九經字樣·雜辨部》："彚、彙，上《説文》，下隸省。"

慧琳"品彙"條下謂其所見經文作"彚"，"覯彙"條下謂"今作彔"，皆是"彙"的書寫變體。《龍龕手鑑·彐部》："彚，俗。彙，今。類也。""彚""彔""彙"並是一字異寫關係。"品彙"條下，慧琳又謂古文作"𢑒"。其餘字韻書未見載録，此"𢑒"蓋亦由"彚"等形體書寫變異而致。

377. 穢、薉、饖、醷

臭穢，下威衛反。《玉篇》：不清潔也。《韻英》：穢，惡也。或從食作饖，飲臭也。《説文》：從禾歲聲也。（C57P0445b；J003）

薉稻，紆廢反。謂不潔清也。亦穢惡也。經文有從禾或從酉作穢、醷二形，非也。

（C58P0454a；J052）

按：上所引詞目分別出自《大般若波羅蜜多經》第三百二十六卷音義、《長阿含經》第八卷音義。"穢"與"薉"乃是異體字關係，《大字典》未予溝通，或失妥當；經文臭穢義上有作"饖""醷"者，均是"穢"之同源通用字現象。

上"臭穢"條《大正藏》對應經文作："復次，善現！若不退轉位菩薩摩訶薩，諸所受用臥具衣服，皆常香潔無諸臭穢，亦無垢膩蟣虱等蟲，心樂清華身無疾病。"（T06P0666a）經文之"穢"取臭惡義，《説文》正作"薉"。《説文・艸部》："薉，蕪也。"本指荒蕪、雜草義，如《荀子・天論》："田薉稼惡。"引申又指污穢、骯髒義。文獻中又有"穢"字，如《荀子・富國》："民貧則田瘠以穢，田瘠以穢則出實不半。"此"穢"指荒蕪、雜草義，又表示骯髒不净義。如《左傳・昭公二十六年》云："且天之有彗也，以除穢也。"又引申有雜亂、腐敗、臭惡等用法。綜合來看，"薉"與"穢"當即改換意符而成的異體字，字從"艸"與從"禾"義相通。《慧琳音義》卷第九十四"薉矣"條下云："上於噦反。《字書》亦正從禾作穢。穢，蕪也。亦不清潔也，又惡也。"（C59P0231a）"薉稻"條下慧琳從正字觀入手，認爲經文作"穢"爲"非"。另《大字典》收釋有"薉"（2010：3519）、"穢"（2010：2820）二形，但未溝通二者異體關係，有失妥當。

釋文謂臭惡義上經文或作"饖"。《説文・食部》："饖，飯傷熱也。"指食物經久變壞發臭，此與"穢"均取義於惡臭；《廣韻》二字同讀於廢切，二者音同義通，顯然經文中作"饖"乃是"穢"之同源通用字現象。劉鈞杰《同源字典再補》即將二者系聯爲一組（1999：138），可從。

釋文又謂經文或作"醷"。此"醷"字未編碼，《大字典》《字海》及《異體字字典》均未收錄，其他字韻書亦鮮有收錄。從形音義關係求之，此當指酒變質而發臭，亦與"穢"爲同源通用字現象。

378. 惛、惽、昏

惛沉，上呼昆反。孔注《尚書》：惛，亂也。《廣雅》：癡也。《説文》從民。避廟諱，改民爲氏。或從心，惛下眠字准此。（C57P0440b；J003）

惛戀，上昏悶反。《考聲》云：惛，老而多忘也。孔注《尚書》云：亂也。《説文》：從心昏聲。論或作昏，誤。（C59P0112a；J086）

按：上所引詞目分別出自《大般若波羅蜜多經》第三百四卷音義、《辯正論》第六卷音義。慧琳所釋之"惛"指不明白、糊塗義，《説文・心部》："惛，不憭也。從心，昏聲。"其下段玉裁注云："憭，慧也。"《説文》本作"惽"，與"惛"爲一字異體關係。"惛戀"條下慧琳謂，經文或作"昏"。就文字關係而論，"惛"乃"昏"在昏瞶、迷亂義上的後出分化字。如《尚書・多方》："乃大淫昏，不克終日勸于帝之迪。"

又按，上引"惛戀"條下，"老而多忘也"之"忘"字，《慧琳音義》版本間存在文字差異。高麗本、獅谷本作"志"，弘教本、頻伽本、大正本但作"志"。從釋文義求之，作"忘"是也，弘教本等的"志"乃"忘"書誤而致。二者楷書形近，故手書易致混訛。

另上引"惛沉"條下，"或從心，惛下眠字准此"句釋文義不明，待考。

379. 圂、溷、咽

著圂，胡遁反。《説文》：圂，廁也。《蒼頡篇》：豕所居也。字從囗，豕在中也，字意也。論文作溷。溷，濁也，亂也。溷非正體。（C58P0328b；J046）

圊圂，下胡困反。案《説文》亦從囗從豕。經文從水作溷，俗字也。（C58P0499a；J053）

啖圂蟲，中魂困反。《蒼頡篇》云：圂，豕所居也。《説文》：圂，廁也。從囗作咽，非也。囗音韋。（C58P0584a；J057）

按：上所引詞目分別出自《大智度論》第十八卷音義、《佛説恒水經》音義、《佛説分別善惡所起經》音義。慧琳所釋之"溷"可視作"圂"的增旁異體字，其所見經本之"咽"，當是"圂"字由"啖"從"囗"旁類化而來。

上面條目之"圂"，本指豬圈，轉而指廁所、堆放垃圾之處。《説文・囗部》："圂，廁也。"《龍龕手鑑・囗部》："圂，廁也。又豕所居處也。"又《玉篇・囗部》："圂，豕所居也。"據慧琳"圊圂"條下所釋，此用法上或從水作"溷"。《説文》釋"溷"爲混亂義，引申有污穢、糞便等用法。而《爾雅・釋宮室》："廁，或曰溷，言溷濁也。"清畢沅疏證云："《一切經音義》引作'圂'。"除上引慧琳釋文外，又《可洪音義》卷第四"溷廁"條下謂："上户困反。廁也。正作圂。"由此來看，"溷"或可視作"圂"的增旁異體字。《大字典》"溷"下亦溝通了與"圂"的異體關係（2010：1820），可從。

又"啖圂蟲"條下，慧琳所見經本作"咽"。慧琳所釋該條《大正藏》對應經文作："棄捐正善業，從邪樂得生，後身没溷中，啖溷蟲爲食。放火燔草野，以害諸虫豸，後入積薪獄，燒之如野火。"（T17P0520c）今大正本經文作"啖溷蟲"，"溷"下校勘記謂：宮本作"圂"。檢餘本大藏經，《磧沙藏》（QS303P35a）、《高麗藏》（GL38P58a）、《中華藏》（C36P181b）作"啖溷虫"，《永樂北藏》（YB66P102a）、《乾隆藏》（QL58P206）、《卍正藏》（卍 Z26P872b）作"啖溷蟲"，未見作"咽"者。又檢《可洪音義》卷第十四，《分別善惡所起經》音義"啖咽"條下云："户困反。廁也。正作圂、溷。"從形義關係論之，蓋因"咽"的上字"啖"從"囗"，受其影響，抄經人將"圂"亦增"囗"旁，從而有"咽"。韓小荆《〈可洪音義〉研究》亦對該字進行過考察（2009：273），可參。另外，此"咽"字已編碼，但《大字典》《字海》及《異體字字典》均未收錄，其餘字韻書亦鮮見載錄。

380. 驕、驕、峑、峇

驕然，呼鹹反。驕然，忽也。義亦與峑字同，音乎覓反。峑然也。鹹音古麥反。

（C58P0090b；J034）

按：上所引詞目出自《十住斷結經》第五卷音義。在騞然義上，"騞""㸽"似可視作異體字關係；"騞"字，高麗本《玄應音義》書作"騞"；"㸽"字，高麗本《玄應音義》書作"㸽"，均是一字之變。

慧琳所釋"騞然"條《大正藏》對應經文作："周章經行詣一樹下，以右手指爪刮于樹皮，正值空處，騞然有聲，心霍然寤，便成無上正真之道。"（T10P1003c）今大正本經文亦作"騞然"。慧琳釋文中謂，"騞"字義與"㸽"字同。檢諸其餘字韻書，《龍龕手鑑》《玉篇》均釋"騞"爲行不正，《集韻》釋作解牛聲，此即《大字典》所本。"㸽"字，《龍龕手鑑》《玉篇》《廣韻》《集韻》等均收錄有"㸽然"這一表達。而《大字典》"騞""㸽"下，書證均本於《集韻》，例證均引自《莊子》。事實上，二者均指以刀裂物而發出的響聲，本爲擬聲詞，繼而有了"騞然""㸽然"這樣的組合結構，二者似可視作異體關係。《龍龕手鑑·馬部》："騞，又與㸽同。"另從玄應、慧琳的釋文來看，《大字典》"騞"（2010：4858）、"㸽"（2010：2587）下均可提前其書證。

此"騞然"條本爲玄應所撰，慧琳覆音。《玄應音義》第四卷"騞然"條下云："呼鹹反。騞然，忽也。義亦與㸽字同，音乎覓反。㸽然也。鹹音古麥反。"（V32P0054c）"㸽"字，高麗本《玄應音義》書作"㸽"，二者乃一字之變。《字彙補·石部》："㸽，疑㸽字之訛。"高麗本《玄應音義》的"騞"不見於其餘字韻書，《大字典》《字海》及《異體字字典》均未載錄。就其形體來源而論，即是"騞"字書寫變異所致。

381. 攉、搉、㩁、确

指攉，苦學反。《説文》：攉，敲擊也。經文作确，非此用也。确音胡角反。确，薄地者也。（C58P0055b；J033）

按：上所引詞目出自《六度集經》第四卷音義。慧琳所釋"指攉"條，《大正藏》對應經文作："王重憂之，因募國女化之令男，後遂妖蕩不從真道。王恚之焉，礫著四衢，命行人曰：'以指确首，苟辱之矣。'"（T03P0023a）今大正本經文亦作"指确"，《大正藏》校勘記謂：宋本作"攉"，元、明本作"搉"。從經義求之，"指确"本不連文，"确"與下"首"字連文。"以指确首"，即用手指敲擊頭。

慧琳釋文謂《説文》作"攉"，今傳本《説文》作"搉"。《説文·手部》："搉，敲擊也。""攉"可視作"搉"的異構字，《干祿字書·入聲》："攉、搉，上俗下正。"《可洪音義》第十五卷"拳攉"條下謂："渠員反，下苦角反。《説文》：'搉，敲擊也。'字從手從霍。"（C56P1048b）《龍龕手鑑·手部》："攉，俗。正作搉。"又同部"㩁"下謂："苦岳反。擊也。""㩁"乃是"搉"的一字異寫。慧琳所見經本此用法上作"确"，《説文》將其釋作土地多石而貧瘠，轉而指堅硬，文獻中又被借作"搉"字表示敲擊義。不過，《大字典》"确"下並未溝通與"搉"的異體關係（2010：2101），或有未妥。

另就上引《大正藏》的校勘記而言，宋本作"㩲"，即"攇"書誤而致；元、明本作"攉"，乃"攉"或"攉"書誤而致。

382. 濩、護、護

芬敷布濩，濩音護。顏注《漢書》曰：布濩猶言所（布）露，謂於缺露之處皆遍布也。芬敷如上。護字，經本有從言作者，謬也。（C57P0863b；J023）

布濩，下胡顧（顧）反。劉良注《吳都賦》云：布濩，流布也。《博雅》云：遍滿也。《古今正字》：從水蒦聲。蒦音烏獲反。亦從音作護者也。（C58P0012a；J031）

按：上所引詞目分別出自《大方廣佛花嚴經》第六十二卷音義、《密嚴經》序音義。在分布、散布義上，"護""護"均是"濩"的同音借用字。

慧琳所釋"芬敷布濩"條，《大正藏》對應經文作："善男子！我作是念時，此海之下有大蓮華忽然出現，以無能勝因陀羅尼羅寶爲莖，吠瑠璃寶爲華，閻浮檀金爲葉，沈水爲臺，碼碯爲鬚，芬敷布濩，彌覆大海。"（T10P0335b）《大正藏》"濩"下校勘記謂：宮本作"護"。"護"爲救護護義，與"濩"別。而《廣韻·暮韻》"護""濩"均讀胡誤切。顯然在分布、散布義上，"護"乃"濩"的同音借用字現象。

慧琳"布濩"條下又謂，或從音作"護"。此"護"爲一種樂名，《廣雅·釋樂》："大護，樂名。"又《玉篇殘卷·言部》："護，樂名大護。字書爲護字。"此"護"字，《廣韻·暮韻》也讀胡誤切。顯然在散布義上，"護"亦是"濩"的同音借用現象。

又按，上引"芬敷布濩"條版本間文字存在差異情況。"布濩猶言所露"之"所露"，《慧琳音義》高麗本、大正本如上作，獅谷本、弘教本、頻伽本作"布露"。大正本"所"下校勘記謂：頻伽本作"布"。又檢《希麟音義》，卷第二"布濩"條下云："下音護。顏注《漢書》曰：'布濩猶言布露。'謂於缺露之處皆遍布也。經文從言作護，《切韻》云：'助也，台也。'非此用"（C59P0361b）從釋文義求之，作"布露"是也，此"所"是"布"的書誤。

另"芬敷如上。護字，經本有從言作者，謬也"的斷句，《校本》作"芬敷如上護字，經本有從言作者，謬也"（2012：896）。《校本》所斷不知作何解。又檢諸《大方廣佛花嚴經經》音義卷第六十《入法界品》第三十九之一，"芬敷"條下謂："芬，敷雲反。郭璞曰：'芬，謂香氣和調也。'《小雅》曰：'敷，布散也。'"（V32P0361b）由此來看，"芬敷布濩"條下慧琳所謂"芬敷如上"，正指卷六十之"芬敷"條。因前已釋，故"芬敷布濩"條下未再釋，之後單獨解釋經本的"護"字，如此方爲妥當。

383. 谿、谿、谿、礐、窐、壑（壑）、懼、盠、䁔

谿然，歡括反。《廣雅》：谿，空也。《字書》：谿，大也。《玉篇》：大度量也。《説文》作谿

（豁），形聲字也。《考聲》作谽。谽，開也。或作谹。《説文》：空大也。從大從歲，形聲字也。（C57P0655a；J013）

谽脱總撥爲空，上歡栝反。顧野王云：谽者，谽達大度量也。《廣雅》云：空也。《説文》：通谷也。從谷害聲。或作**谺**。論作**墾**，非也。（C58P0439a；J051）

谽悟，古文谹、眤二形，同。呼活反。《廣雅》：谽，空也。經文從心作**懂**，未見所出。（C58P0469a；J052）

谽然，上歡栝反。《廣疋》云：谽，空也。顧野王云：谽達，大度量也。亦開兒也。《古今正字》：從谷害聲。集作**墾**字，誤也。（C59P0265b；J096）

按：上所引詞目分別出自《大寶積經》第四十八卷音義、《寶生論》第四卷音義、《增一阿含經》第三十一卷音義、《弘明集》第十卷音義。在谽達義上，《説文》本作“豁”，文獻中通行“谽”；“谽”書寫或變異作“**谺**”“**谽**”；佛經文獻中或又作“**墾**”“**墾**”“**懂**”，均可視作“谽”的異體字；經文中該用法上或作“谹”“眤”，乃是“谽”的同源通用字現象。

上所引條目中的“谽”均取谽達義。“谽”字本指通暢的山谷，《説文·谷部》：“豁，通谷也。”後世通行“谽”，乃“豁”的一字異寫形體。《玉篇·谷部》：“豁，同谽。”慧琳釋文中謂或作“谹”，該字《説文》釋作空大義；慧琳又溝通了“眤”，《説文》釋作視高兒，三字《廣韻》均音呼括切。劉鈞杰《同源字典補》將“谽”“谹”系聯爲一組同源字（1999：131）。從文獻用例來看，在谽然義上，“谹”“眤”乃“谽”的同源通用現象。

慧琳所釋“谽脱總撥爲空”條《大正藏》對應經文作：“此謂諸法無自性義，非是谽脱總撥爲空。”（T31P0090c）今大正本經文作“谽”，與慧琳所見經本別。檢餘本大藏經，《磧沙藏》（QS253P61b）、《高麗藏》（GL32P399b）、《永樂北藏》（YB104P333b）、《乾隆藏》（QL87P496b）、《卐正藏》（卐Z41P213a）均作“谽”，並無作“**墾**”者。從形體來源論之，慧琳所見經本的“**墾**”當即“谽”增“土”旁而來。

又上所引“谽悟”條本爲玄應所撰，慧琳覆音。《玄應音義》卷第十一詞頭及釋文用字與上引《慧琳音義》同。玄應、慧琳謂，其所見經本“谽悟”作“**懂**悟”。檢諸藏經，《增一阿含經》第三十一卷云：“王聞此語，便懷恐怖，衣毛皆豎。世尊告王：‘勿懷恐怖，可往至前，自當悟王意耳。’”（T02P0720c）今大正本經文作“悟”，《大正藏》“悟”下校勘記謂：宋、元、聖本作“寤”，明本作“瘖”。又檢餘本大藏經，《房山石經》（FS22P255b）、《趙城金藏》（ZC9067P46a）、《磧沙藏》（QS269P5b）等均作“悟”，未見作“谽悟”者。就“懂”與“谽”之關係而論，《大字典》“懂”下據《玄應音義》釋作“同‘谽’”（2010：2536），可從。若玄應、慧琳所見經本不誤，則“懂”乃“谽”的異體字，蓋因下字“悟”從“心”而成。

慧琳所釋“**谽**然”條，《大正藏》對應經文作：“以前聖之久遠，感異端之妄興，需然爰發，乃垂眷翰。使闡提一悟，遂獲果通，閻浮執惑，谽然洗滯。”（T52P0066c）慧琳此條下謂，其所見經本作“**墾**”。檢今傳本大藏經，《趙城金藏》（ZC9463P49c）、《磧沙藏》（QS475P28a）、《永樂北藏》(YB137P410b)、《乾隆藏》(QL115P195a)、《卍正藏》(卍 Z53P76b)、《中華藏》(C62P861c)等皆作"豁",不見從"水"作"渲"者。從形體來源論之,此"渲"當由其下字"洗滯"從"水"旁類化而來。

384. 捇、坼、⿰土㡿、拆、⿰扌㡿、⿰扌厈

開⿰扌厈,下丑摘反。並俗字也。經文作⿰礻亍,誤也。既有開字,即合是拆。《考聲》作捇。捇,開也。正體作⿰扌㡿,俗作拆,非也。《説文》作捇,裂也。從手赤聲。(C57P0655a;J013)

毁捇,丑格反。《考聲》云:捇,開也。捇,撤也。《説文》:從手赤聲。經作圻(坼)。《考聲》:地裂也。非經義也。(C58P0045a;J032)

一捇,丑革反。《考聲》云:柭開也。亦作⿰土㡿,經作坼,俗字也。(C58P0188b;J040)

按:上所引詞目分别出自《大寶積經》第四十八卷音義、《彌勒下生成佛經》音義、《觀自在菩薩隨心呪經》音義。慧琳所釋之"捇",《説文》釋作裂。慧琳又溝通了"坼"字,《説文》亦釋作裂,但二者詞義特徵有别。王鳳陽《古辭辨》認爲,"坼"最初指土地開裂,後來泛指平面上出現裂縫(1993:517)。由此來看,在裂開義上,"捇""坼"爲詞義替换關係,而慧琳在釋文中也有意對二者進行了區分。

另上引"毁捇"條"經作圻"之"圻",《慧琳音義》高麗本、獅谷本、頻伽本、大正本均如上作,弘教本作"折";《校本》亦作"圻",未出校勘記(2012:1079)。"圻"同"垠",指邊際,《廣韻·欣韻》音語斤切。從慧琳釋文所引《考聲》"地裂也"來看,此"圻"乃是"坼"的訛字;弘教本的"折"當是"圻"進一步訛誤而致。又此"毁捇"條《大正藏》對應經文作:"其時諸梵志,數有一千人;得此妙寶幢,毁坼須臾頃。菩薩覩斯已,念世俗皆然;生死苦羈籠,思求於出離。"(T14P0427a)今大正本經文正作"坼",與慧琳所引《考聲》釋文義相合。

385. 掝、馘

掝眥,呼麥反。掝,裂也。下静計反。目頭曰眥。《淮南子》云"瞋目裂眥"是也。經文從首作馘,古獲反。生獲斷耳曰馘,馘非此義。(C58P0272a;J043)

按:上所引詞目出自《大方便報恩經》第一卷音義。在裂義上,"掝"與"馘"爲音近借用現象。此"掝眥"條本爲玄應所撰,慧琳覆音。《玄應音義》卷第四"掝眥"條詞頭及釋文用字與上引《慧琳音義》同。此"掝眥"條《大正藏》對應經文作:"時釋提桓因將欲界諸天下閻浮提,怯怖須闍提太子,化作師子虎狼之屬,張目⿰目或眥,咆地大吼,波踊騰躑,來欲搏嚙。"(T03P0129c)今大正本經文作"⿰目或眥",與慧琳所見經本異。慧琳詞頭之"掝",取裂義。《廣雅·釋詁二》:"掝,裂也。"《龍龕手鑑·手部》:"掝,裂也。"其他如《玉篇》《廣韻》《集韻》所釋均同。求之經義,"掝眥"指眼眶開裂,佛經文獻中多見"裂眥"之説。慧琳所見經本作"馘",

爲俘馘字，與"摑"義迥别，故而慧琳謂"馘非此義"。

又檢餘本大藏經，《房山石經》（FS12P183b）、《趙城金藏》（ZC8943P10a）、《磧沙藏》（QS189P8b）、《高麗藏》（GL24P177a）、《永樂北藏》（YB51P121b）、《乾隆藏》（QL45P477b）、《卍正藏》（卍Z21P009b）、《中華藏》（C22P579a）等均作"𩲃"皆。此"𩲃"乃是"馘"的换旁異體字，《慧琳音義》卷第九十九"屠馘"條下云："穬獲反。《毛詩傳》云：'馘，獲也。不服者煞而獻其耳曰馘。'或從國作𩲃，又從耳作聝，古文又作𢧵。"（C59P0319a）又檢《可洪音義》，卷第九《大方便佛報恩經》第一卷"衘髭"下云："上户巖反，下即斯反。《經音義》作馘皆，又見别本作𩲃貲，應和尚以摑皆替之。上呼麦反，裂也。馘、𩲃二同，古麦反。截耳也。皆，自詣反，瞋目兒也。"（C59P850b）《可洪音義》之"𩲃"當是"𩲃"的書寫訛變字形。《龍龕手鑑·酉部》："𩲃，俗。古麥反。正作馘，截耳也。"上"𩲃""𩲃"均已編碼，但《大字典》《字海》及《異體字字典》均未收録。

另上引釋文"目頭曰皆"之"頭"，《玄應音義》《慧琳音義》各本均同，校本校作"裂"（2012：1262），謂據《玄應音義》改（2012：1265），不知所據爲何本。蓋是《校本》編者審之不細而致誤。

386. 霍、靃、霩、熣、懼、曤

霍然，荒郭反。《考聲》云：猝急也。顧野王：倏忽急疾之兒也。《説文》作靃。或作霩。經作熣，非也。（C57P0729b；J017）

霍然，呼郭反。霍謂急疾之兒也。經文作懼（懼），誤也。（C58P0062b；J033）

霍然，呼郭反。案霍然，儵急疾之兒也。雲散爲霩。經文作曤，非也。（C58P0259a；J043）

按：上所引詞目分別出自《如幻三昧經》下卷音義、《月光童子經》音義、《陀羅尼雜集》第三卷音義。在迅疾義上，"霍"與"靃"爲一字異體關係，與"霩""熣""曤"均是同音借用關係；慧琳所見經本有作"懼"者，或是"熣"字書誤而致，亦有可能"懼"爲"霍"的同音借用現象；"懼"書寫又或訛作"懼"。

上引《月光童子經》之"霍然"條，《大正藏》對應經文作："申日情悟坦然，心開疑解結除，熣然無想寂然入定，即於座上逮不退轉，喜踊升空去地百四十丈，從空來下稽首于地。"（T14P0817b）今大正本經文作"熣"，《大正藏》"熣"下校勘記謂：宋、元、明本作"懼"，宮本作"霍"。此"霍然"爲迅疾義，《玉篇·雨部》："霍，鳥飛急疾兒也，揮霍也。"此用法上《説文》正作"靃"。《説文·雔部》："靃，飛聲也。"徐鍇《説文繫傳》云："其飛靃忽疾也。"又朱珔《説文假借義證》："靃，今省作霍。"

上《月光童子經》之"霍然"條，本爲玄應所撰，慧琳覆音。"經文作懼"之"懼"，《慧琳音

義》高麗本、大正本如上所作,獅谷本、弘教本、頻伽本作"憛",《玄應音義》高麗本亦作"憛"。此"憛"或是"爌"的訛字。其間訛變軌跡爲:爌—憛—懼。不過,據《玄應音義》卷第十一"豁悟"條所釋(V32P0150a),"憛"亦或是"豁"的異體字,由此"憛"或是"霍"的同音借用現象。

《如幻三昧經》"霍然"條下,慧琳謂或作"霩"。《説文・雨部》:"霩,雨止雲罷皃。"引申又指空闊、開朗等用法。段注謂:"今俗字作廓,廓行而霩廢矣。""霍""霩"《廣韻・鐸韻》均讀虛郭切,顯然在迅疾義上,二者爲同音借用現象。

卷第十七之"霍然"條下,慧琳所見經本作"爌"。《龍龕手鑑・火部》:"爌,音霍。"除上引釋文外,又《慧琳音義》卷第二十四"轉霍"條下謂:"經文從火作爌,胡沃反。《説文》:'爌,灼也。'爌非此用也。"(C57P0892a)然今傳本《説文》並無此"爌"字。另《大字典》"爌"下釋爲"猝急、疾速之貌"(2010:2408),然其所引例證之仇兆鰲注"爌,灼也",則與釋文義不合。綜合慧琳之釋及文獻用例來看,"爌"當如《漢語大詞典・卷七》所釋,解作"明亮"義爲妥(1991:312)。由此論之,經文迅疾義上作"爌",乃"霍"的同音借用現象。

《陀羅尼雜集》之"霍然"條下,慧琳所見經本作"曤"。《玉篇・日部》:"曤,呼郭切。明也。"由此來看,"曤""霍"音同義別,在迅疾義上,二者亦是同音借用字現象。

387. 穫、濩

穫麥,胡郭反。《説文》:刈禾也。《詩》云"十月穫稻"是也。經文作濩,誤也。(C58P0985b;J075)

按:上所引詞目出自《那先比丘經》上卷音義。慧琳所釋"穫麥"條,《大正藏》對應經文作:"那先言:'王曾見穫麥者不?左手持麥,右手刈之。'那先言:'黠慧之人,斷絶愛欲,譬如穫麥者。'王言:'善哉善哉!'"(T32P0697a)今大正本經文作"穫",與慧琳所見經本別。

上引釋文"經文作濩"之"濩",《慧琳音義》各本均如上作。此"穫麥"條本爲玄應所撰,慧琳覆音。《玄應音義》卷第十二"穫麥"條下謂:"胡郭反。《説文》:'刈禾也。'經文作獲,誤也。"(V32P0167a)又檢餘本大藏經,《中華藏》影印金藏廣勝寺本(C51P754a)、《卍正藏》本(卍 Z50P582a)均作"穫"。從慧琳轉録《玄應音義》之通例來看,慧琳各本之"濩"當是"獲"之訛字。因高麗本已訛,故以此爲底本而成的其餘諸本均訛。

玄應、慧琳釋文詞頭之"穫"指收穫莊稼,《説文・禾部》:"穫,刈穀也。"引申泛指收穫、收成。玄應所見經本之"獲"爲獵獲義,引申泛指獲得、得到義,轉而又指俘獲、捕獲等用法。《廣韻・鐸韻》"穫"音胡郭切,《廣韻・麥韻》"獲"音胡麥切,二字音近義通。王力《同源字典》即將二者系聯爲一組同源字(1982:281)。又朱駿聲《通訓定聲・豫部》:"獲,叚借爲穫。"非本用,故而玄應謂之爲"誤也"。

388. 臛、霍

羹臛，上革行反。《考聲》云：切肉或菜，調以五味，謂之羹。孔注《尚書》云：羹湏鹹醋以和之。王注《楚辭》云：有菜曰羹而濃。或肉或筍，細切爲之。字從肉從霍〔省〕聲也。霍音荒郭反。經文從雨下隹作霍（霍），非也。（C58P0487b；J053）

按：上所引詞目出自《起世因本經》第二卷音義。詞頭之"臛"指肉羹，與慧琳所見經本之"霍"爲同音借用現象。從形義關係求之，上引釋文中"從肉從霍省聲"之"省"字衍。又"經文從雨下隹作霍"之"霍"字，《慧琳音義》各本均如此作。再檢諸餘本大藏經，《趙城金藏》（ZC9085P12b）、《磧沙藏》（QS280P10a）、《高麗藏》（GL35P669b）、《永樂北藏》（YB60P763b）、《乾隆大藏經》（QL53P692b）、《中華藏》（C33P726b）等均作"臛"。然從慧琳對字形的描述來看，此"臛"當作"霍"。上二處《校本》均未做校勘（2012：1437），或有未妥。

另上釋文引王注《楚辭》文云"有菜曰羹而濃"，《慧琳音義》卷第十七"得臛"條（C57P0743a）、卷第二十六"切以爲臛"條（C57P0937a）下引《楚辭》作"有菜曰羹，無菜曰臛"。今傳本王注《楚辭》亦作"有菜曰羹，無菜曰臛"。

389. 唧、喞、叱、吷

啾唧，子由反，下資栗反。《蒼頡篇》：衆吏（夷）聲也。經文作喞，乃結反，怒也。喞非此義也。（C57P0995b；J028）

唧唧，子栗反。《通俗文》：唧唧，鼠聲也。亦夷（夷）猥也。論文作叱，非也。（C58P0407a；J049）

唧唧，浴栗反。《通俗文》：唧唧，鼠聲也。今取其義。經文作吷，非也。（C58P0569b；J056）

按：上所引詞目分別出自《正法花經》第二卷音義、《大莊嚴經論》第四卷音義、《佛本行集經》第四十二卷音義。在啾唧這一用法上，經文之"喞""叱"與"唧"均爲義相關而換用；"吷"與"唧"或是音相近而換用；"吏"書寫或變異作"夷"，或又訛作"吏"。

慧琳所釋"啾唧"條，《大正藏》對應經文作："在在處處，有諸惡蟲，有若干種，狐狸鼷鼠，其字各異，鳴呼啾喞。其地處處，而有匿藏，溷廁屎溺，污穢流溢，蟲朋刺蕀，充滿其中。"（T09P0076b）今大正本經文亦作"喞"，與慧琳所見經本同。《大正藏》"喞"下校勘記謂：宫本作"唧"。此處之"啾唧"爲鳴叫聲，而"喞"乃"喞"的異體字。《廣雅·釋言》："喞，咄也。"王念孫疏證云："喞之言叱也。""喞"爲呵斥義，與"唧"義別。經文蓋是因二者義相關而換用。

又"啾唧"條"衆吏聲也"之"吏"字，《慧琳音義》高麗本、大正本如上作，獅谷本、弘教本、頻伽本均作"夷"，大正本"吏"下校勘記謂：頻伽本作"夷"。此條本爲玄應所撰，慧琳覆音。《玄應音義》卷第七"啾唧"下謂："子由反，下資栗反。《蒼頡篇》：'衆夷聲也。'經文作喞，乃結反，怒也。喧非此義。”（V32P0093a）“夷”“丙”並是“鬧”的異體字。由此來看，《慧琳音義》高麗本之“吏”即“夷”的訛字。

　　《大莊嚴經論》第四卷音義之“唧唧”條對應經文作：“時彼婇女左右侍從，見斯事已深，自慶幸，叱叱而言：‘我等今者所作甚善，能使眾會注意乃爾。’”（T04P0277c）今大正本經文亦作“叱叱”，與慧琳所見經本同。此“叱叱”爲象聲詞，據慧琳所釋，當以“唧唧”爲正。又該條下“亦夷猥也”之“夷”字，《慧琳音義》高麗本如上作，獅谷本、弘教本、頻伽本並作“奐”，大正本作“奂”，《校本》書作“吏”（2012：1372）。此“唧唧”條本爲玄應所撰，慧琳覆音。高麗本《玄應音義》第十卷“唧唧”條下云：“子栗反。《通俗文》：‘唧唧，鼠聲也。’亦丙猥也。論文作叱，非也。”（V32P0132c）檢餘本《玄應音義》，《趙城金藏》本作“丙”，《磧沙藏》本、《永樂南藏》本、《永樂北藏》本、《卍正藏》本、宛委別藏本、海山仙館叢書本、叢書集成初編本均作“鬧”，《弘教藏》本作“丙”，日本金剛寺寫本作“𡘜”、七寺寫本作“雨”。上述異文現象的形義關係如下：“丙”“夷”均是“鬧”的異體字；從形體來源論之，《慧琳音義》高麗本的“夷”是“吏”的書寫變異形體，頻伽本的“奐”、大正本的“奂”則又“夷”的變異；《玄應音義》金藏本的“丙”是“丙”的訛字。

　　再論其意義關係，“猥”有多、龐雜等用法，“鬧”則爲吵雜、擾亂等用法，“鬧猥”屬於近義詞連用。《慧琳音義》卷第九“憒吏”條下云：“《韻集》：吏，猥也。猥，眾也。字從市從人。經文從門作鬧，俗字也。”（C57P0569a）卷第二十“憒吏”條下云：“下儜劾反。《字書》云：吏，亂也。《文字典説》云：吏，猥也。擾也。不静也。從人居市，會意字。經本作丙，非也。”（C57P0795b）又《希麟音義》卷第六“誼吏”下云：“下奴教反。《切韻》：不静也。《考聲》：猥，吏也。從人在市内也。又作鬧。俗作丙，省略也。”（C59P0394b）玄應、慧琳所釋之“鬧猥”，佛經中多作“猥鬧”。比如《妙法蓮華經文句》卷第一：“甥因令舅倒入被執，甥恐人識即級舅頭。王令以屍置四交道引取其親，後因賈客群集猥鬧，甥載兩車薪覆之。”（T34P0012a）《法華文句記》卷第二：“王令微伺，伺之不密，甥因教童兒執火舞戲，猥鬧投火，伺者不覺。”（T34P0173c）《法苑珠林》卷第四十七云：“第四弟言，我當隱在大市之中，眾人猥鬧，各不相識。”（T53P0643c）上三處經文之“猥鬧”即喧鬧、吵鬧義。此可與“啾唧”條下的“眾吏聲”相參。另《漢語大詞典》《中文大辭典》均未收錄“鬧猥”“猥鬧”，從佛經用例來看，當予收錄。

　　《佛本行集經》第四十二卷音義之“唧唧”條，《大正藏》對應經文作：“彼口中咽唧唧之聲，而往詣彼三阿舅邊，到已見其三阿舅剃除鬚髮、著袈裟衣。”（T03P0851a）今大正本經文作“唧唧”，與慧琳所見經本別。求之經義，此處的“唧唧”爲一種歎息聲。檢諸餘本大藏經，《趙城金藏》（ZC9115P7b）、《磧沙藏》（QS300P13a）、《高麗藏》（GL37P399b）《永樂北藏》（YB65P629b）、《乾隆藏》（QL57P801b）、《中華藏》（C35P940b）作“唧唧”，《卍正藏》（卍Z26P687b）作“呋呋”。就其字用關係而論，《集韻·質韻》勑栗切：“呋，聲也。”或因“呋”與“唧”義相關而換用，不過“呋”的“聲也”義並不明確。又《集韻·質韻》“唧”讀子悉切，與“呋”

音相近,二者亦有可能是音近而借用。

390. 飢、饑、飭、飭（飭）

飢饉,上几宜反。《尒雅》:穀不熟曰飢。《蒼頡篇》云:飢,餒也,腹中空也。《説文》:餓也。從食几聲。古文作飭（飭）①。(C57P1015a;J029)

饉飢,古文飢,又作饑,同。几治反。《尔疋》:穀不熟爲飢,蔬不熟爲饉。《春秋穀梁傳》曰:二穀不升謂之飢,三穀不升謂之饉,五穀不升謂之災。《説文》:飢,饉也。(C58P0629a;J059)

按:上所引詞目分別出自《金光明最勝王經》第一卷音義、《四分律》第一卷音義。"饑"與"飢"爲通假字關係,"飭"乃是"飢"之會意別構字,慧琳所謂古文"飭"很可能是"飭"書寫變異而來。

上所引釋文之"飢"並是飢餓義,該用法上《説文》正作此。《説文·食部》:"飢,餓也。"指腹中無食。《説文》又有"饑"字,《食部》:"饑,穀不孰爲饑。"本指五穀不收,即饑荒義。然而後世文獻中二字多通用,饑荒義上有作"飢"者,飢餓義上亦或作"饑",上所引慧琳《四分律》第一卷之釋文即是其例。不過二者本用有別,乃是典型的通假字關係。

飢餓義上又作"飭",是"飢"之別構字。"飢"字,《汗簡》《古文四聲韻》引古《尚書》并作"飯","飭"即"飯"之隸定字形。黎庶昌輯《原本玉篇殘卷·食部》:"飭,《字書》:'古文飢字也。'"又《龍龕手鑑·食部》:"飭,古。飢,正。居脂反。飢餓也。餒也。"從形體來源論之,"飭"從食從乏會意,取食少義。

釋文中"古文作飭"之"飭",《慧琳音義》高麗本如上作,其餘諸本均作"飭"。從構形來看,"飭""飭"顯然是一字之變。"飭"字,《古文四聲韻》引裴光遠《集綴》作"飯","飭"即"飯"字隸定而來。又《龍龕手鑑·食部》:"飭",同"飢"。就"飭"之形體來源而言,徐在國《隸定古文疏證》認爲"飭"是由"飢"書寫變異而來(2002:116),此可備一説。從《慧琳音義》高麗本"飭"字來看,似"飭"更有可能是"飭"書寫變異而來。

391. 屦、跂、跛、履

寶屦,渠逆反。《説文》:屬也。從履從伎省聲也②。經從足作跂,非也。(C57P0686b;J015)

屦支,又作跂,同。巨逆反。《説文》:履(屦),屬也。屦有草屦、帛屦等也。屬音居虐反。(C58P0619b;J058)

---

① 按,此"飭"即由"飭"書寫變異而來。
② 按,今傳本《説文》作:"從履省,支聲。"

之屧,巨逆反。即今之有齒屧也。《字書》云:屧,履屬也。《説文》:履有木脚也。從履省支聲也。經作履,俗字也。(C58P1040a;J078)

按:上所引詞目分別出自《大寶積經》第九十九卷音義、《十誦律》第三十九卷音義、《經律異相》第十一卷音義。在木屧義上,"屧"與"跂"爲異構字關係,經文中"屧"手書或訛作"跂";該用法上經文或作"履",與"屧"爲義相關而換用。

慧琳所釋"寶屧"條,《大正藏》對應經文作:"爾時阿闍世王有女名無畏德,端正無比,無匹無雙,無並無類,成就最勝殊妙功德。年始十二,在其父王堂閣之上,著金寶屧,彼處而坐。"(T11P0550c)今大正本經文作"屧",與慧琳所見經別。慧琳釋文謂其所見經本作"跂",《廣韻·果韻》布火切:"跂,跂足。"與"屧"音義均別。從形體關係論之,木屧義上作"跂",當即"屧"的誤書。

慧琳"屧支"條下謂又作"跂"。此"跂"即"屧"的換旁異體字,《慧琳音義》卷第五十二"牙跂"條下謂:"又作屧,同。渠逆反。"(C58P0469b)卷第五十九"木屧"條下謂:"又作跂,同。渠逆反。"(C58P0641b)另《字彙補·足部》:"跂,與屧同。"《大字典》據《字彙補》收錄有"同'屧'"這一用法(2010:732),從慧琳釋文來看,其書證可提前。

又按,上"屧支"條下"《説文》:履,屬也。"之"履"字,《慧琳音義》各本均如此作,《校本》亦同(2012:1541),且未出校記。從慧琳針對"屧"的相關釋文及《説文》對"屧""履"的訓釋來看,此"履"正當作"屧"。

上引"之屧"條,《大正藏》對應經文作:"今違四仙時食之供,既失道教不從四等,遂感而死。其足常著七寶之履,翹足而坐,寶屧墮水而没一隻。"(T53P0055c)今大正本經文作"之屧",與慧琳所見經本別。慧琳謂其所見經文之"履"爲俗字,然就其字詞關係而論,經文之"履"與"屧"爲詞義相關而換用。

392. 稽、禾、乩、卟、秜;䭫、䪾、䫌

稽留,上涇溪反。《考聲》:稽,滯也。古文作乩,又作卟,本作禾,又秜。《説文》:稽,留止也。從旨秜聲也。禾木初生頭曲未能上也。又音礙,義訓同。(C57P0549a;J008)

稽顙,上企禮反。《公羊傳》中借用字也。正體作䪾,從旨從首,古字。今通作稽。《周禮》:九拜,一曰䪾首。鄭玄曰:拜而頭至地也。《禮記》:再拜䪾顙,哀感之至也。(C57P0622a;J012)

稽顙,上溪禮反。《考聲》云:拜而首至地,又至手也。又作䫌。《博雅》作䭫。(C59P0145b;J088)

按:上所引詞目分別出自《大般若波羅蜜多經》第五百七十八卷音義、《大寶積經》第十二卷音義、《集沙門不拜俗議》第四卷音義。上面條目之"稽"有三種用法:稽留義,稽查義,稽首義。稽留義上,"稽"與"禾"詞義相通;稽查義上,"稽"與"乩""卟"爲義近換用關係,"乩"

"卟"可視作異體關係；稽首義上，"稽"乃"䭫"的假借用法，屬本字不用、借字通行類現象，"䭫"與"䭫"則爲一字異寫關係。

《説文・稽部》："稽，留止也。从禾，从尤，旨聲。""稽"指停留、延遲等義。"稽留"條下慧琳謂本作"禾"，此"禾"指樹梢因受阻礙而彎曲不能上長，與"稽"的停留義相關。"稽留"條下慧琳謂又作"秔"，該字已編碼，但不見於其他字韻書，《大字典》《字海》均未收錄。從形義關係來看，此"秔"由"稽"省去"旨"而來。待進一步考求之。

"稽留"條下慧琳謂古文作"乩"。此"乩"取卜問義，乃是"稽"的義近換用字。此義上又或作"卟"，《説文・卜部》："卟，卜以問疑也。从口卜。"從形義關係論之，"乩"與"卟"可視作異體字關係。

稽首這一用法上《説文》本作"䭫"。《説文・首部》："䭫，下首也。从𩠐，旨聲。""䭫"指叩頭至地。不過後世文獻中該用法上多作"稽"，徐鍇《説文繫傳》謂："今書傳猶有作此者，大約多作稽也。"《玉篇・𩠐部》："䭫，今作稽。"就其字用關係而論，稽首義上作"稽"，乃是"䭫"的假借用法。二字均以"旨"爲聲，故可借用。又慧琳釋文中謂《博雅》作"䭫"，此是"䭫"的一字異體。二者右邊的"𩠐""首"爲一字之變。《新加九經字樣・雜辨部》："𩠐、首，頭也，象人面。上從巛，象髮。上《説文》，下隸省。"

393. 積、積、蕱

積中，紫錫反。《考聲》：積，聚也。鄭注《禮記》：委多曰積。《文字典説》：從禾責聲。論從艸作蕱，非也。(C58P0841a；J069)

按：上所引詞目出自《阿毗達磨大毗婆沙論》第一百一十九卷音義。"積"是"積"之《説文》篆體"䅣"的隸定形體，"積"則是傳承變異字形；經文堆積義上作"蕱"，乃是"積"之增旁異體字，《大字典》未予溝通，有失妥當。

此"積中"條《大正藏》對應經文作："如有人欲害其母，母覺知已藏穀蕱中，有餘女人在母寢處，其人既至，謂是己母，以刀害之，害已方更往穀蕱中揩拭刀刃，刀觸母身，因玆喪命。"(T27P0619a)今大正本經文亦作"蕱"，取堆積、集聚之義，《説文》正作"積"字。《説文・禾部》："積，聚也。"段注云："禾與粟皆得稱積。"別如《詩經・大雅・公劉》："迺積迺倉，迺裹餱糧。"從形義關係考之，"積"從禾責聲，從"禾"取穀物堆積義。由此來審視經文之"蕱"，當是"積"增"艸"旁而來，穀物與草類相近，故可增。如《慧琳音義》卷第二十三《新譯大方廣佛花嚴經音義》卷下"如乾草積"下云："積字從艸者，俗也。"(C57P0856b)卷第七十八《經律異相》第十四卷"大積"下云：《古今正字》：'從禾責聲。'經文從草作蕱，亦通。"(C58P1042b)又卷第一百《法顯傳》"蒙積"下云："《説文》云：'積，聚也。從禾，責聲。'傳從草作蕱，俗字也。"(C59P0332b)又《俗務要名林・田農部》："蕱，大積，資利反。""積中"條下慧琳之所以謂"蕱"

爲“非”,當是因他從正字觀入手予以考察。

另《大字典》“蕢”下設有三個義項,第一個是“草名”,第二個是“積、積聚”,第三個爲“草積、薪”(2010：3547)。第一個義項從《廣韻》而來,《廣韻・寘韻》:“蕢,草名。”考之文獻使用情況,“蕢”鮮有用作“草名”者,而大多表示積聚、累積義。蓋“草名”是《廣韻》編者據字從“艸”旁而設,此義當刪。再論第二、第三個義項,其核心特徵均是積聚、堆積義,義項三的“草積、薪”即垛子,正是“積”之引申用法。至此,可以肯定地説“蕢”與“積”用法并不對立。又讀音方面,“積”《廣韻》讀子智切,又音子昔切;“蕢”音同“積”。顯然“蕢”與“積”音義全同,乃是異體字關係。《大字典》未予溝通,頗爲不妥。

釋文詞頭之“積”字,是“積”的異寫形體。“積”所從的“賫”是“責”之《説文》篆體隸定字形,“責”則是傳承變異形體。同理,“積”是“積”之《説文》篆體隸定形,“積”是傳承變異字形。

394. 齏、𩐎、虀

萄齏,上朋北反,下子西反。又作虀(韲),同。醬属也。醢醬所和,細切曰齏,全物爲菹。今中國皆言齏,江南悉言菹。(C57P0743a;J017)

按：上所引詞目出自《大集日藏分經》第六卷音義。詞頭之“齏”乃“齏”的異體字,本指用醬拌細切的菜或肉,後泛指醬菜。《説文・韭部》:“𩐎,墜也。从韭,次、𠂔皆聲。齏,𩐎或从齊。”上引釋文“又作虀”之“虀”,《慧琳音義》高麗本如上作,獅谷本、弘教本作“𩐎”,頻伽本作“整”。此“萄齏”條本爲玄應所撰,慧琳覆音。《玄應音義》第一卷“萄齏”條下云:“又作韲,同。醬属也。醢醬所和,細切曰齏,全物爲菹。今中國皆言齏,江南悉言菹。”(V32P0009b)

由此觀之,高麗本《慧琳音義》的“虀”當由《玄應音義》的“韲”書寫變異而致。從版本流變及形義關係論之,《玄應音義》的“韲”蓋是“𩐎”的書寫變異形體。其間演變軌跡爲：𩐎—韲—虀—𩐎—整。另《校本》將“又作虀”之“虀”校作“整”(2012：803),或有未妥。

395. 齎、賫、賷

多賷,精妻反。俗字也。正體作齎。《考聲》：持財與人也。《廣雅》：齎,送也。《説文》：持物於道行也。從貝齊聲也。(C57P0549b;J008)

賷持,濟齊反。俗字也。正體從貝從齊作齎。顧野王曰：齎,持也。《考聲》云：持財以與人也。《廣雅》：賷,送(送)也。《説文》：持遺也。從貝齊聲。或作賫也。(C57P0657a;J013)

賫饟,子奚反。鄭注《周禮》：賫,持行道粮用也。顧野王：持也。《廣雅》：送也。《説文》：持遺也。從貝齋聲。經作賷,俗字也。(C58P0514b;J054)

按：上所引詞目分別出自《大般若波羅蜜多經》第五百八十卷音義、《大寶積經》第五十四卷音義、《佛説鴦掘摩經》音義。上引釋文之"齎"爲送給義，《説文·貝部》："齎，持遺也。從貝，齊聲。"又《廣雅·釋詁四》："齎，送也。""齎"書寫或變異作"賷"。慧琳釋文謂俗作"賷"。《玉篇·貝部》："賷"，同"齎"。其間關係較明瞭。

又按，"賷持"條下《廣雅》：'賷，选也。'"之"选"字，《慧琳音義》高麗本如上作，獅谷本、頻伽本、大正本作"逆"，弘教本作"送"。核之釋文義，作"送"是也，"逆"乃"送"書誤而致。另在釋"齎""賷"時，慧琳多次引用《廣雅》，上録釋文"多賷""賷饟"條均作"送"。從版本流變視角求之，其訛變軌跡爲：送—选—逆。

396. 羈、羈、羇、鞿、罵、罵、羈、懡

羈籠，上寄宜反。王注《楚辤》云：革絡馬頭曰羈。杜注《左傳》云：羈謂馬羈也。《考聲》云：羈，馬勒也，繫也。《説文》：從网罵。罵即馬絆也。罵或從革。罵音同上。或作羈。（C58P0045a；J032）

罵痠，上居宜反。鄭注《周禮》云：罵旅，過行寄止也。《説文》：從网從罵（罵）〈音埶〉。或從革作羈。（C58P0579b；J057）

籠鞿，又作罵、羇二形，同。居猗反。《説文》：革絡馬頭曰鞿。《釋名》：羈，撿也。所以撿持制之也。（C58P0602b；J058）

羈絆，上凡（几）宜反。《考聲》云：羈，繫也。或從奇作羈。古文從冈從懡作懡。懡音砧立反。會意字也。（C58P0666b；J060）

羈靹，上寄宜反。《文字典説》：馬絡頭也。從网從懡。懡，馬絆也。或從革作羈。經作鞿，古字也。懡音砧立反，下央兩反。（C58P0996b；J076）

按：上所引詞目分別出自《彌勒下生成佛經》音義、《佛説大安般守意經》上卷音義、《僧祇律》第一卷音義、《根本説一切有部毘奈耶律》第一卷音義、《佛説法句經》音義。上引釋文之"羈"指馬絡頭，引申有拘繫、約束、牽制等用法，又指羈旅。該組諸形體均爲一字異體關係。

《説文·网部》："罵，馬絡頭也。從网，從罵。罵，馬絆也。羈，罵或從革。"其下段玉裁注云："既絆其足，又网其頭。今字作羈，俗作羈。"或省書作"鞿"，《玉篇·革部》："鞿，古文羇字。絡頭也。""罵"上部的"罒"或變異作"西"形，《改併四聲篇海·西部》引《俗字背篇》："羈，與羈義同，新增俗用。""罵"或又書作"罵""羈"形。

又上引"羈絆"條下，"古文從冈從懡作懡"之"懡""懡"，《慧琳音義》高麗本、獅谷本、弘教本、頻伽本、大正本均如此作，《校本》亦同（2012：1579），未出校勘記。從"羈"的相關異體和慧琳"羈靹"條釋文來看，上"懡"乃"懡"的訛變字形，"懡"乃"羈"的訛變字

形。其間訛變軌跡分別爲：罶—惕—惕；罶—羂—憪。因"羂"爲後世通行體，故而慧琳認爲《説文》正篆"憪（罶）"爲"古文"。

397. 亟、函、鞭

亟徑，上兢憶反。或作鞭。《韓詩》云：亟猶急也。《説文》云：亟，自急勅也。從芊省從勹口，猶慎言也。録文作函，俗字，非也。（C58P1082a；J080）

按：上所引詞目出自《開元釋教録》第三卷音義。慧琳所釋"亟徑"條，《大正藏》對應經文作："寺僧諫曰：'路其艱險，且多黑師子，亟經噉人，何由可至？'"（T55P0507c）今大正本經文作"亟經"。慧琳詞頭之"亟"《説文》釋爲敏疾，轉而又指急躁、緊迫等用法，文獻中又表示急、趕快。慧琳釋文謂或作"鞭"，《説文·革部》："鞭，急也。從革，亟聲。"徐灝《説文注箋》"鞭"下按云："古人謂革爲急，其後乃別製鞭字。"與"亟"義相通。

慧琳又謂其所見經文作"函"。此"函"字，《慧琳音義》高麗本、弘教本、大正本如上作，獅谷本、頻伽本作"亟"；《校本》作"函"（2012：1920），其下校勘記謂：獅谷本作"亟"（2012：1930）。從慧琳釋文來看，此"函"當即"亟"的書寫變體；獅谷本、頻伽本作"亟"，與釋文義不合。檢餘本大藏經，《趙城金藏》作"亟"（ZC9361P46c），《磧沙藏》作"亟"（QS456P45b），《高麗藏》作"亟"（GL57P312c），《永樂北藏》（YB143P621a）、《乾隆藏》（QL129P94b）、《卍正藏》（卍Z55P319）作"亟"。由此可進一步證明慧琳著意區分的形體正是"亟"的書寫變異字形。

398. 棘、棘、棘、棗、蕀、蒜

棘束，上矜（矜）憶反。《方言》：凡草木刺人，江淮之間謂之棘。《毛詩傳》曰：棘，酸棗也。《説文》：小棗叢生者。從並束。經本從並束，誤也。（C57P0784b；J019）

荊棘，下九力反。刺木也。並二束爲棘。重二束爲棗，音早。束音刺。（C57P0912a；J025）

棘（棘）樹，矜力反。《毛詩傳》云：棘，酸棗也。《廣雅》云：棘，箴也。《尒雅》：有牛棘、顛棘、商棘、馬棘、狗棘也。《方言》：凡草木有束刺人，江淮之間謂之棘。《説文》云：棘似棗，藂生也。從並二束，束音此瀆反。論從二來作棗，非也。（C58P0440a；J051）

棘刺，上兢力反，下音次，正體字也。經文從草作蒜刺，非也。（C58P1036b；J078）

棘（棘）刺（刺），上兢嶷反。《廣疋》：棘，針也。杜注《左傳》：棘，戟如也。《古今正字》：小棗叢生也。從並束。集本從草作蒜，非也。（C59P0344a；J100）

按：上所引詞目分別出自《大集譬喻王經》下卷音義、《魔王波旬獻佛陀羅尼曰》音義、《唯識論》音義、《經律異相》第六卷音義、《安樂集》下卷音義。在芒刺義上，"棘"書寫或訛變作"棘"，又或訛從"來（来）"作"棘""棗"；"棘"或綴加"艸"旁作"蕀"，"蕀"亦或訛從"來（来）"

作"![棘]"。

上詞目之"棘"本指酸棗,後泛指有芒刺的草木,轉而又指刺。《說文·束部》:"棘,小棗叢生者。从並束。"其下段玉裁注云:"棘庳於棗,而束尤多,故从並束會意。"從慧琳釋文來看,佛經文獻中"棘"所從的"束"或訛爲"束",進而"棘"又訛作"棘"。《龍龕手鑑·束部》:"棘,記逆反。酸![棗]木也。"此可與慧琳釋文相比勘。

"棘"所從的"束"亦或訛作"来"。如《慧琳音義》卷第十六"牛棘"條下謂:"《說文》從二束。經從二来,非也。"(C57P0709a)"棘"或書爲上下結構作"![棗]",從而與"棗"的書寫變體同形,上引慧琳釋文即言"並二束爲棘,重二束爲棗"。因"棘"屬草本一類,故文獻中或綴"艸"旁作"蕀",慧琳釋文中亦謂有如此作者。另臧克和《漢魏六朝隋唐五代字形表》"棘"下亦錄有訛作"束"、訛作"来"、上從"艸"等相關形體(2011:562),可相比勘。

399. 湒、![湒]

湒湒,又作![湒],同。子入、史及二反。《字林》:沸灡也。亦雨聲也。(C58P0477b;J052)

按:上所引詞目出自《別譯阿含經》第四卷音義。玄應、慧琳釋文中所謂"又作![湒]"之"![湒]",當是"湒"的書寫變異形體;《慧琳音義》後世傳本誤將《字林》的"灡"分書作"沸鬲"。

此"湒湒"條本爲玄應所撰,慧琳覆音。《玄應音義》卷第十二"滑湒"條下云:"又作![湒],同。思入、史及二反。《字林》:沸鬲也。亦雨聲也。"(V32P0156b)玄應詞頭作"滑湒",與慧琳別。慧琳所釋"湒湒"條,《大正藏》對應經文作:"時,婆羅門承佛教勅,尋以此食置無虫水中。即時熾然,烟炎俱出,![潝潝]振爆,聲大叫裂。"(T02P0401c)《大正藏》"![潝潝]"下校勘記謂:宋、元、明本作"湒湒"。求之經義,此"湒湒"指水因沸騰而疾速翻涌的樣子。

上玄應本的"滑湒"頗爲費解。檢各本大藏經,大正本的"![潝潝]",《趙城金藏》(ZC9079P40a)、《高麗藏》(GL35P353a)、《卍正藏》(卍 Z24P707a)、《中華藏》(C33P305a)作"潝潝",《磧沙藏》(QS276P38b)、《永樂北藏》(YB60P320b)、《乾隆藏》(QL53P394b)作"湒湒"。從《中華藏》"潝潝"下校勘記又可知,宋《資福藏》作"涓涓"(C33P308c)。《趙城金藏》本等的"潝"指水激流貌,於經義可通,大正本的"![潝]"乃"潝"的書寫變異形體。《資福藏》的"涓"指細小的水流,與經義不切;從形義關係論之,此"涓"乃是"湒"之訛。

再論高麗本《玄應音義》的"滑湒"。此"滑"與經義亦不相合,且各種大藏經均無作"滑湒"者。蓋玄應本的"滑"乃"湒"的訛字。《宋元以來俗字譜·水部》"滑"下引《金瓶梅》作"![滑]",此形與"湒"頗近,或可視作由"湒"訛作"滑"的過渡形體。

又按,上慧琳釋文中"沸鬲也"之"沸鬲"二字,《慧琳音義》各本均如此作,校本亦同。校本於"鬲"下出校勘記謂:據文意似作"涌"(2012:1433)。考"湒"字,《說文·水部》:"湒,雨下也。从水,咠聲。一曰沸涌兒。"《玉篇殘卷·水部》:"湒,子立反。《說文》:'雨下兒。一曰沸也。’”上“一曰沸涌兒”之“沸”字，段注本《説文》作“灣”。又“灣”字，《説文·高部》：“灣，涫也。從高，沸聲。”同部“涫”又下云：“灣也。”此“灣”即“沸”在沸騰義上的異體字。“沸”本指泉涌，轉而又指沸騰。由此來看，玄應、慧琳釋文中的“沸高”即“灣”字，與殘本《玉篇》的“沸也”之釋正相合。書者不解，誤將“灣”分書作“沸高”，致使一字訛作二字。由此進一步論之，《校本》將上釋文“沸高”之“高”校作“涌”，甚爲不妥。

400. 楫、揖、檝、艥、䑘

舟楫，又作揖（檝），同。子葉反。《易》云：黄帝剡木爲楫。《通俗文》：櫂謂之艥（䑘）。《釋名》云：楫，捷也。撥水使舟捷疾也。（C57P0807b；J020）

舟艥，艥，秦入、資葉二反。《通俗文》曰：擢（櫂）謂之檝。《釋名》曰：檝，捷也。撥水使舟健疾也。又案，檝字不著戈，音乃資葉反，然訓義無别。（C57P0878a；J023）

舟檝，子葉反。《毛詩傳》曰：檝所以櫂舩也。《考聲》：檝，棹類也。《説文》作楫。〔從〕木咠聲。經作檝，俗用字。櫂音宅効反。咠音七入反。（C57P0897a；J024）

按：上所引詞目分别出自《華嚴經》第五十卷音義、《新譯大方廣佛花嚴經》第七十七卷音義、《大唐新譯方廣大莊嚴經三藏聖教序》音義。在舟楫義上，“楫”與“檝”“艥”爲換旁異體字關係，“楫”書寫或訛作“揖”，“艥”書寫或訛作“䑘”。

上“舟楫”條版本間存有異文。“又作揖”之“揖”，《慧琳音義》高麗本、弘教本、大正本均如上作，獅谷本作“楫”，頻伽本作“檝”。從形義關係論之，獅谷本的“楫”於釋文義不通，高麗本等的“揖”當是“楫”的訛字，頻伽本的“檝”較妥。核之《慧琳音義》對“楫”“檝”的各條釋文，作“檝”爲是。又“櫂謂之艥”之“艥”字，《慧琳音義》高麗本、獅谷本、弘教本、大正本均如上作，頻伽本作“檝”。從釋文義求之，作“艥”或“檝”是也，此“䑘”是“艥”的訛字。如此便可與“又作檝”之“檝”相對應。

上“舟檝”條下，“《説文》作楫。木咠聲”之“木咠聲”，《慧琳音義》各本均如上作。從今傳本《説文》及釋文義求之，當作“從木咠聲”。又《慧琳音義》卷第三十一“舟楫”條下引《説文》謂：“從木咠聲”（C58P0011b）。此亦可爲據。

401. 嫉、佷、悗、誺、疾

慳嫉，下秦悉反。王注《楚辭》云：害賢曰嫉。《古今正字》：從女疾聲。經從心作悗，誤也。（C58P0049a；J032）

爲嫉，古文誺、佷二形，同。情栗反。《楚辭》：故興心而嫉妬。王逸曰：害賢曰嫉，害色曰妬也。（C58P0912b；J072）

嫌嫉，下音疾。王逸注《楚辭》云：害賢曰嫉。《考聲》：嫉，妒也。《古今正字》：從女疾

聲也。或作㑋。傳文從疒作疾。疾，病也。非經義也。（C58P0991b；J076）

按：上所引詞目分別出自《順權方便經》下卷音義、《雜阿毘曇心論》第二卷音義、《阿育王傳》第七卷音義。在嫉妒義上，“嫉”與“㑋”“恉”“諜”並是換旁異體字關係；該用法上慧琳所見經本有作“疾”者，乃是“嫉”的同源通用字現象。

上引諸條目之“嫉”均取嫉妒義。《説文·人部》：“㑋，妬也。从人，疾聲。一曰毒也。嫉，㑋或从女。”“㑋”與“嫉”爲換旁異體字關係。或又從“心”作“恉”，《篇海類編·身體類·心部》：“恉，同嫉。”又或從“言”作“諜”，黎庶昌輯《原本玉篇殘卷·言部》“諜”下謂：“《字書》或爲恉字，在心部。”《玉篇·言部》：“諜，又作恉。”“諜”亦可視作“嫉”的換旁異體字。“嫌嫉”條下慧琳所見經本作“疾”，乃是疾病義，與“嫉”爲同源字關係；張希峰《漢語詞族續考》即將二者系聯爲一組（2000：262），可參。

又按：上引“爲嫉”條本爲玄應所撰，慧琳覆音。《玄應音義》卷第十八“爲嫉”條下云：“古文諜、㑋、恉三形，同。自栗反。《楚辭》：‘故興心而嫉妬。’王逸曰：‘害賢曰嫉，害色曰妬也。’”（V32P0242b）高麗本《玄應音義》與《慧琳音義》所釋形體數量略異。不過《慧琳音義》卷第二十七“嫉妒”條下又云：“上秦悉反。秦入聲。《玉篇》：‘辭栗反。’古文諜、㑋、恉三形，同。”（C57P0968a）可與玄應本互勘。

402. 瘠、膌、癪、瘶、瘀、藉

羸瘠，上力佳反，下情亦反。又作癪、瘶（瘀）、膌三體，同用。《説文》云：瘠，瘦也。（C57P0929a；J025）

薄膌，又作瘠，同。才積反。《説文》：膌，瘦也。亦薄也。律文作藉，非體也。（C58P0603a；J058）

按：上所引詞目分別出自《外道九十五種皆趣惡道》音義、《僧祇律》第三卷音義。在瘦弱、薄膌義上，“瘠”與“膌”“癪”“瘀”並是異構字關係，“瘀”書寫往往訛作“瘶”；佛經文獻中該用法上或作“藉”，乃“瘠”的同音借用字現象。

上引釋文之“瘠”爲瘦弱、薄膌義。《説文·肉部》：“膌，瘦也。从肉，脊聲。瘀，古文膌从疒，从束，束亦聲。”其下段玉裁注云：“束，木芒也。木芒是老瘠之狀，故从束。”又《集韻·昔韻》：“膌，瘦也。或作瘠。”亦或從“賣”聲作“癪”，《龍龕手鑑·疒部》：“癪，同瘠”。

“薄膌”條下慧琳所見經文作“藉”，與“瘠”義迥別。二者《廣韻·昔韻》均讀秦昔切，音同。顯然在薄膌義上，“藉”乃“瘠”的同音借用現象。

又按：上引釋文“又作癪、瘶、膌三體”之“瘶”字，《慧琳音義》各本均如此作，然從形義關係論之，此“瘶”乃是“瘀”的書寫訛誤字形。事實上，《慧琳音義》高麗本、獅谷本釋文中的“瘀”往往誤書作“瘶”。可與“棘”書作“棶”相比勘。

403. 蛱、蒺

蛱螺，上秦悉反，下力知反。郭注《尒雅》云：蛱螺，蚏蛆。似蝗，大腹，長角，能食蚹腦也。《文字典説》：從虫，疾、梨聲。經作蒺蔾，草名，非此義也。(C58P0025a；J031)

　　按：上所引詞目出自《大灌頂經》第十二卷音義。在蛱螺義上，"蛱"乃"蒺"的後出分化字。此"蛱螺"條本爲玄應所撰，慧琳添修。《玄應音義》卷第四"蛱螺"條下云："茨栗反，下力尸反。《尒疋》：'蛱螺，蚏蛆。'郭璞曰：'似蝗，大腹，長角，能食蚹腦也。'"(V32P0052c)慧琳轉引時將《爾雅》原文與郭注糅爲一體。今傳本《爾雅·釋蟲》："蒺蔾，蚏蛆。"郭璞注云："似蝗而大腹，長角，能食蚹腦。"與玄應、慧琳所引《爾雅》及郭注異。另外，除佛經音義外，就其餘字韻書的收錄情況而論，"蒺"較早見自《五經文字》，"蛱"較早見自宋本《玉篇》。由此觀之，指稱蛱螺時，早期但作"蒺蔾"，後期改從"虫"旁作"蛱螺"，以實現形義之統一。顯然，"蛱"乃"蒺"在蛱螺用法上的後出分化字。

404. 鶺、鶺

鶺鴒，上精亦反，下音零。《毛詩》：鶺鴒在原，兄弟急難。鄭注云：鶺鴒，雍渠也。飛且鳴，行且搖。傳中從脊作鶺，俗字，非正體也。(C59P0019a；J081)

　　按：上所引詞目出自《大唐西域求法高僧傳》上卷音義。詞頭之"鶺"即鶺鴒，與"鶺"爲換旁異體字關係。《玉篇·鳥部》："鶺，鶺鴒，雝鶊。鶺，同鶺。"又《龍龕手鑑·鳥部》："鶺"，同"鶺"。又按，《CBETA 電子佛典集成》將"傳中從脊作鶺"之"鶺"書作"鶴"，乃是受《大正藏》本作"鶴"形之影響，非是。

405. 戟、戟、戟、戟

雲戟，京逆反。鄭注《周禮》云：戟，戈也。此亦龍王名也。《説文》戟字從戈從倝，今俗用從卓，略也。(C58P0155b；J038)

持戟，居逆反。戟，稍也。《釋名》云：戟，格也。有枝戟也。經文從金作戟，非也。(C58P0454b；J052)

劍戟，下京逆反。《聲類》：戟，兵器也。鄭注《禮記》：今之三鐮戟也。《周禮》：戟長丈六。郭注《方言》曰：今戟中有小刺者名爲雄戟。《説文》：從戈倝也。傳文省作戟，俗字也。倝音古旦反。(C58P0946b；J074)

　　按：上所引詞目分別出自《大雲輪請雨經》音義、《長阿含經》第十三卷音義、《佛本行讚傳》第五卷音義。"戟"書寫或省作"戟"，"戟"手書又或變異作"戟"形；蓋是"戟"的材質爲金屬，故而"戟"或又增"金"旁作"戟"，該字不見於《大字典》《字海》等大型字書。

戈戟義上《説文》正作"戟"。《説文·戈部》："戟，有枝兵也。从戈、倝。《周禮》：'戟長丈六尺。'讀若棘。"慧琳"劍戟"條下謂文獻中或省作"戟",又邵瑛《群經正字》:"漢碑戟或省作戟。"

慧琳"雲戟"條下謂,"戟"字左邊部分手書或省作"卓"。清顧藹吉《隸辨·陌韻》"戟"下云:"今俗從卓作戟,非是。"(1982:718)慧琳所謂"略也"正指此而言。又臧克和《漢魏六朝隋唐五代字形表》"戟"字下亦載錄有從"卓"作者(2011:620),可相比勘。

慧琳"持戟"條下謂,戈戟義上其所見經文從"金"作"鐵"。檢諸大型字韻書,《大字典》《字海》等均未收錄此字。慧琳所釋"持戟"條,《大正藏》對應經文作:"彼諸大仙,頗駕乘寶車,持鐵導引,白蓋自覆,手執寶拂,著雜色寶屣,又著全白疊,如汝師徒今所服不?"(T01P0087a)今大正本經文作"鐵",與慧琳所見經本之"鐵"形頗近。檢餘本大藏經,《房山石經》(FS20P403a)、《磧沙藏》(QS259P20a)、《永樂北藏》(YB59P924b)、《乾隆大藏經》(QL53P141a)作"戟",《趙城金藏》(ZC9051P22c)、《高麗藏》(GL33P162a)、《中華藏》(C31P164c)作"鐵",《卍正藏》(卍 Z24P558b)作"鐵"。諸本大藏經之異文"戟""鐵""鐵"均是"戟"的異體字。從形義關係論之,顯然《慧琳音義》之"鐵"乃"戟"的增旁異體字,蓋是因"戟"爲金屬類,故俗書增"金"旁。又檢《可洪音義》卷第二十三,《經律異相》第四十四卷音義"釸鐵"條下云:"正作矛戟。"(C60P281a)亦可爲證。

406. 妓、妓、技、伎

妓(妓)樂,渠綺反。或作技(技),工巧也。或作伎(伎)。伎(伎),藝也。《字書》云:女樂也。從女作妓(妓)。經或從人,或從扌〈音手〉,皆非也。下五角反。(C57P0485b;J005)

按:上所引詞目出自《大般若波羅蜜多經》第四百三十卷音義。詞頭之"妓"指從事歌舞表演的女藝人,慧琳謂該用法上經文或作"技"、作"伎"。"技"指技藝、才能,"伎"指百戲雜技藝人,均與"妓"義別。然三字音相近,顯然經文中"技""伎"乃"妓"的音近借用現象。釋文詞頭之"妓"可視作"妓"的書寫變異形體。

又按,上引釋文中"或作技"之"技"、"或作伎"之"伎",《慧琳音義》高麗本、獅谷本並如上作,弘教本、頻伽本、大正本則分別作"技""伎"。從形義關係論之,"技"是"支"的增旁異體字,"伎"是"侜"的異體別構字。"技"與"技"、"伎"與"伎"音義均別,顯然弘教本、頻伽本、大正本爲是。另校本亦作"技""伎"(2012:589),且未出校勘記,非是。

407. 迹、跡、跠、跤、蹟

量跡,又作蹟、迹二形,同。子亦反。謂足跡也。經文作跡(跤),非也。(C57P0957b;J026)

馬蹟,又作跡、迹二形,同。子亦反。迹猶步遽也,車轍馬跡也。(C58P0056a;J033)

道跡,又作蹟、迹二形,同。子亦反。足跡也。論文作跠、跤二形,非也。(C58P0933b;

J073）

　　按：上所引詞目分別出自《方等般泥洹經》上卷音義、《六度集經》第五卷音義、《鞞婆沙阿毘曇論》第十卷音義。在足跡義上，"迹"與"跡""蹟"並是異構字關係；經文該用法上或作"跊""跤"，當是"跡"書誤而致；而"跤"亦或誤書作"跡"。

　　上引"馬蹟"條本爲玄應所撰，慧琳覆音。《玄應音義》卷第二十"馬蹟"下謂："又作跡、迹二形，同。子亦反。迹猶步處也。"（V32P0268b）與慧琳釋文略異。"迹"本指腳印，轉而指痕跡、軌跡等用法。《説文·辵部》："迹，步處也。從辵，亦聲。蹟，或從足、責。""跡"亦是"迹"的異體字，《龍龕手鑑·足部》："跡，音積。足跡也。"《廣韻·昔韻》："跡，同迹。"

　　上引"量跡"條"經文作跡"之"跡"，《慧琳音義》各本均如此作。實此條本爲玄應所撰，慧琳覆音。《玄應音義》卷第七"量跡"條下謂："又作蹟、迹二形，同。子亦反。足跡也。經文作跤，非也。"（V32P0104b）從釋文義求之，作"跤"是也，《慧琳音義》各本的"跡"乃"跤"之誤。《校本》直接改作"跤"（2012：966），未出校勘記，有失妥當。

　　上引"道跡"條"論文作跊、跤二形"之"跊"，《慧琳音義》高麗本如上作，獅谷本、弘教本、頻伽本作"跊"，大正本作"跊"。此"道跡"條，《大正藏》對應經文："四禪是天，諸天道未淨，眾生當淨，已淨當增益淨。問曰：此爲取證。故説四禪天道跊耶？"（T28P0487b）今大正本經文作"道跊"。檢諸餘本大藏經，《磧沙藏》（QS420P105a）、《永樂北藏》（YB122P238b）、《乾隆藏》（QL102P13a）作"道跡"，《高麗藏》作"道跊"（GL53P27a），《卍正藏》作"道跊"（卍Z47P428b），《中華藏》影印趙城廣勝寺本作"道跊"（C49P1003a）。據慧琳所釋，此處的"跊"乃是"跡"的書寫變異形體，取足跡義。從形義關係論之，慧琳釋文中的"跊""跤"以及對應經文中《高麗藏》的"跊"、《卍正藏》的"跊"、《大正藏》的"跊"，均爲"跡"書寫變異的具體表現。經文原本應書作"跡"，但傳本寫法是"跡"的訛變形體，故而慧琳進行了辨證，謂之爲"非"。

　　此外，"跡"書作"跊""跊"一類的形體，還可從碑刻文獻中找到旁證。據《漢魏六朝隋唐五代字形表》載，"跡"字《唐崔祐甫墓誌》作"跊"、《唐石臺孝經》作"跊"（2011：1472）。此二形與"跊"形近，可爲參證。而大正本的"跊"則又"跊"之變異。此外，上"跊"字《校本》書作"跊"（2012：1799），有所本，亦可。其間演變軌跡爲：跡—跊—跊—跊—跊。

　　論其源出，實此"道跡"條本爲玄應所撰，慧琳覆音。高麗本《玄應音義》卷第十八"道跡"條下云："又作蹟、迹二形，同。子亦反。足跡也。論文作跡、跤二形，非也。"（V32P0240b）從上面的分析來看，高麗本《玄應音義》"論文作跡、跤二形"之"跡"字，與釋文義並不相合，當校正作"跊"。此處《校本》但作"跡"字（2012：377），顯然有失妥當。另七寺寫本《玄應音義》作"跊"（《日本古寫經善本叢刊》第1輯7-6，2006：1049），此或是"跊"的訛字。

408. 寂、寂、宋、家、家、詠、喋、俶

宋静，經文作家（家），古字也。亦作詠、俶，今俗通作寂。五體，一正一俗三古。
（C57P0683b；J015）

喋嘆，上情亦反，下怤博反。《考聲》云：喋嘆，無聲。《易》曰：闚其戶，闃其無人，亦静嘿無人聲。經從丬作寂，俗字也。從水作漠，是沙漠字也。皆非本正也。（C57P0983a；J027）

寂寥，上情歷反。俗字也。《説文》正作宋，無人聲也。從宀從戚省聲也。或從言作詠。（C58P0205b；J041）

沖寂，情歷反。《方言》：寂，安静也。《説文》：無人聲也。古作家（家），或作宋，今通俗作寂。（C59P0145a；J088）

按：上所引詞目分別出自《大寶積經》第九十四卷音義、《妙法蓮花經·法師品》音義、《大乘理趣六波羅蜜多經序》音義、《集沙門不拜俗議》第四卷音義。在寂寞義上，《説文》正篆作"宋"，或體作"詠"，後世通行"寂"，三者爲異構字關係；"宋"書寫或變異作"家"，文獻中"家"或訛同"家"；據慧琳所釋，"宋"或增"口"旁作"喋"；慧琳釋文中又溝通了"俶"，儘管《説文》將其與"宋"相區分，但從後世文獻用例察之，二者似可視作異體字關係。

上引慧琳所釋條目之"寂"爲寂静義，該用法上《説文》正作"宋"。《説文·宀部》："宋，無人聲。从宀，未聲。詠，宋或从言。""詠"爲"宋"的換旁異體字。不過後世文獻中通行"寂"，段玉裁"宋"下云："宋，今字作寂。""寂"書寫或變異作"寂"。因"叔"俗書可作"丬"，故"寂"又可書作"寂"形。

慧琳"宋静"條下謂，其所見經文作"家"。對於"家"的構形，徐在國《隸定古文疏證》認爲，"家"字"宀"下的部分爲"弔"之古文（2002：161），可參。由此來看，"家"與"宋"當是一字異寫。就高麗本《慧琳音義》來看，"家"或誤書作"家"，因二者形近，故有此訛。

慧琳"宋静"條下又謂或作"俶"。《説文·口部》："俶，嘆也。从口，叔聲。"又《玉篇·口部》："俶，俶嘆而無聲，言安靖也。"再檢之各類字韻書，均遵《説文》將"宋""俶"分爲二字。然"俶"與"宋"構形及用法相通，張舜徽《説文約注》"俶"下云："詠從言，與俶從口同意。"（2009：342）由此來看，或可將"俶"與"宋"視作異體字關係。

上引釋文"喋嘆"條之"喋"字，亦是"宋"的異體字。論其形體來源，當是由下字"嘆"從"口"類化而來。另此"喋"字不見於《大字典》；《字海》據《連綿字典》收錄有該形體，釋作同"寂"（2000：406），可從。

409. 跽、跠、𦫼

長跽，古文跠，同。奇几、其矣二反。《説文》：跽，長跪也。《釋名》云：跽，忌也。見所敬忌，不敢自安也。（C58P0323b；J046）

長跽，奇蟻反。《莊子》云：擎跽曲拳，人臣之禮也。《説文》云：跽，長跪也。從足忌聲。或作臮。（C59P0150b；J089）

按：上所引詞目分別出自《大智度論》第九卷音義、《高僧傳》第一卷音義。詞頭之"跽"與"跂"可視作異體字關係，指雙膝著地、上身挺直，與《高僧傳》第一卷釋文溝通的"臮"詞義相關而有別。

詞頭之"跽"指雙膝著地，上身挺直。《説文·足部》："跽，長跪也。"《篇海類編·身體類·足部》："跽，長跪也，伸兩足兩膝著地而立身。"上《大智度論》第九卷之"長跽"條本爲玄應所撰，慧琳覆音。《玄應音義》卷第九"長跽"條所釋同（V32P0122a）。該條下慧琳謂古文作"跂"，此或是"跽"的換旁異體字。"跂"的聲符"其"與"跽"的聲符"忌"古音均屬見紐之部，故可改換。

《高僧傳》第一卷"長跽"條下，慧琳謂或作"臮"。此"臮"指即盤足而坐。《説文·己部》："臮，長踞也。从己，其聲。"徐灝《説文注箋》"臮"下云："箕踞，即今人之盤足而坐耳……臮從己者，盤屈之義，其即古箕字。《玉篇》訓臮爲跽，亦跪坐也。""跽"與"臮"義相關而別，慧琳所謂或作"臮"，蓋指二者所記詞義相關。

410. 穊、蔇

稠穊，古文蔇，同。居置反。《説文》：穊，多也。穊亦稠。（C58P0553b；J056）

按：上所引詞目出自《正法念經》第四十七卷音義。在禾麥稠密義上，"穊""蔇"宜視作異體字關係。慧琳詞頭之"穊"指稠密，《説文·禾部》："穊，稠也。从禾，既聲。"徐鍇《説文繫傳》"穊"下云："稠密也。古人云：'深耕穊種。'故從禾。"由此來看，"穊"指禾麥稠密。慧琳釋文謂古文作"蔇"，《説文·艸部》："蔇，艸多兒。从艸，既聲。"段玉裁"蔇"下云："《禾部》：'穊，稠也。'音義同。"儘管許慎依據"穊""蔇"所從的意符將其釋作不同的字，但此爲解釋構意，事實上二字實義均爲禾麥稠密，後泛指稠密、多。二者音義皆同，宜視作異體字關係。再核之文獻，"蔇"的所謂"艸多兒"義，並無實際用例，正如張舜徽《説文約注》"蔇"下所言："蔇、穊本爲一語，而分爲二形耳。"（2009：200）與之相類，"穄"又或作"蔵"，可相比勘。另胡吉宣《玉篇校釋》"蔇"（1989：2619）、"穊"（1989：2916）下亦有相關考察，可參。

又按：此"稠穊"條本爲玄應所撰，慧琳覆音。《玄應音義》卷第十一"稠穊"條下云："古文蔇，同。居買反。《説文》：'穊，多也。'穊亦稠也。"（V32P0143a）比較來看，慧琳的反切爲"居置反"，玄應的爲"居買反"。核之"穊"在其他字韻書中的反切，作"置"是也，此"買"乃"置"書誤而致。

411. 曁、洎、臮、泉

洎乎法界，正宜作曁。曁，至也。音渠秘反。《珠叢》曰：曁謂及預也。杜注《左傳》曰：

暨，至也。經作洎者，誤也。（C57P0854b；J022）

暨今，《聲類》云：古文作泉（㵸），同。其器反。《字林》：暨，及也。亦云至也。（C57P0994b；J028）

暨山，上其意反。孔注《尚書》云：暨，與也。杜注《左傳》：至也。《説文》：〔旦〕頗見，從旦既聲。經從水作洎。洎，注水器也，非經義也。（C58P0015a；J031）

按：上所引詞目分別出自《新譯大方廣佛花嚴經》第四十九卷音義、《正法花經》第一卷音義、《新翻密嚴經》第二卷音義。在表示至、到一類用法時，“洎”“㵸”均是“暨”的音近借用現象；在表示連、及義時，“暨”與“㵸”宜視作近義詞替換關係。

上引“暨今”條本爲玄應所撰，慧琳覆音。《玄應音義》卷第七“暨今”條下云：“聲類云：古文作泉（㵸），同。其器反。《字林》：‘暨，及也。亦至也。’”（V32P0092a）在表示至、到這類用法時，“洎”“㵸”均是“暨”的音近借用現象，可參徐在國《隸定古文疏證》“暨”字條（2002：147）。在表示連、及義時，“暨”與“㵸”義可通，“暨今”條所釋之二字宜視作詞義替換關係。另外，佛典文獻中，“㵸”手書往往訛作“泉”形。

又按，上“暨今”條下“古文作泉”之“泉”字，《慧琳音義》高麗本、弘教本、大正本如上作，獅谷本、頻伽本作“𣳆”。從釋文義求之，正當作“㵸”，獅谷本、頻伽本的“𣳆”乃“㵸”的一字異寫形體，字韻書中屢見。“泉”則是“㵸”的訛誤字形。

412. 稷、穆、𥟋、襪、禝

種稷，古文𥟋（穆），同。子力反。稷，粟也，五穀之長也。（C57P0559b；J009）

黍稷，古文稷（穆），同。姊力反。五穀之長也。《説文》：稷，菜（粱）也。《尒雅》：粢，稷也。注云：粱，一名稷粟也。今江東呼粟爲稷。（C58P0304b；J045）

種禝，一本作稷。（C58P0957a；J074）

襪契，上咨弋反，下先節反。並虞舜臣名也。論文從禾作稷，非義也。（C59P0073b；J084）

按：上所引詞目分別出自《放光般若經》第五卷音義、《地持論》第三卷音義、《賢愚經》第十五卷音義、《集古今佛道論衡》第一卷音義。慧琳詞頭之“稷”與釋文中的古文“穆”爲異構字關係，高麗本《慧琳音義》作“𥟋”，乃是“穆”的一字異寫；慧琳又溝通了“襪”，當爲分化“稷”的穀神、祭祀穀神一類用法而造，但分化未成功，故而仍應視作“稷”的異體字；“種禝”條之“禝”字待考。

上“種稷”條“古文𥟋”之“𥟋”，《慧琳音義》高麗本如上作，餘本均作“穆”。此條本爲玄應所撰，慧琳覆音。《玄應音義》卷第三“種稷”條云：“古文穆，同。子力反。稷，粟也，五穀之長也。”（V32P0038b）高麗本《玄應音義》亦作“穆”。此“穆”乃“稷”之《説文》古文“稷”的隸定變異字形,《龍龕手鑑·禾部》:"稃,古文稷字。五穀總名。"高麗本《慧琳音義》的"稃"與"秜""稃"爲一字之變。

上"黍稷"條本爲玄應所撰,慧琳覆音。《玄應音義》卷第十"黍稷"條下云:"古文稷(稃),同。姊力反。五穀之長也。《説文》:稷,穄也。《尒疋》:〔穄〕,稷也。注云:穄,一名稷。稷,粟也。今江東呼粟爲稷也。"(V32P0137b)玄應、慧琳釋文中"古文稷"之"稷"字,高麗本均如上作,《慧琳音義》獅谷本、弘教本、頻伽本、大正本亦作"稷"。然從《慧琳音義》"種稷"條來看,當以"稃"字爲是。

又"褉契"條之"褉"字,乃是"稷"在五穀之神、祭祀穀神一類用法上的換旁異體字。論"褉"的形體來源,當是爲了凸顯"稷"表示穀神、祭祀穀神一類的用法,然"褉"並未能取代"稷"的這一用法。《集韻·職韻》:"褉,通作稷。"顯然,屬形體分化失敗的情況。由此,將"褉"視作"稷"在該類用法上的換旁異體字較宜。《大字典》(2010:2575)、《字海》(2000:988)"褉"下據《集韻》釋作"同'稷'",可從。

上"種褉"條本爲玄應所撰,慧琳覆音。磧沙藏本《玄應音義》卷第十二云:"種褉,一本作褉。"(QS459P38b)玄應、慧琳所釋"種褉"條,《大正藏》對應經文作:"於是長者將至佛所,其女見佛,情倍欣踊,願得好香,塗佛住室。斯女手中有賓婆菓,佛從索之,奉教便與。佛尋於上書香種稷,還以與之。女共其父還歸城裏,便行推買種種妙香。如佛所須,持詣祇洹,躬自擣磨,日日如是。"(T04P0440c)今大正本經文作"種稷",與玄應、慧琳所見者同。

檢餘本大藏經,《趙城金藏》(ZC9312P50a)、《中華藏》(C51P200a)作"種穄",《磧沙藏》(QS428P45a)、《永樂北藏》(YB128P234a)、《乾隆藏》(QL106P727b)、《卍正藏》(卍Z49P625a)作"種稷","穄""稷"一字之變。均不見作"褉"者。又檢《經律異相》卷第三十八《蘇曼女產十卵卵成十男并其往緣》云:"將至佛所,其女見佛,情倍欣踊,願得好香,塗佛住室。斯女手中有賓婆落,佛從女索,便以與佛。於上書香,還以與之。女共其父還城推買,如佛所須,持詣祇洹,躬自擣磨,日日如是。"(T53P0203b)《經律異相》略去了"種稷"。

413. 髻、髻、結

寶髻,音計。鄭注《儀禮》云:結髻也。今經文作結,非也。(C57P0701a;J015)

按:上所引詞目出自《大寶積經》第一百一十七卷音義。髮髻義上古但作"結","髻"乃其後出分化字;"髻"手書或作"髻"形。詞頭之"髻"指髮髻,《説文新附·髟部》:"髻,總髮也。从髟,吉聲。古通用結。"清李楨《説文逸字辨證》云:"髻,古作結。西漢以前無作髻者。"該用法上古但作"結"。《説文·糸部》:"結,締也。从糸,吉聲。"本指打結,轉而指結子、束縛、結交等用法,亦指髮髻。《集韻·霽韻》:"結,束髮也。"段玉裁"結"下注云:"古無髻字,即用此。"由此來看,"髻"乃"結"在髮髻義上的後出分化字。從慧琳釋文論之,既然慧琳認爲髮髻義上作"結"爲"非"，顯然至遲在唐時此種分化已徹底完成。

414. 冀、𮪍、𮫴、覬

希冀，下冀音寄。《韻詮》云：冀，望也。經作𮪍，俗字也。《説文》：北方州也。從北異聲也。（C57P0546a；J008）

難𮫴，居致反。《玉篇》云：望也。又作覬。《説文》：覬，幸也。（C57P0942b；J026）

按：上所引詞目分別出自《大般若波羅蜜多經》第五百七十七卷音義、《大般涅盤經》第二十三卷音義。在希望義上，文獻中通行借字"冀"，與"覬"爲文字借用關係；"冀"書寫或省變作"𮪍""𮫴"。

上詞頭之"冀"均取希望義，然《説文》將其釋作北方州。《説文·北部》："冀，北方州也。從北，異聲。""冀"手書或省變作"𮪍"，唐玄度《新加九經字樣·雜辨部》："冀、𮪍，上《説文》，下隸省。"從高麗本《慧琳音義》來看，"冀"或又省變作"𮫴"。《龍龕手鑑·雜部》："𮫴，俗。冀，正。"

該字除用於指稱方位外，文獻中多用於指希望義。徐灝《説文注箋》"冀"下云："冀，從北。北，古背字，蓋從後有所仰望之義。"慧琳"難𮫴"條下謂又作"覬"，爲企圖、希望義，不過文獻中多假"冀"字爲之。段玉裁"冀"下注云："叚借爲望也，幸也，蓋以冀同覬也。覬者，欲幸也。"又朱駿聲《通訓定聲·履部》"覬"下謂："經傳多以冀爲之。"二者屬於典型的本字不用、借字通行現象。

415. 績、勣、

功績，今作勣，同。子歷反。《聲類》云：亦功也。（C57P1045b；J030）

樹，下精亦反。或作績。從力責聲也。（C59P0186b；J091）

按：上所引詞目分別出自《等集眾德三昧經》上卷音義、《續高僧傳》第三卷音義。功績義上，"績""勣"視作異體字關係較妥，"勣"書寫或又作""形。

上"樹"條《大正藏》對應經文："傳燈教授同侶所推，承化門人，般若因陀羅跋摩等，學功樹勣深達義綱。"（T50P0440a）今大正本經文作"勣"，取功業、功績之義，此義上文獻多作"績"。《説文·糸部》："績，緝也。"指將麻等搓成繩或綫，文獻中又用作功績義。《爾雅·釋詁下》："績，成也。"功績義上又或從"力"作"勣"。黎庶昌輯《原本玉篇殘卷·糸部》："績，《聲類》以功績爲勣字，在力部。"敦煌伯2011王仁昫《刊謬補缺切韻·錫韻》："勣，功。"蔣斧印本《唐寫本唐韻·錫韻》："勣，功勣。"又《龍龕手鑑·力部》："勣，音積。勣功累德也。"從形體來源言之，"勣"即由"績"改換意符而來，當是因後世文獻中"績"主要用作功績、成就義，而"績"從"糸"與此用法不協，故而換從"力"以實現形義之統一。綜上來看，"勣"本是"績"在功績用法上的分化字,而文獻中仍通行"績"字,故而二者仍應視作異體字關係。又因"勣"之聲符《説文》本作"賫"形,故而"勣"又或書作"![勣]"形。

416. 緂、罽、![緂]、罽

氀罽,上章然反,下京例反。經作旃,非也。《集訓》云:毛布也。下或作![罽],織毛爲席也。(C58P1039b;J078)

按:上所引詞目出自《經律異相》第十卷音義。在表示氀類毛織品時,《説文》正作"緂",慧琳釋文中的"罽"乃是其異體字;"罽"或增"糸"旁作"![緂]","![緂]"書寫又或作"![罽]"形;該用法上又有"罽",亦可視作"緂"的異體字。

慧琳所釋"氀罽"條,《大正藏》對應經文作:"還則裂廁掘其地,則以新樟梓爲之柱梁,香湯沃地,栴檀、蘇合、欝金諸香和之爲泥,栴罽雜繒以爲座席,雕文刻鏤,眾寶爲好,煌煌晃晃,有踰殿堂。"(T53P0055a)今大正本經文作"栴罽"。檢餘本大藏經,《趙城金藏》(ZC9333P38a)、《磧沙藏》(QS440P83a)、《高麗藏》(GL55P312a)《永樂北藏》(YB134P74a)、《乾隆藏》(QL111P649b)《中華藏》(C52P848a)作"旃罽",《卍正藏》(卍Z51P865a)作"栴罽"。《大正藏》《卍正藏》的"栴"爲栴檀,與經義迥别,此乃是"旃"字之訛;"旃"則又"氀"的通假字,指毛織物。

上"氀罽"條下,慧琳謂該用法上或作"![罽]"。檢諸《大字典》《字海》,均未見該字,實此形體正即"![緂]"的一字異寫。"![緂]"則由"罽"增"糸"旁而來。《玉篇殘卷·糸部》"![緂]"下云:"今或爲罽,在网部。"又《可洪音義》卷第二十三"赤罷"條下謂:"居例反。氀、毤、罽之類,並是毛布異名也。正作罽、![緂]、毤三形。"(C60P292a)再檢諸《慧琳音義》各版本,高麗本、獅谷本、頻伽本作"![罽]",弘教本、大正本作"![緂]"形,此亦可證"![罽]"與"![緂]"爲一字之變。

慧琳該條釋文詞頭之"罽",《龍龕手鑑·网部》:"罽,居例反。氀類,毛爲之。""罽"即"罽"字。《説文》釋"罽"爲漁網,但文獻中多指氀類毛織品。徐鍇《説文繫傳》"罽"下按云:"今謂織皮爲罽。"又《爾雅·釋言》:"氂,罽也。"邢昺疏云:"罽者,織毛爲之,若今之毛氀罷。"《正字通·网部》:"罽,同罽。"又有"緂"字,《説文·糸部》:"緂,西胡氀布也。从糸,罽聲。"《可洪音義》多個詞條下均溝通了"罽"與"緂"的異體關係。綜合來看,"罽""罽"與"緂"均爲異體字關係。另《大字典》"罽"下釋作"同'罽'"(2010:3120),"毤"下釋作"同'緂(罽)'"(2010:2148),"罷"下釋作"同'罽(罽)'"(2010:3117);但"罽"下並未溝通與"緂"的異體字關係,認定標準不一,有失妥當。

417. 袈、氊

袈裟,舉佉反,下所加反。《韻集》音加沙。字本從毛作氊毲二形,葛洪後作《字苑》,始改

從衣。(C58P0629a;J059)

按：上所引詞目出自《四分律》第一卷音義。在袈裟義上，詞頭之"袈"與釋文之"氎"爲異體字關係。此"袈裟"條本爲玄應所撰，慧琳轉錄。《玄應音義》卷第十四"袈裟"條所釋同(V32P0183a)。詞頭之"袈裟"爲梵文 Kasāya 的音譯，《玉篇・衣部》"袈"下云："袈裟，胡衣也。亦作毲毲。"玄應、慧琳釋文謂或作"氎毲"，《龍龕手鑑・毛部》："毲，或作。氎，正。音加。氎毲，毛衣也。"又《玉篇・毛部》："氎毲，胡衣也。""氎""毲"均可視作"袈"的異體字。或又作"毠"，《集韻・麻韻》："毠，毛衣謂之毠裟。或作毲、袈。"又《康熙字典・毛部》："毲，與毠同。毛衣謂之毠裟。或作毲，亦作袈。⋯⋯氎毲即袈裟也，古織毛爲之，故從毛；後用布，故從衣。"

418. 跏、加

加趺，古遐反。《尓疋》：加，重也。今取其義，謂交足坐也。經中或作"結交趺坐"是也。山東言甲趺，江南言跰跨。跰音平患反。跨，口瓜反。有從足作跏，文字所無者也。(C58P0882b；J071)

按：上所引詞目出自《阿毘達磨順正理論》第十二卷音義。在跏趺義上，"跏"可視作"加"的借用分化字。此"加趺"條本爲玄應所撰，慧琳覆音。《玄應音義》卷第二十五"加趺"條下云："古遐反。《尓雅》：'加，重也。'今取其義則交足坐也。《除灾橫經》毗婆沙等云'結交趺坐'是也。經文作跏，文字所無。按俗典，江南謂開膝坐爲跰跨，山東謂之甲趺坐也。跰音平患反，跨音口瓜反。"(V32P0078b)與慧琳釋文有異。"加趺"即結跏趺坐，佛陀之坐法，結加趺於左右髀上而坐也，詳參丁福保《佛學大辭典》"結跏趺坐"條(1984：1135)。慧琳釋文中謂或作"跏"，論其用法，"加趺"與"跏趺"同。論"跏"之形體來源，乃因"加"的下字"趺"從"足"，故而"加"亦增"足"旁類化作"跏"。跏趺義上"跏"字更爲通行，可視作"加"的借用分化字。

419. 嘉、恕

嘉苗，古文恕，同。賈遐反。嘉，善也。《尓疋》：嘉，美也。(C58P0858b；J070)

按：上所引詞目出自《俱舍論》第十一卷音義。表示美、善一類用法時，玄應、慧琳釋文之"恕"當視作"嘉"的換旁異體字。慧琳所釋"嘉苗"條，《大正藏》對應經文作："惡道眾生於此依止，護不生，不護亦不生。譬如於醶澁瘠田，苗嘉不生，穢草亦不生。"(T29P0236c)今大正本經文作"苗嘉"，其下校勘記謂：宋、元、明及宫本"嘉"作"稼"。慧琳所謂"嘉苗"，與"穢草"相對爲文。此"嘉苗"條本爲玄應所撰，慧琳覆音。《玄應音義》卷第十七"嘉苗"下所釋同上(V32P0233b)。玄應、慧琳詞頭之"嘉"爲美、善義，《説文・壴部》："嘉，美也。從壴，加聲。"釋文謂"嘉"之古文作"恕"，檢之字韻書，《萬象名義》《龍龕手鑑》《玉篇》《廣韻》《字彙》《康熙字典》等均釋作楷法、典範一類用法，音讀同"哥"；《正字通》釋作"恕"的訛字；《大字典》(2010：2443)、《字海》(2000：995)亦據《玉篇》釋作楷法、典範，音同"哥"。

　　不過，也有一些文獻認可了"恕"與"嘉"的異體關係。元代楊桓《六書通·卷五·心之屬》"恕"篆下謂："居牙切，美也。從心從加，心有所加也。古文。"清朱駿聲《通訓定聲·隨部》"嘉"下云："美也。從壴，加聲。亦作恕。"又清人畢星海《六書通摭遺·麻韻》"嘉"下引摭古逸文作"恕"，謂"心嘉之嘉"。(《四庫未收書輯刊》拾輯之貳冊，1997：259)從形義關係論之，"恕"從心可體現出善、美之義，從而與"嘉"構成異體字關係。《侯馬盟書字表新編》中"嘉"字多見下從"心"作者，比如"𢘓"(一七九.二)、"𢙇"(一七九.七)等(2017：51)，可爲旁證。整體觀之，後世所謂"嘉"之古文作"恕"，蓋均源自玄應、慧琳之釋。阮元《經籍籑詁·麻韻》"嘉"字下亦據玄應《一切經音義》第十七卷收錄了"嘉"的古文"恕"；徐在國《隸定古文疏證》"嘉"下也從畢星海之釋出發，認爲"恕"字"蓋嘉字或體"(2002：109)。綜上來看，《大字典》"恕"下可增收"同'嘉'"這一用法。

　　又按，上"古文恕"之"恕"字，《慧琳音義》高麗本、頻伽本如上作，獅谷本、弘教本、大正本均作"恕"，玄應本亦作"恕"。"恕"爲寬恕、寬宥義，與"嘉"音義均別。從釋文義求之，作"恕"是也。此"恕"乃"恕"書誤而致。儘管張自烈《正字通》在否定《字彙》釋"恕"爲楷法的基礎上，將"恕"視作"恕"的訛字失之武斷，然二者形近，確易致訛。

420. 扴、撠、搚

　　爪扴，又作搚(撠)，同。工八反。《説文》：搚(撠)，刮也。(C58P0635a；J059)

　　按：上所引詞目出自《四分律》第六卷音義。玄應、慧琳釋文中溝通的"撠"與詞頭之"扴"爲近義詞關係。此"爪扴"條本爲玄應所撰，慧琳覆音，《玄應音義》卷第十四"爪扴"條所釋同上。(V32P0187a)上"又作搚""撠，刮也"之"撠"，《慧琳音義》高麗本、獅谷本、弘教本、頻伽本、大正本均如上所作，《玄應音義》作"撠"。從釋文義求之，作"撠"是也，此"搚"乃"撠"書誤而致。

421. 甲、胛；甲、鉀

　　甲赤，上緘洽反。案經十指甲，即義甲爲得。今從肉作胛，是肩胛之字，非也。(C58P0169a；J039)

　　著甲，下古狎反。鄭注《周禮》：甲，鎧也。《傳》曰：押也。《考聲》：甲冑也。《説文》："《大一經》曰：頭宜爲甲。"甲，象人頭也。經作鉀，是鉀爐，箭名也，乖經義。鉀音古闔反。(C58P0932a；J073)

按：上所引詞目分别出自《不空羂索經》第五卷音義、《五事毘婆沙論》上卷音義。在指甲義上，經文或作"胛"，與"甲"爲同音借用現象；在鎧甲義上，經文之"鉀"乃"甲"的增旁異體字。

上引釋文之"甲"有兩種用法。"甲赤"條之"甲"爲指甲義，慧琳謂該用法上經文作"胛"，是肩胛字，與"甲"爲文字借用現象。因"甲"早期亦記録肩胛義，在"胛"字分化的過程中，常産生借用。

"著甲"條之"甲"爲鎧甲、甲胄義，慧琳所見經文作"鉀"，乃"甲"在鎧甲義上的增旁異體字。一方面受"鎧"從"金"的影響，一方面當"甲"的象形特徵減弱後，爲了增强"甲"與鎧甲義的形義統一特徵，故而"甲"亦綴加"金"旁作"鉀"。雖然"鉀"似有分化"甲"的鎧甲這一用法之傾向，但文獻中鎧甲義上仍通行"甲"，"鉀"並未能完成分化，故而宜視作"甲"在該用法上的增旁異體字。

422. 勑、倈、來、賚

勞來，《説文》作勑，同。力代反。《漢書》：勞來不怠也。約勑也。經文作賜賚，非字體也。或作倈，非也。（C57P1046a；J030）

按：上所引詞目出自《等集衆德三昧經》上卷音義。"勑"是"來"在慰勞義上的後出分化字，與"倈"可視爲異體字關係，與"賚"爲通假字關係。

此"勞來"條《大正藏》對應經文作："不以禁戒而自褒譽，亦不以戒而自憍慢，常以禁戒而自調定，不釋節限而知止足，住於聖賢自護其心，見懈廢者不觀其隙，勞來病瘦所施不惓①。"（T12P0977b）今大正本經文作"來"，"勞來"取慰勞之義。慰勞義早期由"來"字記録，《爾雅·釋詁下》："來，勤也。"如《孟子·滕文公上》："放勛曰：'勞之來之，匡之直之。'"孫奭疏云："因其民之來歸者，有以償其來，故曰來之。"在漢字形義統一性的促動下，後加"力"旁作"勑"。《説文·力部》："勑，勞也。"段注以爲當作"勞來也"。《正字通·力部》："勑，勞勑也。答其勤曰勞，撫其至曰勑。"

字或有從"人"作"倈"者，"倈"即由"倈"書寫變異而來。"倈"字在歷代字書中主要有以下幾種用法：一，同"來"，表示至義；二，爲見義；三，慰勞義。就慰勞義而言，如《集韻·代韻》："倈，《説文》：'勞也。'或從人。"又《類篇·人部》："倈，勞也。"《四聲篇海·人部》："倈，落代切。勞也。"慰勞義與"倈"之構形亦可解，可視作"勑"之異體字。

據釋文，慰勞義上或借"賚"字爲之。《説文·貝部》："賚，賜也。"是賜予字，如《尚書·湯誓》："予其大賚汝。"孔傳云："賚，與也。"與慰勞義别，二字《廣韻》均讀洛代切，音同。在慰勞義上，"勑""賚"爲通假字關係，故而釋文斥之爲"非字體也"。

---

① 《大正藏》"惓"下校勘記：惓＝悔③㉘。

又《等集眾德三昧經》上卷之"勞來"條本爲玄應所撰,慧琳收錄時新加審訂。《説文》作"勑"之"勑"字,《玄應音義》卷第七"勞來"下作"勅"(V32P0102a)。"勅"爲"勑"之書寫變異字形,《改併四聲篇海·力部》:"勅,音勑,義同。"又《篇海類編·力部》:"勅,俗勑字。"《石刻拓本彙編》所收唐代《辛驥墓誌》《秦義墓誌》"勑"字均書作"勅"形。

423. 貉、貊、狛

戎貉,莫革反。《尚書》云:華夏蠻貉,凤(罔)不率俾。鄭注《周禮》云:北方曰貉。《説文》:從豸各聲。或從百作貊。論文從白作狛。《説文》云:狛,如狼也。非此義。狛音怕也。(C59P0074a;J084)

按:上所引詞目出自《集古今佛道論衡》第一卷音義。蠻貉義上,《説文》正作"貉",或換旁作"貊""狛";慧琳所見經文作"狛",與《説文》之"狛"可視作同形字關係。在蠻貉義上,《説文》本作"貉"。《説文·豸部》:"貉,北方豸種。從豸,各聲。孔子曰:'貉之爲言惡也。'"不過,文獻中此義上通行"貊"字,蓋是因"貉"主要用於表示"狐貉"義。《龍龕手鑑·豸部》:"貊,音陌。蠻貊之邦也。"又清畢沅《經典文字辨證書·豸部》:"貉,正。貊,別。"考其形體來源,"貊"由"貉"更換聲符而成,二者爲異構字關係。"貊"或改從"白"旁作"貊"。《五經文字·豸部》:"貉、貊,二同。並莫白反。"又或作"狛",《干禄字書·入聲》:"貊、狛,蠻貊字。上通下正。"其間關係較明瞭。慧琳不認可經文"蠻貊"義上作"狛",蓋是唐時"狛"表"蠻貊"的用法不甚通行。

424. 坏、砒、杯

杯(坏)器,配盃反。《考聲》云:瓦器未燒者也。或作砒也。(C57P0676b;J014)

按:上所引詞目出自《大寶積經第八十一卷》音義。詞頭"杯器"之"杯"字,《慧琳音義》各本均如此作。從釋文義求之,此"杯"乃"坏"之訛誤形體。檢"杯器"條從出的經文,《大正藏》作:"壽命不久停,如坏器易壞,假借世不久,此亦無常定。父母及眷屬,惡道無能救,眾生造善惡,如影恒逐形。"(T11P0465b)今大正本經文作"坏器",亦可證《慧琳音義》各本作"杯"誤。"坏"字,《説文·土部》:"坏,丘再成者也。一曰瓦未燒。從土,不聲。"此處經文正取"一曰"用法,指未經燒過的磚瓦,即坏子。該用法上,後世通行"坯"字。

慧琳釋文謂或作"砒"。該字其餘字韻書鮮見收錄,《大字典》將其釋作"瓳"的訛字(2010:2589),釋"瓳"爲"瓵瓳"(2010:1525);"瓵瓳"佛經中或作"番胡",指大方磚;張涌泉《叢考》亦釋"砒"爲"瓳"的訛字(2000:724)。上二字《大字典》均無例證。佛經文獻中可見"砒"的用例。《梓舟船禪師襄陽檀溪語錄》卷之三《大覺庵梓舟船禪師語錄》云:"故我大覺世尊入泥入水屎尿臭處砒礫生輝。"(JX33P0363a)此"砒礫"指瓦礫。又《圓覺經大疏釋義鈔》卷第九："疏恢形詭狀者，恢是塊然硨砎麤大之相，意取形相硨砎人皆見也；詭謂詭譎詐異，意取狀貌萬翻不可止定，如詭詐之人委曲千翻不可定得。"（卍 X09P0668b）此"硨砎"指岩石突出貌。從上面的用例來看，"砎"蓋指石子、瓦礫，《大字典》《叢考》將其釋作"砎"的訛字，未必可信。由此來看，"砎"與"坏"的字際關係可認定爲文義換用。

425. 俾、睥、頔；俾、陴、埤、墰、僻、較、敍

俾倪，又作較埦二形。《字林》：普米反。下五禮反。《廣雅》：俾倪，堞，女牆也。《釋名》云：俾倪，城上小垣也。言於孔中俾倪非常事也。（C57P0563b；J009）

俾倪，上普米反，下五禮反。《玉篇》又作僻埦。《埤蒼》《廣雅》並云：城小牆。又《釋名》云：於牆孔中伺候非常之事。今詳此字有其二種，一者伺候，二者垣牆。垣牆不合從人，伺候豈宜從土？若是垣牆，應爲埤埦；若取伺候，應作俾倪。兩文二義不失諸宗故也。（C57P0913b；J025）

俾倪，匹嬖反，下霓計反。《考聲》云：俾倪，城上女牆也。正從土作墰埦，或從目作睥睨，音義並同也。（C58P0162b；J038）

俾倪，又作敍埦二形。《三蒼》作頔倪二形，同。普米、五禮反。《廣雅》：俾倪，堞，女牆也。《埤蒼》：城上小垣也。《釋名》云：俾倪，城上垣也。於其孔中俾倪非常也。亦言陴，言裨助城之高。或云女牆，言其卑小，比之於城，若女人之於丈夫也。或名堞，取其重疊也。（C58P0924b；J073）

按：上所引詞目分別出自《放光般若經》第二十九卷音義、《涅槃經》第二卷音義、《佛説無崖際持法門經》音義、《立世阿毗曇論》第二卷音義。慧琳所釋"俾倪"組，從形義關係上可分爲兩類：其一，伺候義，"俾"與"睥"可視作異體字關係，與"頔"爲同源通用字關係；其二，垣牆義，"埤"與"陴""墰""僻"爲異體字關係，與"較""敍""睥""頔"爲通假字關係。

上《立世阿毗曇論》第二卷"俾倪"條《大正藏》對應經文作："是切利天善見大城，周圍四方，十千由旬。純金爲城之所圍繞，高一由旬。城上埤埦高半由旬，門高二由旬。"（T32P0181c）今經文作"埤埦"。《慧琳音義》將"俾倪"所記録的詞義分爲兩類：一，伺候義；二，垣牆義。進而指出，伺候義上應作"俾倪"，垣牆義上應作"埤埦"，這是就文字形體與所記詞義是否契合的角度分析的。《説文·人部》"俾"下云："一曰：俾，門侍人。"對於此"一曰"義，張舜徽《説文約注》云："當爲此字本義，謂侍門之人爲俾，即古人所云應門五尺之童，猶女之卑者爲婢也。侍門之人爲俾，因引申有使義耳。"（2009：1985）其説可從。"俾"之伺候義正由侍門之人義引申而來，進而又組成"俾倪"，表示斜視義。如《史記·魏公子列傳》："公子引車入市，侯生下，見其客朱亥，俾倪，故久立與其客語。"張守節《史記正義》云："俾倪，不正視也。"（1959：2378）

慧琳謂此用法上或從“目”作“睥”。《集韻・霽韻》:“睥,睥睨,視也。”又《篇海類編・目部》:“睥,睥睨,邪視。”從形體來源求之,蓋是“俾”在斜視義上體現不出看、視的意象,故而換“人”旁爲“目”旁。又或作“頼”字,《説文・頁部》:“頼,傾首也。”與“睥”并從“卑”得聲,均有斜、不正之核義素;“睥”字《廣韻》讀匹詣切,“頼”字讀匹米切,均是霽韻滂紐字。在斜視義上,二者爲同源通用字關係。張希峰《漢語詞族三考》即將上二字系聯爲一組同源字(2004：197),可從。

“俾倪”又表示垣墻義。《説文・阜部》:“陴,城上女牆,俾倪也。”段注:“城上爲小牆,作孔穴可以窺外,謂之俾倪。”此亦當是“俾”伺候義之引申用法,小牆上有空穴以供窺探,後則稱小牆爲俾倪。然而“俾”字形體與小牆義相隔甚遠,故而有“陴”字。此義上又或作“埤”,《説文・土部》:“埤,增也。”段注:“凡從卑之字,皆取自卑加高之意。”又表示城堞義,如《新編諸子集成》之《商君書錐指・商君書・賞刑》:“舉兵伐曹、五鹿,及反鄭之埤,東徵之畝。”(1986：102)《國語・晉語第十》:“文公誅觀狀以伐鄭,反其埤。”韋昭注云:“埤,城上女垣。”就“埤”字形體與垣牆義來看,二者是契合的,可視作“陴”之異體字。

或又作“壀”,《集韻・霽韻》:“壀,壀垷,城上垣。或作埤。”有作“隦”者,義與“陴”同。綜合來看,在垣牆義上,“陴”與“埤”“壀”“隦”均是異體字關係。據《慧琳音義》,垣牆義上或有作“鞞”者,《説文・支部》:“鞞,毀也。”與垣墻義别。“鞞”《廣韻》音補米切,“陴”音符支切,音相近,是通假字現象。“鞞”或又書作“鞞”,《玉篇・支部》:“鞞,鞞敓。”又《正字通・支部》:“鞞,俗鞞字。”另垣牆義上或有作“睥”“頼”者,均是“陴”的音借現象。

426. 攲、攲、攲、欹、欹、𢻰、攱、崎

欹側,又作𢻰、崎、攱三形,同。丘知反。《説文》:欹嶇,傾(傾)側不安也。(C58P0779b;J065)

攲仄,又作攲、𢻰、崎三形,同。丘知反。不正也。《説文》:攱嶇,傾側不安也。不能久立也。(C58P0924b;J073)

自攲,音欺。《韓詩》云:攲,傾也。《玉篇》:不正也。《説文》:攲,側也。從支奇聲。(C59P0176b;J090)

按:上所引詞目分别出自《毘尼律》第六卷音義、《立世阿毘曇論》第二卷音義、《高僧傳》第十二卷音義。在傾斜義上,“攲”與“欹”“𢻰”“攱”“崎”均可視作異體字關係,“攲”或書作“攲”形,“欹”又書作“欹”形。

上引釋文之“攲”“欹”“攱”均取傾斜不正義。《説文》釋“攲”爲“持去”,然文獻中該字多表示傾斜不正義,此二種用法上的“攲”爲同形字現象。“攱”字,《説文・危部》:“攱,攱嶇也。从危,支聲。”《廣韻・支韻》:“攱,不正也。”“𢻰”乃“攱”的换旁異體字,《玉篇・支部》:“𢻰,𢻰嶇,不正。”《集韻・支韻》:“攱,《説文》:‘攱嶇也。’或作𢻰。”慧琳釋文中謂或作“欹”,從形體來源論之,“欹”蓋是“攲”書寫變異所致。“欹”又或書作“欹”形。

又上"敧側"條下"偵側不安也"之"偵"字,《慧琳音義》高麗本、獅谷本、弘教本、頻伽本、大正本並如上作。此"偵"與釋文義不合,當即"傾"的書寫訛誤形體。可與慧琳"敧厎"條下所引《説文》"敧隘,傾側不安也"相比勘。

上"敧厎"條下"又作敍、斂、崎三形"之"敍",《慧琳音義》高麗本、獅谷本、弘教本、頻伽本並如上作,大正本作"迶"。此"敍"乃"敧"的一字異寫形體,大正本的"迶"則又"敍"的書寫訛變字形。上引"敧厎"條本爲玄應所撰,慧琳覆音。《玄應音義》第十八卷"敧厎"條下云:"又作敍、斂、崎三形,同。丘知反。不正也。《説文》:敧隘,傾側不安也。不能久立也。"(V32P0246a)《玄應音義》的"敍"是"敧"的一字異寫形體,與"敍"亦是異體字關係。

427. 儭、窺

儭身,《字書》或作窺字,同。且委反,又差覲反。儭,至也,近也。(C58P0282a;J044)

按:上所引詞目出自《菩薩處胎經》第一卷音義。在近、至義上,"儭"與"窺"爲異體字關係。此"儭身"條《大正藏》對應經文作:"襯身臥上脚脚相累,以鉢錫杖手付阿難。"(T12P1015a)今大正本經文作"襯身"。"襯"是内衣,其特徵是近身;"儭"亦取近、至義,二者義通,《廣韻》均讀初覲切,爲同源通用字關係。劉鈞杰《同源字典補》即將二字系聯爲一組(1999:197),可參。

據慧琳釋文,字正當作"儭"。《龍龕手鑑·人部》:"儭,至也,近也。"《廣韻》所釋同上。據《大唐内典録》第三卷"儭施"(C58P1071a)所釋觀之,"儭"乃近世新造字。此義上又有"窺"字,《説文·宀部》:"窺,至也。"段注:"至者,親密無間之意。《見部》曰:'覲者,至也。'然則窺與親音義皆同。"(1981:399)又高田忠周《古籀篇》第七十一:"依許氏解,親、窺殆爲同字,蓋窺爲親屬正字。親屬者,在一家内以相親近,故字從宀。親爲親愛正字,故字從見。"(《古文字詁林》第六册,2003:797)由此觀之,"窺"亦爲近、至義,與"儭"同。《玉篇·人部》:"儭,至也。或作窺。"劉鈞杰認爲"儭""窺"二者"實同一詞"(1999:198),二者視作異體字關係較妥。

428. 仇、逑

怨仇,古文逑,同。渠牛反。怨偶曰仇。《尒疋》:仇、雠,匹也。(C58P0919a;J073)

按:上所引詞目出自《尊婆須蜜所集論》第三卷音義。儔匹義上,"仇"與"逑"爲音借字關係。此"怨仇"條《大正藏》對應經文作:"可慚而不慚,彼當知不自親,況當親餘者;常呵彼者非親者,當知是怨仇而住我所,我與汝説要者。"(T28P0807b)經文之"怨仇"指仇敵言。《説文·人部》:"仇,雠也。"又《爾雅·釋詁上》:"雠,匹也。""仇"本指儔匹義,段注"仇"下云:

“讎猶應也……仇爲仇匹,亦爲嘉偶。”(1981:382)清人鄭詩《古今正俗字詁》“讎”下云:“讎、仇本皆兼善惡言之,後乃專謂怨爲讎。”慧琳釋文謂儔匹義上古文作“逑”。《説文·辵部》:“逑,斂聚也。又曰:怨匹曰逑。”《説文》所釋“逑”字,涉及兩個問題:其一,“逑”之本義爲何;其二,《説文》所釋“又曰”義是否爲許書原本所有,與其本義之關係又爲何。對上二問題的不同回答,將直接影響到對“逑”與“仇”關係之判定。

對於“逑”之本義,朱駿聲《通訓定聲·孚部》認爲“逑”從辵,當訓爲干求之求(《説文詁林》,1988:2532);馬敍倫《説文解字六書疏證》亦認同朱氏觀點(《古文字詁林》第二册,2000:418)。又張舜徽《説文約注》亦云:“逑字從辵,自爲干求、祈求之求本字。音轉爲勼,本書《勹部》:‘勼,聚也。’”(2009:416)我們亦讚同上面幾家的觀點,“逑”本即干求字,聚集義乃是後産生的用法。關於今傳本《説文》所録“逑”之“又曰”義,我們比較認同王筠的看法,乃是後人所增。王筠《説文釋例》認爲儔匹義上作“逑”乃是“同聲借用耳”,進而認爲,增“又曰:怨匹曰逑”之人是“亂道耳”。①(《説文詁林》,1988:2532)馬敍倫亦持此看法(《古文字詁林》第二册,2000:418)。

解決了“逑”之本義與“又曰”義之關係,再回頭看其與“仇”之關係便很是明瞭了。段注“逑”下云:“逑、仇古多通用。”(1981:73)顯然在儔匹義上,“逑”乃“仇”之借用字。因早期文獻中借“逑”爲“仇”者較多,故字書於“逑”下或增此一用法,今傳本《説文》之“又曰:怨匹曰逑”即是其例。又《玉篇·辵部》:“逑,匹也。”慧琳甚而認爲儔匹義上,“逑”乃是正體。卷第十三《大寶積經》第四十八卷音義“仇匹”下云:“上渠牛反。錯用也,正體作逑。《毛詩》云:‘君子好逑。’《傳》曰:‘逑,匹也。’《爾雅》:‘逑,合也。’郭璞云:‘對合也。’……經文作仇。仇,讎也。仇,怨也,非匹合義。”(C57P0654b)

429. 勺、杓

斟一杓,下常弱反。《文字典説》云:有柄木器也。《考聲》云:今之杯杓也。《説文》作勺,今承從木作杓,時用字。(C58P0238b;J042)

按:上所引詞目出自《瑜伽護摩經》音義。在有柄舀東西的器具義上,“勺”“杓”爲異體字關係。《説文·勺部》:“勺,挹取也。象形。”段注云:“外象其哆口、有柄之形,中一象有所盛也……勺象器盛酒漿。”本指勺子,此義上又或從“木”作“杓”。《廣韻·藥韻》:“杓,杯杓。”《集韻·藥韻》:“杓,挹酌器。通作勺。”從文字形體來源求之,《説文》已收有“杓”字,《木部》:

---

① 按,王筠《説文句讀》“逑”下亦有相關論述,兹轉録於此,以資參證。“‘又曰:怨匹曰逑’句疑後人加。《左·桓二年》傳:‘怨耦曰仇。’《關雎》:‘君子好逑。’《爾雅》郭注引作‘仇’,‘兔罝’:‘公侯好仇。’夫‘逑’從辵與匹偶義遠,固是借字,‘仇’從人則近矣。而人部‘仇’下云:‘讎也。’《釋詁》曰:‘仇、讎、敵、妃、知、儀,匹也。’景純牽於匹偶之義,曲解之曰:‘讎猶儔也。’並引《廣雅》云:‘讎,董也。’不如李巡注曰:‘仇、讎,怨之匹也。’爲得其實也。蓋古有仇匹之言而無其字,但有逑聚、仇讎之字,故因便借之。”(《説文詁林》,1988:2532)

"杓,枓柄也。从木,从勺。"由《説文》的解釋觀之,"杓"本指勺子柄。張舜徽《説文約注》:"今俗通稱挹取酒漿之器爲瓢,當以杓爲本字。器柄多以木爲之,故其字從木。"(2009:1458)張舜徽同時認可了大徐本對於"杓"爲會意字的判定。蓋"杓"之舀取東西的器具這種用法是由勺子柄引申而來的,引申之後,"杓"的構形與勺子義重新勾連,從而可視作"勺"之增旁異體字。故而《慧琳音義》卷第七十三"瓢杓"下云:"下又作勺,同。是若反。可以斟食者也。"(C58P0921b)又卷第一百"鎗杓"下云:"下常藥反。俗字也。古文正體單作勺,象形。"(C59P0351b)由是觀之,在舀取東西的器具義上,二者即異體字關係。然《大字典》"杓"(2010:1243)之第二個音項下未溝通與"勺"的關係,或有失妥當。

430. 乘、乗、椉、𩷁

車乘,下食證反。孔注《尚書》云:乘,勝也。《毛詩傳》曰:乘,升也。鄭眾注《周禮》云:四匹爲乘。《説文》:乘,覆也。從入桀,桀音竭。桀,黠也。軍法曰乘也。隸書作乗,變體字也。(C57P0461a;J004)

百乘,古文椉、𩷁二形,同。承證反。《廣雅》:乘,駕也。《三蒼》:乘,載也。《周禮》:四馬爲乘。其形曰一車,其數曰之乘也。(C57P0571a;J009)

按:上所引詞目分別出自《大般若波羅蜜多經》第三百七十六卷音義、《摩訶般若波羅蜜經》第四十卷音義。在乘車、車乘義上,"乘"與"乗""椉""𩷁"均是異體字關係。

上"車乘"條《大正藏》對應經文作:"菩薩摩訶薩行深般若波羅蜜多時,能以離相無漏之心而行布施,若諸有情須食與食,須飲與飲,須衣服與衣服,須臥具與臥具,須車乘與車乘,須僮僕與僮僕,須珍寶與珍寶。"(T06P0943b)今大正本經文作"車乘",與詞頭之"車乘"同。《説文·桀部》:"椉,覆也。从入、桀。"隸變作"乘"。關於"乘"之構形,容庚《金文編》云:"乘,從大在木上。《説文》從入桀,非。"林義光《文源》卷第六云:"從大,象人形,象人在木上。"又李孝定《甲骨文字集釋》第五云:"乘之本義爲升、爲登,引申之爲加其上,許訓覆也,與加其上同意,字象人登木之形。"(《古文字詁林》第五册,2002:726)由上觀之,"乘"本指登、升。《釋名·釋姿容》:"乘,陞也,登亦如之也。"引申有駕馭、憑藉、勝過等用法,又指一車四馬。如《左傳·隱公元年》:"繕甲兵,具卒乘。"杜預注云:"步曰卒,車曰乘。"《説文》之"椉"乃是象形形體進一步書寫變異而來,《龍龕手鑑·入部》:"椉,古文,車椉也。"又《篇海類編·人部》:"椉,通作乘。"

釋文"百乘"條下溝通有古文"𩷁"字。《龍龕手鑑·入部》:"𩷁,古文。車𩷁也。"《集韻·蒸韻》:"𩷁,車一乘也。"《玉篇零卷·一部》"𩷁"下引《聲類》:"古文乘字也。"實"𩷁"即"椉"之換旁字,人登木與登車通。另《大字典》"𩷁"第一個音項下釋爲"車一乘"(2010:3777),未溝通與"乘"之關係,有失妥當。

431. 匙、鍉、䃼、柢

鑰匙，下市而反。《方言》作鍉，同，關鑰也。又作䃼。《聲類》字與鉹同，音紙而反。蓳也。䃼非字體。又作衹（柢）①，非也。(C58P0982b；J075)

按：上所引詞目出自《雜寶藏經》第二卷音義。在鑰匙義上，"匙"與"鍉"可視作異體字關係，與"䃼""柢"均是通假字關係。此"鑰匙"條《大正藏》對應經文作："王女所以不來會者，必當端正異於常人；或當絕醜，是故不來。我等今當勸其夫酒，令無覺知，解取鑰匙，開門往看。"(T04P0457c)經文之"匙"即鑰匙義。"匙"本是小勺，又用作鑰匙義。據釋文，此義上《方言》作"鍉"。《六書故·地理一》："鍉，所以啓籥者也。"從形義關係上看，"鍉"字更符合鑰匙義，清鐵珊《增廣字學舉隅》卷四"匙"下云："音時，今承讀若池，匕也，用以取飯者。俗作鑰鍉之鍉，用非。"今"匙"字通行，在鑰匙義上，二者可視作異體字關係。釋文又溝通有"柢""䃼"二字，與"匙"音近義別，在鑰匙義上爲通假字關係，故而釋文謂"柢""䃼"爲"非"。

432. 祟、祟

病祟，雖翠反。《字書》云：神鬼爲害也。經作祟，非也。(C58P0255b；J043)

按：上所引詞目出自《大藥叉女歡喜母并愛子成就法》音義。"祟"由"祟"書寫訛誤而來，佛經等文獻用之既多，後世字書遂將二者視作異體字關係。此"病祟"條《大正藏》對應經文作："又法若人患鬼魅病者，准前加持一童女問之，知其病祟所作，即以法發遣彼鬼魅，病人無不除差。"(T21P0287c)今大正本經文作"祟"，指鬼神爲禍。《説文·示部》："祟，神禍也。"王筠《説文句讀》："謂鬼神作災禍也。"

"祟"從示從出，釋文謂經文作"祟"，乃是"祟"之訛誤字形。唐張參《五經文字·示部》："祟，從出下示。作祟，訛。"《可洪音義》卷第六"禍祟"條下云："息遂反，正作祟。"(C59P0752c)該書多次釋"祟"字。又《龍龕手鑑·出部》："祟，俗。祟，正。雖醉反，禍也。"綜上觀之，"祟"本由"祟"書寫訛誤所致，然文獻中用之既多，其地位便被認可，故而二者可視作異體字關係。

433. 厬、匜、虎、脻、鯑、鵗、鵨、遞

匾匜，上邊丏〔反〕②，下土奚反。《考聲》作匾匜，並薄皃也。經作脼脻，俗字也。丏音沔也。(C58P0078a；J034)

匾匜，上必沔反，下體雞反。《考聲》云：匾匜，薄皃也。經文作鯿鯑，或有從鳥作鵗鵗，或作鵨，並非也。(C58P1056b；J079)

---

① 按，此"衹"乃是"柢"字之訛，《玄應音義》卷第十二《雜寶藏經》第二卷"鑰匙"下作"柢"(V32P0160a)，據改。

② 按，此處依據《慧琳音義》釋文通例增補"反"字。

匾匾，上邊辮反，下體奚反。《字統》云：匾匾，薄闊兒。二字並從匚，匚音方。有從厂作扁虒，或從辵作逼遞，並非。從匚作爲正。(C59P0027a;J082)

按：上所引詞目分別出自《稱讚大乘功德經》音義、《經律異相》第三十一卷音義、《大唐西域記》第一卷音義。在薄貌義上，"匾"與"匾"爲異體字關係，與"虒""睼""鼐""鵜""鶅""遞"並是音借字關係。

《龍龕手鑑·匚部》："匾，匾匾，薄兒。"《玉篇·匚部》："匾，匾匾，薄也。"《字彙·匚部》："匾，同匾。""匾"蓋是"匾"書寫省略而來。據釋文，或作"虒"，《説文·虎部》："虒，委虒，虎之有角者也。"本爲似虎有角的獸，或用作地名"虒奚"，與"匾"義別。"虒"《廣韻》讀息移切，《集韻》或讀作田黎切，與"匾"音近。在薄貌義上，二者爲音借字關係。

有作"睼"者，《集韻·齊韻》："睼，腄睼，鼻不正。"此"腄睼"當指鼻子扁平而言，義與"匾匾"可通，故而釋文云："經作腄睼，俗字也。"在薄貌義上，"匾"與"睼"亦是音借字關係。

有作"鼐"者，乃是"嚏"字。《字彙補·鼻部》："鼐，音義與齅同。"又《玉篇·鼻部》："齅，本作嚏。""嚏"字《廣韻》讀丁計切，與"匾"音相近，二者爲音借字關係。有作"鵜"者，乃是"鶙"字，《玉篇·鳥部》："鶙，鶙鵜。鵜，同鶙。""鵜"字《集韻》或讀田黎切，與"匾"音相近，二者爲音借字關係。

又有作"鶅"者，《爾雅·釋鳥》："北方曰鶅。"是雉，與"匾"義別。"鶅"《廣韻》音香衣切，與"匾"音相近。薄貌義上，二者爲音借字關係。或有作"遞"者，《説文·辵部》："遞，更易也。"本爲交替義，引申有傳遞、更迭義，與"匾"義別。"遞"《廣韻》音徒禮切，又音特計切，與"匾"音近，薄貌義上二者爲音借字關係。

434. 宛、凹、容、窪

凹凸，上烏瓜反。俗字，形相[①]，正從穴[②]宛，或作窪，亦同用也。(C58P0405a;J049)

坳凹，《蒼頡篇》作容，烏狹反。容，墊下也。《字苑》：凹，陷也。(C58P0428b;J050)

按：上所引詞目分別出自《大莊嚴論》第六卷音義、《大乘成業論》音義。"宛"與"凹""容"爲異體字關係，與"窪"爲同源通用字關係。

詞頭的"凹"字，《廣韻·洽韻》烏洽切："凹，下也。"表示低下義。依據慧琳所釋，低下義上"凹"爲象形字，可從。《説文·穴部》："宛，污衺下也。"段注："凡下皆得謂之宛。"又《廣韻·禡韻》烏瓜切："宛，下處也。""宛"亦主要表示低下、低窪義，"凹""宛"二字音義全同，顯然是異體字。從形義構造角度論之，二者爲異構字關係。

"窪"字，《説文》作"漥"形，二者爲一字書寫變異所致。《説文·水部》："漥，清水也。一

---

① 《校本》第四十九卷校勘記第 45 條下云："形相，據文意似當爲'象形'。"(2012：1377)其説可從。
② 從慧琳釋文通例論之，疑"穴"下脱一"作"字。《校本》未出校勘記。(2012：1371)

曰宨也。”《玉篇·水部》：“窪，牛蹄跡水也。”桂馥《説文解字義證》認爲“清”當爲“積”（《説文詁林》，1988：10980），較妥，文獻中難見“窪”作清水講的用例。考索《説文》所釋，當是後人誤作清水，然“窪”的低下義無所託，故又增“一曰宨也”以附之。綜上，“窪”當指低凹坑中的積水，引申有低下、低凹之義，故而《慧琳音義》云：“或作窪，亦同用也。”從字際關係角度觀之，“宨”爲污裛低下義，“窪”爲凹下義，二字音同義通，是同源通用字關係。王力《同源字典》（1982：119）即將“宨”“窪”系聯爲一組同源字。

容字，《廣韻》分別出現在“合”韻和“洽”韻下，《洽韻》烏洽切：“凹，下也。或作容。”“容”“凹”音義同，據《慧琳音義》及《廣韻》所釋，或可視作“凹”之異體字。

435. 喝、𧮖、歇

誓喝辯，下乀芥反。《考聲》云：聲噎也。《廣雅》：嘶喝，聲之幽細也。《字書》或作𧮖，或作歇，皆古字也。（C57P0536a；J008）

按：上所引詞目出自《大般若波羅蜜多經》第五百六十七卷音義。在聲音嘶啞義上，“喝”與“𧮖”“歇”均是異體字關係。

此“誓喝辯”條，《大正藏》對應經文作：“諸菩薩摩訶薩行深般若波羅蜜多得清淨辯，謂不嘶喝辯，不迷亂辯，不怖畏辯，不憍慢辯，義具足辯，味具足辯，不拙澀辯，應時分辯。”（T7P0928b）今大正本經文作“嘶喝辯”，慧琳釋文詞頭的“誓”與“嘶”同，均指聲音沙啞。“喝”亦指聲音沙啞。雖然《説文》釋“喝”爲“瀹也”，但段玉裁並不認同這一解釋。段氏謂：“疑當作瀹音也，今脱音字耳。”朱駿聲《通訓定聲·泰部》“喝”下謂：“音之瀹也。”結合慧琳所釋來看，段氏、朱氏所論頗有道理。

慧琳謂此義上或作“𧮖”。《龍龕手鑑·口部》：“嗑，古。喝，正。嘶聲也。”又《玉篇·口部》：“喝，嘶聲也。嗑，同喝。”由此來看，在聲音嘶啞義上，“喝”與“嗑”爲換旁異體字關係。

慧琳又謂或作“歇”。檢諸字韻書，《正字通·欠部》：“歇，同喝。《集韻》：‘喝，或作歇。’”此“歇”亦是“喝”在聲音嘶啞義上的異體字。“歇”字或增“口”旁作“噷”。《篇海類編·身體類·口部》：“噷，咈聲。又嘶聲。”又《正字通·口部》：“噷，烏懈切。咈聲。又嘶聲。”

436. 咂、嘬、嗺、师、唼

师嗽，上子臘反。《韻略》云：师，入口也。《説文》作嗺，俗作唼。（C58P0490a；J053）

嘬食，子臘反。《説文》：嘬，銜也。《埤蒼》：齧脣也。義與唼同，唼血也。《通俗文》作咂，入口也。《莊子》作嗺，“蚊䖟嗺膚”是也。（C58P0520a；J054）

按：上所引詞目分別出自《起世因本經》第三卷音義、《治禪病秘要經》第三卷音義。在衍、吮吸義上，"呬"與"嚼""㖒"可視作異體字關係，"嚼"或書作"嗒"形；與"唼"爲義近替換用法。

　　上"㖒嗽"條《大正藏》對應經文作："彼鳥來已，啄彼地獄諸衆生頭，啄頭破已，唼喋其腦，嗽而食之。"(T01P0378c)今大正本經文作"唼喋"，與釋文之"㖒嗽"同，均是吮吸義。字又作"呬"，《龍龕手鑑·口部》子荅反："呬，入口也。"亦是吮吸義，二字音義全同，爲異體字關係。

　　據"㖒嗽"下釋文，《説文》作"嗒"，乃是"嚼"之俗書。《説文·口部》："嚼，嗛也。""嗛"即用嘴含，亦與經義契合。"嚼"引申有叮咬等用法，"嚼食"下釋文引《莊子》正取此義。《廣弘明集》卷第二十八云："又暑月寢臥，蚊虻嚼膚，忿之于心，應之于手。"(V52P0331b)唐白居易《蚊蟆》："巴徼炎毒早，二月蚊蟆生。呬膚拂不去，繞耳薨薨聲。"又杜甫《椵拂子》："吾老抱疾病，家貧臥炎蒸。呬膚倦撲滅，賴爾甘服膺。""嚼膚""呬膚"義同。"嚼"《廣韻》有子荅切的音讀，與"呬"同音。在咬食、吮吸義上，二者可視作異體字關係。

　　釋文又溝通有"唼"字，是魚類、水鳥啄食的樣子，《玄應音義》卷第八"唯蓮"下云："又作唼，同。所甲反。《埤蒼》《聲類》皆作唼，鴨食也。"(V32P0110b)與"呬"義近音別，二者爲義近換用關係。

437. 褚、袸

褚繩，古文袸，同。竹與反。謂以綿裝衣也。(C58P0640a；J059)

　　按：上所引詞目出自《四分律》第十九卷音義。在表示用麻棉等裝衣義上，"褚"與"袸"爲換旁異體字關係，與大正本經文之"紵"爲同音借用字關係，與宋、元、明及宮本之"貯"是同源通用字關係。

　　此"褚繩"條《大正藏》對應經文作："時六群比丘，作兜羅綿紵①繩床、木床、大小褥，諸居士見皆共嫌之，自相謂言：'此沙門釋子不知慚愧，無有慈心，斷衆生命。'"(T22P0693b)今大正本經文作"紵"，宋、元、明及宮本作"貯"，釋文詞頭作"褚"。求之經義，指用棉裝床。《説文·衣部》："褚，一曰製衣。"段注依《玉篇》《廣韻》改"製"爲"裝"，謂"凡裝棉曰著……其字當作褚"。別如《漢書·南粵王佗傳》："上褚五十衣，中褚三十衣，下褚二十衣遺王。"顏師古注云："以棉裝衣曰褚。"

　　據慧琳"褚繩"下所釋，此義上古文作"袸"。又《慧琳音義》卷第六十五"袸之"下云："又作褚，同。知吕反。《通俗文》：'裝衣曰袸。'"(C58P0779a)《可洪音義》卷第十五"紵縟"下云："裝也，正作貯、褚、袸三形。"(C59P1109b)《可洪音義》所釋"紵縟"條原出自《摩訶僧祇律》第二十卷，今大正本對應經文作："見青色地敷好坐床，敷兜羅紵褥，兩頭安枕。"(V22P0392a)

---

① 《大正藏》"紵"下校勘記作：紵＝貯三宮。

"紵褡"指用棉裝縟,據可洪所釋,則"褚""袊"爲正。又《龍龕手鑑・衣部》:"袊,衣袊。"明吳道長訂《重訂直音篇・衣部》:"袊,棉絮裝衣。"《正字通・衣部》:"袊,同褚。"從"袊"之形體結構察之,亦與"褚"同,在用棉裝衣義上正是"褚"之換旁異體字。另《大字典》"袊"第二個義項釋作"用棉裝衣"(2010:3287),未溝通與"褚"之關係,或有未妥。

大正本經文作"紵",《玉篇・系部》:"紵,麻屬,所以緝布也。"又指用苧麻織成的布,與絲綿裝衣義有所涉。"紵"《廣韻》音直吕切,在絲綿裝衣義上,"褚"《廣韻》亦讀直吕切。綜合來看,在絲綿裝衣義上,"紵"與"褚"義本別而略有涉,音同,爲通假字關係,故而文獻中或借"紵"爲"褚"。《可洪音義》所釋"紵縟"條亦是其例。

此外,宋、元、明及宮本作"貯"。《説文・貝部》:"貯,積也。"《廣韻・語韻》丁吕切:"貯,居也,積也。"是貯存、盛放義,與裝衣之"褚"音近義通,二者乃是同源字關係,張希峰《漢語詞族叢考》即將二字系聯爲同族(1999:92),可參。

438. 孨、屛

屛然,棧閑反。韋昭注《史記》云:屛,仁謹兒也。《説文》亦謹也。從尸孨聲。或從三子作孨,音同。(C59P0111b;J086)

按:上所引詞目出自《辯證論》第六卷《十喻篇》音義。在謹小慎微義上,"孨"與"屛"或可視作異體字關係。此"屛然"條《大正藏》對應經文:"若不復貴此身者,不如專心學佛道。佛道營練,精神日明,日益甚有,名理定慧之法屛[1]然可修。"(T52P0534b)今大正本經文亦作"屛",《説文》作"孨"。《説文・孨部》:"孨,謹也。"徐灝《説文注箋》:"此當以弱小爲本義,謹爲引申義。"文獻多作"屛"字,《説文注箋》又云:"孨、屛蓋古今字。"《説文・孨部》:"屛,迮也。"關於"屛"的意義,林義光《文源》謂:"三子在屋下,亦小謹之象。"楊樹達《文字形義學》:"多人在屋下,故義爲迮迫。"(《古文字詁林》第十册,2004:1100)從"屛"之構形考之,從孨在尸下,用産子衆多會意,訓"弱"較妥,引申而有迮迫、謹等用法。如此來看,"屛""孨"均有弱小、謹之用法;據慧琳所釋,其間音讀亦同。在謹小義上,二者或可視作異體字關係。另從形體來源觀之,《正字通・子部》:"孨即屛之省,非借也。"或是"孨"增"尸"旁,亦無不可。

---

① 《大正藏》"屛"下校勘記:屛=歷⊜。

孫建偉　著

◎

慧琳《一切經音義》文字整理與研究

下册

上海古籍出版社

下編

字表篇

慧琳《一切經音義》文字表

屬 性 説 明

　　結合《慧琳音義》本身的特點及我們的研究目的、研究視角等,兹將《慧琳〈一切經音義〉文字表》(目前共計收録 2711 組)相關屬性説明如下。

一、收字原則

　　這裏所謂收字原則,具體包含三個方面: 字頭收録原則,代表字確定原則,字圖收録原則。

　　(一)字頭收録原則。因爲我們是從《慧琳音義》詞目入手整理詞目用字及所關涉到的相關文字,故就收録對象而言,所有的詞目用字以及慧琳所溝通的與詞目字相關的字都要收録。從操作層面來看,目前主要處理非譯音用字部分。

　　(二)代表字確定原則。在考辨字際關係的基礎上,進一步選出代表字。結合《漢語大字典異體字表》,我們確定代表字的總原則爲“從正從通”,首選歷代通行寫法。

　　(三)字圖收録原則。《慧琳音義》的字圖均取自高麗本,釋文中直接給出形體的有字圖,釋文中未給出形體的字圖缺如。

二、收字範圍

　　目前展示出的《慧琳〈一切經音義〉文字表》,重點收録了我們考辨之後無明顯疑問的字組,其餘字組則留待後續考證之後再版時納入。

三、字形實現方式

　　字表中的字形均直接截取自《慧琳音義》的高麗本掃描圖版。

四、字頭排序

　　在排列順序方面,本字表所收文字以代表字的音序爲總原則。同一字組中,首先列出代表字;之後依次列出代表字所屬的不同異構字,同一個異構形體下列出其所屬的異寫形體、書寫訛誤形體;之後列出代表字或各級異構字下關涉到的通假字、分化字、近義換用、文義換用等關係的文字。比如"察"組字,首先列出"察",其後列出"詧",最後列出"䘏"。

五、字表相關屬性説明

（一）順序號：同一個代表字下溝通的所有文字爲一組,序號從 001 開始。

（二）詞目：《慧琳音義》中的被釋詞目。

（三）卷次：所涉詞目在《慧琳音義》中的卷次。

（四）字形相關釋文：《慧琳音義》中溝通文字時的相關用語,比如《慧琳音義》卷第十五"蒼蠅"條下云："經文作蝽,非也。"

（五）所涉文字：我們從《慧琳音義》中提取出的文字信息,既包括詞目用字,也包括慧琳溝通的與詞目字相關聯的其他字。比如上面的"蝽"即所涉文字之一種。

（六）字圖及索引：截取所釋文字在高麗本《慧琳音義》中的形體,并標注相應的册數、頁碼、欄數。字圖的提取有兩種情況：有的字形慧琳已給出,直接截圖,比如"俗作唉"之"唉";有的字之寫法,慧琳採用描寫性表達,比如"經文從彳",則字圖部份缺如。

（七）校正形體：這裏主要校正"所涉文字"欄中的錯訛現象,比如"經文從禾作稫",據釋文義,此"稫"當作"稬","校正形體"欄填寫"稬"。

（八）代表字：依據從正、從通的原則確定慧琳所溝通字組中的代表字。比如"曺、曺、曹"組,以"曹"爲代表字。

（九）字際關係：主要處理"所涉文字"欄的字與"代表字"的字際關係,如果"所涉文字"欄的字有誤,則以校勘之後的形體爲準。

（一〇）詞際關係：若"所涉文字"欄的字與"代表字"無所謂字際關係,則在此欄中説明其所屬的詞際關係,比如近義換用、文義換用等。

（一一）備注：此欄爲對於相關疑難問題的進一步説明。

組號	詞目	卷次	字形相關釋文	所涉文字	字圖/索引	校正形體	代表字	字際關係	詞際關係	備　註
0001	欻喚	J079		欻	欸 C58P1065a		欻			
0001	欻喚	J079	經文從口從戒作喊，俗字	喊	喊 C58P1065a		欻	異體		
0001	欻喚	J079	或從萬作蠆	蠆	蠆 C58P1065a		欻	音借		
0002	喳喋	J027		喳	喳 C57P0974a		喳	異體		
0003	樞斅	J028		斅	斅 C57P1002a		斅			
0003	庚斅	J089		斅	斅 C59P0157a		斅	異體		
0004	痿人	J065		痿	痿 C58P0778a		矮	異體		
0005	濫然	J081		濫	濫 C59P0018b		濫	異體		
0006	藹藹	J098		藹	藹 C59P0301a		藹			
0006	藹藹	J098	集從言從愛作謥，非也	謥	謥 C59P0301a		藹	異體		
0007	增靐	J096		靐	靐 C59P0261a		靐			
0007	增靐	J096	諸字書作靈也	靈	靈 C59P0261a		靐	異體		
0007	霤靐	J094	傳文從草作藹，義乖也	藹	藹 C59P0234a		靐	音借		
0008	隘陜	J041		隘	隘 C58P0208a		隘			
0008	隘陜	J041	《說文》作𨻾	𨻾	𨻾 C58P0208a		隘	異體		

組號	詞目	卷次	字形相關釋文	所涉文字	字圖/索引	校正形體	代表字	字際關係	詞際關係	備　註
0008	隘陜	J041	又隘,古字也	隘	隘 C58P0208a		隘	異體		
0008	隘陜	J041	今從省作阤	阤	阤 C58P0208a		隘	異體		
0008	迮隘	J092	亦從厄作阨,俗字也	阨	阨 C59P0207b		隘	異體		
0009	愛惡	J041		愛	愛 C58P0205a		愛			
0009	愛戀	J029	上正體愛字也	𢙠	𢙠 C57P1028a		愛	異體		
0010	聲曖	J077		曖	曖 C58P1017b		曖			
0010	聲曖	J077	譜作瞹,誤也	瞹	瞹 C58P1017b		曖	正訛		
0010	奄曖	J095	或作靉	靉	靉 C59P0250a		曖	音借		
0011	罣礙	J020		礙	礙 C57P0801a		礙			
0011	檠藻	J075	《文字典説》:擬(擬),止也。從木疑聲	擬	擬 C58P0964b	擬	礙	異體		
0011	檠藻	J075	今俗用從石作礙	檠	檠 C58P0964b		礙	異體		詞頭的"檠"即"擬"的一字異寫形體
0011	罣礙	J020	下古文硋,同	硋	硋 C57P0801a		礙	異體		
0011	罣礙	J020	經文作㝵,音都勒反	㝵	㝵 C57P0801a		礙	異體		此與作爲"得"的異體之"㝵"同形
0011	檠藻	J075	或從心作懝,亦通	懝	懝 C58P0964b		礙	音借		"懝"是"懝"的異體字,主要表示癡呆、惶恐義

續　表

組號	詞目	卷次	字形相關釋文	所涉文字	字圖/索引	校正形體	代表字	字際關係	詞際關係	備　註
0011	罣礙	J020	又作閡,郭璞以爲古文礙字	閡	閡 C57P0801a		礙		近義換用	
0012	靉靆	J098		靉	靉 C59P0307a		靉			
0012	靉靆	J098	集從黑作靉靆,皆非	靉	靉 C59P0307a		靉	音借		
0012	靉靆	J038	《廣蒼》或從日作曖睫	曖	曖 C58P0156a		靉	音借		
0013	草庵	J027		庵	庵 C57P0979b		庵			
0013	庵屋	J045	經文從草作菴	菴	菴 C58P0302b		庵	異體		
0013	草庵	J027	有作菴,藥草名,菴藺子也	菴	菴 C57P0979b		庵	異體		此是"菴"的俗寫體
0013	草庵	J027	《廣雅》:奄、屠蘇,舍也	奄	奄 C57P0979b		庵	音借		
0013	草庵	J027	《古今正字》云:盧有梁者,廂也。廂即庵也	廂	廂 C57P0979b		庵		近義換用	
0014	鞌勒	J044	經從案作鞍,俗字	鞍	鞍 C58P0290b		鞍			
0014	鞌勒	J044	《考聲》云:馬鞌也	鞌	鞌 C58P0290b		鞍	異體		
0015	諳練	J091		諳	諳 C59P0184a		諳			
0015	諳練	J091	正從酉從言作譖,今從省,從音	譖	譖 C59P0184a		諳	異體		
0016	罯瘡	J058		罯	罯 C58P0611b		罯			
0016	罯瘡	J058	律文作菴,草名也。菴非此用	菴	菴 C58P0611b		罯	音借		

組號	詞目	卷次	字形相關釋文	所涉文字	字圖/索引	校正形體	代表字	字際關係	詞際關係	備　註
0017	晻忽	J055	今作暗，同	暗	暗 C58P0546a		暗			
0017	晻忽	J055	古文晻	晻	晻 C58P0546a		暗	音借		
0017	晻忽	J055	古文隌	隌	隌 C58P0546a		暗	音借		
0017	暗冥	J041	或作闇	闇	闇 C58P0211b		暗	音借		
0018	黑黶	J048		黶	黶 C58P0370b		黶			
0018	黤黮	J074		黤	黤 C58P0953a		黶	異體		
0019	卬印	J028	又作昂昂，同	昂	昂 C57P0997b		昂			
0019	卬印	J028		卬	卬 C57P0997b		昂	分化		
0020	盆盎	J064		盎	盎 C58P0749b		盎			
0020	盆盎	J064	經從瓦作盆甇，亦通，俗字也	甇	甇 C58P0749b		盎	異體		
0021	凹凸	J049		凹	凹 C58P0405a		凹			
0021	坳凹	J050	《蒼頡篇》作容，烏狹反。容，墊下也	容	容 C58P0428b		凹	異體		
0021	凹凸	J049	或作窊，亦同用也	窊	窊 C58P0405a		凹		近義換用	
0021	凹凸	J049	正從穴宛	窊	窊 C58P0405a		凹		近義換用	
0022	敫逸	J054	《說文》：從出從放	敫	敫 C58P0509a		敫	異體		"敫"是"敫"的一字異體

組號	詞目	卷次	字形相關釋文	所涉文字	字圖/索引	校正形體	代表字	字際關係	詞際關係	備　註
0022	敖逸	J054	《文字集略》：遨，遊也	遨	遨 C58P0509a		敖	分化		
0023	嗷嗷	J033		嗷	嗷 C58P0055a		嗷	異體		
0023	嗷嗷	J033	又作謷，同	謷	謷 C58P0055a		嗷	異體		
0023	譁譁	J097		譁	譁 C59P0276a		嗷	異體		
0023	譁譁	J097	《考聲》正作謷字	謷	謷 C59P0276a		嗷	異體		
0023	譁譁	J097	集作敖，俗字	敖	敖 C59P0276a		嗷	異體		
0024	若熬	J033	《方言》：熬，火乾也	熬	熬 C58P0067a		熬			
0024	若熬	J033		熝	熝 C58P0067a		熬	異體		
0025	蟹螯	J053		螯	螯 C58P0484a		螯			
0025	蟹螯	J053	經文作鼈，大龜也	鼈	鼈 C58P0484a		螯	音借		
0026	補鼇	J087		鼇	鼇 C59P0120a		鼇			
0026	海鼈	J045		鼈	鼈 C58P0301b		鼇	異體		
0026	海鼈	J045	又書激字，從水，水名也，非經義	激	激 C58P0301b		鼇	音借		
0026	補鼇	J087	論作鼇，俗字，不可用也	鼇	鼇 C59P0120a		鼇	音借		
0027	拗胜	J056		拗	拗 C58P0560b		拗			

組號	詞目	卷次	字形相關釋文	所涉文字	字圖/索引	校正形體	代表字	字際關係	詞際關係	備　註
0027	拗脛	J056	又作捘(捘),同	捘	捘 C58P0560b	捘	拗	異體		釋文之"捘"是"捘"的書寫訛誤字形
0028	傲慢	J003		傲	傲 C57P0451a		傲	異體		
0028	傲誕	J067		傲	傲 C58P0809a		傲	異體		
0028	傲誕	J067	論文作慠,俗用字也	慠	慠 C58P0809a		傲	異體		
0028	傲誕	J067	字或作嫯也	嫯	嫯 C58P0809a		傲	音借		
0029	奧賾	J031		奧	奧 C58P0003b		奧			
0029	奧賾	J031	從米作奧者,非也	奧	奧 C58P0003b		奧	異體		
0030	怄惱	J099	怄或作懊	懊	懊 C59P0318a		懊			
0030	怄惱	J099		怄	怄 C59P0318a		懊	異體		
0030	怄惱	J099	集從土作坲	坲	坲 C59P0318a		懊			慧琳所見經本的寫法即"怄"的書寫訛誤字形
0031	如魚在鑊	J026	有作鏊字,同	鏊	鏊 C57P0940a		鏊			
0031	如魚在鑊	J026		鑊	鑊 C57P0940a		鏊	異體		
0032	拔濟	J024		拔	拔 C57P0883b		拔			
0032	拔濟	J024	經文從犮作拔者,非也	拔	拔 C57P0883b		拔	異體		

組號	詞目	卷次	字形相關釋文	所涉文字	字圖/索引	校正形體	代表字	字際關係	詞際關係	備　註
0032	犾箭	J047	論作拔，誤也	犾	犾 C58P0349a		拔	異體		《大字典》"犾"（2010：1939）下所釋蓋是"犾"的別一用法
0033	相跋	J065		跋	跋 C58P0778b		跋			
0033	相跋	J065	《説文》作犮，同，補末反	犮	犮 C58P0778b		跋	分化		
0034	颰	J027		颰	颰 C57P0962a		颰			
0034	颰	J027	有作跋，亦通	跋	跋 C57P0962a		颰	音借		
0035	土墢	J056		墢	墢 C58P0560b		墢			
0035	土墢	J056	又作坺，同	坺	坺 C58P0560b		墢	異體		
0036	弓把	J017		把	把 C57P0737b		把			
0036	璃杷（把）	J056		杷	把 C58P0572b	把	把			
0036	弓把	J017	經文作弝，近字也	弝	弝 C57P0737b		把	分化		
0036	璃杷（把）	J056	經文作靶。《説文》：轡飾也。靶非此用也	靶	靶 C58P0572b		把	音借		
0037	其靶	J062		靶	靶 C58P0699b		靶			
0037	其靶	J062	律本從弓作弝，亦通	弝	弝 C58P0699b		靶	音借		
0037	其靶	J062	或從木作杷	杷	把 C58P0699b		靶	音借		

組號	詞目	卷次	字形相關釋文	所涉文字	字圖/索引	校正形體	代表字	字際關係	詞際關係	備　註
0038	灞上	J097	集中作灞,俗字	灞	灞 C59P0280b		灞	異體		
0038	灞上	J097	正作霸字	霸	霸 C59P0280b		灞	分化		
0039	投捽	J054		捽	捽 C58P0515a		捽			
0039	投捽	J054	亦作擢	擢	擢 C58P0515a		捽		近義換用	
0040	擢撥	J093		擢	擢 C59P0215b		擢			
0040	擢撥	J093	或從畢作捽(捽)	捽	捽 C59P0215b	捽	擢		近義換用	此"捽"是"捽"的書寫訛誤字形
0040	擢揆	J069	或作押	押	押 C58P0844b		擢		近義換用	經本的"押"當是"捽"的書寫訛誤字形
0041	敗壞	J006		敗	敗 C57P0503a		敗			
0041	敗壞	J006	古文作敗	敗	敗 C57P0503a		敗	異體		
0042	稗子	J008		稗	稗 C57P0538b		稗			
0042	稗子	J008	或作粺,亦通	粺	粺 C57P0538b		稗	音借		
0043	鞴囊	J024		鞴	鞴 C57P0900a		鞴			
0043	鞴囊	J024	亦作鞴	鞴	鞴 C57P0900a		鞴	異體		
0043	鞴囊	J024	又作橐也	橐	橐 C57P0900a		鞴	異體		

組號	詞目	卷次	字形相關釋文	所涉文字	字圖/索引	校正形體	代表字	字際關係	詞際關係	備　註
0043	韛囊	J024	亦作排	排	排 C57P0900a		韛	音借		
0044	歌唄	J054		唄	唄 C58P0522b		唄	異體		
0045	頒告	J041		頒	頒 C58P0225b		頒			
0045	頒告	J041	或作班	班	班 C58P0225b		頒	音借		
0045	頒告	J041	正作戣	戣	戣 C58P0225b		頒	音借		
0045	頒告	J041	《漢書》作辨，今時所不用	辨	辨 C58P0225b		頒	音借		
0046	豻駁	J024		豻	豻 C57P0887b		豻			
0046	豻斓	J040	或作㺜（㺜），文兒也	㺜	㺜 C58P0202a	㺜	豻	異體		
0046	豻駁	J024	經本作斑，瑞玉	斑	斑 C57P0887b		豻	音借		
0046	豻斓	J028	又作霖（麻）、玢二形，同	霖	霖 C57P0995a	麻	豻	音借		
0046	豻斓	J028	又作霖（麻）、玢二形，同	玢	玢 C57P0995a		豻	音借		
0046	豻斓	J040	《說文》從辡作辩（辨），駁文也	辩	辩 C58P0202a	辨	豻	音借		
0047	灸瘢	J039		瘢	瘢 C58P0180b		瘢			
0047	灸瘢	J039	經作瘂，俗字也	瘂	瘂 C58P0180b		瘢	音借		
0047	瘡瘢	J009	經文作槃，非體也	槃	槃 C57P0577a		瘢	音借		

組號	詞目	卷次	字形相關釋文	所涉文字	字圖/索引	校正形體	代表字	字際關係	詞際關係	備　註
0047	瘢痕	J040	經文作盤,誤也	盤	盤 C58P0200a		瘢	音借		
0048	斑駁	J053	又作辬,同	辬	辬 C58P0498a		辬			
0048	斑駁	J053		斑	斑 C58P0498a		辬	異體		
0048	斑駁	J053	經文作爤,方間反。爤爛也	爤	爤 C58P0498a		辬	音借		
0048	斑屓	J088	《說文》《集訓》從刀作班,義別也	班	班 C59P0141a		辬	音借		
0048	斑屓	J088	《說文》亦作蠲	蠲	蠲 C59P0141a		辬			二者關係待進一步考證
0049	坂坻	J099	或從昌作阪	阪	阪 C59P0323b		阪			
0049	坂坻	J099		坂	坂 C59P0323b		阪	異體		
0049	版泉	J097	或作阪	版	版 C59P0290a		阪	音借		
0050	板桴	J015		板	扳 C57P0690a		板			
0050	板桴	J015	正從片作版	版	版 C57P0690a		板	異體		
0050	寶板	J024	經文從斥作柝,非也	柝	柝 C57P0885a		板	正訛		
0051	麻粄	J073	《字苑》作粄,同	粄	粄 C58P0929a		粄			
0051	麻粄	J073	今米粰、豆粰皆作此字也	粰	粰 C58P0929a		粄	異體		
0052	拌之	J040		拌	拌 C58P0200b		拌			

組號	詞目	卷次	字形相關釋文	所涉文字	字圖/索引	校正形體	代表字	字際關係	詞際關係	備　註
0052	拌之	J040	經作泮，非也	泮	泮 C58P0200b		拌	音借		
0053	澀泥	J073		澀	迡 C58P0928b		澀			
0053	澀泥	J073	又作溯，同	溯	溯 C58P0928b		澀	異體		
0054	羈絆	J074		絆	絆 C58P0946a		絆			
0054	羈絆	J074	傳文從革作鞃，非也	鞃	鞃 C58P0946a		絆	異體		
0055	邦伴	J034	石經作邦	邦	邦 C58P0094a		邦	異體		
0055	邦伴	J034	石經作邦	邦	邦 C58P0094a		邦	異體		
0055	邦伴	J034	石經作邥	邥	邥 C58P0094a		邦	異體		
0056	木牓	J058	律文作榜，補盲反，弓輔也	牓	牓 C58P0613a		榜	異體		
0057	魚蚌	J041		蚌	蚌 C58P0217b		蚌			
0057	魚蚌	J041	或作蜯，俗字也	蜯	蜯 C58P0217b		蚌	異體		
0058	打棒屠割	J023		棒	棒 C57P0857a		棒			
0058	打棒屠割	J023	棒字正宜作棓	棓	棓 C57P0857a		棒	異體		
0058	畫棓	J039	經從手作掊，誤也	掊	掊 C58P0181b		棒			"棓"或訛作"掊"形
0058	畫棓	J039	或作㭏(棚)	㭏	㭏 C58P0181b	棚	棒	異體		

組號	詞目	卷次	字形相關釋文	所涉文字	字圖/索引	校正形體	代表字	字際關係	詞際關係	備　註
0058	打棒屠割	J023	或亦爲枠	枠	枠 C57P0857a		棒	異體		
0058	畫棓	J039	或作桙(枠)	桙	桙 C58P0181b	枠	棒	異體		"枠"或訛作"桙"形
0058	打棒屠割	J023	然後有從手邊作奉者,乃是捧持之字	捧	捧 C57P0857a		棒	正訛		"棒"或訛作"捧"形
0059	蘿蔿傍	J099		傍	傍 C59P0328b		傍			
0059	蘿蔿傍	J099	集從草作蒡,非也	蒡	蒡 C59P0328b		傍	音借		
0060	包納	J021		包	包 C57P0819b		包			
0060	包納	J021	包字又作苞,並通用	苞	苞 C57P0819b		包	分化		
0061	胞初生	J008		胞	胞 C57P0543b		胞			
0061	胞初生	J008	《字書》正體作包	包	包 C57P0543b		胞	分化		
0061	胞初生	J008	或有作皰	皰	皰 C57P0543b		胞	音借		
0062	褒爲	J084		褒	褒 C59P0085a		褒			
0062	褒爲	J084	《說文》:從衣呆聲	裒	C59P0085a		褒	異體		釋文中慧琳對字形進行了結構描述,故缺對應的字圖
0062	褒讚	J001	從衣琛聲	褒	褒 C57P0406a		褒	異體		
0063	霜雹	J068		雹	雹 C58P0831b		雹			

續　表

組號	詞目	卷次	字形相關釋文	所涉文字	字圖/索引	校正形體	代表字	字際關係	詞際關係	備　註
0063	霜雹	J068	古作霍也	霍	霍 C58P0831b		雹	異體		
0064	保護	J039		保	保 C58P0168b		保			
0064	保護	J039	古文作呆	呆	呆 C58P0168b		保	異體		
0064	保護	J039	又作㽂	㽂	㽂 C58P0168b		保	異體		
0064	所保	J059	古文柔	柔	柔 C58P0632b		保	異體		
0064	保護	J039	經文作㑽，誤謬之甚，檢諸字書並無此字	㑽	㑽 C58P0168b		保	異體		
0064	師保	J046	古文保	保	像 C58P0320a		保	異體		
0064	保母	J032	經作探（褓），音普苟反	探	探 C58P0044b	褓	保	分化		抱被義上，"保"分化出"褓"字，"褓"書寫或訛作"探"
0064	師保	J046	古文儥	儥	儥 C58P0320a		保	音借		
0064	所保	J059	古文儥	儥	儥 C58P0632b		保	音借		此爲"儥"的書寫變異字形
0065	羽寶	J074	又作靰	靰	靰 C58P0947b		靰			
0065	羽葆	J074	或作靰，同	靰	靰 C58P0940b		靰	異體		
0065	羽寶	J074	宜作葆	葆	葆 C58P0947b		靰	音借		
0065	羽寶	J074		寶	寶 C58P0947b		靰	音借		

組號	詞目	卷次	字形相關釋文	所涉文字	字圖/索引	校正形體	代表字	字際關係	詞際關係	備　註
0066	王堡人	J097		堡	堡 C59P0284b		堡			
0066	王堡人	J097	或作埛，地名，在郊東也	埛	埛 C59P0284b		堡	異體		
0067	襁褓	J014		褓	褓 C57P0664a		褓			
0067	襁褓	J014	或作緥	緥	緥 C57P0664a		褓	異體		
0067	褓持	J061	律文作袻，非也	袻	袻 C58P0685b		褓	正訛		此"袻"當是"褓"之書寫訛誤字形
0068	鸊鷉	J082	正體從乍，乍音保	鷉	鷉 C59P0041a		鷉			
0068	鸊鷉	J082	或作鷉，亦同	鷉	鷉 C59P0041a		鷉	異體		
0068	鸊鷉	J082	《説文》中從兕作鷉，亦通也	鷉	鷉 C59P0041a		鷉	異體		
0069	寶篋	J037	經從尒作寳，俗字也	寳	寳 C58P0136a		寶	異體		
0069	寶篋	J037	《字書》正從缶作珤	珤	珤 C58P0136a		寶	異體		
0070	抱須弥	J026		抱	抱 C57P0954a		抱			
0070	抱須弥	J026	經文從金作鉋，非也	鉋	鉋 C57P0954a		抱	音借		
0070	抱須弥	J026	宜作掊、抱二體也	掊	掊 C57P0954a		抱		文義換用	
0071	黑豹	J083	從豸從勺	豹	豹 C59P0052a		豹			

續　表

組號	詞目	卷次	字形相關釋文	所涉文字	字圖/索引	校正形體	代表字	字際關係	詞際關係	備　註
0071	黑豹	J083	傳從犬作犳,俗字,非也	犳	豹 C59P0052a		豹	異體		
0071	豺豹	J074	傳文作狥狥,非也	狥	狥 C58P0945b		豹	異體		
0072	抱不	J052	又作菢,同	菢	菢 C58P0471b		菢			
0072	抱卵	J073	字體作揑	揑	揑 C58P0923b		菢	異體		此"揑"是"菢"的一字異寫
0072	抱不	J052	經文作毡,未詳所出	毡	毡 C58P0471b		菢	異體		"毡"書寫或變作"毡"
0072	抱卵	J073	又包(勹),同	包	包 C58P0923b	勹	菢	異體		釋文中的"包"是"勹"之書寫訛誤字形
0072	抱不	J052		抱	抱 C58P0471b		菢	分化		
0073	報懇	J003	從幸從夊	報	報 C57P0440b		報	異體		
0074	違暴	J010		暴	暴 C57P0597b		暴	異體		
0074	日暴	J015		暴	暴 C57P0699b		暴	異體		"暴""暴"本別,然書寫過程中混作"暴"
0074	日暴	J015	經文從田從恭	暴	C57P0699b		暴	異體		釋文中慧琳對字形進行了結構描述,故缺對應的字圖
0074	日暴	J015	又旁加日作曝	曝	曝 C57P0699b		暴	分化		
0074	日暴	J076	經文從火作爆	爆	爆 C58P1004b		暴	音借		
0075	熟爆	J060		爆	爆 C58P0660b		爆			

組號	詞目	卷次	字形相關釋文	所涉文字	字圖/索引	校正形體	代表字	字際關係	詞際關係	備　註
0075	熟爆	J060	律文從尃作煿,非也	煿	煿 C58P0660b		爆	異體		
0075	爆聲	J027	有作古文曝字,憒起也	曝	曝 C57P0975a		爆	音借		
0075	熟爆	J060	或從皮作皷(皺)	皷	皷 C58P0660b	皺	爆	音借		此是"皺"的書寫訛誤字形
0075	爆聲	J027	古文又作皺	皺	皺 C57P0975a		爆	音借		
0076	瀑雨	J020	《説文》云:疾雨也。從水暴聲	瀑	瀑 C57P0793b		瀑			
0076	瀑雨	J020	經本作暴,是曬暴字也	暴	暴 C57P0793b		瀑	分化		
0077	瓦桮	J076	或作杯	杯	杯 C58P0993b		杯			
0077	瓦桮	J076		桮	桮 C58P0993b		杯	異體		
0077	瓦桮	J076	俗作盃也	盃	盃 C58P0993b		杯	異體		
0077	瓦桮	J076	經文從缶作缻,非也	缻	缻 C58P0993b		杯	異體		
0078	背大	J019		背	背 C57P0777b		背			
0078	背大	J019	又作偝,同	偝	偝 C57P0777b		背	異體		
0079	悖惡	J048		悖	悖 C58P0382b		悖			
0079	悖惡	J048	古文誖	誖	誖 C58P0382b		悖	異體		

組號	詞目	卷次	字形相關釋文	所涉文字	字圖/索引	校正形體	代表字	字際關係	詞際關係	備　註
0079	猖詄	J086	籀文作㦅(㦅)	㦅	C59P0113a	㦅	悖	異體		
0079	悖惡	J048	古文憼	憼	C58P0382b		悖	異體		
0079	兇悖	J018	古文作�(㝵)	�	C57P0765a	㝵	悖	分化		"㝵"乃"字"之異體字
0079	兇悖	J018	或從人作侼	侼	C57P0765a		悖	音借		
0080	髮被	J059	被謂被帶也,亦衣被也	被	C58P0629a		被			
0080	髮被	J059	律文有作披張之被(披),非也	被	C58P0629a	披	被	分化		
0081	珠琲	J099		琲	C59P0328b		琲			
0081	珠琲	J099	或作琲也	琲	C59P0328b		琲	異體		
0082	備遭	J006	或作備	備	C57P0507b		備			
0082	備遭	J006		備	C57P0507b		備	異體		
0082	備遭	J006	經文作俻,俗字也	俻	C57P0507b		備	異體		
0082	備搜	J080	古文單作葡	葡	C58P1068b		備	異體		
0083	仙輩	J002	正從非從車	輩	C57P0431a		輩			
0083	仙輩	J002	俗從北作輩	輩	C57P0431a		輩	異體		

組號	詞目	卷次	字形相關釋文	所涉文字	字圖/索引	校正形體	代表字	字際關係	詞際關係	備　註
0084	羸憊	J028		憊	憊 C57P0998b		憊	異體		
0084	羸憊	J028	又作憊,同	憊	憊 C57P0998b		憊	異體		
0084	羸憊	J028	又作痛,同	痛	痛 C57P0998b		憊	異體		
0085	麨糗	J058		糗	糗 C58P0613b		糗			
0085	麨糗	J058	律文從麥作麨,非體也	麨	麨 C58P0613b		糗	異體		
0086	奔突	J078		奔	奔 C58P1034b		奔			
0086	奔突	J078	或作犇	犇	犇 C58P1034b		奔	異體		
0086	奔突	J078	古文作驓	驓	驓 C58P1034b		奔	異體	《大字典》"驓"下釋作:"同'驕'。也作'奔'。"(2010:4873)
0086	奔突	J078	亦驕	驕	驕 C58P1034b		奔	異體	《大字典》"驕"下釋作:"馬跑貌。"(2010:4854)
0087	而絣	J041		絣	絣 C58P0217a		絣			
0087	絣爲	J035		絣	絣 C58P0099a		絣	異體		
0087	絣爲	J035	《古今字誥(詁)》作抨、抨(拼)	抨	抨 C58P0099a		絣	音借		
0087	絣爲	J035	《古今字誥(詁)》作抨、抨(拼)	拼	拼 C58P0099a	拼	絣	音借		
0087	絣爲	J035	或從手作拼	拼	拼 C58P0099a		絣	近義換用		

組號	詞目	卷次	字形相關釋文	所涉文字	字圖/索引	校正形體	代表字	字際關係	詞際關係	備　註
0087	而絣	J041	《字書》作遜	遜	遜 C58P0217a		絣		近義換用	
0088	小进	J072		进	进 C58P0915a		进			
0088	小进	J072	又作跰	跰	跰 C58P0915a		进	異體		
0088	小进	J072	又作〔趌〕	趌	趌 C58P0915a		进	異體		
0088	小进	J072	又作趉	趉	趉 C58P0915a		进	異體		
0089	堋而	J094	杜預注云：堋，葬下地也。從土朋聲	堋	堋 C59P0238b		堋			
0089	堋而	J094	《字書》又作宭，音同上	宭	宭 C59P0238b		堋	異體		高麗本對應字圖有誤
0089	堋而	J094	傳文從古作朏，非也	朏	朏 C59P0238b		堋	異體		高麗本的"朏"是"朏"的一字異寫，"朏"則"宭"的異體別構
0090	逼迫	J004		逼	逼 C57P0464b		逼			
0090	偪側	J085		偪	偪 C59P0097b		逼	異體		
0091	狴牢	J087	論中從犬作狴，非也	狴	狴 C59P0120b		陛	異體		
0091	狴牢	J087		狴	狴 C59P0120b		陛	異體		
0091	狴牢	J087	今俗用從比作桙，誤也	桙	桙 C59P0120b		陛	音借		
0091	狴牢	J087	《考聲》從木非從土作桙，獄名也	桙	桙 C59P0120b		陛	音借		

組號	詞目	卷次	字形相關釋文	所涉文字	字圖/索引	校正形體	代表字	字際關係	詞際關係	備　註
0092	豍豆	J052		豍	豍 C58P0458b		豍			
0092	豍豆	J052	經文作蜱,非體也	蜱	蜱 C58P0458b		豍	音借		
0093	蜋等	J056		蜋	蜋 C58P0549b		蜋			
0093	蜋等	J056	經文作蜱,扶卑反,螳螂子也。蜱非字之義也	蜱	蜱 C58P0549b		蜋	音借		
0094	穤粃	J080	顧野王云:粃字,亦從比從禾作秕,穀不成也	秕	秕 C58P1070b		秕			
0094	穤粃	J080		粃	粃 C58P1070b		秕	異體		
0094	秕莟	J059	律文有作秏,當户反	秏	秏 C58P0653b		秕	正訛		"秕"書寫或訛作"秏"
0095	操筆	J089		筆	筆 C59P0153b		筆			
0095	操筆	J089	傳文從毛作笔,非也	笔	笔 C59P0153b		筆	異體		
0096	苾芬	J034		苾	苾 C58P0087a		苾			
0096	苾芬	J034	又作馝	馝	馝 C58P0087a		苾	異體		
0096	馜芬	J029		馜	馜 C57P1032b		苾	異體		
0096	苾芬	J034	又作飶	飶	飶 C58P0087a		苾	異體		
0096	苾芬	J034	又作吡	吡	吡 C58P0087a		苾	異體		

組號	詞目	卷次	字形相關釋文	所涉文字	字圖/索引	校正形體	代表字	字際關係	詞際關係	備　註
0096	苾芬	J034	又作祕	祕	祕 C58P0087a		苾	異體		
0096	馝芬	J029	亦作祕	祕	祕 C57P1032b		苾	異體		
0096	馝芬	J029	或作䪾	䪾	䪾 C57P1032b		苾	異體		
0097	入陛	J064		陛	陛 C58P0748a		陛			
0097	入陛	J064	戒文從木作梐，補奚反，禁獄之名，非此用也	梐	梐 C58P0748a		陛	音借		
0098	停罼	J098	罼或作畢	畢	畢 C59P0301a		畢			
0098	停罼	J098		罼	罼 C59P0301a		畢	異體		
0098	停罼	J098	集從足作蹕	蹕	蹕 C59P0301a		畢	音借		
0099	梯橀	J016		橀	橀 C57P0716a		橀			
0099	梯橀	J016	《説文》作槥也	槥	槥 C57P0716a		橀	異體		
0100	閉三惡道	J028		閉	閉 C57P1002a		閉			
0100	閉三惡道	J028	俗從下作閇（閇）	閇	閇 C57P1002a	閇	閉	異體		
0100	閉三惡道	J028	經從午作閈，非也	閈	閈 C57P1002a		閉	異體		
0101	膈臆	J083	《玉篇》或從心作愊	愊	愊 C59P0044b		愊			

組號	詞目	卷次	字形相關釋文	所涉文字	字圖/索引	校正形體	代表字	字際關係	詞際關係	備　註
0101	腷臆	J083		腷	腷 C59P0044b		愊	異體		
0102	弼我	J010		弼	弼 C57P0589a		弼			
0102	弼我	J010	古文或從攴作敧	敧	敧 C57P0589a		弼	異體		
0102	弼我	J010	又作彌也	彌	彌 C57P0589a		弼	異體		
0102	輔弼	J026	下又作弨（弨）	弨	弨 C57P0957b	弨	弼	異體		
0102	輔弼	J026	下又作發	發	發 C57P0957b		弼	異體		
0103	蓖麻油	J019		蓖	蓖 C57P0774a		蓖			
0103	蓖麻油	J019	或作蕕	蕕	蕕 C57P0774a		蓖	異體		
0103	蓖麻	J015	今經文蓖	蓖	蓖 C57P0686b		蓖	異體		
0103	蓖麻	J015	或作蜱,非本字也	蜱	蜱 C57P0686b		蓖	音借		
0103	蓖麻油	J019	經從豆作豍,《説文》:豍,留豆也。非經義也	豍	豍 C57P0774a		蓖	音借		
0104	閼彩	J060		閼	閼 C58P0654a		閼			
0104	閼彩	J060	或從比作毖,訓義同也	毖	毖 C58P0654a		閼	音借		
0104	閼塞	J073	論文作秘,非體也	秘	秘 C58P0929b		閼	音借		

續　表

組號	詞目	卷次	字形相關釋文	所涉文字	字圖/索引	校正形體	代表字	字際關係	詞際關係	備　註
0105	坐處痹	J054	《説文》：從疒卑聲	痹	痹 C58P0524a		痹			詞頭的"痹"字，《慧琳音義》版本有作"痹"者
0105	坐處痹	J054	經作脾，非也	脾	脾 C58P0524a		痹	音借		
0106	褵爇	J030		禣	禣 C57P1043a		熽	異體		
0106	褵爇	J030	《説文》：以火乾肉曰爇（爇）	爇	爇 C57P1043a	爇	熽	異體		
0106	褵爇	J030	古文爇（爇）	爇	爇 C57P1043a	爇	熽	異體		
0106	褵爇	J030	又作爇，同	爇	爇 C57P1043a		熽	音借		
0106	褵爇	J030	經文作煸，逋古反，火行也，非此義者也	煸	煸 C57P1043a		熽		文義換用	
0107	裨體	J028		裨	裨 C57P0998b		裨			
0107	裨體	J028	《説文》作埤	埤	埤 C57P0998b		裨	音借		
0107	裨體	J028	或作鵯，同	鵯	鵯 C57P0998b		裨	音借		
0108	障蔽	J043		蔽	蔽 C58P0257b		蔽			
0108	障蔽	J043	經作弊，非也	弊	弊 C58P0257b		蔽	音借		
0109	頓弊	J018	經文作弊，俗字也	弊	弊 C57P0759b		弊			
0109	頓弊	J018	《説文》：忕（帗）也。一曰敗衣也。從攴從㡀	敝	C57P0759b		弊	異體		釋文中慧琳對字形進行了結構描述，故缺對應的字圖

組號	詞目	卷次	字形相關釋文	所涉文字	字圖/索引	校正形體	代表字	字際關係	詞際關係	備　註
0110	財弊（幣）	J054		弊	弊 C58P0524b	幣	幣			高麗本詞頭的"弊"是"幣"的書寫訛誤字形
0110	財弊（幣）	J054	古文作贅,同	贅	贅 C58P0524b		幣	異體		
0111	潷飯	J044		潷	潷 C58P0290b		潷			
0111	潷飯	J044	或作浥,亦通	浥	浥 C58P0290b		潷	異體		
0111	潷飯	J044	經文或作匕飯,義同	匕	匕 C58P0290b		潷		近義換用	
0112	蓽門	J083		蓽	蓽 C59P0064b		篳	異體		
0113	金篦	J025		篦	篦 C57P0922b		篦			
0113	篦枸	J060	律文從卑作箄,俗字也	箄	箄 C58P0668a		篦	異體		
0113	金篦	J025	經文有作錍	錍	錍 C57P0922b		篦	音借		
0113	金篦	J025	經文作椑,非也	椑	椑 C57P0922b		篦	音借		
0113	金篦	J025	經又有作琕,非也	琕	琕 C57P0922b		篦	音借		
0113	汙篦	J058	律文作捭,此借音耳	捭	捭 C58P0617b		篦	音借		
0114	牆壁	J041	經從土,俗字也	壁	壁 C58P0212b		壁			
0114	牆壁	J041	《説文》從广作廦,形聲字	廦	廦 C58P0212b		壁	異體		

組號	詞目	卷次	字形相關釋文	所涉文字	字圖/索引	校正形體	代表字	字際關係	詞際關係	備　註
0115	嬖妾	J033		嬖	嬖 C58P0055a		嬖			
0115	嬖妾	J033	經文從艸作薜，非也	薜	薜 C58P0055a		嬖	正訛		此當是"嬖"的訛誤形體
0116	髀骨	J069		髀	髀 C58P0849a		髀			
0116	髀骨	J069	《考聲》：髖，股也	髖	髖 C58P0849a		髀	異體		
0116	髀骨	J069	論從肉作脾，俗字也	脾	脾 C58P0849a		髀	異體		
0116	踸骨	J075	今作髀，同	踸	踸 C58P0979a		髀	異體		
0116	其胜與膊	J022	古文作踸（踔）	踸	踸 C57P0853b	踔	髀	異體		高麗本的"踸"是"踔"的書寫訛誤字形
0117	斃地	J043		斃	斃 C58P0264a		斃			
0117	斃地	J043	古文斃、獘（獘）二形，今作弊，同	獘	獘 C58P0264a	獘	斃	異體		此"獘"是"獘"書誤所致
0117	斃地	J043	古文斃、獘（獘）二形，今作弊，同	弊	弊 C58P0264a		斃	異體		
0118	兩臂	J001		臂	臂 C57P0410a		臂			
0118	臑釧	J035		臑	臑 C58P0108a		臂	異體		
0119	畏怒	J099		畏	畏 C59P0326b		畏			
0119	畏怒	J099	《說文》正作㽼	㽼	㽼 C59P0326b		畏	異體		

組號	詞目	卷次	字形相關釋文	所涉文字	字圖/索引	校正形體	代表字	字際關係	詞際關係	備　註
0120	躃地	J015		躃	躃 C57P0689b		躃			
0120	躃地	J015	經文從人作僻,非也,乃便僻字也	僻	僻 C57P0689b		躃	音借		
0120	躃地	J040	《説文》作躄	躄	躄 C58P0187a		躃	音借		
0121	拘躄	J077		躄	躄 C58P1016b		躄			
0121	拘躄	J077	亦作躃	躃	躃 C58P1016b		躄	異體		
0121	拘躄	J077	譜作癖,非也	癖	癖 C58P1016b		躄	音借		
0122	櫛笓	J081	言櫛笓者,如梳齒之相次也	笓	笓 C59P0014b		笓			
0122	櫛笓	J081	亦作比	比	比 C59P0014b		笓	音借		
0122	櫛笓	J081	傳作批,亦通	批	批 C59P0014b		笓	音借		
0123	大辟	J044		辟	辟 C58P0283a		辟			
0123	大辟	J044	古文㪍、𡐦二形,同	㪍	㪍 C58P0283a		辟	異體		
0123	大辟	J044	古文㪍、𡐦二形,同	𡐦	𡐦 C58P0283a		辟	異體		
0124	砭石	J099		砭	砭 C59P0329a		砭			
0124	砭石	J099	正作砭	砭	砭 C59P0329a		砭	異體		

組號	詞目	卷次	字形相關釋文	所涉文字	字圖/索引	校正形體	代表字	字際關係	詞際關係	備　註
0124	砭疾	J094	《字書》正從乏作砭	砭	砭 C59P0239a		砭	異體		
0125	編草	J023		編	編 C57P0866a		編			
0125	編草	J023	字又作辮	辮	辮 C57P0866a		編	音借		
0126	鞭撻	J018		鞭	鞭 C57P0752b		鞭			
0126	鞭撻	J018	古文作㲋	㲋	㲋 C57P0752b		鞭	異體		
0127	扁鵲	J081		扁	扁 C59P0016a		扁			
0127	扁鵲	J081	傳從鳥作鶣，非也	鶣	鶣 C59P0016a		扁	異體		指稱"扁鵲"時，"鶣"乃受下字"鵲"從"鳥"的影響類化而成
0128	匾匜	J082		匾	匾 C59P0027a		匾			
0128	匾匜	J082	有從厂作匾虒	匾	扁 C59P0027a		匾	異體		
0128	匾匜	J079	經文作鵬鵡	鵬	鵬 C58P1056b		匾	異體		
0128	匾匜	J034	經作腷膟，俗字也	腷	腷 C58P0078a		匾	音借		
0128	匾匜	J079	或有從鳥作鶣鵡	鶣	鶣 C58P1056b		匾	音借		
0128	匾匜	J082	或從辵作逼遞	逼	逼 C59P0027a		匾	音借		
0129	貶黜	J041		貶	貶 C58P0221a		貶			

組號	詞目	卷次	字形相關釋文	所涉文字	字圖/索引	校正形體	代表字	字際關係	詞際關係	備　註
0129	貶黜	J041	古文作导,從寸從臼,巢覆之也	导	导 C58P0221a		貶	異體		
0130	褊隘	J097		褊	褊 C59P0285a		褊			
0130	褊隘	J097	《廣雅》云:褊(褊),狹也	褊	褊 C59P0285a	褊	褊			高麗本釋文的"褊"乃"褊"書寫訛誤所致
0130	褊淺	J094	或作幅也	幅	幅 C59P0230b		褊	異體		
0130	褊淺	J094	傳文從犬作猵,非也	猵	猵 C59P0230b		褊	音借		
0131	獺弁	J094		弁	弁 C59P0239b		弁			
0131	獺弁	J094	正作兑,從兒,象形字也	兑	兑 C59P0239b		弁	異體		
0132	偡	J027		偡	偡 C57P0967a		便	異體		
0133	徧饒	J010	亦作遍	遍	遍 C57P0597b		遍			
0133	徧饒	J010		徧	徧 C57P0597b		遍	異體		
0134	慶栟	J083		栟	栟 C59P0062b		開	異體		
0134	慶栟	J083	今傳作抍,俗字也	抍	抍 C59P0062b		開	音借		
0135	辮髮	J033		辮	辮 C58P0064b		辮			
0135	辮髮	J033	經從扁作編,誤也	編	編 C58P0064b		辮		近義換用	

組號	詞目	卷次	字形相關釋文	所涉文字	字圖/索引	校正形體	代表字	字際關係	詞際關係	備　註
0136	清辯	J081		辯	辯 C59P0017a		辯			
0136	清辯	J081	傳作�署,俗字也	謽	謽 C59P0017a		辯	異體		經本的"謽"是"謽"的書寫訛變字形
0137	變易	J051	經從攵作變,俗字也	變	變 C58P0450a		變			
0137	變易	J051	《説文》:從攴綠聲	變	C58P0450a		變	異體		釋文中慧琳對字形進行了結構描述,故缺對應的字圖
0138	抃舞	J045	又作拚,同	拚	拚 C58P0304b		拚			
0138	抃舞	J045		抃	抃 C58P0304b		拚	異體		
0138	拚舞	J064	經從手作抙,非也	抙	抙 C58P0748b		拚	正訛		"抃"字書寫或訛誤作"抙"
0139	兔彪	J094		彪	彪 C59P0231b		彪	異體		
0140	詣摽(標)	J096		摽	摽 C59P0261a	標	標			
0140	詣摽(標)	J096	集作榡,俗字也	榡	榡 C59P0261a		標	異體		
0140	幖幟	J001		幖	幖 C57P0418a		標	異體		
0140	幖幟	J001	經文從木從才者,非此用也	摽	C57P0418a		標	音借		此"摽"亦有可能是"標"書寫訛誤所致。字圖缺
0140	幖幟	J013	經文從火作熛,誤也,火飛也	熛	熛 C57P0644a		標	音借		
0141	療疽	J043		療	療 C58P0268b		療			

組號	詞目	卷次	字形相關釋文	所涉文字	字圖/索引	校正形體	代表字	字際關係	詞際關係	備　註
0141	癆疾	J057		癆	癆 C58P0583b		癆	異體		
0141	癆疽	J043	經文作螶字，與蜱同	螶	螶 C58P0268b		癆	音借		
0141	癆疾	J057	經從火作爒，非也	爒	爒 C58P0583b		癆	音借		
0142	飈焰	J064		飈	飈 C58P0752a		飆	異體		
0142	飆揩	J036		飆	飆 C58P0117b		飆	異體		
0142	飈火	J041		飈	飈 C58P0229b		飆	異體		
0142	飈火	J041	經從二火，非也	飈	C58P0229b		飆	異體		釋文中慧琳對字形進行了結構描述，故缺對應的字圖
0142	飈焰	J064	又作颲（颲）	颲	颲 C58P0752a	颲	飆	異體		此"颲"由"飈"書寫變異而致
0142	飈焰	J064	又作猋	猋	猋 C58P0752a		飆	分化		
0143	分鑣	J080		鑣	鑣 C58P1069b		鑣			
0143	分鑣	J080	或從角作觼	觼	觼 C58P1069b		鑣	異體		
0143	連鑣	J083	傳從馬作驫，俗字，非也	驫	驫 C59P0061a		鑣	異體		
0143	同鑣	J098	集從馬作驫，音禄，謂野馬也，非義也	驫	驫 C59P0303a		鑣	異體		高麗本《慧琳音義》原始字圖有誤
0143	分鑣	J080	亦作儦	儦	儦 C58P1069b		鑣	音借		

組號	詞目	卷次	字形相關釋文	所涉文字	字圖/索引	校正形體	代表字	字際關係	詞際關係	備　註
0144	摽擊	J006		摽	摽 C57P0499a		摽			
0144	摽擊	J006	或從支(攴)作敷字,訓用並同上	敷	敷 C57P0499a		摽	異體		
0144	撇溝	J078		撇	撇 C58P1038b		摽	異體		
0144	摽擊	J006	經文有從風作飄,錯用	飄	飄 C57P0499a		摽	音借		
0145	裏裹	J053	經作表,俗用之字也	表	表 C58P0495b		表			
0145	裏裹	J053		裏	裏 C58P0495b		表	異體		
0146	裝褾	J031		褾	褾 C58P0009a		褾			
0146	裝褾	J031	經作縹,非也	縹	縹 C58P0009a		褾	音借		
0147	妒憋	J025		憋	憋 C57P0919b		憋			
0147	妒憋	J025	經文有作弊(獘),亦同也	弊	弊 C57P0919b	獘	憋	異體		經本的"弊"或即"獘"的訛誤字形
0148	龜鱉	J039	經從魚作鱉字,俗也	鱉	鱉 C58P0178a		鱉			
0148	龜鱉	J039		鼈	鼈 C58P0178a		鱉	異體		
0149	記莂	J026	經文作別,非也	別	別 C57P0951a		別			
0149	記莂	J026		莂	莂 C57P0951a		別	音借		

組號	詞目	卷次	字形相關釋文	所涉文字	字圖/索引	校正形體	代表字	字際關係	詞際關係	備　註
0149	受莿	J075	《考聲切韻》亦從竹作莿（箣）	莿	莿 C58P0975b	箣	別	音借		高麗本對應字圖有誤
0149	受莿	J075	或從言作誽	誽	誽 C58P0975b		別	音借		
0150	儐從	J027		儐	儐 C57P0976a		儐			
0150	儐從	J027	或作穦,同	穦	穦 C57P0976a		儐	音借		
0151	林邨	J028	古文幽（幽）、㘝二形	㘝	㘝 C57P0994b		㘝			
0151	林邨	J028	今作邨,同	邨	邨 C57P0994b		㘝	異體		
0151	林邨	J028	古文幽（幽）、㘝二形	幽	幽 C57P0994b	幽	㘝	異體		經本的"幽"乃"幽"的訛字
0152	訶擯	J069		擯	擯 C58P0838a		擯			
0152	檳（擯）庤	J015		檳	檳 C57P0682b	擯	擯			
0152	訶擯	J069	論作擯,俗字	擯	擯 C58P0838a		擯	異體		
0152	檳（擯）庤	J015	《説文》從人作儐	儐	儐 C57P0682b		擯	音借		
0152	擯出	J045	經文從歹作殯,是殯埋字,非經義也	殯	殯 C58P0300b		擯	音借		
0153	殯埋	J076		殯	殯 C58P0995a		殯	異體		
0153	坐殯	J093	《説文》:從歹賓聲	殯	殯 C59P0216a		殯	異體		

組號	詞目	卷次	字形相關釋文	所涉文字	字圖/索引	校正形體	代表字	字際關係	詞際關係	備　註
0153	坐殯	J093	傳文從土作壩，非也	壩	壩 C59P0216a		殯	異體		
0153	殯埋	J076	經從手作擯，是擯弃之字，非經義	擯	擯 C58P0995a		殯	音借		
0153	殯斂	J077	譜作儐，誤	儐	儐 C58P1021b		殯	音借		
0154	兩髖	J016	正從骨作髓，形聲字也	髓	髓 C57P0717b		髓	異體		
0154	兩髖	J016		髖	髖 C57P0717b		髓	異體		
0154	膞頭	J043		膞	膞 C58P0262b		髓	異體		
0154	膞頭	J043	經文作蹟，誤也	蹟	蹟 C58P0262b		髓	異體		
0155	猇鬢髮	J075	從髟賓聲	鬢	鬢 C58P0963b		鬢			
0155	猇鬢髮	J075	經從頁作鬢，誤也	鬢	鬢 C58P0963b		鬢	異體		
0156	冰山	J041	經作冰，俗字也	冰	冰 C58P0217b		冰			
0156	冰山	J041	《說文》作仌，冰凍也。象水凝之形	仌	仌 C58P0217b		冰	異體		
0157	兵戈	J006		兵	兵 C57P0503b		兵			
0157	兵戈	J006	籀文從人從干從大(廾)作，古字也	俀	C57P0503b		兵	異體		釋文中慧琳對字形進行了結構描述，故缺對應的字圖
0158	秉大	J029		秉	秉 C57P1019a		秉			

續 表

組號	詞目	卷次	字形相關釋文	所涉文字	字圖/索引	校正形體	代表字	字際關係	詞際關係	備 註
0158	秉大	J029	經文從水作𣲙，非	𣲙	𣲙 C57P1019a		秉	正訛		
0158	秉二兆	J089	傳文作乘，書誤也	乘	乘 C59P0158b		秉	正訛		
0159	金柄	J012		柄	柄 C57P0634b		柄			
0159	金柄	J012	亦作㨀（棅），訓用同	㨀	㨀 C57P0634b	棅	柄	異體		高麗本的“㨀”是“棅”的書寫訛誤字形
0160	昞著	J049	又作炳	炳	炳 C58P0408a		炳			
0160	昞著	J049	又作昺	昺	昺 C58P0408a		炳	異體		
0160	昞著	J049	又作苪	苪	苪 C58P0408a		炳	異體		
0160	昞然	J051	論作昞	昞	昞 C58P0436b		炳	異體		
0161	所稟	J006		稟	稟 C57P0502a		稟			此處取賜予、領受一類用法
0161	所稟	J006	從示作禀，非也	禀	禀 C57P0502a		稟	異體		
0161	稟善知識	J023	字從米亩聲，古文作亩也	亩	亩 C57P0867a		稟	音借		與領受義不涉
0162	薄餅	J077		餅	餅 C58P1011b		餅			
0162	薄餅	J077	譜作麺，俗字也	麺	麺 C58P1011b		餅	異體		
0163	併不供養	J025		併	併 C57P0921a		併			

組號	詞目	卷次	字形相關釋文	所涉文字	字圖/索引	校正形體	代表字	字際關係	詞際關係	備　註
0163	併不供養	J025	經文作并,非經義	并	并 C57P0921a		併	音借		
0163	併羅	J088	亦作騈	騈	騈 C59P0139b		併	音借		
0163	併羅	J088	傳作軿	軿	軿 C59P0139b		併	音借		
0164	摒儅	J037	《廣雅》云:摒,除也	摒	摒 C58P0140b		摒			
0164	摒儅	J037	亦作拼	拼	拼 C58P0140b		摒	異體		除去義上,與"摒"爲換旁異體字
0164	除摒	J055	經文作屏,非體也	屏	屏 C58P0539a		摒		近義換用	
0165	盋盌	J080	録文作鉢,俗字也	鉢	鉢 C58P1073b		鉢			
0165	盋盌	J080	《字書》正作盋	盋	盋 C58P1073b		鉢	異體		
0166	播殖	J030		播	播 C57P1046a		播			
0166	播殖	J030	又作散(敤)	敤	敤 C57P1046a	敤	播	異體		
0166	播殖	J030	又作譒	譒	譒 C57P1046a		播	異體		傳揚義上,二者可視作異體關係
0166	播殖	J030	經文作番,非也	番	番 C57P1046a		播	音借		
0166	播殖	J030	又作𥯦	𥯦	𥯦 C57P1046a	𤲃	播	音借		
0166	播殖	J096	集本作簸,是箕屬,非播種字也	簸	簸 C59P0263a		播	音借		

組號	詞目	卷次	字形相關釋文	所涉文字	字圖/索引	校正形體	代表字	字際關係	詞際關係	備　註
0167	銛撥	J039		撥	撥 C58P0176b		撥			
0167	撥開	J058	律文作㧊,匹沫反,謂㧊物也	㧊	㧊 C58P0605b		撥	音借		
0167	撥聚	J058	律文作跋,非體也	跋	跋 C58P0607a		撥	音借		
0167	銛撥	J039	經作鏺,非也	鏺	鏺 C58P0176b		撥	音借		
0168	相薄	J043		薄	薄 C58P0258a		薄			
0168	相薄	J043	經文作廣博之博,非也	博	博 C58P0258a		薄	音借		表示廣博義時,"愽"即"博"的異體字
0168	淡薄	J084	論文從水作泊	泊	泊 C59P0073a		薄	音借		
0169	彗孛	J090		孛	孛 C59P0171a		孛			
0169	彗孛	J090	傳文作孛,亦通也	孛	孛 C59P0171a		孛	異體		
0170	襥衣	J058	又作袚,同	袚	袚 C58P0612a		袚			
0170	襥衣	J058		襥	襥 C58P0612a		袚	異體		
0171	兜勃	J072		勃	勃 C58P0906b		勃			
0171	兜勃	J072	論從孛作勃,非	勃	勃 C58P0906b		勃	異體		此取興起、興盛義
0171	蓬勃	J027	塵起作坲	坲	坲 C57P0975a		勃	音借		

續　表

組號	詞目	卷次	字形相關釋文	所涉文字	字圖/索引	校正形體	代表字	字際關係	詞際關係	備　註
0171	蓬勃	J027	火香作莪	莪	莪 C57P0975a		勃	音借		
0171	蓬勃	J027	有作烞,無所從也	烞	烞 C57P0975a		勃	音借		
0171	勃狂	J078	經從心作悖,亦通也	悖	悖 C58P1047a		勃	音借		此取詩亂、悖逆義
0171	勃逆	J073	古文誖	誖	誖 C58P0937a		勃	音借		
0171	勃逆	J073	古文愗	愗	愗 C58P0937a		勃	音借		
0171	勃勃	J032	經從水作渤,地名,與義不同	渤	渤 C58P0035a		勃	分化		此指海名、地名
0172	大淳	J070		淳	淳 C58P0857b		淳			
0172	大淳	J070	今作湻,同	湻	湻 C58P0857b		淳	異體		
0173	舩舶	J047		舶	舶 C58P0349b		舶			
0173	舩舶	J047	亦作鵃	鵃	鵃 C58P0349b		舶	異體		
0174	搏逐	J013		搏	搏 C57P0646a		搏			
0174	搏逐	J013	經從專,非也	搏	C57P0646a		搏	正訛		釋文中慧琳對字形進行了結構描述,故缺對應的字圖
0175	銅拔	J027	有作鈸,無所從也	鈸	鈸 C57P0969a		鈸			
0175	銅拔	J027		拔	拔 C57P0969a		鈸	分化		"銅鈸"義上,"鈸"可視作"拔"的後出分化字

組號	詞目	卷次	字形相關釋文	所涉文字	字圖/索引	校正形體	代表字	字際關係	詞際關係	備　註
0175	銅拔	J027	亦爲跋	跋	跂 C57P0969a		鈸	音借		"銅鈸"義上，"跂"只是非常臨時地被借用
0176	斑駁	J033		駁	駮 C58P0052b		駁	異體		
0176	斑駁	J033	經從交作駮，俗字也	駮	駮 C58P0052b		駁	音借		
0177	身踣	J094		踣	踣 C59P0236b		踣			
0177	身踣	J094	亦從走作趉，音同上也	趉	趉 C59P0236b		踣	異體		
0177	踣面	J037	經文或從人作仆，亦通，時用也	仆	仆 C58P0134b		踣	異體		
0178	斑駁	J062		駁	駁 C58P0709a		駁			
0178	斑駁	J062	《説文》作駮	駮	駮 C58P0709a		駁	音借		
0179	博弈	J028	古文薄(簿)，同	薄	薄 C57P1004a	簿	簿			
0179	博弈	J028		博	愽 C57P1004a		簿	音借		
0180	臂膊	J015	正體從骨從博省聲也	髆	C57P0694b		髆			釋文中慧琳對字形進行了結構描述，故缺對應的字圖
0180	臂膊	J015	經文從月作膊，非也	膊	膊 C57P0694b		髆	音借		
0181	跋塞	J017		跋	跋 C57P0739b		跋			
0181	跋塞	J017	又作尥，同	尥	尥 C57P0739b		跋	異體		

組號	詞目	卷次	字形相關釋文	所涉文字	字圖/索引	校正形體	代表字	字際關係	詞際關係	備　註
0181	瘃疲	J025	有作瘃跛,俗字也	疲	疲 C57P0922b		跛			詞頭的"疲"或是"尰"之書寫訛誤形體
0182	擘裂	J078		擘	擘 C58P1034a		擘			
0182	擘裂	J078	《説文》作擗	擗	擗 C58P1034a		擘		近義換用	
0182	擘傷	J079	經從刀作劈,非也	劈	劈 C58P1060b		擘		近義換用	
0183	逋生	J015		逋	逋 C57P0698b		逋			
0183	逋生	J015	或從補作逋	逋	逋 C57P0698b		逋	異體		
0183	薰竄	J028		薰	薰 C57P0995b		逋	異體		
0183	薰竄	J028	經文或作㘴,此應逋字,補胡反	㘴	㘴 C57P0995b		逋	異體		
0184	餳餔	J014		餔	餔 C57P0674b		餔			
0184	餳餔	J014	亦作哺,口中嚼食與小兒也	哺	哺 C57P0674b		餔	音借		
0185	乳哺	J025		哺	哺 C57P0927a		哺			
0185	乳哺	J025	經有作晡,補姑反,謂申時食也	晡	晡 C57P0927a		哺	音借		
0185	乳哺	J046	論文作餔字,與哺同	餔	餔 C58P0319b		哺	音借		
0186	布施	J032		布	布 C58P0041b		布			

組號	詞目	卷次	字形相關釋文	所涉文字	字圖/索引	校正形體	代表字	字際關係	詞際關係	備　註
0186	布施	J032	經文作撨,非也	撨	撨 C58P0041b		布		文義換用	
0187	茫怖	J056		怖	怖 C58P0563a		怖			
0187	茫怖	J056	下又作悑,同	悑	悑 C58P0563a		怖	異體		
0187	茫怖	J056	經文作怕,疋白反	怕	怕 C58P0563a		怖		近義換用	
0188	猜疑	J057		猜	猜 C58P0592b		猜			
0188	猜疑	J057	今作悇,同	悇	悇 C58P0592b		猜	異體		
0188	猜疑	J057	古文職	職	職 C58P0592b		猜	音借		
0189	纔一	J005	《説文》作才字	才	才 C57P0482b		才			
0189	纔一	J005		纔	纔 C57P0482b		才	音借		
0189	纔驗	J099	或作纔,俗字也	纔	纔 C59P0317b		才	音借		
0189	纔出	J070	鄭玄注《禮記》作裁	裁	裁 C58P0857a		才	音借		
0189	纔一	J005	或作裁(裁)	裁	裁 C57P0482b	裁	才	音借		
0189	纔出	J070	《東觀漢記》及諸史、賈逵注《國語》並作財	財	財 C58P0857a		才	音借		
0189	纔驗	J099	集作絟,非也	絟	絟 C59P0317b		才	音借		

續　表

組號	詞目	卷次	字形相關釋文	所涉文字	字圖/索引	校正形體	代表字	字際關係	詞際關係	備　註
0189	纏全	J052	經文作諧,非也	諧	諧 C58P0477a		才		文義換用	
0190	貌裁	J094		裁	裁 C59P0241a		裁			大正本傳文作"貌儀",宋元明本作"儀貌",宮本作"貌儀"
0190	貌裁	J094	傳文從人作儀,未詳	儀	儀 C59P0241a		裁			正作"貌儀",此"儀"是"儀"的書誤,慧琳審之不細而致誤
0191	采蓮	J034	《說文》:從爪從木	采	采 C58P0077b		采			
0191	采蓮	J034	今經從手,通用也	採	C58P0077b		采	異體		釋文中慧琳對字形進行了結構描述,故缺對應的字圖
0192	綵女	J033		綵	綵 C58P0069b		綵			
0192	綵女	J033	經文從女作媒,非也	媒	媒 C58P0069b		綵	音借		
0193	餐食	J014		餐	餐 C57P0672a		餐			
0193	餐食	J014	或從水作滄	滄	滄 C57P0672a		餐	異體		
0193	餐食	J014	經文從冫〈音水〉,非也	滄	C57P0672a		餐	異體		釋文中慧琳對字形進行了結構描述,故缺對應的字圖
0194	驂駕	J024		驂	驂 C57P0893a		驂	異體		
0194	驂駕	J024	經文作叁,非體也	叁	叁 C57P0893a		驂	音借		
0195	憨愧	J078		憨	憨 C58P1033b		憨			

續　表

組號	詞目	卷次	字形相關釋文	所涉文字	字圖/索引	校正形體	代表字	字際關係	詞際關係	備　註
0195	慙愧	J078	經作慚,亦同	慚	慚 C58P1033b		慙	異體		
0196	蠶絲	J039		蠶	蠶 C58P0168b		蠶			
0196	蠶絲	J039	俗作蝅也	蝅	蝅 C58P0168b		蠶	異體		
0196	蠶衣	J099	集從天作蚕,非也	蚕	蚕 C59P0315b		蠶	異體		
0197	慘厲	J011		慘	慘 C57P0609b		慘			
0197	傪毒	J010		傪	傪 C57P0580a		慘	正訛		
0197	傪毒	J010	又作憯,同	憯	憯 C57P0580a		慘	音借		
0197	慘厲	J011	或從言作諫,以言陰相譏也	諫	諫 C57P0609b		慘	音借		已編碼字形作"謲"
0197	慘害	J062	律文從石作磣	磣	磣 C58P0711b		慘	音借		
0197	慘毒	J076	經從玉作璆,非也	璆	璆 C58P1007b		慘	音借		
0198	粲麗	J058		粲	粲 C58P0623b		粲			
0198	粲麗	J058	律文作璨,非體也	璨	璨 C58P0623b		粲	音借		
0199	謗毒	J060		謗	謗 C58P0664a		謗			
0199	謗毒	J060	律文從土作塂,非也	塂	塂 C58P0664a		謗	音借		

組號	詞目	卷次	字形相關釋文	所涉文字	字圖/索引	校正形體	代表字	字際關係	詞際關係	備　註
0200	蒼蠅	J015		蒼	蒼 C57P0697a		蒼			
0200	蒼蠅	J015	蒼字經文作蟐，非也	蟐	蟐 C57P0697a		蒼	正訛		此"蟐"是"蟐"的書寫訛誤字形
0201	鶊鵠	J032		鶊	鶊 C58P0035b		鶊			
0201	鶊鵠	J032	又作雞，同	雞	雞 C58P0035b		鶊	異體		
0202	操筆	J080		操	操 C58P1071a		操			
0202	操筆	J080	録文從糸作𢫾，非也	𢫾	𢫾 C58P1071a		操	異體		此取操持、執持義
0202	操杖	J067	又作敠，同	敠	敠 C58P0812b		操	異體		
0202	操杖	J067	論文作捪，非也	捪	捪 C58P0812b		操		近義換用	
0202	貞操	J060	或從人作㑶	㑶	㑶 C58P0661b		操	異體		此取操守、品性義
0203	汝曹	J071		曹	曹 C58P0883a		曹			
0203	汝曺	J049		曺	曺 C58P0399a		曹	異體		
0203	汝曹	J071	又作𣍘，同	𣍘	𣍘 C58P0883a		曹	異體		
0204	鐵槽	J073	又作𣞕，同	𣞕	𣞕 C58P0927a		槽			
0204	鐵艚	J073		艚	艚 C58P0927a		槽	音借		

組號	詞目	卷次	字形相關釋文	所涉文字	字圖/索引	校正形體	代表字	字際關係	詞際關係	備　註
0205	理冊	J056	冊,簡冊也	冊	冊 C58P0559a		冊	異體		
0205	理冊	J056	古文簎,同	簎	簎 C58P0559a		冊	異體		
0205	占箬	J039	經作箬,非也	箬	箬 C58P0173b		冊			此"箬"由"簎"書寫訛變而致
0205	史冊	J086	論作策,俗字也	策	策 C59P0106b		冊	音借		
0206	籌策	J018		策	策 C57P0756b		策			
0206	籌策	J018	或作筴	筴	筴 C57P0756b		策	異體		此取籌策、計謀義
0206	籌策	J018	孔子曰:戒事先其搽	搽	搽 C57P0756b		策	音借		從文獻用法來看,"搽"與"策"視作音借關係較妥
0206	籌策	J018	或爲揀,字從手	揀	揀 C57P0756b		策	音借		從文獻用法來看,"揀"與"策"視作音借關係較妥
0206	乘策	J070	古文冊	冊	冊 C58P0856b		策	音借		此取馬鞭義
0206	乘策	J070	古文簎	簎	簎 C58P0856b		策	音借		
0206	乘策	J070	古文曹	曹	曹 C58P0856b		策	音借		
0207	不測	J018		測	測 C57P0751a		測			
0207	不測	J018	或經誤從心作惻,非此用也	惻	惻 C57P0751a		測	音借		經本的"惻"亦或是"測"的訛誤字形
0208	惻愴	J047		惻	惻 C58P0351a		惻			

續　表

組號	詞目	卷次	字形相關釋文	所涉文字	字圖/索引	校正形體	代表字	字際關係	詞際關係	備　註
0208	惻愴	J047	古文慇,同	慇	慇 C58P0351a		惻	異體		
0209	兩杈	J045	論文作肰,俗字也,撿諸字書並無此字	肰	肰 C58P0306b		肰			
0209	兩杈	J045	《説文》:木杈枝也	杈	杈 C58P0306b		肰	音借		
0210	上插	J037		插	插 C58P0133b		插			
0210	插口	J081	傳作挿,俗字也	挿	挿 C59P0012a		插	異體		
0210	阿挿	J026		挿	挿 C57P0957b		插	異體		
0210	阿挿	J026	經文從禾作挿(稰)	挿	稰 C57P0957b	稰	插	正訛		
0211	鍫鍤	J093		鍤	鍤 C59P0213b		鍤			
0211	鍫鍤	J093	或作䤵,古字也	䤵	䤵 C59P0213b		鍤	音借		二者屬本字不用、借字通行一類
0212	墋舛	J014	蔡邕《石經》隨俗作差	差	差 C57P0663a		差			
0212	墋舛	J014	正體從垂(烝)從左作㽢	㽢	㽢 C57P0663a		差	異體		
0213	詧事	J094	衛宏從言作詧	詧	詧 C59P0229a		察	異體		
0213	詧事	J094	傳文從久作叅,誤也	叅	叅 C59P0229a		察	異體		此是"詧"的書寫訛變字形
0214	十方刹	J027		刹	刹 C57P0967b		刹			

組號	詞目	卷次	字形相關釋文	所涉文字	字圖/索引	校正形體	代表字	字際關係	詞際關係	備　註
0214	十方剎	J027	《切韻》作刹	刹	刹 C57P0967b		刹	異體		
0214	十方剎	J027	案剎,字書所無,《説文》作刹字,略爲刹	刹	剝 C57P0967b		刹	異體		"刹"蓋由"刹"書寫省變而來
0214	切剎	J020	又作擦,同	擦	擦 C57P0801b		刹	音借		譯音借用字
0215	相扠	J036		扠	扠 C58P0117a		扠			
0215	相扠	J036	或從虒作搋,音訓與上同	搋	搋 C58P0117a		扠	異體		
0215	相扠	J027	應作搝字耳	搝	搝 C57P0985b		扠	異體		
0216	擗開	J042		擗	擗 C58P0239b		拆	異體		
0216	開拆	J013		拆	拆 C57P0655a		拆	異體		
0216	開拆	J013	經文作斥,誤也	斥	斥 C57P0655a		拆	異體		
0216	開拆	J013	既有開字,即合是坼	坼	坼 C57P0655a		拆	異體		
0216	擗開	J042	亦作牌也	牌	牌 C58P0239b		拆	異體		
0216	開拆	J013	《説文》作捇,裂也	捇	捇 C57P0655a		拆		近義換用	
0217	犳狼	J041		犳	犳 C58P0209a		犳			
0217	犳狼	J041	經文從犬作犳,非也	犳	犳 C58P0209a		犳	異體		

組號	詞目	卷次	字形相關釋文	所涉文字	字圖/索引	校正形體	代表字	字際關係	詞際關係	備　註
0217	豺狼	J084	論文從付作狩，非也	狩	狩 C59P0079b		豺	異體		
0218	嚛喋	J027		喋	喋 C57P0974a		喋			
0218	嚛喋	J027	《説文》《玉篇》作齘	齘	齘 C57P0974a		喋	異體		
0218	嚛喋	J027	《切韻》：齒不正曰齹齚。作齹	齹	齹 C57P0974a		喋	異體		
0219	虵蠱	J006		蠱	蠱 C57P0510b		蠱			
0219	虵蠱	J006	或作蠱	蠱	蠱 C57P0510b		蠱	異體		
0219	蛇蠱	J079	或作蟲	蟲	蟲 C58P1057a		蠱	異體		
0220	覰伺	J031		覰	覰 C58P0008a		覰			
0220	覰伺	J031	或作貼，竊視也	貼	貼 C58P0008a		覰	異體		
0221	襃裧	J098		裧	裧 C59P0300b		襜	異體		
0221	襃裧	J098	《埤蒼》作此惏（㛃）	惏	惏 C59P0300b	㛃	襜	異體		此"惏"是"㛃"的書寫訛誤字形，"㛃"則"襜"的異體
0221	襃裧	J098	《聲類》作轞	轞	轞 C59P0300b		襜	音借		
0222	市廛	J004		廛	廛 C57P0466b		廛	異體		
0222	市廛	J004	鄭眾注《周禮》云：廛，居也	廛	廛 C57P0466b		廛	異體		

組號	詞目	卷次	字形相關釋文	所涉文字	字圖/索引	校正形體	代表字	字際關係	詞際關係	備註
0222	市廛	J004	經作厘,俗字略	厘	厘 C57P0466b		廛	異體		
0222	市廛	J099		廛	廛 C59P0321b		廛	異體		
0222	市廛	J008	或作墶,同也	墶	墶 C57P0549b		廛	異體		
0222	市廛	J099	集從門作闤,非也	闤	闤 C59P0321b		廛	音借		
0222	欲廛	J067	亦作纒	纒	纒 C58P0805b		廛	音借		
0223	鳴蟬	J099		蟬	蟬 C59P0312b		蟬			
0223	鳴蟬	J099	集從玄作蚿,音弦	蚿	蚿 C59P0312b		蟬		文義換用	
0224	儳速	J048		儳	儳 C58P0378a		儳			
0224	儳速	J048	或有作嚵,才冉反,小飲也。嚵非此用	嚵	嚵 C58P0378a		儳	音借		
0225	巉絶	J099		巉	巉 C59P0320b		巉			
0225	巉絶	J099	集作嶃,俗字也	嶃	嶃 C59P0320b		巉	異體		
0225	嶄巖	J075		嶄	嶄 C58P0963b		巉	異體		
0225	嶄巖	J075	《毛詩》:嶃嶃,山石高峻皃也	嶃	嶃 C58P0963b		巉	異體		
0225	巉絶	J099	又作嶜	嶜	嶜 C59P0320b		巉	異體		

組號	詞目	卷次	字形相關釋文	所涉文字	字圖/索引	校正形體	代表字	字際關係	詞際關係	備　註
0225	嶄巖	J075	或作礄	礄	礄 C58P0963b		巉	異體		
0225	巉巖	J033	經文作岑	岑	岑 C58P0054b		巉		近義換用	
0226	重纏	J051	或作纏	纏	纏 C58P0439b		纏			
0226	重纏	J051		緾	緾 C58P0439b		纏	異體		
0226	纏眠	J047	經從土作埋	埋	埋 C58P0357b		纏	音借		
0226	纏貪	J050	論從厂作㕓，非也	㕓	㕓 C58P0418b		纏	音借		
0227	讒死	J097		讒	讒 C59P0275b		讒			
0227	讒死	J097	集文作讒（讒），俗字也	讒	讒 C59P0275b	讒	讒	異體		
0228	鑱身	J062		鑱	鑱 C58P0705b		鑱			
0228	鑱身	J062	亦作劖	劖	劖 C58P0705b		鑱	音借		
0228	鑱身	J062	亦作攙	攙	攙 C58P0705b		鑱	音借		
0229	鐵弗	J046		弗	弗 C58P0329a		弗			
0229	鐵弗	J046	論文作鏸	鏸	鏸 C58P0329a		弗	音借		
0229	鐵弗	J046	今作剗	剗	剗 C58P0329a		弗	音借		

組號	詞目	卷次	字形相關釋文	所涉文字	字圖/索引	校正形體	代表字	字際關係	詞際關係	備　註
0230	謟佞	J029	經作諂，時用省去門也	諂	諂 C57P1018a		諂			
0230	謟佞	J029		謟	謟 C57P1018a		諂	異體		
0230	謟詆	J001		謟	謟 C57P0417b		諂	正訛		
0231	鏟炙	J077		鏟	鏟 C58P1015b		鏟			
0231	剗跡	J099		剗	剗 C59P0326a		鏟	異體		
0231	剗跡	J099	集作剷，非也	剷	剷 C59P0326a		鏟	異體		
0231	鏟炙	J077	譜作䁞，誤也	䁞	䁞 C58P1015b		鏟	正訛		據慧琳所釋，二者或是正訛關係
0232	懺悔	J016		懺	懺 C57P0723a		懺			
0232	懺悔	J016	俗從截作䜅，非也	䜅	䜅 C57P0723a		懺	異體		
0232	解識	J080		識	識 C58P1087b		懺	異體		
0233	顫頄	J052		顫	顫 C58P0467b		顫			
0233	顫頄	J052	又作軅，同	軅	軅 C58P0467b		顫	異體		
0233	戰頄	J055	又作懴，同	懴	懴 C58P0531a		顫	異體		
0233	戰頄	J055		戰	戰 C58P0531a		顫	音借		

組號	詞目	卷次	字形相關釋文	所涉文字	字圖/索引	校正形體	代表字	字際關係	詞際關係	備　註
0233	顛頏	J052	古文〔膻〕	膻	膻 V32P0149b		顛	音借		慧琳本缺，此據《玄應音義》補"膻"字及對應字圖
0234	倡伎	J059		倡	倡 C58P0634a		倡			
0234	倡伎	J059	律文作啡，匹愷反	啡	啡 C58P0634a		倡	音借		
0234	倡伎	J059	《説文》：俳，戲也	俳	俳 C58P0634a		倡		近義換用	
0235	纖長	J004	今隸書作長	長	長 C57P0462a		長			
0235	纖長	J004	篆書古體作髶	髶	髶 C57P0462a		長	異體		
0235	長抓	J076	上長字，經或從草，亦通	莨	C58P0999a		長	分化		釋文中慧琳對字形進行了結構描述，故缺對應的字圖
0235	盛夏水長	J025	又作涱，音同	涱	涱 C57P0926a		長	分化		
0236	嘗啜	J066	《字書》：正從旨作嘗（嘗）	嘗	嘗 C58P0784b	嘗	嘗			
0236	嘗啜	J066		甞	甞 C58P0784b		嘗	異體		
0236	嘗啜	J066	論文從口作嚐，非也	嚐	嚐 C58P0784b		嘗	異體		
0237	敞露	J059		敞	敞 C58P0634b		敞			
0237	敞露	J059	律文作閶，音昌……閶非義也	閶	閶 C58P0634b		敞	音借		
0238	帳悏	J014		帳	帳 C57P0677b		悵	正訛		正作"悵怏"，取憂愁不快義

組號	詞目	卷次	字形相關釋文	所涉文字	字圖/索引	校正形體	代表字	字際關係	詞際關係	備　註
0239	杪	J027	應作抄	抄	抄 C57P0977b		抄			
0239	杪	J027	或作鈔	鈔	鈔 C57P0977b		抄	異體		
0239	杪	J027		杪	杪 C57P0977b		抄	正訛		
0240	超然出現	J022		超	超 C57P0840a		超	異體		
0241	在巢	J079		巢	巢 C58P1063a		巢			
0241	在巢	J079	經從木作樔，非也	樔	樔 C58P1063a		巢	異體		
0241	覆巢	J097	集從手作摷，音責交反，非巢義字	摷	摷 C59P0289a		巢			此"摷"是"樔"的形近訛誤字
0242	嘲説	J075	今作嘲	嘲	嘲 C58P0968a		嘲			
0242	嘲説	J075	古文謿	謿	謿 C58P0968a		嘲	異體		
0242	嘲調	J026	經文有作譸字	譸	譸 C57P0948b		嘲	音借		
0242	嘲説	J075	又作啁	啁	啁 C58P0968a		嘲		近義換用	
0242	嘲調	J026	或作諑	諑	諑 C57P0948b		嘲		近義換用	
0243	煎炒	J073		炒	炒 C58P0927b		炒			
0243	煎炒	J073	古文鬻	鬻	鬻 C58P0927b		炒	異體		
0243	炒粳	J017	古文作鬻	鬻	鬻 C57P0744a		炒	異體		

續　表

組號	詞目	卷次	字形相關釋文	所涉文字	字圖/索引	校正形體	代表字	字際關係	詞際關係	備　註
0243	自炒	J059	古文鬻(鬻)	鬻	C58P0637a	鬻	炒	異體		此"鬻"由"鬻"書寫訛誤而致
0243	爁疼	J057	或作㷭	㷭	C58P0597b		炒	異體		
0243	炒穀	J010	古文焣	焣	C57P0580b		炒	異體		
0243	㷭稻穀	J035	亦作爁	爁	C58P0103b		炒	異體		
0243	煏穀	J044		煏	C58P0278b		炒	異體		
0243	煎炒	J073	古文煏	煏	C58P0927b		炒	異體		
0243	以炒	J040	亦作㷿	㷿	C58P0199b		炒	異體		
0243	爁疼	J057	或作焣	焣	C58P0597b		炒	異體		
0243	炒穀	J010	《說文》：焣，熬也	焣	C57P0580b	焣	炒	異體		
0243	自炒	J059	古文焣	焣	C58P0637a		炒	異體		
0243	炒粳	J017	古文作槀	槀	C57P0744a	焣	炒	異體		次級書寫訛誤
0243	煏穀	J044	又作㷿	㷿	C58P0278b	焣	炒	異體		次級書寫訛誤
0243	炒粳	J017	古文作㲋(焣)	㲋	C57P0744a	焣	炒	異體		次級書寫訛誤
0243	以炒	J040	亦作鬻	鬻	C58P0199b		炒	異體		
0243	煎炒	J073	作鬻(鬻)	鬻	C58P0927b	鬻	炒	異體		

組號	詞目	卷次	字形相關釋文	所涉文字	字圖/索引	校正形體	代表字	字際關係	詞際關係	備　註
0243	自炒	J059	今作䑋	䑋	䑋 C58P0637a		炒	異體		
0243	自炒	J059	《古文寄(奇)字》作煪,同	煪	煪 C58P0637a		炒	異體		
0243	煎炒	J073	《古今正字》作㷘字,同	㷘	㷘 C58P0927b		炒	異體		
0244	乾麨	J013	正體從酉作䴷	䴷	䴷 C57P0658a		麨			
0244	乾麨	J013		麨	麨 C57P0658a		麨	異體		
0244	食麨	J035	經中從米從少作粆,非也	粆	粆 C58P0098a		麨	異體		
0244	麨飯	J063	古作䵮	䵮	䵮 C58P0741b		麨	音借		
0244	麨飯	J063	古作爝	爝	爝 C58P0741b		麨	音借		
0245	墶裂	J040	《廣雅》云:坼,分也	坼	坼 C58P0195b		坼			
0245	墶裂	J040		墶	墶 C58P0195b		坼	異體		
0245	震墶	J042	經作圻,俗字也	圻	圻 C58P0246b		坼	異體		
0245	墶裂	J040	或從手作㧔(㨪)	㧔	㧔 C58P0195b	㨪	坼	異體		
0245	圮墶	J081	傳中作磔,非也	磔	磔 C59P0020a		坼		近義換用	
0246	掣電	J076	正作挈	挈	挈 C58P1001b		挈			
0246	掣電	J076		掣	掣 C58P1001b		挈	異體		

組號	詞目	卷次	字形相關釋文	所涉文字	字圖/索引	校正形體	代表字	字際關係	詞際關係	備　註
0246	掣繩	J014	或作瘛	瘛	瘛 C57P0679a		掣	異體		
0246	掣繩	J014	或作摯(摯)	摯	摯 C57P0679a	摯	掣	異體		"摯"或訛作"摯"
0247	捨撤	J098		撤	撤 C59P0309a		撤			
0247	捨撤	J098	或從彳作撤(徹)	撤	撤 C59P0309a	徹	撤	分化		
0248	痛徹	J005		徹	徹 C57P0495a		徹			
0248	痛徹	J005	古作徶	徶	徶 C57P0495a		徹	異體		
0248	痛徹	J005	古作徶	徶	徶 C57P0495a		徹	異體		
0248	徹過	J010	俗作撤	撤	撤 C57P0585a		徹	分化		
0248	徹過	J010	有作澈,是水清澈,非此義也	澈	澈 C57P0585a		徹	分化		
0249	暎澈	J015	從水從育從支(支)作澈	澈	澈 C57P0700b		澈			
0249	暎澈	J015	經文從彳從去作徹,誤也	徹	徹 C57P0700b		澈	分化		
0250	獻琛	J088	亦作琛也	琛	琛 C59P0138b		琛			
0250	獻琛	J088		琛	琛 C59P0138b		琛	異體		
0251	謓恚	J031		謓	謓 C58P0018b		謓			
0251	既憙	J089		憙	憙 C59P0151b		謓	異體		

組號	詞目	卷次	字形相關釋文	所涉文字	字圖/索引	校正形體	代表字	字際關係	詞際關係	備　註
0251	瞋恚	J031	經從目作瞋	瞋	瞋 C58P0018b		瞋	音借		
0252	王臣	J030		臣	臣 C57P1041a		臣			
0252	王臣	J030	經作㥄，僞造臣字也	㥄	㥄 C57P1041a		臣	異體		
0253	塵埃	J015	《説文》云：行揚土也。從鹿從土	塵	塵 C57P0693b		塵			
0253	塵埃	J015	本作麤，古字也	麤	麤 C57P0693b		塵	異體		
0253	塵相如故	J022	今有從兩上者，不是字也		C57P0847a		塵	異體		慧琳所謂"從兩上"作者，乃"塵"的書寫訛變字形。字圖缺
0254	墢毒	J041		墢	墢 C58P0228a		墢			
0254	墢毒	J041	經文下從小作糸，俗字也，謬也	墢	C58P0228a		墢	異體		釋文中慧琳對字形進行了結構描述，故缺對應的字圖
0254	墢毒	J041	或從石作墢（磝），借用也	墢	墢 C58P0228a	磝	墢	異體		
0254	磝毒	J048	又作慘，同	慘	慘 C58P0381b		墢	音借		
0255	疷去	J032	《考聲》云：疷，病也	疷	疷 C58P0035a		疷			
0255	疷去	J032	經作疹，通用	疹	疹 C58P0035a		疷	異體		"疷"或書作"疹"，與指稱皮膚上起的紅疙瘩之"疹"爲同形字關係
0256	趁而	J056		趂	趂 C58P0561a		趁			

組號	詞目	卷次	字形相關釋文	所涉文字	字圖/索引	校正形體	代表字	字際關係	詞際關係	備　註
0256	趁而	J056	《篆文》云：關西以逐物爲趁也	趁	趁 C58P0561a		趁	異體		
0257	弱齔	J088		齔	齔 C59P0147b		齔			
0257	弱齔	J088	集文作齓，非也	齓	齓 C59P0147b		齔	異體		
0257	齔齒	J094	傳文從几作齓，非者也	齓	齓 C59P0229b		齔	異體		
0258	嬰施	J083		嬰	嬰 C59P0063b		嬰			
0258	嬰施	J083	今傳從貝作賏，未詳	賏	賏 C59P0063b		嬰	異體		此"賏"即由"嬰"改換形符而來
0258	儬施	J080		儬	儬 C58P1071a		嬰	音借		
0259	識書	J057		識	識 C58P0596a		識			
0259	識書	J057	經作識，俗字也	識	識 C58P0596a		識	異體		
0259	識鵬	J052	經文作識，誤也	識	識 C58P0465a		識	正訛		形近而訛
0260	鎗鎗	J032	《三蒼》：金聲也	鎗	鎗 C58P0041b		鎗			
0260	鎗鎗	J032	經文作鎗，誤也	鎗	鎗 C58P0041b		鎗	異體		此指金、鐘之聲
0260	鎗杓	J100	《考聲》云：鼎類也。俗作鐺	鐺	鐺 C59P0351b		鎗	異體		此指鼎類器物
0261	橖中	J037	《字鏡》及《考聲》云：橖柱，浮圖相輪中心柱也	橖	橖 C58P0144a		橖			

組號	詞目	卷次	字形相關釋文	所涉文字	字圖/索引	校正形體	代表字	字際關係	詞際關係	備　註
0261	橖中	J037	或作橕也	橕	橕 C58P0144a		橖	異體		
0261	橖柱	J017	今謂邪柱爲橖也	橖	橖 C57P0743b		橖	異體		
0261	橖觸	J025	經文多作棠,非也	棠	棠 C57P0923a		橖			經文中作"棠",當是"橖"的書寫訛誤形體
0261	橖柱	J017	經文作根,非體也	根	根 C57P0743b		橖		近義換用	
0261	橖觸	J025	又作毃、敦二體,同	毃	毃 C57P0923a		橖	音借		此取撞、觸義
0261	橖觸	J025	又作毃、敦二體,同	敦	敦 C57P0923a		橖	音借		此取撞、觸義
0262	呈佛	J073		呈	呈 C58P0935b		呈			
0262	呈佛	J073	論文作程法之程,非體也	程	程 C58P0935b		呈	音借		
0262	呈佛	J073	或作徎,非也	徎	徎 C58P0935b		呈	音借		
0263	作城	J033		城	城 C58P0059b		城			
0263	作城	J033	經文從咸,非也	咸	咸 C58P0059b		城	正訛		
0264	長塍	J099		塍	塍 C59P0318a		塍			
0264	長塍	J099	或從田作畻	畻	畻 C59P0318a		塍	異體		
0264	長塍	J099	又作堘也	堘	堘 C59P0318a		塍	異體		

組號	詞目	卷次	字形相關釋文	所涉文字	字圖/索引	校正形體	代表字	字際關係	詞際關係	備　註
0265	澄潔	J029		澄	澂 C57P1022b		澄			
0265	澄潔	J029	《説文》從徵作瀓	瀓	瀓 C57P1022b		澄	異體		
0266	橙子枝	J039	《説文》：橘屬也。從木登聲	橙	橙 C58P0176a		橙			
0266	橙子枝	J039	經從棠作樘，非也	樘	樘 C58P0176a		橙	音借		
0267	馳騁	J011		騁	騁 C57P0608b		騁			
0267	馳騁	J011	今經中從丂作騁，非也	騁	騁 C57P0608b		騁	異體		
0267	騰騁	J099	集從央作駚，誤也	駚	駚 C59P0320b		騁	正訛		書寫訛誤
0267	騁棘	J100	論文作聘，非也	聘	聘 C59P0347a		騁	正訛		書寫訛誤
0268	稱兩	J022		稱	稱 C57P0845b		稱			
0268	稱兩	J022	今流共用秤字	秤	秤 C57P0845b		稱	異體		
0268	並稱	J078	經文作枰，非也	枰	枰 C58P1036a		稱			經文之"枰"乃"秤"書寫訛誤而致
0268	稱兩	J022	古稱爲再	再	鞟 C57P0845b		稱	分化		
0269	謇吃	J013		吃	吃 C57P0645a		吃			
0269	謇吃	J013	或從欠作欳，古字也	欳	欳 C57P0645a		吃	異體		高麗本對應字圖不清晰

組號	詞目	卷次	字形相關釋文	所涉文字	字圖/索引	校正形體	代表字	字際關係	詞際關係	備　註
0270	眵淚	J046		眵	眵 C58P0331b		眵			
0270	眵淚	J046	論文作胑	胑	胑 C58P0331b		眵	異體		
0270	眼眵	J072	論文作肢,非也	肢	肢 C58P0911a		眵			"肢"書寫或訛作"肢"
0270	眵瞟	J005	經文作腄,撿一切字書並無此腄字,未詳所出	腄	腄 C57P0479a		眵			"瞟"書寫或訛作"腄"
0271	答罳	J048		答	答 C58P0392a		答			
0271	答罳	J048	又作枱(抬)	枱	枱 C58P0392a	抬	答	異體		"抬"書寫或訛作"枱"
0271	榜坮(抬)	J046		坮	坮 C58P0330b	抬	答	異體		"抬"書寫或訛作"坮"
0272	先喫	J032		喫	喫 C58P0041b		喫			
0272	先喫	J032	經文作齡,非也	齡	齡 C58P0041b		喫	異體		
0273	摘玉毫	J082		摘	摘 C59P0041b		摘			
0273	備擒	J085		擒	擒 C59P0099a		摘	異體		
0273	備擒	J085	亦作𤚐	𤚐	𤚐 C59P0099a		摘	異體		
0273	摘玉毫	J082	記之從禽作擒,通也	擒	擒 C59P0041b		摘	正訛		形近訛誤
0274	嗤笑	J007		嗤	嗤 C57P0524b		嗤			

續　表

組號	詞目	卷次	字形相關釋文	所涉文字	字圖/索引	校正形體	代表字	字際關係	詞際關係	備　註
0274	蚩笑	J015	《説文》作欪	欪	欪 C57P0698a		嗤	異體		
0274	嗤笑	J007	《説文》作欪(欪)	欪	欪 C57P0524b	欪	嗤	異體		
0274	蚩笑	J015		蚩	蚩 C57P0698a		嗤	分化		
0274	蚩笑	J015	經作蚩,非也	蚩	蚩 C57P0698a		嗤	分化		此是"蚩"的書寫變異字形
0274	蚩弄	J065	古文崫,同	崫	崫 C58P0771b		嗤	音借		
0274	蚩笑	J059	古文崫,同	崫	崫 C58P0642b		嗤	音借		
0274	嗤往	J098	集從虫作蜳	蜳	蜳 C59P0300a	蟶	嗤	正訛		此是"蟶"的書寫變異字形。《大字典》釋"蟶"同"嗤",欠妥
0275	絺綌	J095		絺	絺 C59P0244b		絺			
0275	絺綌	J095	又作帣	帣	帣 C59P0244b	帣	絺	異體		左部之"忄"形乃"巾"書寫訛略所致
0276	憑螭	J086		螭	螭 C59P0110a		螭			
0276	憑螭	J086	或作蚰也	蚰	蚰 C59P0110a		螭	異體		
0277	鷗鳥	J015		鷗	鷗 C57P0703b		鷗			
0277	鶢鶋	J033	鷗或從氏作鴟,今不取也	鴟	鴟 C58P0065b		鷗	異體		
0277	鷗鳥	J077	或從隹作雊,形聲字	雊	雊 C58P1030a		鷗	異體		

組號	詞目	卷次	字形相關釋文	所涉文字	字圖/索引	校正形體	代表字	字際關係	詞際關係	備　註
0277	鷗鳥	J015	或作鵶	鵶	鵶 C57P0703b		鷗	異體		
0277	鷗鳥	J015	經文作蛭,非也	蛭	蛭 C57P0703b		鷗	音借		
0278	魑魅	J071		魑	魑 C58P0894b		魑			
0278	魑魅	J071	又作离,同	离	离 C58P0894b		魑	異體		
0278	魑魅	J027	《説文》作离	离	离 C57P0974b		魑	異體		
0278	邪鬼魖	J075		魖	魖 C58P0965b		魑	異體		
0278	邪鬼魖	J075	經文或作魏	魏	魏 C58P0965b		魑	異體		
0278	魑魅	J071	又作螭	螭	螭 C58P0894b		魑	音借		
0279	癡呆	J016		癡	癡 C57P0718b		癡			
0279	癡呆	J016	正從心作懝	懝	懝 C57P0718b		癡	異體		
0279	癡呆	J016	衛宏從人從乏作伱,會意字也	伱	伱 C57P0718b		癡	異體		
0280	牛齝	J046	又作齨	齨	齨 C58P0320b		齝			
0280	呞食	J042	又作齝、齝(齝)二形,同	齝	齝 C58P0234a		齝	正訛		高麗本的"齝"是"齝"的訛字,獅谷本、頻伽本、大正本則訛作"齝"
0280	牛齝	J046	《尓雅》:牛曰齝	齝	齝 C58P0320b		齝	異體		

組號	詞目	卷次	字形相關釋文	所涉文字	字圖/索引	校正形體	代表字	字際關係	詞際關係	備　註
0280	牛齝	J046	《三蒼》作齝	齝	齝 C58P0320b		齝	異體		
0280	呞食	J042		呞	呞 C58P0234a		齝	異體		
0281	藕膠	J014	經從离,誤也	藕	C57P0676b		藕			釋文中慧琳對字形進行了結構描述,故缺對應的字圖
0281	藕膠	J014		藕	藕 C57P0676b		藕	異體		
0281	之藕	J100	論文作糤,俗字,訛略也	糤	糤 C59P0345a		藕	異體		
0281	藕膠	J031	經文作糤,誤也	糤	糤 C58P0017b		藕	異體		
0282	弛紐	J088		弛	弛 C59P0141b		弛			
0282	弛紐	J088	杜注《左傳》:弛,解也	弛	弛 C59P0141b		弛	異體		
0283	馳騁	J011	經文從也作馳,俗用字也	馳	馳 C57P0608b		馳			
0283	馳騁	J011	《説文》作駞	駞	駞 C57P0608b		馳	異體		
0283	馳騁	J011	正或作馳	馳	馳 C57P0606b		馳	異體		
0284	遲鈍	J003		遲	遲 C57P0450b		遲			
0284	遲鈍	J003	籀文從辛作遲	遲	遲 C57P0450b		遲	異體		
0284	遲鈍	J003	經文從尸從羊,俗字也	遲	C57P0450b		遲	異體		釋文中慧琳對字形進行了結構描述,故缺對應的字圖

組號	詞目	卷次	字形相關釋文	所涉文字	字圖/索引	校正形體	代表字	字際關係	詞際關係	備　註
0284	遲其	J059	或作迡	迡	迡 C58P0644b		遲	異體		
0284	遲鈍	J003	或從（作）迡，古字也	迡	迡 C57P0450b		遲	異體		
0284	遲其	J016	經文作幼稚之稚，非也	稚	稚 C57P0725b		遲	音借		
0285	具籭	J056		籭	籭 C58P0561b		籭			
0285	具籭	J056	又作籭、笓二形，同	籭	籭 C58P0561b		籭	異體		
0285	具籭	J056	又作籭、笓二形，同	笓	笓 C58P0561b		籭	異體		
0286	軍持	J046	論文作鍕錯，字無所出，猶俗作也	錯	錯 C58P0331a		錯			
0286	軍持	J046		持	持 C58P0331a		錯	分化		
0287	匙變（攣）	J019		匙	匙 C57P0778a		匙			
0287	瓷匙	J058	《方言》從木作提（榐），同	提	提 C58P0609b	榐	匙	異體		
0287	匙變（攣）	J019	經從木作柢	柢	柢 C57P0778a		匙	音借		
0287	瓷匙	J058	律文作鉙，昌紙反	鉙	鉙 C58P0609b		匙	音借		
0288	峙立	J074		峙	峙 C58P0941b		峙			
0288	峙立	J074	或作跱	跱	跱 C58P0941b		峙	異體		
0288	峙立	J074	傳文從立作竍，非也	竍	竍 C58P0941b		峙	異體		

續　表

組號	詞目	卷次	字形相關釋文	所涉文字	字圖/索引	校正形體	代表字	字際關係	詞際關係	備　註
0288	峙然	J081	録之從山作峙，是山峙立也	峙	峙 C59P0006b		峙	音借		慧琳時代"峙"主要表山聳峙義，久立義主要由"峙"字承擔
0289	尺蠖	J068		尺	尺 C58P0831a		尺			
0289	尺蠖	J068	論從虫作蚇，非也	蚇	蚇 C58P0831a		尺	分化		
0290	魄耻	J016	《考聲》：愧也。《説文》：辱也。從心耳聲	恥	C57P0720b		恥			釋文中慧琳對字形進行了結構描述，故缺對應的字圖
0290	魄耻	J016	有從止作耻，俗用，非正也	耻	耻 C57P0720b		恥	異體		
0290	慙耻	J008	衛宏從言作誀，古字也	誀	誀 C57P0534b		恥	異體		
0291	襡積	J081		襡	襡 C59P0018a		襡			
0291	襡積	J081	傳作襡（裋），俗字也	裋	襡 C59P0018a	裋	襡	異體		
0291	襡落	J055	或作襡	襡	襡 C58P0540b		襡	正訛		書寫訛誤
0291	襡落	J055	亦作㑔	㑔	㑔 C58P0540b		襡	正訛		書寫訛誤
0291	襡落	J055	經從大（犬）作㺜	㺜	㺜 C58P0540b		襡	正訛		書寫訛誤
0291	襡綑巾	J088	傳作㠌，非也	㠌	㠌 C59P0140b		襡	正訛		書寫訛誤
0291	襡脱	J081	録文從土作垳，非也	垳	垳 C59P0005b		襡	正訛		書寫訛誤
0292	檳（擯）庱	J015	王逸注《楚辭》云：斥，逐也	斥	斥 C57P0682b		斥			

組號	詞目	卷次	字形相關釋文	所涉文字	字圖/索引	校正形體	代表字	字際關係	詞際關係	備　註
0292	檳（擯）庍	J015		庍	庍 C57P0682b		斥	異體		
0292	庍其	J088	傳作庍,俗字,謬也	庍	庍 C59P0134b		斥	異體		
0292	檳（擯）庍	J015	今經文作庍,俗用,訛謬也	庍	庍 C57P0682b		斥	異體		
0292	黜庍	J078	經文作庍,俗字,非也	斥	斥 C58P1041b		斥	異體		
0293	赤石	J052		赤	赤 C58P0458b		赤			
0293	赤石	J052	古文作烾	烾	烾 C58P0458b		赤	異體		
0294	無翅	J006		翅	翅 C57P0498b		翅			
0294	無翅	J006	或作翄	翄	翄 C57P0498b		翅	異體		
0294	無翅	J006	或作翨	翨	翨 C57P0498b		翅	異體		
0294	無翅	J004	或有作翄	翄	翄 C57P0465b		翅	異體		
0294	無翅	J006	或作翨	翨	翨 C57P0498b		翅	異體		
0294	拘翄	J031	或作翄	翄	翄 C58P0020b		翅	異體		
0295	不啻	J079	從帝從口	啻	啻 C58P1059a		啻			
0295	不啻	J079	或作商,一也,書別之耳	商	商 C58P1059a		啻	異體		

續　表

組號	詞目	卷次	字形相關釋文	所涉文字	字圖/索引	校正形體	代表字	字際關係	詞際關係	備　註
0295	不啻	J052	經文作翅羽之翅，非也	翅	翅 C58P0480b		啻	音借		"翅"又分化出"翄"字，專門記録僅、只用法
0296	謙沖	J048		沖	沖 C58P0386a		沖			
0296	謙沖	J048	《説文》作盅，同	盅	盅 C58P0386a		沖	音借		屬本字不用、借字通行類現象
0297	愚惷	J030		惷	惷 C57P1041a		惷			
0297	愚惷	J030	亦作戇	戇	戇 C57P1041a		惷	異體		
0297	癡惷	J016	或從見作覶	覶	覶 C57P0718b		惷	音借		
0297	癡惷	J016	亦作覩（覩）	覩	覩 C57P0718b	覩	惷	音借		"覶"又或作"覩"形
0298	衝天	J084	《説文》：從行童聲	衝	衝 C59P0082b		衝	異體		
0298	衝天	J084	論文從車作轁，誤也	轁	轁 C59P0082b		衝	音借		
0299	憧憧	J033	字從童	憧	憧 C58P0054a		憧			
0299	憧憧	J033	經文從心從重作㣫	㣫	㣫 C58P0054a		憧	音借		亦或爲形近訛誤
0300	傭直	J033	《説文》亦均直也。從人庸聲	傭	傭 C58P0068b		傭			
0300	傭直	J033	經從月作膭，俗字也	膭	膭 C58P0068b		傭	異體		
0300	傭長	J015	經文從片作牖，非也	牖	牖 C57P0705b		傭	正訛		"傭長"條下的"牖"蓋是"傭"的書寫訛誤字形

組號	詞目	卷次	字形相關釋文	所涉文字	字圖/索引	校正形體	代表字	字際關係	詞際關係	備　註
0301	崇闡	J001	從山宗聲也	崇	崇 C57P0406b		崇			
0301	崇闡	J001	或作崈	崈	崈 C57P0406b		崇	異體		
0302	生蟲	J013		蟲	蟲 C57P0658a		蟲			
0302	昆蟲	J001	《説文》從三虫，俗作虫	虫	虫 C57P0407a		蟲	異體		
0302	毒蟲	J005	經文作蚕，俗字也，省略也	蚕	蚕 C57P0484a		蟲	異體		
0302	用蟲水	J060	律文從皿作蠱，音古	蠱	蠱 C58P0675b		蟲	正訛		經文中"蟲"或誤書作"蠱"
0302	蟲鳥	J099	集連作蟲，寫人深誤也	蟲	蟲 C59P0320b		蟲	正訛		經文中"蟲"或誤與"鳥"合書
0303	揫擲	J042		揫	揫 C58P0240a		揫			
0303	揫擲	J042	經作揌，俗字	揌	揌 C58P0240a		揫	異體		此由"揫"書寫訛變而來
0304	酬對	J089		酬	酬 C59P0153a		酬			
0304	酬對	J089	又古作醻	醻	醻 C59P0153a		酬	異體		
0304	酬對	J089	傳文從言作詶，俗字	詶	詶 C59P0153a		酬	音借		酬答、對答義上，"詶""酬"通用，爲同源通用字現象
0304	酬亢	J018	或作讎	讎	讎 C57P0768a		酬	音借		
0305	稠密	J044	從禾周聲	稠	稠 C58P0295b		稠			

組號	詞目	卷次	字形相關釋文	所涉文字	字圖/索引	校正形體	代表字	字際關係	詞際關係	備　註
0305	綢密	J044	經從糸作綢,是綢繆字,非經義也	綢	綢 C58P0295b		稠	音借		
0306	綢雨	J014		綢	綢 C57P0668b		綢			
0306	綢雨	J014	或作稀稠之稠爲稠字,於義亦通也	稠	捆 C57P0668b		綢	音借		
0307	儔匹	J015		儔	儔 C57P0702b		儔			
0307	儔匹	J015	經文從田作疇也	疇	疇 C57P0702b		儔	分化		儔匹義早期由"疇"記録,後期由"儔"記録,大致以唐時爲分界
0308	蚊幬	J062		幬	幬 C58P0711b		幬			
0308	蚊幬	J062	亦作幮	幮	幮 C58P0711b		幬	異體		
0309	持籌	J075		籌	籌 C58P0963a		籌			
0309	持籌	J075	經文從奇作筹,錯書也	筹	筹 C58P0963a		籌	正訛		慧琳所謂"錯書也"不誣
0310	讎隙	J025		讎	讎 C57P0920b		讎			
0310	讎隙	J025	有作酬,勸酒也	酬	酬 C57P0920b		讎	音借		
0310	讎挍	J077	經從州從言作訓,非也	訓	訓 C58P1029a		讎	音借		
0311	柫械	J055		柫	柫 C58P0542b		柫			
0311	柫械	J055	亦作柤,俗字,連枷也	柤	扭 C58P0542b		柫	異體		

組號	詞目	卷次	字形相關釋文	所涉文字	字圖/索引	校正形體	代表字	字際關係	詞際關係	備　註
0311	柤械	J013	或作扗	扗	扗 C57P0660a		柤	正訛		高麗本"或作扗"之"扗"，乃"柤"的訛字
0312	醜陋	J005	《毛詩傳》云：醜，惡也。從鬼酉聲	醜	醜 C57P0491a		醜	異體		
0313	物燶	J002	從自從犬	臭	C57P0424a		臭			釋文中慧琳對字形進行了結構描述，故缺對應的字圖
0313	物燶	J002	或從歹作殠	殠	殠 C57P0424a		臭	異體		
0313	物燶	J002		燶	燶 C57P0424a		臭	異體		
0313	物燶	J002	經文從死作㲦，非也，並無此字	㲦	㲦 C57P0424a		臭	異體		
0314	芻蕘	J085		芻	芻 C59P0090b		芻			
0314	芻蕘	J085	或從草作蒭，亦正	蒭	蒭 C59P0090b		芻	異體		
0314	負蒭	J011		蒭	蒭 C57P0612b		芻	異體		
0314	負蒭	J011	作芻	芻	芻 C57P0612b		芻	異體		
0314	負蒭	J011	古作茎	茎	茎 C57P0612b		芻	異體		
0315	耘鉏	J038	經作鋤，俗字也	鋤	鋤 C58P0162b		鋤			
0315	耘鉏	J038	從金從且聲	鉏	鉏 C58P0162b		鋤	異體		
0316	鵁鶄	J029	《說文》正作雛，從佳芻聲	雛	雛 C57P1033a		雛			

組號	詞目	卷次	字形相關釋文	所涉文字	字圖/索引	校正形體	代表字	字際關係	詞際關係	備　註
0316	鵁鶵	J029	經作鶵,俗用字也	鶵	鵝 C57P1033a		雛	異體		
0317	易處	J043		處	處 C58P0271a		處			
0317	易處	J043	經作処,俗字也	処	処 C58P0271a		處	異體		
0317	蹲處	J015	經作尻,俗字也	尻	尻 C57P0703a		處	異體		
0317	易處	J043	《說文》作処,云止也	処	処 C58P0271a		處	異體		
0318	珢頭	J035		珢	珢 C58P0103b		珢			
0318	珢頭	J035	或從立作竝	竝	竝 C58P0103b		珢	異體		
0318	珢頭	J035	或從石作硍,並通	硍	硍 C58P0103b		珢	音借		就目前所見材料而言,"珢"與"硍"當是通假字關係
0319	滀在	J065		滀	滀 C58P0764b		滀			
0319	滀在	J065	諸書作蓄、稸二形	蓄	蓄 C58P0764b		滀	音借		
0319	滀在	J065	諸書作蓄、稸二形	稸	稸 C58P0764b		滀	音借		
0320	擯黜	J071	《廣疋》:黜,去也	黜	黜 C58P0895b		黜			
0320	擯黜	J071	又作絀,同	絀	絀 C58P0895b		黜	音借		
0321	振皁	J012	經作觸,俗用	觸	觸 C57P0629b		觸			

組號	詞目	卷次	字形相關釋文	所涉文字	字圖/索引	校正形體	代表字	字際關係	詞際關係	備　註
0321	振犐	J012		犐	犐 C57P0629b		觸	異體		
0321	振犐	J012	或作牭,從牛角,會意字也	牭	牭 C57P0629b		觸	異體		"犐"與"牭"爲一字異寫
0322	揣觸	J070		揣	揣 C58P0859a		揣			
0322	揣觸	J070	古文敼,同	敼	敼 C58P0859a		揣	異體		
0322	揣觸	J070	論意,字宜作捐,初委反	捐	捐 C58P0859a		揣		文義換用	
0323	鐵鎖穿	J090	《説文》:穿,通也	穿	穿 C59P0172a		穿			
0323	鐵鎖穿	J090	傳文從身作穿,非也	穿	穿 C59P0172a		穿	異體		"穿"是正體,"穿"是書寫變異形體
0324	船人	J070		船	船 C58P0856b		船	異體		
0324	船人	J070	《方言》:自關而西謂舟爲舩	舩	舩 C58P0856b		船	異體		
0324	船人	J070	論文作舡	舡	舡 C58P0856b		船	異體		
0325	遄彼	J099		遄	遄 C59P0315b		遄			
0325	遄彼	J099	集從欠作歂,音同上	歂	歂 C59P0315b		遄	音借		
0326	柱樑	J014		樑	樑 C57P0671a		樑	異體		
0326	柱樑	J014	或作棟	棟	棟 C57P0671a		樑		文義換用	"棟"指屋棟

續　表

組號	詞目	卷次	字形相關釋文	所涉文字	字圖/索引	校正形體	代表字	字際關係	詞際關係	備　註
0327	傳來	J023		傳	傳 C57P0874b		傳			
0327	傳來	J023	字從更不從甫	傅	傳 C57P0874b		傳	正訛		文獻中"傳""傅"有互訛的情況，故而慧琳予以辨析之。字圖缺
0328	有篇	J052		篇	篇 C58P0455b		篇			
0328	有篇	J052	《蒼頡篇》作圖	圖	圖 C58P0455b		篇	異體		
0328	有篇	J052	經文作篁，音單	篁	篁 C58P0455b		篇		文義換用	
0328	篁上	J059	又作篁（箪）者，音典	篁	篁 C58P0653a	箪	篇			此"篁"是"箪"之訛誤字形
0329	環釧	J099		釧	釧 C59P0322b		釧			
0329	環釧	J099	集從王作玔，非也	玔	玔 C59P0322b		釧	音借		
0329	臂釧	J035	經文作串，非也，不是釧字	串	串 C58P0108a		釧	音借		
0330	瘑瘵	J014	《考聲》云作瘡也	瘡	瘡 C57P0676a		瘡			
0330	瘑瘵	J014	.	瘑	瘑 C57P0676a		瘡	異體		
0330	瘑瘵	J014	或作創	創	創 C57P0676a		瘡	分化		
0330	瘑瘵	J014	《説文》作刅	刅	刅 C57P0676a		瘡	音借		
0331	如瘡	J002	《説文》作創	創	創 C57P0429b		創			

組號	詞目	卷次	字形相關釋文	所涉文字	字圖/索引	校正形體	代表字	字際關係	詞際關係	備　註
0331	如瘡	J002	亦作刀（刅）	刀	刀 C57P0429b	刅	創	異體		
0331	有創	J045	《説文》又作刅（刅）	刅	刅 C58P0310b	刅	創	異體		
0331	如瘡	J002	古文作剏	剏	剏 C57P0429b		創	異體		
0331	創皰	J016	古文作剙	剙	剙 C57P0723b		創	異體		
0331	如瘡	J002	《玉篇》從戈從倉作戧	戧	戧 C57P0429b		創	異體		
0331	創皰	J016	又作戗	戗	戗 C57P0723b		創	異體	此由"戧"書寫訛變而來
0331	刱作	J087		刱	刱 C59P0124b		創	音借		與"刱"爲本字不用、借字通行現象
0332	牀座	J007		牀	牀 C57P0532a		牀			
0332	牀座	J007	經文作床,非也	床	床 C57P0532a		牀	異體		
0333	法幢	J012	從巾作,正體字也	幢	幢 C57P0625b		幢			
0333	法幢	J012	經從心作,非也	憧	C57P0625b		幢	正訛		經本的"憧"乃"幢"的書寫訛誤字形。字圖缺
0334	東陲	J001		陲	陲 C57P0405b		陲			
0334	東陲	J001	《弘福寺碑》文中作垂,略也	垂	垂 C57P0405b		陲	分化		
0335	三頓	J033		頓	頓 C58P0057b		頓			

組號	詞目	卷次	字形相關釋文	所涉文字	字圖/索引	校正形體	代表字	字際關係	詞際關係	備　註
0335	三顋	J033	經文作腮，未見所出也	腮	腿 C58P0057b		顋	音借		結合慧琳釋文來看，"腮"當是魏晉至唐時新產生的文字
0336	純淨	J017		純	純 C57P0746a		純			
0336	染沌	J099	亦純字也	沌	沌 C59P0327b		純	異體		
0336	純淨	J017	經文作醇	醇	醇 C57P0746a		純	音借		
0336	純淨	J017	又作淳濃之淳	淳	淳 C57P0746a		純	音借		
0337	潭質	J066	論作淳，俗用字也	淳	淳 C58P0787a		淳			
0337	潭質	J066		潭	潭 C58P0787a		淳	異體		
0337	潭質	J066	案潭質之字正從酉作醇	醇	醇 C58P0787a		淳	音借		
0337	潭質	J066	亦作純	純	純 C58P0787a		淳	音借		
0337	潭質	J066	亦作膞	膞	膞 C58P0787a		淳	音借		
0337	潭質	J066	亦作憻	憻	憻 C58P0787a		淳	音借		
0338	醇淨	J036	經作醇	醇	醇 C58P0122b		醇			
0338	醇淨	J036		醇	醇 C58P0122b		醇	異體		
0338	醇淨	J036	或從水作淳	淳	淳 C58P0122b		醇	音借		

組號	詞目	卷次	字形相關釋文	所涉文字	字圖/索引	校正形體	代表字	字際關係	詞際關係	備　註
0338	醇澆	J087	論作純,音同,義則非也	純	純 C59P0124a		醇	音借		
0339	蠢蠢	J001		蠢	蠢 C57P0403b		蠢			
0339	蠢蠢	J001	或作蠢	蠢	蠢 C57P0403b		蠢	異體		"蠢"字蓋由"截"換"春"爲"蠢"後書寫變異而來
0339	蠢蠢	J001	作惷	惷	惷 C57P0403b		蠢	音借		
0339	蠢蠢	J001	或作偆	偆	偆 C57P0403b		蠢	音借		
0340	華婥	J079	《説文》:從女卓聲	婥	婥 C58P1056b		婥			
0340	華婥	J079	或作綽也	綽	綽 C58P1056b		婥	音借		
0340	華婥	J079	或作靗	靗	靗 C58P1056b		婥	音借		"綽"與"靗"爲換旁異體字關係
0341	瑕疵	J027		疵	疵 C57P0968b		疵			
0341	瑕疵	J027	古文瘯(瘄)同	瘯	瘯 C57P0968b	瘄	疵		近義換用	"古文瘯同"之"瘯",是"瘄"的訛字
0342	瓷器	J039		瓷	瓷 C58P0172b		瓷			
0342	瓷器	J039	亦作窑	窑	窑 C58P0172b		瓷	異體		
0342	瓷器	J039	今經作磁,是石名,堪爲藥	磁	磁 C58P0172b		瓷	音借		《大字典》"磁"下收録了"同'瓷'"(2010:2617)的用法,欠妥

組號	詞目	卷次	字形相關釋文	所涉文字	字圖/索引	校正形體	代表字	字際關係	詞際關係	備　註
0343	礠石	J072	又作磁	磁	磁 C58P0900a		磁			
0343	礠石	J072		礠	礠 C58P0900a		磁	異體		
0343	磁石	J026	有本作慈，非字體也	慈	慈 C57P0949b		磁	音借		
0344	文辭	J015		辭	辭 C57P0683a		辭			
0344	文辭	J015	古文作䛐	䛐	䛐 C57P0683a		辭	異體		
0344	文辭	J015	今經作辝	辝	辝 C57P0683a		辭	異體		
0345	鏦金	J099		鏦	鏦 C59P0318a		鏦			
0345	鏦金	J099	或從手作摐（摐）也	摐	摐 C59P0318a	摐	鏦	音借		
0346	彥悰	J030	《説文》云：悰猶樂也。從心宗聲。沙門名也	悰	悰 C58P1089a		悰			
0346	彥悰	J030	前有從玉作琮，未詳同異	琮	琮 C58P1089a		悰	音借		
0347	叢林	J027		叢	叢 C57P0979b		叢			
0347	叢林	J027	俗作藂	藂	藂 C57P0979b		叢	異體		
0347	叢林	J027	《漢書·東方朔傳》中作藪	藪	藪 C57P0979b		叢	異體		
0348	輻轃	J082		轃	轃 C59P0028b		轃			

組號	詞目	卷次	字形相關釋文	所涉文字	字圖/索引	校正形體	代表字	字際關係	詞際關係	備　註
0348	輻轏	J082	有從水作湊者，誤也	湊	㷂 C59P0028b		轏	音借		
0349	精粗	J098		粗	粗 C59P0302a		粗			
0349	麁捔（粗）	J010		捔	捔 C57P0584a	㮣	粗	異體		
0349	精粗	J098	正作麤	麤	麤 C59P0302a		粗	音借		結合二字文獻使用情況，將其視作同源通用字關係較妥
0349	精粗	J098	俗作麁	麁	麁 C59P0302a		粗	音借		"麁"由"麤"書寫省變而來
0350	徂落	J048		徂	徂 C58P0392a		徂			
0350	徂落	J048	又作殂，同	殂	殂 C58P0392a		徂	音借		二者爲同源通用字關係
0351	顰慼	J020	亦作戚、慽	戚	戚 C57P0794b		戚			
0351	顰慼	J020	《博雅》云：嗀咨，慼也。《古今正字》：從口戚聲	嗀	嗀 C57P0794b		戚	異體		
0351	顰慼	J020	亦作戚、慽	慽	慽 C57P0794b		戚	異體		
0351	顰慼	J020	經本從人作傶者，非也	傶	傶 C57P0794b		戚	音借		
0351	嚬慼	J001	下慼字或作蹙，亦同	蹙	蹙 C57P0409a		戚	音借		
0352	嗚噭	J055		噭	噭 C58P0543b		噭			
0352	嗚噭	J055	古文作嵓，同	嵓	嵓 C58P0543b		噭	異體		"噭"與"歊"爲異構字關係，此蓋由"歊"書寫訛變而來

組號	詞目	卷次	字形相關釋文	所涉文字	字圖/索引	校正形體	代表字	字際關係	詞際關係	備　註
0353	摧破	J051		摧	摧 C58P0442b		摧			
0353	摧破	J051	論從石作確,非也	確	確 C58P0442b		摧	音借		
0354	皠粲	J051		皠	皠 C58P0437b		皠			
0354	皠粲	J051	或作漼	漼	漼 C58P0437b		皠	音借		鮮好、潔白義上,"皠"與"漼"當是同源通用字關係
0355	脆不	J057		脆	脆 C58P0591a		脆			
0355	胞想	J016	從肉從絕省	脃	C57P0710b		脆	異體		釋文中慧琳對字形進行了結構描述,故缺對應的字圖
0355	胞想	J016	《廣雅》:脃,弱也	脃	脃 C57P0710b		脆	異體		此由"脃"書寫訛變所致
0355	脃草	J015		脃	脃 C57P0706b		脆	異體		此由"脃"書寫訛變所致
0355	胞想	J016	《説文》云:肉叕易斷也。從肉從絕省	胞	胞 C57P0710b		脆	異體		此由"脃"書寫訛變所致
0355	危脆	J005	或從毳作膬,亦通也	膬	膬 C57P0494b		脆	異體		
0355	脆不	J057	經文作毳,非也	毳	毳 C58P0591a		脆	音借		
0356	雲萃	J086		萃	萃 C59P0105a		萃			
0356	雲萃	J086	論文作卒,非也	卒	卒 C59P0105a		萃	音借		
0357	淵粹	J089		粹	粹 C59P0152a		粹			

組號	詞目	卷次	字形相關釋文	所涉文字	字圖/索引	校正形體	代表字	字際關係	詞際關係	備　註
0357	淵粹	J089	或從目作睟,音訓同	睟	睟 C59P0152a		粹	音借		
0358	村墟	J013		村	村 C57P0655a		村			從慧琳引《古今正字》來看,至遲到唐中期字書便已收錄"村"字
0358	村墟	J013	或作邨	邨	邨 C57P0655a		村	異體		
0359	右搓	J040		搓	搓 C58P0189b		搓			
0359	右搓	J040	經作縒,誤也	縒	縒 C58P0189b		搓	正訛		因"搓""縒"二字形、音略近,書經人審之不細而致誤
0360	撇摩	J042	《考聲》云:手撮取也。從手	撇	撇 C58P0243a		撮	異體		
0361	矬醜	J018		矬	矬 C57P0765b		矬			
0361	矬醜	J018	《古今正字》:正體作矬	矬	矬 C57P0765b		矬	近義換用		當由"短"書寫變異而來
0361	矬醜	J018	《集訓》云:妵,短	妵	妵 C57P0765b		矬	近義換用		
0361	矬痏	J051	作矮	矮	矮 C58P0438b		矬	近義換用		
0361	矬陋	J027	有作痤,痤癰也	痤	痤 C57P0977a		矬	音借		
0361	矬痏	J051	論文二字並從人、從坐從歲作侳㦳	侳	侳 C58P0438b		矬	音借		
0362	痤鬼	J043		痤	痤 C58P0261b		痤			

組號	詞目	卷次	字形相關釋文	所涉文字	字圖/索引	校正形體	代表字	字際關係	詞際關係	備　註
0362	痤鬼	J043	經文作㘴,非也	㘴	坐 C58P0261b		痤	音借		
0363	剉斬	J075		剉	C58P0971b		剉			
0363	剉斬	J075	經作劃,非也	劃	C58P0971b		剉	異體		
0363	剉之	J033	經文從手作挫辱之挫,非也	挫	C58P0055b		剉	音借		
0363	斧剉	J058	律文作銼,才戈反	銼	C58P0626b		剉	音借		
0364	挫身	J028		挫	C57P1001a		挫			
0364	挫身	J028	經從二人作㧗(挫),古字	㧗	C57P1001a	挫	挫			經本的"挫"與"㧗"爲異寫字關係
0365	莝碓	J055		莝	C58P0529b		莝			
0365	莝碓	J055	經文作剉	剉	C58P0529b		莝	音借		
0366	舉厝	J097	或從手作措	措	C59P0289a		措			
0366	舉厝	J097	又作錯	錯	C59P0289a		措	音借		
0366	舉厝	J097		厝	C59P0289a		措	音借		
0367	鎈謬	J069	《考聲》：錯,誤也	錯	C58P0846a		錯			
0367	鎈謬	J069		鎈	C58P0846a		錯	異體		

組號	詞目	卷次	字形相關釋文	所涉文字	字圖/索引	校正形體	代表字	字際關係	詞際關係	備　註
0367	錯謬	J069	錯〔或〕從辵作遳	遳	遳 C58P0846a		錯	音借		"遳"是"遳"的一字異寫形體
0368	妲己	J087		妲	妲 C59P0118b		妲			
0368	妲己	J087	論從女作妃	妃	妃 C59P0118b		妲	正訛		形近錯訛
0369	何炟	J096		炟	炟 C59P0265a		炟			
0369	何炟	J096	集作炟,誤也	炟	炟 C59P0265a		炟	正訛		形近錯訛
0370	竹笪	J070	《説文》:笪(笪),筭(筭)也	笪	笪 C58P0858a		笪	正訛		形近錯訛
0371	析荅	J028	經作荅,俗字,通用也	荅	荅 C57P1001b		答	異體		
0371	酬荅	J007	正體作旮	旮	旮 C57P0520a		答	異體		
0371	酸荅	J003	古文從日從合作旮,今不行	旮	旮 C57P0447a		答	異體		
0371	析荅	J028	古文作畣	畣	畣 C57P1001b		答	異體		
0372	逮得	J034		逮	逮 C58P0083a		逮			
0372	逮得	J034	經作逯,俗字也	逯	逯 C58P0083a		逮	異體		經文作"逯"乃"逮"書寫訛誤所致,後習非成是
0373	資持(待)	J021	王逸注《楚辭》云:待,須也	持	持 C57P0824b		待	正訛		形近錯訛
0374	帶門	J039		帶	帶 C58P0166a		帶			

組號	詞目	卷次	字形相關釋文	所涉文字	字圖/索引	校正形體	代表字	字際關係	詞際關係	備　註
0374	帶門	J039	經從疒作瘑，非也	瘑	瘑 C58P0166a		帶	異體		屬"分化失敗"例，故仍視作異體關係
0374	被帶	J008	經作戴，非經義也	戴	戴 C57P0554a		帶	音借		
0375	盛髮之帒	J014	經作袋，俗字也	袋	袋 C57P0669b		帒			
0375	盛髮之帒	J014		帒	帒 C57P0669b		帒	異體		
0376	首戴	J039		戴	戴 C58P0171a		戴			
0376	首戴	J039	籀文作戴（戴）	戴	戴 C58P0171a	戴	戴	異體		
0377	躭緬	J026	諸字書作耽	耽	耽 C57P0934a		耽			樂、沉溺義上，文獻通行借字"耽"，本字"媅"則廢而不用
0377	躭緬	J026		躭	躭 C57P0934a		耽	異體		"躭"由"耽"書寫訛"耳"爲"身"而來
0377	躭緬	J026	古文作媅	媅	媅 C57P0934a		耽	音借		
0377	躭緬	J026	古文作妉	妉	妉 C57P0934a		耽	音借		"妉"是"媅"更換聲符而成
0377	躭緬	J026	諸字書作酖	酖	酖 C57P0934a		耽	音借		
0377	賒躭	J054	下或作酖，同	酖	酖 C58P0524b		耽	音借		譯音借用
0378	老聃	J095		聃	聃 C59P0245a		聃			
0378	聃術	J094	《説文》：從耳冄。正字	聃	聃 C59P0233b		聃	異體		

組號	詞目	卷次	字形相關釋文	所涉文字	字圖/索引	校正形體	代表字	字際關係	詞際關係	備　註
0378	老聃	J095	亦作䏙	䏙	䏙 C59P0245a		聃	異體		"耽"又作"䤁"、"職"或作"䎼"，並是其例
0378	聃術	J094	或從身作䏌	䏌	䏌 C59P0233b		聃	異體		
0378	聃術	J094	傳文從舌作甜，非本義	甜	甜 C59P0233b		聃	音借		
0379	酖酒	J016		酖	酖 C57P0715a		酖			
0379	酖酒	J016	或作耽	耽	耽 C57P0715a		酖	音借		
0379	酖醉	J030	經從身作躭	躭	躭 C57P1037b		酖	音借		
0379	酖酒	J016	或作媅	媅	媅 C57P0715a		酖	音借		
0379	酖酒	J016	或作妉	妉	妉 C57P0715a		酖	音借		
0380	殫生	J097		殫	殫 C59P0286a		殫			
0380	畢殫	J042		殫	殫 C58P0247a		殫	異體		
0380	殫生	J097	集作此㻖，俗字也	㻖	㻖 C59P0286a		殫	異體		
0380	殫藻繢	J085	論從弓作彈，誤	彈	彈 C59P0100b		殫	音借		
0381	擔揭	J043	《左傳》：碣石以投人。注云：碣，擔也	擔	擔 C58P0272b		擔			
0381	擔揭	J043		攑	攑 C58P0272b		擔	異體		

組號	詞目	卷次	字形相關釋文	所涉文字	字圖/索引	校正形體	代表字	字際關係	詞際關係	備　註
0382	膽勇	J035		膽	膽 C58P0109a		膽	異體		已編碼字形作"膽"
0382	膽勇	J035	經從目，非此也	瞻	C58P0109a		膽	正訛		釋文中慧琳對字形進行了結構描述，故缺對應的字圖
0383	啖啖	J054		啖	啖 C58P0522a		啖			
0383	啗餅	J065		啗	啗 C58P0766b		啖	異體		
0383	啗餅	J065	經文從敢作噉，俗字也	噉	噉 C58P0766b		啖	異體		
0383	啖啖	J054	經作噉，俗字也	噉	噉 C58P0522a		啖	異體		此是"噉"的一字異寫形體
0383	啄噉	J001	《説文》作嚪	嚪	嚪 C57P0413a		啖	異體		今傳本《説文》無此字
0383	啄噉	J001	經文作淡，非也	淡	淡 C57P0413a		啖	音借		
0384	不憚	J006		憚	憚 C57P0496b		憚			
0384	不憚	J006	古文作𢤽，義訓同	𢤽	𢤽 C57P0496b		憚	異體		
0384	無憚	J084	或從人作僤	僤	僤 C59P0069b		憚	音借		
0384	不憚	J010	經文作慘怛之怛，非也	怛	怛 C57P0583a		憚		近義換用	
0385	直瞪	J065		瞪	瞪 C58P0775b		瞪			
0385	直瞪	J065	又作瞵(矊)	瞵	瞵 C58P0775b	矊	瞪		近義換用	高麗本《慧琳音義》之"瞵"是"矊"的訛字

組號	詞目	卷次	字形相關釋文	所涉文字	字圖/索引	校正形體	代表字	字際關係	詞際關係	備　註
0386	恬惔	J016	經文從心作惔……憂心如惔。憂也，惔非此用	惔	惔 C57P0719a		惔			
0386	恬惔	J016	下宜作淡，徒濫反。漢（淡），安，謂安静也	淡	淡 C57P0719a		惔	音借		
0387	兜黨	J001		黨	黨 C57P0414a		黨			
0387	兜黨	J001	正作攩	攩	攩 C57P0414a		黨	音借		二者視作音借字關係較妥
0387	兜黨	J001	或從人作儻	儻	儻 C57P0414a		黨	音借		
0388	有讜	J080	或從黨作讜	讜	讜 C58P1071b		讜			
0388	有讜	J080		讜	譡 C58P1071b		讜	異體		
0389	縱憬	J035	《説文》：放也。從心象聲	憬	憬 C58P0101b		愓	異體		
0389	縱憬	J035	經文從女從易（易）作媵（媵），亦通	媵	媵 C58P0101b	媵	愓	異體		
0390	倒地	J075		倒	倒 C58P0980a		倒			
0390	倒地	J075	經文作瘍，非也	瘍	瘍 C58P0980a		倒	音借		"瘍"當是"瘍"之異體字
0390	倒地	J075	又作搗	搗	搗 C58P0980a		倒	音借		
0391	渚島	J036		島	島 C58P0123b		島			
0391	島夷	J097	《説文》：從山鳥聲	島	島 C59P0285a		島	異體		

續　表

組號	詞目	卷次	字形相關釋文	所涉文字	字圖/索引	校正形體	代表字	字際關係	詞際關係	備註
0391	渚島	J036	或作嶋	嶋	嶋 C58P0123b		島	異體		
0391	渚島	J036	亦作隝也	隝	隝 C58P0123b		島	異體		
0392	鎚擣	J014	或作搗	搗	搗 C57P0672b		搗			
0392	鎚擣	J014		擣	擣 C57P0672b		搗	異體		
0392	擣篩	J019	俗作搗,非也	搗	搗 C57P0772a		搗	異體		
0392	鎚擣	J014	或作捯	捯	捯 C57P0672b		搗	異體		
0392	擣篩	J019	古作𢱢	𢱢	𢱢 C57P0772a		搗	異體		"𢱢"書寫又變異作"𢶈"
0393	厭禱	J043		禱	禱 C58P0254a		禱			
0393	厭禱	J043	籀文作褐	褐	褐 C58P0254a		禱	異體		此"褐"由《説文》籀文"禂"書寫變異而來
0394	口道	J037		道	道 C58P0138b		道			
0394	口道	J037	古文從首從寸作尌	尌	尌 C58P0138b		道	異體		
0394	口道	J037	經從口作噵,非也。檢諸字書並無此噵字	噵	噵 C58P0138b		道	異體		"噵"是"道"在言説用法上的增旁異體字
0395	悳曼	J098	上音德,古文字也	悳	悳 C59P0307a		德	異體		
0396	如燈滅	J075	或從火作燈,俗文	燈	燈 C58P0965a		燈			

組號	詞目	卷次	字形相關釋文	所涉文字	字圖/索引	校正形體	代表字	字際關係	詞際關係	備　註
0396	如燈滅	J075	或從拱（廾）作弅（弅）	弅	弅 C58P0965a	弅	燈	音借		
0396	如燈滅	J075	或從瓦作甀	甀	甀 C58P0965a		燈	音借		
0397	等涌	J001	《説文》從竹從寺	等	等 C57P0417a		等			
0397	等涌	J001	經從草,俗字也	荖	C57P0417a		等	異體		釋文中慧琳對字形進行了結構描述,故缺對應的字圖
0398	憕憕	J030		憕	憕 C57P1036b		憕			
0398	憕憕	J030	經中或作瞪瞠,亦通	瞪	瞪 C57P1036b		憕	音借		
0398	憕憕	J030	有作慳慢,非	慳	慳 C57P1036b		憕	音借		
0399	梯橙	J018		橙	橙 C57P0768a		橙			
0399	梯橙	J018	或作蹬	蹬	蹬 C57P0768a		橙	音借		此取梯道義
0400	堤塘	J012	或作隄	隄	隄 C57P0629a		隄			
0400	堤塘	J012		堤	堤 C57P0629a		隄	異體		
0400	隄隄	J072	古文陡,同	陡	陡 C58P0916a		隄	異體		
0401	滴如	J041	《説文》云:水滴注也。從水適省聲	滴	滴 C58P0216b		滴			
0401	滴如	J041	或作㦿	㦿	㦿 C58P0216b		滴	異體		

續　表

組號	詞目	卷次	字形相關釋文	所涉文字	字圖/索引	校正形體	代表字	字際關係	詞際關係	備　註
0401	滴如	J041	經從帝作渧,俗用,誤	渧	渧 C58P0216b		滴	異體		
0401	一渧	J068	《説文》云:水注也。從水啻聲……論作渧,俗字也	渧	渧 C58P0832b		滴	異體		
0402	蘆荻	J058		荻	荻 C58P0606b		荻			
0402	蘆荻	J058	又作薍,同	薍	薍 C58P0606b		荻	異體		
0403	箏笛	J064		笛	笛 C58P0750b		笛			
0403	箏笛	J064	古文篴,同	篴	篴 C58P0750b		笛	異體		
0403	箏笛	J064	戒文作籍,非也	籍	籍 C58P0750b		笛	異體		此蓋是"篴"的書寫訛變字形
0404	勍敵	J080	《字書》正從商從文(攴)	敵	C58P1082b		敵			釋文中慧琳對字形進行了結構描述,故缺對應的字圖
0404	勍敵	J080		敵	敵 C58P1082b		敵	異體		
0404	勍敵	J080	録文從欠作歡,俗字也	歡	歡 C58P1082b		敵	異體		"歡"當是由"敵"變"攴"爲"欠"而來
0405	委坔	J054	古地字也	坔	坔 C58P0525a		地	異體		
0406	癲狂	J032	經作癲,俗字也	癲	癲 C58P0028b		癲			
0406	癲癇	J006		癲	癲 C57P0512b		癲	異體		

組號	詞目	卷次	字形相關釋文	所涉文字	字圖/索引	校正形體	代表字	字際關係	詞際關係	備　註
0406	癲狂	J032		癲	癲 C58P0028b		癲	異體		由"癲"書寫變異而來
0406	癲癎	J006	或作瘨	瘨	瘨 C57P0512b		癲	異體		
0406	癲癎	J006	亦作蹎	蹎	蹎 C57P0512b		癲	音借		
0407	典荆伐	J070		典	典 C58P0873b		典			
0407	典荆伐	J070	又作敟,同	敟	敟 C58P0873b		典	異體		
0408	店肆	J052		店	店 C58P0458a		店			
0408	店肆	J052	今作坫	坫	坫 C58P0458a		店	異體		
0409	瑕玷	J022		玷	玷 C57P0844b		玷			
0409	瑕玷	J022	玷字有本作點者,謬也	點	點 C57P0844b		玷	音借		
0410	居戶	J059		居	居 C58P0644a		居			
0410	居戶	J059	《通俗文》作串(丳)	串	串 C58P0644a	丳	居	異體		門閂義上,"居"與"丳"爲異構字關係
0410	居戶	J059	《蒼頡篇》作樿	樿	樿 C58P0644a		居	音借		
0410	居閉門	J060	古文作戾,形聲字也	戾	戾 C58P0658a		居		近義換用	
0411	蝘蜓	J033	《説文》:守宮,在壁曰蝘蜓,在草曰蜥蜴	蜓	蜓 C58P0056a		蜓			

組號	詞目	卷次	字形相關釋文	所涉文字	字圖/索引	校正形體	代表字	字際關係	詞際關係	備　註
0411	螁蜓	J033	經文作蟥螁，非體	螁	螁 C58P0056a		蜓	異體		"螁"當是"蚈"的一字異寫形體，"蚈"則是"蜓"的換旁異體字
0412	凋窘	J091		凋	凋 C59P0185b		凋			
0412	凋窘	J091	傳從彡作凋（彫），非此用也	凋	凋 C59P0185b	彫	凋	音借		
0413	凋訛	J088	正作彫	彫	彫 C59P0144a		彫			
0413	凋訛	J088		凋	凋 C59P0144a		彫	音借		
0413	凋訛	J088	《爾雅》作雕	雕	雕 C59P0144a		彫	音借		
0414	鵰鷲	J027		鵰	鵰 C57P0972b		鵰			
0414	鵰鷲	J027	籀文作雕	雕	雕 C57P0972b		鵰	異體		
0415	下釣	J085		釣	釣 C59P0090b		釣			
0415	下釣	J085	或作魡字	魡	魡 C59P0090b		釣	異體		
0416	迭相	J089		迭	迭 C59P0156b		迭			
0416	迭相	J089	《聲類》從足作跌（跌）。跌（跌）即過也，非此義也	跌	跌 C59P0156b	跌	迭	音借		高麗本的"跌"是"跌"的書寫訛誤字形
0417	眹眼	J042		眹	眹 C58P0232a		眹			
0417	眹眼	J042	經文作垤，非經義	垤	垤 C58P0232a		眹	音借		

組號	詞目	卷次	字形相關釋文	所涉文字	字圖/索引	校正形體	代表字	字際關係	詞際關係	備　註
0418	門堞	J010		堞	堞 C57P0581a		堞			
0418	門堞	J010	又作堞,同	堞	堞 C57P0581a		堞	異體		
0419	牒盈	J085		牒	牒 C59P0090a		牒			
0419	牒盈	J085	論文從言作諜,牒(非)也	諜	諜 C59P0090a		牒	音借		
0420	鼅蝶	J014		蝶	蝶 C57P0664b		蝶	異體		
0420	鼅蝶	J014	經作蛛,俗字	蛛	蛛 C57P0664b		蝶	異體		
0421	東鰈	J085		鰈	鰈 C59P0096a		鰈			
0421	東鰈	J085	或從去,音與鰈同	魼	C59P0096a		鰈	異體		釋文中慧琳對字形進行了結構描述,故缺對應的字圖
0422	肥丁	J075		丁	丁 C58P0983a		丁			
0422	肥丁	J075	經文作肛,都定反	肛	肛 C58P0983a		丁	異體		此"肛"當是"丁"受其上字"肥"從"肉"的影響類化而來
0423	下矴	J065		矴	矴 C58P0777b		矴			
0423	下矴	J065	經文作磸,近字也	磸	磸 C58P0777b		矴	異體		
0423	到矴	J058	律文碇,非也	碇	碇 C58P0622a		矴	異體		
0424	競蟊	J099		蟊	蟊 C59P0325b		蟊	異體		

組號	詞目	卷次	字形相關釋文	所涉文字	字圖/索引	校正形體	代表字	字際關係	詞際關係	備　註
0424	競螯	J099	或作鬐也	鬐	鬐 C59P0325b		螯	異體		此"鬐"當是"鬐"書寫變"甬"爲"角"而來
0425	洞清	J034		洞	洞 C58P0088b		洞			
0425	洞清	J034	古文術	術	術 C58P0088b		洞	音借		
0425	洞清	J034	古文迵	迵	迵 C58P0088b		洞	音借		
0425	洞然	J009	經文作烔	烔	烔 C57P0563b		洞	音借		
0425	洞清	J034	經文從口作哃，非也	哃	哃 C58P0088b		洞	音借		
0426	遷動	J006		動	動 C57P0502b		動			
0426	遷動	J006	李斯書《嶧山碑》從童作勤	勤	勤 C57P0502b		動	異體		
0426	遷動	J006	古文從彳作徸	徸	徸 C57P0502b		動	異體		
0426	遷動	J006	《説文》又從走作趨	趨	趨 C57P0502b		動	異體		
0427	櫨棟	J059		棟	棟 C58P0639b		棟	正訛		高麗本釋文之"棟"是"棟"的書寫訛誤字形
0428	潼現	J075		潼	潼 C58P0967b		潼			
0428	潼現	J075	經文作鼕	鼕	鼕 C58P0967b		潼	異體		此"鼕"當由"種"書寫訛變而來
0429	調疾	J013		調	調 C57P0645a		調			

組號	詞目	卷次	字形相關釋文	所涉文字	字圖/索引	校正形體	代表字	字際關係	詞際關係	備　註
0429	誷疾	J013	經從周作調,書誤也	調	調 C57P0645a		誷	正訛		形近訛誤,慧琳所言不誣
0430	馬笓	J089		笓	笓 C59P0160a		笓			
0430	馬笓	J089	傳文作兜,即鎧也,非本義也	兜	兜 C59P0160a		笓	分化		
0431	刁斗	J087		斗	斗 C59P0118a		斗			
0431	刁斗	J087	論作卉,誤	卉	卉 C59P0118a		斗	異體		
0432	田芛	J058	此宜作斗字	芛	芛 C58P0608a		斗	分化		
0432	田芛	J058	或作斜	斜	斜 C58P0608a		斗	音借		
0433	句逗	J027		逗	逗 C57P0982b		逗			
0433	句逗	J027	或作竇	竇	竇 C57P0982b		逗	音借		
0434	飣飿	J076	經從豆作餖,俗字也	餖	餖 C58P0995b		餖			
0434	飣飿	J076		飿	飿 C58P0995b		餖	異體		
0435	四寶	J030		寶	寶 C57P1038a		寶			
0435	四寶	J030	經作濱,俗字也	濱	濱 C57P1038a		寶	異體		
0436	馬鬪	J074		鬪	鬪 C58P0944a		鬪			

組號	詞目	卷次	字形相關釋文	所涉文字	字圖/索引	校正形體	代表字	字際關係	詞際關係	備　註
0436	馬鬪	J074	傳文從門作鬭者，誤	鬭	鬪 C58P0944a		鬪	異體		
0436	鬪諍	J020	從門從斗作鬪者，非也	鬪	鬪 C57P0794a		鬪	異體		已編碼字形從"鬥"
0436	相鬪	J084	今作門中斦者，俗通用	鬪	C59P0076a		鬪	異體		釋文中慧琳對字形進行了結構描述，故缺對應的字圖
0436	鬪諍	J076	經從門從豆，俗字也	鬪	C58P1000a		鬪	異體		釋文中慧琳對字形進行了結構描述，故缺對應的字圖
0436	相鬪	J084	論文從刀作剅，誤也	剅	剅 C59P0076a		鬪	音借		
0437	楚䣓	J088	即正都字	都	都 C59P0139a		都			
0437	楚䣓	J088		䣓	䣓 C59P0139a		都	異體		
0438	督令	J064	《字書》今作督(督)	督	督 C58P0752a	督	督			
0438	督令	J064		督	督 C58P0752a		督	異體		
0438	勸瞀	J019		瞀	瞀 C57P0789a		督	異體		
0439	諮毒	J060		毒	毒 C58P0664a		毒	異體		
0439	諮毒	J060	古文作𧕥	𧕥	𧕥 C58P0664a		毒	異體		此與《玉篇》之"𧕥"爲一字異體
0440	髑髏	J075		髑	髑 C58P0966b		髑			
0440	髑髏	J075	經文從頁作顤顗，俗用字	顗	顗 C58P0966b		髑	異體		

組號	詞目	卷次	字形相關釋文	所涉文字	字圖/索引	校正形體	代表字	字際關係	詞際關係	備　註
0441	謗讟	J089		讟	讟 C59P0153b		讟			
0441	謗讟	J089	傳文從黑作黷,非也	黷	黷 C59P0153b		讟	音借		
0441	毀讟	J096	集本作讀,通俗字	讀	讀 C59P0266b		讟	音借		
0442	瞻睹	J035		睹	睹 C58P0097a		睹			
0442	瞻睹	J035	或從見作覩	覩	覩 C58P0097a		睹	異體		
0443	共睹	J045		睹	睹 C58P0308a		睹			
0443	共睹	J045	亦作賭	賭	賭 C58P0308a		睹	異體		
0444	杜門	J044		杜	杜 C58P0285a		杜			
0444	杜門	J044	古文斁,同	斁	斁 C58P0285a		杜	音借		二者屬本字不用、借字通行類現象
0445	長短	J024		短	短 C57P0890b		短			
0445	長短	J024	或從寸作时,俗字也	时	时 C57P0890b		短	異體		
0445	長短	J024	《文字集略》或從手作捆,與經本同	捆	捆 C57P0890b		短	異體		
0445	長短	J080	録文從木作桓,音豆	桓	桓 C58P1080a		短			經文長短義上作"桓",當是由"捆"訛誤而來
0446	鰕壞	J063		鰕	鰕 C58P0728b		鰕			

組號	詞目	卷次	字形相關釋文	所涉文字	字圖/索引	校正形體	代表字	字際關係	詞際關係	備　註
0446	殿壞	J063	律文從夕(歹)作殿,非也	殿	殿 C58P0728b		殿	異體		
0447	鐵鐓	J033	經文作錞,市均反	錞	錞 C58P0056a		錞			表示樂器的"錞"與同"鐓"之"錞"是同形字關係
0447	鐵鐓	J033		鐓	鐵 C58P0056a		錞	異體		
0448	懟恨	J058		懟	懟 C58P0609a		懟			
0448	懟恨	J058	古文懟,同	懟	懟 C58P0609a		懟	異體		
0449	遥遯	J099	或作遁	遁	遁 C59P0329a		遁			
0449	遥遯	J099		遯	遯 C59P0329a		遁	異體		
0449	遥遯	J099	集從逐作豚,誤寫	豚	豚 C59P0329a		遁	異體		"遯"書寫或作"豚"
0449	遥遯	J099	又作逐	逐	逐 C59P0329a		遁	異體		
0449	遥遯	J099	又作遯	遯	遯 C59P0329a		遁	異體		
0449	肥遁	J087	論作盾	盾	盾 C59P0117b		遁	音借		
0450	頑鈍	J078		鈍	鈍 C58P1047b		鈍			
0450	頑鈍	J078	或作頓	頓	頓 C58P1047b		鈍	音借		
0451	頽弊	J018	經作頹,俗字也	頹	頹 C57P0759b		頓	異體		

組號	詞目	卷次	字形相關釋文	所涉文字	字圖/索引	校正形體	代表字	字際關係	詞際關係	備　註
0451	頻弊	J018	或作敨	敨	敨 C57P0759b		頓	異體		
0451	頻來	J033	此應誤,宜作頓來也	頻	頻 C58P0053b		頓	正訛		此"頻"乃"頓"的書寫訛誤字形
0452	每剗	J081		剗	剗 C59P0021b		剗			
0452	每剗	J081	傳中從手作,非也,宜改之	撥	C59P0021b		剗	音借		釋文中慧琳對字形進行了結構描述,故缺對應的字圖
0453	垂鞞	J024		鞞	鞞 C57P0894b		鞞			
0453	垂鞞	J024	經文從足作跁,音都賀反。跁,倒也	跁	跁 C57P0894b		鞞	音借		
0454	積陊	J094		陊	陊 C59P0231b		陊			
0454	積陊	J094	又從它作陀,音義並同	陀	陀 C59P0231b		陊	異體		
0455	櫂柂	J099	《説文》作柂	柂	柂 C59P0327a		舵	異體		
0455	櫂柂	J099	集作柁,俗字	柁	柁 C59P0327a		舵	異體		此"柁"與"柂"爲一字異寫
0455	執柂	J031	經從手作拖,誤也	拖	拖 C58P0013a		舵			船舵義上作"拖",是"柂"的訛誤字形
0456	訛言	J028		訛	訛 C57P0993b		訛			
0456	訛言	J028	古文譌	譌	譌 C57P0993b		訛	異體		已編碼字形作"譌"
0456	訛言	J028	古文吪	吪	吪 C57P0993b		訛	異體		

組號	詞目	卷次	字形相關釋文	所涉文字	字圖/索引	校正形體	代表字	字際關係	詞際關係	備　註
0456	訛言	J028	古文蔿	蔿	蔿 C57P0993b		訛	音借		
0457	第額	J032	經序作額，俗字也	額	頟 C58P0047a		額			
0457	第額	J032		額	頟 C58P0047a		額	異體		
0458	扼捥	J080	録作扼，俗字也	扼	扼 C58P1087a		扼			
0458	扼捥	J080	《説文》：抳猶把也	抳	抳 C58P1087a		扼	異體		
0458	扼捥	J080	亦作搹	搹	搹 C58P1087a		扼	異體		
0458	扼捥	J080	正作搤	搤	搤 C58P1087a		扼	異體		
0459	善軛	J062	經作軛，俗字也	軛	軛 C58P0707a		軶			
0459	善軛	J062	正體字也	軶	軶 C58P0707a		軶	異體		
0459	四枙	J067		枙	枙 C58P0809b		軶	異體		
0459	貪軛	J071	又作扼，同	扼	扼 C58P0882a		軶	音借		亦或是"枙"之訛誤形體
0459	四枙	J067	論從手作扼，非此義也，是扼捥字	扼	扼 C58P0809b		軶	音借		亦或是"枙"之訛誤形體
0459	車軛	J060	或作輞，曲本是也	輞	輞 C58P0668a		軶		近義換用	"輞"是"楅"的異體字
0460	惡師	J009		惡	惡 C57P0573a		惡			

組號	詞目	卷次	字形相關釋文	所涉文字	字圖/索引	校正形體	代表字	字際關係	詞際關係	備　註
0460	惡師	J009	惡,過也,所爲不善也	惡	惡 C57P0573a		惡	異體		
0460	惡師	J009	又從人作偣	偣	偣 C57P0573a		惡	異體		
0460	惡師	J009	經文從草作蕙	蕙	蕙 C57P0573a		惡	音借		"蕙"是"蕙"之書寫變異字形
0461	生蕚	J065		蕚	蕚 C58P0778a		蕚			
0461	瓊蕚	J039		蕚	蕚 C58P0180a		蕚	異體		
0461	苧蕚	J096	集云"苧蕚之檻"	蕚	蕚 C59P0269b		蕚	異體		
0461	生蕚	J065	又作樗,同	樗	樗 C58P0778a		蕚	異體		
0461	瓊蕚	J039	經作咢,俗字	咢	咢 C58P0180a		蕚	音借		
0461	苧蕚	J096	下卯(卯)各反,花跌也	蕚	蕚 C59P0269b		蕚	音借		
0462	名遏	J020		遏	遏 C57P0802a		遏			
0462	名遏	J020	古文閼,同	閼	閼 C57P0802a		遏	音借		
0463	崑崿	J099	集作崿,俗字	崿	崿 C59P0327b		崿			
0463	崑崿	J099		崿	崿 C59P0327b		崿	異體		
0463	嵬崿	J091	傳文作嵒,俗字也	嵒	嵒 C59P0190b		崿	異體		

續　表

組號	詞目	卷次	字形相關釋文	所涉文字	字圖/索引	校正形體	代表字	字際關係	詞際關係	備　註
0463	嵬崿	J091		崿	崿 C59P0190b		崿	異體		
0464	驚愕	J062	律文作愕,俗字也	愕	愕 C58P0721a		愕			
0464	驚愕	J062		愕	愕 C58P0721a		愕	異體		
0464	愕然	J033	字書或作咢,同	咢	咢 C58P0057b		愕	分化		
0464	驚愕	J062	亦作頟	頟	頟 C58P0721a		愕	音借		
0465	膝痛	J066	今俗用作腭	腭	腭 C58P0790a		腭			
0465	上腭	J036		腭	腭 C58P0124b		腭	異體		
0465	柱齶	J055		齶	齶 C58P0540b		腭	異體		
0465	舌腭	J069		腭	腭 C58P0843b		腭	異體		
0465	柱齶	J055	經作胖,非也	胖	胖 C58P0540b		腭	異體		
0465	舌腭	J069	論從口作咢,非也	咢	咢 C58P0843b		腭	異體		
0465	膝痛	J066	今俗用作齶	齶	齶 C58P0790a		腭	異體		
0465	上腭	J036	經文從齒作齶,俗字也	齶	齶 C58P0124b		腭	異體		
0465	齶痛	J052	經文作腶	腶	腶 C58P0457b		腭	異體		此亦不排除由"腶"書寫變異而來

組號	詞目	卷次	字形相關釋文	所涉文字	字圖/索引	校正形體	代表字	字際關係	詞際關係	備　註
0465	齗腭	J048	下又作齶	齶	齶 C58P0388a		腭	異體		
0465	脣腭	J045	經從齒作齴,非也	齴	齴 C58P0306b		腭	異體		此是"齶"的書寫變異字形
0465	舌腭	J069	《說文》作罛	罛	罛 C58P0843b		腭	音借		
0465	齗腭	J039	經從心作愕	愕	愕 C58P0165b		腭	音借		
0465	齒腭	J072	《說文》作谷	谷	谷 C58P0900a		腭		近義換用	
0465	腭痛	J066	亦作嗠	嗠	嗠 C58P0790a		腭		近義換用	
0465	腭痛	J066	亦作臄	臄	臄 C58P0790a		腭		近義換用	
0466	諤諤	J083		諤	諤 C59P0061a		諤	異體		
0466	諤諤	J083	或爲罜也	罜	罜 C59P0061a		諤	音借		
0466	諤諤	J083	或作愕	愕	愕 C59P0061a		諤	音借		
0467	登陑	J099		陑	陑 C59P0318b		陑			
0467	登陑	J099	或作隭也	隭	隭 C59P0318b		陑	異體		
0468	遍耳	J026		耳	耳 C57P0932b		耳			
0468	遍耳	J026	經文有作身,恐寫誤	身	身 C57P0932b		耳	正訛		梁春勝《楷書部件演變研究》考察過"耳""身"的混訛(2012:200)

組號	詞目	卷次	字形相關釋文	所涉文字	字圖/索引	校正形體	代表字	字際關係	詞際關係	備　註
0469	餌藥	J029		餌	餌 C57P1027a		餌			
0469	餌藥	J029	《説文》從弭作䰩	䰩	䰩 C57P1027a		餌	異體		
0469	鈎餌	J026	正體宜作跴(蚔)字	跴	跴 C57P0955a	蚔	餌	異體		此"跴"當是"蚔"的書寫訛誤字形
0469	餌星髓	J099	集從取作飯	飯	飯 C59P0313b		餌	異體		
0470	兜羅㲲	J026	又作毦,同用	毦	毦 C57P0949b		毦			
0470	兜羅㲲	J026		㲪	㲪 C57P0949b		毦	異體		
0471	倚發	J059		發	發 C58P0631b		發			
0471	倚發	J059	律文作撥,補沫反	撥	撥 C58P0631b		發	音借		
0471	機發	J031	經從角作觘,非也	觘	觘 C58P0007b		發	音借		
0472	匱乏	J012		乏	乏 C57P0640a		乏			
0472	匱乏	J012	古文作㲋	㲋	㲋 C57P0640a		乏	異體		此是"乏"的書寫變異字形
0473	譴罰	J002		罰	罰 C57P0433a		罰	異體		
0473	譴罰	J002	經或作罸,通用也	罸	罸 C57P0433a		罰	異體		慧琳"譴罸"下云:"蔡邕《石經》改岡作罒,改刀爲寸。"
0474	愛瀍	J040	正法字	法	法 C58P0198b		法			

組號	詞目	卷次	字形相關釋文	所涉文字	字圖/索引	校正形體	代表字	字際關係	詞際關係	備　註
0474	愛灋	J040		灋	𤄴 C58P0198b		法	異體		
0475	鬤髮	J005		髮	髟 C57P0482b		髮			
0475	鬤髮	J005	或作頒	頒	頒 C57P0482b		髮	異體		
0475	鬤髮	J005	或作㿬	㿬	㿬 C57P0482b		髮	異體		
0475	鬤髮	J064	或從首作㿬	㿬	㿬 C58P0751a		髮	異體		
0475	鬤髮	J064	或作媥	媥	媥 C58P0751a		髮	異體		
0476	帆柂	J081		帆	帆 C59P0008a		帆			
0476	帆柂	J081	或作颿	颿	颿 C59P0008a		帆	異體		"颿"或書作"颿"形
0476	帆柂	J081	録文作舤	舤	舤 C59P0008a		帆	異體		
0476	帆柂	J081	亦作颰	颰	颰 C59P0008a		帆	音借		《大字典》"颰"的第二個義項爲"同'帆'",欠妥
0477	翻翻	J058		翻	翻 C58P0627a		翻			
0477	翻翻	J058	又作飜	飜	飜 C58P0627a		翻	異體		
0477	翻翻	J058	律文作敿	敿	敿 C58P0627a		翻	音借		此是"敿"的異寫形體
0478	樊籠	J015		樊	樊 C57P0682b		樊			

續　表

組號	詞目	卷次	字形相關釋文	所涉文字	字圖/索引	校正形體	代表字	字際關係	詞際關係	備　註
0478	樊籠	J015	或作桻	桻	桻 C57P0682b		樊	異體		此由"樊"字書寫變異而來
0479	燔燒	J074		燔	燔 C58P0949b		燔			
0479	燔燒	J074	又作旛	旛	旛 C58P0949b		燔	音借		
0480	飯食	J052		飯	飯 C58P0465a		飯			
0480	飯食	J052	古文飯(飰)	飯	飰 C58P0465a	飰	飯	異體		《玄應音義》第十一卷"飯食"條下作"飰"字（V32P0148b），據改
0480	飰食	J062		飰	飰 C58P0698a		飯	異體		
0481	師範	J030		範	範 C57P1049a		範			
0481	師範	J030	經從草作蘜	蘜	蘜 C57P1049a		範	異體		
0481	軌範	J070	又作范	范	范 C58P0865a		範	音借		二者爲本字不用、借字通行現象
0481	師範	J065	又作范	范	范 C58P0779b		範	音借		
0481	師範	J030	《玉篇》或作軓	軓	軓 C57P1049a		範	音借		
0482	肪膏	J045		肪	肪 C58P0303a		肪			
0482	肪膏	J045	今經本作骯,非	骯	骯 C58P0303a		肪	異體		當是"骯"出現較晚,文獻用之不多,慧琳從正字法角度謂之"非"

組號	詞目	卷次	字形相關釋文	所涉文字	字圖/索引	校正形體	代表字	字際關係	詞際關係	備　註
0483	倣前	J100	《説文》從人作仿	仿	**仿** C59P0343a		仿			
0483	倣前	J100		倣	**倣** C59P0343a		仿	異體		
0483	倣前	J100	籀文作俩	俩	**俩** C59P0343a		仿	異體		"枋"或借爲"柄"表示器物的把兒等用法,與此音理同
0483	放習	J080	録從人作倣	放	**放** C58P1093b		仿	音借		
0483	放習	J056	經文作坊	坊	**坊** C58P0553b		仿	音借		
0484	舩舫	J059		舫	**舫** C58P0631a		舫			
0484	舩舫	J059	《説文》作汸	汸	**汸** C58P0631a		舫	異體		
0484	舩舫	J059	《説文》作方	方	**方** C58P0631a		舫	異體		此反映了異體字組不同形體功能的不均等特性
0484	舩舫	J059	律文有作枋	枋	**枋** C58P0631a		舫	音借		
0485	蜎蟲	J033	下古書飛皆作蜚	飛	**飛** C58P0057b		飛			
0485	飛鳥	J075	言鳥飛揚也。經文從犬作犹,誤也	犹	**犹** C58P0967b		飛	正訛		此是"飛"的訛誤字形
0485	蜎蟲	J033		蜚	**蜚** C58P0057b		飛	音借		
0486	户扉	J059		扉	**扉** C58P0636a		扉			
0486	户扉	J059	律文作閛	閛	**閛** C58P0636a		扉	異體		

續　表

組號	詞目	卷次	字形相關釋文	所涉文字	字圖/索引	校正形體	代表字	字際關係	詞際關係	備　註
0487	地肥	J073	劫初時脂也	肥	肥 C58P0935b		肥			
0487	地肥	J052	劫初地脂也	肥	肥 C58P0462a		肥	異體		
0487	地肥	J052	經文作臕，非禮也	臕	臕 C58P0462a		肥		文義換用	
0488	蝍蜰	J075		蜰	蜰 C58P0978b		蜚	異體		"蜚"的異體
0488	蝍蜰	J075	《古今正字》作蟲，從蚰	蟲	蟲 C58P0978b		蜚	異體		"蜚"的異體
0489	雺霏	J056		霏	霏 C58P0566b		霏			
0489	雺霏	J056	下或作霏	霏	霏 C58P0566b		霏	異體		
0490	匪唯	J008		匪	匪 C57P0549b		匪			
0490	匪唯	J008	亦作筐	筐	筐 C57P0549b		匪	音借		
0490	匪唯	J008	古文作帯	帯	帯 C57P0549b		匪	音借		
0491	斐然	J099		斐	斐 C59P0311a		斐			
0491	斐然	J099	集從心作愧	愧	愧 C59P0311a		斐	音借		此當是"悱"之換旁異體字
0492	痱瘰	J009		痱	痱 C57P0561b		痱			
0492	痱瘰	J009	又作疿	疿	疿 C57P0561b		痱	異體		
0493	已分	J057		分	分 C58P0580b		分			

續　表

組號	詞目	卷次	字形相關釋文	所涉文字	字圖/索引	校正形體	代表字	字際關係	詞際關係	備　註
0493	已分	J057	經文作份	份	份 C58P0580b		分	分化		
0494	芬馥	J006	今或從草分聲也	芬	芬 C57P0503a		芬			
0494	芬馥	J006	本從屮,音丑列反	屮	C57P0503a		芬	異體		"屮"書寫又訛作"屮"。慧琳釋文描述形體結構,字圖缺
0494	芬馥	J006	有從香作馚	馚	馚 C57P0503a		芬	異體		"馚"似亦可視作"芬"之換旁異體字
0494	芬馥	J006	經文有從气作氛	氛	氛 C57P0503a		芬	音借		
0495	氛郁	J006		氛	氛 C57P0506a		氛			
0495	氛郁	J006	或作雰	雰	雰 C57P0506a		氛	異體		
0496	餐饋	J065		饋	饋 C58P0779a		饋			
0496	餐饋	J065	下又作餴	餴	餴 C58P0779a		饋	異體		
0497	焚燒	J070		焚	焚 C58P0865a		焚			
0497	焚燒	J070	古文炎	炎	炎 C58P0865a		焚	異體		
0497	焚燒	J070	古文燔	燔	燔 C58P0865a		焚	異體		
0497	燌燌	J057	經從貴作燌	燌	燌 C58P0582a		焚			《佛說罵意經》經文之"燌"乃"燌"書寫訛誤所致
0498	鼢鼠	J098		鼢	鼢 C59P0295a		鼢			

續　表

組號	詞目	卷次	字形相關釋文	所涉文字	字圖/索引	校正形體	代表字	字際關係	詞際關係	備　註
0498	鼢鼠	J098	或作蚡	蚡	蚡 C59P0295a		鼢	異體		
0498	鼢鼠	J098	又作蚕	蚕	蚕 C59P0295a		鼢	異體		"蚡"字又或書作"蚕"
0499	羅轐	J055		轐	轐 C58P0540b		轐			
0499	羅轐	J055	經文從貴作轒,非也	轒	轒 C58P0540b		轐	正訛		"轐"訛作"轒",可與"熿"訛作"熿"相比勘
0500	獢者	J065	《説文》:銳豕也。謂捷(犍)豕也	獢	獢 C58P0768b		獢	異體		
0501	氂扮	J064	《廣雅》云:扮,動也。《聲類》云:擊也	扮	扮 C58P0749b		扮			
0501	氂扮	J064	經從芬作枌	枌	枌 C58P0749b		扮	音借		此"枌"或即"棻"下之"木"移至左邊而來
0501	相扮	J076	經文從木作枌	枌	枌 C58P0989a		扮	正訛		此"枌"或即"扮"之訛誤字形
0502	坌其身	J029	或作坋	坋	坋 C57P1029b		坋			
0502	坌其身	J029		坌	坌 C57P1029b		坋	異體		
0503	憤恚	J008		憤	憤 C57P0535a		憤			
0503	憤恚	J008	或作憒,古字也	憒	憒 C57P0535a		憤	異體		
0504	隄封	J020		封	封 C57P0791b		封			
0504	隄封	J020	從土作坒	坒	坒 C57P0791b		封	異體		

組號	詞目	卷次	字形相關釋文	所涉文字	字圖/索引	校正形體	代表字	字際關係	詞際關係	備　註
0504	隉封	J020	籀文從土從半	坢	坢 C57P0791b		封	異體		
0505	欑峯	J012		峯	峯 C57P0628a		峰	異體		
0505	欑峯	J012	經從金作鋒	鋒	鋒 C57P0628a		峰	音借		
0506	䖵蝶	J014	經作蜂	蜂	蜂 C57P0664b		蜂			
0506	䖵蝶	J014		䗬	䗬 C57P0664b		蜂	異體		
0506	䖵蝶	J014	或作蠭	蠭	蠭 C57P0664b		蜂	異體		
0506	蜂虫	J074	又作蠢	蠢	蠢 C58P0956b		蜂	異體		高麗本的"蠢"或即"蠭"字書寫變異而來
0507	鋒利	J004		鋒	鋒 C57P0462b		鋒			
0507	鋒利	J004	或作鏠	鏠	鏠 C57P0462b		鋒	異體		
0507	摧鋒	J011	從金峯聲也	鏠	鏠 C57P0601a		鋒	異體		
0507	如鋒	J029	經或作峯	峯	峯 C57P1016a		鋒	音借		
0508	豐稔	J029		豐	豐 C57P1020b		豐			
0508	豐稔	J029	經文從曲作豊	豊	豊 C57P1020b		豐	異體		"豐"字書寫或變異作"豊",與表禮器之"豊"爲同形字關係
0509	澧水	J081		澧	澧 C59P0007a		澧			

組號	詞目	卷次	字形相關釋文	所涉文字	字圖/索引	校正形體	代表字	字際關係	詞際關係	備　註
0509	灃水	J081	録文從邑作酆，地名也	酆	酆 C59P0007a		灃	音借		
0510	單縫	J042		縫	縫 C58P0248a		縫			
0510	單縫	J042	經文從手作撻，非也	撻	撻 C58P0248a		縫	異體		
0511	兩跗	J001	正作跗。鄭注《儀禮》云：足上也	跗	跗 C57P0409b		跗			
0511	兩跗	J001	俗用字也	趺	趺 C57P0409b		跗	異體		
0511	兩跗	J001	經文有作跊，未詳也	跊	跊 C57P0409b		跗	異體	此亦由"跗"字改換聲符而來
0512	孚乳	J026	《通俗文》云：卵化曰孚。又孚字從爪從子	孚	孚 C57P0947b		孵	分化		
0513	因鈚	J052	案字義宜作斀	斀	斀 C58P0463b		斀			
0513	曰斀	J056		斀	斀 C58P0575b		斀	異體		
0513	曰斀	J056	古文作魷	魷	魷 C58P0575b		斀	異體		
0513	因鈚	J052	經文作鈚	鈚	鈚 C58P0463b		斀	異體	如慧琳所釋，"世言鈚金"，故從"金"作"鈚"
0513	曰斀	J056	正體作詁（斀）	詁	詁 C58P0575b	斀	斀		《玄應音義》卷第十二"曰斀"條下謂"正體作斀"，據正
0514	皮膚	J013		膚	膚 C57P0659a		膚			
0514	皮膚	J013	《説文》作臚	臚	臚 C57P0659a		膚	異體		

組號	詞目	卷次	字形相關釋文	所涉文字	字圖/索引	校正形體	代表字	字際關係	詞際關係	備　註
0514	膚過	J030	或作肤	肤	肤 C57P1053a		膚	異體		
0515	芙蓉	J028	芙蓉	芙	芙 C57P1007a		芙			
0515	芙蓉	J028	又作扶	扶	扶 C57P1007a		芙	音借		
0516	好拂	J034		拂	拂 C58P0095a		拂			
0516	好拂	J034	經文作粃	粃	粃 C58P0095a		拂	異體		
0516	好拂	J034	經文作帗	帗	帗 C58P0095a		拂	異體		
0517	服樞	J095	上正服字	服	服 C59P0244a		服			
0517	服樞	J095		服	服 C59P0244a		服	異體		
0518	以枹	J100		枹	枹 C59P0347a		枹			
0518	以枹	J100	論文作桴,非此義也	桴	桴 C59P0347a		枹	音借		
0519	畐塞	J075		畐	畐 C58P0983b		畐			
0519	畐塞	J075	經文作逼	逼	逼 C58P0983b		畐	音借		
0520	鷄鳧	J057		鳧	鳧 C58P0583a		鳧			
0520	鷄鳧	J057	經從力作𪃹	𪃹	𪃹 C58P0583a		鳧	異體		此當由"鳧"書寫變異而來
0521	蘿菔	J061		菔	菔 C58P0687b		菔	異體		

組號	詞目	卷次	字形相關釋文	所涉文字	字圖/索引	校正形體	代表字	字際關係	詞際關係	備　註
0522	黃蘦	J099	《古今正字》：從草牖，牖亦聲也	蘦	蘦 C59P0322a		蓄	異體		
0523	利斧	J015		斧	斧 C57P0696a		斧			
0523	利斧	J015	今經文作鈇	鈇	鈇 C57P0696a		斧	異體		慧琳從正字法角度認爲作"斧"爲是
0524	俛仰	J008		俛	俛 C57P0545b		俯	異體		
0524	俛仰	J008	正體從頁從兆作頫	頫	頫 C57P0545b		俯	異體		
0525	釜鑊	J045	亦作釜，與經本同	釜	釜 C58P0307b		釜			
0525	釜鑊	J045	《説文》作䰗，從鬲甫聲	䰗	䰗 C58P0307b		釜	異體		
0525	銅釜	J079	經從复作鍑，俗字，亦通，非正體	鍑	鍑 C58P1065b		釜	音借		
0526	面䩉	J036		䩉	䩉 C58P0122b		䩉			
0526	面䩉	J036	或作顐	顐	顐 C58P0122b		䩉	異體		"䩉""顐"爲改換意符而成的異構字
0527	腐敗	J018		腐	腐 C57P0760b		腐			
0527	腐敗	J018	或從木作㮈	㮈	㮈 C57P0760b		腐	異體		此是"㝹"書寫訛變而來，"㝹"又"腐"字換從"火"而成
0528	訃焉	J092	《字書》亦從走作赴	赴	赴 C59P0204b		赴			
0528	訃焉	J092	又從足作趴	趴	趴 C59P0204b		赴	異體		

組號	詞目	卷次	字形相關釋文	所涉文字	字圖/索引	校正形體	代表字	字際關係	詞際關係	備　註
0528	訃焉	J092	或從走作赴	赴	赴 C59P0204b		赴	異體		
0528	斯訃	J097	又作趉	趉	趉 C59P0290a		赴	異體		
0528	訃焉	J092		訃	訃 C59P0204b		赴	分化		
0529	禁婦	J080	或爲婦字	婦	婦 C58P1091b		婦			
0529	禁婦	J080	字書無此字	婦	婦 C58P1091b		婦	異體		此當是"婦"的書寫變異字形
0529	禁婦	J080	録文從女作㛀	㛀	㛀 C58P1091b		婦	異體		此亦當由"婦"字書寫變異而來
0530	租賦	J059		賦	賦 C58P0644b		賦			
0530	租賦	J059	古文賦	賦	賦 C58P0644b		賦	異體		
0530	賦與	J059	律文作傅	傅	傅 C58P0638b		賦	音借		
0530	賦與	J059	又作付	付	付 C58P0638b		賦	音借		
0531	該閲	J049		該	該 C58P0411b		該			
0531	該閲	J049	從日作晐	晐	晐 C58P0411b		該	音借		兼備義上，"該""晐"屬本字不用、借字通行現象
0531	該別人	J061	有作垓,非也	垓	垓 C58P0686b		該	音借		
0532	巫攺	J099		攺	攺 C59P0314b		改	異體		

組號	詞目	卷次	字形相關釋文	所涉文字	字圖/索引	校正形體	代表字	字際關係	詞際關係	備　註
0532	歐攺	J099	《考聲》改字正從支作攱(攺)	攱	玟 C59P0314b	攺	改	異體		高麗本的"攱"爲"攺"的訛字
0533	相槩	J075		槩	槩 C58P0968b		概	異體		
0533	相槩	J075	古文杚	杚	杚 C58P0968b		概	異體		"杚"字俗書省作"杚"
0534	玕琪	J095		玕	玕 C59P0255b		玕			
0534	玕琪	J095	古文作琟	琟	琟 C59P0255b		玕	異體		
0535	面骭	J039		骭	骭 C58P0173a		骭			
0535	面骭	J039	亦作䯏	䯏	䯏 C58P0173a		骭	異體		
0535	面骭	J039	今經本從黑作黖,俗字,非也	黖	黖 C58P0173a		骭	異體		
0535	骭䯏	J015	《通俗文》作骹	骹	骹 C57P0704b		骭	音借		
0536	日旰	J080		旰	旰 C58P1076b		旰			
0536	日旰	J080	《考聲》從竿作睅	睅	睅 C58P1076b		旰	異體		
0536	日旰	J081	傳從月作肝	肝	肝 C59P0018a		旰	音借		此"肝"亦或是"旰"的書寫訛誤字形
0537	山罔	J044		罔	罔 C58P0290b		岡	異體		
0537	山罔	J044	經文作崗	崗	崗 C58P0290b		岡	異體		

組號	詞目	卷次	字形相關釋文	所涉文字	字圖/索引	校正形體	代表字	字際關係	詞際關係	備　註
0538	大瓿	J065	今江東通言大瓮爲瓿	瓿	頑 C58P0775a		缸	異體		
0538	大瓿	J065	又作堈,同	堈	堈 C58P0775a		缸	異體		
0539	輞釭	J056		釭	釭 C58P0568a		釭			
0539	輞釭	J056	又作軖,同	軖	軖 C58P0568a		釭	異體		
0540	隤縊	J088		縊	縊 C59P0133b		綱	異體		
0540	隤綱	J081	傳文作綑,俗字	綑	綑 C59P0015b		綱	異體		
0541	搯輿	J052		搯	搯 C58P0459b		搯	異體		
0542	玉槹	J098		槹	槹 C59P0305b		槹			
0542	玉槹	J098	集作皐,非義也	皐	皐 C59P0305b		槹	分化		
0543	不革	J074		革	革 C58P0950b		革			
0543	革屣	J036		革	革 C58P0126b		革	異體		
0543	不革	J074	古文諽	諽	諽 C58P0950b		革	異體		爲突出變革義而增"言"旁
0543	不革	J074	古文愅	愅	愅 C58P0950b		革	異體		張涌泉《敦煌俗字匯考》認爲,"愅"蓋"諽"的後起換旁字
0544	衣裓	J030		裓	裓 C57P1037b		裓			

組號	詞目	卷次	字形相關釋文	所涉文字	字圖/索引	校正形體	代表字	字際關係	詞際關係	備　註
0544	衣祴	J030	經作袚	袚	袚 C57P1037b		祴	異體		正當作從衣亥聲,此由"祴"書寫變異而來
0544	祴上	J030	又作襖	襖	襖 C57P1036b		祴		文義換用	
0545	上膈	J016		膈	膈 C57P0715b		膈			已編碼字形作"膈"
0545	上膈	J016	經文從阜作隔,隔即非此義也	隔	隔 C57P0715b		膈	音借		
0546	骨骼	J096		骼	骼 C59P0262b		骼			
0546	骨骼	J096	集本作髂	髂	髂 C59P0262b		骼	異體		慧琳從正字法角度入手,認爲經文骨骼義上作"髂"爲"非"
0547	蚌蛤	J014		蛤	蛤 C57P0665a		蛤			
0547	蚌蛤	J014	《説文》作盦	盦	盦 C57P0665a		蛤	異體		
0548	跳跟	J074		跟	跟 C58P0942b		跟			
0548	跳跟	J074	或作䟖	䟖	䟖 C58P0942b		跟	異體		
0549	耕墾	J041		耕	耕 C58P0226b		耕			
0549	耕墾	J041	或作畊	畊	畊 C58P0226b		耕	異體		二者爲換旁異體字關係,從"耒"言工具,從"田"言對象
0550	羹臛	J015		羹	羹 C57P0693b		羹			
0550	羹臛	J015	《説文》從弼作鸞	鸞	鸞 C57P0693b		羹	異體		

組號	詞目	卷次	字形相關釋文	所涉文字	字圖/索引	校正形體	代表字	字際關係	詞際關係	備　註
0550	羹臛	J015	亦作鬻	鬻	C57P0693b		羹	異體		
0550	羹臛	J015	亦作虋	虋	C57P0693b		羹	異體		
0551	叜相	J005	今通作更，俗用已久	更	C57P0490b		更			
0551	叜相	J005		叜	C57P0490b		更	異體		
0552	短緶	J089		緶	C59P0163a		緶	異體		
0553	肱挾	J065		肱	C58P0770a		肱			
0553	肱挾	J065	又作厷，同	厷	C58P0770a		肱	異體		
0554	恭敬	J041		恭	C58P0207a		恭			
0554	恭敬	J041	俗從小，非也	恭	C58P0207a		恭	異體		手書"恭"字下部的"心"或變作"小"形。對應字圖缺
0554	恭恪	J012	古作龔	龔	C57P0623b		恭	音借		從《説文》來看，"恭"與"龔"爲異體關係，與"龔"則爲音借關係
0555	循躬	J001	從身弓聲也	躬	C57P0406a		躬			
0555	循躬	J001	正從呂作躳	躳	C57P0406a		躬	異體		
0556	韋幬	J087	亦從衣作褠	褠	C59P0120b		褠			

組號	詞目	卷次	字形相關釋文	所涉文字	字圖/索引	校正形體	代表字	字際關係	詞際關係	備　註
0556	韋㡚	J087		㡚	㡚 C59P0120b		構	異體		
0557	句紐	J062		句	句 C58P0702b		句			
0557	句紐	J062	亦從金作鉤	鉤	鉤 C58P0702b		句	分化		
0557	句紐	J062	律文作恂,非也	恂	恂 C58P0702b		句	音借		
0558	稚聲	J065	今作聲,古候反	聲	聲 C58P0779b		㲉	異體		
0559	辜負	J008		辜	辜 C57P0541a		辜			
0559	辜負	J008	經從手作辜,謬也	辜	辜 C57P0541a		辜	異體		
0559	辜摧	J016	經從羊作辜,不成字	辜	辜 C57P0713b		辜	異體		
0560	酤酒	J025		酤	酤 C57P0921b		酤			
0560	酤酒	J025	經有作沽,俗用,亦水名也,非此義	沽	沽 C57P0921b		酤	音借		二者爲本字不用、借字通行類現象
0561	趣谷	J034		谷	谷 C58P0095a		谷			
0561	趣谷	J034	經文作峪	峪	峪 C58P0095a		谷	異體		
0562	桑穀	J097	《説文》:從禾㱿聲	穀	C59P0292a		穀			釋文中慧琳對字形進行了結構描述,故缺對應的字圖
0562	桑穀	J097	集作榖,俗也	榖	榖 C59P0292a		穀	異體		

組號	詞目	卷次	字形相關釋文	所涉文字	字圖/索引	校正形體	代表字	字際關係	詞際關係	備　註
0562	桑槧	J097		槧	槧 C59P0292a		縠	異體		"縠"又作"縠",可相比勘
0563	結縉	J099		縉	縉 C59P0325a		縉			
0563	結縉	J099	或從心作愲也	愲	愲 C59P0325a		縉	異體		蓋是因"縉"字從"糸",與心情愁悶義相隔,故而又換作"心"旁
0564	賈客	J018	行賣曰商,坐販曰賈	賈	賈 C57P0760b		賈			
0564	賮(賈)客	J014		賮	賮 C57P0675b	賈	賈			"賈"或訛作"貿(賮)"
0564	賮客	J063		賮	賮 C58P0735b		賈	異體		
0564	商估	J023	估字又作賈也	估	估 C57P0867a		賈	音借		
0565	痼疾	J070	《說文》:痼,病也	痼	痼 C58P0872b		痼			
0565	痼疾	J070	又作痁,固(同)	痁	痁 C58P0872b		痼	異體		
0566	瓜蔓	J040		瓜	瓜 C58P0196a		瓜			
0566	瓜蔓	J040	經作苽,非也	苽	苽 C58P0196a		瓜	異體		慧琳從正字法角度認爲"瓜"作"苽"爲"非"
0567	刮治	J016	俗字也,傳用已久	刮	刮 C57P0718a		刮			
0567	刮治	J016	篆書正體從昏作剾	剾	剾 C57P0718b		刮	異體		
0568	望礙	J021		望	望 C57P0817b		望	異體		

續　表

組號	詞目	卷次	字形相關釋文	所涉文字	字圖/索引	校正形體	代表字	字際關係	詞際關係	備　註
0568	罜礙	J020	《字略》作罜，同	罜	罜 C57P0801a		罜	異體		《大字典》"罜"下未溝通與"罜"的異體關係（2010：3113）
0569	枴行	J061		枴	枴 C58P0692a		枴			
0569	枴行	J061	古文作屮，象形字也	屮	屮 C58P0692a		枴	異體		
0570	東莞	J089	案東莞，蓋齊地名也	莞	莞 C59P0161a		莞			
0570	東莞	J100	地也。在吳越也	莧	莧 C59P0348b		莞	異體		釋文中二者均爲地名，從純形體視角論之，"莧"即"莞"的書寫變體
0571	廬館	J009		館	館 C57P0570b		館			
0571	廬館	J009	今俗亦作舘	舘	舘 C57P0570b		館	異體		
0571	廬館	J009	經文作觀，城門雙闕也，觀非此義也	觀	觀 C57P0570b		館	音借		
0572	纓貫	J074		貫	貫 C58P0949a		貫			
0572	纓貫	J074	論文作瓔瑣二形	瑣	瑣 C58P0949a		貫	正訛		"瑣"同"琨"，與"貫"別，書經者審之不細而致誤
0573	慣習	J072		慣	慣 C58P0911a		慣			
0573	慣習	J072	又作摜（摜）	摜	摜 C58P0911a	摜	慣	異體		
0573	慣習	J072	又作遺	遺	遺 C58P0911a		慣	異體		"慣"與"遺""摜"可視作異體關係，《段註》"遺"下有相關討論

組號	詞目	卷次	字形相關釋文	所涉文字	字圖/索引	校正形體	代表字	字際關係	詞際關係	備　註
0573	慣習	J072	又作串	串	串 C58P0911a		慣	音借		
0574	盥漱	J088		盥	盥 C59P0139b		盥			
0574	盥漱	J088	傳從水作澀,非也	澀	澀 C59P0139b		盥	異體		
0574	盥漱	J077	譜作溢,非也	溢	溢 C58P1016a		盥	異體		
0574	盥	J075	經作灌,非也	灌	灌 C58P0971a		盥	音借		
0575	尣趴	J090	傳作光,俗用,變體字也	光	光 C59P0177b		光			
0575	尣趴	J090	從火從人	尣	尣 C59P0177b		光	異體		
0576	麖獷	J003		獷	獷 C57P0447b		獷			
0576	麖獷	J003	經作礦,石璞,非也	礦	礦 C57P0447b		獷	音借		
0576	麖獷	J026	經文作穬,穀也。非此義也	穬	穬 C57P0954a		獷	音借		
0576	麖獷	J077	譜從麥作䴷,是麖麥也,非兊獷之字	䴷	䴷 C58P1012a		獷	音借		
0577	規摸(模)	J007	《説文》:規,有〔法度〕也。從夫見	規	規 C57P0531a		規			
0577	規摸(模)	J007	有從矢,或從失,皆誤也	矩	矩 C57P0531a		規	異體		
0577	規摸(模)	J007	有從矢,或從失,皆誤也	觃	觃 C57P0531a		規	異體		

續　表

組號	詞目	卷次	字形相關釋文	所涉文字	字圖/索引	校正形體	代表字	字際關係	詞際關係	備　註
0578	傀偉	J062	從人鬼聲	傀	傀 C58P0717a		傀			
0578	傀偉	J062	亦作傀、偉	傀	傀 C58P0717a		傀	異體		
0578	傀偉	J062	亦作傀、偉	傀	傀 C58P0717a		傀	異體		
0578	傀琦	J017	經從玉作瑰，非此用也	瑰	瑰 C57P0728b		傀	音借		
0578	傀偉	J062	律本從玉作瓌，玉也	瓌	瓌 C58P0717a		傀	音借		"瓌"是"瑰"的異體字
0578	傀偉	J084	《圖記》從玉作瓊，玉名也。非此用也	瓊	瓊 C59P0068a		傀	音借		"瓊"亦是"瑰"的異體字
0579	奵冘	J074		冘	冘 C58P0949a		冘			
0579	奵冘	J074	古文忱、㲼二字，同	忱	忱 C58P0949a		冘	異體		
0579	奵冘	J074	古文忱、㲼二字，同	㲼	㲼 C58P0949a		冘	異體		
0580	軌生	J072		軌	軌 C58P0910a		軌			
0580	軌生	J072	論文作軏，俗字	軏	軏 C58P0910a		軌	異體		
0580	軌生	J072	古文作迿	迿	迿 C58P0910a		軌	異體		
0580	軌生	J072	又作術	術	術 C58P0910a		軌	異體		
0581	鬼魅	J002		鬼	鬼 C57P0432b		鬼			

組號	詞目	卷次	字形相關釋文	所涉文字	字圖/索引	校正形體	代表字	字際關係	詞際關係	備　註
0581	鬼魅	J002	古文作䰠	䰠	C57P0432b		鬼	異體		
0582	惠晷	J011	《説文》云：日景也。從日從咎	晷	C57P0601a		晷			
0582	惠晷	J011	今俗用從田作㬄,非也	㬄	C57P0601a		晷	異體		"咎"或書作"畓"形,可與此例相比勘
0583	詭齘	J009		詭	C57P0575b		詭			
0583	詭齘	J009	經文從口作咶,非也	咶	C57P0575b		詭	異體		
0583	詭齘	J009	又作恑,同	恑	C57P0575b		詭	音借		二者屬本字不用、借字通行現象
0584	或踓	J070	作跪,借字耳	跪	C58P0873a		跪			
0584	或踓	J070		踓	C58P0873a		跪	異體		
0585	衣櫃	J060		櫃	C58P0659a		櫃			
0585	衣櫃	J060	或單作匱	匱	C58P0659a		櫃	分化		
0586	骸放	J095	亦作䯣	䯣	C59P0253b		䯣			
0586	骸放	J095	《文字典説》：從骨系聲	繋	C59P0253b		䯣	異體		"䯣"又或書作"骹"
0586	骸放	J095	集本作骹,誤也	骹	C59P0253b		䯣	異體		慧琳所見經文之"骹"當由"骹"換旁或書寫訛變而來
0587	城郭	J027		郭	C57P0982a		郭			

組號	詞目	卷次	字形相關釋文	所涉文字	字圖/索引	校正形體	代表字	字際關係	詞際關係	備　註
0587	城郭	J027	有作塛，從土者，非也	塛	塛 C57P0982a		郭	異體		
0588	交聒	J083	傳作聒，俗字也	聒	聒 C59P0054b		聒			慧琳從正字法視角認爲經作"聒"爲"非"
0588	交聒	J083	《説文》：讙語也。從耳昏聲	聒	聒 C59P0054b		聒	異體		
0589	若痲	J059	又作瘑，同	瘑	瘑 C58P0647b		瘑			
0589	若痲	J059		痲	痲 C58P0647b		瘑	異體		
0590	敆打	J047	論文作摳，俗字也	摳	摳 C58P0343b		摳			
0590	敆打	J047	《古今正字》：從支各聲也	敆	敆 C58P0343b		摳	異體		
0590	打摳	J031	書或作戟，同，古麥反。此亦假借耳	戟	戟 C58P0002b		摳	音借		
0591	屠馘	J099		馘	馘 C59P0319a		馘	異體		此是"馘"的一字異寫
0591	屠馘	J099	又從耳作聝	聝	聝 C59P0319a		馘	異體		
0591	屠馘	J099	古文又作戝	戝	戝 C59P0319a		馘	異體		
0591	屠馘	J099	或從國作䤋	䤋	䤋 C59P0319a		馘	異體		此是雙聲字
0592	果蓏	J032	上音果，正體	果	果 C58P0037b		果			
0592	果蓏	J032	從艸，俗字	菓	C58P0037b		果	異體		釋文中慧琳對字形進行了結構描述，故缺對應的字圖

組號	詞目	卷次	字形相關釋文	所涉文字	字圖/索引	校正形體	代表字	字際關係	詞際關係	備　註
0592	悰敢	J046	今亦作果	悰	悰 C58P0327b		果	異體		果敢用法上分化失敗,故而宜視作"果"在該用法上的增旁異體字
0593	纏裹	J005		裹	裹 C57P0478a		裹			
0593	纏裹	J005	或作裹,俗字略也	裹	裹 C57P0478a		裹	異體		
0593	忙(帊)裹	J094	傳文作裹,誤也	裹	裏 C59P0236b		裹	正訛		
0594	哈雙玄	J099		哈	哈 C59P0327b		哈			
0594	哈雙玄	J099	或作吨	吨	吨 C59P0327b		哈	異體		
0594	哈笑	J065	經文作唉	唉	唉 C58P0763b		哈	正訛		與"哈"形近,書經人審之不細而致誤
0595	嬰咳	J046	古文孩,同	孩	孩 C58P0319a		孩			
0595	嬰咳	J046	咳,稚小也	咳	咳 C58P0319a		孩	異體		表示嬰孩義時,二者可視作異體字關係
0595	嬰咳	J046	《論文》有從女作姟……姟非此用	姟	姟 C58P0319a		孩	音借		
0596	尸骸	J028		骸	骸 C57P0996a		骸			
0596	尸骸	J028	經文作屟,非也	屟	屟 C57P0996a		骸	異體		
0597	飲酣	J057		酣	酣 C58P0592a		酣			
0597	飲酣	J057	古文佄,同	佄	佄 C58P0592a		酣	異體		

組號	詞目	卷次	字形相關釋文	所涉文字	字圖/索引	校正形體	代表字	字際關係	詞際關係	備　註
0598	憨風	J037		憨	憨 C58P0139a		憨			
0598	憨風	J037	《考聲》從人作傄	傄	傄 C58P0139a		憨	異體		
0598	憨風	J037	經從疒作癇，俗字也	癇	癇 C58P0139a		憨	異體		
0599	鼾眠	J052		鼾	鼾 C58P0463b		鼾			
0599	鼾眠	J052	經文作哻、咩二形，非也	哻	哻 C58P0463b		鼾	異體		
0599	鼾眠	J052	經文作哻、咩二形，非也	咩	咩 C58P0463b		鼾	異體		
0599	鼾眠	J052	又作嘑，普利反	嘑	嘑 C58P0463b		鼾	異體		《龍龕》"嘑"下釋作同"鼾"，《大字典》未收錄"嘑"的該用法
0599	鼾睡	J058	律文作哻、吁（吁）、嘑三形，非體也	吁	吁 C58P0612b	吁	鼾	異體		
0599	鼾睡	J059	律文作吁（吁）、嘑、翰三形，非也	翰	翰 C58P0643b		鼾	音借		此爲"翰"的俗寫形體
0600	含以	J070		含	含 C58P0857a		含			
0600	含以	J070	字體作唅，胡紺反	唅	唅 C58P0857a		含	異體		異體字不同形體功能間具有不對等性
0601	一函	J004		函	函 C57P0471b		函	異體		
0601	一函	J004	今人函書、表函等是也	函	函 C57P0471b		函	異體		
0601	函杖	J083	古體圅從弓（㔾）	圅	圅 C59P0060b		函	異體		

組號	詞目	卷次	字形相關釋文	所涉文字	字圖/索引	校正形體	代表字	字際關係	詞際關係	備　註
0601	寶函	J007	古文作㮌	㮌	C57P0521a		函	異體		
0601	寶函	J007	或作械	械	C57P0521a		函	異體		
0601	一函	J052	經文作臽,音陷,坑也。舀(臽)非此義	臽	C58P0467b		函	正訛		
0601	寶函	J073	論文作涵,胡甘反。涵,潤澤也。涵非此用	涵	C58P0925a		函	音借		
0602	遭洽	J065	又作塗(淦)、涵二形,同	涵	C58P0776a		涵			
0602	遭洽	J065		洽	C58P0776a		涵	異體		
0602	遭洽	J065	又作塗(淦)、涵二形,同	塗	C58P0776a	淦	涵	異體		
0602	遭洽	J065	字體作腔,舩没也	腔	C58P0776a		涵	異體		
0603	罩究	J080	上正罕字	罕	C58P1092a		罕			
0603	罩究	J080		罨	C58P1092a		罕	異體		
0603	罩有	J014		罨	C57P0661a		罕	異體		
0603	罕緻	J074		罕	C58P0945a		罕	異體		
0603	罩究	J080	《説文》從冈作罕	罕	C58P1092a		罕	異體		
0603	罕緻	J074	傳文作罕,非也	罕	C58P0945a		罕	異體		

組號	詞目	卷次	字形相關釋文	所涉文字	字圖/索引	校正形體	代表字	字際關係	詞際關係	備　註
0603	罕有	J014	經從穴作罕(窂)，非也	罕	罕 C57P0661a	窂	罕	異體		
0604	喊喊	J043		喊	喊 C58P0273a		喊			
0604	喊喊	J043	經文或作鬫，音呼檻反。二形通用	鬫	鬫 C58P0273a		喊		文義換用	
0605	爲捍	J042		捍	捍 C58P0234b		捍			
0605	爲捍	J042	又作扞，同	扞	扞 C58P0234b		捍	異體		
0605	勇悍	J073	或從攴、犬作敦、猈，並通	敦	敦 C58P0920b		捍	異體		
0605	勇悍	J073		悍	悍 C58P0920b		捍	音借		
0605	勇悍	J073	或從攴、犬作敦、猈，並通	猈	猈 C58P0920b		捍	音借		"猈"當是"悍"的異體字
0605	爲捍	J042	經文作翰，高飛也，長也。翰非此用	翰	翰 C58P0234b		捍	音借		
0606	操翰	J083		翰	翰 C59P0044b		翰			
0606	操翰	J083	傳從翕作翕，俗字	翕	翕 C59P0044b		翰	異體		
0606	染翰	J018	或從毛作毳	毳	毳 C57P0750a		翰	音借		《説文繫傳》"毳"下云："翰林皆當作毳，羽翰則作翰，古多假借。"
0607	頷有	J013	俗字也	頷	頷 C57P0659a		頷			在下巴這一用法上，"頷"與"頤""頷"同實異名
0607	頷有	J013	正從函作頥	頥	頥 C57P0659a		頷	異體		

續　表

組號	詞目	卷次	字形相關釋文	所涉文字	字圖/索引	校正形體	代表字	字際關係	詞際關係	備　註
0607	頷車	J074	又作頤，同	頤	頤 C58P0952a		頷	異體		
0607	頷骨	J068	古作顅	顅	顅 C58P0827b		頷	異體		此或即"頷"的換旁異體字
0607	頷頷	J094	傳文作頦頷，皆誤之也	頷	頷 C59P0237b		頷	正訛		
0607	頷骨	J068	論從肉作脥，俗字也	脥	脥 C58P0827b		頷		文義換用	
0607	頷車	J074	論文或作顂也	顂	顂 C58P0952a		頷		文義換用	
0608	舟航	J088		航	航 C59P0145b		航			
0608	舟航	J088	集文作舩，俗字也	舩	舩 C59P0145b		航	異體		
0608	舟航	J029	《説文》從方作斻	斻	斻 C57P1028a		航	異體		
0608	舟航	J044	又作杭，同	杭	杭 C58P0287b		航	異體		
0608	舟航	J077	今譜作桁，非也	桁	桁 C58P1019b		航	異體		舟船用法上，"桁"與"航"亦可視作異體關係
0609	桁械	J052		桁	桁 C58P0477b		桁			此"桁"指刑具
0609	桁械	J052	經文作核，非也	核	核 C58P0477b		桁	正訛		
0610	沉瀁	J033		沉	沉 C58P0057a		沉			
0610	沉瀁	J033	經文作洸洋，音光羊，並平聲字，非此用也	洸	洸 C58P0057a		沉	音借		

組號	詞目	卷次	字形相關釋文	所涉文字	字圖/索引	校正形體	代表字	字際關係	詞際關係	備　註
0611	桁竿	J060		桁	桁 C58P0671b		桁			此"桁"指衣架
0611	桁竿	J060	律文作笐,俗字也	笐	笐 C58P0671b		桁	異體		《大字典》當溝通"桁"與"笐"在該用法上的異體關係
0612	杝鋤	J010	又作薅	薅	薅 C57P0582b		薅			
0612	茠治	J052		茠	茠 C58P0463a		薅	異體		"茠"或訛作"庥"
0612	茠治	J052	或作㧱	㧱	㧱 C58P0463a		薅	異體		
0612	杝鋤	J010		杝	杝 C57P0582b		薅	異體		此"杝"字當是"㧱"書寫變異而來
0612	杝鋤	J010	又作枒(杝)	枒	枒 C57P0582b	杝	薅	異體		"杝"或訛作"枒"
0612	杝鋤	J010	經文作荍薅	荍	荍 C57P0582b		薅	異體		
0613	毫氂	J001		毫	毫 C57P0403a		毫			
0613	毫氂	J001	今作豪氂,非本字,假借用也	豪	豪 C57P0403a		毫	音借		
0614	悲嗥	J015		嗥	嗥 C57P0697a		嗥	異體		"嗥"或寫作"嘷""嗁"
0614	嗥哭	J020	經本作嘷,俗字也	嘷	嘷 C57P0795b		嗥	異體		此是"嘷"的書寫變異字形
0614	嗥吠	J027	古文作獋	獋	獋 C57P0974a		嗥	異體		此蓋是爲了突出獸吼這一特徵
0615	豪賢	J027		豪	豪 C57P0978b		豪			

組號	詞目	卷次	字形相關釋文	所涉文字	字圖/索引	校正形體	代表字	字際關係	詞際關係	備　註
0615	豪彘	J027	古文作豬	豬	豬 C57P0978b		豪	音借		屬本字不用、借字通行類現象
0616	昴廣	J099	集或作昊	昊	昊 C59P0324a		昊			
0616	昴廣	J099		昴	昴 C59P0324a		昊	異體		
0616	昴廣	J099	或作觕	觕	觕 C59P0324a		昊	異體		"觕"當是"皰"之變異字形,"皰"則是"昊"之切身字
0616	昴廣	J099	或作莫	莫	莫 C59P0324a		昊	正訛		書寫訛誤
0617	費耗	J057	經從末作耗,誤也	耗	耗 C58P0585b		耗			結合"禾""末"形近的事實,"耗"由"耗"書寫變異而來的可能性頗大
0617	費耗	J057	《説文》:從禾毛聲	耗	耗 C58P0585b		耗	異體		
0618	皓齒	J013	《爾雅》:皓,白也。從白告聲也	皓	皓 C57P0648a		皓			
0618	晧大	J073		晧	晧 C58P0935a		皓	異體		"皓齒"條下謂:經從日,俗字,通用
0618	晧大	J073	《三蒼》:古文顥,同。	顥	顥 C58P0935a		皓	音借		
0619	欲作	J065		欲	欲 C58P0779b		欲			
0619	欲作	J065	文中作哈,土合反。哈然失所也	哈	哈 C58P0779b		欲	異體		《大字典》對"欲""哈"關係的處理不統一
0620	訶叱	J018		訶	訶 C57P0766b		訶			
0620	訶叱	J018	經文作呵,俗字也	呵	呵 C57P0766b		訶	異體		

組號	詞目	卷次	字形相關釋文	所涉文字	字圖/索引	校正形體	代表字	字際關係	詞際關係	備　註
0620	訶叱	J018	古文從止從可作訶	訶	訶 C57P0766b		訶	異體		古文字時代或借"苛"爲"訶","苛"後變異作"訶"形，辭書遂予認可
0621	勘劾	J088	從力亥聲，不從刃	劾	劾 C59P0136b		劾			
0621	椎刻	J094	從刀亥聲	刻	刻 C59P0233a		劾	異體		"刻"當由"劾"書寫變異而來
0621	椎刻	J094	傳從刃作刻，誤也	刻	刻 C59P0233a		劾	異體		"刻"蓋是爲了避免與"刻"同形，故而換"刻"之"刀"爲"刃"而來
0622	竭涸	J010		涸	涸 C57P0590b		涸			
0622	竭涸	J010	《蒼頡篇》作滷（瀾），古字也	滷	滷 C57P0590b	瀾	涸	異體		高麗本的"滷"即"瀾"的音借字現象
0623	斂翮	J092	《説文》：羽莖也。從羽鬲聲	翮	翮 C59P0205b		翮			
0623	鵝王羽翮	J023	《珠叢》曰：翮謂鳥羽之本也	翮	翮 C57P0867a		翮	異體		二者爲一字異寫關係
0624	闍席	J090		闍	闍 C59P0168b		闍	異體		
0624	闍席	J090	傳文從畜作闍，非也	闍	闍 C59P0168b		闍	正訛		此蓋是"闍（闍）"之書寫訛誤形體
0625	精霢	J032		霢	霢 C58P0032a		霢			
0625	精霢	J032	又作霢	霢	霢 C58P0032a		霢	異體		
0625	善霢	J100	論文從兩作霢，非也	霢	霢 C59P0336b		霢	正訛		原字圖有誤，上從"雨"

組號	詞目	卷次	字形相關釋文	所涉文字	字圖/索引	校正形體	代表字	字際關係	詞際關係	備　註
0625	精覈	J032	今作核,同	核	核 C58P0032a		覈		近義換用	
0625	覈身	J074	經文作橄(撽),口的反。橄(撽),擊。橄(撽)非此義也	橄	橄 C58P0955b	撽	覈		文義換用	高麗本《慧琳音義》之"橄"乃"撽"的訛誤形體
0626	狐貉	J014	或有作貉,亦通	貉	貉 C57P0665b		貉			《説文》本作"貈",後世文獻"貉"字通行
0626	狐貉	J014	《説文》《古今正字》《典説》並從舟作貈,總誤也	貈	貈 C57P0665b		貉	異體		
0626	狐貉	J014	經中從大(犬)作狢字也	狢	狢 C57P0665b		貉	異體		
0626	狐貉	J014		貊	貊 C57P0665b		貉	異體		
0627	呵嘔	J044	經文作喝,嘶喝也	喝	喝 C58P0288b		喝			
0627	呵嘔	J044	火曷反。《廣雅》:嘔,怒也。《埤蒼》云:嘔,呵	嘔	嘔 C58P0288b		喝	異體		
0628	荷負	J070		荷	荷 C58P0875b		荷			
0628	荷乘	J048	古文柯(抲)	柯	柯 C58P0386a	抲	荷	異體		文獻中"抲"或誤書作"柯"
0628	荷擔	J010	古文作抲,亦同	抲	抲 C57P0595a		荷	異體		
0628	荷擔	J059	古文柯(抲),同	柯	柯 C58P0643b	抲	荷	異體		"抲"或誤書作"柯"
0628	荷負	J070	文(又)作抲、何二形,同	何	何 C58P0875b		荷	音借		擔荷義上,"荷"原是"何"的借用字
0629	威光赫弈	J023		赫	赫 C57P0863a		赫			

組號	詞目	卷次	字形相關釋文	所涉文字	字圖/索引	校正形體	代表字	字際關係	詞際關係	備　註
0629	威光赫弈	J023	赫字文(又)作菾	菾	菾 C57P0863a		赫	異體		"菾"即由"赫"書寫變異而來,"菾"上部非真從"艸"也
0630	墾空	J030		墾	墾 C57P1053a		墾			
0630	墾空	J030	或作叡	叡	叡 C57P1053a		墾	異體		
0630	墾空	J030	經作壂,俗字也	壂	壂 C57P1053a		墾	異體		
0630	淵墾	J088		墾	墾 C59P0149b		墾	異體		
0630	淵墾	J088	集文從土作墾,亦通也	墾	墾 C59P0149b		墾	異體		
0631	白鶴	J004	《説文》:從鳥隺〈何各反〉聲也	鶴	C57P0468b		鶴			釋文中慧琳對字形進行了結構描述,故缺對應的字圖
0631	白鶴	J004		鶴	鶴 C57P0468b		鶴	異體		
0631	白鶴	J004	經文作鵠,誤也	鵠	鵠 C57P0468b		鶴	異體		白鶴義上,"鵠""鶴"常通用,二者或可視作異體關係
0632	脅嚇	J044	謂以威力恐人	嚇	嚇 C58P0288b		嚇			
0632	脅嚇	J044	《方言》作閲,同	閲	閲 C58P0288b		嚇		近義換用	
0633	痕跡	J073		痕	痕 C58P0929a		痕			
0633	痕跡	J073	篆文作眼,同	眼	眼 C58P0929a		痕	異體		

續　表

組號	詞目	卷次	字形相關釋文	所涉文字	字圖/索引	校正形體	代表字	字際關係	詞際關係	備　註
0634	頑佷	J023	佷字正體從彳	佷	很 C57P0859a		很			
0634	頑佷	J023	今從亻者,俗也	佷	佷 C57P0859a		很	異體		
0635	撗（橫）郭	J059		撗	撗 C58P0651b	橫	橫			詞頭的"撗"乃"橫"書誤而致
0635	撗（橫）郭	J059	律文作宏,胡萌反。大也,屋深向也。宏非此義	宏	宏 C58P0651b		橫		文義換用	
0636	衡櫓	J092	上正衡字	衡	衡 C59P0199b		衡			此條之"衡櫓",實乃"衝櫓"之訛,慧琳審之不細,故有此誤
0636	衡櫓	J092	傳從魚作衝,訛也	衡	衝 C59P0199b		衡	異體		
0637	鏗鍧	J083	正作此鍧也	鍧	鍧 C59P0059b		鍧			
0637	鏗鍧	J083	傳從宏作鋐,撿字書無此字	鋐	鋐 C59P0059b		鍧	異體		
0637	鏗鍧	J084	論文從宏作鈜,非也	鈜	鈜 C59P0078b		鍧			經本的"鈜"當是"鋐"字書誤而致
0638	轟轟	J052		轟	轟 C58P0453a		轟			
0638	轟轟	J052	《字書》作輣	輣	輣 C58P0453a		轟	異體		釋文溝通的"輣""輙"當由"輣"書寫省變而來
0638	轟轟	J052	今作輙	輙	輙 C58P0453a		轟	異體		
0639	虹蜺	J008		虹	虹 C57P0555a		虹			
0639	虹蜺	J008	古文作䖝	䖝	䖝 C57P0555a		虹	異體		

續　表

組號	詞目	卷次	字形相關釋文	所涉文字	字圖/索引	校正形體	代表字	字際關係	詞際關係	備　註
0639	虹蚭	J008	籕文蝆從电	蝆	蝆 C57P0555a		虹	異體		此由"虹"的《説文》籕文書寫變異而來
0640	洪光	J079	《説文》：從水共聲	洪	洪 C58P1060a		洪			
0640	洪光	J079	從口作哄，誤也	哄	哄 C58P1060a		洪	音借		
0641	八紘	J085		紘	紘 C59P0098b		紘			
0641	八紘	J020	顧野王曰：八絃（紘）謂八極也	絃	絃 C57P0791b	紘	紘			"紘"書寫或訛作"絃"
0641	八紘	J085	亦從弘作綋	綋	綋 C59P0098b		紘	異體		
0641	八紘	J083	傳從宀作宏。宏，大也	宏	宏 C59P0046a		紘	音借		
0642	鴻鴈	J004		鴻	鴻 C57P0468a		鴻			
0642	鴻鴈	J004	或作堆、鳿，皆古字也	堆	堆 C57P0468a		鴻	異體		"堆"書寫或訛作"雉"
0642	鴻鴈	J004	或作堆、鳿，皆古字也	鳿	鳿 C57P0468a		鴻	異體		
0642	鳿鳥	J056	《聲類》或鴟字，同	鴟	鴟 C58P0555b		鴻	正訛		"鴻"書寫或訛作"鴟"
0643	瘊病	J059		瘊	瘊 C58P0644b		瘊			
0643	瘊病	J059	律文炭（多）作癰，腫也	癰	癰 C58P0644b		瘊		文義換用	
0644	餞粮	J088		餞	餞 C59P0142b		餞			

組號	詞目	卷次	字形相關釋文	所涉文字	字圖/索引	校正形體	代表字	字際關係	詞際關係	備　註
0644	餱粮	J088	集文作糇,俗字也	糇	糇 C59P0142b		餱	異體		
0645	吽嚇	J077	譜作吼,俗字也	吼	吼 C58P1015a		吼			
0645	吽嚇	J077	或作呴	呴	呴 C58P1015a		吼	異體		
0645	吽嚇	J077		吽	吽 C58P1015a		吼	異體		
0645	吽嚇	J077	亦作狗	狗	狗 C58P1015a		吼	異體		
0646	親厚	J059		厚	厚 C58P0630b		厚			
0646	親厚	J059	古文厔,同	厔	厔 C58P0630b		厚	異體		此是"厔"的書寫訛變字形。"厔"或又訛作"屋"
0647	罟罖	J041	下乎字	乎	乎 C58P0205a		乎			
0647	罟罖	J041		罖	罖 C58P0205a		乎	異體		
0648	哮呼	J052		呼	呼 C58P0455b		呼			
0648	哮呼	J052	又作唬,同	唬	唬 C58P0455b		呼		文義換用	
0649	怳忽	J051		忽	忽 C58P0445a		忽			
0649	怳忽	J051	下昏骨反。亦作惚也	惚	惚 C58P0445a		忽	分化		
0650	弧矢	J021		弧	弧 C57P0830a		弧	異體		

組號	詞目	卷次	字形相關釋文	所涉文字	字圖/索引	校正形體	代表字	字際關係	詞際關係	備　註
0650	弧矢	J021	經本有從矢邊作弧	矨	C57P0830a		弧	異體		依慧琳釋文通例,所謂"經本有從矢邊作弧",指"矨"字。字圖缺
0650	弧矢	J021	或矢邊直作瓜者	矪	C57P0830a		弧	異體		依慧琳釋文通例,所謂"矢邊直作瓜者",乃"矪"字。字圖缺
0651	頡尾	J070	又作胡	胡	胡 C58P0856a		胡			
0651	頡尾	J070	又作胐	胐	胐 C58P0856a		胡	異體		
0651	頡尾	J070		頶	頶 C58P0856a		胡	異體		
0651	垂胡	J047	又作咽	咽	咽 C58P0366b		胡	異體		從"肉"言類屬,從"口"言位置,均與頷下垂肉義相契合
0651	頡尾	J070	論文作壺	壺	壺 C58P0856a		胡	音借		
0652	一斛	J078		斛	斛 C58P1048b		斛			
0652	一斛	J078	經文作斞,俗字也	斞	斞 C58P1048b		斛	異體		慧琳所見經文之"斞"當是"斛"書寫變異而來
0653	唾壺	J100	《説文》……象形。從大,其盖也。今作壺	壺	壺 C59P0331a		壺	異體		
0654	定瑚	J074	亦與瑚同也	瑚	瑚 C58P0942b		瑚			
0654	定瑚	J074		鍸	鍸 C58P0942b		瑚	異體		
0655	麴黏	J039	《説文》:黏,黏也。從黍古聲	黏	黏 C58P0179b		糊	異體		《大字典》"黏"下未溝通與"糊"的異體關係(2010:3351)

組號	詞目	卷次	字形相關釋文	所涉文字	字圖/索引	校正形體	代表字	字際關係	詞際關係	備　註
0655	麴黏	J039	《聲類》作粘	粘	粘 C58P0179b		糊	異體		《大字典》"粘"下謂"同'黏(糊)'"（2010：3351）
0655	麴黏	J039	亦作黏	黏	黏 C58P0179b		糊	異體		
0655	麴黏	J039	亦作鷰（鷰）	鷰	鷰 C58P0179b	鷰	糊	異體		高麗本的"鷰"是"鷰"的訛字
0655	麴黏	J039	經從麥作麹，俗字也	麹	麹 C58P0179b		糊	異體		《大字典》"糊"下謂"同'黏'"（2010：4907）
0656	觛醐	J013	或從酉作醍醐，俗用，亦通也	醐	醐 C57P0648a		醐			
0656	觛醐	J013		餬	餬 C57P0648a		醐	音借		
0656	醍醐	J096	集本從水作腥（湜）湖字，非也	湖	湖 C59P0260a		醐	音借		
0657	餬口	J075		餬	餬 C58P0969a		餬			
0657	餬口	J075	又作鮎，同	鮎	鮎 C58P0969a		餬	異體		
0658	虎賁	J033		虎	虎 C58P0060a		虎			
0658	虎賁	J033	經文從巾作席，非也	席	席 C58P0060a		虎	異體		
0659	加祜	J003		祜	祜 C57P0441b		祜			
0659	加祜	J003	經或作祐，音右	祐	祐 C57P0441b		祜		文義換用	
0660	互相	J072	古文作笁，同用也	笁	笁 C58P0903a		笁			

續　表

組號	詞目	卷次	字形相關釋文	所涉文字	字圖/索引	校正形體	代表字	字際關係	詞際關係	備　註
0660	竿起	J004	《説文》從竹作竿	竿	竿 C57P0465a		笘	異體		
0660	互相	J072		互	互 C58P0903a		笘	異體		
0660	竿起	J004	經文作竿,俗字,誤也	竿	竿 C57P0465a		笘	異體		
0661	浮瓠	J069		瓠	瓠 C58P0836a		瓠			
0661	浮瓠	J069	論從艸作瓠,俗字也	瓠	瓠 C58P0836a		瓠	異體		"菇"或作"菇"、"護"或作"護"等,可相比勘
0662	虜扈	J009		扈	扈 C57P0559b		扈			
0662	虜扈	J009	經文作怙,恃也。怙非此義	怙	怙 C57P0559b		扈	音借		
0662	玄扈	J020	或從鄠,亦同	鄠	鄠 C57P0792a		扈	異體		地名用法上,"扈"與"鄠"可視爲異體字關係
0663	脩嫭	J099		嫭	嫭 C59P0317b		嫭			
0663	脩嫭	J099	從雩作嫮,俗字也	嫮	嫮 C59P0317b		嫭	異體		
0663	脩嫭	J099	或作姻也	姻	姻 C59P0317b		嫭	異體		此當是"嫭"之異體別構,與表示戀惜義的"姻"爲同形字現象
0664	天藕	J081		藕	藕 C59P0016b		花	異體		已編碼字形作"藕"
0664	花蘂	J012	經中作華,非也	華	華 C57P0629b		花	分化		文字功能分化
0665	華孚	J010		華	華 C57P0582b		華			

組號	詞目	卷次	字形相關釋文	所涉文字	字圖/索引	校正形體	代表字	字際關係	詞際關係	備　註
0665	華孚	J010	《説文》作琴,同	琴	琴 C57P0582b		華	異體		
0665	華孚	J010	或作荂	荂	荂 C57P0582b		華	異體		
0666	若鑮	J052		鑮	鑮 C58P0472b		鑮			
0666	若鑮	J052	古文茉	茉	茉 C58P0472b		鑮	異體		
0666	若鑮	J052	今作鈁	鈁	鈁 C58P0472b		鑮	異體		
0666	若鑮	J052	或作鋘	鋘	鋘 C58P0472b		鑮	異體		
0666	若鑮	J052	經文作鑱,非也	鑱	鑱 C58P0472b		鑮		近義換用	
0667	譁説	J019		譁	譁 C57P0781b		譁			
0667	譁説	J019	經從口,非也	嘩	C57P0781b		譁	異體		釋文中慧琳對字形進行了結構描述,故缺對應的字圖
0668	嵩崋	J001		崋	崋 C57P0407b		華	異體		《大字典》"崋"下謂同"華"(2010:797),可從
0669	俗話	J070		話	話 C58P0859b		話			
0669	俗話	J070	古文作舙、詁二形,同	詁	詁 C58P0859b		話	異體		
0669	俗話	J070	籀文作譮	譮	譮 C58P0859b		話	異體		"譮"手書或訛作"繪"(C57P0995a)
0669	俗話	J070	古文作舙、詁二形,同	舙	舙 C58P0859b		話	異體		"舙"書寫又或訛作"齟"

組號	詞目	卷次	字形相關釋文	所涉文字	字圖/索引	校正形體	代表字	字際關係	詞際關係	備　註
0669	調謹	J056	經文作謹,音花。誼謹,非字義	謹	謹 C58P0552b		話	音借		
0670	樺木	J072		樺	樺 C58P0899b		樺			
0670	樺木	J072	《字書》作樗	樗	樗 C58P0899b		樺	異體		樺木義上,亦可作"樗",與表示臭椿義的"樗"爲同形字關係
0670	樺木	J072	又作樓	樓	樓 C58P0899b		樺	異體		
0671	濕鮭	J073	應作鮏,胡寡反。鮮明也	鮏	鮏 C58P0929b		鮏			
0671	濕鮭	J073		鮭	鮭 C58P0929b		鮏	音借		玄應、慧琳所見經文之"鮭",當是"鮏"的書寫訛誤形體
0672	脛踝	J072		踝	踝 C58P0909a		踝			
0672	脛踝	J072	論文從肉作腂,非也	腂	腂 C58P0909a		踝	異體		此是"腂"的一字異寫
0673	懷憾	J008		懷	懷 C57P0536a		懷			
0673	懷憾	J008	經有作褒,協藏也,非此義	褒	褒 C57P0536a		懷	異體		
0673	懷憾	J008	或作裹	裹	裹 C57P0536a		懷	異體		
0673	懷憾	J008	古文作孃	孃	孃 C57P0536a		懷	音借		徐在國《隸定古文疏證》"懷"下謂:"似假孃爲懷。"(2002:220)
0674	隤壞	J062		壞	壞 C58P0722a		壞			

組號	詞目	卷次	字形相關釋文	所涉文字	字圖/索引	校正形體	代表字	字際關係	詞際關係	備　註
0674	隓壞	J062	古文作𡐩	𡐩	𡐩 C58P0722a		壞	異體		
0674	𢿨諸欲	J043		𢿨	𢿨 C58P0265a		壞	異體		
0674	隓壞	J062	籀文作𢿨	𢿨	𢿨 C58P0722a		壞	異體		"𢿨"書寫或變異作"𢿨"
0674	𢿨諸欲	J043	經本作𣏋,非也	𣏋	𣏋 C58P0265a		壞	異體		此是"𢿨"的書寫訛變形體
0674	敝壞	J003	或作𡏃,古字也	𡏃	𡏃 C57P0447a		壞	異體		
0675	子驩	J065	《三蒼》云:此古歡字,同	歡	歡 C58P0768b		歡			
0675	懽喜	J077		懽	懽 C58P1030b		歡	異體		
0675	子驩	J065		驩	驩 C58P0768b		歡	音借		慧琳"懽喜"條下指出經文歡樂義上作"驩"爲"非"
0675	魯鵬	J073	此古歡字	鵬	鵬 C58P0918a		歡	音借		《大字典》"鵬"下據玄應本釋作"歡"的異體,未妥
0675	魯鵬	J073	此應作鵬,羅盍反	鵬	鵬 C58P0918a		歡			慧琳所見經文"鵬"訛作"鵬",他首先解釋了訛誤形體爲"歡"的古文
0676	汍瀾	J083	水流皃也。亦作洹	洹	洹 C59P0044b		洹			
0676	汍瀾	J083	《説文》:從水丸聲	汍	汍 C59P0044b		洹	異體		
0677	環釧	J076		環	環 C58P0988b		環			

組號	詞目	卷次	字形相關釋文	所涉文字	字圖/索引	校正形體	代表字	字際關係	詞際關係	備　註
0677	環釧	J076	經從金作鐶，是子母鐶也。本義乖也	鐶	鐶 C58P0988b		環	音借		
0677	環珮	J040	經文從畏作繯，非也	繯	繯 C58P0194a		環		文義換用	此"繯"或是"環"的誤書
0678	白睆	J042		睆	睆 C58P0249a		睆			
0678	睆翳	J074		睍	睍 C58P0948a		睆	異體		"睆"書寫或變異作"睍"，"睍"又或訛作"睍"
0678	白睆	J042	經文作浣，浣衣字，非	浣	浣 C58P0249a		睆	音借		
0678	睆翳	J074	論文作完湸二形，非也	完	完 C58P0948a		睆	音借		
0679	如幻	J008		幻	幻 C57P0544a		幻			
0679	如幻	J008	古作幺（幺）	幺	么 C57P0544a	幺	幻	異體		"幺"或訛作"么"
0679	如幻	J008	亦作子（勾），皆古字也	子	子 C57P0544a	勾	幻	異體		"勾"或訛作"子"
0680	火浣布	J015		浣	浣 C57P0692a		浣			
0680	火浣布	J015	正作澣	澣	澣 C57P0692a		浣	異體		
0680	火浣布	J015	經文有從兒作涴，非也	涴	涴 C57P0692a		浣	異體		"浣"書寫或變異作"涴"
0681	換衣	J040		換	換 C58P0188b		換			
0681	換衣	J040	經文作逭……逭非字體	逭	逭 C58P0188b		換	音借		

組號	詞目	卷次	字形相關釋文	所涉文字	字圖/索引	校正形體	代表字	字際關係	詞際關係	備　註
0682	煥明	J020		煥	煥 C57P0802a		煥			
0682	煥明	J020	《字書》亦奐字，同	奐	奐 C57P0802a		煥	分化		
0683	鳳凰	J083		凰	凰 C59P0064a		凰			
0683	鳳凰	J083	傳從鳥作鵁，俗字，非也	鵁	鵁 C59P0064a		凰	異體		已編碼字形作"鶤"
0684	黃病	J039		黃	黃 C58P0166a		黃			
0684	黃病	J039	經從病作癀，非	癀	癀 C58P0166a		黃	異體		分化失敗
0685	不遑	J013		遑	遑 C57P0652a		遑			
0685	不遑	J013	或作惶	惶	惶 C57P0652a		遑	音借		
0686	匪惶	J052		惶	惶 C58P0481a		惶			
0686	匪惶	J052	又作遑，同	遑	遑 C58P0481a		惶	音借		
0687	炫煌	J010		煌	煌 C57P0584b		煌			
0687	炫煌	J010	下又作熿，同	熿	熿 C57P0584b		煌	異體		
0687	焜煌	J053	經文作煇字，與暉〔同〕，非此用也	煇	煇 C58P0498a		煌		近義換用	
0688	潢濜	J042		潢	潢 C58P0248b		潢			

續　表

組號	詞目	卷次	字形相關釋文	所涉文字	字圖/索引	校正形體	代表字	字際關係	詞際關係	備　註
0688	潢瀁	J042	經文作洸，音光，非也	洸	洸 C58P0248b		潢	異體		"洸"書寫或訛作"洸"
0689	蝗虫	J049		蝗	蝗 C58P0408b		蝗			
0689	蝗虫	J049	論文作蟥，非體也	蟥	蟥 C58P0408b		蝗	音借		
0690	鏗鍠	J088		鍠	鍠 C59P0133b		鍠			
0690	鎗鍠	J094	籀文從音作諻	諻	諻 C59P0228b		鍠	異體		
0690	鏗鍠	J088	傳中作鋐，俗字也	鋐	鋐 C59P0133b		鍠	異體		
0690	鏗鍠	J088	或爲喤字	喤	喤 C59P0133b		鍠	音借		
0691	恢大	J009		恢	恢 C57P0573a		恢			
0691	恢大	J009	又作⿰多灰	⿰多灰	⿰多灰 C57P0573a		恢	異體		
0691	恢弘	J034	又作⿰糹灰	⿰糹灰	⿰糹灰 C58P0093a		恢	異體		此當是"⿰多灰"的書寫訛變字形
0691	恢亹	J082	序作⿰忄务，不成字也	⿰忄务	⿰忄务 C59P0024b		恢	正訛		此當是"恢"的訛誤形體
0692	揮涕	J057		揮	揮 C58P0591a		揮			
0692	揮涕	J057	經文作指麾之麾，亦非體也	麾	麾 C58P0591a		揮		近義換用	
0693	⿰革軍熒	J096	上字檢諸字書並不見，恐傳寫錯誤	⿰革軍	⿰革軍 C59P0268a		輝	異體		從慧琳釋文求之，蓋"⿰革軍"即"輝"的換旁異體字

組號	詞目	卷次	字形相關釋文	所涉文字	字圖/索引	校正形體	代表字	字際關係	詞際關係	備　註
0693	觶熒	J096	又從圭作韃,音胡寡反	韃	韃 C59P0268a		輝		文義換用	
0693	觶熒	J096	唯有從車作韗,音光,庶幾相近,於義或未爲得	韗	韗 C59P0268a		輝			二者關係待進一步考之
0694	手麾	J046		麾	麾 C58P0337b		麾			
0694	手麾	J046	今作撝,同	撝	撝 C58P0337b		麾		近義換用	
0695	隓殄	J042	經作隳,俗用字也	隳	隳 C58P0242a		隳			
0695	隓殄	J042	孔注《尚書》云:隓,廢也	隓	隓 C58P0242a		隳	異體		
0696	撝空	J029		撝	撝 C57P1019b		撝			
0696	撝空	J029	《説文》從軍作揮,並通	揮	揮 C57P1019b		撝		近義換用	
0696	指麾	J056	又作麾,同	麾	麾 C58P0560a		撝		近義換用	
0697	迥渡	J041		迥	迥 C58P0207b		迥			
0697	迥渡	J041	經文作古文㢲字,雖是正,時所不用	㢲	㢲 C58P0207b		迥	分化		
0697	迴復	J020	又作迥渡二形,同	迴	迴 C57P0801a		迥	音借		
0698	蛕虫	J043	又作蛔	蛔	蛔 C58P0267b		蛔			
0698	蛕虫	J043		蛕	蛕 C58P0267b		蛔	異體		

組號	詞目	卷次	字形相關釋文	所涉文字	字圖/索引	校正形體	代表字	字際關係	詞際關係	備　註
0698	蛕虫	J043	經作蚘	蚘	蚘 C58P0267b		蛔	異體		
0698	蛕虫	J043	經作尤	尤	尤 C58P0267b		蛔	音借		
0699	虺蛇	J028	今作虺，同	虺	虺 C57P0995b		虺			
0699	虺蛇	J028	古文虫、蜲二形	蜲	蜲 C57P0995b		虺	異體		
0699	虺蛇	J028	古文虫、蜲二形	虫	虫 C57P0995b		虺	分化		
0700	呰毀	J005		毀	毀 C57P0491b		毀			
0700	呰毀	J005	或從壬〈體郢反〉作毇（毀），古字也	毀	毀 C57P0491b	毀	毀	異體		
0700	諆訾	J053	經文作毀，俗通用也	諆	諆 C58P0496a		毀	異體		"諆"是"毀"在誹謗、詆毀義上的換旁異體字
0701	燬之	J048		燬	燬 C58P0378a		燬			
0701	燬之	J048	又作焜	焜	焜 C58P0378a		燬	異體		
0701	燬之	J048	又作煨	煨	煨 C58P0378a		燬	異體		
0702	錯繢	J031		繢	繢 C58P0002a		繢			
0702	錯繢	J031	經從貴。《説文》：織絲餘也	績	C58P0002a		繢		近義換用	釋文中慧琳對字形進行了結構描述，故缺對應的字圖
0703	卉木	J011	今隸書省略，從三十作卉	卉	卉 C57P0604a		卉			

組號	詞目	卷次	字形相關釋文	所涉文字	字圖/索引	校正形體	代表字	字際關係	詞際關係	備　註
0703	卉木	J011	從中〈丑列反〉從艸〈音草〉	芔	C57P0604a		卉	異體		釋文中慧琳對字形進行了結構描述，故缺對應的字圖
0704	彗星	J010		彗	C57P0590b		彗			
0704	彗星	J029		篲	C57P1032a		彗	異體		此是"彗"的《説文》篆體隸定形
0704	彗星	J010	或作篲	篲	C57P0590b		彗	異體		
0704	彗星	J010	古作篲	篲	C57P0590b		彗	異體		
0704	擁篲	J011	或從草作篲	篲	C57P0601b		彗	異體		
0704	掃篲	J058	律文作搯，手〈乎〉桂反。《廣雅》：搯，裂也	搯	C58P0605a		彗	音借		
0705	威惠	J085		惠	C59P0092b		惠			
0705	威惠	J085	論文作憓，亦通	憓	C59P0092b		惠	異體		
0705	憓流	J088	古文作蕙，從艸惠	蕙	C59P0134b		惠	異體		
0705	威惠	J085	或作慧，非	慧	C59P0092b		惠	音借		
0706	鐵啄	J028		啄	C57P0996a		啄			
0706	鐵啄	J028	又作䴢，同	䴢	C57P0996a		啄	音借		
0707	財賄	J075		賄	C58P0973a		賄			

組號	詞目	卷次	字形相關釋文	所涉文字	字圖/索引	校正形體	代表字	字際關係	詞際關係	備　註
0707	財賄	J075	古文賄，同	賄	賄 C58P0973a		賄	異體		
0708	号會	J032		會	會 C58P0039b		會			
0708	号會	J032	經從心作憎，非也。《廣雅》云：憎，惡也。非經義也	憎	憎 C58P0039b		會	音借		
0709	品彙	J060		彙	彙 C58P0654b		彙	異體		慧琳溝通的其餘形體，高麗本字圖非常不清晰，故暫時先不錄
0710	薉稻	J052	經文有從禾作穢	穢	穢 C58P0454a		穢			
0710	薉稻	J052		薉	薉 C58P0454a		穢	異體		
0710	臭穢	J003	或從食作餞，飲臭也	餞	餞 C57P0445b		穢	音借		
0710	薉稻	J052	經文有從酉作醶	醶	醶 C58P0454a		穢	音借		
0711	縷續	J060	或作續	續	續 C58P0660a		續			
0711	縷續	J060		纗	纗 C58P0660a		續	異體		
0712	惛戀	J086		惛	惛 C59P0112a		惛			
0712	惛沉	J003	避廟諱，改民爲氏。或從心，惛下眠字准此	惛	惛 C57P0440b		惛	異體		
0712	惛戀	J086	論或作昏，誤	昏	昏 C59P0112a		惛	分化		

組號	詞目	卷次	字形相關釋文	所涉文字	字圖/索引	校正形體	代表字	字際關係	詞際關係	備　註
0713	婚姻	J026		婚	**暜** C57P0946b		婚			
0713	婚姻	J026	今作昏	昏	**昏** C57P0946b		婚	分化		
0713	婚姻	J026	《尒雅》：婦之父曰昏	昏	**昏** C57P0946b		婚	分化		慧琳釋文中引《爾雅》作"昏"，此乃"昏"的書寫變異形體
0714	葷辛	J063		葷	**葷** C58P0727a		葷			
0714	葷辛	J063	律文從熏作薰，非也	薰	**薰** C58P0727a		葷	正訛		
0715	渾淆	J039		渾	**渾** C58P0182b		渾			
0715	渾淆	J039	正作溷	溷	**溷** C58P0182b		渾		近義換用	
0715	渾沌	J081	亦從人作倱伅	倱	**倱** C59P0010b		渾	音借		
0715	渾沌	J081	或作混字	混	**混** C59P0010b		渾	音借		
0716	著圂	J046	《蒼頡篇》：豕所居也。字從囗，豕在中也，字意也	圂	**圂** C58P0328b		圂			
0716	著圂	J046	論文作溷。溷，濁也，亂也。溷非正體	溷	**溷** C58P0328b		圂	異體		
0716	唉圂蟲	J057	從口作咽，非也	咽	**咽** C58P0584a		圂	異體		由"圂"字經"唉"從"口"旁類化而來
0717	混太空	J021		混	**混** C57P0810b		混			
0717	混太空	J021	字又作渾也	渾	**渾** C57P0810b		混	音借		

組號	詞目	卷次	字形相關釋文	所涉文字	字圖/索引	校正形體	代表字	字際關係	詞際關係	備　註
0717	混濁	J026	或作溷	溷	烟 C57P0955b		混	音借		
0718	倱伅	J016		倱	倱 C57P0725b		倱			
0718	倱伅	J016	又作混沌二形,同	混	湜 C57P0725b		倱	音借		
0719	驍然	J034		驍	驍 C58P0090b		驍			
0719	驍然	J034	義亦與耂字同, 音乎覓反	耂	耂 C58P0090b		驍	異體		"耂"字,高麗本 《玄應音義》書作 "觜"
0720	指擢	J033		擢	擢 C58P0055b		擢			慧琳釋文謂《説 文》作"擢",今傳 本《説文》作"攉"
0720	指擢	J033	經文作确,非此 用也	确	确 C58P0055b		擢	音借		經文中"确"被借 作"擢"表示敲擊 義
0721	之夥	J097		夥	夥 C59P0278b		夥			
0721	之夥	J097	正作猓也	猓	猓 C59P0278b		夥	異體		
0722	芬敷 布濩	J023		濩	濩 C57P0863b		濩			
0722	芬敷 布濩	J023	護字,經本有從 言作者,謬也	護	護 C57P0863b		濩	音借		
0722	布濩	J031	亦從音作護者也	護	護 C58P0012a		濩	音借		
0723	誩悟	J052		誩	誩 C58P0469a		誩			
0723	誩然	J013	《説文》作誩(誩), 形聲字也	誩	誩 C57P0655a	誩	誩	異體		

組號	詞目	卷次	字形相關釋文	所涉文字	字圖/索引	校正形體	代表字	字際關係	詞際關係	備註
0723	豂悟	J052	古文羲、眰二形，同	羲	羲 C58P0469a		豂	音借		
0723	豂悟	J052	古文羲、眰二形，同	眰	眰 C58P0469a		豂	音借		
0724	毀挗	J032		挗	挗 C58P0045a		挗			
0724	一挗	J040	經作圻，俗字也	圻	圻 C58P0188b		挗		近義換用	
0724	毀挗	J032	經作圻（坼）。《考聲》：地裂也。非經義也	圻	圻 C58P0045a	坼	挗		近義換用	
0724	一挗	J040	亦作墢	墢	墢 C58P0188b		挗		近義換用	"墢"是"坼"的一字異體
0725	挬眥	J043		挬	挬 C58P0272a		挬			
0725	挬眥	J043	經文從首作馘，古獲反。生獲斷耳曰馘，馘非此義	馘	馘 C58P0272a		挬	音借		
0726	攘禍	J055		禍	禍 C58P0536b		禍			
0726	攘禍	J055	古文從歺作旤	旤	旤 C58P0536b		禍	異體		
0727	霍然	J017		霍	霍 C57P0729b		霍			
0727	霍然	J017	《説文》作靃	靃	靃 C57P0729b		霍	異體		
0727	霍然	J017	或作霩	霩	霩 C57P0729b		霍	音借		
0727	霍然	J017	經作煇，非也	煇	煇 C57P0729b		霍	音借		

組號	詞目	卷次	字形相關釋文	所涉文字	字圖/索引	校正形體	代表字	字際關係	詞際關係	備　註
0727	霍然	J043	經文作曤,非也	曤	曤 C58P0259a		霍	音借		
0727	霍然	J033	經文作懼(懼),誤也	懼	懼 C58P0062b	懼	霍	音借		亦或是"爉"字書誤而致
0728	穫麥	J075		穫	穫 C58P0985b		穫			
0728	穫麥	J075	經文作濩,誤也	濩	濩 C58P0985b		穫	音借		此"濩"當是"穫"之訛字
0729	羹臛	J053		臛	臛 C58P0487b		臛			
0729	羹臛	J053	經文從雨下隹作雘(霍),非也	雘	雘 C58P0487b	霍	臛	音借		
0730	鑊湯	J038		鑊	鑊 C58P0163b		鑊			
0730	鑊湯	J038	經從水作濩,非也	濩	濩 C58P0163b		鑊	音借		
0731	霹靡	J051		霹	霹 C58P0437b		霹			
0731	霹靡	J051	論文並從草作藶蘼,俗字也	藶	藶 C58P0437b		霹	異體		"藶"可視作"霹"在霹靡義上的增旁異體字
0732	枡衡	J058		枡	枡 C58P0608a		枡			
0732	枡衡	J058	今作楄,同	楄	楄 C58P0608a		枡	異體		
0733	啾唧	J028		唧	唧 C57P0995b		唧			
0733	唧唧	J056	經文作呏,非也	呏	呏 C58P0569b		唧	音借		

組號	詞目	卷次	字形相關釋文	所涉文字	字圖/索引	校正形體	代表字	字際關係	詞際關係	備　註
0733	啾唧	J028	經文作喹,乃結反,怒也。喹非此義也	喹	喹 C57P0995b		唧		近義換用	
0733	唧唧	J049	論文作吡,非也	吡	吡 C58P0407a		唧		近義換用	
0734	饉飢	J059		飢	飢 C58P0629a		飢			
0734	饉飢	J059	古文餒	餒	餒 C58P0629a		飢	異體		"餒"乃"飢"之會意別構字
0734	飢饉	J029	古文作飦	飦	飦 C57P1015a		飢	異體		"飦"很可能是由"餒"書寫變異而來
0734	饉飢	J059	又作饑	饑	饑 C58P0629a		飢	音借		
0735	屜支	J058	屜有草屜、帛屜等也	屜	屜 C58P0619b		屜			
0735	屜支	J058	又作跇,同	跇	跇 C58P0619b		屜	異體		
0735	寶屜	J015	經從足作跂,非也	跂	跂 C57P0686b		屜	正訛		此"跂"或即"屜"的手書訛誤字形
0735	之屜	J078	經作履,俗字也	履	履 C58P1040a		屜		近義換用	
0736	如箕	J053		箕	箕 C58P0491b		箕			
0736	如箕	J053	古文作異也	異	異 C58P0491b		箕	異體		
0736	箕踞	J098	集從足作跱,非也	跱	跱 C59P0294a		箕	分化		
0737	稽留	J008		稽	稽 C57P0549a		稽			

組號	詞目	卷次	字形相關釋文	所涉文字	字圖/索引	校正形體	代表字	字際關係	詞際關係	備　註
0737	稽留	J008	本作禾	禾	禾 C57P0549a		稽		近義換用	"禾"指樹梢因受阻礙而彎曲不能上長，與"稽"的停留義相關
0737	稽留	J008	又作秇	秇	秇 C57P0549a		稽			此或由"稽"省去"旨"而來。二者關係待進一步考之
0737	稽留	J008	古文作乩	乩	乩 C57P0549a		稽	異體		此取稽查義
0737	稽留	J008	又作卟	卟	卟 C57P0549a		稽	異體		稽查義上二者似可視作異體關係
0737	稽顙	J088	又作𪛊	𪛊	𪛊 C59P0145b		稽	音借		稽首義上作"稽"，乃"𪛊"的假借用法
0737	稽顙	J088	《博雅》作𩠐	𩠐	𩠐 C59P0145b		稽	音借		《博雅》之"𩠐"是"𪛊"的一字異體
0738	京畿	J019		畿	畿 C57P0779a		畿			
0738	京畿	J019	或作圻，同	圻	圻 C57P0779a		畿	音借		
0739	逗機	J083		機	機 C59P0043a		機			
0739	逗機	J083	傳從手作撽，誤也	撽	撽 C59P0043a		機	正訛		
0740	積中	J069		積	積 C58P0841a		積	異體		
0740	積中	J069	論從艸作蕡	蕡	蕡 C58P0841a		積	異體		"蕡"與"積"用法不對立
0741	揮擊	J038		擊	擊 C58P0158b		擊			
0741	擊捷槌	J083	傳從系作繫，是繫縛字，本義乖	繫	繫 C59P0054b		擊	正訛		

組號	詞目	卷次	字形相關釋文	所涉文字	字圖/索引	校正形體	代表字	字際關係	詞際關係	備　註
0741	揮㩧	J038	正體作㩧	㩧	𢾻 C58P0158b		擊		近義換用	
0742	蔔蘲	J017		蘲	蘲 C57P0743a		齌	異體		
0742	蔔蘲	J017	又作蘲,同	蘲	蘲 C57P0743a	蘲	齌	異體		高麗本的形體是"蘲"的書寫變異字形
0743	饑饉	J072		饑	饑 C58P0916b		饑			
0743	饑饉	J072	古文飢,同	飢	飢 C58P0916b		饑	異體		在五穀不成這一用法上,"饑"與"飢"可視作異體字關係
0743	饑饉	J038	今或爲飢字	飢	飢 C58P0151b		饑	音借		
0744	鶵鷄	J004		鷄	鷄 C57P0469a		鷄			
0744	鶵鷄	J004	下或作鷄(雞),亦通	鷄	鷄 C57P0469a	雞	鷄	異體		
0745	多賣	J008	正體作齌	齌	齌 C57P0549b		齌			
0745	賣饢	J054	經作賣,俗字也	賣	賣 C58P0514b		齌	異體		此是"齌"的書寫變異字形
0745	多賣	J008		賣	賣 C57P0549b		齌	異體		
0746	羈絆	J060		羈	羈 C58P0666b		羈			
0746	羈籠	J032	或作羈	羈	羈 C58P0045a		羈	異體		
0746	籠鞹	J058	又作羈、羈二形,同	羈	羈 C58P0602b		羈	異體		

續　表

組號	詞目	卷次	字形相關釋文	所涉文字	字圖/索引	校正形體	代表字	字際關係	詞際關係	備　註
0746	籠鞲	J058		鞲	鞲 C58P0602b		羈	異體		
0746	籠鞲	J058	又作羈、羈二形，同	羈	羈 C58P0602b		羈	異體		
0746	羈靮	J076		羈	羈 C58P0996b		羈	異體		
0746	羈絆	J060	古文從网從憍作憍	憍	憍 C58P0666b		羈	異體		此乃"羈"的書寫訛變字形，與同"懎"的"憍"同形
0747	几上	J057	《説文》：几，踞也。象形字也	几	几 C58P0582a		几			
0747	几上	J057	經文從木作机，是木名，非經義，借用	机	机 C58P0582a		几	音借		
0748	爰及	J018		及	及 C57P0759b		及			
0748	爰及	J018	古文作兒	兒	兒 C57P0759b		及	異體		此當是"及"的書寫變異字形。待進一步考之
0749	彶彶	J019		彶	彶 C57P0785b		彶			
0749	彶彶	J019	經文從水作汲，書誤也	汲	汲 C57P0785b		彶	正訛		經文作"汲"，是"彶"的書誤字，慧琳所言不誣
0749	彶彶	J019	或從人作伋，音急	伋	伋 C57P0785b		彶		近義換用	
0750	亟徑	J080		亟	亟 C58P1082a		亟			
0750	亟徑	J080	録文作函，俗字，非也	函	函 C58P1082a		亟	正訛		從慧琳釋文來看，此"函"當是"亟"的書寫訛誤字形
0750	亟徑	J080	或作輄	輄	輄 C58P1082a		亟		近義換用	

組號	詞目	卷次	字形相關釋文	所涉文字	字圖/索引	校正形體	代表字	字際關係	詞際關係	備　註
0751	極踾	J002		極	極 C57P0429a		極			已編碼字形作"極"
0751	極踾	J002	經從手，非也	挃	C57P0429a		極	正訛		釋文中慧琳對字形進行了結構描述，故缺對應的字圖
0752	棘束	J019		棘	棘 C57P0784b		棘			
0752	棘束	J019	經本從竝束，誤也	棘	C57P0784b		棘	正訛		釋文中慧琳對字形進行了結構描述，故缺對應的字圖
0752	棘（棘）樹	J051	論從二来作棶，非也	棶	棶 C58P0440a		棘	正訛		"棘"所從的"束"亦或訛作"来"
0752	棘（棘）刺（刺）	J100	集本從草作蒜，非也	蒜	蒜 C59P0344a		棘	異體		因"棘"屬草本一類，故文獻中或綴"艸"旁作"蒜"
0752	棘刺	J078	經文從草作蒜刺，非也	蒜	蒜 C58P1036b		棘			"蒜"亦或訛從"來（来）"
0753	戠在	J034		戠	戠 C58P0090a		戠			
0753	戠在	J034	經文從手作撒，非也	撒	撒 C58P0090a		戠	異體		"撒"可視作"戠"之增旁異體字
0754	湒湒	J052		湒	湒 C58P0477b		湒			
0754	湒湒	J052	又作清，同	清	淯 C58P0477b		湒	正訛		此是"湒"的書寫訛誤形體
0755	埥土	J084		埥	埥 C59P0086a		埥			
0755	埥土	J084	或從月作腈也	腈	腈 C59P0086a		埥	音借		"腈"即"瘠"字，"埥"與"腈"義相別

續 表

組號	詞目	卷次	字形相關釋文	所涉文字	字圖/索引	校正形體	代表字	字際關係	詞際關係	備 註
0756	蒺蔾	J049		蒺	蒺 C58P0400a		蒺			
0756	蒺蔾	J049	論文從金作鏃錑二形,非也	鏃	鏃 C58P0400a		蒺	音借		
0757	舟檝	J024	《説文》作楫。〔從〕木咠聲	揖	揖 C57P0897a	楫	楫			“楫”書寫或訛作“揖”
0757	舟檝	J024	經作檝,俗用字	檝	檝 C57P0897a		楫	異體		
0757	舟艥	J023	艥,秦入、資葉二反	艥	艥 C57P0878a		楫	異體		
0757	舟楫	J020	《通俗文》:櫂謂之艥(艥)	艥	艥 C57P0807b	艥	楫	異體		“艥”書寫或訛作“艥”
0758	爲嫉	J072		嫉	嫉 C58P0912b		嫉			
0758	爲嫉	J072	古文誒、㑵二形,同	㑵	㑵 C58P0912b		嫉	異體		
0758	爲嫉	J072	古文誒、㑵二形,同	誒	誒 C58P0912b		嫉	異體		
0758	慳嫉	J032	經從心作㤥,誤也	㤥	㤥 C58P0049a		嫉	異體		
0758	嫌嫉	J076	傳文從疒作疾。疾,病也。非經義也	疾	疾 C58P0991b		嫉	音借		
0759	蹉踖	J028	踖字應誤,宜作錯,千各反	踖	踖 C57P0999a		踖			
0759	蹉蹜	J028		蹜	蹜 C57P0999a		踖	異體		
0760	薄膌	J058	又作瘠,同	瘠	瘠 C58P0603a		瘠			

組號	詞目	卷次	字形相關釋文	所涉文字	字圖/索引	校正形體	代表字	字際關係	詞際關係	備　註
0760	薄膌	J058		膌	腈 C58P0603a		瘠	異體		
0760	羸瘠	J025	又作瘠、痋（瘠）、膌三體,同用	瘠	瘠 C57P0929a		瘠	異體		
0760	羸瘠	J025	又作瘠、痋（瘠）、膌三體,同用	痋	痋 C57P0929a	痋	瘠	異體		此"痋"乃"痋"的書寫訛誤字形
0760	薄膌	J058	律文作藉,非體也	藉	藉 C58P0603a		瘠	音借		
0761	允輯	J089		輯	輯 C59P0161b		輯			
0761	允輯	J089	孔注《尚書》:亦集字也	集	集 C59P0161b		輯	音借		
0762	蛺蝶	J031		蛺	蛺 C58P0025a		蛺			
0762	蛺蝶	J031	經作莢䔒,草名,非此義也	莢	莢 C58P0025a		蛺	分化		
0763	鸒鴿	J081	傳中從脊作鷚,俗字,非正體也	鷚	鷚 C59P0019a		鷚			
0763	鸒鴿	J081		鸒	鸒 C59P0019a		鷚	異體		
0764	脊骨	J002		脊	脊 C57P0426a		脊			
0764	脊骨	J002	《說文》作𦟝,象形字也	𦟝	𦟝 C57P0426a		脊	異體		
0765	劎戟	J074	傳文省作戟,俗字也	戟	戟 C58P0946b		戟			"戟"手書又或變異作"戟"形
0765	劎戟	J074		戟	戟 C58P0946b		戟	異體		

組號	詞目	卷次	字形相關釋文	所涉文字	字圖/索引	校正形體	代表字	字際關係	詞際關係	備　註
0765	持戟	J052	經文從金作戟，非也	戟	戟 C58P0454b		戟	異體		蓋是因"戟"爲金屬類，故俗書增"金"旁
0766	排擠	J052		擠	擠 C58P0454a		擠			
0766	排擠	J052	經文作濟，誤也	濟	濟 C58P0454a		擠	音借		
0767	技術	J029		技	技 C57P1023a		技			
0767	技術	J029	經文從人作伎，借用，非本字	伎	伎 C57P1023a		技	音借		
0767	技業	J047	經作支，誤也	支	支 C58P0357b		技	正訛		
0768	蓤芰	J059		芰	芰 C58P0648a		芰			
0768	蓤芰	J059	又作芗，同	芗	芗 C58P0648a		芰	異體		
0768	蓤芰	J059	律文作苛，非也	苛	苛 C58P0648a		芰	正訛		
0769	妓樂	J005	從女作妓	妓	妓 C57P0485b		妓	異體		詞頭之"妓"是"妓"的書寫變異形體
0769	妓樂	J005	或作技（技），工巧也	技	技 C57P0485b	技	妓	音借		
0769	妓樂	J005	或作伎（伎）。伎（伎），藝也	伎	伎 C57P0485b	伎	妓	音借		
0770	不計	J016		計	計 C57P0725b		計			
0770	不計	J016	經文作係，非體也	係	係 C57P0725b		計	音借		

組號	詞目	卷次	字形相關釋文	所涉文字	字圖/索引	校正形體	代表字	字際關係	詞際關係	備　註
0771	道跡	J073	又作蹟、迹二形，同	迹	迹 C58P0933b		迹			
0771	道跡	J073		跡	跡 C58P0933b		迹	異體		
0771	道跡	J073	又作蹟、迹二形，同	蹟	蹟 C58P0933b		迹	異體		
0771	道跡	J073	論文作跡、跂二形，非也	跡	跡 C58P0933b		迹	異體		此是"跡"的書寫變異字形
0771	道跡	J073	論文作跡、跂二形，非也	跂	跂 C58P0933b		迹	正訛		當是"跡"書誤而致
0772	怖悸	J053		悸	悸 C58P0497b		悸			
0772	怖悸	J053	古文作痵，同	痵	痵 C58P0497b		悸	異體		驚懼義上，"悸"與"痵"可視作異體字關係
0773	沖寂	J088	今通俗作寂	寂	寂 C59P0145a		寂			
0773	宗静	J015	今俗通作宋	宋	宋 C57P0683b		寂	異體		
0773	沖寂	J088	或作宗	宗	宗 C59P0145a		寂	異體		
0773	沖寂	J088	古作家（冡）	冡	冡 C59P0145a	冡	寂	異體		"宋"書寫或變異作"冡"，文獻中"冡"或訛同"家"
0773	宗静	J015	亦作誄、叔	誄	誄 C57P0683b		寂	異體		
0773	喋嘆	J027		喋	喋 C57P0983a		寂	異體		受下字"嘆"從"口"的影響類化而成
0773	宗静	J015	亦作誄、叔	叔	叔 C57P0683b		寂	異體		《説文》將其與"宋"相別，然從文獻用例察之，二者可視作異體關係

續　表

組號	詞目	卷次	字形相關釋文	所涉文字	字圖/索引	校正形體	代表字	字際關係	詞際關係	備　註
0774	長踉	J046		踉	踉 C58P0323b		踉			
0774	長踉	J046	古文蹎，同	蹎	蹎 C58P0323b		踉	音借		此或可視作"踉"的換旁異體字
0774	長踉	J089	或作臮	臮	臮 C59P0150b		踉	音借		
0775	稠穊	J056		穊	穊 C58P0553b		穊			
0775	稠穊	J056	古文蔇，同	蔇	蔇 C58P0553b		穊	異體		核之文獻，"蔇"的所謂"艸多兒"義並無實際用例
0776	洎乎法界	J022	正宜作曁。曁，至也	曁	曁 C57P0854b		曁			
0776	洎乎法界	J022	經作洎者，誤也	洎	洎 C57P0854b		曁	音借		
0776	曁今	J028	《聲類》云：古文作泉(臮)，同	泉	泉 C57P0994b	臮	曁	音借		
0777	黍稷	J045		稷	稷 C58P0304b		稷			
0777	黍稷	J045	古文稷(稦)，同	稷	稷 C58P0304b	稦	稷	異體		
0777	種稷	J009	古文稦，同	稦	稦 C57P0559b		稷	異體		此是"稦"的一字異寫
0777	襏契	J084		襏	襏 C59P0073b		稷	異體		分化未成功，故仍應視作"稷"的異體字
0777	種裰	J074	一本作稷	裰	裰 C58P0957a		稷	音借		二者關係待進一步考之
0778	寶髻	J015		髻	髻 C57P0701a		髻	異體		

組號	詞目	卷次	字形相關釋文	所涉文字	字圖/索引	校正形體	代表字	字際關係	詞際關係	備　註
0778	寶髻	J015	今經文作結，非也	結	結 C57P0701a		髻	分化		
0779	希冀	J008		冀	冀 C57P0546a		冀			
0779	希冀	J008	經作兾，俗字也	兾	兾 C57P0546a		冀	異體		
0779	難冀	J026		冀	冀 C57P0942b		冀	異體		
0779	難冀	J026	又作覬。《説文》：覬，幸也	覬	覬 C57P0942b		冀	音借		
0780	劑限	J001		劑	劑 C57P0419b		劑			
0780	劑限	J001	經文作齊，古文作亝，皆一也	齊	齊 C57P0419b		劑	分化		古人常借"齊"字，且所見經文亦有作"齊"者
0780	劑限	J001	經文作齊，古文作亝，皆一也	亝	亝 C57P0419b		劑			"亝"乃"齊"的古文
0780	齊此	J006	或作亝	亝	亝 C57P0502a		劑			此是"齊"的異體字
0780	齊此	J006	或作齊（齎）	齊	齎 C57P0502a	齎	劑	音借		"齎"是"醑"的異體字，與"劑"義別
0781	濟濟	J085		濟	濟 C59P0088b		濟			
0781	法澺	J080	古濟字也	澺	澺 C58P1078a		濟	異體		
0781	濟濟	J085	論文作济，草書，不成字也	济	济 C59P0088b		濟	異體		
0782	功績	J030		績	績 C57P1045b		績			

續　表

組號	詞目	卷次	字形相關釋文	所涉文字	字圖/索引	校正形體	代表字	字際關係	詞際關係	備　註
0782	功績	J030	今作勣,同	勣	勣 C57P1045b		績	異體		"勣"字分化失敗,故而二者仍應視作異體字關係
0782	樹勣	J091	或作績	勣	勣 C59P0186b		績	異體		此是"勣"的一字異寫形體
0783	繼嗣	J037		繼	繼 C58P0144a		繼			
0783	繼嗣	J037	《説文》䜷及《字書》古文䜷字也	䜷	䜷 C58P0144a		繼	異體		
0783	繼嗣	J037	經文從𢇍作継,俗字也。無來處,草書誤也	継	継 C58P0144a		繼	異體		
0784	氍毹	J078		毹	毹 C58P1039b		纑	異體		
0784	氍毹	J078	下或作㲻,織毛爲席也	㲻	㲻 C58P1039b		纑	異體		
0785	騏驥	J030		驥	驥 C57P1049b		驥			
0785	騏驥	J030	下又作驥,同	驥	驥 C57P1049b		驥	異體		
0786	狛獚	J049		狛	狛 C58P0400a		狛			
0786	狛獚	J049	又作猳,同	猳	猳 C58P0400a		狛	異體		"猳"與"狛"似可視作異體字關係
0787	枷鎖	J038		枷	枷 C58P0152a		枷			
0787	枷鎖	J038	或作架	架	架 C58P0152a		枷	音借		
0787	枷鎖	J016	經文作加璅二字,並錯書	加	加 C57P0709b		枷	音借		或是"枷"的誤書

組號	詞目	卷次	字形相關釋文	所涉文字	字圖/索引	校正形體	代表字	字際關係	詞際關係	備　註
0788	吹笳	J075		笳	笳 C58P0985b		笳			
0788	吹笳	J075	或作葭,同	葭	葭 C58P0985b		笳	音借		
0789	袈裟	J059		袈	袈 C58P0629a		袈			
0789	袈裟	J059	字本從毛作毲毭二形,葛洪後作《字苑》,始改從衣	毲	毲 C58P0629a		袈	異體		
0790	加趺	J071	有從足作跏,文字所無者也	跏	跏 C58P0882b		跏			
0790	加趺	J071		加	加 C58P0882b		跏	分化	借用分化	
0791	筴箸	J058		筴	筴 C58P0627a		筴			
0791	筴箸	J058	律文作挾藏之挾,非體也	挾	挾 C58P0627a		筴	音借		
0792	嘉苗	J070		嘉	嘉 C58P0858b		嘉			
0792	嘉苗	J070	古文恕,同	恕	恕 C58P0858b		嘉	異體		此"恕"字,獅谷本、弘教本、大正本均訛作"恕"
0793	猳玃	J031		猳	猳 C58P0022b		猳			
0793	猳玃	J031	經從犬作豭,亦通也	豭	豭 C58P0022b		猳	異體		
0794	麢麖	J092		麢	麢 C59P0196a		麢			
0794	麢麖	J092	傳作麠,俗字也	麠	麠 C59P0196a		麢	異體		

續 表

組號	詞目	卷次	字形相關釋文	所涉文字	字圖/索引	校正形體	代表字	字際關係	詞際關係	備 註
0795	爪扴	J059		扴	扴 C58P0635a		扴			
0795	爪扴	J059	又作搚(搚),同	搚	搚 C58P0635a	搚	扴		近義換用	
0796	白袷	J031		袷	袷 C58P0022a		袷			
0796	袂紵	J085		袂	袂 C59P0102a		袷	異體		
0796	袂紵	J085	論作夾,非。案《聲類》音叶,非夾義,故不取	夾	夾 C59P0102a		袷	分化		
0796	白袷	J031	經作帢,音口洽反。帢,帽也。非此義也	帢	帢 C58P0022a		袷	音借		
0797	頰領	J001		頰	頰 C57P0410b		頰			
0797	頰領	J001	或從肉作脥,亦通	脥	脥 C57P0410b		頰	異體		
0798	甲赤	J039		甲	甲 C58P0169a		甲			
0798	甲赤	J039	今從肉作胛,是肩胛之字,非也	胛	胛 C58P0169a		甲	音借		指甲義上,經文或作"胛",乃"甲"的同音借用現象
0798	著甲	J073	經作鉀,是鉀爐,箭名也,乖經義	鉀	鉀 C58P0932a		甲	異體		鎧甲義上,經文之"鉀"乃"甲"的增旁異體字
0799	至胛	J073		胛	胛 C58P0924a		胛			
0799	至胛	J073	又作胛(甲),同	胛	胛 C58P0924a	甲	胛	分化		"胛"乃"甲"在肩胛義上的後出分化字

組號	詞目	卷次	字形相關釋文	所涉文字	字圖/索引	校正形體	代表字	字際關係	詞際關係	備　註
0800	假借	J015		假	假 C57P0683b		假			
0800	假借	J015	經文作賈,非也。賈,人姓也	賈	賈 C57P0683b		假	音借		
0801	松櫕	J088		櫕	櫕 C59P0138b		櫕			
0801	松櫕	J088	亦作榎	榎	榎 C59P0138b		櫕	異體		
0802	嚴駕	J059		駕	駕 C58P0635a		駕			
0802	嚴駕	J059	古文挌(挌),同	挌	挌 C58P0635a	挌	駕	異體		此"挌"是"挌"的書寫訛誤字形
0803	开度	J099		开	开 C59P0327b		开			
0803	开度	J099	集作开,俗字	开	开 C59P0327b		开	異體		慧琳所見經本的"开"乃詞頭"开"的俗寫體
0804	肩髆	J076		肩	肩 C58P1002b		肩	異體		
0804	肩臂	J011	經從户(尸)從月作肩,非也	肩	肩 C57P0619b		肩	異體		
0805	姦詐	J014		姦	姦 C57P0679a		姦			
0805	姦詐	J014	或作奸,亦同	奸	奸 C57P0679a		姦	音借		
0806	草菅	J055	又作菅、蕑二形	菅	菅 C58P0545a		菅			
0806	草菅	J055		菼	菼 C58P0545a		菅	異體		指稱菅茅時,"菅"與"菼""蕑"可視作異體字關係

組號	詞目	卷次	字形相關釋文	所涉文字	字圖/索引	校正形體	代表字	字際關係	詞際關係	備　註
0806	草菣	J055	又作菅、蒚二形，同	蒚	蘭 C58P0545a		菅	異體		
0807	犍黄	J059		犍	犍 C58P0644b		犍			
0807	犍黄	J059	又作犉、劇二形，同	犉	犐 C58P0644b		犍	異體		
0807	犍黄	J059	又作犉、劇二形，同	劇	劇 C58P0644b		犍	異體		
0808	水澖	J058		澖	澖 C58P0609b		澗	異體		
0808	水澖	J058	又作灛，同	灛	灛 C58P0609b		澗		近義換用	
0809	一械	J079		械	械 C58P1062b		械			
0809	寶函	J002	《説文》正從木作械。械，篋也	函	函 C57P0432b		械		近義換用	
0809	鐵械	J090	傳文從了作函，本音含，非也。俗用，非本字，誤用	函	函 C59P0177a		械		近義換用	
0809	一械	J079	經作棭，非也	棭	棭 C58P1062b		械		近義換用	
0809	械籠	J052	經文從系作緘，非體也	緘	緘 C58P0460a		械	音借		
0810	煎憂	J077		煎	煎 C58P1013b		煎			
0810	煎憂	J077	譜作燗，俗字也	燗	燗 C58P1013b		煎	異體		
0811	監領	J017		監	監 C57P0740a		監			

組號	詞目	卷次	字形相關釋文	所涉文字	字圖/索引	校正形體	代表字	字際關係	詞際關係	備　註
0811	監領	J017	古文䁻,同	䁻	䁻 C57P0740a		監	異體		"䁻"字,《慧琳音義》頻伽本或作"䁐",亦是"監"的異體字
0811	監領	J017	經文作鑒,非體也	鑒	鑒 C57P0740a		監	分化		
0812	餘熠	J098	《古今正字》:從火晉聲	熠	熠 C59P0309a		熠			
0812	餘熠	J098	集作熠,俗字也	熠	熠 C59P0309a		熠	異體		
0813	艱難	J027		艱	艱 C57P0982b		艱			
0813	艱辛	J003	《説文》:土難治也。從堇艮聲也	艱	艱 C57P0441b		艱	異體		
0813	艱難	J027	籀文作囏	囏	囏 C57P0982b		艱	異體		
0814	瀸漏	J075		瀸	瀸 C58P0981a		瀸			
0814	瀸漏	J075	經作瀸(瀸),俗字也	瀸	瀸 C58P0981a	瀸	瀸	異體		
0815	怨殲	J076		殲	殲 C58P0993a		殲			
0815	殲其	J085		殲	殲 C59P0090b		殲	異體		
0815	殲殄	J097	集作殲弥,並俗字也	殲	殲 C59P0282a		殲	異體		
0815	怨殲	J076	古文殘,同	殘	殘 C58P0993a		殲			此"殘"是"殲"之古文異體"戩"的書寫訛變字形
0816	鞍鞴	J060		鞴	鞴 C58P0659a		鞴			

組號	詞目	卷次	字形相關釋文	所涉文字	字圖/索引	校正形體	代表字	字際關係	詞際關係	備　註
0816	鞍韉	J014		韉	韉 C57P0669b		韉	異體		
0816	鞍韉	J060	或作韀,又作䩉,並通用	䩉	䩉 C58P0659a		韉	異體		
0816	鞍韉	J014	《説文》作韀	韀	韀 C57P0669b		韉	異體		
0816	鞍韉	J014	正作韀	韀	韀 C57P0669b		韉	異體		
0817	鐵銳	J098		鐵	鐵 C59P0308b		鐵			
0817	鐵銳	J098	或俗作尖,非也	尖	尖 C59P0308b		鐵		近義換用	
0817	鐵銳	J098	集作災,音灾,深誤也	災	災 C59P0308b		鐵			此"災"即"尖"字書誤而致
0818	弓鞬	J065		鞬	鞬 C58P0770b		鞬			
0818	弓鞬	J065	又作韃、靬二形,同	韃	韃 C58P0770b		鞬	異體		
0818	弓鞬	J065	又作韃、靬二形,同	靬	靬 C58P0770b		鞬	異體		
0819	若揃(揃)	J059		揃	揃 C58P0641b	揃	揃			
0819	若揃(揃)	J059	古文劗、鬋、翦三形,同	鬋	鬋 C58P0641b		揃	音借		
0819	若揃(揃)	J059	古文劗、鬋、翦三形,同	翦	翦 C58P0641b		揃		近義換用	
0819	若揃(揃)	J059	古文劗、鬋、翦三形,同	劗	劗 C58P0641b		揃		近義換用	

組號	詞目	卷次	字形相關釋文	所涉文字	字圖/索引	校正形體	代表字	字際關係	詞際關係	備　註
0820	救柬	J100		柬	柬 C59P0342b		柬			
0820	救柬	J100	俗用或從手從柬作揀,誤也	揀	揀 C59P0342b		柬	分化		
0820	柬擇	J038	經作簡,非也	簡	簡 C58P0160b		柬	音借		
0820	救柬	J100	集中作萠,非義也	萠	萠 C59P0342b		柬	音借		
0821	重皺	J087	《考聲》云:皮虛起如繭也	皺	皺 C59P0121a		跰	異體		
0821	重皺	J087	今録本作蹣,謬	蹣	蹣 C59P0121a		跰			此"蹣"當是"蹁"的訛字;"蹁"又"繭"的分化字,與"跰"異體
0821	重皺	J087	《古今正字》作𦼔、秆、稅	𦼔	𦼔 C59P0121a		跰	音借		此是"棄"的異體字
0821	重皺	J087	《古今正字》作𦼔、秆、稅	秆	秆 C59P0121a		跰	音借		此是"棄"的異體字
0821	重皺	J087	《古今正字》作𦼔、秆、稅	稅	稅 C59P0121a		跰	音借		此是"棄"的異體字
0822	採揀	J030		揀	揀 C57P1044b		揀			
0822	採揀	J030	又作敕	敕	敕 C57P1044b		揀	異體		
0822	不揀(揀)	J041	《説文》作柬,分別簡之也	柬	柬 C58P0210b		揀	分化		
0822	採揀	J030	序文作挾,胡頰反。挾,持。非此用也	挾	挾 C57P1044b		揀	正訛		此"挾"當是"揀"之誤書
0822	不揀(揀)	J041	經文作簡,非本字也	簡	簡 C58P0210b		揀	音借		

組號	詞目	卷次	字形相關釋文	所涉文字	字圖/索引	校正形體	代表字	字際關係	詞際關係	備　註
0822	採揀	J030	或作練	練	練 C57P1044b		揀	音借		
0822	試鍊	J015	今經文作鍊，鎔鍊金鐵字也，非本字，亦通	鍊	鍊 C57P0683b		揀		文義換用	
0823	不減	J002	《説文》：減，損也。從水咸聲也	減	減 C57P0436a		減			
0823	不減	J002	從冫作减，非也	减	减 C57P0436a		減	異體		
0824	王瓎	J080	《字書》云：瓎，名也	瓎	瓎 C58P1084a		瓎			
0824	王瓎	J080	録作㼜，非也	㼜	㼜 C58P1084a		瓎	音借		
0824	豆盧瓎	J088	集文從東作瓅，誤也	瓅	瓅 C59P0147a		瓎	正訛		此是"瓎"右邊的"柬"訛作形近的"東"所致
0825	撲翦	J083	《説文》：從羽前聲	翦	翦 C59P0053b		翦			
0825	撲翦	J083	傳從刀作剪，誤也	剪	剪 C59P0053b		翦	異體		
0825	撲翦	J083	或作戩	戩	戩 C59P0053b		翦		近義換用	
0826	跛蹇	J076	《説文》：蹇，跛也。從足寒省聲也	蹇	蹇 C58P1009a		蹇			
0826	跛蹇	J076	經從馬作騫，非也	騫	騫 C58P1009a		蹇	音借		此取跛腳義
0826	偃蹇	J009	經文從人作僵，誤也	僵	僵 C57P0568a		蹇	分化		此取傲慢義，"僵"或即"蹇"的後出分化字
0827	謇吃	J046		謇	謇 C58P0333a		謇			

續 表

組號	詞目	卷次	字形相關釋文	所涉文字	字圖/索引	校正形體	代表字	字際關係	詞際關係	備註
0827	謇吃	J046	今作蹇	蹇	C58P0333a		謇	異體		
0827	謇吃	J046	《聲類》作譾	譾	C58P0333a		謇	異體		
0827	謇謣	J047	古文作[illegible](譾)、謇二形	[illegible]	C58P0354b	譾	謇	異體		此是"譾"的訛字
0827	謇吃	J013	或作讓,用並同	讓	C57P0645a		謇	異體		文獻中或借表示跛腳義的"蹇"爲"謇",故而"蹇"又增"言"旁
0827	謇吃	J046	古文譃、謇二形	譃	C58P0333a		謇	異體		
0827	謇吃	J013	或從虎(虔)作謔(譃)	謔	C57P0645a	譃	謇	異體		此"謔"是"譃"的訛字,"虎"形則"虔"之訛
0827	謇吃	J013	或從干(千)作扐	扐	C57P0645a		謇	異體		
0827	謇吃	J046	又作刅,同	刅	C58P0333a		謇			"扐"書寫又訛作"刅"
0827	謇吃	J013	或從了(弓)作[illegible](謇)	[illegible]	C57P0645a	謇	謇	音借		
0827	謇吃	J046	論文作蹇,跛蹇也。蹇非此義	蹇	C58P0333a		謇	音借		二者爲同源借用字關係
0828	蠶繭	J031	《說文》:蠶衣也。從糸從虫芇聲	繭	C58P0005b		繭			
0828	蠶繭	J031	古文作絸也	絸	C58P0005b		繭	異體		
0828	蠶繭	J031	經文作璽,俗字也	璽	C58P0005b		繭	異體		
0829	眼瞼	J034	《字略》云:眼外皮也	瞼	C58P0086b		瞼			

組號	詞目	卷次	字形相關釋文	所涉文字	字圖/索引	校正形體	代表字	字際關係	詞際關係	備註
0829	眼瞼	J034	經文作睫眊二形，並非此用也	睫	睫 C58P0086b		瞼		文義換用	
0830	鹹鹽	J061	《説文》正體從僉作鹼	鹼	鹼 C58P0679b		鹼			
0830	鹹鹽	J061	俗字也	鹻	鹻 C58P0679b		鹼	異體		
0831	洅雷	J087		洅	洅 C59P0117b		洅			
0831	洅雷	J087	亦作荐	荐	荐 C59P0117b		洅	異體		釋文的"洅"取再、又、重一類用法，與"荐"可視作異體字關係
0831	洅雷	J087	《説文》作灂，從水薦聲	灂	灂 C59P0117b		洅	音借		"灂"為水至貌，與"洅"為同源借用字關係
0832	車漸	J080		漸	漸 C58P1068a		漸			
0832	車漸	J080	或作瀸	瀸	瀸 C58P1068a		漸		近義換用	
0833	履踐	J007	《説文》云：踐，履也。從足戔聲也	踐	踐 C57P0528b		踐			
0833	履踐	J007	或作俴	俴	俴 C57P0528b		踐	異體		
0833	履踐	J007	或作衜	衜	衜 C57P0528b		踐	異體		
0834	箭筈	J003	《説文》云：箭，矢也。從竹前聲也	箭	箭 C57P0449b		箭			
0834	箭筈	J003	正體作𥭤，從竹從止從舟	𥭤	𥭤 C57P0449b		箭	異體		此是"籥"的書寫變異字形
0835	谿澗	J041	《説文》：從水間聲	澗	澗 C58P0223a		澗			

組號	詞目	卷次	字形相關釋文	所涉文字	字圖/索引	校正形體	代表字	字際關係	詞際關係	備　註
0835	谿澗	J041	亦作峭	峭	峭 C58P0223a		澗	異體		
0835	谿澗	J041	又作𡶜	𡶜	𡶜 C58P0223a		澗	異體		
0836	關鍵	J040		鍵	鍵 C58P0195a		鍵			
0836	關鍵	J040	經文從門作𨵦，古文字	𨵦	𨵦 C58P0195a		鍵	異體		
0836	關鍵	J013	或作𨵦（𨵦）	𨵦	𨵦 C57P0646b	𨵦	鍵	異體		此"𨵦"爲"𨵦"的訛誤字形
0836	關鍵	J013	或從木作楗，同	楗	楗 C57P0646b		鍵	異體		
0836	關鍵	J040	亦作捷（楗）	捷	捷 C58P0195a	楗	鍵	異體		此"捷"爲"楗"的訛誤字形
0837	餞送	J058		餞	餞 C58P0622b		餞			
0837	餞送	J058	律文作踐履之踐，非體也	踐	踐 C58P0622b		餞	音借		
0838	軸鐦	J056		鐦	鐦 C58P0568a		鐦			
0838	軸鐦	J056	《方言》作鍊，同	鍊	鍊 C58P0568a		鐦	異體		此"鍊"與表示冶煉義的"鍊"爲同形字關係
0839	所鑑	J076	《字書》作鑑，同	鑑	鑑 C58P0994b		鑑			
0839	所鑑	J076	或作鑒也	鑒	鑒 C58P0994b		鑑	異體		
0840	軒檻	J083		檻	檻 C59P0059a		檻			

組號	詞目	卷次	字形相關釋文	所涉文字	字圖/索引	校正形體	代表字	字際關係	詞際關係	備　註
0840	軒檻	J083	傳從車作轞,轞亦車聲,與本義乖也	轞	轞 C59P0059a		檻	異體		此"轞"當是"檻"受上字"軒"從"車"的影響類化而成
0840	籠檻	J031	經從手,誤也	擥	C58P0006a		檻	正訛		釋文中慧琳對字形進行了結構描述,故缺對應的字圖
0840	鐵轞	J079	經文從金作鑑,非也	鑑	鑑 C58P1065b		檻	音借		此"鑑"亦或是受上字"鐵"從"金"的影響類化而成
0841	汈(汇)狖	J061	上古江字也	江	江 C58P0678b		江			
0841	汈(汇)狖	J061		汇	汇 C58P0678b	汇	江	異體		
0842	姜苟兒	J084	《説文》:從女羊聲	姜	姜 C59P0084b		姜			
0842	姜苟兒	J084	論文加草作蓋,非也	蓋	蓋 C59P0084b		姜	音借		
0843	礓石	J047	字從石	礓	礓 C58P0350b		礓			
0843	礓石	J047	論文從土作壃,非體也	壃	壃 C58P0350b		礓	音借		
0843	礓石	J053	經作薑,非也	薑	薑 C58P0486b		礓	音借		
0844	壃界	J008	或作疆	疆	疆 C57P0556b		疆			
0844	分壃	J053	《説文》正作畺,從畕,三其界畫也	畺	畺 C58P0495b		疆	異體		
0844	分壃	J053	鄭注《周禮》云:壇,界也	壇	壇 C58P0495b		疆	異體		

組號	詞目	卷次	字形相關釋文	所涉文字	字圖/索引	校正形體	代表字	字際關係	詞際關係	備　註
0844	分壃	J053	亦作畺	畺	畺 C58P0495b		彊	異體		
0844	分壃	J053	又作彊	彊	彊 C58P0495b		彊	音借		《大字典》"彊"下收録了"同'疆'"的用法（2010：1070）
0845	韁鎖	J049	《説文》從系作繮	繮	繮 C58P0403a		繮			高麗本對應字圖殘缺
0845	韁鎖	J049	《玉篇》從革作韁，與論中同	韁	韁 C58P0403a		繮	異體		
0846	獎（將）化	J048	又作獎，同	獎	獎 C58P0374b		獎			《玄應音義》卷第二十二之詞頭作"將化"（V32P0290c）
0846	勸獎	J081		奬	奬 C59P0016a		獎	異體		
0847	將帥	J006	《説文》云：將，率也。從寸從醬（醬）省聲也	將	將 C57P0511b		將			
0847	將大	J052	經文作漿，誤也	漿	漿 C58P0469a		將	音借		
0848	工匠	J006	經文作匠，非	匠	匠 C57P0508a		匠			慧琳謂：從斤〈斤，斧也〉從匚〈音方〉。匚者，作器也
0849	降澍	J008	從阜夅聲也	降	降 C57P0536b		降			
0849	降澍	J008	《蒼頡篇》作屛	屛	屛 C57P0536b		降	異體		
0850	絹弶	J049		弶	弶 C58P0406a		弶			
0850	絹弶	J049	論文作橿，俗字也	橿	橿 C58P0406a		弶	異體		高麗本對應字圖殘缺

組號	詞目	卷次	字形相關釋文	所涉文字	字圖/索引	校正形體	代表字	字際關係	詞際關係	備　註
0850	弴中	J044	經作撤,俗字也	撤	撤 C58P0292b		弴	異體		此當是"樋"字書誤而致,然習非成是,《大字典》遂釋作"同'弴'"
0851	交露	J034		交	交 C58P0081b		交			
0851	交露	J034	經作玟,非也	玟	玟 C58P0081b		交	音借		
0851	交絡	J041	經文從糸作絞,繼也。上聲字,甚乖經義	絞	絞 C58P0212b		交	音借		
0852	姣輸	J046		姣	姣 C58P0337a		姣			
0852	姣輸	J046	古文嬌,同	嬌	嬌 C58P0337a		姣	異體		不過徐在國《隸定古文疏證》將二者視作音借現象(2002:256)
0853	炷焦	J068		焦	焦 C58P0826b		焦			
0853	炷焦	J068	《説文》正作爨	爨	爨 C58P0826b		焦	異體		
0853	炷焦	J068	論作燋,非	燋	燋 C58P0826b		焦	音借		
0854	芭蕉	J004	今俗用相傳作蕉,本非字也	蕉	蕉 C57P0457a		蕉			
0854	芭蕉	J004	《説文》云:焦(茉),菜(菜)也	焦	焦 C57P0457a	茉	蕉	音借		慧琳所釋的"焦"當是"茉",即"椒"字;下文的"菜"乃"菜"之訛
0855	澆灒	J009		澆	澆 C57P0559b		澆			
0855	澆灒	J009	上又作濐,同	濐	濐 C57P0559b		澆	異體		

組號	詞目	卷次	字形相關釋文	所涉文字	字圖/索引	校正形體	代表字	字際關係	詞際關係	備　註
0856	憍慢	J075	經作憍，非也。亦作驕也	驕	驕 C58P0969a		驕			
0856	憍高	J013	從心從喬作憍，正也	憍	憍 C57P0646b		驕	異體		
0856	憍高	J013	從右或從有作 犕、犕，並非	犕	犕 C57P0646b		驕	異體		此是"憍"的一字異寫
0856	憍高	J013	從右或從有作 犕、犕，並非	犕	犕 C57P0646b		驕	異體		此是"憍"的一字異寫
0857	三膲	J043		膲	膲 C58P0258b		膲			已編碼字形作"膲"
0857	三膲	J043	經文作焦，燒餘也，焦非字義	焦	焦 C58P0258b		膲	分化		
0858	鮫魚	J030		鮫	鮫 C57P1042b		鮫			
0858	鮫魚	J030	今作蛟，同	蛟	蛟 C57P1042b		鮫	音借		
0859	索鐎	J058		鐎	鐎 C58P0625a		鐎			
0859	索鐎	J058	今作銚，同	銚	銚 C58P0625a		鐎		近義換用	
0860	鶽螟	J086	從鳥隼聲	鵻	鵻 C59P0110b		鵻	異體		已編碼字形作"鵻""鶽"
0861	嚼齒	J032	從口爵聲	嚼	嚼 C58P0031b		嚼			
0861	嚼齒	J032	《說文》云：以爲噍字也	噍	噍 C58P0031b		嚼	異體		
0862	角力	J048		角	角 C58P0370a		角			

續　表

組號	詞目	卷次	字形相關釋文	所涉文字	字圖/索引	校正形體	代表字	字際關係	詞際關係	備　註
0862	觓試	J076		觓	觓 C58P0995b		角	異體		
0862	觓試	J076	經從手作捔,非也	捔	捔 C58P0995b		角	異體		分化失敗
0862	角勝	J070	或作捔(挷),此古文粗字,音在古反	捔	挷 C58P0871a	挷	角			"捔"手書或訛作"挷"
0862	角處	J077	志作桶,非也	桶	桶 C58P1023b		角			"捔"又或訛作"桶"
0862	角處	J077	亦作斠	斠	斠 C58P1023b		角	音借		
0862	角力	J048	古文斠,同	斠	斠 C58P0370a		角	音借		此是"斠"的書寫變異字形
0862	角張	J075	經文從目作睛,非也	睛	睛 C58P0973b		角	音借		
0862	角術	J078	亦作較	較	較 C58P1034a		角		近義換用	
0863	奸狡	J052		狡	狡 C58P0476b		狡			
0863	奸狡	J052	經文從女作姣,非也	姣	姣 C58P0476b		狡	音借		
0864	皎若	J057	亦作皎也	皎	皎 C58P0585a		皎			
0864	皎潔	J052	今作皎,同	皎	皎 C58P0458b		皎	異體		
0864	曒潔	J052	古文曒、暞二形	曒	曒 C58P0458b		皎	異體		
0864	曒若	J057	《古今正字》云:月光也。從日敫聲	曒	曒 C58P0585a		皎	異體		

組號	詞目	卷次	字形相關釋文	所涉文字	字圖/索引	校正形體	代表字	字際關係	詞際關係	備　註
0864	皦潔	J052	古文皦、暞二形	暞	暞 C58P0458b		皎	異體		
0865	庫腳	J037	俗用從去作脚,訛謬也	脚	脚 C58P0144b		脚			
0865	庫腳	J037	《説文》:從肉卻聲也	腳	腳 C58P0144b		脚	異體		已編碼字形作"腳"
0866	孫勦	J033		勦	勦 C58P0054b		勦			
0866	勦説	J084	或作謤	謤	謤 C59P0078b		勦	異體		表示竊取義的"勦"與表示滅絶義的"勦"爲同形字關係
0866	孫勦	J033	經文作僄,非也	僄	僄 C58P0054b		勦	音借		
0866	孫勦	J033	《説文》作勡,同	勡	勡 C58P0054b		勦	近義換用		慧琳謂該用法上《説文》作"勡",今傳本《説文》並無此字
0866	勦健	J056	《説文》作勡,健也	勡	勡 C58P0575b		勦	近義換用		此是"勡"的書寫訛變字形
0867	僥倖	J010		僥	僥 C57P0584a		僥			
0867	僥倖	J052	又作傲,同	傲	傲 C58P0471b		僥	異體		
0867	僥倖	J010	又作憿、徼二形,同	憿	憿 C57P0584a		僥	異體		
0867	僥倖	J010	又作憿、徼二形,同	徼	徼 C57P0584a		僥	音借		
0868	撟詐	J003	《字書》:妄也。《説文》:從手喬聲也	撟	撟 C57P0446b		撟			

組號	詞目	卷次	字形相關釋文	所涉文字	字圖/索引	校正形體	代表字	字際關係	詞際關係	備　註
0868	撟詐	J003	經文從矢作矯，俗用，非正體也	矯	矯 C57P0446b		撟		近義換用	
0869	矯詆	J005		矯	矯 C57P0482a		矯			
0869	矯詆	J005	經中從右作矯（熇），俗字也	矯	熇 C57P0482a	熇	矯	異體		"熇"是"矯"的書寫變異字形
0869	矯害	J001	《説文》從手作撟	撟	撟 C57P0418b		矯	音借	近義換用	"矯"的二種用法：其一，表示虛妄義；其二，表示舉起義
0869	矯足	J098	集從糸作繑……未詳其義	繑	繑 C59P0295b		矯	音借		
0870	繳頭	J040	《説文》：從糸敫聲	繳	繳 C58P0203a		繳			
0870	繳頭	J040	《韻詮》從巾作幑，亦通也	幑	幑 C58P0203a		繳		近義換用	高麗本字圖有誤
0871	指攬	J064		攬	攬 C58P0744b		攬			
0871	指攬	J064	古文㧖，同	㧖	㧖 C58P0744b		攬	異體		
0872	徼循	J033		徼	徼 C58P0056b		徼			
0872	徼循	J033	又作邀，同	邀	邀 C58P0056b		徼	異體		"徼""邀"均有求取、謀求的用法，蓋慧琳所謂又作"邀"，即指此而言
0873	嘷叫	J015		叫	叫 C57P0685b		叫			
0873	嘷叫	J013		叫	叫 C57P0646a		叫	異體		

組號	詞目	卷次	字形相關釋文	所涉文字	字圖/索引	校正形體	代表字	字際關係	詞際關係	備　註
0873	嘎叫	J013	從刁者，誤也	叨	C57P0646a		叫	正訛		釋文中慧琳對字形進行了結構描述，故缺對應的字圖
0873	嘎叫	J069	古作訆（訆）、嘄	訆	訆 C58P0849b	訆	叫	異體		此是"訆"的訛字
0873	嘎叫	J015	或作訋（訆）	訋	訋 C57P0685b	訆	叫	異體		此是"訆"的訛字
0873	吹噭	J010		噭	噭 C57P0582a		叫	異體		
0873	吹噭	J010	又作詻、警二形，同	警	警 C57P0582a		叫	異體		
0873	吹噭	J010	又作詻、警二形，同	詻	詻 C57P0582a		叫	異體		
0873	嘎叫	J069	古作訆（訆）、嘄	嘄	嘄 C58P0849b		叫	異體		
0873	嘎叫	J015	或作嘄	嘄	嘄 C57P0685b	嘄	叫			此蓋是"嘄"的訛字
0874	窖中	J060		窖	窖 C58P0658b		窖			
0874	窖中	J060	或作窌	窌	窌 C58P0658b		窖	異體		《説文》將二字分置，張舜徽《約註》"窌"下認爲二者同（2009：1803）
0875	較談	J090	傳文從交作較，俗字也	較	較 C59P0167b		較			
0875	較談	J090	正從爻作較	較	較 C59P0167b		較	異體		
0875	大較	J085	《説文》：從車爻聲	較	較 C59P0090a		較	異體		

組號	詞目	卷次	字形相關釋文	所涉文字	字圖/索引	校正形體	代表字	字際關係	詞際關係	備　註
0875	較略	J028	古文攉,同	攉	攉 C57P0995a		較		近義換用	
0875	辜較	J034	又作摧	摧	摧 C58P0089b		較		近義換用	
0875	較談	J090	或從支作敨	敨	敨 C59P0167b		較			二者關係待進一步考之
0876	求斠	J077	《説文》:平斗斠也。從斗冓聲	斠	斠 C58P1018b		斠			
0876	求斠	J077	或作角也	角	角 C58P1018b		斠		近義換用	
0877	醇煥	J026		醇	醇 C57P0945b		醇			
0877	醇煥	J026	經多作醪……醪非經意云也	醪	醪 C57P0945b		醇		文義換用	
0878	章醮	J087		醮	醮 C59P0125a		醮			
0878	章醮	J087	亦作燋,禍也	燋	燋 C59P0125a		醮	異體		
0878	作醮	J039	亦作燋(樵)	樵	樵 C58P0180b	燋	醮	異體		"燋"書寫或訛作"樵"
0879	皭法師	J093	《説文》:青白色。從爵從白	皭	皭 C59P0216a		皭			
0879	皭法師	J093	傳文從肉作臄,非也	臄	臄 C59P0216a		皭	正訛		此"臄"當是"皭"的訛字
0880	嶠薆	J098	集作嶠,俗字也	嶠	嶠 C59P0301b		嶠			
0880	嶠薆	J098	又作嶠	嶠	嶠 C59P0301b		嶠	異體		

組號	詞目	卷次	字形相關釋文	所涉文字	字圖/索引	校正形體	代表字	字際關係	詞際關係	備　註
0881	皆使	J045		皆	皆 C58P0314a		皆			
0881	皆使	J045	經文作背,甚失經義,非也	背	背 C58P0314a		皆	正訛		
0882	草秸	J059		秸	秸 C58P0632a		秸			
0882	草秸	J059	又作稭、鞂、秸三形,同	稭	稭 C58P0632a		秸	異體		
0882	草秸	J059	又作稭、鞂、秸三形,同	秸	秸 C58P0632a		秸	異體		
0882	草秸	J059	又作稭、鞂、秸三形,同	鞂	鞂 C58P0632a		秸			"鞂"本是"鞋"的異體字,此"鞂"或由"稭""秸"二形糅合而成
0882	草秸	J059	律文作苔,古木反。禾稭也。苔非此用也	苔	苔 C58P0632a		秸		文義換用	
0883	階砌	J012		階	階 C57P0629a		階			
0883	基堦	J078		堦	堦 C58P1036b		階	異體		
0883	基堦	J078	經文作坆,書寫誤	坆	坆 C58P1036b		階			經本字形當是"堦"的書寫訛誤形體
0884	桵子	J026		桵	桵 C57P0932b		桵			
0884	桵子	J026	有經作𧺢、逤字,全非字體也	𧺢	𧺢 C57P0932b		桵	音借		"𧺢"同"走"
0884	桵子	J026	有經作𧺢、逤字,全非字體也	逤	逤 C57P0932b		桵	音借		此當是"逤"的書寫變異字形。待進一步考之

組號	詞目	卷次	字形相關釋文	所涉文字	字圖/索引	校正形體	代表字	字際關係	詞際關係	備　註
0885	嗟嘆	J028		嗟	嗟 C57P0998b		嗟	異體		
0885	嗟嘆	J028	經文作㖟,非也	㖟	㖟 C57P0998b		嗟	異體		此亦當是"嗟"的書寫變異字形
0886	棄街	J077		街	街 C58P1025a		街			
0886	棄街	J077	《方志》作衛,非也	衛	衛 C58P1025a		街	正訛		慧琳溝通的"衛"當是"街"字書誤而致
0887	癰瘑	J037	今時用作瘑	瘑	癩 C58P0142b		瘑			
0887	癰瘑	J037	《古今正字》:正體從截作瘑,久廢不行	瘑	瘑 C58P0142b		瘑	異體		
0888	刼掠	J060	鄭注《禮記》云:劫,脅也	劫	劫 C58P0664b		劫			
0888	刼掠	J060		刼	刼 C58P0664b		劫	異體		
0888	刼掠	J060	人欲去以刀脅之,或曰以刀止去曰刐	刐	刐 C58P0664b		劫	異體		"劫"或又書作"刐"形
0889	婕妤	J084	《説文》:女字也。並形聲字	婕	婕 C59P0067b		婕			
0889	婕妤	J084	或作倢伃	倢	倢 C59P0067b		婕	音借		
0890	豪傑	J046		傑	傑 C58P0326a		傑			
0890	豪傑	J046	論文作桀,雞栖於杙爲桀,非此義	桀	桀 C58P0326a		傑	分化		
0891	眼睫	J006		睫	睫 C57P0497b		睫			

組號	詞目	卷次	字形相關釋文	所涉文字	字圖/索引	校正形體	代表字	字際關係	詞際關係	備　註
0891	眼睫	J006	《説文》正體作䀹,目旁毛也。從目夾聲也	䀹	䀹 C57P0497b		睫	異體		
0891	睫	J023	又作睞	睞	睞 C57P0875a		睫	異體		此是"䀹"的一字異寫形體
0891	紺睫	J098	《釋名》作䀹	䀹	䀹 C59P0293b		睫	異體		
0891	如睫	J073	《釋名》作䀹,同	䀹	䀹 C58P0921b		睫	異體		此是"䀹"的一字異寫形體
0891	眼睞	J046	《釋名》作䀹,同	䀹	䀹 C58P0322b		睫	異體		此亦是"䀹"的一字異寫形體
0891	眼睫	J006	《釋名》作䀹,俗字也	䀹	䀹 C57P0497b		睫	異體		此仍是"䀹"的一字異寫形體
0891	眼睫	J006	《通俗文》從妾作睫	睫	睫 C57P0497b		睫	異體		
0891	眼睞	J074	經作睞,俗字也	睞	睞 C58P0958b		睫	異體		此即"睫"的書寫變異字形
0891	如睫	J073	論文作䐋、䏰二形,非	䐋	䐋 C58P0921b		睫	異體		
0891	如睫	J073	論文作䐋、䏰二形,非	䏰	䏰 C58P0921b		睫	異體		
0892	維摩詰	J028		詰	詰 C57P1009a		詰			
0892	維摩詰	J028	經從革作鞊,非也	鞊	鞊 C57P1009a		詰	音借		
0893	割截	J040	經文從戈作截,誤也	截	截 C58P0194b		截			
0893	割截	J040	《説文》:截,斷也。從戈雀聲	截	截 C58P0194b		截	異體		

組號	詞目	卷次	字形相關釋文	所涉文字	字圖/索引	校正形體	代表字	字際關係	詞際關係	備　註
0894	摩竭魚	J040		竭	竭 C58P0194a		竭			
0894	摩竭魚	J040	經文從木作楬，非也	楬	楬 C58P0194a		竭	音借		
0895	踕來	J042		踕	踕 C58P0244b		踕			
0895	踕來	J042	《説文》作疌，亦疾也	疌	疌 C58P0244b		踕	異體		"踕"或即"疌"的增旁異體字，以突出疾行義
0895	踕來	J042	從手作捷，俗也	捷	捷 C58P0244b		踕	音借		
0896	巇巇	J098	巇或作巇（巇）	巇	藏 C59P0306a	巇	巇			
0896	巇巇	J098		巇	巇 C59P0306a		巇	異體		
0896	巇巇	J098	集作巇，俗字	巇	巇 C59P0306a		巇	異體		此爲"巇（巇）"的書寫訛變字形
0897	頡頏	J098		頡	頡 C59P0298b		頡			
0897	頡頏	J098	頡或作頜	頜	頜 C59P0298b		頡	分化		
0898	介品	J099		介	介 C59P0318b		介			
0898	介品	J099	集從魚作魪，魚名也，非介品之義	魪	魪 C59P0318b		介	音借		
0899	齋戒	J072		戒	戒 C58P0913a		戒			
0899	齋戒	J072	古文作誡，同	誡	誡 C58P0913a		戒	分化		

組號	詞目	卷次	字形相關釋文	所涉文字	字圖/索引	校正形體	代表字	字際關係	詞際關係	備　註
0900	疥癰	J002		疥	疥 C57P0437a		疥			
0900	疥癰	J002	或作蚧	蚧	蚧 C57P0437a		疥	異體		
0901	蔽袘（袘）	J099		袘	袘 C59P0314b	袘	袘			高麗本詞頭的"袘"乃"袘"的訛字
0902	借兵	J078	《古今正字》：暫取也。從人昔聲	借	借 C58P1033b		借			
0902	借兵	J078	經作債，是債負字，非假借，傳寫誤也	債	債 C58P1033b		借	正訛		
0903	以斤	J059		斤	斤 C58P0635a		斤			
0903	以斤	J059	律文作釿……釿非此義也	釿	釿 C58P0635a		斤	異體		
0904	矜伐	J013		矜	矜 C57P0645b		矜			
0904	矜伐	J013	經文從令作羚，誤也	羚	羚 C57P0645b		矜	異體		本是書誤而致，但後習非成是，遂認作異體關係
0905	筋脉	J005		筋	筋 C57P0478a		筋			
0905	筋脉	J005	有從草作莇	莇	莇 C57P0478a		筋	異體		
0905	筋脉	J005	或從角作觔者	觔	觔 C57P0478a		筋	異體		
0905	筋骨	J011	經中從草作莇，非也	莇	莇 C57P0618a		筋	異體		此或由"莇""筋"二形黏合而成
0906	喉襝	J047	或亦作襟	襟	襟 C58P0364a		襟			

組號	詞目	卷次	字形相關釋文	所涉文字	字圖/索引	校正形體	代表字	字際關係	詞際關係	備　註
0906	喉裣	J047	《説文》：從衣金聲	裣	裣 C58P0364a		襟	異體		
0906	喉裣	J047	論文從今作衿，俗字也	衿	衿 C58P0364a		襟	異體		
0907	僅半	J020		僅	僅 C57P0803a		僅			
0907	僅半	J020	古文勤、堇二形，同	勤	勤 C57P0803a		僅	異體		
0907	僅半	J020	古文勤、堇二形，同	堇	堇 C57P0803a		僅	異體		
0908	緊捷	J039		緊	緊 C58P0172b		緊			
0908	緊捷	J039	或作殄（紾）	殄	殄 C58P0172b	紾	緊	異體		此"殄"爲"紾"的書寫訛誤字形
0909	肜謹	J089		謹	謹 C59P0165b		謹			
0909	肜謹	J089	傳文從邑作鄞，傳寫錯	鄞	鄞 C59P0165b		謹	正訛		從慧琳所釋來看，此"鄞"乃"謹"的書誤
0910	漫遠	J018	顧野王云：浸，漸也	浸	浸 C57P0748b		浸			
0910	漫遠	J018	亦作寑	寑	寑 C57P0748b		浸	異體		
0910	漫遠	J018		漫	漫 C57P0748b		浸	異體		
0910	漫潰	J042		濅	濅 C58P0239a		浸	異體		
0910	漫潰	J042	經作浸，俗字也	浸	浸 C58P0239a		浸	異體		

組號	詞目	卷次	字形相關釋文	所涉文字	字圖/索引	校正形體	代表字	字際關係	詞際關係	備　註
0911	忍澿	J080		澿	澿 C58P1085b		澿			
0911	澿然	J030		澿	澿 C57P1049b		澿	異體		
0911	忍澿	J080	録作噤,非也	噤	噤 C58P1085b		澿	音借		
0911	澿然	J030	經文從心作憬,非也	憬	憬 C57P1049b		澿	音借		
0912	舌噤	J018		噤	噤 C57P0766b		噤			
0912	舌噤	J018	經文從舌作舲	舲	舲 C57P0766b		噤	異體		
0912	舌噤	J018	或從牛作牮	牮	牮 C57P0766b		噤	音借		
0912	舌噤	J018	或從金作唫	唫	唫 C57P0766b		噤	音借		
0913	縉雲	J092		縉	縉 C59P0199a		縉			
0913	縉雲	J092	傳文從手作搢,非也	搢	搢 C59P0199a		縉	音借		
0914	灰燼	J028		燼	燼 C57P0996b		燼			
0914	灰燼	J028	又作㶳,同	㶳	㶳 C57P0996b		燼	異體		
0914	灰燼	J028	經文作藎草之藎,非體也	藎	藎 C57P0996b		燼	音借		
0914	身衋	J039	經作賣,誤也	賣	賣 C58P0177b		燼	音借		

組號	詞目	卷次	字形相關釋文	所涉文字	字圖/索引	校正形體	代表字	字際關係	詞際關係	備　註
0914	灰爐	J028	又作莹，誤也	莹	莹 C57P0996b		爐			二者關係待進一步考之
0915	京者	J010	《説文》云：人所爲絶高丘也。從高省，象高形也	京	京 C57P0592b		京			
0915	京者	J010	經從日從小作京（京），俗字	京	京 C57P0592b	京	京	異體		
0916	旌鼓	J014	《説文》作旌……從㫃生聲也	旌	旌 C57P0668b		旌			
0916	旋旒	J062		旒	旒 C58P0713b		旌	異體		
0916	旌鼓	J014	或作矜	矜	矜 C57P0668b		旌	音借		
0917	眼睛	J004		睛	睛 C57P0462b		睛			
0917	目精	J042	本從目作睛，是昭睛字，眼目之精也	精	精 C58P0242b		睛	分化		
0918	粳米	J024	俗作粳	粳	粳 C57P0902a		粳			
0918	粳米	J024	《説文》：秔，不黏稻也。從米亢聲	秔	秔 C57P0902a		粳	異體		
0918	粳米	J024	亦作秔	秔	秔 C57P0902a		粳	異體		
0919	鯨海	J081	今從京作鯨，通用字	鯨	鯨 C59P0017a		鯨			
0919	鯨海	J081	《字統》從畺作鱷	鱷	鱷 C59P0017a		鯨	異體		
0920	井絡	J092	上正井字	井	井 C59P0202a		井			

組號	詞目	卷次	字形相關釋文	所涉文字	字圖/索引	校正形體	代表字	字際關係	詞際關係	備　註
0920	丼絡	J092	《説文》云：八家同一丼	丼	丼 C59P0202a		丼	異體		
0921	坑阱	J072	《説文》：從皀井聲	阱	阱 C58P0906b		阱			
0921	坑阱	J072	論文作穽，俗用字也	穽	穽 C58P0906b		阱	異體		
0921	火阱	J079	或作穽	穽	穽 C58P1053a		阱	異體		
0921	坑阱	J072	或作弊（挊）、𡒍，古字也	𡒍	𡒍 C58P0906b		阱	異體		
0921	坑穽	J023	籀文作阱、叙（菽）	叙	叙 C57P0878b	菽	阱	異體		
0921	臽穽	J098	《説文》：挊（挊）亦坑也	挊	挊 C59P0302a	挊	阱	異體		
0921	陷穽	J041	或作叙（挊）	叙	叙 C58P0224b	挊	阱	異體		
0921	坑阱	J072	或作弊（挊）、𡒍，古字也	弊	弊 C58P0906b	挊	阱	異體		此"弊"是"挊"的書寫訛誤字形
0922	慎徼	J017		徼	徼 C57P0744a		徼			
0922	慎徼	J017	古文憿、徼二形	憿	憿 C57P0744a		徼	異體		
0922	慎徼	J017	今作警，同	警	警 C57P0744a		徼		近義換用	
0923	警心	J059		警	警 C58P0649a		警			
0923	警心	J059	律文作景，大也，光明也。景非此旨也	景	景 C58P0649a		警	音借		

續　表

組號	詞目	卷次	字形相關釋文	所涉文字	字圖/索引	校正形體	代表字	字際關係	詞際關係	備　註
0923	警心	J059	古文憼、儆二形，同	儆	儆 C58P0649a		警		近義換用	
0923	警心	J059	古文憼、儆二形，同	憼	憼 C58P0649a		警		近義換用	"憼""儆"爲換旁異體字關係
0924	如澄瀞水	J076	《説文》：無垢也。從水静聲	瀞	瀞 C58P0993b		净	異體		
0924	如澄瀞水	J076	經作穽，陷也	穽	穽 C58P0993b		净	音借		
0925	蹊逕	J093	《説文》作徑，正也	徑	徑 C59P0216b		徑			
0925	蹊逕	J093	鄭注《周禮》云：逕，道也。所以通車徒於國都也	逕	逕 C59P0216b		徑	異體		
0925	嘔徑	J080	録作經，誤	經	經 C58P1082a		徑	音借		
0926	捉脛	J059		脛	脛 C58P0649a		脛			
0926	捉脛	J059	古文踁，同	踁	踁 C58P0649a		脛	異體		
0927	靖聽	J028		靖	靖 C57P0997a		靖			
0927	靖聽	J028	又作彭、净（竫）、静、妌四形，同	彭	彭 C57P0997a		靖	音借		
0927	靖聽	J028	又作彭、净（竫）、静、妌四形，同	净	净 C57P0997a	竫	靖	音借		此"净"是"竫"的書誤
0927	靖聽	J028	又作彭、净（竫）、静、妌四形，同	静	静 C57P0997a		靖	音借		
0927	靖聽	J028	又作彭、净（竫）、静、妌四形，同	妌	妌 C57P0997a		靖	音借		

組號	詞目	卷次	字形相關釋文	所涉文字	字圖/索引	校正形體	代表字	字際關係	詞際關係	備　註
0928	競來	J003	經作競,俗字也	競	競 C57P0455b		競			
0928	競來	J003		競	競 C57P0455b		競	異體		該條詞頭字作"競"
0928	競來	J003	或作諽,衛宏作	諽	諽 C57P0455b		競	異體		
0928	競來	J003	或作囂,古字	囂	囂 C57P0455b		競	異體		"囂"亦可視作"競"在爭論義上的異體字
0929	祕扃	J001	《説文》:外閉之關也。從户同聲	扃	扃 C57P0406b		扃			
0929	祕扃	J001	經從向作扄,誤也	扄	扄 C57P0406b		扃	異體		
0930	坰野	J062	《説文》作冂	冂	冂 C58P0715a		冂			
0930	坰野	J062	俗從土作坰也	坰	坰 C58P0715a		冂	異體		
0930	坰野	J062	又從口作同,衆國邑也	同	同 C58P0715a		冂	異體		
0931	德囧	J090		囧	囧 C59P0170b		囧			
0931	德囧	J090	傳文從公作囧(囧),俗字也	囧	囧 C59P0170b	囧	囧	異體		
0932	迥出	J010	《爾雅》:迥,遠也。從辵同聲	迥	迥 C57P0589b		迥			
0932	迥出	J010	經從向作逈,非也	逈	逈 C57P0589b		迥	異體		
0932	迥出	J001	古文作同,象國邑,從口	同	同 C57P0404a		迥	音借		

組號	詞目	卷次	字形相關釋文	所涉文字	字圖/索引	校正形體	代表字	字際關係	詞際關係	備　註
0933	推究	J006		究	究 C57P0501a		究			
0933	推究	J006	或作尣、宼、叏（叜）、竆，並是古字	竆	竆 C57P0501a		究	異體		
0933	推究	J006	或作尣、宼、叏（叜）、竆，並是古字	宼	宼 C57P0501a		究	音借		此是"尣"的異體字
0933	推究	J006	或作尣、宼、叏（叜）、竆，並是古字	尣	尣 C57P0501a		究	音借		此是"尣"的異體字
0933	推究	J006	或作尣、宼、叏（叜）、竆，並是古字	叏	叏 C57P0501a	叜	究	音借		此是"尣"的異體字
0934	紛糾	J001	《説文》：從糸丩聲	糾	糾 C57P0403b		糾			
0934	糺紛	J049		糺	糺 C58P0399a		糾	異體		
0935	摎項	J043		摎	摎 C58P0262a		摎			
0935	摎項	J043	又作㩍，同	㩍	㩍 C58P0262a		摎	異體		
0936	鐵臼	J049		臼	臼 C58P0400a		臼			
0936	鐵臼	J049	論文作鈤，非體也	鈤	鈤 C58P0400a		臼	異體		乃受上"鐵"從"金"的影響類化而成
0936	鐵臼	J041	經作臼，非也	臼	臼 C58P0216b		臼	正訛		此是"臼"字書誤而致
0936	如臼	J053	經本作田，誤也	田	田 C58P0491b		臼	正訛		此亦是"臼"字書誤而致
0937	摧過咎	J014		咎	咎 C57P0667a		咎			

組號	詞目	卷次	字形相關釋文	所涉文字	字圖/索引	校正形體	代表字	字際關係	詞際關係	備　註
0937	摧過咎	J014	出（詘），古文咎字	出	出 C57P0667a	詘	咎	異體		待進一步考求
0937	懼咎	J082	或更從人作俗。《説文》：毀也。亦通	俗	俗 C59P0031a		咎		近義換用	
0938	骸樞	J089	或從木	樞	柩 C59P0163b		樞			
0938	骸樞	J089	《字書》正從匚作区	区	匜 C59P0163b		樞	異體		
0938	骸樞	J089	籀文作匲也	匲	匲 C59P0163b		樞	異體		
0939	是捄	J046	今作救，同	救	救 C58P0338b		救			
0939	是捄	J046	《字詁》古文捄、捄二形	捄	捄 C58P0338b		救	異體		
0939	是捄	J046	《字詁》古文捄、捄二形	捄	捄 C58P0338b		救	異體		
0940	象廄	J046		廄	廄 C58P0324a		廄			
0940	廄馬	J062	律文從既作廄，非也	廄	廄 C58P0712b		廄	異體		
0940	象廄	J046	古文皀、匎二形，同	皀	皀 C58P0324a		廄	異體		
0940	象廄	J046	古文皀、匎二形，同	匎	匎 C58P0324a		廄	音借		
0941	靈鷲	J086		鷲	鷲 C59P0115b		鷲			
0941	靈鷲	J086	《考聲》正作鳩也	鳩	鳩 C59P0115b		鷲	音借		

組號	詞目	卷次	字形相關釋文	所涉文字	字圖/索引	校正形體	代表字	字際關係	詞際關係	備　註
0942	捕狙	J067		狙	狙 C58P0811b		狙			
0942	捕狙	J067	論文作招,此字習誤已久,人莫辯正	招	招 C58P0811b		狙	正訛		待進一步考求之
0942	捕狙	J067	又作覷,同	覷	覷 C58P0811b		狙		近義換用	
0943	滿匊	J016	經文作匊	匊	匊 C57P0724a		匊			
0943	滿匊	J016	今通俗作掬	掬	掬 C57P0724a		匊	異體		
0943	滿匊	J016	古作臼	臼	臼 C57P0724a		匊	異體		
0943	拍匊	J074	傳文作毱,俗字也	毱	毱 C58P0941a		匊	音借		
0944	圍置	J052		置	置 C58P0463a		置			
0944	圍置	J052	古文羀、置二形,同	羀	羀 C58P0463a		置	異體		
0944	圍置	J052	古文羀、置二形,同	置	置 C58P0463a		置	異體		
0945	癰疽	J025		疽	疽 C57P0919a		疽			
0945	癰疽	J025	經文多作蛆字	蛆	蛆 C57P0919a		疽	音借	音近而誤用	
0945	癰疽	J025	又作胆字,蠅胆也	胆	胆 C57P0919a		疽	音借	音近而誤用	
0946	一掬華	J019		掬	掬 C57P0789b		掬			

續　表

組號	詞目	卷次	字形相關釋文	所涉文字	字圖/索引	校正形體	代表字	字際關係	詞際關係	備　註
0946	一掬華	J019	古作弅	弅	C57P0789b		掬	異體		
0946	掬滿	J015	亦作弅（弅），古字	弅	C57P0695b	弅	掬	異體		
0946	掬滿	J015	《考聲》作鞠	鞠	C57P0695b		掬	異體		
0946	一掬華	J019	或作鞠（鞠）	鞠	C57P0789b	鞠	掬	異體		
0946	掬於	J044	亦作鞠	鞠	C58P0285b		掬	異體		
0946	一掬	J024	亦作籰（籰）	籰	C57P0900a	籰	掬	異體		"籰"書寫又或訛誤作"籰"
0946	掬滿	J015	今通作鞠,用引失之矣	鞠	C57P0695b		掬	音借		
0946	一掬華	J019	亦作匊	匊	C57P0789b		掬	異體		
0946	一掬華	J019	又作臼	臼	C57P0789b		掬	異體		此取滿握、滿捧義
0946	掬於	J044	古文作勼	勼	C58P0285b	臼	掬	異體		此是"臼"的書寫變異字形
0947	乾腒	J097	《説文》:北方謂鳥腊〈音昔〉曰腒。從月居聲	腒	C59P0292a		腒			
0947	乾腒	J097	集從丢作胘,字書無此字也	胘	C59P0292a		腒			二者關係待進一步考之
0948	黃鵬	J004	或作雎,同	雎	C57P0468b		雎			
0948	黃鵬	J004		鵬	C57P0468b		雎	異體		

續　表

組號	詞目	卷次	字形相關釋文	所涉文字	字圖/索引	校正形體	代表字	字際關係	詞際關係	備　註
0949	拍毱	J026	今作鞠	鞠	(字圖) C57P0932b		鞠			此組取蹴鞠義
0949	拍毱	J026		毱	(字圖) C57P0932b		鞠	異體		
0949	小毱	J062	或作籟、犁	犁	(字圖) C58P0714a	鞠	鞠	異體		此當是"鞠"的省書
0949	拍毱	J026	古文作籟	籟	(字圖) C57P0932b		鞠	異體		
0949	毱多	J043	經文作毬,非也	毬	(字圖) C58P0266b		鞠		近義換用	
0949	鞠育	J042	又作掬,同	掬	(字圖) C58P0249a		鞠	音借		此組取養、養育義
0949	鞠頬	J055	字宜作麴	麴	(字圖) C58P0529b		鞠	音借		此組取彎曲義
0949	推鞫	J087	正作籟	籟	(字圖) C59P0121b		鞠	音借		此爲"鞠"的通假字,取窮究、審問義
0949	推鞫	J087	或作誷	誷	(字圖) C59P0121b		鞠	音借		
0949	推鞫	J087	或作籔(籔)	籔	(字圖) C59P0121b	籔	鞠	音借		
0950	籟理	J087	論作鞠,俗字	鞠	(字圖) C59P0125a		鞠			
0950	籟理	J087		籟	(字圖) C59P0125a		鞠	異體		"籟"乃"籟"的一字異寫
0951	趚趄	J099	《考聲》正作趄	趄	(字圖) C59P0326b		趄			
0951	趚趄	J099		趄	(字圖) C59P0326b		趄	異體		

組號	詞目	卷次	字形相關釋文	所涉文字	字圖/索引	校正形體	代表字	字際關係	詞際關係	備　註
0951	趃趄	J099	《韻集》作跙,與集中字同	跙	跙 C59P0326b		趄	異體		
0951	趃趄	J099	《廣雅》從目作睢(睢)	睢	睢 C59P0326b	睢	趄	音借		
0952	局故	J069	《說文》:局,促也。從口在尺下,復句之也。象形	局	局 C58P0845b		局	異體		
0953	檸橰	J056	又作桔、揳二形,同	桔	桔 C58P0555a		桔			此指桔橰
0953	檸橰	J056		檸	檸 C58P0555a		桔	異體		
0953	檸橰	J056	又作桔、揳二形,同	揳	揳 C58P0555a	檸	桔	異體		"又作桔、揳二形"之"揳"或是"檸"的訛字
0954	跨踘	J090	傳從足,亦通	踘	踘 C59P0179a		踘			
0954	跨踘	J090	亦作局,用同	局	局 C59P0179a		踘		近義換用	
0955	咀嚼	J014	《說文》:含味也。從口且	咀	咀 C57P0664b		咀			
0955	咀嚼	J014	《聲類》從齒作齟	齟	齟 C57P0664b		咀	音借		
0956	泪壞	J009		泪	泪 C57P0568a		泪			
0956	泪壞	J009	經史文作俎,側吕反,非也……俎非〔此〕義	俎	俎 C57P0568a		泪	正訛		慧琳在關於"泪"的釋文中,多次指出經文中"泪"誤書作"俎"
0957	矩方	J040	《古今正字》:法也。從矢巨聲	矩	矩 C58P0199b		矩			
0957	矩方	J040	亦作榘	榘	榘 C58P0199b		矩	異體		

續　表

組號	詞目	卷次	字形相關釋文	所涉文字	字圖/索引	校正形體	代表字	字際關係	詞際關係	備　註
0958	竹筥	J058		筥	筥 C58P0603a		筥			
0958	竹筥	J058	又作籚,同	籚	籚 C58P0603a		筥	異體		
0959	蒟醬	J083		蒟	蒟 C59P0060a		蒟			
0959	蒟醬	J083	或從木作枸	枸	枸 C59P0060a		蒟	異體		
0959	蒟醬	J083	傳從酉作酶,非也	酶	酶 C59P0060a		蒟	異體		
0960	掉舉	J051		舉	舉 C58P0448a		舉			
0960	掉舉	J015	下舉字下從手	舉	舉 C57P0706b		舉	異體		
0960	掉舉	J051	《文字集略》作攑	攑	攑 C58P0448a		舉	異體		
0960	藏舉	J011	有經本或作弄,墟圖反,亦音舉也	弄	弄 C57P0607b		舉		文義換用	
0961	齟齘	J076		齟	齟 C58P1004b		齟			
0961	齟齘	J076	《說文》亦從口作咀	咀	咀 C58P1004b		齟	音借		
0962	巨細	J045		巨	巨 C58P0304a		巨			"巨"本指規矩,轉而有大、最、極一類用法
0962	巨細	J045	從金作鉅,非	鉅	鉅 C58P0304a		巨	分化		至慧琳時代,二者已經徹底完成了分化
0962	巨幟	J083	傳作巨字,非也	巨	巨 C59P0044a		巨	正訛		此是"巨"的訛字

組號	詞目	卷次	字形相關釋文	所涉文字	字圖/索引	校正形體	代表字	字際關係	詞際關係	備　註
0962	莊嚴巨麗	J022	巨字古作岠	岠	岠 C57P0841a		巨	音借		
0963	無所拒	J021	今經本從扌者，此則時俗共用耳	拒	拒 C57P0831a		拒			
0963	無所拒	J021	孔安〔國〕注《書》曰：岠，違也	岠	岠 C57P0831a		拒	異體		
0964	器具	J079		具	具 C58P1059a		具			
0964	器具	J079	經文作藁，音渠，非音義	藁	藁 C58P1059a		具	音借		
0965	法炬	J021		炬	炬 C57P0817a		炬			
0965	法炬	J021	苣即古之炬字，苣音居呂反	苣	苣 C57P0817a		炬	異體		火炬義上，二者可視作異體字關係
0965	秉法炬	J007	古作筁也	筁	筁 C57P0523a		炬	異體		此"筁"當是"苣"的換旁異體字，這裏暫據《大字典》所釋
0966	倨傲	J051	《説文》：不遜也。從人居聲	倨	倨 C58P0441b		倨			
0966	倨傲	J051	經從足作踞，誤也	踞	踞 C58P0441b		倨	音借		
0967	鱗䖞	J056	又作觟、距二形，同	距	距 C58P0551b		距			
0967	鱗䖞	J056	鷄足距也。字從角	觟	觟 C58P0551b		距	異體		
0967	鱗䖞	J056	又作觟、距二形，同	觟	觟 C58P0551b		距	異體		
0967	鱗䖞	J056	從魚作䖞，非也	䖞	䖞 C58P0551b		距	異體		此亦可視作"距"的異體字。另，或即"䖞"書寫變異而來

組號	詞目	卷次	字形相關釋文	所涉文字	字圖/索引	校正形體	代表字	字際關係	詞際關係	備　註
0967	棠距	J046	古文詎、岠二形，同	詎	詎 C58P0328b		距	音借		
0967	棠距	J046	古文詎、岠二形，同	岠	岠 C58P0328b		距	音借		
0968	金鉅	J034	《説文》：大鋼也。從金巨聲也	鉅	鉅 C58P0075b		鉅			
0968	金鉅	J034	徐廣注《史記》曰：大堅鐵鉒（鉅）	鉒	鉒 C58P0075b	鉅	鉅			高麗本釋文的"鉒"是"鉅"的訛字
0969	鍾虡	J097	《尔雅》云：木謂之虡	虡	虡 C59P0277b		虡			
0969	鍾虡	J097		虡	虡 C59P0277b		虡	異體		
0969	鍾虡	J097	從虍，異象其下足也	虡	C59P0277b		虡	異體		釋文中慧琳對字形進行了結構描述，故缺對應的字圖
0969	鍾虡	J097	集從丘作虗（虛），古文字	虗	虗 C59P0277b	虛	虡	正訛		此乃"虡（虡）"書誤而致
0970	聚落	J059		聚	聚 C58P0634a		聚			
0970	聚落	J059	古文𪃾、𪃾二形，同	𪃾	𪃾 C58P0634a		聚	異體		
0970	聚落	J059	古文𪃾、𪃾二形，同	𪃾	𪃾 C58P0634a		聚	異體		
0970	墟隴	J028		隊	隊 C57P0999a		聚	異體		
0970	一𪃾	J075	古文𪃾、聎二形	聎	聎 C58P0979b		聚	異體		
0970	墟隴	J028	下古文𪃾、聎（聎）二形	聎	聎 C57P0999a	聎	聚	異體		此是"聎"的訛變體

組號	詞目	卷次	字形相關釋文	所涉文字	字圖/索引	校正形體	代表字	字際關係	詞際關係	備　註
0970	一鄹	J075	經文作熙,誤也	熙	熙 C58P0979b		聚			此當是"鄹""鼭"等書誤而致
0970	貯聚	J011	古文作冣(冣)也	冣	冣 C57P0610b	冣	聚	異體		二者宜視作異體字關係
0971	貧窶	J081	《説文》:從宀婁聲	寠	寠 C59P0013a		窶			
0971	貧窶	J081	傳從穴作窶,非	窶	窶 C59P0013a		窶	異體		"窶"與釋文中溝通的"寠"宜視作異體字關係
0972	作劇	J038	《韻詮》云:樂極也。《説文》:從刀豦聲	劇	劇 C58P0159a		劇			
0972	作劇	J038	俗用字從虜作劇,訛也	勮	勮 C58P0159a		劇	異體		
0973	踞牀	J065		踞	踞 C58P0764a		踞			
0973	踞牀	J065	律文作倨。倨,傲也,不遜也。倨非此義	倨	倨 C58P0764a		踞	音借		表示蹲這一用法時,"倨"宜視作"踞"的同音借用現象
0974	據慠	J004		據	據 C57P0460b		據			
0974	據理	J051	經作㨿,非也	㨿	㨿 C58P0445b		據	音借		
0974	據慠	J004	或作倨	倨	倨 C57P0460b		據		文義換用	
0975	遽告	J015		遽	遽 C57P0689a		遽			
0975	遽告	J015	經從虜作遽,非也	遽	遽 C57P0689a		遽	異體		

組號	詞目	卷次	字形相關釋文	所涉文字	字圖/索引	校正形體	代表字	字際關係	詞際關係	備　註
0975	邅邅	J089	傳文作幰（懺），同也	幰	幰 C59P0155a	懺	邅		近義換用	"懺"左邊的"忄"旁手書或訛作"巾"形
0976	恐懺	J009		懺	懺 C57P0569a		懺			
0976	恐懺	J009	又作邅,同	邅	邅 C57P0569a		懺		近義換用	
0977	網屨	J099		屨	屨 C59P0314b		屨			
0977	網屨	J099	集作屨(屨),俗字	屨	屨 C59P0314b	屨	屨	異體		
0977	草屨	J097	俗作屨也,誤	屨	屨 C59P0280a		屨	異體		高麗本字圖不清晰
0977	屨屨	J062	亦作鞻	鞻	鞻 C58P0712b		屨	音借		
0978	酺釀	J087	釀,會飲食也。從西襄聲	釀	釀 C59P0120b		釀			
0978	酺釀	J087	或作酢	酢	酢 C59P0120b		釀		文義換用	
0979	惶懼	J007	《説文》:懼,恐也。從心瞿聲也	懼	懼 C57P0526b		懼			
0979	惶懼	J007	古文作愳	愳	愳 C57P0526b		懼	異體		
0980	瞿然	J087		瞿	瞿 C59P0124a		瞿			
0980	瞿然	J087	正從二目作䀠	䀠	䀠 C59P0124a		瞿	異體		
0980	瞿然	J087	今傳作懼,誤也	懼	懼 C59P0124a		瞿	音借		

組號	詞目	卷次	字形相關釋文	所涉文字	字圖/索引	校正形體	代表字	字際關係	詞際關係	備　註
0981	放捐	J015	經作捐（拘），俗字也	捐	捐 C57P0689a	拘	捐	異體		參考下"涓渧"條，慧琳釋文所謂俗字當作"拘"
0982	涓渧	J080	《説文》：從水肙聲	涓	涓 C58P1090a		涓			
0982	涓渧	J080	録作涓，俗字也	涓	涓 C58P1090a		涓	異體		
0983	鐫石	J084	《説文》云：琢金石也。從金雋聲	鐫	鐫 C59P0084b		鐫			
0983	鐫石	J084	論文作此鐫，俗字	鐫	鐫 C59P0084b		鐫	異體		
0983	鐫鏨	J083	傳作巂鏨，俗字也，書寫誤也	巂	巂 C59P0052a		鐫	異體		
0983	所鐫	J097	或作�ʼ	�ʼ	㿃 C59P0276a		鐫	異體		此當是由"巂"省書而來
0983	所鐫	J097	集從乃作儁，非	儁	儁 C59P0276a		鐫	正訛		此"儁"當是"巂"的訛誤字形，與"俊"的異體字"儁"同形
0984	若卷	J058	今作卷，同	卷	卷 C58P0606a		卷			
0984	若卷	J058	古文顐、捲、觠三形	捲	捲 C58P0606a		卷	分化		
0984	卷縮	J067	亦作瘽，云瘽癴，手足病也	瘽	瘽 C58P0802b		卷	音借		
0984	若卷	J058	古文顐、捲、觠三形	觠	觠 C58P0606a		卷	音借		
0984	若卷	J058	古文顐、捲、觠三形	顐	顐 C58P0606a		卷	音借		"觠""顐"爲換旁異體字
0985	捲華	J099		捲	捲 C59P0328a		捲			

組號	詞目	卷次	字形相關釋文	所涉文字	字圖/索引	校正形體	代表字	字際關係	詞際關係	備　註
0985	捲華	J099	或作卷也	卷	卷 C59P0328a		捲	分化		
0985	師捲	J045	又作拳，同	拳	拳 C58P0304b		捲	音借		
0985	師捲	J045	論文有作疲倦之倦，非也	倦	倦 C58P0304b		捲	音借		
0986	倦	J027		倦	倦 C57P0966b		倦			
0986	倦	J027	有作惓字，並不知所從也	惓	惓 C57P0966b		倦	異體		"倦"或從"心"旁作"惓"
0986	忘倦	J089	《博疋》作勌，亦通	勌	勌 C59P0152b		倦	異體		或從"力"作"勌"
0986	忘倦	J089	《聲類》從力作券	券	券 C59P0152b		倦	異體		事實上"倦"依然承擔了"券"的功能，二者宜視作異體字關係
0986	倦	J027	或作券	傛	傛 C57P0966b		倦	異體		"券"又或增"人"旁作"傛"
0987	狷急	J082		狷	狷 C59P0031b		狷			
0987	狷急	J082	或作獧	獧	獧 C59P0031b		狷	異體		
0987	狷急	J082	古文作悁(惡)也	悁	悁 C59P0031b	惡	狷	異體		從《字彙‧心部》"惡"下所釋來看，或可視作"狷"的異體字
0987	狂狷	J046	古文悪(惡)	悪	悪 C58P0323b	惡	狷	異體		從《字彙‧心部》"惡"下所釋來看，或可視作"狷"的異體字
0987	狂狷	J046	古文狷	狷	狷 C58P0323b		狷	異體		此蓋是"衛"字的省書，亦可視作"狷"的異體字

組號	詞目	卷次	字形相關釋文	所涉文字	字圖/索引	校正形體	代表字	字際關係	詞際關係	備　註
0988	牛絭	J031		絭	絭 C58P0023a		絭			
0988	牛絭	J031	經作卷，誤也	卷	卷 C58P0023a		絭	音借		或爲書寫訛誤
0989	眷西海	J082	《説文》：從目关聲	眷	眷 C59P0024b		眷			
0989	眷西海	J082	序作睊，俗字也	睊	睊 C59P0024b		眷	異體		
0989	眷西海	J082	或作睠	睠	睠 C59P0024b		眷	異體		當是"眷"的增旁異體字
0989	眷西海	J082	或作䁎	䁎	䁎 C59P0024b		眷	異體		當是"眷"的增旁異體字
0989	眷戀	J019	經作惓，非也	惓	惓 C57P0787b		眷	音借		
0990	罥索	J025		罥	罥 C57P0910b		罥			
0990	罥索	J034	《聲類》：罥，取也	罥	罥 C58P0075a		罥	異體		"罥"手書或作"罥"形
0990	罥索	J025	古文作羂字	羂	羂 C57P0910b		罥	異體		
0990	罥索	J025	羂，索也。一名搭索也	羂	羂 C57P0910b		罥	異體		
0990	罥索	J034	《文字典説》亦作此羂	羂	羂 C58P0075a		罥	異體		此是"羂"的書寫變異字形
0990	罥索	J034	亦作絹	絹	絹 C58P0075a		罥	音借		
0990	罥索	J077	譜作鞙，非也	鞙	鞙 C58P1014b		罥	音借		

組號	詞目	卷次	字形相關釋文	所涉文字	字圖/索引	校正形體	代表字	字際關係	詞際關係	備　註
0991	鞻屬	J035	《説文》：履也。從履省，喬聲也	屬	屩 C58P0102b		屬			
0991	鞻屬	J035	或作蹻、鞽	鞽	鞽 C58P0102b		屬	異體		
0991	鞻屬	J035	或作蹻、鞽	蹻	蹻 C58P0102b		屬	音借		此爲"蹺"的異體字
0992	結決	J039		決	决 C58P0172b		決			
0992	決定	J021	決（决）字從兩點，不從水邊	決	决 C57P0816b	决	決	異體		
0992	結決	J039	亦作鈌	鈌	鈌 C58P0172b		決	音借		
0992	結決	J039	今經本從馬作駃，是駃騠字，馬屬也	駃	駃 C58P0172b		決	音借		
0993	㧜上	J062		㧜	㧜 C58P0716b		㧜			
0993	㧜上	J062	正作角	角	角 C58P0716b		㧜	近義換用		
0993	㧜勝	J072	《字書》又作摧也	摧	摧 C58P0905b		㧜	近義換用		
0993	㧜勝	J012	正體作斟	斟	斟 C57P0630a		㧜	近義換用		
0994	掘去	J040		掘	掘 C58P0196b		掘			
0994	掘去	J040	亦從土作堀	堀	堀 C58P0196b		掘	異體		
0994	掘土	J037	經文作挂，誤也	挂	挂 C58P0146b		掘	正訛		"掘"經文中或訛作"挂"形

續　表

組號	詞目	卷次	字形相關釋文	所涉文字	字圖/索引	校正形體	代表字	字際關係	詞際關係	備註
0994	掘去	J039	經從角作觼，譯經人錯用字也	觼	觼 C58P0179a		掘	音借		
0995	隆崛	J097	或作崛也	崛	崛 C59P0288b		崛			
0995	隆崛	J097	《説文》：山短高皃也。從山屈聲	崛	崛 C59P0288b		崛	異體		
0996	剞劂	J098	《説文》：曲刀也。並從刀，奇、厥皆聲	劂	劂 C59P0294a		劂			
0996	剞劂	J098	或從屈作劅也	劅	劅 C59P0294a		劂	異體		在剞劂這一用法上，"劂"與釋文中的"劅"可視作換旁異體字關係
0997	鐵橛	J038		橛	橛 C58P0158a		橛			
0997	鐵橛	J038	經作欜，亦同，通用	欜	欜 C58P0158a		橛	異體		
0997	如釘橛	J036	經作栓，云木入土爲橛	栓	栓 C58P0127a		橛	異體		
0997	銅橛	J046	論文作鐝……鐝非今義也	鐝	鐝 C58P0330a		橛	音借		亦或是"橛"受上字"銅"從"金"的影響類化而成
0998	官爵	J045		爵	爵 C58P0305b		爵			
0998	官爵	J045	又作雀，同	雀	雀 C58P0305b		爵	音借		
0999	則靂	J046	論文作躃	躃	躃 C58P0327b		躃			
0999	則靂	J046	《説文》：靂，僵也	靂	靂 C58P0327b		躃	異體		
0999	則靂	J046	或作躃，同	躃	躃 C58P0327b		躃	異體		

組號	詞目	卷次	字形相關釋文	所涉文字	字圖/索引	校正形體	代表字	字際關係	詞際關係	備　註
0999	趍躓	J068	亦作趣	趣	趣 C58P0823a		躓	異體		
0999	則躓	J046	古文甈，同	甈	甈 C58P0327b		躓	異體		此與表示欺騙、欺詐義的"甈"同形
0999	躓地	J055	經文作蹴，千六反。《説文》：蹴，蹋也	蹴	蹴 C58P0545b		躓	正訛		此蓋"躓"書誤而致
0999	蹎躓	J043	經文作顛厥，非體	厥	厥 C58P0273b		躓	音借		
1000	譎詭	J034		譎	譎 C58P0093a		譎			
1000	譎怪	J100	或作憰也	憰	憰 C59P0339b		譎	異體		從《段註》"憰"下所釋來看，"譎""憰"宜視作換旁異體字
1000	譎詭	J034	又作矞，同	矞	矞 C58P0093a		譎	異體		從《經義述聞》"矞"下所釋來看，"矞""譎"亦當視作異體字
1001	覺悟	J045		覺	覺 C58P0312b		覺			
1001	覺悟	J045	經從心作悟，字書無此字，非也	悎	悎 C58P0312b		覺	異體		《大字典》亦據慧琳此條釋文釋"悎"同"覺"（2010：2468）
1002	聚爝	J049	《説文》云：從火爵聲	爝	爝 C58P0412a		爝			
1002	爝火	J097	《説文》：即苣火也。從火爵聲	爝	爝 C59P0280a		爝	異體		
1002	爝火	J097	集作爵，俗字	爵	爵 C59P0280a		爝	音借		
1003	把甌	J074	或作攫，同	攫	攫 C58P0946b		攫			

組號	詞目	卷次	字形相關釋文	所涉文字	字圖/索引	校正形體	代表字	字際關係	詞際關係	備　註
1003	把甌	J074		甌	甌 C58P0946b		攎	異體		
1004	陶鈞	J011	《説文》云：從金勻聲也	鈞	鈞 C57P0600b		鈞	異體		
1005	鞁堉	J052		鞁	鞁 C58P0476b		鞁			
1005	鞁堉	J052	經文或䶅堉	䶅	䶅 C58P0476b		鞁		近義換用	
1006	麟麕	J086	籀文從禾作稟	稟	稟 C59P0115a		稟			
1006	麟麕	J086	《説文》：從鹿囷聲	麕	麕 C59P0115a		稟	異體		
1006	麟麕	J086	亦作麏	麏	麏 C59P0115a		稟	異體		
1007	軍持	J046	論文作鍕鏬，字無所出，猶俗作也	鍕	鍕 C58P0331a		鍕			
1007	軍持	J046		軍	軍 C58P0331a		鍕	分化		該條之"軍"爲梵語譯音用字
1008	聰俊	J048		俊	俊 C58P0383a		俊			
1008	聰俊	J048	又作儁，同	儁	儁 C58P0383a		俊	異體		
1008	寒儁	J091		儁	雋 C59P0183a		俊	異體		
1009	攎拾	J080	録文從君作捃，俗字也	捃	捃 C58P1089a		捃			
1009	攎拾	J080	《説文》：從手稟聲	攎	攎 C58P1089a		捃	異體		

組號	詞目	卷次	字形相關釋文	所涉文字	字圖/索引	校正形體	代表字	字際關係	詞際關係	備　註
1009	攎拾	J091	《古今正字》：從手磨聲	攎	攎 C59P0183a		捃	異體		
1010	峻險	J020	今經作峻	峻	峻 C57P0792b		峻			
1010	峻險	J020	亦作陖、埈	陖	陖 C57P0792b		峻	異體		
1010	峻險	J020	《字書》作嵏	嵏	嵏 C57P0792b		峻	異體		"陖"或增"山"旁作"嵏"
1010	峻險	J020	《説文》作陵	陵	陵 C57P0792b		峻	異體		
1010	峻險	J020	亦作陖、埈	埈	埈 C57P0792b		峻	異體		
1010	峻峙	J017	或作峑	峑	峑 C57P0733b		峻	異體		
1011	深濬	J046	今作浚，同	浚	浚 C58P0333a		浚			
1011	深濬	J046	古文濬	濬	濬 C58P0333a		浚	異體		
1011	深濬	J046	古文睿	睿	睿 C58P0333a		浚	異體		
1011	濬流	J012	籀文作睿（睿），皆古字也	睿	睿 C57P0626b	睿	浚	異體		釋文所謂"籀文作睿"之"睿"是睿智字，此當是"睿"的書寫訛誤字形
1011	濬流	J012	《説文》作濬	濬	濬 C57P0626b		浚	異體		
1011	浚輪	J052	古文濬、嶜（簵）二形	嶜	嶜 C58P0476a	簵	浚	異體		此是"簵"的書寫訛誤字形
1011	浚流	J019	亦作賭（簵）	賭	賭 C57P0771a	簵	浚	異體		此是"簵"的書寫訛誤字形

組號	詞目	卷次	字形相關釋文	所涉文字	字圖/索引	校正形體	代表字	字際關係	詞際關係	備　註
1012	相揩	J012		揩	揩 C57P0622b		揩			
1012	相揩	J012	古作督（毄）也	督	督 C57P0622b	毄	揩	異體		此當是"毄"的訛字
1013	開剖	J013	開字從开〈音牽〉	開	開 C57P0658b		開			
1013	開剖	J013	經從井，俗字謬也	開	C57P0658b		開	異體		此是"開"的訛變字形。字圖缺
1014	凱旋	J083	《古今正字》：凱，大也。從几豈聲	凱	凱 C59P0056b		凱			
1014	凱旋	J083	或作此豈	豈	豈 C59P0056b		凱	分化		
1015	嗟慨	J044	《説文》：忼慨，壯士不得志也。從心既聲	慨	慨 C58P0281b		慨			
1015	嗟慨	J044	或從氣作愾	愾	愾 C58P0281b		慨	音借		
1015	嗟慨	J044	有從口作嘅，俗字也	嘅	嘅 C58P0281b		慨	音借		高麗本《慧琳音義》對應字圖有誤
1015	忼慨	J067	論文作慷愷，非也	愷	愷 C58P0807b		慨	音借		
1016	楷模	J080	《説文》云：楷即模也。從木皆聲	楷	楷 C58P1079b		楷			
1016	楷模	J080	録文從手，誤也	揩	C58P1079b		楷	正訛		釋文中慧琳對字形進行了結構描述，故缺對應的字圖
1017	慧愷	J084	《説文》：康也。從心豈聲也	愷	愷 C59P0070a		愷			
1017	慧愷	J084	或作凱	凱	凱 C59P0070a		愷	音借		

組號	詞目	卷次	字形相關釋文	所涉文字	字圖/索引	校正形體	代表字	字際關係	詞際關係	備　註
1018	闉化	J057		闉	闉 C58P0591a		闉			
1018	闉化	J057	《聲類》：此亦開字也	開	開 C58P0591a		闉		近義換用	
1019	嘔噽	J019	正作嗁嘅。經中作嘔噽，書錯不成字也	嘅	嘅 C57P0785b		嘅			
1019	嘔噽	J019		噽	噽 C57P0785b		嘅	異體		與表示吃義的"噽"爲同形字
1020	欬逆	J026		欬	欬 C57P0933b		欬			
1020	欬逆	J026	經文多作咳，侯來反。嬰兒也，咳非此義也	咳	咳 C57P0933b		欬	異體		表示咳嗽義的"咳"與表示嬰兒笑的"咳"爲異時同形字關係
1020	欬嗽	J094	傳文作嘅，俗謬字	嘅	嘅 C59P0235b		欬	音借		
1021	不刊	J090	《文字典説》云：刊，削也。從刀干聲	刊	刊 C59P0180a		刊			
1021	不刊	J090	《尚書》作栞	栞	栞 C59P0180a		刊	異體		
1022	堪濟	J084	《説文》：從土甚聲	堪	堪 C59P0080a		堪			
1022	勘耐	J007	《説文》本字從力從匹甘聲也。經文從土作堪，非本字	勘	勘 C57P0528b		堪	音借		
1022	堪濟	J084	論文從戈作戡，誤也	戡	戡 C59P0080a		堪	音借		
1023	戡濟	J097		戡	戡 C59P0275a		戡			

組號	詞目	卷次	字形相關釋文	所涉文字	字圖/索引	校正形體	代表字	字際關係	詞際關係	備　註
1023	戡濟	J097	或作戉	戉	钱 C59P0275a		戡	異體		刺、殺義上，二者可視作異體字關係
1023	戡濟	J097	又作堪、勘	勘	勘 C59P0275a		戡	音借		
1023	戡濟	J097	又作堪、勘	堪	堪 C59P0275a		戡	音借		
1024	龕別	J080	録文從合作龕，俗字	龕	龕 C58P1084b		龕			
1024	龕別	J080	《文字典説》云：著佛處也。從今從龍，會意字也	龕	龕 C58P1084b		龕	異體		
1025	坑坎	J033		坎	坎 C58P0068a		坎			
1025	坑坎	J033	經文從召〈他牢反〉作坮，是坮軺義，非經意	坮	坮 C58P0068a	坮	坎	異體		高麗本的"坮"是"坮"的訛字
1026	誠瞰	J095	《文字典説》：從目敢聲	瞰	瞰 C59P0251b		瞰			
1026	誠瞰	J095	亦作矙、闞也	矙	矙 C59P0251b		瞰	異體		
1026	誠瞰	J095	亦作矙、闞也	闞	闞 C59P0251b		瞰	分化		
1027	慷慨	J077	二字並從心，康、既皆聲也	慷	慷 C58P1019b		慷			
1027	慷慨	J077	《説文》正作忼	忼	忼 C58P1019b		慷	異體		
1028	穅稽	J001		穅	穅 C57P0413b		穅			
1028	粃穅	J078	或作穅	穅	穅 C58P1032b		穅	異體		

組號	詞目	卷次	字形相關釋文	所涉文字	字圖/索引	校正形體	代表字	字際關係	詞際關係	備　註
1028	糟糠	J034		糠	糠 C58P0087b		穅	異體		
1028	秕穅	J078		穅	穅 C58P1032b		穅	異體		
1028	秕穅	J078	或作稟	稟	稟 C58P1032b		穅	異體		"穅"或又作"稟"
1029	亢旱	J020		亢	元 C57P0798b		亢			
1029	亢旱	J020	經本作冗，俗字也	冗	冗 C57P0798b		亢	異體		
1029	亢陽	J010	《説文》作亢，古也	亢	亢 C57P0586b		亢	異體		
1030	抗對	J005		抗	抗 C57P0493b		抗			
1030	抗對	J005	經文從人作伉	伉	伉 C57P0493b		抗	異體		此與伉儷之"伉"爲同形字現象
1031	炕旱	J018	《考聲》云：土榻安火曰炕。從火亢聲	炕	炕 C57P0764a		炕			
1031	炕旱	J018	或作亢	亢	元 C57P0764a		炕	音借		
1032	考治	J057		考	考 C58P0585a		考			
1032	考治	J057	經從手作拷，俗字，非也	拷	拷 C58P0585a		考	音借		
1033	栲(拷)掠	J015	《考聲》云：捶也，打也	拷	拷 C57P0697b	拷	拷			
1033	栲(拷)掠	J015	經文單作考	考	考 C57P0697b		拷	音借		

組號	詞目	卷次	字形相關釋文	所涉文字	字圖/索引	校正形體	代表字	字際關係	詞際關係	備　註
1034	苛虐	J089	《説文》：從草可聲也	苛	苛 C59P0151a		苛			
1034	苛虐	J089	傳文作荷,非也	荷	荷 C59P0151a		苛	正訛		此"荷"當是"苛"的誤書
1035	珂乳	J031		珂	珂 C58P0003a		珂			
1035	珂乳	J031	經文作軻、軻二形,非也	軻	軻 C58P0003a		珂	音借		
1035	珂乳	J031	經文作軻、軻二形,非也	軻	軻 C58P0003a		珂	音借		
1036	疴耆	J077	《説文》：病也。從疒可聲也	疴	疴 C58P1017a		疴			
1036	疴耆	J077	《聲類》作痾,譜作痾,誤	痾	痾 C58P1017a		疴	異體		
1037	窠藪	J033	《字書》：窠,巢也	窠	窠 C58P0053b		窠			
1037	窠窟	J028	《小尒疋》云：鷄所乳謂窠,菟所息謂之窟	窠	窠 C57P0996a		窠	異體		
1037	窠藪	J033	經文作窠,誤也	窠	窠 C58P0053b		窠	異體		此爲"窠"的書寫變異字形
1037	窠窟	J028	又作薖、萪二形,同	薖	薖 C57P0996a		窠	音借		
1037	窠窟	J028	又作薖、萪二形,同	萪	萪 C57P0996a		窠	音借		
1037	窠窟	J028	經文作菓,非也	菓	菓 C57P0996a		窠	音借		
1038	銀榼	J085	《考聲》云：榼,盛酒器也	榼	榼 C59P0092b		榼	異體		

續　表

組號	詞目	卷次	字形相關釋文	所涉文字	字圖/索引	校正形體	代表字	字際關係	詞際關係	備　註
1038	銀橲	J085	論文作橲,俗字也	橲	橲 C59P0092b		橲	異體		
1039	山礚	J073		礚	礚 C58P0926b		礚			此組可與"橲、橲、橲"組互勘
1039	訇礚	J083		礚	礚 C59P0059b		礚	異體		
1039	訇礚	J083	傳從石作礚,非也	礚	礚 C59P0059b		礚	異體		
1039	砰礚	J094		礚	礚 C59P0228b		礚	異體		
1040	蝌斗	J043	《字書》:蝌斗,水蟲也	蝌	蝌 C58P0267a		蝌	異體		
1041	頯痛	J037		頯	頯 C58P0147b		頯			
1041	頯痛	J037	經從口作咳,非也	咳	咳 C58P0147b		頯	音借		此取臉頰義
1041	無頯	J033	經從月作胲,足大指也,非經意也	胲	胲 C58P0068b		頯	音借		此取醜陋義
1042	八顆	J040		顆	顆 C58P0189a		顆			
1042	八顆	J040	經文作堁……堁非此義也	堁	堁 C58P0189a		顆	音借		
1042	八顆	J040	亦單作果	果	果 C58P0189a		顆			二者關係待進一步考之
1043	灟愛	J068	今俗用多略作渴	渴	渴 C58P0826a		渴			
1043	灟愛	J068	《説文》云:盡也。從水曷聲	灟	灟 C58P0826a		渴	異體		

續　表

組號	詞目	卷次	字形相關釋文	所涉文字	字圖/索引	校正形體	代表字	字際關係	詞際關係	備　註
1044	五刻	J052		刻	刻 C58P0467a		刻			
1044	五刻	J052	古文剞，同	剞	剞 C58P0467a		刻	異體		
1044	徵刻	J097	集從力作劾，非也	劾	劾 C59P0286b		刻	正訛		此當是"刻"書誤而致
1044	五刻	J052	經文作刓，非也	刓	刓 C58P0467a		刻		近義換用	
1045	剋勝	J071	又作克，同	克	克 C58P0888a		克			
1045	剋勝	J071		剋	剋 C58P0888a		克	異體		
1046	恭恪	J017	《古今正字》：從心各聲	恪	恪 C57P0728a		恪			
1046	恭恪	J017	或作愙	愙	愙 C57P0728a		恪	異體		
1046	恭恪	J017	《説文》從客從心作愙，古字也	愙	愙 C57P0728a		恪	異體		
1047	溢尔	J093	或作溢，亦通	溢	溢 C59P0217a		溢			
1047	溢尔	J093		溢	溢 C59P0217a		溢	異體		
1048	墾殖	J045	《古今正字》：從土狠聲	墾	墾 C58P0300b		墾			
1048	墾殖	J045	經文從犬作豤，俗字也	豤	豤 C58P0300b		墾	異體		
1049	懇到	J090		懇	懇 C59P0177a		懇			

組號	詞目	卷次	字形相關釋文	所涉文字	字圖/索引	校正形體	代表字	字際關係	詞際關係	備 註
1049	懇惻	J075		懇	懇 C58P0978a		懇	異體		
1049	懇惻	J075	經從豸作狠,誤也	狠	狠 C58P0978a		懇	音借		
1049	精懇	J047	古文作詪,同	詪	詪 C58P0355b		懇	音借		"詪"乃"很"的異體字
1049	懇惻	J074	古文誋(詪),同	誋	誋 C58P0953b	詪	懇	音借		高麗本的"誋"乃"詪"字的誤書
1049	懇到	J090	傳文作墾,是墾田字,非此用也	墾	墾 C59P0177a		懇	音借		亦或是"懇"的誤書
1050	溝坑	J006	從土亢聲	坑	坑 C57P0513b		坑			
1050	溝坑	J006	或作阬	阬	阬 C57P0513b		坑	異體		
1050	深坑	J076	經從石作硊,非也	硊	硊 C58P0990a		坑	正訛		
1051	鏗鍠	J088		鏗	鏗 C59P0133b		鏗			
1051	鏗鍠	J088	或作鏗字	鏗	鏗 C59P0133b		鏗	異體		
1051	鏗然	J034	又作挭(挭)、輄二形,同	挭	挭 C58P0092b	挭	鏗	異體		此是"挭"的訛字
1051	鏗鍠	J088	《説文》從車從真作輄	輄	輄 C59P0133b		鏗	音借		
1052	恐懼	J002	經文因草書漸變爲恐,訛也	恐	恐 C57P0435b		恐			
1052	恐迫	J006	又誤作恐,漸訛失正體也	恐	恐 C57P0507b		恐	異體		

組號	詞目	卷次	字形相關釋文	所涉文字	字圖/索引	校正形體	代表字	字際關係	詞際關係	備　註
1052	恐懼	J002		恐	恐 C57P0435b		恐	異體		
1052	恐懼	J002	古文作忑	忑	忑 C57P0435b		恐	異體		
1053	摳衣	J087	《廣疋》：舉也。《古今正字》：從手區聲	摳	摳 C59P0126b		摳			
1053	摳衣	J087	論從木作樞,非也	樞	樞 C59P0126b		摳	正訛		此乃"摳"的訛誤字形
1054	叩地	J076		叩	叩 C58P1009a		叩			
1054	叩地	J076	經文作扣,錯用也	扣	扣 C58P1009a		叩	音借		
1055	扣擊	J037		扣	扣 C58P0134a		扣			
1055	扣擊	J037	《説文》：從句從攴作敂。敂亦擊也	敂	敂 C58P0134a		扣	音借		二者爲典型的本字不用、借字通行現象
1055	塵屍扣案	J089	又作叩、敁,音訓盖同	敁	敁 C59P0161a		扣	音借		此是"敂"的一字異寫形體
1055	扣擊	J037	或從邑作叩(邙)	叩	叩 C58P0134a	邙	扣	音借		"邙"或訛作"叩"形
1055	塵屍扣案	J089	古文或從言作訆	訆	訆 C59P0161a		扣		近義換用	"訆"乃"叩"在叩問義上的換旁異體字
1056	遏寇	J010	《文字釋要》云"寇從攴從完"是也	寇	寇 C57P0587b		寇			
1056	心寇	J073		寇	寇 C58P0918a		寇	異體		"寇"書寫或又變作"寇"形
1056	寇賊	J043		寇	寇 C58P0258a		寇	異體		

組號	詞目	卷次	字形相關釋文	所涉文字	字圖/索引	校正形體	代表字	字際關係	詞際關係	備　註
1056	心寇	J073	《説文》：寇，暴也。《廣雅》：寇，抄也	寇	冠 C58P0918a		寇	異體		此當是"寇"字書寫變異而致
1057	豆蔻	J064		蔻	蔲 C58P0756b		蔻			
1057	豆蒄	J066		蒄	蔲 C58P0796b		蔻	異體		
1058	刜心	J042	經文作刜，俗字也	刜	刜 C58P0245a		刜			
1058	刜心	J042		刜	刜 C58P0245a		刜	異體		
1059	枯領	J007	賈逵注《國語》云：枯，槀也〈苦道反〉	枯	枯 C57P0524a		枯			
1059	枯領	J007	正體作殊，骨肉乾也	殊	殊 C57P0524a		枯	音借		
1060	巢窟	J016	杜注《左傳》：窟，土室也	窟	窟 C57P0709a		窟			
1060	巢窟	J016	有從宀，非也	窟	C57P0709a		窟	異體		釋文中慧琳對字形進行了結構描述，故缺對應的字圖
1060	坎窟	J029	或從土作壙	壙	壙 C57P1024a		窟	異體		此是"窟"的增旁異體字
1060	巢窟	J030	又作堀，音同上	堀	堀 C57P1048b		窟	異體		
1060	巢窟	J030	或作崛	崛	崛 C57P1048b		窟	異體		
1060	坎窟	J029	或從石作礦	礦	礦 C57P1024a		窟	音借		此是"崛"的異體字，指嶇岻，與"窟"義別
1060	巢窟	J038	亦作掘	掘	掘 C58P0162a		窟	音借		《校本》將此"掘"字校勘作"堀"（2012：1171），或有未妥

組號	詞目	卷次	字形相關釋文	所涉文字	字圖/索引	校正形體	代表字	字際關係	詞際關係	備　註
1061	禍酷	J043	《説文》：酷，急也。告之甚也，亦暴虐也	酷	酷 C58P0274b		酷			
1061	禍酷	J043	古文俈、嚳、焅三形，同	嚳	嚳 C58P0274b		酷	音借		"嚳"與"俈"爲異體字關係
1061	禍酷	J043	古文俈、嚳、焅三形，同	俈	俈 C58P0274b		酷	音借		
1061	禍酷	J043	古文俈、嚳、焅三形，同	焅	焅 C58P0274b		酷	音借		
1062	嚳虛	J062		嚳	嚳 C58P0720a		嚳			
1062	嚳虛	J062	或從人作俈	俈	俈 C58P0720a		嚳	異體		
1062	嚳虛	J062	律文從酉作酷，是酒厚味而極美也。非義也	酷	酷 C58P0720a		嚳	音借		
1063	牵父	J093	論作夸，俗字也	夸	夸 C59P0215b		夸			
1063	牵父	J093	《説文》：從大牛聲	牵	牵 C59P0215b		夸	異體		
1064	姱節	J088		姱	姱 C59P0141b		姱			
1064	姱節	J088	亦作夸	夸	夸 C59P0141b		姱	分化		此"姱"取美好義，該用法上早期作"夸"，"姱"乃其後出分化字
1064	姱節	J088	或作骻	骻	骻 C59P0141b		姱	音借		
1065	誇説	J058		誇	誇 C58P0603b		誇			
1065	誇誕	J060		諤	諤 C58P0670b		誇	異體		

組號	詞目	卷次	字形相關釋文	所涉文字	字圖/索引	校正形體	代表字	字際關係	詞際關係	備　註
1065	誇説	J058	又作夸,同	夸	夸 C58P0603b		誇	音借		
1066	當跨	J037	《字林》或從肉作 胯,亦通也	胯	胯 C58P0134b		胯			
1066	背胯	J063	亦作脾	脾	脾 C58P0739b		胯	異體		
1066	背胯	J063		胯	胯 C58P0739b		胯	異體		
1066	左骻	J078		骻	骻 C58P1050a		胯	異體		
1066	左骻	J078	又作屭	屭	屭 C58P1050a		胯	異體		
1066	當跨	J037	《説文》:從足從 夸聲	跨	跨 C58P0134b		胯	異體		與表跨過義之 "跨"爲同形字 現象
1066	髁骨	J056	經文作骻,古岸反	骻	骻 C58P0555b		胯			此"骻"蓋"骻 (骻)"書誤而致
1066	左骻	J078	亦作髁	髁	髁 C58P1050a		胯	音借		
1066	左骻	J078	經文從客作骼	骼	骼 C58P1050a		胯		近義 換用	"骼""骱""骰"爲 異體字關係
1066	左骻	J078	又作骱	骱	骱 C58P1050a		胯		近義 換用	
1066	左骻	J078	《古今正字》作骰	骰	骰 C58P1050a		胯		近義 換用	
1067	各踤	J080	《説文》云:跨,渡 也。從足夅聲也	踤	踤 C58P1069b		跨	異體		
1067	勃跨	J085	論文作夸,非也	夸	夸 C59P0096b		跨	分化		"跨"乃"夸"在跨 越義上的後出分 化字

組號	詞目	卷次	字形相關釋文	所涉文字	字圖/索引	校正形體	代表字	字際關係	詞際關係	備　註
1067	各踤	J080	録作夲，非也	夲	夲 C58P1069b	㝾	跨	音借		此即"㝾"的一字異寫形體
1068	茅蒩	J063	律文從朋作蒯，俗字也	蒯	蒯 C58P0735a		蒯			
1068	茅蒩	J063	《説文》：草也。從草叙聲	蒩	蒩 C58P0735a		蒯	異體		
1069	噲鬭	J076		噲	噲 C58P0993a		噲			
1069	噲鬭	J076	《蒼頡篇》：此亦快字	快	快 C58P0993a		噲	音借		
1070	恔説	J032	《廣雅》云：恔，可也，喜也。從心支聲	恔	恔 C58P0038a		快	異體		
1071	刀塊	J017		塊	塊 C57P0732a		塊			
1071	刀塊	J017	或作由，古字也。音同	由	由 C57P0732a		塊	異體		
1072	狡獪	J073		獪	獪 C58P0929b		獪			
1072	狡獪	J073	又作狯，同	狯	狯 C58P0929b		獪	異體		
1072	狡獪	J073	下古文猪、狋二形	猪	猪 C58P0929b		獪	異體		此"猪"亦當是"獪"的換旁異體字
1072	狡獪	J073	下古文猪、狋二形	狋	狋 C58P0929b		獪			此"狋"《玄應音義》作"狋"。待進一步考之
1073	屠膾	J002	從肉會聲	膾	膾 C57P0433b		膾			
1073	屠膾	J002	或作鱠，用同	鱠	鱠 C57P0433b		膾	異體		

續　表

組號	詞目	卷次	字形相關釋文	所涉文字	字圖/索引	校正形體	代表字	字際關係	詞際關係	備　註
1073	魁膾	J070	或有作儈,音膾	儈	儈 C58P0873b		膾	音借		
1074	髖骨	J072		髖	髖 C58P0915b		髖			
1074	髖骨	J072	又作臗,同	臗	臗 C58P0915b		髖	異體		
1074	髖骨	J072	論文作寬,非體也	寬	寬 C58P0915b		髖	音借		
1074	凸髖	J059	律文作胐,非也	胐	胐 C58P0643b		髖			此"胐"或即"臗"的誤書
1075	面款	J056		款	款 C58P0569a		款			
1075	面款	J056	又作歀,同	歀	歀 C58P0569a		款	異體		
1076	匡我	J076		匡	匡 C58P0996b		匡			此"匡"取匡正、輔助義
1076	匡我	J076	經從竹作筐,義同也	筐	筐 C58P0996b		匡	音借		
1077	狂賊	J003		狂	狂 C57P0450a		狂			
1077	狂賊	J003	《說文》作狂	狴	狴 C57P0450a		狂	異體		
1077	狂賊	J003	或從心作悜,狅也	悜	悜 C57P0450a		狂	異體		
1078	撟誑	J007		誑	誑 C57P0526b		誑			
1078	撟誑	J007	或作㤹,又作㤮,並是古字,今已廢也	㤮	㤮 C57P0526b		誑	異體		此或即"誑"的換旁異體字

組號	詞目	卷次	字形相關釋文	所涉文字	字圖/索引	校正形體	代表字	字際關係	詞際關係	備　註
1078	搐誑	J007	或作愁，又作𪼦，並是古字，今已廢也	愁	愁 C57P0526b		誑		近義換用	
1079	何況	J021	經本有從三點者，《説文》謂之寒水，殊乖譬況之義也	況	況 C57P0830b		況			
1079	何況	J021	況字正體兩點邊作	況	況 C57P0830b		況	異體		
1080	涉壙	J006		壙	壙 C57P0509a		壙			
1080	涉壙	J006	或從心作懭……懭，意失也，似通	懭	懭 C57P0509a		壙	音借		
1080	涉壙	J006	經文從日作曠，誤也	曠	曠 C57P0509a		壙		近義換用	
1080	涉壙	J006	或作廬，遠也	廬	廬 C57P0509a		壙		近義換用	
1081	出礦	J008		礦	礦 C57P0551a		礦			
1081	出礦	J008	或作磺，同也	磺	磺 C57P0551a		礦	異體		
1081	寶鑛	J044	或作鑛	鑛	鑛 C58P0294b		礦	異體		
1081	出礦	J008	或作釖	釖	釖 C57P0551a		礦	異體		
1082	穬麥	J068		穬	穬 C58P0835b		穬			
1082	穬麥	J068	論從米作𥽘，非也	𥽘	𥽘 C58P0835b		穬	異體		
1082	穬麥	J068	或作䴮	䴮	䴮 C58P0835b		穬	異體	《大字典》釋"䴮"爲大麥（2010：4910），未溝通與"穬"的異體關係

續　表

組號	詞目	卷次	字形相關釋文	所涉文字	字圖/索引	校正形體	代表字	字際關係	詞際關係	備　註
1083	縣纜	J044		纜	纜 C58P0284b		纜			
1083	縣纜	J044	古文絖,同	絖	絖 C58P0284b		纜	異體		
1084	窺看	J027		窺	窺 C57P0975a		窺			
1084	窺鑒	J031		窺	窺 C58P0012a		窺	異體		
1084	窺看	J027	又作闚,同	闚	闚 C57P0975a		窺		近義換用	
1084	闚闚	J073		闚	闚 C58P0935b		窺		近義換用	"闚"或又作"闚"
1085	所虧	J015		虧	虧 C57P0690a		虧			
1085	所虧	J015	或從兮作虧	虧	虧 C57P0690a		虧	異體		此是"虧"的書寫變異字形
1085	所虧	J015	或從虗作虧	虧	虧 C57P0690a		虧	異體		此是"虧"的書寫變異字形
1085	所虧	J015	經從虗作虧,不成字也	虧	虧 C57P0690a		虧	異體		此是"虧"的書寫變異字形
1085	多虧	J083	今傳從雐作䖘,俗字也	虧	虧 C59P0063b		虧	異體		此是"虧"的書寫變異字形
1086	闌闕	J076		闕	闕 C58P0994b		闕			
1086	闌闕	J073		闕	闕 C58P0935b		闕	異體		
1086	闌闕	J076	或作窺也	窺	窺 C58P0994b		闕		近義換用	
1087	橫逵	J096	亦作逵也	逵	逵 C59P0259b		逵			

組號	詞目	卷次	字形相關釋文	所涉文字	字圖/索引	校正形體	代表字	字際關係	詞際關係	備　註
1087	橫馗	J096	從九首聲	馗	馗 C59P0259b		逵	異體		
1088	銅魁	J075		魁	魁 C58P0983b		魁			
1088	銅魁	J075	經文作鍋、擱二形，並非也	鍋	鍋 C58P0983b		魁	異體		《大字典》"鍋"下據《一切經音義》釋作同"魁"（2010：4584）
1088	銅魁	J075	經文作鍋、擱二形，並非也	擱	擱 C58P0983b	欄	魁	異體		此是"欄"的訛變字形
1089	跬步	J099	集作跬，通用也	跬	跬 C59P0317a		跬			
1089	跬步	J099	《考聲》作趌	趌	趌 C59P0317a		跬	異體		
1090	殨風	J067		殨	殨 C58P0816b		殨			
1090	殨風	J067	又作潰，同	潰	潰 C58P0816b		殨	音借		"殨"爲潰爛義上的本字，不過文獻中通行借字"潰"
1090	殨風	J067	論文作膭，肥膭也。膭非字體	膭	膭 C58P0816b		殨	音借		
1090	殨風	J067	又作膭……膭非此義	膭	膭 C58P0816b		殨			此"膭"當是"膭"字的誤書
1091	喟然	J057		喟	喟 C58P0592a		喟			
1091	喟然	J057	又作嘳，同	嘳	嘳 C58P0592a		喟	異體		
1091	喟然	J055	又作欳，同	欳	欳 C58P0535a		喟	異體		
1092	恥媿	J017	經從心作愧，亦通用	愧	愧 C57P0731a		愧			

續 表

組號	詞目	卷次	字形相關釋文	所涉文字	字圖/索引	校正形體	代表字	字際關係	詞際關係	備 註
1092	恥媿	J017		媿	媿 C57P0731a		愧	異體		
1092	恥媿	J017	或作聭	聭	聭 C57P0731a		愧	異體		
1092	恥媿	J017	亦作謉	謉	謉 C57P0731a		愧	異體		
1093	匱乏	J012	從匚〈音方〉貴聲也	匱	匱 C57P0640a		匱			
1093	貧匓	J042	《説文》：從匚賫聲也	匓	匓 C58P0240b		匱	異體		此乃"匱"的《説文》篆體隸定形
1093	匱乏	J012	或作櫃	櫃	櫃 C57P0640a		匱	分化		
1093	貧匱	J019	經從食作饋，義别，非經義	饋	饋 C57P0775b		匱	音借		
1094	一蕢	J075		蕢	蕢 C58P0978b		蕢			
1094	止蕢	J087	張戩云：蕢，草器也，可以運土也	蕢	蕢 C59P0129b		蕢	異體		
1094	一蕢	J075	亦從竹作簣	簣	簣 C58P0978b		蕢	異體		《大字典》"簣"下未溝通與"蕢"的異體關係（2010：3217）
1094	一蕢	J075	經作匱，誤也	匱	匱 C58P0978b		蕢	音借		
1095	潰爛	J070		潰	潰 C58P0867b		潰			
1095	潰爛	J070	古文殨，同	殨	殨 C58P0867b		潰	音借		二者爲典型的本字不用、借字通行現象
1095	潰亂	J024	經作澮，音古會反，非經義也	澮	澮 C57P0901b		潰	音借		

組號	詞目	卷次	字形相關釋文	所涉文字	字圖/索引	校正形體	代表字	字際關係	詞際關係	備　註
1096	憒夬	J031		憒	憒 C58P0017a		憒			
1096	憒夬	J031	正作憒	憒	C58P0017a		憒	異體		
1096	憒夬	J051	經作鬧,俗字也	鬧	C58P0445a		憒	音借		
1097	聳瞶	J020		瞶	瞶 C57P0802b		瞶			
1097	聳瞶	J020	又作聵,同	聵	C57P0802b		瞶	異體		
1097	聳瞶	J020	今作頛	頛	頛 C57P0802b		瞶	異體	此當是"瞭"的訛變字形,"瞭"則"瞶"的別構字
1097	聳瞶	J014	經文從目作曠,非也	曠	曠 C57P0666b		瞶	正訛	此是"瞶"的訛字
1097	聳瞶	J020	經文從肉作臏,胡對反,肥也。臏非經義	臏	臏 C57P0802b		瞶	音借	此亦或是"瞶"的訛字
1097	聳瞶	J020	古文顬、瞶二形,同	顬	顬 C57P0802b		瞶	音借	
1098	饋汝	J065		饋	饋 C58P0779b		饋			
1098	饋遺	J038	《説文》:餉物也。從食貴聲	饋	C58P0161a		饋	異體		
1098	饋汝	J065	古文餽,同	餽	餽 C58P0779b		饋	音借		
1098	饋遺	J038	經文從金作鐀,非也	鐀	鐀 C58P0161a		饋	音借	此是"鐀"的異體字,與"饋"義別
1099	昆弟	J010		昆	昆 C57P0583a		昆			此表示昆弟義

組號	詞目	卷次	字形相關釋文	所涉文字	字圖/索引	校正形體	代表字	字際關係	詞際關係	備　註
1099	昆弟	J010	又作晜，同	晜	晜 C57P0583a		昆	異體		
1100	昆蟲	J001	正體作蚰	蚰	蚰 C57P0407a		蚰			
1100	昆蟲	J001	《聲類》作蜫	蜫	蜫 C57P0407a		蚰	異體		
1100	昆蟲	J001		昆	昆 C57P0407a		蚰	音借		此表示昆蟲義
1101	髡頭	J086		髡	髡 C59P0109a		髡			
1101	髡頭	J044		髨	髨 C58P0286b		髡	異體		
1101	髡頭	J044	經作𩮜，俗字訛略，非也	𩮜	𩮜 C58P0286b		髡	異體		此是"髡"的訛略形體
1101	髡頭	J086	論從長作𩮜，俗字略也	𩮜	𩮜 C59P0109a		髡	異體		此是"髡"的訛略形體
1102	臂錕	J033		錕	錕 C58P0055a		錕			
1102	臂錕	J033	下宜作琨	琨	琨 C58P0055a		錕	音借		
1102	臂錕	J033	又作瑻，同	瑻	瑻 C58P0055a		錕	音借		"瑻"是"琨"的異體字
1103	鵬鵾	J096	《説文》云二字並從鳥，用(朋)、昆皆聲	鵾	鵾 C59P0271a		鵾			
1103	鵬鵾	J096	亦作鶤	鶤	鶤 C59P0271a		鵾	異體		
1104	鯤鵬	J099	《説文》：從魚昆聲	鯤	鯤 C59P0320a		鯤			

組號	詞目	卷次	字形相關釋文	所涉文字	字圖/索引	校正形體	代表字	字際關係	詞際關係	備　註
1104	鯤鵬	J099	集從虫作蜫,非也	蜫	蜫 C59P0320a		鯤	音借		
1105	閫側	J094		閫	閫 C59P0241b		閫			
1105	閫側	J094	《説文》又從木作梱	梱	梱 C59P0241b		閫	異體		
1105	門閫	J014	《説文》從木作梱,形聲字也	梱	梱 C57P0669b		閫	異體		此乃"閫"的增旁異體字
1106	箭筈	J006	經文從木作栝,亦通	栝	栝 C57P0514b		栝			
1106	箭筈	J006	正體從竹從栝省聲也	筈	筈 C57P0514b		栝	異體		
1106	栝栝	J074	又作筈,同	栝	栝 C58P0949a		栝	音借		
1107	髻髪	J052	古文髻、髻二形	髻	髻 C58P0477b		髻			
1107	髻髪	J052		髻	髻 C58P0477b		髻	異體		
1107	髻髪	J052	古文髻、髻二形	髻	髻 C58P0477b		髻	異體		
1107	髻髪	J052	今作栝,同	栝	栝 C58P0477b		髻	音借		
1108	虎鞟	J095	《説文》云:從革郭聲也	鞟	鞟 C59P0247a		鞟	異體		
1109	深闊	J083	《考聲》云:闊,門廣也。從門活聲	闊	闊 C59P0052a		闊			
1109	深闊	J083	傅從舌作闊,非也	闊	闊 C59P0052a		闊	異體		經本的"闊"乃"闊"的省簡俗字

組號	詞目	卷次	字形相關釋文	所涉文字	字圖/索引	校正形體	代表字	字際關係	詞際關係	備　註
1110	拉天	J087	《說文》云：拉，摧也。從手立聲	拉	拉 C59P0122b		拉			
1110	拉天	J087	亦作摺	摺	摺 C59P0122b		拉	異體		
1111	刺渴	J076	從束從刀。《考聲》：僻戾也	刺	刺 C58P1001b		刺			
1111	刺渴	J076	經文作艾，非也	艾	艾 C58P1001b		刺			慧琳釋文中溝通的"艾"乃"芟"的異體字。二者關係待進一步考之
1112	脯腊	J066		腊	腊 C58P0799b		腊			
1112	鵝腊	J080	籀文作𦞤（𦞤），與今腊同，亦乾肉也	𦞤	𦞤 C58P1082b	𦞤	腊	異體		此是《說文》籀文"𦞤"的訛變字形
1112	鵝腊	J080	《說文》作𣊫，從殘肉	𣊫	𣊫 C58P1082b		腊	分化		此"𣊫"是"昔"的《說文》篆體隸定形
1112	脯腊	J066	或作熸，在火部	熸	熸 C58P0799b		腊	音借		
1113	痛辣	J073		辢	辢 C58P0926b		辣	異體		
1113	果㰀	J070		辢	辢 C58P0875a		辣	異體		
1113	痛辣	J073	論文作剌，非正也	剌	剌 C58P0926b		辣	音借		
1113	果㰀	J070	《字苑》作萩，同	萩	萩 C58P0875a		辣			"《字苑》作萩"之"萩"，《玄應音義》均作"萩"。二者關係待考
1114	蠱蝘	J042		𧌐	𧌐 C58P0249a		蝘	異體		

組號	詞目	卷次	字形相關釋文	所涉文字	字圖/索引	校正形體	代表字	字際關係	詞際關係	備　註
1114	蠱蜊	J042	經文作剌,非正體	剌	剌 C58P0249a		蜊	音借		
1115	蠟蜜	J053		蠟	蠟 C58P0491b		蠟			
1115	蠟蜜	J053	經本作蠍,非也	蠍	蠍 C58P0491b		蠟	異體		
1115	以蠟	J077	譜從月作臘,非也	臘	臘 C58P1020a		蠟	音借		此是"臘"的異體字,與"蠟"爲音借字關係
1116	䵋䴷	J087	《字書》作䅘,與論同	䅘	䅘 C59P0130b		䅘			
1116	䵋䴷	J087	《古今正字》云:䴷,從麥來聲	䴷	䴷 C59P0130b		䅘	異體		
1116	䵋䴷	J087	或作䵒	䵒	䵒 C59P0130b		䅘	異體		
1117	咩唻	J043		唻	唻 C58P0263a		唻			
1117	咩唻	J043	又作䅦、踩	䅦	䅦 C58P0263a		唻	音借		譯音用字
1117	咩唻	J043	又作䅦、踩	踩	踩 C58P0263a		唻	音借		譯音用字
1118	勑來	J030	《説文》作勑	勑	勑 C57P1046a		勑	異體		
1118	勑來	J030	或作倈,非也	倈	倈 C57P1046a		勑	異體		
1118	勑來	J030		來	來 C57P1046a		勑	分化		
1118	勑來	J030	經文作賜賚,非字體也	賚	賚 C57P1046a		勑	音借		

續　表

組號	詞目	卷次	字形相關釋文	所涉文字	字圖/索引	校正形體	代表字	字際關係	詞際關係	備　註
1119	眄睞	J016		睞	睞 C57P0713b		睞			
1119	眄睞	J016	或作覙也	覙	覙 C57P0713b		睞	音借		
1120	賞賚	J079		賚	賚 C58P1062b		賚			
1120	賞賚	J079	集略作賕,亦同	賕	賕 C58P1062b		賚	異體		
1121	癩病	J041	經文作癩,俗用字也	癩	癩 C58P0221b		癩			表示麻風病
1121	癩病	J041	《説文》作癘	癘	癘 C58P0221b		癩	異體		表示麻風病時,二者可視作異體字關係
1121	癩病	J041	或作瘷	瘷	瘷 C58P0221b		癩	異體		
1121	恶癘	J013	有從厂〈音罕〉作厲,訓用亦別,非此義	厲	厲 C57P0648b		癩	音借		此乃“癩”的音借字
1122	貪婪	J095	從女林聲	婪	婪 C59P0248a		婪			
1122	貪惏	J042	《字書》或作啉	啉	啉 C58P0236b		婪	異體		
1122	貪婪	J095	亦作惏、惏也	惏	惏 C59P0248a		婪	異體		
1122	貪婪	J095	亦作惏、惏也	惏	惏 C59P0248a		婪	異體		
1123	欄	J027		欄	欄 C57P0965a		欄			
1123	欄	J027	或作闌	闌	闌 C57P0965a		欄		近義換用	表示柵欄義的“欄”與表示木名的“欄”爲同形字關係

組號	詞目	卷次	字形相關釋文	所涉文字	字圖/索引	校正形體	代表字	字際關係	詞際關係	備　註
1123	欄	J027	有本作蘭，香草也，非此義	蘭	蘭 C57P0965a		欄	音借		慧琳所見經本作"蘭"，乃"闌（欄）"的音借字
1124	襤褸	J074		襤	襤 C58P0939b		襤			
1124	襤褸	J074	又作襤，同	襤	襤 C58P0939b		襤	異體		
1124	襤褸	J075	又作繿，同	繿	繿 C58P0983b		襤	異體		
1124	襤褸	J075	古文懢	懢	懢 C58P0983b		襤	音借		徐在國《隸定古文疏證》即將二者釋作音借關係（2002：179）
1124	襤褸	J075	經文從草作藍草之藍……非體也	藍	藍 C58P0983b		襤	音借		
1125	若蘭	J048		蘭	蘭 C58P0391a		蘭			
1125	若蘭	J048	又作躝，同	躝	躝 C58P0391a		蘭	音借		
1126	斒斕	J074		斕	斕 C58P0956b		斕			
1126	斒斕	J074	下又作斔，同	斔	斔 C58P0956b		斕	異體		
1126	斒斕	J074	經文作斑蘭，非體也	蘭	蘭 C58P0956b		斕	音借		
1127	懶惰	J011	《説文》：懈怠也。從心賴聲也	懶	懶 C57P0613b		懶			
1127	懶惰	J011	或從女作嬾，亦同	嬾	嬾 C57P0613b		懶	異體		
1128	周覽	J004	《考聲》：歷視周遍觀覽也	覽	覽 C57P0475a		覽	異體		

續　表

組號	詞目	卷次	字形相關釋文	所涉文字	字圖/索引	校正形體	代表字	字際關係	詞際關係	備　註
1129	不攬	J072		攬	攬 C58P0903a		攬			
1129	不攬	J072	古文作挐也	挐	挐 C58P0903a		攬	異體		
1129	不攬	J072	或作擥	擥	擥 C58P0903a		攬	異體		
1130	不爛	J072		爛	爛 C58P0902a		爛			
1130	臭爛	J020	從火蘭聲	爛	爛 C57P0798b		爛	異體		
1130	臭爛	J020	經本從肉作胣，書寫誤也	胣	胣 C57P0798b		爛	異體		此當是"爛"在臭爛義上的換旁俗體字
1131	琳琅	J085	《説文》從玉，林、良皆聲	琅	琅 C59P0100b		琅			
1131	琳琅	J085	論作瑯，俗字	瑯	瑯 C59P0100b		琅	異體		
1132	不稂	J087	正作蓈，從艹郎聲	蓈	蓈 C59P0130b		蓈			
1132	不稂	J087	《毛詩傳》云：稂，童稂也	稂	稂 C59P0130b		蓈	異體		
1133	銀鐺	J055		銀	銀 C58P0542b		銀			
1133	銀鐺	J055	經文作狼當，非體也	狼	狼 C58P0542b		銀	音借		
1134	百眽	J099	亦作朗、胴，並通	朗	朗 C59P0329a		朗			
1134	百眽	J099		眽	眽 C59P0329a		朗	異體		

續　表

組號	詞目	卷次	字形相關釋文	所涉文字	字圖/索引	校正形體	代表字	字際關係	詞際關係	備　註
1134	百脼	J099	亦作朗、脼，並通	脼	C59P0329a		朗	異體		表示明亮義的“脼”與表示乾肉義的“脼”爲同形字關係
1135	撈接	J043		撈	C58P0258b		撈			
1135	撈接	J043	經文作堅牢之牢，非也	牢	C58P0258b		撈	音借		
1136	牢固	J030		牢	C57P1050b		牢			
1136	牢固	J030	經從穴作窂，非也	窂	C57P1050b		牢	異體		
1137	勞乎	J052		勞	C58P0468b		勞			
1137	勞乎	J052	經文作[illegible]、[illegible]二形，誤也	[illegible]	C58P0468b	[illegible]	勞	異體		此即“[illegible]”的變異字形
1137	勞乎	J052	經文作[illegible]、[illegible]二形，誤也	[illegible]	C58P0468b		勞	正訛		此當是“[illegible]”的書寫訛誤字形
1138	桂橑	J099	從木尞聲	橑	C59P0328a		橑	異體		
1139	獛	J084	論文從尞作獠，俗字	獠	C59P0084a		獠			
1139	獛	J084	《考聲》云：獛，西南夷種也	獛	C59P0084a		獠	異體		表示對西南夷的蔑稱時，詞頭的“獛”乃“獠”的换旁異體字
1140	又烙	J094		烙	C59P0237a		烙			
1140	又烙	J094	傳文作垎，俗字也	垎	C59P0237a		烙	正訛		經文作“垎”，指土乾燥、堅硬，當是“烙”的訛誤字形

組號	詞目	卷次	字形相關釋文	所涉文字	字圖/索引	校正形體	代表字	字際關係	詞際關係	備　註
1140	又烙	J094	《字書》正從金作鉻,云燒也	鉻	鉻 C59P0237a		烙	音借		
1140	又烙	J094	《説文》亦從刀作剠	剠	剠 C59P0237a		烙	音借		
1140	烙	J046	論文作爍,式灼反。銷也。爍非字義	爍	爍 C58P0328b		烙		近義換用	
1140	鐵烙	J065	律文作錯,非也	錯	錯 C58P0777b		烙			此"錯"與"烙"義別,二者形、音亦遠,不知作何解。關係待考
1141	旱澇	J093		澇	澇 C59P0222a		澇			
1141	旱澇	J093	《禮記·月令》作潦,云水潦敗其城郭也	潦	潦 C59P0222a		澇	異體		
1142	若栲	J059	關中名磨,山東名栲,編棘爲之,以平塊也	栲	栲 C58P0651b		栲	異體		
1143	羅芳	J065		芳	芳 C58P0781a		芳			
1143	羅芳	J065	律文作勒,非體也	勒	勒 C58P0781a		芳	音借		
1144	雷霆	J087		雷	雷 C59P0126b		雷			
1144	雷霆	J087	正作靁	靁	靁 C59P0126b		雷	異體		
1145	纍縋	J084		纍	纍 C59P0079a		纍			
1145	纍縋	J084	論文從累作縲,非也	縲	縲 C59P0079a		纍	異體		此取繩索義
1145	纍危	J099	或作絫	絫	絫 C59P0328a		纍	異體		此取堆積義

組號	詞目	卷次	字形相關釋文	所涉文字	字圖/索引	校正形體	代表字	字際關係	詞際關係	備　註
1146	硍礑	J075	或作礓	礓	礓 C58P0965b		礑	異體		
1146	硍礑	J075	《考聲》云：硍礑者，眾骨聚皃	硍	硍 C58P0965b		礑	異體		
1146	礑石	J074	論文作雷，假借音也	雷	雷 C58P0950a		礑	音借		
1146	硍礑	J075	或作䨓，皆古字也	䨓	䨓 C58P0965b		礑	音借		此是"雷"的異體字
1147	磈磊	J074		磊	磊 C58P0941b		磊			
1147	礧硌	J098	或從三石	礧	礧 C59P0305b		磊	異體		
1147	磈磊	J074	傳文作偦傫，非也	傫	傫 C58P0941b		磊	異體		當是受上字"偦"從"人"旁的影響類化而成
1148	葛藟	J081		藟	藟 C59P0002b		藟			
1148	葛藟	J081	錄作蘽，非	蘽	蘽 C59P0002b		藟	異體		此當是"藟"的換旁異體字
1149	壘壍	J062	《説文》云：軍壁曰壘	壘	壘 C58P0710b		壘			
1149	壘壍	J062	古文作垒，像形	垒	垒 C58P0710b		壘	異體		
1150	髁肋	J058	字從肉從力作肋	肋	肋 C58P0612a		肋			
1150	髁肋	J058	律文從革作勒……非字體也	勒	勒 C58P0612a		肋	音借		
1151	囑累	J003	《説文》：累，增也。拔土爲牆曰累	累	累 C57P0454b		累			此"累"取堆積、積聚、重複、增加、連及一類用法

組號	詞目	卷次	字形相關釋文	所涉文字	字圖/索引	校正形體	代表字	字際關係	詞際關係	備　註
1151	囑累	J003	或作累、纍	纍	纍 C57P0454b		累	異體		
1151	囑累	J003	古文作垒、厽，皆象形字也	厽	厽 C57P0454b		累	異體		
1151	无(无)累	J003	古文作厽、厶，象形也	厶	厶 C57P0441a		累	音借		此指壘土塊爲墻
1151	囑累	J003	古文作垒、厽，皆象形字也	垒	垒 C57P0454b		累	音借		此指壘土塊爲墻
1151	囑累	J003	或從三田作壘	壘	壘 C57P0454b		累	音借		此指壘土塊爲墻
1152	節類	J052		類	類 C58P0461a		類			
1152	節類	J052	經文作戾，非義也	戾	戾 C58P0461a		類	音借		
1152	品類	J061	律文作彙，誤用也，非也	彙	彙 C58P0683b		類		文義換用	
1153	楞嚴	J042	《字書》正作棱。從木夌聲也	棱	棱 C58P0241b		棱			
1153	楞嚴	J042	今經本作楞字，俗用久也	楞	楞 C58P0241b		棱	異體		
1153	三稜	J035	或從禾作稜	稜	稜 C58P0107b		棱	異體		"棱"或書寫變異作"稜"
1154	狋貍	J038		貍	貍 C58P0157b		狸	異體		
1154	狋貍	J038	經文從鼠作鼶，譯經者妄書，並非本字	鼶	鼶 C58P0157b		狸	音借		此"鼶"當是"貍"的音借字
1155	犂色	J096	《古今正字》：從牛秝聲	犂	犂 C59P0259b		犁	異體		異體字組不同形體功能不均等現象

組號	詞目	卷次	字形相關釋文	所涉文字	字圖/索引	校正形體	代表字	字際關係	詞際關係	備　註
1155	犂轅	J050	《説文》：耕也。從牛黎〈古文利字〉聲也	犂	犂 C58P0413b		犁	異體		異體字組不同形體功能不均等現象
1156	劦解	J014		劦	劦 C57P0662a		劦			
1156	劦身	J028	又作勞，同	勞	勞 C57P0997b		劦	異體		
1156	劦身	J028	《三蒼》：劦，劃也	劦	劦 C57P0997b		劦	異體		
1156	劦身	J028		劦	劦 C57P0997b		劦	異體		"劦"與"劦"爲異構字關係
1156	劦解	J014	《字林》作劦	劦	劦 C57P0662a		劦	異體		
1156	劦身	J028	經文作釐身，非字體也	釐	釐 C57P0997b		劦	音借		
1156	劦解	J014	經文作剡，非也	剡	剡 C57P0662a		劦		文義換用	
1157	蔾蓺	J049		蓺	蓺 C58P0400a		蓺			
1157	蔾蓺	J049	論文從金作鏩鍆二形，非也	鍆	鍆 C58P0400a		蓺	音借		
1158	長羅	J100	正作羅	羅	羅 C59P0348a		羅			
1158	羅此	J100	論文從罒作羅，俗字也	羅	羅 C59P0346a		羅	異體		
1158	長羅	J100	古作戁	戁	戁 C59P0348a		羅	音借		"戁"乃"憏"的異體字，與"羅"爲音借字關係
1159	梨黸	J027	有作鸕，《字林》：力奚反。黑黃也	鸕	鸕 C57P0976b		鸕			

組號	詞目	卷次	字形相關釋文	所涉文字	字圖/索引	校正形體	代表字	字際關係	詞際關係	備　註
1159	梨氎	J027		梨	梨 C57P0976b		黧	音借		
1159	梨氎	J027	有作梨	梨	梨 C57P0976b		黧	音借		此即"黎"的異體字
1160	都籬	J065		籬	籬 C58P0765b		籬			
1160	都籬	J065	經從木作欏,山梨木名也	欏	欏 C58P0765b		籬	異體		指稱木名的"欏"與表示籬笆義的"欏"爲同形字關係
1160	欏牆	J065	又作籬、拖(杝)二形,同	拖	拖 C58P0781b	杝	籬	異體		此"拖"爲"杝"的書寫訛誤字形
1161	黃鸝	J013		鸝	鸝 C57P0645b		鸝			
1161	黃鸝	J013	或作鷞(鸞),古字也	鷞	鷞 C57P0645b	鸞	鸝	異體		
1161	黃鸝	J013	或作鵉,古字也	鵉	鵉 C57P0645b		鸝	異體		即"鵉"的一字異寫形體
1161	鸝黃	J048	又作鷞,同	鷞	鷞 C58P0385a		鸝	異體		
1162	毫氂	J089		氂	氂 C59P0161b		氂			
1162	毫氂	J089	傳作釐,非也	釐	釐 C59P0161b		氂	音借		二者屬典型的本字不用、借字通行現象
1162	毫氂	J001	今作豪氂,非本字,假借用也	氂	氂 C57P0403a		氂	音借		
1162	毫氂	J095	古文作厤,氂省也	厤	厤 C59P0244b		氂	音借		此是"氂"的異體字
1162	毫氂	J089	亦從糸作縧,音義並同	縧	縧 C59P0161b		氂	音借		此是"氂"的異體字

組號	詞目	卷次	字形相關釋文	所涉文字	字圖/索引	校正形體	代表字	字際關係	詞際關係	備　註
1162	毫氂	J089	或從毛作秏,音義並同	秏	秏 C59P0161b		氂	音借		此是"犛"的異體字
1163	剗崼	J099		崼	崼 C59P0323a		崼			
1163	剗崼	J099	或從辵作邌迆	邌	邌 C59P0323a		崼	音借		
1164	鄙俚	J047		俚	俚 C58P0354b		俚			
1164	鄙俚	J047	下又作野,同	野	野 C58P0354b		俚	異體		
1165	以仂	J028	《字書》:仂,勤也	仂	仂 C57P1007b		仂			此"仂"取盡力、不懈義,乃"力"的增旁異體字
1165	以仂	J028	今皆爲力字	力	力 C57P1007b		仂	異體		
1166	喝戾	J015		戾	戾 C57P0695b		戾			此"戾"取彎曲、違背、乖張一類用法
1166	喝戾	J015	經文從系作綟,非也	綟	綟 C57P0695b		戾	音借		
1166	獷戾	J030	經從心作悷,俗字也	悷	悷 C57P1038b		戾	音借		
1166	矆戾	J075	經文從目作睙,非	睙	睙 C58P0965b		戾			此"睙"蓋是"戾"受上字"矆"從"目"的影響類化而成
1167	惠砅	J074		砅	砅 C58P0946a		砅			
1167	惠砅	J074	傳文作礪,俗字,亦通	礪	礪 C58P0946a		砅	音借		
1168	苙職	J092	《説文》:從草位聲	苙	苙 C59P0195b		苙			

續　表

組號	詞目	卷次	字形相關釋文	所涉文字	字圖/索引	校正形體	代表字	字際關係	詞際關係	備　註
1168	苙職	J092	《考聲》又從水作泣，音同上也	泣	泣 C59P0195b		苙	異體		
1169	粃粒	J092	《說文》云：粒，糂也。從米立聲	粒	粒 C59P0208a		粒			
1169	粃粒	J092	古文從食作飰，音同上也	飰	飰 C59P0208a		粒	異體		
1169	半粒	J017	經文作癛，非也	癛	癛 C57P0736a		粒		文義換用	
1170	懺悔	J014		悔	悔 C57P0675b		悔			
1170	懺悔	J014	並從心，經從人，非也	侮	C57P0675b		悔	音借		釋文中慧琳對字形進行了結構描述，故缺對應的字圖
1171	罵詈	J064	經文從罒作罵詈，訛也	詈	詈 C58P0760b		詈			
1171	罵詈	J064	《禮記》曰：怒不至詈	詈	詈 C58P0760b		詈	異體		
1172	慘厲	J011		厲	厲 C57P0609b		厲			
1172	慘厲	J011	經文中從力作勵，非也。勵，勉也，勸也，非經義	勵	勵 C57P0609b		厲	分化		
1172	慘厲	J011	或從疒〈女厄反〉作癘。癘，疾也，殊非經意	癘	癘 C57P0609b		厲	分化		
1173	必栗	J056	經文作篳篥也	篥	篥 C58P0556b		篥			
1173	必栗	J056	《纂文》云：必栗者，羌胡樂器名也	栗	栗 C58P0556b		篥	分化		
1174	僕隸	J006	正體作隸，從隶〈音弟〉柰聲也	隸	隸 C57P0509b		隸			

組號	詞目	卷次	字形相關釋文	所涉文字	字圖/索引	校正形體	代表字	字際關係	詞際關係	備　註
1174	僕隸	J006	《考聲》：隸，賤屬也，僕也	隸	![字圖] C57P0509b		隸	異體		
1174	僕隸	J006	經文從入從米作綝，謬也，俗字	綝	![字圖] C57P0509b		隸	異體		此是"隸"的書寫變異字形
1175	羣襺	J061		襺	![字圖] C58P0686a		襺			"襺"指厲鬼
1175	羣襺	J061	或作痫、痢（痢），皆古字也	痫	![字圖] C58P0686a		襺	音借		此是"癩"的異體字，指惡疾，與"襺"義迥別
1175	羣襺	J061	或作痫、痢（痢），皆古字也	痢	![字圖] C58P0686a	痢	襺	音借		此是"癩"的異體字，指惡疾，與"襺"義迥別
1176	玓瓅	J010		瓅	![字圖] C57P0582b		瓅			
1176	玓瓅	J010	下《字書》作㻮（櫟），同	㻮	![字圖] C57P0582b	櫟	瓅		近義換用	高麗本釋文之"㻮"乃"櫟"的訛字
1177	橆櫟	J084	《毛詩》：山有苞櫟	櫟	![字圖] C59P0080a		櫟			
1177	橆櫟	J084	論文從歷作櫪，非也	櫪	![字圖] C59P0080a		櫟	異體		表示木名的"櫪"與表示刑具的"櫪"爲同形字現象
1178	鋆麗	J039		麗	![字圖] C58P0170a		麗			
1178	鋆麗	J039	古文作丽也	丽	![字圖] C58P0170a		麗	異體		"丽"爲"麗"的《説文》篆文隸定形
1179	磨礪	J073		礪	![字圖] C58P0924b		礪			
1179	磨礪	J073	《字詁》今作厲，同	厲	![字圖] C58P0924b		礪	分化		
1180	淋瀝	J013		瀝	![字圖] C57P0660a		瀝			

續　表

組號	詞目	卷次	字形相關釋文	所涉文字	字圖/索引	校正形體	代表字	字際關係	詞際關係	備　註
1180	瀝取	J034	《説文》：從水歷聲也	瀝	C58P0084b		瀝	異體		
1181	礫石	J016	《説文》：礫，小石也	礫	C57P0716a		礫			
1181	礫石	J016	《字書》亦作磭也	磭	C57P0716a		礫	異體		
1181	沙礫	J081	録作礰，非也	礰	C59P0010a		礫	音借		
1182	的皪	J099		皪	C59P0323b		皪			
1182	的皪	J099	或並從玉作玓瓅也	瓅	C59P0323b		皪		近義換用	
1183	糲食	J093	傳文從厂作糲，俗字也	糲	C59P0220a		糲			
1183	糲食	J093	《説文》：從米從萬聲	糲	C59P0220a		糲	異體		
1184	伉儷	J043		儷	C58P0266b		儷			
1184	伉儷	J043	下又作儷，同	儷	C58P0266b		儷	異體		
1185	霹靂	J038		靂	C58P0156b		靂	異體		《大字典》未收録"靂"形
1185	霹靂	J038	或從石作礔磿也，皆近代出，古文無也	磿	C58P0156b		靂	異體		表示激雷聲時，"靂"與"磿"或可視作異體字關係
1185	如霹靂	J054	經從足作躃躒，非也	躒	C58P0520b		靂	音借		已編碼字形作"躒"，右邊從"歷"
1186	皮連	J059		連	C58P0645b		連			

組號	詞目	卷次	字形相關釋文	所涉文字	字圖/索引	校正形體	代表字	字際關係	詞際關係	備　註
1186	皮連	J059	古文聯,同	聯	聯 C58P0645b		連	音借		
1186	皮連	J059	律文作縺,力前反。《字林》:縺不解也	縺	縺 C58P0645b		連	音借		
1187	尠奩	J059	又作奩	奩	奩 C58P0648a		奩			
1187	鏡奩	J064	經從大從品作盇,不成字也	盇	盇 C58P0756a		奩	異體		此是"奩"的書寫訛變形體
1187	香奩	J049		匲	匲 C58P0409a		奩	異體		
1187	香奩	J049	又作籢、槤二形,同	籢	籢 C58P0409a		奩	異體		
1187	香奩	J058	正字作薆,同	薆	薆 C58P0620b		奩	異體		此是"籢"的書寫變異字形
1187	尠奩	J059	《説文》:奩,鏡奩也	籢	籢 C58P0648a		奩	異體		"籢"或又變異作"奩"形
1187	鏡奩	J064	《列女傳》云:取珠置鏡籢之中也	籢	籢 C58P0756a		奩	異體		此由"奩"進一步變異而致
1187	香奩	J049	又作籢、槤二形,同	槤	槤 C58P0409a	槤	奩	異體		"槤"則是"奩"的別構字
1187	尠奩	J059	《小學篇》作㯛(槤),同	㯛	㯛 C58P0648a	槤	奩	異體		此"㯛"當是"槤"的訛變
1188	憐傷	J019		憐	憐 C57P0786a		憐			
1188	憐傷	J019	經文從米作㷠,非也。書錯不成字也	㷠	㷠 C57P0786a		憐	正訛		"憐"手書或訛作"㷠"
1188	憐傷	J019	俗作怜	怜	怜 C57P0786a		憐	異體		

續　表

組號	詞目	卷次	字形相關釋文	所涉文字	字圖/索引	校正形體	代表字	字際關係	詞際關係	備　註
1189	聯類	J064		聯	聯 C58P0759a		聯			
1189	聯類	J064	或作連	連	連 C58P0759a		聯	音借		
1189	聯類	J064	亦作縺,同	縺	縺 C58P0759a		聯	音借		
1190	持鐮	J075	經作鐮,俗用字也	鐮	鐮 C58P0966b		鐮			
1190	持鐮	J075	《説文》: 從金兼聲	鎌	鎌 C58P0966b		鐮	異體		
1191	斂指	J055		斂	斂 C58P0545b		斂			
1191	斂指	J055	《説文》: 㪘,收也	㪘	㪘 C58P0545b		斂	異體		“斂”或又書作“㪘”形
1191	斂指	J055	經文作鈘,誤也	鈘	鈘 C58P0545b		斂	正訛		此或即“斂”字書誤而致
1191	權斂	J081	録從歹作殮,俗字通	殮	殮 C59P0008b		斂	音借		“斂”“殮”爲同源通用字現象
1192	負摙	J079		摙	摙 C58P1062a		摙			
1192	負摙	J079	今經文從車作輂、轝字,亦通用也	輂	輂 C58P1062a		摙		文義換用	
1192	負摙	J079	今經文從車作輂、轝字,亦通用也	轝	轝 C58P1062a		摙		文義換用	
1193	薟苦	J070	古文薟……《説文》: 薟,白蒼也。蔓生於野者也	薟	薟 C58P0859b		薟			
1193	薟苦	J070	今作蘞,同	蘞	蘞 C58P0859b		薟	異體		
1194	楝樹	J056		楝	楝 C58P0553a		楝			

組號	詞目	卷次	字形相關釋文	所涉文字	字圖/索引	校正形體	代表字	字際關係	詞際關係	備　註
1194	棟樹	J056	古文㯥,同	㯥	㯥 C58P0553a		棟	音借		
1194	棟樹	J056	經文作練,非體也	練	練 C58P0553a		棟	音借		《大字典》"練"下據《篇海類編》釋作同"棟"(2010：3651),未妥
1194	棟葉	J063	律文從束作捒(棟),誤也	捒	捒 C58P0727a	棟	棟	正訛		正當作"棟",乃"棟"字書誤而致
1195	鎔鍊	J008	亦作煉	煉	煉 C57P0549b		煉			
1195	鎔鍊	J008		鍊	鍊 C57P0549b		煉	異體		
1195	鎔鍊	J008	經從東作鍊,非練字也	鍊	鍊 C57P0549b		煉			"鍊"書寫或訛誤作"鍊"
1195	練摩	J050	古文鍊、練、湅三形	練	練 C58P0416a		煉	音借		
1195	練摩	J050	古文鍊、練、湅三形	湅	湅 C58P0416a		煉	音借		
1195	練摩	J050	今作涷(涷),同	涷	涷 C58P0416a	涷	煉	音借		高麗本的"涷"是"涷"的書寫訛誤字形
1195	鎔鍊	J008	古文作㯥	㯥	㯥 C57P0549b		煉	音借		
1196	定瀲	J081		瀲	瀲 C59P0011b		瀲			
1196	定瀲	J081	《古今正字》作澰,云清也。從水僉聲	澰	澰 C59P0011b		瀲	異體		
1197	戀著	J003		戀	戀 C57P0448a		戀			
1197	戀著	J003	經從女作孌,亦通	孌	孌 C57P0448a		戀		近義換用	

組號	詞目	卷次	字形相關釋文	所涉文字	字圖/索引	校正形體	代表字	字際關係	詞際關係	備　註
1198	尋梁	J014	《説文》：梁字從水從田(刃)從木	梁	梁 C57P0670b		梁			
1198	橡梁	J056	經文從水作梁，非也	梁	梁 C58P0574b		梁	異體		慧琳所述形體是"梁"的書寫變體。對應字圖有誤
1198	尋梁	J014	古文從水從宋(杰)從木作溙	溙	溙 C57P0670b		梁	異體		
1198	強梁	J074	傳作諒(諒)，非也	諒	諒 C58P0943a	諒	梁	音借		高麗本的"諒"當是"諒"的訛字，"諒"則是"梁"的音借字
1199	秔梁	J025		梁	梁 C57P0920a		梁			
1199	秔梁	J025	經中多作粳粮二字，俗用也	粮	粮 C57P0920a		梁	音借		
1200	輼輬	J094		輬	輬 C59P0239b		輬			
1200	輼輬	J094	輬字亦從良作輬	輬	輬 C59P0239b		輬	異體		
1201	餱粮	J088	亦作糧	糧	糧 C59P0142b		糧			
1201	餱粮	J088	孔注《尚書》：粮，儲庤糗糧使足食也	粮	粮 C59P0142b		糧	異體		
1202	兩目	J052	《説文》：兩，再也	兩	兩 C58P0466a		兩			
1202	兩目	J052	經文從草作蒳……蒳非此義	蒳	蒳 C58P0466a		兩	音借		
1203	魍魎	J007		魎	魎 C57P0520b		魎			
1203	魍魎	J007	或作蚓蛃	蛃	蛃 C57P0520b		魎	異體		

組號	詞目	卷次	字形相關釋文	所涉文字	字圖/索引	校正形體	代表字	字際關係	詞際關係	備　註
1203	魋魋	J007	或作䰔	䰔	䰔 C57P0520b		魋	異體		此爲"魋"的書寫變異字形
1204	瀏亮	J099		亮	亮 C59P0328b		亮			
1204	瀏亮	J099	集從水作湸,非也	湸	湸 C59P0328b		亮	音借		釋文之"湸"亦或是受其上字"瀏"從"水"旁之影響類化而成
1205	稱量	J007	經文作量,略也	量	量 C57P0531a		量			
1205	稱量	J007		量	量 C57P0531a		量	異體		
1205	稱量	J007	古文作𣡛(量)	𣡛	𣡛 C57P0531a	量	量	異體		此是"量"的《説文》古文隸定字形,即"量"字
1206	聊因	J041		聊	聊 C58P0206b		聊	異體		
1206	聊因	J041	或作膠	膠	膠 C58P0206b		聊	異體		
1206	聊因	J041	今俗從刅作聠,相承書誤,非也	聠	聠 C58P0206b		聊	異體		
1207	僚佐	J005		僚	僚 C57P0483b		僚			
1207	僗佐	J002		僗	僗 C57P0431a		僚	異體		"僗"是"僚"的《説文》篆體隸定形
1207	僚佐	J005	或作寮。寮,案也〈音采〉	寮	寮 C57P0483b		僚	異體		
1207	僚屬	J077	譜作遼,誤也	遼	遼 C58P1017a		僚	音借		
1207	寮案	J088	亦作潦	潦	嵤 C59P0143b		僚	音借		

組號	詞目	卷次	字形相關釋文	所涉文字	字圖/索引	校正形體	代表字	字際關係	詞際關係	備　註
1208	寥廓	J042		寥	寥 C58P0235b		寥			
1208	寥廓	J042	或作廖,同	廖	廖 C58P0235b		寥	異體		從形體來源論之,空虛義上的"廖"或即"廖"字省書而來
1208	寥廓	J042	經文作遼,非體也	遼	遼 C58P0235b		寥	音借		
1208	寥寂	J099	集從水作漻,非也	漻	漻 C59P0329a		寥	音借		
1209	撩理	J059		撩	撩 C58P0638a		撩			
1209	撽理	J037	《説文》云:撽亦理也。從手敫聲	撽	撽 C58P0141a		撩	異體		
1209	撩擲	J044	又作撡,同	撡	撡 C58P0283a		撩		文義換用	
1209	撩理	J059	今多作料量之料字也	料	料 C58P0638a		撩		文義換用	
1210	敕柬	J100	敕雖正體字,爲涉古難用	敕	敕 C59P0342b		敕			取選擇義
1210	敕柬	J100	《通俗文》作撩,今時用多作撩	撩	撩 C59P0342b		敕	音借		
1210	敕柬	J100	集中從米從斤作粀,非也	粀	粀 C59P0342b		敕		近義換用	此是"料"的異體字,亦可表示挑選義
1211	寮觀	J020		寮	寮 C57P0802a		寮			
1211	寮觀	J020	經文有從手作撩	撩	撩 C57P0802a		寮	音借		
1211	寮觀	J020	或從木作橑,二形並非今用也	橑	橑 C57P0802a		寮	音借		高麗本對應字圖有誤

組號	詞目	卷次	字形相關釋文	所涉文字	字圖/索引	校正形體	代表字	字際關係	詞際關係	備　註
1211	寮孔	J026	經文作遼遠之遼也，非經義也	遼	遼 C57P0956b		寮	音借		
1212	血膋	J037	又作膫，同	膫	膫 C58P0146a		膫			
1212	血膋	J037	今中國言脂，江南言膋	膋	膋 C58P0146a		膫	異體		
1213	炙燎	J012	燎，火炙燎也	燎	燎 C57P0632a		燎			
1213	庭燎	J013	尞即古文燎字	尞	尞 C57P0642a		燎	異體		
1213	炙燎	J012	經中作療，力召反。療，病也。恐非此義也	療	療 C57P0632a		燎	音借		
1213	庭燎	J049	論文作烴、錠二形，下作鐐，並非也	鐐	鐐 C58P0409a		燎	音借		
1214	醫療	J006	變體時用字也	療	療 C57P0510b		療			
1214	醫療	J006	《說文》正體從樂作療，訓釋與下同	療	療 C57P0510b		療	異體		
1215	繚戾	J042		繚	繚 C58P0232b		繚			
1215	伯繚	J087		繚	繚 C59P0129b		繚	異體		
1215	伯繚	J087	亦作尞	尞	尞 C59P0129b		繚	音借		
1215	繚戾	J042	經文作膫，力調反，脂膫也。膫非此義	膫	膫 C58P0232b		繚	音借		
1216	髎骨	J072	《通俗文》：尻骨謂之八髎	髎	髎 C58P0915b		髎			

組號	詞目	卷次	字形相關釋文	所涉文字	字圖/索引	校正形體	代表字	字際關係	詞際關係	備 註
1216	髎骨	J072	論文作膋,脂膏也。膋非此用	膋	膋 C58P0915b		髎	音借		
1217	鶅鶊	J062		鶊	鶊 C58P0715b		鶊			
1217	鶅鶊	J062	《説文》作鶅鴰,音訛聲轉也	鴰	鴰 C58P0715b		鶊	音借		詞頭的"鶅"與"鴰"爲音轉關係,故而宜視作音借字現象
1218	荼蓼	J086		蓼	蓼 C59P0114b		蓼			
1218	荼蓼	J086	論作蓼(蓫),俗字也	蓼	蓼 C59P0114b	蓫	蓼	異體		高麗本"論作蓼"之"蓼",正當作"蓫"
1219	籢巳	J058		籢	籢 C58P0610a		籢			
1219	籢巳	J058	又作籨,同	籨	籨 C58P0610a		籢	異體		
1219	籢巳	J058	律文作燎,力彫、力弔二反,庭燎也。燎非此義	燎	燎 C58P0610a		籢	音借		
1220	料量	J034	《説文》:料,量也。料亦數也。字從斗	料	料 C58P0092b		料			
1220	料理	J039	正作粆(料)	粆	粆 C58P0181a	料	料			高麗本的"粆"乃"料"的書寫變異字形
1220	料量	J034	經文作科,苦和反,非也	科	科 C58P0092b		料	正訛		此"科"乃"料"字書誤而致
1221	繚綟	J055	《古今正字》:從糸戾聲	綟	綟 C58P0541a		綟			
1221	繚綟	J055	經作繚戾,俗字也	戾	戾 C58P0541a		綟	音借		
1221	繚綟	J039	經從折作絜,音邊蔑反。非也	絜	絜 C58P0168a		綟		近義換用	

組號	詞目	卷次	字形相關釋文	所涉文字	字圖/索引	校正形體	代表字	字際關係	詞際關係	備　註
1222	列陣	J099	顧野王云：列，猶施列行次也	列	列 C59P0326a		列			
1222	列陣	J099	集作迾，音例，非陣義	迾	迾 C59P0326a		列	音借		
1223	薄劣	J006		劣	劣 C57P0507b		劣			
1223	薄劣	J006	或從忄〈音心〉作恀，古字也	恀	恀 C57P0507b		劣	異體		
1223	陋劣	J013	或作寽、埒（恀），古字也	埒	埒 C57P0644a	恀	劣			高麗本的"埒"當是"恀"的訛誤字形
1223	氣劣	J052	下古文埒（恀），同	埒	埒 C58P0470b	恀	劣			高麗本的"埒"當是"恀"的訛誤字形
1223	陋劣	J013	或作寽、埒（恀），古字也	寽	寽 C57P0644a		劣	音借		
1224	側捩	J036	或從手作捩	捩	捩 C58P0129a		捩			
1224	側捩	J036	或作戾	戾	戾 C58P0129a		捩	音借		
1224	捩出	J037	古文作盭，從ㄠ（幺）從半（半）從攴（攴）從皿	盭	盭 C58P0138a		捩	音借		"戾""盭（盭）"爲異體字關係
1224	側捩	J036	經文從糸作綟，綟絲句字，非此用，故不取	綟	綟 C58P0129a		捩	音借		
1225	劈裂	J012		裂	裂 C57P0621a		裂			
1225	爆裂	J017	或作列	列	列 C57P0735a		裂	分化		
1225	劈裂	J012	或從手作捯，古字也	捯	捯 C57P0621a		裂	音借		

續　表

組號	詞目	卷次	字形相關釋文	所涉文字	字圖/索引	校正形體	代表字	字際關係	詞際關係	備　註
1225	爆裂	J017	經從力作裂（劣），是劈也……非經義也	裂	裂 C57P0735a	劣	裂	音借		高麗本的"裂"是"劣"的訛誤字形
1226	遊獵	J074		獵	獵 C58P0946a		獵			
1226	遊獵	J074	傳文作獦，俗字也	獦	獦 C58P0946a		獵	異體		
1226	畋獵	J090	傳文從山從鳥作獦，不成字，非也	獦	獦 C59P0177a		獵	正訛		此或即"獵"的訛變字形
1227	鼠毛	J024	《說文》：鬣，髦也。從彡鼠聲	鬣	鬣 C57P0884b		鬣			
1227	鼠毛	J024	或從毛作毻	毻	毻 C57P0884b		鬣	異體		
1227	髦鬣	J077	譜文作驣，非也	驣	驣 C58P1012b		鬣	異體		此當是"鬣"的換旁異體字，"獵"又作"獦"，可相比勘
1227	豬獵	J056	又作鬣、鼠二形，同	鼠	鼠 C58P0567a		鬣	異體		此亦可視作"鬣"的異體字
1227	鼠毛	J024	或從犭作獵，義皆同	獵	獵 C57P0884b		鬣	音借		
1227	朱鬣	J012	今經文作髦，非也。髦，英彥也。乖經意	髦	髦 C57P0624b		鬣		文義換用	此亦可表示長毛義
1228	淋頂	J043		淋	淋 C58P0262a		淋			
1228	淋頂	J043	經文作灆，力金反。《廣雅》：灆灆，雨也	灆	灆 C58P0262a		淋	音借		
1228	淋漏	J025	南經有作滲，所禁反，潛下義，非也	滲	滲 C57P0920b		淋		文義換用	
1229	道轔	J030	《漢書》云：轔，轢也	轔	轔 C57P1045a		轔			

組號	詞目	卷次	字形相關釋文	所涉文字	字圖/索引	校正形體	代表字	字際關係	詞際關係	備　註
1229	道轔	J030	經文作輷,誤也	輷	轞 C57P1045a		轔	異體		結合《龍龕手鑑》所釋,該法上又作"輷",二者可視作換旁異體字
1229	道轔	J030	或作疄	疄	疄 C57P1045a		轔	音借		
1229	道轔	J030	亦作蹸	蹸	蹸 C57P1045a		轔		近義換用	"蹸"亦可表輾軋義
1229	道轔	J030	亦作躏	躏	躏 C57P1045a		轔		近義換用	"躏"亦可表輾軋義
1230	鱗介	J031	從魚粦聲	鱗	鱗 C58P0011b		鱗	異體		
1230	鱗介	J031	經文從鹿作麟,是瑞獸也,非經義,傳寫誤也	麟	麟 C58P0011b		鱗	正訛		結合慧琳所釋來看,此"麟"是"鱗"的書誤
1231	麒麟	J026		麟	麟 C57P0932a		麟			
1231	麒麐	J085		麐	麐 C59P0096a		麟	異體		"麐"與"麟"、"麆"與"麎"並是異寫字關係
1231	麟屬	J088	亦作麆	麆	麆 C59P0137b		麟	異體		
1231	麒麎	J014		麎	麎 C57P0671b		麟	異體		
1231	獲麎	J094	《字書》正從丟作麎	麎	麎 C59P0229a		麟	異體		
1231	麒驎	J026	經文作騏驎字	驎	驎 C57P0932a		麟	音借		
1232	麻漏	J076	《説文》:從广林聲	麻	麻 C58P0991a		麻			
1232	麻漏	J076	經從水作淋,是水澆也。非經義也	淋	淋 C58P0991a		麻	音借		

組號	詞目	卷次	字形相關釋文	所涉文字	字圖/索引	校正形體	代表字	字際關係	詞際關係	備　註
1233	倉廩	J078		廩	廪 C58P1041b		廩			此"廩"取糧倉義
1233	倉廩	J015	《字林》作廩，並通	廩	廪 C57P0685b		廩	異體		
1233	僧廩	J093	《字書》正作㐭	㐭	㐭 C59P0220b		廩	異體		
1233	倉廩	J078	古文作㐭，象形字	㐭	㐭 C58P1041b		廩	異體		
1233	倉廩	J078	今從禾作稟，時用字	稟	稟 C58P1041b		廩	異體		
1233	僧廩	J093	傳文從米作禀（稟），俗字	稟	稟 C59P0220b	禀	廩	異體		高麗本釋文的"禀"是稟之誤
1233	倉廩	J020	經本作稟，非也	稟	稟 C57P0799a		廩	異體		此即"稟（稟）"的訛變字形
1233	倉廩	J078	作簞，疑錯，甚無義理，不取	簞	簞 C58P1041b		廩		文義換用	
1234	懍然	J092	《說文》：從心從稟聲	懍	懍 C59P0200b		懍			
1234	懍懍	J078	經文作懍，誤錯	懍	懍 C58P1032b		懍	異體		此是"懍"的書寫變體
1234	懍慄	J099	《說文》：懍，從心稟聲	懍	懍 C59P0317a		懍	異體		
1234	懍懍	J078		懍	懍 C58P1032b		懍	異體		
1235	脊檁	J017	正言棟，居屋中也。亦言梁也，或言極也	檁	檁 C57P0743b		檁	異體		
1236	慳悋	J003	古文作㐭、㐭	㐭	㐭 C57P0455b		㐭			指貪㐭義

續 表

組號	詞目	卷次	字形相關釋文	所涉文字	字圖/索引	校正形體	代表字	字際關係	詞際關係	備　註
1236	顧𠫤	J007	孔安國注《尚書》云：𠫤，惜也	𠫤	C57P0527b		吝	異體		
1236	慳𠯑	J047	古文吝，同……凡貪而不施謂之𠯑也	𠯑	C58P0359b		吝	異體		
1236	慳吝	J024	或作悋	悋	C57P0897b		吝	異體		
1236	慳恡	J003		恡	C57P0455b		吝	異體		
1236	慳吝	J024	又作咯	咯	C57P0897b		吝	異體		
1236	慳吝	J024	古文作㖁	㖁	C57P0897b		吝	異體		
1236	慳恡	J003	古文作𢒈、吝	𢒈	C57P0455b		吝	異體		
1236	慳恡	J003	或作賝、遴	賝	C57P0455b		吝	異體		此蓋是"𠫤"增"貝"旁而來
1236	慳恡	J003	或作賝、遴	遴	C57P0455b		吝	音借		
1237	甐堅	J047		甐	C58P0366b		甐			
1237	甐堅	J047	又作粦，同	粦	C58P0366b		甐	音借		
1238	伶俜	J027		伶	C57P0979a		伶			
1238	伶俜	J027	《切韻》：行不正曰跉跰。跉亦郎丁反，跰亦普丁反	跉	C57P0979a		伶	音借		
1238	伶俜	J027	有作跉跰	跉	C57P0979a		伶	音借		

組號	詞目	卷次	字形相關釋文	所涉文字	字圖/索引	校正形體	代表字	字際關係	詞際關係	備　註
1239	夌懱	J040		夌	夌 C58P0198a		夌			"夌"爲欺凌義上的本字,不過文獻中多借表結冰義的"凌"字爲之
1239	夌懱	J040	經文作凌,非也	凌	㱥 C58P0198a		夌	音借		二者爲典型的本字不用、借字通行現象
1240	落苓	J097		苓	苓 C59P0287a		苓			
1240	落苓	J097	《説文》:草曰霝,木曰落。或作霝	霝	霝 C59P0287a		苓	音借		零落義上,詞頭的"苓"乃"零"的音借字,與"霝"亦爲音借字關係
1241	清泠	J016		泠	泠 C57P0709a		泠			
1241	清泠	J016	經從冰,非也	冷	C57P0709a		泠	異體		表示水清澈貌的"泠"與表示寒冷義的"冷"爲同形字關係。字圖缺
1242	羚㹯	J099		羚	羚 C59P0319b		羚			
1242	羚㹯	J099	集從足作跉,通	跉	跉 C59P0319b		羚	音借		
1243	陵虛	J001	經文從阜作陵也,借用,非本字也	陵	陵 C57P0415b		陵			
1243	陵虛	J001	正體從力作勆	勆	勆 C57P0415b		陵	異體		在欺凌義上,"陵"與"勆"可視作異體字關係
1243	勆辱	J041	或作凌,水名,亦非也	凌	凌 C58P0212b		陵	音借		
1243	陵虛	J001	《説文》作夌。夌,越也	夌	夌 C57P0415b		陵		近義換用	"夌"爲欺凌義的本字,不過文獻中通行"陵"字
1243	陵鯉	J073		陵	陵 C58P0927a		陵			

組號	詞目	卷次	字形相關釋文	所涉文字	字圖/索引	校正形體	代表字	字際關係	詞際關係	備　註
1243	鯪鯉	J073	鯪鯉，魚名也。有足，出南方，陸居也	鯪	鮻 C58P0927a		陵	音借		
1244	艫舟	J056	《字書》：舩上有屋者曰艫也	艫	艫 C58P0554b		舻	異體		
1245	橾施鳥翎	J035		翎	翎 C58P0110a		翎			
1245	橾施鳥翎	J035	或作翎	翎	頚 C58P0110a		翎	異體		"翎"與釋文中慧琳溝通的"翎"當是異體字關係
1245	橾施鳥翎	J035	經從毛，非也	毯	C58P0110a		翎	異體		此"毯"亦當是"翎"的換旁異體字。字圖缺
1245	翎羽	J056	經文作零	零	零 C58P0565b		翎	音借		
1246	淩侮	J047		淩	淩 C58P0354a		淩			
1246	淩侮	J047	又作夌，同	夌	夌 C58P0354a		淩	音借		
1247	車軨	J054		軨	軨 C58P0518b		軨			
1247	車軨	J054	又作轔，同	轔	轔 C58P0518b		軨	異體		
1248	同齡	J048		齡	齡 C58P0386b		齡			
1248	同齡	J048	又作衿，同	衿	衿 C58P0386b		齡	異體		
1249	窻櫺	J081		櫺	櫺 C59P0006b		櫺			
1249	窻櫺	J081	或作椫	椫	椫 C59P0006b		櫺	異體		

組號	詞目	卷次	字形相關釋文	所涉文字	字圖/索引	校正形體	代表字	字際關係	詞際關係	備　註
1249	窗櫺	J081	録文作㯭,非也	㯭	㯭 C59P0006b		櫺	異體		此是"櫺"的書寫變異字形
1249	櫺扇	J094	傳文作㯭,書誤也	㯭	㯭 C59P0241b		櫺	異體		此是"櫺"的書寫變異字形
1250	螟蠹	J081	《説文》二字並從虫,冥、靁皆聲	蠹	蠹 C59P0010b		蠹			
1250	螟蠹	J081	傳作蛉,蜻蛉字,非也	蛉	蛉 C59P0010b		蠹	音借		
1251	領袖	J041	今通作領,從頁令聲也	領	領 C58P0206a		領			
1251	領袖	J041	《古今正字》作衿	衿	衿 C58P0206a		領	異體		
1252	稽畱	J003	今經文變體作留	留	留 C57P0441a		留			
1252	稽畱	J003		畱	畱 C57P0441a		留	異體		
1252	稽留	J008	或作畱	畱	畱 C57P0549a		留	異體		
1252	稽畱	J003	或作㽞	㽞	㽞 C57P0441a		留	異體		
1252	稽留	J008	又作畱,皆訛也	畱	畱 C57P0549a		留	異體		
1252	稽畱	J003	又作留,展轉訛也	留	留 C57P0441a		留	異體		
1253	瀦流	J012		流	流 C57P0626b		流			
1253	瀦流	J012	今俗用流(流)字無點,非也	流	流 C57P0626b	流	流	異體		"流"字書寫或省變作"流"

組號	詞目	卷次	字形相關釋文	所涉文字	字圖/索引	校正形體	代表字	字際關係	詞際關係	備　註
1253	流涌	J013	《説文》從㳷〈二水並〉從充作㐬，今俗作流，訛也	㵰	C57P0641b		流	異體		
1253	沠水	J097	古文流字	沠	C59P0280b		流	異體		
1254	旒蘇	J014	《考聲》云：旒蘇，旗脚也	旒	C57P0669b		旒			
1254	綱塼	J015	經文作旒，略也	塼	C57P0706a		旒	異體		此當是"旒"的增旁異體字
1254	旒蘇	J014	古文作㐬，象形字也	㐬	C57P0669b		旒	異體		
1254	旒幢	J017	《字書》作統，同	統	C57P0740a		旒	異體		
1254	冕旒	J031	《説文》作瑬，冕之垂玉也。從玉流聲	瑬	C58P0016a		旒		近義換用	"瑬"是冕之垂玉，亦可表示旌旗之下垂裝飾物
1255	六瘤	J020		瘤	C57P0804b		瘤			
1255	是瘤	J099		瘤	C59P0316b		瘤	異體		
1255	是瘤	J099	集作瘤，俗字	瘤	C59P0316b		瘤	異體		
1255	咽瘤	J053	經文從口作嚠，非字也	嚠	C58P0498b		瘤	音借		
1255	六瘤	J020	經文作流注之流，非也	流	C57P0804b		瘤	音借		
1256	驊驑	J087		驑	C59P0119a		驑	異體		"驑"乃"騮"的《説文》篆體隸定形
1256	驊驑	J087	亦作騮	騮	C59P0119a		驑	異體		"騮"是"驑（騮）"的省寫體

續　表

組號	詞目	卷次	字形相關釋文	所涉文字	字圖/索引	校正形體	代表字	字際關係	詞際關係	備　註
1257	操柳枝	J080	録作柳,俗字也	柳	柳 C58P1073b		柳			
1257	操柳枝	J080	《字書》正作桺,木名也	桺	桺 C58P1073b		柳	異體		
1258	潘寫	J099	集作溜,俗字	溜	溜 C59P0311b		溜			
1258	潘寫	J099	《説文》:從水罶聲	潘	潘 C59P0311b		溜	異體		
1259	繞廇	J098	《説文》:從广留聲	廇	廇 C59P0306a		廇			
1259	繞廇	J098	集作榴,非也	榴	榴 C59P0306a		廇	異體		
1260	屋霤	J065	《説文》:屋水流下也。凡水流下皆曰霤	霤	霤 C58P0776b		霤			
1260	檐霤	J091	《説文》:從雨罶聲也	霤	霤 C59P0182b		霤	異體		
1260	屋霤	J065	又作廇,同	廇	廇 C58P0776b		霤	異體		表示屋大梁的"廇"與表示屋霤的"廇"爲同形字現象
1260	屋霤	J065	律文作留,非體也	留	留 C58P0776b		霤	音借		
1261	飂亮	J099	《文字典説》作飂,風聲。從風翏聲	飂	飂 C59P0313a		飂			
1261	飂亮	J099	集作飅,俗字也	飅	飅 C59P0313a		飂	異體		
1262	癃殘	J077	《説文》:罷病也。從疒隆聲	癃	癃 C58P1018b		癃			
1262	癃殘	J077	譜作瘙,俗字也	瘙	瘙 C58P1018b		癃	異體		"癃殘"的"瘙"乃"癃"的省變體

組號	詞目	卷次	字形相關釋文	所涉文字	字圖/索引	校正形體	代表字	字際關係	詞際關係	備　註
1263	房櫳	J094		櫳	攏 C59P0241b		櫳			
1263	槀疎	J058	《説文》：槀，房室之疎也	槀	槀 C58P0610b		櫳	異體		
1263	房櫳	J094	傳文作槻，非。已見《辯正論》訖	槻	槻 C59P0241b		櫳	正訛		此"槻"當是"櫳"的形近訛誤字
1263	槀疎	J058	律文作籠，非體也	籠	籠 C58P0610b		櫳	音借		
1264	蒙籠	J054	蒙籠，謂不明了也	籠	籠 C58P0525b		朧	音借		
1264	蒙籠	J054	經文作矇矓，力董反。矓非此義也	矓	矓 C58P0525b		朧	音借		
1265	慧鷩	J093		鷩	鷩 C59P0219a		鷩			此爲人名用字
1265	慧鷩	J093	或作駔，僧名也	駔	駔 C59P0219a		鷩			二者關係待進一步考之
1266	畦壠	J066		壠	壠 C58P0792a		壟	異體		
1266	畦壠	J066	論文從阜作隴，亦通用	隴	隴 C58P0792a		壟	音借		
1267	傴僂	J041	《説文》傴僂二字並從人，形聲字	僂	僂 C58P0210a		僂			
1267	傴僂	J041	經從身作軁，非也	軁	軁 C58P0210a		僂	異體		
1267	背僂	J026	經文有作瘻字，音云盧搆反，痔病。經非此義也	瘻	瘻 C57P0933b		僂	音借		
1267	脊僂	J052	經文作膢，力侯反。祭名也。膢非字體也	膢	膢 C58P0466a		僂	音借		

組號	詞目	卷次	字形相關釋文	所涉文字	字圖/索引	校正形體	代表字	字際關係	詞際關係	備　註
1267	傴僂	J056	經文作迀遧二形……並非字義也	遧	遧 C58P0554b		僂	音借		
1268	慺慺	J098		慺	慺 C59P0304a		慺			
1268	慺慺	J098	集作慺（楼），俗字也	慺	慺 C59P0304a	楼	慺	異體		釋文"集作慺"之"慺"，當是"楼"字
1269	髑髏	J075	《説文》：頂骨也。並從骨，形聲字	髏	髏 C58P0966b		髏			
1269	髑髏	J075	經文從頁作顋顟，俗用字，亦通，非正體也	顟	顟 C58P0966b		髏	異體		
1270	嵽嶁	J099		嶁	嶁 C59P0325a		嶁			
1270	嵽嶁	J099	或從土作培塿	塿	塿 C59P0325a		嶁	音借		
1271	矬陋	J015		陋	陋 C57P0698a		陋			
1271	矬陋	J015	從阜匧聲，或單作匧	匧	匧 C57P0698a		陋	分化		
1271	矬陋	J035	亦作匧，義同也	匧	匧 C58P0111b		陋	分化		此乃"匧"的一字異寫形體
1272	痔漏	J007		漏	漏 C57P0529a		漏			
1272	痔漏	J007	或作扁	扁	扁 C57P0529a		漏	異體		"漏"乃釋文中溝通的"扁"的增旁異體字。高麗本字圖殘缺
1273	血瘑	J065		瘑	瘑 C58P0778b		瘑			
1273	血瘑	J065	宜作瘻，音漏，癩屬也	瘻	瘻 C58P0778b		瘑	異體		

組號	詞目	卷次	字形相關釋文	所涉文字	字圖/索引	校正形體	代表字	字際關係	詞際關係	備　註
1273	是癯	J099	集作瘦,俗字	癯	癯 C59P0316b		瘑	異體		此乃"瘦"的《説文》篆體隸定形
1273	血瘑	J065	或作漏,血如水下也	漏	漏 C58P0778b		瘑	音借		
1274	彫鏤	J024	從金婁聲,正體字	鏤	鏤 C57P0898b		鏤			
1274	彫鏤	J024	經作婁,俗字也	婁	婁 C57P0898b		鏤	音借		
1275	蘆葦	J008		蘆	蘆 C57P0541b		蘆			
1275	蘆葦	J008	或作蘆,同	蘆	蘆 C57P0541b		蘆	異體		
1275	蘆葦	J008	經作蘆,俗也	蘆	蘆 C57P0541b		蘆	異體		
1276	櫨鏉	J052		櫨	櫨 C58P0459b		櫨			
1276	櫨鏉	J052	經文從金作鑪,非體也	鑪	鑪 C58P0459b		櫨	音借		"櫨"亦有可能受其下字"鏉"從"金"的影響類化作"鑪"
1277	燈爐	J025		爐	爐 C57P0918a		爐			
1277	燈爐	J025	今案,經或有作鑪	鑪	鑪 C57P0918a		爐	異體		火爐義上,詞頭的"爐"與釋文中的"鑪"可視作換旁異體字關係
1278	轒轤	J058		轤	轤 C58P0604a		轤			
1278	轒轤	J058	又作櫨櫨二形,同	櫨	櫨 C58P0604a		轤	音借		
1279	頭顱	J009		顱	顱 C57P0573b		顱			

續　表

組號	詞目	卷次	字形相關釋文	所涉文字	字圖/索引	校正形體	代表字	字際關係	詞際關係	備　註
1279	頭顱	J009	又作髗，同	髗	髗 C57P0573b		顱	異體		
1279	頭顱	J009	經文作臚，呂居反。腹臚也，皮也。臚非此義	臚	臚 C57P0573b		顱	音借		
1279	當顱	J053	字宜作顱，同	盧	盧 C58P0496b		顱	音借		
1280	烏鹵	J048		鹵	鹵 C58P0392a		鹵			
1280	鹹鹵	J008	杜注《左傳》云：淳鹵，确薄之地	鹵	鹵 C57P0555a		鹵	異體		指鹽碱地
1280	烏鹵	J048	又作瀉滷二形，同	滷	滷 C58P0392a		鹵	異體		"鹵"或增"水"旁作"滷"
1280	鹵簿	J058	字體作樐，同	樐	樐 C58P0620a		鹵	音借		此"鹵"指大楯，乃"櫓"的通假用法；"樐"與"櫓"爲換旁異體字
1281	虜掠	J009		虜	虜 C57P0568b		虜			
1281	虜掠	J009	古文作鹵，同	鹵	鹵 C57P0568b		虜	音借		
1282	魯樸	J013	《考聲》云：魯，拙也	魯	魯 C57P0655b		魯			
1282	魯樸	J013	古文作𤳳	𤳳	𤳳 C57P0655b		魯	異體		
1282	頑魯	J074	孔安國曰：魯，鈍也。論文作鹵，非體也	鹵	鹵 C58P0953a		魯	音借		
1283	櫓舩	J059		櫓	櫓 C58P0631a		櫓			
1283	櫓舩	J059	又作樐、艪二形，同	樐	樐 C58P0631a		櫓	異體		

組號	詞目	卷次	字形相關釋文	所涉文字	字圖/索引	校正形體	代表字	字際關係	詞際關係	備　註
1283	大楢	J082	或作櫓、樐,並同用,亦通	樐	擄 C59P0031b		櫓	異體		
1283	櫓舡	J059	又作楢、艫二形,同	艫	艫 C58P0631a		櫓	音借		
1284	硨矴	J099		硨	硨 C59P0324b		硨			
1284	硨矴	J099	或從山作峄屼	峄	峄 C59P0324b		硨	異體		
1285	渌海	J098		渌	渌 C59P0300b		渌			
1285	渌海	J098	集從草作蔍,非也,字書無此字	蔍	蔍 C59P0300b		渌			二者關係待考
1286	車輅	J048		輅	輅 C58P0374b		輅			
1286	車輅	J048	本作路,同也	路	路 C58P0374b		輅	音借		
1287	碌磏	J081		碌	碌 C59P0006b		碌			
1287	碌磏	J081	録文作礛碟,誤也	礛	礛 C59P0006b		碌	音借		
1287	碌磏	J099	集從草作蔂,字書無此字	蔂	蔂 C59P0325a		碌	音借		"蔂"乃"蔂"的異體字,指蓋草
1288	勠力	J080		勠	勠 C58P1083a		勠			
1288	勠力	J080	録文作勑,俗字	勑	勑 C58P1083a		勠	異體		
1289	㴉著	J065		㴉	㴉 C58P0779a		㴉			

組號	詞目	卷次	字形相關釋文	所涉文字	字圖/索引	校正形體	代表字	字際關係	詞際關係	備　註
1289	漉著	J065	或作渌,同	渌	渌 C58P0779a		漉	異體		
1289	漉諸	J071	或作盝,同	盝	盝 C58P0887b		漉	異體		《字彙·皿部》"盝""盝"下均溝通了與"漉"的異體關係
1289	漉著	J065	律文作濾,近字也	濾	濾 C58P0779a		漉		近義換用	
1290	刑戮	J015		戮	戮 C57P0683a		戮			
1290	刑戮	J015	或從刀作	剹	C57P0683a		戮	異體		釋文中慧琳對字形進行了結構描述,故缺對應的字圖
1290	刑戮	J015	經從力,誤也	勠	C57P0683a		戮	音借		"勠"是合力之義,與"戮"義別,爲"戮"的音借字。字圖缺
1291	械簏	J052		簏	簏 C58P0460a		簏			
1291	械簏	J052	下又作箓,同	箓	箓 C58P0460a		簏	異體		
1292	林麓	J028		麓	麓 C57P0998a		麓			
1292	林麓	J028	古文菉,同	菉	菉 C57P0998a		麓	異體		
1293	鵞鷺	J004		鷺	鷺 C57P0468b		鷺			
1293	鵞鷺	J004	或作鷜鸕,皆古字也	鸕	鸕 C57P0468b		鷺	異體		此是"鸕"的書寫變體
1293	白鷺	J056	《字書》作鸕,同	鸕	鸕 C58P0557b		鷺	音借		"鸕"指鸕鷀,與"鷺"爲通假字關係

組號	詞目	卷次	字形相關釋文	所涉文字	字圖/索引	校正形體	代表字	字際關係	詞際關係	備　註
1293	白鷺	J074	《字書》作鵡（鸕），同	鵡	鵡 C58P0948b	鸕	鷺	音借		此"鵡"當是"鸕"的訛誤字形
1293	白鷺	J074	論文有作頜（鴿）	頜	頜 C58P0948b	鴿	鷺			二者關係待進一步考之
1294	攣躄	J032	經作攣,亦通	攣	攣 C58P0028a		攣			
1294	攣躄	J032	《聲類》云:癴,病也	癴	癴 C58P0028a		攣		近義換用	
1294	攣縮	J056	經文作臠、瘲二形,並非體	瘲	瘲 C58P0550a		攣			"瘲"是"瘂（啞）"的異體字;此"瘲"當是"癴"書寫訛誤所致
1294	攣躄	J032	亦作癵	癵	癵 C58P0028a		攣		近義換用	
1294	攣急	J069	論作戀,誤	戀	戀 C58P0851a		攣	音借		此當是"攣"的音借字
1294	攣縮	J056	經文作臠、瘲二形,並非體	臠	臠 C58P0550a		攣	音借		蓋是"攣"的音借字
1295	癵癖	J039	顧野王云:病也。謂病身體拘曲也	癵	癵 C58P0182a		癴	異體		
1296	齎齎	J075		齎	齎 C58P0968b		齎			
1296	齎齎	J075	經文作腪腪,非也	腪	腪 C58P0968b		齎	異體		《字海》據《玄應音義》釋作同"裔"（2000:914）,即"齎"字
1297	婉變	J097		變	變 C59P0286b		變			
1297	婉變	J097	變或作嬗也	嬗	嬗 C59P0286b		變	異體		美貌義上,"變""嬗"似可視作異體字關係

續　表

組號	詞目	卷次	字形相關釋文	所涉文字	字圖/索引	校正形體	代表字	字際關係	詞際關係	備　註
1297	婉孌	J099	集作孌,誤也	孌	孌 C59P0327b		變		文義換用	
1298	䴠肞	J003	或作卵	卵	卵 C57P0443b		卵	異體		此是"卵"的《説文》篆體變異字形
1298	夘䴠	J006	小篆作卵	卵	卵 C57P0511b		卵	異體		此是"卵"的《説文》篆體變異字形
1298	肞生	J003	小篆作兆	兆	兆 C57P0448b		卵	異體		此是"卵"的《説文》篆體變異字形
1298	夘䴠	J006	隸書作夘	夘	夘 C57P0511b		卵	異體		此乃"卵"的一字異寫形體
1298	肞生	J003	古文作兆	兆	兆 C57P0448b		卵	異體		"卵"或又省變作"兆"
1298	䴠肞	J003	古文作卝	卝	卝 C57P0443b		卵	異體		進而省變作"卝"
1298	䴠肞	J003		朋	朋 C57P0443b		卵	異體		此亦是"卵"的書寫變異字形
1299	擾亂	J002	《爾雅》:亂,治也	亂	亂 C57P0431b		亂			
1299	擾亂	J002	俗作乱	乱	乱 C57P0431b		亂	異體		"亂"或又省變作"乱"
1299	擾亂	J002	《字林》從支作敽	敽	敽 C57P0431b		亂	異體		
1299	擾亂	J002	又李斯從寸作尉	尉	尉 C57P0431b		亂	異體		
1299	擾亂	J002	古文作㩦	㩦	㩦 C57P0431b		亂	異體		
1300	支侖	J090		侖	侖 C59P0179a		侖			

組號	詞目	卷次	字形相關釋文	所涉文字	字圖/索引	校正形體	代表字	字際關係	詞際關係	備 註
1300	支侖	J090	傳大篆作侖,音同上	侖	侖 C59P0179a		侖	異體		此即"侖"的書寫變異字形
1300	支侖	J090	傳文從草作薝,非也。無此字	薝	薝 C59P0179a		侖	音借		
1301	堀崙	J081	即崑崙,語訛轉也	崙	崙 C59P0011a		崙			
1301	堀崙	J081		倫	倫 C59P0011a		崙	音借		
1302	沈淪	J051		淪	淪 C58P0448b		淪			
1302	沈淪	J051	《説文》亦作陯	陯	陯 C58P0448b		淪		近義換用	
1303	法蠃	J007	經文多作螺,俗字也	螺	螺 C57P0523a		螺			
1303	法蠃	J007	顏氏《字樣》正體作蠃	蠃	蠃 C57P0523a		螺	異體		
1303	蜾蠃	J095	《説文》正作蠃	蠃	蠃 C59P0255a		螺	異體		此即"蠃"的一字異寫形體
1303	螺縮	J074	傳文作緤,誤	緤	緤 C58P0943a		螺	正訛		此"緤"當是"螺"的訛誤字形
1303	小蠃	J083	傳作蚤,誤也	蚤	蚤 C59P0048a		螺	音借		"蚤"爲"蟲"的異體字。文獻中"蟲"亦表示蜺蜍,是"螺"的借用
1303	小蠃	J083	亦作蟲	蟲	蟲 C59P0048a		螺	音借		此亦是"蟲"的異體字
1303	雙蠃	J060	律文作蚤,非也	蚤	蚤 C58P0664a		螺	音借		此仍是"蟲"的異體字
1303	迦螺	J065	律文作蜾……蜾非此用	蜾	蜾 C58P0772b		螺	音借		從形義關係論之,此"蜾"或是"蟲"的異寫形體

組號	詞目	卷次	字形相關釋文	所涉文字	字圖/索引	校正形體	代表字	字際關係	詞際關係	備　註
1304	覼縷	J083		覼	覶 C59P0061b		覼			
1304	覼縷	J083	傳從爾作覼,非	覼	覶 C59P0061b		覼	音借		
1305	頻羸	J032	經從馬作騾,共諸經字異,誤也	騾	騾 C58P0046b		騾			詞頭之"羸"爲佛家弟子人名用字
1305	頻羸	J032		羸	羸 C58P0046b		騾	異體		就"羸"的本用而論,慧琳溝通的"騾"乃"羸"的換旁異體字
1306	蘿菔	J012		蘿	蘿 C57P0621b		蘿			
1306	蘿菔	J012	或作蘆〈禄都反〉	蘆	蘆 C57P0621b		蘿	音借		
1307	人邏	J058		邏	邏 C58P0626b		邏			
1307	人邏	J058	律文作儸,力歌反,儠儸也	儸	儸 C58P0626b		邏	音借		
1308	果蓏	J027		蓏	蓏 C57P0984a		蓏			
1308	果蓏	J054		蓏	蓏 C58P0522a		蓏	異體		此乃"蓏"的書寫訛變字形
1309	裸形	J014		裸	裸 C57P0674a		裸			
1309	裸形	J014	或從身作躶	躶	躶 C57P0674a		裸	異體		
1309	裸形	J014	或從人作倮	倮	倮 C57P0674a		裸	異體		
1309	裸形	J014	正體作蠃,從蠃省,中從果	蠃	蠃 C57P0674a		裸	異體		

組號	詞目	卷次	字形相關釋文	所涉文字	字圖/索引	校正形體	代表字	字際關係	詞際關係	備　註
1309	裸形	J014	或從衣作嬴	嬴	嬴 C57P0674a		裸	異體		"贏"字文獻中被借作"倮（裸）"，此即"贏"綴加"衤"旁而成
1310	洛陽	J064		洛	洛 C58P0760a		洛			
1310	洛陽	J064	經文作雒，古文字也	雒	雒 C58P0760a		洛	音借		
1311	凋落	J006		落	落 C57P0496a		落			
1311	凋落	J006	經從兩點作落，草書訛略也	落	落 C57P0496a		落	異體		慧琳描述的字形與高麗本字圖不一致
1312	交絡	J006		絡	絡 C57P0497a		絡			
1312	交絡	J006	或作絡，古字也	絡	絡 C57P0497a		絡	異體		
1313	呵腰	J046		腰	腰 C58P0322b		腰			
1313	呵腰	J046	古文樓，同……經文有作樓	樓	樓 C58P0322b		腰	音借		
1314	氈衣	J058		氈	氈 C58P0617b		氈			
1315	椶櫚	J081		櫚	櫚 C59P0008b		櫚			
1315	椶櫚	J081	錄文作薆藺，傳寫誤也	藺	藺 C59P0008b		櫚	音借		
1316	伴侶	J007	《古今正字》云：侶，儷也。從人呂聲	侶	侶 C57P0516a		侶			
1316	伴侶	J007	或作旅	旅	旅 C57P0516a		侶		近義換用	

組號	詞目	卷次	字形相關釋文	所涉文字	字圖/索引	校正形體	代表字	字際關係	詞際關係	備　註
1317	潰旅	J011		旅	旅 C57P0601a		旅			
1317	潰旅	J011	俗用從衣作旅，非也	旅	旅 C57P0601a		旅	異體		
1317	逆旅	J013	古文作𠧋（㞜），從𣥏〈於塞反〉從二人〈古從字也〉	𠧋	㞜 C57P0650a	㞜	旅	異體		
1318	脊膂	J048		膂	膂 C58P0374a		膂			
1318	絶膂	J087	論作膂，非也	膂	膂 C59P0129b		膂	異體		
1318	脊膂	J048	又作呂，同	呂	呂 C58P0374a		膂	異體		
1318	膂力	J085	論從手作捛，俗字	捛	捛 C59P0100b		膂	音借		"捛"乃"旅"的異體字，與"膂"爲通假字關係
1319	不能遊履	J023		履	履 C57P0862a		履			"履踐"條下慧琳謂：經文從復，誤也
1319	履踐	J003		履	履 C57P0452b		履	異體		
1319	不能遊履	J023	履字有本作属者，謬，勘梵本定訖	属	属 C57P0862a		履	正訛		
1320	縷陳	J034		縷	縷 C58P0082a		縷			
1320	縷陳	J034	經文作屢，非體也	屢	屢 C58P0082a		縷	音借		
1321	碧緑	J005		緑	緑 C57P0483a		緑			
1321	碧緑	J005	又作菉，古字也	菉	菉 C57P0483a		緑	異體		

組號	詞目	卷次	字形相關釋文	所涉文字	字圖/索引	校正形體	代表字	字際關係	詞際關係	備　註
1321	碧綠	J005	或作碌,石碌也	碌	碌 C57P0483a		綠	音借		
1322	楓櫨	J099		櫨	櫨 C59P0312a		櫨			
1322	楓櫨	J099	集從虛作櫨,非也	櫨	櫨 C59P0312a		櫨	正訛		
1323	侵掠	J029		掠	掠 C57P1021b		掠			
1323	攬掠	J078	有作撠,音影,擊也。恐非	撠	撠 C58P1033b		掠	正訛		此與"掠"音義均別,當是"掠"字書誤而致
1323	侵掠	J029	或從刀作剠,訓釋並同上	剠	剠 C57P1021b		掠	異體		
1323	考掠	J046	古文剠、賟二形,同	賟	賟 C58P0324b		掠	音借		徐在國《疏證》引黃錫全之說,亦認爲二者爲假借關係(2002:252)
1323	侵掠	J029	《説文》作略,云經略土地也	略	略 C57P1021b		掠		近義換用	
1324	蝦蟆	J038	蟆正作蟆	蟆	蟆 C58P0160b		蟆			
1324	蝦蟆	J038	二字並從虫,叚、莫皆聲也	蟆	蟆 C58P0160b		蟆	異體		
1324	蝦蟆	J038	經作蟆,俗字	蟆	蟆 C58P0160b		蟆	異體		
1324	蝦蟆	J038	或作蟇	蟇	蟇 C58P0160b		蟆	異體		此"蟇"當是"蟆"的異寫形體,與作爲"蠤"的訛字之"蟇"同形
1325	碼碯	J078	或從玉作瑪瑙	瑪	瑪 C58P1040a		瑪			
1325	碼碯	J078	《文字典説》二字並從石,馬、𡶫聲,音同上	碼	碼 C58P1040a		瑪	異體		

續　表

組號	詞目	卷次	字形相關釋文	所涉文字	字圖/索引	校正形體	代表字	字際關係	詞際關係	備　註
1325	碼磂	J030	經作馬,非也	馬	馬 C57P1043a		瑪	音借		
1326	訶罵	J041	罵,詈也。從冈馬聲	罵	罵 C58P0214a		罵	異體		
1326	訶罵	J041	古文或作傌也	傌	傌 C58P0214a		罵	異體		
1327	生埋	J033	《説文》:從土里聲	埋	埋 C58P0059b		埋			
1327	生埋	J033	或作薶	薶	薶 C58P0059b		埋	異體		
1328	昏霾	1395	《説文》從豸作霾,正體字也	霾	霾 C58P0434b		霾			
1328	昏霾	1395	論從犬作霾(霾),俗字也	霾	霾 C58P0434b	霾	霾	異體		
1329	筋脉	J002	俗字也	脉	脉 C57P0423a		脉			
1329	筋脈	J030		脈	脈 C57P1041b		脉	異體		
1329	筋脉	J002	從血從辰作衇,或作衇,並正體字也	衇	衇 C57P0423a		脉	異體		
1329	筋脉	J002	從血從辰作衇,或作衇,並正體字也	衇	衇 C57P0423a		脉	異體		
1329	筋脈	J030	或作衇,亦作衇,皆正體字	衇	衇 C57P1041b		脉	異體		此是"衇"書寫變異而致
1329	鍼脉	J080	録文從豕作䐔,非	䐔	䐔 C58P1079b		脉	異體		此當是"衇"的書寫變異字形
1330	勖勵	J028	古文勖	勖	勖 C57P0996b		勖			
1330	勖勵	J028	今作勉,同	勉	勉 C57P0996b		勖		近義換用	

組號	詞目	卷次	字形相關釋文	所涉文字	字圖/索引	校正形體	代表字	字際關係	詞際關係	備　註
1331	販賣	J078	正體從出從買，今俗用從土，訛略也	賣	賣 C58P1039a		賣			
1331	鬻賣	J082	從出從買。從土者，俗字也	賣	賣 C59P0033a		賣	異體		
1332	牴憪	J058		憪	憪 C58P0621a		憪			
1332	牴憪	J058	律文作僴，非也	僴	僴 C58P0621a		憪	音借		
1333	網緵	J074	字體作鞔，莫盤反	鞔	鞔 C58P0939b		鞔			"鞔"本指鞋幫，引申有蒙上、覆蓋、連綴等用法
1333	綱鞔指	J026	鞔字從革免聲。經作緵，音莫晏反，非也	緵	緵 C57P0946a		鞔	音借		
1333	漫跟	J059	此假借也。字體作鞔	漫	漫 C58P0645b		鞔	音借		
1333	網緵	J074	經文作暯、僈二形，並非也	暯	暯 C58P0939b		鞔	音借		
1333	網緵	J074	經文作暯、僈二形，並非也	僈	僈 C58P0939b		鞔	音借		
1334	華鬘	J059	梵言摩羅，云鬘，音蠻	鬘	鬘 C58P0632b		鬘			
1334	華髳	J072	下梵言磨羅，此云髳，音蠻	髳	髳 C58P0911b		鬘	異體		
1334	華鬘	J059	律文作鬜，非體也	鬜	鬜 C58P0632b		鬘	異體		
1335	蠻屬	J095		蠻	蠻 C59P0249b		蠻			
1335	蠻屬	J095	今集本作孿觸者，深乖於義也，恐傳寫誤	孿	孿 C59P0249b		蠻	正訛		

組號	詞目	卷次	字形相關釋文	所涉文字	字圖/索引	校正形體	代表字	字際關係	詞際關係	備　註
1336	姣僈	J096	《考聲》：僈，狡也	僈	僈 C59P0262a		僈			
1336	姣僈	J096	《字書》作嫚	嫚	嫚 C59P0262a		僈	音借		
1337	滋蔓	J025		蔓	蔓 C57P0917a		蔓			
1337	滋蔓	J025	經文作漫，莫喚反，敗也，非經義也	漫	漫 C57P0917a		蔓	音借		
1338	綺幔	J004	正體從巾，下從又作幔	幔	幔 C57P0470b		幔			
1338	綺幔	J004	經從心作慢，俗字，非也	慢	慢 C57P0470b		幔	正訛		此"慢"當是"幔"的書寫訛誤字形
1338	珠交露幔	J027	有作縵，《說文》繒帛無文曰縵，非。幔，正體	縵	縵 C57P0966a		幔	音借		
1339	流漫	J051	《古今正字》云：從水曼聲	漫	漫 C58P0432a		漫			
1339	流漫	J051	論作漫（湠），俗字也	漫	漫 C58P0432a	湠	漫	異體		慧琳所見經本作"湠"，乃"漫"的一字異寫形體
1339	漫讚	J065	律文作數敠。敠，無文彩也。敠非此用也	敠	敠 C58P0776a		漫	音借		
1340	傲慢	J060		慢	慢 C58P0662a		慢			
1340	傲慢	J060	或從女或從人作嫚、僈	嫚	嫚 C58P0662a		慢	音借		
1340	傲慢	J060	或從女或從人作嫚、僈	僈	僈 C58P0662a		慢	音借		
1341	寶縵	J011	經文從糸〈覓音〉作縵，乃無文繒也，非帷幔字也	縵	縵 C57P0618b		縵			

組號	詞目	卷次	字形相關釋文	所涉文字	字圖/索引	校正形體	代表字	字際關係	詞際關係	備 註
1341	網縵	J074	經文作瞙、僈二形,並非也	瞙	瞙 C58P0939b		縵	音借		
1341	網縵	J074	經文作瞙、僈二形,並非也	僈	僈 C58P0939b		縵	音借		
1341	縵睒	J087	或作嫚	嫚	嫚 C59P0120a		縵	音借		
1341	網縵	J074	字體作鞔,莫盤反。鞔,覆也	鞔	鞔 C58P0939b		縵	音借		
1341	寶縵	J011	正從巾作幔,帷也	幔	幔 C57P0618b		縵		近義換用	
1342	泥鏝	J058		鏝	鏝 C58P0626b		鏝			
1342	泥鏝	J058	又作槾、墁二形,同	槾	槾 C58P0626b		鏝	異體		
1342	泥鏝	J058	又作槾、墁二形,同	墁	墁 C58P0626b		鏝	異體		
1343	鋒芒	J014	經作芒,俗字,謬也	芒	芒 C57P0663b		芒			
1343	鋒芒	J014	《字書》云:刃末也。草葉峯也。從草從亾	芒	芒 C57P0663b		芒	異體		"芒"乃"芒"的《説文》篆體隸定形
1343	豪芒	J026	古文作秎,同	秎	秎 C57P0956b		芒	異體		"芒"或換從"禾"旁作"秎"
1343	豪芒	J026	經文作釓,非也	釓	釓 C57P0956b		芒	音借		
1344	盲冥	J030	《説文》:盲者,目無眸子也。從目亾聲	盲	盲 C57P1040b		盲			
1344	盲冥	J030	或作莔	莔	莔 C57P1040b		盲	異體		

組號	詞目	卷次	字形相關釋文	所涉文字	字圖/索引	校正形體	代表字	字際關係	詞際關係	備　註
1344	盲冥	J030	經作盲（眊），俗字也	盲	眊 C57P1040b	眊	盲	異體		
1345	蒼茫	J056		茫	茫 C58P0573b		茫			第一組取匆忙義，第二組取迷蒙不明義
1345	蒼茫	J056	又作莔，同	莔	莔 C58P0573b		茫	音借		此乃"忙"的異體字
1345	蒼茫	J056	經文從心作忙，非體也	忙	忙 C58P0573b		茫	音借		
1345	狼茫	J058	《通俗文》：時務曰茫。律文作狽，非體	狽	狽 C58P0624b		茫		文義換用	
1345	茫茫	J057	經文作眊，呼光反。不明也。兩通	眊	眊 C58P0599a		茫		文義換用	
1346	惇厖	J095	《毛詩傳》云：厖，厚也	厖	厖 C59P0245b		厖	異體		
1347	惶忙	J024		忙	忙 C57P0891b		忙			
1347	惶忙	J024	又作莔，同	莔	莔 C57P0891b		忙		近義換用	
1348	分犌	J064	《考工記》：公圭用犌。注云：犌謂牛也	犌	犌 C58P0747b		犌			
1348	分犌	J064	戒文作龙，犬多毛也	龙	龙 C58P0747b		犌	音借		
1349	莽莽	J083	《説文》：南昌謂犬善逐兔艸中象莽。從犬艸亦聲	莽	莽 C59P0054a		莽			
1349	莽莽	J083	傳從水作漭，是水遠皃，非也	漭	漭 C59P0054a		莽	音借		
1350	蟒身	J086	《尔雅》云：蟒，王蚹。郭注云：蚹之大者也	蟒	蟒 C59P0113a		蟒			

組號	詞目	卷次	字形相關釋文	所涉文字	字圖/索引	校正形體	代表字	字際關係	詞際關係	備　註
1350	蟒身	J086	論從奔作蟒，俗字也	蟒	蟒 C59P0113a		蟒	異體		
1350	蟒虵	J016	經作冈虵，非也	冈	冈 C57P0717a		蟒	音借		
1350	蟒虵	J052	經文作蜎蜵之蜎，非也	蜎	蜎 C58P0477a		蟒	音借		
1351	貓伺	J014	今經文從犬作猫，俗字也	猫	猫 C57P0678a		猫			
1351	馳猫	J072	論從犬作福（猫），俗字，通也	福	福 C58P0898b	猫	猫			從異文來看，高麗本"論從犬作福"之"福"，乃"猫"的訛誤字形
1351	貓伺	J014	《説文》：從豸從苗	貓	貓 C57P0678a		猫	異體		
1352	犛牛	J019		犛	犛 C57P0784b		犛			
1352	犛牛	J019	亦作氂，音毛，又音茅	氂	氂 C57P0784b		犛	異體		
1352	犛牛	J098	集從毛作牦者，非也	牦	牦 C59P0308a		犛	異體		
1352	犛牛	J019	又作旄	旄	旄 C57P0784b		犛	音借		與"犛（牦）"爲同源字通用現象
1352	白犛拂	J035	經文作猫，即猫兒字，獸也，非犛牛字	猫	猫 C58P0106a		犛	音借		
1352	犛	J027	有作貓，貓乃人間所畜捕鼠者是，非此牛之義也	貓	貓 C57P0969b		犛	音借		"猫"與"貓"爲異體字關係
1353	毛髮	J033	准經義正合單作毛字	毛	毛 C58P0068a		毛			
1353	毛髮	J033	今經文從彡音作髦，是俊彦之義，乖經意，非也	髦	髦 C58P0068a		毛	音借		

組號	詞目	卷次	字形相關釋文	所涉文字	字圖/索引	校正形體	代表字	字際關係	詞際關係	備　註
1353	斷毛	J055	經文從馬作髦，非也	髦	髦 C58P0546b		毛	音借		
1354	矛箭	J009		矛	矛 C57P0561a		矛			
1354	矛箭	J009	古文戣、鋒、釪三形，同	釪	釪 C57P0561a		矛	異體		
1354	矛箭	J009	古文戣、鋒、釪三形，同	戣	戣 C57P0561a		矛	異體		
1354	矛箭	J009	古文戣、鋒、釪三形，同	鋒	鋒 C57P0561a		矛	異體		
1354	矛稍	J034	經作柔，非也，今不取也	柔	柔 C58P0075a		矛	正訛		此乃"矛"的訛誤字形
1354	矛盾	J094	傳文作牟	牟	牟 C59P0230a		矛	音借		
1354	矛盾	J094	《字書》從口作罕，牛聲也。非本義，今不取	罕	罕 C59P0230a		矛	音借		"罕"即"牟"的一字異寫形體
1355	幢旄	J077	《説文》：從放毛，毛亦聲也	旄	旄 C58P1017a		旄			
1355	幢旄	J077	譜從巾作帒，非也	帒	帒 C58P1017a		旄	異體		
1356	髦馬	J052		髦	髦 C58P0458b		髦			
1356	髦馬	J052	經文從馬作髦，非字體也	髦	髦 C58P0458b		髦	音借		"髦"與"髦"義亦相近，或可視作近義換用現象
1356	髦尾	J026	經文有作騣，子公反，義亦通也	騣	騣 C57P0934a		髦		文義換用	
1357	蛛蝥	J083	《説文》並從虫也	蝥	蝥 C59P0060b		蝥			

組號	詞目	卷次	字形相關釋文	所涉文字	字圖/索引	校正形體	代表字	字際關係	詞際關係	備　註
1357	蛛蝥	J083	《方言》：秦晉之間謂蜘蛛或爲蝥也。與蝥同	蝥	蝥 C59P0060b		蝥	異體		指稱食苗蟲時，二者爲異體字關係，慧琳蓋由此認爲作"蝥"亦可
1357	蛛蝥	J095	集本作蟱，非也	蟱	蟱 C59P0251b		蝥		文義換用	"蟱"亦可指蜘蛛
1358	芼扮	J064	《説文》：芼擇之芼，從艸毛聲	芼	芼 C58P0749b		芼			
1358	芼扮	J064	經從木作枆，冬桃也，非	枆	枆 C58P0749b		芼	音借		
1359	身冃	J016		冃	冃 C57P0725b		冃	異體		
1359	覒死	J046	《説文》：覒，突前也	覒	覒 C58P0326b		冃	異體		
1360	衰耄	J020	下古文毫、耄二形	耄	耄 C57P0802b		耄			
1360	老耄	J029	古文從蒿作薹	薹	薹 C57P1026a		耄	異體		
1360	衰耄	J020	下古文毫、耄二形	毫	毫 C57P0802b		耄	異體		
1360	西耄	J078	古文俗作㲷，今時不用	㲷	㲷 C58P1046b		耄	異體		
1360	老耄	J029	《字書》有作㲵，俗字也	㲵	㲵 C57P1026a		耄	異體		
1360	痠㲱	J034	經文作㲱、㲱二形，誤也	㲱	㲱 C58P0086b		耄	異體		
1360	痠㲱	J034	經文作㲱、㲱二形，誤也	㲱	㲱 C58P0086b		耄	異體		
1360	衰耄	J020	今作耗，同	耗	耗 C57P0802b		耄	音借		

組號	詞目	卷次	字形相關釋文	所涉文字	字圖/索引	校正形體	代表字	字際關係	詞際關係	備　註
1360	耄熟	J048	今作耗,同	耗	耗 C58P0372a		耄	音借		
1361	帽簪	J092	《文字典説》云:帽,冠也。亦頭也。從巾冒聲	帽	帽 C59P0201b		帽			
1361	帽簪	J092	或從衣作褙,音同上	褙	褙 C59P0201b		帽	異體		
1361	帽簪	J092	《字書》正作冒。鄭注《尚書大傳》云:冒,覆也	冒	冒 C59P0201b		帽	分化		"冒"是"帽"的古本字,"帽"則其後出分化字
1362	貿少	J068		貿	貿 C58P0833b		貿			
1362	可買	J019	《毛詩傳》云:買,易也……從貝卯聲	買	買 C57P0781b		貿	異體		
1362	貿少	J068	亦作貿	貿	貿 C58P0833b		貿	異體		
1362	貿少	J068	論作貿,俗字也	貿	貿 C58P0833b		貿	異體		
1363	瑂瑂	J052		瑂	瑂 C58P0458a		瑂			
1363	瑂瑂	J052	今作蝐蜎二形	蜎	蜎 C58P0458a		瑂	異體		
1363	瑂瑂	J052	古文作瑪瑂二形,同	瑂	瑂 C58P0458a		瑂	異體		
1364	形貌	J007		貌	貌 C57P0523b		貌			
1364	相貌	J027	莫教反,儀也	貌	貌 C57P0964a		貌	異體		"貌"或書寫作"貌"形
1364	形貌	J007	或從頁作䫉	䫉	䫉 C57P0523b		貌	異體		

組號	詞目	卷次	字形相關釋文	所涉文字	字圖/索引	校正形體	代表字	字際關係	詞際關係	備　註
1364	形貌	J007	《説文》作皃。容儀也。從人白，象人面	皃	皃 C57P0523b		貌	異體		
1364	顔皃	J014		皃	皃 C57P0680a		貌	異體		"皃"或書作"皃"形
1364	顔皃	J014	或作貌。今經中從犬作狠，非也……甚錯，乖經意也	狠	狠 C57P0680a		貌	正訛		此"狠"即"貌（貌）"的訛誤字形
1364	鬱皃	J075	經文作冐覆之冐，假借也	冐	冐 C58P0967a		貌	音借		
1364	鬱皃	J075	又作瞆（瞑），謂眩瞆（瞑）也	瞆	瞆 C58P0967a	瞑	貌	音借		
1365	鄳縣	J080	録文作鄳，俗字也	鄳	鄳 C58P1083b		鄳			
1365	鄳縣	J080	《考聲》正作鄳	鄳	鄳 C58P1083b		鄳	異體		
1365	鄳縣	J098	《説文》：從邑貿，貿亦聲	鄳	鄳 C59P0298b		鄳	異體		
1366	聲懋	J092		懋	懋 C59P0199a		懋			
1366	聲懋	J092	或從矛作㤈	㤈	㤈 C59P0199a		懋	異體		
1366	聲懋	J092	孔注《尚書》云：猶勉也。與楙字義同	楙	楙 C59P0199a		懋	音借		
1366	爰懋	J020	或從草作茂，訓用亦同也	茂	茂 C57P0792a		懋	音借		"茂"與"楙"爲異體字關係，取茂盛義
1367	眉毛	J034	《説文》：目上毛	眉	眉 C58P0086b		眉			
1367	眉毛	J034	經文作眻、眷二形，非也	眻	眻 C58P0086b		眉	異體		"眻"爲"眉"的增旁異體字

續　表

組號	詞目	卷次	字形相關釋文	所涉文字	字圖/索引	校正形體	代表字	字際關係	詞際關係	備　註
1367	眉毛	J034	經文作眊、毟二形，非也	毟	毟 C58P0086b		眉	異體		
1368	紅莓	J099	許叔重注《淮南子》云：莓，實似桑葚，生江濱	莓	莓 C59P0322a		莓			
1368	紅莓	J099		莓	莓 C59P0322a		莓	異體		
1368	紅莓	J099	或作薴也	薴	薴 C59P0322a		莓	正訛		"薴"是"薄"的異體字，與"莓"音義均別，乃"莓"的訛誤字形
1369	媒法	J064	《説文》亦謂合二姓也。從女某聲	媒	媒 C58P0746a		媒			
1369	媒法	J064	《尒雅》作某，誤之	某	某 C58P0746a		媒	音借		
1370	青溦	J058	《通俗文》：物殤濕曰溦	溦	溦 C58P0610b		黴	音借		
1370	青溦	J058	次下卷生黴同	壝	壝 C58P0610b		黴	音借		此是"溦"的書寫訛變字形
1370	生溦	J058	《通俗文》：物傷濕曰溦(溦)也	溦	溦 C58P0605b	溦	黴	音借		高麗本釋文的"溦"是"溦"的訛字
1370	青溦	J058	律文作湄、瘰二形，非字體也	湄	湄 C58P0610b		黴	音借		
1370	青溦	J058	律文作湄、瘰二形，非字體也	瘰	瘰 C58P0610b		黴	音借		
1371	美適	J010	上美字，《説文》：從羊從大	美	美 C57P0598a		美			
1371	美適	J010	經從父(火)作羙(羙)，非也	羙	羙 C57P0598a	美	美	異體		
1372	實瘷	J098	《古今正字》：從疒每亦聲也	瘷	瘷 C59P0303b		瘷			

組號	詞目	卷次	字形相關釋文	所涉文字	字圖/索引	校正形體	代表字	字際關係	詞際關係	備　註
1372	沈瘦	J099	正作瘷	瘦	瘷 C59P0328b		瘷	異體		
1373	瘂瘂	J005	《説文》云：臥也。從宀〈音綿〉從寢省，未聲也	寐	寐 C57P0477b		寐			慧琳謂經中有從穴、或從小(忄)、或從丩作者，均是"寐"的異寫字
1374	鬼魅	J002	《説文》云：老物精也。從鬼未聲也	魅	魅 C57P0432b		魅			
1374	鬼魅	J002	《聲類》作鬽，皆古字也	鬽	鬽 C57P0432b		魅	異體		
1374	魑魅	J071	下又作鬽、彲二形，同	彲	彲 C58P0894b		魅	異體		
1374	鬼魅	J002	或作鬼袜	袜	袜 C57P0432b		魅	異體		
1374	精彲	J100	今《止觀》中從女作媚，非也。媚，悦也，美也，愛也	媚	媚 C59P0341b		魅	音借		
1375	押淚	J010		押	押 C57P0595a		押			
1375	押淚	J010	經文或作挍，武粉反	挍	挍 C57P0595a		押		近義換用	
1376	憤懣	J087		懣	懣 C59P0117b		懣			
1376	憤懣	J087	古文作㦖，義亦同	㦖	㦖 C59P0117b		懣	異體		
1377	岷俗	J097	集作㟴，俗字	㟴	㟴 C59P0289a		㟴			
1377	岷隸	J095	《説文》：從亡民聲	岷	岷 C59P0256a		㟴	異體		
1377	岷隸	J095	集本作泯，恐誤	泯	泯 C59P0256a		㟴	正訛		

組號	詞目	卷次	字形相關釋文	所涉文字	字圖/索引	校正形體	代表字	字際關係	詞際關係	備　註
1378	蚊蝱	J013	從䖵，䖵音昆也	蝱	蝱 C57P0659a		虻	異體		
1378	蚊蝱	J013	經文作䖵，俗字，非也	䖵	䖵 C57P0659a		虻	異體		
1379	群萌	J022		萌	萌 C57P0839b		萌			
1379	群萌	J022	又或字宜作氓	氓	氓 C57P0839b		萌	音借		
1380	蒙昧	J051		蒙	蒙 C58P0444a		蒙			
1380	蒙昧	J051	字體作矇，同	矇	矇 C58P0444a		蒙		近義換用	此指愚昧無知義
1380	蒙朧	J054	經文作矇矓〈力董反〉，矓非此義也	矓	矓 C58P0525b		蒙		近義換用	此取光線昏暗義
1381	瞀昧	J051		瞀	瞀 C58P0441a		瞀			
1381	瞀昧	J051	或從旬作瞚，旬也，目搖動也	瞚	瞚 C58P0441a		瞀	異體		
1381	瞀瞽	J046	經文有作盲	盲	盲 C58P0337b		瞀		近義換用	
1382	矇盲	J079		矇	矇 C58P1057b		矇			此指眼睛失明
1382	矇矇	J077		矇	矇 C58P1019a		矇	異體		
1382	矇矇	J077	譜從日作曚，書誤也	曚	曚 C58P1019a		矇	正訛		此"曚"乃"矇"的訛誤字形
1383	嫛嫇	J078	二字並從女，從䓿省聲	嫇	嫇 C58P1035a		嫇			慧琳引《考聲》云：下里婦人皃。新婦態也

組號	詞目	卷次	字形相關釋文	所涉文字	字圖/索引	校正形體	代表字	字際關係	詞際關係	備　註
1383	嫛嫛	J078	嫛字經作嫛,抄寫誤	嫛	嫛 C58P1035a		嫛	正訛		
1384	僧勐	J094	俗猛字也	猛	猛 C59P0231b		猛			
1384	僧勐	J094		勐	勐 C59P0231b		猛	異體		詞條中的"勐"爲僧名用字。就其本用而言,則是"猛"的異體字
1385	懜憒	J031		懜	懜 C58P0025a		懜			
1385	懜憒	J031	又作懜也	懜	懜 C58P0025a		懜	異體		此組指心迷亂
1385	懜憒	J031	亦作瞢	瞢	瞢 C58P0025a		懜	音借		
1385	懜憒	J031	經作瞢,誤也	瞢	瞢 C58P0025a		懜	音借		"瞢"是"瞢"的增旁異體字
1385	懜憒	J030	有作慳慢,非	慢	慢 C57P1036b		懜	音借		
1385	憬鈍	J017	或作懞,並俗字也	懞	懞 C57P0732a		懜	異體		此組指昏昧無知。該用法上,"懜"與"懞"爲換旁異體字關係
1385	憬鈍	J017		憬	憬 C57P0732a		懜	異體		此是"懞"的換旁異體字
1385	憬鈍	J017	經作蒙	蒙	蒙 C57P0732a		懜		近義換用	
1386	夢境	J001	《蒼頡篇》:夢,想也。《説文》:寐覺也	夢	夢 C57P0416b		夢			
1386	夢境	J001	正作寢,今從省	寢	寢 C57P0416b		夢	異體		

組號	詞目	卷次	字形相關釋文	所涉文字	字圖/索引	校正形體	代表字	字際關係	詞際關係	備　註
1387	坻弥	J032		弥	弥 C58P0047a		弥			
1387	坻弥	J032	經文從魚作鰯，非正字也	鰯	鰯 C58P0047a		弥	音借		
1388	糜盡	J016		糜	糜 C57P0712b		糜			
1388	糜盡	J016	正體從米作糜，形聲字也	糜	糜 C57P0712b		糜	異體		《大字典》《字海》均據《字彙補》釋作碎，實此"糜"即"糜"字
1389	麋鹿	J011		麋	麋 C57P0617b		麋			
1389	麋鹿	J011	今經文作麋，非也，五奚反……誤書麋爲麋字也	麋	麋 C57P0617b		麋	正訛		此"麋"乃"麋"字書誤而致
1390	彌濃	J088		彌	彌 C59P0142a		彌			
1390	彌濃	J088	集文作弥，俗字也	弥	弥 C59P0142a		彌	異體		
1390	彌貞	J088	《説文》正作彊	彊	彊 C59P0136b		彌	分化		"彊"是放鬆弓弦義上的本字，後期"彌"記録引申用法，"彊"記録本用
1391	獼猴	J020		獼	獼 C57P0800b		獼	異體		
1391	弥猴	J080	上弥字，録文從犬作狝，俗字也	狝	狝 C58P1083a		獼	異體		
1391	弥猴	J080		弥	弥 C58P1083a		獼	音借		"弥"是"獼（狝）"的音借字
1392	鹿麝	J074		麝	麝 C58P0947b		麝			

續　表

組號	詞目	卷次	字形相關釋文	所涉文字	字圖/索引	校正形體	代表字	字際關係	詞際關係	備　註
1392	鹿麤	J074	又作麤,同	麤	麤 C58P0947b		麤	異體		
1393	霹靡	J051		靡	靡 C58P0437b		靡			
1393	霹靡	J051	論文並從草作蘿蘼,俗字也	蘼	蘼 C58P0437b		靡	音借		
1394	弭伏	J054		弭	弭 C58P0526a		弭			
1394	弭伏	J054	又作兜,同	兜	兜 C58P0526a		弭	異體		
1395	祕密	J050		祕	祕 C58P0417a		祕			
1395	祕密	J050	經從禾作秘,誤也	秘	秘 C58P0417a		祕	異體		隱秘、神秘義上,詞頭的"祕"與釋文溝通的"秘"可視作異體關係
1396	密緻	J054		密	密 C58P0520b		密			
1396	密緻	J054	或作宓	宓	宓 C58P0520b		密	異體		"密"或又書作"宓"形
1396	密緻	J054	《説文》作宓,安靜也。從宀必聲	宓	宓 C58P0520b		密	異體		
1397	似愭(幎)	J098	從巾冥,冥聲	愭	愭 C59P0305b	幎	幎			高麗本《慧琳音義》詞頭的"愭"乃"幎"的訛字
1397	似愭(幎)	J098	凡從宀作幂,通用	幂	幂 C59P0305b		幎		近義換用	
1397	似愭(幎)	J098	集從冈作羃,非也	羃	羃 C59P0305b		幎		近義換用	"冪"與"羃"爲異體字關係
1398	覛往	J099	《説文》:覛謂邪視也。從見辰聲	覛	覛 C59P0325b		覛			

組號	詞目	卷次	字形相關釋文	所涉文字	字圖/索引	校正形體	代表字	字際關係	詞際關係	備　註
1398	覤往	J099	集從永作視,俗字也	視	親 C59P0325b		覤	異體		此"視"或可視作"覤"的換旁異體字,"脈"又作"脉",可相比勘
1399	檻木	J035		檻	檻 C58P0104a		檻			
1399	木檻	J027	《玉篇》:檻者,香木也	檻	檻 C57P0968b		檻	異體		
1399	木檻	J039	亦作檻	檻	檻 C58P0169b		檻	異體		此當由"檻""檻"書寫變異而來,亦是"檻"的異體字
1399	檻木	J035	或作蜜,亦通	蜜	蜜 C58P0104a		檻	音借		
1399	木檻	J027	有作盗,非也	盗	盗 C57P0968b		檻	音借		此"盗"當是"蜜"的書寫訛變字形
1400	睡眠	J003	《古今正字》作眠,目冥也。從目民聲也	眠	眠 C57P0441a		眠			
1400	睡眠	J003	《説文》作瞑,音眠也。從目冥聲也	瞑	瞑 C57P0441a		眠		近義換用	
1401	得免	J027	《玉篇》:免,靡蹇反,赦也……	免	免 C57P0971b		免			
1401	得免	J027	有作俛,俯也	俛	俛 C57P0971b		免	音借		
1402	顧眄	J014		眄	眄 C57P0661b		眄			
1402	顧眄(眄)	J092		眄	眄 C59P0205b	眄	眄			高麗本詞頭的形體是"眄"的訛誤字形
1402	顧眄	J014	經文作盻,非也	盻	盻 C57P0661b		眄	異體		
1403	勗勉	J028	《説文》:勉,强也	勉	勉 C57P1006a		勉			

續 表

組號	詞目	卷次	字形相關釋文	所涉文字	字圖/索引	校正形體	代表字	字際關係	詞際關係	備 註
1403	勔俛	J089	《古今正字》：從力面聲	勔	勔 C59P0155b		勉	異體		
1403	勔俛	J089	傳文從黽作僶，通也	僶	僶 C59P0155b		勉	異體		
1403	勗勉	J028	下又作勱，同	勱	勱 C57P1006a		勉		近義換用	
1404	㝃身	J079	《説文》：生子免身也。從子免聲	㝃	㝃 C58P1053b		娩	異體		
1405	妉湎	J027		湎	湎 C57P0975b		湎			
1405	妉湎	J027	古文䤄	䤄	䤄 C57P0975b		湎	異體		
1405	沈沔	J057	《考聲》云：湎，躭酒也	沔	沔 C58P0588b		湎	音借		此"沔"乃"湎"的通假字
1405	妉湎	J027	有作媔，不知所從也	媔	媔 C57P0975b		湎	音借		
1405	沈沔	J057	經從心作忱愐，非也	愐	愐 C58P0588b		湎	音借		
1406	緬惟	J083	《説文》：從糸面聲	緬	緬 C59P0051a		緬			
1406	緬惟	J083	或作絅	絅	絅 C59P0051a		緬	異體		此即"緬"的書寫變異字形
1406	緬至	J088	亦作𥿋	𥿋	𥿋 C59P0142a		緬	異體		細絲、久遠義上，上引詞條中的"緬"與"𥿋"爲換旁異體字關係
1407	麪浚	J038		麪	麪 C58P0156b		麪			
1407	如麵	J075		麵	麵 C58P0968a		麪	異體		
1407	麪浚	J038	經文從面，俗字也	麵	C58P0156b		麪	異體		此是"麵"的一字異寫形體。字圖缺

組號	詞目	卷次	字形相關釋文	所涉文字	字圖/索引	校正形體	代表字	字際關係	詞際關係	備　註
1407	如麪	J075	經文作蔑,聲之誤也	蔑	蔑 C58P0968a		麪	音借		此是"麪(麵)"的聲訛現象
1408	眇眇	J024		眇	眇 C57P0891b		眇			
1408	眇眇	J024	經文作妙,非經義	妙	妙 C57P0891b		眇	音借		在遠義上,慧琳所見經本的"妙"乃"眇"的通假現象
1409	渺漭	J100	《古今正字》:渺漭,大皃也。從水眇聲	渺	渺 C59P0338b		渺			
1409	淼漫	J090	傳文從水作渺,亦通	淼	淼 C59P0170b		渺	異體		
1410	邈爾	J088	《古今正字》:從辵貌聲	邈	邈 C59P0141a		邈			
1410	邈爾	J088	經作藐,草名,非也	藐	藐 C59P0141a		邈	音借		
1411	石廟	J027		廟	廟 C57P0968b		廟			
1411	寺庿	J059	《白虎通》曰:廟者,皃	庿	庿 C58P0646b		廟	異體		
1411	石廟	J027	古文庿(庙)	庙	庙 C57P0968b	庿	廟	異體		高麗本"石廟"條下所謂古文"庙",乃"庿"的訛字
1412	殄滅	J006	《説文》:盡也。從水從戌從火	滅	滅 C57P0504a		滅			
1412	殄滅	J006	或作威,會意字也	威	威 C57P0504a		滅	異體		"滅"乃"威"的增旁異體字
1413	輕蔑	J027		蔑	蔑 C57P0986a		蔑			
1413	輕蔑	J027	經作懱,二形同	懱	懱 C57P0986a		蔑		近義換用	輕蔑義上,詞頭的"蔑"與釋文中溝通的"懱"爲近義換用現象

組號	詞目	卷次	字形相關釋文	所涉文字	字圖/索引	校正形體	代表字	字際關係	詞際關係	備　註
1414	不愒	J002	《説文》：輕傷也。從心蒦聲	愒	愒 C57P0435b		愒			
1414	傲愒	J080	賈注云：愒，未也。《説文》：輕傷也。從心篾聲	愒	愒 C58P1081b		愒	異體		此"愒"當由"愒"書寫變異而致
1414	輕愒	J041	又從手作攓，藥名也。非經義也	攓	攓 C58P0212a		愒	正訛		此"攓"或是"愒"的書寫訛誤字形
1414	不愒	J002	經中單作蒦，誤也，非本字	蒦	蒦 C57P0435b		愒		近義換用	
1414	愒醜	J090	傳文從伐作蔑，非也	蔑	蔑 C59P0174a		愒		近義換用	此"蔑"乃"蒦"的書寫變異字形
1414	輕愒	J041	前音義從竹作篾，竹皮也	篾	篾 C58P0212a		愒			從形體來源論之，此當是"蒦"的訛字
1415	珉瑤	J098	鄭注《禮記》云：珉，石之似玉者也	珉	珉 C59P0298a		珉			
1415	珉玉	J098	字本從民，爲避廟諱，故改從氏作珉	珉	珉 C59P0307a		珉	異體		
1415	珉瑤	J098	或作瑉	瑉	瑉 C59P0298a		珉	異體		
1415	珉玉	J098	或作瑉、碈也	碈	碈 C59P0307a		珉	異體		
1415	珉瑤	J098	集從目作眠，誤也	眠	眠 C59P0298a		珉	正訛		此"眠"乃"珉"的訛誤字形
1416	胞罠	J052		罠	罠 C58P0479b		罠			
1416	胞罠	J052	經文作炪，非也	炪	炪 C58P0479b		罠	音借		詞頭的"罠"與釋文中的"炪"均是人名用字，其間爲音借字關係
1417	泯之	J084	《説文》：從水民聲	泯	泯 C59P0077b		泯			

組號	詞目	卷次	字形相關釋文	所涉文字	字圖/索引	校正形體	代表字	字際關係	詞際關係	備　註
1417	泯之	J084	論文從山作岷（岷），誤也	岷	岷 C59P0077b	岷	泯	音借		高麗本"論文從山作岷"之"岷"，則又"岷"的訛字
1418	敏捷	J024	《説文》：從攴（攴）每聲	敏	敏 C57P0898b		敏			
1418	敏捷	J024	或從民作敃	敃	敃 C57P0898b		敏	音借		
1418	敏捷	J024	經從心作慜，誤用也	慜	慜 C57P0898b		敏	音借		
1419	愍念	J009	《字詁》：古文愍	愍	愍 C57P0575b		愍			
1419	愍念	J009	今作閔，同	閔	閔 C57P0575b		愍		近義換用	
1420	傴末	J043	傴，俛强爲之	傴	傴 C58P0264a		傴			
1420	傴末	J043	又作𦜕，同	𦜕	𦜕 C58P0264a		傴		近義換用	
1420	傴俛	J099	傴或從冈作𨉷	𨉷	𨉷 C59P0314b		傴		近義換用	此當是"𦜕"的書寫變異字形
1421	名於	J056		名	名 C58P0561b		名			
1421	名於	J056	經文從言作詺，近字也	詺	詺 C58P0561b		名	異體		在辨別物名義上，詞頭的"名"與釋文中的"詺"可視作異體字關係
1422	金光明	J029	日月爲明者，後人意隨俗説也	明	明 C57P1013a		明			
1422	金光明	J029	下明字，《説文》從囧，囧象窻，月光入窻，明也	朙	朙 C57P1013a		明	異體		
1423	盲冥	J001		冥	冥 C57P0415a		冥			

組號	詞目	卷次	字形相關釋文	所涉文字	字圖/索引	校正形體	代表字	字際關係	詞際關係	備　註
1423	盲冥	J001	經中從宀從具作寞，非也	寞	寞 C57P0415a		冥	異體		高麗本字圖與慧琳描述的形體結構有差別
1424	瞑目	J047		瞑	瞑 C58P0354b		瞑			
1424	瞑目	J047	又作眠，同	眠	眠 C58P0354b		瞑	異體		
1424	瞑眩	J067	上綿偏反。正體字也。論文作睧，非也	瞑	睧 C58P0807a		瞑	音借		
1425	謬誤	J007	從言翏〈六幼反〉聲也	謬	謬 C57P0517a		謬			
1425	迷謬	J007	經文從尒作謬（誜），俗字也，非正體	謬	謬 C57P0522b	誜	謬	異體		此是"謬"的一字異寫形體。慧琳描述的形體與高麗本相應字圖不一致
1425	謬誤	J007	或作嘐	嘐	嘐 C57P0517a		謬	異體		
1426	麼小	J074	細小曰麼	麼	麼 C58P0955b		麼			
1426	麼小	J074	經文作尛，近字也	尛	尛 C58P0955b		麼	異體		
1427	摹而	J097	《説文》：規也。從手莫聲	摹	摹 C59P0282b		摹			
1427	摹而	J097	或作摸	摸	摸 C59P0282b		摹	異體		表仿效義的"摸"與表撫摸義的"摸"爲同形字現象
1428	揆模	J005	《字林》云：模，法也。字從木莫聲	模	模 C57P0487b		模			
1428	規摸（模）	J007	古文作橅，音同上	橅	橅 C57P0531a		模	異體		

組號	詞目	卷次	字形相關釋文	所涉文字	字圖/索引	校正形體	代表字	字際關係	詞際關係	備　註
1428	揆模	J005	有從扌〈音手〉作摸。摸，取也。非此中義	摸	摸 C57P0487b		模	正訛		"模"書寫或又訛作"摸"形
1428	作模	J042	或從手作摹。《説文》亦法也	摹	摹 C58P0250b		模		近義換用	
1428	揆模	J005	或作㸅（撫）、㸅（攠），皆古字也	㸅	㸅 C57P0487b	撫	模		近義換用	"撫""攠"並是"摹"的異體字，取法度、效仿義
1428	揆模	J005	或作㸅（撫）、㸅（攠），皆古字也	㸅	㸅 C57P0487b	攠	模		近義換用	
1429	踈膜	J051	《説文》：肉間膜也。從肉莫聲	膜	膜 C58P0437a		膜			
1429	踈膜	J051	論從目作瞙。《考聲》云：大視也……書人誤也	瞙	瞙 C58P0437a		膜	正訛		
1429	殘膜	J054	經文作瘼，誤也	瘼	瘼 C58P0519b		膜	音借		
1429	色膜	J073	論文從革作鞤，非也	鞤	鞤 C58P0933a		膜	音借		
1430	摩抄	J043	《聲類》：摩抄，猶捫摸也。亦抹撠也	摩	摩 C58P0258b		摩			
1430	摩抄	J043	又作擵、攠二形，同	擵	擵 C58P0258b		摩	異體		
1430	摩抄	J043	又作擵、攠二形，同	攠	攠 C58P0258b		摩	異體		
1430	練摩	J050	下古文劘、攠二形，同	劘	劘 C58P0416a		摩		近義換用	
1430	練摩	J050	論文作磨，䃺也	磨	磨 C58P0416a		摩		近義換用	
1431	磨瑩	J008		磨	磨 C57P0549b		磨			

組號	詞目	卷次	字形相關釋文	所涉文字	字圖/索引	校正形體	代表字	字際關係	詞際關係	備　註
1431	鍜磨	J031	《説文》作礳也，從石麻省聲也	礳	礳 C58P0017b		磨	異體		
1431	磨以	J027	作麼鬼作魔	魔	魔 C57P0981a		磨	音借		
1431	磨以	J027	偏平作麿，無平音	麿	麿 C57P0981a		磨	音借		
1431	磨瑩	J008	或作摭	摭	摭 C57P0549b		磨		近義換用	此是"摩"的異體字，取摩擦、切磋義
1432	縛	J002	或有加口作嚩爲正也	嚩	嚩 C57P0426b		嚩			
1432	縛	J002		縛	縛 C57P0426b		嚩	音借		
1433	漂沒	J012	《説文》：湛也。從水從叜	沒	沒 C57P0637a		沒			
1433	漂沒	J012	叜即古文作叜字，會意字	叜	叜 C57P0637a		沒	異體		
1434	殀殁	J007		殁	殁 C57P0521a		殁			
1434	殀殁	J002	《説文》：從歺殳聲	殳	殳 C57P0433a		殁	異體		此是"殁"的書寫變異字形
1434	殞殁	J003		殁	殁 C57P0453b		殁	異體		此是"殁"的書寫變異字形
1434	殞殁	J003	古文作殁	殁	殁 C57P0453b		殁	異體		
1434	殞殁	J003	又作從回，象形	殟	C57P0453b		殁	異體		"殁"的《説文》或體作"殟"，當是慧琳所謂從"回"者。字圖缺
1435	帕頭	J053	《字書》：帕，額巾也。字從巾	帕	帕 C58P0496b		帕			

組號	詞目	卷次	字形相關釋文	所涉文字	字圖/索引	校正形體	代表字	字際關係	詞際關係	備　註
1435	帞頭	J053	經文從自作陌，非字體也	陌	陌 C58P0496b		帞	正訛		慧琳所見經本的"陌"乃"帞"的書寫訛誤字形
1436	被秣	J095	《古今正字》云：飼也。從禾末聲	秣	秣 C59P0244a		秣			
1436	被秣	J095	亦作餗	餗	餗 C59P0244a		秣	異體		
1437	㕮嘆	J027	《考聲》云：㕮嘆，無聲	嘆	嘆 C57P0983a		嘆			
1437	㕮嘆	J027		嘆	嘆 C57P0983a		嘆	異體		
1437	㕮嘆	J027	從水作漠，是沙漠字也。皆非本正也	漠	漠 C57P0983a		嘆	音借		
1438	戎貉	J084		貉	貉 C59P0074a		貉			
1438	戎貉	J084	或從百作貊	貊	貊 C59P0074a		貉	異體		
1438	戎貉	J084	論文從白作狛。《説文》云：狛，如狼也	狛	狛 C59P0074a		貉	異體		此"狛"與《説文》中指稱似狼的"狛"蓋爲同形字關係
1439	宋寞	J051		寞	寞 C58P0445a		寞			
1439	宋寞	J051	或作蓂	蓂	蓂 C58P0445a		寞	異體		
1439	宋寞	J051	經作漠，沙磧也	漠	漠 C58P0445a		寞	音借		
1440	筆墨	J015		墨	墨 C57P0683a		墨			
1440	筆墨	J015	經作默，非也	默	默 C57P0683a		墨	音借		

組號	詞目	卷次	字形相關釋文	所涉文字	字圖/索引	校正形體	代表字	字際關係	詞際關係	備　註
1441	默然	J078	《古今正字》：犬不吠蟄逐人也。從犬黑聲	默	默 C58P1048a		默			
1441	默然	J078	經文作嘿，俗字也	嘿	嘿 C58P1048a		默	異體		
1441	懥懘	J090	《説文》從犬作默……傳文從心作懘，非也。無此字	懘	懘 C59P0180b		默	異體		此"懘"當是受其上字"懥"從"心"旁之影響類化而成
1442	禽貘	J056		貘	貘 C58P0565b		貘			
1442	禽貘	J056	又莫(作)貊，同	貊	貊 C58P0565b		貘	音借		
1443	嘿(螺)蟲	J075		嘿	嘿 C58P0973b	螺	螺			高麗本《慧琳音義》詞頭的"嘿"乃"螺"的訛字
1444	騎騖	J036	從馬敄聲也	騖	騖 C58P0125a		騖			
1444	騎騖	J036	《説文》或作趣，古字也	趣	趣 C58P0125a		騖		近義換用	
1445	位佇	J051	《説文》小篆作佇	佇	佇 C58P0435a		佇			
1445	位佇	J051	或從力作朸，亦等也	朸	朸 C58P0435a		佇	音借		
1446	兜鍪	J043		鍪	鍪 C58P0272b		鍪			
1446	兜鍪	J043	經文作鉾，非字體	鉾	鉾 C58P0272b		鍪	音借		
1447	老姥	J055		姥	姥 C58P0539a		姥			
1447	老姥	J055	又作媽，同	媽	媽 C58P0539a		姥	異體		

組號	詞目	卷次	字形相關釋文	所涉文字	字圖/索引	校正形體	代表字	字際關係	詞際關係	備　註
1448	鬮牡	J074		牡	牡 C58P0948b		牡			
1448	鬮牡	J074	論文作母，非體也	母	毋 C58P0948b		牡	音借		
1449	拇指	J020	《説文》云：從手母聲	拇	拇 C57P0794b		拇			
1449	拇指	J020	經本從木作拇（栂），非也	拇	栂 C57P0794b	栂	拇	正訛		慧琳所見經本的"栂"乃"拇"的訛誤字形
1450	牧牛	J051	《方言》：牧，飤也。畜養之總名也	牧	牧 C58P0443b		牧			
1450	放牧	J006	從攴〈普卜反〉從牛，攴字今作文（攵）	牧	牧 C57P0509a		牧	異體		
1451	輯睦	J010	睦，敬也，美矣也	睦	睦 C57P0581b		睦			
1451	輯睦	J010	下又作穆，同	穆	穆 C57P0581b		睦	近義換用		
1452	和穆	J070	穆，和也。敬也	穆	穆 C58P0859b		穆			
1452	和穆	J070	又作睦，同	睦	睦 C58P0859b		穆	近義換用		
1453	底拏	J028		拏	拏 C57P1012a		拏			
1453	底拏	J028	經文作毮，非也	毮	毮 C57P1012a		拏	正訛		經本的"毮"爲"毦"的變異字形，指多毛犬；此爲"拏"的訛字
1454	肺胹	J075	《古今正字》義同，從肉內聲	胹	胹 C58P0981b		胹			
1454	肺胹	J075	經從芮作腏，誤也	腏	腏 C58P0981b		胹	異體		《大字典》"腏"下釋作"同'胹'"（2010：2225），可從

組號	詞目	卷次	字形相關釋文	所涉文字	字圖/索引	校正形體	代表字	字際關係	詞際關係	備　註
1455	五捴	J052		捴	捴 C58P0470a		捴			
1455	五捴	J052	經中作捺,千計反。《埤蒼》:挑取也。捺非此用也	捺	捺 C58P0470a		捴	正訛		詞頭的"捺"與"捴"音義均別,此"捺"乃"捴"的書寫訛誤字形
1456	迺如是	J054	《尒雅》云:迺即乃字也	乃	乃 C58P0511b		乃			
1456	迺如是	J054		迺	匜 C58P0511b		乃	異體		用作語詞時,"乃"與"迺"爲異體字關係
1456	迺眷	J087	論從辵作迺,俗用字,非也	迺	迺 C59P0129a		乃		文義換用	"迺"在文獻中亦多用作語詞,與"乃"爲詞義換用現象
1457	妳媼	J099		妳	妳 C59P0319b		嬭	異體		
1458	柰林	J053		柰	柰 C58P0486a		柰			
1458	柰林	J053	經文更加木作㮈,非也	㮈	㮈 C58P0486a		柰	異體		經本的"㮈"是"柰"的增旁異體字
1459	勘耐	J007		耐	耐 C57P0528b		耐			
1459	勘耐	J007	《説文》從彡作耏,形聲也	耏	耏 C57P0528b		耐	異體		此表示剔除煩鬚義
1459	耐羞	J084	經從面作酻,誤	酻	酻 C59P0085b		耐	正訛		此表示承受、忍耐義。該用法上經本的"酻"即"耐"的書寫訛誤字形
1460	舍喃	J046		喃	喃 C58P0321a		喃			
1460	舍喃	J046	正體作誦,同	誦	誦 C58P0321a		喃	異體		

組號	詞目	卷次	字形相關釋文	所涉文字	字圖/索引	校正形體	代表字	字際關係	詞際關係	備　註
1461	樟柟梓	J054	俗作楠	楠	楠 C58P0516b		柟			
1461	樟柟梓	J054		柟	柟 C58P0516b		柟	異體		
1461	樟柟梓	J054	經作栅，誤也	栅	栅 C58P0516b		柟	正訛		經本作"栅"，即"柟（楠）"的書寫訛誤字形
1462	懑赧	J083	《説文》亦面懑赤也。從赤反聲	赧	赧 C59P0053a		赧			
1462	懑赧	J083	傳從皮作赦，俗	赦	赦 C59P0053a		赧	異體		
1463	囟沙	J100	白色石藥也。鍍金，作用似白礬而奀也	囟	囟 C59P0336a		硇	異體		
1464	猱獶	J084	論文從柔作猱，俗字也	猱	猱 C59P0073a		猱			
1464	猱獶	J084	《字書》云：正從夒作獶	獶	獶 C59P0073a		猱	異體		
1465	撓攪	J069		撓	撓 C58P0847a		撓			詞頭的"撓"指擾亂、攪動一類用法
1465	撓攪	J069	論作托，非也	托	托 C58P0847a		撓	異體		
1465	撓大海	J026	經文作杔（托），俗字也	杔	杔 C57P0934a	托	撓	異體		從高麗本《慧琳音義》來看，"托"或又訛作"杔"形
1465	撓攪	J069	亦作薅	薅	薅 C58P0847a		撓	音借		"撓"《廣韻》又音呼毛切
1465	撓攪	J076	作秏，非也	秏	秏 C58P0997a		撓	音借		
1466	苦惱	J015		惱	惱 C57P0683b		惱			

組號	詞目	卷次	字形相關釋文	所涉文字	字圖/索引	校正形體	代表字	字際關係	詞際關係	備　註
1466	嫐患	J045	《説文》：有所恨痛也……從女惱省聲	嫐	嫐 C58P0314b		惱	異體		
1466	嫐患	J045	經從广作瘟，非也。字書無此字也	瘟	瘟 C58P0314b		惱	異體		
1466	忬惱	J099	惱或作懷	懷	懷 C59P0318a		惱	異體		
1466	忬惱	J099	集從三止作𢛳，非	𢛳	𢛳 C59P0318a		惱	異體		
1466	苦惱	J015	經文作惚，非也。非經意	惚	惚 C57P0683b		惱	異體		此可視作“惱”的書寫變異字形，與恍惚之“惚”爲同形字現象
1467	碼碯	J078	或從玉作瑪瑙	瑙	瑙 C58P1040a		瑙			
1467	碼碯	J078	《文字典説》二字並從石，馬、𱎃聲	碯	碯 C58P1040a		瑙	異體		
1468	腦膜	J002	《説文》作腦，頭中髓	腦	腦 C57P0424a		腦			
1468	髓𱎃	J004	《説文》正體從匕從囟	𱎃	𱎃 C57P0461a		腦	異體		慧琳釋文謂：或從三止，或從月，或從囗，或從忽，或從山，皆非也
1468	腦膜	J002	有作腮	腮	腮 C57P0424a		腦	異體		
1468	腦膜	J002	或作腦	腦	腦 C57P0424a		腦	異體		
1468	腦膜	J002	或作腦（腦），並非也	腦	腦 C57P0424a	腦	腦	異體		
1469	憒閙	J003	或作鬧，俗字也	鬧	鬧 C57P0451a		閙	異體		“閙”或書作“鬧”形
1469	憒閙	J003	《説文》：從市從人，會意字也	夬	夬 C57P0451a		閙	異體		“閙”與“夬”爲異構字關係

組號	詞目	卷次	字形相關釋文	所涉文字	字圖/索引	校正形體	代表字	字際關係	詞際關係	備　註
1469	憤叏	J003	經文作丙,謬也,不成字	丙	丙 C57P0451a		闞	異體		"叏"或變異作"丙"形
1470	訥口	J046	《説文》:訥,難也	訥	訥 C58P0322b		訥			
1470	訥口	J046	又作吶,同	吶	吶 C58P0322b		訥	異體		
1471	受餧	J021	《説文》曰:餧,飢也。字從食妥聲	餧	餧 C57P0827a		餧			
1471	受餧	J021	經本有從食邊委者,音於僞反。此乃餧卧之字	餧	餧 C57P0827a		餧	異體		
1471	餧者	J090	亦從肉作腇	腇	腇 C59P0174a		餧	異體		亦可表示凍餧義,與"餧"爲異體字;與表示魚肉腐敗的"腇"同形
1471	餧者	J090	或從魚作鯘,魚敗臭也	鯘	鯘 C59P0174a		餧	音借		"鯘"與"餧(餧)"爲音借字關係
1471	飢餧	J028	經文作魶,未見所出也	魶	魶 C57P0997b		餧	音借		
1472	出内	J028	《字書》:内,入也	内	内 C57P0997b		内			
1472	出内	J028	經文從人作伪,非也	伪	伪 C57P0997b		内	音借		
1473	牙嫩	J100	《考聲》云:小弱也	嫩	嫩 C59P0333b		嫩			
1473	牙嫩	J100	或作腇也	腇	腇 C59P0333b		嫩		近義換用	
1473	嫩花	J015	或作㮈	㮈	㮈 C57P0691b		嫩		近義換用	此是"腇"的一字異寫
1474	腇葉	J056		腇	腇 C58P0560b		腇			

組號	詞目	卷次	字形相關釋文	所涉文字	字圖/索引	校正形體	代表字	字際關係	詞際關係	備　註
1474	朘葉	J056	又作抐(枘),同	抐	抐 C58P0560b	枘	朘		近義換用	高麗本的"抐"當是"枘"的書寫訛誤字形
1474	朘葉	J056	又作嫩,近字也	嫩	嫩 C58P0560b		朘		近義換用	
1475	疢枘	J056	《通俗文》作枘,再生也	枘	枘 C58P0548b		枘			
1475	疢枘	J056	又作嫩,近字也	嫩	嫩 C58P0548b		枘		近義換用	
1475	疢枘	J056	又作堲,非字體也	堲	堲 C58P0548b		枘		近義換用	"堲"是"嫩"的異體字
1475	疢枘	J056	經文作濡	濡	濡 C58P0548b		枘		近義換用	
1476	黃能	J095		能	能 C59P0255b		能			
1476	黃能	J095	集本作熊,誤	熊	熊 C59P0255b		能	正訛		
1477	淤泥	J045	《説文》:從水尼聲	泥	泥 C58P0313b		泥			
1477	淤泥	J045	經從土作埿,俗字也	埿	埿 C58P0313b		泥	異體		
1478	貌吼	J083	或從犬作猊	猊	猊 C59P0058a		猊			
1478	貌吼	J083	《古今正字》:從豸兒聲	貌	貌 C59P0058a		猊	異體		
1478	臨猊	J086	或作貌(貌),音同也	貌	貌 C59P0111b	貌	猊	異體		"貌"或又訛誤作"貌"
1478	臨猊	J086	或從鹿作麑	麑	麑 C59P0111b		猊	異體		
1478	猊國	J088	或作麂(麑)也	麂	麂 C59P0148a	麑	猊	異體		此"麂"當是"麑"的訛誤字形

組號	詞目	卷次	字形相關釋文	所涉文字	字圖/索引	校正形體	代表字	字際關係	詞際關係	備　註
1479	虹蜺	J008	或作霓	霓	霓 C57P0555a		霓			
1479	虹蜺	J008		蜺	蜺 C57P0555a		霓	異體		
1480	祖衼	J093	古文作襧	襧	襧 C59P0214b		襧			
1480	祖衼	J093	隸作衼	衼	衼 C59P0214b		襧	異體		
1481	逆旅	J013	《説文》：迎也。從辵〈丑略反〉屰聲	逆	逆 C57P0650a		逆			
1481	逆旅	J013	今通作迸,訛也	迸	迸 C57P0650a		逆	異體		
1482	俾倪	J025	若是垣墻,應爲坤埝。若取伺候,應作俾倪	埝	埝 C57P0913b		埝			
1482	陴阢	J069		阢	阢 C58P0839a		埝	異體		表示城上矮墙時,據慧琳所釋,正當作"埝",或又從"阜"作"阢"
1482	俾倪	J025	若是垣墻,應爲坤埝。若取伺候,應作俾倪	倪	倪 C57P0913b		埝	音借		
1482	俾倪	J038	正從土作墲埝。或從目作睥睨,音義並同也	睨	睨 C58P0162b		埝	音借		
1483	惆態	J065	古文愁、嫋二形,今作惆,同	愁	愁 C58P0764b		愁			
1483	惆態	J065	經文從心作惆	惆	惆 C58P0764b		愁	異體		
1483	惆態	J065	古文愁、嫋二形,今作惆,同	嫋	嫋 C58P0764b		愁	異體		已編碼字形作"嫋"
1484	睥睨	J074		睨	睨 C58P0959b		睨			

組號	詞目	卷次	字形相關釋文	所涉文字	字圖/索引	校正形體	代表字	字際關係	詞際關係	備　註
1484	睥睨	J074	經從人作俾倪，非之也	倪	倪 C58P0959b		睨	音借		
1485	沈溺	J002	今通作溺	溺	溺 C57P0437b		溺			
1485	沈溺	J002	正從人作休	休	休 C57P0437b		溺	異體		
1485	能溺	J040	《説文》正作冰（休）	冰	冰 C58P0189a	休	溺	異體		
1486	曤近	J013		曤	曤 C57P0646b		曤			
1486	親昵	J049	又作曤，同	昵	昵 C58P0406a		曤	異體		
1486	曤近	J013	經作昡，亦遍（通）也	昡	昡 C57P0646b		曤	異體		此是"昵"的一字異寫形體
1487	津膩	J008	《説文》亦肥也，從肉貳聲也	膩	膩 C57P0551b		膩			
1487	膩眉	J075	經從目作䁑，非也	䁑	䁑 C58P0981b		膩	正訛		此是"膩"的書寫訛誤字形
1487	津膩	J008	經文從尼作胒，非也	胒	胒 C57P0551b		膩	異體		"膩"與"津膩"條下溝通的"胒"可視作異體關係，又見《龍龕手鑑》
1488	指拈	J069	《説文》：從手占聲	拈	拈 C58P0846b		拈			
1488	指拈	J069	論作捻，俗字	捻	捻 C58P0846b		拈		近義換用	
1489	黏汙	J019	《説文》：相著也。從黍占聲	黏	黏 C57P0781a		黏			
1489	黏汙	J019	又作粘，同	粘	粘 C57P0781a		黏	異體		

組號	詞目	卷次	字形相關釋文	所涉文字	字圖/索引	校正形體	代表字	字際關係	詞際關係	備　註
1489	膠粘	J068	正作粘	粘	黏 C58P0835b		黏	異體		此是"黏"的一字異寫形體
1490	淰水	J065	《説文》：淰，濁也	淰	淰 C58P0771a		淰			
1490	淰水	J065	律文作澹，非也	澹	澹 C58P0771a		淰		文義換用	"澹"與詞頭"淰"的形音義用均別
1491	撚綫	J035		撚	撚 C58P0097b		撚			
1491	撚綫	J035	或從手從㐱作捻	捻	捻 C58P0097b		撚		文義換用	
1491	撚髭	J059	律文作捏，乃結反。《字林》：捏，捼也	捏	捏 C58P0651a		撚		文義換用	
1492	碾磑	J042		碾	碾 C58P0246a		碾			
1492	碾磑	J042	《考聲》正作䂵	䂵	䂵 C58P0246a		碾	異體		
1493	褭橪	J049	褭橪，柔弱也。亦曰茂盛也	褭	裊 C58P0398b		裊	異體		
1494	嬲固	J030		嬲	嬲 C57P1049b		嬲			
1494	嬲固	J030	又作嫐	嫐	嫐 C57P1049b		嬲	異體		
1494	嬲固	J030	諸經作嬈，同	嬈	嬈 C57P1049b		嬲		近義換用	
1494	嬲固	J030	《摩登伽經》作擾	擾	擾 C57P1049b		嬲		文義換用	
1495	牛尿	J039		尿	尿 C58P0179a		尿			
1495	立屎	J049		屎	屎 C58P0399a		尿	異體		

組號	詞目	卷次	字形相關釋文	所涉文字	字圖/索引	校正形體	代表字	字際關係	詞際關係	備　註
1495	飲屎	J048	又作尿,同	尿	屎 C58P0374a		尿	異體		"屎"與"尿"是一字異寫現象
1495	牛尿	J039	《説文》作浘,人小便也。從尾從水	浘	浘 C58P0179a		尿	異體		《大字典》"浘"下未收録同"尿"這一用法（2010：1753）
1495	牛尿	J039	亦作屄	屄	屄 C58P0179a		尿	異體		
1495	飲屎	J048		屍	屍 C58P0374a		尿	異體		
1495	立屎	J049	醫方多作溺,古字假借耳也	溺	溺 C58P0399a		尿	音借		《大字典》"溺"下據《集韻》收録了"同'尿'"（2010：1833）
1496	捻挃	J078	《古今正字》：從手念聲也	捻	捻 C58P1045a		捻			
1496	捻挃	J078	《聲類》作敘	敘	敘 C58P1045a		捻	異體		
1496	捻挃	J078	或作躡	躡	躡 C58P1045a		捻	音借		
1496	捻箭	J018	《説文》作撚。音乃涉。又訓云：撚,拈也	撚	撚 C57P0762b		捻		近義換用	
1497	門闑	J019		闑	闑 C57P0780b		闑			
1497	門闑	J019	又作臬,同	臬	臬 C57P0780b		闑	分化		門闑義上的"闑"當是"臬"的後出分化字,專門記録門闑義
1498	涅	J027	《説文》：黑土在水中者。從水土,日聲也	涅	涅 C57P0964a		涅			
1498	涅	J027	有從工作涅,非也	涅	涅 C57P0964a		涅	異體		慧琳所見經本的"涅"乃"涅"的一字異寫形體

組號	詞目	卷次	字形相關釋文	所涉文字	字圖/索引	校正形體	代表字	字際關係	詞際關係	備　註
1499	深蘖	J042	正作蘖。《考聲》：妖災也	蘖	蘖 C58P0247b		孽	異體		
1499	深蘖	J042		蘖	蘖 C58P0247b		孽	異體		
1499	兇孽	J057	今通作孽，俗字也	孽	孽 C58P0588b		孽	音借		
1500	栽櫱	J073	今作櫱，同	櫱	櫱 C58P0922b		櫱			指伐木餘及新長的嫩芽
1500	栽櫱	J077		櫱	櫱 C58P1015b		櫱	異體		
1500	栽栒	J073	下古文欘、栒、木（不）三形	栒	栒 C58P0922b		櫱	異體		
1500	爲栒	J081	孔注《尚書》云：栒謂木餘更生栒（栒）栽也	栒	栒 C59P0007a	栒	櫱	異體		此乃"栒"的書寫訛誤字形
1500	栽櫱	J077	亦作栒	栒	栒 C58P1015b		櫱	異體		
1500	栽栒	J073	下古文欘、栒、木（不）三形	欘	欘 C58P0922b		櫱	異體		
1500	栽栒	J013	或作不。古字，木無頭，象形字也	不	不 C57P0650b		櫱	異體		
1500	栽栒	J073	下古文欘、栒、木（不）三形	木	木 C58P0922b	不	櫱	異體		高麗本的"木"是"不"的訛字
1500	栽櫱	J077	譜文作栒蘖，非	蘖	蘖 C58P1015b		櫱	音借		"蘖"是"孽"的異體字，與"櫱"爲音借字關係
1501	所齧	J040		齧	齧 C58P0196a		齧			
1501	所齧	J040	經從口作嚙，俗字也	嚙	嚙 C58P0196a		齧	異體		"嚙"乃"齧"的增旁異體字

組號	詞目	卷次	字形相關釋文	所涉文字	字圖/索引	校正形體	代表字	字際關係	詞際關係	備　註
1501	龍齧	J038	經從口作嚙,俗字,甚無意義	嚙	齒 C58P0160a		齧	異體		
1502	祆蟊	J056		蟊	𧑓 C58P0550b		蟊			
1502	灾蟊	J047	或從虫作蟊	蟊	蟊 C58P0349b		蟊	異體		
1502	灾蟊	J047		蟊	蟊 C58P0349b		蟊	異體		災蟊義上,此亦可視作"蟊"的異體字
1502	祆蟊	J056	經文作孼,庶子也	孼	孼 C58P0550b		蟊	音借		"孼""蘖"並是罪孼字,記録災蟊義時,乃"蟊"的通假用法
1502	灾蟊	J047	今或從女作蘖	蘖	蘖 C58P0349b		蟊	音借		"孼""蘖"並是罪孼字,記録災蟊義時,乃"蟊"的通假用法
1503	蘠糵	J097	《説文》:糵,牙米也。從米辥聲	糵	糵 C59P0280a		糵			
1503	言糵	J058		糵	糵 C58P0617a		糵	異體		指穀、麥等的芽時,詞頭的"糵"與"蘖"爲一字異寫關係
1503	蘠糵	J097	集從麥作麰,非	麰	麰 C59P0280a		糵	異體		"麰"乃"蘖"的異體字,實與"糵"亦爲異體字關係
1504	躡懸絙	J089		躡	躡 C59P0154b		躡			
1504	躡懸絙	J089	傳文從禹作踽,傳寫誤,非也	踽	踽 C59P0154b		躡	正訛		此即"躡"的書寫訛誤字形
1505	鈿子	J063	律文作鑷,俗字也	鑷	鑷 C58P0736b		鑷			
1505	鈿子	J063		鈿	鈿 C58P0736b		鑷	異體		

組號	詞目	卷次	字形相關釋文	所涉文字	字圖/索引	校正形體	代表字	字際關係	詞際關係	備　註
1506	嬣鳥	J062		嬣	嬣 C58P0718b		嬣			
1506	嬣鳥	J062	或作嬝	嬝	嬝 C58P0718b		嬣	異體		軟弱義上，"嬣"與"嬝"可視作異體字關係
1507	凝玄	J001		凝	凝 C57P0403b		凝			
1507	凝玄	J001	《説文》作冰，水堅結也	冰	氷 C57P0403b		凝	異體		結冰義上，"凝"與釋文溝通的"冰"可視作異體字關係
1508	耵聹	J075		聹	聹 C58P0980b		聹			
1508	耵聹	J075	《坤蒼》：耵聹，耳垢也	聤	聤 C58P0980b		聹	異體		《大字典》"聹"下亦認可了"聹"與"聤"的異體關係（2010：2698）
1509	讕佞	J029		佞	佞 C57P1018a		佞			
1509	讕佞	J029	有從妾作佞，非也	佞	佞 C57P1018a		佞	正訛		此"佞"乃"佞"的書寫訛誤字形
1510	忸怩	J033		忸	忸 C58P0059b		忸			
1510	忸怩	J033	又作恧，同	恧	恧 C58P0059b		忸		近義換用	
1511	紐地維	J084		紐	紐 C59P0085b		紐			
1511	紐地維	J084	論從刀作紉……非地維義也	紉	紉 C59P0085b		紐	正訛		慧琳所見經本的"紉"即"紐"的訛誤字形
1512	玦珇	J059	珇或作鈕	鈕	鈕 C58P0640b		鈕			

續 表

組號	詞目	卷次	字形相關釋文	所涉文字	字圖/索引	校正形體	代表字	字際關係	詞際關係	備 註
1512	抉玶	J059	《廣疋》：印玶謂之鼻，今像此	玶	玶 C58P0640b		鈕	異體		表示印鼻時，詞頭的"鈕"與"玶"爲换旁異體字關係
1513	農夫	J070		農	農 C58P0866a		農			
1513	農夫	J070	古文䢉、莀二形，同	䢉	䢉 C58P0866a		農	異體		"䢉"是"農"的《説文》篆體隸定形
1513	農夫	J070	古文䢉、莀二形，同	莀	莀 C58P0866a		農	異體		
1514	淳濃	J013		濃	濃 C57P0653b		濃			"濃"本指露多，引申指厚、密一類用法
1514	淳濃	J013	或作震，形聲字也	震	震 C57P0653b		濃	異體		
1514	濃塗	J039	經從多作穠，是䎱穠字，非此義也	穠	穠 C58P0171b		濃	音借		
1514	濃厚	J016	或從酉作醲	醲	醲 C57P0710b		濃		近義换用	引申之後，二者均可表示厚、密、多一類用法
1515	膿血	J052		膿	膿 C58P0470b		膿			
1515	膿血	J081		膿	膿 C59P0006b		膿	異體		此是"膿"的異寫形體
1515	膿血	J052	今作癑，同	癑	癑 C58P0470b		膿	異體		
1515	膿血	J081	亦作癑	癑	癑 C59P0006b		膿	異體		此是"癑"的異寫形體
1515	膿血	J052	古文盥、膿二形	盥	盥 C58P0470b		膿	異體		
1515	膿血	J052	經文作膿，非也	膿	膿 C58P0470b		膿	正訛		此"膿"與"膿"音義均别，當是"膿"的訛誤字形

組號	詞目	卷次	字形相關釋文	所涉文字	字圖/索引	校正形體	代表字	字際關係	詞際關係	備 註
1516	醲醲	J020	《説文》云：醲，厚也。從酉農聲	醲	醲 C57P0799b		醲			
1516	醲醲	J020	經本從水作濃，是露多兒也，亦非醲醲字	濃	濃 C57P0799b		醲	音借		
1517	戲弄	J049	《説文》：玩也。從玉從廾	弄	弄 C58P0409b		弄			
1517	抱弄	J069	《尓雅》云：玩也。《説文》：從廾玉聲	弄	弄 C58P0837a		弄	異體		
1517	戲弄	J049	今論文加手作挊，非也	挊	挊 C58P0409b		弄	異體		
1517	抱弄	J069	論作挊，非也	挊	挊 C58P0837a		弄	異體		
1517	弄上	J064	或從木作㭪，非	㭪	㭪 C58P0749b		弄			此"㭪"爲"挊"的書寫訛誤字形
1518	營耨	J018		耨	耨 C57P0766a		耨			
1518	營耨	J018	或從金作鎒。俗字，非正	鎒	鎒 C57P0766a		耨	異體		
1519	奴	J027		奴	奴 C57P0964b		奴			
1519	奴	J027	《説文》：古文爲仅字也	仅	仅 C57P0964b		奴	異體		與作爲"僅"的簡化字之"仅"爲同形字現象
1520	妻孥	J080		孥	孥 C58P1072a		孥			
1520	妻孥	J080	古文從人作伮	伮	伮 C58P1072a		孥	異體		
1520	妻孥	J080	録從巾作帑，非也	帑	帑 C58P1072a		孥	音借		

組號	詞目	卷次	字形相關釋文	所涉文字	字圖/索引	校正形體	代表字	字際關係	詞際關係	備　註
1521	煙煥光	J040	俗作暖	暖	暖 C58P0196b		暖			
1521	煥身	J066	《説文》作煖，從火爰聲	煖	煖 C58P0783b		暖	異體		
1521	煥身	J066	或作㬉	㬉	㬉 C58P0783b		暖	異體		
1521	煙煥光	J040	或作腰	腰	腰 C58P0196b		暖			此"腰"當是"㬉"的書寫訛誤字形
1521	煥煙光	J042	亦作暖、煖、㬉，義並同	㬉	暖 C58P0240a		暖	異體		此與"㬉"爲一字異體
1521	煙煥光	J040		煥	煥 C58P0196b		暖	異體		
1521	憹（煥）頂	J060		憹	憹 C58P0664a	煥	暖	異體		高麗本的"憹"乃"煥"的書寫訛誤字形
1521	煥水	J062		煥	煥 C58P0702b		暖	異體		
1521	不煥	J076	經從日作曘，非也	曘	曘 C58P0991a		暖	異體		
1521	煥覺	J075	經作臑，非也	臑	臑 C58P0978a		暖			慧琳所見經本的"臑"，當是"曘"的書寫訛誤字形
1521	煥身	J066	論作燸，音而珠反，非也	燸	燸 C58P0783b		暖	異體		
1522	搦拳	J028	《説文》：搦，按也	搦	搦 C57P1011a		搦			
1522	搦拳	J028	又作㩁，同	㩁	㩁 C57P1011a		搦	異體		
1523	懦劣	J019	《考聲》云：懧，怯也，弱也。從心耎聲	懧	懧 C57P0785b		懦	異體		

組號	詞目	卷次	字形相關釋文	所涉文字	字圖/索引	校正形體	代表字	字際關係	詞際關係	備 註
1523	懊劣	J019	或從人作㦊(㑞)，亦同	懊	懊 C57P0785b	㑞	懦	異體		高麗本慧琳釋文與所涉字圖不符
1524	摧岫	J089		岫	岫 C59P0165b		岫			
1524	摧岫	J089	傳文從刀作釚，通也	釚	釚 C59P0165b		岫	異體		"岫"字，高麗本《慧琳音義》字圖殘缺
1525	小甌	J090		甌	甌 C59P0173b		甌			
1525	小甌	J090	傳文從土作塸，非也	塸	塸 C59P0173b		甌	異體		
1525	見甌	J075	今經文相傳從國作甌，必是書寫人錯誤久矣，甚無義	甌	甌 C58P0964a		甌	正訛		經本作"甌"，或即"甌"的書寫訛誤字形
1526	毆擊	J047		毆	毆 C58P0362b		毆			
1526	毆之	J080	《考聲》亦從攴作毆	毆	毆 C58P1083a		毆	異體		
1527	謳合	J034		謳	謳 C58P0081b		謳			
1527	謳合	J034	又作嘔、慪二形，同	慪	慪 C58P0081b		謳	異體		
1527	謳合	J034	又作嘔、慪二形，同	嘔	嘔 C58P0081b		謳	音借		
1528	齲齒	J058	《説文》：齒不正也。謂高下不齊平也	齲	齲 C58P0609a		齲			
1528	齲齒	J058	律文作齵，丘禹反。《説文》：齒蠹也。齵非此義也	齵	齵 C58P0609a		齲	正訛		經文之"齵"當是"齲"的書寫訛誤字形
1529	嘔血	J049		嘔	嘔 C58P0399b		嘔			

組號	詞目	卷次	字形相關釋文	所涉文字	字圖/索引	校正形體	代表字	字際關係	詞際關係	備　註
1529	嘔血	J049	又作歐、呴二形,同	歐	歐 C58P0399b		嘔	異體		嘔吐義上,"嘔"與"歐"爲換旁異體字
1529	嘔血	J049	又作歐、呴二形,同	呴	呴 C58P0399b		嘔		近義換用	"呴"亦可表示嘔吐義
1530	諧耦	J009		耦	耦 C57P0560a		耦			
1530	諧耦	J028	《尒疋》:諧,和也。耦,合也	耦	耦 C57P1004a		耦	異體		此"耦"或即"耦"的書寫變異字形
1530	諧耦	J009	經文作偶、謅,非也	偶	偶 C57P0560a		耦		近義換用	
1530	諧耦	J009	經文作偶、謅,非也	謅	謅 C57P0560a		耦		近義換用	"偶"與"謅"可視作異體字關係
1531	或藕	J008		藕	藕 C57P0538b		藕			
1531	或藕	J008	《説文》從水作藕,芙蕖根也	藕	藕 C57P0538b		藕	異體		
1531	或藕	J008	《玉篇》作蕅	蕅	蕅 C57P0538b		藕	異體		
1532	漚令	J058	《説文》:久漬也	漚	漚 C58P0619b		漚			
1532	漚令	J058	律文作膒,非體也	膒	膒 C58P0619b		漚	異體		在浸漚義上,經本的"膒"可視作"漚"的換旁異體字
1533	鮮葩	J017	《説文》:葩,花也	葩	葩 C57P0733b		葩			
1533	鮮葩	J017	《漢書》作芭,省略也	芭	芭 C57P0733b		葩	異體		
1533	鮮葩	J017	或作岜	岜	岜 C57P0733b		葩	異體		

續　表

組號	詞目	卷次	字形相關釋文	所涉文字	字圖/索引	校正形體	代表字	字際關係	詞際關係	備　註
1533	山岯	J100	傳文從山作岯，非也。岯亦山阿也	岯	岯 C59P0333b		岜	音借		此"岯"亦或是"岯"受上字"山"的影響類化而成
1534	杷搔	J076		杷	杷 C58P0991a		杷			
1534	杷搔	J076	或從爪作爬	爬	爬 C58P0991a		杷		文義換用	
1534	鐵杷	J073	又作色	色	色 C58P0934a		杷		文義換用	此即"爬"的書寫變異字形
1535	手爬	J061		爬	爬 C58P0687b		爬			
1535	手爬	J061	正從手作把，爲濫把字	把	把 C58P0687b		爬	異體		爬搔義上，"爬"與釋文溝通的"把"可視作異體字關係
1536	衣帊	J073		帊	帊 C58P0929a		帊			
1536	衣帊	J073	又作祀，同	祀	祀 C58P0929a		帊	異體		
1536	怕（帊）裏	J094	《古今正字》：從巾巴聲	怕	怕 C59P0236b	帊	帊			高麗本"怕裏"之"怕"，乃"帊"的書寫訛誤字形
1537	莫怕	J037	《韻英》云：怖也。從心白聲	怕	怕 C58P0140a		怕			
1537	莫怕	J037	經文從霸作懼	懼	懼 C58P0140a		怕	異體		此即"懼（懼）"的書寫變異字形
1537	莫怕	J037	或從賈作憤	憤	憤 C58P0140a		怕	異體		論"憤"的形體來源，蓋是"懼"書寫訛變而致
1537	莫怕	J037	有從巾（巾）作帊（帊），俗用也	帊	帊 C58P0140a	帊	怕	異體		高麗本釋文的"帊"乃"怕"的訛誤字形
1538	椎拍	J079		拍	拍 C58P1059b		拍			

續 表

組號	詞目	卷次	字形相關釋文	所涉文字	字圖/索引	校正形體	代表字	字際關係	詞際關係	備 註
1538	椎拍	J079	經從木,誤也	柏	C58P1059b		拍	正訛		經本的“柏”乃“拍”的書寫訛誤字形。對應字圖缺
1538	拍長者	J031	經别有本作砶,非也	砶	砶 C58P0022a		拍	音借		此“砶”是“珀”的異體字,與“拍”義迥别
1538	拍殺	J057	經文作摽,非也	摽	摽 C58P0598a		拍		近義換用	
1539	俳優	J004	《説文》: 戲笑也。從人從排省聲也	俳	俳 C57P0464b		俳			
1539	俳優	J004	經文從手	排	C57P0464b		俳	音借		釋文中慧琳對字形進行了結構描述,故缺對應的字圖
1539	俳優	J004	或從彳作徘優,並非	徘	徘 C57P0464b		俳	音借		
1540	排俊	J081	《廣雅》: 排,推也	排	排 C59P0022a		排			
1540	排俊	J081	傳文從人作俳,非也。是俳優字,非此用	俳	俳 C59P0022a		排	音借		
1540	户排	J058	律文作⿰金非,非也	⿰金非	⿰金非 C58P0617b		排		文義換用	“⿰金非”是“扉”的異體字,取門扇義
1541	棑矟	J060	《考聲》云: 兵仗名也。案棑即盾也	棑	棑 C58P0669a		棑			
1541	排(棑)穳	J008		排	排 C57P0551a	棑	棑			高麗本詞頭的“排”是“棑”的訛字
1541	排(棑)穳	J008	或作椑,同	椑	椑 C57P0551a		棑	音借		此或是“棑”的换旁異體字,然其餘字韻書鮮見該種用法
1541	棑矟	J060	律文從爿作⿰爿卑,非也	⿰爿卑	⿰爿卑 C58P0669a		棑	音借		

組號	詞目	卷次	字形相關釋文	所涉文字	字圖/索引	校正形體	代表字	字際關係	詞際關係	備　註
1542	辰別	J029	亦作派,亦通	派	派 C57P1030a		派			
1542	辰別	J029		辰	辰 C57P1030a		派	異體		"派"是"辰"的增旁異體字
1542	派其	J087	論作泒,俗謬字	泒	泒 C59P0124b		派	正訛		此"泒"是"派"的書寫訛誤字形
1542	辰別	J029	序作泒,非也	泒	泒 C57P1030a		派	正訛		此"泒"是"派"的書寫訛誤字形
1543	米潘	J058	《字林》:淅米汁也。江南名潘,關中名泔也	潘	潘 C58P0606a		潘			
1543	米潘	J058	律文作糈、皈二形,非也	糈	糈 C58P0606a		潘	異體		"米潘"條下慧琳溝通的"皈",《玄應音義》作"皶"
1543	米潘	J058	律文作糈、皈二形,非也	皈	皈 C58P0606a		潘			其間關係待考
1543	潘中	J064	《蒼頡篇》作藩,同	藩	藩 C58P0750a		潘	音借		
1544	攀上	J041	《説文》:攀,引也。從手樊聲	攀	攀 C58P0216a		攀			
1544	攀上	J041	古文作𠬻,故云反拱	𠬻	𠬻 C58P0216a		攀	異體		"𠬻"是《説文》正篆隸定形
1544	攀緣	J004	古文從反拱字爲𠬢,從手攀聲也	𠬢	𠬢 C57P0465b		攀	異體		"𠬢"是傳承變異字形
1544	扳上	J075	又作攀,同	扳	扳 C58P0985a		攀	異體		"扳上"之"扳"是"攀"的別構字
1545	盤古	J087		盤	盤 C59P0119b		盤			
1545	盤古	J087	論文從木從半作柈,非也	柈	柈 C59P0119b		盤	音借		

組號	詞目	卷次	字形相關釋文	所涉文字	字圖/索引	校正形體	代表字	字際關係	詞際關係	備　註
1546	蟠龍	J026	《廣雅》：蟠，屈也	蟠	蟠 C57P0930b		蟠			
1546	蟠龍	J026	經作盤，器物字，非此用也	盤	盤 C57P0930b		蟠	音借		
1546	蟠曲	J034	正作此蟠。經作磐，非此義也	磐	磐 C58P0076a		蟠	音借		
1547	判合	J026		判	判 C57P0940a		判			
1547	判合	J026	經作泮，冰解也，非此義也	泮	泮 C57P0940a		判	音借		經作此"泮"，乃"判"的通假字現象
1547	判合	J026	又作胖、牉三(二)形	胖	胖 C57P0940a		判	音借		
1547	判合	J026	又作胖、牉三(二)形	牉	牉 C57P0940a		判		近義換用	
1548	盼目	J077	《字書》云：盼，美目皃也	盼	盼 C58P1014b		盼			
1548	盼目	J077	譜作盻，音許乙反。非經義也	盻	盻 C58P1014b		盼	異體		此"盻"可視作"盼"的異寫形體，與表示恨視義的"盻"同形
1549	短襻	J062	《考聲》云：衣襻也	襻	襻 C58P0720b		襻			
1549	短襻	J062	亦作攀	攀	攀 C58P0720b		襻	音借		
1549	囊襻	J065	又作𢱬，同	𢱬	𢱬 C58P0773b		襻	音借		此"𢱬"亦或是由"襻(縏)"書誤而致
1550	脺脹	J051	《古今正字》：從月夆聲	脺	脺 C58P0447a		脺			
1550	脺脹	J060	《埤蒼》云：脺亦腫脹也	脻	脻 C58P0664b		脺	異體		

組號	詞目	卷次	字形相關釋文	所涉文字	字圖/索引	校正形體	代表字	字際關係	詞際關係	備　註
1550	胮脹	J051	論作膵,俗字也	膵	膵 C58P0447a		胮	異體		
1550	胮脹	J060	亦作瘩(瘩)	瘩	瘩 C58P0664b	瘩	胮	異體		
1550	痒脹	J069		痒	痒 C58P0836b		胮	異體		此蓋是"胮"的別構字
1550	胮脹	J060	《古今正字》作胖	胖	胖 C58P0664b		胮			此"胖"或是"肨"的訛誤字形;"胖"與"胮"義同
1551	霧流	J039		霧	霧 C58P0169a		雰	異體		
1551	霧流	J039	正作雰……《古今正字》:從雨旁聲	雰	雰 C58P0169a		雰	異體		
1552	滂溢	J068	《説文》:滂,沱也	滂	滂 C58P0826b		滂			
1552	滂溢	J068	亦作雰	雰	雰 C58P0826b		滂	音借		
1553	旁習	J097	孔注《尚書》云:四方旁求之也	旁	旁 C59P0291b		旁			
1553	旁習	J097	集作從人作仿,音芳往反,謂仿佛也,非集義	仿	仿 C59P0291b		旁	音借		
1554	擲抛	J065	《字林》:抛,擊也	抛	抛 C58P0770a		抛			
1554	抛其石子	J035	《説文》:投也。從手尥聲	抛	抛 C58P0103b		抛	異體		《大字典》已收録該形體,釋作"同'抛'"(2010:1963)
1554	擲抛	J065	律文作苞,非也	苞	苞 C58P0770a		抛	音借		
1555	胖脂	J005	《説文》云:胖,傍光水器也	胖	胖 C57P0478b		胖			

組號	詞目	卷次	字形相關釋文	所涉文字	字圖/索引	校正形體	代表字	字際關係	詞際關係	備　註
1555	胂腪	J005	經文作胞,非也。胞者,孩子胎衣,非經意也	胞	胞 C57P0478b		胂	音借		
1556	㧵地	J079	俗字也	㧵	㧵 C58P1056b		㧵			
1556	㧵地	J079	或作捊,以前脚包地,牛、虎、猫、犬之怒也	捊	捊 C58P1056b		㧵		近義換用	
1556	㧵地	J079	或作抱。《韻英》云:引取也。亦無定體	抱	抱 C58P1056b		㧵		近義換用	引聚、刨、挖義上,"捊""抱"為異體字關係
1557	自炰	J058	《説文》:毛炙肉也	炮	炮 C58P0625b		炮			
1557	自炰	J058	《字書》作炰,同	炰	炰 C58P0625b		炮	異體		
1558	腫皰	J002	《説文》從皮作皰	皰	皰 C57P0434b		皰			
1558	腫皰	J002	亦作皼,並同	皼	皼 C57P0434b		皰	異體		"皰"或又書作"皼"形
1558	腫皰	J006	經從疒作疱,或從面作靤,並俗字也	疱	疱 C57P0506a		皰	異體		《大字典》"疱"下未溝通與"皰"的異體字關係(2010:2855)
1558	腫皰	J002	俗從面作靤	靤	靤 C57P0434b		皰	異體		或又從"面"作"靤"
1558	腫疱	J007	或從面作靤	靤	靤 C57P0522a		皰	異體		此由"靤"書寫變異而成
1558	諸皰	J013	或作靤	靤	靤 C57P0658b		皰	異體		論其形體來源,此"靤"或由"靤"書寫變異而來
1558	五皰	J046	論文作皰、疱二形	皰	皰 C58P0322b		皰	異體		亦是"皰"的換旁異體字
1558	五皰	J046	作皰	皰	皰 C58P0322b		皰	異體		疑此即"皰"的書寫訛變形體

組號	詞目	卷次	字形相關釋文	所涉文字	字圖/索引	校正形體	代表字	字際關係	詞際關係	備　註
1558	腫疱	J007	或作皰，並同	皰	皰 C57P0522a		皰	異體		或又換從"頁"
1558	皰節	J052	經文作疱、皰、膔三形，非體也	膔	膔 C58P0469a		皰	異體		此亦當是"皰"的換旁異體字，《大字典》義未詳（2010：2269）
1558	牙皰	J073	論文作雹，非也	雹	雹 C58P0918b		皰	音借		
1558	骨皰	J073	論文作胞	胞	胞 C58P0931b		皰	音借		
1558	皰沸	J059	律文作疱、皰二形，未見所出	庖	庖 C58P0639b		皰	音借		從慧琳對"皰"的相關釋文看，此"庖"或是"疱"的誤書
1559	成肧	J016		肧	肧 C57P0717b		胚	異體		
1560	乳醅	J071		醅	醅 C58P0883b		醅			
1560	乳醅	J071	又作酥，同	酥	酥 C58P0883b		醅	異體		
1561	培塿	J086	《方言》：培塿，自眉也	培	培 C59P0106a		培			
1561	培塿	J086	或從山作嶓嶁	嶓	嶓 C59P0106a		培	異體		
1562	裴服	J009	此言訛也，猶是被服也	裴	裴 C57P0575b		裴			據慧琳所釋，此處正應作"被"，"裴"則是"被"的借音用
1562	裴服	J009	經文從文作斐，音敷尾反也	斐	斐 C57P0575b		裴	正訛		從形義關係求之，此"斐"乃"裴"的書寫訛誤字形
1563	沛然	J032	《三蒼》：沛，水波流也	沛	沛 C58P0041b		沛			

組號	詞目	卷次	字形相關釋文	所涉文字	字圖/索引	校正形體	代表字	字際關係	詞際關係	備　註
1563	沛然	J032	經文作霈,近字也	霈	霈 C58P0041b		沛		近義換用	
1564	簪佩	J096		佩	佩 C59P0260b		佩			
1564	簪佩	J096	亦從玉作珮也	珮	珮 C59P0260b		佩	異體		
1565	霈注	J040		霈	霈 C58P0197b		霈			
1565	霈注	J040	諸字書並作沛,云滂沛也	沛	沛 C58P0197b		霈		近義換用	
1566	持轡	J053	《説文》:馬轡也。從絲	轡	轡 C58P0488a		轡			
1566	轡制	J044	《説文》:乘馬具也。從車絲	轡	轡 C58P0289a		轡	異體		此是"轡"的書寫變異字形
1566	持轡	J053	經文從亡作轡,俗用,非正體	轡	轡 C58P0488a		轡	異體		此是"轡"的書寫變異字形
1566	之轡	J095	集本作䡇,非也	䡇	䡇 C59P0254a		轡	異體		此是"轡"的書寫變異字形
1566	矯轡	J099	集作䡬,不成字也。已下同也	䡬	䡬 C59P0326a		轡	異體		此是"轡"的書寫變異字形
1567	噴灑	J031	《説文》:吹氣也。從口賁聲	噴	噴 C58P0021a		噴			
1567	噴灑	J031	或作歕也	歕	歕 C58P0021a		噴	異體		
1567	吒噴	J064	文中作𠷷,非也	𠷷	普 C58P0757b		噴	異體		"𠷷"字,高麗本字圖殘缺
1567	噴灑	J031	經從水作潰,音扶云反。潰,水名,非此義也	潰	潰 C58P0021a		噴	音借		

組號	詞目	卷次	字形相關釋文	所涉文字	字圖/索引	校正形體	代表字	字際關係	詞際關係	備　註
1568	溢涌	J099	《蒼頡篇》：溢，水聲也	溢	C59P0313b		溢			
1568	溢涌	J099	集從奔作済，無此字	済	C59P0313b		溢	音借		
1569	抨界道	J037	孔注《尚書》：抨，使也	抨	C58P0133b		抨			
1569	抨界道	J037	《字書》或從并作拼，亦通	拼	C58P0133b		抨	異體		
1569	拼壇	J042	《説文》：拼，揮也。從手并聲。亦作抨	拼	C58P0239b		抨	異體		此是"拼"的一字異寫形體
1569	抨界道	J037	《聲類》或從羊作羘	羘	C58P0133b		抨	音借		"羘"指雜色羊，與"抨"義迥別，乃"抨"的音借字
1569	拼壇	J042	《字詁》云：古作羘、羠	羠	C58P0239b		抨	音借		此即"羘"的換旁異體字，"抨"又作"拼"、"砰"又作"研"是其例
1569	拼之	J052	經中作絣。《字林》：無文綺也。絣非此用	絣	C58P0455b		抨	音借		
1569	拼石	J065	古文靬、鞞二形，同	鞞	C58P0776a		抨	音借		
1569	拼石	J065	古文靬、鞞二形，同	靬	C58P0776a		抨	音借		此正是"鞞"的換旁異體字，與"抨"作"拼"、"砰"作"研"同例
1570	砰然	J033		砰	C58P0054a		砰			
1570	砰然	J033	又作研	研	C58P0054a		砰	異體		高麗本字圖有缺損
1570	磷礚	J094		磷	C59P0241b		砰	異體		是"研"的一字異寫形體，"并"又或作"羊"是其例

組號	詞目	卷次	字形相關釋文	所涉文字	字圖/索引	校正形體	代表字	字際關係	詞際關係	備　註
1570	砰大	J055	《字典》：砰，大聲也…經文作軯，車名也。軯非此義	軯	軯 C58P0537a		砰	音借		
1571	朋侶	J007	《字書》云：朋，類也	朋	朋 C57P0524b		朋			
1571	朋侶	J007	《說文》作倗。倗，輔也。從人朋聲也	倗	倗 C57P0524b		朋	異體		朋友義上，二者似可視作異體字關係
1572	棚閣	J019	《考聲》云：棚，棧也。《說文》：從木朋聲	棚	棚 C57P0786b		棚			
1572	棚閣	J019	經從平作枰，非也	枰	枰 C57P0786b		棚	音借		
1572	棚閣	J034	經文作閛，普耕反。門聲也，閛非此義也	閛	閛 C58P0090a		棚	音借		
1573	埲埲	J053	王逸注《楚辭》云：風塵起皃也	埲	埲 C58P0490b		埲			
1573	埲埲	J053	經本從火作烽焞，俗字也	烽	烽 C58P0490b		埲	音借		
1573	埲埲	J069	今作烽焞。《字書》並無此字	烽	烽 C58P0836b		埲	音借		此"烽"當是"烽"的換旁異體字
1573	埲埲	J053	亦作逄淳，云水霧氣皃也	逄	逄 C58P0490b		埲	音借		
1574	搒掠	J055	《蒼頡篇》云：搒，掠也。《文字集略》云：打拍也	搒	搒 C58P0530a		搒			
1574	榜笞	J023	榜字宜從手也	榜	榜 C57P0873b		搒		近義換用	"榜"亦可表示擊打義
1575	蓬勃	J027		蓬	蓬 C57P0975a		蓬			

組號	詞目	卷次	字形相關釋文	所涉文字	字圖/索引	校正形體	代表字	字際關係	詞際關係	備　註
1575	蓬勃	J027	氣如蓬之亂起，有作熢，即燹火之燹	熢	熢 C57P0975a		蓬	音借		
1576	輣車	J081	正從車作輣	輣	輣 C59P0013a		輣			
1576	輣車	J081	《考聲》云：棚車是樓車也。今時俗多行用之	棚	棚 C59P0013a		輣	音借		輣車義上，《説文》正作"輣"，"棚"乃其借用字
1577	丕構	J011	《説文》云：丕，大也。從一不聲	丕	丕 C57P0603a		丕			
1577	丕構	J011	經文從十作丕，俗字，非也	丕	丕 C57P0603a		丕	異體		
1578	甄坯	J058	《字林》：瓦未燒者曰坯	坯	坯 C58P0607b		坯			
1578	杯（坏）器	J014	《考聲》云：瓦器未燒者也	杯	杯 C57P0676b	坏	坯	異體		詞頭"杯"是"坏"的訛字。《大字典》未溝通"坏"與"坯"的異體關係
1578	甄坯	J058	又作瓬，同	瓬	瓬 C58P0607b		坯	異體		《大字典》"瓬"下釋作"同'坯（坯）'"（2010：1523）
1578	杯（坏）器	J014	或作硛也	硛	硛 C57P0676b		坯		文義換用	此"硛"蓋是"瓬"的訛誤字形
1579	開披	J057	披猶分也。亦披，折也	披	披 C58P0590a		披			
1579	開披	J057	正字作破，同。普陂反。《纂文》云：破，折也	破	破 C58P0590a		披		近義換用	
1579	開披	J057	經文作擺，捕買反。手擊也，擺非此義也	擺	擺 C58P0590a		披		文義換用	
1580	金鈚	J032		鈚	鈚 C58P0031b		鈚			

續 表

組號	詞目	卷次	字形相關釋文	所涉文字	字圖/索引	校正形體	代表字	字際關係	詞際關係	備註
1580	金鈚	J032	又作錍、鎞二形，同	錍	C58P0031b		鈚	異體		
1580	金鈚	J032	又作錍、鎞二形，同	鎞	C58P0031b		鈚	異體		
1580	錍箭	J053	經本作鈹，音坡，非字形也	鈹	C58P0494a		鈚		近義換用	
1581	如猛	J032	又作狉、豾二形，同	豾	C58P0040b		豾			
1581	如猛	J032	又作狉、豾二形，同	狉	C58P0040b		豾	異體		
1581	如猛	J032		猛	C58P0040b		豾	異體		
1582	劈去	J055	《説文》云：破也。從刀辟聲也	劈	C58P0540b		劈			
1582	劈去	J055	經作⿱辟方，非也	⿱辟方	C58P0540b		劈	正訛		此乃“劈”的書寫訛誤字形
1582	劈裂	J074	傳文作礔，非也	礔	C58P0945b		劈	音借		“礔”爲象聲詞，與“劈”義别
1582	直劈	J043	經文作擗，脾役反。擗非此用	擗	C58P0268b		劈		近義換用	
1582	跟劈	J059	古文銢、㼖二形	銢	C58P0638a		劈		近義換用	
1582	跟劈	J059	古文銢、㼖二形	㼖	C58P0638a		劈		近義換用	
1583	霹靂	J038	《古今正字》並從雨，形聲字	霹	C58P0156b		霹			
1583	霹靂	J038	或從石作礔礰也，皆近代出，古文無也	礔	C58P0156b		霹	異體		

組號	詞目	卷次	字形相關釋文	所涉文字	字圖/索引	校正形體	代表字	字際關係	詞際關係	備　註
1583	霹靂	J075	經作礔礰，俗字也	礔	礔 C58P0970b		霹	異體		"礔"則又"礔"的一字異寫形體
1583	如霹靂	J054	經從足作躃躒，非也	躃	躃 C58P0520b		霹	音借		"躃"爲僕倒、足跛義，與"霹"迥別，當是"霹"的音借字
1583	霹靂	J044	經從足作踔躒，非也	踔	踔 C58P0289a		霹			從釋文義求之，此或即"躃"的訛誤字形
1584	疲極	J016		疲	疲 C57P0716a		疲			
1584	疲極	J016	經文作罷，借用也。古人質朴也	罷	罷 C57P0716a		疲	音借		《大字典》"罷"下收錄了"同'疲'"這一用法（2010：3121）
1585	崇飾寶髀堄	J021	杜注《左傳》作陴	陴	陴 C57P0822a		陴			詞條中的"陴"指城上女墙
1585	哀陴	J095	籀文作韓	韓	韓 C59P0248a		陴	異體		
1585	崇飾寶髀堄	J021	籀文作韓	韓	韓 C57P0822a		陴	異體		此"韓"乃"陴"的《説文》籀文"韓"之書寫變異字形
1585	崇飾寶髀堄	J021	《廣雅》作髀	髀	髀 C57P0822a		陴	異體		指稱城上女墻時，此或可視作"陴"的異體字
1585	崇飾寶髀堄	J021	賈注《國語》髀字作埤	埤	埤 C57P0822a		陴	異體		指稱城上女墻時，此或可視作"陴"的異體字
1585	陴堄	J069	《廣雅》云：髀堄，城上女墻孔也	髀	髀 C58P0839a		陴	異體		指稱城上女墻時，此或可視作"陴"的異體字
1585	哀陴	J095	集本從金作錍，非也	錍	錍 C59P0248a		陴	音借		
1585	崇飾寶髀堄	J021	今經本作俾倪字者	俾	俾 C57P0822a		陴	音借		

組號	詞目	卷次	字形相關釋文	所涉文字	字圖/索引	校正形體	代表字	字際關係	詞際關係	備　註
1585	崇飾寶臂塊	J021	又有頯頓	頓	顠 C57P0822a		睥	音借		
1585	崇飾寶臂塊	J021	又臂（臂）睨之字，並是左右傾意邪視也	臂	臂 C57P0822a	臂	睥	音借		
1586	埤助	J049	《説文》：埤，增也。厚也。補也。助也。	埤	埤 C58P0400b		埤			此取增加義
1586	埤助	J049	或作䥶，同	䥶	䥶 C58P0400b		埤	近義換用		
1586	埤助	J016	經文作裨，亦通也	裨	裨 C57P0724b		埤	近義換用		
1587	椑樓	J033		椑	椑 C58P0065a		椑			
1587	椑樓	J033	《胎藏經》作桿，疑字誤也	桿	桿 C58P0065a		椑	正訛		慧琳所見經本的"桿"乃"椑"的訛誤字形
1588	脾膽	J005	《説文》云：木藏也。從肉卑聲	脾	脾 C57P0478b		脾			
1588	心脾	J015	《白虎通》云：土之精也，色黄，從肉	脾	脾 C57P0704b		脾	異體		
1589	如貔	J098	《説文》亦豹屬也。從豸毘聲	貔	貔 C59P0307a		貔			
1589	狉貔	J075		貔	貔 C58P0976b		貔	異體		
1589	狉貔	J075	經作狉，俗字也	狉	狉 C58P0976b		貔	異體		
1590	一羆	J069		羆	羆 C58P0839b		羆			
1590	一羆	J069	古文羇也	羇	羇 C58P0839b		羆	異體		此當是"羆（羇）"的書寫訛變字形

組號	詞目	卷次	字形相關釋文	所涉文字	字圖/索引	校正形體	代表字	字際關係	詞際關係	備　註
1591	鼓鼙	J095	《説文》：騎鼓也。從鼓卑聲	鼙	鼙 C59P0249a		鼙			
1591	鼓鼙	J095	《字書》亦作鞞也	鞞	鞞 C59P0249a		鼙	音借		表示鼓名時，慧琳溝通的"鞞"乃"鼙"的通假用法
1592	二匹	J100	《説文》：四丈也。從匚從八	匹	匹 C59P0331b		匹			
1592	二匹	J100	傳作疋，俗字也	疋	疋 C59P0331b		匹	異體		
1593	諀訾	J054		諀	諀 C58P0526a		諀			
1593	諀訾	J054	經文作啤，誤也	啤	啤 C58P0526a		諀	異體		
1593	諀訾	J045	經作卑訾，誤也	卑	卑 C58P0318a		諀	音借		
1594	擗地	J027		擗	擗 C57P0978b		擗			
1594	擗地	J027	有作躃，倒	躃	躃 C57P0978b		擗	音借		
1594	擗地	J027	有作僻，匹尺反，邪也。非此義	僻	僻 C57P0978b		擗	音借		
1595	撻揆鬼寒癖	J043	《聲類》：癖，宿食不消也	癖	癖 C58P0262b		癖			
1595	撻揆鬼寒癖	J043	經文從人作僻，匹尺反。邪辟也。僻非此用	僻	僻 C58P0262b		癖	音借		
1596	太宰嚭	J088	傳作噽，通用，太宰名也	嚭	嚭 C59P0135a		嚭			
1596	太宰嚭	J088		噽	噽 C59P0135a		嚭	異體		

組號	詞目	卷次	字形相關釋文	所涉文字	字圖/索引	校正形體	代表字	字際關係	詞際關係	備　註
1597	俾倪	J038		俾	俾 C58P0162b		俾			
1597	俾倪	J038	或從目作睥睨	睥	睥 C58P0162b		俾	音借		
1597	俾倪	J073	《三蒼》作頼倪二形,同	頼	頼 C58P0924b		俾	音借		
1598	脂糒	J075	或爲屁字	屁	屁 C58P0981a		屁			
1598	脂糒	J075	從米費聲	糒	糒 C58P0981a		屁	異體		
1598	脂糒	J075	經文從月作膭,非也	膭	膭 C58P0981a		屁	異體		此或即"糒"受其上字"脂"從"月"之影響,類化作"膭"
1599	搰然	J081		搰	搰 C59P0004a		搰			
1599	搰然	J081	録從土作堉,堉猶土由也,非本義,今不取	堉	堉 C59P0004a		搰	音借		或是"搰"字書誤而致
1600	睥睨	J074	《説文》:邪視也。從目,卑、兒皆聲也	睥	睥 C58P0959b		睥			
1600	睥睨	J074	經從人作俾倪,非之也	俾	俾 C58P0959b		睥	音借		
1601	媲偶	J099		媲	媲 C59P0317b		媲			高麗本對應字圖有誤
1601	媲不	J098		媲	媲 C59P0296b		媲	異體		《大字典》"媲"下未溝通與"媲"的異體關係(2010:1148)
1601	媲不	J098	集從昆作娼者,非也	娼	娼 C59P0296b		媲	正訛		經本的"娼"是"媲"的訛誤字形

組號	詞目	卷次	字形相關釋文	所涉文字	字圖/索引	校正形體	代表字	字際關係	詞際關係	備　註
1602	僻隁	J009	僻,邪僻也,亦避也	僻	僻 C57P0574b		僻			
1602	僻隁	J009	經中或作避。避,去也	避	避 C57P0574b		僻	音借		
1603	兩闢	J020	《説文》:闢,開也	闢	闢 C57P0806a		闢			
1603	兩闢	J020	又作辟,卑亦反。辟,法也,理也。辟非此義也	辟	辟 C57P0806a		闢	分化		"闢"乃"辟"的後出分化字
1603	兩闢	J020	經文有作僻,正尺反,避也	僻	僻 C57P0806a		闢	音借		
1604	翩翩	J031	《説文》:飛皃也。從羽扁聲	翩	翩 C58P0021b		翩			
1604	翩翩	J031	經作偏,非此義	偏	偏 C58P0021b		翩	音借		
1605	骈贅	J080	《古今正字》:從貝并聲	䞫	䞫 C58P1079a		䞫			
1605	骈贅	J080	録文從馬作駢,駕二馬也。義乖不取	駢	駢 C58P1079a		䞫	音借		
1606	蹁躚	J052		蹁	蹁 C58P0473a		蹁			
1606	蹁躚	J052	古文儑,同	儑	儑 C58P0473a		蹁	異體		蹁躚用法上,"蹁"與慧琳所謂古文"儑"似可視作異體字關係
1607	騙象	J024	《文字集略》:躍上馬也	騙	騙 C57P0893b		騙			
1607	䮮上馬	J035	《考聲》云:躍身上馬	䮮	䮮 C58P0110b		騙	異體		

組號	詞目	卷次	字形相關釋文	所涉文字	字圖/索引	校正形體	代表字	字際關係	詞際關係	備　註
1607	騗象	J024	經文作驕,誤也	驕	驕 C57P0893b		騗	正訛		慧琳所見經本的"驕"乃"騗"的訛誤字形
1608	剽掠	J081	《説文》云:剽謂劫奪人財物也	剽	剽 C59P0002a		剽			
1608	劅剥	J052	《蒼頡篇》云:劅,截也。《説文》:劅,剥也	劅	劅 C58P0472b		剽	異體		
1608	剽掠	J081	録文從彡作彯,非也	彯	彯 C59P0002a		剽	音借		
1609	流漂	J020	顧野王云:漂猶流也	漂	漂 C57P0797b		漂			
1609	流漂	J020	《説文》作澟,云浮也。從水票聲	澟	澟 C57P0797b		漂	異體		
1609	漂没	J010	經中加寸作㵾,愚夫妄加,不成字也	㵾	㵾 C57P0586b		漂	異體		"縹"又作"繛"是其例
1609	水不能漂	J026	經有作溺,義通用也	溺	溺 C57P0938a		漂		文義換用	
1609	水不能漂	J026	有作濡,非此義也	濡	濡 C57P0938a		漂		文義換用	
1610	飄轉	J007	郭璞注《爾雅》云:飄者,廻風也	飄	飄 C57P0531b		飄			
1610	風飂	J072	論文作飂,通用也	飂	飂 C58P0902b		飄	異體		
1610	飄然	J065	律文作驃,方召反。馬色也。驃非此用	驃	驃 C58P0780a		飄	音借		
1610	飄轉	J007	《字林》作飆,古字也	飆	飆 C57P0531b		飄	音借		
1610	飄轉	J007	或作㵵(嘌)	㵵	㵵 C57P0531b	嘌	飄		文義換用	高麗本的"㵵"當是"嘌"的訛誤字形

組號	詞目	卷次	字形相關釋文	所涉文字	字圖/索引	校正形體	代表字	字際關係	詞際關係	備　註
1611	瓢瓠	J095		瓢	瓢 C59P0247a		瓢			
1611	瓢瓠	J095	《説文》作瓟，蠡也。從瓜票聲	瓟	瓟 C59P0247a		瓢	異體		
1612	縹色	J045	《説文》：帛青白色也。從糸票聲	縹	縹 C58P0311b		縹			
1612	縹色	J045	經作繥，俗字	繥	繥 C58P0311b		縹	異體		"漂"又作"潎"是其例
1613	儦樂	J075	《説文》：儦，輕也。從人票聲	儦	儦 C58P0962b		儦			
1613	儦樂	J075	古文儦字，從人從囟從火作僁，書寫不識，便書從票	僁	僁 C58P0962b		儦	異體		
1614	瞥見	J054	《説文》：從目從敝聲也	瞥	瞥 C58P0515a		瞥			
1614	瞥見	J054	經作猷，非也	猷	猷 C58P0515a		瞥	正訛		此"猷"或即"瞥"的書寫訛誤字形
1615	其性褻惡	J026	性急疾妒也	嫳	嫳 C57P0938a		嫳			
1615	其性褻惡	J026	有作憋，亦同也	憋	憋 C57P0938a		嫳		近義換用	
1616	頻伽	J056		頻	頻 C58P0555b		頻			
1616	頻伽	J056	經文作蹟、嚬二形，撿無所出也	蹟	蹟 C58P0555b		頻	音借		
1616	頻伽	J056	經文作蹟、嚬二形，撿無所出也	嚬	嚬 C58P0555b		頻	音借		
1617	嚬喊	J041	古作顰	顰	顰 C58P0223a		顰			

組號	詞目	卷次	字形相關釋文	所涉文字	字圖/索引	校正形體	代表字	字際關係	詞際關係	備　註
1617	顰蹙	J041	《文字集略》云：顰者，蹙眉也	顰	顮 C58P0223a		顰	異體		依慧琳釋文論之，"顰"似可視作"顰"的換旁異體字
1617	顰眉	J029	《説文》從卑作顰，時不多用。今從簡	頻	頻 C57P1014b		顰	音借		
1617	顰蹙	J041	亦作響	響	響 C58P0223a		顰	音借		"響"爲匹敵、多言義，與"顰"別，此乃"顰"的音借字現象
1618	遣聘	J051	《考聲》云：聘，訪也	聘	聘 C58P0444b		聘			
1618	遣聘	J051	或從身作騁，非也	騁	騁 C58P0444b		聘	異體		釋文中的"騁"即"騁"的一字異寫
1618	遣聘	J051	論序從馬作騁（騁），誤也	騁	騁 C58P0444b	騁	聘	正訛		此"騁"即"聘"的訛字
1619	媒娉	J060	《考聲》：問也。以財娶妻。並從女，某、甹皆聲	娉	娉 C58P0665b		娉			
1619	媒娉	J060	或從耳作聘	聘	聘 C58P0665b		娉	音借		二者是音借字現象，屬典型的本字不用、借字通行例
1619	娉妻	J025	《尒雅》：娉，問也。有作聘，同	騁	騁 C57P0921b		娉	音借		"騁"是"聘"的異體
1620	伶俜	J027		俜	俜 C57P0979a		俜			
1620	伶俜	J031	經從足作跰跰，與義不同也	跰	跰 C58P0014a		俜	音借		此或即"竮"的換旁異體字
1620	伶俜	J027	《切韻》：行不正曰玲竛	竛	竛 C57P0979a		俜	音借		
1620	伶俜	J027	竮，又云或作俜	竮	竮 C57P0979a		俜	音借		"竮"與"竛"爲異體關係

組號	詞目	卷次	字形相關釋文	所涉文字	字圖/索引	校正形體	代表字	字際關係	詞際關係	備　註
1620	伶俜	J027	行不正作跉趵	趵	趵 C57P0979a		俜	音借		
1620	伶俜	J027	有作跉跰。《字林》：力生反。跰，補靜反，與迸同	跰	跰 C57P0979a		俜	音借		
1621	竛竮	J099	《字書》：竛竮，行不正也。並從立	竮	竮 C59P0319b		竮			
1621	竛竮	J099	集從足作跰，通。作跰，非也	跰	跰 C59P0319b		竮	音借		
1622	溯泳	J099	《尔雅》：憑河，徒沙（涉）也	溯	溯 C59P0326b		溯			
1622	溯泳	J099	亦爲憑字	憑	憑 C59P0326b		溯	音借		
1623	或凭	J015	或作凭	凭	凭 C57P0693a		凭			
1623	或凭	J015	凭几也	凭	凭 C57P0693a		凭	異體		
1623	凭几	J065	經文作俖，非也	俖	俖 C58P0766a		凭	正訛		此或即"凭"的書寫訛誤字形
1623	或凭	J015	經作憑，假借，非本字也	憑	憑 C57P0693a		凭		近義換用	
1624	瓦瓶	J008	《説文》：汲水器也	瓶	瓶 C57P0551b		瓶			
1624	瓦瓶	J008	或從缶〈甫苟反〉作缾，小缶也	缾	缾 C57P0551b		瓶	異體		
1625	蓱薄	J031	《説文》：從艸苹聲	蓱	蓱 C58P0024a		萍	異體		此是"萍"的一字異寫形體
1625	除苹	J065	《尒雅》：苹，萍。其大者蘋。注云：水中浮萍也	苹	苹 C58P0777b		萍	異體		

組號	詞目	卷次	字形相關釋文	所涉文字	字圖/索引	校正形體	代表字	字際關係	詞際關係	備　註
1625	蘋薄	J031	經作併,誤也	併	併 C58P0024a		萍	音借		
1626	輧羅	J085	《周禮》:輧,屏也。《説文》:從車并聲	輧	輧 C59P0093a		輧	異體		此是"輧"的一字異寫
1627	坡陀	J083	《考聲》云:坂也	坡	坡 C59P0056a		坡			
1627	坡陀	J083	亦作陂、岥	岥	岥 C59P0056a		坡	異體		山坡義上,"坡"與釋文中溝通的"岥"爲換旁異體字關係
1627	坡陀	J083	亦作陂、岥	陂	陂 C59P0056a		坡		文義換用	
1628	潑之	J037	《考聲》云:以水散地也	潑	潑 C58P0140b		潑	異體		
1628	潑之	J037	《韻詮》:從友從水作波	波	波 C58P0140b		潑	音借		釋文謂《韻詮》作"波",爲疏浚義,與"潑"別
1628	潑之	J037	經作沛,亦通	沛	沛 C58P0140b		潑		文義換用	
1629	頗能	J001		頗	頗 C57P0414b		頗			
1629	頗能	J001	或作叵。《考聲》云:不可也	叵	叵 C57P0414b		頗		文義換用	
1630	叵知	J013		叵	叵 C57P0642a		叵			
1630	叵知	J013	或作頗,普我反	頗	頗 C57P0642a		叵		文義換用	此取不可義
1630	叵我	J009	經文作距跂二形	距	距 C57P0557b		叵	音借		
1630	叵我	J009	或作岠峨二形,並未見字所出也	岠	岠 C57P0557b		叵	音借		

組號	詞目	卷次	字形相關釋文	所涉文字	字圖/索引	校正形體	代表字	字際關係	詞際關係	備　註
1631	駃騠	J074		駃	駃 C58P0942a		駃			
1631	駃騠	J074	傳作駆也	駆	駆 C58P0942a		駃	異體		
1632	强霸	J019		霸	霸 C57P0787a		霸			
1632	强霸	J019	古文作審	審	審 C57P0787a	胃	霸	異體		慧琳所釋形體是"胃"的書寫訛變字形
1633	戎狛	J090		狛	狛 C59P0171b		狛			
1633	戎狛	J090	傳從豸,亦通	貊	C59P0171b		狛	異體		釋文中慧琳對字形進行了結構描述,故缺對應的字圖
1634	迫迮	J005	《蒼頡篇》云:迫,近	迫	迫 C57P0482b		迫			
1634	迫迮	J005	或作歫,古字也,見《聲類》	歫	歫 C57P0482b		迫	異體		"歫"即"歫"的《説文》篆體隸定形
1635	虎魄	J027	《廣雅》:珠名,亦爲珀字	珀	珀 C57P0977b		珀			
1635	虎魄	J027		魄	魄 C57P0977b		珀	音借		
1636	失魄	J018		魄	魄 C57P0749a		魄			
1636	失魄	J018	古文作霸	霸	霸 C57P0749a		魄	音借		
1637	即剖	J087	《説文》云:剖,判木。從刀音聲	剖	剖 C59P0131b		剖			
1637	即剖	J087	論從手作掊,非也	掊	掊 C59P0131b		剖	音借		

組號	詞目	卷次	字形相關釋文	所涉文字	字圖/索引	校正形體	代表字	字際關係	詞際關係	備　註
1638	掊地	J056	《通俗文》：手把曰掊	掊	掊 C58P0563b		掊			
1638	掊地	J056	《說文》：捊，或作抱，引取也	捊	捊 C58P0563b		掊		近義換用	
1638	掊地	J056	《說文》：捊，或作抱，引取也	抱	抱 C58P0563b		掊		近義換用	
1638	掊刮	J058	律文作刨，近字耳	刨	刨 C58P0618b		掊		文義換用	
1638	掊地	J077	譜作鉋，非也	鉋	鉋 C58P1018b		掊		文義換用	
1639	拵草	J064	《字書》：拵，敷也。謂敷舒之也	拵	拵 C58P0748a		拵			
1639	拵草	J064	今皆作鋪。鋪，陳也	鋪	鋪 C58P0748a		拵		文義換用	
1640	椎撲	J034	《說文》：從手業。撲，擊也	撲	撲 C58P0078a		撲			
1640	椎撲	J034	從人作僕，訛也	僕	僕 C58P0078a		撲	正訛		
1640	相撲	J062	《說文》作㩧，從手業聲	㩧	㩧 C58P0702a		撲	異體		
1640	樸（撲）著	J053	《考聲》云：手搏投於地曰樸（撲）	樸	樸 C58P0489b	撲	撲	異體		高麗本的"樸"是"撲"的訛誤字形
1640	縛撲	J040	經作攂，音普麥反。非經義也	攂	攂 C58P0200a		撲	音借		
1640	撲火	J076	古文作攴	攴	攴 C58P1002b		撲		文義換用	
1640	樸（撲）令	J027	有作朴（扑），音普卜反，打也。《玉篇》：擊也	朴	扑 C57P0974b	扑	撲		文義換用	高麗本的"朴"是"扑"的訛誤字形

組號	詞目	卷次	字形相關釋文	所涉文字	字圖/索引	校正形體	代表字	字際關係	詞際關係	備　註
1641	牀鋪	J043	《説文》：著門鋪首也。從金甫聲	鋪	鋪 C58P0257a		鋪			
1641	牀鋪	J043	經本作拁，亦擊也。非經義	拁	拁 C58P0257a		鋪		文義換用	
1642	倒仆	J010		仆	仆 C57P0580b		仆			
1642	倒仆	J010	古文踣，同	踣	踣 C57P0580b		仆	異體		
1643	僕隸	J006	《説文》云：給事之者。從人從菐，菐亦聲	僕	僕 C57P0509b		僕			
1643	僕隸	J006	古文作暯	暯	暯 C57P0509b		僕	異體		
1643	僕隸	J010	古文暯（暯），同	暯	暯 C57P0580b	暯	僕	異體		此是"暯"的訛字
1643	僕	J027	古文作蹼（暯），同	蹼	蹼 C57P0970b	暯	僕	異體		此亦是"暯"的訛字
1644	溥蔭萬方	J022	《珠叢》曰：溥，遍也	溥	溥 C57P0840a		溥			
1644	溥蔭萬方	J022	今作普字也	普	普 C57P0840a		溥		文義換用	
1645	魯樸	J013		樸	樸 C57P0655b		樸			
1645	魯樸	J013	俗用或作朴	朴	朴 C57P0655b		樸	異體		質樸義上，"樸"與釋文溝通的"朴"似可視作異體字關係
1646	譜第	J018	《釋名》云：譜，布也	譜	譜 C57P0748b		譜			
1646	譜第	J018	或作諩，亦同	諩	諩 C57P0748b		譜	異體		

續 表

組號	詞目	卷次	字形相關釋文	所涉文字	字圖/索引	校正形體	代表字	字際關係	詞際關係	備 註
1647	瀑布	J089	《説文》云：瀑，疾也。從水從暴亦聲也	瀑	瀑 C59P0162b		瀑			
1647	瀑布	J089	傳文從日作曝，或作暴，皆非也	曝	曝 C59P0162b		瀑	音借		
1647	瀑布	J089	傳文從日作曝，或作暴，皆非也	暴	暴 C59P0162b		瀑	音借		
1648	攲仄	J073		攲	敧 C58P0924b		攲			
1648	攲仄	J073	又作埼、⿰⿱吅可攴、崎三形，同	埼	埼 C58P0924b		攲	異體		
1648	自敧	J090		敧	敧 C59P0176b		攲	異體		
1648	欹側	J065		欹	欹 C58P0779b		攲	異體		"欹"是"攲"的一字異寫
1648	欹側	J065	又作⿰⿱吅可攴、崎、⿰⿸厂奇攴三形，同	⿰⿱吅可攴	⿰⿱吅可攴 C58P0779b		攲	異體		
1648	欹側	J065	又作⿰⿱吅可攴、崎、⿰⿸厂奇攴三形，同	⿰⿸厂奇攴	⿰⿸厂奇攴 C58P0779b		攲	異體		
1648	欹側	J065	又作⿰⿱吅可攴、崎、⿰⿸厂奇攴三形，同	崎	崎 C58P0779b		攲		近義換用	
1649	藏妻	J094	《字書》正妻字	妻	妻 C59P0233b		妻			
1649	萋膢	J066	上正妻字	萋	萋 C58P0788b		妻	異體		
1650	親戚	J015	《考聲》云：親也，近也	戚	戚 C57P0683a		戚			
1650	親戚	J015	今經文從人作傶，不成字也。多是書寫之流……	傶	傶 C57P0683a		戚	異體		親近、親戚義上，"傶"當是"戚"的增旁異體字

續 表

組號	詞目	卷次	字形相關釋文	所涉文字	字圖/索引	校正形體	代表字	字際關係	詞際關係	備　註
1650	親戚	J023	戚字正宜縱（從）豎心。經本作戚者，俗也	慽	C57P0860a		戚	分化		缺對應的字圖
1651	栖泊	J018	《廣雅》：棲息謂之林。正從妻從木作棲	棲	C57P0758b		棲			
1651	栖泊	J018	經從西作栖，俗字也	栖	C57P0758b		棲	異體		
1652	桼篝	J055	又作漆，同	漆	C58P0539b		漆			
1652	桼篝	J055		桼	C58P0539b		漆	異體		
1653	悒慼	J014		慼	C57P0669a		慼			
1653	悒慼	J014	或作慽……《説文》：慽，憂懼也	慽	C57P0669a		慼	異體		
1653	内慼	J046	又作憾（慽），同	憾	C58P0322a	慽	慼	異體		高麗本的"憾"是"慽"的訛誤字形
1654	岐道	J046		岐	C58P0331a		岐			
1654	岐道	J046	古文碻、岿二形，同	岿	C58P0331a		岐	異體		
1654	岐道	J046	古文碻、岿二形，同	碻	C58P0331a		岐	異體		
1654	枝岐	J042	經作歧，誤也	歧	C58P0247b		岐	音借		
1655	珍奇	J077	《説文》云：奇，異也。從大從可	奇	C58P1017a		奇	異體		
1655	珍奇	J077	譜作琦，玉名也。義相近也	琦	C58P1017a		奇	音借		

組號	詞目	卷次	字形相關釋文	所涉文字	字圖/索引	校正形體	代表字	字際關係	詞際關係	備　註
1656	樹歧	J021	歧，拒羈反。兩股間也	歧	歧 C57P0818b		歧			
1656	樹歧	J021	今經本有從山邊作岐，及《切韵》音之爲歧，並誤也	岐	岐 C57P0818b		歧	音借		
1656	萬歧	J044	又作邽、桠二形，同	邽	邽 C58P0279a		歧	音借		此是"歧"的別構字
1656	歧路	J048	古文桗、䟗二形，同	䟗	䟗 C58P0389a		歧	音借		此是"歧"的別構字
1656	歧路	J048	古文桗、䟗二形，同	桗	桗 C58P0389a		歧	音借		此是"歧"的別構字
1656	樹歧	J021	案《字書》作𣎴，謂樹枝横首也	𣎴	𣎴 C57P0818b		歧	音借		此指樹木的寄生枝，與"歧"爲同源字關係，二者仍爲音借字現象
1657	祈道	J077	《毛詩傳》云：祈，求也。《説文》：從礻斤聲	祈	祈 C58P1017b		祈			
1657	祈道	J077	譜作蘄，義同也	蘄	蘄 C58P1017b		祈	音借		
1658	蚑行	J044	《説文》亦蟲也。從虫支聲	蚑	蚑 C58P0293b		蚑			
1658	蚑行	J057		蚑	蚑 C58P0599b		蚑	異體		二者爲一字異寫關係
1658	蚑行	J096	蚑，踵行者也	蚑	蚑 C59P0265a		蚑	正訛		此是"蚑"的訛誤字形
1658	蚑行	J057	經文作蚑，誤也，古文云	蚑	蚑 C58P0599b		蚑	正訛		此亦是"蚑"的書寫訛誤字形
1658	蚑行	J044	或從足作跂	跂	跂 C58P0293b		蚑	音借		
1658	蚑行	J096	亦作跂，云：翹足也	跂	跂 C59P0265a		蚑			此是"跂"的書寫訛誤字形

組號	詞目	卷次	字形相關釋文	所涉文字	字圖/索引	校正形體	代表字	字際關係	詞際關係	備　註
1659	畦畔	J058		畦	畦 C58P0626a		畦			
1659	畦畔	J058	律文有作塍，食丞反，稻田畦也	塍	塍 C58P0626a		畦		文義換用	
1660	崎嶇	J094		崎	嵜 C59P0224b		崎			
1660	崎嶇	J094	或從阜作隑𨻶，音同上也	隑	陭 C59P0224b		崎	音借		
1660	崎嶇	J100	此傳中從足作踦䠢，非也	踦	踦 C59P0330b		崎	音借		
1661	琪璐	J098	《説文》並從玉，其、路皆聲	琪	琪 C59P0300b		琪			
1661	琪璐	J098	或作璂也	璂	璂 C59P0300b		琪	異體		
1662	瓌奇	J012	奇字合從王作琦	琦	琦 C57P0621b		琦			
1662	瓌奇	J012		奇	奇 C57P0621b		琦	音借		
1663	彈棊	J045	《考聲》云：棊，方木爲之也。《説文》：從木其聲	棊	棊 C58P0310a		棋	異體		
1663	彈棊	J045	或從石作碁，通用	碁	碁 C58P0310a		棋	異體		
1664	爲齊	J052	謂齊整也	齊	齊 C58P0464b		齊			
1664	外𠫼	J085	古文齊字也	𠫼	𠫼 C59P0098b		齊	異體		
1664	爲齊	J052	經文從金作鐼，誤也	鐼	鐼 C58P0464b		齊	音借		《大字典》"鐼"下收録了"齊整"用法（2010：4597），有失妥當

組號	詞目	卷次	字形相關釋文	所涉文字	字圖/索引	校正形體	代表字	字際關係	詞際關係	備　註
1665	齎輪	J041	亦作齎、臍	臍	臍 C58P0226a		臍			
1665	齎輪	J041	亦作齎、臍	齎	齎 C58P0226a		臍	異體		
1665	齎心	J071	《説文》：脆齎，人齎也。字從肉	齎	齎 C58P0886b		臍	異體		
1665	齎輪	J041		齎	齎 C58P0226a		臍	異體		
1665	齎輪	J041	經作齊，誤也	齊	齊 C58P0226a		臍	音借		
1666	麒麟	J095		麒	麒 C59P0245a		麒			
1666	麒麟	J095	集本作騏麟，是駿馬名也	騏	騏 C59P0245a		麒	音借		
1667	採芑（芑）	J097	集從已作芑字，誤	芑	芑 C59P0290b		芑	正訛		慧琳所見經本之"芑"乃"芑"的書寫訛誤字形
1668	企竛	J059		企	企 C58P0653a		企			
1668	企竛	J059	古文企，同	企	企 C58P0653a		企	異體		
1668	企望	J052	《通俗文》：舉跟曰踮也	踮	踮 C58P0453b		企	異體		
1668	企懷	J100	《説文》：舉踵而望也。從人止聲。或作跂	跂	跂 C59P0338a		企	異體		
1668	企摩	J065	經文從山作仚，古文危字，人在山上兒也	仚	仚 C58P0772b		企	正訛		此是"企"的書寫訛誤字形
1669	啓請	J039		啓	啓 C58P0169b		啓			

組號	詞目	卷次	字形相關釋文	所涉文字	字圖/索引	校正形體	代表字	字際關係	詞際關係	備　註
1669	啓一切衆生心意	J023		啟	啓 C57P0856b		啓	異體		
1669	敷啓	J010	孔注《尚書》以爲古文啓，同	啓	啟 C57P0579a		啓	異體		從形體來源論之，此是"啓（啓）"的書寫訛變字形
1669	启門	J075	孔注《尚書》以爲古文啓字也	启	启 C58P0984a		啓	異體		
1669	启門	J075	《埤蒼》作闓，同	闓	闓 C58P0984a		啓	異體		
1669	啓請	J039	經從木作棨，非啓白字	棨	棨 C58P0169b		啓	音借		"棨"是"棨"的異體字，與"啓"別
1670	緹綺	J098	下綺正作綺	綺	綺 C59P0299b		綺			
1670	緹綺	J098	集作綺，俗字	綺	綺 C59P0299b		綺	異體		
1670	綺語	J052	不正也。經文作倚，非體也	倚	倚 C58P0472a		綺	音借		
1671	一契	J054	《説文》：大約也。從㓞〈古八反〉從大	契	契 C58P0514b		契			
1671	一契	J054	經從云作㮣，非也，書錯也	㮣	㮣 C58P0514b		契	正訛		此是"契"的書寫訛誤字形
1671	契明疇	J099	《説文》：從大㓞聲……集從手作揳，誤也	揳	揳 C59P0327b		契	正訛		慧琳所見經本的"揳"與"契"別，此亦當是"契"的訛誤字形
1672	氣劣	J052		氣	氣 C58P0470b		氣			
1672	毒气	J096	《説文》：雲气也。象形。亦作氣	气	气 C59P0271a		氣	異體		雲氣義上，詞頭的"气"與"氣"可視作異體字關係

續 表

組號	詞目	卷次	字形相關釋文	所涉文字	字圖/索引	校正形體	代表字	字際關係	詞際關係	備 註
1672	氣劣	J052	古文吃、炁二形,同	炁	C58P0470b		氣	異體		慧琳所見經本的"炁",亦可視作"氣"的異體字
1672	氣劣	J052	古文吃、炁二形,同	吃	C58P0470b		氣	異體		"氣劣"條下溝通的"吃"亦是"氣"的異體字
1673	茸蕙	J098		茸	C59P0301b		茸			
1673	茸蕙	J098	從草,咠亦聲。集從草咠,俗用	葺	C59P0301b		茸	異體		釋文中慧琳對字形進行了結構描述,故缺對應的字圖
1674	蠲棄	J028	孔注《尚書》云:棄,廢也	棄	C57P1009b		棄			
1674	蠲棄	J028	籀文作棄(𠅏)	棄	C57P1009b	𠅏	棄	異體		高麗本"籀文作棄"之"棄",是"𠅏"的書誤
1674	蠲棄	J028	經作弃,古文字也	弃	C57P1009b		棄	異體		
1675	磧中	J053	經作磧,俗通用字形也	磧	C58P0493b		磧			
1675	磧中	J053	上青亦反,正磧字也	磧	C58P0493b		磧	異體		
1676	憩駕	J026	《尒雅》:憩,止也	憩	C57P0946b		憩			
1676	停憇	J042		憇	C58P0235b		憩	異體		
1676	憩駕	J026	《蒼頡篇》作[illegible],古字,今不用也	[illegible]	C57P0946b		憩	異體		
1676	停憇	J042	《蒼頡篇》作憇,同	憇	C58P0235b		憩		近義換用	
1676	憩駕	J026	《説文》作愒字	愒	C57P0946b		憩		近義換用	

續　表

組號	詞目	卷次	字形相關釋文	所涉文字	字圖/索引	校正形體	代表字	字際關係	詞際關係	備　註
1677	或掐	J037	《文字典說》云：手抓，掐也。從手臽聲	掐	掐 C58P0135a		掐			
1677	或掐	J037	經從爪作搯，非也	搯	搯 C58P0135a		掐	異體		
1677	掐傷	J049	又作刅，口洽反。《通俗文》：爪也	刅	刅 C58P0406b		掐		文義換用	
1678	潤洽	J011	《考聲》：洽，和也。《說文》：洽，霑也	洽	洽 C57P0614b		洽			
1678	潤洽	J011	或作霅，古字	霅	霅 C57P0614b		洽	異體		
1679	尾骼	J052		骼	骼 C58P0457a		骼			
1679	尾骼	J052	今作骱，同	骱	骱 C58P0457a		骼	異體		
1679	尾骼	J052	古文骰	骰	骰 C58P0457a		骼	異體		
1679	菁骼	J056	經文從肉作胳，非也	胳	胳 C58P0566b		骼	異體		
1679	尾骼	J052	經文作骼，歌領反。骨枯曰骼，骼非此義也	骼	骼 C58P0457a		骼	正訛		經本的"骼"當是"骼"的書寫訛誤字形
1680	汧隴	J089	從水开聲。开音同上	汧	汧 C59P0161b		汧			
1680	汧渭	J097	從水开，开亦聲。集作汧，俗字	汧	汧 C59P0290b		汧	異體		
1681	方牽	J003	《廣雅》：牽，連也，挽也	牽	牽 C57P0443a		牽			
1681	牽引	J006	或作牵	牵	牵 C57P0511b		牽	異體		

組號	詞目	卷次	字形相關釋文	所涉文字	字圖/索引	校正形體	代表字	字際關係	詞際關係	備　註
1681	筋牽	J033	俗從手作牽，非也	牽	牽 C58P0067b		牽	異體		
1681	方牽	J003	俗從手從去作搴，非也	搴	搴 C57P0443a		牽	異體		
1681	方牽	J003	古文從手作挈	挈	挈 C57P0443a		牽	音借		
1682	之愆	J004	《考聲》云：愆，失也。《説文》：過也。從心衍聲也	愆	愆 C57P0471a		愆			
1682	昔愆	J015	或作諐、寒，古字也	諐	諐 C57P0689a		愆	異體		
1682	三愆	J008		愆	愆 C57P0534b		愆	異體		
1682	之愆	J004	經多從二天作愆，俗字也	愆	愆 C57P0471a		愆	異體		
1682	招愆	J096	孔注《尚書》云：愆，過也。杜注《左傳》云：失也	愆	愆 C59P0264b		愆	異體		
1682	之愆	J004	或作諐，皆同也	諐	諐 C57P0471a		愆	異體		此是"諐"的書寫變異字形
1682	愆咎	J042	籀文作諐	諐	諐 C58P0248b		愆	異體		此是"諐"的書寫變異字形
1682	三愆	J008	又作寒，皆古字也	寒	寒 C57P0534b		愆	異體		
1682	深愆	J071	古文作寒、遄二形	遄	遄 C58P0890a		愆	異體		
1682	三愆	J010	古文寒、遄二形	遍	遍 C57P0579a		愆	異體		此是"遄"的書寫變異字形。已編碼字形作"遍"
1682	諐負	J094	古文作寒、䇂、遄，音並同上	趈	趈 C59P0230a		愆	異體		此是"遄"的書寫變異字形

組號	詞目	卷次	字形相關釋文	所涉文字	字圖/索引	校正形體	代表字	字際關係	詞際關係	備　註
1682	之愆	J004	或作趻、趣，皆古字也	趣	趣 C57P0471a		愆	異體		此是"遄"的書寫變異字形
1682	招愆	J096	或作羝	羝	羝 C59P0264b		愆	異體		此當是"遄"的書寫訛變字形
1682	之愆	J004	或作趻、趣，皆古字也	趻	趻 C57P0471a		愆	異體		此當是"遄"的書寫訛變字形
1682	僭負	J094	古文作塞、羝、趣，音並同上	羝	羝 C59P0230a		愆	異體		此"羝"亦當由"遄"訛變而來
1682	三徙	J008	古文作辛	辛	辛 C57P0534b		愆	異體		
1682	昔徙	J015	經從衍，非也	衍	衍 C57P0689a		愆	正訛		此是"愆"的訛誤字形
1683	慳悋	J005	《韻詮》云：慳，固也	慳	慳 C57P0488a		慳			
1683	慳悋	J005	或作掔、�掔，古字也	掔	掔 C57P0488a		慳	異體		
1683	慳悋	J005	或作掔、㲖，古字也	㲖	㲖 C57P0488a		慳	音借		
1684	遷動	J006	《説文》：登也。從辵䙴聲	遷	遷 C57P0502b		遷			
1684	遷易	J016	《毛詩傳》：遷，徙也，又變也	遷	遷 C57P0720b		遷	異體		"遷"書寫又變作"遷"形
1684	秋䙴	J031	下淺仙反，正體字。經作遷，俗字，通用	䙴	䙴 C58P0013b		遷	異體		
1684	遷易	J016	正作䙴	䙴	䙴 C57P0720b		遷	異體		"䙴"與"䙴"爲一字異寫
1684	遷動	J006	古文從手作摛（搞）	摛	摛 C57P0502b	搞	遷	異體		高麗本的"摛"是"搞"的書寫訛誤字形

組號	詞目	卷次	字形相關釋文	所涉文字	字圖/索引	校正形體	代表字	字際關係	詞際關係	備　註
1685	褰衣	J067	《禮記》：暑無褰裳。鄭玄曰：褰，去也	褰	褰 C58P0817b		褰			
1685	褰衣	J067	又作攐	攐	攐 C58P0817b		褰		近義換用	
1686	鴿食	J052	謂鴿者啄而食也	鴿	鴿 C58P0477a		鴿			
1686	鴿食	J052	經文有作貪	貪	貪 C58P0477a		鴿		文義換用	
1686	鴿食	J052	或誤作龕，皆非也	龕	龕 C58P0477a		鴿			此"龕"或是"貪"的訛誤字形
1687	前蹤	J001		前	前 C57P0404b		前			
1687	前蹤	J001	正體從止從舟作歬	歬	歬 C57P0404b		前	異體		
1688	髡鉗	J055	鉗，束鐵在頸者也	鉗	鉗 C58P0544b		鉗			
1688	髡鉗	J055	經文作髻，非也	髻	髻 C58P0544b		鉗	異體		此"髻"蓋是"鉗"受"髡"從"髟"之影響類化而成
1689	鈷拔	J014		鈷	鈷 C57P0661b		鈷			
1689	鈷拔	J014	經文從甘作鉗，錯用也。乃是項鉗鐵枷也	鉗	鉗 C57P0661b		鈷	音借		《大字典》"鈷"下收錄了"同'鉗'"這一用法（2010：4505）
1690	潛泳	J082	《玉篇》云：潛，沈也	潛	潛 C59P0034b		潛			
1690	潛寒暑	J001	有從二天，或從二夫，皆誤略也	潛	潛 C57P0403a		潛	異體		

組號	詞目	卷次	字形相關釋文	所涉文字	字圖/索引	校正形體	代表字	字際關係	詞際關係	備　註
1690	潛寒暑	J001	有從二天，或從二夫，皆誤略也	潛	C57P0403a		潛	異體		釋文中慧琳對字形進行了結構描述，故缺對應的字圖
1691	黔蛇	J058		黔	黔 C58P0621a		黔			
1691	黔蛇	J058	古文鴿，同	鴿	鴿 C58P0621a		黔	音借		
1692	罰錢	J052	貨財也。唐、虞、夏、殷皆有錢	錢	錢 C58P0459b		錢			
1692	罰錢	J052	經文作錣，猪劣反。謂杖端鐵，非此用也	錣	錣 C58P0459b		錢	正訛		經本的"錣"當是詞頭"錢"的書寫訛誤字形
1693	譴責	J046	《廣雅》：譴，怒也。《說文》：譴，問也	譴	譴 C58P0337b		譴			
1693	譴責	J046	論文中有作詰責。《廣雅》：詰、責，問也	詰	詰 C58P0337b		譴		文義換用	
1694	慊恨	J045	《說文》：疑也。從心兼聲	慊	慊 C58P0312b		慊			
1694	慊恨	J045	或從女作嫌，義同	嫌	嫌 C58P0312b		慊	異體		怨恨義上，二者可視作異體關係
1695	若茜	J058	《說文》：茅蒐也。人血所生，可以染絳。字從草西聲	茜	茜 C58P0615a		茜			
1695	若茜	J058	又作䒾、蒨二形，同	蒨	蒨 C58P0615a		茜	異體		
1695	茜色	J058	又作蒨、䒾二形，同	䒾	䒾 C58P0604b		茜	異體		"䒾"的異寫形體。已編碼字形作"䒾"
1695	若茜	J058	又作䒾、蒨二形，同	䒾	䒾 C58P0615a		茜	異體		"䒾"的異寫形體

續　表

組號	詞目	卷次	字形相關釋文	所涉文字	字圖/索引	校正形體	代表字	字際關係	詞際關係	備　註
1695	若茜	J058	律文作篓,子制反。表識書者,篓非此義也	篓	C58P0615a		茜	音借		
1696	城塹	J010	《説文》：坑也。從土斬聲	塹	C57P0585b		塹			
1696	城塹	J010	或從漸作壍,同	壍	C57P0585b		塹	異體		
1696	度壍	J031	《説文》亦坑也。從土漸聲也。或作壍(塹)也	壍	C58P0018a	塹	塹			高麗本的"壍"正即"塹"的書誤
1697	歉腹	J099	劉兆注《穀梁傳》云：歉謂食不飽也。從欠兼聲	歉	C59P0318a		歉			
1697	歉腹	J099	集從口作兼(嗛),謂口有所銜也,非歉腹也	兼	C59P0318a	嗛	歉	音借		高麗本字圖與慧琳釋文所述字形不一致
1698	鉛槧	J099	《考聲》：槧,牘材也。《説文》：牘,撲(樸)也	槧	C59P0311a		槧			
1698	鉛槧	J099	集從漸作槧,誤也	槧	C59P0311a		槧	異體		乃"槧"的換旁異體字,"塹"又作"壍"是其例
1699	氐羌	J080	《説文》云：羌,西戎羌人也。從羊人聲	羌	C58P1079b		羌			
1699	氐羌	J080	錄文作羗,俗字也	羗	C58P1079b		羌	異體		
1700	牛槍	J076	《説文》：從木倉聲也	槍	C58P0997b		槍			
1700	牛槍	J076	亦作獊	獊	C58P0997b		槍	異體		
1700	牛槍	J076	經作鏘、鎗者,並非也	鏘	C58P0997b		槍	音借		

組號	詞目	卷次	字形相關釋文	所涉文字	字圖/索引	校正形體	代表字	字際關係	詞際關係	備　註
1700	牛槍	J076	經作鏘、鎗者，並非也	鎗	鎗 C58P0997b		槍	音借		
1701	相蹡	J032	《三蒼》：敬也。容止皃也。蹡，動也	蹡	蹡 C58P0040b		蹡			
1701	相蹡	J032	又作蹩，同	蹩	蹩 C58P0040b		蹡	異體		
1701	蹡蹡	J083	傳從金作鏘鏘，樂器聲	鏘	鏘 C59P0044a		蹡	音借		
1702	鏘鏘	J085	《集訓》云：金玉聲也	鏘	鏘 C59P0092b		鏘			
1702	鏘鏘	J085	或從玉作瑲	瑲	瑲 C59P0092b		鏘	異體		《漢魏六朝隋唐五代字形表》"鏘"下引《北魏元焕墓誌》作"瑲"
1702	鏗鏘	J019	下又作鎗、傖二形，同，七羊反	傖	傖 C57P0783b		鏘	音借		
1702	鏘鏘	J085	或從門作鎗	鎗	鎗 C59P0092b		鏘	音借		
1702	鏘鏘	J085	或從足作蹩	蹩	蹩 C59P0092b		鏘	音借		此是"蹡"的異體
1702	鏗鏘	J019	下又作鎗、傖二形，同，七羊反	鎗	鎗 C57P0783b		鏘		文義換用	
1703	強拔	J014	《説文》：弓有力也。從虫從弘	強	強 C57P0666a		強			此"強"取强力義，是"彊"的借字，屬本字不用、借字通行現象
1703	強拔	J014	相傳共用，非本字。正作弜，從二弓	弜	弜 C57P0666a		強	音借		"强"與"弜"爲音借字關係
1704	薔薇	J094		蘠	蘠 C59P0240b		薔	異體		

組號	詞目	卷次	字形相關釋文	所涉文字	字圖/索引	校正形體	代表字	字際關係	詞際關係	備　註
1704	薔薇	J094	傳文作薔，誤	薔	薔 C59P0240b		薔	正訛		此當是"薔"的書寫訛誤字形
1705	毛嬧	J098	《古今正字》云：嬧謂婦官也。從女膚聲	嬧	嬧 C59P0297a		嬧	異體		
1705	毛嬧	J098	集作婔，俗字	婔	婔 C59P0297a		嬧	異體		
1706	若檣	J009	飄柱也。關中曰牆竿是也	檣	檣 C57P0575b		檣			
1706	㮰者	J009	又作牆，同	㮰	㮰 C57P0562a		檣	異體		
1706	若檣	J009	又作牆，同	牆	牆 C57P0575b		檣	音借		
1707	牆壁	J004	《説文》：從嗇爿聲也	牆	牆 C57P0457b		牆			
1707	牆壁	J004	經從土作墻，非也	墻	墻 C57P0457b		牆	異體		
1707	牆壁	J004	或作廧	廧	廧 C57P0457b		牆	異體		
1708	薔薇	J053		薔	薔 C58P0486a		薔			
1708	薔薇	J053	經文作蓄，不成字也	蓄	蓄 C58P0486a		薔	音借		
1709	襁褓	J097	《説文》：襁，負兒衣也。褓，小兒被也	褓	褓 C59P0281b		褓			
1709	襁褓	J097	集從糸作繦緥，非也	緥	緥 C59P0281b		褓	音借		
1710	敲門	J046		敲	敲 C58P0321a		敲			

組號	詞目	卷次	字形相關釋文	所涉文字	字圖/索引	校正形體	代表字	字際關係	詞際關係	備　註
1710	敲門	J046	又作敲	敂	敂 C58P0321a		敲	異體		
1710	敲門	J046	《蒼頡篇》作敊，同	敊	敊 C58P0321a		敲	異體		
1710	敲户	J052	經文作撓，非字義也	撓	撓 C58P0464a		敲		文義換用	
1711	持鍬	J042		鍬	鍬 C58P0238a		鍬			
1711	持鍬	J042	亦作鏊	鏊	鏊 C58P0238a		鍬	異體		
1711	持鍬	J042	正作鍫	鍫	鍫 C58P0238a		鍬	異體		
1711	持鍬	J042	古文作劀	劀	劀 C58P0238a		鍬	異體		
1711	持鍬	J042	《蒼頡篇》作臬，皆古字，今廢不行	臬	臬 C58P0238a		鍬	異體		
1711	鍬錔	J093	《尔雅》又作庀（厕），音同	庀	庀 C59P0213b	厕	鍬	異體		釋文之"庀"當是"厕"的省訛形體
1712	趫脚	J064	《説文》：行輕皃也。一曰舉足戲也	趫	趫 C58P0745a		趫	異體		
1712	趫脚	J064	戒文作蹺，非也	蹺	蹺 C58P0745a		趫		近義換用	
1713	蹻足	J069	《説文》：舉足高皃也。從足喬聲	蹻	蹻 C58P0851b		蹻	異體		
1713	蹻足	J069	或作趫	趫	趫 C58P0851b		蹻	音借		"趫"本指緣木登高，宜視作"蹻"的音借字
1713	蹻脚	J064	戒文作魼，口彤反。縣名也，魼非此義	魼	魼 C58P0748a		蹻	音借		

組號	詞目	卷次	字形相關釋文	所涉文字	字圖/索引	校正形體	代表字	字際關係	詞際關係	備　註
1713	蹻脚	J064	《史記》作趫	趫	趫 C58P0748a		蹻		近義換用	
1714	若僑	J042	《説文》：僑，高也。《廣雅》：僑，才也	僑	僑 C58P0248a		僑			
1714	若僑	J042	《字林》：寄客爲寓。作寓字	寓	寓 C58P0248a		僑	異體		
1715	顦悴	J069	《説文》或作憔	憔	憔 C58P0851b		憔			
1715	顦悴	J069	《楚辞》：顦悴，憂愁之容也	顦	顦 C58P0851b		憔	異體		
1715	顦顇	J005	班固《漢書》中作癄瘁，病也	癄	癄 C57P0490b		憔	異體		
1715	顦悴	J069	亦作醮悴	醮	醮 C58P0851b		憔	異體		
1715	顦顇	J005	《漢書・武帝》作譙婥。皆大同小異，非正體也	譙	譙 C57P0490b		憔	異體		
1715	顦顇	J005	或作燋悴	燋	燋 C57P0490b		憔	音借		
1715	顦顇	J005	《左傳》作蕉萃，萎也	蕉	蕉 C57P0490b		憔	音借		
1715	顦顇	J005	《毛詩》作譙	譙	譙 C57P0490b		憔	音借		
1716	爲橋	J012	《字書》云：渡水梁也。從木喬〈渠妖反〉聲也	橋	橋 C57P0639b		橋			
1716	爲橋	J012	經文從有（右）作槗，非也	槗	槗 C57P0639b		橋	異體		
1717	樵野	J098	杜注《左傳》云：樵，薪也。《説文》：從木焦聲	樵	樵 C59P0293b		樵			

組號	詞目	卷次	字形相關釋文	所涉文字	字圖/索引	校正形體	代表字	字際關係	詞際關係	備　註
1717	樵野	J098	集從草作蕉,非也	蕉	蕉 C59P0293b		樵	異體		慧琳所見經本的"蕉"乃詞頭"樵"的增旁異體字
1718	𧔹行	J056	《説文》:善緣木之蟲也	𧔹	𧔹 C58P0553b		𧔹	異體		此乃"𧔹"的《説文》篆體隸定形
1718	𧔹行	J056	經文作挑,吐堯反。挑,抉也。挑非字義	挑	挑 C58P0553b		𧔹	音借		
1719	深峭	J046	《廣雅》:峭,急也。《通俗文》:峻阪曰峭	峭	峭 C58P0337a		峭			
1719	深峭	J046	今作陗	陗	陗 C58P0337a		峭	異體		
1719	深峭	J046	或作悄(埇),同	悄	悄 C58P0337a	埇	峭	異體		高麗本"或作悄"之"悄",玄應本作"埇",據改
1720	卵殼	J026	今詳凡物皮皆是殼也	殼	殼 C57P0951a		殼			
1720	殼生	J075	顧野王:凡皮皆曰殼	殼	殼 C58P0980b		殼	異體		此爲"殼"的書寫省變形體
1721	輕誚	J005	《考聲》云:責讓笑也。《蒼頡篇》云:訶也	誚	誚 C57P0486b		誚			
1721	輕誚	J005	或作譙	譙	譙 C57P0486b		誚	異體		
1721	輕誚	J005	古文作頝	頝	頝 C57P0486b		誚	異體		此或是"誚"的《説文》古文隸定訛變字形
1722	躍鞀	J098		鞀	鞀 C59P0300b		鞀			
1722	躍鞀	J098	或從韋作鞉	鞉	鞉 C59P0300b		鞀	異體		

組號	詞目	卷次	字形相關釋文	所涉文字	字圖/索引	校正形體	代表字	字際關係	詞際關係	備　註
1722	躍鞘	J098	或從刀作削，並通用	削	 C59P0300b		鞘	分化		此是古"鞘"字，後期用法發生分化，與"鞘"爲母字與分化字之關係
1723	翹足	J008	《説文》：翹，長尾也，羽也。從羽堯聲也	翹	 C57P0552b		翹			
1723	翹足	J008	古作嶤（蹺）	嶤	 C57P0552b	蹺	翹	異體		高麗本的"嶤"當是"蹺"的訛誤字形
1724	孔竅	J014	《説文》：空也，隙也。從穴敫聲也	竅	 C57P0674b		竅			
1724	孔竅	J014	或作㵴	㵴	 C57P0674b		竅	音借		
1724	竅孔	J025	《泥洹經》作寮，字義亦通，音力彫反	寮	 C57P0907b		竅		文義換用	
1725	怯懼	J041	從心作怯	怯	 C58P0219a		怯			
1725	怯懼	J041	《説文》從犬作狘，畏劣也。犬多畏，故從犬	狘	 C58P0219a		怯	異體		
1726	縮挈	J098	《説文》：挈謂懸持也。從手㓞聲	挈	 C59P0304b		挈			
1726	縮挈	J098	集作楔，俗字也	楔	 C59P0304b		挈	音借		
1727	悽伏	J083	《説文》：從心匽聲	悽	 C59P0049b		悽			
1727	悽伏	J083	或作愿	愿	 C59P0049b		悽	異體		
1727	悽陁羅尼	J032	或作匧	匧	 C58P0048b		悽	音借		此是"篋"的異體

組號	詞目	卷次	字形相關釋文	所涉文字	字圖/索引	校正形體	代表字	字際關係	詞際關係	備　註
1727	愜陁羅尼	J032	亦作㤉也	㤉	恋 C58P0048b		愜	音借		
1728	寶篋	J004		篋	篋 C57P0475b		篋			
1728	寶篋	J004	本作匲,今加竹	匲	匲 C57P0475b		篋	異體		"篋"乃"匲"的增旁異體字
1728	箱篋	J007	匲或從木作柩、柩,皆通	柩	柩 C57P0522b		篋	異體		
1728	箱篋	J007	匲或從木作柩、柩,皆通	柩	柩 C57P0522b		篋	異體		
1729	竊作	J002	《考聲》云:私取也	竊	竊 C57P0430a		竊			
1729	竊服	J088	鄭注《周禮》云:竊,盜也。《説文》:從穴廿米從禼	竊	竊 C59P0144a		竊	異體		
1729	竊服	J088	集文從爿作竊(竊),非也	竊	竊 C59P0144a	竊	竊	異體		高麗本"集文從爿作竊"之"竊",乃"竊"之誤
1730	侵劾	J004	劉兆注《公羊傳》云:侵,害也	侵	侵 C57P0458b		侵			
1730	侵嬈	J078	《説文》:漸進也。從人手持帚,若掃之進	侵	侵 C58P1033a		侵	異體		"侵嬈"之"侵"乃"侵"的《説文》篆體隸定形
1731	嶔崟	J053	《楚辭》云:嶺嶔崎峨。注云:山阜隒限也	嶔	嶔 C58P0497a		嶔			
1731	嶔崟	J053	嶔峨〈音俄〉,非也	嶔	嶔 C58P0497a		嶔	異體		
1732	頷頭	J074	《廣疋》:摇頭也。《説文》:低頭也	頷	頷 C58P0939b		頷			
1732	頷頭	J074	經文作頜,非也	頜	頜 C58P0939b		頷	音借		

組號	詞目	卷次	字形相關釋文	所涉文字	字圖/索引	校正形體	代表字	字際關係	詞際關係	備　註
1733	捨之	J099	《說文》：急持衣襟也	捨	捨 C59P0320b		捨			
1733	捨之	J099	又從禁作撍	撍	撍 C59P0320b		捨	異體		
1733	捨之	J099	或從支作鈙	鈙	鈙 C59P0320b		捨		近義換用	
1734	禽獸	J033	《說文》：頭象形，從内今聲。禽离克頭相似也	禽	禽 C58P0061a		禽			
1734	禽獸	J033	經文從犬作獮，非也	獮	獮 C58P0061a		禽	異體		此取禽獸義，經本的"獮"是"禽"在該用法上的增旁異體字
1735	擒獲	J041	《考聲》：捉也	擒	擒 C58P0210b		擒			
1735	擒獲	J041	或單作禽，見《蜀都賦》	禽	禽 C58P0210b		擒	分化		"擒"是擒獲義上"禽"的後出分化字
1735	擒縶	J008	《說文》作捨，急持也。從手金聲也	捨	捨 C57P0550a		擒		近義換用	
1735	擒縶	J008	《考聲》：擒，捉也。或作撍	撍	撍 C57P0550a		擒		近義換用	"捨"與"撍"爲換旁異體字關係
1735	擒獲	J041	《說文》作鈙，持也	鈙	鈙 C58P0210b		擒		近義換用	
1736	林檎	J094	書正作檎字。《考聲》云：林檎，果名也	檎	檎 C59P0241b		檎			
1736	林檎	J094	傳文作擒，俗字也	擒	擒 C59P0241b		檎	正訛		詞頭的"檎"爲果名，經本作"擒"，乃"檎"的書寫訛誤字形
1737	瘳寢	J002	《廣雅》：寢，幽也。《說文》：寢，臥也	寢	寢 C57P0422b		寢			

組號	詞目	卷次	字形相關釋文	所涉文字	字圖/索引	校正形體	代表字	字際關係	詞際關係	備　註
1737	寢瘵	J089		寢	寢 C59P0162a		寢	異體		"寢"是"寢"的《説文》篆體隸定形
1737	瘺寢	J002	篆文從帚從又，今順俗從省略，從宀侵聲也	寢	寢 C57P0422b		寢	異體		
1738	儭身	J044		儭	儭 C58P0282a		儭			
1738	儭身	J044	《字書》或作窺字，同	窺	窺 C58P0282a		儭	異體		
1739	紺靑	J012	今作青，變體也	青	青 C57P0632b		青			
1739	紺靑	J012	青字從生從丹作靑	靑	靑 C57P0632b		青	異體		
1739	靑紅	J024	經文作靑華之萋，非也	萋	萋 C57P0892b		青	音借		此是"菁"的《説文》篆體隸定形
1739	靑黄	J043	經文作繒，且見反。繒今非體	繒	繒 C58P0258b		青	音借		
1740	溷圊	J078	《字書》云：圊，圂也……《古今正字》：從囗青聲	圊	圊 C58P1049a		圊			
1740	溷圊	J078	或作清	清	清 C58P1049a		圊	分化		廁所義上早期作"清"，"圊"乃"清"的後出分化字
1741	濯𤲄	J067	下正體清字也	清	清 C58P0806b		清			
1741	濯𤲄	J067		𤲄	𤲄 C58P0806b		清	異體		此乃"清"的《説文》篆體隸定形
1742	傾摇	J008	《考聲》：傾，側也	傾	傾 C57P0544b		傾			
1742	傾摇	J008	《説文》作頖	頖	頖 C57P0544b		傾	異體		慧琳所謂《説文》之"頖"，乃詞頭"傾"的書寫訛變字形

續　表

組號	詞目	卷次	字形相關釋文	所涉文字	字圖/索引	校正形體	代表字	字際關係	詞際關係	備　註
1743	勍寇	J091	《説文》：從力京聲也	勍	勍 C59P0191a		勍			
1743	勍寇	J091	傳文從刀作剠，非也	剠	剠 C59P0191a		勍	正訛		經本的"剠"是"黥"的異體字，與"勍"別，此當是"勍"的書誤
1744	或晴	J048	《聲類》云：雨止曰晴。晴亦星見也	晴	晴 C58P0370a		晴			
1744	或晴	J048	又作暒、姓二形，同	暒	暒 C58P0370a		晴	異體		
1744	或晴	J048	又作暒、姓二形，同	姓	姓 C58P0370a		晴	異體		
1744	如晴	J072	論文作霝，非也	霝	霝 C58P0912a		晴	異體		
1744	如晴	J072	又作腥（暒）、姪（姓）二形，同	姪	姪 C58P0912a	姓	晴	異體		從釋文異文來看，"又作腥、姪二形"分別正當作"暒""姓"
1745	擎乳渾	J054	《廣雅》云：擎，舉也	擎	擎 C58P0521a		擎			
1745	擎乳渾	J054	又作撖，皆古字也	撖	撖 C58P0521a		擎	異體		
1745	擎乳渾	J054	《字書》：從廾〈音拱〉作弊	弊	弊 C58P0521a		擎	異體		
1745	擎乳渾	J054	經從馬作驚，非也	驚	驚 C58P0521a		擎	正訛		此或即"擎"的書寫訛誤字形
1745	擎以	J094	傳作檠，非也	檠	檠 C59P0228b		擎	正訛		此"檠"亦當是"擎"的書誤形體
1746	黥剠	J086	《説文》：從黑京聲	黥	黥 C59P0111b		黥			
1746	黥剠	J086	亦從刀作剠	剠	剠 C59P0111b		黥	異體		

續　表

組號	詞目	卷次	字形相關釋文	所涉文字	字圖/索引	校正形體	代表字	字際關係	詞際關係	備　註
1746	黥剠	J086	論從京作剠，俗字也	剠	剠 C59P0111b		黥	異體		
1747	來請衆僧	J025	請字通於三音，若用平聲，受賜也	請	請 C57P0920b		請			
1747	來請衆僧	J025	今此請僧，即常（當）召喚，其字正體應作䚲	䚲	䚲 C57P0920b		請		文義換用	
1748	礊欬	J059	《通俗文》：利喉曰礊	礊	礊 C58P0637a		礊			
1748	礊欬	J059	字從律文作嚍咳，音苦經反。樂器名也	嚍	嚍 C58P0637a		礊	異體		
1748	礊欬	J027	有作磬，口定反，樂器也，非字體也	磬	磬 C57P0989a		礊	正訛		此當是"礊"的書寫訛誤字形
1749	繒磬	J042	鄭注《考工記》云：以石爲樂器，擊之如鍾磬聲也	磬	磬 C58P0239a		磬			
1749	繒磬	J042	石磬，古文從巠作硻	硻	硻 C58P0239a		磬	異體		
1750	罄竭	J057		罄	罄 C58P0592a		罄			
1750	罄竭	J057	古文窒，同	窒	窒 C58P0592a		罄	異體		
1750	罄竭	J057	古者母句作磬，非此義	磬	磬 C58P0592a		罄	音借		
1751	蚕蟲	J096	《說文》：蚕，獸也。從虫卭聲	蚕	蚕 C59P0263b		蚕			
1751	蚕蟲	J096		蚕	蚕 C59P0263b		蚕	異體		此指古代傳說中的一種異獸
1751	飛蛬	J086	《尔雅》云：蟋蟀，蛬也	蛬	蛬 C59P0104a		蚕	異體		此指蟋蟀

組號	詞目	卷次	字形相關釋文	所涉文字	字圖/索引	校正形體	代表字	字際關係	詞際關係	備　註
1751	飛蚉	J086	《文字典說》從吳作蟲，古字也，亦通	蟲	蟲 C59P0104a		蚉	異體		此指蟋蟀
1752	孤惸	J041	《文字典說》云：無兄弟曰惸	惸	惸 C58P0220b		惸			
1752	孤惸	J041	或從兮作愕	愕	愕 C58P0220b		惸	正訛		"愕"是"蛩"的異體字，爲驚悚義，此當是"惸"的書寫訛誤字形
1752	孤惸	J061	古文從卝作罃	罃	罃 C58P0679b		惸		近義換用	"罃"與"蛩""儝""孆"並是異體字關係
1752	孤惸	J041	《說文》正作蛩，從平從營省	蛩	蛩 C58P0220b		惸		近義換用	
1752	孤惸	J041	或從人作儝，義訓並同也	儝	儝 C58P0220b	儝	惸		近義換用	
1752	孤惸	J061	《古今正字》從女作孆	孆	孆 C58P0679b		惸		近義換用	
1753	煢煢	J100	《說文》：從卝煢省聲	煢	煢 C59P0344b		煢			
1753	煢煢	J100	集作㷀，俗字也	㷀	㷀 C59P0344b		煢	異體		"㷀"乃"煢"的一字異寫形體
1753	孤煢	J074	古文惸、傸（儝）二形，同	傸	傸 C58P0956a	儝	煢	異體	此"傸"是"儝（儝）"的訛變形體，《大字典》釋作"特"
1753	煢嫈	J087	亦作孆	孆	孆 C59P0131b		煢	異體	此亦是"煢"的別構字
1753	孤煢	J074	古文惸、傸（儝）二形，同	惸	惸 C58P0956a		煢	近義換用	
1753	孤煢	J073	古文憕（惸）、潒（傸）二形，同	憕	憕 C58P0922b	惸	煢	近義換用	此是"惸"的書寫訛誤字形

組號	詞目	卷次	字形相關釋文	所涉文字	字圖/索引	校正形體	代表字	字際關係	詞際關係	備　註
1754	土丘	J048	《説文》：土之高也。《尒雅》：非人所爲丘	丘	丘 C58P0394b		丘			
1754	土丘	J048	古文坴	坴	坴 C58P0394b		丘	異體		
1754	丘聚	J032	經從土作坵，非也	坵	坵 C58P0048b		丘	異體		
1755	秋罨	J031	經作鞦，俗字	鞦	鞦 C58P0013b		鞦			
1755	秋罨	J031		秋	秋 C58P0013b		鞦	音借		
1756	鞦鞅	J068	亦作鞱、緧	鞱	鞱 C58P0830a		鞱			
1756	鞦鞅	J068	亦作鞱、緧	緧	緧 C58P0830a		鞱	異體		
1756	鞦鞅	J068	《考聲》：鞦，車鞦也	鞦	鞦 C58P0830a		鞱	異體		
1756	鞦罥	J014	馬紂也。或作緧、鞱，皆一也	緧	緧 C57P0669b		鞱	異體		
1757	鶖鷺	J032	《説文》：從鳥秋聲	鶖	鶖 C58P0040a		鶖			
1757	鶖鷺	J032	《毛詩》云：鶖鶖，頭無毛，故云耳	鶖	鶖 C58P0040a		鶖	異體		
1757	鶖鷺	J032	或作鵨	鵨	鵨 C58P0040a		鶖	異體		
1758	鰭鱓	J081	《山海經》：鰭魚似鱧而六首	鰭	鰭 C59P0023a		鰌	異體		
1758	鰭鱓	J081	或從差作鰼	鰼	鰼 C59P0023a		鰌	異體		此"鰼"亦可視作"鰌"的換旁異體字

組號	詞目	卷次	字形相關釋文	所涉文字	字圖/索引	校正形體	代表字	字際關係	詞際關係	備　註
1759	怨仇	J073		仇	仇 C58P0919a		仇			
1759	怨仇	J073	古文逑,同	逑	逑 C58P0919a		仇	音借		
1760	大虯	J056	《廣疋》:有角曰虯龍	虯	虯 C58P0568a		虯			
1760	虯螭	J053	《廣雅》:有角曰虯龍,無角曰螭	虬	虬 C58P0484b		虯	異體		
1761	學泅	J070	或從囚作泅,音似流反,謂浮水上也	泅	泅 C58P0859b		泅			
1761	學泅	J070	《説文》作汓	汓	汓 C58P0859b		泅	異體		
1762	如毬	J013	《字書》:皮丸也	毬	毬 C57P0646b		毬			
1762	如毬	J013	經文從氊作毺,俗字也	毺	毺 C57P0646b		毬		文義換用	
1763	遒麗	J031	《考聲》:遒,盡也	遒	遒 C58P0012a		遒			
1763	遒麗	J031	《説文》亦作逎	逎	逎 C58P0012a		遒	異體		
1764	軌鼻	J057	《禮記》云:軌,鼻不利也	軌	軌 C58P0583a		軌			
1764	軌鼻	J057	經從几作軌,非此也	軌	軌 C58P0583a		軌	正訛		此是詞頭"軌"的書寫訛誤字形
1765	屈元	J075	《説文》:屈,無尾也。屈,短也	屈	屈 C58P0985b		屈	異體		
1765	指屈	J058	許叔重曰:屈,短也	屈	屈 C58P0618b		屈	異體		
1766	蟲蛆	J069	《説文》:乳肉中也。從虫且聲	蛆	蛆 C58P0849a		蛆			

續 表

組號	詞目	卷次	字形相關釋文	所涉文字	字圖/索引	校正形體	代表字	字際關係	詞際關係	備 註
1766	蟲蛆	J069	或從肉作胆	胆	C58P0849a		蛆	異體		
1766	虫⿰月虫	J026	《三蒼》：蠅乳宍中也。經文作蛆，子余反	⿰月虫	C57P0934a		蛆	異體		
1766	虫⿰月虫	J026	又作疽，久癰也。此後二並非經義也，云云也	疽	C57P0934a		蛆	音借		
1767	崎嶇	J083	《考聲》云：崎嶇，陒迫也	嶇	C59P0048b		嶇			
1767	崎嶇	J083	傳從丘作岴，俗字也	岴	C59P0048b		嶇	異體		
1767	崎嶇	J094	或從阜作陭⿰阝區，音同上也	⿰阝區	C59P0224b		嶇	異體		
1767	崎嶇	J100	此傳中從足作踦⿰𧾷區，非也	⿰𧾷區	C59P0330b		嶇	音借		《大字典》“⿰𧾷區”下收録了“同‘嶇’”這一用法(2010：3979)，未妥
1768	趍走	J017	又作趨，同	趨	C57P0739a		趨			
1768	趍走	J017	《釋名》：疾行曰趍，疾趍曰走也	趍	C57P0739a		趨	異體		
1769	驅遣	J005	《説文》：馬駟也	驅	C57P0487a		驅			
1769	驅遣	J005	又作敺，古字也	敺	C57P0487a		驅	異體		
1769	驅遣	J005	《文字集略》作駈，俗字也	駈	C57P0487a		驅	異體		
1770	斪斸	J026	《説文》：斪，斫也。從斤句聲	斪	C57P0943b		斪			
1770	斪斸	J026	經文從金作鉤，名非此用也	鉤	C57P0943b		斪	音借		

組號	詞目	卷次	字形相關釋文	所涉文字	字圖/索引	校正形體	代表字	字際關係	詞際關係	備　註
1771	碑磲	J014	石寶也，鮮白色，次於白玉。形聲字也	磲	磲 C57P0671a		磲			
1771	硨磲	J046		磲	磲 C58P0334a		磲	異體		
1771	硨磲	J046	字體宜作磜礶二形，子客、其俱反	礶	礶 C58P0334a		磲	音借		
1772	蚣蟲	J096		蟲	蟲 C59P0263b		蟲			
1772	蚣蟲	J096	蟲從蚣巨聲，集本作駏驉，如馬，非此獸也，失之甚矣	驉	驉 C59P0263b		蟲	音借		
1773	鵃鴝	J066	《字書》正作鴝	鴝	鴝 C58P0798a		鴝			
1773	鵃鴝	J066	論文作鸜，俗字也	鸜	鸜 C58P0798a		鴝	異體		
1774	璩印	J048	《字書》：玉名也。耳璩也	璩	璩 C58P0387a		璩			
1774	耳渠	J017	經文有作璩，玉名也	璩	璩 C57P0737b		璩	異體		
1774	耳渠	J017	耳璩之類也	渠	渠 C57P0737b		璩	音借		
1775	蓬麥	J019	《韻英》云：蓬麥，草也。即蕪麥也，從草，逢聲	蓬	蓬 C57P0772a		蓬			
1775	蓬麥	J019	或作蘢，亦通	蘢	蘢 C57P0772a		蓬	音借		
1776	氍毹	J066	正體字也	氍	氍 C58P0798b		氍			
1776	氍毹	J066	論文㲲㲪，非也	㲲	㲲 C58P0798b		氍	異體		

組號	詞目	卷次	字形相關釋文	所涉文字	字圖/索引	校正形體	代表字	字際關係	詞際關係	備　註
1776	甂甌	J013	或作甋、甋	甋	甋 C57P0643a		甂	異體		
1776	甂甌	J013	或作甋、甋	甋	甋 C57P0643a		甂	異體		
1777	一臞	J098	《尔雅》：臞，瘠也	臞	臞 C59P0297b		臞			
1777	一臞	J098	集從疒作癯，非也	癯	癯 C59P0297b		臞	異體		
1778	齒齲	J024	《説文》：齒蠹也。從齒禹聲	齲	齲 C57P0898a		齲			
1778	齒齲	J024	或從牙作齲也	齲	齲 C57P0898a		齲	異體		
1778	齲齒	J060	今律文從禺作齲（齲），音耦溝反	齲	齲 C58P0658a	齲	齲		文義換用	經文從"禺"的"齲"亦或是"齲"的書誤
1779	覷眄	J040	《説文》云：從目（見）盧聲	覷	覷 C58P0198b		覷			
1779	覷眄	J040	或爲觑	觑	觑 C58P0198b		覷	異體		
1779	覷眄	J040	亦作狙	狙	狙 C58P0198b		覷		文義換用	
1780	作棬	J058	屈木爲之謂之棬	棬	棬 C58P0619b		棬			
1780	作棬	J058	經又作棬（㭯），非也	棬	㭯 C58P0619b	㭯	棬	異體		此即"棬"的書寫變異字形
1780	作捲（棬）	J059		捲	捲 C58P0650a	棬	棬			高麗本詞頭的"捲"是"棬"的訛誤字形
1780	作捲（棬）	J059	律文作㮆，非體也	㮆	㮆 C58P0650a		棬	正訛		此"㮆"當是"棬"的訛誤字形
1781	穴泉	J052	水自出爲泉	泉	泉 C58P0456a		泉			

組號	詞目	卷次	字形相關釋文	所涉文字	字圖/索引	校正形體	代表字	字際關係	詞際關係	備　註
1781	穴泉	J052	或作㵰,非體也	㵰	㵰 C58P0456a		泉	異體		
1781	僑泉	J044	經文作畎、㞉二形,非也	㞉	㞉 C58P0287b		泉	異體		
1781	穴泉	J052	經中作㡊	㡊	㡊 C58P0456a		泉	異體		此是"泉"的增旁異體字,與"㞉"構意相類
1781	僑泉	J044	經文作畎、㞉二形,非也	畎	畎 C58P0287b		泉	異體		
1781	穴泉	J052	古文作洤,同	洤	洤 C58P0456a		泉	異體		
1782	把拳	J043	《説文》:從手卷省聲	拳	拳 C58P0256b		拳			
1782	把拳	J043	經作搽,非	搽	搽 C58P0256b		拳	異體		
1782	擎拳	J078	《字書》正作拳。經文捲,亦同	捲	捲 C58P1050b		拳	音借		經本作"捲",爲氣勢、氣力義,是"拳"的通假用法
1783	筌蹄	J088	《説文》:從竹全聲	筌	筌 C59P0142a		筌			
1783	筌蹄	J088	集文從草荃,非此義也	荃	荃 C59P0142a		筌	音借		
1784	紕絰	J051	或作絰	絰	絰 C58P0435b		絰			
1784	紕絰	J051	《説文》:從艸全聲	荃	荃 C58P0435b		絰	音借		
1785	輴車	J081	正作軨字,音義同	軨	軨 C59P0005a		軨			
1785	輴車	J081	《説文》云:輴,藩車下卑輪也	輴	輴 C59P0005a		軨	異體		
1786	詮窮	J030	《説文》云:具説事理也。從言全聲	詮	詮 C57P1053b		詮			

組號	詞目	卷次	字形相關釋文	所涉文字	字圖/索引	校正形體	代表字	字際關係	詞際關係	備　註
1786	詮窮	J030	經序從艸作荃,香草名也,與經義不同也	荃	荃 C57P1053b		詮	音借		
1786	詮量	J070	又作殓(砼),同	殓	殓 C58P0872a	砼	詮	音借		
1786	詮量	J070	《漢書》應邵曰:銓,稱衡也	銓	銓 C58P0872a		詮	音借		"砼""銓"爲換旁異體字關係
1786	詮而	J081	録序從竹作筌,是捕魚笱也。非詮量之義,故不取	筌	筌 C59P0007b		詮	音借		
1787	觀銓	J030		銓	銓 C57P1045b		銓			
1787	觀銓	J030	又作砼,同	砼	砼 C57P1045b		銓	異體		
1787	慧銓	J094	傳文作鈴,誤	鈴	鈴 C59P0239a		銓	正訛		經本的"鈴"是"銓"的書寫訛誤字形
1787	銓量	J047	又作佺,同	佺	佺 C58P0354a		銓	音借		
1788	踡縮	J020	《古今正字》云:從足卷聲	踡	踡 C57P0800a		踡			
1788	踡縮	J020	經本從手作捲,是用力氣勢皃也,非踡縮也	捲	捲 C57P0800a		踡	音借		
1788	踡跼	J047	《説文》作趈,謂行趈趀也	趈	趈 C58P0355b		踡	音借		
1789	頭鬈	J081	《説文》:從髟卷聲	鬈	鬈 C59P0011a		鬈			
1789	頭鬈	J081	傳從手作捲也	捲	捲 C59P0011a		鬈	音借		
1790	權下	J020	正體從頁作顴	顴	顴 C57P0796b		顴			

組號	詞目	卷次	字形相關釋文	所涉文字	字圖/索引	校正形體	代表字	字際關係	詞際關係	備　註
1790	權下	J020	非本字,誤用也	權	權 C57P0796b		顴	音借		
1791	券契	J061	乘驛行公券也。誓言書於鐵上爲信也	券	券 C58P0691b		券	正訛		"券""券"本別,然二者形近,故字韻書中"券"往往誤書作"券"
1792	穿缺	J020	《説文》云:缺,器破也。從缶夬聲	缺	缺 C57P0792b		缺			
1792	玷缺	J016		缺	缺 C57P0721b		缺	異體		
1792	穿缺	J020	亦作缺	缺	缺 C57P0792b		缺	異體		此"缺"與"盈缺"條之"缺"爲一字異寫關係
1792	盈缺	J031		缺	缺 C58P0011b		缺	異體		
1792	玷缺	J016	文從玉作玦,音古穴反,非此義也	玦	玦 C57P0721b		缺	音借		
1792	不缺	J035	經文從門作闋,非	闋	闋 C58P0098b		缺	音借		
1793	攘卻	J029	下正却字也,古文從谷也	卻	卻 C57P1031a		卻			
1793	攘卻	J029		却	却 C57P1031a		卻	異體		
1794	商搉	J081	《説文》云:敲擊也。從手隺聲	搉	搉 C59P0013b		搉			
1794	辜搉	J016	《考聲》:權專略其理也。從手從隺	搉	搉 C57P0713b		搉	異體		
1794	商搉	J081	亦從車作較	較	較 C59P0013b		搉		文義換用	
1794	商搉	J081	亦作捔	捔	捔 C59P0013b		搉		文義換用	

續　表

組號	詞目	卷次	字形相關釋文	所涉文字	字圖/索引	校正形體	代表字	字際關係	詞際關係	備　註
1795	商榷	J082	《説文》：從木萑聲。萑音同上	榷	C59P0031a		榷			釋文中慧琳對字形進行了結構描述，故缺對應的字圖
1795	商榷	J082	上欲出宀，有從宀者，非也	榷	榷 C59P0031a		榷	異體		
1796	端礭	J057		礭	礭 C58P0592b		礭			
1796	礭然	J073		礭	礭 C58P0919a		礭	異體		此是"礭"的一字異寫形體
1796	端礭	J057	又作碻	碻	碻 C58P0592b		礭	異體		
1796	常山王礭	J085	論從雨作礭，非也	礭	礭 C59P0101a		礭	異體		此亦可視作"礭"的異體字
1796	端礭	J057	經文作磬，胡族反。穀盡也，非此義也	磬	磬 C58P0592b		礭	正訛		慧琳本的"磬"，《玄應音義》高麗本作"礉"
1796	礭然	J073	論文作推，非體也	推	推 C58P0919a		礭	音借		
1796	端礭	J057	《埤蒼》作塙，同	塙	塙 C58P0592b		礭		近義換用	
1797	猶闋	J094	《説文》：從門從癸聲	闋	闋 C59P0240b		闋			
1797	猶闋	J094	衛宏作闋，音同	闋	闋 C59P0240b		闋	異體		
1798	擡裙	J061	今律中從衣作裙，時用字	裙	裙 C58P0679a		裙			
1798	擡裙	J061	下裙字，《説文》正體從巾作帬	帬	帬 C58P0679a		裙	異體		
1799	蚺蛇	J065	《字林》：大虵也。可食，大二圍，長二丈餘	蚺	蚺 C58P0774a		蚺	異體		

組號	詞目	卷次	字形相關釋文	所涉文字	字圖/索引	校正形體	代表字	字際關係	詞際關係	備　註
1800	然舍利弗	J027	今時作然	然	然 C57P0970b		然			
1800	然舍利弗	J027	《説文》：從肉從犬	肰	C57P0970b		然	異體		釋文中慧琳對字形進行了結構描述，故缺對應的字圖
1800	之爨	J096	《説文》云：燒也。作然字義同。諸字書撿並無此字	爨	爨 C59P0258b		然	異體		此指燃燒義
1800	之爨	J096	亦有從艸作蘸，其義亦同也	蘸	蘸 C59P0258b		然	音借		此"蘸"爲草名，乃"然"的音借字現象
1801	顡髯	J056		髯	髯 C58P0564b		髯			
1801	多顡	J075	從須冉聲。經作髯，亦通也	顡	顡 C58P0970a		髯	異體		
1801	顡髯	J056	下又作霁，同	霁	霁 C58P0564b		髯	異體		"顡"與"霁"爲一字異寫關係
1802	荏苒	J008	《群書字要》云：草盛兒也	苒	苒 C57P0554a		苒			
1802	荏苒	J008	經作冉，俗字	冉	冉 C57P0554a		苒	音借		
1803	漸染	J065		染	染 C58P0780b		染			
1803	漸染	J065	律文作冉，毛也。冉非此用	冉	冉 C58P0780b		染	音借		
1804	禳此	J100	《説文》：從示襄聲	禳	禳 C59P0344a		禳			
1804	禳此	J100	集中從手作攘，非此義也	攘	攘 C59P0344a		禳	音借		此"攘"亦或是"禳"的誤書
1805	穰草	J076	《説文》：從禾襄聲	穰	穰 C58P0994b		穰			

組號	詞目	卷次	字形相關釋文	所涉文字	字圖/索引	校正形體	代表字	字際關係	詞際關係	備　註
1805	穰草	J076	經從草作蘘,是蘘荷字也。非經義也	蘘	蘘 C58P0994b		穰	音借		
1806	蓮子瓢	J039	《古今正字》:從瓜襄聲	瓤	瓤 C58P0175a		瓤			
1806	蓮子瓢	J039	經作穰,非也	穰	穰 C58P0175a		瓤	音借		
1807	推攘	J045	《説文》:攘,推也。從手襄聲	攘	攘 C58P0314a		攘			
1807	推攘	J045	今經文從手從裏,誤也	攘	C58P0314a		攘	異體		此表示推讓義。字圖缺
1807	推攘	J045	亦作讓,俗行之久	讓	讓 C58P0314a		攘		近義換用	
1807	攘災	J097	集從禾作穰,非	穰	攘 C59P0289a		攘	音借		此表示排除義
1808	饒人	J075	《説文》:從食堯聲	饒	饒 C58P0976a		饒			
1808	饒人	J075	經文從有作𩛯,非	𩛯	𩛯 C58P0976a		饒	異體		《大字典》"𩛯"下據《直音篇》釋作"同'饒'"(2010:2274),可從
1808	豐饒	J040	經本作澆,非也	澆	澆 C58P0201a		饒	正訛		經本的"澆"與"饒"音義均别,此當是"饒"的書寫訛誤字形
1809	嬈固	J034	《三蒼》云:嬈,弄也,煩也。謂煩擾戲弄也	嬈	嬈 C58P0090a		嬈			
1809	嬈固	J034	諸經有作嬲	嬲	嬲 C58P0090a		嬈		近義換用	
1809	嬈固	J034	或作嬲	嬲	嬲 C58P0090a		嬈		近義換用	其中"嬲""嬲"爲一字異體關係
1809	爲嬈	J005	或作㤠	㤠	㤠 C57P0492a		嬈		近義換用	此即"嬲(嬲)"的書寫訛變字形

組號	詞目	卷次	字形相關釋文	所涉文字	字圖/索引	校正形體	代表字	字際關係	詞際關係	備　註
1810	寇擾	J051		擾	擾 C58P0444b		擾			
1810	躁擾	J005	《説文》：擾，煩也	擾	擾 C57P0487b		擾	異體		"擾"乃"擾"的《説文》篆體隸定形
1810	寇擾	J051	經從木作櫌，非也	櫌	櫌 C58P0444b		擾	正訛		"櫌"爲"耰"的異體字，是古時農具名，與"擾"音義均別
1810	躁擾	J005	經文從忄（音心）作憬，非也	憬	憬 C57P0487b		擾	正訛		此亦當是"擾（擾）"的書寫訛誤字形
1811	仁等可來	J015		仁	仁 C57P0690a		仁			
1811	仁等可來	J015	經文作行等，誤也	行	行 C57P0690a		仁	正訛		慧琳所見經本作"行"，是"仁"的書寫訛誤字形
1812	荏若	J019	《廣雅》：荏，弱也，亦温柔也	荏	荏 C57P0783b		荏			
1812	荏若	J019	又作㮕，同	㮕	㮕 C57P0783b		荏	音借		柔弱義上，"㮕"爲本字，通行者爲借字"荏"
1813	七仞	J020	《説文》：仞，謂申臂一尋也	仞	仞 C57P0804b		仞			
1813	七仞	J020	今皆作刃	刃	刃 C57P0804b		仞	音借		指稱長度單位時，慧琳所謂"今作"之"刃"，乃"仞"的通假用法
1814	吃訒	J034	吃朋猶堅鞭也，謂人無識也	呗	呗 C58P0089b		訒	異體		"呗"與"訒"爲換旁異體字關係
1814	吃訒	J034	宜作朋，同。音刃	朋	朋 C58P0089b		訒	音借		
1815	懷妊	J012	或作妊。《説文》：妊，孕也	妊	妊 C57P0633b		妊			
1815	懷妊	J012	《廣雅》：姙，娠也〈音身〉	姙	姙 C57P0633b		妊	異體		

組號	詞目	卷次	字形相關釋文	所涉文字	字圖/索引	校正形體	代表字	字際關係	詞際關係	備　註
1816	左衽	J074	《蒼頡解詁》云：謂裳際所及交列者也。或云衣衿也	衽	衽 C58P0952b		衽			
1816	左衽	J086	《説文》：衽，衣裣也。從衣任聲。夷人左衽也	衽	衽 C59P0105a		衽	異體		
1817	爲軔	J074		軔	軔 C58P0940a		軔			
1817	爲軔	J074	又作朾，同	朾	朾 C58P0940a		軔	異體		指阻止車輪滑轉的橫木一類用法時，二者可視作換旁異體字
1818	機紕	J098	《考聲》：機織縷也	紕	紕 C59P0294b		紕	異體		
1818	機紕	J098	紕或作綶也	綶	綶 C59P0294b		紕	異體		
1818	繩紕	J048	又作繡，同	繡	繡 C58P0379a		紕	異體		
1819	牢靭	J056	《字林》：靭，柔也	靭	靭 C58P0572b		靭			
1819	牢靭	J056	又作肕，同	肕	肕 C58P0572b		靭	異體		
1820	所認	J059	失物者而識之曰認	認	認 C58P0633a		認			
1820	所認	J059	律作訒、刃二形，非體也	訒	訒 C58P0633a		認	音借		
1820	所認	J059	律作訒、刃二形，非體也	刃	刃 C58P0633a		認	音借		
1821	佛仍	J017	《廣雅》云：仍，重也，因也，乃也	仍	仍 C57P0745a		仍			
1821	佛仍	J017	又作訒、耖二形，同	訒	訒 C57P0745a		仍	音借		

組號	詞目	卷次	字形相關釋文	所涉文字	字圖/索引	校正形體	代表字	字際關係	詞際關係	備　註
1821	佛仍	J017	又作辸、礽二形,同	礽	礽 C57P0745a		仍	音借		
1821	仍未	J070	又作辸、礽二形,同	礽	礽 C58P0865b		仍	音借		
1822	蒤芿	J099	《考聲》:草密不剪也。《説文》亦草密也。從草仍聲	芿	芿 C59P0321a		芿			
1822	蒤芿	J099	或從仍省	芀	C59P0321a		芿	異體		釋文中慧琳對字形進行了結構描述,故缺對應的字圖
1823	戎狛	J090	今從十作戎,俗字也	戎	戎 C59P0171b		戎			
1823	戎狛	J090	《説文》從甲作戎	戎	戎 C59P0171b		戎	異體		
1824	花茸	J049	《説文》云:茸,草茸也	茸	茸 C58P0408b		茸			
1824	花茸	J049	説(論)文作毦,而志反。稍上垂毛曰毦也	毦	毦 C58P0408b		茸	音借		
1825	帶毦	J056		毦	毦 C58P0551b		毺	異體		
1825	帶毦	J056	或作茸,草茸	茸	茸 C58P0551b		毺	音借		
1826	榮樂	J076	榮猶光華也。光寵也	榮	榮 C58P1008b		榮			
1826	榮樂	J076	經文作嬫,非也	嬫	嬫 C58P1008b		榮	音借		
1827	緝綵	J081	《考聲》云:緝以線飾也。《字書》:氄飾也	緝	緝 C59P0015a		緝			
1827	緝綵	J081	字或從耳作茸	茸	茸 C59P0015a		緝	音借		

組號	詞目	卷次	字形相關釋文	所涉文字	字圖/索引	校正形體	代表字	字際關係	詞際關係	備　註
1828	岝嶸	J099		嶸	嶸 C59P0327b		嶸			
1828	岝嶸	J099	集從營作嶸,誤也	嶸	嶸 C59P0327b		嶸	異體		異體字與訛字區分例
1829	無揉	J080	或從火作煣,亦通	煣	煣 C58P1091a		煣			
1829	無揉	J080	《周易》云:揉木爲拒	揉	揉 C58P1091a		煣	異體		使木條彎曲或伸直用法上,"揉""煣"並可視作"煣"的換旁異體字
1829	楺木	J085	《集訓》云:燒木拗捩令曲,即今之犁轅、犁牽是也	楺	楺 C59P0088b		煣	異體		使木條彎曲或伸直用法上,"揉""楺"並可視作"煣"的換旁異體字
1830	雜糅	J009	《説文》:雜飯也。今謂異色物相集曰糅也	糅	糅 C57P0562b		糅			
1830	雜糅	J009	古文粗、鈕二形,同	粗	粗 C57P0562b		糅	異體		
1830	雜糅	J009	古文粗、鈕二形,同	鈕	鈕 C57P0562b		糅	異體		"鈕"亦指雜飯,可視作"糅(粗)"的異體字
1830	和糅	J050	古文鈕(鈕)、粗二形,同	鈕	鈕 C58P0421b	鈕	糅	異體		此"鈕"即"鈕"的訛誤字形
1830	相糅	J070	古文籿、胆二形,同	籿	籿 C58P0863b		糅	異體		此亦是"糅(粗)"的異體字,從米刃聲
1830	紛糅	J077	序本從糸作緜,錯書,非也	緜	緜 C58P1020b		糅	異體		《大字典》據鄧福祿《字典考正》釋作"同·糅'"(2010:3661),可從
1830	相糅	J070	古文籿、胆二形,同	胆	胆 C58P0863b		糅	音借		"胆"是"腜"的異體字,指肥美的肉,與"糅"別
1831	蹂婦	J062	《蒼頡篇》云:蹂,踐也……隸文作蹂	蹂	蹂 C58P0698a		蹂			

組號	詞目	卷次	字形相關釋文	所涉文字	字圖/索引	校正形體	代表字	字際關係	詞際關係	備　註
1831	蹂婦	J062	《説文》作厹,云獸足蹂地,象形字也	厹	厹 C58P0698a		蹂	異體		
1832	鍒金	J080	《埤蒼》云:鍒,濡也。從金柔聲	鍒	鍒 C58P1073b		鍒			
1832	鍒金	J080	録從米作糅,挐救反。糅,飯雜也,非本義	糅	糅 C58P1073b		鍒	音借		
1833	肌肉	J078	正體字也	肉	肉 C58P1039a		肉			
1833	肌肉	J078	俗與六(作宍),非也	六	六 C58P1039a	宍	肉	異體		高麗本的"六"是"宍"的訛字
1833	宍麅	J026		宍	宍 C57P0933b		肉	異體		
1834	淨濡	J029	《説文》:從水需聲	濡	濡 C57P1031b		濡			
1834	淨濡	J029	經作濡,俗字也	濡	濡 C57P1031b		濡	異體		
1835	僮孺	J034	孔注《尚書》:稚子也。《説文》:從子需聲	孺	孺 C58P0085b		孺			
1835	僮孺	J034	俗作此孺,今不取	孺	孺 C58P0085b		孺	異體		
1836	蝡動	J064	經從需作蠕,非也	蠕	蠕 C58P0748b		蝡	異體		"蝡"書寫或變異作"蠕"形
1836	蝡動	J064	《説文》:從虫耎聲	蝡	蝡 C58P0748b		蝡	異體		
1836	蝡動	J016	《蒼頡篇》作蚭也	蚭	蚭 C57P0715b		蝡	異體		此是"蝡"的《説文》篆體隸定變異字形
1836	蝡動	J019	有足曰蟲,無足曰蝡	蝡	蝡 C57P0782a		蝡	異體		"蝡"書寫又變異作"蝡"形

續　表

組號	詞目	卷次	字形相關釋文	所涉文字	字圖/索引	校正形體	代表字	字際關係	詞際關係	備　註
1836	蝡動	J074	傳文作蝘,非也	蝘	C58P0943a		蠕	異體		此或即"蝡"的書寫省變體
1836	蝡動	J019	《廣雅》作蠉	蠉	C57P0782a		蠕	異體		
1836	蝡動	J019	或作篗	篗	C57P0782a		蠕			"篗"與"蠕"音義均別,此當是"蠉"的訛誤字形
1837	女得	J015	下文三段皆汝字也,並云汝,今爲住(你)是也	汝	C57P0687a		汝			
1837	女得	J015		女	C57P0687a		汝	音借		
1838	挫辱	J013	《說文》:從寸在辰下	辱	C57P0652a		辱			
1838	挫辱	J013	或從心作愿,古字	愿	C57P0652a		辱	異體		
1839	綿蓐	J013		蓐	C57P0643a		蓐			
1839	炎蓐	J092	籀文從艸。艸音莽也	蓐	C59P0204b		蓐	異體		此是"蓐"的《說文》籀文隸定形。慧琳描述字形結構,故無字圖
1839	綿蓐	J013	正從衣作褥也	褥	C57P0643a		蓐	音借		
1839	敷蓐	J083	傳從糸作縟,俗字,非也	縟	C59P0048b		蓐	音借		
1840	牀褥	J022		褥	C57P0843a		褥			
1840	牀褥	J022	《聲類》曰:蓐,薦也	蓐	C57P0843a		褥	音借		
1841	柔奜	J007	鄭眾注《周禮》云:奜,厚脂韋皮也	奜	C57P0526a		奜			

組號	詞目	卷次	字形相關釋文	所涉文字	字圖/索引	校正形體	代表字	字際關係	詞際關係	備　註
1841	輕耎	J001	《考聲》云：耎，弱也。《韻英》云：柔也	耎	耎 C57P0411a		耎	異體		"耎"或又書作"耍"形
1841	出柔耎	J027	俗作軟，非也	軟	軟 C57P0964b		耎	音借		
1841	耎草	J039	經有從車作軟，又作輭，並非	輭	輭 C58P0165b		耎	音借		"輭"是"軟"的換旁異體字
1841	柔耎	J024	本從水作濡，音儒，非也	濡	濡 C57P0890b		耎	音借		此"濡"乃"軟"的假借字
1841	出柔耎	J027	耎下耎，通用，有作濡，非也	濡	濡 C57P0964b		耎	音借		此是"濡"的一字異寫形體
1841	耎妙	J016	經從石作硬，非也	硬	硬 C57P0724a		耎	音借		此爲一種似玉的美石，與"耎"音同義别
1841	耎妙	J016	或作瑌字	瑌	瑌 C57P0724a		耎	音借		此是"硬"的換旁異體字
1841	耎草	J039	俗又作腝	腝	腝 C58P0165b		耎	音借		此是"腝"的一字異寫形體，指肉脆嫩
1841	輕耎	J001	或作渜	渜	渜 C57P0411a		耎	音借		此是"渜"的一字異寫形體，指熱水
1841	柔耎	J007	或作偄，亦通也	偄	偄 C57P0526a		耎		文義換用	
1841	耎草	J039	亦作愞	愞	愞 C58P0165b		耎		文義換用	此是"懦"的異體别構
1841	輕耎	J001	又古作甓。《説文》：柔韋也。從北從古宄	甓	甓 C57P0411a		耎		近義換用	"甓"指鞣制皮革，轉而指柔軟，與"耎"爲近義字關係
1842	硬石	J099		硬	硬 C59P0323b		硬			
1842	硬石	J099	或從玉作瑌	瑌	瑌 C59P0323b		硬	異體		

續　表

組號	詞目	卷次	字形相關釋文	所涉文字	字圖/索引	校正形體	代表字	字際關係	詞際關係	備註
1843	蕨賓	J030	《文字典説》：從艸狀亦聲	蕨	蕨 C57P1051b		蕨			
1843	蕨賓	J030	經作莛，俗字	莛	莛 C57P1051b		蕨	異體		此是"蕨"的書寫變異字形
1843	蕨蔗	J064	經文作莚，俗字也	莚	莚 C58P0759a		蕨	異體		此是"蕨"的書寫變異字形
1843	葳蕨	J086	論從麥作麩，俗字也	麩	麩 C59P0113b		蕨	異體		此亦是"蕨"的書寫變異字形
1843	蕨蔗	J064	或作秼	秼	秼 C58P0759a		蕨	異體		儘管《説文》將"蕨""秼"分爲二體，但其間宜視作異體關係
1844	葳蕤	J098	集作蕊，《玉篇》無此字	蕊	蕊 C59P0298a		蕊			
1844	蓮蕤	J039	《説文》云：垂也。從草從糸從惢……經作蕤，誤也	蕤	蕤 C58P0180a		蕊	異體		
1844	蕤茱	J059	《廣疋》：蕤，華也。謂花鬚頭點是也	蕤	蕤 C58P0641a		蕊	異體		
1844	葳蕤	J098	《説文》：葳，草木花盛皃也。蕤，草花心也	蕤	蕤 C59P0298a		蕊	異體		
1844	之蕤	J040	《古今正字》作惢，云花鬚點之	惢	惢 C58P0199b		蕊	異體		
1845	蠓蚋	J066	論文作蚋，俗字也	蚋	蚋 C58P0799a		蚋			
1845	蜹了	J076	《説文》：秦謂之蜹。從虫芮聲	蜹	蜹 C58P0989b		蚋	異體		
1845	蠓蜹	J066	下葵税反。正蜹字也	蜹	蜹 C58P0799a		蚋	異體		此是"蜹"的書寫變異字形
1846	聰叡	J026	古文作睿	睿	睿 C57P0934a		睿			"睿"爲《説文》古文

續　表

組號	詞目	卷次	字形相關釋文	所涉文字	字圖/索引	校正形體	代表字	字際關係	詞際關係	備　註
1846	聰叡	J026		叡	叡 C57P0934a		睿	異體		"叡"爲《説文》篆文
1846	聰叡	J026	籀文作壡,用亦通	壡	壡 C57P0934a		睿	異體		"壡"爲《説文》籀文
1846	叡通	J076	經從𡗀作叡(叡),誤也	叡	叡 C58P0995b	叡	睿	異體		此是"壡"的書寫變異字形
1846	叡唐	J024	籀文作壡	壡	壡 C57P0896b		睿	異體		此是"壡"的書寫變異字形
1846	聰叡	J047	古文睿、壑(壡)二形,同	壑	壑 C58P0359b	壡	睿	異體		此是"壡"的書寫訛變字形
1847	勇鋭	J015	《説文》:芒也。從金兑聲也	鋭	鋭 C57P0690b		鋭			
1847	勇鋭	J015	或作鑴,音相閻反也	鑴	鑴 C57P0690b		鋭		近義換用	
1848	挼腹	J062	《説文》云:挼,摧也。一云兩手相切摩也。從手委聲	挼	挼 C58P0698b		挼			
1848	挼手	J074	《説文》:挼挱,手相摩也。從手從妥	挼	挼 C58P0946a		挼	異體		
1849	怯弱	J034	《尚書》:六極曰弱。孔安國曰:弱,尫劣也	弱	弱 C58P0094b		弱			
1849	怯弱	J034	經文作愵,奴的反,思也,傷也。愵非此義也	愵	愵 C58P0094b		弱	正訛		另,或因其上字"怯"從"心",故"弱"亦類化作"愵"
1850	未爇	J093	《説文》:從火爇聲	爇	爇 C59P0216b		爇	異體		"爇"爲"爇"的一字異寫形體
1850	未爇	J093	或從火作焫,音訓並同也	焫	焫 C59P0216b		爇	異體		"焫"爲"焫"的一字異寫形體
1851	灑火	J077	《漢書音義》云:灑,分散也	灑	灑 C58P1024a		灑			

組號	詞目	卷次	字形相關釋文	所涉文字	字圖/索引	校正形體	代表字	字際關係	詞際關係	備　註
1851	灑火	J077	《方志》作洒,西禮反,非也	洒	洒 C58P1024a		灑	異體		
1851	灑散	J058	如水之灑地也。律文作攊,非	攊	攊 C58P0621b		灑	異體		此或是"灑"的別構字,從"手"以突出使之散開義
1852	揔揔	J099	集作揔,俗字	揔	揔 C59P0317b		揔			
1852	揔揔	J099	《考聲》正作揔	揔	揔 C59P0317b		揔	異體		此爲"揔"的一字異寫形體
1853	隁塞	J066	下僧則反,俗字也	塞	塞 C58P0788b		塞			
1853	隁塞	J066	《説文》正從珡作塞	塞	塞 C58P0788b		塞	異體		"塞"乃"塞"的《説文》篆體隸定形
1854	其鰓	J040	《考聲》:魚煩中肉也	鰓	鰓 C58P0193b		鰓			
1854	其鰓	J040	《説文》作鰓,云:角中骨也。從角思聲	鰓	鰓 C58P0193b		鰓	音借		
1854	其鰓	J040	法本作腮,檢字書並無,恐誤也	腮	腮 C58P0193b		鰓	音借		
1855	銚銚	J052		銚	銚 C58P0476a		銚			
1855	銚銚	J052	《蒼頡篇》作綠,同	綠	綠 C58P0476a		銚	異體		釋文中溝通的"綠"爲"銚"的換旁異體字
1855	銚銚	J052	經文作參,非體兒也	參	參 C58P0476a		銚	音借		
1856	鬘鬘	J099	《考聲》:鬘鬘,髮垂兒也。並從髟	鬘	鬘 C59P0324b		鬘			疑此"鬘"即"銚"的異體字
1857	傘盖	J035	俗字也	傘	傘 C58P0105b		傘			

組號	詞目	卷次	字形相關釋文	所涉文字	字圖/索引	校正形體	代表字	字際關係	詞際關係	備　註
1857	傘盖	J035	正從糸作繖	繖	繖 C58P0105b		傘	異體		
1857	繖盖	J037	經作傘,俗字也	繖	繖 C58P0138b		傘	異體		"繖"與"繖"爲一字異寫關係;"散"是"散"的《説文》篆體隸定形
1858	糡米	J058	古文作粆	粆	粆 C58P0626b		粆			
1858	糡米	J058		糡	糡 C58P0626b		粆	異體		
1858	餘餯	J058	古文餘、糡、糣、餶四形	餶	餶 C58P0621b		粆	異體		此是"糡"的換旁異體字
1858	糡米	J058	籀文作糣,同	糣	糣 C58P0626b		粆	異體		
1858	糡米	J058	律文作粊,非也	粊	粊 C58P0626b		粆	異體		
1858	餘餯	J058		餯	餯 C58P0621b		粆	異體		
1858	餘餯	J058	古文餘、糡、糣、餶四形	餘	餘 C58P0621b		粆	異體		"餘"爲"餯"的一字異寫形體
1859	樸散	J097	集作散,俗字也	散	散 C59P0288b		散			
1859	樸散	J097		散	散 C59P0288b		散	異體		
1859	掬散	J038		敳	敳 C58P0158b		散	異體		
1859	飄散	J069	或從堇作敼	敼	敼 C58P0838a		散			此或即"散"的書寫訛變字形
1860	桑梓	J081	小篆變三屮爲桑〈音弱〉	桑	桑 C59P0021a		桑			

組號	詞目	卷次	字形相關釋文	所涉文字	字圖/索引	校正形體	代表字	字際關係	詞際關係	備　註
1860	桑梓	J081	古文從三中作桒,下從木	桒	桒 C59P0021a		桑	異體		
1860	桑梓	J081	今隸書俗用從卉作桒,漸訛也	桒	桒 C59P0021a		桑	異體		
1861	櫨�	J052	下宜作礎,桑朗反。《說文》:礎,柱下石。即柱礎也	礎	礎 C58P0459b		礎			
1861	櫨�	J052	經文從金作鏻,誤也	鏻	鏻 C58P0459b		礎	音借		
1862	凵喪	J010	今隸書錯變犬及凵爲衣,遂作喪	喪	喪 C57P0586a		喪			
1862	凵喪	J010	或作夈者,思喪皆失之遠矣知之	夈	夈 C57P0586a		喪	異體		此是"喪"的書寫訛變字形
1862	犬器	J041		器	器 C58P0221b		喪	異體		
1862	犬器	J041	經作宣,非也	宣	宣 C58P0221b		喪	異體		此亦是"喪"的書寫訛變字形
1863	搔蚌	J074	《說文》:搔,刮也。搔亦抓也	搔	搔 C58P0954b		搔			
1863	搔蚌	J074	經文作瘙,桑到反,疥也	瘙	瘙 C58P0954b		搔	音借		
1863	搔動	J100	或從馬作騷,義亦通	騷	騷 C59P0341a		搔		文義換用	騷動義上,二者爲詞義換用關係
1864	騷騷	J074	《說文》:騷,擾也	騷	騷 C58P0955b		騷			
1864	騷騷	J074	經文從手作搔,非體也	搔	搔 C58P0955b		騷		文義換用	
1865	腥臊	J008	《說文》亦云:豕膏臭也。從肉喿聲也	臊	臊 C57P0536b		臊			

組號	詞目	卷次	字形相關釋文	所涉文字	字圖/索引	校正形體	代表字	字際關係	詞際關係	備　註
1865	腥臊	J008	經作臊,俗字也	臊	腺 C57P0536b		臊			"臊"與"腺"爲一字異寫關係
1865	腥臊	J017	下又作鱢,同	鱢	鱢 C57P0743a		臊		近義換用	
1866	掃灑	J064	《廣雅》:掃,除也	掃	掃 C58P0759a		掃			
1866	搜拭	J002	《廣雅》:搜,除也	搜	搜 C57P0434a		掃	異體		
1866	掃灑	J064	亦作埽	埽	埽 C58P0759a		掃	異體		
1867	問嫂	J090		㛮	㛮 C59P0172b		嫂	異體		
1867	問嫂	J090	傳文作㛿,非也	㛿	㛿 C59P0172b		嫂	異體		慧琳所見經本的"㛿"乃詞頭"嫂"的書寫訛變字形
1868	疥癬	J059	又作瘙,同	瘙	瘙 C58P0645a		瘙			
1868	疥癬	J059	《廣雅》:癬,瘡也。《通俗文》:皮起曰癬也	癬	癬 C58P0645a		瘙	異體		
1869	嗇然	J055	《説文》云:愛濇也。從來從宣,會意字也	嗇	嗇 C58P0540a		嗇	異體		此是"嗇"的一字異寫形體
1869	嗇口	J028	又作嗇,同	嗇	嗇 C57P0997b		嗇	異體		此是"嗇"的一字異寫形體
1870	澀滑	J072	字從四止,四止即不通字意也	澀	澀 C58P0911b		澀			
1870	梗澀	J009		澀	澀 C57P0561b		澀	異體		
1870	澀滑	J072	論文作澁、澁二形,非體也	澁	澁 C58P0911b		澀	異體		

組號	詞目	卷次	字形相關釋文	所涉文字	字圖/索引	校正形體	代表字	字際關係	詞際關係	備　註
1870	澀滑	J072	論文作澁、澁二形,非體也	澁	澁 C58P0911b		澀	異體		此是"澀(澁)"的書寫變異字形
1870	澀滑	J072	又作瀒,同	瀒	瀒 C58P0911b		澀	異體		
1871	稼穡	J068	《説文》二字並從禾,家、嗇皆聲也	穡	穡 C58P0824b		穡			
1871	稼穡	J068	論作穡(穡),俗字也	穡	穡 C58P0824b	穡	穡	異體		高麗本"論作穡"之"穡",當是"穡"的誤書
1872	森竦	J014	《説文》云：多木高皃也。從木從林,林亦聲也	森	森 C57P0666a		森			
1872	森竦	J014	或作槮	槮	槮 C57P0666a		森		近義換用	
1873	槮龜	J099	《説文》：從木參聲	槮	槮 C59P0318a		槮			
1873	查槮	J096	《尔疋》云：槮,謂之涔	槮	槮 C59P0261b		槮	異體		詞頭的"槮"與"槮"爲一字異寫關係
1874	沙鹵	J041	《説文》：水散石也。從水從少,水少則砂見,會意字	沙	沙 C58P0226b		沙			
1874	沙鹵	J041	作砂,俗字,亦通	砂	砂 C58P0226b		沙	異體		
1874	沙鹵	J041	或作沚,古字也。從水從止	沚	沚 C58P0226b		沙	異體		
1875	殺	J027		殺	殺 C57P0979b		殺			
1875	殺	J027	有作煞,通同	煞	煞 C57P0979b		殺	異體		殺死義上,詞頭的"殺"與釋文溝通的"煞"可視作異體字關係

續　表

組號	詞目	卷次	字形相關釋文	所涉文字	字圖/索引	校正形體	代表字	字際關係	詞際關係	備　註
1876	鎩翮	J083	《説文》：從金殺聲	鎩	鎩 C59P0051b		鎩			
1876	鎩翮	J083	傳從叕作鐵，誤也	鐵	鐵 C59P0051b		鎩	正訛		"鐵"與"鎩"音義均別，此即"鎩"的書寫訛誤字形
1876	鎩翮	J034	許〔叔〕重曰：鑴羽而飛也	鑴	鑴 C58P0089a		鎩	異體		
1877	聲嘎	J094		嘎	嘎 C59P0235a		嘎			
1877	聲嘎	J094	《廣蒼》從欠作歘，音訓並同也	歘	歘 C59P0235a		嘎	異體		
1878	唼食	J025	俗字也	唼	唼 C57P0907a		唼			
1878	唯啑	J032	《埤蒼》《聲類》皆作唼，鴨食也	嘫	嘫 C58P0035b		唼	異體		此指水鳥、魚類爭食
1878	唼食	J025	《韻略》作㖒，唰也。《韻英》云：淺入口味之也	唰	唰 C57P0907a		唼	文義換用		此取吮吸義
1878	唼	J027	古文作喋	喋	喋 C57P0976b		唼	文義換用		
1878	唼食	J025	《説文》作嗒	嗒	嗒 C57P0907a		唼	文義換用		"嗒"是"唼"的一字異寫形體
1879	歃白馬	J085	《説文》：從欠臿聲	歃	歃 C59P0093a		歃			
1879	歃白馬	J085	論文從口從妾作唼者，非此用也	唼	唼 C59P0093a		歃	音借		高麗本對應字圖有誤
1880	擣篩	J027	《説文》：竹器也。可以除麤取細	篩	篩 C57P0987a		篩			
1880	擣篩	J027	古文籭、簁二形，同	籭	籭 C57P0987a		篩	異體		

續　表

組號	詞目	卷次	字形相關釋文	所涉文字	字圖/索引	校正形體	代表字	字際關係	詞際關係	備　註
1880	擣篩	J027	古文籭、簁二形,同	簛	簛 C57P0987a		篩	異體		
1880	篩揚	J064	或從師作篩	篩	篩 C58P0761a		篩	異體		篩子義上,"篩"亦可視作"篩"的異體字
1881	中曬	J059	《方言》:曬,暴也。乾物也	曬	曬 C58P0634b		曬			
1881	中曬	J059	又作㬠	㬠	㬠 C58P0634b		曬	異體		對應字圖是"㬠"的變體
1882	芟彼	J056	《詩傳》云:芟,除草也	芟	芟 C58P0561b		芟			
1882	芟彼	J056	經文作釤,所鑑反,大鎌也。釤非此用也	釤	釤 C58P0561b		芟		文義換用	
1883	刪定	J091	《說文》:剟也。從刀從冊	刪	刪 C59P0181b		刪	異體		
1884	爤煽	J036	《古今正字》:從火扇聲也	煽	煽 C58P0117b		煽			
1884	爤煽	J036	或從人作偏	偏	偏 C58P0117b		煽	異體		高麗本字圖與所釋字形有差異
1885	羶腥	J081	今作羶,通用字也	羶	羶 C59P0012b		羶			
1885	羶腥	J081	《說文》作羴,云:羊臭也。從三羊	羴	羴 C59P0012b		羶	異體		
1885	羶腥	J081	傳從月作膻,俗字也	膻	膻 C59P0012b		羶	異體		
1886	挺埴	J031	《文字典說》文(云):從手延聲	挻	挻 C58P0010a		挻			
1886	挺埴	J031	從土作埏者,非正字也	埏	埏 C58P0010a		挻	異體		"埏"似可視作揉和、拍擊義上"挻"的換旁異體字

組號	詞目	卷次	字形相關釋文	所涉文字	字圖/索引	校正形體	代表字	字際關係	詞際關係	備　註
1887	閃見	J074	《説文》：閃，窺頭兒也	閃	閃 C58P0947b		閃			
1887	閃見	J074	《字書》或作眧，同	眧	眧 C58P0947b		閃		近義換用	
1888	睒瞡	J074	睒瞡，暫窺〔疾〕視不定也	睒	睒 C58P0939b		睒			
1888	睒瞡	J074	經文作郝，非也	郝	郝 C58P0939b		睒	正訛		"郝"與"睒"音義均別，疑此"郝"即"睒"或"覘"的訛誤字形
1889	覘電	J056	《説文》：蹔見也。亦不定也	覘	覘 C58P0563b		覘			
1889	覘電	J056	又作睒，同	睒	睒 C58P0563b		覘		近義換用	
1889	覘電	J056	經文作閃。閃，窺頭也	閃	閃 C58P0563b		覘		近義換用	
1890	苦由	J092		苦	苦 C59P0204a		苦			
1890	苦由	J092	《玉篇》作葥。顧野王云：葥，猶苦也。謂以草自藉也	葥	葥 C59P0204a		苦	異體		釋文中溝通的"葥"可視作"苦"的別構字
1891	扇扇	J039	《説文》：從户翅省聲	扇	扇 C58P0169b		扇			
1891	扇扇	J039	經文從手作挻，誤也	挻	挻 C58P0169b		扇	音借		慧琳所見經本的"挻"乃"扇"的音訛字現象
1892	稱菩	J090	《説文》：從羊從竟（誩）	䇟	C59P0179b		善	異體		釋文中慧琳對字形進行了結構描述，故缺對應的字圖
1892	稱菩	J090	篆文從羊從言	善	C59P0179b		善	異體		釋文中慧琳對字形進行了結構描述，故缺對應的字圖

組號	詞目	卷次	字形相關釋文	所涉文字	字圖/索引	校正形體	代表字	字際關係	詞際關係	備　註
1892	稱菩	J090	傳從草從言，非也，不成字也	菩	菩 C59P0179b		善	異體		
1893	白墡	J067	《字林》音善，土名也。即白土也，亦名至	墡	墡 C58P0812a		墡			
1893	白墡	J067	字體作墠	墠	墠 C58P0812a		墡	音借		白土義上，早期借表祭祀用的場地之"墠"爲之，後世文獻通作"墡"
1894	擅美	J012	《韻詮》：專也	擅	擅 C57P0625b		擅			
1894	擅美	J012	或作撣，並從手	撣	撣 C57P0625b		擅	音借		
1894	擅美	J012	從木，非也	檀	C57P0625b		擅	正訛		慧琳所謂"從木"之"檀"，乃"擅"的書寫訛誤字形。字圖缺
1895	甘膳	J012	《説文》：具食也。從肉善聲也	膳	膳 C57P0623b		膳			
1895	甘膳	J012	經文從食作饍，俗字，非正體	饍	饍 C57P0623b		膳	異體		
1896	曲蟺	J067		蟺	蟺 C58P0814a		蟺			
1896	曲蟺	J067	論文作蟬，非體也	蟬	蟬 C58P0814a		蟺	音借		文獻中"蟬"亦用於表示彎曲義，此則是"蟺"的音借字現象
1897	贍及	J017	《字書》：贍，足也，謂周足也	贍	贍 C57P0735b		贍			
1897	贍及	J017	《聲類》或作籦，同	籦	籦 C57P0735b		贍	異體		
1898	魚鱓	J056	又作鱔、鉏二形，同	鱓	鱓 C58P0567b		鱓			

組號	詞目	卷次	字形相關釋文	所涉文字	字圖/索引	校正形體	代表字	字際關係	詞際關係	備　註
1898	魚鱓	J056		鱓	鱓 C58P0567b		鱔	異體		
1898	魚鱓	J056	又作鱔、鮔二形,同	鮔	鮔 C58P0567b		鱔	異體		
1899	鼠傷（塲）	J052	《方言》：垣、埊、封,傷(塲)也	傷	傷 C58P0458b	塲	塲			高麗本《慧琳音義》詞頭的"傷"乃"塲"的書寫訛誤字形
1900	賨賈	J041	經作商,非也	商	商 C58P0223b		商			
1900	賨賈	J041	《説文》：從貝從商省也	賨	賨 C58P0223b		商	異體		
1900	賣賈	J007	經中通作商,誤也,宜加貝爲正	賣	賣 C57P0527a		商	異體		
1901	濫觴	J087	《説文》云：觴,鱓也。實曰觴,虚曰鱓	觴	觴 C59P0131a		觴			
1901	濫觴	J087	論本作醻,誤也	醻	醻 C59P0131a		觴	異體		
1901	濫觴	J087	籀文作觴	觴	觴 C59P0131a		觴	異體		
1902	根梢	J062	《考聲》云：梢,木末也。《説文》：從木肖聲也	梢	梢 C58P0710a		梢			
1902	根梢	J062	律文從草作蒱,誤也	蒱	蒱 C58P0710a		梢	異體		經本的"蒱"即"蒱"的書寫變異字形,爲"梢"的增旁異體字
1903	斟一杓	J042	《説文》作勺	勺	勺 C58P0238b		勺			
1903	斟一杓	J042	今承從木作杓,時用字	杓	杓 C58P0238b		勺	異體		

組號	詞目	卷次	字形相關釋文	所涉文字	字圖/索引	校正形體	代表字	字際關係	詞際關係	備　註
1904	九韶	J075	舜樂名。韶，紹也。言舜能紹繼堯之德也	韶	韶 C58P0968b		韶			
1904	九韶	J075	古文䪩，同	䪩	䪩 C58P0968b	磬	韶	異體		高麗本的寫法乃"磬"的書寫變異字形
1905	張邵	J090	人名也。從邑召聲	邵	邵 C59P0177b		邵			
1905	張邵	J090	傳文作玀，錯書之也	玀	玀 C59P0177b		邵	正訛		慧琳所見經本的"玀"乃"邵"的書寫訛誤字形
1906	將紹	J047	《尒雅》：紹，繼也。謂繼續先宗也	紹	紹 C58P0351a		紹			
1906	將紹	J047	古文綤，同	綤	綤 C58P0351a		紹	異體		
1907	虵蜮	J006	蔡邕《石經》加虫作蛇	蛇	蛇 C57P0510b		蛇			
1907	虵蜮	J006	經文作虵，轉變俗字也	虵	虵 C57P0510b		蛇	異體		
1907	虵蜮	J006	《説文》作它	它	它 C57P0510b		蛇	分化		"它"爲"蛇"的本字，後增"虫"旁專表蛇義，"蛇"爲後出分化字
1907	虵蜮	J006	隸書作也，相因漸變也	也	也 C57P0510b		蛇	分化		此條釋文中的"也"乃"它"的一字異寫形體
1908	善射	J004	李斯小篆從寸作射。寸，法度也。寸亦手也	射	射 C57P0459a		射			
1908	善射	J004	《説文》從矢作躲	躲	躲 C57P0459a		射	異體		
1909	交涉	J003	今省去一水作涉	涉	涉 C57P0452b		涉			

續　表

組號	詞目	卷次	字形相關釋文	所涉文字	字圖/索引	校正形體	代表字	字際關係	詞際關係	備　註
1909	交涉	J003	《説文》從二水作㴇,古字隸書	㴇	㴇 C57P0452b		涉	異體		
1910	愵怖	J063	《尒雅》云:愵,懼也	愵	愵 C58P0730a		愵			
1910	愵怖	J063	或作㤼字	㤼	㤼 C58P0730a		愵		近義換用	
1911	麝香	J019	郭注《山海經》云:麝,香獸也	麝	麝 C57P0771b		麝			
1911	麝香	J019	經文作畬,非也	畬	畬 C57P0771b		麝	異體		
1911	麝香	J043	亦作榭(榭)	榭	榭 C58P0270b	榭	麝	異體		"榭"是亭榭字,從形義關係求之,此"榭"即"榭"的書寫訛誤字形
1911	麝香	J043	經本作射,誤也	射	射 C58P0270b		麝	音借		
1912	恐憚	J055	《廣雅》:憚,懼也。《字書》:失常也	憚	憚 C58P0545b		憚			
1912	恐憚	J055	《聲類》作僤,同	僤	僤 C58P0545b		憚	異體		害怕、威憚義上,"憚"與"僤"可視作異體字關係
1912	靡不驚憚	J022	經本有作攝字者,謬也	攝	攝 C57P0852b		憚	正訛		"攝"爲整飭、管轄、攝取一類用法,此乃"憚"的書寫訛誤字形
1912	恐憚	J002	經文作憎,非本字	憎	憎 C57P0435b		憚		近義換用	
1912	憚伏	J046	古文慹	慹	慹 C58P0334a		憚		近義換用	
1912	憚伏	J046	或作讋	讋	讋 C58P0334a		憚		近義換用	

組號	詞目	卷次	字形相關釋文	所涉文字	字圖/索引	校正形體	代表字	字際關係	詞際關係	備　註
1913	變姒	J099	《考聲》：國名也	變	變 C59P0329a		嫳	異體		詞頭的"變"乃"嫳"的異體字，本爲古氏族名，後爲國名
1914	申縮	J057	經作申，古之字也	申	申 C58P0597b		申			
1914	申縮	J057	《白虎通》云：申者，身也。《説文》從臼	申	申 C58P0597b		申	異體		
1915	布娠	J032	《説文》云：女任（妊）身動也。從女辰聲	娠	娠 C58P0030b		娠			
1915	布娠	J032	字或作娠也	娠	娠 C58P0030b		娠	異體		
1915	布娠	J032	經作娠，俗通用也	娠	娠 C58P0030b		娠	異體		
1915	有娠	J056	《廣疋》：娠，傷也。今皆作身。兩通之也	身	身 C58P0562b		娠		近義換用	
1915	度娠	J063	《説文》從人作傷。傷，神。《集訓》云：婦人懷孕也	傷	傷 C58P0742a		娠		近義換用	
1916	哂然	J034		哂	哂 C58P0091a		哂			
1916	哂然	J034	《字書》作吲	吲	吲 C58P0091a		哂	異體		
1916	哂談	J088	或作吷	吷	吷 C59P0135b		哂	異體		從形義關係論之，此字從口弞聲，當是"哂"的別構字
1916	哂尔	J082	俗用字，古文作弞……意與哂同，小笑兒也	弞	弞 C59P0033a		哂	異體		《説文》釋"弞"爲"笑不壞顔"，音義與"哂"同，二者宜視作異體字

組號	詞目	卷次	字形相關釋文	所涉文字	字圖/索引	校正形體	代表字	字際關係	詞際關係	備　註
1916	哂然	J034	或作㰦,同	㰦	㰦 C58P0091a		哂	異體		此"㰦"亦或是"哂"的異體字,取從欠尸聲。又見自《龍龕手鑑》
1916	哂哂	J075	經文作嘡,舊音烏雞反,非也	嘡	嘡 C58P0984b		哂	正訛		"嘡"與"哂"音義均別,此蓋是"哂"的書寫訛誤字形
1916	哂尔	J082	記中作逈尔,未詳音訓	逈	逈 C59P0033a		哂	正訛		此亦當是"哂"書誤而致
1917	弞訛	J031	今作矧,俗字	矧	矧 C58P0011b		矧			
1917	弞訛	J031	《説文》亦况也,詞也。從矢從引省聲	弞	弞 C58P0011b		矧	異體		
1918	受脤	J098	《公羊傳》云:生曰脤,熟曰膰	脤	脤 C59P0305b		脤			
1918	受脤	J098	《説文》從示作祳	祳	祳 C59P0305b		脤	異體		
1919	冬葚	J099		葚	葚 C59P0313b		葚			
1919	冬葚	J099	《毛詩傳》云:葚,桑實也。或作椹也	椹	椹 C59P0313b		葚	異體		
1920	脾腎	J077	《説文》:水藏也。從月臤聲也	腎	腎 C58P1014a		腎			
1920	肺臤	J005	王叔和《脉經》云:臤主耳,故臤虛則耳聾	臤	臤 C57P0478a		腎	異體		
1921	昚莫	J087	今作慎	慎	慎 C59P0121b		慎			
1921	昚莫	J087	古文字也	昚	昚 C59P0121b		慎	異體		"昚"爲"慎"的《説文》古文

組號	詞目	卷次	字形相關釋文	所涉文字	字圖/索引	校正形體	代表字	字際關係	詞際關係	備　註
1922	滲漏	J023	水潛没也。字宜從參	滲	滲 C57P0880a		滲			
1922	滲漏	J023	經本有從槀者,音早,非經所用也	澡	C57P0880a		滲	異體		此"澡"乃"滲"的書寫變異字形。字圖缺
1922	病滲	J075	《說文》:從土參聲	墋	墋 C58P0967a		滲	音借		"墋""磣"均有渾濁不清之義,與陸機之文相符,但與詞頭之"滲"別
1922	病滲	J075	經文從石,亦通,時用也	磣	C58P0967a		滲	音借		釋文中慧琳對字形進行了結構描述,故缺對應的字圖
1923	陞座	J039	《廣雅》:進也。《古今正字》:從阜從土升聲也	陞	陞 C58P0174a		升	異體		
1923	**升**晝	J041		卅	卅 C58P0205b		升	異體		此是"升"的一字異寫形體
1923	**升**晝	J041	《毛詩》作昇。《聲類》作陞,日出也	昇	昇 C58P0205b		升	異體		此"昇"乃"升"綴加"日"旁而成,後世"昇"並未取代"升"
1924	吹笙	J019	《世本》云:隨作笙,象鳳皇之身,正月音也	笙	笙 C57P0786b		笙			
1924	吹笙	J019	經作竐,非也	竐	竐 C57P0786b		笙	異體		
1925	逐媠	J081	傳作省,時用略也	省	省 C59P0016a		省			此取減省義
1925	逐媠	J081	《廣雅》云:媠,少也。鄭注《禮記》云:小減也	媠	媠 C59P0016a		省	音借		二者爲典型的本字不用、借字通行現象
1926	瘦疳	J057	《釋名》:疳,瘠也。如病瘠瘦也	疳	疳 C58P0586b		疳			

組號	詞目	卷次	字形相關釋文	所涉文字	字圖/索引	校正形體	代表字	字際關係	詞際關係	備　註
1926	瘦眚	J057	《字苑》作瘖，同	瘖	瘖 C58P0586b		眚	音借		"眚"本指眼睛生翳，"瘦眚"之"眚"正當作"瘖"，二者爲音借字關係
1926	瘦眚	J057	經文作省，非字體也，今行之	省	省 C58P0586b		眚	音借		
1927	車乘	J004	隸書作乘，變體字也	乘	乘 C57P0461a		乘	異體		
1927	百乘	J009	古文桀	桀	桀 C57P0571a		乘	異體		
1927	百乘	J009	古文𦩎	𦩎	𦩎 C57P0571a		乘	異體		
1928	晟論	J099	或作盛，兩字義同	盛	盛 C59P0314a		盛			
1928	晟論	J099	《廣雅》：晟，多也	晟	晟 C59P0314a		盛	異體		此取興旺、盛大義
1928	盛金盦	J037	經從宀作宬。宬，屋所容也，非此用	宬	宬 C58P0141a		盛	音借		此取盛放義
1929	膀辯	J044	經從月作勝，俗字，非也	勝	勝 C58P0293b		勝			
1929	膀辯	J044	《考聲》云：勝，强也	勝	勝 C58P0293b		勝	異體		
1930	雩𡺶	J100	傳中從山作崝嵥，並非，俗字也	嵥	嵥 C59P0350b		嵥			
1930	雩𡺶	J100		𡎺	𡎺 C59P0350b		嵥	音借		
1931	籐繞	J076	蔓草也。從草從朕	籐	籐 C58P1009b		藤	異體		此當是"藤"的書寫變異字形
1932	其剩	J042	俗字也	剩	剩 C58P0246b		賸	異體		

組號	詞目	卷次	字形相關釋文	所涉文字	字圖/索引	校正形體	代表字	字際關係	詞際關係	備　註
1932	其剩	J042	正作䁛，餘也	䁛	䁛 C58P0246b		賸	異體		"其剩"條下慧琳溝通的"賸"亦是"膡"的異構字
1932	鰧一人	J081	《古今正字》從貝從勝省。録作鰧，俗字也	鰧	鰧 C59P0003a		賸	異體		
1933	鑰匙	J075		匙	匙 C58P0982b		匙			
1933	鑰匙	J075	《方言》作鍉，同，關鑰也	鍉	鍉 C58P0982b		匙	異體		
1933	鑰匙	J075	又作鈶	鈶	鈶 C58P0982b		匙	音借		
1933	鑰匙	J075	又作祇，非也	祇	祇 C58P0982b		匙	音借		
1934	釃酒	J064	《説文》：下酒也。從酉麗省聲也	釃	釃 C58P0751a		釃			
1934	釃酒	J064	或從㓃作麗	麗	麗 C58P0751a		釃	異體		
1935	失魄	J018	今隷書變體急書作失	失	失 C57P0749a		失			
1935	失魄	J018	《説文》：從手從乙	乇	乇 C57P0749a		失	異體		"乇"是"失"的《説文》篆體隸定形。字圖缺
1936	淫生	J010	《考聲》云：淫，濡也	淫	淫 C57P0595b		淫			
1936	淫生	J010	經文多作濕，非也	濕	濕 C57P0595b		淫	異體		表潮濕義的"濕"與表示古水名的"濕"爲同形字現象
1937	蟻蝨	J003	《説文》蝨字從卂從蚰	蝨	蝨 C57P0445b		蝨			
1937	蟻蝨	J003	俗作虱，非	虱	虱 C57P0445b		蝨	異體		

組號	詞目	卷次	字形相關釋文	所涉文字	字圖/索引	校正形體	代表字	字際關係	詞際關係	備　註
1937	蟻蝨	J063	律文從虫作蚕,俗字,非也	蚕	蚕 C58P0724a		蝨	異體		
1938	茹飡	J011	今經文從人從良作食,俗用字,非正體也	食	食 C57P0604b		食			
1938	茹飡	J011	下食字正體從人〈精入反〉從皀〈彼立反〉	飡	飡 C57P0604b		食	異體		此表示食物義。詞頭的"飡"是"食"的《説文》篆體隸定形
1938	食以	J046	又作飤,同。因志反	飤	飤 C58P0331b		食	分化		此表示飼養義。"飤"是"食"在該用法上的分化字,乃"飼"之異體
1939	望旹	J099	古文時字也	時	時 C59P0326a		時			
1939	望旹	J099		旹	旹 C59P0326a		時	異體		
1939	望旹	J099	集從中作旹,非也	旹	旹 C59P0326a		時			經本的"旹"是"春"的古文,此"旹"即"旹"的書寫訛誤字形
1940	寔賴	J090	杜注《左傳》云:寔猶是也。《説文》:從宀是聲	寔	寔 C59P0170b		寔			
1940	寔賴	J090	傳中從穴作寔,非也	寔	寔 C59P0170b		寔	異體		
1940	李寔	J084	論文從兩作寔,非也	寔	寔 C59P0084b		寔	異體		此是"寔(寔)"的書寫訛變字形
1941	薄蝕	J029	《説文》:從虫食聲	蝕	蝕 C57P1021b		蝕			
1941	薄蝕	J029	古文從飤作蝕	蝕	蝕 C57P1021b		蝕	異體		
1942	激矢	J024	古者夷牟初作矢	矢	矢 C57P0901a		矢			

續　表

組號	詞目	卷次	字形相關釋文	所涉文字	字圖/索引	校正形體	代表字	字際關係	詞際關係	備　註
1942	弓夭	J073	《三蒼》：夭,箭也。古者夷牟初作夭	夭	夭 C58P0935b		矢	異體		
1942	激矢	J024	經文作𥬳,俗字也,字書並無	𥬳	𥬳 C57P0901a		矢	異體		"𥬳"是"笑"的變異字形。"笑"乃"矢"的增旁異體字
1943	屎屎	J005	相傳作屎,俗字也	屎	屎 C57P0478b		屎			
1943	屎尾	J068	正從艸作菡,古字也	菡	菡 C58P0828a		屎	異體		屎糞義上,《説文》正作"菡",俗作"屎"
1943	屎屎	J005	《古今正字》作屎	屎	屎 C57P0478b		屎	異體		"矢"又從"尾"省,分化出"屎",專門記録屎糞義
1943	屎屎	J005	正體從尾省,夭聲也	屎	C57P0478b		屎			所謂"正體從尾省,夭聲"者,則又"屎"的書寫變異字形。字圖缺
1943	菡屎	J055	或作屍	屍	屍 C58P0536b		屎	異體		或有從"尾"不省者
1943	屎屎	J005		屎	屎 C57P0478b		屎	異體		"屎"則是"矢"增"屎"旁而成
1943	屎尾	J068	又作𢽹	𢽹	𢽹 C58P0828a		屎	異體		
1943	矢溺	J054	糞矢也	矢	矢 C58P0519a		屎	音借		早期文獻中多假借"矢(夭)"字爲之
1943	屎屎	J005	古作夭	夭	夭 C57P0478b		屎	音借		早期文獻中多假借"矢(夭)"字爲之
1944	駛流	J012	《桂苑珠叢》云:疾速。從馬史聲也	駛	駛 C57P0637a		駛			
1944	駛河	J026	經文作駃,古穴反。謂駃騠,駿馬也	駃	駃 C57P0942b		駛	正訛		"駃"爲駃騠字,與"駛"音義均別。此"駃"爲"駛"的書寫訛誤字形

組號	詞目	卷次	字形相關釋文	所涉文字	字圖/索引	校正形體	代表字	字際關係	詞際關係	備　註
1944	駃流	J012	經文從夬〈音恢〉作駃（駛）〈音決〉，誤也	駃	駃 C57P0637a	駛	駃	正訛		高麗本釋文的"駃"是"駛"的誤書
1944	駛哉	J024	《古今正字》：從馬叟聲也	駛	駛 C57P0896a		駛	異體		
1945	間卋	J099	作卋，又與本韻不同，未詳其述	卋	卋 C59P0328a		世	異體		
1945	間卋	J099	或有集本作垂，檢諸書無此字	垂	垂 C59P0328a		世			此即"世"的書寫變異字形
1946	式閭	J097	《説文》：從工弋聲	式	式 C59P0290a		式			
1946	式閭	J097	集作軾，謂車前横木也。非義	軾	軾 C59P0290a		式	分化		車軾義後由"式"的分化字"軾"承擔
1947	撋拭	J002	郭璞注《爾雅》云：清潔也。《説文》：從手式聲也	拭	拭 C57P0434a		拭			
1947	撋拭	J002	或從巾作帗，訓用同也	帗	帗 C57P0434a		拭	異體		
1947	乾拭	J037	《古今正字》：從手式聲。經從言作試，誤也	試	試 C58P0139b		拭	音借		或是"拭"書誤而致
1947	塗拭	J040	《古今正字》：從手式聲。亦作飾	飾	飾 C58P0193a		拭	文義換用		
1948	柿子	J035		柿	柿 C58P0109a		柿	異體		此"柿"與表示木片義的"柿"爲同形字現象
1949	眂其	J045	《説文》視字。視，瞻也。從目氏聲	眂	眂 C58P0310a		眂			
1949	眂其	J045	亦作眎。義與視同	眎	眎 C58P0310a		眂	近義換用		"眎"乃"視"的換旁異體字
1950	舉恃	J070	時止反。恃，賴也。《韓詩》：無母何〔恃〕	恃	恃 C58P0864b		恃			

組號	詞目	卷次	字形相關釋文	所涉文字	字圖/索引	校正形體	代表字	字際關係	詞際關係	備　註
1950	舉恃	J070	古文怖,同	怖	怖 C58P0864b		恃	異體		上"古文怖"之"怖",《慧琳音義》大正本訛作"怖"
1951	若舓	J015	《説文》云:以舌取物也	舓	舓 C57P0687a		舓			
1951	若舓	J015	經作舐,非也,未詳何出	舐	舐 C57P0687a		舓	異體		慧琳所見經本作"舐",是"舓"的俗寫形體
1951	若舓	J015	或作舓、䑛,並通,皆古文舓字也	舓	舓 C57P0687a		舓	異體		"舓"指以舌舔物,《説文》正篆作"舓",《説文》或體作"䑛"
1951	舓手	J056	經文作舓、舐(踶)二形,未見所出也	舓	舓 C58P0549b	踶	舓	異體		"踶"亦是"舓"的換旁異體字
1951	若舓	J015	或作舓、䑛,並通,皆古文舓字也	䑛	䑛 C57P0687a		舓	異體		"舓"指以舌舔物,《説文》正篆作"舓",《説文》或體作"䑛"
1951	舓足	J019	或作狧、舔,又作䑛(䑛)、咶,五體皆古人隨自意作之也	䑛	䑛 C57P0772b	䑛	舓	異體		高麗本的"䑛"即"䑛"的訛字,二者形近,故有此誤
1951	舌舓	J016	經從口作呧,非也	呧	呧 C57P0718b		舓	異體		此"呧"亦是"舓"的換旁異體字
1951	舌舓	J016	《考聲》:或作狧、舓、䑛、咶,五體並古字也	咶	咶 C57P0718b		舓	異體		此亦是"舓"的換旁異體字,與表示喘息義的"咶"爲同形字現象
1951	舌舓	J016	《考聲》:或作狧、舓、䑛、咶,五體並古字也	狧	狧 C57P0718b		舓	異體		"狧"可視作"舓"的別構字
1951	舌舓	J016	《考聲》:或作狧、舓、䑛、咶,五體並古字也	舓	舓 C57P0718b		舓	異體		當是"狧"換"犬"旁爲"豸"而來
1951	舓足	J019	或作狧、舔,又作䑛(䑛)、咶,五體皆古人隨自意作之也	䝪	䝪 C57P0772b		舓	異體		此即"舓"的書寫變異字形

組號	詞目	卷次	字形相關釋文	所涉文字	字圖/索引	校正形體	代表字	字際關係	詞際關係	備　註
1951	舐耳	J078	《説文》：以舌取食也。經作蝭，非也	蝭	蝭 C58P1035b		舐			從形義關係求之，此"蝭"即"踶"的訛誤字形
1952	眂聽	J095	《説文》云：視兒也。亦古視字也	視	視 C59P0243b		視			
1952	眂聽	J095	《字書》云：瞻也。從目氏聲	眂	眂 C59P0243b		視	異體		
1953	有貰	J065	顧野王云：貰猶賒也。《説文》：貸也。從貝世聲	貰	貰 C58P0766b		貰			
1953	有貰	J065	古文作貰(貰)也	貰	貰 C58P0766b	貰	貰	異體		釋文所謂古文"貰"，乃"貰"的書寫訛誤字形
1954	饞嗜	J048		嗜	嗜 C58P0385b		嗜			
1954	饞嗜	J048	又作膳、饍二形，同	膳	膳 C58P0385b		嗜	異體		
1954	耽嗜	J069	或作晠(膳)、饍、醋	晠	晠 C58P0853a	膳	嗜	異體		此"或作晠"之"晠"乃"膳"的訛誤字形
1954	耽嗜	J069	或作晠(膳)、饍、醋	醋	醋 C58P0853a		嗜	異體		
1954	饞嗜	J048	又作膳、饍二形，同	饍	饍 C58P0385b		嗜	異體		
1955	適生	J009		適	適 C57P0567b		適			
1955	適生	J009	《三蒼》：古文適(適)、這二形，同	適	適 C57P0567b	適	適	異體		
1955	適生	J009	《三蒼》：古文適(適)、這二形，同	這	這 C57P0567b		適	正訛		此蓋是"適"的書寫訛誤字形
1956	反噬	J084	《説文》：從口筮，筮亦聲	噬	噬 C59P0085a		噬			

組號	詞目	卷次	字形相關釋文	所涉文字	字圖/索引	校正形體	代表字	字際關係	詞際關係	備　註
1956	反噬	J084	經從艸作莖，誤也	莖	莖 C59P0085a		噬	異體		此即"噬"的書寫變異字形
1957	蛇螫	J065	《説文》云：毒蟲螫蜇也，蟲行毒也。從虫赦聲	螫	螫 C58P0766a		螫			
1957	蛇螫	J065	經從赤作蛃，不成字，非也	蛃	蛃 C58P0766a		螫	異體		
1957	所螫	J037	《説文》云：螫，蟲行毒也。經從亦作螫，俗字也	螫	螫 C58P0138b		螫	異體		
1957	螫物	J031	經作螫，俗字也	螫	螫 C58P0010b		螫	正訛		此乃"螫"的書寫訛誤字形。高麗本字圖殘缺
1958	習怴	J055		怴	怴 C58P0543b		怴			
1958	習怴	J055	又作愧，翼世反。《字林》：愧，習也	愧	愧 C58P0543b		怴		近義換用	
1959	收拔	J079	《文字典説》：斂也。從攴丩聲也	收	收 C58P1058b		收			
1959	裹收	J014	從又從丩	収	収 C57P0661a		收	異體		
1959	裹收	J014	經從扌，非	扣	C57P0661a		收	異體		釋文中慧琳對字形進行了結構描述，故缺對應的字圖
1960	顯授	J030		授	授 C57P1038a		授			
1960	顯授	J030	經中作穀，非也。則天朝時偽造字也	穀	穀 C57P1038a		授	異體		
1960	天授	J087	論本作穭，偽字。此則天朝偽字也	穭	穭 C59P0121a		授	異體		此是"穀"的書寫訛變字形
1961	已售	J057	《説文》：從口從隹聲	售	售 C58P0598b		售			

組號	詞目	卷次	字形相關釋文	所涉文字	字圖/索引	校正形體	代表字	字際關係	詞際關係	備　註
1961	不隻	J004	經文從厶作隻，非也。《古今正字》：從佳從口	隻	隻 C57P0470b		售			
1962	捐瘦	J055	經作瘦，非也	瘦	瘦 C58P0532a		瘦			
1962	瘦極	J007	《説文》：瘦，臞也。正體作癡，今通作瘦，俗字也	癡	癡 C57P0522a		瘦	異體		"癡"乃"瘦"的《説文》篆體隸定形
1962	捐瘦	J055	《文字典説》云：瘦，瘠也。從疒㚟聲	㾆	㾆 C58P0532a		瘦	異體		
1963	走獸	J033	《蒼頡篇》云：獸，走者也。《廣雅》云：獸，守也	獸	獸 C58P0060a		獸			
1963	走獸	J033	經文從犬作狩。鄭注《周禮》云：冬田爲狩……非經義	狩	狩 C58P0060a		獸	分化		"狩"表示捕獵行爲，乃"獸"的後出分化字
1964	課抒	J031	《説文》云：挹酌取物也。從我（扌）予聲	抒	抒 C58P0012b		抒			
1964	課抒	J031	經序從木作杼，誤也	杼	杼 C58P0012b		抒	正訛		此乃"抒"的訛誤字形
1965	姝麗	J036	《廣雅》：美也。《小雅》：姝，好也	姝	姝 C58P0120b		姝			
1965	姝麗	J036	或作妭	妭	妭 C58P0120b		姝	異體		
1965	姝好	J027	有作侏，莊也	侏	侏 C57P0971b		姝	音借		
1966	倏而	J083	《説文》：犬走也。從犬攸聲	倏	倏 C59P0050a		倏			
1966	倏而	J083	傳從火作倐，誤也	倐	倐 C59P0050a		倏	異體		此是"倏"的一字異寫形體
1966	儵忽	J032		儵	燺 C58P0032a		倏	異體		高麗本字圖當是"儵"的書寫變體

續　表

組號	詞目	卷次	字形相關釋文	所涉文字	字圖/索引	校正形體	代表字	字際關係	詞際關係	備　註
1966	儵忽	J032	又作倏、儵二形，同	儵	倐 C58P0032a		倐	音借		此"倐"是"儵"的異體字，爲長遠義
1967	用紓	J081	《方言》云：解也。《説文》：從系（糸）予聲	紓	紓 C59P0005b		紓			
1967	用紓	J081	録文從予（帀）作紓，誤也	紓	紓 C59P0005b		紓	正訛		此是"紓"的書寫訛誤字形
1968	禾菽	J087	俗字。《考聲》云：豆也	菽	菽 C59P0130b		菽			
1968	啜菽	J094	《毛詩傳》云：菽，豆也	菽	菽 C59P0240b		菽	異體		
1968	禾菽	J087	正作此尗	尗	尗 C59P0130b		菽	異體		
1968	啜菽	J094	傳作菽，俗字也	菽	菽 C59P0240b		菽	異體		此是"菽"的書寫變體
1969	純淑	J012	正體作淑	淑	淑 C57P0621a		淑			
1969	純淑	J012	正體作淑。《毛詩傳》：淑，善也	淑	淑 C57P0621a		淑	異體		
1969	純淑	J046	或作熟。《方言》：爛熟也	熟	熟 C58P0322a		淑	音借		
1970	疏向	J059	疏，通也	疏	疏 C58P0649a		疏	異體		
1970	疏通	J034		疏	疏 C58P0080a		疏	異體		
1970	疏通	J034	經作踊，寫人誤也	踊	踊 C58P0080a		疏	正訛		此"踊"乃"疏"的書寫訛誤字形
1970	疏向	J059	《説文》作㲋。㲋，窓也。字從㐬也，從囪，象其形	㲋	㲋 C58P0649a		疏	音借		

組號	詞目	卷次	字形相關釋文	所涉文字	字圖/索引	校正形體	代表字	字際關係	詞際關係	備　註
1971	氍毹	J062	《聲類》云：毛席也。二字並從毛，瞿、俞皆聲也	毹	毹 C58P0708a		毹			
1971	氍毹	J062	或作氀毭	毭	毭 C58P0708a		毹	異體		
1972	樞闑	J081	《説文》：從木區聲也	樞	樞 C59P0021b		樞			
1972	樞闑	J081	傳文從手，非也	摳	C59P0021b		樞	正訛		慧琳所見經本的"摳"乃詞頭"樞"的書寫訛誤字形。字圖缺
1973	理攄	J098	《説文》：從手慮聲。集作攄，俗字	攄	攄 C59P0296b		攄			慧琳所見經本的寫法乃詞頭"攄"的一字異寫形體
1974	粟秫	J034	《尒雅》云：䬯（黏）粟也。《説文》：從禾术聲	秫	秫 C58P0088a		秫			
1974	粟秫	J034	經作床，非也	床	床 C58P0088a		秫		文義換用	
1975	淳熟	J006	《説文》：從灬〈音熛〉孰聲也	熟	熟 C57P0511b		熟			
1975	淳熟	J006	《字樣》作熟	熟	熟 C57P0511b		熟	異體		
1975	淳熟	J003	今通作孰，或下從灬作熟，皆隸書從省變體也，並通	孰	孰 C57P0444a		熟	分化		此"孰"是爛熟義上的本字，"熟"則是後出分化字
1975	成熟	J039	經作俶，假借用也	俶	俶 C58P0169b		熟	音借		
1976	購贖	J065	今從賣，誤也	贖	贖 C58P0767b		贖			
1976	購贖	J065	《説文》：從貝𧷓聲	贖	C58P0767b		贖	異體		"贖"乃詞頭"贖"的篆體隸定形。字圖缺

續　表

組號	詞目	卷次	字形相關釋文	所涉文字	字圖/索引	校正形體	代表字	字際關係	詞際關係	備　註
1977	鸝鴉	J004		鸝	鸝 C57P0469b		鸎	異體		
1978	庶幾	J065	《尒雅》：庶，幸也。郭璞曰：庶幾，僥倖也	庶	庶 C58P0763b		庶			
1978	庹得	J016	案庹猶冀也，望得也	庹	庹 C57P0721b		庶	異體		"庹"乃"庶"的《說文》篆體隸定形
1978	庹得	J016	經文從言作讔〈音之諾反〉，非此義也	讔	讔 C57P0721b		庶	異體		經本的"讔"或可視作"庶"的異體字
1979	洒漱	J040	《考聲》云：漱，盪也	漱	嫩 C58P0198a		漱			
1979	洒漱	J040	經文作嗽，俗字也	嗽	嗽 C58P0198a		漱	異體		洗漱義上，經本的"嗽"與詞頭的"漱"可視作換旁異體字關係
1979	漱漏	J031	經作瀨，書寫誤也	瀨	瀨 C58P0021b		漱	正訛		此是"漱"的書寫訛誤字形
1980	竦豎	J037	從臤豆作豎	豎	豎 C58P0133a		豎			"豎"是《說文》正體
1980	竦豎	J037	籀文從殳作豎	豎	豎 C58P0133a		豎	異體		"豎"是"豎"的《說文》籀文隸定形
1980	竦豎	J037	《說文》：豎，立也	豎	豎 C58P0133a		豎	異體		
1981	數作	J075	經作數，俗字也	數	敱 C58P0969b		數			
1981	數作	J075		數	數 C58P0969b		數	異體		
1982	降澍	J010	《集訓》云：時雨所灌澍潤生萬物也	澍	澍 C57P0590b		澍			
1982	降澍	J010	經文從雨作霔，謬也，多是時俗凡情妄作，不成字也	霔	霔 C57P0590b		澍	異體		時雨、透雨義上，詞條中的"澍"與"霔"爲異構字關係

續 表

組號	詞目	卷次	字形相關釋文	所涉文字	字圖/索引	校正形體	代表字	字際關係	詞際關係	備　註
1983	廣樹	J071	《廣疋》：樹，立也。凡置立皆曰樹，樹亦種殖也	樹	C58P0883b		樹			
1983	廣樹	J071	籀文作尌，同。時注反	尌	C58P0883b		樹	異體		"尌"乃"樹"的籀文隸定形
1983	燭樹	J065	或作竪，殊庾反。《説文》：竪，立也。兩通	竪	C58P0779b		樹		文義換用	
1984	洒㕞	J040	經文作刷。刷，刮也。亦通用也	刷	C58P0199a		刷			
1984	洒㕞	J040	《説文》：拭也。從又持巾在尸下也	㕞	C58P0199a		刷	異體		
1984	刷心	J094	傳文從寸作刮，誤也	刮	C59P0227a		刷			慧琳釋文中描述的形體與字圖不對應。此當是"刷"的變異字形
1985	衰耄	J009	《禮記》：年五十始衰。衰，懈也	衰	C57P0568a		衰			
1985	衰耄	J009	字體作㾐，同	㾐	C57P0568a		衰	異體		
1986	將帥	J003	《考聲》云：統領也。《集訓》云：軍將也	帥	C57P0443b		帥			
1986	將帥	J003	或作衛，或音率，亦通也	衛	C57P0443b		帥		近義換用	
1986	將帥	J005	或作衛(衛)，音同	衛	C57P0489a	衛	帥		近義換用	此"或作衛"之"衛"，乃"衛(衛)"的書寫訛誤字形
1987	蟋蟀	J066	《古今正字》二字並從虫，悉、率皆聲	蟀	C58P0799a		蟀			
1987	蟋蟀	J066	蟀或作䗨，古字也	䗨	C58P0799a		蟀	異體		

續　表

組號	詞目	卷次	字形相關釋文	所涉文字	字圖/索引	校正形體	代表字	字際關係	詞際關係	備　註
1988	兩腨	J001	今從肉	腨	腨 C57P0409b		腨			
1988	鵬腸	J028		鵬	鵬 C57P1000b		腨	異體		此蓋是"腨"的書寫訛變字形
1988	兩腨	J001	或作踹、端、膞,四形並同	端	端 C57P0409b		腨	異體		"端"亦可視作"腨"的異體字
1988	鵬腸	J028	正作腨,亦作踹、鵙、膞三體,並通	鵙	鵙 C57P1000b		腨	異體		此蓋是"端"的書寫訛變字形
1988	兩腨	J001	或作踹、端、膞,四形並同	踹	踹 C57P0409b		腨	異體		
1988	兩腨	J001	或作踹、端、膞,四形並同	膞	膞 C57P0409b		腨	異體		"膞"或可視作"腨"的異體字,《類篇》亦收錄了"膞"的該種用法
1989	雙腨	J024	《説文》:雙字從二隹〈隹是鳥〉從又	雙	雙 C57P0888b		雙			
1989	雙腨	J024	有從反(夂)作雙,非也	雙	雙 C57P0888b		雙	異體		
1989	滅雙	J068	論從雨作霯,非也	霯	霯 C58P0832b		雙	異體		
1990	爽失	J014	郭注《方言》:過也。《説文》:從炎從大	爽	爽 C57P0663a		爽			
1990	爽失	J014	經從四人,誤也	爽	C57P0663a		爽	異體		釋文所謂"經從四人"之"爽"乃"爽"的書寫變異字形。字圖缺
1991	如睡	J051	《蒼頡篇》:睡猶臥也。《説文》:寐也。從目垂聲	睡	睡 C58P0439b		睡			
1991	如睡	J051	論作媱,誤也	媱	媱 C58P0439b		睡	正訛		慧琳所見經本的"媱"乃詞頭"睡"的書寫訛誤字形

組號	詞目	卷次	字形相關釋文	所涉文字	字圖/索引	校正形體	代表字	字際關係	詞際關係	備　註
1992	飲吮	J069	《説文》：吮，欶也。從口允聲	吮	吮 C58P0843b		吮			
1992	飲吮	J069	論作㕂，非也	㕂	㕂 C58P0843b		吮	異體		
1992	飲吮	J069	或作宂（充）	宂	宂 C58P0843b	充	吮	音借		此"宂"當是"充"的訛誤字形。漢《曹全碑》有用"充"爲"吮"者
1993	目瞤	J029		瞤	瞤 C57P1029a		瞤			
1993	目瞤	J029	經從爾作瞯，非也，不成字也	瞯	瞯 C57P1029a		瞤	異體		
1994	不瞚	J009	《列子》作瞬	瞬	瞬 C57P0573a		瞬			
1994	不瞚	J009	《説文》：瞚，目開閤數摇動也	瞚	瞚 C57P0573a		瞬	異體		
1994	不瞚	J009	《通俗文》作眴，同	眴	眴 C57P0573a		瞬	異體		
1994	不瞚	J041	古作𥄙（眒）	𥄙	𥄙 C58P0213a	眒	瞬	異體		高麗本的寫法乃"眒"的書寫訛誤字形
1994	視睞	J016	疑此字傳寫錯，准經義合是瞬	睞	睞 C57P0710b		瞬	正訛		據慧琳所釋，"視睞"條之"睞"是"瞬"的書寫訛誤字形
1995	正朔	J011	正體從屰〈音逆〉作朔	朔	朔 C57P0602a		朔			
1995	正朔	J011	經文作朔，俗字也	朔	朔 C57P0602a		朔	異體		
1996	稍刺	J052		稍	稍 C58P0466a		稍			
1996	稍刺	J052	經文作槊，俗字也	槊	槊 C58P0466a		稍	異體		

續 表

組號	詞目	卷次	字形相關釋文	所涉文字	字圖/索引	校正形體	代表字	字際關係	詞際關係	備 註
1996	如楧	J010	經文作槩,俗字也	槩	槩 C57P0579a		楧	異體		此是"槩"的一字異寫形體
1996	以楧	J062	律文作搹(棚),是木名,非也	搹	搹 C58P0722a	棚	楧	異體		此是"槩"的一字異寫形體,與指稱木名的"棚"爲同形字關係
1996	舒楧	J069	論作棚,非也	棚	棚 C58P0838b		楧	異體		"棚"是"棚"的書寫變體,《校本》作"柙",誤之甚(2012:1715)
1996	戟楧	J037	經從金作鉚,非也	鉚	鉚 C58P0141a		楧	異體		是"鉚"的書寫變異字形,與"棚"書作"棚"屬同種變異現象
1996	槍楧	J035	從刪作鉚。經文非也	鉚	鉚 C58P0110a		楧	異體		是"鉚"的書寫變異字形,與"棚"書作"棚"屬同種變異現象
1996	楧刺	J052	又作鎃,江南俗字也	鎃	鎃 C58P0466a		楧	異體		所謂"江南俗字"之"鎃",也是"楧"的別構字,二者爲聲轉造字
1996	楧刺	J052	又作鉚,誤也	鉚	鉚 C58P0466a		楧			"又作鉚"之"鉚",或是"鎃"的書寫訛誤字形
1997	爍身	J041	《古今正字》從火作爍也	爍	爍 C58P0217b		爍			
1997	爍身	J041	或從金作鑠	鑠	鑠 C58P0217b		爍	音借		
1998	鑠金	J087		鑠	鑠 C59P0125a		鑠			
1998	鑠金	J087	論作爍,失義也	爍	爍 C59P0125a		鑠	音借		
1999	歆乳	J026	《三蒼》云:歆,吮也	歆	歆 C57P0955a		歆			

續　表

組號	詞目	卷次	字形相關釋文	所涉文字	字圖/索引	校正形體	代表字	字際關係	詞際關係	備　註
1999	欶乳	J026	又作嗽,同	嗽	嗽 C57P0955a		欶	異體		
1999	欶乳	J026	經文作嗽,俗字也	嗽	嗽 C57P0955a		欶	異體		
1999	吸欶	J043	經作欶,非也	欶	欶 C58P0253a		欶	異體		
2000	普照無私	J022		私	私 C57P0855a		私	異體		
2001	恖忖	J029	經作思,俗字也	思	思 C57P1015a		思			
2001	恖忖	J029	上思字,上從囟,囟音信	恖	恖 C57P1015a		思	異體		詞頭的"恖"爲"思"的《説文》篆體隸定形
2002	藕絲	J013	下絲字二系(糸)〈音覓〉,經作絲,訛也	絲	絲 C57P0658b		絲			慧琳所見經本的形體爲詞頭"絲"的書寫變異字形
2003	寒澌	J099	從氵斯聲	澌	澌 C59P0317b		澌			
2003	寒澌	J099	集從水作澌(澌),水名也,在北海	澌	澌 C59P0317b	澌	澌	異體		指稱解冰時,"澌"與慧琳所見經本的"澌"可視作異體字關係
2004	嘶破	J019	古無,今正字從口斯聲	嘶	嘶 C57P0780b		嘶			
2004	嘶破	J019	又作誓,義並同	誓	誓 C57P0780b		嘶	異體		
2004	嘶破	J019	又作廝,同	廝	廝 C57P0780b		嘶	音借		
2005	卑褫	J026	宜作廝,悉移反。《字書》:廝,佽也	廝	廝 C57P0957b		廝			
2005	卑褫	J026	或作儩	儩	儩 C57P0957b		廝	異體		

組號	詞目	卷次	字形相關釋文	所涉文字	字圖/索引	校正形體	代表字	字際關係	詞際關係	備　註
2005	卑襹	J026	經文作襹,音斯,福也。襹非此義也	襹	襹 C57P0957b		廝	音借		"卑襹"之"襹"與"廝"音同義別,乃"廝"的音借字現象
2006	盡澌	J024	《説文》:水〔索〕也。從水斯聲也	澌	澌 C57P0889a		澌			
2006	盡澌	J024	經本作賜,謂物空盡也	賜	賜 C57P0889a		澌		近義換用	
2006	都澌	J052	又作傷,同	傷	傷 C58P0478a		澌		近義換用	
2007	兜䍃	J026	又作眔、兜二形,同	兜	兜 C57P0957a		兜			
2007	兜䍃	J026	又作眔、兜二形,同	眔	眔 C57P0957a		兜	異體		
2007	兜䍃	J026	《説文》:象形也。譜作兜,俗字	兜	兜 C57P0957a		兜	異體		
2008	伺求	J001	《蒼頡篇》作伺	伺	伺 C57P0414a		伺			
2008	伺求	J001	《廣雅》作覗	覗	覗 C57P0414a		伺	異體		《大字典》"覗"下未溝通與"伺"的異體關係(2010:3909)
2008	伺求	J001	《説文》從二犬從臣作獄,訓亦同	獄	獄 C57P0414a		伺		近義換用	
2008	尋伺	J006	經作思,借音	思	思 C57P0501a		伺	音借		
2009	憑俟	J074	《尔疋》:俟,待也	俟	俟 C58P0949a		俟			
2009	憑俟	J074	下古文竢、騃、㠯三形,同	竢	竢 C58P0949a		俟	異體		
2009	憑俟	J074	下古文竢、騃、㠯三形,同	騃	騃 C58P0949a		俟	異體		

組號	詞目	卷次	字形相關釋文	所涉文字	字圖/索引	校正形體	代表字	字際關係	詞際關係	備　註
2009	憑俟	J074	下古文竢、㱾、竾三形，同	竾	竾 C58P0949a		俟	異體		
2010	耒耝	J085	《説文》：耝，從耒從呂	耝	耝 C59P0088b		耝			
2010	耒耝	J085	又作秷、鉏三(二)體	秷	秷 C59P0088b		耝	異體		
2010	耒耝	J085	又作秷、鉏三(二)體	鉏	鉏 C59P0088b		耝	音借		從慧琳釋文來看，"鉏"或可視作"耝"的異體別構
2011	繼嗣	J037	《説文》：諸侯嗣國也。從口從册司聲也	嗣	嗣 C58P0144a		嗣			
2011	繼嗣	J037	古文從子作孠	孠	孠 C58P0144a		嗣	異體		
2011	斷嗣	J075	經從扁作，誤也	扁	C58P0981a		嗣	異體		慧琳所謂"從扁"之"嗣"，是"嗣"的書寫訛變字形。字圖缺
2012	餧飤	J026	經文有作飼，俗字也	飼	飼 C57P0942b		飤			
2012	養飤	J070	或作飼（飤），俗字也	飼	飼 C58P0874a	飤	飤			高麗本"或作飼"之"飼"，乃"飤"的書寫訛誤字形
2012	餧飤	J026		飤	飤 C57P0942b		飤	異體		
2012	養飤	J073	論文作飴，弋之反。亦古字假借通用，非體也	飴	飴 C58P0924a		飤	異體		《大字典》"飴"下據《集韻》收録了"同'飤'"的用法（2010：4740）
2012	養飤	J073	《蒼頡訓詁》：飼，飽也。謂以食與人曰飤	飼	飼 C58P0924a		飤	異體		
2012	餧飤	J026	《石經》今作食。《玉篇》云：哺也	食	食 C57P0942b		飤	分化		"食"乃"飤"的母字，"飤"是後出分化字

組號	詞目	卷次	字形相關釋文	所涉文字	字圖/索引	校正形體	代表字	字際關係	詞際關係	備　註
2012	牛飼	J016	經文從口作呞，俗字，非也	呞	呞 C57P0712a		飼		文義換用	慧琳所見經本作"呞"，是"齝"的異體字，指牛反芻，與"飼"別
2013	癡騃	J030	《考聲》云：騃，人癡兒也。《蒼頡篇》：無知也	騃	騃 C57P1035b		騃			
2013	癡騃	J030	或作頸	頸	頸 C57P1035b		騃			二者關係待進一步考之
2014	物偒	J057	物空盡曰偒。偒，索	偒	偒 C58P0597a		偒			
2014	物偒	J057	又作漸，同	漸	漸 C58P0597a		偒		近義換用	
2015	嵩高	J009	《爾雅》：山大而高曰嵩	嵩	嵩 C57P0572b		嵩			
2015	嵩高	J009	又作菘，同	菘	菘 C57P0572b		嵩	音借		"菘"爲蔬菜名，與詞頭的"嵩"義迥別
2016	恐悚	J040	杜注《左傳》云：悚，懼也	悚	悚 C58P0195b		悚			
2016	恐悚	J040	《説文》作此愯，亦懼也。從心雙省聲	愯	愯 C58P0195b		悚	異體		文獻中"悚"字流行
2016	恐悚	J040	《字書》亦作慫	慫	慫 C58P0195b		悚	異體		"慫"又"愯"的一字異體
2016	震悚	J057	又作竦，同	竦	竦 C58P0599b		悚	音借		
2016	震悚	J057	經文作聳，非也	聳	聳 C58P0599b		悚		近義換用	
2017	竦肩	J048		竦	竦 C58P0378a		竦			"竦"本指恭敬，轉而指竦立、向上一類用法，後者即經義所取

組號	詞目	卷次	字形相關釋文	所涉文字	字圖/索引	校正形體	代表字	字際關係	詞際關係	備　註
2017	竦肩	J048	古文靖(竦)、慢、愯三形,今作聳,同	靖	靖 C58P0378a	竦	竦			高麗本的"靖"是"竦"的書寫訛誤字形
2017	竦肩	J048	古文靖(竦)、慢、愯三形,今作聳,同	慢	慢 C58P0378a		竦	音借		"慢"是"懷"的異體字,爲恐懼義
2017	竦肩	J048	古文靖(竦)、慢、愯三形,今作聳,同	愯	愯 C58P0378a		竦	音借		"愯"主要表示驚懼、恐懼義
2017	竦肩	J048	古文靖(竦)、慢、愯三形,今作聳,同	聳	聳 C58P0378a		竦	音借		
2018	毛聳	J037	《古今正字》從耳從,形聲字也	聳	聳 C58P0134a		聳			"聳"取驚懼義
2018	毛聳	J037	衛宋或從心作愯	愯	愯 C58P0134a		聳		近義換用	
2018	聳耳	J058	古文竦、慢、愯三形,同	竦	竦 C58P0607b		聳		近義換用	
2018	聳耳	J058	古文竦、慢、愯三形,同	慢	慢 C58P0607b		聳		近義換用	
2018	聳茂	J060	正從立作竦。悚、竦,上二俱通	悚	悚 C58P0674b		聳		近義換用	
2019	諷頌	J004	鄭玄云:背文曰諷,以聲節之曰頌	頌	頌 C57P0458a		頌			
2019	諷頌	J004	或作誦	誦	誦 C57P0458a		頌	音借		"誦"是朗誦義之本字,與"頌"爲典型的本字不用、借字通行現象
2019	諷頌	J004	《説文》作訟也	訟	訟 C57P0458a		頌	音借		"訟"亦可表示頌揚義,與"頌"也是音借字關係
2020	諷誦	J006	《説文》中二字互相訓,諷即誦也,誦亦諷也	誦	誦 C57P0499b		誦			
2020	諷誦	J006	經文從公作頌,雖通俗用,然非本字,本音容	頌	頌 C57P0499b		誦	音借		

續　表

組號	詞目	卷次	字形相關釋文	所涉文字	字圖/索引	校正形體	代表字	字際關係	詞際關係	備　註
2021	精捜	J084	論文作搜,俗字也	搜	C59P0073b		搜			
2021	精捜	J084	《説文》:從手叜聲	捜	C59P0073b		搜	異體		“捜”乃“搜”的《説文》篆體隸定形
2021	獀狩	J095	正作此搜,恐誤也。以意求之,合作此捜字	獀	C59P0256b		搜	音借		
2022	万椶	J083	傳從舟作艘,俗字也	艘	C59P0053b		艘			
2022	十艘	J090	正體艘字也	艘	C59P0178a		艘	異體		
2022	万椶	J083	從木叜聲	椶	C59P0053b		艘	異體		此與“樓”爲一字異寫
2022	十艘	J090	或從木作椶,用同	椶	C59P0178a		艘	異體		
2023	老叟	J082	俗字也。《考聲》云:老稱也……今俗通用作叟	叟	C59P0036a		叟			
2023	老叟	J082	古作叜、寎,皆古字也	叜	C59P0036a		叟	異體		
2023	老叟	J082	古作叜、寎,皆古字也	寎	C59P0036a		叟	異體		
2023	老叟	J082	古今多有異體同音,或作傁	傁	C59P0036a		叟	異體		
2023	鰥叜	J098	舜父也。或俗作叟。集作夐,非也	夐	C59P0308b		叟	正訛		此當是“叟(叜)”的書寫訛誤字形
2023	老叜	J031	經文作瘦,非此義	瘦	C58P0024a		叟	音借		
2024	溲麨	J039		溲	C58P0180b		溲			

組號	詞目	卷次	字形相關釋文	所涉文字	字圖/索引	校正形體	代表字	字際關係	詞際關係	備　註
2024	溲麨	J039	和也。正作浚	浚	浚 C58P0180b		溲	異體		"浚"乃"溲"的《説文》篆體隸定形
2024	麨浚	J038	從水参聲。或從米作粎	粎	粎 C58P0156b		溲	異體		此即"溲"的換旁異體字
2025	瞽瞍	J088	鄭注《禮記》：有目無眸子曰瞍。《説文》：從目叜聲	瞍	瞍 C59P0142b		瞍	異體		
2025	瞽瞍	J088	集文作宎，非也	宎	宎 C59P0142b		瞍	音借		
2026	斗撖	J056		撖	撖 C58P0547b		撖			
2026	斗撖	J056	又作藪，同	藪	藪 C58P0547b		撖	音借		
2026	抖揀	J060	此二字無定體，譯經者隨意作之	揀	揀 C58P0657b		撖	音借		
2027	林藪	J029	澤無水曰藪。《説文》：大澤也。從草，形聲字	藪	藪 C57P1022a		藪			
2027	林藪	J029	或從竹，亦通也	籔	C57P1022a		藪	音借		釋文中慧琳對字形進行了結構描述，故缺對應的字圖
2028	欬嗽	J014	俗字也	嗽	嗽 C57P0664a		嗽			
2028	欬嗽	J014	正作瘶。《考聲》：氣衝喉也	瘶	瘶 C57P0664a		嗽	異體		《大字典》釋作"咳嗽"（2010：2881），未溝通與"嗽"的異體關係
2028	聲瘶	J078	《考聲》：氣衝喉也。亦作遬，俗作欶	欶	欶 C58P1051a		嗽	異體		
2028	聲瘶	J078	《考聲》：氣衝喉也。亦作遬，俗作欶	遬	遬 C58P1051a		嗽	音借		"遬"爲迅速、急促一類用法

組號	詞目	卷次	字形相關釋文	所涉文字	字圖/索引	校正形體	代表字	字際關係	詞際關係	備　註
2028	欻嗽	J014	或作趒,亦同也	趒	趒 C57P0664a		嗽	音借		此或即"趒"的換旁異體字
2029	可穌	J100	《聲類》:更生也。《古今正字》:從禾魚聲	穌	穌 C59P0343b		蘇	異體		詞頭的"穌"取蘇息、醒悟義,乃"蘇"的異體字
2029	可穌	J100	集作甦,大周朝偽字,非也	甦	甦 C59P0343b		蘇	異體		"甦"亦可視作"蘇"在該用法上的異體字
2030	㴑流	J063	《説文》云:水欲下違而上也。從水從㴑省聲也	㴑	㴑 C58P0729a		泝	異體		《説文》篆體隸定形作"㴑","泝"則是省變體
2030	沿泝	J031	《説文》:㴑,水欲下違而上也。二字並從水	泝	泝 C58P0014a		泝	異體		"沿㴑"之"㴑"爲"㴑"的書寫變異字形
2030	遡來	J098	《尔雅》云:逆流而上曰泝洄也	遡	遡 C59P0310a		泝	異體		"遡"又"㴑"的《説文》"或體"
2030	㴑水	J056	古文㴑,同	㴑	㴑 C58P0570a		泝	異體		所謂"古文"之"㴑",亦是"㴑"的書寫變異字形
2031	阿遬	J055	今作速,同	速	速 C58P0529a		速			"阿遬"之"遬"爲人名用字
2031	阿遬	J055	籀文作遬	遬	遬 C58P0529a		速	異體		"遬"爲"速"的《説文》籀文隸定形
2031	阿遬	J055	古文作警	警	警 C58P0529a		速	異體		"警"爲"速"的《説文》古文隸定形
2032	傃和	J099	鄭注《禮記》云:傃猶向也。《廣雅》:經也	傃	傃 C59P0311a		傃			
2032	傃和	J099	或從辵作遡也	遡	遡 C59P0311a		傃		近義換用	
2033	號訴	J013		訴	訴 C57P0654b		訴	異體		此是"訴"的書寫訛變字形
2033	號訴	J013	《説文》作譄,告也	譄	譄 C57P0654b		訴	異體		"譄"乃"訴"的《説文》篆體隸定形

組號	詞目	卷次	字形相關釋文	所涉文字	字圖/索引	校正形體	代表字	字際關係	詞際關係	備　註
2033	誚諸鬼神	J031	或作誚、愬	誚	誚 C58P0008a		訴	異體		
2033	誚諸鬼神	J031	或作誚、愬	愬	愬 C58P0008a		訴	異體		
2034	敢遡	J087	鄭注《禮記》云：遡猶向也……從辵朔聲	遡	遡 C59P0124a		遡			
2034	敢遡	J087	亦從人作傃	傃	傃 C59P0124a		遡		近義換用	
2035	榍楸	J054		楸	楸 C58P0524a		楸			
2035	榍楸	J054	下又作槭，同	槭	槭 C58P0524a		楸	異體		
2036	櫹椮	J099	《說文》：櫹椮，木長兒也。並從木，肅、參皆聲	櫹	櫹 C59P0329a		櫹			
2036	櫹椮	J099	集從蕭作櫹，誤也	櫹	櫹 C59P0329a		櫹	正訛		
2037	宿殖	J002	《考聲》云：宿，久也	宿	宿 C57P0435b		宿			
2037	宿殖	J002	《說文》：止也。從宀〈音綿〉佰聲	宿	宿 C57P0435b		宿	異體		"宿"爲"宿"的《說文》篆體隸定形，"宿"則是傳承變異字形
2038	痠疼	J079	《說文》：痠亦疼也。從疒，形聲字	痠	痠 C58P1054b		痠			
2038	痠疼	J055	從疒夋聲	痠	痠 C58P0530b		痠	異體		
2039	莊箏	J009	字從竹從弄，言常弄不誤也	箏	箏 C57P0562a		箏			
2039	莊箏	J009	下古文𥱤，同	𥱤	𥱤 C57P0562a		箏	異體		

組號	詞目	卷次	字形相關釋文	所涉文字	字圖/索引	校正形體	代表字	字際關係	詞際關係	備　註
2040	香荽	J070	又作荽	荽	荽 C58P0863b		荽			
2040	香荽	J070	《韻略》云：胡荽，香菜也	荽	荾 C58P0863b		荽	異體		
2040	胡荽	J081	傳作荾，書錯也	荾	荾 C59P0016a		荽	異體		
2040	香荽	J070	《字苑》作葰，同	葰	葰 C58P0863b		荽	音借		此"葰"是"莜"的異體字，爲薑類植物，與"荽"別
2041	綏化	J075	《尔疋》：綏，安也	綏	綏 C58P0984b		綏			
2041	娞恤	J034	《尒雅》：娞，安也	娞	娞 C58P0093a		綏	異體		
2042	筋骨髓	J019	從骨隨省聲	髓	髓 C57P0784b		髓			
2042	筋骨髓	J019	《説文》作髊，云骨中脂也	髊	髊 C57P0784b		髓	異體		
2042	筋骨髓	J019	正體從陸作䯝（隋）	隋	䯝 C57P0784b	隋	髓	異體		
2043	病祟	J043		祟	祟 C58P0255b		祟			
2043	病祟	J043	經作崇，非也	崇	祟 C58P0255b		祟	異體		"祟"本由"祟"書誤而致，然文獻中用之既多，其地位便被認可
2044	碎金	J005	《考聲》云：碎，散也，壞也	碎	碎 C57P0486a		碎			
2044	碎金	J005	或作瓶，瓶由瓦瓶也。非此義	瓶	瓶 C57P0486a		碎		近義換用	段玉裁《説文解字註》亦認爲二者音同義別
2045	隧隥	J068	杜注《左傳》：隧，道也。《説文》：從𨸏遂聲	隧	隧 C58P0829b		隧			

組號	詞目	卷次	字形相關釋文	所涉文字	字圖/索引	校正形體	代表字	字際關係	詞際關係	備　註
2045	隧隘	J068	論從土作璲,非也	璲	璲 C58P0829b		隧	異體		
2046	從燧	J033	《文字典説》:從火遂聲	燧	燧 C58P0061b		燧			"燧"指古時取火的工具,文獻通作"燧"
2046	陽燧	J044	又云樫(燧),謂取火於日者也	樫	樫 C58P0292a	燧	燧			高麗本《慧琳音義》的"樫"乃"燧"的訛字
2046	鑽燧	J085	古作燓、鑒、樫(燧)、鐩,五體並通	樫	樫 C59P0088a	燧	燧			"樫"指木名。從異文情況論之,此"樫"即"燧"的誤書
2046	鐩火	J040	亦作燧	燧	燧 C58P0198b		燧	異體		
2046	鑽燧	J085	古作燓、鑒、樫(燧)、鐩,五體並通	燓	燓 C59P0088a		燧	異體		
2046	陽燧	J044	古文作燓、鑒二形	燓	燓 C58P0292a		燧	異體		
2046	陽燧	J044	今作燓	燓	燓 C58P0292a		燧	異體		此是"燓"的書寫變異字形
2046	陰燧	J073	今作燓	燓	燓 C58P0933a		燧	異體		此亦是"燓"的書寫變異字形
2046	從燧	J033	《説文》或從金作鑒	鑒	鑒 C58P0061b		燧		近義換用	"鑒""鐩""鐩",指陽燧,爲古時取火的銅鏡,後期由"燧"字記録
2046	鑽燧	J046	又作墜,同	墜	墜 C58P0336b		燧			此"又作墜"之"墜",當是"燓"或"鑒"的訛誤字形
2046	鑽燧	J085	古作燓、鑒、樫(燧)、鐩,五體並通	鐩	鐩 C59P0088a		燧		近義換用	"燧"組字與"鑒"組字義相關而别,可視作近義換用關係
2046	鐩火	J040		鐩	鐩 C58P0198b		燧		近義換用	

組號	詞目	卷次	字形相關釋文	所涉文字	字圖/索引	校正形體	代表字	字際關係	詞際關係	備　註
2046	從燧	J033	《考聲》或從車作轐	轐	轐 C58P0061b		燧	音借		
2047	房穗	J048	穗,《説文》: 禾成秀,人所收者曰穗也	穗	穗 C58P0381b		穗			
2047	房穗	J048	又作采,同	采	采 C58P0381b		穗	異體		
2048	穟既	J019		穟	穟 C57P0772a		穟			
2048	穟既	J019	亦作邃	邃	邃 C57P0772a		穟	異體		
2048	穟既	J019	衛宏作穟	穟	穟 C57P0772a		穟	異體		
2048	穟既	J019	樊恭作穟,並通	穟	穟 C57P0772a		穟	異體		
2048	穟既	J019	或作穗	穗	穗 C57P0772a		穟		文義換用	“穗”“采”,指禾穗,與“穟”相關而有別
2048	赤穟	J062	亦作采	采	采 C58P0717b		穟		文義換用	“穗”“采”,指禾穗,與“穟”相關而有別
2049	深邃	J047	《説文》: 邃,深遠也	邃	邃 C58P0355a		邃			
2049	深邃	J047	古文作㸟,同	㸟	㸟 C58P0355a		邃	音借		
2050	爲總	J019	《説文》: 蜀白細布也。凡布細而疏者謂之總也	總	總 C57P0777b		總			
2050	爲總	J019	又作繐,二形同	繐	繐 C57P0777b		總	異體		《説文》分“總”“繐”爲二體,但《玉篇》《四聲篇海》等將其視作異體

組號	詞目	卷次	字形相關釋文	所涉文字	字圖/索引	校正形體	代表字	字際關係	詞際關係	備　註
2051	鷹隼	J032	正作隼	隼	隼 C58P0038b		隼			
2051	鷹隼	J032	或作鶽	鶽	鶽 C58P0038b		隼	異體		
2052	簊業	J099		簊	簊 C59P0318b		簊			
2052	簊業	J099	或從木作楔	楔	楔 C59P0318b		簊	異體		
2052	簊業	J099	集作萐,非也	萐	萐 C59P0318b		簊	音借		
2053	擲梭	J058	謂織梭行緯者也	梭	梭 C58P0625a		梭			
2053	擲梭	J058	又作捘（梭）、筊二形,同	筊	筊 C58P0625a		梭	異體		
2053	擲梭	J058	又作捘（梭）、筊二形,同	捘	捘 C58P0625a	梭	梭	異體		高麗本釋文中"又作捘"之"捘",乃"梭"的書誤
2054	舌縮	J043	《國語》:盈縮轉訛。賈逵曰:縮,退也	縮	縮 C58P0260b		縮			
2054	舌縮	J043	《字書》作搐,同	搐	搐 C58P0260b		縮		近義換用	
2054	縮眉	J040	亦作榙（搐）	榙	榙 C58P0195b	搐	縮		近義換用	高麗本"亦作榙"之"榙",乃"搐"的書寫訛誤字形
2054	舌縮	J043	經作㗙,非也	㗙	㗙 C58P0260b		縮	異體		此當是"縮"字換從"口"旁而成
2055	摩挱	J057	《古今正字》:從手沙聲	挱	挱 C58P0586a		挲	異體		詞頭的"挱"爲"挲"的異體字
2055	摩挱	J057	經從少作抄,誤遺脱也	抄	抄 C58P0586a		挲	正訛		慧琳所見經本作"抄",乃"挱"的書寫訛誤字形

組號	詞目	卷次	字形相關釋文	所涉文字	字圖/索引	校正形體	代表字	字際關係	詞際關係	備　註
2056	以索亡珠	J018	今隸書通作索，變體書也	索	索 C57P0749b		索			
2056	以索亡珠	J018	正作紮……故從宋〈普末反〉從糸，象形字也	紮	紮 C57P0749b		索	異體		"紮"是"索"的《説文》篆體隸定變異字形
2056	以索	J009	經有作却，訛	却	却 C57P0573b		索	正訛		慧琳所見經本作"却"，或即"索"的訛誤字形
2057	寶瑣	J040		瑣	瑣 C58P0194a		瑣			
2057	寶瑣	J040	《廣雅》云：瑣，連也……《説文》：從玉貨聲	瑣	瑣 C58P0194a		瑣	異體		
2057	寶瑣	J040	亦作璅，非也	璅	璅 C58P0194a		瑣	異體		此亦可視作"瑣"的異體字，"鎖"又作"鏁"，可相比勘
2058	緄鎖	J083	《説文》：從金貨聲	鎖	鎖 C59P0050a		鎖			
2058	鎖械	J042	《説文》：從金貨聲	鎖	鎖 C58P0238b		鎖	異體		
2058	緄鎖	J083	傳從巢作鏁，俗字也	鏁	鏁 C59P0050a		鎖	異體		"瑣"亦作"璅"，可相比勘
2058	骨鎖	J067	論文作髒，非也。檢諸字書，悉無此髒字也	髒	髒 C58P0804a		鎖	異體		此"髒"乃"鎖"字換從"骨"旁而成，爲文字類化現象
2058	骨鎖	J070	論文從玉作瑣，玉聲，非此用也	瑣	瑣 C58P0861b		鎖	分化		在連環、鎖鏈義上，"鎖"爲"瑣"的後出分化字
2058	韠鎖	J049	《説文》從玉作璅	璅	璅 C58P0403a		鎖			"璅"是"瑣"的異體字
2059	佛塔	J034	或云塔婆，或作偷婆。此云方墳，亦言廟，一義也	塔	塔 C58P0086a		塔			

組號	詞目	卷次	字形相關釋文	所涉文字	字圖/索引	校正形體	代表字	字際關係	詞際關係	備　註
2059	佛塔	J034	經文從革作鞈，公帀反，橐也，亦防汗也。鞈非此義也	鞈	鞈 C58P0086a		塔	音借		
2060	獺皮	J058	《說文》：形如小犬，水居食魚者也	獺	獺 C58P0619b		獺			
2060	獺皮	J058	律文作狚，非也	狚	狚 C58P0619b		獺	音借		
2060	獺皮	J058	又作𪖶、蠇、蛆、螳等形，並非也	𪖶	𪖶 C58P0619b		獺	音借		
2060	獺皮	J058	又作𪖶、蠇、蛆、螳等形，並非也	蠇	蠇 C58P0619b		獺	音借		
2060	獺皮	J058	又作𪖶、蠇、蛆、螳等形，並非也	蛆	蛆 C58P0619b		獺	音借		
2060	獺皮	J058	又作𪖶、蠇、蛆、螳等形，並非也	螳	螳 C58P0619b		獺	音借		
2061	渣沱	J099	《說文》：渣，溢也。從水沓亦聲	渣	渣 C59P0326a		渣			
2061	渣沱	J099	集作沓，非也	沓	沓 C59P0326a		渣	音借		
2062	牀榻	J043	《考聲》云：小版牀也	榻	榻 C58P0270b		榻			
2062	搨（榻）坐	J015	《釋名》云：牀陿而長曰榻。從木鴁聲也	搨	搨 C57P0695b	榻	榻			高麗本"搨坐"條之"搨"，乃"榻"的書寫訛誤字形
2062	牀榻	J043	經文作㯓，非也	㯓	㯓 C58P0270b		榻	異體		
2063	氄毨	J052	《通俗文》：毛蓐細者曰氄毨	氄	氄 C58P0467a		氄			
2063	氄毨	J052	經文作毧，非也	毧	毧 C58P0467a		氄	異體		

組號	詞目	卷次	字形相關釋文	所涉文字	字圖/索引	校正形體	代表字	字際關係	詞際關係	備 註
2063	毻壁	J010	經文作闠,非體也	闠	闋 C57P0584b		毻	音借		
2064	鞭撻	J018	《古今正字》:從手達聲也	撻	撻 C57P0752b		撻			
2064	鞭撻	J043	《考聲》云:撻亦鞭也	撻	撻 C58P0270b		撻	異體		此乃"撻"的一字異寫形體,"澾"或又作"澾",可相比勘
2064	鞭撻	J018	古文作敤、撻、摨	敤	敤 C57P0752b		撻	異體		
2064	鞭撻	J018	古文作敤、撻、摨	撻	撻 C57P0752b		撻	異體		
2064	鞭撻	J018	古文作敤、撻、摨	摨	摨 C57P0752b		撻	異體		
2064	楚撻	J026	撻,古文作撻,用同也	撻	撻 C57P0933b		撻	異體		
2064	鞭撻	J097	《説文》:從手達聲。集從革作韃,非也	韃	韃 C59P0292a		撻	異體		
2064	鞭撻	J043	經作靼,非也	靼	靼 C58P0270b		撻	音借		
2065	搏踏	J055		踏	踏 C58P0544b		踏			
2065	搏踏	J055	下又作蹋,同……蹋,足踐也	蹋	蹋 C58P0544b		踏	異體		
2065	踐蹹	J069	論作蹹,俗字也	蹹	蹹 C58P0841b		踏	異體		
2065	抱踢	J099	集從弁作踗,字書無此字	踗	踗 C59P0327a		踏	異體		此爲"蹋"的書寫變異字形
2066	流澾	J063	《説文》亦澾,滑跌過也。從水達聲	澾	澾 C58P0733b		澾			

組號	詞目	卷次	字形相關釋文	所涉文字	字圖/索引	校正形體	代表字	字際關係	詞際關係	備　註
2066	流漨	J063		漨	漨 C58P0733b		漨	異體		
2067	喔水	J058	《埤蒼》：喔，歠也	喔	喔 C58P0624b		喔			
2067	喔水	J058	律文作唶，非體也	唶	唶 C58P0624b		喔	音借		
2068	指韝	J058	《說文》：揸也。以皮爲之，今射韝是也	韝	韝 C58P0618b		韝			
2068	指韝	J058	今作帴，同	帴	帴 C58P0618b		韝	音借		
2069	炱煤	J058	煙塵也。《通俗文》：積烟以爲炱煤	炱	炱 C58P0617a		炱			
2069	炱煤	J058	律文作燵炦，非體也	燵	燵 C58P0617a		炱	異體		經本的"燵"當是"炱"的異體字
2070	妖態	J038		態	態 C58P0153b		態			
2070	妖態	J038	下文作儱，同	儱	儱 C58P0153b		態	異體		
2070	姿態	J015	或從人作儱也	儱	儱 C57P0692a		態	異體		此即"態"的增旁異體字
2071	貪餤	J016	杜注《左傳》云：貪食曰饕，貪財曰餤	貪	貪 C57P0714b		貪			
2071	貪餤	J016	經文作饕，亦通也	饕	饕 C57P0714b		貪		文義換用	
2072	河潬	J035	或作灘，俗字之者	灘	灘 C58P0102a		灘			
2072	河潬	J035	《古今正字》：水中處曰潬。形聲字	潬	潬 C58P0102a		灘	異體		

組號	詞目	卷次	字形相關釋文	所涉文字	字圖/索引	校正形體	代表字	字際關係	詞際關係	備　註
2072	砂潬	J037	經文從土作坦，非也	坦	坦 C58P0142b		灘	音借		"坦"爲平坦字，乃"灘"的音借字現象
2072	洲潬	J047	論文作埏，音延，八埏之地也。亦埏道也。埏非此用	埏	埏 C58P0346b		灘		文義換用	
2073	倓然	J065	《説文》：倓，安也。《廣雅》：倓，静也	倓	倓 C58P0763b		倓			
2073	倓然	J065	今皆作淡	淡	淡 C58P0763b		倓		文義換用	
2074	聲覃	J077	大篆從西作覃，略也。今俗用下從卑者，誤也	覃	覃 C58P1028b		覃			
2074	聲覃	J077	《説文》：長味也。從㫄從鹹省作𪉷	𪉷	𪉷 C58P1028b		覃	異體		《説文》籀文作"𪉷"
2074	覃淟	J083	《説文》作𪉷	𪉷	𪉷 C59P0058a		覃	異體		《説文》篆體隸定作"𪉷"
2074	覃淟	J083	古之(文)作𠅂	𠅂	𠅂 C59P0058a		覃	異體		《説文》古文隸定作"𠅂"
2075	痰膿	J005	《字書》云：痰，胷中病	痰	痰 C57P0479a		痰			
2075	痰膿	J005	經從水作淡，乃無味，復是去聲字也	淡	淡 C57P0479a		痰	音借		指稱痰液時，慧琳所見經本的"淡"是"痰"的通假用法
2076	潭潭	J036	潭，閑也。深也。亦形聲之字也	潭	潭 C58P0118b		潭			
2076	潭潭	J036	作灘者，非古文之字也	灘	灘 C58P0118b		潭	音借		
2076	潭水	J073	論文作澹，徒濫反，安也，澹非此義	澹	澹 C58P0933b		潭	音借		
2077	金罌	J026	經作壜，俗字也	壜	壜 C57P0956a		壜			

組號	詞目	卷次	字形相關釋文	所涉文字	字圖/索引	校正形體	代表字	字際關係	詞際關係	備　註
2077	金罌	J026	《考聲》云：罌，瓦器也。《集訓》云：亦瓶屬	罌	罋 C57P0956a		壜	異體		
2077	石壜	J058	律文作琰，非也	琰	琰 C58P0606a		壜	音借		"琰"與"壜"別
2078	坦然	J019	《説文》：坦，安也。《廣雅》：坦，平也	坦	坦 C57P0787b		坦			
2078	坦然	J019	經文作憻，非也	憻	憻 C57P0787b		坦	異體		"憻"乃"坦"在安、寬用法上的別構字。異體字組不同形體功能不均等
2079	偏袒	J010	從衣旦聲	袒	袒 C57P0595b		袒			
2079	偏袒	J010	《説文》：從肉從亶作膻	膻	膻 C57P0595b		袒	音借		袒露義上，"膻"乃"袒"的音借字現象
2080	黃毬	J015		毬	毬 C57P0705b		毬			
2080	黃毬	J015	或作毿。《考聲》云：纖毛爲之，出吐蕃	毿	毿 C57P0705b		毬	異體		
2080	毬毹	J024	亦作毬	毬	毬 C57P0899b		毬	音借		
2080	毬毹	J024	又作氀	氀	氀 C57P0899b		毬	音借		
2081	探賾	J001	變體俗字也	探	探 C57P0405a		探			
2081	探賾	J001	古文從突作揆	揆	揆 C57P0405a		探	異體		
2081	撢賾	J085	《説文》：遠取也。從手罙聲也。罙音深，從穴從求	撢	撢 C59P0087a		探	異體		此亦是"探"的一字異寫形體

組號	詞目	卷次	字形相關釋文	所涉文字	字圖/索引	校正形體	代表字	字際關係	詞際關係	備　註
2082	嘆咤	J052		嘆	嘆 C58P0453a		嘆			
2082	嘆咤	J052	古文歎、鸏二形，同	歎	歎 C58P0453a		嘆	異體		"嘆"與釋文中溝通的"歎""鸏"並可視作異體關係
2082	嘆咤	J052	古文歎、鸏二形，同	鸏	鸏 C58P0453a		嘆	異體		段注對"嘆""歎"的用法進行了區分
2083	排湯	J052		湯	湯 C58P0474b		湯			
2083	排湯	J052	經文作欓（擋），都郎反。推也	欓	欓 C58P0474b	擋	湯	音借		
2084	其鐺	J098		鐺	鐺 C59P0306b		鐺			
2084	其鐺	J098	或從豆〈音注〉作䛥	䛥	䛥 C59P0306b		鐺	近義換用		
2084	其鐺	J098	又從鼓作鼟	鼟	鼟 C59P0306b		鐺	近義換用		"䛥"與"鼟"爲異體字關係
2084	其鐺	J098	《字林》或作闔、襲	襲	襲 C59P0306b		鐺	近義換用		
2084	其鐺	J098	《字林》或作闔、襲	闔	闔 C59P0306b		鐺	近義換用		
2084	其鐺	J098	韻作闒也	闒	闒 C59P0306b		鐺	音借		
2085	唐勞	J046		唐	唐 C58P0319a		唐			
2085	磨受	J003	《字書》云：虛也。《説文》：從庚，從口	磨	磨 C57P0446b		唐	異體		此乃"唐"的一字異寫形體
2085	唐勞	J046	《字詁》：古文碭、喝二形，同	喝	喝 C58P0319a		唐	異體		"喝"即"唐"的《説文》古文隸定字形

組號	詞目	卷次	字形相關釋文	所涉文字	字圖/索引	校正形體	代表字	字際關係	詞際關係	備　註
2085	唐勞	J046	《字詁》：古文碭（敭）、碭二形，同	碭	碭 C58P0319a	敭	唐	異體		玄應本釋此詞作"碣"，乃"敭"變作"錫"，進而訛作"碣""碭"
2085	唐突	J046	字體作搪掗二形，同	搪	搪 C58P0319b		唐	音借		
2086	堤塘	J051	塘者，培土爲路也。塘亦堤也	塘	塘 C58P0440b		塘			
2086	堤塘	J051	或從阜作隯也	隯	隯 C58P0440b		塘	異體		
2086	莫搪	J045	《廣雅》云：搪，掗也。《古今正字》義同，從手唐聲	搪	搪 C58P0314b		搪			
2086	莫搪	J045	經文作棠，是木名，乖於義也	棠	棠 C58P0314b		搪	音借		
2087	踢突	J046	《考聲》：踢，跌也	踢	踢 C58P0330a		踢			
2087	踢突	J046	案字宜作搪掗二形也	搪	搪 C58P0330a		踢	音借		
2087	踢突	J046	今作遏，同	遏	遏 C58P0330a		踢		近義換用	
2088	油糖	J048	餳餔也，又沙糖也。煎甘蔗汁作之	糖	糖 C58P0380b		糖			
2088	油糖	J048	又作餹，同	餹	餹 C58P0380b		糖	異體		
2089	儻能	J075	謂不定辭也	儻	儻 C58P0984a		儻			
2089	儻能	J075	經文作讜，當朗反，直言是也。讜非此義	讜	讜 C58P0984a		儻	音借		
2090	寶絛	J037	《説文》：從糸從攸聲	絛	絛 C58P0139b		絛			

組號	詞目	卷次	字形相關釋文	所涉文字	字圖/索引	校正形體	代表字	字際關係	詞際關係	備　註
2090	寶絛	J037	經作綃，俗字也	綃	綃 C58P0139b		絛	異體		"綃"又可作爲"韜"的異體字，與作爲"絛"的異體字之"綃"同形
2090	金絛	J069	論從韋作韜	韜	韜 C58P0847a		絛	音借		
2091	搯叩	J075	《説文》：從手舀聲	搯	搯 C58P0970a		搯			
2091	搯叩	J075	《考聲》云：深取也。或作掏	掏	掏 C58P0970a		搯	異體		挖取義上，段玉裁、王念孫均認爲"搯""掏"爲一字異體
2092	淘米	J057	《文字典説》：從水壽聲	濤	濤 C58P0597a		濤			
2092	淘米	J057	經作洮，非經義也	洮	洮 C58P0597a		濤		文義換用	淘洗義上，"濤""洮"宜視作詞義換用現象
2093	韜真	J064	《説文》：劍衣也。從韋舀聲	韜	韜 C58P0759b		韜			
2093	韜真	J064	或作綢	綢	綢 C58P0759b		韜	音借		
2094	饕餮	J028		饕	饕 C57P1000a		饕			
2094	饕餮	J028	古文叨、叼二形，同	叼	叼 C57P1000a		饕	異體		"叼"是"饕"的《説文》"或體"
2094	饕餮	J028	古文叨、叼二形，同	叨	叨 C57P1000a		饕	異體		
2095	號咷	J028	號咷，大泣也	咷	咷 C57P1000a		咷			
2095	號咷	J028	經文作啅，陟角反。啅非字義也	啅	啅 C57P1000a		咷		文義換用	
2096	逃迸	J092	《説文》云：亾也。從辵兆聲	逃	逃 C59P0205b		逃			

組號	詞目	卷次	字形相關釋文	所涉文字	字圖/索引	校正形體	代表字	字際關係	詞際關係	備　註
2096	逃迸	J092	傳文作迸,俗字也	迸	迸 C59P0205b		逃	異體		"洮"又作"泄",可相比勘
2097	臨泄	J097	集作洮,俗字也	洮	洮 C59P0277b		洮			
2097	臨泄	J097		泄	泄 C59P0277b		洮	異體		
2098	陶師	J013	今經中從卓作陶。陶,丘也。相承用,亦通也	陶	陶 C57P0648b		陶			
2098	陶師	J013	正作匋。《考聲》云:瓦竈也。昆吾所作	匋	匋 C57P0648b		陶	音借		二者爲本字不用、借字通行類現象
2099	蒲萄朵	J039		萄	萄 C58P0176b		萄			
2099	蒲萄朵	J039	經作桃,非也	桃	桃 C58P0176b		萄	音借		此是"桃"的一字異寫
2100	播鼗	J033	鼗如鼓而小,持其柄搖之者也,旁還自擊	鼗	鼗 C58P0056b		鼗			
2100	法鞉	J019	亦作鼙	鼙	鼙 C57P0781a		鼗	異體		
2100	播鼗	J033	又作鞀、鞉、鼗(磬)三形,同	鞀	鞀 C58P0056b		鼗	異體		《説文》正篆作"鞀","或體"作"鞉""鼙","籀文"作"磬"
2100	法鞉	J019	亦作鞉	鞉	鞉 C57P0781a		鼗	異體		
2100	播鼗	J033	又作鞀、鞉、鼗(磬)三形,同	鞉	鞉 C58P0056b		鼗	異體		
2100	播鼗	J033	又作鞀、鞉、鼗(磬)三形,同	磬	磬 C58P0056b	磬	鼗	異體		"磬"是"韶"的異體
2100	法鞉	J019	籀文作磬(磬)	磬	磬 C57P0781a	磬	鼗	異體		"磬"是"韶"的異體

續　表

組號	詞目	卷次	字形相關釋文	所涉文字	字圖/索引	校正形體	代表字	字際關係	詞際關係	備　註
2101	蚍同	J033	又作蚍、蠀、膡三形,同	蠀	蠀 C58P0056a		蠀			
2101	蝛蠀	J080	《説文》:從虫貧聲	蠀	蠀 C58P1076a		蠀	異體		
2101	蚍同	J033	《尓雅》:食葉曰蚍	蚍	蚍 C58P0056a		蠀	異體		
2101	蚍同	J033	又作蚍、蠀、膡三形,同	膡	膡 C58P0056a		蠀	異體		
2101	蝛蠀	J080	録文作蟺,與《月令》同……龍類也,非蝛蠀義也	蟺	蟺 C58P1076a		蠀	異體		"蟺"又可表示膡蛇,與作爲"蠀"的異體之"蟺"爲同形字現象
2101	蝛膡	J088	集文作蟺(蟺),誤也	蟺	蟺 C59P0148b	蟺	蠀	異體		此即"蟺"的書寫訛變字形
2101	蚍同	J033	又作蚍、蠀、膡三形,同	蚍	蚍 C58P0056a		蠀	異體		此或即"蠀"的省變體,與表示蚱蜢、蛇蝎毒義的"蚍"爲同形字現象
2101	蚍同	J033	經作蜷……蜷非此用也	蜷	蜷 C58P0056a		蠀			此當是"蟺"字的誤書
2102	疼瘵	J028		疼	疼 C57P0997a		疼			
2102	疼瘵	J028	又作胅、痋,徒冬反	痋	痋 C57P0997a		疼	異體		
2102	疼瘵	J028	又作胅、痋,徒冬反	胅	胅 C57P0997a		疼	異體		
2102	疼瘵	J028	《聲類》作瘃	瘃	瘃 C57P0997a		疼		文義換用	
2103	藤畯	J081	《文字典説》:從水騰省聲也	藤	藤 C59P0004a		滕	異體		

續　表

組號	詞目	卷次	字形相關釋文	所涉文字	字圖/索引	校正形體	代表字	字際關係	詞際關係	備　註
2104	藤譬	J050	《廣雅》：藤，藟也。今呼草蔓延如葛藟者爲藤也	藤	藤 C58P0416a		藤			
2104	懸⿱艹⿰舟⿱龹水	J049	《古今正字》：從草滕聲。《説文》⿰舟⿱龹水字從舟從关從水	⿱艹⿰舟⿱龹水	⿱艹⿰舟⿱龹水 C58P0403b		藤	異體		此乃"藤"的異體字，"滕"又書作"⿰舟⿱龹水"是其例
2104	及籐	J065	《廣雅》：藤，藟也。今呼草蔓筵如葛之藟者爲藤也	籐	籐 C58P0775a		藤	異體		"籐"同"籘"，"籘"又"藤"的别構字，故而"籐"與"藤"異體
2105	艕騁	J099	集作騰，俗字也	騰	騰 C59P0320b		騰			
2105	艕騁	J099	《考聲》：超也。正作艕	艕	艕 C59P0320b		騰	異體		
2106	刳剔	J078	《韻英》云：解骨也。《考聲》：剥也	剔	剔 C58P1033a		剔			
2106	刳剔	J078	《尚書》作㓾，古字也	㓾	㓾 C58P1033a		剔	異體		此指分解骨肉義
2106	剔髮	J088	正作鬄	鬄	鬄 C59P0142b		剔	異體		此指剃頭義。"鬄"是剃髮義上的《説文》正體
2106	剔髮	J088	古作逖	逖	逖 C59P0142b		剔	音借		
2107	梯者	J100	《古今正字》：從木弟聲	梯	梯 C59P0331a		梯			
2107	梯者	J100	傳文從足作踶，非	踶	踶 C59P0331a		梯		文義換用	"梯"又記録攀登義，與"踶"義相關
2108	匾㔸	J079		㔸	㔸 C58P1056b		㔸			
2108	匾⿷匸乕	J034	《考聲》作匾⿷匸乕，並薄皃也	⿷匸乕	⿷匸乕 C58P0078a		㔸	異體		
2108	匾㔸	J082	有從厂作扁⿸厂虒	⿸厂虒	⿸厂虒 C59P0027a		㔸	音借		

續　表

組號	詞目	卷次	字形相關釋文	所涉文字	字圖/索引	校正形體	代表字	字際關係	詞際關係	備　註
2108	匾匭	J034	經作胹睇,俗字也	睇	胹 C58P0078a		匭	音借		
2108	匾匭	J079	經文作鷈鷈	鷈	鷈 C58P1056b		匭	音借		
2108	匾匭	J079	或有從鳥作鷈鷈	鷈	鷈 C58P1056b		匭	音借		
2108	匾匭	J079	或作鷈	鷈	鷈 C58P1056b		匭	音借		
2108	匾匭	J082	或從辵作逼遞	遞	遞 C59P0027a		匭	音借		
2109	鷉鷉	J073		鷉	鷉 C58P0925a		鸓	異體		
2110	啼泣	J014	俗字也	啼	啼 C57P0675b		啼			
2110	啼泣	J014	正作嗁。《玉篇》云:哭無常節也	嗁	嗁 C57P0675b		啼	異體		
2110	啼泣	J014	或作謕(謕)	謕	謕 C57P0675b	謕	啼	異體		
2111	稊稗	J005	《字林》云:似稗。一名英。《爾雅》云同	稊	稊 C57P0488a		稊			
2111	稊稗	J005	衛宏作藜	藜	藜 C57P0488a		稊	異體		"稊"指一種似稗的草,《說文》正作"藜"
2111	稊稗	J005	或作秩(稦)、稊,古字也	秩	秩 C57P0488a	稦	稊	異體		高麗本"或作"之"秩"乃"稦"的訛字
2111	稊稗	J005	或作秩(稦)、稊,古字也	稊	稊 C57P0488a		稊	異體		
2111	稊稗	J059	又作荑	荑	荑 C58P0653b		稊	音借		"荑"指初生茅草的嫩芽,文獻中被借作"稊"

組號	詞目	卷次	字形相關釋文	所涉文字	字圖/索引	校正形體	代表字	字際關係	詞際關係	備　註
2111	稊稗	J059	《説文》作萰，同	萰	萰 C58P0653b		稊	音借		"萰"爲"黄"的異體字
2111	稊稗	J069	亦作萰、第	萰	萰 C58P0839b		稊	音借		從慧琳釋文異文情況看，此當是"黄"的書寫變異字形
2112	緹幟	J098		緹	緹 C59P0300a		緹			
2112	緹幟	J098	集從彳作徥，音池爾反。《説文》：行也。恐非此義	徥	徥 C59P0300a		緹	正訛		此"徥"當是"緹"的書寫訛誤字形
2113	飪餬	J059	律文作醍，音體。《字書》：醍，酒也	醍	醍 C58P0646a		醍			
2113	飪餬	J059	《通俗文》：酪酥謂之飪餬	飪	飪 C58P0646a		醍	異體		
2113	醍醐	J096	集本從水作湜湖字，非也	湜	湜 C59P0260a		醍	音借		
2114	筌蹄	J080	録文從帝作蹄，俗通用字也	蹄	蹄 C58P1077a		蹄			
2114	筌蹄	J080	《説文》：從足虒聲	蹏	蹏 C58P1077a		蹄	異體		
2114	筌蹄	J097	或作跷(蹏)	跷	跷 C59P0280b	蹏	蹄	異體		高麗本的"跷"是"蹏"的書寫訛誤字形
2115	鶺鴒	J004		鶺	鶺 C57P0469b		鶺			
2115	鶺鴒	J004	《毛詩》云：惟鶺在梁	鶺	鶺 C57P0469b		鶺	異體		
2115	鶺鴒	J004	或作剌、刾	剌	剌 C57P0469b		鶺	音借		
2115	鶺鴒	J004	或作剌、刾	刾	刾 C57P0469b		鶺	音借		

組號	詞目	卷次	字形相關釋文	所涉文字	字圖/索引	校正形體	代表字	字際關係	詞際關係	備　註
2116	體羸	J089	《説文》：從骨豊聲	體	C59P0163a		體			
2116	體羸	J089	傳文從身作躰，俗字也	躰	C59P0163a		體	異體		
2117	剃刀心	J036	除毛髮之剃刀也	剃	C58P0120a		剃			
2117	剃刀心	J036	經作剔，非也	剔	C58P0120a		剃	異體		
2117	髡鬀	J057	《説文》：從髟剔聲。經作剔，俗字也	鬀	C58P0595a		剃	異體		
2117	鬀除	J024	《考聲》云：鬀，削髮也	鬀	C57P0894b		剃	異體		
2118	洟唾	J013	正體從鼻從弟作鼽……鼻液也。經中作洟	洟	C57P0641a		洟			
2118	淚涕	J009	古文䶊，同	䶊	C57P0566b		洟	異體		
2118	涕唾	J005	或作洟、洟（漢）、鼽，四形皆同	鼽	C57P0478b		洟	異體		
2118	涕唾	J005	或作洟、洟（漢）、鼽，四形皆同	洟	C57P0478b	漢	洟	異體		
2118	中洟	J015	或作咦、䶊也	咦	C57P0684b		洟			此當是書經人隨意作之
2118	淚涕	J009	經文從弟作涕，他禮反。涕，淚也。非今所取	涕	C57P0566b		洟	音借		二者宜視作本字不用、借字通行類現象
2119	逖聽	J082	孔注《尚書》云：逖，遠也。《説文》義同，從辵狄聲	逖	C59P0025b		逖			
2119	逖聽	J082	古文從易作逷	逷	C59P0025b		逖	異體		

組號	詞目	卷次	字形相關釋文	所涉文字	字圖/索引	校正形體	代表字	字際關係	詞際關係	備　註
2120	怵惕	J032		惕	惕 C58P0041b		惕			
2120	怵惕	J032	下又作惁，同	惁	惁 C58P0041b		惕	異體		
2120	灼惕	J052	下古文愁(惁)，同	愁	愁 C58P0481a	愁	惕	異體		高麗本的"愁"乃"惁"的書寫訛誤字形
2121	隆替	J001	今作替，俗字也	替	替 C57P0404a		替			
2121	隆替	J001	《説文》作暜，廢也。並兩立，一偏下曰替，會意字	暜	暜 C57P0404a		替	異體		
2122	連嚏	J058	《蒼頡篇》：噴鼻也	嚏	嚏 C58P0611a		嚏			
2122	連嚏	J058	又作鼽，同	鼽	鼽 C58P0611a		嚏	異體		
2123	田家	J054	《説文》：陳樹稻穀曰田也	田	田 C58P0519a		田			
2123	田家	J054	經文作佃……《説文》：佃，中也……佃非此義	佃	佃 C58P0519a		田	分化		"田"指耕種的土地，經本的"佃"指耕種田地，爲"田"的後出分化字
2124	畋臘	J041	鄭注《周禮》云：畋亦獵也	畋	畋 C58P0222a		畋			
2124	畋臘	J041	或作畑。《説文》：畋，平田也。從攴田聲	畑	畑 C58P0222a		畋	異體		詞頭的"畋"取田獵義，釋文中溝通的"畑"乃其換旁異體字
2124	畋臘	J041	亦作田	田	田 C58P0222a		畋	分化		此是"畋"的古本字，不過後期分化出"畋"，專門記錄打獵義
2125	恬然	J009	《方言》：恬，静也。亦安也	恬	恬 C57P0565a		恬			

組號	詞目	卷次	字形相關釋文	所涉文字	字圖/索引	校正形體	代表字	字際關係	詞際關係	備　註
2125	恬然	J009	經文作怡，與之反，誤也	怡	怡 C57P0565a		恬	正訛		慧琳所見經本的"怡"爲詞頭"恬"的書寫訛誤字形
2126	甘甜	J053	《博雅》云：甜亦甘也	甜	甜 C58P0486b		甜			
2126	如甛	J052	《説文》：甛，美也。《廣雅》：甛，甘也	甛	甛 C58P0469b		甜	異體		
2126	甘甜	J053	或作餂，俗字也	餂	餂 C58P0486b		甜	異體		
2126	如甛	J052	經文作酤，非也	酤	酤 C58P0469b		甜	異體		
2126	嗜甛	J075	亦作鉗，並通用也	餂	餂 C58P0966b		甜		近義換用	
2127	廁填	J011	賈逵注《國語》云：填，加也	填	填 C57P0606a		填			
2127	寘寘	J030	古文寘，今作填，同	寘	寘 C57P1044b		填	異體		詞頭的"填"與"寘"爲異體字關係，取填塞義
2127	填壓	J015	經作鎮，去聲，誤也	鎮	鎮 C57P0705b		填	異體		填塞義上，"鎮"可視作"填"的換旁異體字
2127	廁填	J048	《廣雅》：填，塞也。亦滿也。作鈿，非此也	鈿	鈿 C58P0387b		填	音借		
2127	填瑠	J049	論文從玉作瑱，佗見反。瑱，塞耳也	瑱	瑱 C58P0401b		填	音借		
2127	廁填	J011	或作闐，亦通	闐	闐 C57P0606a		填	音借		
2128	闐闐	J034	《詩》云：振旅闐闐。言盛皃也。亦群行聲也	闐	闐 C58P0079a		闐			
2128	闐闐	J034	又作塡，同	塡	塡 C58P0079a		闐	音借		此表示盛大義

組號	詞目	卷次	字形相關釋文	所涉文字	字圖/索引	校正形體	代表字	字際關係	詞際關係	備　註
2128	于闐	J080	録文從金作釬鎭字,非也	鎭	鎭 C58P1081b		闐	音借		此"闐"指稱地名,即于闐。類化字
2128	于闐	J089	傳作塡也	塡	塡 C59P0153b		闐	音借		
2129	消殄	J029	正作殄,從歺	殄	殄 C57P1023a		殄			
2129	消殄	J029	經〔作〕殄,訛也	殄	殄 C57P1023a		殄	異體		
2130	腜美	J052	《廣雅》:腜,至也。美也。腜,厚也。善也	腜	腜 C58P0480a		腜			
2130	腜美	J052	古文作朇,同	朇	朇 C58P0480a		腜	異體		慧琳所謂"古文"之"朇",是"腜"的《説文》"古文"隸定字形
2131	靦顔	J088	《説文》:面見兒,從面見聲	靦	靦 C59P0145a		靦			
2131	靦顔	J088	或作䡇、𦣞(酠)、疃	䡇	䡇 C59P0145a		靦	異體		
2131	靦顔	J088	或作䡇、𦣞(酠)、疃	𦣞	𦣞 C59P0145a	酠	靦	異體		慧琳釋文中溝通的形體爲"酠"的書寫變異字形
2131	靦顔	J088	或作䡇、𦣞(酠)、疃	疃	疃 C59P0145a		靦	異體		
2132	提瑱	J058	《釋名》云:瑱,鎮也	瑱	瑱 C58P0622b		瑱			
2132	提瑱	J058	古文䫴,同	䫴	䫴 C58P0622b		瑱	異體		慧琳所謂"古文"之"䫴",是"瑱"的《説文》"古文"隸定字形
2132	廁瑱	J025	經從土作塡,誤也	塡	塡 C57P0906b		瑱	音借		此亦或是"瑱"的書寫訛誤字形

組號	詞目	卷次	字形相關釋文	所涉文字	字圖/索引	校正形體	代表字	字際關係	詞際關係	備　註
2133	輕佻	J024	《字書》：佻，輕也	佻	佻 C57P0892a		佻	異體		
2133	輕佻	J024	經文從手作抯抉之抯，非體也	抯	抯 C57P0892a		佻	音借		
2134	挑目	J007	《説文》：從手兆聲	挑	挑 C57P0529a		挑			
2134	挑目	J014	《説文》：撓也。從手地聲也	挑	挑 C57P0672b		挑	異體		
2134	挑目	J007	經中或有從木作桃，非也	桃	桃 C57P0529a		挑	正訛		
2134	挑目	J007	或從刀作刔，古字也	刔	刔 C57P0529a		挑		近義換用	
2135	岧嶢	J099	《考聲》：岧嶢，山並立兒也	岧	岧 C59P0321b		岧			
2135	岧嶢	J099	《考聲》或作岧嶤	岧	岧 C59P0321b		岧	異體		
2136	迢迢	J016	《文字典説》：迢遞，路長也。從辵召聲	迢	迢 C57P0714b		迢			
2136	迢然	J097	集從草作苕，非也	苕	苕 C59P0282a		迢	異體		
2136	迢迢	J016	經作苕，非也	苕	苕 C57P0714b		迢	音借		
2137	髫年	J089	《文字典略》：從髟召聲	髫	髫 C59P0151b		髫			
2137	髫年	J089	亦從齒作齠	齠	齠 C59P0151b		髫	異體		
2137	髫年	J089	《文字集略》從周作髀，小兒髮也	髀	髀 C59P0151b		髫	異體	"髀"亦可視作"髫"的換旁異體字

組號	詞目	卷次	字形相關釋文	所涉文字	字圖/索引	校正形體	代表字	字際關係	詞際關係	備　註
2138	慧眺	J093		眺	朓 C59P0219a		眺			·
2138	慧眺	J093	傳文從月作朓,誤	朓	朓 C59P0219a		眺	正訛		此當是"眺"的書寫訛誤字形
2139	趒小	J046		趒	趒 C58P0322b		趒			
2139	趒坑	J063	《説文》云:雀行也。從走兆聲	趒	趒 C58P0723b		趒	異體		
2139	趒小	J046	又作趫,同	趫	趫 C58P0322b		趒		近義換用	
2139	趒小	J046	論文作踔,勑格、勑角二反	踔	踔 C58P0322b		趒		近義換用	
2139	趒坑	J063	亦作跳	跳	跳 C58P0723b		趒		近義換用	
2139	趒牆	J074	經作超,非體也	超	超 C58P0956b		趒		文義換用	
2140	跳躑	J008	《説文》:蹷也。從足兆聲	跳	跳 C57P0551b		跳			
2140	跳躑	J008	或作趒。趒,越也,亦通	趒	趒 C57P0551b		跳		近義換用	
2140	跳躑	J063	《説文》:蹷也。從足兆聲。律中從卓作踔,非也	踔	踔 C58P0732b		跳		近義換用	
2141	覜仰	J096	從見兆聲。集作覜,誤也	覜	覜 C59P0268a		覜			慧琳所見經本字形蓋爲"覜"的書寫訛變形體
2142	怗然	J074	《廣疋》:怗,静也。謂安静也。亦怗服也	怗	怗 C58P0951a		怗			
2142	怗然	J074	《字詁》今作愜,同	愜	愜 C58P0951a		怗	異體		

續　表

組號	詞目	卷次	字形相關釋文	所涉文字	字圖/索引	校正形體	代表字	字際關係	詞際關係	備　註
2143	跕（踮）屜	J088	《考聲》云：跕（踮）屜徐行也，履踐也	跕	跕 C59P0140b	踮	跕			詞頭和釋文中的"跕"是"踮"的書寫訛誤字形
2144	鐵鍱	J055	《説文》云：黑金也。從金戜聲也	鐵	鐵 C58P0535b		鐵			
2144	鐵鍱	J055	經從隹作鐵，俗字也	鐵	鐵 C58P0535b		鐵	異體		
2145	應帖	J059	《説文》：帖，帛書署（署）也	帖	帖 C58P0635a		帖			
2145	應帖	J059	律文作袩，徒頰反。《方言》：禪衣也。袩非此用也	袩	袩 C58P0635a		帖	音借		"袩"是"裸"的一字異寫形體，指禪衣，與"帖"義別
2146	貪饕	J034	又曰貪財曰饕，貪食曰餮	饕	饕 C58P0092a		饕			
2146	貪饕	J060	律文從列作䬫，書誤也	䬫	䬫 C58P0661b		饕	正訛		此乃"饕"的書寫訛誤字形
2146	貪饕	J034	又作餂，同，他結反。《説文》：餂亦貪也	餂	餂 C58P0092a		饕	異體		
2146	饕餮	J033	下又作彭（餂），同	彭	彭 C58P0055a	餂	饕	異體		高麗本"下又作彭"之"彭"，即"餂"的訛字
2147	能聽	J004	《説文》：聽，聆也。從惪從耳從壬……經作聽，俗字	聽	聽 C57P0473b		聽			慧琳所述《説文》之形體與經本的"聽"爲異寫字關係
2148	枳椏	J091		椏	椏 C59P0193b		椏			
2148	枳椏	J091	《考聲》作徎也	徎	徎 C59P0193b		椏	異體		
2148	枳椏	J091	著文者應從木作攄，亦不成字	攄	攄 C59P0193b		椏	異體		此是"椏"的換旁異體字
2148	枳椏	J091	傳文從惪作橞，非也，亦恐是書誤	橞	橞 C59P0193b		椏			"橞"是"槥"的異體字，與"椏"音義均別，此乃"攄"的書誤

組號	詞目	卷次	字形相關釋文	所涉文字	字圖/索引	校正形體	代表字	字際關係	詞際關係	備　註
2149	香水澄淳	J021	《埤蒼》曰：水止曰淳，淳猶湛也	淳	淳 C57P0820b		淳			
2149	香水澄淳	J021	經本有從立人作亭（停）者，誤也	亭	亭 C57P0820b	停	淳	音借		
2150	庭燎	J074	《説文》：從广從廷	庭	庭 C58P0944b		庭			
2150	庭燎	J074	傳文從火作𤏳，非也	𤏳	𤏳 C58P0944b		庭	異體		此"𤏳"即是"庭"受其下字"燎"從"火"旁的影響類化而成
2151	俚直	J056	《通俗文》：平直曰俚	俚	俚 C58P0555b		俚			
2151	俚直	J056	經文作䋫，非也。未見所出	䋫	䋫 C58P0555b		俚	異體		
2151	俚直	J056	古文頲，同	頲	逞 C58P0555b		俚		近義換用	
2152	挺冲和	J083	《考聲》：挺，特也。正作此挺	挺	挺 C59P0059b		挺			
2152	挺冲和	J083	傳從手作搋，非也	搋	搋 C59P0059b		挺	異體		此"挺"與作爲"捷"的異體字之"搋"爲同形字現象
2153	瀌瀅	J080	《考聲》云：瀌瀅，小水也	瀌	瀌 C58P1088a		瀌			
2153	瀌瀅	J080	録作汀瀅……與本義乖，故不取	汀	汀 C58P1088a		瀌	音借		
2154	彤然	J056	《説文》：丹飾也。《廣雅》：彤，赤也	彤	彤 C58P0569b		彤			
2154	彤然	J056	古文䞓、蚋二形，同	蚋	蚋 C58P0569b		彤	異體		
2154	彤華	J054	古文䞓、蚋（蚋）二形，同	蚏	蚏 C58P0524b	蚋	彤	異體		高麗本"彤華"條之"蚏"乃"蚋"的書寫訛誤字形

續　表

組號	詞目	卷次	字形相關釋文	所涉文字	字圖/索引	校正形體	代表字	字際關係	詞際關係	備　註
2154	肜然	J056	古文軸、蚰二形,同	軸	C58P0569b		肜		近義換用	
2155	桐宮	J097	孔注《尚書》云:桐官,湯葬地也	桐	C59P0290b		桐			
2155	桐宮	J097	集從邑作郿。字書無此郿字也	郿	C59P0290b		桐	分化		作地名用時,"桐"爲借用字,"郿"是"桐"在該用法上的後出本字
2156	炯炯	J031	《韓詩》云:炯炯然熱皃也。《古今正字》:從火同聲	炯	C58P0024a		炯			
2156	炯炯	J031	經亦有本作煄煄,非此義	煄	C58P0024a		炯	異體		
2157	葦筒	J043	《三蒼》:筒也。郭璞曰:竹管也	筒	C58P0262a		筒			
2157	葦筒	J043	經文從木作桶也,孔木櫨也	桶	C58P0262a		筒	音借		
2158	鍼箭	J064	《説文》云:斷竹也。從竹甬聲	箭	C58P0753b		箭			
2158	鍼箭	J064	經作筒,亦通	筒	C58P0753b		箭	音借		
2159	懷婾諂想	J045	或從人作偷,亦通	偷	C58P0317a		偷			
2159	懷婾諂想	J045	《説文》:巧黠也。從女從俞省聲也	婾	C58P0317a		偷	異體		表示苟且義時,詞頭的"婾"可視作"偷"的異體字
2159	懷婾諂想	J045	或從心作愉,訓用同	愉	C58P0317a		偷	音借		
2160	鍮石	J089	《古今正字》義同,從金從偷省聲也	鍮	C59P0163a		鍮			
2160	鍮石	J089	或作鉒,音同上	鉒	C59P0163a		鍮	異體		

組號	詞目	卷次	字形相關釋文	所涉文字	字圖/索引	校正形體	代表字	字際關係	詞際關係	備　註
2161	投趣	J003	從手從殳	投	投 C57P0454a		投			
2161	投趣	J003	《説文》作殴,古投字也,遥擊也	殴	殴 C57P0454a		投	異體		
2162	黇羅圖吒國	J054		黇	黇 C58P0508b		黇			此"黇"爲譯音用字,其本用指黄色,與"斢""斜"並是異體關係
2162	黇羅圖吒國	J054	古文作斜、斢二形,同	斢	斢 C58P0508b		黇	異體		
2162	黇羅圖吒國	J054	古文作斜、斢二形,同	斜	斜 C58P0508b		黇	異體		
2163	透徹	J042	《字統》:從辵秀聲	透	透 C58P0250b		透			
2163	透徹	J042	經作趗,俗字也	趗	趗 C58P0250b		透	異體		
2163	透徹	J042	《考聲》作䟽,自投也	䟽	䟽 C58P0250b		透	音借		
2164	凹凸	J049	亦俗字,象形	凸	凸 C58P0405a		凸			
2164	凹凸	J049	正作垤,從上(土)從姪省聲字也	垤	垤 C58P0405a		凸		近義換用	
2164	凸髏	J033	《蒼頡篇》作突,不平也	突	突 C58P0057b		凸		近義換用	
2164	凸髏	J033	經文作昳,非體也	昳	昳 C58P0057b		凸	音借		"昳"指太陽偏西,與"凸"義別
2165	唐突	J046	《字書》:挨,搐也	突	突 C58P0319b		突			
2165	唐突	J046	字體作搪挨二形,同	挨	挨 C58P0319b		突	音借		

續　表

組號	詞目	卷次	字形相關釋文	所涉文字	字圖/索引	校正形體	代表字	字際關係	詞際關係	備　註
2166	舐挶	J066	《字書》云：揣也。《文字典説》：從手突聲	挶	挶 C58P0792b		挶			
2166	舐挶	J066	論文作突，是大寶也，深也。與論文義乖，不取也	突	突 C58P0792b		挶	音借		
2166	揩挶	J024	突字從穴從犬，經從犮作宊，非也	宊	宊 C57P0895b		挶	音借		"宊"乃"突"的一字異寫形體
2167	盉頂	J099		盉	盦 C59P0326a		盉			
2167	盉頂	J099	集從金作盦，無此字也	盦	盦 C59P0326a		盉	異體		慧琳釋文謂"盦"從"金"，釋形有誤
2167	盉頂	J099	《考聲》：山名也。或作塗，假託用義也	塗	塗 C59P0326a		盉	音借		《大字典》"塗"下録有"同'盉'"這一用法（2010：510）
2168	三塗	J034		塗	塗 C58P0094b		塗			
2168	三塗	J034	又作途、辻二形，同	途	途 C58P0094b		塗		近義換用	
2168	三塗	J034	又作途、辻二形，同	辻	辻 C58P0094b		塗	音借		"辻"乃"徒"的異體字，指步行
2169	所圖	J028	《廣雅》：圖，度也，議也。圖亦計也	圖	圖 C57P1005b		圖			
2169	所圖	J028	案《詔定古文官書》：圖、啚二形，同	啚	啚 C57P1005b		圖	異體		詞頭的"圖"與"啚"可視作異體字關係
2170	兔佝	J029	象形字，點象兔尾	兔	兔 C57P1016a		兔			
2170	兔（兔）角	J031	《説文》云：獸也。象踞後，點象其尾也，象形字也	兔	兔 C58P0002a	兔	兔			高麗本"兔角"之"兔"，乃"兔"的書誤
2171	河湍	J085	《字書》云：湍，急瀨也	湍	湍 C59P0090b		湍			

組號	詞目	卷次	字形相關釋文	所涉文字	字圖/索引	校正形體	代表字	字際關係	詞際關係	備　註
2171	河湍	J085	論文從土，非也	湍	C59P0090b		湍	正訛		此"湍"乃詞頭"湍"的書寫訛誤字形。字圖缺
2172	摶食	J067	《文字典説》云：圓也。從手專聲	摶	C58P0810a		摶			
2172	摶食	J067	論文從耑作揣，是揣量字，非手摶義也	揣	C58P0810a		摶	音借		
2172	鐵摶	J018	或作團	團	C57P0761a		摶		近義換用	
2173	肉團	J015		團	C57P0683b		團			
2173	肉團	J015	或作摶	摶	C57P0683b		團	異體		指稱圓形時，二者可視作異體字關係
2173	輕闐	J052	字宜作團，徒丸反。《字林》：團，圓也	闐	C58P0460b		團	正訛		詞頭的"闐"即"團"的書寫訛誤字形
2173	肉團	J015	今經文作揣，非也	揣	C57P0683b		團	音借		
2173	肉團	J015	經文作搋（揣），非也。音初纂反，甚乖經義	搋	C57P0690a	揣	團	音借		高麗本的"搋"由"團"的通假字"揣"書誤而致
2174	劃拱	J059	《通俗文》：截斷曰劃	劃	C58P0653a		劃			
2174	劀割	J052	《聲類》作劃，同	劀	C58P0457b		劃	異體		
2174	劃拱	J059	律文作搋，丁果、而充二反。摇也。度也	搋	C58P0653a	揣	劃	音借		此"搋"由"劃"的音借字"揣"書誤而致
2175	隤穴	J018	《考聲》云：物下墜也。邪也	隤	C57P0766a		隤			
2175	隤穴	J018	或從土作墳	墳	C57P0766a		隤	異體		

續　表

組號	詞目	卷次	字形相關釋文	所涉文字	字圖/索引	校正形體	代表字	字際關係	詞際關係	備　註
2175	隤穴	J018	經文從頁作頹，非也。是無髮曰頹，非經義也	頹	頹 C57P0766a		隤	異體		墜下義上，二者可視作異體字關係
2175	隤光	J087	論作積，非也	積	積 C59P0129a		隤		近義換用	
2175	隤綱	J083	傳作頹，俗字也	頹	頹 C59P0046a		隤		近義換用	
2175	隤穴	J018	經文從頁作頹，非也。是無髮曰頹，非經義也	頹	頹 C57P0766a		隤		近義換用	此是"頹"的異體字
2176	傾積	J060	《說文》：禿皃也。從禾從隤省聲也	積	積 C58P0665b		積			
2176	傾積	J060	經文從頁作頹，俗用，非也	頹	頹 C58P0665b		積		近義換用	
2176	傾積	J060	或從阜作隤，亦通	隤	隤 C58P0665b		積		近義換用	
2177	或魋	J075	正合從頁作頹，頹者小腹疾，亦名鷰腸病，下墜病也	頹	頹 C58P0965b		頹			
2177	或魋	J075	譯經者錯用，從鬼從佳乃是獸名，殊非經義	魋	魋 C58P0965b		頹	音借		
2178	腿足	J014	俗字，非也	腿	腿 C57P0665b		腿			
2178	腿足	J014	正體從骨作骽。《考聲》：骽，髀也，股也	骽	骽 C57P0665b		腿	異體		
2179	不退	J024	經從艮作退，俗字也	退	退 C57P0884b		退			
2179	不退	J024	《說文》云：日行遲也。從日從反從辵，會意字也	退	退 C57P0884b		退	異體		
2179	不退	J024	或作逇、遁，並古字也	迊	迊 C57P0884b		退	異體		

組號	詞目	卷次	字形相關釋文	所涉文字	字圖/索引	校正形體	代表字	字際關係	詞際關係	備　註
2179	不退	J024	或作迡、遃，並古字也	遃	遃 C57P0884b		退	異體		
2180	東暾	J098	《楚辭》云：暾將出乎東方	暾	暾 C59P0299b		暾			
2180	東暾	J098	或從屯作旽	旽	旽 C59P0299b		暾	異體		
2181	洰（江）独	J061	正體從豕從肉作豚	豚	豚 C58P0678b		豚			"洰"即"江"字
2181	洰（江）独	J061	下鈍論反。俗字也	独	独 C58P0678b		豚	異體		
2181	豚臭	J095	俗亦作肫	肫	肫 C59P0251b		豚	異體		
2181	豚臭	J095	集本從肶作屯	肶	肶 C59P0251b		豚	異體		
2181	豚臭	J095	《説文》正作𧰲，小豕也。從彖者，象形也	𧰲	𧰲 C59P0251b		豚	異體		
2182	臀不	J039	《聲類》云：臋，尻也	臋	臋 C58P0171b		臀	異體		
2182	臀不	J039	《説文》作屍，古字也，今不行用	屍	屍 C58P0171b		臀	異體		
2182	臀不	J039	亦作臋，義並同	臋	臋 C58P0171b		臀	異體		
2183	鳥抌	J075	從手允聲。《正字辯》或云：抌，解也。免也	抌	抌 C58P0963b		抌	異體		
2184	爲扡	J057	經作拖，俗字也	拖	拖 C58P0580b		拖			
2184	爲扡	J057	顧野王云：扡猶曳也。《廣雅》云：扡亦引也	扡	扡 C58P0580b		拖	異體		

組號	詞目	卷次	字形相關釋文	所涉文字	字圖/索引	校正形體	代表字	字際關係	詞際關係	備　註
2185	託事	J093	《字書》從言作託。《方言》云：託，寄也。又依也	託	託 C59P0221a		託			
2185	託事	J093	上傳文化（作）杔，木名，誤也	杔	杔 C59P0221a		託	音借		經本的"杔"亦或是詞頭"託"的書寫訛誤字形
2186	馲駝	J095	《文字典説》二字從馬、乇，它亦聲	馲	馲 C59P0245a		馲			
2186	馲駝	J095	正作驝	驝	驝 C59P0245a		馲	異體		
2187	隋陀	J099	《説文》：從𨸏它，它亦聲	陀	陀 C59P0324b		陀			
2187	隋陀	J099	集作陁，俗字也	陁	陁 C59P0324b		陀	異體		
2187	外陀	J099	《方言》：陀，毀也。集從人作他，未詳	他	他 C59P0325a		陀	正訛		此當是"陀"的書寫訛誤字形
2188	江沱	J085	《尚書》曰：岷山導江東別爲沱。從水它聲	沱	沱 C59P0095a		沱			
2188	滂沱	J080	《説文》滂、沲二字並從水，旁、它皆聲	沲	沲 C58P1073a		沱	異體		
2189	攊碬	J090	《文字集略》及《韻英》從石作碬，今且爲正	碬	碬 C59P0177b		砒	異體		
2189	攊碬	J090	《集訓》從土作墮	墮	墮 C59P0177b		砒	音借		"墮"是"墮"的異體，與"砒"别。此"墮"或是"堉"的書誤
2189	攊碬	J090	《考聲》從石作碑	碑	碑 C59P0177b		砒		文義換用	
2189	攊碬	J090	《韻詮》從木作槃	槃	槃 C59P0177b		砒		文義換用	

組號	詞目	卷次	字形相關釋文	所涉文字	字圖/索引	校正形體	代表字	字際關係	詞際關係	備　註
2190	匡詑	J011	顧野王：詑，欺也，誑也，不信也	詑	詑 C57P0617a		詑			
2190	匡詑	J011	今作訑也	訑	訑 C57P0617a		詑	異體		
2191	如馳食蜜	J026	馳，徒多反，馻馳也	馳	馳 C57P0949b		駝	異體		
2191	驣駞	J013	或作駞，俗作馳	駞	駞 C57P0649a		駝	異體		此則"駝"的一字異寫形體
2192	苦橐	J055	《説文》：橐，囊也。亦衣也。脊犎如橐，因以名焉	橐	橐 C58P0546a		橐			
2192	苦橐	J055	古文囨，同	囨	囨 C58P0546a		橐	異體		
2193	鼉鼉	J096		鼉	鼉 C59P0271b		鼉			
2193	鼉鼉	J096	集本作魟鮑，俗字也	鮑	鮑 C59P0271b		鼉	異體		
2193	鼉鼉	J044	經文從魚作鮑，非也	鮑	鮑 C58P0283a		鼉	異體		
2194	金磚	J042	《考聲》云：磚，圜皃	磚	磚 C58P0250a		磚			
2194	金磚	J042	也作碍	碍	碍 C58P0250a		磚		文義換用	"碍"是"砖"的異體字
2194	蹋蹀磚	J093	《字書》正從石作碍。傳文從金作錇，俗字者也	錇	錇 C59P0221a		磚		文義換用	"錇"是"鎛"的異體字
2195	拓地	J017		拓	拓 C57P0744a		拓			
2195	拓地	J017	古文斳（牐）、袥二形	袥	袥 C57P0744a		拓		近義換用	"袥"本指裙子正中開叉處，引申有擴大、開拓一類用法，與"拓"義近

組號	詞目	卷次	字形相關釋文	所涉文字	字圖/索引	校正形體	代表字	字際關係	詞際關係	備　註
2195	開拓	J056	今作㭿,同	㭿	㭿 C58P0564b		拓	音借		此是"柝"的異體字,"柝"則爲"拓"在開拓義上的通假字現象
2195	拓地	J017	今作柝,同	柝	柝 C57P0744a		拓	音借		此是"柝"的一字異寫
2195	拓外	J035	經中從斥作㧻,耻革反,非也,不成字也	㧻	㧻 C58P0103a		拓			此當是"柝"的書寫訛誤字形
2195	開拓	J056	古文㭿、祏二形	㭿	㭿 C58P0564b		拓	音借		此亦是"柝"的異體字
2195	拓地	J017	古文斦(㭿)、祏二形	斦	斦 C57P0744a	㭿	拓	音借		從慧琳釋文異文情況看,此是"㭿"的書寫訛變字形,正即"柝"字
2196	㭿色	J050	《古今正字》:判也。從木㡿〈音尺〉聲也	㭿	㭿 C58P0427a		柝	異體		
2196	用㯱	J051		㯱	㯱 C58P0439b		柝	異體		
2196	㭿色	J050	論從手作此折,誤也	折	折 C58P0427a		柝	正訛		此是"柝"的書寫訛誤字形
2196	用㯱	J051	論作拓,是落柝(拓)失節兒也。論義不同,誤用也	柘	拓 C58P0439b	拓	柝	音借		
2197	涕唾	J002	《説文》:口液也。從口從㮩省聲	唾	唾 C57P0423b		唾			
2197	涕唾	J002	或作溗	溗	溗 C57P0423b		唾	異體		
2198	㲲落	J056	經文作㲱,近字,兩通也	㲱	㲱 C58P0565b		㲱			
2198	㲲落	J056	《字書》:落毛也	㲲	㲲 C58P0565b		㲱	異體		

組號	詞目	卷次	字形相關釋文	所涉文字	字圖/索引	校正形體	代表字	字際關係	詞際關係	備　註
2199	哇聲	J084	《考聲》：水蟲也。非謳哇之義	哇	哇 C59P0085b		哇			
2199	哇聲	J084	《説文》或從欠作欵	欵	欵 C59P0085b		哇	異體		"欵"或即"哇"的換旁異體字
2199	哇聲	J084	論從虫作蛙	蛙	蛙 C59P0085b		哇	音借		經本作"蛙"，與"哇"義迥別，乃"哇"的音訛字
2200	隆窊	J098	《説文》：窊謂邪下也。從穴瓜聲	窊	窊 C59P0301a		窊			
2200	窪曲	J012	經從雨作霜，誤也	霜	霜 C57P0632b		窊	異體		"霜"亦可視作"窊"的異體字
2200	隆窊	J098	或作窪	窪	窪 C59P0301a		窊	異體		低下義上，二者可視作異體字關係
2200	窪曲	J012	或作窊、洼，三體同	洼	洼 C57P0632b		窊		近義換用	
2200	窪曲	J012	或作凹，俗字也	凹	凹 C57P0632b		窊		近義換用	
2200	窊面	J017	經文作洿，一胡反。洿池，非也	洿	洿 C57P0739b		窊		近義換用	
2200	隆窊	J098	集作窳，音瑜主反，非	窳	窳 C59P0301a		窊		近義換用	
2201	井蛙	J060	俗字也	蛙	蛙 C58P0660a		蛙			
2201	井蛙	J060	正從黽作鼃，井中蝦蟇也	鼃	鼃 C58P0660a		蛙	異體		
2201	井鼃	J095	或作繩。集本作蛙，通也	繩	繩 C59P0249b		蛙	異體		
2202	袜領	J094	《考聲》云：袜，束也	袜	袜 C59P0234b		袜			

組號	詞目	卷次	字形相關釋文	所涉文字	字圖/索引	校正形體	代表字	字際關係	詞際關係	備　註
2202	韤等	J035	或作靺	靺	靺 C58P0102b		袜	異體		
2202	跣韤	J076	亦作靺、袜也	靺	靺 C58P0993b		袜	異體		
2202	韤等	J035	又作 袜、絑、懱（幭），古字也	袜	袜 C58P0102b		袜	異體		
2202	韤等	J035	又作 袜、絑、懱（幭），古字也	絑	絑 C58P0102b		袜	異體		
2202	袜領	J094	《字鏡》又從巾作帓，義與袜同	帓	帓 C59P0234b		袜	異體		
2202	韤等	J035	亦作襪	襪	襪 C58P0102b		袜	異體		
2202	韤等	J035	《説文》云：足衣也。從韋蔑聲	韤	韤 C58P0102b		袜	異體		
2202	跣韤	J076	或從革作韈	韈	韈 C58P0993b		袜	異體		
2202	係韤	J094	傳文從系作纖，非也	纖	纖 C59P0223b		袜	音借		
2202	韤等	J035	又作 袜、絑、懱（幭），古字也	懱	懱 C58P0102b	幭	袜	音借		
2202	袜領	J094	傳文作袙，音麥，非，乖，今不取	袙	袙 C59P0234b		袜	音借		
2203	不喎	J035	經從口作喎，俗字	喎	喎 C58P0111b		喎			
2203	不喎	J035	正合單作咼	咼	咼 C58P0111b		喎	異體		
2204	剜眼	J092	傳作刓，俗字也	刓	刓 C59P0207b		刓			

組號	詞目	卷次	字形相關釋文	所涉文字	字圖/索引	校正形體	代表字	字際關係	詞際關係	備　註
2204	剜眼	J092	《埤蒼》云：正從刀作刓。《説文》：刓，挑也	刓	刓 C59P0207b		剜	異體		
2204	剜身	J032	《埤蒼》：劊，削也。謂抉取肉也	劊	劊 C58P0033a		剜	異體		
2205	蜿蟺	J095	《文字典説》云：從虫宛聲	蜿	蜿 C59P0244b		蜿			
2205	蜿蟺	J095	或作蚖	蚖	蚖 C59P0244b		蜿	異體		
2206	豌豆	J026	《廣雅》：瑠豆也	豌	豌 C57P0936b		豌			
2206	豌豆	J026	經文作宛、登，俗字，並非木（本）體也	登	登 C57P0936b		豌	異體		
2206	豌豆	J026	經文作宛、登，俗字，並非木（本）體也	宛	宛 C57P0936b		豌	音借		
2207	不完	J015	《説文》：完，全也。從宀〈音綿〉元聲也	完	完 C57P0694a		完			
2207	不完	J015	有作皃，非也	皃	皃 C57P0694a		完	正訛		慧琳釋文中溝通的"皃"乃詞頭"完"的書寫訛誤字形
2208	寶玩	J071	《字林》：玩，弄也。《廣疋》：玩，好也	玩	玩 C58P0891b		玩			
2208	寶玩	J071	古文貦，同	貦	貦 C58P0891b		玩	異體		
2208	珍玩	J022	字又作翫、妧兩體	翫	翫 C57P0835b		玩	音借		慧琳釋文：或戲弄人爲妧，狎習爲翫，貪愛爲玩
2208	珍玩	J022	字又作翫、妧兩體	妧	妧 C57P0835b		玩	音借		慧琳釋文：或戲弄人爲妧，狎習爲翫，貪愛爲玩

組號	詞目	卷次	字形相關釋文	所涉文字	字圖/索引	校正形體	代表字	字際關係	詞際關係	備　註
2209	頑癡	J043	《考聲》云：愚也。《說文》：從頁元聲	頑	頑 C58P0270a		頑			
2209	頑癡	J043	古作妧	妧	妧 C58P0270a		頑	音借		
2210	玩味不忘	J022	玩字正宜作忨。〔杜〕注《左傳》曰：忨，貪也	忨	忨 C57P0853a		忨			
2210	玩味不忘	J022	經本作玩者，誤也	玩	玩 C57P0853a		忨	音借		
2211	宛轉	J029	《說文》：宛轉，臥也	宛	宛 C57P1027b		宛			
2211	宛轉	J029	經又從女作婉，非此用也	婉	婉 C57P1027b		宛	音借		
2212	挽弓	J077	《考聲》云：引弓也。《古今正字》：從手免聲	挽	挽 C58P1015a		挽			
2212	挽弓	J077	譜作抛，誤也	抛	抛 C58P1015a		挽	異體		《中華字海》"抛"下亦收錄了"同'挽'"這一用法（2000：351）
2212	挽弓	J077	正作輓	輓	輓 C58P1015a		挽	分化		牽引、拉義上本作"輓"，後分化出"挽"字專門記錄該用法
2213	菀莚	J074	假借字也。若取字義，即乖經意	菀	菀 C58P0959b		菀			
2213	菀莚	J074	經作綩蠕，字體文義俱乖，今不從。後傳寫者宜從草	綩	綩 C58P0959b		菀	音借		慧琳所見經本的"綩"即詞頭"菀"的音訛字
2214	婉娩	J099	《說文》：婉，順也。並從女	婉	婉 C59P0319b		婉			
2214	婉娩	J099	集從日作晼，日部無此字。晚謂日暮也，未詳其深義	晼	晼 C59P0319b		婉	正訛		從形體產生先後論之，經本的"晼"當是"婉"的書寫訛誤字形

組號	詞目	卷次	字形相關釋文	所涉文字	字圖/索引	校正形體	代表字	字際關係	詞際關係	備　註
2215	一盌	J037	《説文》云：盌，小盂也。從皿夗聲	盌	盌 C58P0137b		碗	異體		
2215	一盌	J037	俗用作椀	椀	椀 C58P0137b		碗	異體		
2215	一盌	J037	《聲類》從瓦作盌，並通	盌	盌 C58P0137b		碗	異體		
2216	蘭畹	J098	《説文》或三十畝爲畹也。從田宛聲	畹	畹 C59P0310a		畹			
2216	蘭畹	J098	集從日作晼，寫誤也	晼	晼 C59P0310a		畹	正訛		如慧琳所釋，經本的“晼”乃詞頭“畹”的書寫訛誤字形
2217	輓住	J020	《説文》云：輓，引車也。從車免聲	輓	輓 C57P0798a		輓			
2217	輓住	J020	經本從手作挽，亦通。下文挽動字並同此訓	挽	挽 C57P0798a		輓	分化		牽引、拉義上本作“輓”，後分化出“挽”字專門記録該用法
2218	綩綖	J015	經云綩綖者，花氈、錦褥、舞筵之類	綩	綩 C57P0702b		綩			
2218	綩綖	J015	綩綖乃是頭冠綺飾也……亦宜改作婉筵二字，以合經義	婉	婉 C57P0702b		綩	音借		
2218	綩綖	J027	有作蜿蠕二形，非也	蜿	蜿 C57P0971b		綩	音借		
2219	踝腕	J015	俗字也	腕	腕 C57P0692b		腕			
2219	踝腕	J015	經文作捥，亦俗字也	捥	捥 C57P0692b		腕	異體		
2219	交擘	J036	經從肉作腕，俗字也……正從手從叉從目，會意字也	擘	擘 C58P0124a		腕	異體		手腕義上《説文》正作“擘”

組號	詞目	卷次	字形相關釋文	所涉文字	字圖/索引	校正形體	代表字	字際關係	詞際關係	備　註
2219	踝腕	J015	《説文》作擘，從手取聲	擘	擘 C57P0692b		腕	異體		此是"擘"的一字異寫形體
2219	踝腕	J015	古文作縢	縢	縢 C57P0692b		腕	異體		此即"擘(擘)"的書寫變異字形，與"縢"的來源相似
2220	尫劣	J057	《蒼頡篇》：尫，小倭也。《説文》云：尪，曲脛也	尫	尫 C58P0593a		尫			
2220	尪狂	J016	今俗用加王作尪，形聲字也	尪	尪 C57P0713b		尫	異體		
2220	尫羸	J048	尫，弱也。《通俗文》：短小曰尫。尫，小也	尫	尫 C58P0376a		尫	異體		
2220	尪羸	J056	今作尪，同	尪	尪 C58P0550b		尫	異體		
2220	尪狂	J016	正體本作尢，象形	尢	尢 C57P0713b		尫	異體		
2221	有汪	J075	《古今正字》云：水大皃也。《考聲》：水停皃也	汪	汪 C58P0972b		汪			
2221	有汪	J075	《説文》正作湰，從水枉聲也	湰	湰 C58P0972b		汪	異體		
2221	汪泥	J058	律文作洸，古皇反。洸，涌也……洸非此義也	洸	洸 C58P0607b		汪	正訛		此"洸"是"汪"的書誤形體
2222	亾喪	J010	經作亡，俗字也	亡	亡 C57P0586a		亡			
2222	亾喪	J010	上亡字。《毛詩傳》：亡，無也	亾	亾 C57P0586a		亡	異體		
2223	茲衣	J010	無方反。茲，草也	茲	茲 C57P0580a		茲	異體		
2224	枉死	J029	《古今〔正〕字：邪曲也。從木王聲	枉	枉 C57P1023a		枉			

組號	詞目	卷次	字形相關釋文	所涉文字	字圖/索引	校正形體	代表字	字際關係	詞際關係	備　註
2224	枉死	J029	古文作桂	桂	桂 C57P1023a		枉	異體		
2224	枉生	J004	《説文》：從木王聲。古文從文（攵）作䶂	䶂	䶂 C57P0460a		枉	異體		此是"枉"的異體"䶂"之書寫變異字形
2225	誣罔	J006	象形字	罔	罔 C57P0496a		罔			
2225	冈然	J074		冈	冈 C58P0955a		罔	異體		
2225	冈然	J074	古文㒺、网二形，同	㒺	㒺 C58P0955a		罔	異體		
2225	冈然	J074	古文㒺、网二形，同	网	网 C58P0955a		罔	異體		
2225	冈然	J074	經文從心作惘，近字	惘	惘 C58P0955a		罔	音借		此乃"惘"的異體字，爲惆悵、失意貌
2226	茵藥	J026	正言莽草，有毒，出幽州人人城	茵	茵 C57P0957a		蕳	異體		
2227	惘然	J097		惘	惘 C59P0276b		惘	異體		
2227	惘悒	J100	《文字集略》亦切誣也	惘	惘 C59P0338b		惘	異體		
2227	惘然	J097	或作此冈也	冈	冈 C59P0276b		惘	音借		"冈"是"罔"的異體字
2227	惘悒	J100	《説文》作㞢	㞢	㞢 C59P0338b		惘	音借		此是"罔"的異體字
2227	惘悒	J100	籀文作网	网	网 C59P0338b		惘	音借		此亦是"罔"的異體字
2228	罩网	J066	論文從糸作〔網〕，俗通用字也	網	C58P0792b		網			釋文中慧琳對字形進行了結構描述，故缺對應的字圖

組號	詞目	卷次	字形相關釋文	所涉文字	字圖/索引	校正形體	代表字	字際關係	詞際關係	備　註
2228	鞙絅	J004		絅	綱 C57P0461b		網	異體		
2228	罩网	J066	或作罝	罝 C58P0792b			網	異體		
2228	羂絅	J011	或作罜,或作罝,皆古字也	罜 C57P0607b			網	異體		
2228	鞙絅	J004	《説文》作羅,古字也	羅 C57P0461b			網	異體		此即"網"的書寫變異字形
2228	鞙絅	J004	亦單作冈,象形字也	冈 C57P0461b			網	異體		
2228	羂絅	J011	或作罜,或作罝,皆古字也	羅 C57P0607b			網	異體		
2228	罩网	J066	籀文作网	网 C58P0792b			網	異體		
2229	齎輞	J037	《古今正字》:從車罔聲	輞 C58P0134b			輞			
2229	轂輞	J050	《説文》:從車冈聲也	輞 C58P0425b			輞	異體		
2229	齎輞	J037	《字統》云:冈,車轄也。或從木作枹	枹 C58P0134b			輞	異體		此是"輞"的異體字,"輞"亦是"輞"的異體字
2230	誷上	J088	《考聲》云:以言欺誣也	誷 C59P0136b			誷			
2230	冈上	J094	傳文從言作誷,謬字	誷 C59P0233b			誷	異體		
2230	冈上	J094	《説文》作冈,象交文也	冈 C59P0233b			誷	分化		"冈上"之"冈"是"罔"的異體字
2231	魍魎	J006	賈注《國語》云:水怪妖鬼也	魍 C57P0504b			魍			
2231	魍魎	J006	或從虫作蜽蛧	蜽 C57P0504b			魍	異體		

組號	詞目	卷次	字形相關釋文	所涉文字	字圖/索引	校正形體	代表字	字際關係	詞際關係	備　註
2231	踂魋	J006	亦作䰰䰡	䰰	䰰 C57P0504b		魋	異體		
2232	逶迤	J049	《廣雅》：委佗，宂邪也。行可逶曲也	逶	逶 C58P0407a		逶			
2232	逶迤	J049	又作委、蝸二形，同	蝸	蝸 C58P0407a		逶	音借		
2232	逶迤	J049	又作委、蝸二形，同	委	委 C58P0407a		逶	音借		
2233	僻隈	J009	謂隱蔽之處也	隈	隈 C57P0574b		隈			
2233	僻隈	J009	經文作俀，於豈反，哭餘聲也。俀非此義也	俀	俀 C57P0574b		隈	音借		
2233	隈處	J059	又作庡，烏菫反。《字林》：庡，翳也	庡	庡 C58P0642b		隈		近義換用	
2234	微服	J059	《字林》：微，隱行也	微	微 C58P0648a		微			
2234	微遞	J039	上正體微字	微	微 C58P0169b		微	異體		
2235	煻煨	J034	《廣雅》：煨，溫也	煨	煨 C58P0090b		煨			
2235	煻煨	J034	經文作熅，於文反。烟熅光氣也……熅非字體也	熅	熅 C58P0090b		煨	正訛		慧琳所見經本的"熅"當是詞頭"煨"的書寫訛誤字形
2236	帷帳	J046	《字林》：在旁曰帷，謂張帛障旁也	帷	帷 C58P0322b		帷			
2236	牀帷	J014	《說文》：在旁曰帷。從巾隹聲。有從心，非也	惟	C57P0661b		帷	正訛		慧琳所謂"從心"作者，乃"帷"的書寫訛誤字形。字圖缺

組號	詞目	卷次	字形相關釋文	所涉文字	字圖/索引	校正形體	代表字	字際關係	詞際關係	備　註
2236	帷帳	J046	古文逹,同	逹	逹 C58P0322b		帷	音借		
2236	帷帳	J076	經作幬,香囊也,非經義也	幬	幬 C58P0995b		帷		近義換用	"幬"除表示香囊之外,也可表示帳子、遮蔽一類用法
2237	幃帶	J009	《蒼頡篇》:幃,褋也,亦巾也	幃	幃 C57P0571a		幃			
2237	幃帶	J009	經文或作帷,于追反。《字林》:在旁曰帷	帷	帷 C57P0571a		幃		近義換用	
2238	爲一切	J012	從爪作爲,正也	爲	爲 C57P0639b		爲			
2238	爲一切	J012	經文作為,略也	為	為 C57P0639b		爲	異體		
2239	韋拒	J005	經作違,俗字也	違	違 C57P0484a		違			
2239	不相違	J006	經文從夌作遴,不成字,不堪用	遴	遴 C57P0499b		違	正訛		此即"違"的書寫訛誤字形
2239	韋拒	J005	本作韋,後人加辵〈丑略反〉作違	韋	韋 C57P0484a		違	分化		"韋拒"之"韋"爲違背、背離義上的古本字,"違"爲後出分化字
2240	磈碔	J099		磈	磈 C59P0323a		磈			
2240	磈碔	J099	磈,集從言作謵,音屈……未詳其祕奧也	謵	謵 C59P0323a		磈	正訛		"磈""謵"音義均別,此"謵"蓋是"磈"的書誤
2241	嶸嵬	J099	《古今正字》:嵬,從山危聲	嵬	嵬 C59P0321b		嵬			
2241	嶸嵬	J099	或作岜	岜	岜 C59P0321b		嵬	異體		《大字典》"岜""嵬"下未溝通二者的異體關係,有失妥當

組號	詞目	卷次	字形相關釋文	所涉文字	字圖/索引	校正形體	代表字	字際關係	詞際關係	備　註
2242	靰塵屁	J089	下正尾字也	尾	尾 C59P0157a		尾			
2242	靰塵屁	J089		屍	屍 C59P0157a		尾	異體		
2243	洧水	J098	《説文》：從水有聲	洧	洧 C59P0305a		洧			
2243	洧水	J098	集作鮪，魚名也	鮪	鮪 C59P0305a		洧	音借		
2244	萎悴	J068	《集訓》：如草木萎黄也。《文字典説》：從草委聲	萎	萎 C58P0820b		萎			
2244	萎悴	J068	或作矮	矮	矮 C58P0820b		萎	異體		
2244	萎黄	J031	經作痿，痿痺，濕病也。亦通也	痿	痿 C58P0025a		萎	音借		
2245	偽行	J008	《考聲》：矯詐也，欺也	偽	偽 C57P0536a		偽			
2245	偽行	J008	或從言作譌	譌	譌 C57P0536a		偽		近義換用	
2246	傀偉	J019	《説文》：奇。二字並從人，鬼、韋皆聲	偉	偉 C57P0780a		偉			
2246	傀偉	J019	經本從王作瑋，亦通用也	瑋	瑋 C57P0780a		偉		近義換用	
2246	偉風	J055	經文作衞，胡憒反。非體也	衞	衞 C58P0545b		偉	音借		
2247	嵬巋	J098	《考聲》：山皃也	嵬	嵬 C59P0309b		嵬			
2247	嵬巋	J098	集從褱從累作巘纍。《玉篇》無此字	巘	巘 C59P0309b		嵬		近義換用	經本的"巘"乃"巍"的異體字，指山不平貌

組號	詞目	卷次	字形相關釋文	所涉文字	字圖/索引	校正形體	代表字	字際關係	詞際關係	備　註
2248	暐曄	J054	《説文》：盛明也	暐	暐 C58P0513a		暐			
2248	暐曄	J054	正從火作煒	煒	煒 C58P0513a		暐		近義換用	
2249	痿躄	J033	《説文》：痺也。從疒委聲	痿	痿 C58P0053a		痿			
2249	痿躄	J033	或從歺作殘	殘	殘 C58P0053a		痿	異體		
2249	已痿	J084	論文從草作萎，誤	萎	萎 C59P0081b		痿	音借		
2250	煒煒	J074	《説文》：煒，盛明也。從火韋聲	煒	煒 C58P0958b		煒			
2250	煒煒	J074	經文作糶，非也	糶	糶 C58P0958b		煒	異體		
2250	煒燁	J017	經文作瑋曄，非體也	瑋	瑋 C57P0738b		煒	音借		"瑋"爲珍奇義，與"煒"別
2250	煒暈	J086	或從日作暐，亦通	暐	暐 C59P0104a		煒		近義換用	
2251	自趯	J016	《左傳》云：犯五不趯。杜預曰：趯，是也	趯	趯 C57P0722b		趯			
2251	自趯	J016	籀文作悼，同	悼	悼 C57P0722b		趯	異體		
2252	亹亹	J088	《考聲》云：美也。勉也。進也	亹	亹 C59P0141a		亹			
2252	亹亹	J088	正作娓	娓	娓 C59P0141a		亹		近義換用	
2253	腸胃	J041	《説文》：穀府也。從肉，象形字	胃	胃 C58P0215a		胃			

組號	詞目	卷次	字形相關釋文	所涉文字	字圖/索引	校正形體	代表字	字際關係	詞際關係	備　註
2253	膓胃	J041	或作䏽,俗字也	䏽	䏽 C58P0215a		胃	異體		
2253	胃膽	J068	《白虎通》曰:胃者,脾之腑也	胃	胃 C58P0828a		胃	異體		"胃膽"之"胃"是"胃"的篆文隸定字形
2254	如蝟	J077	《説文》:形毛似豪猪而小也。從虫胃聲	蝟	蝟 C58P1023a		猬	異體		
2255	擁衛	J006	王弼注《易》:衛,護也。《説文》:宿衛也	衛	衛 C57P0499b		衛			
2255	擁衛	J006	從行從韋從帀,守禦也。今隸書略云(去)帀作衛也	衛	C57P0499b		衛	異體		慧琳釋文所謂"從行從韋從帀"者,乃"衛"的異體別構字。字圖缺
2256	餒此	J043	《三蒼》:餒,飢也	餒	餒 C58P0262a		餒			
2256	餒此	J043	《説文》作婑,食牛也	婑	婑 C58P0262a		餒		近義換用	
2257	溫故	J026	《論語》云:溫故而知新。何晏曰:溫,尋也	溫	溫 C57P0944a		溫			
2257	溫故	J026	經作愠故,字音威運反,歷(怒)也,恨也。非經義	愠	愠 C57P0944a		溫	正訛		經本的"愠""濕"並是"溫"的書寫訛誤字形
2257	溫潔	J095	今集本作濕繫者,恐年代寖遠,傳寫誤錯,有乖義理	濕	濕 C59P0249b		溫	正訛		經本的"愠""濕"並是"溫"的書寫訛誤字形
2257	雛溫	J095	顧野王云:溫,漸熱也……集本作熅,誤也	熅	熅 C59P0246b		溫	正訛		結合慧琳釋文來看,此"熅"亦是"溫"的書寫訛誤字形
2258	蚊蝱	J003		蚊	蚊 C57P0441b		蚊			
2258	蚊蝱	J003	經中作蚉,俗用,非也	蚉	蚉 C57P0441b		蚊	異體		

續　表

組號	詞目	卷次	字形相關釋文	所涉文字	字圖/索引	校正形體	代表字	字際關係	詞際關係	備　註
2258	蚊蝱	J003	《説文》作蟲，齧人飛蟲子也	蟲	C57P0441b		蚊	異體		
2258	蚊蝱	J006	《古文奇字》從昏作蟲（蟲），避太宗廟諱改民從昏	蟲	C57P0510b	蟲	蚊	異體		從釋文義求之，高麗本的"蟲"乃"蟲"的書誤
2258	蟲蟲	J067	《字書》正體字亦作蚤也	蚤	C58P0803a		蚊	異體		
2258	蟲蟲	J067	《説文》：從昏蚑聲	蟲	C58P0803a		蚊	異體		
2259	自刎	J052	《公羊傳》云：公遂刎脰而死。何休曰：刎，割也	刎	C58P0453b		刎			
2259	自刎	J052	古文歾，同	歾	C58P0453b		刎	異體		
2260	摩拭	J014	《韻英》云：修拭也，摸也	拭	C57P0675a		拭			
2260	拭之	J043	古文捪，同。云（文）粉反。拭也	捪	C58P0261a		拭	異體		
2260	摩拭	J014	或作揩，亦通	揩	C57P0675a		拭	異體		釋文中溝通的"揩"亦可視作"拭"的異體字
2260	拭足	J018	或有誤書捫字，其訓義亦通。捫，摸也	捫	C57P0763b		拭		近義換用	
2261	紕紊	J083	孔注《尚書》：紊，乱也。《説文》：從糸文聲	紊	C59P0060b		紊			
2261	紕紊	J083	傳從木作奈，非本義	奈	C59P0060b		紊	正訛		此是"紊"的書寫訛誤字形
2261	紊典	J088	集文作紊，非也	紊	C59P0146b		紊	正訛		此是"紊"的書寫訛誤字形
2262	搵塗	J036	《説文》：没也。從手愠聲	搵	C58P0117b		搵			

組號	詞目	卷次	字形相關釋文	所涉文字	字圖/索引	校正形體	代表字	字際關係	詞際關係	備　註
2262	搵藥	J040	《説文》：没也。從手盈聲	搵	搵 C58P0187b		搵	異體		
2262	搵藥	J040	經從木作榅,非也	榅	榅 C58P0187b		搵	正訛		
2263	益甕	J060	律文從公作瓮,俗字也	瓮	瓮 C58P0675b		瓷			
2263	益甕	J060	正體字	甕	甕 C58P0675b		瓷	異體		
2264	鼯鼻	J042	《埤蒼》：鼻疾也。《通俗文》：䶈鼻曰鼯	鼯	鼯 C58P0249b		鼯			
2264	塞䶎	J028	《埤蒼》：鼻病者	䶎	䶎 C57P0999b		鼯	異體		
2264	塞䶎	J028	經文作蛻,非此字也	蛻	蛻 C57P0999b		鼯			此"蛻"蓋是誤書
2265	倭國	J081	東海中小國名也。隣近新羅	倭	倭 C59P0002b		倭			
2265	倭國	J081	録從昌作陵,非也	陵	陵 C59P0002b		倭	異體		此或是詞頭"倭"的換旁異體字,用於國名
2266	蹉傷	J055	《蒼頡篇》：挫足爲蹉	蹉	蹉 C58P0537b		蹉			
2266	蹉傷	J055	經文作瑳,非體也	瑳	瑳 C58P0537b		蹉	異體		此"瑳"是"蹉"的異體别構
2267	垄我	J004	《説文》：於身自謂也。從手從戈	我	我 C57P0472a		我			
2267	垄我	J004	經有從禾作秅者,非	秅	C57P0472a		我	異體		慧琳所釋形體乃詞頭"我"的書寫變異字形。字圖缺
2268	不可攫	J075	烏虢反。《考聲》云：以手攫取也。從手蒦聲	攫	攫 C58P0962b		攫			

組號	詞目	卷次	字形相關釋文	所涉文字	字圖/索引	校正形體	代表字	字際關係	詞際關係	備 註
2268	不可攓	J075	經文單作蔓,亦通	蔓	蔓 C58P0962b		攓	分化		
2268	攓飯	J065	律文作摑,非也	摑	摑 C58P0771b		攓	音借		
2268	攓堆	J064	經從國作甌,諸字書並無此字	甌	甌 C58P0754a		攓		近義換用	
2269	沃弱	J056	《詩》云:其葉沃若。《傳》曰:沃若,猶沃沃然也	沃	沃 C58P0561b		沃			
2269	沃弱	J056	又作浂,同	浂	浂 C58P0561b		沃	異體		
2270	汙泥	J030	停水處泥也	汙	汙 C57P1036b		汙	異體		
2270	不汙	J009	《字林》:汙,穢也。《字書》:汙,塗也	汙	汙 C57P0568a		汙	異體		
2270	汙泥	J030	經作洿,古文汙字也	洿	洿 C57P1036b		汙	異體		
2271	蟲狐鳥	J080		鳥	鳥 C58P1092b		鳥			
2271	蟲狐鳥	J080	鳥或作鳥也	鳥	鳥 C58P1092b		鳥	正訛		
2272	鄔波	J040		鄔	鄔 C58P0187b		鄔			
2272	鄔波	J040	經作隖,俗字	隖	隖 C58P0187b		鄔	音借		
2273	嗚咽	J093	《考聲》云:悲歎之聲	嗚	嗚 C59P0219b		嗚			
2273	嗚咽	J093	《字書》亦從欠作歍	歍	歍 C59P0219b		嗚	音借		

組號	詞目	卷次	字形相關釋文	所涉文字	字圖/索引	校正形體	代表字	字際關係	詞際關係	備　註
2274	無復	J027	謂非有也	無	無 C57P0960b		無			
2274	無復	J027	或作无。《説文》云:《古文奇字》作无也	无	无 C57P0960b		無	異體		
2275	兵伍	J046	《周禮》:五人爲伍。鄭玄曰:伍,衆也	伍	伍 C58P0333a		伍			
2275	兵伍	J046	論文作仵,吾故反,逆也。仵非字義也	仵	仵 C58P0333a		伍	音借		經本的"仵"乃詞頭"伍"的通假字現象
2276	怪迕	J056	《聲類》:迕逆不遇也	迕	迕 C58P0565a		迕			
2276	怪迕	J056	又作悟、仵二形,同	悟	悟 C58P0565a		迕	近義換用		
2276	怪迕	J056	又作悟、仵二形,同	仵	仵 C58P0565a		迕	近義換用		
2276	怪迕	J056	經文作悮,非也	悮	悮 C58P0565a		迕	音借		經本的"悮"爲錯、疑惑一類用法,與"迕"別
2277	好忤	J028	觸忤也。《聲類》:迕逆不遇也	忤	忤 C57P0997a		忤			
2277	好忤	J028	又作迕、悟二形,同	迕	迕 C57P0997a		忤	近義換用		
2277	邪忤	J031	或作仵	仵	仵 C58P0025a		忤	近義換用		
2277	好忤	J028	又作迕、悟二形,同	悟	悟 C57P0997a		忤	音借		抵觸用法上,"悟"爲"忤"的通假字現象
2278	欺侮	J010	侮猶輕慢也	侮	侮 C57P0579b		侮			
2278	欺侮	J010	古文㑄,同	㑄	㑄 C57P0579b		侮	異體		

組號	詞目	卷次	字形相關釋文	所涉文字	字圖/索引	校正形體	代表字	字際關係	詞際關係	備　註
2279	廊廡	J032	《説文》：堂下周屋也。《釋名》云：大屋曰廡	廡	廡 C58P0033b		廡			
2279	廊廡	J032	籀文作廡，同	廡	廡 C58P0033b		廡	異體		
2279	廊廡	J032	幽冀之人謂之庌	庌	庌 C58P0033b		廡		近義換用	"庌"亦可表示廳堂、房舍義
2280	鸚鵡	J004	《曲禮》曰"鸚鵡能言不離飛鳥"是也	鵡	鵡 C57P0468a		鵡			
2280	鸚鵡	J004	或作䳇，二體同	䳇	䳇 C57P0468a		鵡	異體		
2281	嶢屼	J099	《字指》云：屼，禿山兒也。《古今正字》：從山兀聲	屼	屼 C59P0321b		屼			
2281	嶢屼	J099	作兀，亦通俗	兀	兀 C59P0321b		屼	異體		
2282	株杌	J025	木無枝也	杌	杌 C57P0912a		杌			
2282	株杌	J025	又作柮、阢，並同	柮	柮 C57P0912a		杌	異體		
2282	株杌	J025	又作柮、阢，並同	阢	阢 C57P0912a		杌	音借		"阢"是"虺"的異體字，指不安義，與"杌"別
2283	覺悟	J023		悟	悟 C57P0872b		悟			
2283	覺悟	J023	字又作寤	寤	寤 C57P0872b		悟	音借		"寤"乃"悟"的通假字現象
2284	石梁塢	J090	從土烏聲	塢	塢 C59P0171b		塢			
2284	石梁塢	J090	從阜作隖，亦同	隖	隖 C59P0171b		塢	異體		

組號	詞目	卷次	字形相關釋文	所涉文字	字圖/索引	校正形體	代表字	字際關係	詞際關係	備　註
2285	誤落	J042	《考聲》云：誤，錯失也。《説文》：從言吳聲	誤	誤 C58P0250a		誤			
2285	誤落	J042	經從心作悮，俗字	悮	悮 C58P0250a		誤	異體		
2285	註誤	J084	説(論)文從心作忤，誤也	忤	忤 C59P0080b		誤	音借		"忤"是忤逆字，與"誤"別
2286	睡寤	J014	《説文》：寐覺而有言曰寤。從寢吾省聲	寤	寤 C57P0670b		寤			
2286	睡寤	J014	或作寤，略也	寤	寤 C57P0670b		寤	異體		
2286	覺寤	J017	經從穴作窹，非也	窹	窹 C57P0731a		寤	異體		
2286	睡寤	J014	經從穴從心作寤(寤)，非也	寤	寤 C57P0670b	寤	寤	異體		
2287	呼噏	J043	今作吸，同	吸	吸 C58P0271b		吸			
2287	呼噏	J043	古文歙、噏二形	噏	噏 C58P0271b		吸	異體		
2287	呼噏	J043	古文歙、噏二形	歙	歙 C58P0271b		吸	音借		"歙"本指用鼻吸氣，引申指收斂、閉合一類用法
2288	希冀	J008	《考聲》：望也。法言云：希，冀也	希	希 C57P0546a		希			
2288	希冀	J008	古文作帝	帝	帝 C57P0546a		希	異體		所謂"古文"之"帝"，乃詞頭"希"的一字異體
2288	希冀	J008	經作悕，俗字也	悕	悕 C57P0546a		希		文義換用	"悕"爲意念、心願義，與"希"爲詞義換用關係
2289	曩昔	J053	經作昔，俗字也	昔	昔 C58P0499b		昔			

組號	詞目	卷次	字形相關釋文	所涉文字	字圖/索引	校正形體	代表字	字際關係	詞際關係	備　註
2289	曡昝	J053		昝	昝 C58P0499b		昔	異體		"昝"是"昔"的《説文》篆體隸定形
2290	分析	J031	《説文》：破木也。從木從斤	析	析 C58P0005a		析			
2290	分析	J031	或從片作枂,亦通	枂	枂 C58P0005a		析	異體		
2290	分析	J048	今俗作柝,皆從片	柝	柝 C58P0372b		析	異體		此即"枂"的書寫變異字形
2290	分析	J031	經文從手作折,誤也	折	折 C58P0005a		析	正訛		此"折"乃"析"的書寫訛誤字形
2291	肨響	J089	楊雄《甘泉賦》云：肨響豐融	肨	肨 C59P0157a		肨			
2291	眅（肨）響	J083	《考聲》：謂聲流布也	眅	眅 C59P0064b	肨	肨			詞頭"眅響"之"眅"爲看、視義,乃"肨"的書寫訛誤字形
2291	肨響	J089	《説文》從八從肉作肎	肎	肎 C59P0157a		肨		近義換用	
2292	郗超	J088	人姓名也	郗	郗 C59P0136a		郗			
2292	郗超	J088	傳作刜,誤也	刜	刜 C59P0136a		郗	異體		
2293	悕望	J014		悕	悕 C57P0667b		悕			
2293	悕望	J014	上希字	希	希 C57P0667b		悕		近義換用	
2293	悕望	J014	《説文》作爷	爷	爷 C57P0667b		悕		近義換用	"爷"爲"希"的一字異寫形體
2294	則晞	J073	《字林》：晞,乾也。《方言》：晞,暴也	晞	晞 C58P0923b		晞			

組號	詞目	卷次	字形相關釋文	所涉文字	字圖/索引	校正形體	代表字	字際關係	詞際關係	備　註
2294	即睎（睎）	J075	《説文》曰：乾曰睎（睎）。睎（睎），乾也	睎	睎 C58P0974a	睎	睎			高麗本“即睎”之“睎”，乃“睎”的書寫訛誤字形
2294	則睎	J073	又作烯，同	烯	烯 C58P0923b		睎	異體		“烯”是“睎”的換旁異體字
2295	歔欷	J078	《蒼頡篇》：立泣餘聲也	欷	欷 C58P1035a		欷			
2295	歔欷	J078	或從口作噓唏	唏	唏 C58P1035a		欷	異體		歔息義上，二者可視作異體字關係
2296	浙（淅）米	J075	《通俗文》：汰米曰浙（淅）	浙	浙 C58P0985a	淅	浙			高麗本“淅米”之“浙”，乃“淅”的書寫訛誤字形
2296	浙（淅）米	J075	經文作鈏錫之錫，非體	錫	錫 C58P0985a		浙	音借		
2297	惜軀	J041		惜	惜 C58P0214b		惜			
2297	惜軀	J041	經作憎，雖正，古字也	憎	憎 C58P0214b		惜	異體		
2297	顧惜	J003	古作昔也	昔	昔 C57P0455b		惜	音借		慧琳所謂“古作”之“昔”是“昔”的《説文》篆體隸定形
2298	晰妙	J051	《毛詩傳》云：晰晰，明也	晰	晰 C58P0434b		晰			
2298	晰妙	J051	或作晳，並從日	晳	昔 C58P0434b		晰	異體		
2299	睎望	J032	《廣雅》云：睎，視也。《説文》：望也。從目希聲	睎	睎 C58P0048b		睎			
2299	睎望	J032	經作悕，誤也	悕	悕 C58P0048b		睎	音借		
2300	翕眠	J055	翕，合也。亦歛也	翕	翕 C58P0544a		翕			

組號	詞目	卷次	字形相關釋文	所涉文字	字圖/索引	校正形體	代表字	字際關係	詞際關係	備　註
2300	翕眠	J055	經文從目作瞯，書無此字	瞯	瞯 C58P0544a		翕	異體		
2301	犀首	J086	《考聲》：犀，獸名也	犀	犀 C59P0105b		犀			
2301	犀首	J086	論從辛作㸲，非也，今不取	㸲	㸲 C59P0105b		犀	正訛		"㸲"爲滯留不進義，與"犀"別
2302	徯戀	J076	《説文》亦待也。從彳奚聲	徯	徯 C58P1009a		徯			
2302	徯徑	J030	又作蹊，同	蹊	蹊 C57P1045b		徯	異體		等待義上，二者可視作異體關係
2302	徯戀	J076	或作傒也	傒	傒 C58P1009a		徯	異體		從形音義關係論之，等待義上，"傒"亦當視作"徯"的異體字
2302	徯徑	J030	經文有作谿徑也	谿	谿 C57P1045b		徯	音借		
2303	熙怡	J032		熙	熙 C58P0046b		熙			
2303	熙怡	J009	《説文》：熙怡，和悦也	熙	熙 C57P0565a		熙	異體		
2303	熙怡	J009	經文有作嬉，同	嬉	嬉 C57P0565a		熙		文義換用	
2303	熙怡	J032	經作恓，誤也	恓	恓 C58P0046b		熙	音借		
2304	海狶	J061	《説文》正體從豕作狶	狶	狶 C58P0678b		狶			
2304	海狶	J061	俗字也	猗	猗 C58P0678b		狶	異體		
2305	蜥蜴	J056	陝已西名璧宫，在草者曰蜥蜴也	蜥	蜥 C58P0553b		蜥			

組號	詞目	卷次	字形相關釋文	所涉文字	字圖/索引	校正形體	代表字	字際關係	詞際關係	備　註
2305	蜥蝪	J056	經文作蜊,非體也	蜊	蜊 C58P0553b		蜥	正訛		此"蜊"是"蜥"的書寫訛誤字形
2306	嘻梨	J038		嘻	嘻 C58P0155a		嘻			
2306	嘻梨	J038	經文作趌,非也	趌	趌 C58P0155a		嘻	音借		二者關係待進一步考之
2307	雙膝	J024	今經文從肉作膝,亦通用字也	膝	膝 C57P0888b		膝			
2307	雙膝	J024	《説文》正作䣛,脛頭節也。從卩桼聲也	䣛	䣛 C57P0888b		膝	異體		
2307	兩膝	J001	正體從卩作䣛	䣛	䣛 C57P0409b		膝	異體		此是"䣛"的一字異寫形體
2307	造膝	J098	集作脙,不成字也	脙	脙 C59P0302b		膝	異體		此是"膝"的書寫訛變字形
2308	瘜宍	J072	《説文》:瘜,奇(寄)肉也	瘜	瘜 C58P0914a		瘜			詞頭之"宍"是"宍"的書寫變異字形,即"肉"字
2308	瘜宍	J072	《方言》作䏶,同	䏶	䏶 C58P0914a		瘜	異體		
2308	瘜宍	J072	論文作息,非體也	息	息 C58P0914a		瘜	分化		
2309	嬉遊	J028		嬉	嬉 C57P0997b		嬉			
2309	嬉遊	J028	經文作繥,非也	繥	繥 C57P0997b		嬉	異體		《大字典》"繥"下釋作"同'嬉'",然"繥"的形義關係不好解釋
2309	嬉遊	J028	又作僖,同	僖	僖 C57P0997b		嬉		近義換用	
2309	同嬉	J088	《蒼頡篇》:嬉,戲也。《説文》亦作娭	娭	娭 C59P0141b		嬉		近義換用	

組號	詞目	卷次	字形相關釋文	所涉文字	字圖/索引	校正形體	代表字	字際關係	詞際關係	備　註
2310	大吼歙	J055	《説文》云：歙猶縮鼻吸也。從欠翕聲	歙	歙 C58P0541b		歙			
2310	大吼歙	J055	經從口作噏，俗字也	噏	噏 C58P0541b		歙		近義換用	
2311	伏羲	J087	亦号庖羲	羲	羲 C59P0127a		羲			
2311	伏羲	J087	論作犧，亦同	犧	犧 C59P0127a		羲	音借		
2311	炎羲	J094	傳文作曦，俗字也。《字書》正作羲	曦	曦 C59P0232a		羲	音借		
2312	暿陽	J098	集作暿，並通	暿	暿 C59P0306b		暿			
2312	暿陽	J098	又作濆（熺）	濆	濆 C59P0306b	熺	暿	異體		高麗本的"濆"乃"熺"的誤書。"熺""暿"似可視作異體字關係
2312	暿陽	J098	或作喜	喜	喜 C59P0306b		暿	音借		
2313	蹊徑	J007	從足奚聲	蹊	蹊 C57P0525b		蹊			
2313	蹊徑	J007	亦作徯	徯	徯 C57P0525b		蹊	異體		小路義上，此"徯"似可視作"蹊"的換旁異體字
2314	谿谷	J008	《説文》：山寶無所通	谿	谿 C57P0534b		谿			
2314	谿谷	J008	從石作磎，是磻磎，字見《纂韻》，非此義也	磎	磎 C57P0534b		谿	異體		
2314	谿谷	J008	亦從水作溪	溪	溪 C57P0534b		谿	異體		
2314	谿谷	J031	經從山作嵠	嵠	嵠 C58P0007b		谿	異體		

組號	詞目	卷次	字形相關釋文	所涉文字	字圖/索引	校正形體	代表字	字際關係	詞際關係	備　註
2315	醯雞	J087	醋中虫也。一名蠛蠓也	醯	醯 C59P0129b		醯	異體		
2316	曦赫	J002		曦	曦 C57P0429a		曦			
2316	曦赫	J002	經從火,非也	爔	C57P0429a		曦	異體		"曦"與釋文中慧琳所謂"從火"之"爔"爲換旁異體字關係。字圖缺
2316	曦赫	J002	或作晞,亦通也	晞	晞 C57P0429a		曦	音借		
2316	庖犧	J097	《説文序》云：庖犧氏之王天下	犧	犧 C59P0289b		犧			
2316	庖犧	J097	或作羲	羲	羲 C59P0289b		犧	音借		
2317	險巇	J097	《文字典説》：從山戲聲	巇	巇 C59P0287b		巇			
2317	險隵	J058	險隵,危也	隵	隵 C58P0623a		巇	異體		
2317	險隵	J058	律文作戯,五遠反,鼓聲也,戯非義也	戯	戯 C58P0623a		巇	音借		
2317	險巇	J097	集作嶬,非也	嶬	嶬 C59P0287b		巇	音借		
2318	薦席	J027	從巾從庶省聲也	席	席 C57P0979b		席			
2318	薦席	J027	或從艹作蓆	蓆	蓆 C57P0979b		席	異體		"蓆"爲"席"在草席一類用法上的增旁異體字
2319	綜習	J065	《尚書》曰：習與性成。《説文》：從羽從白	習	習 C58P0767b		習			

續　表

組號	詞目	卷次	字形相關釋文	所涉文字	字圖/索引	校正形體	代表字	字際關係	詞際關係	備　註
2319	綜習	J065	經從言作謵，非也。謵音獵，殊非經意也	謵	謵 C58P0767b		習	異體		經本的"謵"或可視作"習"在練習義上的增旁異體字
2319	習習	J026	諸字書並無此瘤字，近代人加扩作之	瘤	瘤 C57P0930b		習	分化		經本的"瘤"即"習"在小痛義上的後出分化字
2320	原隰	J008	《說文》：阪下陉也。從阜㬎聲也	隰	隰 C57P0556a		隰			
2320	原隰	J008	或作隰	隰	隰 C57P0556a		隰	異體		
2320	原隰	J014	或作溼，俗字也	溼	習 C57P0668b		隰	音借		高麗本《慧琳音義》對應字圖有誤
2321	以檄	J083	《說文》：從木敫〈皎堯反〉聲	檄	檄 C59P0061a		檄			
2321	檕魔文	J090	《說文》：從木敫聲	檕	檕 C59P0167a		檄	異體		
2322	掩襲	J042	《左傳》：凡師輕曰襲	襲	襲 C58P0236a		襲			
2322	掩襲	J042	古文戢、褶一（二）形，同	戢	戢 C58P0236a		襲	異體		
2322	掩襲	J042	古文戢、褶一（二）形，同	褶	褶 C58P0236a		襲	音借		
2323	披纗	J054	纗，箍也	纗	纗 C58P0509b		纗			
2323	披纗	J054	今作縋，同	縋	縋 C58P0509b		纗	異體		
2324	盥洒	J089	傳文從先作洗，俗用字	洗	洗 C59P0164b		洗			
2324	盥洒	J089	《字書》：從水從西	洒	洒 C59P0164b		洗	異體		

組號	詞目	卷次	字形相關釋文	所涉文字	字圖/索引	校正形體	代表字	字際關係	詞際關係	備　註
2324	刮洒	J055	或作㴽（㴽），古洗字也	㴽	㴽 C58P0535b	㴽	洗	異體		此"㴽"乃"洒"的《説文》篆體隸定訛變字形
2325	線訶	J017	又作枲,同	枲	枲 C57P0746a		枲			本指麻,經文中爲人名用字
2325	線訶	J017	天童女名也	線	線 C57P0746a		枲	異體		
2326	驟徙	J082	顧野王云：徙,遷也	徙	徙 C59P0025a		徙			
2326	驟徙	J082	《説文》作䢔,云移也。從辵止聲	䢔	延 C59P0025a		徙	異體		
2326	驟徙	J082	古文作遳	遳	遳 C59P0025a		徙	異體		
2327	憘起	J051	《字書》：憘,與好也	憘	憘 C58P0442b		喜	異體		喜悦義上,"憘""憙"並可視作"喜"的增旁異體字
2327	憙叓	J030	《説文》云亦悦也。從心喜聲	憙	憙 C57P1052a		喜	異體		喜悦義上,"憘""憙"並可視作"喜"的增旁異體字
2328	革屣	J059	《聲類》：屣,鞮屬也	屣	屣 C58P0633a		屣			
2328	革屣	J059	古文躧、鞴、蹝三形,同	鞴	鞴 C58P0633a		屣	異體		
2328	革屣	J015	從足作躧	躧	躧 C57P0683a		屣	異體		
2328	革屣	J059	古文躧、鞴、蹝三形,同	躧	躧 C58P0633a		屣	異體		
2328	革屣	J059	古文躧、鞴、蹝三形,同	蹝	蹝 C58P0633a		屣	異體		
2328	革屣	J064	或從足作躧、蹝（蹝）、䩥、鞴,並古字也	蹝	蹝 C58P0746b	蹝	屣	異體		高麗本的"蹝"即"蹝"的書寫訛誤字形

組號	詞目	卷次	字形相關釋文	所涉文字	字圖/索引	校正形體	代表字	字際關係	詞際關係	備　註
2328	革屣	J064	或從足作躍、蹤（跳）、靴、鞾，並古字也	靴	靴 C58P0746b		屣		近義換用	
2329	璽書	J091	今從玉，形聲字	璽	璽 C59P0183a		璽			
2329	璽書	J091	《考聲》云：天子玉印。古文從土作壐	壐	壐 C59P0183a		璽	異體		
2330	繫念	J009		繫	繫 C57P0565a		繫			
2330	繫念	J009	今作係，同	係	係 C57P0565a		繫		近義換用	
2330	繫念	J009	古文繫、继二形	继	継 C57P0565a		繫	音借		
2331	系嫡	J077	《尔雅》云：系，繼也	系	系 C58P1021a		系			
2331	系嫡	J077	籀文從爪作繇	繇	繇 C58P1021a		系	異體		"繇"爲詞頭"系"的《説文》籀文隸定形
2332	係念	J048	《説文》：係，潔（絜）束也。亦相嗣也	係	係 C58P0385a		係			
2332	係念	J048	古文繼、繫二形，同	繫	繫 C58P0385a		係		近義換用	
2332	係念	J048	古文繼、繫二形，同	繼	繼 C58P0385a		係	音借		"繼"與"继"爲異體字關係
2332	無係	J055	古文继、繫二形，同	继	継 C58P0544b		係	音借		
2333	絪滑	J055	經文從田作細，俗字也	細	細 C58P0531b		細			
2333	絪滑	J055	正從囟作絪	絪	絪 C58P0531b		細	異體		

組號	詞目	卷次	字形相關釋文	所涉文字	字圖/索引	校正形體	代表字	字際關係	詞際關係	備　註
2334	構隙	J081	顧野王云：隙，因間隙所爲有怨憾也	隙	隙 C59P0009b		隙			
2334	隙中	J070	《説文》：隙，壁際孔也。《廣疋》：隙，別也	隙	隙 C58P0855b		隙	異體		
2334	隙中	J070	古文㕙，同	㕙	㕙 C58P0855b		隙	異體		
2334	構隙	J081	録文從巢作㒸，非也	㒸	㒸 C59P0009b		隙	異體		此亦可視作"隙"的異體字。論其形體來源，當是"隙"書寫變異而致
2334	讎隙	J096	集本作郄，人姓也，非讎義也	郄	郄 C59P0258b		隙	音借		
2335	烏鹵	J048	又作潟、滷二形，同	潟	潟 C58P0392a		潟			
2335	烏鹵	J048		舄	舄 C58P0392a		潟	音借		
2335	烏鹵	J048	又作潟、滷二形，同	滷	滷 C58P0392a		潟		近義換用	
2336	掉戲	J014	《説文》：從戈虘也聲也。虘音希，從虍從且	戲	戲 C57P0664a		戲			
2336	掉戲	J014	經文從虗從戈作戱，非也	戱	戱 C57P0664a		戲	異體		
2337	餾施	J057	《埤蒼》：餽，餽也。《字書》：餽，餉也	餽	餽 C58P0589b		餽			
2337	餾施	J057	古文槩(槩)，同	槩	槩 C58P0589b	槩	餽	異體		高麗本所謂"古文"之"槩"，乃"槩"的書寫訛誤字形
2338	老瞎	J075	《字書》：一目合也	瞎	瞎 C58P0984a		瞎			

組號	詞目	卷次	字形相關釋文	所涉文字	字圖/索引	校正形體	代表字	字際關係	詞際關係	備　註
2338	老瞎	J075	又作�噎，同	瞎	瞎 C58P0984a		瞎	異體		
2338	盲瞎	J006	或作膞（瞎），古字也	膞	膞 C57P0508a	瞎	瞎	異體		高麗本的"膞""喝"並是"瞎"的書寫訛誤字形
2338	眼瞎	J046	正字作喝（瞎），同	喝	喝 C58P0337b	瞎	瞎	異體		高麗本的"膞""喝"並是"瞎"的書寫訛誤字形
2339	入匣	J032	《說文》：匣，匱也。謂盛刀劍者也	匣	匣 C58P0033b		匣			
2339	入匣	J032	今作狎（柙），同	狎	狎 C58P0033b	柙	匣	音借		高麗本《慧琳音義》的"狎""押"並是"柙"的書寫訛誤字形
2339	刀匣	J058	今作押（柙），同	押	押 C58P0622a	柙	匣	音借		高麗本《慧琳音義》的"狎""押"並是"柙"的書寫訛誤字形
2340	狎習	J009	孔注《尚書》云：狎，近也。狎，傷也	狎	狎 C57P0575a		狎			
2340	狎習	J009	古文庸	庸	庸 C57P0575a		狎	異體		
2340	狎習	J009	經文從人作伸，非也	伸	伸 C57P0575a		狎	異體		
2340	狎習	J009	書或作狹，同	狹	狹 C57P0575a		狎	異體		狎習義上，二者可視作換旁異體字關係
2340	不狎	J056	經文作匣，匱匣也，匣非此用	匣	匣 C58P0570a		狎	音借		
2340	狎習	J059	律文作洽，非體也	洽	洽 C58P0631b		狎	音借		
2341	廣陝	J012	經文從犬作狹，非本字也	狹	狹 C57P0634b		狹			

續　表

組號	詞目	卷次	字形相關釋文	所涉文字	字圖/索引	校正形體	代表字	字際關係	詞際關係	備　註
2341	廣陜	J012	《考聲》：陜，隘也〈厄界反〉……從𨸏夾聲也	陜	陜 C57P0634b		狹	異體		
2341	廣陜	J012	或從厂〈音漢〉作⿸厂夾	⿸厂夾	⿸厂夾 C57P0634b		狹	異體		
2341	寬陿	J072	《文字典説》云：陿，迫隘不廣也。從𠂤匧聲	陿	陿 C58P0901b		狹	異體		
2342	輨轄	J017	《方言》：關之東西曰輨，亦曰轄，謂車軸頭鐵也	轄	轄 C57P0740a		轄			
2342	輨轄	J017	下又作舝、鎋二形，同	鎋	鎋 C57P0740a		轄	異體		
2342	輨轄	J017	下又作舝、鎋二形，同	舝	舝 C57P0740a		轄	異體		
2343	撥煙霞	J001	《古今正字》：從兩(雨)叚聲也	霞	霞 C57P0404b		霞			
2343	撥煙霞	J001	或作赮	赮	赮 C57P0404b		霞	異體		
2344	石罅	J046		罅	罅 C58P0338b		罅			
2344	石罅	J046	古文⿰阝虖、⿰土虖二形	⿰阝虖	⿰阝虖 C58P0338b		罅	異體		此是“⿰阝虖”的一字異寫形體
2344	石罅	J046	古文⿰阝虖、⿰土虖二形	⿰土虖	⿰土虖 C58P0338b		罅	異體		此是“⿰土虖”的一字異寫形體
2344	石罅	J046	或作⿰石虖，同	⿰石虖	⿰石虖 C58P0338b		罅	異體		此是“⿰石虖”的一字異寫形體
2345	僊僊	J030	《毛詩傳》曰：僊僊，醉舞皃也	僊	僊 C57P1037b		仙	異體		
2345	僊僊	J030	古文作僊，長生也	僊	僊 C57P1037b		仙	異體		“僊”乃“僊”的一字異寫形體

續　表

組號	詞目	卷次	字形相關釋文	所涉文字	字圖/索引	校正形體	代表字	字際關係	詞際關係	備　註
2345	僊僊	J030	亦作仚,山居長往也	仚	仚 C57P1037b		仙	異體		
2346	木㭒	J063		㭒	㭒 C58P0740a		㭒			
2346	木㭒	J063	亦作撿	撿	撿 C58P0740a	櫎	㭒	異體		慧琳釋文所謂"亦作"之"撿",當是"櫎(櫎)"的書寫訛誤字形
2347	銛劃	J035	利也。從金舌聲	銛	銛 C58P0109a		銛			
2347	銛劃	J035	經作籤,非也	籤	籤 C58P0109a		銛		近義換用	
2348	鮮淨	J007	《字書》云:鮮,新也。《說文》:鮮,善也	鮮	鮮 C57P0522a		鮮			
2348	鮮淨	J007	《說文》:鱻,精也	鱻	鱻 C57P0522a		鮮	異體		
2349	攕羅	J099	《毛詩傳》云:攕攕,猶纖纖也	攕	攕 C59P0327a		攕			
2349	攕羅	J099	孔注《尚書》:纖,細也。與此纖同	纖	纖 C59P0327a		攕		近義換用	
2350	蹁躚	J052	《廣雅》:蹁躚,盤姍也。亦旋行也	躚	躚 C58P0473a		躚			
2350	蹁躚	J052	經文作躚跣,非體也	跣	跣 C58P0473a		躚	音借		
2351	孅指	J046	《字書》作纖,同	纖	纖 C58P0332a		纖			
2351	孅指	J046	孅,細銳也	孅	孅 C58P0332a		纖	異體		
2351	孅指	J046	古文攕	攕	攕 C58P0332a		纖		近義換用	

組號	詞目	卷次	字形相關釋文	所涉文字	字圖/索引	校正形體	代表字	字際關係	詞際關係	備　註
2352	鹹鹵	J008	《説文》：北方味也。從鹵〈音魯〉咸聲也	鹹	鹹 C57P0555a		鹹			
2352	鹹鹵	J008	經從酉作醎,非也	醎	醎 C57P0555a		鹹	異體		
2353	瞤眼	J059		瞤	瞤 C58P0644b		瞤			
2353	瞤眼	J059	古文䀏,同	䀏	䀏 C58P0644b		瞤	音借		
2354	捉弦	J099	《文字集略》云：弦謂引弓也	弦	弦 C59P0325b		弦			
2354	捉弦	J099	集從革作鞙,非也	鞙	鞙 C59P0325b		弦	音借		
2355	生涎	J026	《三蒼》云：涎,小兒口液也,唾也	涎	涎 C57P0935a		涎			
2355	生涎	J026	諸字書作次、溓（溼）、流（㳻）三體,並非	次	次 C57P0935a		涎	異體		
2355	生涎	J026	諸字書作次、溓（溼）、流（㳻）三體,並非	溓	溓 C57P0935a	溼	涎	異體		此是“溼”的書寫訛變字形
2355	生涎	J026	諸字書作次、溓（溼）、流（㳻）三體,並非	流	流 C57P0935a	㳻	涎	異體		此“流”是“㳻”的書寫訛誤字形
2355	㵪流	J100	或作涎,並俗字也	涎	涎 C59P0341a		涎	異體		
2355	流次	J077	或作㳄	㳄	㳄 C58P1013b		涎	異體		從形體來源論之,此是“㳒”的書寫訛變字形
2355	食次者	J038	或作㳄,古字也	㳄	㳄 C58P0151a		涎	異體		
2355	㵪流	J100	賈誼作潃	潃	潃 C59P0341a		涎	異體		

組號	詞目	卷次	字形相關釋文	所涉文字	字圖/索引	校正形體	代表字	字際關係	詞際關係	備　註
2355	唌流	J100	史籀大篆作㳆，從二水，最太古，不入時用	㳆	㳆 C59P0341a		涎	異體		
2355	唌流	J100	束晳作唌	唌	唌 C59P0341a		涎	音借		
2356	不閑	J070	閑謂習解之稱也。慣習工善曰閑也	閑	閑 C58P0864b		閑			
2356	不閑	J070	字體作憪，同	憪	憪 C58P0864b		閑	音借		
2357	嫌恨	J008	《説文》：心不平也。從女兼聲也	嫌	嫌 C57P0535b		嫌			
2357	嫌恨	J008	經從心作慊，亦通	慊	慊 C57P0535b		嫌	異體		
2358	嫺睞	J019	《説文》：嫺，雅也。謂淹静也	嫺	嫺 C57P0788b		嫺			
2358	嫺睞	J019	今並爲閑字也	閑	閑 C57P0788b		嫺	音借		
2359	癲癇	J006	《説文》云：風病也。從疒〈女厄反〉從間聲也	癇	癇 C57P0512b		癇	異體		
2359	癲癇	J006	或作癎，亦通也	癎	癎 C57P0512b		癇	異體		
2360	尠薄	J017	《古今正字》：尠，罕也。從甚	尠	尠 C57P0730a		尠			
2360	尠薄	J017	正體從是從少作尟	尟	尟 C57P0730a		尠	異體		
2360	尠薄	J017	或從魚從羊作鮮	鮮	鮮 C57P0730a		尠	異體		
2361	賜蜺	J098		蜺	蜺 C59P0301b		蜺			

組號	詞目	卷次	字形相關釋文	所涉文字	字圖/索引	校正形體	代表字	字際關係	詞際關係	備　註
2361	賜蜆	J098	《文字集略》云：蠟，似蛤而小也。或作蠟	蠟	蠟 C59P0301b		蜆	異體		
2362	峻險	J020	《説文》：險，難也。從𨸏僉聲	險	險 C57P0792b		險			
2362	峻險	J020	經本從山作嶮，非也	嶮	嶮 C57P0792b		險	異體		
2362	凶險	J066	論文作獫，非也	獫	獫 C58P0788a		險	音借		經本的"獫"亦或是"險"的書寫訛誤字形
2363	並幰	J099	《釋名》：車幰，所以禦熱也。《説文》：從巾憲聲	幰	幰 C59P0320b		幰			
2363	幰盖	J002	張幔網於車上爲幰	憾	憾 C57P0434a		幰	異體		此是"幰"的書寫訛變字形
2363	並幰	J099	集作幔，寫誤也	幔	幔 C59P0320b		幰	正訛		此是"幰"的書寫訛誤字形
2363	幰盖	J002	或作忓(軒)	忓	忓 C57P0434a	軒	幰	異體		高麗本的"忓"是"軒"的書寫訛誤字形
2363	幰盖	J002	《蒼頡篇》作軒	軒	軒 C57P0434a		幰		文義換用	
2364	韁襦	J055		韁	韁 C58P0534b		韁			
2364	韁襦	J055	又作韉，同。《左傳》：晉車七百乘，韉靷鞅絆	韉	韉 C58P0534b		韁	異體		
2364	帶鞦	J055	《蒼頡篇解詁(詁)》：鞦，馬腹帶也	鞦	鞦 C58P0535a		鞦	異體		
2364	帶鞦	J055	又作鞁，同	鞁	鞁 C58P0535a		鞦	異體		
2365	近壈	J084	故從土作壈，地坑也	壈	壈 C59P0075a		壈			

組號	詞目	卷次	字形相關釋文	所涉文字	字圖/索引	校正形體	代表字	字際關係	詞際關係	備　註
2365	近壏	J084	案論文從木作檻，亦虎檻也	檻	檻 C59P0075a		壏		文義換用	
2366	唲出	J059	《説文》：不歐而吐也。今謂小兒吐乳而唲	唲	唲 C58P0638b		唲			
2366	唲出	J059	古文呀，同	呀	呀 C58P0638b		唲	異體		
2367	豐羨	J028	《周禮》注云：羨，饒也。亦餘也	羨	羨 C57P0998a		羨			
2367	貪羨	J032	《説文》云：羨，貪欲也。從羑次	羨	羨 C58P0035a		羨	異體		
2367	豐羨	J028	經文作噗，此非也	噗	噗 C57P0998a		羨	異體		
2368	綫金	J014	《説文》：縷也。從糸戔聲	綫	綫 C57P0669a		綫			
2368	綫金	J014	或作線	線	線 C57P0669a		綫	異體		
2368	綫金	J014	俗作綖，非也	綖	綖 C57P0669a		綫	異體		
2368	一線	J043	又作繰	繰	繰 C58P0258b	繰	綫	異體		高麗本的寫法乃"繰"的書寫訛變字形
2369	如霰	J056	《詩》云：先集惟霰。《傳》曰：暴雪也	霰	霰 C58P0566b		霰			
2369	如霰	J056	又作霓，同	霓	霓 C58P0566b		霰	異體		
2370	天獻吉祥草	J100	鄭箋《詩》云：獻，奉也。進也	獻	獻 C59P0332a		獻			
2370	天獻吉祥草	J100	傳作抲，非也。今不取	抲	抲 C59P0332a		獻		文義換用	

組號	詞目	卷次	字形相關釋文	所涉文字	字圖/索引	校正形體	代表字	字際關係	詞際關係	備　註
2371	香篋	J029	今隸書省去水，從禾作香，俗字也	香	香 C57P1022a		香			
2371	香篋	J029	《説文》云：香，芳也。從黍從甘	香	香 C57P1022a		香	異體		"香"是"香"的《説文》篆體隸定形
2371	曉薌	J095	《文字典説》云：與香字同。從艸鄉聲也	薌	薌 C59P0256b		香	異體		
2372	箱庚	J099	《説文》：從竹相聲	箱	箱 C59P0314a		箱			
2372	箱庚	J099	《文字典説》或亦從草作葙	葙	葙 C59P0314a		箱	異體		此"葙"與表示青葙的"葙"爲同形字關係
2373	襧緗巾	J088	《考聲》云：淺黄色	緗	緗 C59P0140b		緗			
2373	襧緗巾	J088	正作纕	纕	纕 C59P0140b		緗	音借		"纕"指佩帶、馬腹帶一類用法
2374	持瓨	J030	《説文》：似罃，長頸也。從瓦工聲	瓨	瓨 C57P1049a		瓨			
2374	持瓨	J030	或作缸	缸	缸 C57P1049a		瓨	近義換用		
2375	羿羿	J024	按《漢書·食貨志》此亦翔字，音同，似羊反	翔	翔 C57P0893a		翔			
2375	羿羿	J024		羿	羿 C57P0893a		翔	異體		
2375	羿羿	J024	經文從革作鞛，非也	鞛	鞛 C57P0893a		翔	正訛		經本的"鞛"是"鞛"的異體字，爲鳥名，與"翔"音義均別
2376	詳	J027	《廣雅》：詳，諟也	詳	詳 C57P0967b		詳			
2376	詳覈	J089	《毛詩》云：詳，審也。《説文》：從言羊聲	詳	詳 C59P0161a		詳	異體		此指審查、詳細義

組號	詞目	卷次	字形相關釋文	所涉文字	字圖/索引	校正形體	代表字	字際關係	詞際關係	備　註
2376	詳	J027	古文作羍	羍	羍 C57P0967b		詳	音借		其間關係待進一步考之
2376	陽聾	J052	經文作佯，音似羊反。佯，弱也。佯非此義也	佯	佯 C58P0472a		詳	音借		
2376	陽聾	J052	《通俗文》作詳，虛辭也。《漢書》作陽，謂不真也	陽	陽 C58P0472a		詳	音借		
2377	信餉	J089	《廣雅》云：餉，遺也。《字林》：餽也	餉	餉 C59P0163a		餉			
2377	信餉	J089	《説文》亦饟也	饟	饟 C59P0163a		餉	異體		
2377	信餉	J089	或從尚作餉，訓用同	餉	餉 C59P0163a		餉	異體		
2378	窓向	J067	《三蒼》：向，北出牖也。向亦窓也	向	向 C58P0815a		向			
2378	窓向	J067	論文作扃，古螢反。扃，紐也，外閉者也。扃非今義	扃	扃 C58P0815a		向		文義換用	此亦或是"向"的誤書
2379	一巷	J007	《集訓》云：街巷也	巷	巷 C57P0528a		巷			
2379	一巷	J007	《廣雅》作衖，音與上同	衖	衖 C57P0528a		巷	異體		
2379	一巷	J006	古文作鄉	鄉	鄉 C57P0515a		巷	異體		
2379	一巷	J006	《説文》云：邑里中道也……故從二邑共作鄼，會意字	鄼	鄼 C57P0515a		巷	異體		
2379	一巷	J007	或作鄼，又作衖，皆古字也，里間道也	鄼	鄼 C57P0528a		巷	異體		
2379	里巷	J076	亦作閧也	閧	閧 C58P1000a		巷	異體		

續　表

組號	詞目	卷次	字形相關釋文	所涉文字	字圖/索引	校正形體	代表字	字際關係	詞際關係	備　註
2380	鳶馬	J016	《説文》云：三歲一乳。象形字也	鳶	鳶 C57P0708b		象	異體		
2381	項很	J009	謂很人強項難迴,因以名也	項	項 C57P0560b		項			
2381	項很	J009	經文有從元作頑,音五鰈反。頑,鈍也。頑非本字也	頑	頑 C57P0560b		項	正訛		經本的"頑"是詞頭"項"的書寫訛誤字形
2382	虓呴	J056	《説文》：虎鳴也。一曰師子也。從虎九聲也	虓	虓 C58P0554b		虓			
2382	虓呴	J056	又作唬,同	唬	唬 C58P0554b		虓	近義換用		
2383	鴟梟	J002	《説文》：梟,不孝鳥也。從鳥頭在木上,象形	梟	梟 C57P0424b		梟			
2383	土梟	J017	《説文》：不孝鳥。經文作兔梟,或作秃梟,非也	梟	梟 C57P0745b		梟	異體		
2383	土梟	J054	郭璞注《尒雅》以爲土梟。經文作鴞,非也	鴞	鴞 C58P0520b		梟	音借		經本的"鴞"是"梟"的音訛字現象
2384	乾痟	J064	《埤蒼》：痟謂渴病也。亦痟瘦病也。從疒肖聲	痟	痟 C58P0755a		痟			
2384	乾痟	J064	經從水作消。《考聲》：消謂減也。非經義	消	消 C58P0755a		痟	分化		詞頭的"痟"爲"消"的後出分化字
2385	銷礦	J008	《説文》：鑠〈傷弱反〉金也。從金肖聲也	銷	銷 C57P0552a		銷			
2385	銷礦	J008	或作焇。《博雅》：焇,乾也	焇	焇 C57P0552a		銷	異體		指熔化金屬一類用法時,釋文中溝通的"焇"可視作"銷"的換旁異體字

組號	詞目	卷次	字形相關釋文	所涉文字	字圖/索引	校正形體	代表字	字際關係	詞際關係	備　註
2385	銷礦	J008	或作消。《蒼頡篇》：滅也。《考聲》：消，釋也	消	消 C57P0552a		銷	音借		
2386	簫	J027	管也。《玉篇》：編小管所吹	簫	簫 C57P0969a		簫			
2386	簫	J027	又作箾，音山卓反。樂也	箾	箾 C57P0969a		簫	異體		
2387	囂謗	J072	《説文》云：氣出頭上也。從頁朋聲	囂	囂 C58P0897b		囂			
2387	䀁睪	J048	䀁，誼也。誼謹不靜也。亦以聲也	䀁	䀁 C58P0381b		囂	異體		
2387	䀁睪	J048	古文𧶛，同	𧶛	𧶛 C58P0381b		囂	異體		
2388	驍勇	J055	《廣雅》：驍，健也。亦勇急也	驍	驍 C58P0534b		驍			
2388	驍勇	J055	經文作膠，古爻反。宵膠，不平也。膠非字義	膠	膠 C58P0534b		驍	音借		經本的"膠"是詞頭"驍"的音訛字現象
2389	蠛蜻	J071	《尔疋》：蠛蜻，一名長蚊。蚊（蚑）音居蟻反	蠛	蠛 C58P0885a		蠛	異體		
2390	淆㲉	J049	經本從水作淆者，俗字也	淆	淆 C58P0410b		淆			
2390	淆㲉	J049	《説文》云：㲉，相錯也。從殳肴聲	㲉	㲉 C58P0410b		淆	異體		混淆義上，"淆"與"㲉"似可視作異體字關係
2391	篠簜	J098	《説文》：簜可爲幹，篠可爲矢。並從竹，攸、湯皆聲	篠	篠 C59P0296b		篠			
2391	篠簜	J098	《考聲》：篠正作此筱也	筱	筱 C59P0296b		篠	異體		
2392	謏然	J065	《説文》：小也。誘也	謏	謏 C58P0768b		謏			

組號	詞目	卷次	字形相關釋文	所涉文字	字圖/索引	校正形體	代表字	字際關係	詞際關係	備　註
2392	庸諛	J087	《古今正字》云：從言叟聲也	諛	諛 C59P0121a		諛	異體		
2393	不肖	J056	《尒雅》：不似也。言不如人也	肖	肖 C58P0553b		肖			
2393	不肖	J056	經文作消，非也	消	消 C58P0553b		肖	音借		
2394	哮呔	J043		哮	哮 C58P0274a		哮			
2394	哮呔	J043	又作虓，同	虓	虓 C58P0274a		哮		近義換用	
2394	哮吼	J048	古文虓，同	虓	虓 C58P0377b		哮		近義換用	
2395	蚩笑	J015	《説文》闕。《文字釋要》云：從竹夭聲	笑	笑 C57P0698a		笑			
2395	蚩笑	J015	俗從犮，誤也。村叟愚夫隨情妄説，甚無憑	笶	C57P0698a		笑	異體		釋文中慧琳對字形進行了結構描述，故缺對應的字圖
2395	刑笑	J077	《古今正字》：笑，喜也。從竹犬聲	笑	笑 C58P1011b		笑	異體		
2395	刑笑	J077	譜文作咲，俗字也	咲	咲 C58P1011b		笑	異體		
2396	不佼	J015	或作效、敩	效	效 C57P0701a		效			
2396	佼服	J015	經中多作効，誤也	効	効 C57P0691a		效	異體		
2396	不佼	J015	俗作傚（傚）	傚	傚 C57P0701a	傚	效	異體		"傚"是"效"在效仿、效法義上的增旁異體字
2396	佼服	J015	從人交聲也	佼	佼 C57P0691a		效	音借		

續　表

組號	詞目	卷次	字形相關釋文	所涉文字	字圖/索引	校正形體	代表字	字際關係	詞際關係	備註
2396	不佼	J015	經文作抅（校），誤也	抅	校 C57P0701a	校	效	音借		
2396	不佼	J015	或作效、敩	敩	敩 C57P0701a		效		近義換用	
2397	吟嘯	J094	傳文作嘯，俗字也	嘯	嘯 C59P0236a		嘯			
2397	吟嘯	J094	《字書》正從欠作歗，云歌也……《説文》云：吟也	歗	歗 C59P0236a		嘯	異體		
2398	蚍蝚	J051	經作蝎，桑蟲也。蝎音胡葛反。非此義也	蝎	蝎 C58P0451a		蝎			慧琳釋"蝎"作木中蛀蟲，與表示蝎子義的"蝎"爲同形字現象
2398	蚍蝚	J051	《博雅》云：蝚，蝤也	蝚	蝚 C58P0451a		蝎	異體		
2398	蚍蝚	J051	《古今正字》：蠆，蝚也。蠆音丑介反	蠆	蠆 C58P0451a		蝎		近義換用	
2399	絜裏	J065	絜，束也。繫也	絜	絜 C58P0772b		絜			
2399	絜裏	J065	古文作寋，同	寋	寋 C58P0772b		絜	音借		二者關係待進一步考之
2400	燎邪宗	J049	《文字集略》云：不方正曰邪。亦俗用字也	邪	邪 C58P0396b		邪			
2400	燎邪宗	J049	正體作裒，中從牙，上下從衣	裒	裒 C58P0396b		邪	異體		
2401	協同	J028	《尒疋》：協，和也，合也。亦同用也	協	協 C57P1009a		協			
2401	協同	J028	又作勰、叶，三形同	勰	勰 C57P1009a		協	異體		
2401	王勰	J085	論從三刀作劦，非也	劦	劦 C59P0100b		協	異體		此是"勰"的書寫變異字形

組號	詞目	卷次	字形相關釋文	所涉文字	字圖/索引	校正形體	代表字	字際關係	詞際關係	備　註
2401	協同	J028	又作飆、叶,三形同	叶	叶 C57P1009a		協	異體		
2402	懷挾	J034	《説文》:持也。從手從夾聲	挾	挾 C58P0088a		挾			
2402	懷挾	J034	經從人作俠,誤也	俠	俠 C58P0088a		挾	正訛		
2402	挾先	J058	律文作協和之協,非也	協	協 C58P0605b		挾	音借		
2403	膂脅	J001	《説文》:肚兩傍也。從肉。劦音叶,從三力	脅	脅 C57P0409b		脅			
2403	膂脅	J001	或作脇,亦同	脇	脇 C57P0409b		脅	異體		
2403	膂脅	J001	經從三刀作脅,非也	脅	脅 C57P0409b		脅	異體		"脅"又"脅"的一字異寫形體
2404	翃翊	J098	或從頁作頡頏	頡	頡 C59P0307a		翃			
2404	翃翊	J098	集從鳥作頡鴻,並非也	頡	頡 C59P0307a		翃	音借		"頡"本指頸項僵直,經文中乃"翃"的音借字現象
2405	攜手	J082	記文從乃作携,俗字	携	携 C59P0036b		携			
2405	攜手	J082	《説文》:攜,提也。從手巂聲	攜	攜 C59P0036b		携	異體		
2405	攜手	J082	有作攜	攜	攜 C59P0036b		携	異體		
2406	鞋韤	J015	俗用,非本字也	鞋	鞋 C57P0694a		鞋			
2406	鞋韤	J015	正體從奚作鞵	鞵	鞵 C57P0694a		鞋	異體		

組號	詞目	卷次	字形相關釋文	所涉文字	字圖/索引	校正形體	代表字	字際關係	詞際關係	備　註
2407	諧耦	J054	諧,和也。耦,合也,對也	諧	諧 C58P0524a		諧			
2407	諧耦	J054	經文作啩調,非體也	啩	啩 C58P0524a		諧	音借		
2407	諧耦	J056	經文作偕偶二形,非體也	偕	偕 C58P0551b		諧	音借		
2408	繕寫	J080	《考聲》云:寫猶書也	寫	寫 C58P1092a		寫			
2408	繕寫	J080	録從宀作寫(寫),俗字也	寫	寫 C58P1092a	寫	寫	異體		
2409	炧垂	J096	《説文》:燭炭也。從火也聲	炧	炧 C59P0258a		炧			
2409	炧垂	J096	亦作炻	炻	炻 C59P0258a		炧	異體		
2409	炧垂	J096	集本作妊,非也	妊	妊 C59P0258a		炧	正訛		此即詞頭"炧"的書寫訛誤字形
2410	事泄	J077	鄭箋《詩》云:泄,發也。《説文》:從水世聲	泄	泄 C58P1020a		泄			
2410	事泄	J077	或作洩、泄,並俗字也	泄	泄 C58P1020a		泄	異體		此爲"泄"的一字異寫形體
2410	事泄	J077	或作洩、泄,並俗字也	洩	洩 C58P1020a		泄	異體		
2410	渫何	J097	《毛詩傳》云:泄,去也……《説文》:從水枼聲	渫	渫 C59P0278a		泄	異體		
2410	渫何	J097	正作澡	澡	澡 C59P0278a		泄	異體		此"澡"即"渫"的書寫變異字形
2411	鎖械	J043	《説文》云:桎梏也。從木戒聲	械	械 C58P0257b		械			

組號	詞目	卷次	字形相關釋文	所涉文字	字圖/索引	校正形體	代表字	字際關係	詞際關係	備　註
2411	鑷械	J043	經本作核,非也	核	核 C58P0257b		械	正訛		
2412	縲紲	J088	俗作紲	紲	紐 C59P0136b		紲			
2412	縲紲	J088	正作緤	緤	緤 C59P0136b		紲	異體		
2412	縲紲	J088	《古今正字》並從糸、累、曳皆聲也	綫	綫 C59P0136b		紲	異體		
2413	以楔	J050	《說文》:楔,欂也。今江南言欂。欂,通語也	楔	楔 C58P0416b		楔			
2413	以楔	J050	又作椊,同	椊	椊 C58P0416b		楔	異體		
2413	楔	J023	案《說文》作揟(椊)	揟	揟 C57P0880a	椊	楔	異體		高麗本的"揟"乃"椊"的書寫訛誤字形
2414	衣襬	J052		襬	襬 C58P0462a		襬			
2414	衣襬	J052	又作藦,同	藦	藦 C58P0462a		襬	異體		
2414	衣襬	J052	經文作㸑。㸑,和也,㸑非字義也	㸑	㸑 C58P0462a		襬	音借		經本的"㸑"乃"襬"的音訛字現象
2415	懈怠	J028	《廣雅》云:嬾也。《說文》亦怠也。從心解聲	懈	懈 C57P1001a		懈			
2415	懈怠	J028	經作勰,亦通	勰	勰 C57P1001a		懈	異體		
2416	捻㸑	J033	㸑,和也,又熟也	㸑	㸑 C58P0056b		㸑	異體		
2417	齘齒	J058	《說文》:齒相切也。《三蒼》:鳴齒也	齘	齘 C58P0614a		齘			

續　表

組號	詞目	卷次	字形相關釋文	所涉文字	字圖/索引	校正形體	代表字	字際關係	詞際關係	備　註
2417	齘齒	J058	律文作吤,非也	吤	吤 C58P0614a		齘	異體		
2417	齟齘	J076	經從爪作齗,非也	齗	齗 C58P1005b		齘	異體		"齗"是"齘"的書寫訛變字形
2417	齘齒	J059	律文作嗒,未詳字出也	嗒	嗒 C58P0643b		齘	音借		此或即"齘"的音訛字現象
2418	蟹眼	J065	《說文》:水蟲也。八足,二螯,旁行也	蟹	蟹 C58P0774b		蟹			
2418	龜蠏	J068	《說文》:有二螯,八足,旁行也。從虫解聲	蠏	蠏 C58P0829a		蟹	異體		
2418	蟹眼	J065	又作鰕,同	鰕	鰕 C58P0774b		蟹	異體		"鰕"爲"蟹"的異體別構
2419	訢逮	J012	或作欣字也	欣	欣 C57P0624b		欣			
2419	訢逮	J012	賈逵注《國語》云:訢,樂也。《說文》:喜也	訢	訢 C57P0624b		欣	異體		
2420	草薪	J052	木可折者曰薪	薪	薪 C58P0467b		薪			
2420	草薪	J052	經文作蘘,蘇和反。草衣也	蘘	蘘 C58P0467b		薪		文義換用	
2421	囟上	J074	《說文》:頭會匘蓋也。顖空也	囟	囟 C58P0955a		囟			
2421	囟上	J074	古又胢、腗二形,同	胢	胢 C58P0955a		囟	異體		
2421	囟上	J074	古又胢、腗二形,同	腗	腗 C58P0955a		囟	異體		
2421	頂囟	J039	今經本作顖,是俗字也	顖	顖 C58P0172b		囟	異體		

組號	詞目	卷次	字形相關釋文	所涉文字	字圖/索引	校正形體	代表字	字際關係	詞際關係	備　註
2421	囟上	J074	經文作顖（顋），未見所出	顋	顋 C58P0955a	顋	囟	異體		高麗本的"顋"是"腮"的異體字，此乃"顋"書寫訛誤而致
2422	毒胇	J071	江南言胇腫。《説文》：肉出也	胇	胇 C58P0887b		胇			
2422	毒胇	J071	又作疿、疕二形，同	疿	疿 C58P0887b		胇	異體		
2422	毒胇	J071	又作疿、疕二形，同	疕	疕 C58P0887b		胇	異體		
2423	釁心	J004	《左傳》曰：觀釁而動。杜注云：釁，罪也	釁	釁 C57P0475b		釁			
2423	釁心	J004	或作衅，古字也	衅	衅 C57P0475b		釁	異體		
2423	釁心	J004	經作釁，俗字也	釁	釁 C57P0475b		釁	異體		
2424	猩猩	J010		猩	猩 C57P0581a		猩			
2424	猩猩	J010	又作狌，同	狌	狌 C57P0581a		猩	異體		
2425	腥臊	J035	《説文》云：星見食豕，今肉中生息肉。形聲字也	腥	腥 C58P0100a		腥			
2425	腥臊	J035	或爲胜字	胜	胜 C58P0100a		腥	異體		
2425	腥臊	J035	或作鮏	鮏	鮏 C58P0100a		腥	音借		
2425	腥臊	J008	《説文》又作鮏（鮏），魚鮏也	鮏	鮏 C57P0536b	鮏	腥	音借		此乃"鮏"的書寫訛變字形
2426	蜜餳	J054	《説文》：以飴和饊曰餳也。《方言》：凡飴謂之餳也	餳	餳 C58P0524a		餳	異體		

續　表

組號	詞目	卷次	字形相關釋文	所涉文字	字圖/索引	校正形體	代表字	字際關係	詞際關係	備　註
2427	典刑伐	J070	刑，罸罪也	刑	刑 C58P0873b		刑			
2427	典荆伐	J070	故字從刀從井	荆	荆 C58P0873b		刑	異體		
2428	婬女	J039	《説文》：長好皃也。從女巠聲	婬	婬 C58P0175a		婬			
2428	婬女	J039	經作媱，非也	媱	媱 C58P0175a		婬	正訛		經本的"媱"是詞頭"婬"的書寫訛誤字形
2429	弗省	J097		省	省 C59P0292b		省			
2429	弗省	J097	集從心作惺，字書無此字也	惺	惺 C59P0292b		省		文義換用	此取省察義
2430	荇蔆	J099		荇	荇 C59P0324a		荇			
2430	荇蔆	J099	或作莕	莕	莕 C59P0324a		荇	異體		
2431	咸悭	J093	《説文》：從心巠聲	悭	悭 C59P0219b		悻	異體		
2432	凶猾	J048	《字書》：猾，悪黠也	凶	凶 C58P0378b		凶			
2432	凶猾	J048	又作殈，同	殈	殈 C58P0378b		凶	異體		
2433	洶涌	J099	《説文》：洶亦涌也。謂水波滕之皃也。從水匈聲	洶	洶 C59P0311b		洶			
2433	洶涌	J099	集作涚，非也	涚	涚 C59P0311b		洶	異體		慧琳釋文中溝通的"涚"即詞頭"洶"的異體字
2434	肾臆	J001	《説文》：肾，膺也。案膺即臆也	肾	肾 C57P0410a		胸	異體		

組號	詞目	卷次	字形相關釋文	所涉文字	字圖/索引	校正形體	代表字	字際關係	詞際關係	備　註
2434	胷臆	J001	或作匈,亦通	匈	匈 C57P0410a		胸	異體		
2435	或修或短	J021	《廣雅》曰:修,長也	修	修 C57P0820a		修			
2435	或修或短	J021	經本作脩字者,謂乾脯之脩,非此用	脩	脩 C57P0820a		修	音借		經本的"脩"是詞頭"修"的通假字現象
2436	珍羞	J048	《方言》:羞,熟食也	羞	羞 C58P0391b		羞			
2436	珍羞	J048	古文膳,同	膳	膳 C58P0391b		羞	異體		"羞"本指進獻食物,轉而又指美食,"膳"爲該用法上的增旁異體字
2437	衰朽	J006	經文從木,俗用,亦通也	朽	朽 C57P0503a		朽			
2437	衰朽	J006	《説文》從歹作殐,與朽同	殐	殐 C57P0503a		朽	異體		
2438	齅者	J019	經從口作嗅,俗字也	嗅	嗅 C57P0789b		嗅			
2438	齅者	J019	《説文》:以鼻就臭曰齅。從鼻臭聲。古文作齈	齈	齈 C57P0789b		嗅	異體		
2438	齅跡	J079	經文作嗔,俗字,非也。餘文准此	嗔	嗔 C58P1059a		嗅	異體		"臭"或又作"嗅",故而"嗅"可書作"嗔"
2439	欻爾	J003	《説文》:有所吹起也。從欠炎聲	欻	欻 C57P0451b		欻			
2439	欻逢	J099	集從邑作郯,音彈甘反,地名也,非忽義	郯	郯 C59P0325b		欻	正訛		"郯"與"欻"音義均別,此即"欻"的書寫訛誤字形
2439	欻爾	J003	或從風從忽作颮	颮	颮 C57P0451b		欻		近義換用	
2440	醋醪	J097	集作醋。《考聲》即有此字,《玉篇》無	醋	醋 C59P0291b		醋			

續　表

組號	詞目	卷次	字形相關釋文	所涉文字	字圖/索引	校正形體	代表字	字際關係	詞際關係	備　註
2440	醑醪	J097	《毛詩》云：有酒湑我。《文字典説》：從水胥聲	湑	C59P0291b		醑		近義換用	
2441	煦沫	J033	《禮記》：煦嫗，覆育也	煦	C58P0055b		呴	異體		
2442	有序	J070	《白虎通》曰：序者，序長幼也	序	C58P0876b		序			
2442	有序	J070	古文阤，同	阤	C58P0876b		序	異體		異體字組不同形體功能不對等
2443	恤民	J052		恤	C58P0470b		恤			
2443	恤民	J052	又作䘏，同	䘏	C58P0470b		恤	異體		
2443	恤民	J052	經中作賉，未詳所出也	賉	C58P0470b		恤	異體		
2444	酗醬	J052	《説文》：酗，醬也	酗	C58P0480b		酗			
2444	酗醬	J052	又作酌，同	酌	C58P0480b		酗	異體		
2445	勖勉	J052	《小尒雅》云：勤勉力事也	勖	C58P0480a		勖	異體		
2446	蓄積	J048		蓄	C58P0386a		蓄			
2446	蓄積	J048	又作稸，同	稸	C58P0386a		蓄	異體		
2446	稸用	J014	經有單作畜者，許六反，於義亦通也	畜	C57P0667b		蓄	分化		“畜”爲蓄積義上的本字，不過後期分化出“蓄”專門記録該用法
2446	稸氣	J016	經文有從心作慉，非也	慉	C57P0713a		蓄	音借		

組號	詞目	卷次	字形相關釋文	所涉文字	字圖/索引	校正形體	代表字	字際關係	詞際關係	備　註
2447	宣敘	J020	《尒雅》：宣，遍也	宣	宣 C57P0807b		宣			
2447	宣敘	J020	古文愃，同	愃	愃 C57P0807b		宣	音借		
2448	翾飛	J057	《說文》：小飛也。《周書》"翾飛蠕動"是	翾	翾 C58P0591b		翾			
2448	翾飛	J057	今作蠉，同	蠉	蠉 C58P0591b		翾		近義換用	
2448	翾飛	J064	經從虫作蟭……與經義乖，故不取也	蟭	蟭 C58P0748b		翾		文義換用	"蟭"與"翾"形音義均別，不過"蠉""蟭"均可表示蚊子的幼蟲
2449	淀澓	J073	《說文》：迴淵也	淀	淀 C58P0922b		澓	異體		
2450	懸繩	J046		懸	懸 C58P0328b		懸			
2450	懸繩	J046	論文多作鉉，胡大反，舉鼎也，鉉非此用	鉉	鉉 C58P0328b		懸	音借		
2451	選擇	J031		選	選 C58P0018a		選			
2451	選擇	J031	經作撰，誤也	撰	撰 C58P0018a		選	正訛		經本的"撰"是詞頭"選"的書寫訛誤字形
2452	疥癬	J040	《說文》云：癬，乾瘍也	癬	癬 C58P0201a		癬			
2452	疥癬	J040	經文作疣，非也	疣	疣 C58P0201a		癬	異體		
2452	癬皰	J073	又作瘲，同	瘲	瘲 C58P0931a		癬	異體		
2453	泫露	J099	《文字典說》云：泫謂露光。從水玄聲	泫	泫 C59P0312b		泫			

組號	詞目	卷次	字形相關釋文	所涉文字	字圖/索引	校正形體	代表字	字際關係	詞際關係	備　註
2453	泫露	J099	集從貝作贇。字書皆云狩名也，非泫露義	贇	贇 C59P0312b		泫	音借		
2454	衒賣	J008	《説文》：行且賣也。從行玄聲也	衒	衒 C57P0555a		衒			
2454	衒賣	J008	或作衒，或作眅，義同，自媒也	眅	眅 C57P0555a		衒	異體		
2454	衒賣	J025	或作眩（眅）、衒二體，通用	眅	眅 C57P0921a	眅	衒	異體		從慧琳釋文異文求之，高麗本的"眩"乃"眅"的書誤
2454	自衒	J009	古文胘（眅）、衒（衒）二形，同	胘	胘 C57P0576a	眅	衒	異體		高麗本的"胘"亦是"眅"的書誤
2454	衒賣	J008	或作衒，或作眅，義同，自媒也	衒	衒 C57P0555a		衒	異體		
2455	芳絢	J098	馬注《論語》云：絢，文兒也	絢	絢 C59P0309b		絢			
2455	芳絢	J098	《説文》或從筍作絢也	緔	緔 C59P0309b		絢	異體		此可視作"絢"的異體字。慧琳謂從"筍"作，乃"緔"的書寫變體
2456	贊兒	J087	《説文》：分別。從龯對爭貝也	贊	贊 C59P0124b		贊			
2456	贊兒	J087	論作贇，誤也	贇	贇 C59P0124b		贊	異體		
2457	談謔	J093		謔	謔 C59P0217b		謔			
2457	談謔	J093	傳文從虎作諕，書誤也	諕	諕 C59P0217b		謔	正訛		經本的"諕"是詞頭"謔"的書寫訛誤字形
2458	熏習	J050		熏	熏 C58P0419a		熏			
2458	熏習	J050	或作燻、焄	燻	燻 C58P0419a		熏	異體		

組號	詞目	卷次	字形相關釋文	所涉文字	字圖/索引	校正形體	代表字	字際關係	詞際關係	備　註
2458	熏習	J051	亦作煙(燻)	煙	煙 C58P0445b	燻	熏	異體		慧琳所謂"亦作"之"煙"高麗本如此作,此是"燻"的書寫訛誤字形
2458	熏習	J050	或作燻、焄	焄	焄 C58P0419a		熏	異體		
2458	熏習	J050	又作熏	熏	熏 C58P0419a		熏	異體		
2458	熏修	J025	有作薫字,音同,是香草,非此義也	薫	薫 C57P0908a		熏	音借		
2459	薫蕕	J086	《説文》薫蕕二字並從草,熏、猶聲	薫	薫 C59P0110b		薫			
2459	香薫	J045	下訓雲反,亦正體字也	薫	薫 C58P0313a		薫	異體		"熏"或作"熏",故"薫"可如此作
2459	薫蕕	J086	論作熏,非也	熏	熏 C59P0110b		薫	音借		
2460	巡環	J004	《考聲》:巡,歷也。《左傳》:遍也	巡	巡 C57P0470b		巡			
2460	巡環	J004	李斯從車作軌	軌	軌 C57P0470b		巡	音借		
2461	尋伺	J006	從又〈又,手也〉從彐(口)從工從寸	尋	尋 C57P0501a		尋			
2461	尋伺	J006	古文作尉,會意字也	尉	尉 C57P0501a		尋	異體		
2462	詢法	J028	《左傳》:諮親爲詢。詢問親戚之儀也	詢	詢 C57P0999b		詢			
2462	詢法	J028	又作諄,同	諄	諄 C57P0999b		詢	異體		
2463	呪漢	J037	《文字典説》云:從水異聲	漢	漢 C58P0138a		漢			

組號	詞目	卷次	字形相關釋文	所涉文字	字圖/索引	校正形體	代表字	字際關係	詞際關係	備　註
2463	呪譔	J037	經從口作噀，俗字也	噀	巽 C58P0138a		譔	異體		
2463	譔之	J043	經作喍，俗字，非正	喍	喍 C58P0253b		譔	異體		
2464	問訊	J053	《説文》：從言從卂。卂亦聲也	訊	訊 C58P0500a		訊			
2464	問訊	J053	經文作誂，俗字，非正字也	誂	誂 C58P0500a		訊	異體		
2465	𢣷馴	J028	《廣雅》：馴，善也。亦從也	馴	馴 C57P0996b		馴			
2465	𢣷馴	J028	經文下作循，非字體也	循	循 C57P0996b		馴	音借		
2466	遜謝	J007	《説文》云：遜，遁也。從辵〈丑略反〉孫聲也	遜	遜 C57P0517b		遜			
2466	遜謝	J007	或從心作遜（愻），亦同	遜	遜 C57P0517b	愻	遜		近義換用	
2467	鸑鴉	J028	鴉，鳥也	鴉	鴉 C57P0999b		鴉			
2467	鸑鴉	J028	經文從亞作鴉，非也	鴉	鴉 C57P0999b		鴉	異體		
2468	鶥鴨	J033	鶥似雉而大，青色也	鴨	鴨 C58P0062b		鴨			
2468	鶥鴨	J033	下又作鶒，同	鶒	鶒 C58P0062b		鴨	異體		
2469	崖底	J016	《説文》：山高邊也。從屵〈音五割反〉圭聲也	崖	崖 C57P0712b		崖			
2469	崖底	J016	經文作崟，書誤，非也	崟	崟 C57P0712b		崖	正訛		經本的"崟"當是"崖"的書寫訛誤字形

組號	詞目	卷次	字形相關釋文	所涉文字	字圖/索引	校正形體	代表字	字際關係	詞際關係	備　註
2470	涯際	J012	《韻詮》云：水邊也。《考聲》亦云：水畔也	涯	涯 C57P0627b		涯			
2470	涯際	J012	《説文》作厓。山邊也	厓	厓 C57P0627b		涯	異體		表示水邊、水岸義時，"涯"與釋文中溝通的"厓"可視作異體字關係
2471	南庌	J043	《廣雅》：庌，舍也。謂廊屋也	庌	庌 C58P0260b		庌			
2471	南庌	J043	經文作牙，非體也	牙	牙 C58P0260b		庌	音借		
2472	瘂㤁	J052	又作啞，音乙白反，笑聲也。並非字義	啞	啞 C58P0456a		瘂			
2472	瘂㤁	J052	《埤蒼》：瘂亦瘖也	瘂	瘂 C58P0456a		瘂	異體		
2472	瘂㤁	J052	經文作痾，於何反。病也。痾非此義也	痾	痾 C58P0456a		瘂	音借		
2473	肚不亞	J015		亞	亞 C57P0706a		亞			
2473	肚不亞	J015	經作孫，草書也，不成字	孫	孫 C57P0706a		亞	異體		此是"亞"的書寫變異字形
2474	西崦	J098	王注《楚辭》云：崦嵫，山名也	崦	崦 C59P0299b		崦			
2474	西崦	J098	或作此崜	崜	崜 C59P0299b		崦	異體		
2475	競妍	J086	論作姸，俗字也	姸	姸 C59P0107b		姸			
2475	競妍	J086	從开，开音牽。《古今正字》正體妍字也，從並二干	妍	妍 C59P0107b		姸	異體		
2476	沿江	J083	《説文》：從水㕣聲	沿	沿 C59P0046a		沿			

組號	詞目	卷次	字形相關釋文	所涉文字	字圖/索引	校正形體	代表字	字際關係	詞際關係	備　註
2476	沿波	J080	録從公作沿,非	沿	沿 C58P1090a		沿	異體		
2477	蔓莚	J027	《西京賦》云：其形蔓莚	莚	莚 C57P0975b		莚			
2477	蔓莚	J027	有作延。火災連燒如蔓草	延	延 C57P0975b		莚		近義換用	
2478	研精	J034	經作研,俗字也	研	研 C58P0082a		研			
2478	研精	J034	《説文》：研,礦。從石开聲	研	研 C58P0082a		研	異體		"研"是"研"的一字異寫形體
2478	研覈	J089	或從手作挈、盃,並古字也。音訓並同	挈	挈 C59P0152a		研	異體		
2478	研覈	J089	或從手作挈、盃,並古字也。音訓並同	盃	盃 C59P0152a		研	音借		
2479	訮笑	J078	《説文》：爭語訮訮也。從言开聲	訮	訮 C58P1032b		訮	異體		
2479	訮笑	J078	經作誂,非也。字書無此字	誂	誂 C58P1032b		訮	正訛		慧琳所見經本的"誂",當是詞頭"訮"的書寫訛誤字形
2480	檐宇	J098	或作檐	檐	檐 C59P0300a		檐			
2480	檐宇	J098	又從竹作簷	簷	簷 C59P0300a		檐	異體		
2480	檐宇	J098	《文字集略》云：屋前後垂也	榴	榴 C59P0300a		檐	異體		
2481	偃臥	J039	《古今正字》：從人匽聲	偃	偃 C58P0175b		偃			
2481	偃臥	J039	經作堰,非也	堰	堰 C58P0175b		偃	正訛		此是"偃"的書寫訛誤字形

組號	詞目	卷次	字形相關釋文	所涉文字	字圖/索引	校正形體	代表字	字際關係	詞際關係	備　註
2481	偃體	J054	經從糸作繧,誤也	繧	繧 C58P0514a		偃	正訛		此亦是"偃"的書寫訛誤字形
2482	遾請	J065	《廣雅》:行也。《古今正字》:從辵從彥	遾	遾 C58P0766b		遾			
2482	遾請	J065	或從言作這,亦通	這	這 C58P0766b		遾	音借		
2483	蝘蜓	J033	《說文》:守宫在壁曰蝘蜓,在草曰蜥蜴	蝘	蝘 C58P0056a		蝘			
2483	蝘蜓	J033	經文作蟥蝑,非體	蟥	蟥 C58P0056a		蝘	異體		
2484	儼然	J039	《說文》:好兒。從人嚴聲	儼	儼 C58P0177b		儼			
2484	儼然	J039	經作嬐,音同,非儼然義	嬐	嬐 C58P0177b		儼	音借		"儼"爲莊嚴、恭敬義,與釋文中溝通的"嬐"音同義別
2485	晏然	J056	《說文》:天清也。晏亦翠兒也	晏	晏 C58P0554a		晏			
2485	晏然	J056	經文從門作闡,非體	闡	闡 C58P0554a		晏	異體		
2486	吊唁	J052	《鳴(韓)詩》云:弔生曰唁。亦弔失國曰唁也	唁	唁 C58P0480a		唁			
2486	吊唁	J052	又作喭、讞、這三形,同	喭	喭 C58P0480a		唁	異體		
2486	吊唁	J052	又作喭、讞、這三形,同	讞	讞 C58P0480a		唁	音借		
2486	吊唁	J052	又作喭、讞、這三形,同	這	這 C58P0480a		唁	音借		
2487	隁塞	J064	經從土作堰,亦通用	堰	堰 C58P0748b		堰			

續　表

組號	詞目	卷次	字形相關釋文	所涉文字	字圖/索引	校正形體	代表字	字際關係	詞際關係	備　註
2487	隁塞	J064	《古今正字》：從阜匽聲	隁	隁 C58P0748b		堰	異體		
2487	隁塞	J064	《説文》：從匸〈音系〉作匽，所以畜水也	匽	匽 C58P0748b		堰	音借		
2488	煙焰	J008	《説文》：火微行也	煙	煙 C57P0555b		焰			
2488	煙焰	J008	或作餤，火光也	餤	餤 C57P0555b		焰	異體		
2488	煙焰	J008	正體作爓，今從省	爓	爓 C57P0555b		焰	異體		
2488	焰明	J208	經文作燅……燅非此義	燅	燅 C57P0994b		焰	異體		此與表示味辛義的"燅"爲同形字現象
2488	煙焰	J008	《漢書》作炎，假借也	炎	炎 C57P0555b		焰	音借		
2489	斯諺	J098	《説文》：傳言也。從言彥聲	諺	諺 C59P0295b		諺			
2489	斯諺	J098	或作彦。彦，從彣厂聲	彦	彦 C59P0295b		諺	音借		
2489	斯諺	J098	集從口作唁，非也	唁	唁 C59P0295b		諺	音借		
2490	澤鷪	J087	賈逵注《國語》云：鷪，鳥也	鷪	鷪 C59P0131b		鷪			
2490	澤鷪	J087	正作鶯	鶯	鶯 C59P0131b		鷪	異體		
2491	倡艷	J050		艷	艷 C58P0422a		豔	異體		
2491	艷美	J015	正體從盍作豔	豔	豔 C57P0692b		豔	異體		

組號	詞目	卷次	字形相關釋文	所涉文字	字圖/索引	校正形體	代表字	字際關係	詞際關係	備　註
2491	艷美	J015	經文從色作艷，俗用，非正字	艷	艷 C57P0692b		豔	異體		
2491	艷美	J015	俗字也	艶	艶 C57P0692b		豔	異體		
2492	無央數	J028	王注《楚辭》云：央，盡也	央	央 C57P1002a		央			
2492	無央數	J028	經從革作鞅，非也	鞅	鞅 C57P1002a		央	音借		
2493	腰卵	J036		腰	腰 C58P0121b		腰			
2493	腰卵	J036	亦作䇥。《説文》：人身中也。象人䇥	䇥	䇥 C58P0121b		腰	異體		
2493	腰卵	J036	籀文作要，從女從票省聲也。今變籀文用	要	要 C58P0121b		腰	分化		"要"是本字，"腰"是後出分化字
2494	邀名	J041	《説文》：抄也。從辵敫聲	邀	邀 C58P0219b		邀			
2494	邀名	J041	或作徼。《考聲》：徼，求也，要也	徼	徼 C58P0219b		邀	異體		
2495	肴膳	J013	《説文》：啖也。從肉爻聲也	肴	肴 C57P0647b		肴			
2495	肴膳	J013	俗作餚	餚	餚 C57P0647b		肴	異體		
2496	步搖	J075	《釋名》云：上有垂珠，步則搖動者也	搖	搖 C58P0968b		搖			
2496	步搖	J075	經文作瓊瑤之瑤，非也	瑤	瑤 C58P0968b		搖	音借		
2497	作鞹	J058	靴鞹也	鞹	鞹 C58P0626a		鞹			

組號	詞目	卷次	字形相關釋文	所涉文字	字圖/索引	校正形體	代表字	字際關係	詞際關係	備　註
2497	作鞦	J058	律文作鞲，俗語也。書無此字	鞲	鞲 C58P0626a		鞦		近義換用	
2498	椰子	J065	《異物志》云：椰高十尋，葉居其末，果名也	椰	椰 C58P0775a		椰			
2498	椰子	J065	《聲類》作㭨，同	㭨	㭨 C58P0775a		椰	異體		
2498	椰子果	J035	經從草作蒳，非也	蒳	蒳 C58P0109a		椰	異體		經本的"蒳"似亦可視作"椰"的換旁異體字
2499	暍死	J044	《説文》：暍，傷熱暑也。從日曷聲	暍	暍 C58P0289b		暍			
2499	暍死	J044	或作煌、瘑，古字也	煌	煌 C58P0289b		暍	異體		
2499	暍死	J044	或作煌、瘑，古字也	瘑	瘑 C58P0289b		暍	異體		
2499	暍死	J044	經文從月作膈，非也	膈	膈 C58P0289b		暍	正訛		此"膈"是"暍"的書寫訛誤字形
2500	壙野	J001	《爾雅》云：邑外爲郊，郊外爲牧，牧外爲野	野	野 C57P0419a		野			
2500	壙野	J001	古文作埜	埜	埜 C57P0419a		野	異體		
2500	之埜	J095	《考聲》云：郊外曰牧，牧外曰埜。埜是古字也	埜	埜 C59P0255b		野	異體		
2501	誓喝辯	J008		喝	喝 C57P0536a		喝			
2501	誓喝辯	J008	或作嗑	嗑	嗑 C57P0536a		喝	異體		
2501	誓喝辯	J008	或作歊	歊	歊 C57P0536a		喝	音借		

組號	詞目	卷次	字形相關釋文	所涉文字	字圖/索引	校正形體	代表字	字際關係	詞際關係	備　註
2502	腋已下	J064	《坤蒼》謂：胳也，在肘後。胳亦腋也	腋	腋 C58P0755a		腋			
2502	腋已下	J064	經從手作掖，是掖亭字，非經義	掖	掖 C58P0755a		腋	音借		
2503	反摩	J061	從手厭聲	摩	摩 C58P0696b		摩	異體		
2503	反摩	J061	或作撅，亦通	撅	撅 C58P0696b		摩	異體		
2504	推揖	J087	張戩云：揖，拱手而舉之，以相敬也。讓也	揖	揖 C59P0121a		揖			
2504	推揖	J087	録本作挹，音同義異，是斟酌也	挹	挹 C59P0121a		揖	音借		
2505	噫聖	J100	《文字典説》：痛傷聲也。從口意聲	噫	噫 C59P0337b		噫			
2505	噫聖	J100	《蒼頡篇》從言作譩，訓同	譩	譩 C59P0337b		噫	異體		
2506	醫王	J029	《説文》：治病工也。毉人以酒使藥，故從酉	醫	醫 C57P1014a		醫			
2506	醫王	J029	毉字本從酉，或從巫作毉，亦通	毉	毉 C57P1014a		醫	異體		
2507	玉迻	J085	或作移，亦得	移	移 C59P0087b		移			
2507	玉迻	J085	《説文》：遷也。從〔辵〕移省聲	迻	迻 C59P0087b		移	異體		
2508	東晒	J098	東晒，縣名也。《古今正字》：從日施聲也	晒	晒 C59P0307b		晒			
2508	東晒	J098	集從目作眵，錯之甚也，不成字	眵	眵 C59P0307b		晒	正訛		經本的"眵"是詞頭"晒"的書寫訛誤字形

組號	詞目	卷次	字形相關釋文	所涉文字	字圖/索引	校正形體	代表字	字際關係	詞際關係	備　註
2509	或遺	J020	《廣雅》：遺，與也。謂相饋贈也	遺	遺 C57P0804b		遺			
2509	或遺	J020	經文從貝作贈字也	贈	贈 C57P0804b		遺	異體		
2510	艤棹	J094	傳文從舟作艤	艤	艤 C59P0229a		艤			
2510	檥法舟	J081	傳作檥，俗字也	檥	檥 C59P0013b		艤	異體		此是"艤"的書寫變異字形
2510	艤棹	J094	《考聲》正作檥，云整舡向岸也	檥	檥 C59P0229a		艤	異體		
2511	雉射	J028	今作弋，同。餘力反。弋，繳射也，獵也	弋	弋 C57P0999a		弋			
2511	雉射	J028		雉	雉 C57P0999a		弋	異體		
2512	仡然	J077	《説文》：從人乞聲	仡	仡 C58P1014b		仡			
2512	仡然	J077	譜從山作屹，誤也	屹	屹 C58P1014b		仡	音借		經本的"屹"是詞頭"仡"的音訛字現象
2513	抑挫	J008	《石經》加手從印作抑，變體字也	抑	抑 C57P0538a		抑			
2513	抑挫	J008	《説文》作归，反印字也	归	归 C57P0538a		抑	異體		
2514	椓杙	J058	《尒雅》：橶謂之杙。注云：即橛也	杙	杙 C58P0603a		杙			
2514	椓杙	J058	下又作弋，同	弋	弋 C58P0603a		杙	分化		
2514	杙殃	J078	經文從金作釴，鼎耳也，非此義也	釴	釴 C58P1035b		杙	音借		

組號	詞目	卷次	字形相關釋文	所涉文字	字圖/索引	校正形體	代表字	字際關係	詞際關係	備　註
2515	婬佚	J065	《蒼頡篇》：佚，蕩也。亦樂也	佚	佚 C58P0764a		佚			
2515	婬佚	J065	又作劮，同	劮	劮 C58P0764a		佚	音借		"劮"是"逸"的異體字
2515	婬佚	J078	經文從女作姝，俗字也	姝	姝 C58P1046b		佚		近義換用	
2516	倍挹	J011	《考聲》：損也，謙也	挹	挹 C57P0616b		挹			
2516	倍挹	J011	經文作抱，書誤也，甚乖經意	抱	抱 C57P0616b		挹	正訛		
2516	長挹	J042	拱手而舉以敬讓也。或作揖	揖	揖 C58P0244b		挹	音借		
2517	翊從	J023	《尚書大傳》曰：翊，輔也	翊	翊 C57P0875a		翊			
2517	翊從	J023	字又作翼，翼與翊義古別，今通也	翼	翼 C57P0875a		翊	音借		
2518	延裔	J012	《説文》：裔，衣裾也。從衣從冏	裔	裔 C57P0629a		裔			
2518	延裔	J012	經文從矛作袤，非也	袤	袤 C57P0629a		裔	正訛		經本的"袤"是詞頭"裔"的書寫訛誤字形
2519	盈溢	J029	《説文》：器滿也。橫水於皿中，會意字也	溢	溢 C57P1018b		溢			
2519	盈溢	J029	古文從皿作盜	盜	盜 C57P1018b		溢	異體		
2519	流溢	J011	正體作溢，或作泗（盜），皆古正字也	泗	泗 C57P0611b	盜	溢	異體		從慧琳釋文異文求之，此"泗"乃"盜"的書寫訛誤字形
2519	盈溢	J027	滿也，亦作軼	軼	軼 C57P0978b		溢	音借		

組號	詞目	卷次	字形相關釋文	所涉文字	字圖/索引	校正形體	代表字	字際關係	詞際關係	備　註
2520	疲勦	J083	傳從貴作勦,非也	勦	勦 C59P0047b		勦			
2520	疲勦	J083	《説文》亦勞也。從力貴聲。或從隸作勦	勦	勦 C59P0047b		勦	異體		
2521	蜥蜴(蝪)	J044		蝪	蝪 C58P0279a	蝪	蝪			高麗本《慧琳音義》"蜥蜴"之"蝪"乃"蝪"的訛字
2521	蜥蜴(蝪)	J044	經文作蚖,非也	蚖	蚖 C58P0279a		蝪	異體		
2522	父毅	J084	《説文》:從殳豙聲也	毅	毅 C59P0081b		毅			
2522	父毅	J084	論文從朵作毅,誤也	毅	毅 C59P0081b		毅	異體		
2523	熠燿	J096	《説文》義同,並從火,習、翟聲也	熠	熠 C59P0270b		熠			
2523	熠燿	J096	亦作煜燿,音義並同	煜	煜 C59P0270b		熠		近義換用	
2524	薏苡	J038	《古今正字》並從草,意、以皆聲	薏	薏 C58P0160a		薏			
2524	薏苡	J038	正作蓄也	蓄	蓄 C58P0160a		薏	異體		
2525	消殰	J034	《尒雅》:殰,死也	殰	殰 C58P0093a		殰			
2525	消殰	J034	古文作薹,同	薹	薹 C58P0093a		殰	異體		
2526	割劓	J069	鄭注《禮記》:劓,截其鼻也	劓	劓 C58P0851a		劓			
2526	割劓	J069	或作劓	劓	劓 C58P0851a		劓	異體		

組號	詞目	卷次	字形相關釋文	所涉文字	字圖/索引	校正形體	代表字	字際關係	詞際關係	備　註
2527	若翳	J073		翳	C58P0933a		翳			
2527	若翳	J073	《韻集》作瞖，同	瞖	C58P0933a		翳	音借		
2527	若翳	J073	論文作曀，風而陰曰曀，曀非字體也	曀	C58P0933a		翳	音借		"曀"指天色陰沉
2528	膈臆	J098	集作臆，俗通用	臆	C59P0309b		臆			
2528	膈臆	J098	《說文》臆正從乙作肊	肊	C59P0309b		臆	異體		
2528	胷肊	J037	經文或從骨作臆，古字也	臆	C58P0135a		臆	異體		
2528	膈臆	J098	《考聲》或從骨作髊	髊	C59P0309b		臆	異體		"髊"是"髂"的訛變字形，是"臆"的異體，"薏"作"蓍"與此同理
2529	嗦翼	J066	《古今正字》：翼，翅也。從羽從異聲	翼	C58P0800b		翼			
2529	嗦翼	J066	或爲戠，古字也	戠	C58P0800b		翼	異體		
2529	嗦翼	J066	《說文》從走作趨。趨，飛也	趨	C58P0800b		翼	近義換用		
2529	迎翼	J035	經中從广作廙，譯者錯用，非也	廙	C58P0103b		翼	音借		
2530	鴰響	J097	杜注《左傳》云：鴰，水鳥也	鴰	C59P0292b		鴰			
2530	鴰響	J097	或作鶴、鵠、鶥	鶴	C59P0292b		鴰	異體		
2530	鴰響	J097	或作鶴、鵠、鶥	鵠	C59P0292b		鴰	異體		

組號	詞目	卷次	字形相關釋文	所涉文字	字圖/索引	校正形體	代表字	字際關係	詞際關係	備　註
2530	鶛響	J097	或作鶛、鵠、鶛	鶛	鶛 C59P0292b		鶛	異體		
2531	茵蓐	J015	《説文》云：車上重席也。從草因聲也	茵	茵 C57P0702b		茵			
2531	茵蓐	J015	或從革作鞃	鞃	鞃 C57P0702b		茵	異體		
2532	瘖瘂	J027	不能言，亦瘂也	瘂	瘂 C57P0977b		瘂			
2532	瘖瘂	J027	有作瘖（喑）。《字林》：喑，嗜也	瘖	瘖 C57P0977b	喑	瘂	音借		
2533	無圻	J032		圻	圻 C58P0032a		圻			
2533	無圻	J032	經文從水作沂，音魚衣反	沂	沂 C58P0032a		圻	音借		此"沂"亦或是"圻"的書誤
2534	呻吟	J062	《説文》二字並從口，申、今皆聲	吟	吟 C58P0714a		吟			
2534	呻吟	J062	亦作軟訡	訡	訡 C58P0714a		吟	異體		
2535	無垠	J033	垠，咢也。《説文》：地垠岸也	垠	垠 C58P0062b		垠			
2535	無垠	J033	又作㟄，同	㟄	㟄 C58P0062b		垠	異體		表示岸、邊際義時，釋文中溝通的"㟄"可視作"垠"的換旁異體字
2536	引敻	J003	賈注《國語》：伸也。《説文》：開弓也	引	引 C57P0446a		引			
2536	引敻	J003	古文從人作弘	弘	弘 C57P0446a		引	異體		

組號	詞目	卷次	字形相關釋文	所涉文字	字圖/索引	校正形體	代表字	字際關係	詞際關係	備　註
2536	汲引	J041	或作弘（弘）也	弘	弘 C58P0206b	弘	引	異體		求之慧琳釋文異文，高麗本"或作弘"之"弘"是"弘"的書寫訛誤字形
2536	引彚	J003	或從手作抈，會意字也	抈	抈 C57P0446a		引	異體		
2537	螻蚓	J081	《月令》云：季春蚯蚓。顧野王云：即螲蚓也	蚓	蚓 C59P0013b		蚓			
2537	螻蚓	J081	《字書》云作螾。《説文》云：螼，螾。側行者也	螾	螾 C59P0013b		蚓	異體		
2538	歠飲	J002	今省去酉作飲	飲	飲 C57P0422b		飲			
2538	歠飲	J002	《説文》從酉作歙	歙	歙 C57P0422b		飲	異體		
2538	歠飲	J002	古文從水作㱃	㱃	㱃 C57P0422b		飲	異體		
2538	歠此味	J074	經從肉作肵，非也	肵	肵 C58P0959a		飲	正訛		此"肵"當是"飲"的書寫訛誤字形
2539	巘嶙	J099	《考聲》：隱謂降高也	巘	巘 C59P0311b		巘			
2539	巘嶙	J099	集作隱，俗字	隱	隱 C59P0311b		巘	音借		
2540	孩嬰	J081	言接之嬰前乳養之也。《説文》：從女賏聲	嬰	嬰 C59P0010b		嬰			
2540	孩嬰	J081	傳作㜮，非也	㜮	㜮 C59P0010b		嬰	異體		
2541	膺平	J014	《説文》：膺，胷也。從肉雁聲	膺	膺 C57P0668a		膺			

組號	詞目	卷次	字形相關釋文	所涉文字	字圖/索引	校正形體	代表字	字際關係	詞際關係	備　註
2541	膺平	J014	或從骨作臏，古字也	臏	臏 C57P0668a		膺	異體		
2542	竇罌	J009	《方言》：瓿甊、瓶，罌也	罌	罌 C57P0564a		罌			
2542	瓶罃	J016	或作甖	甖	甖 C57P0722b		罌	異體		
2542	瓶罃	J016	《説文》：罃，長頸瓶也	罃	罃 C57P0722b		罌	異體		
2542	瓶罃	J016	亦作甇也	甇	甇 C57P0722b		罌	異體		
2543	盈長	J067		盈	盈 C58P0816a		盈			
2543	盈長	J067	又作贏，同	贏	贏 C58P0816a		盈		近義換用	
2544	螢火	J013	《禮記・月令》曰：大暑之日腐草化爲螢	螢	螢 C57P0642a		螢			
2544	螢火	J013	《爾雅》作熒。熒火即炤	熒	熒 C57P0642a		螢	異體		
2544	螢火	J013	《韻英》作蟚也	蟚	蟚 C57P0642a		螢	異體		
2545	營從	J046	《蒼頡篇》：營，衛也。營亦部也	營	營 C58P0325a		營			
2545	營從	J046	古文覮，同	覮	覮 C58P0325a		營	音借		"覮"乃"謍"的異體字，取迷惑義
2546	瘻瘡	J012	《説文》：頸腫也	瘻	瘻 C57P0623a		瘻			
2546	瘻瘡	J012	或作閡	閡	閡 C57P0623a		瘻	異體		

組號	詞目	卷次	字形相關釋文	所涉文字	字圖/索引	校正形體	代表字	字際關係	詞際關係	備　註
2546	項癭	J054	有從月作臂，非也	臂	臂 C58P0525b		癭	異體		"閼"與"臂"爲一字異寫關係
2547	不鞭	J013	俗作硬	硬	硬 C57P0641b		硬			
2547	毛硞	J062	亦作鞕	硞	硞 C58P0718a		硬	異體		
2547	不鞭	J013	《韻英》云：堅也	鞭	鞭 C57P0641b		硬	異體		
2547	核鞕	J062		鞕	鞕 C58P0698a		硬	異體		
2547	不鞭	J013	或作𩊠，同也	𩊠	𩊠 C57P0641b		硬	異體		
2548	塞壅	J057		壅	壅 C58P0583a		壅			
2548	塞壅	J057	或作𡑞。《古今正字》：從土雝聲	𡑞	𡑞 C58P0583a		壅	異體		
2548	塞壅	J057	經作塵，誤書也	塵	塵 C58P0583a		壅	正訛		慧琳所見經本的"塵"，是詞頭"壅"的書寫訛誤字形
2549	懸臃	J042		臃	臃 C58P0232b		臃			
2549	懸臃	J042	又作𦡜，同……《釋名》云：𦡜，擁也。謂氣至擁塞也	𦡜	𦡜 C58P0232b		臃	異體		
2549	懸臃	J042	經文作甕，非也	甕	甕 C58P0232b		臃	正訛		經本的"甕"是"臃（𦡜）"的書寫訛誤字形
2550	饔飪	J092	《說文》云：饔，熟食也。從食雝聲	饔	饔 C59P0203a		饔			
2550	饔飪	J092	籀文從共作𩛆	𩛆	𩛆 C59P0203a		饔	異體		

組號	詞目	卷次	字形相關釋文	所涉文字	字圖/索引	校正形體	代表字	字際關係	詞際關係	備　註
2551	喟喟	J057	《傳》曰：顒顒，溫兒也	喟	喟 C58P0592b		喟			
2551	喟喟	J057	古文顒，同	顒	顒 C58P0592b		喟	音借		
2552	顒顒	J043	《詩》云：顒顒昂昂。《傳》曰：溫恭兒也	顒	顒 C58P0267a		顒			
2552	顒顒	J043	今作喟，同	喟	喟 C58P0267a		顒	音借		
2553	而咏	J099	《説文》亦詠字	詠	詠 C59P0314b		詠			
2553	而咏	J099		咏	咏 C59P0314b		詠	異體		
2554	踊躍	J041	《説文》：從足甬聲	踊	踊 C58P0213b		踊			
2554	踊躍	J041	經作踴，俗字也	踴	踴 C58P0213b		踊	異體		
2554	極踊	J002	《説文》作踊，《字書》作踵	踵	踵 C57P0429a		踊	異體		
2555	酣醟	J097	《説文》：醟，酗也。酗，醟醉也。從酉縈省聲	醟	醟 C59P0284a		醟			
2555	酣醟	J097	或從凶作酗	酗	酗 C59P0284a		醟		文義換用	
2556	麎麀	J056	《説文》：牝鹿也	麀	麀 C58P0552b		麀			
2556	麎麀	J056	下又作麀，同	麀	麀 C58P0552b		麀	異體		
2557	生肬	J065	又作疣、默二形，同	疣	疣 C58P0774a		疣			

組號	詞目	卷次	字形相關釋文	所涉文字	字圖/索引	校正形體	代表字	字際關係	詞際關係	備　註
2557	生胅	J065		胅	胅 C58P0774a		疣	異體		
2557	生胅	J065	又作疣、默二形，同	默	默 C58P0774a		疣	異體		
2557	瘡疣	J069	又作疫	疫	疫 C58P0853b		疣	異體		
2557	疣贅	J004	古作疫（疫）	疫	疫 C57P0463b	疫	疣	異體		高麗本的"疫"是"疫"的書寫訛誤字形
2558	郵馹	J091	《文字集略》云：境上舍也。待使館也	郵	郵 C59P0189b		郵			
2558	郵馹	J091	傳文作卸，非也。卸音星夜反，非此用也	卸	卸 C59P0189b		郵	正訛		經本的"卸"是詞頭"郵"的書寫訛誤字形
2559	嘉猷	J083	孔注《尚書》：猷，謀也	猷	猷 C59P0059b		猷			
2559	嘉猷	J083	《説文》或爲繇也	繇	繇 C59P0059b		猷	音借		謀略義上，"繇"是詞頭"猷"的通假字現象
2560	唷咽	J044	《廣雅》：唷，吐也。喉也	唷	唷 C58P0282b		唷			
2560	唷咽	J044	經文作陏，音墮，誤也	陏	陏 C58P0282b		唷	正訛		慧琳所見經本的"陏"是詞頭"唷"的書寫訛誤字形
2561	苑囿	J028	《字林》：園有垣也。亦禁苑也	囿	囿 C57P0993a		囿			
2561	苑囿	J028	古文作圏，同	圏	圏 C57P0993a		囿	異體		
2562	青瘀	J001	《説文》：積血也。從疒於聲也	瘀	瘀 C57P0413a		瘀			
2562	青瘀	J001	經作淤，非也。水中淤泥，非經用也	淤	淤 C57P0413a		瘀	音借		

組號	詞目	卷次	字形相關釋文	所涉文字	字圖/索引	校正形體	代表字	字際關係	詞際關係	備　註
2562	憂瘝	J028	《廣雅》：瘝，病也。瘝，傷也。經文作癋，非也	癋	癋 C57P0997a		瘝	正訛		慧琳所見經本的"癋"是詞頭"瘝"的書寫訛誤字形
2563	炰鱉	J014	上正體魚字也	魚	魚 C57P0665a		魚			
2563	炰鱉	J014	《説文》：從刀，象形，火魚尾	炰	炰 C57P0665a		魚	異體		
2564	逾彼	J015	《字書》：逾，越也	逾	逾 C57P0703a		逾			
2564	逾彼	J015	亦作踰，訓用同也	踰	踰 C57P0703a		逾		近義換用	
2565	噢咿	J024		噢	噢 C57P0894b		噢			
2565	噢咿	J024	亦作嘟	嘟	嘟 C57P0894b		噢	音借		
2565	噢噎	J043	經文有作郁，非體	郁	郁 C58P0273a		噢	音借		
2566	病恙	J006	《説文》云：恙，豫也。從心余聲也	恙	恙 C57P0510b		恙			
2566	病恙	J006	經文或有病愈〈以主反〉，亦通	愈	愈 C57P0510b		恙		近義換用	
2567	馭宇	J030	今或作御，從彳卸聲	御	御 C57P1051b		御			
2567	馭宇	J030	馭是古文字	馭	馭 C57P1051b		御	異體		
2568	弘裕	J010		裕	裕 C57P0583a		裕			
2568	弘裕	J010	古文䘳，同	䘳	䘳 C57P0583a		裕	異體		

組號	詞目	卷次	字形相關釋文	所涉文字	字圖/索引	校正形體	代表字	字際關係	詞際關係	備　註
2569	難愈	J070	《方言》：差，愈	愈	愈 C58P0873b		愈			
2569	難愈	J070	古文瘉，同。臾乳反。《說文》：瘉，病瘳也	瘉	瘉 C58P0873b		愈	異體		
2569	蠲愈	J029	《毛詩》作悆，病差也	悆	悆 C57P1020b		愈	音借		
2570	晃煜	J009	《說文》：晃，明也。煜，燿也	煜	煜 C57P0572a		煜			
2570	晃煜	J009	又作焴，同	焴	焴 C57P0572a		煜	異體		
2570	晃煜	J074	傳文作暒，非也	暒	暒 C58P0942a		煜	異體		當是因其上字從"日"，故而"焴"亦類化作從"日"
2570	晃煜	J081	録作昱，義乖	昱	昱 C59P0002b		煜	音借		
2571	門閾	J076	《尔雅》：秩謂之閾。郭璞曰：即門限也	閾	閾 C58P0993b		閾			
2571	門閾	J076	古文閾，同	閾	閾 C58P0993b		閾	異體		
2572	鎢錥	J079	《埤蒼》：鎢錥，小釜也……二字並從金，烏、育皆聲	錥	錥 C58P1059a		錥			
2572	鎢錥	J079	經文作鏁，非也	鏁	鏁 C58P1059a		錥	異體		此當是"錥"的換旁異體字，《大字典》據此條釋作"鎢"的訛字，非
2573	心原	J051	原，水泉本出也	原	原 C58P0445a		原			
2573	心原	J051	《說文》作厵也	厵	厵 C58P0445a		原	異體		
2573	心原	J051	今篆文省作原	原	原 C58P0445a		原	異體		

組號	詞目	卷次	字形相關釋文	所涉文字	字圖/索引	校正形體	代表字	字際關係	詞際關係	備註
2574	園林	J006	《説文》：從囗袁聲。外形内聲字也	園	園 C57P0499a		園			
2574	園林	J006	《説文》從草作薗	薗	薗 C57P0499a		園	異體		
2574	園林	J006	或從兩點作薗（蘭），並俗字，非正也	薗	薗 C57P0499a	蘭	園	異體		
2575	獼猴	J076	或作猿	猿	猿 C58P1002b		猿			
2575	獼猴	J052	似弥猴而大，臂長，其色有黑有黄，鳴聲甚哀	猨	猨 C58P0470a		猿	異體		
2575	獼猴	J052	今作蝯，同	蝯	蝯 C58P0470a		猿	異體		
2575	獼猴	J052	經文作㺫，非體也	㺫	㺫 C58P0470a		猿	異體		
2576	黿鼉	J096	《説文》云：黿，大鼈。從黽元聲	黿	黿 C59P0271b		黿			
2576	黿鼉	J096	集本作魭鮀，俗字也	魭	魭 C59P0271b		黿	異體		
2577	苑中	J045	《説文》亦養禽獸所也。從艸夗聲	苑	苑 C58P0315b		苑			
2577	苑中	J045	經作菀，是藥名，非苑囿之字也	菀	菀 C58P0315b		苑	音借		
2578	西院	J093	《説文》：從阜從完聲	院	院 C59P0220a		院			
2578	門阮	J094	下俗謬院字。傳文多載此字，故書已明之	阬	阬 C59P0237b		院	異體		此即"院"的書寫變異字形
2578	西院	J093	傳文作阮，誤也	阮	阮 C59P0220a		院	異體		此亦是"院"的書寫變異字形

組號	詞目	卷次	字形相關釋文	所涉文字	字圖/索引	校正形體	代表字	字際關係	詞際關係	備　註
2579	鍵鑰	J080	《玉篇》從金作鑰,即鍵也	鑰	鑰 C58P1075a		鑰			
2579	鍵鑰	J080	《字書》又從門作闔,亦猶關鍵也	闔	闔 C58P1075a		鑰	異體		
2580	樂法	J016		樂	樂 C57P0721a		樂			
2580	樂法	J016	經文作傑,非也	傑	傑 C57P0721a		樂	異體		從形義關係求之,此當是"樂"的增旁異體字
2581	爲龠	J089	《説文》云:龠,理也。亦樂管也。從品從侖。會意字	龠	龠 C59P0160b		龠			
2581	爲龠	J089	傳文從草作蕭,通也	蕭	蕭 C59P0160b		龠	音借		
2582	耘鉏	J038	《毛詩傳》云:耘,除草也	耘	耘 C58P0162b		耘			
2582	耘鉏	J038	《説文》作穮,音同,除苗間薉也。從耒員聲	穮	穮 C58P0162b		耘	異體		
2582	耘除	J021	字又作穮、耪兩體	穮	穮 C57P0828b		耘	異體		
2582	耘除	J021	字又作穮、耪兩體	耪	耪 C57P0828b		耘	異體		
2582	耘鉏	J038	或作耮	耮	耮 C58P0162b		耘	異體		
2582	耘鉏	J038	經本作芸,誤也	芸	芸 C58P0162b		耘	音借		
2583	迹隕	J098	《尔疋》云:隕,落也。《説文》:從昌員聲	隕	隕 C59P0298b		隕			
2583	迹隕	J098	集作磒,俗字	磒	磒 C59P0298b		隕	異體		

組號	詞目	卷次	字形相關釋文	所涉文字	字圖/索引	校正形體	代表字	字際關係	詞際關係	備　註
2584	變殞	J065	《聲類》：殞，没也。墜落也	殞	殞 C58P0764b		殞			
2584	變殞	J065	又作隕，同	隕	隕 C58P0764b		殞	音借		
2585	懷孕	J071	《三蒼》：孕，懷子也。《廣疋》：孕，娠也	孕	孕 C58P0895b		孕			
2585	懷孕	J071	古文朥，同	朥	朥 C58P0895b		孕	異體		
2586	熨治	J059	《説文》：從上安下也。亦所以熨申繒也	熨	熨 C58P0638a		熨			
2586	熨治	J059	或作尉，同	尉	尉 C58P0638a		熨	異體		
2587	麻緼	J052	《説文》：緼，紼也。亂麻也	緼	緼 C58P0478b		緼			
2587	麻緼	J052	經文作蘊，紆文反。謂束草蓺火也。蘊非字體也	蘊	蘊 C58P0478b		緼	音借		
2588	噍食	J054	《通俗文》作呬，入口也	呬	呬 C58P0520a		咂	異體		
2588	呷嗽	J053	俗作唼	唼	唼 C58P0490a		咂	異體		
2588	噍食	J054	《莊子》作嘈	嘈	嘈 C58P0520a		咂		文義換用	
2588	呷嗽	J053	《説文》作嗒	嗒	嗒 C58P0490a		咂		文義換用	"嗒""嘈"爲一字異體
2589	汪哉	J100	《韻詮》：語助也。《説文》：言之間也	哉	哉 C59P0340a		哉			
2589	汪哉	J100	俗作茊	茊	茊 C59P0340a		哉	異體		《大字典》未收録此"茊"形,《字海》釋作"同'哉'"(2000：808)

組號	詞目	卷次	字形相關釋文	所涉文字	字圖/索引	校正形體	代表字	字際關係	詞際關係	備　註
2590	宰官	J018	《考聲》：大也，理也，制斷也	宰	宰 C57P0761a		宰			
2590	宰官	J018	古文作宰	宰	宰 C57P0761a		宰	異體		
2591	暫時	J053	《集訓》云：不久也。《説文》：從日斬聲	暫	暫 C58P0488b		暫			
2591	暫時	J053	或從足作蹔	蹔	蹔 C58P0488b		暫	異體		
2592	鄼國	J085	《古今正字》：從邑贊聲	鄼	鄼 C59P0102a		鄼			
2592	鄼國	J085	亦作酇，音同盧，才苦反	酇	酇 C59P0102a		鄼	異體		表示地名用法時，"鄼"與釋文中溝通的"酇"或可視作異體字關係
2593	唾濆	J024	又作濆、唊二形，同	濆	濆 C57P0893a		濆			
2593	唾濆	J024		濺	濺 C57P0893a		濆	異體		
2593	唾濆	J024	又作濆、唊二形，同	唊	唊 C57P0893a		濆	異體		
2594	牂羒	J059	《字林》：牝羊也。《三蒼》：吳羊也	牂	牂 C58P0652b		牂	異體		
2595	臧賕	J013	《説文》：臧，善也。從臣戕聲也	臧	臧 C57P0653a		臧			
2595	臧賕	J013	或作賍	賍	賍 C57P0653a		臧	分化		
2596	其賕	J086	《考聲》云：賕，賄也。《方言》：受貨曰賕也	賕	賕 C59P0115b		賕			
2596	其賕	J086	亦作䝫也	䝫	䝫 C59P0115b		賕	異體		此即詞頭"賕"的書寫變異字形

續　表

組號	詞目	卷次	字形相關釋文	所涉文字	字圖/索引	校正形體	代表字	字際關係	詞際關係	備註
2597	殯葬	J090		葬	葬 C59P0174a		葬			
2597	殯葬	J090	傳文作堥,非也	堥	堥 C59P0174a		葬	異體		
2598	糟粕	J009	不醳酒也	糟	糟 C57P0576b		糟			
2598	糟粕	J009	籀文作醩,同	醩	醩 C57P0576b		糟	異體		
2599	小棗	J015	《説文》:重二束爲棗	棗	棗 C57P0694b		棗			
2599	小棗	J015	俗從二来作棗,誤也	棗	棗 C57P0694b		棗	異體		此是詞頭"棗"的書寫變異字形
2600	虛簹	J067	論文從竹作簹,傳寫誤也	簹	簹 C58P0808a		簹			高麗本對應字圖有誤
2600	虛簹	J067	《考聲》云:廁也。充也。《古今正字》:從草造聲	蓮	蓮 C58P0808a		簹	異體		
2601	推燥	J055	《説文》:燥,乾也。從火喿聲	燥	燥 C58P0532b		燥			
2601	推燥	J055	經作燦,非也	燦	燦 C58P0532b		燥	異體		此是詞頭"燥"的書寫變異字形
2601	推燥	J057	經作㷱,非也	㷱	㷱 C58P0588a		燥	異體		此亦是"燥"的書寫變異字形
2602	輕躁	J045	《古今正字》:擾也。從足喿聲	躁	躁 C58P0311a		躁			
2602	輕躁	J045	經作躁,誤也	躁	躁 C58P0311a		躁	異體		二者爲一字異寫關係
2602	形躁	J097	集作彰,俗字	彰	彰 C59P0282b		躁	異體		受上字"形"從"彡"的影響,"躁"亦類化作從"彡"

組號	詞目	卷次	字形相關釋文	所涉文字	字圖/索引	校正形體	代表字	字際關係	詞際關係	備　註
2602	輕趮	J045	亦作趯,義同	趯	趯 C58P0311a		趮		近義換用	
2602	趮動	J076	經從心作懆,音草,非也	懆	懆 C58P1007b		趮		近義換用	
2603	蚩賚	J013	《考聲》:徵也,求也。經作責,俗字也	責	責 C57P0657b		賚			
2603	蚩賚	J013	正體從貝從朿省聲也	賚	賚 C57P0657b		賚	異體		"賚"是"賚"的《説文》篆體隸定形
2604	嘖數	J033	《説文》:嘖,大呼也。從口責聲	嘖	嘖 C58P0058a		嘖			
2604	嘖數	J033	或從言作讀也	讀	讀 C58P0058a		嘖	異體		
2605	喑啽	J055	下又作譜,同	譜	譜 C58P0538a		譜			
2605	喑啽	J055	《説文》:喑啽,大聲也	啽	啽 C58P0538a		譜	異體		
2605	喑啽	J055	經文作咋,壯白、士白二反。咋然聲也,亦咋齧也	咋	咋 C58P0545b		譜		近義換用	
2606	决擇	J061	《考聲》云:擇,揀也	擇	擇 C58P0683a		擇			
2606	决擇	J061	古文作睪,從拱,會意字也	睪	睪 C58P0683a		擇	異體		
2606	擇滅	J068	論作挬,誤也	挬	挬 C58P0833a		擇	正訛		經本的"挬"是"擇"的書寫訛誤字形
2607	慧賾	J080	王弼注《周易》云:賾,深也	賾	賾 C58P1086b		賾			
2607	撩嘖	J085		嘖	嘖 C59P0087a		賾	異體		此是"賾"的一字異寫形體

續　表

組號	詞目	卷次	字形相關釋文	所涉文字	字圖/索引	校正形體	代表字	字際關係	詞際關係	備　註
2607	慧隤	J080	録從自作隤,俗字也	隤	隤 C58P1086b		隤	異體		此亦當是"隤"的書寫變異字形
2608	齰斷	J082	《説文》:齰,齧也	齰	齰 C59P0033a		齰			
2608	齰斷	J082	或作齚,左形右聲字也	齚	齚 C59P0033a		齰	異體		
2608	齚楊	J031	經作咋。咋,聲,非此義也	咋	咋 C58P0023b		齰	音借		
2609	厊足	J061	正體從厂作厊	厊	厊 C58P0687a		厊			
2609	厊足	J061	上音側,俗字也	庂	庂 C58P0687a		厊	異體		
2610	傾昃	J083	或作昗、昊,皆同	昗	昗 C59P0051a		昃			
2610	傾昃	J083	或作昗、昊,皆同	昊	昊 C59P0051a		昃	異體		
2610	傾昃	J083	《説文》:日在西方時側。從日仄聲	昃	昃 C59P0051a		昃	異體		
2611	狂賊	J003	今俗從戎,誤也,非正者也	賊	賊 C57P0450a		賊			
2611	狂賊	J003	《説文》:敗也。從戈從刀從貝	賊	C57P0450a		賊	異體		此"賊"是"賊"的《説文》篆體隸定形。字圖缺
2612	烏鰂	J074	下又作鰂、鯽二形,同	鰂	鰂 C58P0948a		鰂			
2612	烏鰂	J074	《埤蒼》:鰞鰂魚,腹中有骨,出南海郡……	鰂	鰂 C58P0948a		鰂	異體		
2612	烏鰂	J074	下又作鰂、鯽二形,同	鯽	鯽 C58P0948a		鰂	異體		

組號	詞目	卷次	字形相關釋文	所涉文字	字圖/索引	校正形體	代表字	字際關係	詞際關係	備　註
2613	繒磬	J042	《説文》:帛之輕者惣名也	繒	繒 C58P0239a		繒			
2613	繒磬	J042	古文從辛作絳,音訓與上同	絳	絳 C58P0239a		繒	異體		
2614	八蜡	J098	《廣雅》:褙,祭也	褙	揩 C59P0296a		褙			
2614	八蜡	J098	集作蜡,亦通也	蜡	蜡 C59P0296a		褙	音借		二者爲典型的本字不用、借字通行現象
2615	欲摘	J020	《蒼頡篇》云:摘,取也	摘	摘 C57P0795b		摘			
2615	欲摘	J020	經文從適作擿,音呈戟反	擿	擿 C57P0795b		摘	異體		
2616	鱣魚	J058	江東呼爲黄魚是也	鱣	鱣 C58P0619b		鱣			
2616	鱣魚	J058	古文鱧,同。知連反。大黄魚也	鱧	鱧 C58P0619b		鱣	異體		
2616	鱣魚	J033	古文鯉,同,知連反。大黄魚也	鯉	鯉 C58P0053b		鱣	異體		
2617	沾濡	J010	《廣雅》:沾,漬也。濡,濕也	沾	沾 C57P0579b		沾			
2617	沾濡	J010	又作霑,同	霑	霑 C57P0579b		沾	異體		
2618	甎劓	J078		甎	甎 C58P1039b		甎			
2618	甎劓	J078	經作斾,非也	斾	斾 C58P1039b		甎	音借		
2619	梁棧	J074	《通俗文》:板閣曰棧也	棧	棧 C58P0953a		棧			

組號	詞目	卷次	字形相關釋文	所涉文字	字圖/索引	校正形體	代表字	字際關係	詞際關係	備　註
2619	梁棧	J074	《三蒼》作磁,同	磁	磁 C58P0953a		棧	異體		
2620	麞鹿	J041	《説文》:從鹿章聲	麞	麞 C58P0222b		獐	異體		
2621	泛漲	J077		漲	漲 C58P1025a		漲			
2621	泛漲	J077	志本作涱,非也	涱	涱 C58P1025a		漲	異體		
2622	脟脹	J060	《古今正字》云:脟,肛脹也。從肉長聲	脹	脹 C58P0664b		脹			
2622	脟脹	J060	或作痕,形聲字	痕	痕 C58P0664b		脹	異體		
2622	脹那	J017	經文從口作喍,非也	喍	喍 C57P0741a		脹			《大字典》未收錄,《字海》(2000:398)釋作"義未詳"。關係待考
2623	池沼	J006	《説文》:沼,池也。從水召聲也	沼	沼 C57P0514a		沼			
2623	池沼	J006	召字從刀從口,經中作㕥,訛也	沿	C57P0514a		沼	異體		此是"沼"的書寫變異字形。對應字圖缺
2624	舊姚	J093	《説文》云:古文奥字也……又趙、姚二音	姚	姚 C59P0213b		姚			
2624	舊姚	J093	傳作姚,非也	姚	姚 C59P0213b		姚	正訛		經本的"姚"即詞頭"姚"的書寫訛誤字形
2625	舩櫂	J042	又作棹,同	棹	棹 C58P0236a		棹			
2625	舩櫂	J042	《釋名》:在旁撥水曰櫂也	櫂	櫂 C58P0236a		棹	異體		

組號	詞目	卷次	字形相關釋文	所涉文字	字圖/索引	校正形體	代表字	字際關係	詞際關係	備註
2626	焰燿	J045	亦作照，義同	照	照 C58P0316b		照			
2626	焰燿	J045	《廣雅》：焰亦明也。《古今正字》：從火召聲	焰	焰 C58P0316b		照	異體		
2627	覆罩	J008	《説文》：捕魚竹器也。從网卓聲也	罩	罩 C57P0535b		罩			
2627	覆罩	J008	或作罜、繹、箽、釕，並皆古字也	罜	罜 C57P0535b		罩	異體		二者宜視作異體字關係。《大字典》"罜"下未溝通與"罩"的異體關係
2627	覆罩	J008	或作罜、繹、箽、釕，並皆古字也	繹	繹 C57P0535b		罩	異體		《大字典》"繹"下釋作"同'罜（罩）'"（2010：3124）
2627	覆罩	J008	或作罜、繹、箽、釕，並皆古字也	箽	箽 C57P0535b		罩	異體		
2627	覆罩	J008	或作罜、繹、箽、釕，並皆古字也	釕	釕 C57P0535b		罩	異體		
2628	肇闈	J011	《爾雅》云：肇，始也	肇	肇 C57P0601a		肇	異體		《龍龕手鑑》亦收錄有此形
2628	肇生	J083	《尔雅》：肇，始也。《説文》：始開也	肇	肇 C59P0062a		肇	異體		
2628	肇生	J083	或作肁，義亦同	肁	肁 C59P0062a		肇	異體		
2629	先折	J008	小篆因以二中相連，便誤爲古手字，遂從手作折也	折	折 C57P0538b		折			
2629	先折	J008	《説文》正體從重二中〈丑列反〉從斤作𣂏	𣂏	𣂏 C57P0538b		折	異體		此"𣂏"是詞頭"折"的《説文》篆體隸定形
2630	輒述	J064	《漢書》：輒，專也。《説文》：從車從耴	輒	輒 C58P0760b		輒			

組號	詞目	卷次	字形相關釋文	所涉文字	字圖/索引	校正形體	代表字	字際關係	詞際關係	備　註
2630	輒述	J064	律文從取作輒(輙)，訛略不正也	輒	輒 C58P0760b	輙	輒	異體		經本的"輙"爲詞頭"輒"的書寫變異字形
2631	共轍	J095	杜注《左傳》云：轍，車跡也。《説文》：從車徹省聲	轍	轍 C59P0251a		轍			
2631	共轍	J095	集本從足作蹴，誤也	蹴	蹴 C59P0251a		轍	異體		經本的"蹴"是詞頭"轍"的換旁異體字
2632	緉褋	J061	正體從聶作褶，音之葉反	褶	褶 C58P0687a		褶			
2632	緉褋	J061	或從衣從耴作褋，亦通	褋	褋 C58P0687a		褶	異體		
2632	緉褋	J061	下霝躡反。俗字也	褋	褋 C58P0687a		褶	異體		此即"褋"的換旁異體字
2633	淛(浙)東	J092	《古今正字》：從水折聲	淛	淛 C59P0206a	浙	浙			高麗本詞頭的"淛"是"浙"的書寫訛誤字形
2634	苷蔗	J015		蔗	蔗 C57P0703b		蔗			
2634	苷蔗	J015	或作薕	薕	薕 C57P0703b		蔗	異體		
2634	干蔗	J016	經文或作芉柘，亦同	柘	柘 C57P0724b		蔗	音借		
2635	承足椹	J063	小木砧也。《韻英》云：斫本質也	椹	椹 C58P0740b		椹			
2635	牀枮	J060	皆坐臥具也	枮	枮 C58P0658b		椹	異體		
2635	承足椹	J063	律本從手作拈，非也	拈	拈 C58P0740b		椹			此即"枮"的書寫訛誤字形
2635	承足椹	J063	或從石作磖	磖	磖 C58P0740b		椹	音借		"磖"指擣衣石，轉而又指椹板；或可視作"椹"的異體字

組號	詞目	卷次	字形相關釋文	所涉文字	字圖/索引	校正形體	代表字	字際關係	詞際關係	備　註
2635	承足椹	J063	亦從支作戡	戡	戡 C58P0740b		椹	音借		《玉篇》釋作搗石
2636	貿珍	J096		珍	珍 C59P0260b		珍			
2636	貿珍	J096	下正珎字也	珎	珎 C59P0260b		珍	異體		
2637	同臻	J001	《説文》云：從至秦聲	臻	臻 C57P0405b		臻			
2637	同臻	J001	古文作室	室	室 C57P0405b		臻		近義換用	
2638	區畛	J099	《説文》：井田間陌也。從田參聲	畛	畛 C59P0313b		畛			
2638	區畛	J099	集從尒作畛，俗字也	畛	畛 C59P0313b		畛	異體		
2639	診之	J025	《説文》：診，視也。《三蒼》：候也	診	診 C57P0928b		診			
2639	診之	J025	時用作訡，一也	訡	訡 C57P0928b		診	異體		
2640	鬒髮	J031	或從影作鬑	鬑	鬑 C58P0015b		鬒			
2640	鬒髮	J031	《説文》正作參，云稠髮也……從彡人聲	參	參 C58P0015b		鬒	異體		
2640	鬒髮	J031	經作縝，結也，非經義	縝	縝 C58P0015b		鬒	音借		
2641	賑給	J019	《考聲》云：救也，給也，濟也。《韻詮》：賜也	賑	賑 C57P0771a		賑			
2641	賑給	J019	或作脈，形聲字	脈	脈 C57P0771a		賑	異體		

續　表

組號	詞目	卷次	字形相關釋文	所涉文字	字圖/索引	校正形體	代表字	字際關係	詞際關係	備　註
2641	隱賑	J099	集從肉作脤,音慎,非也	脤	賑 C59P0311b		賑	正訛		經本的"脤"乃"賑"的書寫訛誤字形
2641	賑貧	J090	或作振,亦通	振	捊 C59P0176a		賑	音借		
2642	鳩之	J081	《古今正字》:從鳥從尢聲也	鳩	鳩 C59P0009b		鳩			
2642	鳩之	J081	録作就,非也	就	鳦 C59P0009b		鳩	正訛		"鳩之"條下的"就"即詞頭"鳩"的書寫訛誤字形
2642	鳩鳥	J100	集本從酉作酖,非也	酖	酖 C59P0343b		鳩	音借		
2643	遐延	J096	亦作征也	征	征 C59P0270a		征			
2643	遐延	J096	顧野王云:遠也。《説文》:行也。從辵正聲	延	延 C59P0270a		征	異體		
2644	悊	J054	古正字,天后所制字也	悊	正心 C58P0525b		正	異體		
2645	胑分	J039	顧野王云:胑謂手足四胑也	胑	胑 C58P0166a		肢	異體		
2645	胑分	J039	《説文》:體四胑也。從肉只聲	胑	胑 C58P0166a		肢	異體		
2645	胑分	J039	或從身作躬	躬	躬 C58P0166a		肢	異體		"躬"是"躬"的書寫變異字形
2645	桎一躬(躬)	J042	《説文》作胑,云:體四胑也。顧野王謂手足也	躬	躬 C58P0242a	躬	肢	異體		詞頭的"躬"是"躬"的書寫訛變字形
2645	桎一躬(躬)	J042	亦作躬,義並同	躬	躬 C58P0242a		肢	異體		此亦是"躬"的書寫訛變字形
2646	植衆	J003	《方言》:立也,樹也。《説文》:戶植也。從木直聲	植	植 C57P0449a		植			

組號	詞目	卷次	字形相關釋文	所涉文字	字圖/索引	校正形體	代表字	字際關係	詞際關係	備　註
2646	植眾	J003	或作櫃也	櫃	櫃 C57P0449a		植	異體		
2646	植	J022	經本有作殖字者，非也，此不用也	殖	殖 C57P0834b		植	音借		
2647	摭實	J087	《方言》云：摭，取也	摭	摭 C59P0124b		摭			
2647	摭實	J087	《説文》作拓，云捨也。從手石聲也	拓	拓 C59P0124b		摭	異體		
2648	降祉	J080	録文作祉，俗字也	祉	祉 C58P1089b		祉			
2648	降祉	J080	《説文》義同，從示止聲	祉	祉 C58P1089b		祉	異體		"祉"是"祉"的《説文》篆體隸定形。對應字圖缺
2649	趾跪	J084	《説文》：從足止聲	趾	趾 C59P0078a		趾			
2649	趾跪	J084	論文從互作距，誤也	距	距 C59P0078a		趾	正訛		"距"是"歫"的異體字，與"趾"音義均別，此即"趾"的訛誤字形
2650	部褻	J086	或作帙、袟，義同	帙	帙 C59P0114b		帙			
2650	部褻	J086	或作帙、袟，義同	袟	袟 C59P0114b		帙	異體		
2650	部褻	J086	論作褻，俗字	褻	褻 C59P0114b		帙	異體		
2651	炙燎	J012	火炙也	炙	炙 C57P0632a		炙			
2651	炙燎	J012	經作灸〈音九〉，恐非也，書人誤也	灸	灸 C57P0632a		炙	正訛		經本的"灸"是詞頭"炙"的書寫訛誤字形
2652	蛭蟲	J058	《尒雅》：蛭，蟣。江東名蟣	蛭	蛭 C58P0612b		蛭			

組號	詞目	卷次	字形相關釋文	所涉文字	字圖/索引	校正形體	代表字	字際關係	詞際關係	備　註
2652	蛭蟲	J058	律文作蠖，非也	蠖	蠖 C58P0612b		蛭	異體		
2652	石蛭	J047	論從石作砇，誤也	砇	砇 C58P0349a		蛭	音借		此或是"蛭"受其上字"石"的影響類化而成
2652	作蛭	J056	經文作蛭，音知栗反。螻蛄也，非此義也	蛭	蛭 C58P0549b		蛭	音借		
2653	製造	J006	《考聲》：掣斷也。《韻英》：裁作衣裳也	製	製 C57P0501a		製			
2653	製造	J006	《説文》作裻，裁衣也	裻	裻 C57P0501a		製	異體		
2654	幖幟	J013	《通俗文》云：私記曰幟。《説文》同	幟	幟 C57P0644a		幟			
2654	幖幟	J013	或從志作帋，亦同	帋	帋 C57P0644a		幟	異體		
2654	爲幟	J052	古文帋（帋），同	帋	帋 C58P0471a	帋	幟	異體		高麗本"爲幟"條下"古文帋"之"帋"，是"帋"的書寫訛誤字形
2654	幖幟	J013	經文從火作熾，火盛也，非經義	熾	熾 C57P0644a		幟	正訛		此"熾"是"幟"的書寫訛誤字形
2655	櫛梳	J052	《説文》：櫛，梳比之總名也	櫛	櫛 C58P0480b		櫛			
2655	櫛梳	J052	又作梛，同	梛	梛 C58P0480b		櫛	異體		
2656	心松	J056		松	松 C58P0563a		松			
2656	心松	J056	又作枀，同	枀	枀 C58P0563a		松	音借		

組號	詞目	卷次	字形相關釋文	所涉文字	字圖/索引	校正形體	代表字	字際關係	詞際關係	備　註
2656	愯愯	J079	俗字也。正體從童從心作憧。《考聲》：心動也	憧	憧 C58P1057a		愯		近義換用	
2657	妼姑	J034		妼	妼 C58P0086b		妼			
2657	妼姑	J034	又作佖，同	佖	佖 C58P0086b		妼		近義換用	
2658	而終	J088	《古今正字》：從歺冬聲。今從糸作終，通用	終	終 C59P0137b		終			
2658	及夂	J094	《說文》：從歹冬聲也	夂	夂 C59P0225a		終	異體		異體字功能不均等例
2659	秋蝨	J083	《考聲》云：蝨，蝨蝦，蟲名也	蝨	蝨 C59P0055b		蝨			
2659	秋蝨	J083	作蝀也	蝀	蝀 C59P0055b		蝨	異體		
2660	䶂鼠	J017	《爾雅》：䶂亦鼠也。《說文》即豹文鼠是也	䶂	䶂 C57P0745a		䶂			
2660	䶂鼠	J017	籀文作䶂（鼬），同	䶂	䶂 C57P0745a	鼬	䶂	異體		高麗本"籀文作䶂"之"䶂"是"鼬"的書誤
2660	䶂鼠	J017	經文作蝨〈音終〉，虽名，非此義也	蝨	蝨 C57P0745a		䶂	音借		
2661	叢冢	J076		冢	冢 C58P1001a		冢			
2661	叢冢	J076	經文從土，俗字也	塚	C58P1001a		冢	異體		釋文中慧琳對字形進行了結構描述，故缺對應的字圖
2662	若鬻	J060	今隸書從省作粥，律文用，俗字也	粥	粥 C58P0656b		粥			
2662	若鬻	J060	古從鬲作鬻，正體字也	鬻	鬻 C58P0656b		粥	異體		

組號	詞目	卷次	字形相關釋文	所涉文字	字圖/索引	校正形體	代表字	字際關係	詞際關係	備　註
2663	周窮	J028		賙	賙 C57P1005a		賙			
2663	周窮	J028	古文賙，同。之由反。謂以財物與人曰賙	周	周 C57P1005a		賙	分化		救濟義上，"賙"是"周"的後出分化字
2664	兩肘	J001	《説文》：臂節也。從肉從寸	肘	肘 C57P0410a		肘			
2664	兩肘	J001	或作杻、肘，皆古字也	肘	肘 C57P0410a		肘	異體		
2664	兩肘	J001	或作杻、肘，皆古字也	杻	杻 C57P0410a		肘	音借		
2665	埽帚	J053	《世本》云：少康作帚。顧野王云：帚，所以掃除糞穢	帚	帚 C58P0491b		帚			
2665	埽帚	J053	經文從竹作箒，俗字也	箒	箒 C58P0491b		帚	異體		
2666	甲冑	J065	《字林》：兜鍪也	冑	冑 C58P0780b		冑			
2666	甲冑	J065	古文䩉，同	䩉	䩉 C58P0780b		冑	異體		
2666	甲冑	J065	律文作鈾，非也	鈾	鈾 C58P0780b		冑	異體		
2667	篆籀（籀）	J081	《説文》：讀書也。從竹榴（擂）聲	籀	籀 C59P0017b	籀	籀			高麗本詞頭的"籀"是"籀"的書寫訛誤字形
2668	錙銖	J094	從金從朱聲	銖	銖 C59P0226b		銖			
2668	錙銖	J094	傳文作淄洙，水名，非也	洙	洙 C59P0226b		銖	音借		
2669	圂豬	J013	《説文》：豕三毛叢生曰豬。從豕，形聲字也	豬	豬 C57P0646a		豬			

組號	詞目	卷次	字形相關釋文	所涉文字	字圖/索引	校正形體	代表字	字際關係	詞際關係	備　註
2669	圂豬	J013	經文從犬作豬,俗字也	猪	猪 C57P0646a		豬	異體		
2670	燭幽夜	J076	《考聲》:照也	燭	燭 C58P1005b		燭			
2670	燭幽夜	J076	經從屬作爥,非也	爥	爥 C58P1005b		燭	異體		
2670	燈燭	J100	文中從屬作爥,非	爥	爥 C59P0349b		燭	異體		
2671	褚繩	J059		褚	褚 C58P0640a		褚			
2671	褚繩	J059	古文㛁,同	㛁	㛁 C58P0640a		褚	異體		
2672	諸渚	J051	渚者,即洲也	渚	渚 C58P0442b		渚			
2672	諸渚	J051	論中從小作渚,非也	渚	渚 C58P0442b		渚	異體		此或即"渚"的會意別構字
2672	洲渚	J001	或從阜作陼,亦同	陼	陼 C57P0419b		渚		近義換用	
2673	烝煮	J033	《說文》:煮猶烹也,瀹也。從火者聲	煮	煮 C58P0060a		煮			
2673	烝煮	J033	經從水作渚,非也	渚	渚 C58P0060a		煮	異體		
2673	烝煮	J035	古文作鬻(鬻),從者從鬻	鬻	鬻 C58P0106b	鬻	煮	異體		
2674	麈尾	J084	《聲類》云:尾可以爲帚。《說文》:從鹿主聲	麈	麈 C59P0081b		麈			
2674	麈尾	J084	論文從土作塵,誤也	塵	塵 C59P0081b		麈	正訛		經本的"塵"是詞頭"麈"的書寫訛誤字形

組號	詞目	卷次	字形相關釋文	所涉文字	字圖/索引	校正形體	代表字	字際關係	詞際關係	備　註
2675	佇立	J004	《考聲》云：佇，持也。從人宁	佇	佇 C57P0470b		佇			
2675	佇立	J004	或作竚，並同也	竚	竚 C57P0470b		佇	異體		
2676	以杼	J074	《説文》：機緯者。即今筬也	杼	杼 C58P0948a		杼			
2676	以杼	J074	又作筅，同	筅	筅 C58P0948a		杼	異體		
2677	毳紵	J059	《説文》：檾屬，細者爲絟布，白而細曰紵	紵	紵 C58P0637b		紵			
2677	毳紵	J059	或作苧，同	苧	苧 C58P0637b		紵		文義換用	
2678	盛貯	J007	《説文》：貯，積也。從貝宁聲也	貯	貯 C57P0521a		貯			
2678	盛貯	J007	或作貯，盛米器也	貯	貯 C57P0521a		貯		文義換用	
2678	草貯	J052	經文作樗，知略反，擊也。樗非此義也	樗	樗 C58P0468a		貯	音借		
2679	築時	J058	《説文》：築，搗也。《廣雅》：築，刺也	築	築 C58P0620a		築			
2679	築時	J058	古文篓，同	篓	篓 C58P0620a		築	異體		
2679	築神廟	J089	傳文作筬，非也	筬	筬 C59P0165a		築	正訛		此即"築"的書寫訛誤字形
2680	摣打	J043	《聲類》云：摣，搖也。擊也	摣	摣 C58P0270b		摣			
2680	摣打	J043	亦從竹作築，義同	築	築 C58P0270b		摣		近義換用	

組號	詞目	卷次	字形相關釋文	所涉文字	字圖/索引	校正形體	代表字	字際關係	詞際關係	備　註
2681	金甎	J034	經從石作磚,俗字也	磚	磚 C58P0088a		甎			
2681	金甎	J034	《説文》:從瓦專聲也	甎	甎 C58P0088a		甎	異體		
2681	甎墼	J053	或作瓶,古字也	瓶	瓶 C58P0486b		甎	異體		
2681	甎墼	J053	經文從土作塼,俗字也	塼	塼 C58P0486b		甎	異體		
2682	孱然	J086	或從三子作孨,音同	孨	孨 C59P0111b		孨			
2682	孱然	J086		孱	孱 C59P0111b		孨	異體		
2683	餚饌	J064	經從巽作饌,亦通用也	饌	饌 C58P0756a		饌			
2683	餚饌	J064	《説文》:具食也。從食從算省聲作籑	籑	籑 C58P0756a		饌	異體		
2684	綴以	J004	《説文》:綴,合著也	綴	綴 C57P0467a		綴			
2684	綴以	J004	或作畷,皆古字也	畷	畷 C57P0467a		綴	音借		
2684	鈔綴	J057	經文從心作惙,非也	惙	惙 C58P0583b		綴	音借		
2685	祭餕	J076	《考聲》云:祠而祭酒也。《古今正字》:從食叕聲也	餕	餕 C58P0994a		餕			
2685	祭餕	J076	或從酉作醊	醊	醊 C58P0994a		餕	異體		
2686	焯熱	J057		焯	焯 C58P0585b		焯			

組號	詞目	卷次	字形相關釋文	所涉文字	字圖/索引	校正形體	代表字	字際關係	詞際關係	備　註
2686	焯熱	J057	經文作晫，都角反。晫非此義	晫	晫 C58P0585b		焯	音借		
2687	矰繳	J100	或作此繳	繳	繳 C59P0348a		繳			
2687	矰繳	J100	正作繁	繁	繁 C59P0348a		繳	異體		
2688	啄心	J076	《説文》：鳥食也。從口豕聲也	啄	啄 C58P1008a		啄			
2688	啄心	J076	頌中從卓作啅，非也	啅	啅 C58P1008a		啄	異體		鳥啄食這一用法上，"啄"與經本的"啅"可視作異體字關係
2688	啄噉	J041	經從象作㗤，吁穢反，非也	㗤	㗤 C58P0215b		啄	正訛		此"㗤"是詞頭"啄"的書寫訛誤字形
2689	塵濁	J051	《説文》：從水蜀聲	濁	濁 C58P0433a		濁			
2689	塵濁	J051	論從曷作渴，書寫誤也	渴	渴 C58P0433a		濁	正訛		經本的"渴"是詞頭"濁"的書寫訛誤字形
2690	姿態	J015	《説文》：態也。從女次聲	姿	姿 C57P0692a		姿			
2690	姿態	J015	經文從心作恣，非也，且是去聲，縱恣字也，乖經意	恣	恣 C57P0692a		姿	音借		
2691	貲貨	J010	《蒼頡篇》：貲，財也。《廣雅》：資，貨也	貲	貲 C57P0583a		貲			
2691	貲貨	J010	經文作訾，訾量，訾非此用也	訾	訾 C57P0583a		貲	音借		
2692	資財	J010	《説文》：資，貨。資，財也	資	資 C57P0579b		資			

組號	詞目	卷次	字形相關釋文	所涉文字	字圖/索引	校正形體	代表字	字際關係	詞際關係	備　註
2692	資財	J010	經文作貲……案貲亦與資義同	貲	貲 C57P0579b		資	音借		
2693	緇俗	J030	《古今正字》：從糸從甾，甾亦聲	緇	緇 C57P1051b		緇			
2693	緇俗	J030	經作繡，非也	繡	繡 C57P1051b		緇	異體		
2693	緇其	J098	集從水作淄，水名也，在齊地	淄	淄 C59P0303b		緇	音借		
2694	輜軒	J099	《説文》：從車甾，甾亦聲	輜	輜 C59P0329a		輜			
2694	輜軒	J099	集作輻，不成字，非也	輻	輻 C59P0329a		輜	異體		經本的"輻"由"輜"書寫變異而致
2695	梓栢	J052	木名也。可爲琴瑟也。梓亦楸也	梓	梓 C58P0456b		梓			
2695	梓栢	J052	又作梓，同	梓	梓 C58P0456b		梓	異體		
2695	梓薪	J052	經文作樺，非體也	樺	樺 C58P0479b		梓	正訛		此"樺"蓋是"梓"的書寫訛誤字形
2696	滓穢	J016	《説文》：滓，澱也	滓	滓 C57P0710a		滓			
2696	滓穢	J016	《埤蒼》作莘	莘	莘 C57P0710a		滓	音借		
2697	剬刃	J081	或作耑刀剬，形聲字	剬	剬 C59P0021a		剬			
2697	剬刃	J081	《考聲》云：以刃刺之也	剬	剬 C59P0021a		剬	異體		
2698	淹漬	J059	《通俗文》：水浸曰漬。《説文》：漬，漚也	漬	漬 C58P0633a		漬			

組號	詞目	卷次	字形相關釋文	所涉文字	字圖/索引	校正形體	代表字	字際關係	詞際關係	備　註
2698	澆瀆	J053	下資賜反,正體字	瀆	瀆 C58P0495a		瀆	異體		"瀆"爲"瀆"的《説文》篆體隸定形
2699	鬣尾	J092	亦從馬作駿	駿	駿 C59P0201a		駿			
2699	鬣尾	J092	上正宗字。《考聲》:鬣,馬鬣也	鬣	鬣 C59P0201a		駿	異體		
2699	鬣尾	J011	作鬣,馬項上長毛也。《韻詮》:馬鬣也〈力葉反〉	鬣	鬣 C57P0618b		駿			此"鬣"即"鬣"的書寫訛誤字形
2699	鬣尾	J011		鬣	鬣 C57P0618b		駿	異體		
2699	繫鬣帶	J060	律作緩,亦通	緩	緩 C58P0665a		駿	音借		
2699	鬣尾	J011	經文作毦,非也。音毛……非經意	毦	毦 C57P0618b		駿		文義換用	
2700	葉粽	J100	蜀人作去聲呼粽子,亦俗字也	粽	粽 C59P0350a		粽			
2700	葉粽	J100	正體從米從㚇作糭,即五月五日楚人所尚糭子是	糭	糭 C59P0350a		粽	異體		
2701	從廣	J009		從	從 C57P0570b		從			
2701	從廣	J009	又作摐,同	摐	摐 C57P0570b		從	音借		
2702	諮諏	J054	《説文》:聚謀也。從言取聲	諏	諏 C58P0513b		諏			
2702	諮諏	J054	經文作諏,誤書也	諏	諏 C58P0513b		諏	正訛		此是詞頭"諏"的書寫訛誤字形
2703	㞛驟	J100	上正體走字也	㞛	㞛 C59P0350b		走	異體		"㞛"是"走"的《説文》篆體隸定形

組號	詞目	卷次	字形相關釋文	所涉文字	字圖/索引	校正形體	代表字	字際關係	詞際關係	備　註
2704	十萬猛卒	J023		卒	卒 C57P0868a		卒			
2704	有卒	J052	郭璞曰言：其衣赤也。故字從衣	卒	衰 C58P0457a		卒	異體		
2705	族姓	J044	《説文》：從㫃從矢	族	族 C58P0295b		族			
2705	族姓	J044	經從手作挨，俗字也	挨	挨 C58P0295b		族	異體		此是詞頭"族"的書寫訛變字形
2705	族姓	J015	經從手從矢作挨，非也，不成字也	挨	挨 C57P0701a		族	正訛		此是詞頭"族"的書寫訛誤字形
2706	鏃身	J068	《説文》：鏃，刺也。從金族聲	鏃	鏃 C58P0829a		鏃			
2706	鏃身	J068	或從竹作簇	簇	簇 C58P0829a		鏃	音借		
2706	鏃身	J068	論從手作摟，非也	摟	摟 C58P0829a		鏃	正訛		經本的"摟"當是"鏃"的書寫訛誤字形
2707	嶠阻	J098	郭注《尔疋》云：阻，險難也。《説文》：從昌且聲	阻	阻 C59P0302b		阻			
2707	嶠阻	J098	集從山作岨，非也	岨	岨 C59P0302b		阻	異體		
2708	右手攞	J035		攞	攞 C58P0103b		攞			
2708	右手攞	J035	或從最作撮	撮	撮 C58P0103b		攞	音借		
2709	蕞尒	J099		蕞	蕞 C59P0325b		蕞			
2709	蕞尒	J099	《説文》：蕞，小兒也。從草㝡聲	蕞	蕞 C59P0325b		蕞	異體		

組號	詞目	卷次	字形相關釋文	所涉文字	字圖/索引	校正形體	代表字	字際關係	詞際關係	備　註
2709	蕞尔	J097	集從取作蕞，音側留反，謂麻莖也。非集義	蕞	蕞 C59P0283b		蕞	正訛		此當是"蕞"的書寫訛誤字形
2709	蕞尔	J099	集從手作撮，誤也	撮	撮 C59P0325b		蕞	正訛		此"撮"亦是"蕞"的書寫訛誤字形
2710	捽毋	J052	《説文》：持頭髮也	捽	捽 C58P0468b		捽			
2710	捽毋	J052	經文或作撮，祖活反，捉撮也	撮	撮 C58P0468b		捽		近義換用	
2711	祚胤	J028	祚，禄位也	祚	祚 C57P0997b		祚			
2711	祚胤	J028	經文作粋，非也	粋	粋 C57P0997b		祚	音借		
2711	衰祚	J075	經從酉作酢，音昨，是酬酢之字，誤用也	酢	酢 C58P0982a		祚	音借		

主要參考文獻

一、工具書及學術專著

班固撰，顏師古注《漢書》，北京：中華書局，1962 年。

北京圖書館金石組編《北京圖書館藏中國歷代石刻拓本匯編》，鄭州：中州古籍出版社，1989 年。

蔡忠霖《敦煌漢文寫卷俗字及其現象》，臺北：文津出版社，2002 年。

陳彭年等《宋本廣韻》，北京：中國書店，1982 年。

陳士強《中國學術名著提要·宗教卷》，上海：復旦大學出版社，1997 年。

陳壽撰，裴松之注，盧弼集解《三國志集解》，北京：中華書局，1982 年。

陳淑梅《東漢碑隸構形系統研究》，上海：上海教育出版社，2005 年。

陳松長等《馬王堆簡帛文字編》，北京：文物出版社，2001 年。

陳五雲、徐時儀、梁曉虹《佛經音義與漢字研究》，南京：鳳凰出版社，2010 年。

慈怡編著《佛光大辭典》，北京：北京圖書館出版社，2004 年。

戴侗《六書故》，上海：上海社會科學院出版社，2006 年。

戴震《方言疏證》（《戴震全書》第 3 冊），合肥：黄山書社，1994 年。

道宣撰，郭紹林點校《續高僧傳》，北京：中華書局，2014 年。

鄧福禄、韓小荆《字典考正》，武漢：湖北人民出版社，2007 年。

丁度等《宋刻集韻》（潭州宋刻本），北京：中華書局，2005 年。

丁福保《佛學大辭典》，北京：文物出版社，1984 年。

丁福保《説文解字詁林》，北京：中華書局，1988 年。

段玉裁《説文解字注》，上海：上海古籍出版社，1981 年。

范曄撰，李賢等注《後漢書》，北京：中華書局，1965 年。

方成珪《集韻考正》（萬有文庫本）。

方廣錩《佛教大藏經史（8—10 世紀）》，北京：中國社會科學出版社，1991 年。

方廣錩《中國寫本大藏經研究》，上海：上海古籍出版社，2006 年。

方以智《通雅》，北京：中國書店，1990 年。

高麗大藏經編輯委員會《高麗大藏經》(影印韓國海印寺藏原本),北京:綫裝書局,2004 年。

高明、葛英會《古陶文字徵》,北京:中華書局,1991 年。

古本小説集成編委會《古本小説集成》,上海:上海古籍出版社,1994 年。

古文字詁林編纂委員會《古文字詁林》,上海:上海教育出版社,1999—2004 年。

故宫博物院編《唐蘭先生金文論集》,北京:紫禁城出版社,1995 年。

顧藹吉《隸辨》,北京:中國書店,1982 年。

顧野王《原本玉篇殘卷》,北京:中華書局,1985 年。

顧野王著,陳彭年等修訂《宋本玉篇》(影印張氏澤存堂本),北京:中國書店,1983 年。

郭錫良《漢字古音手册(增訂本)》,北京:商務印書館,2010 年。

郭忠恕《佩觿》(叢書集成初編本),北京:中華書局,1985 年。

韓道昭《改併五音類聚四聲篇海》(續修四庫全書影印本),上海:上海古籍出版社,1995—2002 年。

韓道昭著,甯忌浮校訂《校訂五音集韻》,北京:中華書局,1992 年。

韓小荆《〈可洪音義〉研究——以文字爲中心》,成都:巴蜀書社,2009 年。

漢語大詞典編委會《漢語大詞典》,上海:上海辭書出版社,1986—1994 年。

漢語大字典編委會《漢語大字典(第一版)》,成都:四川辭書出版社,1986—1990 年。

漢語大字典編委會《漢語大字典(第二版)》,成都:四川辭書出版社,2010 年。

漢語大字典字形組《秦漢魏晉篆隸字形表》,成都:四川辭書出版社,1985 年。

郝懿行《爾雅義疏》,北京:中華書局,1982 年。

何琳儀《戰國古文字典》,北京:中華書局,1998 年。

洪适《隸釋·隸續》,北京:中華書局,1985 年。

胡吉宣《玉篇校釋》,上海:上海古籍出版社,1989 年。

許慎《説文解字》,北京:中華書局,1963 年。

黄德寬、陳秉新著《漢語文字學史》,合肥:安徽教育出版社,2006 年。

黄公紹輯,熊忠舉要《古今韻會舉要》,北京:中華書局,2000 年。

黄仁瑄《唐五代佛典音義研究》,北京:中華書局,2011 年。

黄仁瑄《大唐衆經音義校注》,北京:中華書局,2018 年。

黄仁瑄《續一切經音義校注》,北京:中華書局,2021 年。

黄生撰,黄承吉合按《字詁義府合按》,北京:中華書局,1984 年。

黄錫全《汗簡注釋》,武漢:武漢大學出版社,1990 年。

黄永武主編《敦煌寶藏》,臺北:新文豐出版公司,1981—1986 年。

黄征《敦煌俗字典》,上海:上海教育出版社,2005 年。

季旭昇《説文新證》,臺北:藝文印書館,2002 年。

季旭昇《説文新證》,福州:福建人民出版社,2010 年。

賈思勰《齊民要術》,南京:江蘇古籍出版社,2001 年。

蔣禮鴻《敦煌變文字義通釋(增訂本)》,上海:上海古籍出版社,1981 年。

蔣禮鴻《商君書錐指》,北京:中華書局,1986 年。

冷玉龍主編《中華字海》,北京:中國友誼出版公司,2000 年。

李富華、何梅《漢文佛教大藏經研究》,北京:宗教文化出版社,2003 年。

李國英《小篆形聲字研究(修訂本)》,北京:中華書局,2020 年。

李際寧《佛經版本》,南京:江蘇古籍出版社,2002 年。

李際寧《佛教大藏經研究論稿》,北京:宗教文化出版社,2007 年。

李時珍《本草綱目(校點本)》,北京:人民衛生出版社,1975 年。

李學勤主編《字源》,天津:天津古籍出版社,2012 年。

李延壽《北史》,北京:中華書局,1974 年。

李樂毅《簡化字源》,北京:華語教學出版社,1996 年。

李運富《漢字漢語論稿》,北京:學苑出版社,2008 年。

酈道元著,陳橋驛校證《水經注校證》,北京:中華書局,2007 年。

梁春勝《楷書部件演變研究》,北京:綫裝書局,2012 年。

梁曉虹《佛教與漢語史研究——以日本資料爲中心》,上海:上海古籍出版社,2008 年。

梁曉虹、徐時儀、陳五雲《佛經音義與漢語詞彙研究》,北京:商務印書館,2005 年。

林宏元《中國書法大字典》,香港:香港中外出版社,1976 年。

劉復、李家瑞《宋元以來俗字譜》,北京:中央研究院歷史語言研究所,1930 年。

劉鈞杰《同源字典補》,北京:商務印書館,1999 年。

劉鈞杰《同源字典再補》,北京:語文出版社,1999 年。

劉球《隸韻》,北京:中華書局,1989 年。

劉世德等《古本小説叢刊》,北京:中華書局,1987—1991 年。

劉文典《淮南鴻烈集解》,北京:中華書局,1989 年。

劉葉秋《中國字典史略》,北京:中華書局,2003 年。

陸德明撰,黃焯彙校,黃延祖重輯《經典釋文彙校》,北京:中華書局,2006 年。

陸佃《埤雅》(叢書集成初編本),上海:商務印書館,1936 年。

陸宗達、王寧《訓詁與訓詁學》,太原:山西教育出版社,2005 年。

羅福頤《漢印文字徵》,北京:文物出版社,1978 年。

羅振鋆、羅振玉《增訂碑別字》,北京:文字改革出版社,1957 年。

馬向欣《六朝別字記新編》,北京:書目文獻出版社,1995 年。

馬敍倫《説文解字六書疏證》,上海:上海書店,1985 年。

毛遠明《漢魏六朝碑刻異體字研究》,北京:商務印書館,2012 年。

毛遠明《漢魏六朝碑刻異體字典》,北京:中華書局,2014 年。

梅膺祚《字彙》,上海:上海辭書出版社,1991 年。

孟蓬生《上古漢語同源詞語音關係研究》,北京:北京師範大學出版社,2001 年。

賈思勰著,繆啓愉校釋《齊民要術校釋(第 2 版)》,北京:中國農業出版社,1998 年。

歐昌俊、李海霞《六朝唐五代石刻俗字研究》,成都:巴蜀書社,2004 年。

錢大昕《十駕齋養新録》,上海:上海書店出版社,1983 年。

錢繹《方言箋疏》,北京:中華書局,1991 年。

秦公《碑別字新編》,北京:文物出版社,1985 年。

秦公、劉大新《廣碑別字》,北京:國際文化出版公司,1995 年。

裘錫圭《文字學概要》,北京:商務印書館,1988 年。

任繼昉《釋名匯校》,濟南:齊魯書社,2006 年。

日本大正一切經刊行會編《大正新修大藏經》,臺北:新文豐出版股份有限公司,1994—1996 年。

日本株式會社國書刊行會編《卍新纂大日本續藏經》,臺北:新文豐出版股份有限公司,1976 年。

容庚《金文編》,北京:中華書局,1985 年。

阮元等校勘《十三經注疏》,臺北:藝文印書館股份有限公司,2007 年。

商承祚《説文中之古文考》,上海:上海古籍出版社,1983 年。

沈兼士《沈兼士學術論文集》,北京:中華書局,1986 年。

史菘重編《靈樞經》,北京:人民衛生出版社,1963 年。

釋處觀《紹興重雕大藏音》(《中華大藏經》第 59 冊影印宋資福藏本),北京:中華書局,1984—1997 年。

釋行均《龍龕手鑑》(高麗本),北京:中華書局,1985 年。

釋慧琳《一切經音義》(大日本校訂大藏經本),日本京都藏經書院,1902—1905 年。

釋慧琳《一切經音義》(頻伽精舍校勘大藏經本),中國圖書公司,1913 年。

釋慧琳《一切經音義》(《中華大藏經》影印高麗大藏經本),北京:中華書局,1984—1997 年。

釋慧琳《一切經音義》(《正續一切經音義》影印日本獅谷白蓮社本),上海:上海古籍出版社,1986 年。

釋慧琳《一切經音義》(影印大正新修大藏經本),臺北:新文豐出版股份有限公司,1994—1996 年。

釋可洪《可洪音義》(《中華大藏經》影印高麗大藏經本),北京:中華書局,1984—

1997 年。

釋空海《篆隸萬象名義》，北京：中華書局，1995 年。

釋希麟《續一切經音義》（大日本校訂大藏經本），日本京都藏經書院，1902—1905 年。

釋希麟《續一切經音義》（頻伽精舍校勘大藏經本），中國圖書公司，1913 年。

釋希麟《續一切經音義》（《中華大藏經》影印高麗大藏經本），北京：中華書局，1984—1997 年。

釋希麟《續一切經音義》（《正續一切經音義》影印獅谷白蓮社本），上海：上海古籍出版社，1986 年。

釋希麟《續一切經音義》（影印大正新修大藏經本），臺北：新文豐出版股份有限公司，1994—1996 年。

釋玄應《一切經音義》（大日本校訂大藏經本），日本京都藏經書院，1902—1905 年。

釋玄應《一切經音義》（影印高麗大藏經本），臺北：新文豐出版股份有限公司，1994—1996 年。

釋玄應《一切經音義》（《日本古寫經善本叢刊》第 1 輯），國際佛教學大學院大學學術ァロンリィア實行委員會，2006 年。

釋玄應《一切經音義》（磧砂大藏經本）。

釋玄應《一切經音義》（永樂南藏本）。

釋玄應《一切經音義》（宛委別藏本）。

釋玄奘、釋辯機著，季羨林等校注《大唐西域記校注》，北京：中華書局，1985 年。

司馬光等《類篇》（姚刊三韻本），北京：中華書局，1984 年。

司馬遷撰，裴駰集解，司馬貞索隱，張守節正義《史記》，北京：中華書局，1959 年。

四庫禁毀書叢刊編纂委員會《四庫禁毀書叢刊》，北京：北京出版社，1997 年。

紀昀、陸錫熊、孫士毅等《欽定四庫全書總目》（整理本），北京：中華書局，1997 年。

四庫未收書輯刊編纂委員會《四庫未收書輯刊》，北京：北京出版社，1997 年。

宋濂撰，屠隆訂正《篇海類編》（《續修四庫全書》影印本），上海：上海古籍出版社，1995—2002 年。

孫思邈著，李景榮等校釋《千金翼方校釋》，北京：人民衛生出版社，1998 年。

湯餘惠主編《戰國文字編》，福州：福建人民出版社，2001 年。

唐玄度《新加九經字樣》（叢書集成初編本），北京：中華書局，1985 年。

童瑋《北宋〈開寶大藏經〉雕印考釋及目錄還原》，北京：書目文獻出版社，1991 年。

童瑋《二十二種大藏經通檢》，北京：中華書局，1997 年。

王冰《黃帝內經素問》，北京：人民衛生出版社，1963 年。

王鳳陽《漢字學》，長春：吉林文史出版社，1989 年。

王鳳陽《古辭辨》,長春:吉林文史出版社,1993 年。

王華權《一切經音義刻本用字研究》,桂林:廣西師範大學出版社,2011 年。

王華權《〈一切經音義〉文字研究》,上海:上海人民出版社,2014 年。

王筠《説文解字句讀》,北京:中華書局,1988 年。

王力《同源字典》,北京:商務印書館,1982 年。

王立軍《宋代雕版楷書構形系統研究》,上海:上海教育出版社,2003 年。

王利器《顔氏家訓集解(增補本)》,北京:中華書局,1993 年。

王念孫《廣雅疏證》,北京:中華書局,1983 年。

王念孫《讀書雜志》,南京:江蘇古籍出版社,2000 年。

王寧《訓詁學原理》,北京:中國國際廣播出版社,1996 年。

王寧《漢字學概要》,北京:北京師範大學出版社,2001 年。

王寧《漢字構形學導論》,北京:商務印書館,2015 年。

王先謙《釋名疏證補》,上海:上海古籍出版社,1984 年。

王引之《經義述聞》,南京:江蘇古籍出版社,2000 年。

魏收《魏書》,北京:中華書局,1974 年。

聞一多《聞一多全集》,北京:三聯書店,1982 年。

吳繼剛《七寺本〈玄應音義〉文字研究》,上海:上海古籍出版社,2021 年。

吳任臣《字彙補》,上海:上海辭書出版社,1991 年。

夏竦《古文四聲韻》,北京:中華書局,1983 年。

蕭統編,李善注《文選》,北京:中華書局,1977 年。

邢準《新修絫音引證群籍玉篇》,《續修四庫全書》影印金刻本。

徐鍇《説文解字繫傳》,北京:中華書局,1987 年。

徐時儀、陳五雲、梁曉虹編《佛經音義研究》(首屆佛經音義研究國際學術研討會論文集),上海:上海古籍出版社,2006 年。

徐時儀、梁曉虹、陳五雲《佛經音義概論》,臺北:大千出版社,2003 年。

徐時儀、梁曉虹、陳五雲《佛經音義研究通論》,南京:鳳凰出版社,2009 年。

徐時儀《慧琳音義研究》,上海:上海社會科學院出版社,1997 年。

徐時儀《玄應〈衆經音義〉研究》,北京:中華書局,2005 年。

徐時儀《一切經音義三種校本合刊》,上海:上海古籍出版社,2008 年。

徐時儀《玄應和慧琳〈一切經音義〉研究》,上海:上海人民出版社,2009 年。

徐時儀《一切經音義三種校本合刊(修訂版)》,上海:上海古籍出版社,2012 年。

徐元誥《國語集解》,北京:中華書局,2002 年。

徐在國《隸定古文疏證》,合肥:安徽大學出版社,2002 年。

徐在國《傳抄古文字編》,北京：綫裝書局,2006 年。

徐中舒主編《漢語古文字字形表》,成都：四川辭書出版社,1981 年。

顏元孫《干禄字書(影印明拓本)》,北京：紫禁城出版社,1990 年。

揚雄撰,司馬光集注《太玄集注》,北京：中華書局,1998 年。

楊寶忠《疑難字考釋與研究》,北京：中華書局,2005 年。

楊寶忠《疑難字續考》,北京：中華書局,2011 年。

楊寶忠《疑難字三考》,北京：中華書局,2018 年。

楊樹達《積微居小學述林》,北京：中華書局,1983 年。

姚永銘《慧琳〈一切經音義〉研究》,南京：江蘇古籍出版社,2003 年。

殷寄明《漢語同源字詞叢考》,上海：東方出版中心,2007 年。

于亭《玄應〈一切經音義〉研究》,北京：中國社會科學出版社,2009 年。

余迺永《新校互注宋本廣韻》,上海：上海辭書出版社,2000 年。

俞樾等《古書疑義舉例五種》,北京：中華書局,2005 年。

袁珂《山海經校注(增補修訂本)》,成都：巴蜀書社,1993 年。

臧克和主編《漢魏六朝隋唐五代字形表》,廣州：南方日報出版社,2011 年。

曾良《俗字及古籍文字通例研究》,南昌：百花洲文藝出版社,2006 年。

曾榮汾《字樣學研究》,臺北：學生書局,1988 年。

翟雲升《隸篇》,北京：中華書局,1985 年。

章炳麟《新方言》(浙江圖書館刻章氏叢書本),1917—1919 年。

章黼撰,吳道長重訂《重訂直音篇》(《續修四庫全書》影印本),上海：上海古籍出版社,1995—2002 年。

章瓊《現代漢語通用字對應異體字整理》,成都：巴蜀書社,2004 年。

張博《漢語同族詞的系統性與驗證方法》,北京：商務印書館,2003 年。

張參《五經文字》(叢書集成初編本),北京：中華書局,1985 年。

張金泉、許建平《敦煌音義匯考》,杭州：杭州大學出版社,1996 年。

張守中《睡虎地秦簡文字編》,北京：文物出版社,1994 年。

張守中《侯馬盟書字表新編》,北京：文物出版社,2017 年。

張書岩主編《異體字研究》,北京：商務印書館,2004 年。

張舜徽《説文解字約注》,武漢：華中師範大學出版社,2009 年。

張希峰《漢語詞族叢考》,成都：巴蜀書社,1999 年。

張希峰《漢語詞族續考》,成都：巴蜀書社,2000 年。

張希峰《漢語詞族三考》,北京：北京語言大學出版社,2004 年。

張涌泉《敦煌俗字研究》,上海：上海教育出版社,1996 年。

張涌泉《漢語俗字叢考》，北京：中華書局，2000 年。

張涌泉《漢語俗字研究》，北京：商務印書館，2010 年。

張有《復古編》（《四部叢刊》廣編本），臺北：臺灣商務印書館。

張玉書等《康熙字典》，北京：中華書局，1958 年。

張仲景《金匱要略》，北京：中醫古籍出版社，1997 年。

張自烈、廖文英《正字通》，北京：中國工人出版社，1996 年。

鄭樵《通志》，北京：中華書局，1987 年。

鄭賢章《龍龕手鏡研究》，長沙：湖南師範大學出版社，2004 年。

鄭賢章《新集藏經音義隨函録研究》，長沙：湖南師範大學出版社，2007 年。

鄭賢章《漢文佛典疑難俗字彙釋與研究》，成都：巴蜀書社，2016 年。

中國佛教協會、中國佛教圖書文物館編輯整理《房山石經》，北京：華夏出版社，2000 年。

中華大藏經編輯局《中華大藏經（漢文部分）》，北京：中華書局，1984—1997 年。

中華書局編輯部《古文字研究》第二輯，北京：中華書局，1981 年。

中文大辭典編纂委員會《中文大辭典（普及本）》，臺北：中國文化大學出版部，1990 年。

鍾泰《莊子發微》，上海：上海古籍出版社，1988 年。

周法高主編《金文詁林》，香港：香港中文大學出版社，1975 年。

周一良《魏晉南北朝史札記》，北京：中華書局，1985 年。

周志鋒《大字典論稿》，杭州：浙江教育出版社，1998 年。

周祖謨《唐五代韻書集存》，北京：中華書局，1983 年。

周祖謨《方言校箋》，北京：中華書局，1993 年。

周祖謨《廣韻校本》，北京：中華書局，2011 年。

朱駿聲《説文通訓定聲》，北京：中華書局，1984 年。

朱謙之《老子校釋》（新編諸子集成本），北京：中華書局，1984 年。

竹林居士《佛教難字字典》，臺北：常春樹書坊，1990 年。

宗福邦等《故訓匯纂》，北京：商務印書館，2003 年。

二、單篇論文及學位論文

陳定民《慧琳一切經音義中之異體字》，《中法大學月刊》第 3 卷 1—5 期、第 4 卷第 4 期，1933—1934 年。

陳東輝《〈宛委別藏〉述略》，《故宫博物院院刊》1988 年第 2 期。

陳五雲、徐時儀、梁曉虹《慧琳一切經音義所用正體正字等術語研究》，《東亞文獻研究》，2007 年。

陳垣《玄應慧苑兩音義合論和慧琳希麟兩音義合論》，《經世日報·讀書周刊》第 39 期，

1947 年。

陳作霖《一切經音義通檢序》,《正續一切經音義》,上海古籍出版社,1986 年。

丁福保《一切經音義提要》,《正續一切經音義》,上海古籍出版社,1986 年。

丁福保《重刊正續一切經音義序》,《正續一切經音義》,上海古籍出版社,1986 年。

方廣錩《慧琳音義與唐代大藏經》,《藏外佛教文獻》第八期,宗教文化出版社,2003 年。

黃仁瑄《慧琳一切經音義中的假借》,《南陽師範學院學報(社會科學版)》2003 年第 2 期。

黃仁瑄《慧琳一切經音義中的轉注字》,《古漢語研究》2005 年第 1 期。

黃仁瑄《慧琳一切經音義中的轉注兼會意字》,《語言研究》2005 年第 6 期。

解冰《慧琳一切經音義轉注、假借考》,《貴州大學學報》1992 年第 2 期。

劉雅芬《慧琳〈一切經音義〉異體字研究》,成功大學中國文學研究所博士論文,2006 年。

聶宛忻、黃仁瑄《"耄"和"考""老"——慧琳〈一切經音義〉"轉注"考(一)》,《河南教育學院學報(哲學社會科學版)》2002 年第 4 期。

聶宛忻、黃仁瑄《慧琳一切經音義中的一些轉注字》,《南陽師範學院學報(社會科學版)》2004 年第 10 期。

汪銀峰《慧琳音義研究綜述》,《烟臺師範學院學報》2004 年第 3 期。

王華權《試論一切經音義刻本用字的學術價值》,《黃岡師範學院學報》2009 年第 4 期。

文亦武《慧琳一切經音義成書年代考實及其他》,《古籍整理研究學刊》2000 年第 4 期。

徐時儀、陳五雲、梁曉虹《略論佛經音義編纂的時代背景》,《覺群學社論文集》(5),宗教文化出版社,2005 年。

徐時儀《慧琳生平考述》,《喀什師範學院學報》1989 年第 2 期。

徐時儀《慧琳一切經音義述評》,《上海師範大學學報》1989 年第 3 期。

徐時儀《慧琳音義編纂理論和方法初探》,《辭書研究》1989 年第 4 期。

徐時儀《慧琳一切經音義版本流傳考》,《古籍整理研究學刊》1989 年第 6 期。

徐時儀《慧琳一切經音義流傳到國外的時間考辨》,《古籍整理出版情況簡報》第 210 期,1989 年。

徐時儀《慧琳一切經音義的學術文獻價值》,《文獻》1990 年第 1 期。

徐時儀《慧琳與他的一切經音義》,《中國佛教學術論典》第 66 冊,佛光山文教基金會出版社,2002 年。

徐時儀《慧琳一切經音義所釋俗字考》,《中國文字研究》第六輯,2005 年。

徐時儀《略論一切經音義與大型字典的編纂》,《中國文字研究》第七輯,2006 年。

徐時儀《一切經音義與漢字研究》,《覺群佛學》,宗教文化出版社,2006 年。

徐時儀《慧琳一切經音義各本異文考》,《傳統中國研究集刊》第三集,上海人民出版社,2007 年。

徐時儀《略論一切經音義字典的編纂》,《中國文字研究》第十輯,2008 年。

徐時儀《略論慧琳音義各本的異同》,《長江學術》2008 年第 3 期。

徐時儀《玄應〈一切經音義〉寫卷考》,《文獻》2009 年第 1 期。

徐時儀《略論佛經音義的校勘——兼述王國維、邵瑞彭、周祖謨和蔣禮鴻所撰〈玄應音義〉校勘》,《杭州師範大學學報(社會科學版)》2011 年第 3 期。

閻北溟《談談一部古佛教辭典——一切經音義》,《辭書研究》1980 年第 3 期。

嚴承鈞《慧琳一切經音義論略》,《湖北大學學報》1988 年第 5 期。

姚永銘《試論慧琳音義的價值》,《古漢語研究》1997 年第 1 期。

姚永銘《慧琳一切經音義與古籍的解讀》,《中國語文通訊》第 55 期,2000 年。

姚永銘《慧琳音義與大型字書編纂》,《辭書研究》2002 年第 2 期。

姚永銘《慧琳音義與辭書編纂史研究》,《辭書研究》2002 年第 5 期。

虞萬里《黑城文書遼希麟〈音義〉殘葉考釋與復原》,《榆枋齋學術論集》,江蘇古籍出版社,2001 年。

周法高《玄應反切考》,《歷史語言研究所集刊》第 20 本,商務印書館,1948 年。

三、電子資源庫

佛教藏經目録數位資料庫：http://jinglu.cbeta.org/index.htm

古今圖書集成電子版：http://192.192.13.178/book/index.htm

瀚堂典藏古籍數據庫：https://www.hytung.cn/

近世碑刻數字化研究平臺：http://59.64.41.10：8080/SDP/

異體字字典：http://dict.variants.moe.edu.tw/variants/rbt/home.do

拓本文字資料庫：http://coe21.zinbun.kyoto-u.ac.jp/djvuchar? query

CBETA 中華電子佛典集成.臺北中華電子佛典協會.2018.

考 辨 索 引

大部

奄 178
奔 197
奩 442

尢部

尤 434
𡯁 229

弋部

弑 296

口部

吡 447
吁 387
呈 266
呆 189
师 478
吘 410
吪 343
谷 348
吼 410
哂 478
呵 400
呋 447
响 410
咇 200
哃 274
咍 386
咢$_1$ 345
咢$_2$ 347
咢$_3$ 348
哃 333
哈 399
㖪 383
哘 387
哺 230
哻 387
唧 447
㕧 386
唉 386
啾 461
啯 412
啁 256
啗 324
唼 478
啖 324
喫 269
喊 391
喝 478
咢 345
喤 432
嚠 348
啻 283
喹 447
啋 461
㗂 324
喙 438
喋 245
咢 348
嘓 440
嗥 397
嗤 270
嘉 467
嗥 397
盖 478
噉 324
敢 324
嗜 478
嘲 256
噆 478
嗥 397
噈 307
噎 414
噭 269
嘗 254
嚁 397
睪 397
嚊 387
嚫 265
嚋 327

囗部

圂 440
圅 388
圖 294
國 385

山部

岑 249
岎 358
岀 372
峙 278
崋 419
島 327
峯 362
毒 338
崎 472
崗 372
崿 347
崿 347
嶃 249
嶄 249
嶋 327
㠀 327
崿 347
㟧 347
巉 249
巉 249

巾部

布 230
帆 352
帗 365
帳 255
帶 318
幅 211
幖 214
幣 205
幨 246

彳部

徂 306
衕 382
待 318
保 189
衕 333
徸 334
徧 212
偕 262
偕 262

晔	371	淡	324	扦	213	摵	444
暗	179	涵₁	388	把	182	捯	327
嘗	254	涵₂	390	抲	404	排	185
暨	462	渤	225	拆₁	243	搖	373
暴	192	㴔	227	拆₂	444	搁	373
暴	192	湦	455	拔₁	181	捌	260
暴	192	溢	380	拔₂	227	掉₁	184
曝₁	192	渾	335	押	184	掉₂	206
曝₂	193	涸	440	扳	181	招	286
曜	445	滀	291	扸	243	掊	187
曙	193	潢	431	拆₁	243	搤	236
䠶	205	滷	401	拆₂	444	掣	260
		灌	307	抱	191	揷	241
水部		澈	262	挖₁	343	揹	291
		濩₁	442	挖₂	344	揖	456
沌	299	濩₂	446	扡	342	揣	291
沴	356	瀚	428	拂	365	插	241
泊	225	瀰	183	抍	213	插	241
泉	462	灧	380	抬	269	探	189
洸	431	潭	300	持	318	換	429
洞	333	灌	380	揀	238	摛₁	243
洗	431	灟	401	拼	213	摛₂	444
洎	462	灑	183	抾	395	搓	310
淳	227			捇₁	243	換	429
況	428	**手部**		捇₂	444	摸	429
洽	390			捏	339	揑	314
浣₁	427	扞	391	捍	391	搞	343
浣₂	428	技	459	押	184	搗	327
漲	253	狀	181	抲	404	搿	286
淯	455	扼₁	343	挫₁	312	摘	270
涸	401	扼₂	344	挫₂	314	搕	343
淦	390	抄	255	捅	304	摧	441
淳₁	299	扴	468	捧	187	搳	435
淳₂	300	扮	360				

爼	315		**斗部**	惔	246	懼₁	442
炯	333			惡	345	懼₂	445
煜	257	斗₁	336	惠	436	懺	252
熏	257	斗₂	336	悍	373	慈	204
煜	257	朴	336	惻	240	憧	300
焞	225	酙	413	愕	347	懷	423
煏	204	斛	413	惰	376	戀	436
槀	257			惶	431	懽	425
燛	257		**戶部**	惛	439	懺	252
焚	359	居	331	惓	301	戀	284
煋	257	扈	417	怱₁	195		
聚	257	戾	331	怱₂	225		**爿部**
熏	257			恩	240	牀	298
熅	204		**心部**	傲	180		
塼	193	妖	181	㥈	456		**毋部**
熯	257	怙	417	慘	234	毒	338
爌₁	257	怛	325	慣	379		
爌₂	259	惏	432	慧	436		**示部**
熱	257	恕	467	惷	284	禱	463
熱	257	恢	432	憨	387	祟	476
煩	257	悓	383	憶	436	褊	211
熛	214	恭	375	懆	234	祟	476
燹	208	恥	279	慞	358	襐	463
燔	359	恭	375	憚	325	褫	280
燆	204	惡	345	愣₁	347		
燌	359	悖₁	195	愣₂	348		**甘部**
燈	328	悖₂	225	懊	181	嘗	254
熿	204	悍	391	嚚	325		
燬	215	惏	272	儆	204		**石部**
爆₁	192	悵	255	懆	234	矴	332
爆₂	193	慄	385	懺	252	砒	210
燿	445	㡿	231	懰	453	砏	210
爅	193	惛	439	戀	274	砉	440

後　　記

　　從初次正式研讀漢文佛經音義至今已有 15 年之久，筆者陸續在系列單篇論文、博士學位論文、陝西省社科項目、教育部人文社科項目、國家社科基金項目等研究中，對玄應、慧琳、希麟的《一切經音義》進行了專題研究，此書重點針對《慧琳音義》而作。總體來看，就楷字的整理與研究而言，目前學界對於漢字形音義的考辨主要著眼於疑難未識字，對於已識字或已識字群間關係的關注度則頗爲不夠，而後者的應用價值和理論意義卻更爲突出。基於此，該研究中我們主要以漢字字際關係理論、漢字形音義統一理論、漢字構形學理論、漢字書寫理論、漢語詞源學理論、文字發展三定律、字料庫理論方法等爲指導，對《慧琳音義》中收釋的文字進行了整理與研究。具體來看，我們一方面對《慧琳音義》的條目進行了疏證，另一方面考證了一些疑難未識字，同時也對那些雖已識讀但字詞關係不明朗或甚爲複雜的文字現象進行了辨析，相關成果包括上編（理論）、中編（考辨）、下編（字表）三部分。

　　上編主要有以下內容：第一章，探究了《慧琳音義》文字整理與研究的價值。第二章，梳理了《慧琳音義》的作者、成書、流傳及版本等情況，考察了該書的釋文體例，分析了其文字學研究的成果及不足。第三章，重點考察了《慧琳音義》版本文字差異的事實及原因，同時校正了慧琳書中的部分錯訛現象。第四章，重點討論了《慧琳音義》文字整理的理論依據，並分 12 類考察了該書釋文中討論文字關係時使用的相關"術語"。第五章，主要考察了《慧琳音義》所釋文字中的異體字現象。第六章，主要考察了《慧琳音義》所釋文字中的通假字現象。第七章，主要探究了《慧琳音義》所釋文字中的分化字現象。第八章，以《慧琳音義》爲例，闡述了"字書"文字整理的步驟、方法，討論了字料庫理論在佛經音義類辭書文字整理與研究中的應用等。

　　中編，從《慧琳音義》的語言文字學價值出發，我們選擇了慧琳書中收釋的關係較爲複雜的文字 438 組，逐組疏證了慧琳的釋文，考辨了其間的字詞關係。在此過程中，考證了《慧琳音義》中的部分疑難未識字及未編碼字，辨析了慧琳所釋文字及相關經文間的一些版本異文情況，校正了《慧琳音義》中的不少文字訛誤現象，考察了所溝通的一些文字在其他"字書"中的收錄情況和在實際文本中的使用情況，追溯了一些文字的形體來源，梳理了部分形體或構件的歷史變異軌跡，分析了慧琳溝通的一些書寫訛誤現象、同形字現象，歸納了一些部件的混用、演變及構造特徵，討論了一些字例的歷史斷代問題、偏旁混用及訛變規律，總結了慧琳的文字規範理念；同時辨正了《漢語大字典》《中華字海》等語文類工具書中的部分疏誤，典型表現爲異體關係未溝通或誤溝通、例證缺乏、例證滯後等，也考訂了《大字典》《字海》及《異體字字典》等大型字書未收的一些疑難字。

下編，《慧琳〈一切經音義〉文字表》是在漢字字際關係理論、字料庫理論的指導下，將《慧琳音義》所釋的文字以立體的形式展現出來，也方便了相關研究。

此書的撰寫及針對三種《一切經音義》的研究過程中，有太多的前輩、同儕及親友需要感謝。北京師範大學文學院漢語言文字學專業的諸位賢師，尤其是我的碩博士授業恩師李國英先生，帶我走進了"小學"之門，毫無保留地傳授了我從事語言文字研究的各項技能。同時李先生帶領我們進行了不少科研活動，比如《漢語大字典》異體字的整理工作，《大正新修大藏經》疑難字的考釋工作，漢字字料庫的建設工作，"小學"專書版本整理及資源庫的建設等。這類研究性工作，一方面使我對相關理論有了更爲清晰、深入的認識，另一方面也鍛煉了我的考辨能力，同時使我的視野更爲開闊，更加走近了學術研究。

現工作單位陝西師範大學國際漢學院及學校社科處、學科建設處、文學院的各位領導、老師對我照顧有加，尤其是黨懷興、趙學清二位先生，對我畢業後的學術成長給予了多種指導。

博士學位論文撰寫及科研項目實施期間，參考了中古近代漢字研究、傳承古文字研究及佛典文獻漢字研究等方向的不少論著，涉及的學者主要有張涌泉、楊寶忠、徐時儀、曾良、徐在國、鄧福祿、鄭賢章、韓小荆、黃仁瑄、梁春勝等先生；博士學位論文送審的三位匿名專家，博士學位論文答辯時的五位專家程榮、李運富、周曉文、孟蓬生、王立軍諸位先生，以及國家社科基金項目結項時提出寶貴修改意見的五位匿名專家，他們淵博的學識、謹嚴的態度、犀利的觀點，有效提升了本書的質量，對本人的學術成長亦產生了巨大助力。

上海古籍出版社，特別是本書責編兼同門師姐毛承慈女士，給予我多種問候和關懷，促使本書按時交稿並順利出版。博士師兄柳建鈺及學友朱生玉，以各種形式幾乎讀遍了本書每一個理論觀點及每一組關係考辨，王素敏、張憲榮、王相帥等學友常爲我解答音韻學、文獻學、版本學方面的疑問；同事賈澤林老師赴美進修期間幫我搜集大藏經的版本，正是他們的不吝賜教、不辭煩擾、傾力相助，本書方能最終出版。而我的家人對此書亦多有貢獻，在此並致謝忱。感謝之語有盡而感激之情無窮！

需要交代的是，目前本書的考辨部分仍有一些未解決的疑難問題，經再三考慮，爲保證字群的完整性，最終仍呈現了出來。另外，本書排版之後得知，徐時儀先生的《校本》修訂二版已於 2023 年 1 月出版，故而本書考辨部分未能吸收《校本》中的最新成果，是爲遺憾之一。而《慧琳音義》中尚有不少疑難條目及問題我們暫時未考辨完成，故本書的"考辨"及"字表"部分並未包含《慧琳音義》訓釋的所有字組。待後續將其餘疑難字組徹底考辨完成後，再版時我們將予以整合。

　　最後，由於受個人學識水平、研究能力、學術觀點及所獲材料的局限，本書難免會存在不少理論認知及字詞考辨方面的問題，這與上面提及的諸位先生及同儕學友均無關係。此特就教於方家，各類意見、建議及質疑、批評等我必將虛心接受、誠心學習，以祈拙作能更趨完善。

孫建偉

圖書在版編目(CIP)數據

慧琳《一切經音義》文字整理與研究 / 孫建偉著
. —上海：上海古籍出版社，2023.12
ISBN 978-7-5732-1007-4

Ⅰ.①慧… Ⅱ.①孫… Ⅲ.①佛經－訓詁－中國－唐
代②漢字－研究 Ⅳ.①Z89：H12

中國國家版本館 CIP 數據核字(2023)第 247242 號

慧琳《一切經音義》文字整理與研究

孫建偉 著

上海古籍出版社出版發行

(上海市閔行區號景路 159 弄 1－5 號 A 座 5F 郵政編碼 201101)

(1) 網址：www.guji.com.cn

(2) E-mail：guji1@guji.com.cn

(3) 易文網網址：www.ewen.co

山東韵傑文化科技有限公司印刷

開本 787×1092 1/16 印張 68.75 插頁 4 字數 1,416,000

2023 年 12 月第 1 版 2023 年 12 月第 1 次印刷

印數：1—1,100

ISBN 978-7-5732-1007-4

H·274 定價：298.00 元

如有質量問題,請與承印公司聯繫